中國文化遗产年鉴

The Chinese Cultural Heritage Annal

书画艺术

《中国文化遗产年鉴》编辑委员会　编

文物出版社

总 策 划：杨曙光
统　　筹：杨嘉烨
责任编辑：孙　霞
版式设计：邢志强

图书在版编目（CIP）数据

中国文化遗产年鉴.书画、酒、紫砂／《中国文化遗产年鉴》编辑委员会编．—北京：文物出版社，2008.6
ISBN 978-7-5010-2488-9

I．中… II.中… III.文化遗产－中国－年鉴 IV.K203-54

中国版本图书馆CIP数据核字（2008）第069020号

中国文化遗产年鉴·书画艺术卷
《中国文化遗产年鉴》编辑委员会 编
*
文 物 出 版 社 出 版 发 行
（北京东直门内北小街2号）
http://www.wenwu.com
E-mail:wed@wenwu.com
北京画中画印刷有限公司印刷
新　华　书　店　经　销
889×1194　1/16　印张：26
2008年6月第一版　2008年6月第一次印刷
ISBN 978-7-5010-2488-9　定价：1280.00元（全三卷）

本年鉴由广州英豪文化传播有限公司北京分公司资助出版

《中国文化遗产年鉴·书画艺术卷》 编辑委员会

凡例 FAN LI

一、2006年6月10日，《中国文化遗产年鉴》编辑委员会编辑出版了首部《中国文化遗产年鉴》。并以《书画艺术卷》作为《中国文化遗产年鉴》的第一分卷。于2007年6月7日出版。本书是《书画艺术卷》的第二卷，2008年版。

二、《中国文化遗产年鉴·书画艺术卷》是对中国中国书画艺术发展历史的忠实记录和高度概括总结。作为第二卷，本书简要介绍了2007年中国书画艺术发展概况，当代名家及其影响。

三、《年鉴》当代部分主要收录了当代有突出贡献和有影响的书画名家和后起之秀。

四、由于资料浩如烟海，难以割舍，只能取开放的方式，不求一次收全，但求逐次完善，对于未能辑入的名家书画印鉴将在今后的年鉴中增补。

五、本《年鉴》以水墨丹青、毛笔书法、金石篆刻为主。画分山水、人物和花鸟三大类，书法以书体分类，再以作品发表时间为序。

书画篆刻历代名家以朝代排序。

为查找方便，当代中青年书画家介绍，按照书画家姓名的汉语拼音，以英语字母表排序。

七、本《年鉴》记录事件发生的截止日期为2008年3月31日。

《中国文化遗产年鉴》编辑委员会

2008年6月8日

目 录 CONTENTS

前言 QIAN YAN

2008年，值得中国人骄傲的一年！综合国力的不断壮大，令世人瞩目！随着奥运圣火的燃起，中国正向世界强国迈进！我们为处在这样一个和平盛世而备感欣慰。五千年的中华文明，先祖们留下了无数弥足珍贵的文化瑰宝，我们以完成文化遗产所赋与的代代传承，超越前人为历史使命！

胡锦涛同志在党的十七大报告中提出,要加强对各民族文化的挖掘和保护,重视文物和非物质文化遗产保护,做好文化典籍整理工作。这已是我们《中国文化遗产年鉴》编辑工作的重要思想指导。

出于对中华民族的情感、对民族文化的厚爱，经过三年的不懈努力，我们收集、整理了大量文献资料和当代资讯，在中国文化遗产日三周年之际，编辑出版了这套史料性、普及性、可读性极强的《中国文化遗产年鉴》三部分卷《书画艺术卷》《酒文化卷》《紫砂陶艺卷》这是继2006年开始的连续三年出版，共分五卷。

保护文化遗产这句重千钧的话语是我们编辑本年鉴的宗旨，守望精神家园是我们志同道合的缘起。

在我们的国土上还有许多的人在默默地为保护中国文化遗产不惜一切：国学大师季羡林先生为东方文化研究倾注了大量心血，为中华民族的复兴呐喊；冯骥才先生倾其所有设立文化遗产基金；成龙为弘扬中华武术年过半百而身体力行；张艺谋这位中国电影人在为北京2008人文奥运导演……

《中国文化遗产年鉴》的出版为中国久远而新兴的文化遗产保护事业添薪加火，但作为一项事业来建设，这才肇建伊始；《中国文化遗产年鉴》的出版是中华民族伟大复兴的又一响应，大厦建成，全凭一砖一瓦；知易行难，文成一字一句。

在今后的年度里，我们将围绕中国传统文化继续出版年鉴系列分卷，从不同门类、学科、领域进行全面收集、整理、汇编，对在为传承、创新中国优秀传统文化做出突出贡献的人物和重大事件给予记载；全面记录各级政府和社团组织为保护、抢救、传承、发扬中国优秀民族文化所做出的贡献。

中国文化博大精深，只有在深入其中之后才会有这样的感怀。

让我们在中国文化的大发展、大繁荣中,弘扬中华民族的优秀传统文化，以文化遗产为依托,积极普及和宣传文化遗产保护知识,增强中华文化的国际影响力，共同建设中华民族共有的精神家园。

发掘、整理、保护祖国文化遗产；传承、弘扬中华文明，亦吾辈之夙愿。我们躬行不止。

我们的努力但愿大家满意，努力的我们还望大家提携！

杨曙光　于北京禄米仓

农历戊子年三月

中国书画为中华文化之瑰宝矣

题写

中国文化遗产年鉴

二○○七年 沈鹏

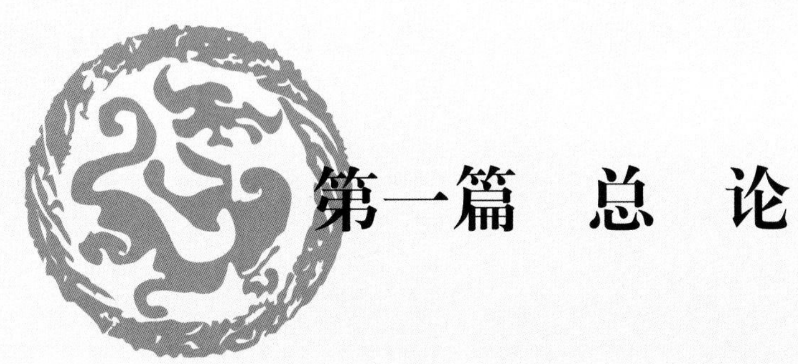

第一篇 总 论

范扬
阿罗汉图 160×50cm
纸本水墨
2008年

第一章　文化国力论

进入21世纪，在经济全球化的趋势下，文化已经成为一个国家社会和经济发展的战略资源，在综合国力竞争中的地位和作用越来越突出。

推动社会主义文化大发展大繁荣

——《在中国共产党第十七次全国代表大会上的报告》之七

胡锦涛

当今时代，文化越来越成为民族凝聚力和创造力的重要源泉、越来越成为综合国力竞争的重要因素，丰富精神文化生活越来越成为我国人民的热切愿望。要坚持社会主义先进文化前进方向，兴起社会主义文化建设高潮，激发全民族文化创造活力，提高国家文化软实力，使人民基本文化权益得到更好保障，使社会文化生活更加丰富多彩，使人民精神风貌更加昂扬向上。

（一）建设社会主义核心价值体系，增强社会主义意识形态的吸引力和凝聚力。社会主义核心价值体系是社会主义意识形态的本质体现。要巩固马克思主义指导地位，坚持不懈地用马克思主义中国化最新成果武装全党、教育人民，用中国特色社会主义共同理想凝聚力量，用以爱国主义为核心的民族精神和以改革创新为核心的时代精神鼓舞斗志，用社会主义荣辱观引领风尚，巩固全党全国各族人民团结奋斗的共同思想基础。大力推进理论创新，不断赋予当代中国马克思主义鲜明的实践特色、民族特色、时代特色。开展中国特色社会主义理论体系宣传普及活动，推动当代中国马克思主义大众化。推进马克思主义理论研究和建设工程，深入回答重大理论和实际问题，培养造就一批马克思主义理论家特别是中青年理论家。切实把社会主义核心价值体系融入国民教育和精神文明建设全过程，转化为人民的自觉追求。积极探索用社会主义核心价值体系引领社会思潮的有效途径，主动做好意识形态工作，既尊重差异、包容多样，又有力抵制各种错误和腐朽思想的影响。繁荣发展哲学社会科学，推进学科体系、学术观点、科研方法创新，鼓励哲学社会科学界为党和人民事业发挥思想库作用，推动我国哲学社会科学优秀成果和优秀人才走向世界。

（二）建设和谐文化，文明风尚。和谐文化是全体人民团结进步的重要精神支撑。要积极发展新闻出版、广播影视、文学艺术事业，坚持正确导向，弘扬社会正气。重视城乡、区域文化协调发展，着力丰富农村、偏远地区、进城务工人员的精神文化生活。加强网络文化建设和管理，营造良好网络环境。大力弘扬爱国主义、集体主义、社会主义思想，以增强诚信意识为重点，加强社会公德、职业道德、家庭美德、个人品德建设，发挥道德模范榜样作用，引导人们自觉履行法定义务、社会责任、家庭责任。加强和改进思想政治工作，注重人文关怀和心理疏导，用正确方式处理人际关系。动员社会各方面共同做好青少年思想道德教育工作，为青少年健康成长创造良好社会环境。深入开展群众性精神文明创建活动，完善社会志愿服务体系，形成男女平等、尊老爱幼、互爱互助、见义勇为的社会风尚。弘扬科学精神，普及科学知识。广泛开展全民健身运动。办好2008年奥运会、残奥会和2010年世博会。

（三）弘扬中华文化，建设中华民族共有精神家园。中华文化是中华民族生生不息、团结奋进的不竭动力。要全面认识祖国传统文化，取其精华，去其糟粕，使之与当代社会相适应、与现代文明相协调，保持民族性，体现时代性。加强中华优秀文化传统教育，运用现代科技手段开发利用民族文化丰厚资源。加强对各民族文化的挖掘和保护，重视文物和非物质文化遗产保护，做好文化典籍整理工作。加强对外文化交流，吸收各国优秀文明成果，增强中华文化国际影响力。

（四）推进文化创新，增强文化发展活力。在时代的高起点上推动文化内容形式、体制机制、传播手段创新，解放和发展文化生产力，是繁荣文化的必由之路。要坚持为人民服务、为社会主义服务的方向和百花齐放、百家争鸣的方针，贴近实际、贴近生活、贴近群众，始终把社会效益放在首位，做到经济效益与社会效益相统一。创作更多反映人民主体地位和现实生活、群众喜闻乐见的优秀精神文化产品。深化文化体制改革，完善扶持公益性文化事业、发展文化产业、鼓励文化创新的政策，营造有利于出精品、出人才、出效益的环境。坚持把发展公益性文化事业作为保障人民基本文化权益的主要途径，加大投入力度，加强社区和乡村文化设施建设。大力发展文化产业，实施重大文化产业项目带动战略，加快文化产业基地和区域性特色文化产业群建设，培育文化产业骨干企业和战略投资者，繁荣文化市场，增强国际竞争力。运用高新技术创新文化生产方式，培育新的文化业态，加快构建传输快捷、覆盖广泛的文化传播体系。设立国家荣誉制度，表彰有杰出贡献的文化工作者。

中华民族伟大复兴必然伴随着中华文化繁荣兴盛。要充分发展人民在文化建设中的主体作用，调动广大文化工作者的积极性，更加自觉、更加主动地推动文化大发展大繁荣，在中国特色社会主义的伟大实践中进行文化创造，让人民共享文化发展成果。

第二章 中国书画对奥运的贡献

第一节 中国书画造就的奥林匹克会徽形象

一、中国传统文化的体现

北京奥运会会徽的“京”字形状酷似汉字的“文”字，取意中国悠久的传统文化。整个“京”字图形如同一个向前奔跑，迎接胜利的运动人形。“京”字图形下是黑色的英文“Beijing2008”字样，其下是奥运五环标志。英文的“北京”和2008年以及奥运五环，将奥林匹克精神与中国传统文化完美结合。它体现出来的内涵非常丰富，把中国人含蓄的传统文化和中国人稳重的处事态度都展现出来。

国际奥委会主席罗格由衷地赞叹：“新会徽青春而富有活力，集中体现了中国的悠久历史和灿烂文化以及中国的未来。这是一个卓越且充满诗意的会徽，这是一个完美的奥运会会徽。”

当这枚似印非印、融字于画，寓画于字；笔画之间，舞姿翩翩；舞韵之中，笔墨纵情；以竹简汉字笔体书写的“Beijing2008”浸透着中华书法艺术的博大精深。这一切，既浓缩了我国古代印章由字而画的发展轨迹，也诠释了我国古代哲学力求中庸的主流观点。这些，再加上象征中国的红色印泥和巨型方印，使得“中国印·舞动的北京”积聚了大量的历史信息和富足的文化精髓，难怪1996年亚特兰大奥运会设计主任、2008年奥运会会徽参与者之一布雷德.科普兰德先生，从许多会徽设计方案中一见到“中国印·舞动的北京”便当即脱口而出：她是中国的!

当这枚潇洒飘逸、充满张力的会徽标志被中国领导人和国际奥委会官员印盖在中国宣纸上时，在中国的文化词典和社会生活中，在中国字、中国画、中国结、中国根、中国人、中国心之外，从此又多了一个在世界广为流传并将永久载入奥林匹克史册的词汇，那就是——中国印!

二、1985：1

北京奥组委一共收到应征有效作品1985件，其中来自中国（含港台）的作品1763件，国外的作品222件。在10个入选的作品中，有5幅作品来自北京，两幅作品来自日本东京。

中国印寓意是舞动的北京；她是有中国精神、中国气派、中国神韵的中国汉文化的符号，象征着开放的、充满活力的、具有美好前景的中国形象；她体现了新北京、新奥运的理念和绿色奥运、科技奥运、人文奥运的内涵，再现了奥林匹克“友谊和平进步、更快更高更强”的精神。

三、中国传统书画的体现

中国印作为中国文化的载体，让同一个世界听到了同一个声音，为世界的文化注入了中国文化的血液；“精诚所至，金石为开”，这枚以先贤名言创意、以金石印章为形象的会徽，是中国人民对于奥林匹克的敬重与真诚。当我们郑重地印下这方“中国印”，就意味着2008年的中国北京将为全世界展现一幅“和平、友谊、进步”的壮美图画，将为全人类奏响“更高、更快、更强”的激情乐章。

借中国书法之灵感，将北京的“京”字演化为舞动的人体，在挥毫间体现“新奥运”的理念。手书“北京2008”借汉字形态之神韵，将中国人对奥林匹克的千万种表达浓缩于简洁的笔划中。当人们品味镌刻于汉字中博大精深的内涵与韵味时，一个“新北京”诞生了。

“舞动的北京”是中华民族图腾的延展。奔跑的“人”形，代表着生命的美丽与灿烂。优美的曲线，像龙的蜿蜒身躯，讲述着一种文明的过去与未来；它像河流，承载着悠久的岁月与民族的荣耀；它像血脉，涌动着生命的勃勃活力。

中国印章古时称作玺、印、宝、章，“印章”、“印信”、“记”、“朱记”、“合同”、“关防”、“图章”、“符”、“契”、“押”、“戳子”等等，是历史上出现过的各种习惯称呼。古印章流行于古代，其古朴、稚拙的风貌体现着不同时代的人们对于美的理解与追求，浸透着历史的深沉和神秘的美感。其中有一类图画入印的印章，这就是肖形印。

肖形印是我国在先秦即已有之的印章形式。两汉是古肖形印的兴盛时期。那一时期的肖形印，有刻画民族崇尚和神话传说的“四灵印”、“虎印”、“鹿印”、“凤印”、“伏羲印”、“神人操蛇印”等印章图案；也有反映现实社会生活的各类肖形印，如“鼓舞印”、“鼓瑟吹竽印”、“长袖舞印”等印记图形；还有“牛耕印”、“杂耍印”、“驯兽印”等从不同侧面反映汉朝人生活、娱乐情景的印章形式。

据遗物和历史记载，至晚在战国时代，我国已普遍使用印章。起初，印章是作为商业上交流货物时的凭证，同时也是信誉的标记。秦始皇统一中国后，印章的使用范围扩大为表征当权者权益的法物，是当权者权力的象征。

“中国印 · 舞动的北京”中的人形图画似曾相识，它取源于敦煌壁画中的舞姿。夸张的身体比例和肢体位置，舒展的笔画和简捷的构图，充分表现了北京人的热情与豪迈，奔放的舞姿则充分预示着北京城富有生命力的未来。

如果把“中国印 · 舞动的北京”看做一个汉字“京”，她便是奥运会徽史上第一次汉字字形的引入。汉字是表意文字，是象征性的符号体系。汉字中的一笔一画，充满着对生活气氛的烘托和对生命意义的隐喻。如果把“中国印 · 舞动的北京”当做一个“人”形画，她便是东方绘画表现手法上的一次杰出应用。和西方严格的写实方法相比，东方画在空间表现的比较灵活、概括，允许虚拟和省略。但正是这种虚拟和省略，给观者创造了真实而无限的想像空间。“中国印 · 舞动的北京”是一次融合中国书法、印章、舞蹈、绘画艺术和西方现代艺术观念的成功的艺术实践。她表达了人们要表达的理念，也寄托着人们将要赋予她的理想。她是中国的，也是世界的。她将当之无愧地成为奥林匹克运动视觉形象史上的一座艺术丰碑。

四、中国印的特点

“中国印—舞动的北京”具有如下特点：

1、采用了典型的中国艺术表现形式。它集中国特有的文字、篆刻和书法于一体，以印章的形式设计，传达出深刻而厚重的东方文化底蕴。设计中“京”字的造型经过艺术处理，巧妙地幻化成一个向前奔跑、舞动着、欢呼着迎接胜利的人形。

会徽中的文字部分“beijing2008”取汉简（汉代竹简文字）之笔意和中国书法之神韵，将汉简中的笔画和韵味有机地融入到“beijing2008”字体之中，自然、简洁、流畅、洒脱，与会徽图形和奥运五环浑然一体，形成独特的风格。

2、选用了中国人最为崇尚的颜色——红色作为主体图案基础颜色，传达着中国人民对生活的热爱和对奥林匹克的激情。红色历来被视为中国的代表性颜色，红星、红旗、红色政权共同筑起了红色的共和国。红色是东方的太阳，红色是生命的圣火；红色是中国人对吉祥美好的礼赞，红色是中国人对世界的祝福和盛情；红色是中国人喜庆热烈的心情，红色是北京激情活力的象征。

3、继承了奥林匹克设计的优秀传统，揭示了冲刺极限、创造辉煌、“更快、更高、更强”的奥林匹克精神。会徽造型以运动人形为主题，突显了奥运会以人为本、以运动员为核心的理念，将体育的神圣与和平友爱的欢乐主题融为一体，传达出奥林匹克所追求的最高理想境界。

4、是中国文化与奥林匹克精神的完美结合，表达着中国人民对奥林匹克深刻而独到的理解和对2008年奥运会的信心和承诺。这枚中国肖形印是北京2008年奥运会最凝练的象征。它动静相宜、刚柔并济的友善形象是这个国家真诚情感和豁达心胸的体现。在这方“中国印”上，镌刻着一个有着13亿人口和56个民族的国家对奥林匹克运动的誓言，见证着一个拥有古老文明和现代风范的民族对于奥林匹克精神的崇尚，呈现着一个面向未来的都市对奥林匹克理想的宿求。它是诚信的象征，它是自信的展示，它是第29届奥林匹克运动会主办城市北京向全世界、全人类做出的庄严而又神圣的承诺。

第二节　中国书画造就的奥林匹克吉祥物形象

北京奥运会吉祥物的每个娃娃都代表着一个美好的祝愿：繁荣、欢乐、激情、健康与好运。娃娃们带着北京的盛情，将祝福带往世界各个角落，邀请各国人民共聚北京，欢庆2008奥运盛典。

北京奥运会吉祥物福娃的造型融入了鱼、大熊猫、藏羚羊、燕子以及奥林匹克圣火的形象吉祥物。分别是奥林匹克圣火形象的福娃欢欢、大熊猫形象的福娃晶晶、鱼形象的福娃贝贝、藏羚羊形象的福娃迎迎和燕子造型的福娃妮妮五个拟人化福娃。

福娃的色彩与灵感来源于奥林匹克五环、来源于中国辽阔的山川大地、江河湖海和人们喜爱的动物形象。福娃向世界各地的孩子们传递友谊、和平、积极进取的精神和人与自然和谐相处的美好愿望。福娃是五个可爱的亲密小伙伴，他们的造型融真实与亲切于一体。每个娃娃都有一个琅琅上口的名字："贝贝"、"晶晶"、"欢欢"、"迎迎"和"妮妮"，在中国，叠音名字是对孩子表达喜爱的一种传统方式。当把五个娃娃的名字连在一起，其发音则巧妙地表达出北京对世界的盛情邀请——"北京欢迎您"。

福娃代表了梦想以及中国人民的对美好生活的渴望。他们的原型和头饰蕴含着其与海洋、森林、火、大地和天空的联系，其形象设计应用了中国传统艺术的表现方式，展现了中国的灿烂文化。

第三节　中国书画反映的和谐精神为奥林匹克运动增添了活力

兴起于欧洲的奥林匹克运动其价值观念和活动方式与西方文化一脉相承，深深地带着西方文化的烙印。而北京2008年奥运会将使东西方文化在中国大地上产生碰撞与交融。千百年来流传至今的中国传统文化将以其特有的价值观念、文化观念、思维模式和行为方式对奥林匹克运动产生深远的影响。如中国传统体育注重保健、养生、人与自然和谐统一等思想，对当前奥林匹克运动中某些忽视人体精神的状况无疑是一种完善与补充。和谐是人类的理想，和谐世界强调了不同文化、地域、民族和国家之间进行对话交流，加深理解。

一、奥林匹克精神

（一）古代奥林匹克的精神遗产

从公元前776年有文字记录的第一届古代奥运会开始，到公元394年罗马皇帝狄奥多西宣布废止奥运会，古代奥运会共举办了293届，历时1170年。古代奥运为人类留下了一笔非常宝贵的文化财富，它不仅创造了竞技运动的一种组织模式，积累了丰富的体育教育经验，而且形成了古代的"奥林匹克精神"。古代"奥林匹克精神"主要有以下内容：

一是和平与友谊的精神，即恪守"神圣休战"原则，化干戈为玉帛，化仇敌为好友；

二是追求人体健美的精神，不仅较量体能，而且比赛健美，体现人的和谐发展原则；

三是拼搏奋进的精神，即勇于进取，争当第一；

四是公平竞争的精神，即建立一整套公平竞争的原则和方法，使所有的参赛者公平竞技。

古代奥运会也是一种文化盛会，除了宗教仪式和体育竞技外，还有政治、经济、文化等其他活动。从公元前444年举行的第84届古代奥运会开始，文艺比赛被列入奥运会正式比赛项目，诗人、演说家、音乐家、戏剧家也都加入到这一盛大的活动中来，表演音乐、舞蹈、朗诵、唱诗、雕刻、戏剧等，大大增加了古代奥运会的文化气氛，在人类文化史和世界体育史上写下了辉煌的篇章。

（二）现代奥林匹克精神

现代奥林匹克精神是古代奥林匹克精神的继承和发展。奥林匹克格言“更快、更高、更强”是国际奥委会对一切属于奥林匹克运动的人们的号召，鼓励他们本着奥林匹克精神前进。这句著名的格言充分表达了奥林匹克运动永不满足、永不止步、积极进取的奋斗精神。奥林匹克运动几年前又有了国际奥委会主席罗格提出的新格言“更干净、更人性、更团结”。这是人类社会向前发展的必然产物，也是奥林匹克运动发展的客观需要，其核心就是要主动表现体育对人类生存意义及价值的终极关切。

现代奥林匹克运动的思想体系：奥林匹克主义——“奥林匹克主义是增强体质、意志和精神并使之全面均衡发展的一种生活哲学。奥林匹克主义谋求体育运动与文化和教育的融合，创造一种以奋斗为乐，发挥良好榜样的教育作用并尊重基本公德原则为基础的生活方式。”奥林匹克主义不仅是使人和谐发展的工具，也是加强世界和平、友谊和相互了解的工具，更是促进世界和谐的重要力量。

二、中国书画对现代奥林匹克精神的影响

中国拥有悠久的历史，中华文明是东方文化的典型代表，它历经五千余年，是世界上惟一从未间断、绵延至今的人类文化的瑰宝。相对于东方文化而言，西方文化传统的主导特征，表现出灵魂与肉体的对立、唯心与唯物的冲突、主体与客体的分裂，两极分化。中华文明则强调“天人合一”、“和为贵”、“阴阳相济”等和谐观念，北京提出的“人文奥运”体现东方文化特别是中华文明对奥林匹克精神的开拓与发展。和平、和谐、和爱、和美所包含的人文奥运的宗旨，在于推进人与自然、人与人、人与社会、文明与文明以及人的灵魂与体魄之间的和谐发展。“和谐是奥林匹克与中华文明的最佳结合点。”

（一）和谐世界的内涵

和谐世界新理念根植于深厚的东方文化历史积淀。“和谐”一词有着深厚的中国文化底蕴与内涵，是中国几千年来文化道德的精髓。在中国传统文化中，和谐就是和而不同。和而不同就是要在承认不同性、差异性和多样性的前提下，实现社会的和谐。这就是中国传统的和谐观，也是中国人传统的道德观。

针对目前的国际形势和重大矛盾，它特别强调了不同文化、地域、民族和国家之间进行对话和加深理解的迫切性，特别强调保持全球社会、政治和文明形态之多样性的必要性；

奥运追求和平的历史源远流长。然而，过去人们都热衷于研究如何提高其竞技成绩等“硬文化”，对其追求和平的“软文化”研究甚少，以至当前奥运异化现象日益增多，干扰了国际赛场的秩序。历史表明，奥运是为了世界实现和平而诞生，为了人类和平而延续，未来更需要奥运。国内学者夏中义指出奥林匹克运动“其实是对希腊城邦时期一些从宗教节日产生的惯例的回归，诸如奥林匹克运动会期间希腊全境必须休战，前往运动会的旅客不论来自何方、途经哪个城邦，都不得受干扰和侵犯。这在西方是一个可上溯很早，一直向后传递和延伸的传统。”

（二）中国书画传播和谐的理念

奥运会不仅是世界规模最大的综合性运动会，同时也是盛大的文化节日，其各个方面都有着丰富的人文色彩。北京向世界展示具有五千年悠久文化传统的中国文化，这不仅包括北京的古文物、古建筑、历史和自然的人文景观以及民风民俗等，也包括洋洋大观中国书画的展示，把中国光辉灿烂的历史文化展现给全世界。

儒家思想要求无过无不及、适度、和谐等理念，影响至中国书画的造型、章法、笔墨、设色等诸多方面，使其产生了完美的艺术形式，带给人们感性的愉悦和享受，并且与倡和的思想内容统一起来，构成尽善尽美的艺术。在中国传统文化影响下的中国书画创作是非常强调和谐的，和谐精神是中国书画艺术的优秀传统，它对于民族文化能在融合中创新有着不可磨灭的功绩，直至今天，对当今中国书画创作仍发挥着重要的影响作用。艺术家创作的中国书画形式在北京奥运会上将会充分传播中国书画所体现和谐的理念，为实现人文奥运，为实现“更干净、更人性、更团结”的奥运做出贡献。

第三章　中国书画迎奥运

伴随“奥运”的迫近，中国每一个角落的人们都在为2008年的这场盛事摇旗呐喊——艺术界众多展览和活动主题都与之相关，在人文奥运的大旗之下，200位国画名家注目联合国，“全球华人笔墨丹青迎奥运”全情启动，近200位书法家欣然命笔颂扬奥运，摄影家们也将奥运的场馆建设、申奥成功之夜的精彩瞬间抓进镜头，艺术家关玉良以巡展的方式为奥运助威。2007年，没有任何一个主题像“奥运”这样，赢得了各种艺术门类一致的追随——礼赞奥运精神，弘扬民族自信，成为中国艺术界统一的喝彩。

2007年4月28日，“同一个世界——中国画家彩绘联合国大家庭艺术大展”在北京中国美术馆开幕。黄永玉、刘大为等200位中国画家将世界各国的美景美物美情艺术地呈现在观众眼前。

国务院新闻办公室副主任李冰介绍说，当全中国人民都在想以自己的方式为北京奥运会贡献一份力量的时候，秉持“人文奥运”和“同一个世界、同一个梦想”的理念，国务院新闻办、中国文联、中国美协共同策划了“同一个世界”中国画创作活动，并举办了这次画展。展览经过了半年的筹备和创作，200幅画作分别以192个国家的标志性文化象征物为主题，如建筑、风光、民俗风情、国花、国鸟等，再加上联合国大厦及国际组织建筑等有关内容，以不同风格和形式予以表达。

2007年6月8日，主题为“全球华人笔墨丹青迎奥运”北京奥运书画征集活动在中国美术馆启动，这项活动由北京奥组委授权开办的《人民日报》海外版《北京奥运特刊》主办，特别面向全球书画领域，邀请所有华人艺术家创作奥运书画作品，作品形式包括书法、国画、油画、版画等。希望通过这种方式宣传人文奥运，激发公众及国际友人广泛参与北京奥运会的热情。活动在进行中还会配合第29届奥运会，在奥运火炬接力城市举办巡展活动，国内首个接展城市已确定为奥运火炬接力城市之一的云南丽江。活动筹备阶段就已收到来自美国、日本、马来西亚、英国的华人书画作品，这些作品秉承中国传统文化艺术精神，凝聚了全球华人的情感。

中国作为拥有5000年文明的泱泱大国，在奥运举办的第40个年头里才得以跻身其中，而75年后又将成为第29届奥运会主办国，为世界展示延绵不衰的中华文化。中国人用各种方式表达对奥运精神的礼赞，通过书法艺术来歌颂奥运则是最为直接的一种表达方式。2007年7月21日，“跑道”铺进北京中国美术馆，“翰墨颂歌·中国美术馆迎奥运书法邀请展”的开幕式吸引了社会各界人士的高度关注。文化部副部长陈晓光，北京奥组委执行副主席蒋效愚，中国美术馆馆长范迪安、副馆长杨炳延，中国书法家协会主席张海，北京广播电台台长汪良等人出席了开幕式，开幕式由中国美术馆党委书记、副馆长钱林祥主持。作为中国美术馆迎奥运的一项重要活动，此展览从筹备到开幕历时5个月，美术馆副馆长杨炳延说：“书法文化与体育文化相融合来凸现人文奥运的主题，也可以说用中国传统书法文化以当代的表现手法奏响人文奥运的颂歌。193位书家中自撰诗词的有54人，其余或书写与运动有关的诗、词、文、赋，或书写与奥运相关的歌词、名言警句等。其内容紧扣奥运主题。”

文化在东方文明中最为强势，世界几大古国中只有中国的文字语言能够在时过境迁后流传下来，“中国”一词也已经有几千年历史，并且汉文化语言沟通其表现形式是汉字。杨炳延说：“我们用书法艺术来歌颂奥运，充分体现了几千年来中国文化的符号概念，也体现了这一古老赛事的精神。”

法国总统希拉克曾说：“书法艺术是东方艺术的代表，是中国‘艺中之艺’。”

真正的书法家，其博大精深唯行家才能知其所以然，一笔写错满盘皆输。作为美术馆来说，展示方式要最大限度地让观众得以解读展品，对此，美术馆将每一幅作品的作者照片、简历和书法内容的释文附在旁边。“在展厅里，年轻人可能一走而过，中老年人会认真地看。如果我们的年轻人不了解中国的书法艺术，那么书法艺术将难以很好地传承下去。”为了最大程度地表现书法艺术魅力，中国美术馆编辑出版的《翰墨颂歌·迎奥运书法邀请展作品集》均采用繁体汉字呈现。

杨炳延说：“国外研究中国国学的人士大多阅读繁体字。现在我们的年轻人如果到国家图书馆去看善本，因都是繁体字，理解就比较困难，但是书法家写字还都是繁体。”开幕式上，范迪安代表馆方赠送给北京奥组委500本作品集。

此次展览旨在让更多的人理解支持奥运，用书法艺术体现人文奥运的精髓——“以文化人”的目的。同时加深广大观众对传统文化的认知，在时代淡化书法实用价值的过程中，进一步提高大众的书法审美意趣和价值观念，使广大观众能够通过这一规模宏大的书法展览，感受中国书法艺术无尽的魅力。奥运不仅带给世界中华文明和中国文化，同时将国人带向国学文化传承与探索的征途。

由北京奥组委批准并支持、中国残联和深圳市人民政府主办的“喜迎奥运、祝福残奥——关玉良奥运艺术作品巡展”大型公益活动2007年5月29日在北京正式启动。关玉良为奥运会、残奥会新创作的陶艺、彩墨、油画等近300件艺术精品将于9月开始在北京、深圳、杭州、上海、成都等十城市进行巡回展出。展览活动结束后，组委会将对部分巡展艺术作品进行拍卖，所有收益全部用于支持中国残奥事业。这次巡回展旨在向社会展示中华民族艺术和奥林匹克文化融合，体现艺术博爱与残疾人事业的融合、艺术精神与残奥精神相融合，用艺术去营造文明、和谐、欢乐、友爱的人文奥运氛围。

北京奥组委有关人士评价这次展览活动是“中国艺术家用勇敢的目光，用真诚和爱，用中华文化艺术的自信，面对世界寻找人类共同的艺术人文共鸣的有益尝试。”

在保持民族审美本质的基础上，让中国水墨艺术特有的色彩魅力与造型艺术相融合，让中国水墨、雕塑、陶艺和西方现代艺术观念融合，是这批作品的共同点。然而更让人关注的是其中中国文化的内容，中国民族的元素以及自信向上的状态。一批被关玉良称为“国娃”的陶艺作品成为代言：他们是山里的孩子，淳朴、无拘无束，有着原始生命本初的活力与张力。他们形态各异，活泼调皮，光着屁股，咧嘴大笑，代表了艺术家对未来中国人的一种期望。而他们身上布满地道的中国符号，团扇、牡丹花、龙、中国红等等，传达出北京奥运首先应该是地道的中国文化这一理念。

的确，这样的幸运并非人人都有。谁都知道,没有对个人综合实力的考量，幸运不会降临在关玉良身上。对此，艺术家关玉良感受最深的却是：“奥组委以其极开放的胸怀，包容个性化的艺术家及其创作。每个中国人都在为北京奥运激动，我也一样，作为艺术家首先要关注社会，有责任感，要关注人们的精神。而一个民族几千年的文化，是我们骨子里、创意中、作品中丢舍不掉的精神符号。”

怎样在人文奥运的理念下，张扬民族文化的自信，把文化推到前台，但愿关玉良的个人奥运巡展能引起人们更多的思索。

主要参考资料：

1. 欧阳柳青、陈伟《论不断发展中的奥林匹克格言：“更干净、更人性、更团结”的和谐与平衡》第27卷，北京体育大学学报，第1期

2. 王建国、王芬《国际政治关系诸因素变化对我国承办2008年奥运会的影响与对策研究》

3. 孔繁敏《从海外华人情系奥运看增强民族凝聚力》人民日报/2007年/9月/7日/第012版

4. 严长元、涂辛、朱小钧《以艺术之名,为奥运喝彩》中国文化报/2007年/7月/29日/第1版

5. 邓月琴《论中国画之中和精神》南京艺术学院硕士论文．2003年

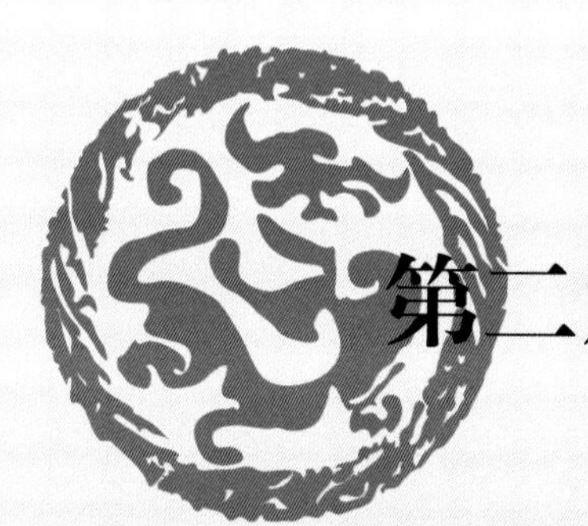

第二篇 2007年主要成果

贾荣志
江山一色
138×68cm
纸本水墨　2008年

第一章　中国气派　国家形象

2007年，时代呼唤“中国气派”的书画精品力作异彩纷呈，在深入贯彻科学发展观和党的十七大、八次文代会精神鼓舞下，围绕中心任务，发展书画事业，坚持“二为”方向，贯彻“双百”方针，广大书画美术工作者，积极开拓创新，巩固了书画界来之不易的大团结、大繁荣、大发展的生动局面，繁荣发展了社会主义书画美术事业。认真贯彻了党和国家关于文化建设的方针政策，积极开拓中国书画美术工作的新局面。中国美协广泛调研了当代中国美术的现状，积极拓展了对外交流的渠道，成功搭建了有利于书画美术家健康发展的专业平台。当前是中国美术发展的最好时机，广大书画家要乘势而上，以胡锦涛同志在党的十七大报告中关于文化建设的论述为指导，贯彻全国宣传工作会议精神，坚持科学发展观，站在新的历史文化高度上，为中国书画美术的大发展大繁荣做出我们的积极贡献。

第一节　2007年的时代之歌

伴随经济全球化大潮中各种思想文化的激荡，特别是西方强势文化的扩张，导致民族自尊的缺失，判断标准的迷茫，价值体系的紊乱，观念行为的浮躁，引起书画界的关注。重建符合新世纪中国美术发展的评判标准和价值体系，正确引导艺术思潮和创作倾向，努力熔铸书画美术创作的中国气派，是繁荣发展当代中国书画美术的核心问题。中国气派是中华民族精神和时代精神的综合体现，是中华文化大气磅礴、底蕴深厚、品位独特的文化气象，它具有积极健康、和谐兼容的品格，具有纵贯古今、吐故纳新的胸襟，具有纵横中外、激浊扬清的气度。

2007年5月，中国美术家协会在延安杨家岭召开了有部分美术家参加的“纪念毛主席《在延安文艺座谈会上的讲话》发表65周年座谈会。”大家认为《讲话》奠定了新文艺的理论基础，其思想随着时代而不断丰富和发展，依然是当前和今后中国文艺方向的指南。

2007年6月，在成都召开“民族美术的当下意义”全国美术理论会议认为，在全球化的环境下，越是要继承和发扬中华传统文化，越是要弘扬民族精神，增强中华文化的国际影响力和竞争力。

第二节　“回顾展”展示实力

一、北京画院、上海中国画院建院50年展

以新中国画院成立50周年为契机，作为新世纪重塑画院形象的大型展览，从学术研究角度切入，以文献和图像展示两家画院发展的历史进程；以多位大师的名作来展现画院所取得的成就；以众多艺术家所表现出的多样风格来呈现强大的阵容。展览的主体结构分为六个部分：

1、岁月经典——50年精品特展

以文献、图像构成历史线索，展示北京画院、上海中国画院筹备、成立、变迁、沿革、发展的辉煌历程。展品包括两院大事记与历史图片、代表画家的经典作品。

2、双星璀璨——齐白石、林风眠精品特展

展览齐白石、林风眠各60 件左右的代表作品，凸显两位艺术大师的创作个性及在20世纪中国绘画史上的

贡献。

3、群星辉映——名家作品特展

以集中在两院的京沪名家及对现代中国美术发展有重大影响的院外画师为专题，展示南北两派在20世纪中国画坛上各占半壁江山的艺术风貌。

4、火红年代——50至70年代作品特展

集中展示两院五十年代到七十年代以表现社会主义建设为主要题材的作品。

以主题性创作、合作、名作的展示为主，体现中国画为表现现实生活、表现时代精神而进行的种种探索以及因文化观念的转换而产生的中国画的现代性转型，及其所呈现的各自的创作风貌。

5、刀锋情愫——版画作品特展

展示了新中国建立以来两所画院的艺术家在版画上取得的成就。主要展出邹雅、汪刃峰、夏风、沈柔坚、吕蒙等一代版画大家的代表性作品。

6、异彩纷呈——新时期作品特展

方增先　《母亲》

展示新时期以来北京画院和上海中国画院的健在画家的代表性作品，以获奖作品、代表作为展示主体，突出有历史影响的作品，并注重艺术个性的多元探索方向。

王明明　《杜甫》

在此次众多的展品中，既有齐白石、林风眠、李可染、程十发、叶恭绰、陈半丁、潘天寿、刘海粟、傅抱石、黄胄、蒋兆和、方增先、吴作人、周思聪等一批大师级画家的佳作，也有像陈佩秋、王明明、施大畏、艾轩、杨延文、韩硕、王沂东等新时期代表画家的精品。并且在每个部分还特别邀请了相关的艺术理论方面的专家撰写了相对应的文章，以便观众能够更准确深入的理解展示的内容。

此次展览是“当代中国画学术论坛”系列学术活动之重要组成部分，“当代中国画学术论坛”是目前中国画学科集学术性、专业性、权威性于一体的国际专业学术品牌，代表着当代中国画学科最高学术水平，分“第二届当代中国画学术论坛“北京大学论坛”、“第二届当代中国画学术展”和《人杰地灵》《山水清音》《花鸟精神》专题学术峰会三部分。

“第二届当代中国画学术论坛暨第二届当代中国画学术展”由“当代中国画大家特展”、“人杰地灵——当代中国人物画展”、“山水清音——当代中国山水画展”、“花鸟精神——当代中国花鸟画展”、“全国中国画新作展”五部分组成，集合了一批境内外专业美术研究机构、美协、画院及专业美术院校卓有成就的近百位中国画家的600余件代表作品，大多是作者近年来的创作精品，充分反映出当代中国画学术创作领域的最高水平。

盖茂森 《山鹰之舞》

二、全国中国画大展

本次展览共展出75件特邀作品以及大展入选的304件作品。

全国中国画大展作为中国画界的最重大的展示之一至今已经是第三届，而中国画的发展也正经历着前所未有的繁荣景象，社会经济的稳定，生活水平的提高都促使其稳健发展，而更好的发扬中国画的优秀传统，提升中国画创作的整体水平则成为当前必然的举措，中国美协正是切合这种需求而举办“全国中国画展”，此展旨在为广大中国画家的创作提供一个展示的平台，并催生出更多的时代精品，挖掘更多的画坛精英。此次中国画展的主题为面向生活，关爱人与自然，希望在尊崇传统的基础之上寻找优秀的作品，为中国画的进一步发展提供无限广阔的历史空间。画展2007年2月份公布大展征稿函得到了广大画家的热烈支持与响应，先后共收到来自全国各地的稿件约7000余件，经过由权威专家组成的评审委员会的严格评选，共甄选出620件入围作品，并从中诞生出入选作品304件，其中优秀奖61件，由人民美术出版社出版的展览作品集在展览开幕式同时对外发行。

三、“写影·写意”名家·名影·名作 当代艺术（中国画）大展

由中国文化报社、人民美术出版社和平遥摄影大展艺术委员会联合主办《写影·写意——名家·名影·名作 当代艺术（中国画）大展》是很有意义的大型艺术展览。它有文化的眼光，注重展览的文化品位，不仅能保证参展艺术家的水平和参展作品的艺术质量，而且能利用各自的优势对展览在学术层面上做有效的宣传和推广。这次展览的宗旨是为了传播和弘扬我国当代具有鲜明民族特色的艺术——中国画，参展的有做出卓越贡献的老一辈艺术家，也有近年来涌现出来的有创新精神的中青年艺术家，这些从事中国画的艺术家将在展览上展出自己的新作。

《写影·写意——名家、名影、名作当代艺术（中国画）大展》的新意还在于它独特、新颖的展览方式。为了加强展览的可视内容，主办单位打破原有的展览方式，在展示空间上做新的组合，把摄影艺术、绘画艺术和艺术家的文献综合在一起向观众展示，给人耳目一新的感觉。这次展览包括摄影家对参展艺术家所做的影像纪录和艺术家们自己创造的作品。它们的并置展出，使人们对艺术品及其创作者有立体、生动的了解；而在此之后，上述展示内容和文献记录通过电视媒体及平面媒体的广泛宣传，将形成一个立体的展示空间，这对艺术融进现代社会，为广大群众接受和欣赏会起有力的推动作用。

程大利 《云伴奇峰月伴雨》

主要参考资料：

1. 吴长江《在2008年中国美术家协会工作会议上的报告》转载自《美术》2008.4
2. 冯远《在2008年中国美术家协会工作会议上的报告》转载自《美术》2008 .4

第二章　传统特质 时代面貌

第一节　山水精神

李可染　《蜀山春雨图》

2007年的山水画，风格浑厚洒脱、沉雄苍劲、疏密有致、简约有神。画家深知笔墨的意义和价值。用笔追求老拙沉厚、刚正畅达、柔中见刚。

“第二届黄山中国美术论坛”强调写生与创作相结合，理论与实践相结合。2007年6月，在合肥举办了“当代中国山水画名家邀请展”和“当代山水画发展研讨会”，以进一步发扬山水画的民族品格和时代精神，繁荣发展山水画艺术。

在探索山水画现代风格的潮流中，李可染以他独特的写生方式重新发现了自然美。他将追求出世的传统山水画，转换为入世厚生的现代山水画；将萧索荒寒转换为深秀壮丽，在对自然的描绘中融入了对人类创造力的颂扬。李可染以“可贵者胆，所要者魂”的追求，致力于创造深邃浑厚、充满生机，富于时代和人文气息的山水意象。他始终恪守着中国山水画的特质，以开放的心态，兼收并蓄，赋予了传统笔墨语言新的品质和意蕴。

李可染的成功，是基于他过人的天赋、扎实的素养和不懈的努力，也和他的人格、阅历、观念分不开。他的生命和艺术与民族的命运息息相关。李可染翻开了中国艺术史新的篇章，他的作品已成为20世纪的经典。“李可染诞辰100周年作品展”在2007年年底举办，给了我们重温大师风范的绝好机会。

李可染的苦学精神、探索精神、创造精神，他淡泊名利、献身艺术、谦虚自信、诲人不倦的品格，他对传统艺术的珍爱、宏扬，都是值得我们尊敬和借鉴的。

“漓江画派作品大展”是南方一群坚持艺术理想的画家，站在历史、人文与艺术脉络的维度上，对中国南方的风景、人文和风情进行个性化的探索和言说，是“现代南方新田园诗画风” 的集中展示。“新时代、新广西、新画派”不仅表达了漓江画派在新世纪发展的多样可能性，也表示了漓江画派与中国的艺术文脉及人文地理的密切联系。

这次展览就如何整合地方的美术力量和美术资源，以自己鲜明的民族地域特色和艺术风格独立于美术之林；同时如何通过有效的运作方式，把自己的艺术家和艺术风格、艺术流派推向中国和世界作有益的尝试。在中国美术馆举办此次展览，将对新时期的地域美术发展进行学术性的展示和研究，以便从宏观角度整体审视漓江画派的探索方向。

王文芳　《古道西风》

第二节 人物风采

2007年新年伊始，地方性的“齐鲁·人物——山东中国画人物画作品展”就在中国美术馆开幕，并举办了学术研讨会。这是近年来山东中青年画家的第一次集体亮相。画展展出28名山东中青年画家2006年最新创作的约180幅作品，这些作品全面反映了山东中国画人物画创作的整体面貌和总体水平。

王为政 《纸上谈兵》

山东独特的人文历史和艺术传统，滋养了这群艺术家茁壮成长。创造了独特的中国画人物画“齐鲁现象”。涌现出一批在全国产生深远影响的中青年画家，他们之中，有将视野投注到西部风情的，有钟情于农村题材的，有紧密跟进城市变迁的，有沉潜古典生活的，但似乎都打上了“齐鲁画风”的某些烙印。 这批山东中青年中国画人物画画家正在悄然崛起，他们丝毫没有停止艺术的思考和美学的追求，他们以伟大的传统和变革的时代为背景，努力在内容上和形式上有深刻的突破和个性化的创造，并为此创作了力求艺术深美的大作品。山东的中国人物画家们站在古今之间，中西之间，城乡之间，继承与创新之间，个体与群体之间，如何把握题材表现和艺术语言，如何凸现个性风格，缠绕着情理，积淀着文化盘旋于画家们的脑际和笔底。

在当代中国画的发展进程中，在以人为本的社会发展中，书画家和广大观众非常重视反映人们精神面貌的人物画创作的发展态势，尤其重视具有震撼人们灵魂的大型人物画创作的发展态势。《美术》杂志敏锐地将关注的目光投向了山东中国画人物画创作群体，认为他们“大有成为中国画人物画的前锋之势”。在展览的同时举办了学术研讨会，著名美术评论家孙克、刘曦林、陈履生、梁江、李一、李人毅等参加了研讨会。学术界充分肯定了山东中国画人物画创作的重要学术地位和广阔发展前景。认为展览在学术性、艺术性的基础上突出了个人代表性的大制作，全面地反映、立体地呈现了山东人物画家的整体风貌，对山东中国画人物画创作的更大发展起到了巨大的助推作用。

与此同日，由中国美术家协会中国画艺委会主办的“直面生活——中国国家画院首届人物画高级研究班刘大为工作室2007作品展”也在中国美术馆举办。此次展览是一批由全国各地考入高研班的画家通过两年的刻苦钻研之后人物画的一次集体献礼。这批画家分别来自不同省市的专业创作单位和院校，入学前就积累了许多创作经验及教学成果。两年来，在著名画家刘大为先生的指导下，站在现代文明的时空交汇点上，重新认识生活、重新解读现实、重新理解传统，在写实表现的艺术观念中，收获了不同的艺术成果。

第三节　鸟语花香

第十三届当代中国花鸟画邀请展于2007年9月25日在广州市三多轩艺术馆展出。

“当代中国花鸟画邀请展”在全国各地已相继举办十三届。这一展览已经成为全国花鸟画界一年一度的盛大节日，为全国范围的学术交流创造了一个很好的平台。这种形式的展览有很大的灵活性和包容性，它使作者能有一种自由宽松的创作心态进行各自的艺术追求；二是有一个全国花鸟画界同行间切磋交流的机会，有助于画家们个人从中找到自己的定位、定向，它集中反映了全国代表性花鸟画家的艺术水平，发现自己的优势，以凸显自己艺术个性；三是这种建立在学术基础上的友情，是一种同道间的纯真感情，这样就在全国花鸟画界形成了以学术为纽带的团结友好的气氛。

浙江的花鸟画有着悠久的历史和广泛的群众基础，整体水平也处在国内的领先地位，近年来年轻一代的花鸟画家成为浙江省花鸟画创作队伍的主流。

莫晓松　《菊花》

喻慧　《寒秋》

第四节　其他中国画

在当前全球经济一体化、文化多元化、东西方文化不断碰撞的大背景下，弘扬民族文化的优秀传统，提高民族自信心，拓展世界艺坛的多元性与差异性，推动中国艺术的发展有着十分重要的意义。

重彩写意画、重彩岩彩画等，都是中国当代文化的一个组成部分，都负有相同的艺术使命。今天，身处在时代的转折点和东、西方文化交汇点上的当代中国书画艺术，也正面临着如何继承和弘扬民族文化精神，如何克服浮躁心理，如何融会贯通东西方艺术之所长来表现时代生活等诸多的课题。

一、重彩写意画

自二十世纪八十年代以来，中国绘画出现了很大变化，一批出生于五十年代、历经“文化革命”和改革开放的画家，坚持依照中国文化的发展脉络，推动传统向前走。它在绘画实践中致力于语言的创新，“以新的迹象，建造新的境界”，借助柔术、杂技等通俗娱乐题材，表达对人性、自然的观照，同时在“重彩写意”的理念下，把水墨与色彩结合起来，呈现出与楚美术和民间美术相联系的独特风格。

钟儒乾　《踏之舞》

钟儒乾　《变形》

二、中国重彩岩彩画

2007年4月27日～5月4日由中国艺术科技研究所、天雅中国重彩岩彩画研究所、中华民族文化促进会共同主办“第五届中国重彩岩彩画展”在中国美术馆举办。文化部中国艺术科技研究所中国重彩岩彩画高级研究班从1998年至今已举办了20届，来自全国的重彩岩彩画家积极努力探索中国绘画发展过程中的多种可能性，并把中华民族优秀的传统文化与现代绘画的审美语言相结合，积累了丰富的视觉表现经验，在学术上取得了突出的成就，一大批优秀的重彩岩彩画家，在全国各种美术展览中脱颖而出。此次展览为弘扬、繁荣、促进重彩岩彩画的创作，为重彩岩彩画作者提供了研讨、展示、交流的平台。

此次展览吸纳了当前重彩岩彩画界深具代表性的作者参加，他们的作品具有很高的艺术水准，籍此引发观者对当代中国绘画创作更深刻的思考。参展作品展示了艺术家的内心世界，真诚而质朴，既有对当下现实生活的静心思索，也不乏怀旧情绪的历史还原。无论是表现心灵的独白、人文情愫的关怀，还是画面的重新解构和组合，都会让观众从视觉的表面走向内心的深度，体现了艺术家们以其独特的视角和技法来演绎出主体心象，呼唤人类文明、尊重传统文化、强调人文精神、关注真切情感、追求精品意识等艺术表达方式和创作态度。同时也反映出画家处于当下多元文化转换之下，不仅仅满足于对于外部世界的关注和敏锐观察，更反映了画家对于民族文化精神和审美意蕴的无限眷恋和执著追求。

这次展览作品的征集是在充分考虑了艺术家的艺术创作水准之下决定的，这些艺术家大都是国内外具有很重要影响的重彩岩彩画家，他们在创作之余还要承担教学和科研的任务，职业和学术修养的缘故，使得他们对待艺术创作的态度是真诚扎实和严谨。他们的作品强调民族文化审美观念，提倡现代创新意识，具有艺术创作风格的多样性，表现形式的丰富性，题材内容的时代性，更加关注中国当代重彩岩彩画的内涵和现状以及未来的发展方向，注重艺术影响和文化积淀。

2007年12月，由中国油画学会、北京工笔重彩画会、中央美院中国画学院共同主办的“形象·对话——中国油画、工笔重彩、水墨肖像艺术展”在中国美术馆举办。展览汇集了52位分别在油画、工笔重彩、水墨领域里具有一定代表性画家的156幅肖像画作品，其中既有每位画家早期的代表作，也有画家近年的新作，是一次高水平的专题性学术展览。

油画、工笔重彩和水墨画以肖像为专题采用形象对话的方式并置展出，这在我国美术历史是前所未有的。以比较艺术展的形式来研究各自艺术表现形式的异同，这种展览形式便于促进三种艺术表现形式之间的相互交流、学习和借鉴，在对话中探讨当代肖像画艺术的不同审美需求、社会作用与未来发展，这对我国肖像画艺术的多元发展和艺术家今后的创作实践具有重要的学术意义。

三、当代艺术

从“民间元素”中探索绘画艺术的语言。改革开放以来新一代学人对传统文化的传承与创新，在抢救、保护、传承、新生的思路中，他的研究指向在于激活民间文化基因、追寻传统民艺的现代新生，并最终服务于现代生活方式和艺术创作。学术研究造就了他的绘画格调，提升了他的艺术追求，他的艺术作品也是多年民间艺术滋养浸润的自然流露。在多元文化的撞击下，融中华传统和现代理念于一体，以自我的思考营造物象，使作品的视觉面貌具有鲜明的时代气象，以意象的形式构成统摄有形的自然景致，形成具有东方文化特质的意象风格。

主要参考展览：

2007－01－10～2007－01－16．“直面生活”刘大为工作室2007作品展

2007－03－15～2007－03－26．何署坤书法展暨《何署坤书法作品集》首发式

2007－03－28～2007－04－05．“隔岸”刘庆和作品展

2007－04－20～2007－04－26．“迹·象·境”钟孺乾绘画学术研究展

2007－04－27～2007－05－04．第五届中国重彩岩彩画展

2007－05－31～2007－06－13．“紫禁丹青”中国当代著名美术评论家书画作品邀请展

2007－06－13～2007－06－19．叶浅予百年诞辰艺术展

2007－06－30～2007－07－05．半山壑山水画展

2007－07－19～2007－07－27．翰墨颂歌·中国美术馆迎奥运书法邀请展

2007－08－11～2007－08－17．第三届中国画大展

2007－10－23～2007－11－08．北京画院、上海中国画院建院50年展

2007－11－04～2007－11－14．“世纪·可染”李可染诞辰100周年作品展

2007－12－05～2007－12－14．“形象对话”中国油画、工笔重彩、水墨肖像艺术展

第三章　中国书法尽开颜

2007年中国书法家协会本着在全局中定位，在大局下行动的思路，组织和策划了几项有影响、有震动的活动并取得了较好的成效。中国书法家进万家行动计划，通过命名中国书法名城、书法之乡、书法名山和捐建兰亭小学、兰亭中学等举措，使书法事业逐步引起地方党委和政府的重视，纳入地方经济文化发展的总体规划，把活动逐步引向深入；中国书法环球行计划得到外交部、文化部领导的高度重视，纳入文化外交的视野之中，伴随着中国书法环球行——走进澳洲、走进非洲等活动，特别是国际书法发展联络会秘书处移交中国，有效地提高了中国书法的母国地位，扩大了中国书协国际影响。目前这两项行动计划已经成为中国书协的品牌性活动；第九届全国书法篆刻展的成功举办，把书法艺术又推上了一个新的平台；读书年、调研年活动有效地提升了书法家队伍的国学修养和整体素质；经过整章建制的书协机关的服务意识和服务能力有了明显提高。大家普遍感到，中国书协和书法界的整体面貌发生了很大变化，良好的社会形象已经和正在树立起来；书法艺术在构建和谐社会，特别是弘扬中华传统文化中的作用已逐渐地显示出来；整合资源，打造品牌，更加自觉、更加主动地推进书法事业大发展大繁荣的工作目标已经确立，正在转化成为书法界和广大书家的自觉行动。

从2007年的全国书法展览可以看出，书法作品也异彩纷呈、花香满园。

一、全国第九届书法篆刻展

“全国书法篆刻作品展览”是我国书法界四年一届的最高规格盛事，是全国书法家和书法爱好者的学术交流圣殿。每届展览所展出的1000件左右的书法作品，遴选自全国数万件参选作品，代表着当前我国书法艺术的最高水平，对之后相当长一段时期我国的书法创作起到很强的引领和示范作用。被誉为书法“国展”的全国第九届书法篆刻展，于2007年10月13日在广东省中山市美术馆正式进入评委进场及稿件初审。12月18日至25日在流花展馆举行展览。

第九届国展可以说是开创了多项第一，首先，前八届都是在长江以北举办的，这次南下广州，可以说是自1980年首届国展以来第一次“过江”，备受书法界的注目；其次，本届作品之多、评委之多也破了往年的纪录；另外，本次评审中，必要时让获奖作者到中山现场进行挥毫测试，以检验和排查出一些‘请人代笔’的现象，让获奖的作品含金量更高。

10月19日，由中国书法家协会主办，广东省委宣传部联合主办，广东省文联、广东省书法家协会承办的全国最高规格的、倍受书界关注的“全国第九届书法篆刻作品展”评审工作在广东省中山市圆满落下帷幕。本届国展在征稿数量、获奖人数上创历史新高，在征稿计稿、计票方法以及评审方式、机制上都有所改进和创新。

第九届国展共收到作者来稿55319件，其中广东7082件，河南6253件，山东5061件，江苏4722件，浙江2612件，位居各省投稿量的前五位；海外投稿作者涉及10个国家和地区，来稿81件；集体投稿的省市自治区有25个；册页作品535件。其中篆刻占来稿总数的4%、篆书占8%、隶书占13.6%、楷书占13.8%、行草占60%。这些来稿作品在评审之前，已经按照中国书协和九届国展组委会的要求，引进了新开发的软件程序，对每一件作品进行了登录和统计。

此次评审共评出入展作品993件，获奖35件，获奖提名69件。评选开始之前，第九届展国组委会组织召开了全国第九届书法篆刻作品展评委工作会议。中国书协主席张海，驻会副主席、分党组书记兼秘书长赵长青，副主席申万胜等人和来自全国各地的评审委员、监审委员、观察员等近100人参加了会议。会议由赵长青主持，张旭光就《评审标准》《评审工作流程》作了说明。吕如雄宣读了第九届国展评委名单。白煦介绍了来稿和准备工作情况。会议讨论通过了《评审标准》《评审工作流程》和《评委守则》。张海在会上作了讲话。整个评审分两个部分进行。第一部分，通过初评、复评和终评，从5万多来稿中评出入展作品993件；第二部分，获奖提名作者现场创作测试，如发现与投稿原作明显不符的，取消获奖、入展资格；未到现场测试者，视为自动放弃获奖、入展资格。

此届评审委员会由55名专家组成。评审委员的产生坚持德才兼备原则，代表性、权威性、包容性、专业性原则，均衡兼顾性原则，组织与评审两权分离原则，着眼书坛遵重评委原则等，经民主协商、反复酝酿，秘书长办公会议集体研究决定评委人选，从而保证了评审工作的权威性、代表性和包容性。评审委员会分设楷书、行草书、隶书、篆书、篆刻和国展论坛六个评审组。根据九届国展评委产生办法规定，中国书协工作人员、五个书体及篆刻、学术委员会的秘书长只参与评审的组织工作，不参加评审工作。

评审分初评、复评、终评和评奖四个阶段。

（一）初评

楷书、篆书，篆刻、隶书书体评审小组均由7位评委组成，分别分成两个小组对各书体全部来稿进行评审：从2222件篆刻来稿中选出320件左右；从4211件篆书来稿中选出400件左右；从7219件隶书来稿中选出640件左右；从7322件楷书来稿中选出640件左右。行草评审组15人，分三小组，从31922件来稿中选出2000件左右。初评时两位评委同意即可入选。各评审组分别对淘汰作品进行交叉复查，复查选出的作品须经本组两位以上评委同意认可后进入复评。

论文评委对所有来稿进行审查和审读，淘汰不符合征稿启事要求或水平极差的来稿；每件来稿须经半数以上评委审查审读并签署意见，才能决定取舍。

（二）复评

各书体评审组分别在公证人员、监审委员监督下，将初选出的全部作品启封后，按书体分别交各书体评审组评进行评审，仍按各书体评审小组分工，从初评作品中各复评出约50%左右数量的作品，也就是一半左右的初评入选作品在这一环节被淘汰。

（三）终评

终评以涂卡并计算机统计的方式进行。终评兼顾不同风格、不同流派、不同取法作品入选，关注有个性、有创意、有学术价值的作品。各书体评审组分别在公证人员、监审委员监督下，将初复评阶段选出的全部作品启封后，按书体分别交各书体评审组进行评审，再次进行半数淘汰。

（四）评奖

评奖原则：在兼顾不同风格、不同流派、不同取法的基础上，强调在传统基础上创新，关注学术意义；关注有实力、有成就的作者；注重书写内容，防止文字、文学错误；严格遵守评委守则，坚持公正公平，不徇私情；评奖办法本次实行小组提名制，每小组三位评委，在本书体入展作品范围内，协商提名。各书体评审组设立提名监审小组，对提名作品进行登记、审查、认定。监审小组由监审委员和工作人员组成。

（五）提名

提名时，评委回避本省作品，填写提名登记表并签名，经提名监审小组确认后生效。进入获奖提名的作品，主要根据作品的质量，从推动不同书体协调发展的角度，进行协商，并确定不同书体获奖提名的数额。

（六）投票

投票前，各书体评审组用一定时间再次对作品检查并进行评议，在取得相对一致意见后，进行投票。各书体评审组按照2：1的比例实行淘汰。

（七）计票

公证员、工作人员现场打印出35名获奖作品作者名单、35名获奖提名作品作者名单和入展、入展提名名单；同时打印5名论文获奖名单和15名论文入选名单，并由全体评委签名。

（八）获奖作者现场创作。

获奖作者由工作人员通知，根据自己提交参赛作品的书体，按照评审组规定的书写内容，在规定时间内完成创作。篆刻作者自备章料进行创作。评委根据获奖作者的投稿作品、现场创作作品，核实作品的真实性以后，写出评审意见。在获奖名单上签字，由公证员公证。监审、公证人员参加监督。最终获奖名单，现场公示，10天后正式公布。

2007年10月19日下午，举行了第九届全国书法篆刻评审工作新闻发布会，纪光明介绍了来稿登记情况，张旭光介绍了评审情况，聂成文、吴善璋宣读获奖公示名单，陈仲秋代表广东省讲话。陈洪武主持新闻发布会。九届国展新闻团的全体成员、东道主广东省的有关媒体记者近百人出席新闻发布会。

一等奖（5名）　行书：龙开胜（北京）
草书：童孝镛（部队）
篆刻：陈　靖（山东）
隶书：李守银（江苏）
楷书：李国胜（河北）

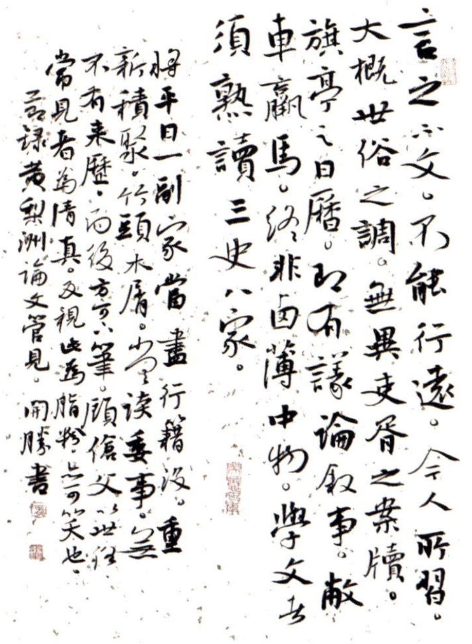

龙开胜　《行书作品》

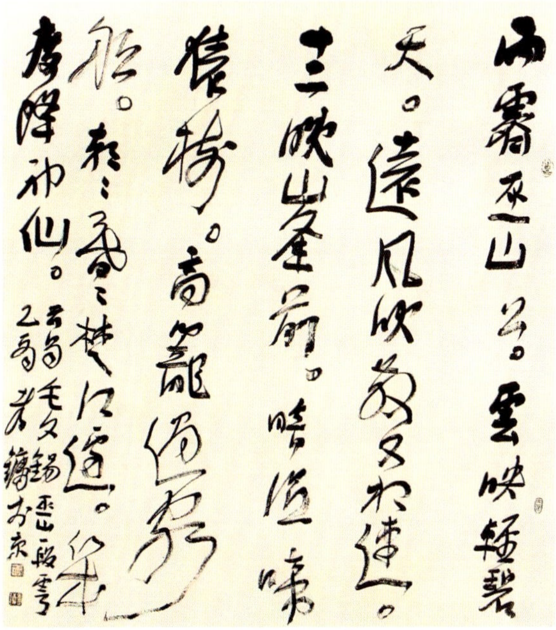

童孝镛　《草书作品》

二等奖（10名）
隶书：何来胜（浙江）邹家喜（湖北）
篆刻：鞠稚儒（广东）
楷书：李建明（江西）钱松君（黑龙江）
篆书：刘颜涛（河南）
行草：何　豪（广东）熊志凌（贵州）朱古华（辽宁）王乃勇（河南）

三等奖（20名）
篆书：赵永成（甘肃）汪洋舟（江苏）
楷书：石　锋（广西）史焕全（河南）林志明（福建）张灿森（山东）
篆刻：仲伟迅（黑龙江）
隶书：耿自礼（河南）顾宇驰（江苏）
行草：钟　成（北京）卜庆中（山东）王大公（辽宁）李洋（辽宁）林秋宏（广东）
陆家衡（江苏）李吉东（辽宁）崔胜辉（北京）张军文（四川）颜奕端（广东）
吕金光（山东）

二、庆香港回归10周年全国名家邀请展

由香港艺术发展局与康乐及文化事务署主办，并由“甲子书学会”合办的“视艺掇英——专题展览系列”中的《道艺融通——庆祝香港回归十周年当代书法篆刻展》，是这项计划的第二个类别的展览。张海、陈绍基、陈永正、方志勇、任贯中、何幼惠、吴高石、岑寂秋、唐锦腾、梁启明、许雪明、陈文杰、陈更新、陈梦标、欧展昂、郑浩明、饶宗颐、翟仕尧、黄君实、苏树辉、马润宪、李纪欣、叶恺、李咏梅、容浩然、郭耀伟、黄日燊、卢荣坤等书法家的墨宝呈现在香港同胞面前。

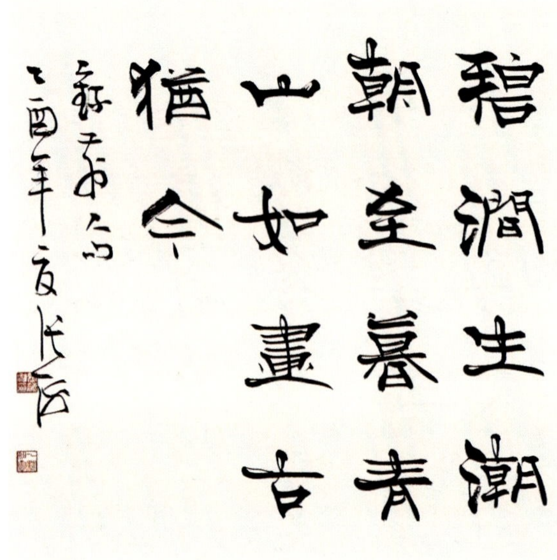

张海　书法作品

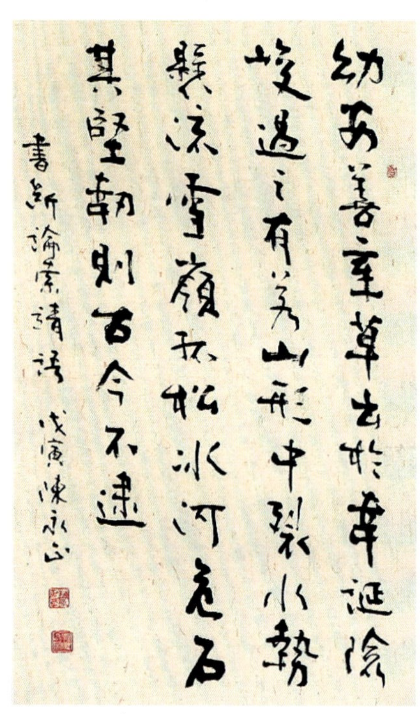

陈永正　书法作品

三、其他书展

1、中国人民解放军建军80周年全国名家邀请展；

2、全国老年书法展；

3、西部书法联展；

4、纪念老子诞辰2578周年书法展；

5、纪念傅山诞辰400周年全国书家邀请展；

6、纪念赵朴初诞辰百年书法展；

7、社会主义新农村建设等主题展；

8、当代篆刻艺术大展；

10、以全国千名中青年名家精品展为主的“书坛名家系统工程”。

第四章 篆 刻

我国篆刻源远流长、蕴涵丰厚，是中华文化的瑰宝。千百年来，方寸之间，气象万千。而真正的篆刻艺术从明代兴起，到了清代出现了万紫千红的局面，名家如云。现代由于甲骨文的大量出土，甲骨文入印更是一个特色。篆刻与书法的结合，直到“诗、书、画、印”熔成一炉，大大发展了篆刻创作理论与实践。随着印社组织如西泠印社、乐石社、龙渊印社、《印人传》等的出现，篆刻艺术也逐渐成为了独立的艺术，屹立在了世界艺术之林。

20世纪80年代初期开始，当代篆刻的先行实践者们在传承历史的基础上，在字法梳理、刀法历练、章法构成等方面开始了全方位的革命。他们的实践经验使当代篆刻的发展进程迈开了步伐，实现了当代篆刻艺术继明清流派印风之后的又一次递进。

现代的篆刻家在继续开创篆刻流派艺术的发展道路，借鉴民族的优秀艺术传统，突破秦、汉玺印和明、清流派篆刻的规范，勇于革新，不断探索，揭开了现代篆刻艺术新的一页。特别是改革开放以来的近三十年间，伴随着社会稳定、经济繁荣，古老的篆刻艺术获得了前所未有的发展机遇，取得了令人瞩目的成绩，完整的书法篆刻教育体系的形成，众多高校书法篆刻专业的开设，篆刻展览、竞赛、出版、教育、研究、交流等活动的蓬勃开展，各种类型的全国展、国际展、地方展、主题展的相继举办，一大批优秀的篆刻艺术家的推出，都促使了具有现代意味的大写意印风兴起，与工整精致的篆刻风格、传统流派印及个性化印风共同构成中国当代篆刻艺术的总体格局。

中国篆刻讲究章法和刀法，通常强调宾主、呼应、虚实、疏密等形式美规律。能够运用奇正向背、方圆错综、虚实疏密等方法处理印章的分朱布白，造成顾盼生情、气韵贯注、虚实相得的章法美和意境美。

相比传统篆刻，现代篆刻主要特征表现为以前沿篆刻家对个性化的刻意追求为先导，表达自由奔放的情感世界。它们最主要的区别首先是功能上的质的变化，也就是说，现代的篆刻已经独立成为了一门艺术，表达着作者的情感世界。虽然还保留着一些信物的实用功能，但对于刻印者来说，这种实用性已经不再作为刻印的主要目的而存在，也不只是附属于书画作品上的点缀了，它与书画并驾齐驱，单独形成一门艺术；其次，也由于现代篆刻的这种新功能，它允许篆刻家有更大的自由和发挥表现的空间，这就出现了现代篆刻形式上趋向写意之风。

现代篆刻家们所创造的写意之风大大丰富了篆刻艺术的表现力，也更增加了篆刻艺术的个性化色彩和艺术化特征。在众多的现代名家中，韩天衡在古典韵味上的创新，在带来雄强、奔放的大美的同时，表达了更为精准的古典语境，拓宽了篆刻艺术的技法，使篆刻语境的表现空间上升到一个更高的技术层面；王镛醉心于秦瓦汉砖，将其朴实稚拙、玲珑雅致或大写江湖，或笔触山林，让遗落在民间的古砖朴瓦成为新的古典，带来自由的空气；石开让汉代旌文和鸟虫篆里的庸懒、蜿蜒的诡异、烂漫，成为了轻松、活泼的细碎冲切，以诙谐、轻松表现其对 “市井风情”的微妙理解；吴子建从三代古器等的远古美感中寻找来的苍浑与神秘，于古穆流婉之中表现出自信从容的萧散情怀，对汉代鸟虫文字的精神意境有了新的发展；李刚田、刘一闻等以文人的矜持与严肃，坚持着传统印章的纯粹基调；陈国斌以原始图腾和西方现代美术的诡异，凭借怪诞与迷离，加速了篆刻艺术从传统向现代跳跃的美术化进程；崔志强、朱培尔等则以新古典主义的立场开拓篆刻艺术的大写意风格；刘彦湖把白石老人纯粹的琢刻理想，置入对远古图腾的神秘符号的理解，会通中西于方寸之间；葛冰华以创造的精神感动印坛、戴武以暗合于古人的新的构成，续写远古语境的陌生感触、徐正廉固守着自己的巧妙与稚拙，以返朴后的童真使篆刻语言更加宽泛、新颖……

篆刻的中国特色具有其他艺术无法比拟的趣味，与文字、书法、绘画、雕刻、工艺沾边的篆刻还与历史、文化、社会、科技、人物等沧海沉浮。它方寸之地，团结一气，气韵生动，动静无常，常格藏奇，奇正映带，带燥方润，对其他艺术的发展发挥了深刻而积极的影响。它不仅孕育了秦代的典正，汉代的悍强，魏晋的隽雅，唐宋的缠绵，元代的幽疏，明代的流丽，清代的机敏，民国的精深，当代的写意外，更是中华民族艺林中的一支独具异彩的奇葩，深深镌刻着民族几千年文化历史发展的轨迹，先秦古玺的质朴天然，秦汉印章的典雅丰伟，宋元文人印的兴起，明清篆刻的流派纷呈与艺术繁荣，累积成为一座丰厚的文化艺术宝藏。

到了现代，篆刻这门集书法、章法、刀法三者完美结合的艺术，经历了二、三千年的传承，呈现出一个空前繁荣的状态，从事篆刻创作的人数、风格之多，都超过了历史上任何一个朝代。战国玺印的出神入化，秦汉印章的端庄典雅皆成为中国印章的永恒旋律和不可逾越的高峰。而作为一个现代艺术，除了传承，篆刻更有了兼容并包的气度，汲取人类优秀的文化传统，以更广阔的视野，去适合当代艺术的需求。

纵观当代的篆刻艺术，其发展早已超出人们从前对这一艺术形式的认识，篆刻家的眼界与前人相比得到了前所未有的拓宽与丰富。在印风、印文、材质等方面都有很多创新，创作手法也不再局限于篆刻本体，而是借助书法、国画甚至西方抽象绘画等各种要素，风格日渐丰富。

相比来说，传统印章讲究结构匀称、谐调的静态美，现代篆刻家则着力于自我情绪的表现，追求个性的张扬，给人视觉冲击的快感，讲究视觉动态美。在章法上，现代篆刻把大疏大密，错落，粘连，挪让等特征发挥得淋漓尽致。刀法上则推陈出新，直指创作精神，酣畅淋漓，有什么样的立意和章法设计，就用相应的刀法去表现。同时，现代篆刻家还善于通过应用冲刀、切刀、涩刀、纯刀等刀法，将“刀、石、笔、墨”四者的结合起来。表现篆法、章法的笔意墨趣、布局韵味。在入印文字的选择上，现代篆刻家的目光已从传统的大篆、小篆、摹印篆等转向了许多民间性、地域性的书体或文字转型期的边缘化书法，大大充实了入印文字形式。同时，篆刻家追求对入印的文字作种种充满个性色彩的圆融与改造，或将行草书法意味融入，或在一方印章中直接将行草与篆隶书法作有机的结合，在字体变化的同时也丰富了章法和刀法。当代篆刻艺术形式的多样性是其自身的规律，也是社会对篆刻艺术的期望，更是篆刻家发挥个性才情的必要条件。

进入21世纪，在经济全球化的大背景下，保持民族文化特色和全球文化多样性日益得到各国政府的重视。伴随着经济的腾飞，文化观念的发展，中国艺术家在向西方学习的同时，也越来越重视自身的民族文化属性。中华民族独具特色的传统艺术形式重新受到人们的关注，不仅篆刻艺术本身获得了全新的发展，而且现代艺术创作与设计都将书法、篆刻作为最能代表民族文化的艺术元素广泛运用。随着奥运图标“中国印”的广泛传播，中国的篆刻已被国际艺术界认知，吸引国际艺术爱好者的目光。

代表人物：

韩天衡（1940～）生于上海，江苏苏州人。

王　镛（1948～）生于北京，山西太原人。

石　开（1951～）福建省福州人。

吴子建（1947～）福建福州人，生于上海。

李刚田（1946～）河南省洛阳市人。

刘一闻（1949～）祖籍山东日照，生于上海。

朱培尔（1962～）生于江苏无锡。

刘彦湖（1960～）生于黑龙江省鸡东县。

葛冰华（1962～）哈尔滨师范大学艺术学院国画系书法篆刻专业教研室主任。

戴　武（1961～）生于南京。

徐正廉（1953～）生于上海。

主要参考文献：

柳青凯《走向多元——试述当代篆刻持续发展的时代机遇》

第五章　文房四宝

人类文明自诞生时起，人们便以各种方式将文明的果实保留下来，使我们能够领略到先辈的风采与创造，同时也使我们的文化得以延续和发展。在这一过程中，文房用品尤其是“文房四宝”，作为文明的载体起着重要的作用。在我国历史文化长河中，很早就已有“文房”之称，笔、墨、纸、砚则被誉为“文房四宝”。在用于书法、绘画的文化艺术工具中，仅这四样宝，就已备受文人的喜爱和珍藏。

文房四宝是中国书画文化的传统工具，也是文化的载体，历代文人墨客对此文房四宝多有赞叹，有的甚至爱之成癖。它与中国的文化一脉相承密不可分，它们的制作也是千变万化，名品精品层出不穷，较之于西方的古典文房工具真是丰富无比，是中国独具特色的文书工具。

笔：毛笔是中国独有的品类。传统的毛笔是古人必备的文房用具，也在表达中华书法、绘画的特殊韵味上与众不同。毛笔起于殷商，历史非常悠久，经过长期的历史发展，随着书法、绘画的发达而繁荣，出现了名目繁多、种类不一的各种毛笔，而尤以湖州（今浙江省湖州市）产的湖笔最为著名，其余还有有宣州、歙州、新安、黟州（均在今安徽省）和吴县（今江苏省苏州市）等制笔中心。

墨：古代书写中必不可缺的用品，原始社会晚期，在描绘彩陶纹饰所使用的黑色基础上逐渐产生、发展起来。在人工制墨发明之前，一般利用天然墨或半天然墨做为书写材料。中国的制墨业在明清时期出现繁荣，形成了以安徽徽州为中心的名墨产地和罗以华、程君房、方于鲁、汪中山、曹素功、胡开文等制墨名家，所制墨广受文人学士欢迎，有徽墨之誉。近年来，徽墨也不断推陈出新，绩溪胡开文墨业有限公司系列“胡氏油烟墨”、“胡开文宝墨”、“胡开文书画墨”、“中国书画墨”等产品使徽墨达到历史最高水平，形成了以绩溪县上庄镇为中心的产业基地，并从绩溪县拓展到旌德县。

纸：中国古代四大发明之一，在纸张发明之前的很长一段时间内，人们用结绳来记事。纸曾经为历史上的文化传播立下了卓著功勋。即使机制纸盛行的今天，某些传统的手工纸依然体现着它不可替代的作用。书画艺术所用纸张以安徽宣城所产最佳，其纸韧洁、光亮、白净，不变色，人称宣纸，有生、熟之分，因制作技术、工艺、原材料等的不同，而又具有不同的名称，被誉为中华民族的瑰宝，是中国书画艺术的特殊用纸，有“千年寿纸”之美称。宋代，宣纸供不应求，建国后宣纸产业得到空前的发展。泾县是全国著名的“中国宣纸之乡”，中国宣纸集团公司是我国最大规模的宣纸生产企业。

砚：起源约在殷商初期，古时以石砚最普遍，现在仍以石质为最佳，最负盛名的是广东产的端砚和安徽产的歙砚。此外还有山东的红丝砚（鲁砚）、甘肃的洮河砚，以及陶砚类中的澄泥砚。这些名砚的共同特点是发墨如油，细腻温润。特别是其中各种雕砚，经文人或工匠的精心设计与加工，造型古雅，图案生动，令人爱不释手。

中国的文房四宝不仅有实用价值，也是融汇绘画、书法、雕刻、装饰等各种艺术为一体的艺术品，而在古代文人眼中，它更是精神上的良伴。绵延几千年的中国书画艺术就靠着文房四宝这套传统工具来传达人的思想、文字、生活与感情，而成就了不朽的千秋事业。不可想象，没有自己的书画工具，中国古代的书画艺术将会是怎样的面目，如此众多光辉灿烂的典籍将会以怎样的形式流传至今，古代的文人士大夫将会怎样表现自己的儒雅……

而更重要的是，文房四宝在中华民族文化发展史上也立下了不朽的功勋，它具有优良的民族文化传统和独特的艺术风格。几千年来，它对记录祖国悠久的历史，传播文化知识以及促进书法、绘画艺术的发展都起到了重要作用，被视为中国传统文化的精髓、中国五千年文明史的象征。同时，它对促进世界文明和社会进步也做出了巨大贡献。这些工具本身由于应用而产生，并在不断的改进和提高中，发展成为我国独具特色的工艺美术品。

而现在，尽管现代文明创造了无数令人眼花缭乱的精美的书画工具，当现代多数中国人的生活中，“文房四宝”也已渐渐变得疏远甚至被遗忘的时候，传统的文房四宝仍有自己不可替代的地位，而成为了人们的心中文化的象征和载体，并随着社会现代化程度的加深，愈加显示出令人神往的魅力。

如今，人们又重新审视自己的文化，古代的文化遗产成为普遍关注的对象，似乎意味着某种觉醒和寻求。除了专门从事中国书画艺术的人员外，文房四宝也受到普通百姓的喜爱。艺术工作者重视它们，是由于文房四宝同中国的书画有不可分割的联系，离了它们，中国书画就不能表现出自己的神韵。普通的人喜爱它们，是由于其中包含着无穷的文化魅力，即使不使用放在书斋里作为摆设也让人快意，作为古玩来收藏，也可以令人陶醉。对文房四宝及文房用具的探讨，研究，也已成为了推动其发展是当今社会的一项任务，更成为了我国文化发展的需要。

所谓“名砚清水，古墨新发，惯用之笔，陈旧之纸”，笔、墨、纸、砚各有各的用途，各有各的讲究，合起来是整个一套，再写出我们的文字，综合成为我们独特的传统书法艺术，它已不但为我们自我欣赏，更是得到越来越多世界各国人们的瞩目、珍爱。

文房四宝是文化领域内的工业产品，它有着博大精深的文化内涵，保留着古老的文化记忆，传递着多元的文化信息，承传着宝贵的制作技艺。因此，在经济文化高速发展的今天，随着社会各阶层收入的增加和生活水平的提高，必然会提升大家对精神文化的追求。

文房四宝同文人士大夫水乳交融的结合形成了中国文化特别是其书画艺术无与伦比的意蕴，民族崇尚文化的传统则使笔墨纸砚在一代又一代的承传中变得愈加完美和精致，即使单独作为艺术品，也可以令人痴迷而把玩终日，作为古玩或摆设，更具有收藏价值。笔、墨、纸、砚之所以称为“宝”，除了它们作为我国文化艺术的某种象征外，还和历代工匠的精心选材与制作有关。而随着现代社会经济、文化的不断发展，笔墨纸砚的品种日渐增多，能工巧匠层出不穷，生产技术水平不断提高，文房四宝焕发出了勃勃生机，从造型设计到生产制作，都具有自己的一套艺术传统，各自形成了一门独立的艺术学科。

但是，作为我国的传统产业，文房四宝行业的发展并不十分乐观。砚石资源的日益减少，徽墨生产条件的艰苦，纯手工制造的极低产量等，都成为了我国文房四宝行业发展道路上的瓶颈。因此为了地方经济的发展，许多文房四宝特色产区纷纷发挥自身的优势，做出了新的贡献。今天，浙江省湖州市南浔区善琏镇成为了“中国湖笔之都”，安徽省宣城市是“中国文房四宝之乡”，广东省肇庆市是“中国砚都”，安徽省歙县获得“中国徽墨之都”与“中国歙砚之乡”荣誉称号。而歙砚研究所的成立，更以技术创新、形成特色文化产业为发展目标。此外，肇庆市端砚文化节的举办，善琏镇湖笔文化一条街的建立，历代湖笔文化名胜古迹等建筑的恢复，歙县为文房四宝企业申报全国旅游产品定点生产企业的举措，特色区域行业协会的成立，都使文房四宝行业发展走上了产业化、规模化、集约化和市场化的必由之路。同时，现代传媒的迅速发展，也使文房四宝企业积极借助各种信息媒体手段，如建立网站、拍摄宣传片、出版画册书籍等来提高企业的知名度，也为创作队伍的发展提供了良机。

在中国传统书写工具遭遇计算机无纸化操作挑战之时，抓住国内外艺术品市场方兴未艾的良机，通过企业改制、产品创新敲开现代经济的大门是新时期文房四宝焕发青春的良好机遇，而2007年3月，中国文房四宝协会和中国科学院科技史研究所牵头申报文房四宝为世界级非物质文化遗产工作的正式启动，对文房四宝传统工艺的传承无疑将起到积极而有效的推进作用。

主要参考文献：

《文房四宝从传统文化到现代经济谈》来源：国际艺术界网站

第三篇 2007年书画感言

徐培晨

空谷传声

138×70cm

纸本水墨　2007年

第一章　中国画的文脉

第一节　中国画的造型特点

绘画的造型标准是什么呢？ 写实主义的标准是“画什么像什么”，抽象主义的标准则是“画什么不像什么”，而中国画的造型“妙在似与不似之间”。在中国画家看来，仅仅做到形象再现，或仅仅作到抽象表现，都还不是好画，好的作品必须使二者在高层次上达到合一。中国画追求着人与自然的融和。它既体现着自然的本质，所以是具象的。又体现着人的自我本质，所以又是抽象的。它所运用的是具象与抽象化一的语言，也就是所谓“似与不似”的语言。怎样达到这种境界呢？中国画家将形似与抒写性情两个方面合而为一。就是中国画“写实”和“写意”的并行发展。

中国书画的旨趣就是怡情悦性，笔墨转而有了独立于丘壑之外的意趣和价值。在笔情墨趣的追求中，获得了一个极为融洽的结合点，即“天人合一”。由于中国独特的辨证形象思维的制约，中国画并没有因为对笔情墨趣的追求而走上完全抽象的道路。能反映主体和客体相融合的画为最高水平的中国画。

中国画是用中国所独有的毛笔、水墨和颜料，依照长期形成的表现形式及艺术法则而创作出的绘画。它是中国传统绘画的主要种类。中国画在古代无确定名称，一般称之为丹青，主要指的是画在绢、宣纸、帛上并加以装裱的卷轴画。近现代以来为区别于西方输入的油画（又称西洋画）等外国绘画而称之为中国画，简称“国画”。中国画在思想内容和艺术创作上，反映了中华民族的社会意识和审美情趣，集中体现了中国人对自然、社会及与之相关的政治、哲学、宗教、道德、文艺等方面的认识。

第二节　正本清源　贴近文脉

一、中国画的人文精神

中国国家画院院长龙瑞先生认为“李可染先生作品的内涵是一种中国的人文精神。可染先生的艺术之所以很动人，之所以现在大家对可染先生的艺术还非常崇敬，用他自己的话说就是，他一直用爱国的、关注国家存亡的状态作画。他在重庆金刚坡画画，老家徐州被日本人占领了，先生很悲恸。他也一直追随郭沫若先生搞抗日宣传，如果没有这些大背景，可染先生的画就仅仅是技术方面的问题。可染先生还有最重要的艺术特点，他的画沉厚、沉郁，有对中国整个河山的审视。先生就像居高临下地站在比较高的地方来把握一个地区、区域的整体的味道，这就是中国人讲的‘境界’。

可染先生画江南，那张《杏花春雨江南》真是一片江南。到现在为止，很多画水乡的人都只画一些像小倒影、停靠的小船这些外在的江南景象，只画了水乡的壳，没有画出水乡的魂，没画出那个韵味。而我们可以从可染先生的画中读出鲁迅、瞿秋白，读出茅盾、巴金、老舍等那种人文精神。可是我们现在的山水画却没有人文精神。”

人文精神创作的基本点在于学会做人。对人格品行的修练应是中国画创作者终身的不懈追求。

由于文人画在传统中国画中所处的优越地位，这也意味着对传统价值评判标准的重新认识，并且与中国画未来命运的构想结合在一起。是传统与写实主义的结合。然而对于写实主义所提倡的“写生”，我们并不反对。非但不反对，还希望大家自觉地通过写生来进行内部的超越。写生与临摹的关系并不对立，而是相辅相成的；写生，不是绘画入门的途径，而是一条升华之路；写生，不是解析自然的手段，而是融入“大我”的体验。

这样的写生观，本来就源自于中国独特的艺术精神，故而亦融会于传统绘画功能一元和谐的图景中。

"'正本清源'只是作为一个口号的提法，这是一个很艰难的工作，因为本身这个'牌'已经乱了，我们要'洗'还是要费功夫的。要从理论上、从中国绘画的哲学思想上、总体的人文精神上，建构它的品评标准，这些基础研究是不可丢的。我们现在面临的问题是在提倡弘扬民族文化时，往往对民族文化断章取义，各取其用。'学而时习之，不亦说乎'。就这一句话完全包括着中国绘画的艺术形态和中国艺术的生态，这里面说的'学'不是指自然学科，是指作为人的学问，做人的学问要反复习之，活到老，学到老。最重要还是要'时习之'，就是反复操练、反复体味、把玩其中味道。中国画就是在这种形态里，所以说中国人的艺术不太重视作品，重视'迹'，痕迹，是人生阅历、迹象所留下来的东西。说谁是个大艺术家，他留下50部作品，那是西洋人的理论。中国人在创作中没有创作的概念，比如说王羲之写《兰亭序》，休憩于茂林，把事记下来。比如说哪朝哪代失火了，把这东西烧掉了一半，照样有价值。一看是王羲之的字，他的笔法还在里面，这才是'迹'能体现出来的。如果说伦勃朗的画烧得剩下一半了，这价值就没什么体现了。所以说艺术和人生的关系应该从中国画里体现出来，中国艺术是人生的艺术，没有专门的艺术家。如果说人类口头和非物质文化遗产的保护，中国画是我们民族文化最深刻、最核心的代表，是最值得保护的。为什么中国画要以一个程式化的变化画，不懂中国画的人上来就问，你们画国画画了多少年，就老画那样?但是，像黄宾虹透露出来个中精神上的消息你看到了没有?!中国文化就是这样，包括太极拳、武术，太极拳各种流派。学会这套东西，相对容易，半年基本套路都会打了，打10年，一个境界，打20年又一个境界。正是因为这个才能被众多的人所接受，这是一个文化共识。现在有很多艺术家动不动就张扬我们的个性，个性很可贵，但是个性都是建立在共性的基础上的。"

二、要处理好作画与凝练诗意的关系

中国画在创作上重视构思,讲求意在笔先和形象思维,注重艺术形象的主客观统一。造型上不拘于表面的肖似,而讲求"妙在似与不似之间"和"不似之似"。其形象的塑造以能传达出物象的神态情韵和画家的主观情感为要旨。这说明,中国画强调"外师造化,中得心源",要求"意存笔先,画尽意在";强调融化物我,创制意境,达到以形写神,形神兼备,气韵生动。也可以说,中国画的境界是诗化的境界,中国画的语汇是诗意的语汇。苏轼是第一个真正从理论上阐述"士夫画"的人,他以评诗之法评画,强调绘画要有诗的意境,即"画中有诗,诗中有画"。

从我国宋元之后的中国画大师,如:明代的沈周,"清初六家"中的恽寿平,江南"四僧"中的原济(石涛)等,无一不是中国文化的饱学之士,无一不是文坛赋诗作文的高手。诗、词、文、赋是把握和体会中国艺术精神和中国艺术特征的主要途径。中国人艺术与感情的最佳结晶就是诗歌,而中国画的直接依托也正是诗化的意境。可以说诗歌是中国画的灵魂,没有对中国诗歌的深刻理解和真切体会,就不可能创作出高格调的中国画来,画境即诗境,画意也即是画家心中的笔下的诗意。所以,中国画创作的先决点在于凝练诗意。对中国诗、词、文、赋的学习应成为中国画创作者的必修课。龙瑞先生说"我们对中国文化的体悟认识相去甚远。王国维、钱钟书这些老学者都是国学大师，出国的时候有的是学造船，有的是学化学，到英国转一圈把英文学会了，法国转一圈把法文学会了，顺手又把意大利文捎带学了，回来还是大国学家、古文字家，就是人家的文学修养到位了，底蕴到了。"

三、要处理好作画与研习书法的关系

中国画以其特有的笔墨技巧作为状物及传情达意的表现手段,以点、线、面的形式描绘对象的形貌、骨法、质地、光暗及情态神韵。这里的笔墨既是状物、传情的技巧,又是对象的载体,同时本身又是有意味的形式,其痕迹体现了中国书法的意趣,具有独立的审美价值。中国画与书法的关系,一方面是因为两者在其工具材料上的相同,特别是毛笔这一特殊的工具,其执笔、运笔的方法也是基本一致,更重要的是关于笔的一些基本规范均为书法和水墨所秉持。所以唐代张彦运说"书画异名而同体"。用石涛的话说是:"其具两端,其功一体。”由于书画同源,以上两者在达意抒情上都和骨法用笔、线条运用有着紧密的联系,因此绘画同书法、篆刻相互影响,形成了显著的艺术特征。在中国历史上一身兼二任者大有人在。有以书入画者,也有以画入书者,有以画名世者,也有以书名世者,所以就出现了画家的书法和书家的绘画。画家作书多将其绘画之笔墨意趣于书,故书有画意。书家作画,擅长将书法的笔法气韵用之以画,故画有书味。无论是画家之书还是书家之画,高水平者都追求书法通画法,画法能书法,其书风画意以浑然一体者为上。宋代米芾以画入书,其书之用笔,以侧笔取妍,既迅即利落,有沉着飞翥,在宋代书家中变化最为丰富。清代的八大体堪称以书入画,以画入书的代表。他将书法和绘画两个方面相互渗透、相互联系,使其书法充满了画意,绘画增强了书法的意味。从某种意义上说,没有书法上的“八大体”,也就不可能出现风格独特的八大画。由此可以看出,无论是“骨法用笔”的基本要求,还是笔墨规范中“写”的意蕴,书法对于中国画家都是极其重要的。这不仅仅是书画同源的一般认识,而是中国画之所以不同于外国画的一个根本原因,也是中国画的核心。所以,中国画创作的关键点在于研习书法,将书法语言因素有机地渗透到绘画中去,使绘画语言更为丰富应成为中国画创作者必须有的硬功夫。龙瑞先生说自己“现在转眼我60多岁了,既然明白是干这行的,还是要明白把这行的本质东西抓住,60多岁了还是在“补课”,惨点儿。现在我的画基本上还是黄宾虹的路数,黄宾虹的艺术比较贴近中国文化的本体,他不是太注重外美,但是很注重内美。他用很多中国文化的概念来诠释笔墨,这点正是我们所缺的。那是不是我的画就永远画得像宾虹先生的面貌,这个呢,不要急,有很多人就说,跳出来,出来当然容易,下一张就可以跳出来,但是跳出来后你还有什么呢?中国其他艺术都是这样的,书法也是这样的,王羲之还学卫夫人,还学钟繇,颜真卿还要学虞世南,还要学张旭,从来也不隐讳,这是中国的文化现象,是共性的需要,也是中国艺术的必由之路”。

四、要处理好作画与研究经典的关系

中国画,是中华民族历史积淀的智慧结晶。要真正理解什么是“中国画”及“中国画”本身的深刻内含,仅仅只用西洋人的观念对“中国画”的技法和意境做门外汉似的分析和解释是无法看到中国画的真谛,无径步入中国画的正门。要步入中国画的门径,其唯一的路就是对中国历史上绘画经典作品及优秀画稿学习。我们知道,经典就是被社会历史文化认可了的优秀文化样范。它必须是被历史认定了的、能集中体现高文化品位的、可做为学习楷模的东西,是高品位文化的象征。文化的辉煌、历史的发展,都是靠经典的沿续和新的经典的创造去完成的。历代的艺术大师也都是在学习经典、沿续经典的基础上创造新的经典。中华民族有着五千年的文明历史,历代绘画大师的优秀绘画作品及优秀的画谱画稿既是艺术家对绘画法式和绘画规律的探索、总结和创造,也是中国文化中审美认识、审美追求的展现,更是中华民族的文化精神所在。宋元时期就有《梅花喜神谱》《竹谱》《墨竹谱》流传。一部《芥子园画传》就集中了中国画技术语汇的几乎全部法则和程式,梅、兰、竹、菊既是古代文化人对人格品性的寄托,又是对绘画语汇法式的绝妙概括。中国人观物、观象、观画都有中国人自己的法眼,对画有自己的认识规律,有非常完备的绘画体系。学习中国画,应该以经典作品、经典画谱入手,在学习中记住中国画的标准,通过经典的学习建立高格调的准则,先要知道什么是中国的“画”,什么是中国的“好画”,而后才能自觉的绘画,才可能努力的去画好。所以,中国画创作的入门点在于研究经典,在继承经典的基础上,创造出有时代精神的新经典应成中国画创作者“笔墨当随时代”的本意所在。

龙瑞先生谈到“关于艺术的共性。可以说目前条件比过去优越了,生活比过去幸福了,但就像有人问的,在幸福生活中是否有幸福感,我有时候就觉得好像没那么多幸福感。我们所处这段时期,受到大的文化的撞击,我认为现在的文化处在相对漂浮阶段,哪种文化都没落实,不管多聪明的画家也是要受这个大的环境的影响。在艺术的发展上,除了要对本行的认识和修为还要关注这些环境,关注这些东西对精神的支持。我们现在有马列主义思想,同时我们又有五千年的悠久历史文化传承,还有来势汹汹的以西方为代表的外来文化的影响,这三种影响,使我们所面临的困境比任何一个地方的艺术家都要困难。当然也有浑浑噩噩自己画自己的,想都不想,活得也都挺好的。但是怎样选择,作为一个画人来说还是要在关注民族文化方面加大力度,目前来说,实际上还在‘补课’,这些年一直在‘补课’”。

五、要处理好中国画的传承关系

龙瑞先生说“就像京剧，美就美在有一个师傅的传承，传承里面又有一个自我发挥，变了一点，就又是一番境界。中国的文化就像是玩一块石头，玩一块古董，今天把玩一下，明天赏观一下，再一看火气没了，越来越老道了，越来越入眼了，那是因为自己有新的体悟了。中国的文化有一个特点，昨天认识是一番模样，今天看又是一番模样，百看不厌。就包括自己太太一样，原先看其表面，再一看，那么多优点。中国文化这些东西很好，我们把这些保留下来碍着谁的事了?大家都非要来‘声讨’。国人自己的审美意识逐渐形成，建构我们自己的文化基础对我们今后的发展优势将体现、显现出来。经济发展到一定程度，如果文化上没有突破，那将来就一定会拉经济的后腿。现在已经有所显现了，一件衬衫，卖450块，人家赚400块，我们才赚50块，牌子是人家的，那老干这个不成，我们就是发展我们中国人的文化、中国人的艺术。”

当然也有弊端出现，一个画家出名了，他的学生们便联合起来自称一派，难免鱼龙混杂，缺少灵感的学生到最后模仿不精，又无创新，不去探索老师的学术内涵，只热衷于玩艺术，把自己从画家玩成画匠的例子也是有的；二是旧时有学生出师三年内作品署名权归老师所有的潜规则，任由老师挑了去题款卖钱，如今有些老画家还签名加印算作自己的作品。

总之，中国画的创作要求作者应先练就一个有文化的品德高尚的活生生的人，然后从中国经典文化、书法和诗歌中提炼其精华营养，在对中国画经典的学习中，把握其高规格的标准、技法和样式，再通过自己对社会人生、自然万物、历史文化等等的体察，锤炼出一个熟练掌握艺术共性，又有自己独立特色的自我。

第三节　气象是一种境界

画家田黎明说：“我喜欢恬淡的画面，让静静的阳光洒在其中。”又说：“让自己的心性体味万物，让万物在光明中呈现心性之境。”他还这样说道：将生活作为一种气象而不只是一种形象，是其绘画中整体性的来源。气象是一种境界，是人的全部生活经历与文化积淀，在特定历史时空中的凝结与成型，并由人的直觉感受为独特的艺术技巧所照亮，形成画面中只可意会不可言传的丰富意味。将人的主观能动性与水墨在宣纸上的自然发生相融合，动静相生，含蓄隽永，这是田黎明的人物画的追求方向，也是他的艺术理想。

面对西方的智慧，中国绘画在包容中吸纳其优秀的养料，化为“与我齐一”。对待中西方绘画，需要把人类、人性共同或者共识的东西把握住，材料和表现手法不过是各自文化的载体。也正因为中国绘画中有了西方绘画的参照，不仅使得中国绘画的研究不断深入、完善，而且更适合当代文化的需求，进一步弘扬了中国传统中博大而精深的灿烂文化。著名美术评论家刘曦林曾说，在现代化的紧张生活中，田黎明的艺术提供了一个心灵的栖息之地，一个可遇而不可求的精神家园。但愿田黎明的艺术能够重新唤起我们对阳光、空气与水的向往，在工业文明带来的人文景观之中，将对于生存意义的沉重思考，转化为对蓝天白云下的清澈自然的追求。

第二章　笔墨艺术与民族形式

第一节　传统中国画的品格

著名美术评论家刘曦林认为中国画是以国名命名的画种之一，这不仅意味着它与域外艺术特别是西方艺术的区别，也意味着非中华民族莫属的审美品格。在民族文化的意义上，它和黄河、长江一样的源远流长，并经过万千度的淘炼，形成了自成体系的美学思想和造型样式，并成为包括中国画、日本画在内的东方艺术与西方艺术交流中不可回避的对象，与西方艺术抗衡的主要支柱。

一、中国画与中国美学体系

中国画在中国大地上发源、生长、变革，是中国大文化背景的产物。传统的中国画作为中国古代社会的文化现象，受到了彼时政治、经济、宗教、哲学、文学的深刻影响，尤其哲学对它的美学品格的形成起到了关键性的作用。启发了历代中国画家进行美的观照的自觉意识和自由想像，成为中国画的诗的意境、意象思维、以畅神为目的的哲学依据。所以，中国画在艺术的境界上，始终没有被桎梏于客观的真实，没有停留在摹仿自然的阶段，从而远远超出了被理性主义、科学规范、“摹仿说”长期支配的西方古代艺术的层次。由于儒家对于“道”的伦理、道德意义的强调，又影响着中国艺术发挥其“成教化、助人伦”的部分功能，同时使中国艺术没有走向单纯感官愉悦的极端，而着意于追求善的境界和美的境界的一致，理与情、理与心的一致。

二、天人合一的表现艺术

中国的美学是天人合一的美学，是美与善相一致的美学，是天真烂漫又不违理性的精神的美学。中国画则是这种自成体系的中国美学思想的艺术表现，并具体表现为一种天人合一的表现型艺术、意象的艺术、笔墨的艺术、综合性的艺术。

中国画是在自然、在生活中寻求精神性表现的艺术，并以意、神、气、韵的表现为最高要求，故将“气韵生动”列为六法之先，将写真谓之“传神”、“写心”，山水画的旨趣在于“畅神”，文人画主张“写意”。但是，中国画对神、意、情、思、气、韵的表现，又不完全是画家主观的、自我的表现，而归之于“道”的表现。“道”涵括了宇宙、自然、人生，“道”是宇宙中的一切，是人的总体精神的升华，个人的精神、品格亦在其中。这种主、客观一而二、二而一的境界，人与自然间你中有我、我中有你、物我两忘的境界，就是中国画的内在追求，就是中国画论的意、神、气，就是“道”的内涵即天人合一的思想在中国画上的表现。因此，刘曦林认为这种物我两忘、天人合一的描述，并不否认画家的主观精神，而且主体的能动意识备受中国画家们重视。这种主、客观关系一方面积淀为“外师造化，中得心源”的关系，另一方面也强调“迁想妙得”的重要和想像的自由。所以，中国山水画的境界即人的精神境界，花鸟画中的形象多是人格化的形象，均是人化的自然。不仅中国山水画、花鸟画的独立早于西方绘画的风景画和静物画，在审美层次和精神境界上也不同于西方的风景画和静物画。中国的人物画既有善的内涵，也表现出人与自然的和谐，在肖像画中强调神、气、骨的表现。在天人合一的大框架里强调人的精神性表现，是中国画总体的美学品格。

三、意象的造型艺术

与天人合一的精神性表现相联系的是中国画的意象思维与造型的关系。艺术家在心理上感受到的意象，是有意味的形象意识，是主观与客观、感性与理性的汇合。由意象这心理表象转换的艺术形象既非机械的具象，亦非极端的抽象，这无疑给重视“形而上”精神的画家们带来一个难题，他们通过对自然、对生活、对形体的观察体验，升华为一种情感，或在一定的情境中寻求于自然物的寄托，产生了一种情感性的形象、诗的形象，并创立了这既"媚道"、"畅神"又有客体之形，既用器而不为器用的以意为之的"不似之似"的造型观。各种造型寓有的情感意味，而往往不计物形是否面面俱到，也不一定对景、对模特儿实写，也不像西画家们那样孜孜于研究解剖、透视、光色的是否科学，因此，也不受人体解剖学、焦点透视学及反映了条件色的色彩学的限制。"随类赋彩"是彩的类似而非光色，象征性的"五色"也不同于西方的"七彩"。在中国哲学的影响下，在人文精神上却较早地达到了一个很高的境界。"迁想妙得"的艺术想像，把中国艺术引向了可以臻于自由王国的境界。

四、笔墨的艺术

在中国画的美学里，笔墨不再是毛笔和墨块、墨汁的材料概念，而是艺术语言、艺术形式、艺术品位的概念，笔墨的高下甚至成为品评中国画的重要标准。

中国画高度地重视用笔。中国画的用笔，不仅是勾、勒、皴、点的造型手段，同时也因其笔意成为有意味的形式，成为一种美学品格，它较之西画认为线条是面与面的边缘的内涵不同，其品位之高下也在不言之中。

中国画并不排斥用色，中国画尤其重视墨象，并且逐渐形成了纯用墨色或以水墨为主，以墨代色、取色、统色的特点，与以色彩造型的西画分道扬镳为两大体系。笔墨结构为中国画的基本结构，笔墨二者相辅相成，墨以笔为筋骨，笔以墨为精英，或以笔之力显阳刚之气，或以墨之清寓阴柔之韵。

笔墨既形成了一些程式，笔意与墨象又作为一个整体，关系到作品的气韵，关系到人的性情、修养，笔墨即人，即艺术精神。当代长安画派的怪杰石鲁更将主客体与笔墨的关系概括为"物化为我，我化为笔墨"的关系，并强调"思想为笔墨之灵魂"，"笔墨为艺之总归"，"笔墨有无风格乃有无生命之验"，从而彻底地道出了笔墨对于中国画的特殊意义，也可以说，没有笔墨就没有中国画。

五、综合性的艺术

中国传统书画艺术，生命与作品，融汇贯通，是综合性的艺术。尤其高度成熟的文学(主要是诗歌)、书法对画的影响最大。林语堂认为，中国画的"抒情性"的特殊传统是两种反对的结果，"其一是反对将艺术家笔下的线条束缚在所画客体上，其二是反对照相机式地再现物质现实。中国书法帮助解决了第一个问题，中国诗歌则帮助解决了第二个问题。"

正是多种艺术、多样学问的互相参悟对于画的内美、外美的丰富性的拓展，也对画家提出了同时具有多种修养的要求，提出了"胸次广，识见高，讨论博"、"读万卷书，行万里路"的期望，也确有许多画家多才多艺，被称为"三绝"、"四全"，或同时是善于理论思维能够高瞻远瞩的美术史论家。他们集中代表了中国画这种综合性特征的文化高度和高层次的美学品位。通过历代画家综合的思维和创造性的发挥，把中国画不断地推向新的境界。

第二节 关于中国画的现代形态

中国画走过了漫长的古代历程，至清末民初走进了它的现代史。在西学东渐及中国社会革命的大背景下，于五四运动之后、新中国成立之初和新时期开端先后遭遇了三度关于其命运前途的论争，也发生了极大的变化，刘曦林认为在20世纪末，形成了以国展为代表的主流形态与"新文人画"、"现代水墨"三足鼎立的格局。虽然在国学热中传统中国画的精神不时地发生着回归的思潮，但时代却把整个中国推进到创新的洪流之中，如何创造中国画的现代形态也便成了不可回避的课题。

一、中国画的时代概念

刘曦林认为 "现代"，它首先是不断迁延的新的时代概念。因此，现代形态，在本质上是当代的、当今的。

中国画的现代形态是中国画在现代中国的表现,在今天的表现,是当今的中国现实、当今的中国人的心态的表现,而并非环球最时髦、最摩登的艺术样式。

其次,现代又是与古代相对应的时代概念,在艺术上又是与传统相对应的形态概念。我们心目中的现代感,无疑是与"古代感"、"传统感"相区别的一种视觉感受。因此,现代形态不是传统形态的完整的复制,而是对传统形态的不同程度的变革和扬弃,也包括了对古代传统和现代新传统的变革和扬弃。

从第三层意思来讲,"现代"一词的借用,虽然并非"现代主义"或者"现代派"的那个"现代",但又离不开西方现代主义的引进和影响。而在青年人笔下的中国现代艺术史,基本上是西方流行了百年的现代主义在中国的移植史,在青年人的眼中,"现代"是一种主义。现代水墨流宗、抽象水墨、现实主义和新文人画类型中均有从西方现代派艺术中进行形式上的局部摘取者。中国画家则完全可以参照西方现代派在反叛现实主义传统时,曾通过对古代传统、异域文化、原始文化的大幅度吸收形成了现代派形态这条思路,而不是参照他们的现有成果去寻求自己的现代样式。

第四层意思,就是"中国画的"这个重要的定语。保持中国画之所以称之为中国画的民族特色的必要,中国画的现代形态还仍需保持中国画的审美品格和自己微妙的界域,这个界域既涉及工具媒材,也包括中国画的美学。它仍以笔墨作为自己的主体语汇,但却不一定再是皴法、描法、开合等传统的结构方式,它仍将会保留中国画的综合性特色。

二、中国画走向现代的民族形式

中国画的欣赏讲究可观、可望、可居、可游、可思,不仅仅满足视觉的享受,更以写意、意象、"诗外有诗"、"味外之味"为美学追求。目前笔墨渐趋弱化,色彩日趋浓艳;结构追求雄奇,张力成为时髦;或以超级写实为能,或以极端抽象为新……这一方面呈现出艺术的自由和中国画的多样趋势,但也不无追逐时髦、东施效颦之虞。有张力自然是一种力美,但以张力为旗,多借鉴西方平面构成之理,与传统章法及笔墨构成有别,亦非金石派融通碑学之雄强沉厚,故其表现多近于西方抽象主义。不应漠视中国画自身关于章法的学问,如笔势之起承转合,如黑白,如阴阳,如虚实,如气脉,如疏密,如空白处亦是画等均值得深入琢磨。拓展技法,有一种大笔墨观或泛笔墨观,但中国书法用笔的丰富性不可虚无,此亦为中国画有别于西式水墨画的重要特征。

刘曦林认为不要丢掉了中国画的写意精神,总要留有余韵、余味,无论是远观还是近察,不应只是给人以视觉的满足,还应给人留下想像回味的余地。

三、现代形态的艺术之魂,

中国画应该体现出现代中国的时代脉搏,而不是西方现代派产生的那个时代或者中国封建时代的精神折射。不要因为过去虚假的歌颂而排斥真诚的正面表现,不要因为过去不允许暴露而走向一切都在于反叛和暴露的极端。特别是以反叛为精神指向的表现主义,它反叛的主要应该是与民主、改革、开放不相容的腐朽和污秽的事物,而不是改革开放这个大时代自身,并应该给人们展现出理想的光焰。高尚的艺术毕竟还应该如鲁迅所说成为引导国民精神的灯火。商品经济下的实利主义、信仰危机和"灰色人生"的蔓延,不可避免地影响着青年艺术家的心理,如果我们都把画画看作是自己的生活方式,自己的生命的表现,自己灵魂的物化过程,那么画家自己的灵魂是否高尚、雅洁,画家怎样在艺术生活中塑造自己的人生,往往是最重要的课题。从精神、魂魄的角度,一切都在变化之中,总应该把握到传统精神的现代表现和现代品格。精神、魂魄、思维的现代,不一定是先行的主题,它可能在无为而无不为的状态下自然地得以流露,但它却是中国画现代形态的精神支柱。

中国画的现代形态,在总体上有别于中国画的古典形态,有别于当代现实主义正宗中部分从属于政治的图解形态,也有别于西方现代派或现代日本画的形态;它在中国画的美学思想和笔墨结构的基础上进行变革,富有现代感和中国感的现代民族艺术样式。

中国画是一门艺术,又是世界上独一无二的一种民族艺术,是中华民族精神文明的象征之一;同时,它又是一项事业,世界文化艺术的同化现象将不可避免。但不是文化一体而恰是文化多元,是各民族文化互相尊重和而不同的格局,这正是人类文化生活多样化的需求。中国画理所当然地应该得到长远的发展,并在新的世界文化背景下有明晰的战略思维。

中国从未就范于西方霸权话语，而是通过吸收世界一切优秀文化的成果,以作为中国画的补充,但这只应该有益于丰富中国画而不是取代中国画。至于中国画与其他艺术在交往中新生出种种边缘艺术当然自有其生存的依据,但中国画的主流仍将是中国画。

摘自《中国画的传统与现代》刘曦林(中国美术馆研究员、中国美术家协会理论艺委会副主任)

第三章　中国书画的中和思想与艺术市场

第一节 儒家的中和思想对中国书画的影响

中和思想是儒家文化乃至中华文化的思想精髓，它是中华民族实践经验的理论总结，具有价值观和方法论的意义。它追求适度、平和、灵活、其中蕴含着大智慧。中国画创作亦受到中和思想的影响，古代画论蕴含此种要求“无过无不及”、“恰如其分”、“适中”的审美意识。

受儒家中和思想影响，华夏美学排斥各种过度强烈的情感表现，过度的哀伤、愤怒、忧愁、欢悦均不被提倡。与西方绘画形成对比，在传统中国画中，很少见《阿马松之战》（鲁本斯）那样的兵刃相加；很少见《马拉之死》（大卫）、《吃鸟的猫》（毕加索）那样的流血创伤；很少见《梅杜萨之筏》（席里柯）那样的死描绘；很少见《乡村节日》（鲁本斯）那样的纵情狂欢；很少见《教皇英诺森十世肖像》（培根）那样的恐怖表情……。传统中国画总是尽量回避这些内容，偶有《免胄图》（北宋·李公麟）、《折槛图》《枫鹰雉鸡图》（南宋·李迪）、《关羽擒将图》（明·商喜）等与战争有关或画面气氛较为紧张的作品，然终没出现兵刃相加、虐杀流血等残酷的艺术表现。这不能不说与中国儒家的中和思想有关。画面内容若此，从形式来看，无论形象本身的塑造，还是章法、笔墨、色彩等等，无不符合中和精神。我们可以从前人留下的大量画论著述中得到验证。中和思想很早便对画论产生了影响，在

美学刚刚走向自觉的魏晋南北朝时期的绘画美学著作中已经蕴含着这种思想。如南齐谢赫《画品》评刘顼说：“……其于所长，妇人为最。但纤细过度，翻更失真。”其后，此种思想不断影响着画论。传为宋代释仲仁撰写的《华光梅谱》中明确提出了“中和”概念，他说：“独五者，禀中和之气，有自然之性，故写者取此弃彼。”画家愿取“禀中和之气”的“五叶”花，而不取“四出”与“六出”者，反映了他的中和审美观念。可以说，中和的确是贯注在中国画领域的一股至深至广的美学精神。

第二节　中和思想在中国画中的体现

一、在造型上的体现

中和思想对中国画造型的影响，主要体现为“不似之似”论，要求造型在“似”与“不似”之间。传为明代王绂撰写的《书画传习录》云：“今人或寥寥数笔，自矜高简，或重床叠屋，一味颟顸，动曰不求形似，岂知古人所云不求形似者，不似之似也，彼繁简失宜者乌可同年语哉！”

清代原济云：“天地浑溶一气，再分风雨四时；明暗高低远近，不似之似似之。”

清代查礼亦云：“画梅要不象，象则失之刻；要不到，到则失之描，不象之象有神，不到之到有意。染翰家能传其神意，其得之矣。”

近现代中国画家在继承前人传统的基础上做了很好的发挥和理论诠释。黄宾虹云：“画有三：一、绝似物象者，此欺世盗名之画；二、绝不似物象者，往往托名写意，鱼目混珠，亦欺世盗名之画；三、惟绝似又绝不似于物象者，此乃真画。”画家欲自成一家，非超出古人理法之外不可。作画当以不似之似为真似。齐白石说：“作画妙在似与不似之间，太似为媚俗，不似为欺世。”　“不似之似”成为中国画家在造型上的最高审美追求。认为，只要在“似”与“不似”之间做到适中，就可以达到理想的艺术效果。

中国画属造型艺术，是用形象来说话的，没有形象也就没有绘画。中国画对“写形”是肯定的，反对造型

"绝似物象"。

为了更好地传达艺术对象的神情气质，画家反对造型"绝似物象"。中国画属于意象艺术，强调以意造象，追求"意似"，反对自然主义的刻板摹写。为了传达出对象的神似，可以对对象做必要的夸张、变形、提炼、取舍，舍掉与对象神似无关紧要的形似。因此，艺术对象在表现形态上往往是以不完备求完备，然而这正是中国画的妙处。唐代张彦远《历代名画记 · 卷二 · 论画体工用拓写》云："夫画特忌形貌采章历历具足，甚谨甚细而外露巧密。所以不患不了，而患于了，既知其了，亦何必了，此非不了也。若不识其了，是真不了也。"

除理论主张上可看出古人造型禀中和精神外，在具体形象塑造中也处处透显着中和美的意识。如：画水，"不得太硬，不得太软，不得太枯"，因为"软则无势，硬则板刻，枯则干燥"。画石，"不宜方"，"不宜圆"，因为"方近板"，圆流于软，"妙在不方不圆之间"。清代李修易《小蓬莱阁画鉴》中也讲："丘壑不必过于求险，险则气体不能高雅。"可见，要注意适度。然恰到好处之"度"非绝对的中间点，在绘画过程中，这个中间点的把握，尤其显得灵活、微妙。两极之间何处艺术效果最佳，何处即是"中"点。艺术表现寻求的也就是这一点上的艺术效果。造型时，画家还应学会利用别的因素调剂画面。如清代汪之元《天下有山堂画艺》写道："石固顽然一物耳，写来体致又须流动，其所以然者，可以意会不可言传也。

二、在章法上的体现

中国画章法讲究取形布势，需画家用意构思，苦心经营。它对整幅画的效果起着重要作用，历来备受画家和画论家关注。唐代张彦远说："至于经营位置，则画之总要。"中和思想对章法的影响，主要体现为一系列构图规律与法则，如，繁简得中，疏密得宜，虚实合度，奇正得度等等。

首先，我们看画面形象的"参差"、"穿插"、"映带"、"交加"问题。长短、高低、大小等不一致即谓"参差"。中国画追求参差错落，反对等量均齐。画面物象若相同均等，往往导致平板无趣。因此人们追求"相同"与"不和谐"之间的中间点，即"和"，在这一点上物象不同但和谐。清代郑燮《竹石图轴》题曰："参差错落无多竹，引得春风入座来。"观其众多兰竹图，总能粗细、浓淡、长短，交相搭配，无一雷同，变化成趣。布置物象需注意参差错落外，穿插、映带、交加亦是不可忽视的。

清代华琳《南宗抉秘》云："古人作画于通幅之屈伸、变换、穿插、映带、蜿蜒曲折，皆惨淡经营，然后落笔。故文心俶诡而不平，理境幽深而不晦。"有了穿插、映带，画面即不平板，有了纵深感和空间感，有助于境界的"幽深"。此外，通过穿插、映带，能以最简的笔墨画出最丰富的画，耐人寻味，甚为可取。

总之，经营章法立足于生活，能于平凡中造出新奇，又能奇之有据、奇之成理，则作品就不会陷入平庸或怪诞。"疏"与"密"之间应做到中和，太疏、太密均不行，要求疏而不疏，能疏中见密，密而不密，能密中见疏。不能走向极端，孤立的"疏"、孤立的"密"都无美感可言，属画中之病。

古人在安排画面时，十分注意画面物象排比的疏密关系。元代黄公望在《写山水诀》中说："小树大树，一偃一仰，向背浓淡，各不可相犯。繁处间疏处，须要得中。"元代画竹名家李 在安排竹子时讲究"密而不繁，疏而不陋"。明代董其昌认为："疏则不深邃，密则不风 。"清代沈宗骞在《芥舟学画编卷一 · 山水 · 布置》中说："密不嫌迫塞，疏不嫌空松。增之不得，减之不能，如天成，如铸就，方合古人布局之法。"清代《芥子园画传 · 画花卉草虫浅说 · 画花卉总诀》云："安顿枝叶，交加纵横。密而不乱，稀而不零。"据以上古人言论可知，"疏"不可至"空"、"陋"、稀零的境地，"密"不宜到"迫塞"、"繁"、"乱"的程度。

黄宾虹谈疏密："疏可走马，则疏处不是空虚，一无长物，还得有景。密不通风，还得有立锥之地，切不可使人感到窒息。"

与"疏密"有关的是"繁简"、"多少"的问题。一般而言，"繁"、"多"自然走向"密"，"简"、"少"则形成疏。画论家对"繁简"、"多少"适度的问题发表了许多见解。传为唐代王维的《山水论》中写道："多则乱，少则慢，不多不少，要分远近。"处于简单与繁冗之间，表现为精炼、含蓄。崇尚"简"，成为中国画家的一种审美倾向和追求。

中国画章法讲究"实里有虚"、"虚中有实"。古人尚疏、尚简、尚少，他们在虚实之间倾向于虚。"虚实相生，无画处皆成妙境”。因此，在处理虚实关系时，认为太虚则空洞无物，太实则闷塞，意境狭窄、浅近，做到虚中有实、实中有虚、虚实相生为最佳。

从藏露关系来看，亦透显着中和的审美观念。如果太露，则一览无余，境界浅薄；如果不露，则与“无”同，所以，贵在藏露得宜。在两极之间，中国画家更倾向于“藏”，主张“藏多于露”。明代唐志契《绘事微言·丘壑露藏》中的一段论说，甚为经典。他说：“画叠嶂层崖，其路径村落寺宇，能分得隐见明白，不但远近之理了然，且趣味无尽矣。更能藏处多于露处，而趣味愈无尽矣。盖一层之上更有一层，层层之中复藏一层。善藏者未始不露，善露者未始不藏。藏得妙时，便使观者不知山前山后，山左山右，有多少地步，许多林木，何尝不显？总不外躲闪处高下得宜，烟云处断续有则。若主于露而不藏，便浅薄。即藏而不善藏，亦易尽矣。然愈藏而愈大，愈露而愈小，画家每能谈之，及动笔时手与心忤，所未解也。”宋代张择端《清明上河图》等均是藏露得体的杰作。画中骆驼的组织安排可谓别具匠心。画家在城门一端画了领头骆驼的半个身体，另一端画着几头正在行进中的骆驼。由这少数使观者联想到被城门遮起来的大多数，虽断实续，愈藏愈大，一支庞大的骆驼队出现在观者脑海中。清代龚贤《半千课徒画说》云：“三树不宜结，亦不宜散，散则无情，结是病。”这与藏露、疏密相关。如果三棵树处理的“藏”过了，“密”过了则“结”，如果是“露”过了，“疏”过了，则“散”，皆为画之所忌。与“结散”相关的有“即离（离合）”、“宽紧”等。“不即不离”、“似离而合”、宽紧得宜，符合中和精神。故尺幅宽紧与画面布置的宽紧贵协调得中。

中国画亦要求开合适度。关于“开”，沈宗骞讲道：“起手所作窠石及近处林木，此当安屋宇，彼当设桥梁、水泉、道路，层层掩映，有生发不穷之意，所谓开也。”关于“合”，他讲道：“下半已定，然后斟酌上半，主山如何结顶，云气如何空日，平沙远渚如何映带，处处周到，要有收拾而无余溢，所谓合也。”沈氏主张“开”与“合”应适度，应互相为济。他说：生发处是开，一面生发，即思一面收拾，则处处有结构而无散漫之弊。收拾处是合，一面收拾又即思一面生发，则时时留余意而有不尽之神。

此外，“纵横”的安排亦受中和观的影响。清代华翼纶《画说》提到：“画有一横一竖：横者以竖者破之，竖者以横者破之，便无一顺之弊。”画面出现一味的横势、一味的竖势均显单调，属画之“弊”，故宜横、竖相破，以求变化与和谐。要“浓绿叶中，亦略露枯焦虫食之处”等等，则又说明画家在布置“老”与“嫩”的物象时，需禀持中和精神。还如，“夹叶”树与“点叶”树的互相调剂等等，均体现着中和审美观念。

三、在笔墨上的体现

笔墨是中国画重要的表现手段。中和思想作用于用笔运墨，使其富于变化而又合乎美的规律，具体体现为一系列法则。如，落笔轻重适度。传为宋代李成撰写的《山水诀》云：“落笔无令太重，重则浊而不清；不可太轻，轻则燥而不润。”画面效果的轻与重取决于笔力，用力太重则笔钝，从而画面线条以及由此构成的艺术形象就会显得笨重粗悍，没有灵气；用力太轻则笔浮，画面草率而不和润。笔力又与画家所养之“气”密切相关。潘天寿说：“古人用笔，力能扛鼎，言其气之沉着也，而非笨重粗悍。”用笔之沉着得力于画家“气之沉着”，气贯之于笔，以达于迹。

与“用笔轻重适度”紧密相连的是用笔的“刚柔相济”、“遒劲”。清代华琳《南宗抉秘》云：“彼歉于用力，外腴中干，偏于柔之病也。猛于用力，努目黎颜，偏于刚之病也。”用力过度，笔下物象显得生硬；用力不足，画中之物又显得软弱无力，所以，需要刚柔兼济，用笔能如“绵里针”一般。清代沈宗骞在《芥舟学画编·山水·用笔》中对沈周和董其昌的“天资”和画艺进行了一番分析，得出“学”可以“济”“天资”之偏，此正合于孔子“学”以致中和的观点。

再论中（正）锋与侧（偏）锋的笔锋法则。中国画用笔分中锋与侧锋，艺术家根据表现对象选择不同的用笔方法。画史上有尚中锋者，如清代龚贤，也有喜爱侧锋的，如元代倪瓒，然“正”与“侧”实不决然分割。“锋兼正侧，乃得情趣”。偏于“侧”，偏于“正”，均不及“锋兼正侧”变化有趣，故人们追求偏正互相为济。

用笔用墨还须把握“巧拙（工拙、整乱、工乱）”之中间尺度。工、巧的用笔给人以工致、精巧、秀丽的感觉，但若一味地求工、求巧，则画之神气索然，滞腻做作，不能传神，更不能寄情，工而无韵，匠气十足，格调不高，沦为“俗”品。相对而言，画面用笔运墨不太工稳、随情而运、意到笔随的痛快之“拙”倒更有情趣。然若“拙”到“不理笔情”、“颟顸”的地步则又走向另一个极端，同样是被否定的。可见，太“工”、太“拙”兼不能被列入“雅”作之中，相比之下，那些“拙中寓巧”、“用笔有工处，有乱头粗服处”、“乱中有条”的，更为文人所接受。齐白石谈山水画的用笔：山水笔要巧拙互用。巧则灵变，拙则浑古，合乎天。天之造物，自无轻佻混浊之病。

用笔的速度既不能太快也不能太慢。清代沈宗骞云：“疾运则滑，徐运则滞。”清代郑绩云：意笔如草书，其流走雄壮，不难于有力，而难于静定，定则不漂，静则不躁。躁则浮，

漂则滑，滑浮之病，笔不入纸，似有力而实无力也。用浮滑之笔写意，作大人物固无气势，

即小幅亦少沉著。可见，用笔太快，容易浮滑，不能入木三分。在古人眼里，用笔宁肯慢也不能快，因为书画乃静养之道，要静，要慢。当然，如果慢到涩滞，笔机不畅，则亦为文人所不取。用笔贵在疾驰中留得住，徐运时又有行之意。

用笔运墨讲究枯润（枯腴、燥湿）掌握纯熟，运用合度。清代查礼要求笔墨要“燥湿并行”，墨太枯虽文理很显，然笔墨甚为板刻，没有气韵，画中物象气血无存；墨太润虽墨韵很足，然太过则变成漫羡，画中之物浊然一片，没有文理，软弱无力。由此可见，笔墨太枯，太润都是不合适的，惟有枯中带润，湿中有渴方达妙境。评中国画有这样一句：“干裂秋风，润含春雨。”形容以干为主的渴笔画，能渴中求润。元季四大家中的黄公望、王蒙、倪瓒均善干笔，轻松灵秀，运腕沉着，笔笔送到，用笔虽干而物象精神气韵丰盈。现代画家李可染的一段画论有助于我们理解渴中之润。他说：“真正笔墨有功力的人，每笔下去都是又苍又润。所谓腴润而苍劲，达到了对立统一的效果。这是作者长期实践磨炼而成，很难用简单语言来说明。宋代米芾、米友仁父子的山水画可谓湿润中蕴骨趣。以米友仁的《潇湘奇观图》为例，画中烟雾蒙蒙，景物若隐若显，很好地表现了江南山水的特点。这种画面效果得力于酣畅的笔墨，充足的水分。这种空蒙蒙不是模糊，画中寓含深厚笔力，故能给空 以骨力，因而局部或单个景物都历历可辨，没有因为墨、水的充盈而模糊一片。画面“浓淡”要中和。‘惜墨如金。’是不易用浓墨，过与不及皆病。用墨太浓，漆黑一片，平板单调，笨重粗悍，伤文雅之“体”；用墨太淡，则又气不足，单薄没有份量。故只有浓淡相济，浓淡得宜，方不平不薄矣。一般而言，画面用墨太淡，可以使用积墨法，一次次累积以至浓来补救。在照顾画面整体感的前提下，可以较多使用破墨法。浓破淡，是模糊中求清醒，令所画之物愈加明亮醒豁，生意勃勃；淡破浓，是清醒中求模糊，使突出之物回归整体，从而画面浑然一体，含蓄蕴藉。以清代画家石涛的《黄山游踪册之四》为例，图中水草茂盛，天边空旷辽远，如画中所题“一水孤蒲绿，半天云雨清”。画中还有两个打鱼人，挑着鱼杆，商量着什么，旁边荡着小舟。此图充分运用了破墨法。画家将蒲草用浓墨写，蒲草的根部用淡笔抹过，这样使蒲草有了生长它的水滩，松软而空 。以淡破浓，使众多蒲草有了关系，有了整体感，又通过水与墨的渗化，使它们多了几分水上的迷 感。舟与人用淡墨写，系舟的树用浓墨写，以浓破淡，愈加醒目，将人们的视线一下子引到了树、舟、人所在的地方，关注起那里发生的事。人们清楚地知道了远方的他们正商量着：“扁舟去远浦，可遂打鱼情”。这样处理将树与舟、人的先后层次、空间关系拉了开来，使所画之物清清楚楚，不因在远方，而含糊一片。可见，石涛确擅长破墨法，他将画中浓淡关系处理得如此随心所欲而又处处得宜。其它如，用笔需“熟中带生”，“熟不甜”；“实中求虚”；“粗细折中”；“毛而不滞，光而不滑”等等均是探讨适中恰好的美学尺度的。

四、在设色上的体现

中国画设色要求“淡而不薄”、“浓而不浊”，反对过与不及。古人画，宁可画不到，不可染不到。大抵艳之过，则风神不爽，气韵索然矣。惟能淡逸而不入于轻浮，沉厚而不流于郁滞。清代蒋骥《传神秘要·用粉》云：用粉以无粉气为度，此事常有过不及之弊。太过者，虽无粉气未免笔墨重浊，不及者，神气不完，即无生趣。故画法从淡而起，加一遍自然深一遍，不妨多画几层。淡则可加，浓则难退。须细心参之，以恰好

为主。怎样做到“恰好”呢？画家拥有沉静平和的心气，有助于浓淡的把握。内心沉静，自然能够“从淡而起”，一遍遍不厌其烦地染，直至染到，以薄显厚。画中设色之法与用墨无异，全论火候，不在取色，而在取气，故墨中有色，色中有墨。

再者，有气贯通是活色，无气贯通是死物。生香活色，有赖于气也。另外，同类色的运用，亦有助于画面“浓淡得宜”，如清代画家王石泉所说：有正必有辅。用丹砂宜带胭脂，用石绿宜带汁绿，用赭石宜带藤黄，用墨水宜带花青。……单用则浅薄，兼用则厚润，至其浓淡得宜，天机活泼，又其笔之妙，工夫之熟，非可以言传也。

除“淡而不薄”、“浓而不浊”外，中国画用色还讲究“艳而不俗”，即，色彩对比鲜明艳丽，但不俗气。设色不以深浅为难，难于彩色相和，和则神气生动，否则形迹宛然，画无生气。一般来说，同类色易于相和，对比色则难以相和。清代王原祁《雨窗漫笔》云：设色即用笔、用墨意，所以补笔墨之不足，显笔墨之妙处，今人不解此意，色自为色，笔墨自为笔墨，不合山水之势，不入绢素之骨，惟见红绿火气，可憎可厌而已。唐、宋人的青绿山水何以能免俗，贵在墨也。墨，沉着雅正，以它去调剂“红绿火气”之色，必定令色庄重起来。现代画家潘天寿亦认为：吾国绘画，一幅画中，无黑或白，即不成画矣。他还说：色易艳丽，不易古雅，墨易古雅，不易流俗，以墨配色，足以济用色之难。当然，若从根本上解决“艳而不俗”的问题，还有赖于画家修养的提高。

近代画家吴昌硕用色浓丽鲜艳，如《牡丹》。画面大红大绿，但无俗气感，扑面而来的是一股古朴沉厚的书卷气。这与他的修养是密不可分的。昌硕非常强调读书的重要性，他说：“读书破万卷，行道志不二”，“读书最上乘，养气亦有以；气充可意造，学力久相倚”。倘若画家“胸中有万卷书，目饱前代奇迹，又车辙、马迹半天下”，则其气质、胸襟、志趣、情感自然能高雅脱俗，作品也自然格调不凡，虽艳但不俗。

此外，设色方法与材料质地应协调。纸与绢上设色不同， 纸与生纸上设色也不同。古人早已注意到这一点，如清代丁皋在《写真秘诀》中说：盖纸与绢，性实不同，纸宜上水潮染，须稍留余地，以待其晕，若当其位则过矣。绢则宜著色渲染，以水笔洗其虚处，色如不到则不及矣。对于不同质地的材料，设色所用的方法是不一样的，但最终目的都是为了画面

色彩的恰到好处。设色轻重与尺幅大小也应协调，以适应这种空间距离，将它们应有的审美价值发挥出来。对于大幅画，设色不能过淡，淡则不聚气，表现不出画中气势，故宜加深色彩。对于小幅画设色又不能过重，重则使幅面显得愈小，气局不畅，境界不开，故染色宜淡一些。

儒家中和思想要求无过无不及、适度、和谐，影响至中国画的造型、章法、笔墨、设色等诸多方面，使其产生了完美的艺术形式，带给人们感性的愉悦和享受，并且与倡和的思想内容统一起来，构成尽善尽美的艺术。中和思想影响下的中国画创作是非常强调法度的，要求在过与不及之间。在这个范围内造型、行笔、运墨、布置、设色，是谓“有法”。如歌德所言：“只有规律才能够给我们自由。” “限制”即“法度”。同时，在法度内，画家又享有充分自由，何种程度为适度，因人而异，具有很大灵活性，这又可说是“无法”。中国画创作追求“有法”基础上之“无法”。

中和精神可以说是中国文化的优秀传统，它对于民族文化能在融合中创新、稳定平和地向前发展有着不可磨灭的功绩，直至今天，其生命力依然强大，对当今中国画创作仍发挥着重要的影响。虽然时代在变，艺术家的追求和人们的审美趣味也在变，但中国书画形式构造规律、法则具有相对的恒常性，从魏晋到清代直至今日都一直为画家们所关注。作品是否符合这些规律，画家能否灵活运用这些规律，始终是衡量绘画者艺术成熟与否的重要标准。

第三节　中国书画的市场与评论

随着社会主义市场市场经济体制的确立和发展，我国的经济和现代科技将有一个飞跃和发展，进而势必极大地推动中国书画艺术的发展，这是未来艺术发展的总的不可抗拒的趋势，对此，我们应有足够的自信。

一、中国书画艺术市场

只有把握住了大趋势，对目前出现的一些问题，才能有一个具体而科学的分析。这里，重点分析一下中国书画艺术市场的出现及艺术商品化趋向问题。

首先应当明确，中国书画艺术市场并不是新事物，今天重新出现在中国的大地上也是历史的必然，是社会发展客观规律无法抗拒的铁证之一。世界上任何一个国家，早在封建社会，就都出现了商品经济，出现了城市及城市文化。与此同时，就出现了艺术产业和艺术市场。

西方资本主义社会中的有着完备运作机制的艺术产业和艺术市场。艺术家和艺术经营者，都谙熟艺术市场的规律。美国的好莱坞，就是一个最好的例子。而在我国，艺术市场走了一点弯路，这就是建国以后，到新时期社会主义市场经济确立以前，我们都奉行这样一个原则，即艺术只讲社会效益不讲经济效益，取消了艺术市场，取消了竞争。

市场经济体制对中国书画艺术的发展，有利也有弊，但归根结底是利大于弊。其利有四：

(一)、中国书画艺术进入市场，不仅可以创造社会效益，也可以创造经济效益，实为富国利民之良策。

(二)、中国书画艺术市场中的竞争，优胜劣汰。真正有艺术价值的精品和真正为民众喜爱的中国书画艺术品，可以很好地生存和发展，那些既非精品又得不到民众认可的所谓的艺术创作，就会被淘汰，这对中国书画艺术的发展是有利的。

(三)、确立了市场经济体制，只有那些确有艺术竞争能力的人才能继续从业，现在的书画家首先要考虑的是如何更好的生存，而不是能否得到上级主管部门的好评好感，出个什么名，拿个什么奖。因此，现在有些评奖活动，如果搞形式主义，那也是不会有多长寿命的。

(四)、国家经济发展了，取之于艺用之于艺，就可以有较大经济实力扶植社会效益好经济效益差，但又代表着国家民族艺术水准的艺术创造活动，打击唯利是图破坏社会主义公德的甚至是违法犯罪的所谓的艺术活动，以保证艺术的健康发展。

伴随中国书画艺术市场的出现，出现了俗艺术日渐兴旺、雅艺术日渐衰败的现象。这种现象，自然会引起有识之士的关注，于是成为谈论的热门话题。

以概念论，雅艺术为严肃艺术，有人就会发问:难道俗艺术就是不严肃的艺术，只是媚俗的艺术？那你就去提高它，让它达到雅俗共赏吧!

从客观存在的艺术现象看，市场经济与艺术的关系，将决定和影响整个艺术的面貌，以及诸种艺术现象的具体状态，这将是不以人们的主观意志为转移的。从主观艺术观念看，这是认识形成和发展的必然。这既符合马克思主义的经济基础决定上层建筑和社会意识的原理，也与现实存在的艺术现象息息相通。

在回顾和反思中国书画艺术变迁和美术批评的作为时，美术批评的专业性弱化现象是令人担忧的。因此，探究和构建美术批评学理、实践模式与充实美术批评实践者素养内涵的研究，对完善中国书画艺术批评的文化机制、实践模式、促进中国书画艺术文化积极发展，都具有学术意义与现实价值。当下应该研究和构建专业形态性美术批评的意识与学理、守卫美术批评的学术内涵和品质的批评模式、使专业性美术批评在创造性推出有创造力的当代书画艺术家和新作品、改善和促进国家美术文化管理制度、促进公众了解、营建中国书画艺术文化健康发展的生态空间、提升当代书画艺术文化品质、促进国际间美术文化交流等方面发挥切实的作用。需要不断促进美术批评实践者自身专业素养的提高。

二、中国书画的艺术批评

对中国书画的评论离不开艺术批评的大环境，在这里，先将2007年艺术批评的几个问题展示给大家。

（一）艺术创作的媚俗倾向

2007年．“媚俗”成为艺术批评中最为重要的关键词之一。王南溟等批评家在这方面已经有大量的文章发表，而在2006年.批评家高名潞在一次发言中谈及大脸画，则使得对“媚俗”的批判进一步深入。此后，尤其是在2007年众多批评家的批评实践也提出了对该问题的众多有益意见。杜曦云最近在《画刊》上发表的《对批判‘媚俗’的批判》也提出了另一种思路.或者说在更高的一个层面上对批评家和艺术批评自身提出了更高的要求：需要批判的媚俗不仅存在于艺术创作中，也存在于艺术批评本身之内。中国当代艺术和批评在面临市场和媒体的强力压迫之下，2007年关于85新潮美术运动的追忆活动、展览和评论层出不穷。继2005年二十周年纪念活动后又掀起新一轮高潮。热度甚至已经超过2005年。像高名潞等批评家最近出版的文献《85美术运动》(两卷本)无疑是重要而及时的。因此.对于85新潮美术而言，虽然不能如同当年一样直接对当代的艺术创作和批评产生直接的影响，但却成为了艺术史可研究的最新材料。那么，中国书画有没有‘媚俗’问题呢？保持中国画的固有品格和自己的界域,这个界域既涉及工具、材料,以笔墨和传统的结构方式为主,将会保留中国画的特色,即使不是诗书画印的综合方式,也要在构成上烘托出诗书画印的韵味来。

（二）后殖民问题

关于后殖民问题的争论几乎从1993年中国当代艺术开始走向国际之时就已经展开。西南批评家王林写作的《奥利瓦不是中国的救星》是其中较早的、具有代表性的论文之一。时至1990年代末期，西方后殖民理论作为当代艺术批评最为活跃的方法之一系统地被中国批评们所接受并大量地运用在批评实践中。2006年的艺术批评是近年来比较活跃的一年，尤其是数十位批评家参与论争的“后殖民与民族主义”问题给我们留下了深刻的印象，该争论一直延续到2007年。王南溟是在该领域中最有造诣的批评家之一，2007年.他所写作的《地域政治的艺术：展览与评论》等文章仍然在后殖民批评方法的范畴内。

在2007年关于后殖民问题的论述中，以国家和民族为单位和基本立场的后殖民批评方法占据了主导地位，因此后殖民批评方法也必须不断地的调整需要有更具针对性的批评策略。黄笃《超越‘亚洲性’与亚洲当代艺术》等文则是这样一种批评的实践。

在后殖民批评中。众多的艺术机构都在努力推动新批评的发展和新批评家的涌现。北京当代艺术中心在2007年4月推出了资助青年策展人的‘新锐策展人计划’；重庆501艺术区和广东美术馆也相继也举办了青年批评家论坛。近期雅昌艺术网也推出了“70后、80后的艺术批评”大型专题.在这些批评家中一部分继承“骂派”传统，显得比较“生猛”。对于新世纪艺术批评而言，这些刺激性的批评带来了冲击有其合理的一面；但同时也存在盲目和名声焦虑的现象。因此，对于年轻批评家而言，学术积累依然很重要.如果这一步不扎实，一味追求知名度和大量发表有害无益。在2007年11月北京召开的艺术批评家年会上与会者也提出了“第四代批评家”的概念，一方面，随着当代艺术的不断发展，艺术理论和研究的进步我们需要越来越多的年轻批评家如果看看艺术创作，就知道批评新人的成长和培养多么缓慢；另一方面，过度的推出新人也可能造成‘催熟’的现象。毕竟，批评家的成长需要一个不断积累的过程，新批评家的涌现和新批评的成立也不完全是同一回事情。批评家年会批评自省“2007中国美术批评家年会”是近年来艺术批评界的一件大事。来自大江南北四十余位批评家受邀出席大会。上一次批评家齐聚一堂探讨学术问题是1992年广州双年展和批评家提名展的时候。转眼十多年过去，正是在这十数年间，进入了市场经济的语境中。而艺术批评也正是在这十数年间开始了失落之旅。因此，不同年龄和地域的艺术批评家重新聚合起来，无疑是有利于对不同地域和层面当代艺术创作和艺术批评自身的研究的。更会加大批评家们对中国当代艺术的整体和发展趋势的把握。“当代艺术意义的再讨论”是本次大会的主要议题，批评家们延续了1990年代初《江苏画刊》上关于“艺术意义”的讨论。联系到当前具体的社会和艺术背景，进行了探讨和激烈的学术争论。当然，作为首届年会其本身也并非完全没有问题，一些艺术界的朋友也对会议的形式提出了相当中肯的意见，譬如，大会的议题过于宽泛，如果采取国际性会议的主题发言和分组讨论的形式也许更好。相信如果年会能够按既定计划坚持下去，一定会形成更为良好的势态。

（三）青年批评家的成长

中国年轻的艺评家们，对于“以学术介入市场”的操作面向基本是认同的，但是这些大多是学者出身的艺评家在随后的“操作”中，无疑仍坚守着自己身份的“底线”，仍立足于学术的独立性和立场的纯洁性，他们提出的所谓“介入市场”充其量只是一种策略，是伸向赞助人的诱人的“橄榄枝”，以便赞助人能够心甘情愿地敞开他们的钱匣。

然而在另一端，更敏锐的人们已经行动起来，开始尝试着把艺术批评描述成一种具有明确市场针对性的游戏规则或操作攻略。

青年批评家在2007年的活跃是值得艺术界关注的一个热点现象。出生于1970年代末期和1980年代初期的这一代批评家逐步成长起来，并以一种积极的姿态介入到当代艺术批评中。对批评自身的反省是艺术批评永恒的任务之一。在2007年的艺术批评中，艺术批评的自省继续进行，主要包括两个方面：一方面是对艺术批评自身的方法和理论的探讨；另一个方面是对批评精神和批评家的独立性的强调，前者譬如王小箭《从失语到浮躁的中国当代艺术批评》、刘永涛《当前的批评让青年美术家何去何从?》何桂彦《美术批评需要有自身的方法论和批评标准》、卢缓《艺术批评:边界和规范》等文，对艺术批评自身在方法层面上进行了诸多有益的讨论。在中国当代的社会和文化语境之下对于批评自身而言，精神的独立问题有时可能显得更为迫切。美术同盟等网站上也针对该主题进行了激烈的争论，此外，市场情境中的艺术批评也成为今年艺术批评界讨论的一个细节问题，该问题在批评家年会上引发了大量探讨。清华大学岛子教授的《批判资本强权》和广州美术学院黄专教授《博弈资本》成为两种不同取向的主要论点。此后，高岭等批评家也在其它媒介上发表了《市场情境中美术批评的一点设想》《美术批评问谁要钱》等文，从而延续了年会上的关于市场情境中的艺术批评的争论。

主要参考文献：

1. 盛藏《2007艺术批评的几个瞬间》东方艺术，2008年，3期

2. 栾昌大《世纪末的困惑：跨世纪五大艺术学问题的思考(论纲)》山东成海大学中文系

3. 雨木《市场呼唤正直的艺术批评家和鉴定家》美术报，2007年5月26日，第7版“鉴藏”

4. 赵力《艺术批评与面向市场的操作》中国文化报，2006年8月15日

5. 安静《中国画创作应处理好几个关系》山西高等学校社会科学学报，2008年1月，第20卷第1期

6. 曹永林《从古代画论看中国画的造型》文物世界 2008年第1期

7. 龙瑞《我对中国画的有关思考》今日信息报，2008年3月10日，第B4版“文化广场”

8. 刘曦林《中国画的传统与现代》文艺评论，2008年第1期

9. 邓月琴《论中国画之中和精神》南京艺术学院硕士论文，2003年

10. 张琦《恬淡 宁静 洒脱 舒适——感悟田黎明先生中国画的和谐主题》对外传播，2008年第1期

11. 惠蓝《中国画现代转型两大途径的形成——20世纪上半叶中国画论争研究》中国美术学院2004年中国现代美术史专业博士论文

12. 于海东《中国画：趋向边缘化的传统笔墨》北京日报，2008年3月21日，第14版“品藏”

第四篇　书画代表人物

黄文琦
唯美系列之二沉浮陶瓷
138×68cm
纸本水墨 2008年

第一章　古代书画人物

第一节　秦汉魏晋南北朝

张芝

（？～192年）字伯英，敦煌酒泉（今甘肃）人，东汉书法家。勤学好古，淡于仕进。朝廷称其为有道之人，请其出仕，他不予理睬，时人尊称为“张有道”。善章草，后脱去旧习，省减章草的点画波磔，成为“今草”。张怀瓘《书断》卷中列张之章草、草书为神品，称他“学崔、杜之法，因而变之，以成今草，转精其妙。字之体势，一笔而成，偶有不连，而血脉不断，及其连者，气脉通于隔行”，三国魏书家韦诞称他为“草圣”。晋王羲之称汉、魏书迹，惟推钟（繇）、张（芝）两家，其余不足观。张旭、韦诞、索靖、王羲之父子、怀素之草法，均源于张芝。羊欣云：“张芝、皇象、钟繇、索靖，时号‘书圣’，然张劲骨丰肌，德冠诸贤之首，斯为当矣”。

张芝练习书法的刻苦精神，历史上已广为传颂。晋卫恒《四体书势》中记载：张芝“凡家中衣帛，必书而后练（煮染）之；临池学书，池水尽墨”。后人称练习书法为“临池”，即来源于此。今草行笔自然，刚柔相济，疏密相宜，后世将张芝列为“草圣”。当时的人珍爱其墨甚至到了“寸纸不遗”的地步。

今无手书墨迹传世，仅北宋《淳化阁帖》中收有他的《八月帖》等刻帖。

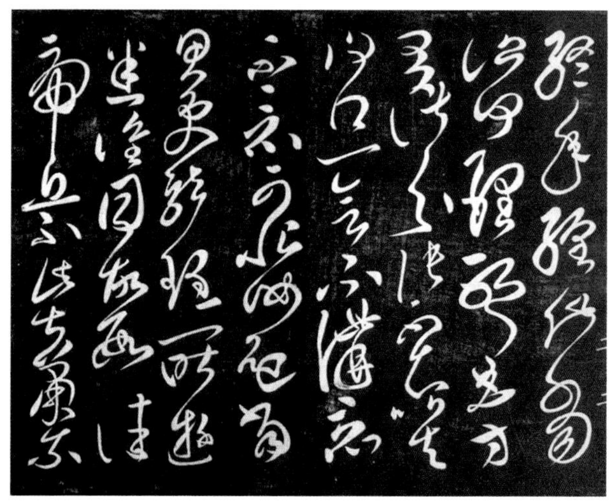

张芝　《终年帖》

皇象

（生卒年不详）字休明，三国吴广陵江都（今江苏扬州）人。著名书法家，官至青州刺史。他幼工书法，他的章书与曹不兴的绘画，严武的围棋等并称“八绝”。羊欣云“吴人皇象能草，世称‘沉着痛快’名重海内”。葛洪称“吴之善书者，皇象、刘纂、岑伯然，皆一代之绝手”。南朝梁袁昂《古今书评》云：“皇象书如歌声绕梁，琴人舍徽。”《天发神谶碑》，传出皇象之手，观之，亦合“沉着痛快”之法。

皇象善八分、小篆，尤善章草，其章草妙入神品。《急就章》是古代的识字课本，以皇象写本最早。前人对皇象书法评价甚高，唐张怀瑾曰：“右军隶书，以一形而众相，万字皆别；休明章草，相众而形一，万字皆同，各造其极。”可见他创造了“相众而形一”的书风，在书法史上有重要意义。

皇象书《急就章》，传世者明拓松江翻南宋刻本为最佳古本，“松江本”系明正统四年（公元1439年）吉水杨政据宋人叶梦得颖昌本摩刻的碑石，因刻于松江而得名。叶梦得在宣和二年（公元1120年）原题有：“此书规模简古，气象沉远，犹有蔡邕、钟繇用笔意。虽不可定为象书，决非近世所能伪为者。”清人王澍《竹云题跋》亦云：“章草自唐以后，无能工者，而皇象书迹尤少，故悉心临写，以示后昆。”此帖本为真书和章草二体并刻，横竖皆成行，法度严整不苟，历来被视为模范。另有《文武帖》《顽闇帖》二帖传世。

索靖

（公元239～303年）西晋书法家。字幼安，敦煌（今甘肃）人。张芝姐姐的孙子。官征西司马、尚书郎，封安乐亭侯，谥曰庄。《宣和画谱》称，索靖少时就有出群之才，与乡梓氾衷、张彪、索介、索永并称为“敦煌五能”。工书法，尤擅章草，传张芝草法而变其形迹，骨势峭迈，富有笔力。评论者形容其书法“如风乎举，鸷鸟乍飞”，

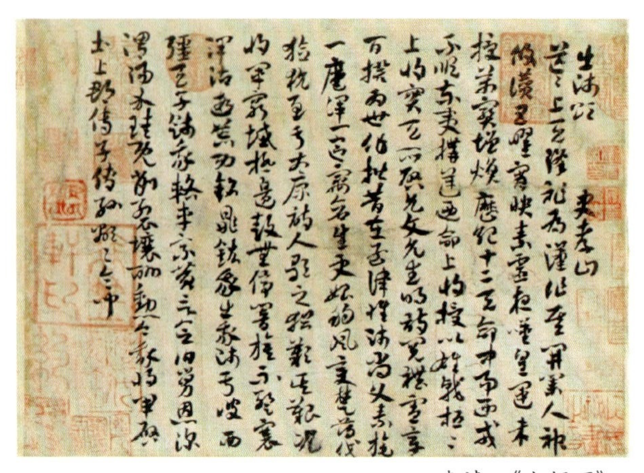

索靖 《出师颂》

以状其遒劲；或谓“如雪岭孤松，冰河危石”，以状其峻险。前人评谓“精熟至极，索不及张；妙有徐姿，张不及索”。靖亦自重其书，自名其字为“银钩虿尾”。因此史评索靖的书法“其书名与羲（王羲之）、献（王献之）相先后也”。其在书法史上的地位，可想而知。称为书林至宝，毫不为过。

《出师颂》是索靖流传至今的惟一墨迹，纸本，章草书，纵21.2厘米，横127.8厘米，现藏北京故宫博物院。这件作品自唐朝以来，一直流传有绪，唐朝由太平公主收藏，宋朝绍兴年间入宫廷收藏，明代由著名收藏家王世懋收藏，乾隆皇帝曾将其收入《三希堂法帖》。1922年，逊位清帝溥仪以赏赐溥杰的名义，将该卷携出宫外，1945年后被分成两件残品落匿民间，2003年由拍卖公司征得，故宫博物院以巨资购回。书卷的前半段，有宋高宗篆书“晋墨”二字、乾隆御笔题跋、宋代米芾题记，其上朱印斑斑，纸墨如新，1500年前的书法保存如此完好，令人惊叹。

崔瑗

（公元78～143年）字子玉，涿郡安平（今属河北）人。东汉学者、书法家。早孤，锐志好学，师从贾逵，明天文历数，精于《京房易传》。年十八游京师，与马融、张衡相友善。仕途曾屡遭挫折，年四十始为郡吏。汉安帝初年，官至济北相。他是汉代书法名家，尤善草书，师法杜操，时称“崔杜”。对于崔瑗的草书，后世评价很高。“草圣”张芝自云“上比崔杜不足”。三国时魏人韦诞称其“书体甚浓，结字工巧”，即书体非常浓密，结字精致美妙。南朝梁袁昂《古今书评》云：“崔子玉书如危峰阻日，孤松一枝。”王隐谓之“草贤”，说他章草已达到出神入化的境界，小篆臻于至极妙境。

作品无考。著有《草书势》，是谈论草书技法的文章，用比喻的手法加以描述。文见《晋书列传第六·卫恒传》。

陆机

（公元261～303年）字士衡，吴郡（今江苏苏州）人，出身名门，祖父吴丞相陆逊，父亲陆抗，都是东吴名将。“世皆奕奕，为当代显人”。吴亡后入晋，官至太子洗马、著作郎、平原内史，故称“陆平原”。后为司马颖所杀。

陆机以文学见名于时，才华横溢，“少有异才，文章冠世”（《晋书·陆机传》），以文学见名于时，是著名的《文赋》的作者。他与弟陆云并为我国西晋时期著名文学家，并称“二陆”。同时代人张华有“人之为文恨才少，而机患其多，至有见文而自欲弃其所学”之叹。其实陆机还是一位杰出的书法家，他在书法史上是有一定地位的，许多书评都曾提到，评价不太高，盖为其才名文学所掩。

擅长章草，有真迹《平复帖》传世，此帖曾在《宣和画谱》中著录，此帖和流行后世的刻帖中的一般章草不同，与王羲之的草书也不同，由此可以窥见西晋草书的真貌。近世《平复帖》得到越来越多的书法家的高度评价。

《平复帖》，牙色纸本，墨迹，章草书；纵

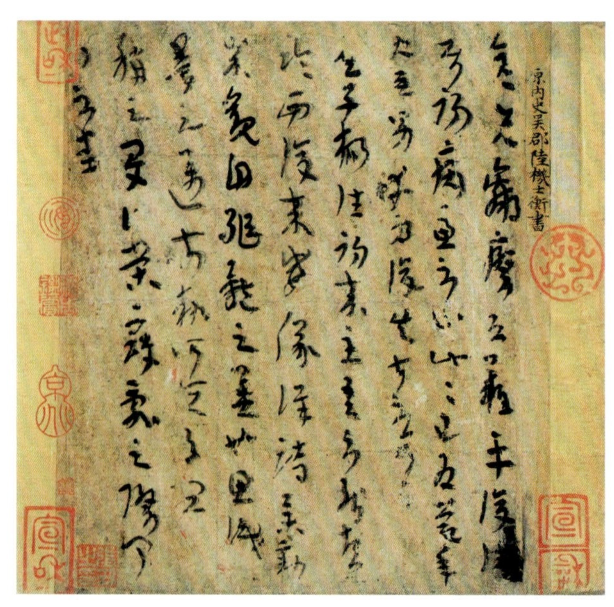

陆机《平复帖》

杨子华 《校书图》

23.8厘米，横20.5厘米，是现存最早的传世墨迹。内容为向其友人问疾的书札，共九行，计八十四字，它用秃笔写于麻纸之上，其字体为草隶书。是传世文人中最早的一件，其中有病体“恐难平复”字样，故名。字为章草，但无挑波，和《淳化阁》所收卫瓘《顿首州民帖》体段相近。《墨缘汇观》称：“相传平原精于章草，然此帖大非章草，运笔犹存篆法”。无款印，卷前有唐人题签“平原内史陆机士衡书”。又有宋徽宗赵佶金书题“晋陆机平复帖”六字。此帖由张伯驹以巨金购得，并于1956年捐献给国家。

《平复帖》是草书演变过程中的典型书作，最大的特点是犹存隶意，但又没有隶书那样波磔分明，字体介与章草、今草之间。细观此帖，秃笔枯锋，刚劲质朴，字虽不连属，却洋洋洒洒，整篇文字格调高雅，神采清新。

王珣

（公元350～401年）晋代书法家。字元琳，小字法护，琅琊临沂（今属山东省）人，和其父亲治、祖父导三代皆以能书著名，书圣王羲之的侄子。官尚书令，卒赠车骑将军，谥献穆。

王珣真迹《伯远帖》的年代仅次于《平复帖》，堪称无上至宝，其书体为成熟的行草，运笔自然，各字是分立的，古逸洒脱，确实是晋人特有的风神，堪与二王争辉，也是乾隆的三希之一。

《伯远帖》，纸本，行书，纵25.1厘米，横17.2厘米，其纸墨精良，至今依然古色照人，更加珍贵。其历来为后世书法家，鉴赏家，收藏家视为瑰宝。《伯远帖》是王给亲友的一通书函。它行笔峭劲秀丽，自然流畅，是我国古代书法作品中的佼佼者。它的笔画写得较瘦劲，结体较开张，特别是笔画少的字显得格外舒朗，飘逸，确有“如升初日，如清风，如云如霞，如烟，如幽林曲洞”的晋人韵味。

此帖经北宋内府收藏，乾隆年间入内府，乾隆皇帝弘历视其为无上之宝，将此帖与《快雪时晴帖》、《中秋帖》藏于养心殿西暖阁，专设三希堂。

杨子华

（约515～约586）北齐画家。是北齐世祖高湛的爱臣，官直阁将军，员外散骑常侍。善丹青，曾画马于壁，谓夜间如闻长鸣、饮水食草之声；又在纸上画龙，卷舒时有云萦绕，世祖高湛甚重之，使居宫禁中，非奉诏不得为人作画。时有“画圣”之称。杨子华与擅长围棋的王子冲被称为“二绝”。

画迹有《校书图》等。《校书图》卷，绢本，设色，纵29.3厘米，横122.7厘米，现藏美国波士顿美术馆。全图共绘十九人。这图卷所画的是北齐天保七年（公元556年）文宣帝高洋命樊逊和文士高乾和等11人负责刊定国家收藏的《五经》诸史的情景。此图所绘人物的服饰、形貌，以及用品、物具都反映了后魏北齐时的面貌，反映了汉民族与少数民族文化交融的历史。画中人物神情均极生动。此图用笔细劲流动，细节描写神情精微，设色简易标美。这件非常珍贵的绘画精品其原作早佚，该画虽为宋代摹本，但人物、技法尤存北齐风范，可使人想见画作原貌。所画人物形象丰满圆润，有别于顾恺之的“秀滑清丽”，影响整个北齐画风，他的画风影响直到唐代的画风，具有承前启后的历史地位，为画史所称颂。

卫恒

（？～291年）西晋书法家。字巨山，河东安邑（今山西省夏县）人。官至秘书丞、尚书郎。惠帝时为贾后等所杀。他出生在一个书法世家，祖卫觊、父卫瓘、侄女卫铄都是著名书法家。他善草书，兼学隶、篆，所以他的草、章草、隶、篆都写得极好。卫恒的儿子卫璪、卫玠、也是著名的书法家。他根据自己的实践，著有《四书体势》，是研究中国书法的重要资料。唐李嗣真《书后品》称他的书法纵任轻巧，流转风媚，刚健有余，便媚详雅。北宋《淳化阁帖》卷二收有他草书两行。

《四体书势》一卷，是卫恒的书法理论著作，原文收入《晋书·卫恒传》，是存世最早和比较可靠的重要书法理论之一，有很高的史料价值。有关当时的各种书体、书史的演变，以及一些书法家代表作的情况资料，大都赖此书得以保存。

卫铄

（公元272～349年）名铄，字茂漪，自署和南。汝阴太守李矩之妻，世称卫夫人。东晋女书法家。传为王羲之之师。师承钟繇，尤善隶书。传世楷书八行在《淳化阁帖》，及书论《笔阵图》。

卫铄家学渊源，有名当代。《书法要录》说她得笔法于钟繇，熔钟、卫之法于一炉。所着《笔阵图》中云："横如千里之阵云、点似高山之墜石、撇如陆断犀象之角、竖如万岁枯藤、捺如崩浪奔雷、钩如劲弩筋节"。其字形已由钟繇的扁方变为长方形，线条清秀平和，娴雅婉丽，去隶已远，说明当时楷书已经成熟而普遍。《书评》称之为"如插花少女，低昂美容；又如美女登台，仙娥弄影，红莲映水，碧海浮霞"。有《名姬帖》《卫氏和南帖》传世。

谢安

(公元320～385年)原藉太康，寓居会稽。东晋著名政治家。谢安出身士族，年轻时就注意修身养性，喜欢读书习艺，才器隽秀。但却不愿做官。他在上虞的东山筑庐蛰居，"高谢人间，啸咏山林"，过着闲适的隐居生活。直至他的好友、侍

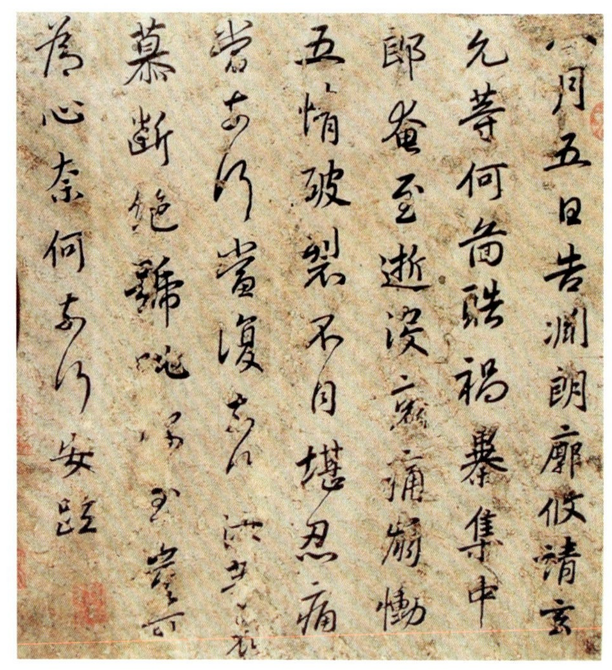

谢安 《中郎帖》

中王坦之去东山面请，痛陈社稷危艰，国势衰微，亟需良将谋臣匡扶，谢安才悚忧而起，应召出山。其时已年过不惑。既"东山再起"，受命于危难之际，谢安宵衣旰食，不敢懈怠，开始了他中年以后二十年的奋作争斗。公元383年，前秦军南下，苻坚携兵百万，大有一举踏平江东之概。谢安临危不惧，要谢石、谢玄力拒，结果淝水一战，大获全胜，给中国战争史写下了以少胜多的辉煌一页。

《中郎帖》，纸本，行书，纵23.3厘米，横25.7厘米，藏北京故宫博物院。《中郎帖》是传为谢安书写的一封报丧书信，信中告知中郎突然去世的消息，同时表达了自己内心痛苦不堪、难以忍受的情感。帖前鉴藏印有两半方，印文均不辨。帖后鉴藏印有南宋"德寿"，明"吴桢"、"黄琳美之"、"新安吴廷"、"许叔次家藏"、"杨嘉"、"堵氏"等印，以及清乾隆内府、宣统内府诸印。

第二节　隋唐时期

智永

(生卒年不详)南朝陈、隋间书法家，名法极。王羲之的七代孙，为羲之第五子徽之的后代。会稽（今浙江绍兴）人，住永欣寺，人称永禅师。

他习字很刻苦。据传住永欣寺时，闭门习书三十年。初从萧子云学书法，后以先祖王羲之为宗，临了八百多本《千字文》，给江东诸寺。他用废的笔，埋起来象冢一样，有“退笔冢”之谓。时书名极高，求墨宝者络绎不绝，踏破门限，因以铁裹之，人称“铁门限”。

智永妙传家法，精力过人，隋唐间工书者鲜不临学。年百岁乃终。智果、辨才、虞世南均智永书法高足。在中国书法史上，智永对唐楷的发展与完善起到了承上启下的作用。唐代著名书法家欧阳询、褚遂良、张旭、怀素，以及后来的宋、元、明书家都师法他的作品。

《真草千字文》智永楷书和草书的并举作品，造诣极高。书体秀润圆劲，八面具备，神韵浑然，蕴含逸气，温润秀劲兼而有之。用笔上藏头护尾，一波三折，含蓄而有韵律，极富意趣。明董其昌《画禅室随笔》说他“每用笔必曲折其笔，宛转回向，沉著收束，所谓当其下笔欲透纸背者”。清何绍基说：“笔笔从空中来，从空中住，虽屋漏痕，犹不足以喻之”。真得右军之精传，人称“智永得右军之肉”。

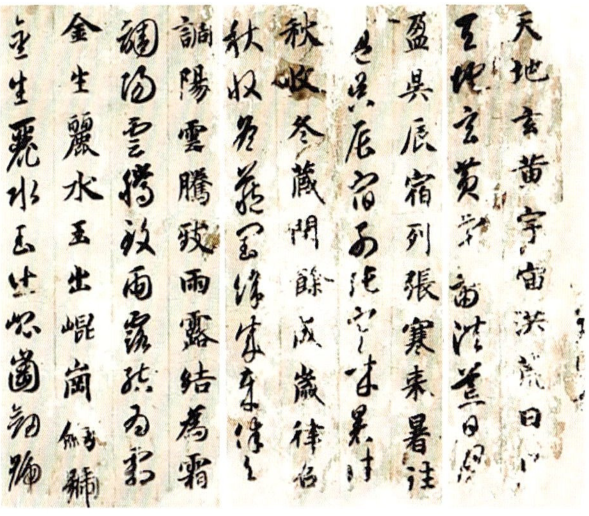

智永　《真草千字文》

薛稷

（公元649～713年）唐代画家，书法家。字嗣通，蒲州汾阴（今山西）人。曾任黄门侍郎、参知机务、太子少保、礼部尚书，后被赐死狱中，世称“薛少保”。

善绘画，长于人物、佛像、树石、花鸟，尤精于画鹤，能准确生动地表现出鹤的形貌神情，但已无绘画作品传世。

薛工书法，初唐书法以欧阳询、虞世南为宗，褚遂良出，风格一变，薛稷承褚又变书风，故与欧阳询、虞世南、褚遂良并列为“初唐四大家”。薛稷的隶书、行书俱入能品，其书疏瘦劲练、流美飞扬。后人评说薛书“如风惊苑花，雪惹山柏”，他融隶入楷，媚丽而不失气势，劲瘦中兼顾圆润的书风，发展了初唐书法劲瘦媚丽而又圆腴挺拔的时代风格，并给后世以深远影响。唐代大诗人杜甫有诗赞美。书法作品有《中岳碑》、《洛阳令郑敞碑》、《信行禅师兴教碑》、《升仙太子碑》、《佛石迹图传》等，其中不乏历代公认的书法精品。

《信行禅师兴教碑》唐李贞撰文，薛稷书，唐神龙二年（公元706年）八月立。原石久佚，仅有清何绍基旧藏剪裱本，现存1800余字。此碑书法瘦劲妍媚，下开宋徽宗“瘦金体”之先河。此碑有明显汲取褚书的特色，有一种清健娟秀的风韵。尤其是竖法的微曲轻勾，纯然是褚书的面目，然于笔的起落间又流露出自己的风格，为唐楷佳品。

李邕

(公元678～747年)，唐代书法家。字泰和，广陵江都（今江苏扬州）人。李邕少年即知名，后召为左拾遗，曾任户部员外郎、括州刺史、北海太守等职，人称“李北海”。李政治命运坎坷，屡遭贬斥，后为宰相李林甫所害，含冤杖毙。

《宣和书谱》说：“邕精于翰墨，行草之名尤著。初学右军书法，既得其妙，复乃摆脱旧习，笔力一新，李阳冰谓之书中仙手。”他工诗文，善正、行、草书，尤长碑颂。魏晋以来，碑铭刻石，都用正书撰写，入唐以后，李邕改变用行书，名重一时，后人亦多用行书写碑。他初师法王羲之，后自创一体，其行书书写的碑文，前后数百篇。书风豪挺，结体茂密，笔画雄劲。其书法个性明显，字体左低右高，笔力遒劲，舒放，有险峭爽朗之感。李邕提倡创新，有“似我者俗，学我者死”的精辟论点。苏东坡、米芾都汲取了他的一些特点，元代的赵孟頫也极力追求他的笔意，从中学到了“风度闲雅”的书法境界，他的书法对后世产生了较大影响。

传世作品有《李思训碑》《麓山寺碑》《法华寺碑》《李秀碑》等。《岳麓寺碑》，体兼行、楷。唐开元十八年(公元730年)立。碑高2.7米，宽1.35米，二十八行，行五十六字，共1413字。圆顶上饰有龙纹浮雕，有阳文篆“麓山寺碑”四字。碑侧刻有宋代大书法家米芾的正书阴刻题名“元丰庚申元日同广惠道人来襄阳米黻”字样，碑现在长沙岳麓山公园内。传世北宋拓本藏北京故宫博物院。《麓山寺碑》笔力凝重雄健，气势纵横，势如五岳。运笔博采魏晋及北朝诸家之长，结体纵横相宜，笔法刚柔并施，章法参差错落，行云流水，有柔中寓刚、刚柔相济之美。

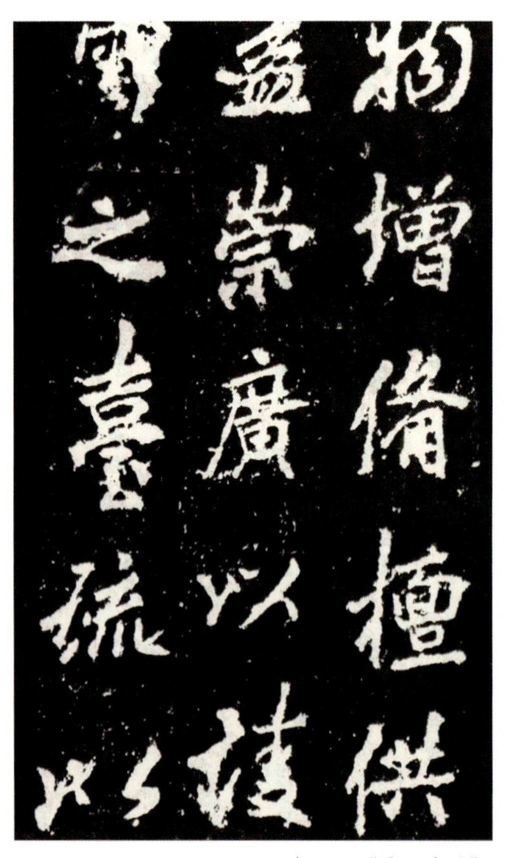

李邕　《麓山寺碑》

李昭道

（生卒年不详）字希俊，李思训之子。甘肃天水人，唐代画家。他曾为太原府仓曹、直集贤院，官至太子中舍。擅长青绿山水，兼擅鸟兽、楼台、人物，并创海景。画风巧赡精致，虽“豆人寸马”，也画得须眉毕现，世称“小李将军”。由于画风工巧繁缛，线条纤细，论者亦有“笔力不及思训”之评。

画作有《秦王独猎图》描写秦王骑逐野猪，引弓待发之势跃然纸上。《海岸图》《摘瓜图》等六件，图录于《宣和画谱》。传世作品有《春山行旅图》轴，图录于《故宫名画三百种》。

李昭道　《明皇幸蜀图》

《明皇幸蜀图》卷，绢本设色，纵55.9厘米，横81厘米，现藏台湾台北故宫博物院。这幅画就是记录安史之乱中唐玄宗到四川避难途中的情形，画中崇山峻岭间一队骑旅自右侧山间穿出，向远山行进，南方着红衣的唐明皇乘三花黑马正待过桥，嫔妃则着胡装戴帷帽，展示着当时的习俗。画中山势突兀，白云萦绕，山石有勾勒无皴法，设色全为青绿。此图可能为宋代摹本，但比较接近李思训、李昭道父子的画风，是反映唐代山水画面貌的重要传世作品。

李阳冰

（生卒年不详）唐代文字学家、书法家。字少温，赵郡（今河北赵县）人，为李白祖叔。宝应元年，为当涂令，李白往依之。历集贤院学士，晚为少监，人称李监。李阳冰主编李白诗集《草堂集》并为序。李阳冰以篆学名世，精工小篆，圆淳瘦劲，为秦篆一大变革，被誉为李斯后小篆第一人，对后世颇有影响。自秦李斯创制小篆，历经千载，学书者惟真草是攻，而篆学中废。李阳冰尝叹曰："天之未丧斯文也，故小子得篆籀之宗旨。"张旭的笔法也曾得到李阳冰的传授。

李阳冰以篆书为已任，始学李斯《峄山碑》，在体势上变其法，线条上变平整为婉曲流动，显得婀娜多姿。其暮年所篆，笔法愈见淳劲。自称："斯翁之后，直至小生。曹喜、蔡邕不足道也"。传世刻帖有《三坟记》《城隍庙碑》《谦卦铭》《怡亭铭》《般若台题名》等，均为后世翻刻本。

《三坟记》，唐大历二年（767年）刻。李季卿撰，李阳冰书。为李阳冰代表作，笔画从头至尾粗细一致，光滑洁净，谓之"铁线描"，在唐代篆书中，李阳冰是成就最高的。《三坟记》碑承李斯《峄山碑》玉筋笔法，以瘦劲取胜，结体修长，线条遒劲平整，婉曲翩然。

杨凝式

（公元873～954年）字景度，号虚白，华阴（今属陕西）人，为唐末宰相杨涉之子。他身逢乱世，做过唐末的秘书郎，后又历仕于后梁、后唐、后晋、后汉、后周五代，因其曾官拜太子少师，所以人称"杨少师"。由于晚唐五代世变迭加，动荡混乱，为求隐身自保，曾佯疯自晦，其性格又狂放不羁，故时人称"杨风子"（即"杨疯子"）。

杨自幼习练书法，其书初学欧阳询、颜真卿，怀素，柳公权等人对其影响较大，后上溯魏晋，于二王处得其风神，形成自己多变的风格。后人评他的书法奇伟诡异，体势纵逸，天真烂漫，姿态万千而又新意独具，被公认为五代时期书法第一人。其代表作有《韭花帖》《卢鸿草堂十志图跋》《神仙起居法》和《夏热帖》等。

《韭花帖》，墨迹，麻纸本，行书，高26厘米，宽28厘米，共7行，63字。内容是叙述午睡醒来，恰逢有人馈赠韭花，非常可口，遂执笔以表谢意。是杨氏代表作，历来为人所称道。此帖最大的特点是字距、行距的处理独出心裁，凝而不滞，疏而不散，行气纵贯而疏朗空灵，给人以澹泊宁静的美感。另外，此帖的单字结构尤为奇特，许多字或左右分离、或重心偏移、或重头轻脚，妙趣横生，令人叹为观止。清代书法家包世臣评价道，"盖少师结字，喜移部位"，实为"破削之神"。善移部位，即善于变化字形结构，从而产生一种化自然为神奇的特殊风采。《韭花帖》，被称天下第五行书，黄庭坚把杨凝式的书法与吴道子的画并称为"洛中二绝"。

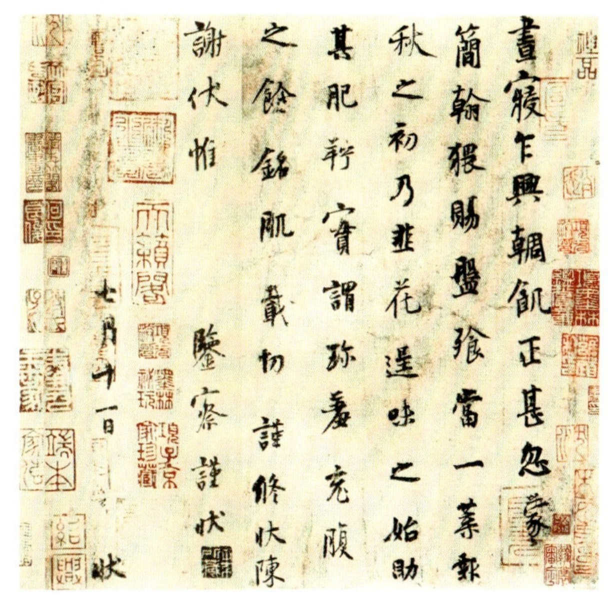

杨凝式 《韭花帖》

黄筌

（约903～965年）五代后蜀画院宫廷画家。字要叔，四川成都人。历仕前蜀、后蜀，官至检校户部尚书兼御史大夫，并主持画院。后来和他的儿子居宝、居 ，弟惟亮，转入北宋画院。他的花鸟题材，自成一派，作品多是描绘宫廷中的奇花异草，珍禽异兽，风格富丽工巧。主要画法是勾勒填色，先用淡墨勾勒，然后以重彩渲染。他的画细腻入微，形态逼真，色彩艳丽，富于装饰性，与宫廷中豪华富丽的格调相吻合。他的这种画法，代表着画院的风格，在宋代影响极大。后人将他与江南徐熙并称"黄徐"，有"黄家富贵，徐熙野逸"之评。

《写生珍禽图》卷，绢本设色，无款，纵41.5厘米，横70厘米，现藏北京故宫博物院，为黄筌传世的唯一作品。它只是为创作而收集素材时的写生草稿，故后人以此命名。图有"付子居宝"的题字，显然是一幅课徒的写生稿本。画面上画有鸰、麻雀、鸠、蜡嘴等十只鸟，两只龟，还有蚱蜢、蝉、蜜蜂等若干昆虫。画中禽虫刻画精细逼真，重视形象与质感，画法特点是墨线细勾，略加淡彩，严谨工整，是典型的双勾法。体现了黄筌一派"用

黄筌 《写生珍禽图》

笔新细，轻色晕染”的特点。五代虽是传统花鸟画走向成熟的时期，但传下来的珍品极少，所以此写生画具有珍贵的价值。

赵幹

（生卒年不详）五代南唐画家，江宁(今江苏南京)人，南唐后主李煜朝为画院学生，擅画山水、林木、人物，长于构图布局。所画皆江南风景，多作楼观、舟楫、水村、渔市，点缀花竹，表现烟波浩渺、风光明媚之山光水色尤具独到。

传世作品有《江行初雪图》卷，绢本，设色，纵25.9厘米，横376.5厘米，现藏台北故宫博物院。是一幅山水人物并重的作品，画面描绘叶落雪飘、北风呼啸时节江南渔村小雪中渔民的艰苦生活，画中树石用笔方硬劲挺，水纹纤细流利，笔法生动活泼，气韵苍润高古，天空用白粉弹洒作小雪，似见雪花轻盈飞舞之景，人物形象生动。此画一片天籁，意境高雅幽远。

图右有李煜行书：“江行初雪画院学生赵幹状”，无款印，图中有“神品上”三字，钤有元“天历之宝”玺、“柯九思印”印、金“明昌宝玩”印；押缝有明“御府宝玩”、“内殿珍玩”、

赵幹 《江行初雪图》

“群玉中秘”三玺及清“乾隆御览之宝”、“嘉庆御览之宝”和收藏家安岐藏印三方、梁清标藏印五方，可知此卷历经宋元明清各朝内府及私人收藏，是件流传有绪的精品。

赵喦

(生卒年不详)名霖，后改本名，字秋巘，陈州(今河南淮阳)人。五代后梁画家。太祖朱晃朝(907～912)为驸马都尉。末帝朱瑱朝(913～923)为户部尚书租庸使，与张汉杰、汉伦等居中用事。善绘事，精鉴赏，富收藏。唐末乱世，不惜重金收集名画五千余幅。为人谦和，礼优画士，有“赵家画选场”之称。平时纵览收藏名画，耳濡目染画艺日进，所画人马格韵超绝，非寻常画工所及，为世称道。

有《汉书西域传图》《调马图》《臂鹰人物图》《五陵按鹰图》等著录于《宣和画谱》。传世作品有《调马图》卷，绢本设色，纵29.5厘米，横49.4厘米，藏上海博物馆。

赵喦 《调马图》

该图绘一马夫牵马而行，马夫头戴卷檐带旒虚帽，身穿圆领窄袖胡服，深目高鼻，属西域人形象。所牵之马，白地黑花，高颈昂首，体态纵恣。景物虽极简单，运笔劲练而微有波磔。但人物和骏马神态生动，跃然于绢素之上。

此图曾经宋代内府、元代曹知白、明代何元朗、徐乾符、项元汴、清代裴景福及近代庞元济等人收藏。

陆柬之

(公元1045～1105年) 江苏吴县(今苏州)人。官至崇文侍书学士。少时依舅家学书，其舅父即是当时极负盛名的书法家虞世南。晚学“二王”，“落

笔浑成，耻为飘扬绮靡之风”，在书界有出蓝之誉。传世书迹以《五言兰亭诗》刻帖与《陆柬之书文赋》墨迹为最。而其中后者为纸本墨迹卷，是初唐时期少有的几部名家真迹之一。这是一幅陆柬之用心血写就的作品，由于《文赋》是陆机呕心沥血的代表作，而陆柬之又是陆机的后裔，所以陆柬之是以极其崇敬的心情来书《文赋》的。据说陆柬之年轻时读陆机《文赋》，就极为倾心，总存一念，想亲笔书写一篇，因恐自己书艺不精而玷辱前贤名作，始终未敢贸然动笔，直至他晚年书名赫赫时，才动笔了此夙愿。《陆柬之书文赋》墨迹，亦如陆机《文赋》所称：“笼天地于形内，挫万物于笔端”，有逸气，逸笔，直追“二王”。

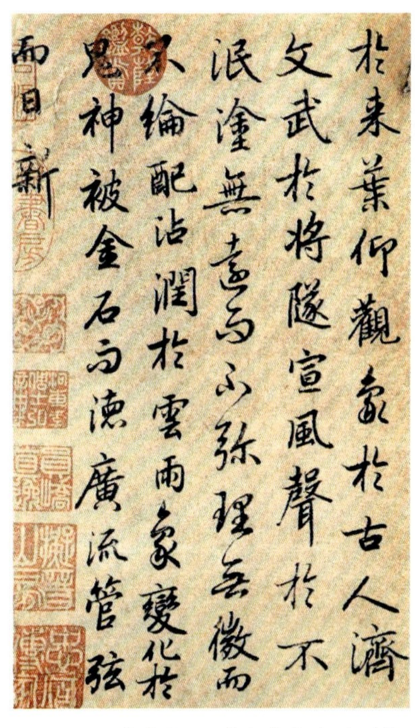

陆柬之 《陆柬之书文赋》

《陆柬之书文赋》卷，纸本，纵25.7厘米，横256.2厘米，藏台北故宫博物院。全书144行，1658字，字体以正、行为主，间参草字，虽三体并用，但上下照应，左右顾盼，配合默契，浑然天成。笔致圆润而少露锋芒，表现出平和简约的意境。笔法飘纵，无滞无碍，超逸神俊，深得晋人韵味，从中透露出深厚的《兰亭》根底。元代书法家揭傒斯曾评论此帖说：“唐人法书结体遒劲有晋人风格者，惟见此卷耳。虽若隋僧智永，犹恨妩媚太多、齐整太过也。独于此卷为之三叹。”此卷流传有绪，有赵孟頫、李倜、揭傒斯、危素、宋濂、孙承泽等大家名流跋记。帖中“渊”、“世”等字均作缺笔，盖避唐代帝王名讳之故。帖后无余纸，名款已失，卷前引首有明代李东阳篆题“二陆文翰”，及沈度隶书“陆机文赋陆柬之书”，真迹清时入内府，后藏北京故宫博物院，现辗转藏台北故宫博物院。

张璪

（生卒年不详）又作张藻，字文通，吴郡（今江苏省苏州市）人。活动于8世纪中后期，官至祠部员外郎、盐铁判官。安禄山叛唐称帝授以伪职，安史之乱被平定后，张璪获罪，被贬为衡州司马、移忠州司马。

他善画水墨山水，尤精松石。传说能双手分别执笔于绢上同时画出生枝和枯枝，在同一画幅里显现荣枯不同的形象，令人惊叹。他作画时重视灵感，保持激昂情绪，下笔时若流电激空，毫飞墨喷。他爱用紫毫秃笔，甚至有时以手蘸墨作画，不求巧饰，画中山水高低秀丽，咫尺重深，具有感人的魅力。五代山水画家荆浩论及唐代山水画发展及成就时，对张璪特加推崇。与他同时代山水画家毕宏惊佩他的技艺，向他求教，张璪答以“外师造化、中得心源”，主张既要观察生活形象，又要重视主观感受，对绘画创作中主客观的关系进行了深刻的概括，对以后绘画创作及理论影响颇大。

由于年代久远，张璪的画迹已湮灭不传。据唐代张彦远《历代名画记》记载，张璪曾著有《绘境》一篇，但已失传。然而他所留下的“外师造化，中得心源”的创作原则，却至今仍为我们所遵循和享用。

韩滉

（公元723～787年）字太冲，少师休之子，以荫补骑曹参军。唐代中期的政治家和画家，历经玄宗至德宗四代，从地方官到藩镇、宰相，是一位拥护统一，反对分裂割据的政治家。

韩工章草，得张旭笔法；画远师陆探微，擅画人物及农村风物景象，写牛、羊、驴等走兽，神态生动，尤擅长人物画和畜兽画。《唐朝名画录》说他“能画田家风俗、人物、水牛，曲尽其妙”。其绘画具有一种浑厚朴实风格。

《五牛图》，白麻纸本，设色；纵20.8厘米，横139.8厘米，藏北京故宫博物院。他所画的五头牛，

韩滉 《五牛图》局部

形态各异，特征鲜明，肥瘦不同，毛色各异，笔法简朴，曲尽其妙，真是神来之笔。这画虽为长卷形式，但所画牛却各自独立，除了一丛荆棘之外，别无景物。这幅画在用色上很有特点。全画虽然只用两种颜色，给人的感觉却是丰富多彩的。画卷笔法精妙，线条流畅形态优美，形神俱佳，表现出高超的笔墨技巧，是难得的唐代绘画佳作。卷后有元赵孟頫、孔克表，明项元汴，清高宗弘历等人题记。曾入宋内府，元赵孟頫，明项元汴曾收藏，后入清内府，清末流散宫外，新中国成立后政府以重金由香港购归。

周文矩

（生卒年不详）句容（今属江苏）人，五代南唐画家。昇元（937～942）中已在宫廷作画，后主时任翰林待诏。擅画冕服车器，尤工人物仕女，多以宫廷贵族生活为题材。风格近于唐周昉而更纤丽，所作多用曲折“战笔”笔法表现衣纹。兼擅楼观、山林、泉石及佛道宗教画。仕女之工，在于得其闺阁之妙态。

存世作品有《重屏会棋图》《明皇会棋图》

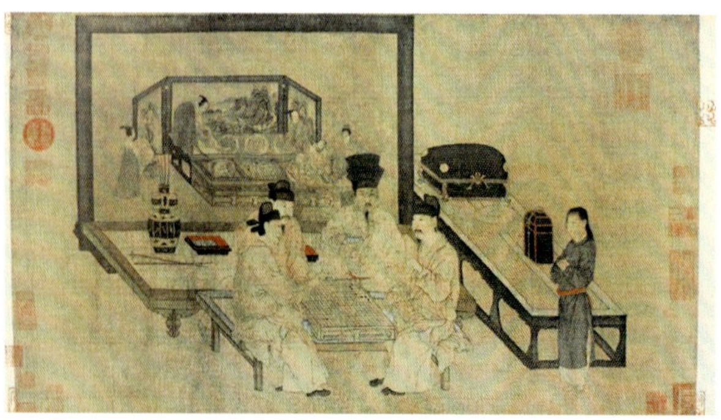

周文矩 《重屏会棋图卷》

《琉璃堂人物》等图。

《重屏会棋图卷》绢本，设色，纵40.2厘米，横70.5厘米，藏北京故宫博物院。描绘南唐中主李景与其弟景遂、景达、景过会棋情景。此图头戴高帽，手持盘盒，居中观棋者为中主李景，对弈者是齐王景达和江王景过，人物容貌写实，个性迥异。衣纹细劲曲折，略带顿挫抖动。四人身后屏风上画白居易《偶眠》诗意人物画，其间又有一扇山水小屏风，因背景屏风上又画屏风，故画名日“重屏”。该图无名款，宋元藏印均伪，但人物服饰及生活用品为五代遗制，至少可以反映周文矩画法的面貌。

李白

（公元701～762年）字太白，号清莲居士。唐代著名诗人、书法家。祖籍陇西成纪(今甘肃秦安)，隋末其先人流寓碎叶，白即生于此。虽然李白的书名为诗名所掩，但是在历代书史专著里仍然有所记载。宋黄山谷曾经评说：“李白在开元，天宝间，不以能书传。今其行草殊不减古人”。清人周星莲《临池管见》也说太白书“新鲜秀活，呼吸清淑，摆脱尘凡，飘飘乎有仙气”。可见作为唐代最杰出的浪漫主义诗人，在他的书法作品中也充满着浪漫主义的写意情调。

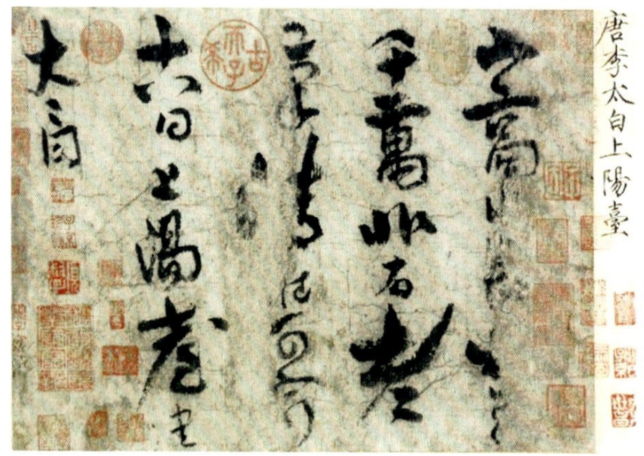

李白 《上阳台帖》

《上阳台帖》墨迹，行草书，纸本，纵28.5厘米，横38.1厘米。藏北京故宫博物院。共5行，24字，款署“太白”二字。引首清高宗弘历楷书题“青 逸翰”四字，正文右上宋徽宗赵佶瘦金书题签：“唐李太白上阳台”一行。后纸有宋徽宗赵佶，元张晏、杜本、欧阳玄、王馀庆、危素等，清乾隆皇帝题跋和观款。

《上阳台帖》为李白书自咏四言诗，也是其唯一传世的书法真迹。用笔纵放自如，快健流畅，于苍劲中见挺秀，意态万千。结体亦参差跌宕，顾盼有情，奇趣无穷。帖后有宋徽宗赵佶一跋。太白笔法超放，如游龙翔凤，迅如奔雷，疾如掣电，出规入矩，飞舞自得。与其潇洒奔放、豪迈俊逸之人品诗风相为表里，堪称稀世珍宝。

卫贤

（生卒年不详）五代南唐画家，长安（今陕西西安）人。后主时为内供奉。初师唐末宫室画名家尹继昭，后学吴道子，以擅绘楼观、殿宇、人物，及山村之盘车、水磨，尤以界画见称于时。《宣和画谱》认为，其笔下高崖巨石，浑厚可取，而皴法不老，画林木虽挺劲而枝梢不称其本；自唐至五代，以画宫室得名者仅得卫贤一人。

存世作品有《高士图》，又名《梁伯鸾图》。绢本，淡设色，纵134.5厘米，横52.5厘米，藏北京故宫博物院。画卷无款识，卷前有宋徽宗赵佶瘦金书标题“卫贤高士图”，描绘的是汉代隐士梁鸿和其妻孟光“相敬如宾，举案齐眉”的故事。整幅以人物活动为中心，上部则远山巨峰，平远山岭；下部竹树相杂，溪水环绕。画中梁鸿端坐榻前，正潜心于学问；而孟光则恭敬地双膝跪地，举着盘盏，递向案上。作者巧妙构思，将盘盏作黑红两色，置于孟光前额和梁鸿桌案之间，十分醒目，恰是道出了“举案齐眉”的典故。全幅结构繁复，但景物设置都错落有致，独具匠心，处处都与表现主题高人逸士有机相联而浑然一体。此图虽为主题人物画，却集山水、人物、建筑画为一体。山石多用平笔皴擦，注意用墨色的深浅对比强调峰岫的凹凸和凝重的质感，石上干笔点苔的技法更是画家的独创。房屋和木栏栅篱用界笔描绘，结构严谨清晰，并能表现出一定的透视感和纵深关系。

《高士图》是竖式构图，其装裱法是手卷式，此系典型的北宋宣和年间的装裱法，世称“宣和装”，是颇为罕见的“宣和装”原装，后人的跋文均按手卷的格式书写。有清高宗弘历题记。此图卷是今天我们能见到的传世卷轴画中，年代最早的以界笔“植柱构梁”的建筑画迹之一。

卢稜伽

（生卒年不详）稜伽一作楞伽，唐代画家。长安（今陕西西安）人。吴道子的弟子，画风细致，能于咫尺之间，表现出江山辽阔，物象精备。擅作佛像、经变，于各地多作壁画。肃宗乾元初（公元758年）于成都大圣慈寺画《行道高僧》数堵，颜真卿为其题字；又曾画长安庄严寺三门，深受吴道子赞赏。

《六尊者像》绢本，设色，纵30厘米，横53厘米，藏北京故宫博物院。这套册页已然不复完整了，现在仅存“第三拔纳拔西尊者”、“第八嘎纳嘎拔喇尊者”、“第十一租巴纳塔嘎尊者”、“第十五锅巴嘎尊者”、“第十七嘎沙雅巴尊者”、“第十八纳纳答密答喇尊者”六幅。此画线条流畅细劲，人物的神情与动态均刻得相当生动，富有情味；色彩不多，但光彩夺目，部分地方以淡墨赋染。画中人物形象刻画富于个性，准确精到地抓住各自的形象特征，用线细劲，流利潇洒，颜色敷以淡彩，意味盎然，每幅画上标题注明罗汉名称，并有卢楞伽落款。

卢楞伽 《六尊者像》局部

王知敬

（生卒年不详）怀州河内（今河南沁阳）人。唐代书法家。官麟台少监、太子家令，故又称王家令。工正、行书，与殷仲容齐名。时武后诏二人各署一寺额，仲容题“资圣”，知敬题“清禅”，都为一时之绝。张怀瓘《书断》称：“知敬工草及行，尤善章草，肤骨兼有，戈戟足以自卫，毛翮足以飞翔，若冀大略宏图，摩霄殄寇，则未奇也”。他的书法被誉为“云间孤鹤”、“碎玉残金”。

传世主要书迹有《李靖碑》《金刚经碑》等。

《李靖碑》，螭首，碑身首高427厘米，下宽128厘米，厚42厘米。额篆书“大唐故尚书右仆射特进开府仪同三司上柱国赠司徒并州都督卫景武公之碑并序”，亦称《卫景武公碑》。许敬宗撰，王知敬正书。唐显庆三年五月刻。正书，39行，行82字。唐显庆三年五月制。此碑为昭陵陪葬碑之一，1975年移入昭陵博物馆。

此碑书法峻利丰秀，婀娜于外，刚健于内，碑书中融欧阳询、虞世南、褚遂良三家之笔，故书法精熟遒逸，用笔方劲，笔势外拓，精神外露，笔力健劲，婀娜多姿，为王知敬的代表作，是初唐时期的一件重要作品。此碑由于是欧、虞、褚三体的结合之作，在唐碑里此碑成份最多，书艺亦很高。

王知敬 《李靖碑》

梁令瓒

（生卒年不详），蜀人。唐代画家。官率府兵曹参军。尤工篆书，擅画人物，北宋李公麟称其画风似吴道子。开元九年（721年），唐玄宗命僧一行改造新历《大衍历》，而无“黄道游仪”测候；令瓒因创制游仪木样，一行称其所造能契合自然，二人一同用金属铸造“黄道游仪”。一行凭借此器，根据大量观测数据，终于写出《大衍历》初稿。

存世作品有《五星及二十八宿神形图》一卷。绢本，设色，纵28厘米，横491.2厘米。日本大阪市立美术馆藏。宋代摹本。

梁令瓒 《五星及二十八宿神形图》局部

此图原分为上下两卷，前画五星，后画二十八宿。图有后添款：“秋月”（元代颜辉）。钤有明代冯保的两方收藏印。每一像前有小篆书赞。古人以神兽命名各宿，本卷中各神 的形象均属传统的中国造型，是唐宋画家的新创。二十八宿分为东、南、西、北四宫，东宫苍龙，南宫朱雀，西宫白虎，北宫玄武。此局部所示为东宫苍龙中的风宿，这一造型定式是人骑马，手持弓箭。这一形象类似古希腊神话中上半身为人，下半身为马，弯弓射箭的人马座神像。

画中人物持弓策马踏火缓行，泰然自若，神情安然，人马线条有如春蚕吐丝，纤细圆劲，有东晋顾恺之的意趣；马匹的造型和画法与张萱的《虢国夫人游春图》卷同辙。该图的出现证实了唐马肥硕的造型已盛行于当时，并一直影响到宋人的写实观念。

钟绍京

（公元659～746年）字可大，唐虔州赣(今江西赣州)人，“以工书直凤阁”，他是钟繇的十七世孙。初为司农录事，拜中书侍郎，参知机务，进中书令，越国公。他嗜书成癖，也是收藏家，个人收藏名家真迹数百卷。家藏王羲之、王献之、褚遂良真迹至数十百卷，故有书“字画妍媚，遒劲有法”，钟绍京在唐代也是著名书法家，尤精小楷，堪称一绝。历史上把钟繇称“大钟”，钟绍京称“小钟”。

九曲華闕流看瓊堂乘雲騁轡下降我房授
我玉符玉女扶將通靈致真洞達無方八景
同輿五帝齋光畢咽炁十二過止
靈飛六甲內思通靈上法
凡修六甲上道當以甲子之日平旦墨書白
紙太玄宫玉女左靈飛一旬上符沐浴清齋

钟绍京 《灵飞经》

传世笔迹有《升仙太子碑阴》《灵飞经》。

《灵飞经》，小楷刻帖，是唐代著名小楷之一，全名《灵飞六甲经》，道家上清派经典之一，约出于东晋。《灵飞经》笔势圆劲，字体精妙。后人初习小楷多以此为范本。此帖全篇以空灵平和之气贯穿全篇，笔画舒展自如，顾盼有情，呼应俱佳。字体大小长短各异，全篇字疏密适当，精神飘逸。此帖以点代画之处较多，使间架宽绰，既开阔了字的空白处，也起到密中见疏的艺术效果。此帖很多字的处理都强调主笔的突出，增强笔画间的对比效果，更使得字的结体开阔、舒展。

《灵飞经》的章法为纵有行，横无列。由于整篇字的大小、长短、参差错落，疏密有致，变化自然，且整篇字与字之间，行与行之间顾盼照应，通篇字浑然一体，虽为楷书，却有行书的流畅与飘逸之气韵，变化多端，妙趣横生。《灵飞经》为历代书家所钟爱。

孙位

（生卒年不详）初名位，改名遇（一作异），号会稽山人，会稽（今浙江绍兴）人。唐末画家。黄巢军攻克长安后，遂居成都。擅长人物、松石、墨竹和佛道宗教画，所画龙水，尤为著名。笔力雄壮奔放，不以着色为工，与善画火的张南本并称于世。孙位性情疏野，襟抱超然。画作有《说法太上像》《马融像》《四皓弈棋图》等。

传世作品《竹林七贤图》残卷，又名《高逸图》，绢本，设色，纵45.2厘米，横168.7厘米，上海博物馆藏。

《高逸图》所绘内容是魏晋时期的“竹林七贤”。残卷中第一个人物是山涛，第二个手执如意作舞的人物王戎，第三个人物是捧杯纵酒的刘伶，第四个人物是手执尘尾扇的阮籍，尚缺嵇康、向秀、阮咸等人物。反映了这些人孤高傲世，寄情田园，不随流俗的思想。画中山石用细紧柔劲的线条勾出轮廓，然后渲染墨色，细致地皴擦出山石的质感。画树木是用有变化的线条勾出轮廓，然后用笔按结构皴擦。几株树各有不同的画法。兼有张僧繇“骨法奇伟”的特点。画风在六朝的基础上更趋工致精巧，开启了五代画法的先路，是书画中的瑰宝。

此图宋徽宗赵佶题为“孙位高逸图”，经近人

孙位 《高逸图》

考证，应是《竹林七贤图》的一部分。卷后有明司马通伯题跋。图上铃有“御书”、“政和”、“宣和”、“睿思东 ”等双龙朱文印记，并有清梁清标、清内府收藏印记。

黄居寀

（公元933～？）字伯鸾，成都（今属四川）人。五代、宋初画家。黄筌第三子。幼传家学，善绘花竹禽鸟，精于勾勒，形象逼真；兼擅奇石山景。仕后蜀为翰林待诏，多画殿廷墙壁和宫闱屏幛。入宋，仍任翰林待诏，曾奉太宗命搜罗并鉴定名画。黄筌去世后，他成为领袖人物，受到太祖、太宗的重用，他的画法也成为画院的标准，在宋代宫廷中占了90余年的主导地位。

创作的作品不少，仅《宣和画谱》著录的就达332件，然传世作品仅有藏于台北故宫博物院的《山鹧棘雀图》轴。

《山鹧棘雀图》轴，绢本，设色，纵99厘米，横53.6厘米，台北故宫博物院藏。本幅的装裱，在轴的上下两端，均有黄绢裱头。上方有宋徽宗横题：“黄居寀山鹧棘雀图”八字，下有“宣和”、“政和”两印。

这幅画构图满幅，设色淳厚无华，笔法稳健中略带稚拙，有早期花鸟画装饰意味的古朴风韵。以细线勾出轮廓，然后敷重彩，层层晕染，感觉极为细腻，有富贵华丽之趣。

此幅中景物有动有静，配合得宜。背景以巨石土坡，搭配麻雀、荆棘、蕨竹，布满了整个画面。画的重心在于画幅的中间位置，形成近于北宋山水画中轴线的构图方式。而具有图案意味的布局，有着装饰的效果，显示作者有意呈现唐代花鸟画古拙而华美的遗风。

画石的阴阳凹凸面，以焦墨逆笔乾擦来表现，是相当早期的作风；棘条和宋崔白《双喜图》、宋人《梅竹聚禽》上棘条的画法完全相同，但造意和用笔都较为稳实而古朴；凤尾蕨的叶尖和山鹧的喙爪都以朱砂洗染，这种古朴画法见于晋顾恺之《女史箴图》中。另外棘条上的七只麻雀，画得十分详细，为早期刻意求真的绘画意念。

《山鹧棘雀图》

顾闳中

（生卒年不详）江南人，五代南唐画家。元宗、后主时任待诏。工画人物，用笔圆劲，间以方笔转折，设色浓丽，善于描摹神情意态。

存世作品有《韩熙载夜宴图》卷，绢本，设色，纵28.7厘米，横335.5厘米，现藏于北京故宫博物院。绘南唐中书侍郎韩熙载夜宴宾客的情景。是我国古代人物画的重要作品，也是现存顾闳中的唯一作品遗存。

该图为手卷形式，整幅作品共分五段完成，第一段“听乐”人物俯身凝神，以手按拍，十分传神；第二段“观舞”，韩熙载亲自击鼓伴奏，神态自若而专注；第三、四段“歇息”、“清吹”，也都画的真实、具体、自然；最后一段“尾声”宴散了人或携妾离去，或安置歇息，而韩熙载却一人独自站在那里，神态茫然，若有所思。整幅画面主要人物反复出现，是一幅长卷式的连环画。画面第一段之间的连接，处理得当，完全没有生硬和重复之感，使人感到若在其中。这种非同凡响的构图方式，使画面段落分明而统一，结构完整而灵活，更富于艺术感染力。图中韩熙载美髯飘飘，气宇轩昂，举止高逸，全然是一个有政治抱负忠正耿直的高士；又是一个多才多艺“审音能舞”的才子，人物刻画逼真，情态生动，表现了韩熙载超脱不俗而又沉郁寡欢的复杂心理状态。代表我国五代时期人物画创作的水平，也使顾闳中在中国绘画史上永远占有一席之地。

顾闳中《韩熙载夜宴图》局部

韦偃

（生卒年不详），长安（今西安）人，唐代画家。寓居于蜀，擅画人物、鞍马及山水。韦是画马名家，他画的马的姿态万千，穷极生动。此外，他所画山水，也对唐代山水松石的变革起过重要作用。

韦偃家学渊源，虽承家学传统，但青出于蓝，远胜父叔。他代表了宫廷以外的另一种画风。笔致疏放，情趣盎然，意境辽阔。看似漫不经心，其实是好整以暇。他唯一的传世真迹为《双骑图》。

韦偃 《双骑图图》

《双骑图》，绢本设色，纵31厘米，横44.5厘米，藏台北故宫博院。画面上表现了二人各乘一马，并辔狂纵的情形。《双骑图》的构图极其危险，整个画面的重心压在右下角，特别是右边的马匹近乎没有一点回旋余地，这在构图上极其忌讳。但韦偃以独到的手眼，使画面绝处逢生。这转折点表现在中间那不见头部的马和背向读者的骑士。那扭曲的马颈和稍露面颊的骑士的视线告诉我们，他们正在转移方向，目标就是他们目光所注视的左上方。尽管左上方留白，不着一笔，但我们很自然地想到，那是一片任烈马驰骋的辽阔原野。画面的重心随之而转移到了广袤无垠的天地。

此图的最大特征，是把马画在大自然的背景中，以足够的空间来表现动态。他的《牧放图》有宋代李公麟的摹本，其中有1200多匹马和143个人。元鲜于枢曾题诗赞韦偃画马：“韦偃画马如画松”，赞美他画马之用笔与其画松一样生动有力，其秃锋横扫之线条，鬃毛高耸之笔法，粗犷奔放，疏简不拘。

孙过庭

（公元648～703年），字虔礼。江苏吴郡人。唐代书法家、书学理论家。官至率府录事参军。过庭“好古博雅，工文辞，得名翰墨间”。

孙过庭工楷、行、草，师法二王，宋米芾认为唐草得二王法者，无出其右。唐张怀瓘《书断》称他：“博雅有文章，草书宪章二王，工于用笔，劲拔刚断”。唐《续书评》云：“过庭草书如悬崖绝

孙过庭《书谱》

壑，笔势劲健”。《宣和书谱》说他：“得名翰墨，间作草书咄咄逼羲、献，尤妙于用笔”。传世作品有《书谱》和草书《千字文》等。

孙氏在数十年的书法实践中，认为汉唐以来论书者“多涉浮华，莫不外状其形，内迷其理”。因撰《书谱》一卷，对于书法运笔加阐述，故唐宋间亦称为《运笔论》。《书谱》为孙过庭撰文、书写。是一篇具有极高艺术价值的书法理论著作，也是“书法纵逸，多得天趣”的书法巨著。其草规范森严，为后世学习之范本。《书谱》，墨迹本，草书，纸本，书于垂拱三年（公元687年），纵27.2厘米，横898.24厘米。每纸16至18行不等，每行8至12字，共351行，3500余字。衍文70余字，“汉末伯英”下阙30字，“心不厌精”下阙30字。《书谱》在宋内府时尚有上、下二卷，下卷散失后，现传世只上卷。《书谱》真迹，流传有绪，原藏宋内府，钤有“宣和”、“政和”印，有宋徽宗题签。后归孙承泽，又归安岐，后归清内府，旧藏故宫博物院，现藏台北故宫博物院，俗称真迹本《书谱》。

《书谱》在书法艺术上的成就也相当高，孙过庭的书法上追“二王”，笔笔规范，极具法度，有魏晋遗风，历代予以很高评价。

《书谱》是中国书学史上一篇划时代的书法论著，提出他著名的书法观：“古不乖时，今不同弊”，为书法美学理论奠定了基础。在书法艺术上的成就是与他在书法理论上的成就相统一的。

贺知章

（公元659～744年）字季真，一字维摩，号石窗，晚年更号四明狂客，又称秘书外监。唐代诗人、书法家。越州永兴（今浙江萧山）人。太子洗马德仁之孙。其排行第八，人称“贺八”。少以文词知名。擢进士，累迁太常博士，后接大常少卿，迁礼部侍郎，加集贤院学立，改授工部侍郎。天宝初，请为道士还乡里，诏赐镜湖剡川一曲，御制诗以赠行，建千秋观以隐居其内。

贺知章开元初年与吴越人包融、张旭、张若虚以诗文齐名，世称“吴中四杰”。他写的诗清新通俗，《回乡偶书》《咏柳》等都是脍炙人口、千古

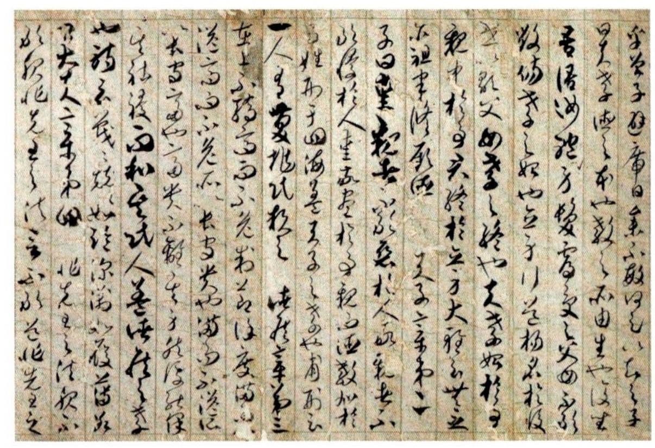

贺知章　《孝经》

传颂的不朽名篇。

贺知章工书，尤擅草书，笔力遒雄，为人磊落不羁，纵笔如飞，神彩奕奕。相传草书《孝经》为其手书。窦蒙《述书赋注》云：“与造化相争，非人工所到”。李白在《送贺宾客归越》诗中将其喻为王羲之，当时人们还将其草书与秘书省的落星石、薛稷画的鹤、郎馀令绘的凤，合称为秘书省“四绝”。然而贺知章的书法存世极少，现可见的草书作品只有《孝经》及楷书作品《龙瑞宫记》传世。

王齐翰

（生卒年不详）五代南唐画家。金陵（今江苏南京）人。后主李煜朝（公元961～975年）为宫廷翰林图画院待诏。工画人物、佛道宗教画，兼擅山水、花鸟，以画猿獐出名。好作山林丘壑，隐岩幽谷，无朝市风气，其画以笔法工细为特色。

传世作品《勘书图》卷又名《挑耳图》，绢本，设色，纵28.4厘米，横65．7厘米，藏于南京大学。据苏东坡于《跋南唐挑耳图》记载，此图先为著名画家王诜(晋卿)所有，王氏是宋英宗的女婿，家中有“宝绘堂”，收藏极富。王诜之后，此图转入朝奉大夫王定国手中，名曰《挑耳图》，后经宋徽宗赵佶御题命为《勘书图》。

画中一人左手自然搁于椅子扶手上，抬起右手挑耳，面部稍稍右倾，左目微微闭成缝状，一种挑耳获得的快感跃然素绢之上。他身着白衣敞开胸襟，长须顺柔下垂胸前，跷腿而坐，双脚赤露搭垫于鞋上，脚姆指上翘，与挑耳相呼应，一种闲适惬意的感觉被惟妙惟肖地表现出来。另外衬景屏风、几案以及侍童布置得体，简洁大方，有条不紊，用笔流畅之中有顿挫变化。卷后有宋苏轼、苏辙、王诜及金代史公奕，明代董其昌及清代诸人题跋。

冯承素

(生卒年不详)唐代书法家。贞观（公元627−649年）时任内府供奉搨书人，直弘文馆。贞观十三年，内出《乐毅论》真迹令承素模写，赐长孙无忌、房玄龄、等六人，其笔势精妙，备诸楷则。冯又奉旨勾摹王羲之《兰亭序》数本，太宗以赐皇太子诸王，见于历代记载。时评其书“笔势精妙，萧散朴拙”。

《冯摹兰亭序》卷，冯承素摹，纸本，行书，纵24.5cm，横69.9cm。藏北京故宫博物院。此卷前纸13行，行距较松，后纸15行，行距趋紧，然前后左右映带，攲斜疏密，错落有致，通篇打成一片，优于其它摹本。用笔俯仰反复，笔锋尖端锐利，时出贼毫、叉笔，既保留了照原迹勾摹的痕迹，又显露出自由临写的特点，摹临结合，显得自然生动，并具一定的“存真”的优点，在传世摹本中最称精美，体现了王羲之书法遒媚多姿、神情骨秀的艺术风神，为接近原迹的唐摹本。

本卷前隔水有“唐摹兰亭”四字标题，引首乾隆题“晋唐心印”四字。后纸有宋至明20家题跋、观款，钤鉴藏印180余方。此本用楮纸两幅拼接，纸质光洁精细。因卷首有唐中宗李显神龙年号小印，故称“神龙本”。后纸明项元汴题记：“唐中宗朝冯承素奉敕摹晋右军将军王羲之兰亭禊帖”，遂定为冯承素摹本。

王齐翰　《勘书图》

第三节　宋辽金元

徐铉

（公元916～991年）五代宋初文学家。字鼎臣，广陵（今江苏扬州）人。早年仕于南唐，官至吏部尚书。后随李煜归宋，官至散骑常侍，世称徐骑省。与韩熙载齐名江东，称“韩徐”。

他擅长小篆，也工于隶书。他与其弟徐锴是当时最杰出的篆书家，被称为“二徐”，尝受诏校《说文解字》，世称“大徐本”；此外，北宋淳化五年重刻秦代《峄山刻石》，即根据徐铉的摹本。徐铉所书的篆书，映日视之，笔画中心有缕浓墨，因其笔锋直下不倒侧，故笔锋常在画中，故人也称其如“屋漏痕”、“锥画沙”。曾奉敕参予编集《文苑英华》。著有《徐公文集》等。淳化二年(公元991年)被贬谪，不久就死在贬所。他的《篆书千字文残卷》（宋摹本）藏黑龙江省博物馆。

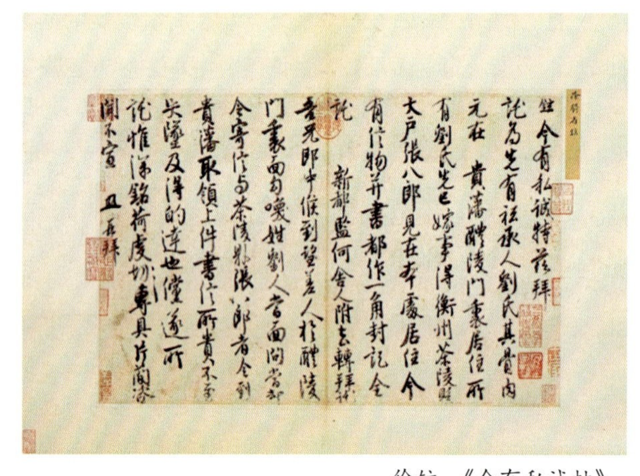

徐铉　《今有私诚帖》

墨迹有《今有私诚帖》，纸本墨迹，行书，尺牍一则。纵29.1厘米，横44.8厘米，现藏台北故宫博物院。凡14行，每行字数不一，共160字。这件尺牍墨迹，全篇字势以平稳为本，但颇多变化，正中见奇，静中含动，实中藏虚，雅有古意，无丝毫俗态。从中可见其笔法厚润流利，妍雅自然。

李建中

（公元945～1013年）北宋初期著名书家，字得中，号岩夫、民伯。京兆(今陕西)人，后徙居入蜀。李建中太平兴国进士，官至工部郎中，西京留司御史台，故人称李西台。

他性简静，爱好吟咏，善书法，尤工行书，各体皆能，草、隶、籀、篆、八分皆妙，基本上延续唐代书法的余风。从流传作品来看，主要师法颜真卿，并参以魏晋书法的风神，有一种丰肌清秀、气宇轩朗的特点。他在书法史上是一个承上启下的人物，与五代杨凝式时代相近，被誉为是 凝式以后的第一人，唐人的书法通过五代的杨凝式、宋初李建中的继承和发展，慢慢形成具有鲜明时代特色的宋代书法。

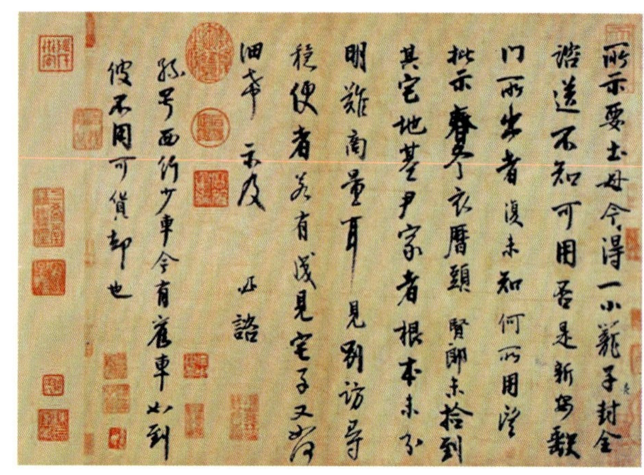

李建中　《土母帖》

流传至今的书法墨迹较少，其中藏于台北故宫博物院《土母帖》和北京故宫博物院《同年帖》最为出名。

《土母帖》，纸本，纵31.2厘米，横44.4厘米，藏台北故宫博物院。凡十行，每行字数不一，共一百零四字，深牙色纸本，曾刻入清《三希堂法帖》中，此帖最为精美，字体上较为妍媚，用笔醇古，笔画丰腴肥厚，结字端庄稳健，集中地表现了李建中书法艺术的造诣和风格，可以看出其书法与唐代书法的继承关系。此帖结构严谨，黄庭坚颇称赞，以为“出群拔萃，肥而不剩肉，如世间美女丰肌而神气清秀者也”。由于尺牍内提及“新安门”，地近洛阳，所以推测为李建中晚年居住在洛阳时所写。

燕文贵

（公元967～1044年）北宋画家。又名燕贵、燕文季。吴兴（今浙江）人。擅画山水、屋木、人物。宋太宗时至汴梁于街头卖画，被画院待诏高益发现并加以举荐，后进入翰林图画院，甚得太宗赏识，初师郝惠，作画时常自出机杼，落笔命意不因袭古人，所画景物清润秀雅，又善于把山水与界画相结合，善将工整富丽的楼阁殿堂置于溪山之间，笔法细致严谨，并点缀人物活动，富有生气，刻画精微。所作山水，极富变化，其特点创豆瓣皴，细碎清润，观之可爱，人称“燕家景致”。

有《溪山楼观图》《秋山梵琳图》《鳛山楼观图》《鳛风图》《烟岚水殿图》等传世。《溪山楼观图》绢本，设色，纵103.9厘米，横47.4厘米，藏台北故宫博物院。此图是一幅描绘江景山峦的山水画，气势开阔旷远。图中山势宏伟，峰峦耸峙，林木茂密。山脚、山腰处皆有楼观殿宇，时隐时现，中有行旅数人，过桥临山。江边丘陵起伏，沙碛平滩碎石散布，杂树迎风，江水浩淼，楼台水阁隐现于水气烟云之中。作者用粗壮墨线勾画山石轮廓，方曲有力，先以淡墨多皴，后以浓墨疏皴，兼有擦笔，以表现山石的坚硬和立体感。画树趋于简率，然具有一种率真自然的情态。此画的境界雄浑沉秀，繁中见清。笔法尖劲峭丽，山石皴中有染，精细工整，是“燕家景致”的典型范例。本幅左边石上有“翰林待诏燕文贵笔”，有清代皇帝弘历的御题诗，并钤有“古稀天子”等收藏印章。

燕文贵 《溪山楼观图》

许道宁

（生卒年不详）北宋画家，主要活动时期为北宋中期。长安（今陕西西安）人，一说河北河间人。擅山水，师法李成，初于汴京端门前卖药，以

许道宁 《关山密雪图》

画吸引顾客，渐为人所知。多写林木、野水、秋江、雪景、寒林、渔浦等，并点缀行旅、野渡、捕鱼等人物，行笔简快，峰峦峭拔，林木劲硬，人称能得李成之气。其用笔自“峰头直皴而下”，豪肆刷扫，颇有气势，被画史评为李成、范宽之后第一人。曾有“李成谢世范宽死，唯有长安许道宁”之说，可见其在当时的影响。

有《秋江渔艇图》《关山密雪图》《秋山萧寺图》传世。《关山密雪图》，大轴，绢本，设

色，纵121.3厘米，横81.3厘米，现藏台北故宫博物院。此图是一幅全景山水，沿用传统的北宋山水画构图，描写“崇山积雪，林木清疏”颇得李成的余韵。图中上端大山陡耸，四面峻厚，密雪覆盖其上，气势极见宏壮，大山左外侧一亭翼然，远眺陂陀纵横，野水层层，运笔凝重细劲，以短笔布皴，严谨而有法度，故疏而不薄。题款曰：“许道宁学李咸熙关山密雪图”，被评为“殊奇伟”、“命意狂逸”、“颇有气焰”的杰作。此画是他中晚年间的作品，另具风貌，是北宋时期画雪景题材的佳作。许道宁的这种以侧锋刷扫，浓淡分披而一次完成的山体画法，在技法的运用上是一种创新，对后来南宋时形成的大斧劈皴法，也有启迪作用。

刘松年

（生卒年不详）南宋画家。钱塘（今浙江杭州）人。因居清波门而被人称为“暗门刘”，是宋孝宗、光宗、宁宗三朝时的宫廷画家，光宗绍熙间为画院待诏，宁宗时曾画《耕织图》。擅画山水，他的老师张敦礼是李唐的学生，因此他的画风与李唐一脉相承。擅长青绿山水及宫殿，是标准的“院体”画代表画家，笔墨精严，着色妍丽，多写茂林修竹、山明水秀之景。所作屋宇，界画工整。兼精人物，神情生动，衣褶清劲。所作《中兴四将》《便桥会盟》等图，表现了拥护抗金、反对投降的思想。后人将其与李唐、马远、夏圭合称为“南宋四家”。

存世作品有《四景山水》等图。

《四景山水》卷，绢本，青绿设色，纵41.3厘米，分四幅，每段横68～69厘米，现藏北京故宫博物院。四幅分别写春、夏、秋、冬四景，描绘了幽

刘松年 《四景山水图》

居于山湖楼阁中的士大夫闲适的生活、杭州湖山之胜景及人物活动等。画风精巧，彩绘清润，巧妙地渲染了季节。界画屋宇工致准确，山石多用小斧劈皴，于苍健中寓秀润。全卷布局严谨，意境清远。写树石笔力劲挺，远山近水恬淡平缓，房屋院落齐整，人物形态逼真，画后有明李东阳题记。四幅画面均无款印，但与另一幅有款的《罗汉》图画法比较，可信为刘氏真迹。

米芾

（公元1051～1107年）初名黻，字元章，号襄阳漫士、海岳外史等。世居太原，迁襄阳（今属湖北），后定居润州（今江苏镇江），世称米襄阳。北宋书画家、诗人。徽宗时召为书画学博士，曾官礼部员外郎，人称“米南宫”。米芾一生爱奇石，又称“米颠”。

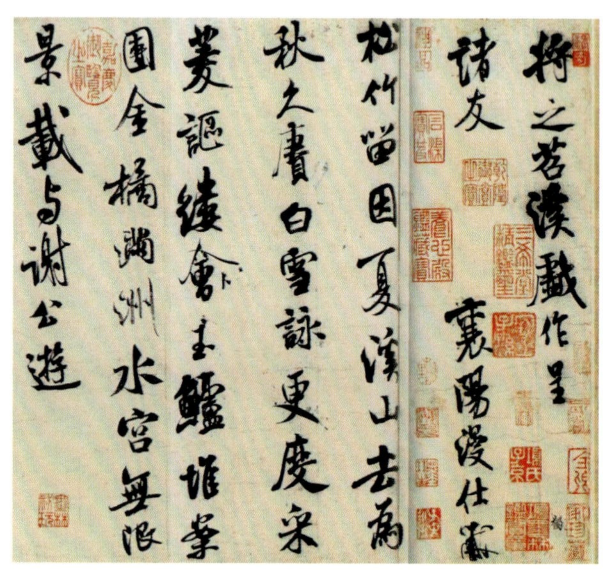

米芾 《苕溪诗》

能诗文，擅书画，精鉴别。行、草书得力于王献之，用笔俊迈，有“风樯阵马，沉着痛快”之评，与蔡襄、苏轼、黄庭坚合称“宋四家”。所作山水，不求工细，多用水墨点染，自谓“信笔作之，多以烟云掩映树石，意似便已”。子友仁，承其画法，自称“墨戏”，画史上称“米家山”、“米氏云山”，并有“米派”之称。亦作梅松兰菊等花卉画，晚年兼画人物。

书法代表作有《蜀素帖》《参政帖》《论书帖》等；绘画有《云起楼图》《研山图》《春山烟霭图》等。

《苕溪诗卷》澄心堂纸本墨迹卷。纵30.3厘米，横189.5厘米。全卷35行，共394字，藏北京故宫博物院。末署年款“元戊辰八月八日作”，知作于宋哲宗元祐三年，时米芾38岁。所书为6首自撰诗，卷前引首有“米南宫诗翰”五篆字。卷末有其子米友仁跋，后纸另有明李东阳跋。

《苕溪诗》是米芾游苕溪时的诗作书写。开首有“将之苕溪戏作呈诸友，襄阳漫仕黻”。全卷书风挥洒自如，痛快淋漓，变化有致，逸趣盎然，反映了米芾中年书的典型面貌。笔法清健，结构潇丽，有晋王献之的笔意。其书写风格最近《兰亭序》。此帖有南宋绍兴内府、明杨士奇、陆水村、项元汴诸家印，后入清乾隆内府，并刻入《三希堂法帖》。

米友仁

（公元1086～1165年）南宋书画家。米芾长子，人称“小米”。名尹仁，小名寅哥、鳌儿，黄庭坚戏称其为“虎儿”，字元晖。早年即以书画知名，徽宗宣和四年应选入掌书学。南渡后官兵部侍郎、敷文阁直学士，善行书，自有一种风格。精于鉴别，曾为高宗鉴定书画。

米友仁继承家学，与其父米芾创造的山水画，以点代皴，水晕墨染，野逸萧疏，以水墨横点写烟峦云树，世称“米家山水”。运笔草草，自称“墨戏”，对后世文人画中笔墨纵放风格有一定的影响。《古今画鉴》说他：“能守家学，作山水清致可掬”、“小米山水，点缀云烟，草草而成，不失天真风气”。

《潇湘奇观图》，长卷，茧纸本，水墨，纵19.8厘米，横289.5厘米，藏于北京故宫博物院，钤有朱文印“友仁”。这幅长卷表现的是江南的云雾山光，画卷中部描绘的是典型的江南山水，随着烟霭转淡，山林树木的形象逐渐清晰，层次分明，给画卷平添了一种纵深、空远的感觉。此类表现情趣闲散的小景山水在北宋画坛颇为流行，其轻松写意的风致深得文人骚客欣赏。

它完全使用水墨，但不像传统的水墨山水那样以钩皴来表现树石山峰，而是以笔饱蘸水墨，横落纸面，利用墨与水的相互渗透作用形成的模糊效果，以表现烟云迷漫、雨雾溟蒙的江南山水。米友仁在米芾的基础上进一步改善了米氏云山“落笔草草，不求工细”的缺陷，进一步丰富了它的形式感和表现力。画家用淡墨挥洒点染，画面烟云流润，图绘出江上云山、云雾变幻的奇境，这种以墨点表现江南烟雨之景，不求形似、自抒心性的“米氏云山”野逸画风，在当时是一种很大胆的创新，不但开启了水墨山水技法变革的新途径，而且对后来整个文人画的发展产生了深远影响。

赵令穰

（生卒年不详）北宋画家，神宗、哲宗（公元1067～1100年）时人。字大年，汴京（今河南开封）人，宋宗室，为宋太祖赵匡胤之五世孙。官至光州防御使、崇信军观察留后。赵令穰幼时即爱书画，富于文学修养，家藏有晋唐以来法书名画。他与画家文人苏轼、米芾等交往。宋徽宗赵佶为端王时亦与他交游，切磋画艺。尝因端午节进所画扇，

米友仁 《潇湘奇观图》

哲宗为书“国泰”二字赐之。

工书善画，富于文学修养。擅山水，其设色平远小幅，多画湖滨水鸟、江村飞雁等景，构思精妙，意境清丽幽雅。因皇族身分所限，不能远游，所画多两京（开封、洛阳）一带汀渚之景。其所作多小轴，甚清丽，雪景类王维笔法，汀渚水鸟，有江湖意。富有诗意的小景山水，在宋代山水画中别具一格。有《湖庄清夏图》传世。

《橙黄橘绿图》绢本，设色，纵24.2厘米，横24.9厘米，藏台北故宫博物院。是一幅小品画，画面画硕果累累的果树和平远、深远的溪流平原，画面虽小却有纵深感。此幅画取苏轼的诗句入画，诗云：“荷尽已无擎雨盖，菊残犹有傲霜枝；一年好景君须记，最是橙黄橘绿时”。在斗方的册页之中，画家使用柔和的笔触与绚丽的设色，营造如诗般清丽、雅致的情景，将苏轼“诗中有画、画中有诗”的理想发挥到极致。画上钤有“嘉庆御览之宝”等鉴藏印章。

法常

（公元?～1281年），南宋画家。僧人，俗姓李，号牧溪，蜀人。南宋理宗、度宗 曾在临安（今浙江杭州）长庆寺为杂役。性豪爽，嗜酒。正义爱国，曾因抨击奸臣贾似道而被通缉，在浙江一位姓丘的人家中避难。后住天台山万年寺，至元朝，在万年寺圆寂。

法常既是位佛教阐扬者，又是位天才画家。工山水、佛像、人物、龙虎、猿鹤、禽鸟、树石、芦雁等，皆能随笔写成，极有生意，墨法蕴藉，幽淡含蓄，形简神完，回味无穷。他用笔随意，不加修饰，没有传统法度，他继承发扬了石恪、梁楷之水墨简笔法，对沈周、徐渭、八大、“扬州八怪”等均有影响。虽在生时受冷遇，却开后世文士禅僧墨戏之先河。然而他的作品在日本却被视为“国宝”，对日本的水墨 影响极大，作品多流入日本，被誉为“日本画道之大恩人”。

传世作品有《观音、猿、鹤》图，《龙、虎》对幅，现均藏日本京都大德寺；《潇湘八景》中四景图系日本足利义满旧藏；《写生蔬果图》卷藏北京故宫博物院；《花果翎毛图》卷藏台北故宫博物院。

《罗汉图》绢本，水墨，纵106厘米，横52.5厘米，现存日本东京静嘉堂文库。此图画一位素衣罗汉正在安然静坐于山岩间。罗汉身披大袈裟，浓须长眉，双目微合，嘴唇紧闭，表情恬淡，已然在静坐中入定，仿佛达到了超凡的境地。围绕在罗汉身边的是一条粗大的蟒蛇，它张着血盆大口，舞动着躯体正在向罗汉发威。画面上蟒蛇的动与罗汉的静形成了强烈的动静对比。面对蟒蛇的肆扰，性灵空静、稳坐不动的罗汉却是神安气定，传达出一种超逸的神力。罗汉左上方及一侧的崖石突出崛起，体现了山石的厚重苍浑，也使罗汉的形象更加鲜明。法常绘画最为突出的特点就是“随意点墨而成，意思简当，不费妆饰”，这一特征在这幅作品中表现得尤为突出。他的画达到了禅、画合一的境界，代表着禅宗画的特色。

法常 《罗汉图》

崔白

（生卒年不详）北宋画家，字子西。活动于宋神宗前后。濠梁（今安徽凤阳）人。擅花竹、翎毛，亦长于佛道壁画，其画颇受宋神宗赏识，授图画院艺学，后升为待诏。所画花鸟善于表现荒郊野外秋冬季节中花鸟的情态神致，尤精于败荷、芦雁等的描绘，手法细致，形象真实，生动传神，富于逸情野趣。

崔白的花鸟画打破了自宋初一百年来由黄筌父子工致富丽的“黄家富贵”为标准的花鸟体制，开北宋宫廷绘画之新风。有《双喜图》《寒雀图》《竹鸥图》等传世。其弟崔悫、孙崔顺之皆善画，同袭崔白画风，颇为时人所重。

《双喜图》绢本设色，纵193.7厘米，横103.4厘米，现藏于台北故宫博物院。图中树干上有崔白款：“嘉佑辛丑（公元1061年）年崔白笔”，画幅上尚有宋理宗的内府收藏印“缉熙殿宝”、明太祖时清点前朝遗物的点验章“司印”半印、及其他明清收藏印记，是件流传有绪的名作。

画面中描绘两只山喜鹊，在向一只野兔鸣叫示警。在表现技法方面，灵活地运用工谨与粗放的笔法：绘山喜鹊属工笔双钩填彩法，表现兔子皮毛则用细腻的线条描绘处理，隐去轮廓边线，达到更写实的形貌。崔白表现毛绒绒的皮毛，并非用固定的一两种笔法，或丝毛或刷毛而成，他丰富而写实的用笔变化，将质感相当逼真地呈现出来。画竹、草、树叶亦是双钩填彩法，画荆棘则是没骨法染画而成，树叶中的叶脉也有掺用没骨法。画树干则以粗放的笔意描绘，笔锋的折转变化极为明显，野逸之趣盈溢于绢素之外，有师法徐熙的用笔特点。

崔白
《双喜图》

赵佶

（公元1082～1136年）即宋徽宗。宋代皇帝，画家。神宗子，哲宗时封端王。未做皇帝之前，就喜好书画，与驸马都尉王诜、宗室赵令穰等画家往来。1100－1125年在位。为帝时不励精图治，惟穷土木，崇奉道教，任用蔡京、梁师成等。政治腐败，民不聊生。宣和七年底，在女真贵族发动掠夺战争期间，传位与儿子赵桓（钦宗），自称“太上皇”。靖康元年（公元1126年）十一月，金兵攻进京城汴梁，赵佶、赵桓以及赵氏宗族、亲属等三千多人，都做了金人的俘虏。后死于五国城（今黑龙江依兰）。

在书法上，他学褚遂良，薛稷的瘦劲，然后再秉之以风神，出之以飘洒，卓然自成一家，如“屈铁断金”，名之为“瘦金书”。笔致清朗，点画瘦劲俊美，飘飘乎宛若仙风道骨。赵佶擅长花鸟画，受吴元瑜影响，据说画鸟雀时，他常用生漆点睛，小豆般的凸出在纸绢之上，十分生动。陆续描写过各种奇花异鸟，命名为《宣和睿览册》。他要求所画花卉，能够画出不同季节，不同时间下的特定情态，他对人物、山水画等，也有一定的造诣。

赵佶传世作品较多，有《腊梅山禽图》《五色鹦鹉图》《芙蓉锦鸡图》《红蓼白鹅图》《池塘秋晚图》《柳鸦芦雁图》《瑞鹤图》《溪山秋色图》等。人物画方面有《听琴图》《文会图》。山水画方面以《雪山归棹图》为代表。曾下令编撰《宣和画谱》《宣和书谱》和《宣和博古图》等。

《柳鸦芦雁图》，纸本，设色。纵34厘米，横223.2厘米，现藏上海博物馆。图卷连缀两段，前段画柳鸦，后段画芦雁。鸦的头顶和腹部施以白粉，鸦身敷浓墨，黝黑如漆。柳树的斑驳老干，富有质感。柳鸦的墨彩极酣，笔势很壮，显示出赵佶用墨的特色。后段四只芦雁在芦草蓼花边栖息，以浅赭设色，增强了秋天萧疏的气氛。整幅画采用了以墨为骨的画法，并把粗笔写意和工笔写生融合在一起，是研究花鸟画由着重色向墨笔画过渡的典型

赵佶《柳鸦芦雁图》局部

作品。图后的赵佶落款，系后人勾填，右上角“紫宸殿御书宝”及“御书”葫芦印亦是后人描画的。卷后有南宋荣传辰、邓谏从题跋。卷首有清弘历题“神韵天然”引首，并有弘历题诗。卷上钤有“宣和中秘”印，“纪察司印”半印。乾隆时归清内府收藏，钤有收藏印记。

惠崇

（生卒年不详）北宋画家，僧人。建阳（今属福建）人，一作淮南人。善诗，为宋初“九诗僧”之一。工画水禽，善画鹅、雁、鹭鸶，尤工小景，即表现寒汀远渚、水鸟飞集的景物，擅绘水乡景色，点缀鹅雁鹭鸶，人称“惠崇小景”。

《溪山春晓图卷》绢本，设色，纵24.5厘米、横185.5厘米。藏北京故宫博物院，无院印，旧传宋惠崇所作。此图描写的是江南平远景色。卷首是山溪，水中有四舟。山林清丽，溪上水禽翔集，溪边桃柳人家。画的左半偏中部分伸出一个山岗、渚滩，卷末是从山中流出的溪水，溪水之左又是城坡。山坡上满是绿柳红桃和各类杂树，画面山丘起伏，烟霭弥漫，溪流潺潺，农人舟子，水鸭飞雁，一片江南春色。此画山石用墨较浓，画树特别精致，杂树用笔点簇而成，柳树以方直线条勾出老干，然后画枝条，最后再染色。画卷笔法细秀，以其营造的意境而论，几近惠崇，故明末董其昌断其为真。引首李兆蕃篆书“溪山春晓图”五字。本幅上有清乾隆诗题和隔水上有收藏印记多方。

惠崇 《溪山春晓图卷》

林逋

（公元967～1028年）字君复，钱塘（今浙江杭州）人，北宋著名诗人、书法家。少孤力学，不为章句。性恬淡好古，不趋荣利，家贫衣食不足，晏如也。初游历江淮间，久之归杭州，结庐西源之孤山，十二年足不及城市。不娶无子，种梅养鹤，自谓“梅妻鹤子”。真宗闻其名，赐粟帛，诏长吏岁时劳问。逋尝自为墓于其庐侧。卒年六十二，其侄林彰、林彬同至杭州，治丧尽礼。宋仁宗赐谥“和靖先生”。著有《林和靖诗集》。

逋善为诗，其词澄浃峭特，多奇句，今所传尚有三百余篇。名句如“疏影横斜水清浅，暗香浮动月黄昏”。又善书，工行草，笔意类欧阳询、李建中。黄庭坚云：“君复书法高胜绝人，予每见之，方病不药而愈，方饥不食而饱”。明沈周云：“我爱翁书得瘦硬，云腴濯尽西湖绿。西台少肉是真评，数行清莹含冰玉。宛然风节溢其间，此字此翁俱绝俗。”

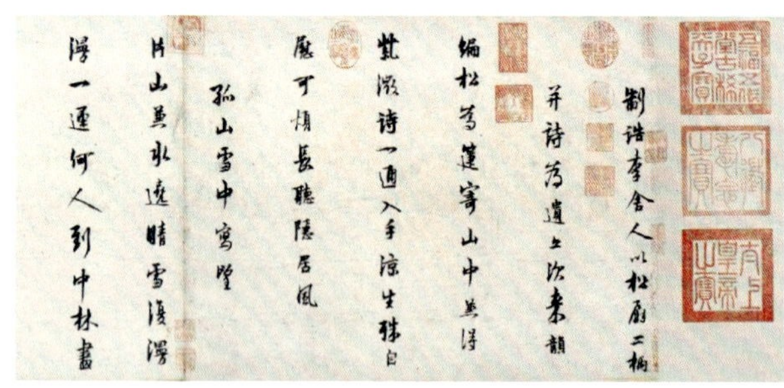

林逋 《松扇五诗卷》

《松扇五诗卷》，行书，纸本，纵32厘米，横320.6厘米，藏北京故宫博物院。凡34行，每行字数不一，共285字。此卷行书五言、七言诗共五首，分别为《松扇》《孤山雪中》《孤山松亭》《送史》和《春日》。款署“时皇上登宝位岁夏五月孤山北斋手书林逋记”，知此卷作于五十七岁时。此书诗卷笔势瘦挺健劲，风格独殊。起笔多用侧锋，多见露锋而入，虽有隐锋收笔，而更多露锋而出，不欲深藏圭角。以此其书势于瘦挺中更为孤峭。宋代书法受五代书家杨凝式影响极大，笔势多见遒放纵逸，宋代简帖款工行宽字疏，尤受杨氏《韭花帖》影响。此卷行距极宽，行间是可写入同形字体两行，字距疏朗，字字清劲，气足神完，极为潇散有致。

卷后有苏轼题诗书跋对林逋的诗，书和人品，极尽赞扬。卷中并有弘历四叠其韵，以及王世贞、王世懋、王鸿绪、董诰等五家跋，苏轼诗跋有句云："诗如东野不言寒，书似留台差少肉"。

薛绍彭

（生卒年不详），字道祖，号翠微居士。宋神宗时长安（今陕西西安）人。恭敏公薛向之子，自谓河东三凤后人。累官秘阁修撰，知梓潼路漕。时以翰墨名世，善品评鉴赏。与米芾为友，每以鉴定相尚，得失评较。曾刻孙过庭《书谱》传世，后人推为精本。与米芾齐名，人称"米薛"。米芾尝言："薛绍彭与余，以书画情好相同，尝见有问，余戏答以诗日，"世言米薛或薛米，犹如兄弟或弟兄"。

绍彭工楷、行、草书，师法晋唐，笔致清润遒丽，历来书家评价甚高。宋高宗《翰墨志》云："苏、黄、米、薛笔势澜翻，各有趣向"。元虞集《道园学古录》云："米元章、薛绍彭、黄长睿方知古法，长睿书不逮，唯绍彭最佳。"元赵孟频云："道祖书如王、谢家子弟，有风流之习。"又云："脱略唐、宋，齐踪前古，岂不伟哉！"明危素云："超越唐人，独得二王笔意者，莫绍彭若。"明张丑云："薛书紧密藏锋，得晋、宋人意。"

存世书迹有《诗卷》《兰亭临写本》及《云顶山诗卷》《昨日帖》《随事吟帖》《晴和帖》等。

《昨日帖》，纸本，行书。纵26.9厘米，横29.5厘米，藏台北故宫博物院。《珊瑚纲》《式古堂书画汇考》《石渠宝笈续编》著录，曾刻入《三希堂法帖》。此帖又名《得米老书帖》。此信札草书极守法规，运笔藏锋，锋正而不显露；结体平正，虽流动而不浮急，字距疏松，格局清朗，与五代杨凝式的《韭花帖》格局相似。章法近古，字字断开，不作连绵之势，如王羲之《十七帖》，似孙过庭《书谱》。从此可窥见到薛昭彭师法晋唐。所

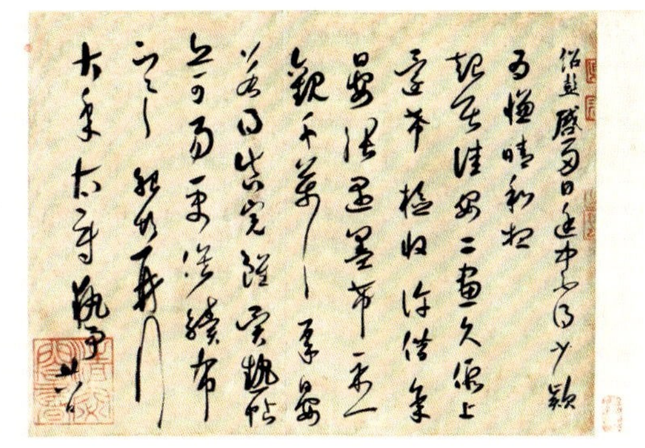

薛绍彭 《昨日帖》

以可以这样说，薛氏的书法渊源，不妨可追溯到王羲之的书迹。

朱熹

（公元1130～1200年）字元晦，号晦庵，又号称晦翁，祖籍徽州婺源（今属江西），出生于南剑州尤溪（今福建尤溪县）。宋代理学的集大成者，诗人、哲学家、书法家。宋高宗绍兴十八年（公元1148年）中进士，历任泉州同安县主簿，知漳州、知潭州、焕章阁待制兼侍讲等职。平生不喜为官，致于理学，著书立说。仕宦七载，待职、无职或罢职16年，一生主要的时间在福建武夷山、庐山白鹿洞书院讲学。晚年卷入当时进行的政治斗争，被夺职罢祠，其学被定为"伪学"，其人也被定为"伪学首魁"，直到去世之后，"党禁"解弛，朱熹的地位开始日渐上升，最终成为配享孔庙的"孔门十哲"之一。其思想学说从元代开始成为中国的官方哲学，不仅深刻地影响了中国的传统思想文化，而且还远播海外，产生相当大的影响。

朱熹善书法，名重一时。明陶宗仪《书史会要》称其："而于翰墨亦工，善行草，尤善大字，下笔即沉着典雅，虽片缣寸楮，人争珍秘"。

《书易系辞》，纸本，全册共十四开，一百零二字，均纵36.5厘米，横61.8厘米，是朱熹存世仅见的大字真迹。每行仅书写二字，内容为《易经·系辞》的节句。笔力凌厉豪劲，墨色黝黑，显得格外精神奕奕。古代许多书法家是不善于写大字的，但这恰恰是朱熹的擅长，所以他的大行书远远胜过小行书。作品有朱熹名款及"定静堂"印记，为林宗毅先生所藏，后捐赠与台北故宫博物院。

《城南唱和诗卷》纸本。纵31．5厘米，横275．5厘米。帖凡64行，共462字，北京故宫博物

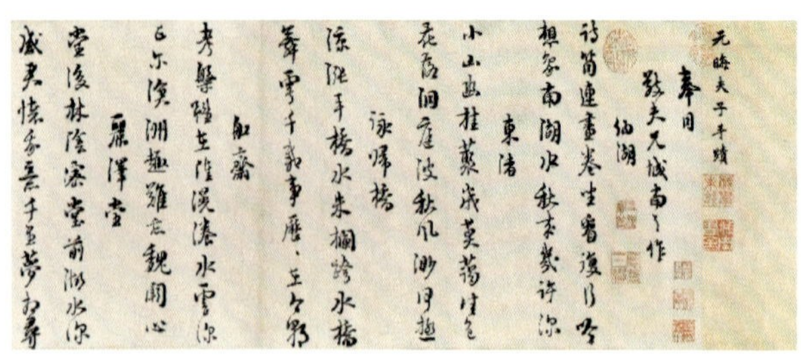

朱熹　《城南唱和诗卷》

院藏。首题“奉同敬夫兄城南之作”。末款“熹再拜”。钤白文“朱熹之印”。此诗卷是朱熹为和张栻城南诗20首所作。此诗卷书写年代则较晚，书法笔墨精妙，萧散简远，笔意从容，灵活自然，为朱熹传世佳作。

吴琚

（生卒年不详），字居父，号云壑，河南开封人。南宋著名书法家、诗词名家，精于书画。高宗宪圣皇后之侄，太宁郡王、卫王吴益之子，乾道(公元1165～1173年)中授临安通判，历尚书部郎直学士，帅荆襄鄂三路，庆元初以镇安节度使留守建康，迁少保，位至少师，世称“吴七郡王”。卒谥忠惠。

吴琚善正、行草体，性清高，每日临古帖以自娱自乐，深得米芾书法之精髓，酷爱画梅花，虬枝铁杆、花繁境高自成一家。后人认为南宋著名书法家中，得米芾笔墨神韵者，应首推吴琚。其著作有《云壑集》。传世墨迹有《碎锦帖》等，现在的镇江北固山之崖仍镌有“天下第一江山”乃吴琚所书，神笔古韵为江南奇观。

吴琚　《七言绝句》

《七言绝句》又称《行书蔡襄七言绝句》，纵98.6厘米，横55.3厘米，藏台北故宫博物院，为吴琚少数墨迹之一，是现存书法形式中最早的条幅作品。吴琚书法虽然似米芾，然运腕圆熟婉转、欹正互补、自然通神、豁然舒朗，与米芾结体严谨、险峻峭拔自有不同境界，因而在书学上的独特地位不可小视，尤其受到帖学书家的一致首肯。

苏汉臣

（生卒年不详)开封（今属河南）人。南宋画家。徽宗宣和间任画院待诏，高宗绍兴间复职，孝宗隆兴初（约公元1163年）授承信郎。画学刘宗古、张萱、周昉、杜霄、周文矩等，其仕女多画闺阁中仕女的意态。所绘人物、仕女及佛道宗教画，用笔工整细劲，着色鲜润。尤擅描绘婴儿嬉戏之景，情态生动。成功地表现了儿童形象及其游戏时天真活泼的情趣，笔法简洁劲利，色彩明丽典雅。存世作品有《货郎》《五瑞图》《击乐图》《秋庭婴戏图》等。

《秋庭婴戏图》，绢本，设色，画纵197.5厘米，横108.7厘米，藏台北故宫博物院。构图上窄下宽，呈三角形。画卷以细腻的笔法，描绘两个锦衣孩童在庭院玩着一种“推枣磨”的游戏。兄妹两

苏汉臣　《秋庭婴戏图》

人无论从头发、眉目，衣饰，都精心刻画，丝染兼备，而且变化极为丰富，以长而圆润的线条，画出衣纹，再仔细点染衣服上的花纹，不仅画出质料的柔软细致，更赋予衣服华丽的质感，这些细微的处理，使得孩子丰润、柔软、细致的模样，跃然于纸上，令人心生爱怜。写实的程度，栩栩如生。庭园中，一柱擎天的太湖石旁，芙蓉与雏菊摇曳生姿，点出秋日庭园景致，树石、器物皆刻画入微。这种细腻写实风格及注重细节的描写，都是宋代写实风格的代表。这张画除了细腻地将男孩、女孩面貌、年纪的差异表现得十分得体外，还能将小孩那种玩心特重，专注於游戏的神情表现出来，这也是苏汉臣婴孩画中，最能撼动人心之处。他的婴戏图画风被认为是“著色鲜润、体度如生”。画中无款识，据推测此作完成的时间，应该是在徽宗的宣和画院时期。

曹知白

（公元1272～1355年）元代画家，字又玄，号云西，人称贞素先生。华亭（今上海市松江县）人。曾任昆山教谕，后辞官隐居，读经书，好道教。为江南富族，庄园宽敞豪华而清幽，喜交结文人名士，家富收藏。曹知白善画山水，师法李成、郭熙，从中演变成一种清疏简淡的风格。作品多以柔细之笔勾皴山石，极少渲染。早年笔墨较秀润，晚年变为苍秀简逸，后期作品，用干笔皴擦，情味变为简淡，当时为黄公望、倪瓒所推重。与倪瓒、顾瑛同为太湖一带著名文人。家筑园池，闻名一时，“所蓄书数千百卷，法书墨迹数十百卷”。

曹知白存世作品有《松林平远图》《疏林幽岫图》《群峰雪霁图》《溪山泛艇图》《双松图》等。

《寒林图》绢本，墨笔，纵27.3厘米，横26.2厘米，藏北京故宫博物院。此图绘坡石寒林，已经荒寒萧瑟。枯枝苍劲挺拔，上仰似鹿角，下抑如蟹爪。坡石杂树穿插错落。其用笔丰腴圆润，学李成、郭熙一派又有变化。右上自识“曾弟自闻以不得予画为恨，几闻有此不了者，即了与之，然未为佳，他时有得意者为易之。泰定乙丑（公元1325年）九日，云西兄作”。钤“云叟”、“听松斋”朱文印二方，左下角又钤“聊复尔耳”一朱文印。此图为其中年佳作。《岳雪楼书画记》著录。

曹知白 《寒林图》

高克恭

（1248～1310年）元画家。字彦敬，号房山道人，维吾尔族，籍贯大同（今属山西），居于燕京，晚年寓钱塘。高克恭的先世是西域人，父亲名亨，字嘉甫，迁居燕京房山。高克恭自幼聪慧好学，秉承家学，勤奋攻读，博览经史。元至元二十八年出任江浙省左右司郎中。他以刚直不阿，办事干练而为众臣称道。他体察民情，轻徭薄赋，“讲行良法，保固邦本”，深得民心。后又入朝为工部侍郎、吏部侍郎、刑部侍郎、刑部尚书等职。

高克恭是元代著名的山水画家，擅长山水和墨竹。初学米芾父子画法，后吸收宋代画家李成、董源、巨然的画法，笔墨苍润，甚得赵孟頫推重。艺术上与赵孟頫齐名，当时，人称“南赵北高”。张羽有“近代丹青谁最豪，南有赵魏北有高”之句。他画山峦、云烟、树木、河流等，都惟妙惟肖，精美绝伦；墨竹师法王庭筠，并结合赵孟頫等画竹名家之长，笔法凝练，墨气清润，颇得竹之亭亭玉立的萧爽姿态，合诸家之长，自成一格，被推崇为“当代第一”，风格与文同相近。其田园山水画“寓神韵于形似之中”，动静结合，意境深远。

有《云横秀岭图》《春山晴霭图》《春云晓霭图》《墨竹坡石图》等传世。

《墨竹坡石图》立轴，纸本，水墨设色，纵121.6厘米，横42.1厘米，藏北京故宫博物院。是

高克恭　《墨竹坡石图》

高克恭的代表作，为典型的元代文人墨竹画，画雨竹二竿，耸立石旁，前面一竿以浓墨写出，后一竿以淡墨写出，一浓一淡，笔法沉厚挺劲，墨气清润，结构谨严。叶用捺法，簇簇罗迭，错落有致。笔势厚重，墨彩丰腴，将秋风疏雨、青竹玉立的韵味刻画得生动传神。竹叶自然下垂，生动地写出了竹子在烟雨中挺秀潇洒的姿态。枝叶的向背纷披、俯仰疏密以及前后虚实的透视关系，也处理得恰到好处。左下方高氏自识“克恭为子敬作。”钤“彦敬”印。右侧钤“清父之印”、“顾氏珍玩”、“吴景旭印”、“仁山鉴定”等鉴藏印6方。画面右侧中部有赵孟頫题诗一则，下钤“赵子昂氏”印。

李衎

（公元1245～1320年）元画家。字仲宾，号息斋道人，蓟丘（今北京）人。早年曾为小吏，后累至吏部尚书、集贤殿大学士、荣禄大夫。晚年辞官后居维扬，卒后封蓟国公。善画枯木竹石，墨竹初师金代王庭筠之子王曼卿，后学文同，双钩设色竹师唐代李颇，极富盛名。

他曾遍游东南山川，深入竹乡，出使过交趾（越南），观察各种竹子的形色神态，因而画竹益工。墨竹以外，亦作钩勒青绿设色竹，并写古木松石。所著《竹谱详录》，分画竹、墨竹、竹态、竹品四谱。

其存世作品主要有《四清图》卷（后半卷藏于故宫博物院，前半卷藏美国纳尔逊博物馆）、《双钩竹图》轴、《沐雨图》轴、《新篁图》轴、《墨竹图》卷（以上藏故宫博物院）和《新篁树石图》轴（南京博物院藏）等。

《四清图》纸本，墨笔，纵35.6厘米，横359.8厘米，藏北京故宫博物院。此图原为长卷，约在明代中期时被分割为前后两卷。前卷画慈竹、方竹各一丛，故宫博物院所藏为后卷。图中所画兰、竹、石、梧名“四清”，喻君子的高洁品性。坡石圆润浑厚，竹法清健，兰叶飘逸，老梧以泼墨为叶，淋漓尽致。画中枝叶虽密，但笔笔秀雅简洁，墨色浓淡相宜，变化自然。《四清图》是他65岁时所画，用笔沉着稳健，墨色淋漓清润，将各种竹子的姿态及竹子的新老枯荣都表现得十分真切，是他的代表作之一。钤“息斋仲宾”、“息斋”二印。卷后周天球题记，钤明项元汴、清安岐、乾隆、宣统内府诸藏印。

李衎　《四清图》

任仁发

（公元1254～1327年）字子明，一字子壵，号月山，松江（今属上海）人。元画家、水利家。宋咸淳三年举人，入元官都水庸田副使。专心水利，学擅专门。工书法，学李邕。擅长绘画，工人物、花鸟，尤善画马，自称学韩幹。古人评其画马可与唐代曹霸、韩幹比高低，且“笔意独得”。尝奉旨画二马图，仁宗诏藏秘监。功力足与赵孟頫相敌。故宫绘画馆藏有画马数幅，俱极精。所著有《浙西水利议答录》十卷。

传世作品有：《出圉图》卷，《二马图》卷，《张果见明皇图》卷，《春水凫图》轴，《饮中八仙图》《贡马图》《横琴高士图》《秋林诗友图》《神骏图》《三骏图》《九马图》《饲马图》《文会图》《牵马图》等。

代表作《二马图》，绢本，设色，纵28.8厘米，横142.7厘米。画幅前边是一匹壮实、膘肥肉厚的花马，昂首，踏着轻快的碎步，尾巴扬起飘动，显得自在得意；随在这匹马后边，则是一匹骨瘦如柴的马，条条肋骨清晰可见，低着头，步履蹒跚，尾巴卷缩着，显出吃力疲惫的样子。画家以极其写实的手段，采用勾勒的笔法，描画了马匹的轮廓，线条极富表现力，然后赋以色泽，颇具唐人画马的传统。此图采用描物代人的手法，深刻地揭示了当时社会的不合理现状，从两匹马的造型、色彩和线条处理上不难看出，作者以隐喻的手法，讽刺了那些“肥一己而瘦万民”的贪官污吏，而为那些“瘠一己而肥一国”却不被重用，终生不得志的士大夫鸣不平。

陈琳

（生卒年不详）元代画家。字仲美，钱塘（今浙江杭州）人，约活动于成宗大德前后（13世纪末至14世纪初）。父陈珏，号桂岩，南宋宝祐画院待诏，善画山水、人物。陈琳自幼继承父业，并得赵孟頫指授，山水、花草、禽鸟，无不精工，尤善花鸟。他注重临摹古法，又有所创新，改变了南宋院体画陈陈相因的画风习尚，画名独步一时。元代汤垕《画鉴》评论其画，认为不俗，并谓宋南渡二百年来无此手。

陈琳还有山水画传世，如《秋山行旅图》《苍崖古树图》等，都属于水墨写意画法。陈琳存世花鸟画仅有一件，即《溪凫图》。

《溪凫图》立轴，纸本，浅设色，纵35.7厘米，47.5厘米，藏于台北故宫博物院。此图画一野鸭，立于水边。右上角倒垂芙蓉一枝，已有花蕾。岸上车前草一株，杂草两叶。从画中的景色可以断定，时为深秋。图中野鸭多用细笔勾描，造型准确，画风工丽。水用粗笔随意写画，笔法潇洒。画幅左有赵孟頫题记：“陈仲美戏作此图，近世画人皆不及也。子昂”。其中右上的芙蓉、下方的坡石

陈琳 《溪凫图》

小草和粗笔的水波都是赵孟頫所加，粗笔水波之下还可见到陈琳原画细笔波纹的痕迹。画上钤有清人耿昭忠、乾隆帝、宣统帝等收藏印多方。

作品特色鲜明，工笔略带写意，粗细兼用，笔墨潇洒流畅，浓淡墨色富于变化，形象生动，风格古朴，具有文人水墨写意画的韵致。这幅画既反映了陈琳的绘画特色，也代表了元代花鸟画嬗变的时代特征。

王渊

（生卒不详）元代画家，字若水，号澹轩，一号虎林逸士，钱塘（今浙江杭州）人。其绘画比较全面，人物、山水、花鸟无不精工，尤善画花鸟。幼年曾经赵孟頫指授画法，其山水画师法郭熙，人物画师法唐人，花鸟画师法黄筌。王渊突破南宋院体工丽纤巧的成规，以黄筌写生法为体格，吸取扬无咎、赵孟坚等文人水墨画法的特长。用水墨代替丹青，重视运用墨彩的浓淡干湿，变化丰富，气韵温厚，笔墨工稳中略带写意，开创了元代花鸟画的新风格。

其传世作品主要有北京故宫博物院藏《山桃锦鸡图》《墨牡丹图》、山西省博物馆藏《花鸟》轴、上海博物馆藏《花竹禽雀图》轴、台北故宫博物院藏《桃竹春禽图》轴等。

《山桃锦鸡图》纸本，水墨，纵111.9厘米，横55.7厘米，藏北京故宫博物院。画山桃修竹下的两只锦鸡，背景为坡石溪水，春意盎然。结构严谨，笔法沉稳凝练而又清劲秀润，是王渊水墨花鸟代表作。桃枝上的一双小鸟作欲飞状。枝上桃花或盛开，或含苞欲放。图中花和叶都用水墨点画而成，以深浅不同的色调，表现出阴阳向背和不同的颜色。画幅左下方款署“至正己丑王若水为惠民作出桃锦鸡图”，下方钤“澹轩”、“王若水”二印。画幅左下角钤“子孙永保”、“海滨程氏”等收藏印。全画笔墨稳练、文雅，气韵苍古，是花鸟画在元代由设色向墨笔过渡的代表性作品。其弟子臧良也能传其法，有《草虫图》传世。

王渊　《山桃锦鸡图》

何澄

（公元1217～约1309年）燕（今河北省）人，金末元初画家。金哀宗时官至太中大夫、秘书少监，元代武宗至大初晋升为中奉大夫，授昭文馆大学士，领图画总管，年九十三尚健在。工画人物故实，亦善山水。曾画《陶母剪发图》，颇有影响。

传世作品有《归庄图》卷，款“太中大夫何秘监笔”。从语气看，系后添款，但从字体和墨色看应为作者自题。图后有翰林学士张仲寿至大二年己酉（1309）夏所书《归去来辞并叙》全文，书法甚佳。故此卷在元代已有书画两绝之誉，卷后拖尾有赵孟頫、邓文原、虞集等诸名人题跋，从中可知此卷为何九十岁高龄时所作。

何澄　《归庄图》

《归庄图》纸本，水墨，纵41厘米，横723.8厘米，藏吉林省博物馆。此图取材晋陶渊明《归去来兮》辞，此画以山水为背景，人物穿插其间，在全景式构图中，主题人物连续出现，逐段反映陶渊明辞官归故里的主要情节，与顾恺之《洛神赋图》同一手法。人物线描多用方折笔，山石树木用枯笔焦墨，间以淡墨晕染，劲健中含秀润，苍率中蕴清逸。山水人物画鞍马师法北宋李公麟。画风虽有南宋院体遗规，亦开元代逸笔先路。

刘贯道

（约公元1258～1336年）字仲贤，中山（今河北定州）人，元代画家。家贫性聪慧，自学不辍，元世祖至元十六年（公元1279年）写御容称旨，补御衣局使。

工释道人物、历史画、风俗画、山水、花鸟，系全能画家。人物宗晋、唐，形态生动逼真，展卷恍然置身于人物对话之中，手势、眉睫、鼻孔皆有动态，可谓神笔。山水宗郭熙，花鸟遍师历代诸家。其画笔法凝练，坚实有力，造型准确，生动传神。

刘贯道 《消夏图》

传世作品《忽必烈出猎图》，绢本，设色，画中忽必烈穿白裘跨青鬃马，从者九人，猎于广漠，图录于《故宫名画三百种》；《积雪图》轴，绢本，水墨山水，图录于《故宫书画集》。

《消夏图》卷，绢本，设色，纵30.5厘米，横71.7厘米，美国堪萨斯纳尔逊画廊藏。画的是一个种植着芭蕉、梧桐和竹子的庭园，其左边横置一榻，一人解衣露出胸、肩，赤足榻上纳凉。榻之右有一方桌，榻的后边有一大屏风，屏风中画一老者坐于榻上，一小童侍立于偶，屏风之中又画一山水屏风。这种画中有画的“重屏”样式，为五代以来画家常用手法，大大增强了画面的观赏性和趣味性。画右方有两名女子持长柄扇、携包裹款款而来，仪态娴静文雅。画面布局左密右疏，形成比较明显的对比，此画为元画中上乘之作。

此画写文人闲适生活，意态舒畅洒脱，笔法坚实流畅，人物造型准确，非常接近宋代院体人物画风貌，代表此一时期人物画的发展水平。上世纪初，吴湖帆先生在画上芭蕉竹枝空隙处，发现有隐藏“母道”二字，才认定为刘贯道的作品。

王绎

（生卒不详）字思善，自号“痴绝生”，其先为睦州人，寓居杭州，元末著名肖像画家。据载，其十二、三岁时已“能丹青，亦能写真”，画小像精细逼真，后经吴中顾逵指授，技艺精进，达到“非惟貌人之形似，抑且得人之神气”。著有《写像秘诀》一文，总结其实际经验，书中有《彩绘法》《写真古诀》《收放用九宫格法》等内容，为现存较古之画像著述。

其存世作品仅有与倪瓒合作的《杨竹西小像》，纸本，水墨，纵27.7厘米，横86.8厘米，藏于北京故宫博物院。该画由王绎画像，倪瓒补松石，作于至正二十三年（公元1363年），有倪瓒书款题记，后有元代诸家题跋，是流传有绪的杰作。

画元末寄情诗酒，放浪松竹坡石间的杨谦肖像。杨竹西是元末文人杨谦的别号。画中杨谦留着长发，头戴小帽，身着长袍，持杖独立。人物面部用细笔淡墨勾描，略用淡墨烘染，形象生动逼真，线条洗练概括，富有立体感。衣纹则用极简练的铁线描法，造型准确传神，突出表现了杨谦的高洁不凡。笔墨不多，却较好地表现了杨竹西“清谦谨慎”的性格。画像后衬以小石孤松，更加烘托了杨竹西在宋亡后不仕元朝的气节。画中倪瓒题云：“杨竹西高士小像，严陵王绎写，句吴倪瓒补作松石。癸卯二月。”卷后有元人郑元祐、杨维祯等十一家题记。

王绎 《杨竹西小像》

颜辉

（生卒年不详）字秋月，江山（今浙江江山）人，一作庐陵（今江西吉安）人。人称老画师，为宋末元初时人。擅画道释人物，元大德年间(公元1297–1307年)曾在辅顺宫画壁画。所作笔法粗厚，钩勒粗细咸宜，起伏有致，渲染精到，以水墨烘晕，使画面衬托出阴暗凹凸，富立体感，有“笔法奇绝，八面生意”之称，这是一种前无古人之创新画法，柳贯赞之为“收揽奇怪一笔摸”，与梁楷、法常一脉相承。所作人物，造型奇特，性格突出，形象生动，当时人称之为“八面生意”。

间作山水，得北宋李成、郭熙法。传世作品有《钟馗雨夜出游图》卷、《李仙像》轴、《观瀑图》轴、《山水楼阁人物图》轴、《李铁拐图》轴等。

《蛤蟆、铁拐仙人图》是一副对轴，绢本，设色，每幅纵191厘米，横79.8厘米，现藏于日本京都知恩寺。左图的人物为道教的刘海，他坐于石上，弓身屈背，双目凝视，面色平静，右肩扛一白色蛤蟆，左手拿着一株蟠桃。右图的人物是铁拐李，画中背景是虚幻的远山，画的前边铁拐李侧身单腿盘坐在山石上，身背挂袋，腰系一葫芦。只见他昂头凝视远空，口吐仙气。

画中人物造型怪诞，五官突出，特别是对眼睛的刻画细腻传神。衣纹的线条用笔也极尽动感，且晕染均匀。这幅画在用色上以青灰为主调，仙人颜面的朱粉与蟠桃的朱红于互为补色中透出鲜明，整幅烘染极为细致。画无款，钤有“颜辉”、“秋月”朱文方印，一向被认为是颜辉存世的杰出画作。

杨维桢

（公元1296～1370年）字廉夫，号铁崖、东维子，会稽（浙江绍兴）人。泰定四年三十二岁及进士第，授天台县尹，杭州四务提举，建德路总管推官，元末农民起义爆发，杨维桢避寓富春江一带，张士诚屡召不赴，后隐居江湖，在松江筑园圃蓬台。因其学问文章气节而来从学者众，江南一带，才俊之士造门拜访者络绎不绝，每日客满。他又周游山水，头戴华阳巾，身披羽衣，坐于船上吹笛，或呼侍儿唱歌，酒酣以后，婆娑起舞，以为神仙中人。明洪武二年，召至京师，议订各种仪礼法典。事成后，即请归，朱元璋命百官于京都西门外设宴欢送，归后不久逝世。

杨维桢在诗、文、戏曲方面均有建树，历来对他评价很高。杨维桢为元代诗坛领袖，因“诗名擅一时，号铁崖体”，在元文坛独领风骚40余年。其诗文清秀隽逸，别具一格。杨维桢的书法亦如他的诗风，讲究抒情，尤其是草书作品，显示出放浪形骸的个性和抒情意味，他晚年的行草书，恣肆古奥，狂放雄强，显示出奇诡的想像力和磅礴的气概。传世书迹有《城南唱和诗卷》《真镜庵募缘疏卷》等。《真镜庵募缘疏卷》，行草书，上海博物馆藏。是其行草书佳作。作者晚年与僧道交往频繁，经常出入于寺庙道院，此卷特地为真镜庵募缘所撰写。其书章局变化丰富，随意而奇崛，笔力遒劲，笔法跳宕，竭尽一唱三叹、回肠荡气的能事。用墨浓淡互济，干湿对比强烈，表现出作者的强烈的艺术个性，怪癖性格的极度张扬。其章局变化丰富，奇怪百出，笔力流绝，力遒韵稚，表现出作者的强烈的艺术个性。

邓文原

（公元1258～1328年）元代书家，绵州（今四川绵阳）人。字善之，一字匪石，号素履先生，又因绵州古属巴西郡，人称邓文原为“邓巴西”。历任江浙儒学提举、江南浙西道、江东道肃政廉访使、集贤

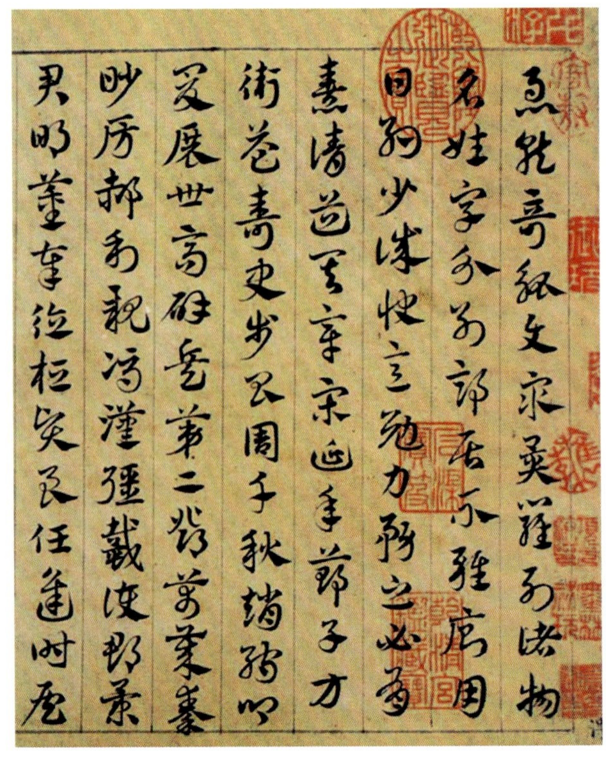

邓文原 《急就章》

直学士、兼国子监祭酒，翰林侍讲学士。卒赠江浙行省参知政事，谥文肃，《元史》有传。著述有《巴西文集》《内制集》《素履斋稿》等。

工正、行、草书，早法“二王”，后师李北海，体势雄伟，风骨键壮，与赵孟頫齐名。有《杖锡见过帖》《与本斋札》传世。主要代表作品有章草书《急就章》卷，其它楷、行、草书散见于简牍诗札或名人书画题跋中。

《急就章》亦称《急就篇》，为西汉史游撰写，文中以韵语编次姓名、称谓、衣食等常用字，是供儿童识字的启蒙读本。其流传甚广，各代都有抄本、临本、刻本。邓文原《急就章》卷，章草，纸本墨迹，纵23.3厘米，横368.7厘米。藏北京故宫博物院。书于大德三年，时邓氏42岁。此卷是他早期应奉翰林时在大都庆寿寺僧房为理仲雍（名熙）书。多以楷法入笔，运以行草，收笔多出隶意，回翔自若，清劲秀丽。结体严谨，笔势沉稳、遒劲，笔意挺健秀雅，俊逸横生。卷后有石岩、杨维祯等人跋。

康里巎巎

（公元1295～1345年）字子山，号正斋、恕叟，色目康里部人，元代著名少数民族书法家。幼年时在皇家图书馆受过充分的儒家文化教育，后来做过文宗和顺帝的老师。他是个廉洁、正直的大臣。他的正书学虞世南、锺繇，行草宗王羲之、王献之。草书犹得锺王笔意，劲圆毫雄，极具个人特性。其学书极其用功，传云可以“日写三万字”，三倍于松雪道人之“日书万字”，令人惊叹！《元史 本传》云：“善真行草书，识者谓得晋人笔意，单牍片纸，人争宝之”。书与赵孟 、鲜于枢、邓文原齐名，世称“北巎南赵”。

他的成就主要在行草，代表作有《谪龙说卷》《李白古风诗卷》《述笔法卷》等。他虽然以二王为典范，但是不像赵孟頫那样讲究结体的完美，或一字之 笔锋精巧的变化，而是看重笔画流畅爽利的动态。其书笔画遒媚，转折圆劲，结体富于变化，自具风骨。

《草书张旭笔法卷》纸本，草书，纵35.8厘米，横329.6厘米，现藏北京故宫博物院。内容是康里为麓 大学士录唐颜真卿述张旭的笔法一文，书于至顺四年(1333)，其时康里氏38岁，功力、精力皆可谓正当年华。从行笔意趣和结构习惯看，书卷中分明有张旭、怀素两位唐代草书大家的创作风格。康里运笔以喜用中锋和行笔迅疾闻名于时，锋正而无臃滞之态，笔快而不见单薄之势，这恰是他的高明之处。这种风格在此帖中均又所体现，使全卷笔画遒劲挺拔，圆劲清朗，极有神韵。该卷有明项元汴、清曹溶、宋荦、乾隆内府等主要藏印。

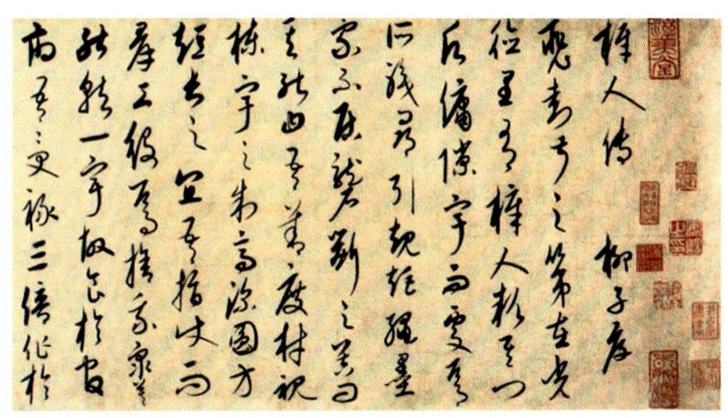

康里巎巎　书法

饶介

（公元?～1367年）字介之，号华盖山樵，又号醉翁，临川（江西省）人。饶介是元末著名文人、书法家，具有较高的知名度和影响力。元末自翰林应奉出为浙江宪佥，累升淮南行省参政。张士诚据吴，慕名造请，仍官原职。吴亡，俘至金陵被诛。其友人释道衍评价他：“介之为人，倜傥豪放，一时俊流皆与交。书似怀素，诗似李白，气焰光芒，烨烨逼人。”饶介是元末吴门书家的主力。他的个性倜傥豪放，他的书法豪迈、自信。他的草书师怀素与王大令，又近取康里巎巎的劲健，李日华评其书“圆劲畅朗，神追大令”。其好友陈基说他“介之草书尤瑰诡逸群可观”。

代表作《书中峰幻住像偈册》纸本，纵26.3厘米，横109.1厘米，藏台北故宫博物院。该书用笔清劲，时有章草笔法，显示秀劲中的倔强，“幻”的结体故意移位，很有趣味。饶介书《兰亭帖》，纸本，册页，纵21.7厘米，横21.9厘米，行书，7行，42字，北京故宫博物院藏。帖上钤“友古轩”印。此帖乃饶介所书信札，内容是向唯允借《兰亭序》等物。唯允即陈汝言，曾做过张士诚的藩府参谋。饶介与他既是同籍，又同为张氏政权所用，交往很密切。此帖篇幅虽短，但整体颇具规模，显示出劲健潇洒的书风。

冯子振

（公元1251～1348年）字海粟，自号怪怪道人，又号瀛洲客，元代散曲家、诗人、书法家。湘乡（今湖南省）人，一说为攸州（今湖南攸县）人。《冯氏族谱》又载其生于宝祐元年(公元1253年)。自幼“博洽经史，于书无所不读”。元成宗大德二年47岁登进士第，人称“大器晚成”。朝廷重其才学，先召为集贤院学士、待制，以“轮番值日，以备顾问”；继授承事郎，连任保宁、彰德节度使。晚年归里著述。谥文简。为人博闻强记而才气横溢；文思敏捷，下笔万言，倚马可待,以文章称雄天下。著有《居庸赋》，首尾五千言，雄浑正大，闳衔钜丽。后学称颂“海粟冯公，下笔一挥万言，少亦不下千言，真一世之雄”。扬州《汉寿亭祠碑记》，由苏昌龄起句，冯子振脱草，赵孟頫书写，后世誉为“三绝”。

《行草虹月楼记卷》纸本，纵33.4厘米，长320.8厘米，藏上海博物馆。是冯子振罕见的独立书法作品。此卷作于元泰定四年，为冯子振晚年自书七绝三首赠其友朱君璧之作。在元初赵孟 、鲜于枢极力提倡追宗晋唐书风的复古风气下，他不为左右，而以黄庭坚为归。此卷书字体纵长欹侧，运笔劲挺，无抖擞之气，接近黄庭坚而较为拙直，自具一种拗执的格调。

张雨

（公元1283～1350年）早年名泽之，字伯雨，一字天雨，号句曲外史。元代书画家。钱塘（今浙江杭州）人。年二十余弃家为道士，道名嗣真，道号贞居子。博学多闻，善谈名理。诗文、书法、绘画皆工，30岁登茅山，从王寿衍真人入杭州开元宫。在杭州，张雨得以拜见赵孟頫，并侍赵孟頫学书。次年，张雨又随王真人入觐大都，以诗风清丽名震京华，与在京的赵孟頫、杨载、虞集、范椁等友善，并拜在虞集门下。六十岁时他脱去道袍，埋葬冠剑，还其儒身，隐居杭州，时往来于三吴，与杨维桢、黄公望、倪瓒、俞和等文士交游酬唱。其中受杨维桢影响，思想与生活发生了巨大变化，晚年的诗风、书风都有朝放纵、恣肆发展的倾向。

张雨的著作，有《句曲外史集》3卷，补遗3卷，集外诗1卷，今存。张雨工书画，其书法初学赵孟 ，后学怀素，张旭。字体楷草结合，俊爽清洒自成一格。张雨从赵氏入，但变赵氏的雍容平和为神骏卿遒，流露出隐逸文人清虚雅逸，孤傲不群的气息，从其行草《题画诗卷》中可窥一斑。存世书迹有《山居即事诗帖》《登南峰卷》等。倪瓒在《题张贞居书卷》称“贞居真人诗，人、字、画，皆为本朝道品第一”。

其画以淡彩见长，善画石木，用笔古雅，尤善以败笔点缀石木人物，颇有意韵。画迹有《霜柯秀石图》《双峰含翠图》等。

武宗元

（公元?～1050年）初名宗道，字总之，河南白波（今河南孟津）人，北宋时重要的宗教画家。官虞部员外郎，擅画佛道鬼神，学宗吴道子，行笔流畅。年十七，曾为北邙山老子庙壁作画，他继承吴道子画风重绘壁画，并将三十六天帝中的赤明阳和帝君画成宋太宗相貌。景德末（公元1007年），真宗营建玉清昭应宫，招募画工绘制壁画，中选者

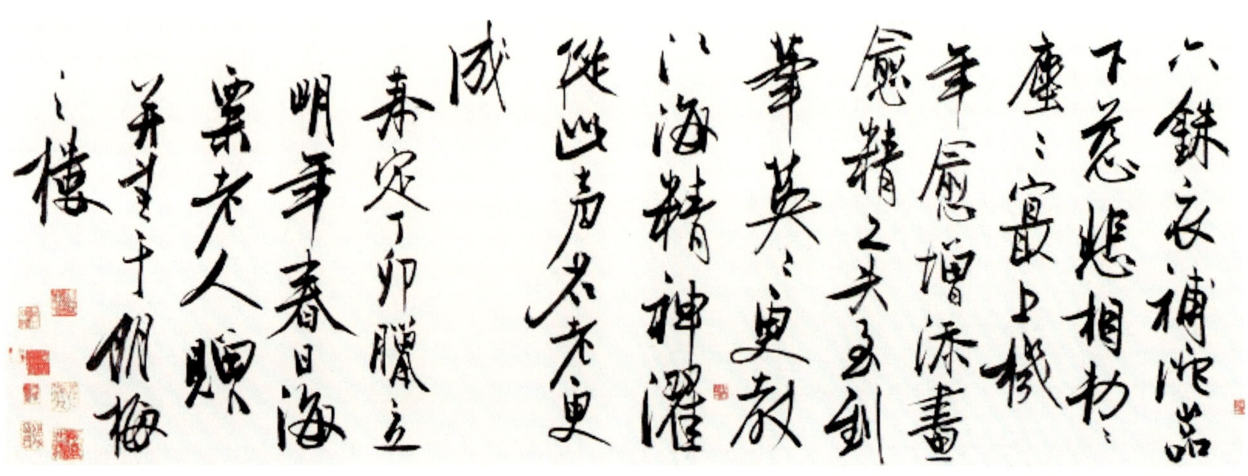

冯子振 《行草虹月楼记卷》

百馀人，分为二部，武宗元任左部之长。后又于嵩山、洛阳、许昌等地寺观绘制宗教壁画。他的画迹除了《朝元仙仗图卷》以外，洛阳南宫三圣宫东壁十尊丈余高的太一神，以及龙兴寺、嵩岳庙、中岳天封观等处壁画都负盛誉。

今存《朝元仙仗图》，绢本，墨笔画，美国王季迁藏。画道教东华、南极两天帝率领仙官、侍从和仪仗队去朝拜玄元皇帝的情形。北宋推崇道教，武宗元仍保留了唐代道教绘画风范，画中的金童、玉女、仙伯、大帝等人物体形丰满，仪态庄重。整个队伍在行进之中，人物排列参差起伏，疏密相间，彼此顾盼，衣带飘荡，富于动感。《朝元仙仗图》是老子庙殿堂左边壁画的稿本。

文同

（公元1018～1079年）字与可，自号笑笑先生，人称石室先生等，梓州永泰（今四川盐亭东）人。北宋画家。父祖三代都不仕。文同二十岁左右就博古通今，深受成都太守文彦博的赞赏。三十二岁中进士，历任邛州、洋州等知州，元丰初出知湖州，次年正月未到任而死，人称“文湖州”。享年六十二，著有《丹渊集》。

善诗文书画，与表弟苏轼诗词往来唱和，确立了四君子题材。尤擅墨竹，主张画竹必先“胸有成竹”。所写竹叶，自创“深墨为面、淡墨为背”之法。其后画竹者多从其学，世有“湖州竹派”之称。湖州竹派在宋以后的八百多年间，影响一直不衰，其中最著名的受惠者有元代高克恭、赵孟頫、柯九思、吴镇，明代王绂，清代郑燮等人。也喜作古木老槎，并写山水。

传世作品极少，今台北故宫博物院藏《墨竹图》为其真迹。《墨竹图》绢本，水墨，纵113.6厘米，横105.4厘米。画一枝低垂而又“S”形倔曲向上的墨竹。用凝重圆浑的中锋画竿，节与节虽断而意连；小枝用笔迅疾坚挺，左右顾盼；竹叶则八面出锋，挥洒自如，浓淡相间，在叶尾折转处提笔露白，以示向背之势，聚散无定，疏密有致，显示了作者深厚的功力。广东博物馆藏有《墨竹图》一轴，系此轴临本。无名款，但钤有文同二印：“静闲画室”、“文同与可”。画悬崖垂竹，主干曲生，至末端而微仰，寓屈伏中隐有劲拔之生意。枝叶甚密，交相间错，向背伏仰各具姿态，画叶之墨色浓淡相依。墨竹于北宋仍属初兴之画艺，通幅画法在“画”、“写”之间，与元代及此后的文人写竹相异其趣。

文同　《墨竹图》

高克明

（生卒年不详），绛州(今山西新绛)人，北宋著名的山水画家，主要活动时期在太宗、仁宗二朝。宋太宗景德年间，他离开故乡，到京城开封去游历，以广见闻，交画友。大中祥符中（公元1008～1016年），他以其高超的画技，被选入翰林图画院供职，成为宫廷画师后，画艺日进，又与太原王端、上谷燕文贵、颍川陈用志等著名画家结为画友，相互磋磨，声名大振。天圣元年（1023年），宋仁宗命高克明图绘便殿，画成，深为仁宗所赏爱，即刻晋升为画院待诏，守少府监主簿。

其山水画创作，大多是从实地观察获得素材，复经自己深思熟虑、苦心经营中得来，并不专师于一家，却能注意采撷诸家之美，参成一艺之精，自为体格，颇有创新的味道。他绘画成就，在当时已得到公认。《宋朝名画评》将其作品列为妙品第一，“自成一家，当代少有”。宋真宗赵恒诗云：“克明已死（许）道宁逝，郭熙后有新成名”。认为高克明品第尚在著名画家郭熙之上。明人王世贞甚至说：“今世称二马(远、麟)、刘(松年)、夏珪，要亦以易知之耳。若克明，殆犹顾(恺之)、陆(探微)之于张(僧鹞)、吴(道子)，岂可同日语哉！”

代表作《溪山雪意图》，绢本，设色，纵41厘米，横241.3厘米，美国大都会艺术博物馆藏。图绘雪后溪水两岸的景色，平坡低冈、溪桥村舍，已是银装素裹；枯木、乔松、林竹错落，泉水湍急；有舟静泊岸边，冈坡上一人冲寒担物而行，全图将雪霁清冷寒寂的画意很好地表达了出来。画家于树石屋舍用笔一丝不苟，画风整饬、谨严。整幅画画上表现出一种清旷荒寒的格调，而又不失苍秀嫣润的气韵。另外，经营位置的周详得当，意境表达的幽静深远，笔墨运用的精细整饬，都有自创的新意在内。卷中钤有明朱棡、王世贞及清内府等鉴藏印。

柯九思

(公元1290～1343年)字敬仲，号丹丘生，别号五云阁吏。元代书画家。台州仙居人（今属浙江省）。大德元年随父迁居钱塘（今杭州）。自幼爱好书画，聪颖绝伦，被视为神童。文宗朝柯九思被授予典瑞院都事，后被迁升为奎章阁鉴书博士，专门负责宫廷所藏的金石书画的鉴定。凡内府所藏古器物、书画均命其鉴定。与虞集、揭傒斯同为文宗时代奎章阁的代表人物。后因朝中官僚的嫉忌及文宗去世，柯九思束装南归，退居吴下，流寓松江。

柯九思博学能诗文，善书，四体八法俱能起雅去俗。素有诗、书、画三绝之称。他的绘画以“神似”著称，擅画竹，并受赵孟頫影响，主张以书入画，曾自云：“写干用篆法，枝用草书法，写叶用八分，或用鲁公撇笔法，木石用折钗股、屋漏痕之遗意”。他的书法于欧阳询笔法之外融入魏晋人之韵，结体严整，字体恬和雅逸，雄厚重中见挺拔之秀气，深受赵孟 推崇尚晋人书法观的影响。行楷是其所长，他的存世书迹有《老人星赋》《读诛蚊赋诗》《重题兰亭独孤本》等。

柯九思作品

《清闷阁墨竹图》立轴，纸本，墨笔，纵132.8厘，横58.5厘米。现藏台北故宫博物院。这幅画是柯九思为倪瓒画的，“清秘阁”是倪瓒的斋号。此图画竹两竿，依岩石挺拔而立，石旁缀以雅竹小草。竹叶以书法之撇笔法写之，墨色浓润，浓淡相间，沉着劲挺。画风从文同中变出，石用披麻皴，圆劲浑厚，具有空间及体积感。画面清雅秀美，神足韵高，自有一股劲挺拔俗的清高之气，在元代的画竹大家中自成一派。

王振鹏

（生卒年不详）字朋梅，一作王振朋，元代画家，元仁宗赐号“孤云处士”，永嘉(今浙江温州)人。官至漕运千户，总领江阴、常熟一带的航运。

善画界画、人物，因画艺精湛，受元仁宗眷爱。曾任秘书监典簿，掌管宫中收藏的书画图籍，因得以阅览、临摹丰富的前人名迹，技艺大进。其界画风格工整秀丽，被公推为元代第一。不在郭忠恕下，远胜周文矩、赵伯驹等人。

王振鹏所绘殿阁楼台，取势平稳，造型准确，左右高下，俯仰曲折，方圆平直，均能曲尽其态。尺寸折算也与真实建筑不差毫厘，既中规合度，又不为规度所拘。用线精细而富于变化，或直或圆，流转飞动，于细密外更具有韵律感，从而增强了界画的艺术欣赏价值。

柯九思 《伯牙鼓琴图》

《伯牙鼓琴图》绢本，水墨，纵31.2厘米、横92厘米，藏北京故宫博物院。画伯牙和钟子期的故事。画中伯牙坐在石上弹琴，钟子期坐在石上低头聆听，有三个仆人分别侍候在两人身后，画面无背景。画风类似宋画，用线像李公麟，淡墨渲染，卷末署“王振鹏”三字款。卷尾有元人冯子振、赵声、张原提题记。

郭忠恕

（公元？～977年）字恕先，又字国宝，洛阳（今属河南）人。五代宋初画家、文字学家。后周广顺中召为宗正丞兼国子书学博士。入宋，官国子监主簿。后获罪流配，旋卒。擅画山水，尤精界画，所绘重楼复阁，颇具营造规模。兼通文字学，善写篆、隶书。所著有《佩觿》三卷，阐述文字变迁源流，并考证文字传写错误，对辨别常用的形音义相近字有参考价值。又汇编古文字为《汗简》，为研究古文字学者所重视。

他继承了展子虔、李思训、卫贤等表现建筑传统而有所创造，不仅比例、结构精确，而且生动自然，他的作品被公认是界画发展新水准的标志，是宋代界画方面的代表性画家。“界画”技法严谨，工细而有法度，亭台楼阁，甚至舟船车马，皆比例切实，规整有序，符合数学规律，生动自然。因此界画较为难作，被许多画家视为畏途。

《雪霁江行图》为“界画”的代表作。绢本，墨笔，纵74.1厘米，横69.2厘米，无款识，现藏台北故宫博物院。画面上画两艘大船在大雪停止后即将启航，江面苍茫，一片寒意，船工们不畏气候的恶劣，在船上船下忙碌着。大船结构复杂，比例、透视都表现得准确得当，工整但不死板；用笔多变，略加淡墨渲染，表现出了船水、雪霁的不同质感，令观者有身临其境之感。

画左上方有宋徽宗赵佶题“雪霁江行图，郭忠恕真迹”十字，并有“御书之宝”玺印。

王居正

（生卒年不详），宋代河东(今山西永济)人。王拙之子。他自幼受到其父的熏染，喜爱人物画的创作，且风格颇肖王拙。但从绘画题材上来看，父子二人又有不同。王居正主要是描绘贵族士女一类形象，师法周坊，得闲冶之态，十分注意在观察体验生活、忠实原形的基础上进行绘画创作。前人评论说：王居正仕女“于形似为得”，“尽其闲冶之态，盖虑精意密，动切形似”。他的传世作品有《调鹦鹉士女图》《绿窗蕉雨图》等。

《纺车图》是其具有代表性的作品之一。绢本，设色，纵26.1厘米，横69.2厘米，无作者印款，现藏北京故宫博物院，原为赵孟頫旧藏。

图中表现两位村妇一同纺绩。一位年轻村妇怀抱婴儿，坐在纺车前纺线，稍远处站着一位老年村妇为她牵线。画右侧绘有一个嬉戏的儿童，两位村妇之间则点缀一只正在撒欢的小狗。图中人物荆钗蓬鬓，鹑衣百结，曲尽情状，面目如生。非常生动地描绘出一幅田家妇女辛苦劳作的场景，与贵族士女的闲适迥异其趣。

王居正 《纺车图》

绘画技法则全仿五代周文矩，不以刻画衣饰，施朱傅粉为工，而着重表现其本色，以渲染特定的环境氛围见长。元代赵孟頫为此图题跋“图虽尺许，而气韵雄壮，命意高古，精采飞动，真可谓神品者矣”。

梁楷

（生卒年不详），南宋画家，祖籍山东，南渡后流寓钱塘(今杭州)。活动时期为十三世纪初，他是名 中日的大画家，南宋宁宗朝任画院待诏，皇帝曾特 赐给金带，但梁楷却不接受，挂带院中，飘然而去。他是个性极强的画家，善画山水、佛道、鬼神，师法贾师古，而青出于蓝。他好酒，酒后不拘礼法，自称是“梁疯子”。

梁楷的画以“减笔”之法著称。传世的《秋柳飞鸦图》《六祖破经图》《六祖截竹图》《泼墨仙人图》等，都是以极其简练的笔墨，高度概括的手法描绘出来的。

《泼墨仙人图》，纸本，水墨，纵48.7厘米，横27.7厘米，藏台北故宫博物院。画中的仙人系以大笔蘸墨画人物的衣着，寥寥数笔勾写人物面目，生动传神，在当时是一种新的创造。画家简单几笔，就描绘出仙人酣醉的形象，头部和左肩部分以湿笔渲染，可以清楚的看出运笔的轻重与速度。画家简单的泼墨笔法，充分显示出仙人飘逸的气质。这种自由潇洒的画风，在以后的中国画中被称为“写意”或“泼墨”，这种风格对后世影响极大。

盛懋

（生卒年不详），字子昭，嘉兴(今浙江)人，元代画家。与书画家吴镇居比邻，其父盛洪，善画人物、花鸟、山水。盛懋承袭父业，以精湛的技艺称誉当世，和吴镇的墨竹、岳彦高的草书、章文茂的笔，共被誉为“武塘四绝”。

善画山水，兼人物、花卉。初学陈琳，后宗赵孟 ，运笔精劲，布置邃密，峰峦浑厚，林木丰茂，评者谓“精绝有余，特过于巧”，元至正年间享有盛名。

其山水画多作丛山密林，表现四时朝暮的江山胜景，也有的作品描写清溪洲渚中渔夫、隐逸的生活环境。画法出自董源、巨然，同时也以工笔见长。主要画风特点是结构严整，笔墨清润，在浓郁浑厚的气韵中具有潇洒隽逸的格调。

《秋林高士图》轴，绢本，设色，纵135.3厘米，横59厘米，现藏台北故宫博物院。款署“武塘盛懋”。构图似三段式，但布置邃密，林木丰茂，不同于倪瓒的简略，仍是北宋全景山水格局。

图绘河岸边，林中一高士莲冠绯衣，侧坐于坡石之上，抬头仰望，凝神静思。人在整个画面中居于一隅。后岸是一片坡地，向上则白茫茫云雾蒸腾，中间有树丛隐现，两座山峰在云雾中巍峨挺立，直指苍穹。山石及坡岸多矾头状，以湿笔披麻皴绘就，墨色依结构由淡而深，反复加染，使石体质感硬朗。树叶多以点叶法，变化多端，蒸腾的云雾，却是此图的特色。元四家的作品中，很少刻意勾染云雾，而在盛懋图中，这云雾却极具意义：构图上可以分清前后层次，而且能使主题更突出。画中洋溢着大自然的绚美，但其刻意求工，与元四家“逸笔草草，不求形似，聊以自娱”的文人画形成鲜明对照。

第四节　明代

王履

（公元1332～1385年）江苏昆山人，明洪武十八年（公元1385年）尚在，字安道，晚年自号畸叟，又号抱独老人，明代画家，精通医术且能诗善画。在元末明初画坛上，王履堪称一位别具一格、自有建树的画家。

其《华山图》，不仅作为王履的存世孤本受到人们珍视，更以其迥异时尚的独特画风和精辟深刻的画论见解而为美术史家所注目。

《华山图》册，纸本，墨笔或设色，每开纵34.5厘米，横50.5厘米，藏北京故宫博物院、上海博物馆。此图册是王履游历华山后所创作。计图四十幅，另作记、诗、跋、《游华山图记诗叙》《重为华山图序》《画楷叙》等二十六页，共六十六页，合成一册。此图册是王履传世唯一真迹，作于洪武十六年（公元1383年），作者时年52岁，原迹中画二十九幅、诗文序跋七页现藏北京故宫博物院；其余藏上海博物馆。

全册各开意境或险峻，或幽深，或苍茫，或清旷，将华山万秀千奇的佳景胜迹表现得淋漓尽致。构图采用近景和中景，同时又有空间的深度和广度。其布局既吸收了马远、夏圭山水“以小见大”、“景少意深”的长处，又突破了他们边角之景的程式樊篱。近山参天，远山透迤，虽然图不盈尺，却表现出深邃宏伟的气势。笔墨技巧方面，他适当地吸收了马、夏刚健老硬的笔法，用简洁的小斧劈皴勾勒嶙峋的山石，以“瘦硬如屈铁”的笔调写秋树苍劲郁勃的形态，用水墨渲染以浓淡层次表现明暗向背关系，偶有赭石、花青等淡彩晕染。册前有清金农题签，册后有明都穆，清周国颐观款。历经明太宗武氏、王世贞、清涂水李生收藏。

王履　《华山图》

王履在《华山图序》中较系统地论述了其绘画主张，其中“我师心，心师目，目师华山”的“师法造化”的见解和“以形写意”的观点，对后世山水画理论影响深远，具有重要的理论价值。

吴伟

（公元1459～1508年）字士英、次翁，号鲁夫、小仙，江夏（今湖北武昌）人。明中叶画家。吴幼孤贫，流落常熟（今江苏），被钱昕收养。性喜画，取笔划地作人物、山水状。成化间曾为宫廷作画，任仁智殿待诏。弘治初征入宫廷，授锦衣卫百户，赐“画状元”印。后称病南返，居南京秦淮河。

吴工画人物，宗吴道子，取法南宋画院风格，笔势奔放；早年所作白描，以秀劲见长，兼能写真。并擅画山水，近学戴进，远师马远、夏圭而较放纵。吴伟劲健豪放的画风与戴进相近，故又被称为浙派健将。但他的笔墨更加迅疾酣畅，自成一派，由于他是江夏人，遂有“江夏派”之称。师其画法者颇多，“江夏派”，为明代“浙派”的一个支流。

早年代表作有上海博物馆藏的《铁笛图》卷、北京故宫博物院藏《问津图》卷、《歌舞图》轴，广东省博物馆藏《洗兵图》卷。中年时人物山水画有北京故宫博物院藏的《柳阴读书图》轴、《灞桥风雪图》轴及《长江万里图》长卷、《渔乐图》轴，后两图反映了他的粗笔写意山水的雄伟气势。

《长江万里图》长卷，绢本，墨笔，纵27．8厘米，横976．2厘米。北京故宫博物院藏。此图为吴伟传世水墨写意山水画中仅见的长卷巨制，描绘了万里长江沿途的壮丽云山、幽谷山村、城乡屋宇、江上风帆等。长卷构图起伏多变；意境宏阔而含蓄，江山壮美而显生机勃勃。用笔简逸苍劲，横涂直抹，峰壑毕露，枯湿浓淡，一气呵成，痛快淋漓，集中反映了画家以气势取胜的艺术特色。

文嘉

（公元1501～1583年）字休承，号文水，明长洲（今江苏苏州）人，吴门派代表画家文徵明的次子，官和州学正。明代书画家、鉴赏家。

精于鉴别古书画，工石刻，为明一代之冠。继承家学，小楷轻清劲爽，宛如瘦鹤，稍大便疏散不结束，迳寸行书亦然，皆不逮父兄。画承家学而又有新意，画风疏秀、温润。画得征明一体，笔法清脆，颇近倪瓒；着色山水，具幽淡之致，间仿王蒙皴染，亦颇秀润，兼作花卉。明人王世贞评："其书不能如兄，而画得待诏（文徵明）一体"。

传世作品有《山水花卉图册》十开，藏广东省博物馆；《垂虹亭图》卷藏苏州市博物馆；万历年作《寒林钟馗图》轴藏南京博物院；《江南春色图》卷藏沈阳故宫博物院；《水亭觅句图》轴、《设色山水图》轴藏辽宁省博物馆；《秋塘红藕图》藏天津市艺术博物馆；《石湖小景图》轴、《夏山高隐图》轴、《琵琶行图》轴、《溪山行旅图》轴藏故宫博物院；《沧江渔笛图》、《曲水园图》卷藏上海博物馆。著有《钤山堂书画记》《和州诗》传世。

《石湖小景图》轴，纸本，设色，纵63厘米，横30.1厘米，藏北京故宫博物院。石湖位于江苏吴县，风景幽胜，相传为范蠡入五湖之口。宋孝宗书"石湖"二字以赐。此图绘石湖景色，吴越山水意境飘远空 ，平远幽静。近岸疏林细竹，远处山峦、石矶穿插。文嘉所作山水秉承家学，脱胎于其父的山水风格，意境尤为淡远，设色不喧温和雅静，多作水村之南国景色，一派安详的田园风光，略有元代吴镇、黄公望的遗意。画中有自书诗一首："五月江南春水平，溪山处处绿阴成。石湖玄墓吾生癖，今日看君独自行。乙酉五月，琴山至吴将泛舟过石湖登玄墓而归，余以试事在迩，不得同行，灯前叙别，怅然题此。二十二日文嘉。"下钤"文嘉之印"、"文休承"二印。文嘉时年二十五岁。此图还有王守、王宠、文彭、袁袞、彭年、薛应 等八家题记。

文嘉
《石湖秋色图》

钱谷

（公元1508～1582年）字叔宝，室名悬罄室、十友斋。吴县（今江苏苏州）人。祖籍彭城（今江苏徐州），吴越王钱镠第二十一世孙。明代书画家。编有《续吴都文粹》等。

钱谷少时家贫，迨壮方始读书。因家中无典籍，便游文徵明门下。读书之余点染水墨，山水、人物、花卉皆臻妙。行书法苏，篆书师二李，小楷私淑虞、欧，识者真有渴骥奔猊、漏痕折钗之势。自"吴门四家"的沈周谢世后，文徵明独领吴门画派数十年。在他的引领下，涌现出一批新秀，使"吴派"得以发展，其中佼佼者有门人陈淳、陆治、王谷祥、陆师道、居节、周天球和钱谷，还有文徵明后人文彭、文嘉、文伯仁等。钱谷擅长山水，在师承文徵明的基础上有所变化。

《郭北草堂图》轴，长94.5厘米，宽31.5厘米，纸本，设色。该图采用"三远"之手法，鸟瞰草堂，视野开阔，意境深邃。图下部为近景，郭城逶迤蜿蜒，瓮城正前方有跨护城河的木桥一座，城下、河堤处草木疏落，点出"郭北"，中部为"草堂"。草堂四周被葱郁、茂密竹木所掩映，修竹蔽日，雾气缭绕，草堂因烟云而飘渺。草堂周围有篱笆院墙，院门外小桥流水，阡陌纵横。上部为远景，崇山峻岭，层林迭嶂。《郭北草堂图》笔墨精致，设色清雅，闲散淡逸可与文徵明相争。该图布局考究，意境不凡，如人间仙境，天上人间。右上

钱谷 《郭北草堂图》

角题有："郭外茅堂别一天，万竿修竹一池莲。楞伽静展消清昼，行乐随时总是仙。万历丁丑夏五月，为鸥江居士郭北草堂并题以赠，钱谷。"钤白文方形"钱氏叔宝"，朱文方形"悬罄室"二印。

蓝瑛

（公元1585～1664年）字田叔，号蝶叟，晚号石头陀、山公、万篆阿主者、西湖研民。又号东郭老农，所居榜额曰"城曲茅堂"。钱塘（今浙江）人。明代杰出画家。工书善画，长于山水、花鸟、梅竹，尤以山水著名。其山水法宗宋元，又能自成一家。师画家沈周，落笔秀润，临摹唐、宋、元诸家，师黄公望尤为致力，作品清简秀润。晚年笔力苍劲，画风又有多种面貌，有些作品笔墨含蓄隽雅，有些作品青绿重设色，画法工细，色调浓丽，愈老而愈工，颇类沈周。

蓝瑛一生以绘画为职业，曾历游南北，饱览名胜，眼界开阔，因而不断丰富了创作内容。他兼工人物、花鸟、兰竹、俱得古人三昧。他虽力追古法，但能融汇贯通，自成风范，其画对明末清初影响很大，被后人称为"武林派"，史称"后浙派"，但实际上他的画风与戴进等不同，不能完全附属于"浙派"之后。他的传派，有直接继承衣钵的有蓝氏子孙，如蓝孟、蓝深、蓝涛等，有弟子刘度、王奂等都各有成就。其后的陈洪绶以及金陵八家等著名画家也都不同程度受到他的影响。

他的画法有两种，一种作钩勒浅绛法。另一种作没骨法，设色鲜艳夺目，所画红树、青山、白云，运用石青、石绿、朱砂、赭石、铅粉诸色，点染别致，是晚明时期富有变化的山水作品。其流传下来作品较多，上海博物馆收藏有66幅真品。

《白云红树图》图轴，绢本，青绿设色，纵189.41厘米，横48厘米。现藏台北故宫博物院。此幅用没骨法以石青、石绿色画山石，用朱砂画小草，树叶也用浓艳的红、黄、青、绿没骨点出，云用白粉渲染。画面色彩浓重丰富，却又典雅清新。自识"张僧繇没骨法"，实为画家自己独创的画风，此幅为蓝瑛青绿重色画的代表作。本幅左上自识"白云红树。张僧繇没骨画法，时顺治戊戌清和画於醉鹤轩。西湖外民蓝瑛。"钤"蓝瑛之印"。

陆师道

（公元1517～约1580年），字子传，号元洲，更号五湖，长洲(今江苏苏州)人。明代画家。嘉靖十七年(公元1558)进士，授工部主事。官至尚实少卿。工诗文，擅书画，尤善山水，为文徵明弟子，诗、文、书、画所谓文氏四绝，并能传之。山水淡远类

陆师道

《岁朝乐事》

倪瓒，精丽者不减赵孟頫。小楷、古隶皆精，得颜真卿《麻姑仙坛记》法而以色泽润之，遂名噪一时，为一时书家之冠。著有《左史子》《汉镌》。

《乔柯翠林图》绢本，设色，纵174.8厘米，横98.2厘米，藏上海博物馆。是一幅传统的文人题材的山水画作品，画中山势兀立，树木葱茏苍翠，枝干虬劲，文人雅士赋诗观瀑，悠闲自得。此图绘群峰苍翠，山穴幽岩，小桥流水，云烟吞吐，气象万千，有一宽敞堂屋，依山傍水而筑，前后乔柯翠林，松柏盘曲。亭内有人凭案端坐，有人肃穆侍立，各具神态。此幅参揉文徵明工整清丽青绿山水技法，山石勾勒粗细兼用。全图用笔工整，设色精工，神韵清远，风格淡远秀丽。

徐渭

（公元1521～1593年）初字文清，改字文长，号天池、又号青藤道人、田水月等。浙江山阴（今绍兴）人。明代杰出书画家、文学家。

自幼聪慧，文思敏捷。且胸有大志。参加过嘉靖年间东南沿海的抗倭斗争和反对权奸严嵩，一生遭遇坎坷，曾入狱七、八年。获释后，贫病交加，以卖诗文、画糊口，潦倒一生。他中年学画，继承梁楷减笔和林良、沈周等写意花卉的画法，擅长画水墨花卉，用笔放纵，画残菊败荷，水墨淋漓，古拙淡雅，别有风致。兼绘山水，纵横不拘绳墨，画人物亦生动，其笔法奔放、简练，干笔、湿笔、破笔兼用，风格清新，恣情汪洋，自成一家，形成“青藤画派”。他自己尤以书法自重，自称“吾书第一、诗二、文三、画四”。行草书仿米氏，笔意奔放如其诗，苍劲中姿媚跃出。

作品流传至今的较多。著作有《四声猿》《南词叙录》《徐文长佚稿》《徐文长全集》等。绘画作品有《墨葡萄图》轴、《山水人物花鸟》册、《牡丹蕉石图》轴，以及晚年所作《墨花》九段卷等。

《墨葡萄图》轴，纵165.7厘米，横64.5厘米，藏北京故宫博物院。图纯以水墨写葡萄，随意涂抹点染，任乎性情。画藤条纷披错落，向下低垂。以饱含水分的泼墨写意法，点画葡萄枝叶，水墨酣畅、晶莹剔透。作画状物不拘形似，仅略得其意，重在寄兴遣怀，可看作是文人画中趋于放任的一种典型。此图将水墨葡萄与作者的身世感慨结合

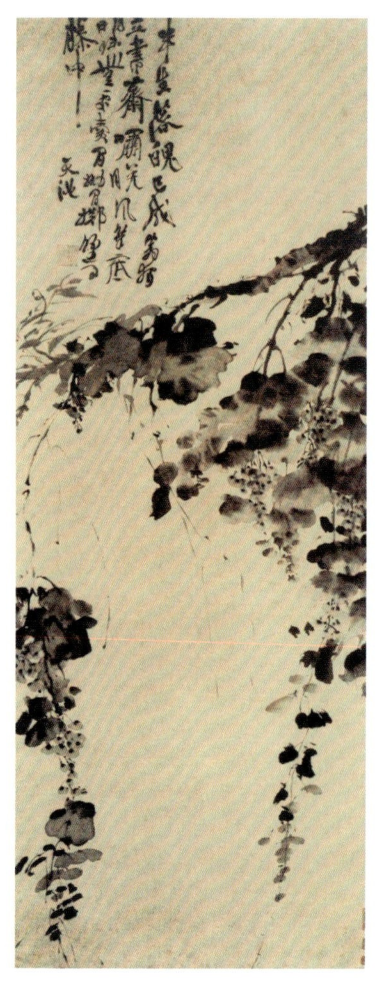

徐渭

《墨葡萄图》

为一。徐渭在画上自题诗曰：“半生落魄已成翁，独立书斋啸晚风。笔底明珠无处卖，闲抛闲掷野藤中。”从中可得知此图作于五十岁以后，表达了画家的狂放洒脱和愤世嫉俗。在其笔下，绘画不再是对客观对象的再现，而是表现主观情怀的手段。他又善于以草书之法入画，此幅用笔，似草书之飞动。淋漓恣纵，诗画与书法在图中得到充分自如的结合。其画面上所呈现的那种乱头粗服的美，较之元代画家的逸笔草草，更具有一种野拙的生机力感。正如他自己所说：“信手拈来自有神”，“不求形似求生韵”。此图署款“天池”、“湘管斋”朱文印。

夏昶

（公元1388～1470年）字仲昭，号自在居士，又号玉峰。幼小家贫，继舅父改姓朱，后复夏姓，明太宗为之更名昶，明代画家。江苏昆山人。永乐

十三年登进士，因善书法，于永乐二十年授中书舍人。曾出任江西瑞州知府，正统中官至太常寺卿。善墨竹，师法王绂、陈继等人而稍有变化，所作竹枝烟姿雨色、苍润洒落、偃仰浓疏、动合矩度、时推第一，名驰绝域，因此“至远夷亦购之”，有“夏卿一个竹，西凉十锭金”之谣。亦工楷书。

《半窗晴翠图》，纸本，墨笔，纵139.2厘米，横45.3厘米，藏台北故宫博物院。此图画法也别具匠心，虽只画半枝竹，删除了坡石等点缀物，却透着无限风光和满眼晴翠，奇特的构图，使品读此画时会有一股清新感觉扑面而至。用笔苍厚，浓淡分明；笔势豪爽劲利，一气呵成，同时又讲究法度，能熟练地运用书法技巧，使每一枝叶的起笔和收笔都不失规矩。

吴彬

（生卒年不详）字文中、文仲，别字质先，号枝庵发僧、枝隐庵主、枝隐生。莆田（今属福建）人，流寓金陵(今江苏南京)。明代画家，从艺活动约在万历、崇祯间。万历间，神宗召见，授中书舍人，官工部主事。天启间，因不满权宦魏忠贤而被捕入狱、去职，故画益为人重。以书画擅名，工山水，擅长人物、佛像，所作形状奇异，迥别前人，自立门户，脱出唐宋旧规，是一位为后人所称道的全能画家。其画入藏御府，外传甚少。明代莆田书画坛名家辈出，吴彬的山水画、曾鲸的人物画、洪仲韦的小楷、黄允修的篆刻，被后人称为“莆田诗书画四绝”。有谓其画品足敌赵孟頫、颉颃丁云鹏。

尝绘《月令图》十二幅，写上元、清明、端午、中秋、重九等每月一景，结构精微，细入丝发。传世作品有《十六应真卷》《千岩万壑图》轴、《达摩像图》轴、《仙山高士图》轴，现均藏北京故宫博物院；《层峦重嶂图》轴，藏南京博物院；《山阴道上图》卷藏上海博物馆；《岱舆图》轴藏浙江省博物馆；《仙山楼阁图》轴藏美国高居翰景元斋。

吴彬 《五百罗汉图卷》局部

《五百罗汉图卷》一，二，三，四，五：全长253厘米，美国克里夫兰博物馆藏。此画构图不落俗套，富有情趣，人物造型怪诞而不失法度，线条疏密有致，用色艳而不俗，为吴彬罗汉图中的扛鼎之作，展现给人们的是一个个奇特怪异，不同流俗的人物形象。作者着意刻画人物动态和内心世界的同时，对于背景的描写采用了以少胜多、以虚衬实的手法，几乎舍掉了人物存在的自然环境，使一个个形态各异的人物更加鲜艳夺目。此图自从问世以来就被明、清帝王奉为至宝，画卷上钤有“乾隆御览之宝”、“嘉庆御览之宝”、“宣统御览之宝”、“秘殿新编”等印章。由此可见，吴彬确是一位不同凡响的丹青妙手。

曾鲸

（公元1568～1650年）字波臣。福建莆田人。明代著名肖像画家。一生往来江浙一带，为人写真。擅画肖像，在继承粉彩渲染传统技法的同时，汲取西洋画的某些手法，形成注重墨骨，层层烘染，立体感强的独特画法。曾鲸的成就在于对传统的肖像画法的继承和发展。古法主要有两种：一是略用淡墨勾出五官之大意，而后全用粉彩渲染，元明之际的画家又多采用白描的手法写像，曾鲸所开创的画法在于它先用淡墨线勾出轮廓和五官位置，然后注意墨骨，以淡墨和淡赭石按面部结构层层渲染出阴影凹凸，较之前代更具立体感。“每画一像，烘染数十层，必匠心而后止”，通过层层烘染使得画面上不着痕迹而浑然一体。

传世作品有《葛一龙像》《王时敏像》《侯峒嶒行乐图》轴、《赵庚像》。《王时敏像》绢本，设色，纵64厘米，横42.7厘米，藏天津市艺术博物馆。此图轴颇为有名，先勾出清晰墨线，再用淡色渲染。衣褶随笔而出，落笔遒劲流畅，点睛生动，神采如生。

曾鲸不仅领悟到了古代肖像画传神的真谛，并且自创一家之法而开一代画风。后人评其画“落笔得其神理”、“犹有宋人浑穆之意”；“写照如镜中取影，妙得情神，一经传写，妍媸惟肖”。曾鲸的肖像画法在当时颇为流行，一时间从学者甚众，影响很大。据史记载，继承他的画法并留下姓名的就有四十余人，如谢彬、金谷生、徐易、徐璋、沈纪等，因曾鲸号“波臣”，遂称此肖像画派称为“波臣派”，其中谢彬为得其衣钵而造诣最高者。

谢彬

（公元1604～1681年）字文侯，号仙腥，上虞(今属浙江)人，居钱塘(今杭州)。明末清初画家。为曾鲸高足，史称波臣弟子中以谢彬为第一。擅画人物像、群像，能出新意，凡制面具，草草数笔，率意点染，喜怒毕肖，天然入妙，世无俗面。间作山水，近吴镇，笔墨苍浑，气韵生动。

传世作品有《朱葵石像》《为周元亮写像》《颜修来题壁图像》等。

《渔家图》立轴，纸本，设色，纵168.1厘米，横73厘米，藏上海博物馆。此图以风俗画形式，表现出江南渔家俭朴的生活。芦苇丛中露出数艘渔舟，渔舟中有妇女正在哺乳，有渔夫对酌憩息。有的奏笛自娱，有的带着渔鹰归来，富有浓郁的生活气息。山石用大刷笔皴染，气格豪迈，粗中见细。

崔子忠

（生年不详，卒于公元1644年）初名丹，字开予，改名子忠，字道母，号青蚓，一作青引，号北海，山东莱阳人，寓居顺天府（今北京）。明代画家。他曾从董其昌学画。李自成攻陷北京后，他匿居土室饿死。

善画人物、仕女，题材多佛画及传说故事，他的画风远追唐宋，颇具古意，又不囿于宋元窠臼。他的画法近于南唐周文矩，衣纹多屈曲转折，设色清丽。崔子忠的绘画作品涉及面很广，在人物、山水、花鸟方面都有涉及。他的人物画闻名南北，与陈洪绶齐名，当时有“南陈北崔”的美誉。

崔子忠的人物画之所以出名，主要在于他的创新精神和高超的技艺。他善于表达历史题材，尤其喜欢画文人们的风流韵事，作品有《云中玉女图》《苏轼留带图》《桐荫博古图》《临池图》《藏云图》以及罗汉道释等图。

《云中玉女图》轴，绫本，设色，纵168厘米，

崔子忠《云中玉女图》局部

横52.5厘米，藏上海博物馆。图中绘大块云气，弥漫翻卷，上有一位跣足玉女，伫立凝视下界，目光专注而略带倨傲。髻上戴冠，素袍微举，以示踏云而行。人物面目清秀，体态修长。玉女的衣褶线条如行云流水，沉稳清逸。画云勾皴暗用卷云皴与乱柴皴的画法，纹如水波，全图惜墨如金，除玉女发冠用焦墨为之外，其余皆以较淡的线描勾勒，淡墨晕染。图上有崔子忠自题诗及跋，诗云：“杜远山下鲜桃花，一万里路蒸红霞。昨宵王母云中过，逢驻七香金凤车。”款署“崔子忠”，钤“子忠之印”白文方印。

宋克

（公元1327～1387年）字仲温，一字克温，吴郡长州（今苏州市吴县）人。居南宫里，号南宫生，人称南宫先生。曾官风翔同知。明代初期闻名于书坛的书法家“三宋二沈”之一（三宋为宋克、宋广、宋璲，二沈为沈度、沈粲）。诗文亦名于时，与吴门文士高启、张羽、徐贲、陈则等为友，时称“十才子”。

宋克学书取法高古，从魏晋上溯草隶，尤其是对皇象《急就章》深有研究，据传宋克曾师从元代的著名书家饶介，深得其用笔之法，且其于书十分用功。《明史·文苑传》称“克杜门染翰，日费十纸，遂以善书名天下。”其书出于魏晋，深得钟、王及皇象之《急就草》之遗意。擅长楷书、草书，尤精工章草，为当时第一。他的章草，延续赵孟頫、邓文原的风格又有所发展，融入了今草和行书的写法，更加流利矫健，自由挥洒，个性毕现。

传世书迹颇多，有《李白行路难》《七姬志》

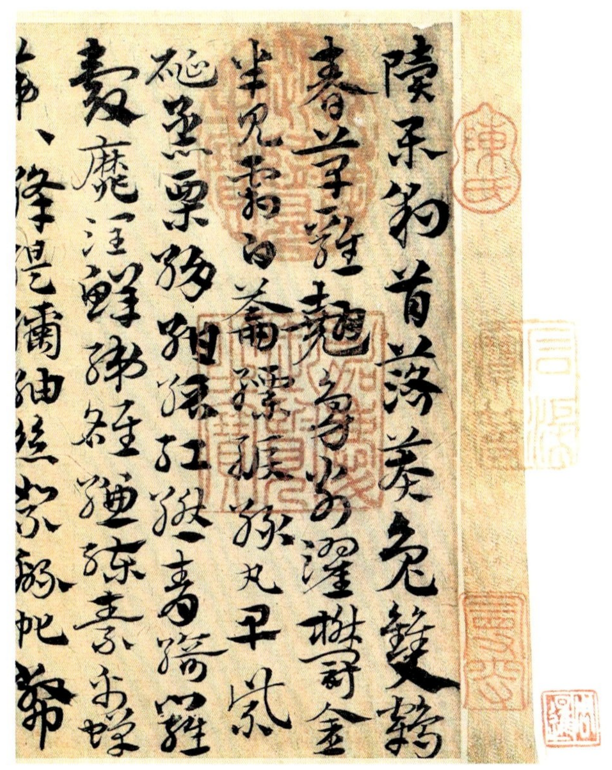

宋克 《急就章》局部

《杜子美诗》《定武兰亭跋》《刘桢公谦诗》《形增影古诗》《急就章》《书孙过庭书谱》等，均为墨林所宝，翰中精品。《急就章》，章草，藏天津艺术博物馆。洪武二年（1369年）宋克四十岁时临皇象的得意之作，但与皇象的《急就章》又“貌合神离”，章法严密，气势相连，首尾相顾，给人以“结意优美”的感受，笔精墨妙，而风度翩翩可爱。

宋广

（生卒年不详）字昌裔，河南南阳人。曾任沔阳同知。明代书法家。擅画，亦擅行、草书。宋广师法张旭、怀素，略变其体，笔法劲秀流畅，体势翩翩。明初时与宋克、宋璲俱以善书知名，人称“三宋”。明陶宗仪《书史会要》：“广草书宗张旭、怀素，章草入神。”

宋广草书的代表作《风入松词》轴，纸本，草书，纵101.5厘米，横33.5厘米，现藏北京故宫博物院。是宋广为陆德修录书“风入松”词二阕。书于洪武十二年（公元1379年）。该作纸精墨妙，用笔瘦劲婉畅，幅上钤有徐学恒、陈骥德等人鉴藏印记。

宋璲

（公元1344～1380年）字仲珩，浦江（今属浙江）人。明代书法家。宋濂次子，洪武九年（公元1376年）官中书舍人，因牵涉于胡惟庸一案，受连坐并死。宋璲精篆、隶、真、草，小篆之工，为明朝第一。陶宗仪《书史会要》称：“璲大小篆纯熟姿媚，行书亦有气韵。”草书出入变化，不主故常，又非恪守一格，笔法沉顿雄快，何良俊称其书师法康里巎巎，可称入室弟子。传世书法作品极少。

《敬覆帖》纸本，草书，纵26.7厘米，横52.8厘米，15行，107字。现藏北京故宫博物院。是宋璲草书的一件信牍。书法沉顿雄快，笔画瘦劲，长于在迅疾的行笔中结势，可以看出书者擅长兼融篆、籀笔意的艺术特点。此帖书法秀拔纵逸，神采潇爽，用笔和体势师法康里巎巎，而俊放之势更胜，同时又不失古典与优雅的艺术趣味。《敬覆帖》充分展示了他的艺术才华。该帖曾为明项元汴、清卞永誉等人收藏，帖上钤有诸人收藏印记11方。由于宋 书法作品较为罕见，因此尤显珍贵。

沈度

（公元1357～1434年）松江华亭（今上海松江）人。字民则，号自乐。明代书法家。与弟沈粲皆擅长书法，藏于秘府，被称为“馆阁体”，天下竞相模仿。他善篆、隶、真、行、八分书。他的楷书写得工整匀体，平正圆润，明成祖朱棣十分喜欢和推崇，甚至夸他是“我朝王羲之”。沈度的楷书是以晋唐小楷和唐虞永兴《庙堂碑》为基础，加以发挥而成。董其昌对沈度颇推崇，称“文（征明）、祝（允明）二家，一时之标，然欲突过二沈未能也。”

《敬斋箴》册，黄纸本墨迹。纵23.8厘米，横

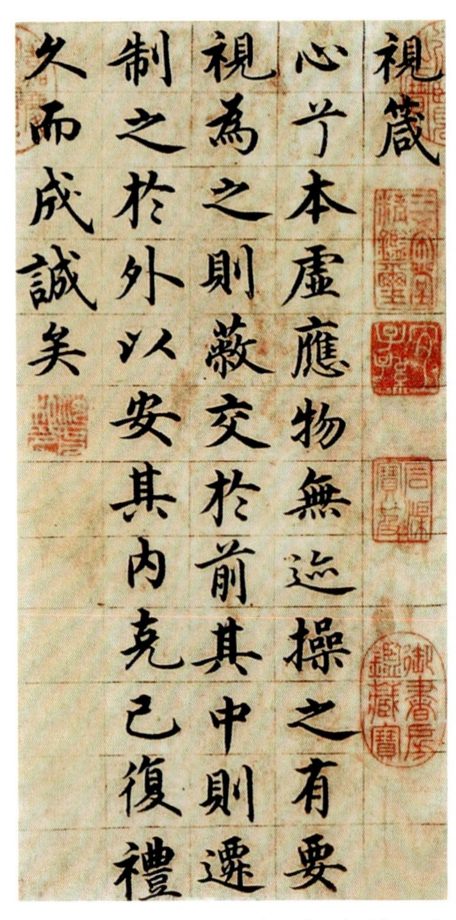

沈度 《敬斋箴》局部

49.4厘米。此卷系楷书纵向有直界格。文凡19行，行10字。现藏北京故宫博物院。书于永乐十六年（公元1418年），时年61岁。此幅楷书为横卷，小楷作品，其笔力劲道，气格超迈，通篇结字匀停，行列齐整，形貌丰润淳和，端雅雍容，运笔便捷利落而沉实；法度谨严，其收笔、落笔、撇捺、转折勾挑处，既有法度，又不刻意做作，字中牵丝搭笔，显得十分自然。结构以方正为主，各部停匀，属于楷体，颇具晋唐古法，又有子昂笔意，唯更加纯熟，代表馆阁体最高水准 。正如王文治所谓“端雅正宜书制诰，至今馆阁有专门。”

陈淳

（公元1438～1544年）字道复，以字行，别号复甫，号白阳山人，长洲（今江苏苏州）人。明代画家。陈淳自幼饱学，凡经学、古文、词章、书法，诗、画，都有相当造诣。后为文徵明弟子。

陈淳少年作画，初学元人精工，深受水墨写意的影响。中年以后，笔墨放纵，诗文书画均有明显个性，自立门户。在画史上，陈淳与徐渭并称为“白阳、青藤”，他们的水墨写意花卉对以后的花鸟画的发展具有极其深远的影响。

他的写生画受沈周画法的影响，，一花半叶，淡墨欹毫，自有疏斜历乱之致。所绘山水，效法米友仁、高克恭，水墨淋漓，颇得氤氲之气。他的泼墨之功，往往见于画烟云之中。

传世画迹有《竹石菊花图》《葵石图》等。《葵石图》，纵68.6厘米，横33.8厘米，现藏北京故宫博物院。是一幅水墨花卉图，画中绘一片与奇石相伴的花草及一棵挺立盛开的蜀葵。用大写意手法，笔墨放纵。画的右上端有两句诗：“碧叶垂清露，金英侧晓风”，道出画中景物的形态。此图运笔看似随便，实则十分讲究，花瓣以淡墨勾染，花蕊点以浓墨，而围绕花蕊的几片叶子则以浓墨，显得很厚重，造成花色轻淡、花瓣轻而薄的感觉。画面上角空白则补以草书题款，活跃了画面。明万历年间即有人曾评价过陈淳在花卉方面的造诣和声誉都超过了文徵明，成为继沈周之后的吴门大家。明清以来的画家，尤其在花鸟画方面，受他的影响很深。

王宠

（公元1494～1533年）字履吉，号雅宜山人，吴县（今属江苏苏州）人。明代书画家。王宠博学多才，工篆刻，善山水，他的诗文在当时声誉很高，而尤以书名噪一时，他是继文征明之后的著名书家，与当时祝允明、文徵明齐名，被誉为“吴门三家”。他一生仕途不佳，累试不第，仅以诸生贡太学，享年仅四十岁。

他的楷书初学虞世南、智永，行书师法王献之，到了晚年形成了自己风格，以拙取巧，婉丽遒逸，疏秀有致。王宠追求的是一种疏宕雅拙的韵味，以韵写拙，而又拙中见秀、拙中见雅。明代王世贞称他：“兼正行体，意态古雅，风韵遒逸，所谓大巧若拙，书家之上乘也。”所画人物逼肖南宋人，山水多用青绿，尤喜作竹兔与鹤鹿。

作品有楷书《辛巳书事诗册》，行书《李白古风诗卷》《石湖八绝句卷》等。《千字文》，纸本墨迹，行草书。凡104行，每行字数不一，共1015字。纵28厘米，横463.6厘米，藏台北故宫博物院。此篇结体平稳，俯仰欹侧变化不大，可以窥见其师承王献之、虞世南的轨迹。此帖既有魏晋时期王氏父子风华俊丽、遒逸疏爽之姿，又具初唐时期虞世南的气秀色润、外柔内刚之气。用笔方面看，其行草气息平和，干净利落，一丝不苟，笔势凝重、洗练，笔画之间很少有连笔牵丝，字字独立，互不相连。综观此书作，典雅平淡，落落大方，草法严谨。

邢侗

(公元1551～1612年)字子愿，号来禽生，临邑（今山东省临清市）人。明代书法家。万历二年(公元1574年)进士，官至陕西行太仆卿，人称邢太仆。工诗文，尤善书法，与董其昌、张瑞图、米万钟并称“明末四家”。著有《来禽馆集》。

尝刻《来禽馆法帖》行世，其中以王羲之《十七帖》最精。他自幼学习书法,七岁即能写擘窠大字，崇尚钟繇、王羲之，极意临摹。所作书法，笔力矫健，沉着圆浑。其行书紧劲，用笔开张；大草书则又专务浑遒，婉转姿媚；因而能在明代追摹魏、晋法帖的书法家中别开生面。

传世书迹有《临王羲之帖》《论书册》《古诗卷》《临晋人帖》《晚晴赋》等。《论书册》行书，纸本，墨迹。前七幅凡21行，每行字数不一，共2000字。后七幅凡19行，每行字数不一，共203字。藏台北故宫博物院。邢侗对王羲之的书迹刻意习学，他借着见过吕延仲所藏王羲之书迹的机会，写下了这篇《论书》。他推崇王羲之“卓然为千古书家之冠”，并且竭尽全力地追仿。此作品中瘦硬刚健的骨架，流丽清澈的笔势往往流露出王书的精神的气息，用笔极为沉厚，在丰劲的运笔中加以婉转，字与字似连而多断，有以真作草的意趣，深得王羲之行书神韵。

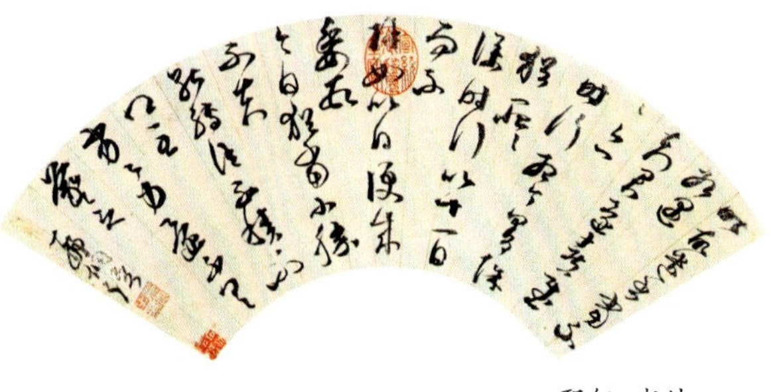

邢侗　书法

米万钟

（公元1570～1628年）字仲诏、子愿，号友石、湛园、文石居士、勺海亭长、海淀渔长、研山山长、石隐庵居士。祖籍安化（今属陕西），后迁顺天（今北京），宋代大书画家米芾后裔。万历二十三年(公元1595年)进士，官至江西按察使。天启年间因魏忠贤党羽弹劾，被削籍。崇祯初起为太仆少卿，卒于官。其一生喜山水花石，工书画，长诗咏，行草得米家法，绘事以北宗为楷模，山水细润精工，皴斫幽秀，渲彩研洁，布局深远。作泼墨米法巨幅，气势浩瀚；花卉宗陈淳，风雅绝伦。与董其昌齐名，时有“南董北米”之誉，擅名40年。世称米万钟、董其昌、邢侗、张瑞图并称“明末四大书家”。著《篆隶考讹》。

传世画作有《竹菊图》轴、《竹石菊花图》轴，现均藏北京故宫博物院；《秋山萧寺图》轴藏天津市艺术博物馆；《山水图》卷藏日本大贩市立美术馆；《碧溪垂钓图》轴藏香港虚白斋；《雨过岩泉图》轴藏上海博物馆；《红杏双燕图》轴藏苏州市博物馆。

米万钟　书法

他的书法作品存世较多，结字学得米芾险劲处，而用笔粗拙丰厚，另具沉郁风韵。草书《唐人诗》立轴，纸本，纵354厘米，横103厘米。行草大字四行，书唐人诗句。通篇洒脱流畅，一气呵成，牵丝萦带，若断若连，若有若无，似于有意无意之间。字形跌宕多姿，挥运徐疾相映，在豪放中寓以含蓄凝练。章法如鳞羽参差，富有优美和谐的韵律感。署款“米万钟”三字。钤有“米万钟印”、“仲诏”白文二方。

第五节　清代

程正揆

（公元1604～1676年）字端伯，号鞠陵，别号清溪道人，湖北孝感人。明末清初画家、书法家。明时任翰林院编修、尚宝司卿，入清又任工部右侍郎，后罢官，居南京，从事诗文书画创作。

擅山水，师法黄公望、沈周，笔墨枯劲简老，设色浓湛，结构随意自然。书法擅楷书、行书，师法李邕、颜真卿，结体平正中寓奇险，丰韵萧然。论画主张“画贵简，不贵繁”，主张既师造化又重传统，富有见地。其画颇为时人所重，与石溪并称二溪。有《江山卧游图》等传世。平生所作诗文题跋，卒后由其子程大臯辑为《青溪遗稿》28卷。

《江山卧游图》，纸本，设色，纵26厘米，横305厘米，北京故宫博物院藏。此幅近似沈周的笔墨粗健，画家以一条崎岖的山径为脉络，自山庄屋宇间蜿蜒伸出，一路上清泉淙淙，碧潭如镜，瀑布飞泻，林木葱茏，景色旖旎。

程邃

（约公元1605～1691年）字穆倩、朽民，号垢区、青溪、垢道人、野全道者、江东布衣，歙县（今属安徽）人，明末清初篆刻家、书画家。晚年寓居扬州。博学，工诗文。早年从黄道周、杨廷麟游。品行端悫，敦尚气节。擅山水，初仿巨然，后纯用渴笔焦墨，沈郁苍古，别具蹊径。为新安画派中主要画家。

传世作品有《山静日长图》《渴笔山水图》《仿黄子久深岩飞瀑图》。

《千岩竞秀图》立轴，纸本，水墨，纵29.5厘米，横22.7厘米，藏浙江省博物馆。此图略参元代王蒙笔意，山峰巍峨，苔点富有变化。咫尺画面，气势开阔，布局平中见奇。意境沉郁萧森，既带有新安画派的特色，又表现出作者追求金石情趣的个性，于此图中可以窥见他的艺术风貌。款题：“千岩竞秀。程邃时年八十三岁。”

刘墉

（公元1719～1804年）字崇如，号石庵，另有青原、香岩、东武、穆庵、溟华、日观峰道人等号，诸城县逄戈庄（今属高密市）人。清代书画家、政治家。刘墉是乾隆十六年的进士，官至吏部尚书，体仁阁大学士。卒后赠太子太保，谥号文清，入祀贤良祠。

刘墉是帖学之集大成者，与成亲王、翁方纲、铁保被称为清代四大书家。清徐珂《清稗类钞》中称“文清书法，论者譬之以黄钟大吕之音，清庙明堂之器，推为一代书家之冠。盖以其融会历代诸大家书法而自成一家。所谓金声玉振，集群圣之大成也。其自入词馆以迄登台阁，体格屡变，神妙莫测”。他是一位善学前贤而又有创造性的书家，师古而不泥古。其书法经历了三个阶段：早年习董其昌的秀媚妍润；中年习颜真卿、苏轼各家，笔力雄健，丰泽厚实；晚年则锋芒内敛，造诣达到了高峰。

其书法的特点是用墨厚重，体丰骨劲，浑厚敦实，别具面目。刘尤善小楷，后人称其小楷，不仅有钟繇、王羲之、颜真卿和苏轼的法度，还深得魏晋小楷的风致。兼工文翰，博通百家经史，精研古文考辨，工书善文，名盛一时。著有《石庵诗集》刊行于世。

其传世书法作品以行书为多，这些作品总体上都表现了墨色浓厚，笔势浓肥，线条轻重粗细变化随心所欲的笔画特征。

徐扬

（生卒年不详）字云亭，江苏苏州人，清代画家。工绘事，擅长人物、界画、花鸟草虫。画梅既苍劲又秀雅。乾隆十六年弘历南巡至苏州，因进画为乾隆所赏识，被选拔到宫中供职，官至内阁中书。受艾启蒙、贺清泰影响，写实功力益深。他先后画出了《盛世滋生图》《乾隆南巡图》（共十二卷）等著名历史画卷，其绘画继承了《清明上河图》等艺术形式，以散点透视法来描绘山水城池，把现实主义手法运用于绘画之中，其意义更大。

传世作品有《乾隆南巡图》《盛世滋生图》《京师生春诗意图》《王羲之写经换鹅图》等。

《盛世滋生图》卷，又名《姑苏繁华图》，纸本，设色，全长1225厘米，宽35.8厘米，现藏辽宁省博物馆。该图完成于乾隆二十四年，以苏州当时

徐扬 《姑苏繁华图》局部

繁华景象为背景。整个画面包括太湖至虎丘近百里的风光山色、地理民俗、政治经济、文化艺术、建筑园林等极为丰富的内容，重点描绘了一村（山前村）、一镇（木渎镇）、一城（苏州城）、一街（山塘街）的景物，画笔所至，连绵数十里 的湖光山色、水乡田园、村镇城池、社会风情跃然纸上。画面中市镇密集，商旅如织，船楫相连，水运繁忙，妙笔丹青，写尽了乾隆盛世时姑苏繁华景象。画出了江南的湖光山色、水上人家、水运漕行、田园村舍、商贾云集等盛景。全图构思巧妙，疏密有致，重点突出，笔墨精道，气势恢宏。是历史上描绘人物最多的绘画长卷，画中人物约有12000余人之众，往来于水上的舟楫排筏近400只，分布城乡各式构筑的桥梁50多座，街上可以辨认商号招牌的店铺230多家，2000余栋各式房屋建筑。画中的水光山色蜿蜒数十里，虽历经百年沧桑，画面中木渎斜桥、石湖、水盘门、虎丘等景观至今仍依稀可辨。该图与历史文献相印，不失其实，故不愧为一件写实杰作，是研究“乾隆盛世”的形象资料，具有极高的史料价值。该画与北宋宫廷画家张择端的传世名画《清明上河图》被后人誉为中国古代绘画长卷的姊妹篇。

金廷标

（生年不详～1767年）字士揆，浙江桐乡人，花草士女俱入能品，善取影，白描尤工。为桐城望族，父宏，字耕山，工画泼墨山水。乾隆二十二年（公元1757），清高宗弘历第二次南巡，时在二月，驻跸在桐乡县石门镇的大营。金廷标就是在这时进献《十六阿罗汉册》画册后，进入宫廷画院为供奉的。金的画不尚工致，而以机趣传神。金廷标进入画院后，经常获得乾隆的御题称赏。直至金在乾隆三十二年（公元1767年）辞世，乾隆命人将他的画作全部加以装裱，收入《石渠宝笈》，并在他的一些遗画上重新题诗。

金是乾隆前期画院中较优秀的人物画家，其《罗汉图轴》，画大泽深山之中罗汉宴坐平石，手执如意，意态安详，衣纹飘动，着色淡雅，山石皴法类浙派而有个性，系他看家本领，堪称佳作。

《婕妤挡熊图》立轴，纸本，设色，纵150厘米，横75厘米，藏北京故宫博物院。此画取材于汉刘向《列女传》，表现冯婕妤挡熊的历史故事。冯婕妤是汉元帝的妃子，一次随帝观看斗兽，熊从兽圈跳出，左右侍从皆惊走，冯婕妤临危不惧，以身挡熊。图中以工笔设色为主，笔法流利劲健，人物动作、神态描绘细腻，衣纹细致飘洒。刻画了当熊出兽栏的一刹那，在场的人均惊惶躲闪，只有婕妤毫

金廷标 《婕妤挡熊图》

不犹豫走下平台前去挡熊的情景，十分生动逼真。平台、坡石、草坪、柳树，用笔挺健劲秀，树叶点染精细，敷以花青色。结构严谨，具有生活气息。

杨晋

（公元1644～1728年）字子和，一字子鹤，号西亭，自号谷林樵客、鹤道人，又署野鹤，江苏常熟人。清代画家。翚门生，善山水，所作烟林清旷，锋毫清整。擅画田园景物，多写意，取材别致，有自然天趣。亦工人物、写真、花鸟，尤长于画牛，体毛毕肖，线条洗练，情态生动。多写意，夕阳芳草，效牧之风苑然在目。

每侍王翚出游，翚作图凡有人物、舆轿、驼、马、牛、羊等皆命杨晋补之。又尝摹内府所藏名迹，作副本进御。曾随王翚入宫，参与绘制《康熙南巡图》，为“虞山派”的重要画家之一。传世作品有康熙十三年(公元1674年)写《王时敏小像》(与王翚合作)、《牧牛图》扇、《梅竹兰石图》轴，均藏北京故宫博物院；二十二年(公元1683年)作《艳雪亭看梅图》轴(与王翚合作)，藏南京博物院；雍正二年(公元1724年)作《柳塘春牧图》轴，图录于《中国历代名画集》；另有康熙二十年(公元1681年)作《岁寒图》(与王翚、恽寿平、王著、笪重光、王概合作)，著录于《宋元明清书画家年表》。

蒋廷锡

（公元1669～1732年）字南沙、酉君、杨孙，号西谷，又号青桐居士。江苏常熟人。清代画家。蒋出身于书香门第，父亲做过御史，自幼受到薰染，爱好诗文书画。三十四岁时考中进士，入翰林院，官至大学士。蒋的书画艺术在当时颇有影响，尤其是士大夫中的爱好者，多奉他为楷模。擅长花鸟，以逸笔写生，奇正率工，敷色晕墨，兼有一幅，能自然洽和，风神生动，得恽寿平韵味。点缀坡石，偶作兰竹，亦具雅致。蒋是清朝康熙、雍正年间著名的花鸟画家，清初恽寿平在花鸟画坛起衰之后，蒋廷锡学其没骨画技，变其纤丽之风，开创了根植江南、倾动京城的“蒋派”花鸟画。他虽然深受恽寿平影响，但绘画并不仅仅用没骨法，也常常勾勒敷彩；画面不仅仅是花红羽翠，也常常用墨笔。这使他的画时而以富贵庄重冲淡了几分恽氏的娇媚，时而又像明朝的写意花鸟，勾花点叶，飘逸风流。

曾画过《塞外花卉》70种，被视为珍宝收藏於宫廷。雍正年间蒋廷锡重新编校《古今图书集成·医部》共收医书520卷，采集历代名医著作，为中医学类书之冠。

他的作品流传至今的有《四瑞庆登图》《竹石水仙图》《梧桐竹石图》《修竹远山图》等。南京博物院所藏其《海棠牵牛图》就是一幅没骨法与勾勒法并用的作品。画中翠竹与牵牛花朵、海棠花朵都用墨线勾勒，各分浓淡，略施了淡彩以后，也

蒋廷锡　《海棠牵牛图》

是洗尽铅华、不着妖媚。依画中所题“模元人笔法”，画家可能有意取元朝画家陈琳(仲美)、王渊(若水)之法。该画设色浅淡，枝叶的浑融不着笔迹已与南宋人的细腻勾勒相去甚远，淡墨勾勒花瓣略作晕染，墨分浓淡写叶之向背的方法非常像元朝张中(子政)。他虽喜用墨笔，但绝不同于明朝青藤白阳的大写意，他追求的是宋人的理法和元人的墨韵。

华嵒

（公元1682～1762年以后）字秋岳，一字空尘，号新罗山人，又号白沙道人、离垢居士、东园生、布衣生。清代著名画家。福建临汀人，侨寓扬州。

他多才多艺、学识广博，善将诗、书、篆刻入画；他寓居扬州较久，扬州人遂得传他的画派，最著名的有朱本、管希宁、李梅生、虚谷和尚等，其画风对清代和近代的花鸟画有一定影响。其书法原取法钟繇和虞世南，并博取各体之长，笔法外柔内刚，圆润遒丽，楷、行书法多有异趣，有诗、书、画“三绝”之誉。

他年轻时做过工匠，据说曾为景德镇绘过瓷器。他的画不论山水、人物、花草、禽兽、鱼虫，都有很深造诣。花鸟画成就尤为突出，他在继承明清写意花鸟传统的基础上，创造了自己独特的风格。善用粗笔、渴笔，所画花鸟，草虫和小动物，形象都自然逼真，活泼生动，秀丽出众，富有生趣。笔墨不多，空灵而不松散。他作画认真严谨，每件精品都精心锤炼，惜墨如金；以简取胜，笔意纵逸超脱，设色清丽，形象生动逼真。主张“笔尖刷却世间尘，能使江山面目新”。画人物以简取胜，纵逸趣脱，标新立异，空中有画，着处无痕，独开生面。不愿墨守陈法，能推陈出新，其画风为扬州画界所继承，流传至于近代。清代以花鸟画著称的，世推“二东园”一为恽东园，即恽寿平；一为华东园，即华嵒。

代表作有《列子御风图》《松韵泉声图》《芳谷揽秀》《寒竹幽禽图》《盘谷山居图》《银湖吹梦图》等。著有《离垢集》《解弢馆诗集》。《空谷鸣禽图》立轴，设色，纸本，纵136.7厘米，横46厘米，是其花鸟画代表作。此图写画眉鸣于高枝，羽毛蓬松而有质感，树石兰草用笔松秀，是他很典型的画风，曾著录于《中国古代书画图目》等。

高凤翰

（公元1683～1748年）原名翰，字西园，号南村，别号因地、因时、因病等40多个，晚署南阜左手等，山东胶州人。清代画家。为“扬州八怪”之一。自幼能诗画，诗宗陆游，画先从父，后从胶州李世锡、淄州靳秋水、安邱张氏父子等，早年即已成名。19岁时中秀才，后应乡试不第。雍正五年，应“贤良方正”特试，名列第一。赴任前，漫游山东、河南、江西等地，广交名人，并有诗集《击林集》《湖海集》。金石书画造诣很深，治砚更有独到研究。

高工书、画，善山水，纵逸不拘于法，纯以气胜，兼北宋之雄浑，元人之静逸，花卉亦妙是天趣。山水师法宋人，近赵令穰、郭熙一路，中年以后，到了江南，与扬州画派画家如金农、郑燮、高翔、李方膺、边寿民等相往还，画风相互影响，多作花卉树石，笔法奔放，纵逸不拘成法。亦能画人物，造型准确，神态潇洒秀逸。晚年则趋于奔放纵逸。乾隆二年丁巳右臂病发，坚持用左臂，自号后尚左先、丁巳残人，艰苦力学，书、画为之一变，生拗苍劲，更富奇趣，为时所称。

曾画《邗沟春风》《岳台春晓》《大耄图》

高凤翰 《玉韵清菊图》

《小五岳图》《坝上图》等名作，并于泰州琢砚90余方，将所蓄165方砚拓为砚图，辑为《砚史》4册。传世画迹有南京博物院藏《层雪炉香图》轴、中央美术学院藏《秋山读书图》轴等。

邹一桂

（公元1688～1772年）字原褒，号小山，晚号二知老人。江苏无锡人。清代画家。雍正五年进士，授编修，曾任云南道监察御史、礼部给事中、太常寺少卿、礼部侍郎、内阁学士。工诗文、书画，擅画人物、花卉、翎毛，偶画山水，师法宋人。擅长水墨花卉，极有重名。常写五色菊，墨花五彩，有清冷隽逸之气。有的画用重粉点瓣，后以淡色笼染。粉质凸出纸上，设色清丽明净。

曾著《小山画谱》论述花卉技法，构图、笔墨、设色、烘染、树石、点苔、画家、画派、颜料、装裱及胶矾纸绢之类，其论述花卉技法尤为重要。书中提出“画有八法（章法、笔法、墨法、设色法、点染法、烘晕法、树石法、苔衬法）、四知（知天、知地、知人、知物），画忌六气（俗气、匠气、火气、草气、闺阁气、蹴黑气），两字诀（一活，二脱）”。

传世作品有《藤花芍药图》《古干梅花图》《花卉册》等。《玉堂富贵图》绢本，设色，纵121厘米，横56厘米，藏辽宁省博物馆。牡丹花常被称为富贵花，是花中之王。自唐以来，牡丹就成了民间所爱的、画家常画的花卉。牡丹与白头翁画在一起，被称为“玉堂富贵”。图中牡丹、玉兰、海棠、杜鹃，布满全幅，最后还用石青衬底。图中牡丹敷以淡粉，用重粉点染边缘，显得晶莹剔透、庄重典雅，该图画风精细，花卉形态逼真，色彩渲染淡雅纤丽，笔法妩媚刚劲。整个画面热烈而秀雅，韵味十足。

邹一桂　四条屏

梁同书

（公元1723～1815年）字元颖，号山舟，晚年自署石翁，钱塘（今浙江杭州）人，清代书法家。其父是大学士梁诗正。梁同书于乾隆十二年(公元1747年)中举人，十七年特赐进士，官侍讲。梁家学渊源，自幼接触书法，12岁时即能书写擘窠大字。初学颜真卿、柳公权，中年以后又取法米芾，70岁以后融汇贯通，纯任自然。他习书60余年，久负盛名，所书碑刻极多。梁工于楷、行书，到晚年犹能写蝇头小楷，其书大字结体紧严，小楷秀逸，尤为精到。与刘墉、翁方纲、王文治并称“清四大家”。著有《频罗庵遗集》《频罗庵论书》等。

传世书迹甚富，小楷书作尤多。《苏老泉文卷》，纸本，墨迹。纵33.4厘米，横571厘米。藏北京故宫博物院。书于乾隆五十九年（公元1794年），时年72岁。此件行书作品，其书不拘苏、米形迹，而得其神韵，貌丰骨劲，味厚神藏。其章法平稳，行距疏朗，用笔平和自然，都是承继赵孟頫、董其昌遗风的结果。此卷中字字提按顿挫交待清

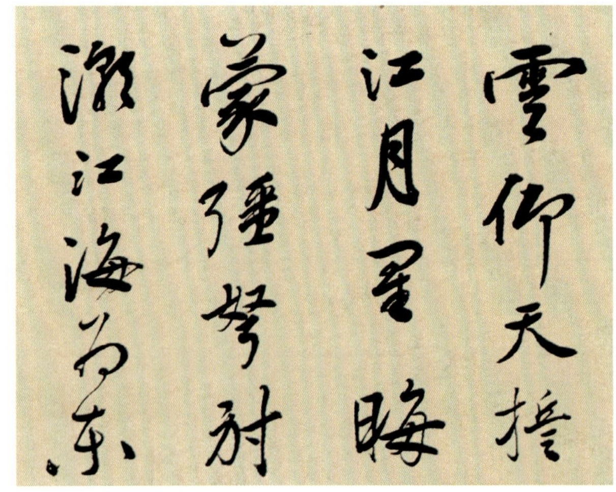

梁同书　《苏老泉文卷》

晰，技法精湛娴熟，看似寻常，无新奇惊人之处，然欲达到此也并非易事。

吴宏

（公元1615～1680年）宏，一作弘，字远度，号竹史、西江外史。清初著名画家。江西金溪人。移居江宁（今南京）。自幼好绘事，自辟蹊径。顺治十年（公元1653年）曾渡黄河，游雪苑，归而笔墨一变，纵横放逸。

其画作大多取材于自然景物及仰慕的桃花源仙境，构图疏密相间，气势雄阔。与龚贤、高岑、樊圻、邹喆、叶欣、胡慥、谢荪合称为“金陵八家”，在八家中画风最为粗放，浑融无际，任凭想象，景色细致苍郁，充满了生活气息。偶作竹石，亦有水墨淋漓之致。周亮工赠诗云：“幕外青霞自卷舒，依君只似住村虚，枯桐已碎犹为客，妙画通神独亦予”。

传世作品有康熙五年作《山水》册页、《江山行旅图》卷，均藏北京故宫博物院；康熙十一年作《松溪草堂图》轴、《竹石图》轴，藏南京博物院；《山村樵牧图》轴，藏天津市艺术博物馆。

任薰

（公元1835～1893年）字舜琴，又字阜长，清代画家。生于浙江萧山，其父任椿、兄任熊皆是画家。任薰自幼受父兄影响，喜爱绘画，青年时在宁波卖画为生。1868年春末与任颐同往苏州，转辗于江浙之间，后寓苏州、上海。任颐、任预均曾从其学画。他与当时苏州收藏家顾文彬之子顾承也相友善。苏州怡园初建之前，顾曾推举任薰为园作设计图。绘画上，任薰对人物、花卉、禽鸟、山水，皆具有很高的造诣。他的画风直接影响了任颐、任预等的绘画创作，为清末上海画派中重要的画家之一。

人物画取法陈洪绶及其兄任熊，然奇躯伟貌，别出匠心。

任薰作画题材广泛，对人物、山水、花卉、翎毛、走兽无所不能，更擅长花鸟、人物。粗写意、细双勾。用笔沉着力。在构图上有其特长，在大小不同的画面上，创作出许多新颖、宽广、意境深远的作品，尤其适应扇面上的表现技法，能笔随意转，在极小的团扇、折扇画面上，开拓出广阔、妙趣盎然的意境。

传世作品《张旭草书图》《簪花饮酒图》《出征遇仙图》《苏武牧羊图》《天女散花图》等人物画，线条遒劲圆韧，人物衣褶运笔如同书法中行草，似有行云流水之感，形态多奇伟的身躯，出乎寻常容貌，带有性格的神态，别出心裁；花鸟画如《松鹤图》《荷花鸟》等，在结构上比较严谨，很重视疏密虚实的主从关系，无论一人、一花、一鸟的主从关系都能巧心安排得体，取景布局，能突破前人规范，富有奇趣。平淡中亦能出奇，宁静中又能生动，画面上给人一种空灵明快之感。他的另一特点是工于着色，浓淡相宜，清新可爱，绝无柔媚习气。尤长于使用重彩着色，能把对比鲜明的色彩调和统一起来，使画面上的景色更显壮丽，又能从鲜艳色彩中透出古朴的意趣。

任薰 《麻姑献寿图》

吴大澂

（公元1835～1902年），初名大淳，避清穆宗讳改名，字止敬，又字清卿，号恒轩，又别号白云山樵、愙斋、郑龛、白云病叟。清代书法家、文字学家、金石学家。江苏吴县人，任编修，陕、甘学政，河南、河北道员，太仆寺卿，太常寺卿，通政使，左都御史，广东、湖南巡抚等官。著有《说文古籀补》《古玉图考》等。

善画山水、花卉，书法精于篆书，皆得力于金石鉴赏修养。吴大澂书法以篆书最为著名。始学秦代小篆刻石，书法酷似李阳冰。后受杨沂孙的启示，将小篆与金文相结合。他的篆书大小参差、渊雅朴茂，在当时是一种创新。他对金石文字有精深的研究，开拓了对先秦文字的广阔的视野，使他的篆书从中汲取了不少的营养。吴写篆书喜用隶书书款，其隶书横平竖直，亦取法汉碑；行书学曾国藩，又颇有黄庭坚的趣味。

冷枚

（生卒年不详），字吉臣，号金门画史，山东胶县人。清代画家，活动于康熙、雍正年间。宫廷画家焦秉贞的弟子，善画人物、界画，尤精仕女。得力于西法写生，工中带写，典丽妍雅，颇得师传。自康熙到乾隆末，糅合中西技法之画风在画院内颇为盛行，而且影响到民间艺术，冷枚为此技法之积极推行者。

康熙五十六年曾参加王原祁主持的《万寿盛典图》卷制作。传世作品有仿仇英《汉宫春晓图》《九思图》轴，山东省博物馆还藏有他另一幅《麻姑献寿图》。

冷枚供奉画院经历了康、雍、乾三代皇帝，且为圆明园奉旨作画多年，直至公元1738年尚在孜孜绘画不息。可惜的是，冷枚在圆明园的诸多遗作，都随着英法联军的抢掠与焚烧而不复存在。

《麻姑献寿图》立轴，绢本，设色。纵122.5厘米，横62.5厘米，藏山东省博物馆。画中麻姑仙女，身材修长，亭亭玉立，发髻高绾，慈眉善目。耳垂玉环，身着淡绿长衫，左臂挽一圆腹精巧竹篮，内装大朵盛开牡丹及仙草野卉，篮边扎系大小葫芦一束，腰间绿带亦系葫芦四枚、灵芝一株。左手二指轻捏米粒，右掌投放成珠。衣衫飘飘，神骨仙态，瀛州采药，满载而归；欲献寿也。画笔工细，设色文雅，造型生动传神，堪称冷枚仕女画的代表之作。画幅右上侧楷书题款：“辛亥孟春日，金门画史冷枚敬写。”下钤二篆印“臣冷枚”、“金门画史”。

黄慎

（公元1687～1770年）初名盛，字恭寿，恭懋，躬懋、恭寿、菊壮，号瘿瓢子，别号东海布衣。清代画家，福建宁化人。幼丧父，以卖画为生，奉养母亲。初随上官周学画，后离家出游，曾多次在扬州卖画。黄慎的诗文、狂草书法，绘画被称三绝。曾先后三次到扬州，居留较长，与郑板桥等往来友善，为“扬州八怪”之一。著有《蛟湖诗钞》。

黄慎擅草书，书法学“二王”，更得怀素笔意，从章草脱化而出，其栖劲运笔亦用于绘画之中，故画面多干枯、飞白和迅疾之迹，草书点画纷披，疏景横斜，苍藤盘结。擅画人物，亦能作山水、花鸟。以人物画最为突出，题材多为神仙佛道和历史人物，也有一些现实生活中的形象，多从民间生活取材，不少作品塑造了纤夫、乞丐，流民、渔民等下层人物形象，早年工细，后参以怀素草书笔法，所作人物用笔粗犷，顿挫转折，纵横排宕，气象雄伟。花鸟画宗法徐渭，亦纵逸泼辣挥洒自

黄慎 《八仙图》

如，笔法洗练，形象概括，画风泼辣。山水境界开阔，大幅和小景都各尽其妙，潇洒有致，注重诗意的表达。

黄慎的绘画创作在雍正年间名扬于世，“尺纸容缣，世争宝之”。其书画流传较多，大多藏于国内各大博物馆内。北京故宫博物院藏有多幅，如《漱石捧砚图》，天津艺术博物馆藏的《图》册页；《伏生授经图》轴，扬州博物馆藏的《渔归图》等。

郑簠

（公元1622～1693年）字汝器，号谷口。江苏上元(今南京）人。清代书法家。为名医郑之彦次子，深得家传医学，以行医为业，终学不仕，工书。少时便立志习隶，学汉碑达三十余年，为访河北、山东汉碑，倾尽家资。他倡学汉碑，对后来碑学的复兴起了重要作用。他自称：“作字最不可轻易，笔管到手，如控于钧弩，少驰则败矣。”其隶书飘逸虚灵，活脱洒丽。包世臣《艺舟双辑》将其隶书列为“逸品上”。后人称之为清代隶书第一人。

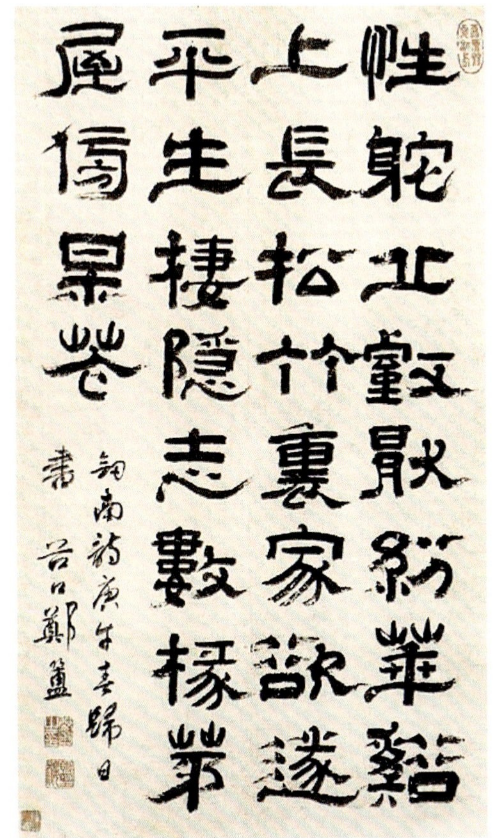

郑簠 《隶书剑南诗》

《隶书剑南诗》轴，纸本，纵104厘米，横56.7厘米，藏北京故宫博物院。本幅录七言诗一首，末识：“剑南诗庚午春归日书，谷口郑簠。”下钤“郑簠之印”、“派望楼”印二方，首钤“酒原泉处福长”印。右下角钤“伊秉绶印”。庚午为清康熙二十九年，郑簠时年68岁。此轴书法用笔厚重，结字稍扁。郑簠隶书到晚年产生了一些细微的变化，尤其在用笔上少了一些轻灵飘逸而增加了沉实厚重的气息，特别是一些出挑的用笔变化较大，结字也更加紧凑，在汉隶的基础上求新求变，反映了郑簠老而弥坚的艺术追求。此轴曾藏清代中期著名书法家伊秉绶处。

朱彝尊

（公元1629～1709年）字锡鬯，号竹垞，浙江秀水（今嘉兴）人。为清初著名诗人及书法家。少聪慧绝人，书过眼即能复诵。十七弃举子业，肆力于古学，久之，博通群籍。顾宁人、阎百诗皆亟称之。康熙十八年应博学鸿词科，授翰林院检讨，纂修《明史》，后罢官回乡，专事著述。通经史，能诗词古文。于词推崇姜夔，为浙西词派创始者。其词多写琐事，记宴游，多咏物之作，于民生疾苦也有所反映。。诗与王士 齐名，时称“南朱北王”，

朱彝尊 书法

所著有《经义考》《日下旧闻》《曝书亭集》等，并编有《词综》《明诗综》等。

朱彝尊博览群书，学识宏富，尤其喜好金石之学。他在清初以善隶书著称，和王时敏、郑簠被誉为清初“隶书三大家”。其隶取法《曹全碑》，用笔上取其流动飘逸、轻松舒展，结体上取其方扁端庄、从容典雅。更主要的是，其点画纯从汉碑中

来，行笔扎实稳重，不像当时其他人那样隶、楷笔法相混杂，而作为隶书特征之一的波磔用笔，也是出之以自然之致，不强努硬挑。朱彝尊不仅对《曹全碑》下过很深的工夫，而且对汉隶的整体审美意韵也有着准确的体会和把握，故其书作平和秀雅，古意盎然。《节临曹景完碑》隶书清秀俊美，结体略扁，舒展飘逸，兼以方笔，成端庄凝重之态，其娴熟飞动的笔墨叹为观止。为振兴汉隶之学推波助澜。

改琦

（公元1774～1829年）字伯韫，号香白，又号七芗、玉壶山人、玉壶外史、玉壶仙叟等。清代画家。其远祖为西域人，于元朝时入居中原，明清两代世居宛平（今北京），祖父任松江参将，遂入籍于此。

明清以来，松江地区文人荟萃，书画鼎盛，改琦从小耳濡目染，深受影响，少年时就在艺术上取得一定成就。稍长，名声渐著，慕名索画者接踵而至，作品不但在江浙一带备受推崇，而且还得到京师的王公贵族、官僚文人的赞许。与之交往的有钱杜、蒋宝龄、陈文述、陈鸿寿等画家、鉴赏家和文学家，相互唱和、切磋画艺。能诗词，有《玉壶山房词选》问世。

改琦 《靓妆倚石图》

改琦善画人物、花竹，尤以仕女画最为著名，数量较多。曾画《红楼梦图咏》50幅，镌版行世，笔下仕女形象柔弱削瘦，别具风格。他的画对当时和后期都有一定的影响，由于他的提领，使晚清时期仕女画风靡一时。其画宗法华嵒，喜用兰叶描，仕女衣纹细秀，树石背景简逸，造型纤细，敷色清雅，创立了仕女画新的体格，时人称为“改派”。其花鸟、山水、兰竹等，吸取前人之长，亦有一定造诣。其子改小芗、孙改再芗均能画，画风相似。

代表作有《张夫人晓窗点黛图》《元机诗意图》等。《靓妆倚石图》立轴，绢本，设色，纵83．2厘米，横27．1厘米，藏广东省博物馆。图中奇石厚重、翠竹青郁，一个面容姣好的少女，手里持着玉箫却无心吹奏，心事重重的倚在石上出神。作者以细腻的笔触，描绘少女的云鬓姿容。线条流畅圆润，设色清雅。构图简洁，意境空远优美。

何绍基

（公元1799～1873年）字子贞，号东洲，晚号暖叟，湖南道州（今道县）人。清代诗人、书法家。官编修、四川学政。通经史、小学，论诗推重苏轼、黄庭坚。书法尤著名于世。书法自秦汉篆籀，至南北碑，皆心摹手追，遂自成一家。书宗颜真卿，参以北魏《张玄墓志》等碑版意趣，峻拔奇宕，自成一格。晚年攻篆隶，浑厚雄重，颇有成就。尤工小真书，虽黍米大，而有寻丈之势。执笔用回腕法，为书林别调。平生作书，对联特多，书作着力，书艺很高，被誉为“书联圣手”。著有《东洲草堂金石跋》《东洲草堂文钞》等。

传世书迹甚多。《邓石如墓志铭》，书于同治四年。纸本，墨迹，楷书。七开，每开纵30.6厘米，横30.3厘米。藏北京故宫博物院。何绍基的楷书从《道因碑》入手，后又广泛地临写六朝碑版及颜真卿楷书等，于《张玄墓志》用功最多。这件为邓石如所书的墓志，表现颜字端庄、开阔的正面形象。他主张从篆隶入手，自然解决“中怯”最好的途径，因而在技术上，他选择了回腕执笔法。

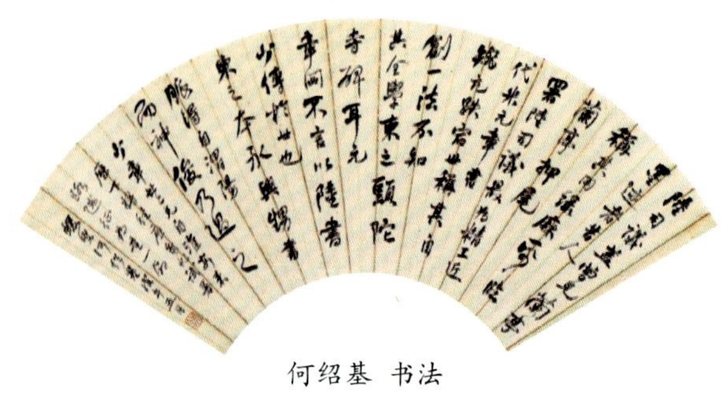
何绍基 书法

翁方纲

（公元1733～1818年）顺天大兴（今属北京市）人。字正三，一字忠叙，号覃溪，晚号苏斋。清代书法家。乾隆进士，官至内阁大学士。长于考证金石，富藏书。对书画、金石、谱录、诗词等艺，靡不精审，其书法尤名震一时。书学欧、虞，谨守法度。尤善隶书，与刘墉、梁同书、王文治齐名，并称“翁、刘、梁、王”。亦有以其与刘墉、成亲王永瑆、铁保齐名，称“翁刘成铁”。著有《两汉石记》《粤东金石略》《汉石经残字考》《石州诗话》等。

他的书法，初学颜真卿，继而转习欧阳询，从临写《化度寺碑》中，尤见其功力。隶书则师法《史晨碑》《韩勒碑》等碑刻。但他仍拘于帖学书法的范畴，主要擅长楷、行书，基本以欧阳询书法为体，兼参虞世南笔意，形成书体瘦长紧劲、笔法圆厚浑钝的特点。《苏轼论书跋语》轴，纸本，墨迹，行书。凡5行，每行字数不一，共108字。纵130.5厘米，横30.8厘米，藏上海博物馆。他的书法讲究无一笔无出处，而自己的东西却很少。此行书轴是典型的传统帖学风格。连贯柔和，不急不躁，循规蹈矩，使这幅作品很有特色，不失大家风范。作品中温润丰厚浓墨与纤细的游丝形成强烈的对比。在运笔用墨过程中，由浓渐淡、由粗渐细的过渡缓冲。因此，浓淡、粗细、行止极有节奏感。整幅作品用笔以圆润轻柔为主，没有丝毫方刚急躁的火气，从柔润流畅的笔意中，可看出作者书写时灵活的用腕。综观此作品，运笔沉酣，墨色浓厚，笔画丰满，筋劲骨健，妙得神韵，是他的精品之一。

吴让之

（公元1799～1870年）江苏仪征人，包世臣的学生。原名廷飏，字熙载，后改字让之，亦作攘之，别署让翁、晚学居士、方竹丈人等。是清末著名的书画家、篆刻家。一生清贫，著有《通鉴地理今释稿》。

让之善作四体书与写意花卉，他的篆刻学邓石如而能自成面目，为后世所宗法。让之诸体皆擅，而篆隶功力尤深，特别是他的圆劲流美的小篆为时人所重。他的篆书汲取了邓石如端庄、浑厚的风格，又加以自己的理解，使之更加飘逸、舒展，柔中带刚，法度严谨。在篆法上亦多师汉篆法，更因其善于“铁笔写篆”，撷取金石的精华，故取有“气贯长虹、刚劲有力、咄咄出新意”之态。在执笔、运笔、结体上都继承了包氏衣钵，颇为别出一格。在技法上恪守师法而自成面目，笔意舒展，遒劲流美，给人以清雅甜润之感。隶书颇有古意，被誉为清初以来对篆隶书体创新者之一，影响甚大。行书动势显著，生发了流动、通畅之气，单字虽隔然意气绵延不断。楷书写得苍厚郁茂，俊逸爽劲，并掺有北碑意韵，一扫“馆阁体”纤弱之风。

吴让之 书法

所书小篆《宋武帝与臧焘敕》《三乐三忧帖》《梁吴均与朱元思书》等，用笔浑融清健，篆法方圆相参，体势展蹙修长，显示出书家独特的艺术风貌，深得汉篆遗法，有“吴带当风”之妙。《庾信诗墨迹》用笔精到，神完气足，堪称吴书中之佳作。吴于金石篆刻成就尤高，为“晚清篆刻六家”之首。他以邓的汉篆书体为依归，使隶书笔法参之入篆，以篆书笔意引之入印，书印相参，流美生动，浑朴圆润，韵味醇厚，一洗当时印坛程式化和矫揉造作的时尚，使日趋僵化衰弱的印坛面目为之一新。

李鱓

（公元1682年生，卒年不详）字宗扬，号复堂，别号懊道人。江苏兴化人。清代画家。以画供奉内廷，但遭忌离职，后又被选任滕县知县。为政清简，颇得民心，因得罪上司而被罢官，后居扬州，以画为生。

工诗文书画。曾随蒋廷锡、高其佩学画。后又受石涛影响，擅花卉、竹石、松柏，早年画风工细严谨，颇有法度。中年始转入粗笔写意，大胆泼辣，挥洒自如，感情充沛，富有气势。为“扬州八怪”之一，其作品《土墙花蝶图》《城南春色图》《蕉竹图》《五松图》等传世。

清初扬州画家承明代青藤、白阳馀绪，标新立异，笔墨写心，在大写意花鸟画方面取得了令世人瞩目的成就。徐渭对李的影响很大，南京博物院所藏《蕉鹅图》轴，上海博物馆藏所作《蕉竹图》轴，广东博物馆藏《芭蕉梅竹》轴等，皆为拟青藤笔意。

《芭蕉梅竹》轴，创作于乾隆十七年，作者时年六十七岁。画中蕉叶梅花全以水墨写成，行笔用墨用青藤笔意，纵横驰骋，不拘绳墨而独得天趣，体现出作者老而弥坚的艺术生命力；尝有自题所作梅花诗曰：“不学元章（王冕）与补之（扬无咎），庭前老干是吾师”。此幅直面物象，得秋园酣畅淋漓，疏影横斜之致，以精炼的笔墨抒发出内心郁积的情感。所谓状物写心，兼而得之，颜筋柳骨，遒劲顿挫，姿媚多骨。其作品对晚清花鸟画有较大的影响。

费丹旭

（公元1801～1850年）字子苕，号晓楼，又号环溪生，浙江乌程人。父亲费钰长于山水，幼得家传，因家贫寒，不得不依附豪富之家，绘画以供人玩赏。长于肖像画，后期所作《果园感旧图》卷，技巧更趋成熟。也能山水，取法王 和恽寿平。以仕女画最为有名，与改琦并称“改费”。他笔下的仕女形象秀美，用线松秀，设色轻淡，别有一种风貌。承其艺者其弟费丹成、子费以耕、费以群等。他的画风对近代仕女画和民间年画都产生了很大的影响。

代表作为藏于北京故宫博物院的《十二金钗图》册，绢本，设色，纵20.3厘米，横27.7厘米，画红楼梦十二金钗肖像。“十二金钗”典出《红楼梦》第五回，十二个女子分别是林黛玉、薛宝钗、贾元春、贾探春、史湘云、妙玉、贾迎春、贾惜春、王熙凤、巧姐、李纨、秦可卿。这些人物早为艺术家所重视。“黛玉葬花”出自红楼梦第二十七回。画面上，数株盛开着的鲜花的桃树，花谢花飞，黛玉左手拈着鲜花，右手把着花锄，愁绪满怀，半为怜春半恼春，无限伤感，烘托出人物的娇弱、寂寞与哀愁。

费丹旭 《十二金钗图》之一

高岑

（公元1621～1691年）字善长，又字蔚生，浙江杭州人，寓居金陵，为“金陵八家”之一。“金陵八家”是清康乾时代活跃在南京地区，颇有影响的一大画派。八家有龚贤、高岑、樊圻、邹喆、吴宏、叶欣、谢荪、胡慥等人。八位画家画风却相去甚远，师法亦各有所宗。他们的共同之处，是淡泊功名为人清高，只与诗酒结缘、书画为伴，以翰墨丹青怡情遣兴，喻世抒怀。

高岑在八家中的成就，仅次于龚贤，他不仅善画山水，还精于水墨花卉。他早年倾慕朱翰，后学蓝瑛，又从宋人董源、巨然的笔墨中寻根求柢，乃至黄子久之空灵简朴，沈石田之粗服乱头，他都潜心入手，融会贯通。高岑初以平实工稳为本，及至中年以后，崇尚写意，追求性灵与境界，其画渐至神采飞扬，晚年则愈发天马行空，一意孤行。

高岑的代表作品多为山水题材，如《青绿山水图》《灵谷深松图》《凤台秋月图》等。《江山无尽图》，设色，纸本，手卷，纵26厘米，横455厘米，创作年代不详，应是高岑年轻时期的作品。此图款识仅四字：石城高岑，白文印二方，收藏印多枚。此图不止墨彩华滋，而且气韵生动，其布局得体而毫无若断若续之弊。笔墨密而不繁，疏而不薄，所设淡色无不惬心。

徐三庚

（公元1826～1890年）字辛谷，又字诜郭，号井罍山民，又号袖海。浙江上虞人。清代著名书法家、篆刻家。精于金石文字，善篆隶篆书。苦习《吴纪功碑》，参以金冬心的侧笔用法，纤细流丽，飘逸多姿，在吴熙载、赵之谦外另辟面目，风格独具。篆刻初学陈鸿寿、赵之琛，四十岁后参以汉篆、汉印结体，颇见功力，风格飘逸，疏密有致，笔势飞动，时人誉为“吴带当风，姗姗尽致”，自成一家。在当时一段时间内，颇为风行，对日本篆刻界产生相当影响。惜晚年作品则因书体过于牵强做作，习气较深。他运刀熟练，不加修饰，其行楷边款，刀法劲猛，自然得势，不失名家风范。后人将其作品编有《金罍山民印谱》《金罍印摭》等。

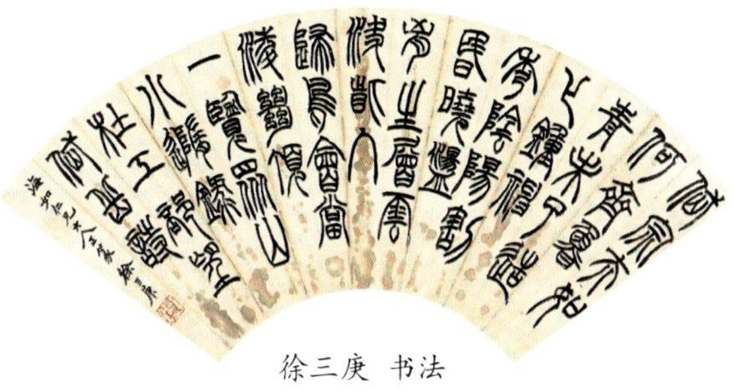

徐三庚 书法

胡璋 花鸟 立轴

胡璋

（生卒年不祥）号铁梅，建德梅城人，清末著名爱国画家。他出身书香绘画世家。祖父胡正精绘山水花鸟，游粤时曾住邓廷桢制军幕府。父胡寅也以擅长丹青闻世，曾随胜保赞军务。胡璋从小接受艺术的熏陶，且勤奋好学，诗词、书法、绘画无所不精，时人以唐代艺苑“郑虔三绝”誉之，尤精于绘画，艺术上不逊于吴昌硕辈。

胡璋曾旅游日本，以“润笔极丰”而享誉日本艺坛，追随学艺者络绎不绝。日本天皇特召胡璋入宫，请他绘画。胡璋授业传艺一丝不苟，同时还留心考察日本政治、经济、科教文化等方面的状况，并汇书十余篇，准备回国后献给朝廷。回国后，因政界多事，不得重用，绝望之余，遂重返回日本，一心从事丹青绘画。不久病亡，葬于神户，卒年五十二。

胡璋善画山水，能画人物、花木。工山水及人物、花卉，与王冶梅并以画梅得名。铁梅能腴，冶梅能瘦，并为巢林遗派。他是海派早期山水画家中个人风格较强烈者，其画如其名，线条方折坚强，勾勒爽利，如梅枝铁平，棱棱赠赠，辅以小斧劈皴法，略加点苔。有《梅花高士图》传世。《芥子园画谱·增广名家画谱》收录胡璋绘画四幅。

居廉

（公元1828～1904年）字古泉，自号隔山老人，番禺（今广州）人，祖籍桂林。清代画家。居巢之弟，善画花鸟、草虫及人物，尤以写生见长。

字样，当时作者已移居上海鬻艺，是其风格成熟期的作品。画面上写蒲塘一角，绘有蒲草、荷花、浮萍等水生植物数种，用笔简练，设色雅丽，章法严整。从画格上看，该图属小写意，既是蒲塘物象客体的再现，又是画家主体精神的表现，其准确生动的造型和娴熟精到的笔墨，二者有机地融合在一起，可谓天衣无缝，相得益彰。

居廉 作品

他初学宋光宝和孟丽堂，后吸收各家之长，自成一家。笔法工整，设色妍丽。在继承和发展恽寿平没骨画法基础上，创撞水和撞粉法，是岭南画派奠其人之一。擅长指头画，尝作二十四番花信图。

《富贵白头图》，纵132.6厘米，横75厘米，绢本，设色，藏北京故宫博物院。图以牡丹象征富贵，以白头翁象征长寿，来表现这一常见的世俗性主题。图中偏右一侧一块硕大而玲珑剔透的太湖石兀然而立，湖石的周围一丛盛开的牡丹，姹紫嫣红，争奇斗艳，或低首沉吟，或迎风怒放，引来一群群蜜蜂、彩蝶在花丛之中追逐嬉戏，流连忘返，给人以一种明媚而又温暖的春天气息。在湖石的上端栖停着一对白头翁鸟，一俯一仰，怡然自得，与上下翻飞，喧闹不已的蜂蝶，一动一静，相映成趣，美不胜收。在绘画技法上，整幅画作的格调极为工致，造型准确，赋色鲜丽，然而却又没有丝毫板滞、艳俗之感，可算得是居氏画作中的精品。自识“丁亥”，为晚年之笔。

居廉是近代岭南地区著名的花鸟画家。他和其从兄居巢并称“二居”。他们所创立的撞水、撞粉的花鸟画技法影响了岭南画坛近一个世纪。居廉的传人高剑父、陈树人等则创立了著名的“岭南画派”，在中国美术史上具有举足轻重的地位。

胡公寿

（公元1823～1886）初名远，号瘦鹤、小樵，别号横云山民，以字行。华亭（今上海松江）人。工画山水、兰竹、花卉，汇古今诸家之妙，成一大家，其画喜用湿笔，浑沦雅秀，得淋淳浓郁之致。江、浙名士无不倾服。书法出入于平原、北海间，独具体势。诗宗少陵。为海上画派代表画家之一。

传世作品有《桂树图》《香满蒲塘图》等。《香满蒲塘图》上题有“沪上寄鹤轩灯下作”的

胡公寿 作品

第二章　近代书画人物

黄士陵

（公元1849～1908年），清代篆刻家，书法家。字牧甫，或作穆父，别号倦叟、黟山人。清末安徽黟县人，早年在江西谋生，后在广州以刻印为业。光绪十一年（公元1885年）北京国子监肄业，与盛昱、王懿荣、吴大澂等相交，并研究金石学。两年后返回广州。

黄士陵的篆刻重浑厚而特别强调秀劲、含蓄、深沉、幽默而耐人寻味。刀法上，他大巧若拙、归真返朴，在运刀的光洁中求锐劲之势；篆法则取金文并以极平实恬淡的风格出之；章法则着意于印面空间的有机的切割。篆刻取法汉印，参以商、周铜器文字的体势笔意，章法自然，运刀挺拔，在皖、浙两派外，自成一家，人称“黟山派”。著有《黟山人黄牧甫印集》等。在篆刻史上，黄士陵篆刻的创作成就及对后世篆刻的影响，均可与吴昌硕比肩。

黄士陵的篆刻活动主要在南方，故当时湖、广一带受他影响的篆刻家很多。其中较著名的有李尹桑、易大厂、邓尔雅、简经伦、乔大壮等，他们的篆刻，大多是在字法上取金文或甲骨文入印并力求广博，章法上则重装饰并力求精致。其中易大厂、简经伦在古拙奇峭方面，有相当的出新与发展。

高剑父

（公元1879～1951年），本名麟，后易作斋，字爵廷，别署老剑、剑庐等，名仑，字剑父，后以字行。广东番禺圆岗人，近现代中国画家、美术教育家、岭南画派创始人之一。光绪十八年（公元1892年），得族兄祉元之介，拜师居廉。于花卉草虫，得其师法。后从伍德彝游，遍历所藏名迹，画艺猛进。与陈树人、高奇峰等革新中国画，为“岭南三杰”之一。

他从近代日本绘画的变革中得到启发，尝试通过“折衷中西，融汇古今”的主张和实践来创造一种展现时代精神的新中国画，对后人影响深远。1923年，他在广州创办了“春睡画院”，为“新中国画运动”培养人才。1938年广州沦陷，他辗转避难于澳门，在普济禅院继续主持春睡画院的教学工作，积极参与进步文化活动。抗战胜利后返穗，在春睡画院原址创办“南中美术院”。1947年又出任广州市市立艺术专科学校校长之职。

高剑父作品

《东战场的烈焰》是画家抗日战争时期的作品。画家以西洋绘画中的光影处理和素描关系，融进中国的墨笔来表现祖国河山被日本帝国主义轰炸后的情景，满目疮痍，一片废墟。是画家的亲眼所见，也是画家的写生之作，画家是以无比悲愤的心情来创作这幅作品的，以唤起民众的觉醒和抗争精神。右下角印章所刻：“乱画哀乱世也”，明显地表现出画家的爱国主义和人道主义的思想。

陈树人

（公元1884～1948年），名韶，号葭外、得安老人等，广东番禺人。近代画家。光绪二十六年（公元1900年），从居廉习画。居廉“以其聪明俊朗，勤于所学，益加青顾”，遂以侄孙女若文妻之。陈树人从居氏学画四载，后热心革命及艺术活动，与高剑父、高奇峰等同为“岭南画派”的开创者。

因为受日本画风影响，陈树人在技法上将色彩与光、影的对比与传统国画技法相结合，创造出清新自然的花鸟画风；在意境上则更多地侧重于画面的渲染；在题材上，大胆地将许多新事物如汽车、轮船、灯塔等引入画中，既是对传统国画的一种反

陈树人 作品

叛，又带来了一股清新的气息。刘海粟称他的画是“以逸笔写生，自出机杼，风神生动，一扫古法，实为努力开辟新纪元者”。

1947年始定居广州，专心画艺。其画作广为流传，中国美术馆、广东省博物馆以及莫斯科、列宁格勒、巴黎、柏林、比利时等著名博物馆均有收藏。作品有诗集《战尘集》、画集《陈树人中国画选集》《陈树人写生集》等。

白蕉

（公元1907～1969年），本姓何，名馥，字远香；号旭如，又署复翁、复生、济庐，别署云间居士、仇纸恩墨废寝忘食人等。生于上海金山县张堰镇。曾为上海美术家协会会员、上海中国书画院书画师、上海中国书法篆刻研究会会员。

五四运动时，他积极投入报国爱国的热潮，与同乡创办进步刊物《青年之声》，宣传爱国思想。

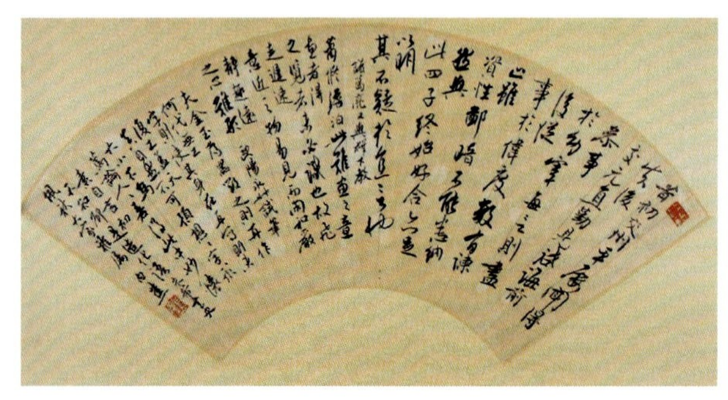

白蕉 作品

1923年，考入上海英语专修学校，结识徐悲鸿，与徐悲鸿、周练霞、徐建奇、戚石印夫妇一起加入蒋梅笙组织的诗社。稍后，白蕉又结识于右任，现存白蕉最早作品即1926年与于右任合作的书法长卷。

其书法宗王羲之、王献之父子，始从唐欧阳询入手，行草笔势洒脱，小楷特能，多参钟繇法，大字俊逸伟岸，亦具风致。工写兰，无师承，所作秀逸有姿。能篆刻，取法秦汉印、泥封，而又参诏版文字，有古秀蕴藉之趣。

著作有《云间谈艺录》《济庐诗词》《书法十讲》《书法问题讲话》《书法欣赏》《临池剩墨》《书法大成》《钢笔示范》《行书字帖》等。

陈大羽

（公元1912～2001年），原名汉卿，后易名翱，取字大羽，遂以字行。广东潮阳人。是我国著名的花鸟画大家、著名书法家、篆刻家、美术教育家，1935年毕业于上海美术专科学校中国画系，1946年，拜入齐白石门下，1948年任上海美专国画系写意花鸟画讲师，1950年任上海美专副教授，1958年调任南京艺术学院美术系教授。曾任江苏省美术家协会、书法家协会副主席、南京艺术学院美术系名誉主任、中国美术家协会常务理事，长期从事中国画艺术教育。

陈擅长大写意花鸟，尤擅画雄鸡，精于书法和篆刻，曾从姚世影、马公愚、诸乐三诸师学艺。他的作品气势宏伟，笔力雄健，浑厚酣畅，文而不野，多是欣欣向荣的气象，为“金陵派”代表画家之一。其书法以篆书、行草见长。他书画印一体，相互贯通，相辅相成，而三者又各具特色。他的画得力于书法和篆刻的深厚功底，把篆法、印法融入画中，反过来又将画的意境和法度渗透于书、印创作之中，使绘画、书法和篆刻的艺术风格更加协调，更加完备，蔚然成为书画印三绝的大家。他的大写意花鸟画在对自己熟悉的的物象赋予真情的同时，通过老辣雄健而醇厚的笔墨挥写出盎然生机。他笔下的雄鸡英姿勃发；苍鹰警惕雄视；松柏龙腾虬跃；残荷酣战秋风；梅兰刚劲清馨，气韵生动，使传统的写意花鸟画转雄浑而不狂野，出清新又不媚俗。

中国画《并蒂呈祥》入选第六届全国美展。书法篆刻作品曾参加第一、二、三、四届书法篆刻

陈大羽 作品

展。1980年在江苏美术馆举办个人作品展，1981年在上海美术馆举办个人作品展。1948年出版《陈大羽画集》，1982年出版《大羽画选》，1988年在日本出版《陈大羽作品集》。

诸乐三

（公元1902～1984年），原名文萱，字乐三，号希斋，别号南屿山人，浙江孝丰鹤鹿溪(今安吉塘浦乡)人。少时酷爱金石书画，十九岁时师从吴昌硕为入室弟子。1923年始先后在上海美术专科学校、上海昌明艺术专科学校及上海中华艺术大学任教。期间，曾与其仲兄诸闻韵及姜丹书、潘天寿、朱屺瞻、张书旗、吴弗之等人组织“白社画会”，共磋艺事。1946年秋执教于杭州国立艺术专科学校（浙江美术学院前身）。曾任中国美术家协会浙江分会副主席、中国书法家协会名誉理事长、西泠印社副社长、西泠书画院副院长、浙江美术学院教授。

他工书法，精篆刻，善诗文。擅写意花鸟，兼工山水，所作得“吴派”艺术之神韵，并融入新意，笔墨遒劲洒脱，意趣清新秀逸，融诗、书、画、印于一体，高雅隽永，耐人寻味。

1934年作品入选在德国柏林举办的“现代名人画展”，1949年后作品多次在国内外展出及在报刊上发表，或被美术馆、博物馆收藏。曾先后出版《希斋印存》《诸乐三先生画集》《诸乐三书画篆刻集》《诸乐三画辑》《希斋印集》等。著有《希斋诗抄》《希斋题画诗选》等。

诸乐三 作品

马公愚

（公元1890～1969年）本名范，字公禺，后以禺字较僻，遂于禺下加心为愚，后以字行。晚号冷翁，别署 石篯主。浙江永嘉人，寄籍上海。现代书法家。早年曾创办永嘉启明女学，东瓯美术会及中国美术专科学校。曾任中国美术家协会上海分会会员、上海中国画院画师、上海中国书法篆刻研究会会员、上海市文史馆馆员。

解放前，曾历任启明女中、浙江省立中学、十一中学、第四中学、上海中学教员，上海复旦大学文书主任兼国文讲师，上海美术专科学校书法教授，中国艺术专科学校书法教授，上海复旦大学中国文学系教授等。

擅长书法、篆刻，亦能作画。书法上，精四体书，其书篆隶真草并有时名。真草取法锺繇、王羲之，笔力浑厚，气息醇雅，篆书宗法《石鼓文》《秦诏版》，隶书取径《石门颂》，在大江南北，所书碑碣甚多。篆刻取法秦、汉，所作秦小玺、汉玉印，郁勃有奇趣，可以逼古。金石篆刻，功力尤深。早年曾为西泠印社社员。所作花卉画，醇雅清丽，近明人写意笔法，画作多绘紫蟹黄花，亦间作山水，皆超逸简淡。

作品有《百合花》等。著有《书法讲话》《书法史》《公愚印谱》《耕石簃杂著》等。

陈少梅

（公元1909～1954年），名云彰，又名云鹑，号升湖，字少梅，以字行。生于湖南衡山，自幼随父学习书画诗文，年稍长随父入京，参加中国画学研究会，为金北楼入室弟子。十七岁时加入湖社画会，二十一岁时作品获“比利时建国百年国际博览会”美术银奖。二十二岁赴天津主持湖社画会天津分会，后长期在天津从事书画创作和教学工作。

擅山水、人物、走兽，取法戴进、吴伟、周臣、唐寅诸家，工写兼长，传统功力深厚，笔墨潇洒而不失法度，画风清新劲健，刚柔相济。代表作品有《江南春》《丛林远岭》等。作品多次在国内外展出并在报刊上发表，曾多次在北京、天津等地举个人画展。作品大多为中国美术馆及省市博物馆及文物部门收藏。

胡若思

（1916～），近代海上著名的书画家，字遐思，号琴人，原籍安徽歙县，后迁居镇江。9岁从启蒙老师张大千学画，为大风堂弟子。14岁随师东渡访问日本，并在东京等地举办画展。15岁时作品参加比利时世界博览会获金奖。建国后为上海中国画院首批画师，曾任上海戏剧学院教授，上海文史馆员。20世纪80年代后旅居美国。

胡若思是一位传统功力极深的艺术家，擅画山水、人物。山水师法五代、北宋诸家及明四家，兼及清初石涛和现代黄宾虹、张大千等人，作品布局别具一格，用笔大胆泼辣，画面烟云变幻，笔墨苍浑，技法精到。20世纪90年代以后在光、色上深下功夫，山水作品极具魅力。

胡若思的人物也有特色，他善于吸取唐宋人物画造型准确的优良传统，并在此基础上刻划人物的气质风度。其早年人物画，流畅劲韧的勾勒线条、显得刚健婀娜、富有弹性，典雅华丽的设色则富有趣味，衣纹相貌得明代仇英、唐寅的意趣，古意盎然，雅俗共赏。无论山水还是人物，于大风堂风格一脉相承。在张大千弟子中胡若思是继承大千艺术最为全面、最为出色的。20世纪70年代胡若思获得了“南胡风韵”的美誉。作品《桂林山水》藏于中国美术馆，《黄山松云图》藏于江苏省博物馆，《万古长青图》陈列于人民大会堂，《万壑松风图》陈列于中南海紫光阁。

胡若思 作品

陈维信

（公元1914～1990年），山东阳信县人。1939年考入北平故宫国画研究所，从事临摹古代名画工作，同年考入北平国立艺术专科学校，师从黄宾虹、萧谦中、周怀民诸先生，对石涛的艺术研究尤深。1942年毕业后，曾在山东省威海、青岛等地举办个人画展。济南解放后，先后在济南市第二中学、济南市文联、群众艺术馆从事美术创作和教育工作，声誉颇佳。后专门从事国画创作，除大批佳作问世外，又培育了众多当今已成名的弟子。1979年调入北京画院。曾任北京中国画研究会顾问、北京书画研究会理事等。

陈以山水画创作为主，亦擅花鸟，讲求气势，给人以淋漓酣畅之感。其作品多于厚重中见秀丽，于挥洒中见精神，讲求气势，以笔重显其力，以墨浓显其厚，于挥洒自如之中蕴涵着浓郁的生活气息和强烈的时代精神。

曾于1950年代和1960年代初先后赴泰山和黄山写生。1959至1961年间，应邀为人民大会堂绘制《泰山旭日》《泰岱松云》等巨幅山水。1976年重涉红军长征之路，历时7个月，写生千余幅。后又创作《长征路上》组画数百幅，均由军事博物馆收藏。1984至1985年间，又行程万余里创作《黄河组画》。作品经常参加国内外画展，曾到美国、加拿大、日本、菲律宾及欧洲一些国家展出，并在国内外报刊、杂志上发表。日本出版的《中国现代美术作品展》收其佳作。

董寿平

（公元1904～1997年），原名董揆，后改称寿平。山西省洪洞县人。著名画家、书法家。出身诗书世家，董寿平高祖董雩堂为清中叶著名书法家，祖父董之焕为清翰林，以诗书著称于世。董家收藏文物书画甚多，自幼受家庭影响，喜爱书画，他尤其仰慕清初画家恽寿平品德，遂改名寿平。

董寿平1931年开始鬻画为生，1938年携家去西安，后到成都，得四川文豪林山腴赏识，为之延誉，于成都举办第一次个展。1950年回北京，任荣宝斋编辑，后到中国各地旅行写生，创作不止。曾任全国政协委员、中国书法家协会理事、北京中国画研究会名誉会长。

董寿平　红梅

董寿平善画梅竹，朱砂红梅堪称绝技，画梅繁中有简，简中有繁，繁而不乱，简而有理；写竹时笔墨简练，坚挺轩昂，构图空灵，以书法为之，浑厚古朴；所写墨松富有生活气息，笔墨苍劲，繁简相宜。山水画卷多以黄山奇峰老松为题材，不拘峰石之形似，而求整幅气韵的统一，在画界享有“董梅”、“寿平竹”、“黄山巨擘”的雅誉。董寿平技法全面，修养深厚，堪称绘画大师。他的画风苍劲古朴，清新典雅，继承了中国画技法的优良传统，并有所创新。他的画笔墨活泼，出于天籁，以造化为主，从写生入手，富以高度的艺术概括，既求形似，也重神似，更重表现对象的精神。1979年人民美术出版社出版了《董寿平画辑》。

康有为

（公元1858年～1927年），广东南海人，原名祖诒，字广厦，号长素，后易号更生，世称“南海先生”。康有为不仅是杰出的政治家，还是近代著名书法家、书学理论家。

康有为擅长书法，提倡北碑，领导了近现代书坛碑派的书法创作流派。著有《广艺舟双楫》一书，论书提倡碑版，攻击帖学，有尊魏（碑）卑唐帖之说。对清末书风颇具影响，打破了几千年来帖学一统天下的格局，对二王传统帖学构成了强有力的冲击，形成了近现代书坛碑派书法创作的主流形态。他的书法亦从北碑中求意趣，尤致力于《石门颂》。其书法有纵横奇宕之气，从他存世的一些行书对联看，笔画平长，转折多圆，运锋自然，结体舒张，确有纵肆奇逸的气派，所作之书纵横开阖、大气磅礴、浑厚雄健、潇洒奔放、纯以神行，妙入毫端，其腕下工夫之深足以令世人折服。

著有《新学伪经考》《孔子改制考》《戊戌奏稿》《大同书》《康南海先生诗集等》。康有为的书法影响了清末民初的书风。受其理论影响，同时期书法界许多人从碑版中寻找新的艺术资源，并通过各种大胆尝试解放自己的艺术创造力。

丁世峄

（公元1868～1930年），近代文字学家、书法家。字佛言，号迈钝，山东龙口人。1904年东渡日本入法政大学，毕业归国后创立保矿会，反对德国侵占山东矿区。 1911年为省咨议局议员，1912年当选为临时参议院议员，“二次革命”中，反对袁世凯称帝。黎元洪继任大总统后，他为总统府秘书长。1923年后，回乡研究古文字学，1930年病逝于北京。

酷爱书法、篆刻。四体皆工，精于篆书。初习汉《三公山碑》《天母石阙》，继则研讨大篆文字。所作笔力敦厚，凝厚古朴，时有“金刚杵”之誉。楷书得力于魏碑，草书宗王羲之，隶书法《张迁碑》《史晨碑》。善治印，追秦抚汉，均有法度。著有《说文古籀补》。

丁衍庸

（公元1902～1978年），广东茂名人，字叔旦，号肖虎，丁虎。近现代著名画家、篆刻家，中西画皆精，有“东方马蒂斯”之称。丁衍庸1918年赴日留学，翌年考入东京美术学校。1925年毕业返国，任立达学院美术科、神州女子学校艺术科西画教授。同时与蔡元培、陈抱一创办中华艺术大学，任教务长、教育系主任，并同陈抱一负责西画科。

丁衍庸 林和靖先生造像

1928年返广州，任博物馆艺术部主任、美术学校教授。1946年任广东艺术专科学校校长。1949年移居香港，改名丁鸿，先后任教于德明书院、珠海、香江、诸圣堂等校。

丁衍庸擅长西洋画，油画作品功力强劲，人体素描基础深厚，宗野兽派大师马蒂斯。作品色彩绚艳，线条简练。他兼善中国画，花鸟画撷取朱耷、徐渭、金农的特点，画面新颖、活跃、纯真、自成一格；山水画笔触明快豪放，布局革新，留白巧妙，意境深远；人物画也饶有情趣。书法工草书，笔势奔驰。

作有油画《食桌之上》《休息》《读书之女》；中国画有《荷蛙图》《花鸟》《锺馗捉妖》《群仙祝寿》三连屏、《水仙》等；书法有《草书对联》等。著有《中西画的调和者高剑父先生》《中国绘画及西洋绘画的发展》《八大山人与现代艺术》等。

关松房

（公元1901～1982年），北京市人。字雅云、值耕，号松房，笔名翕斋、夕庵、夕庵主人。1915年开始学画，模写故宫博物院、古物陈列所及私藏历代名画。1925年所作青绿山水获比利时国际博览会银奖，同年，与溥雪斋、溥心畬等人共组“松风画社”。1946年在故宫博物院做文书。1948年在中山公园举办个人画展。1952年入北京中国画研究会，参加抗美援朝义卖和全国美展。1953年任中国书法研究会理事。1956年入中国美术家协会。1958年任北京画院画师。为中国山水画研究会副会长。

关松房强调对艺术规律的把握，其山水追本溯源博采众长，具有深厚的传统功力，入画院后畅游名山大川，在临古的基础上加入写生进行创造，所作笔力苍劲、构图气势雄伟，发展了古人渍墨之法，形成了浑厚、朴茂、劲健的风格。代表作有《十三陵水库》《长城秋色》等。他还长于鉴定古代绘画和陶瓷，著《清代陵墓考》。

刘奎龄

（公元1885～1967年），天津人。近现代著名的动物画家。自幼酷爱绘画，中学毕业后，即辍学在家，临摹、研究古今中外之名画，探索创作动物画的新途径。30余岁，以卖画为业。其笔下的翎毛、走兽形象逼真，以独到的丝毛技法使质感的表现惟妙惟肖，令人叹为观止。20世纪40年代后，画技又进一步，融勾勒没骨、皴染为一体，自成一家。与刘子久、陆文郁、萧心泉合称“津门四老”。1949年后，被聘为天津文史馆馆员，先后任中国美术家协会天津分会副主席、中国美术家协会会员。

刘奎龄 双吉图

刘奎龄一生创作颇丰，据不完全统计，其作品涉及题材有兽类、花鸟、昆虫、翎毛、人物、山水等150余种，在中国近代画坛独树一帜。毛主席曾亲切地接见刘奎龄，说他“博古通今”。在动物与草虫画中，尤以狮虎见长，在表现方法上极富创造性，他善于观察，能将生动逼真的动物形象，纳入幽淡宁静的大自然中，构成了区别于古代走兽画的独特意境。在技巧上，他博采众长，融汇中西。其动物作品，不仅品种众多、造型准确、千姿百态，而且技法娴熟、描绘精微、形象生动；其花鸟画中，又以善画孔雀闻名，设色艳丽，用笔细劲，着力对禽鸟羽片的刻画，作品充满祥和恬静的氛围。

著名作品有《孔雀牡丹》《花鸟四屏》等。《上林春色图》深得徐悲鸿赞扬，各大美术出版社也相继出版了《刘奎龄花鸟画手稿选》《刘奎龄画集》(共三卷)《刘奎龄扇面集》等一批绘画作品。

费新我

（公元1903～1992年），原名省吾，字立千，号立斋，浙江湖州人。少小时勤奋好学，无师而先习西画，后从事图画范本、应用美术、劳美教材及简易美术技法等书的编绘工作。他是中国美术家协会会员、中国书法协会理事、书协江苏分会顾问、江苏省国画院一级美术师，以及湖州书画院名誉院长等。

五十年代初注重国画创作，曾与张晋、余彤甫、顾仲华等举办联合画展。最能代表其水平的《刺绣图》和《草原牧民图》，刻划人物形象真实生动，线条明快流畅，曾选送在苏联展出，名噪一时。书法以楷、行、隶书见长，规正老实，一丝不苟。从晋唐入手，上溯汉魏，帖碑互练。书风上从早期追求的“顺、熟、巧、正”一改为“逆、生、拙、奇”，达到了“巧拙互用，拙茂巧稳，逆中有顺，似奇反正”的艺术效果。晚年作书更具节奏感，抑扬顿挫，干湿自然，运笔快而不滑，迟而不滞，书虽止而势未尽。喜取逆势，若逆水行舟，奇拙互生，具有下笔随意，章法美观，挺拔雄健，凝炼遒劲的特点，形成了独特的个人书艺风格。

1982年赴日本举办个人书展并获成功，名声大振，后多次在国外举办个人书法展。其作品广为国内外博物馆、美术馆、纪念馆所收藏，并大量刻碑以长期陈列。先后出版书画册有《楷书初阶》《怎样画铅笔画》《怎样画图案》《毛主席诗词行书字贴》《鲁迅诗歌行书贴》《费新我书法集》等。

古一舟

（公元1923～1987年），曾用名古瀛洲，别名古岛，山西省运城人。14岁参加八路军，后投身抗日武装斗争，曾跟随“抗敌演剧队”学习艺术并担任舞台美术设计，配合演出举办抗敌画展，开展抗日救亡工作。曾任冀南美术社副主任、《冀南画报》主编。1954年入中央美术学院调干进修班。1980年任北京中国画研究会会长。

古一舟是在抗日战争中自学成才的艺术家，在宣传画、连环画、工笔重彩画、山水画等领域均取得一定成就。他的中国画创作，实践了“以造化为师”的古训，在山水画方面别开生面，自成一家，

古一舟 作品

逐步形成了严谨、朴实、厚重、富有生活气息的艺术风格。早期主要作品有街头画《千古罪人一脉相承》、年画《纺织互助》《劳动换来光荣》《各显其能》等，徐悲鸿先生曾撰文评赞。1959年参与创作《首都之春》长卷。中国画《崔莹会见中国爸爸妈妈》入选庆祝建军30周年美展；后期作品有《春晓》等多幅作品获全国创作奖和参加全国性画展。

郭传璋

（公元1912～1990年），山东省惠民县人。1936年加入中国画学研究会。1930～1948年多次在北京、天津等地举办个人画展。1953年为毛主席六十诞辰画青绿山水《松鹤延年图》。1956年加入

中国美术家协会，次年入北京中国画院。1959年与颜地合作《漓江山水》参加出国展览。1962年应聘为中央戏剧学院兼职教授，同时在北京师范学院等校任课。

郭传璋早年师从祁井西、李鹤筹学习山水画和花鸟画，并研习宋元明清诸家绘画及画论，传统功力深厚。在广泛吸收前人传统的基础上，不为古法所囿，经常深入名山大川，接受大自然特别是黄山的启迪。通过长期艺术实践，以造化为师，勇于创新，逐步探索自己独特的艺术表现语言，创作了大量的、具有时代气息的山水画作品，形成了自己的艺术风格。

曾为人民大会堂、中南海、钓鱼台国宾馆、毛主席纪念堂、天安门、北京市委、首都图书馆、北京饭店等绘制巨幅国画多幅。20世纪40年代作《峨嵋重叠》，纸本设色，纵138厘米，横86厘米，藏辽宁博物馆。1985年《云瀑图》《云崖揽翠图》选为国家领导人新年贺卡。出版有《山水画册》《花鸟画谱》等画集。

李鹤筹

（公元1891～1974年）名瑞龄，字鹤筹，号枕湖，原籍山东德州，后迁居河北河间。1920年加入中国画学研究会，与刘子久、吴镜汀、马晋等同为金城学生。曾先后任燕京大学、天津河北女子师范学院教师。1956年在荣宝斋研制国画石色。1958年调入天津河北师范学院绘画系任副教授兼国画教研室主任，1966年退休回京。曾在燕京大学、北平艺专、天津艺术学院任教，曾任中国绘学研究会会员、湖社社员、大学教授、省政协委员、中国美协会员等。

他以花鸟画名世，早年临张和庵，后刻意于宋元明清传统，长于小写意，成熟期笔墨在陈淳、华嵒之间，尤擅没骨，生纸熟绢，全以笔墨点染而成，风格工秀文雅。在学习老师和历代名家绘画艺术的基础上，又长于写生，技法为之一新，其代表作《丁香鸲鸰图》。他的作品曾参加第一届中国画全国美术展览会，1953年曾将他的作品和著名国画家的作品一起呈送毛泽东主席，作品现藏中南海。1957年参与《和平颂》《松柏长寿图》绘制。其晚年的画作，多藏于天津美术学院。

李鹤筹 作品

郭味蕖

（公元1908～1971年），原名忻，后改慰劬、味蘧、味蕖；曾用别号汾阳王孙、浮翁，晚号散翁；堂号知鱼堂、二湘堂等。山东潍县人。出身于书香世家，自幼随家乡画家丁东齐、刘秩东习画。早年入上海艺术专科学校习西画，毕业后曾任师范学校教师。1937年入故宫博物院古物陈列所国画研究室临摹古代原作，并随黄宾虹学画论及鉴赏。1951年受徐悲鸿之聘任职于中央美术学院研究部，后相继在民族美术研究所、徐悲鸿纪念馆供职。1960年任中央美院中国画讲师，后任花鸟科主任。为中国美术家协会会员。

郭味蕖 作品

长期从事山水花鸟画教学及创作，尤擅花鸟画。精鉴赏，善画法，重视史学、画论、画法的综合研究。作品有《大好春光》《河山似锦》《东风朱霞》等。1980年中央美院陈列馆举办郭味蕖遗作展。出版有画集、画选、画谱等多种。著作有《宋元明清书画家年表》《中国版画史略》行世，著有《知鱼堂鉴古录》《知鱼堂书画录》《写意花鸟画创作技法十六讲》《明清四画人评传》等书稿。

黑伯龙

（公元1914～1989年），山东临清人。名元吉，字伯龙。早年毕业于上海美术专科学校受黄宾虹、潘天寿、刘海粟等名家指教。1946年曾在济南办南华艺专任系主任，兼济南中国艺专教授，曾在上海、济南举办个人画展。曾任山东艺术学院教授、中国美术协会会员、山东美协副主席、山东画院院长、齐鲁书画研究院院长。

擅长山水画，其绘画师承两宋遗风，有极深厚的传统功力，山水之作沉雄博大，笔简而意深。其人物画，师学梁楷，用笔简练洒脱，生动传神。不论山水、人物和书法作品都富有书卷气。一生为创立山东画派而不遗余力，并亲自创作大量优秀作品，其作品多次参加国内外展览交流，广誉海内外。他长期从事美术教育事业，培养了大批优秀的艺术人才，为山东书画界一代宗师。1987年访问日本，以其雄健潇洒的画风饮誉东瀛。出版有《黑伯龙画选》等。香港《文汇报》和美国《北美日报》曾整版专题介绍。

贺天健

（公元1891～1977年）现代著名山水画家、书法家。字健叟，别署纫香居士，斋名开天楼。江苏无锡人。早年随孙云泉学肖像画，32岁后在无锡、南京艺专任山水画教授，及上海美专山水画教授，并主编过《画学月刊》《国画月刊》。兼以卖画为生。解放后曾任中国民族美术研究所研究员、上海文史馆馆员、西泠印社社员、中国美术家协会理事、中国美协上海分会副主席、上海中国画院副院长、上海中国书法篆刻研究会会员。

贺天健擅画山水，尤长于青绿山水，功力深厚，师从吴历、黄公望，并受浙派戴进影响，善用水墨，层层尽染，沉厚饱满，设色讲究层次，多用

贺天健 作品

复色。他偶写人物和花卉。画风崇尚清代吴渔山、梅瞿山、并演变而自成一格。贺天健书法成就很大，笔势劲力方峻，得力于北魏《张猛龙碑》《张黑女墓志》及《龙门二十品》。1959年，他为人民大会堂创作巨幅《河清万里图》，其作品《东风吹到好江山》参加世界美术博览会，获一等奖。1960年，他被丹麦康纳美术家协会聘为会员。1962年在丹麦举行个人画展，丹麦美术界誉之为“水墨画大师”。著有《学画山水自述》一书，并出版《贺天健画集》多种。

胡佩衡

（公元1892～1962年），河北涿县人。蒙古族，名锡铨，字佩衡，号冷庵。1919年受聘为北京大学画法研究会导师，主编《绘学杂志》。后为中国画学研究会、湖社画会评议，并参与编辑《湖社月刊》。曾任教于华北大学、北京师范大学、北平艺专，北京中国画院画师兼院务委员，《中国画》编委。为中国美协会员。

胡佩衡是20世纪早期北方画坛湖社等画家组织的骨干之一、重要的山水画家。他在山水画创作、绘画技法理论研究、美术教育三个方面都有突出贡献。胡佩衡初学绘画从临摹宋元明清诸名家作品入手，也曾学习过西画素描、油画、水彩画，对艺术发展持一种开放的心态。在文章中主张“用古法写生，由写生而创作”、“法古与创作必须交相为用”，主张师古人兼师造化。1956年，赴湖南、贵

胡佩衡　春山飞瀑

州、广西等地写生作画，开拓了眼界，画风也随之大变。他的山水画创作以重彩与水墨相结合，色彩浓烈，画风厚重，具有恢宏的气势和鲜明的时代感。齐白石曾称赞他的画“层次分明点画工，启人心事见毫锋，他年画苑三千辈，个个毋忘念此翁”。

著有《山水入门》《王石谷画法抉微》《我怎样画山水画》《齐白石画法与欣赏》（与胡橐合著）、《山水画技法研究》《胡佩衡画存》1-5集《桂林写生》等。

惠孝同

（公元1902～1979年），满族，北京人。原名惠均，字孝同，号柘湖，别号松溪、晴庐。1920年入中国画学研究会，拜金城为师，专攻山水。1925年升为研究会研究员。1927年与金荫湖、胡佩衡等共组湖社画会，编辑《湖社月刊》，历任画会干事、评议、教员、副会长，湖社画会天津传习社社长、天津分会会长。曾任职北平艺术专科学校。历任北京中国画研究会常委，北京中国画院艺术委员会主任委员，新国画研究会常委、研究组副主任，国子监国画补习学校校长，中国美术家协会会员。

惠孝同山水传统功力深厚，构图颇具巧思，所作树石古厚浑茫，意境深幽。他在寻觅新时代山水画发展的新途中也做出了可贵的探索，与古一舟、周元亮、陶一清、何镜涵、松全森合作的巨幅长卷《首都之春》，写由通县经城区至石景山、官厅水库之北京新貌，将古法与今法相融合，造化与心源相贯通，创造了新的时代风格。

《崂山图》高94.5厘米，宽121厘米，纸本设色，创作于1953年，现藏中国美术馆。该作品是一个充满审美意趣的整体，呈现着三个特点：巧妙的经营、明媚的墨彩与浑然的气势。巧妙的经营是对于画面结构层次的安排与设定，明媚的墨彩是对色彩与水墨的有机运用，而浑然的气势则可以理解为对于描绘景物神韵的把握与创作者自身意趣抒发的结合。这正好应和了谢赫六法中的“经营位置”、“随类赋彩”以及“气韵生动”三个要点。

林妹妹

（公元1911～1984年），广东省中山市人，名冠明。1932年毕业于广东省立女子师范艺术科，师从岭南著名国画家黄君璧学习国画。在女师毕业考试期间，举办个人第一次国画作品展览。随后曾在广州、香港、澳门、上海、南京、苏州、杭州、台湾等地举办个人国画展30余次。1938年在香港创办同德、华南书苑、林妹妹画院，1943年在上海创办“上海女子艺术学院”均自任院长。1956年由文化部推荐，调入北京中国画院参加筹建工作，画院成立后，在山水组任画士。1957年在北京中山公园水榭展厅举办个人国画展。曾为中国美术家协会会员、中国画研究会会员。

张善孖

（公元1882～1940年），名泽，以字行，号虎痴，四川内江人，张大千之兄。曾师从李瑞清。1917年东渡日本，1922年起任总统府咨议、财政部佥事、国务院咨议等职。孙中山逝世后，寓居上海，任上海美专教授，潜心绘画，成绩卓著。与黄宾虹等组织烂漫社。先后在南洋群岛、新加坡和国内举办画展。抗战爆发，他画了一群老虎，扑向前方，题名为《怒吼吧，中国》，以表达他对全民抗战胜利的歌颂。1939年初赴法、美等国约二年，举办画展百余次，举行义卖、募捐，支持抗战。

自号“虎痴”、“虎髯”，时人则称他为“虎公”、“张老虎”。张善孖善画走兽、山水、花卉，他笔下之虎同前人画虎额颇有不同。前人画虎多为臆测，着重虎威的表现，至于虎的形体结构则不免有失。而张善孖笔下猛虎，既不失虎的威猛，又富有人性，含有一种温情，同时结构准确，华南虎的特征明显。据传说，华南虎不但少有伤人之举，而且行动起居避人而动。他在自己园中饲养猛虎，以观察猛虎的一举一动。他对虎的习性非常了解，所以能深刻把握虎的动态，不失于流俗。传世作品很多，代表作品有藏于四川省博物馆的《虎图》等。

李瑞清

（公元1867～1920年），教育家，美术家，书法家，中国近现代教育的重要奠基人和改革者，中国现代美术教育的先驱，中国现代高等师范教育的开拓者。字仲麟，号梅庵、梅痴、阿梅，晚号清道人，玉梅花庵主，戏号李百蟹。江西抚州临川人。光绪二十年（1894）进士，选翰林院庶吉士。光绪三十一年（1905），派任两江师范学堂监督。经他努力，使两江师范成为东南地区规模最大、声誉最高的学府。辛亥革命之际，南京达官显宦相继逃遁，而李瑞清“日督诸生上课如常”。为确保学校不受战火之灾，他毅然接受署理江苏布政使，庇护两江师范学生安然无恙。民国二年（1913）他辞去职务，着道士装，自称清道人，移家上海，以读书卖字画为生。清王朝覆灭后，李瑞清致力于文化艺术人材的培养，杰出画家张大千、金石书画家胡小石等都出自他的门下。逝世后，葬于南京牛首山，墓边植梅花三百株，学生集资建“玉梅花庵”作纪念堂。

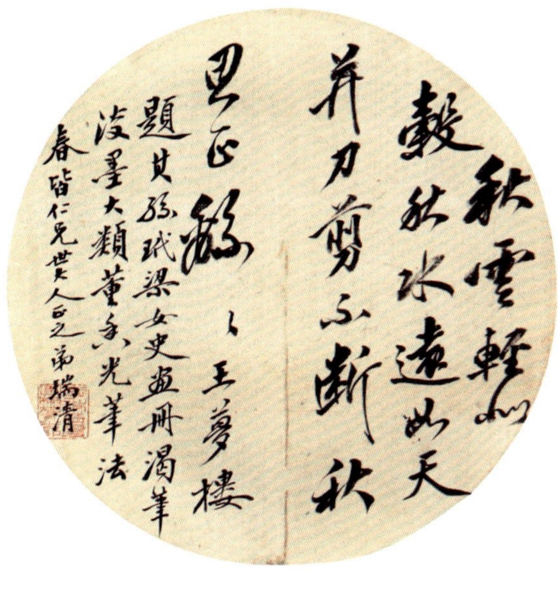

李瑞清 作品

李瑞清通诗、书、画，尤精书法。自幼钻研六书，对殷墟、周、秦、两汉至六朝文字皆有研究，为一代书法宗师，也是中国高等书法教育的先驱。其书法，上追周秦，博宗汉魏，各体偕备，偏爱北碑，尤工篆隶，“秀者如妖娆美女，刚者如勇士挥槊”，潇洒俊逸，各具神态。他以篆作画，合画篆为一体，　他自己说是“喜学鼎彝汉中石门诸刻”，他的北碑书法有着极深厚的基础，这个基础就是以篆隶笔法入北碑，字写得遒劲、生涩、疏朗、有金石味，笔道老辣而富有古意，与“南宗”的曾熙流丽圆通的书风，形成较强烈的对照。他与湖南曾熙（农髯）知交最深，时称“北李南曾”李派书学熔铸古今，不偏不倚，至博且精，勇开风气，所播深远直至当代，为薪火相传的金石书派　。

李瑞清也是清末民初的著名画家，擅丹青，山水、人物、花卉，绘画涉猎广泛。山水师法原济、八大山人，花卉宗恽寿平。所绘松石、花卉意境独特，尤擅画佛。著有《围城记》；1939年中华书局出版了四卷本《清道人遗卷》。

曾熙

（公元1861～1930年），字季子、子缉，号俟园，晚号农髯。湖南衡阳人。早年与李瑞清同在北京做官，共研书法。光绪二十九年进士，当主讲石鼓书院。清朝灭亡之后，归隐故里。后因生活窘迫，上海卖字。与李瑞清有“南曾北李”之称，名扬十里洋场。

曾熙书法学《石鼓文》《夏承碑》《华山碑》《史晨碑》《张黑女》、钟繇、二王，尤好《瘗鹤铭》和《金刚经》，自号“南宗“，以与“北宗”的李瑞清相敌。用笔圆通流畅，线条柔和润泽。他的书法是学魏碑而能得秀雅婉丽之美，又能以碑入帖，书法饶有晋人疏朗秀逸的风度。其实，曾熙北碑也写得不坏，只因当初李瑞清已经以善写北碑名闻遐迩，而名声为李瑞清所掩而已。曾李两人是交情相当好的朋友，在当时上海滩被传为美谈，“文人相轻“的恶习，在曾、李二人身上不曾见到。李瑞清颇自负，对当时各家书法多议少可，独推崇曾熙之书。云：“曾农髯先生今之蔡中郎也。中郎为书学祖，农髯既通蔡书，复下采钟王，以尽其变

曾熙 作品

化。所临爰承碑，左右倚伏，阴合阳开，奇姿谲诞，穹隆恢廓，使中郎操觚，未必胜之。”其书法造诣极深，沈曾植评曰：“俟园于书沟通南北，融会方圆，皆能冥悟其所以分合之故，若人以洞达二字评中朗书，若俟园之神明变化，斯可语于洞达矣”。康有为曾将曾熙的书作与何绍基并论，指出：“道州八分体峻，农髯先生体逸，体峻者见骨气，体逸者见性情，阴阳刚柔，各见其妙。”近人马宗霍道：“晚近先师曾农髯先生与清道人李梅庵，世号南北两宗。”

曾之书法五体皆精，亦擅绘画，年六十始作画。自谓作画师万物，山水、松石，在程嘉燧、戴本孝之间。能用隶意笔意为之，不求形似，别有逸致。

曾熙是一位有思想，有创新的书法大家。尤其是碑化帖的书法探索，在清末民初的书法史上，具有矫正时弊的历史意义。

胡小石

（公元1888～1962年），名光炜，号倩尹、夏庐，晚号沙公、子夏等。原籍浙江嘉兴，生于南京，毕业于两江师范学堂。是近代颇有影响的学者、诗人。 属于学院派的书法家，因为他差不多一生都在高等学府做教授，知识渊博，手眼俱高。1949年后任南京大学教授兼文学院院长、南京博物院顾问、江苏省书法印章研究会主席。

胡早年师碑学大师李瑞清、沈曾植，涩笔顿挫，古拙瘦劲。其书成熟时期主要特征：用笔以碑体的方笔为主，然能摒弃其师（李）笔笔颤抖之习气， 沉著、厚实、老硬，又加进了米芾的“刷字”法，故沉雄之中，又有豪迈之气。结体布局，不拘一格。字的中宫紧收，但主笔画能放则放，神纵、荡漾，颇得小王、 黄山谷与倪元璐书的神趣。书法初学颜真卿，经老师李瑞清指点，很快改学北碑，从《郑文公碑》及《张黑女墓志》临习最久。又写《流沙坠简》墨迹影印本，得汉代八分、章草及行草书真相，品格高古，不同时俗。此后广收博取，历代大家都有涉猎，尤其对米南宫“刷字”的痛快十分神往。

胡小石成熟期书法的最大特点是，用笔以方笔为主，沉著、厚实、老硬。他对书史书论也颇有研究。

王雪涛

（公元1903～1982年）原名庭钧，字晓封，号迟园，河北成安人。近现代著名的花鸟画家。1918年入保定直隶高等师范附设手工图画科，毕业后任定州师范图画教员。1922年入北京艺术专科学校西画系，1924年拜齐白石为师。齐白石极为称赞其才华，为他改名为雪涛。

30年代从王梦白习花鸟，同时上溯八大山人作品，对小写意花鸟画做出了突出贡献。抗战期间，他以鬻画、课徒为生。50年代，参与组织“新国画研究会”，开始探索花鸟画的创新。1954年任中国画研究会常务理事，被聘为中央美术学院民族美术研究所副研究员；1957年任北京中国画院院画师、院务委员会委员；1980年任北京画院院长。

他的小写意花鸟画近师王云的灵巧意趣，远学陈淳的清隽潇洒天趣盎然，并以明代院体画的状物精微、色泽鲜丽丰富了传统的小写意画技巧，因而练就了以速写强化默记形象的本领，具有准确把

王雪涛 作品

握运动中花姿鸟态的高强能力，又善于以灵巧多变的笔墨，在传统固有色中注入西洋画讲求的色彩规律，故所画花鸟虫鱼，刻画入微，变化多姿，情趣盎然，生动引人，既善于描绘花鸟世界的丰富多彩和活泼生意，又精于表现画家的心灵感受，且能于情景结合中把握转瞬即逝的机趣，从而摆脱了明清花鸟画的僵化程式，创造了清新灵妙雅俗共赏的鲜明风格，成为20世纪借古开今、化西为中的卓有影响的花鸟画家。

作品有《松雉》《紫藤白鹇》等藏北京画院，《百花齐放》等为荣宝斋收藏。出版有《王雪涛画集》《王雪涛画辑》《王雪涛花鸟画选》等多种画册。

陶一清

（公元1914～1986年）原名文通，斋号补斋，原籍上海，生于北京。擅长山水画，美术学院毕业后，1951年到中央美术学院任教授。曾任中国美术家协会会员、中国画研究会副会长、国画艺术家、教授。

自幼学画以两宋名作为范本临摹，参考元、明、清诸名家，鉴于北宗有笔而渲染稍差，尝以南宗弥补，融南北二宗山水于一炉，以造化为师不断从现实生活中吸取创作素材，并取西洋画之优点，丰富表现内容，努力做到古为今用，洋为中用，主次分明。作品有“远观其势，近收其致”之妙，笔墨纤秀、泼辣兼而有之。喜作大画，笔墨不苟，构思严谨，青绿设色在传统的基础上有所创新，为海内外识者称赏。

作品参加国内历届美展，先后多次举办个人画展。曾多次参加在德意志联邦共和国、意大利、美国、英国、日本、泰国、孟加拉、奥地利举办的美展，芬兰、瑞典、日本、意大利、英国等国博物馆以及国内各省市博物馆美术馆均收藏有他的作品。天津历史博物馆藏有山水18幅。传世作品《漓江雨夜》藏于英国博物馆，《漓江春早》藏于瑞典博物馆，《奇峰竞秀》藏于中国美术馆。在国内有大量印刷品问世，并有《陶一清画辑》《陶一清泰山写生画集》出版发行。

何海霞

（公元1908～1998年），原名何瀛，满族，北京人。幼随父学书法、从师韩公典习画，得韩氏严谨笔法。1934年拜张大千为师，随同入川作画。1936年曾与齐白石、张大千举办四人作品联展。1982年任陕西省画院副院长。曾任中国美术家协会会员、陕西省政协委员。

1951年何海霞迁居西安，与赵望云、石鲁等画家一起坚持传统，并走进生活，努力开拓中国山水画的新天地，共同开创了在我国画史上影响深远的“长安画派”，被誉为“长安画派三杰”之一。

其作品中，小青绿、大青绿、金碧、泼彩、泼墨和水墨浅绛，水乳交融，天衣无缝，而且相得益彰，形成强烈的对比与和谐的统一。凡其画作，构图严谨，笔墨雄健浑厚，题材多从西部风光获得灵感，深得大千真传。何海霞的青绿山水特点突出，通常多画西部景色，设色华丽，笔力凝健，意象雄奇，富有情趣。这是何海霞用60余年的时间，对传统潜心研究，对自然和生活深入体察，通过千锤百炼的艺术实践，增强了国画的表现力和感染力。

何海霞　密林深处

其作品《黄河禹门口》、《春在田间》，均为中国美术馆收藏；《大地长春》藏於北京饭店；《晴峦暖翠图》藏於北京钓鱼台国宾馆。作品还有《华山》《大地长春》《天开图画》等。出版有《何海霞画集》等。

黄绮

（公元1914～2005年），祖籍江西修水，生于安徽安庆，是北宋书法大家黄庭坚的三十二世孙，号

"九一"，斋名笔帘留香处、五金屋、二象室、夜吟馆。近现代著名书法家、篆刻家。早年师从闻一多、朱自清、罗常培、王力等学界名宿，打下了坚实丰厚的学术根基。他先后在安徽大学、南开大学、河北大学等校任教，曾任中国书法家协会副主席、河北省书协主席、省文联副主席、名誉主席、河北省社科院顾问、中国语言学会理事、中国音韵研究会理事、中国训诂学会学术委员等。

黄绮先生涉猎广泛，博览群书，在诸多文化艺术领域都有着独特建树，被学术界称为"黄绮文化现象"。他五岁学颜、柳字帖，诵诗词。后学"二王"书，中学至大学研习汉魏、周秦、直追甲骨。尤其在书法创作方面，其自创的"铁戟磨沙体"，开创出"雄、奇、清、丽"之"中国北派书风"；其"三间书"兼容并蓄，凛然独步，深受国内外书法爱好者的喜爱。

篆刻作品和理论专著有《黄绮八十寿辰书画殿览作品选》《黄绮书画精品庥》《黄绮书法刻印集》和《黄绮论书款跋》等。

方济众

（公元1923～1987年），陕西勉县人。著名山水画家，长安画派代表之一。生前曾任中国美术家协会常务理事、中国书法家协会理事、陕西美协副主席和省国画院院长，陕西省文联副主席，第六届全国人大代表，第五届陕西省政协常委。为陕西美术的振兴做出了重大贡献。

1946年从师赵望云学画，参加革命后，在陕甘宁边区文协工作，后于中国美术家协会西安分会国画研究室从事创作，为"长安画派"主要画家之一。1978年回西安致力于恢复美协陕西分会及重建美术家画廊。1982年创办陕西国画院。

《兰州黄河大桥》获第一届全国青年美展三等奖；《溪柳迎春》等入选第三届全国美展；《沙鸟聚相亲》入选第六届全国美展优秀作品展。《蜀道一瞥》被中国美术馆收藏。担任背景设计的水墨动画片《牧笛》和《鹿铃》分别获丹麦安徒生童话片国际金质奖和苏联电影节最佳美术片奖。

方济众先生自1980年始先后在山东、陕西、北京、广州举办个人画展。1988年于中国美术馆、日本京都文化博物馆举分别办"方济众遗作展"和"方济众遗墨展"。出版有《方济众画辑》《方济众画集》，著有《山石树木技法》等。

方济众　静静的群山

吕凤子

（公元1887～1970年），江苏丹阳县人。近现代国画家，美术教育家。他原名浚，字凤子，人称凤先生。吕凤子童年时代即爱好诗词、绘画、书法。15岁考取秀才，被誉为江南才子。废科举后，考入苏州武备学堂，后改攻美术。

吕凤子擅长人物、山水、花鸟画，具有独特的风格。书法篆刻也有特殊造诣，并创有"凤体字"。吕凤子执教一生，边教书边绘画，既为国家培养了大批人才，又创作了许多作品。吕凤子一生绘画近千件，很早就被视为珍品，作品《庐山云》30年代初被选送世界博览会，评为中国画第一奖。《流亡图》1939年被选送苏联展出。《四阿罗汉》1943年参加全国美展，获中国画第一奖。1949年前曾出版过《风景画法》《中学生水彩画册》《水彩画人间美》《凤先生仕女画册》《美育》等著作和画册。其后出版过《华山速写集》《吕凤子画册》《中国画技法研究》《吕凤子治印集》等。

马晋

（公元1900～1970年），北京大兴人。原名锡麟，字伯逸，号湛如居士，又号云湖。幼爱画马，从清末宫廷画家赵书村学习，得见郎世宁作品，遂自学郎氏画法。青年时代拜金城为师，加入中国画学研究会，先后任助教、评议，后转湖社，成为职业画家。1951年加入北京中国画研究会，为常务理事，后任北京国画社主任。1958年任北京中国画院画师，系中国美术家协会会员。曾任北京市东城区人民代表、北京市东城区政协常委。

马晋是北京画坛传统派里融和中西的画马名家。他取法郎世宁步入画坛之际，正是康有为主张“合中西而成大家者”、“当以郎世宁为太祖”之时。但马晋在金城、陈师曾引导下，不仅广泛学习古代院体画、文人画传统，而且博涉书法篆刻，更能以写生矫正临摹。在三、四十年代其工笔写实画风成熟之日，已开始在绘景中强化中国味。至五、六十年代，他更在马、牛、花鸟画中完善了自成一家的工笔写实风格，推出了工写结合的小写意面目。马晋的工笔写实作品，富於体感和质感，工而不拘，细而不碎，干净漂亮，雅俗共赏，与郎世宁的“甚谨甚细而外露巧密”拉开了距离。他的小写意作品，简赅生动，有笔有墨，写中带工。

马 晋 作品

王梦白

(公元1888～1934，1938年)，近现代中国画家。名云，字梦白，号破斋主人，又号彡道人，江西丰城人。父亲流寓浙江衢州。因住地与彡溪接壤，自号彡溪渔隐。年轻时在上海钱庄当学徒时喜画花鸟画，学习任颐，并受到吴昌硕的指导，画艺提高很快。民国初年到北京任司法部录事，结识陈师曾、姚茫父、陈半丁等。王梦白在北京有机会博览和临摹宋元明清绘画真迹，其中以沈周、陈淳、徐渭、林良等明代诸家作品最为他所喜爱。他在广泛吸收的基础上，加以变化，独创一格。他画花卉翎毛，亦长于山水、人物，尤长于动物，经常到动物园观察写生和观看动物影片。所画猴子千姿百态，生动有趣，不落俗套。

王梦白还以书法见长，并能诗，题画常有佳句。1919–1924年间，由陈师曾推荐任北平艺术专科学校中国画系主任、教授。他的得意弟子为王雪涛、王羽仪。1929年4月初，王梦白应邀赴日本介绍中国艺术，在东京、大阪两地曾举办个人画展，受到日本艺术家和鉴藏家的好评，出版有《王梦白画册》。

梅兰芳

(公元1894～1961年)，江苏泰州人。著名的京剧艺术大师，四大名旦之一，杰出的书画家。名澜，字畹华。生于北京。出身于京剧世家。八岁学戏，十一岁登台。善演青衣，兼演刀马旦。在京剧领域内对旦角的唱腔、念白、舞蹈、音乐、服装、化妆等各方面都有所创造发展，形成了自己的艺术风格。其艺术成就享誉世界。曾先后去日、美、苏等

梅兰芳 作品

国进行文化交流。在演戏之余，他喜爱书画，早年花卉师从王梦白，并经常创作。他与齐白石交谊颇厚，受其影响。加之自身艺术修养，绘画作品成绩突出。作品清丽秀雅，成为珍品。解放后任中国京剧院院长、中国戏曲研究院院长、中国文学艺术界联合会副主席、中国戏剧家协会副主席。著有《梅兰芳文集》《舞台生活四十年》等。梅兰芳先生以京剧表演艺术蜚声海内外，是二十世纪中国最伟大的戏曲艺术大师。

他曾拜齐白石、陈半丁、姚茫父等诸位大师学习书画，其画作梅、兰得益陈半丁、人物得益姚茫父较深，并有不少画作流传于世。梅兰芳绘画以小幅居多，书法以行书为主。书写清静隽秀，一丝不苟。深厚的书学功底，源于《乐毅论》《黄庭经》《十三行》等二王小楷，并伴有唐人写经笔意。作品之书卷气及布局章法亦可达现代同类书法作品的精绝之境。

溥松窗

（公元1913～1991年），满族，北京市人。本名爱新觉罗·溥佺，笔名雪溪、尧仙、健斋。国家一级美术师，系清宗室载瀛之子。1928年入松风画会。1936年参加中国画学研究会。同年被聘为辅仁大学美术系讲师，教授国画山水。曾兼任北平国立艺专讲师、教授，北京大学美术补习班教授。1949年后，参加北京新国画研究会。1953年加入北京中国画研究会并任执行委员和秘书处主任，1955年被选为理事。1958年入北京中国画院。1956年沿着红军长征的路线写生，与徐燕孙、王雪涛等合作《长征手卷》。先后在北京、天津等地的一些师范、艺术院校讲授国画。1985年被聘任为中央文史研究馆馆员。曾为北京市第七、八、九届人大代表，北京美术家协会、北京书法研究会、中国书法家协会会员、中山书画社顾问和创作委员会副主任、中国老年书画研究会理事。

溥松窗 作品

溥松窗幼读私塾，十五岁继承家学习画。传统功底深厚，技艺精湛，在继承中国画传统技法的基础上，创作了大量符合时代潮流的作品。建国之初，为了表达对新社会的喜悦和对领袖的崇敬之情，创作了多幅作品献给毛泽东主席，还曾为人民大会堂创作过大幅作品。《大渡桥横铁索寒》溥松窗作于1961年，纸本设色，纵57.5厘米，横130厘米，藏中国美术馆。代表作有《万马图》《千骏图》等。

溥毅斋

（公元1901～1966年），北京市人。号松邻。满族宗室。7岁读私塾，23岁以后专攻书画，精心临摹宋、元真迹，又常对花、鸟、鱼、虫、马等写真，30岁已经扬名，于荣宝斋、清秘阁等处挂笔单。曾于北平、上海等地多次举办个人画展。1949后任北京文史馆馆员、北京画院名誉画师、中国美术家协会会员、中国书法家协会会员、北京美术家协会副主席。

他继承了宋代的写实传统，在写生基础上创作，他在渲染中融入西画的透视与用光，作品形象逼真、神态生动，用笔细劲谨严，着色古艳。所作小写意花卉，松活清雅，颇具文人风范。作品有《山茶花》《松溪双骏》镜心等。

溥韫娱

（公元1920～1982年），满族，北京市人。1947年开始与王爱兰先后在北京北海公园、中山公园等地举办画展。曾为中国美术家协会会员。

溥韫娱是清光绪帝的侄女、溥仪的六妹，自幼有机会临摹宋元名画，对清代恽寿平的没骨花卉尤为欣赏，后专攻恽派的传统技法，结合写生而创作。其早年作品曾参加中华观光社古今名人书画展、中国画学研究会画展等。1949年后，其作品曾多次参加国内外美术展览。有评论认为她的作品“别具一格、设色淡雅、富有生意”。

其代表作品《芍药》参加国庆十周年全国美

溥韫娱、完颜爱兰　作品

展；《水仙》参加1960年迎春画展；《白牡丹》在北海公园天王殿展出；《荷花蜻蜓》参加国庆30周年全国美展。

钱振煌

（公元1875～1944年），近代学者、书法家。字梦鲸，号名山，又号谪星。别署星影庐主人，也署藏之，偶署庸人。江苏常州人。钱氏自幼聪颖，十岁即能作诗，十六岁即中秀才，十九岁中举人，清光绪二十九年（1903）进士。庚子事变，辛丑条约订约后，慷慨上书，批评朝政，遭嫌而归隐林泉。对贫民颇同情，为赈灾救民，常鬻书以助。

钱名山先生的书法在艺林是颇有名的。书法善行楷，学帖而参以碑意，用笔浑朴，结体宽博。书学主张沉着痛快，有解衣磅礴之概，寓风雷霹雳之声。晚年喜画墨竹，清疏挺峭。曾为名画家谢稚柳先生的老师。于右任曾亲口谓："名山老先生书法比我好。"张大千、徐悲鸿等对钱之字推崇备至。朱屺瞻则自述："画艺之成，曾受名山先生之启发。"当代学者洪丕谟也极推重："钱书颇具名士气，精微处令人叫绝。"

钱振煌　作品

著有《名山集》《阳湖钱氏家集》《名山文约》《名山诗集》《名山词》《良心书》《课徒草》《文省》《名山丛书》等。

秦仲文

（公元1896～1974年），河北省遵化人。原名裕荣，字裕，号仲文，别署梁子河村人，久居北京。1915年入北京大学法政系。1918年得陈师曾、汤定之、贺良朴等指授。1920年入中国画学研究会，受教于金城等，用力于临摹古代名作。30至40年代，先后任教于北平大学艺术学院（即原北平艺专）、京华美术学院、国立北平艺专。这一阶段侧重于师法古人，打下深厚的传统笔墨基础，为北方坚持笔墨为宗的传统派代表画家之一。20世纪50年代后历任北京画院画师、天津美术学院教授等职。

秦仲文 作品

在新的生活鼓舞下，开始了创作上的师造化阶段。60余岁壮游云桂川黔，画风平添新意，更重大自然之美与主观意象的契合，以抒发内心情感。

秦仲文擅山水、墨竹，尤以水墨山水著称。其山水，综合王翚、吴历，又上溯宋元，力求综合南北宗，喜以小斧劈皴，结景单纯，笔力坚凝，苍茫浑厚。解放后多有写生之作，但基本风格不变。作品《峨眉山色》作于壮游之时，以短皴密点复染赭、绿，写出近景山石嶙峋、树木葱郁苍翠之致，又于云雾之外绘出峨眉雪峰壮伟之姿，足见其经营之妙。秦仲文能诗文，长于美术史研究，著有《中国绘画学史》。

屈贞

（公元1909～1976年），北京市人。字静怡。屈贞是晚清宫廷画家屈兆麟之女，幼年随其父习画。潜心研习工笔画技艺。1929年起，其作品多次参加美术展览。1949年起，先后在中央美术学院和中央工艺美术学院任教。1958年入北京中国画院。

屈贞早期受其父屈兆麟的影响，其早期作品继承传统工笔画技法，工致细腻，具有浓郁的宫廷画风格。新中国成立后，她的艺术逐步注入了新时代的新内容，又与北京中国画院诸多名家合作，多次参与各种类型的画展，其作品尊重传统技法，但又不拘泥于传统，绘画功力深厚，技法娴熟，画风纯真不俗，具有自己的风格。作有《菊花》《五鸽图》等，她与胡絜青合作的《菊花》邮票在国内外公开发行，曾受到好评。

谭延闿

（公元1880年～1930年），字祖安、祖庵，号无畏、切斋，湖南茶陵人，生于浙江杭州。清光绪进士、与陈三立、谭嗣同并称当时“湖湘三公子”，授翰林院编修，1909年任湖南谘议局议长。1911年辛亥革命后任湖南督军，1912年加入国民党。谭延闿一直是国民党政府里的高官，曾任行政院院长、并两任国民政府主席。

谭工书法，擘窠榜书、蝇头小楷均极精妙，为民国时期书法名家。他的书风亦如其人，有种大权在握的气象，结体宽博，顾盼自雄。其楷书从钱沣、何绍基、翁同 上溯颜真卿《麻姑仙坛记》，行书兼采米芾法，其书深得颜书峻拔宽博的神髓。后又吸收了刘墉“以搭锋养势，以折锋取姿”，进而领悟钱沣楷法结体，雍容端庄而不呆板凝滞。是清代钱沣之后又一个写颜字的大家。由于谭延闿既能入古，又能出古，泥古能化，得各家长而弃其短，从而熔铸出自己的风范。所以被于右任称之为“谭祖安是有真本领的。”其大书气魄磅礴，古厚雄奇，黄埔军校大门上的校名“陆军军官学校”几个大字，就是谭所书写的。谭的行书，让人感到貌丰骨劲，味厚神藏。用笔上，线条潇洒，笔意沉着，颇为清雅飘逸，风神圆秀，更饶有晋人意味。

民国时期，在朝的显贵许多能写一手好字，但最著名的莫过于谭延闿、于右任二家。从民国至今，写颜字的人没有出谭延闿右者，他以颜字楷书誉满天下。

田零

（公元1916～1997年），河南省长葛县人。原名刘瑞峰，号青望。1939年春入延安鲁迅艺术学院学习美术，1940年春毕业于华北联合大学文艺学院美术系。曾在边区美协、冀北新华社支社、华北野战军政治部从事美术工作。创作有木刻《扭秧歌》《救伤员》、连环画《爆炸大王李勇》等。曾任中国美术家协会会员、中国美术家协会北京分会理事、北京花鸟画研究会顾问、中国老年书画研究会会员。

1949年以来先后在北京《大众日报》、天津艺术馆、华北人民杂志社、北京人民美术工作室、北京画院工作。曾先后在北京、长春、南京、昆明等地举办个人画展，作品多次入选国内外重大画展，并在《人民日报》《中国画》《连环画报》等报刊上发表。1959年参加在莫斯科举办的“社会主义造型艺术展览会”。1992年在台北中华电视艺廊举办个展。1989年在中国美术馆举办“田零从艺50年画展”。

田零　普陀山海滨

田零曾多年从事美术普及工作，在边区画过漫画、年画、连环画、木刻。1949年后，主要从事油画、中国画创作。他的中国画创作，中西兼容，追求生趣。创作以大写意花鸟为主，作品笔墨沉着，浑厚朴实，清新含蓄，富有时代气息，亦擅油画。秦兆阳评价他的花鸟画说：“笔墨开放、雄浑、老练、自成一格，给人以清新深厚之感。他的油画《子弟兵的母亲戎冠秀》、《坚持敌后武工队》等在50年代曾获得好评。其代表作《分秒必争》在“社会主义国家造型艺术展览会”上获得成功，苏联的《造型艺术》《星火》杂志同时发表，在美术界产生不小的影响。出版有《工厂素描集》及《戎冠秀》《坚持》《剥玉米》《石榴喜鹊》《鹰》等作品。

唐云

（公元1910～1993年），字侠尘，别号药城、药尘、药翁、老药、大石、大石翁，画室名“大石斋”、“山雷轩”，浙江杭州人。自幼酷爱书画，十七岁前主要临摹古代名画。早年就读于杭州惠兰中学，十九岁时任杭州冯氏女子中学国画教师。1938年至1942年先后在新华艺术专科学校、上海美术专科学校教授国画。后弃职，专事绘画。期间，曾多次举办个人画展及与其他画家举办联合画展。1949年后历任上海市美术家协会副秘书长、展览部部长，上海美术专科学校国画系主任，上海博物馆鉴定委员，上海中国画院副院长等职。1960年出席

唐云　作品

第三次全国文代会，1979年出席第四次全国文代会，同年应邀赴日本参加福冈市美术馆开幕式并进行艺术交流。

擅花鸟、山水，偶作人物。花鸟取法八大、冬心、新罗诸家，山水自元四家入手，兼涉明代沈石田、清代石涛。所作不受描绘对象枝节上的束缚，善于抓住特点大胆落墨，细心收拾，笔墨上能融北派的厚重与南派的超逸于一炉，清丽洒脱，生动有致。亦擅书法，长于草篆及行书，工诗文，精鉴赏。

作品多次在国内外展出并在报刊上发表，代表作品有《朵朵葵花向太阳》《棉花谷子》《红荷》《鲜花硕果》《郁金香》《松鹰》《竹》《白荷》《海棠双鸟》《山雨欲来》《咏梅》等。出版《唐云花鸟画集》《革命纪念地写生选》等多种。

陶博吾

（公元1900～1996年），江西彭泽人。名文，字博吾，别署白湖散人、栗里后人，著名画家、书法家。自幼喜习书画诗文。1926年考入南京美术专科学校，从沈溪桥、梁公约、谢公展诸先生学习书画。1929年考入上海昌明美术专科学校，从黄宾虹、王震、潘天寿、诸闻韵、贺天健等先生学习书画，从曹拙巢先生学习诗文。后归隐乡里，以布衣终其一生，他生性淡薄名利，不求闻达。生前不为人所知，声名不出乡里。

陶博吾 作品

艺术上极为推崇吴昌硕，一生受其影响至深。诗、书、画造诣皆深，书法绘画沉雄厚重、古傲拙朴、奇异生动，所作山水、花鸟，用笔奇肆老辣，全用篆籀笔法。书法也是结体奇崛，纯用中锋。喜欢用大篆集联。他的书法，在吴昌硕的基础开辟了新的风貌。诗文情感真挚、意境超远。著述颇丰，主要有《习篆一径》《石鼓文集联》《散氏盘集联》《博吾诗存》《博吾词存》《博吾联存》《题画诗抄》《博吾随笔》等。

王蘧常

（公元1890～1989年），字瑗仲，号明两，别号涤如、甪里翁、玉树堂主、欣欣老人，嘉兴人，生于天津。王蘧常是现当代以章草著名的书家。一生基本上在大学任教授，文史哲艺俱通，著作宏富。

王蘧常开始写《九成宫》，之后又学《十七帖》写北碑，主要临习《张猛龙碑》和《郑文公碑》。19岁时，从名书家沈寐叟先生学。从此走上了研习章草书的漫长道路，矢志不渝，持之以恒，终有大成。所作章草，古雅、厚重，时出方意，已对前人的章草书作了发展的书家。

王蘧常从50岁左右开始，精心研究《居延汉简》《武威汉简》《敦煌汉简》《罗布泊汉简》《楼兰魏晋竹简》和《流沙坠简》，注意篆、隶的内在联系，“欲化汉简、汉帛、汉陶于一冶”，“拓展章草之领域”。70岁后，其章草书法已从成熟走向别树一帜。作品曾先后到法国、日本展出。识者评其章草特点：“无一笔不具古人面目，无一笔不显自己的精神。”其章草书法艺术“博取古泽，冶之于章草之中，所作恢弘丕变，蔚为大观”。日本书法界则更称颂为“古有王羲之，今有

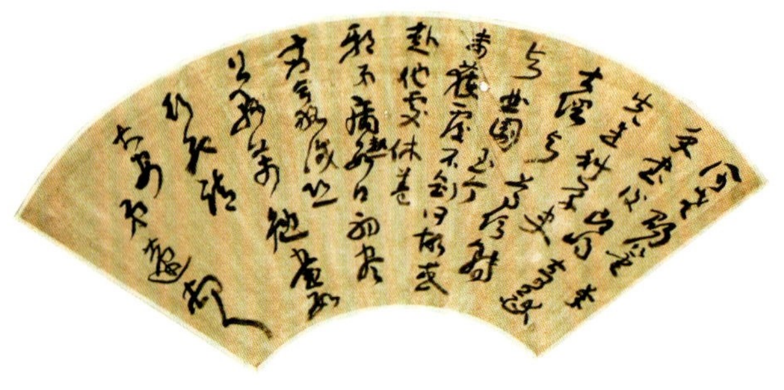

王蘧常 书法

王蘧常”，推崇备至。他于80岁后为泰山、禹庙、黄鹤楼所书的匾额，获得千万人赞赏。特别是为杭州岳庙撰写的抱柱长联，人誉为“神州之冠”。

王同愈

（公元1855～1941年），字胜之，号栩缘，江苏苏州人。为晚清民国年间著名学者、藏书家、书画家、文博鉴赏家。清光绪十五年（1889年）进士，选翰林院庶吉士。曾历官翰林院编修、顺天乡试同考官、湖北学政、江西提学使等。他以文出仕，虽久居官场，但官声为学名所掩，在他身居官场时，时人就以能得到他的书画为幸事。辛亥革命后，他退出政坛，隐居于嘉定（今上海）南翔镇，杜门谢客，潜心学问，以收藏、课徒为乐。

王氏书画篆刻皆工。书初临赵孟𫖯，继以欧阳询、虞世南、褚遂良，工稳谨严，所书能大能小，作字愈大，结构愈严，小字则笔笔精到。书风娴熟，字体俊迈洒脱，不假修饰而有一种质朴之美。曾于二寸见方纸上，缩临唐《王居士砖塔铭》二百七十九字全文，小中见大，形神兼备。山水画亦工，典雅秀逸，得四王遗韵，间作逸笔花卉，宗王武，俱有逸韵。编有《栩园藏书目》《栩园随笔》等。

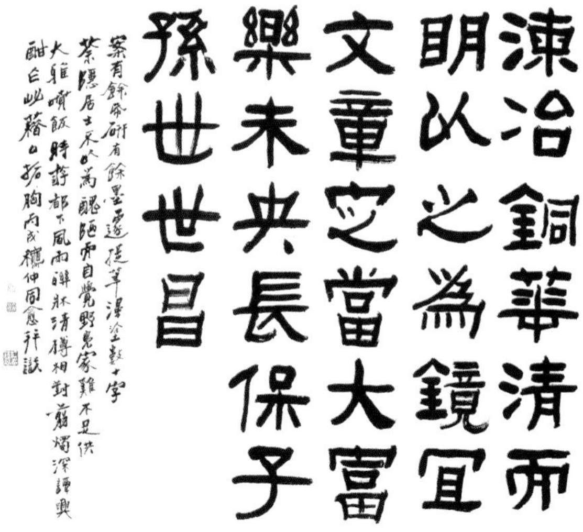

王同愈 书法

王友石

（公元1892～1965年），名道远，号履斋。山东省招远县人。1914年入北京高等师范（今北师大）手工图画科。曾追随孙中山先生参加同盟会、国民党。大革命失败后投入抗日工作。解放战争时期，在党的领导下参与“人民教育联盟”的组建工作。为和平解放北平，参与策动原北平守军司令傅作义的起义工作。1956年参与北京画院的筹建，后出任党组成员、院委。

王友石解放前以教书、卖画为生，曾开过多次个人画展。擅长花鸟画，他是陈师曾的得意门生，在艺术思想上深受乃师影响。其次受 昌硕影响较深，风格浑厚雄健。三、四十年代的北京画坛，临摹之风盛行。他力主写生，并通过“为花鸟写照”，把对象的物性、风神储于灵府，流注笔端。他主张以书法入画，提倡中锋用笔，画风朴茂敦厚。其书法碑帖兼重，以章草名世。花鸟以铁树、梅花、杨柳擅长。晚年所作梅花系列，鸿幅巨构，气势非凡，把梅花的自然特征和人文特征融会成昂扬、坚贞、怒放的绘画意象，透视出老画家身心与时代的共振，人格与魂魄的写照。在中国美术界同齐白石共有“二石”之称。

画作《长春花》，作于1940年，纸本，设色，高130厘米，宽53厘米，藏于中国美术馆。

王震

（公元1867～1938年），字一亭，号梅花馆主，别号海云楼主，浙江省吴兴人，近现代中国画家。5岁入私塾，7岁习画。14岁到上海著名裱画店怡春堂学徒，业余时间临摹中国画。1882年，拜任颐弟子徐小仓为师，得见任颐，受其指导。1896年，任日清轮船公司总代理，兼做保险、电器等生意，为清末上海三大洋行买办之一。

1906年，王震返吴兴家乡白龙山麓居住，始自署白龙山人。1909年，与钱慧安、倪墨耕、高邕发起组织豫园书画会。1911年结识吴昌硕并拜吴为师。1922年，当选为中国佛教会会长。翌年当选上海商会主席。1929年其作品被法国政府收购。1932年，与钱瘦铁、孙雪泥、汪亚尘等呼吁艺术救国，以捐赠书画义卖钱支持东北抗日义勇军。并任全国艺术家协会理事。

王震在46岁前，学习任颐画法，作品题材与风格似任氏。46岁以后画风转向吴昌硕。60岁后的作

王震　作品

品，渐显出熔任颐与吴昌硕为一炉的特色，即在浑厚、凝重方面似吴氏，却仍保留着任氏清俊的意味。晚年所作佛像，自成一家面貌，在画界赢得盛誉。他长于写意，善人物、佛像、花鸟、山水。他多画古代历史人物如苏武、陶潜、孔子、老子、钟馗，也画民间传说中的人物如和合二仙等，花鸟则长于梅、菊、荷、松、八哥、鸡、鹤、雀等。自称50岁后，每日写佛一帧。在吴昌硕诸弟子中，王震是最有影响和成就的画家之一。

王铸九

（公元1900～1966年）原名王鼎，字巙农，号两石，室名紫丁香馆，河南舞阳人。幼喜绘事，擅长写意花鸟画。1922年毕业于师范学校，1929年拜齐白石为师。“七·七”事变之后，举家回乡，1947年重返北京，继续向白石老人学画，并在京举办画展。1949年后，在北京展览馆工作。1955年调北京美术公司，为创作室画师。1962年调入北京中国画院，任专业画家。中国美术家协会会员。1989年中国美术馆举办其遗作展。

王铸九作品继承徐渭、朱耷、石涛、吴昌硕、齐白石等写意派大师的优良传统，融书法、篆刻之笔法、刀味入画，笔墨纵放，笔力雄健，刚柔相济，骨气夺人，给人以绵里藏针的感觉。设色凝重，水、墨、色的结合恰到好处。深厚华润，笔简意赅，具有深厚艺术创造力和浓郁的时代气息。其作品洋溢着蓬勃生机和活力，格调高雅清新。他深得“二石”神髓又能自开新面，是二十世纪“金石画派”的优秀画家。

作品常以农家作物为题材，以写意为主，笔墨老辣，浑厚华滋，富有浓郁的生活气息。代表作有《葫芦石榴图》《松鹰图》《葡萄》等。

王铸九 作品

吴光宇

（公元1908～1972年），名显曾，原籍浙江绍兴，生于北京。幼年在家塾读书，后肄业于汇文中学。始随兄长吴镜汀学画山水，1926年入中国画学研究会，经金城指点，师从徐燕孙，专攻人物，后任助教。三、四十年代曾任北平国立艺术专科学校讲师，并执教于京华美术学校。解放后，1951年入北京中国画研究会任理事，1958年任北京中国画院画师，为中国美术家协会会员。六十年代初曾在河北美术学院、鲁迅美术学院和民族学院授课。

吴光宇是北京传统派人物仕女画的突出代表之一。他虽然师承徐燕孙，但取材较集中于烩炙人口的历史人物、文学形象、民间神话和婴戏，轻雅意，重俗赏；造型善于取法戏曲人物的身姿动态，讲究提炼，略带夸张；师古除卷轴画之外，亦多借鉴民间壁画，富气势，有力量；衣纹在吴道子一派的基础上，大胆吸收了南宋马、夏和明代浙派的纵肆笔法，既矫健，又流畅；设色亦强化了补色对比和白粉泥金的作用，亦绚丽，亦明快；绘景则在其兄的影响下变工为写，颇觉潇洒随意，尤善在生纸作笔势迭宕、工中带写的重彩人物，创造了更为雄丽洒脱也更为刚健婀娜的个人风格。1962年曾赴云

吴光宇 作品

南西双版纳写生，绘人物肖像和云南风光多幅。

代表作有《荀灌娘救父》《淝水之战》《宝琴立雪》《画龙点睛》《吹箫引凤》等。他亦善连环画，作品有《张羽煮海》等。

吴镜汀

（公元1904～1972年）名熙曾，浙江绍兴人，生于北京。早年入北京大学画法研究会，又入中国画学研究会。1922年随金城、陈师曾赴东京参加第二届中日绘画联展。后任中国画学研究会评议、北平艺专山水画专任讲师。解放后历任北京画院副院长、中国美术家协会书记处书记、全国人大代表。

吴镜汀是北京最富才华与成就的山水画家之一。早年从王翚入手，得益于王翚为多，后转攻宋、元、明诸名家，凡董、巨、李、郭及吴门诸派，均有涉猎钻研，同时注重写生，将传统与造化熔为一炉，所画山水清新雅致，意境幽远。以笔性好，功力深厚，风格俊秀名闻画界。解放后多游名山大川，致力以写生求新变，但基本风格无大的变化。著名弟子有启功等。

吴镜汀在名师金城、贺履之、俞涤凡、萧谦中的指导下，沿着一条由"四王"特别是王翚入手，间接上溯宋元名家的轨迹，反复临摹历代名作，不断研习，打下了坚实的传统绘画基础。吴镜汀天资聪明而且十分刻苦，他的作品功力深厚，风格飘逸俊秀。他前期的作品多以细笔设色，综合运用古人画法，根据自己的体悟，形成了清劲有力的画风。后期参入写生的作品则更注重场景气氛的刻画，笔墨上多采用马、夏笔锋劲力的斧劈皴，著色绚丽悦目，有时用没骨法，有时用泥金勾勒、金碧罩染，别富韵致。应该说他的新探索基本上仍是在传统笔墨的范围之中，但更倾向于色彩的运用。作品有《藏女负水》等。出版有《吴镜汀作品选》。

吴镜汀 作品

吴作人

（公元1908～1997年），安徽省泾县人。1927年考入上海艺术大学美术系，翌年转学南国艺术学院美术系，师从徐悲鸿，并参加田汉组织的南国社。后随徐悲鸿到南京中央大学艺术系继续学画。吴作人曾任中央美术学院教务长、副院长、院长、中国美术家协会副主席。当选为一至六届全国人民代表大会代表和六届人大常务委员、第七届中国人民政治协商会议常务委员、中国民主同盟中央委员会常委、文化委员会主任等职。曾为中央美术学院教授、名誉院长，中国美术家协会主席。曾荣获比利时王国王冠级荣誉勋章。

擅长油画、中国画。其油画《齐白石像》《三门峡》，中国画《牧驼图》等均为中国美术馆收

吴作人 鱼乐图

藏。发表有《印度绘画》《谈风景画》《对油画的几点刍见》等文。出版有《吴作人画集》《吴作人画辑》《吴作人速写集》《吴作人文选》《吴作人、萧淑芳画选》《中国近现代名画集——吴作人画集》等。曾于1986年在中国美术馆举办大型个人作品展览。多次出国访问，举办画展，致力于中外文化交流。

夏风

（公元1914～1991年），河南省原阳县人。1930年入河南艺术学校，毕业后考入国立杭州艺专，继又进国立北平艺专深造。1938年赴延安入鲁艺木刻研究班。曾在鲁艺美术部美术研究室任研究员。1946年任教于华北联合大学。解放后曾在人民美术出版社、北京画院工作。曾在海内外举办个展，作品曾被英国大英博物馆、莫斯科东方博物馆、中国历史博物馆、中国美术馆、中国国家图书馆、抗日战争纪念馆等收藏。

夏风是延安版画的代表性画家之一。1941年在延安曾获青年文艺奖。他是一位多产的画家，曾以多种题材、多侧面地描绘了中国劳苦大众新的生活状态和精神风貌，他以艺术形象反映了中国社会、文化的历史性巨变。夏风在汲取民间艺术创造版画艺术新的形式语言方面曾获得普遍好评。他创造出富有民族精神和民族气派的新的版画艺术，开创了中国绘画史的新篇章。夏风的写实功底深厚，又从传统和民间艺术中汲取营养，不断探索中国画的革新。逐渐形成了他清新隽永、率真放达、富于生气和情趣的美学风格。他的花鸟画为画坛增加了一种新的审美形态。他的富有创造精神的作品具有历史的、审美的价值，在国内外有广泛的影响。

萧退庵

（公元1876～1958年），原名嶙，一名蜕，字中孚，以退庵名世，别号很多，有蜕庵，与蜕公、退公、皋松老人。江苏常熟人。

退庵博通经史，兼精小学、训诂，尤工书法。其书名，不仅遍及大江南北，而且远及日本、朝鲜。篆刻名家赵古泥曾为之镌“虞山第一书家”印章，实当之无愧。其书四体皆工，而篆字更精，俊挺敦厚、圆浑苍劲，落笔不凡，神采可爱。又通书理，曾说：“书法虽小道，要具三要素：一曰书学，二曰书道，三曰书法。学为本，法为末，道为用，阙其一，则非正法也。”又主张多读书，多看碑，多看贴，多识字，多认得晋唐以下和清初及中叶之书法，才能得书法门户。他化传统的长篆为方篆，但方之后尚能保持圆劲的用笔与体势，结字特好，正是所谓疏可走马、密不容针。萧退庵另一个让人称道的地方是，他主张书贵自然，以造作为书家大忌。这一精神明显地体现在他的行草书中。他生平最友善者两人，一为李叔同，一为印光法师。李是上海友好，印是姑苏之朋辈，因此他经常往返苏沪，讨论书道，交流书法。他一生鬻书，其学生众多，要推邓散木、沙曼翁最有成就。其著作有《书读百法》《小学百句》《文学探源》等。

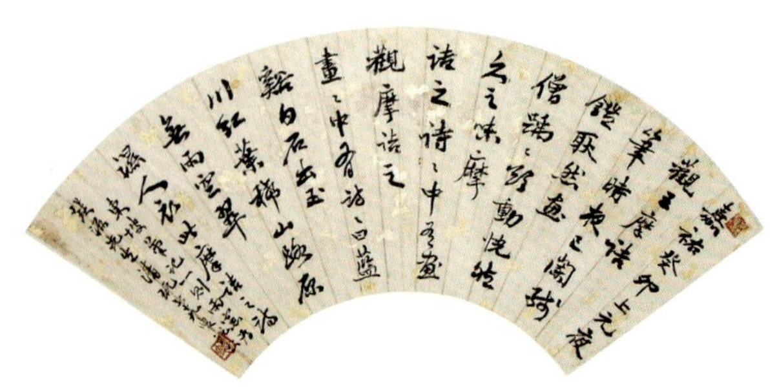

萧退庵 书法

萧娴

（公元1902～1997年），字稚秋，号蜕阁，别署枕琴室主，贵州贵阳人。近现代著名的女书法家。父亲萧铁珊是孙中山先生的追随者，又是著名的南社社员，工诗文，善书画。萧娴幼承庭训，小小年纪就以善作擘窠大字闻名乡里。后拜识康有为，康先生以其聪明好学，收为弟子，从此书艺大进。1932年，篆书《临碣石颂》集刊于《当代名人书林》，成为知名书法家。后定居南京，1964年任江苏文史馆馆员。1981年，江苏省南京市文联为她在江苏美术馆举办书展，历时一月盛况不衰。1983年赴贵阳举办书展，作书八十余幅，受到家乡人民欢迎。1984年调入江苏美术馆，专门从事创作。

受乃师影响，萧娴学书从篆隶入手，与现在一般人从楷书开始不一样。她认为，楷书是从篆隶而来。篆是圆笔，隶是方笔，圆笔方笔都掌握到了，不论写楷书、行书或草书都不难掌握，取法乎古，

萧娴　书法

这当然是最难得的。她的书法，开始就是以《石鼓文》《石门颂》《石门铭》"三石"为宗。历史上，女书法家并不多；一般均以秀丽婉约见长。萧娴的字却有伟丈夫气概，这与她宗"三石"是很有关系的。她最以大字行楷书胜，点画纵横驰骋，外放内敛，大气磅礴，与康有为书如出一辙，以重、拙、大的特点，给人以强烈的印象。

徐生翁

（公元1875～1964年），早年嗣李姓，名徐，号生翁。中年书署李生翁，晚年署徐生翁，浙江绍

徐生翁 作品

兴人。徐生翁先生是我国近代被人们公认的异军突起、风格独特的艺术家。他在诗、书、印诸方面成绩卓然，尤以书画名世。他早年取法汉、魏碑版，尤对《石门铭》《史晨》及两汉刻石着力最深，以后他又遍临秦汉刻石，钟鼎彝器，从而更丰富了他的用笔和意境。经过几十年的取法探索，徐生翁终于走出了一条迥异于世俗而仅仅属于他自己的新路，其书风的基本格调，就是古涩拙朴，奇屈生辣，拙趣中又不乏自然天趣。

他的画一如其书，极重气韵，亦极讲究布局、章法、非常得势。他画松针、梅枝如作篆、隶，凝重刚健；画荷、菊一如大草，奔腾飞舞，处处渗透着金石、书法的功力。

其书法作品，写得极为自然、率意，反映了徐氏书法的基本特点。其中，徐氏书法对时俗书风的叛逆性，以及他在用笔、结字、章法等方面所富有的出神入化般的变化，足以说明徐生翁书法所独具的历史意义。

徐聪佑

（公元1902～1989年），别名徐慧，女，湖南长沙市人。1921年在北京参加中国画研究会。曾在《艺林月刊》《湖社月刊》发表作品，并在重庆、成都等地举办个人画展。1957年入北京中国画院。曾任北京工笔重彩画会顾问、北京中国画研究会顾问、中国美术家协会会员。

徐聪佑自幼酷爱绘画，参加中国画研究会后，从师金城、陈师曾诸名家。早年作品曾得到章太炎、黄炎培、齐白石等人的称赞，在北京画坛具有一定影响。解放后，曾多次参加国内外重要画展，

其作品被中国美术馆及其他博物馆等单位收藏。在她从艺的70余年中，精心研究工笔没骨花鸟艺术，继承发扬自徐熙、恽南田以来的优秀传统，取得了突出成就，对当代工笔画的发展具有积极影响。

作品有《葡萄蜻蜓》《紫藤双燕》《秋葵》等。钓鱼台国宾馆十幅珍藏国画中就有她的《梅花寿带鸟》。

颜地

（公元1920～1979年），山东省荣城县人。1944年参加革命。1956年加入中国共产党。曾任大连中苏友好协会宣传科副科长、旅大文工团副团长，先后在长春电影制片厂、中国电影公司从事美术工作。1957年入北京中国画院，专攻山水画，并任创作组组长等职。曾为中国美协会员、中国画研究会理事。

颜地是现当代写生派山水画的重要画家，著名作家曲波曾赞美其作品："峻巍秀丽，朴实浑厚，艳雅交错，钢筋铁骨"。1950年，曾与李可染同赴桂林、阳朔写生，在山水画的语言革新方面有一定贡献。1961年赴黄山，用自制的柳炭条在宣纸上画了上百幅写生稿，有独特的表现效果。

其代表作有《居庸关之春》《桂林之晨》《红旗渠》《桂林新貌》《雨过天晴》《苍山晴日》《水乡》《烟江暮霭图》等。

颜地　山水

在纪念建军三十周年时，沿红军长征路线写生并集体创作《长征画卷》，与吴镜汀等合作《岱宗旭日》。1963—1964年为人民大会堂创作巨幅作品《居庸关》《京郊风景》《蓬莱仙阁》等。其作品曾多次赴日本、法国、加拿大、澳门等地参加展览。1977年创作《桂林新貌》参加迎春画展、《雨过天晴》参加全国山水花鸟画展。1979年和1980年其遗作展分别在北京和山东美术馆展出。出版有《颜地画选》等画集。

徐燕孙

（公元1899～1962年），河北深县人。名操，号霜红楼主，又号霜红龛主。是我国20世纪杰出的工笔人物画家之一。生于北京书香门第。幼习诗词歌赋、经书古文，徐世昌时代曾任总统府科员，后于中央政法专门学校攻法律。少喜绘画，后拜清末首席宫廷画家管念慈为师，又从学于自沪来京的海派画家俞涤凡(公元1884～1935年)。1920年首批加入中国画学研究会，后转湖社。曾执教于京华美术学校和北平美术专科学校，曾任北京中国画院副院长。

徐燕孙人物画由晚清宫廷绘画和海派绘画、上溯唐宋传统，并及元明大家，大体以吴道子画派风格为中心，融会贯通，自成一家。徐燕孙非常注重传统，从他临摹唐代的阎立本、吴道子，宋代的苏汉臣、马远、夏圭、梁楷，明代的仇英、唐寅等历代名家作品上看，都有浓厚的传统笔意和技法，其传统功力是很深厚的。他的绘画用色清雅，白描只在人物脸部施淡彩，但却能收到以少胜多的效果。徐燕孙擅长描写不同人物的不同神态与动势，善于突现人物及各种场景中最为精彩的瞬间，而且还能在众多人物之间穿插青山绿水、祥云瑞石、宝树珍花。他塑造的人物大多取材于民间神话传说、历史故事和古典小说，写形传神以人物身份为依归，衣纹措置以骨骼部位为准绳，衣冠器用重文物制度之考据。构图繁而不杂、设色妍雅亮丽。解放后，他在开拓历史题材的新意，深入刻画人物内在精神和加强工笔重彩人物画宏大场面的表现力上，又有新的突破。

代表作有《屈原》《兵车行》等。连环画作品

徐燕孙 作品

亦有《三打祝家庄》和《火烧赤壁》等。

应均

（公元1874～1941年），名万春，字敷华，又字仲华，号晓村，早年斋号“师竹轩”，晚年以“松石山民”为号，浙江永康人。出身于商人家庭，聪颖过人，勤奋好学，然一生坎坷。少年时，兄长、父亲先后早逝，遂家道中落，一生落寞，几无荣显，遂以翰墨为寄。精书法，工梅兰，好诗文篆刻。诗文书画修养全凭自学不倦而致。当时有书法“于右任第一，应均第二”之誉。亦擅刻印。

应均诸体均擅，而以行草为善，作品包含金石之气。应均学书法以颜真卿为起点，继从二王到两周玺文、秦汉石刻、六朝墓志等等，较全面地研习了各种碑帖；后又倾心于魏碑，尤钟爱《爨龙颜》，以魏碑笔意融入行草。50岁后，其书法日臻成熟，脱尽时习，面貌一新，形成了自家的独特风格。所书条幅多豪宕激厉，然其书法气多于质，意优于形。有评其书法为“一等气质一等书才之二流作品”。其书画艺术曾受到于右任、黄宾虹等当代大师赏识。从其《行书手札》可以看出，此信札非经意之作，更显天性流露，信笺印汉砖拓片，又添古雅之气。

袁松年

（公元1895～1966年），又名袁十，字鹤文。广东番禺人，寓居上海。早年毕业于上海圣约翰大学，学习西洋画。当时康有为、陈独秀等人主张利用西洋画法，变革中国画，袁松年受到他们的影响，毅然放弃西洋画，专事国画创作。并提出了“国画合理化”的主张，且积极加以实践，做了许多借西洋画法革新国画面目的尝试。1956年受聘为上海中国画院画师，积极投入画院组织的深入生活活动，创作了较多现实题材的作品。生前曾为中国美术家协会上海分会会员、上海文史馆馆员、黄浦区政协委员。

袁松年的山水对范宽、沈周、龚贤等古代名家有较深入的研习，喜以笔墨追求物象真实感，多运用斧劈皴法，笔触坚硬，层次鲜明，自成一格。他的作品在东南亚一带颇有影响。亦善作钢笔书法，兼能诗文，著有《抒情小唱诗集》《名胜写生集》等。其传世作品《上海鲁迅纪念馆》《急滩运粮》《福建前线军民联防》《太湖一角图》《运莱图》等均藏于上海中国画院。

《松崖归渔图》在勾勒了山崖的轮廓以后，以干笔反覆皴擦，再以淡墨渲染，塑造出了山崖的阳面和阴面，又表现出了山石的起伏错落感。崖上的杂树，亦着重于面的刻画，使细密的笔触连成一片，与传统重线的方法侧重点略有不同。画中点景

袁松年 作品

人物造型十分朴实，而水的画法，采用了与传统留白画水相反的方法，用线、墨、色恰当渲染了水面的光泽和色彩，使欣赏者有一种全新的审美感觉。

张松鹤

（公元1912～2005年），广东东莞人。1934年毕业于广州市美术学校西画系。1938年加入中国共产党及东江抗日纵队，历任东江南岸第三战线副指挥，华北《行军快报》《行军画报》主编。曾先后在北京市人民美术工作室、北京市美术公司、北京画院从事雕塑创作。曾任人民英雄纪念碑雕塑创作组副组长，华北大学、北京师范大学、北京艺术学院教授，第五、六、七届全国政协委员。

其作品《鲁迅像》《新四军》《马克思、恩格斯像》分别为中国美术馆、中国革命军事博物馆、德国特黑尔市马克思故居收藏。雕塑作品有石家庄烈士陵园铜像《战斗》和《埋雷》《列宁胸像》《毛主席浮雕像》等。绘画有水粉画《东方红》。人民英雄纪念碑浮雕《抗日游击战》（与陈淑光合作）获1987年首届全国城雕评奖最佳奖。《抗日游击战》运用现实主义手法，以磅礴的气势，朴实的语言，形象地再现了人民战争的宏大场面，具有振撼人心的艺术魅力。《鲁迅像》以奇巧的构思，凝练的手法，塑造了鲁迅平凡伟大的艺术形象，成为现实主义雕塑典范作品之一。

赵枫川

（公元1915～1988年），河北省高邑县人。1934年入北平京华美术专科学校。1938年7月投奔太行山抗日根据地参加抗日革命队伍，在冀西第一专员公署从事抗日宣传工作，同年加入中国共产党。1939年调入《冀西公报社》，编绘《山川画报》。1941年调太行区文联，从事美术宣传工作，其间创作了许多壁画、宣传画和年画。

解放战争时期，先后任太行区文联理事，山西省美协副主席，担负了美术宣传战线的组织领导工作。1949年后，先后任华北杂志社编辑、北京市文联常务理事、北京市美工室书记、北京画院院长、中国美术家协会理事、北京市文联常务理事、副秘书长、中国美术家协会北京分会副主席和北京市书法家协会副主席等职。

其中国画代表作品主要有《转移》《太行红柿》《黄山风景》《十渡河山水》《早春》《公社生产队》《丰收》等；连环画代表作品主要有《生产救灾》《李顺达》《第一年》《中国共产党三十年》等。

郑诵先

（公元1893～1976年)，现代书法家。原名世芬，字诵先，晚年以字行，四川富顺人。出身书香门第，自幼即习文史、诗词和书法。书法从隋碑入手，楷书早年取法柳公权。后来专攻草书，将今草和章草结合在一起，形成朴茂古雅的风格。晚年又将《爨宝子》《爨龙颜》等碑的用笔融汇到他的草书中，风格更加浑厚苍莽、潇洒飞动。五十年代在北京与张伯驹等人组织“北京书法研究社”，任秘书长。生平精研文史，著有《怎样学习书法》《各种书体源流浅说》等。

郑诵先的章草规矩，用笔饱满，结体古拙厚重，并吸取了《爨宝子》的意趣，有自己的风格。所作兼取汉碑和“二爨”笔意，苍劲雄浑，气魄宏大，浑厚苍莽、潇洒飞动。出版有《郑诵先书法选》《郑诵先书法集》等。

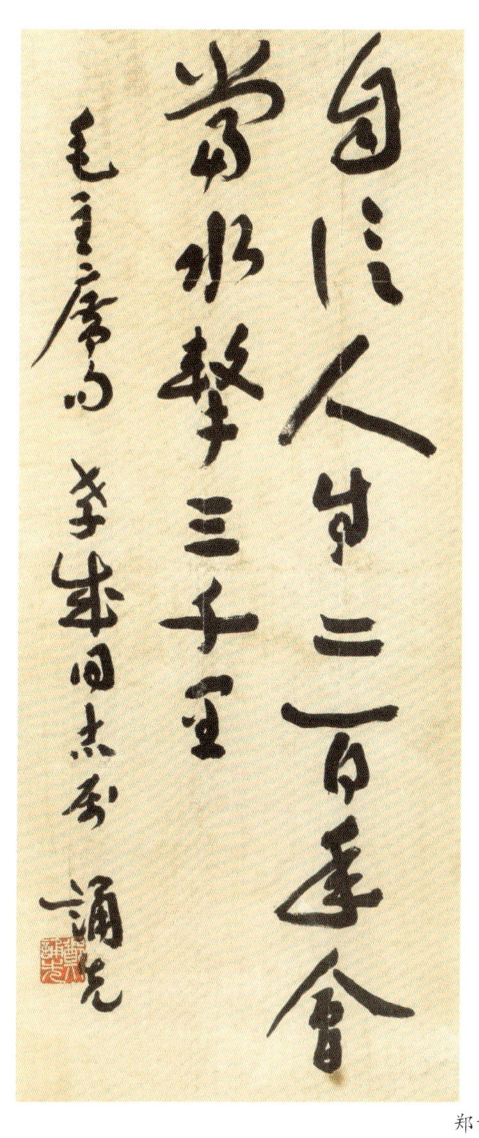

郑诵先 书法

周怀民

（公元1906～1996年），江苏无锡人。早岁学土木建筑。1926年始在北京中国画学研究会习山水，后任该会讲师、评议。30年代被聘为京华美专教授，兼北平艺专山水画教授。生前任中国国民党革命委员会监察委员、中山书画社社长等职。

周擅山水，传统功力深厚，尤谙熟宋元北派技法。特别对宋代马远的山水深有研究，在采众古人之长、博览名画杰作的基础上，形成了他独特的艺术风格，即豪放婉约为一体，工笔写意双美。他的山水画刚劲委婉，古雅多姿，他的葡萄晶莹剔透，他的梅花铁骨冰姿，给人以凝重坚贞之感。黄宾虹题其画册云：“怀民先生天资聪颖，学力研深。此册秀逸华滋，洵称杰构”。1950年代后，北游祖国山河，意境笔墨为之一新。其代表作有《十三陵水库》、《岱宗旭日图》（合作）等。笔墨苍劲浑朴不乏灵秀，于画坛独树一格。善画太湖芦塘小景，人称“周芦塘”；所画葡萄若绿玉蒙紫，又有“周葡萄”之美誉。周怀民精鉴赏，富收藏。晚年将藏品捐献故乡，无锡市特为之建周怀民藏画馆。有《周怀民画集》《周怀民藏画集》等专著出版。

周怀民 作品

第三章　当代书画人物（一）

当代中国书画家既继承传统，又别开生面，佳作层出不穷，继承和弘扬中国优秀的传统文化，繁荣当前的文艺创作，为丰厚的文化遗产再添姿彩。

本章与下一章节主要收录了当代有突出贡献和有影响的中青年书画名家，并兼顾不同风格、流派和地域的艺术家。为查找方便，当代中青年书画家介绍，按照书画家姓名的汉语拼音，以英语字母表顺序排序。

由于资料难以包罗万象，丹青高手未能尽数，对于未能辑入的书画名家将在今后的年鉴中增补。

包洪波

字虹波，山东临沂平邑人。中国美术家协会会员。毕业于山东艺术学院。1999年入北京画院高研班，师从王文芳、杨延文、王明明。现为中国人民解放军国防大学书画院教授、国家一级美术师、文化部青联委员、中共中央国家机关工委紫光阁画院秘书长、中国《美术家报》编委、记者。

其作品中笔墨酣畅淋漓，浑厚华滋，空灵飘逸，浓淡疏密布局适宜，他所构图以“满、密”为主，笔墨极重笔势，以笔势去构筑重山叠水整体气势，一种精神视野与境界追求。

作品曾入选首届“全国盛世国风大赛”、新世纪“全国当代扇面大展”银奖、“黄河魂”全国大展、第三届当代中国画山水大赛、中国诗书画研究院“跨世纪庆回归”大赛金奖、全国首届扇面大赛等多次展览并获奖。作品被国务院、紫光阁、人民大会堂、中南海、中国美术馆、中央电视台等单位收藏，并在国内外多次举办个人画展。

出版有《包洪波山水画选》《中国画坛百杰·包洪波作品选》《当代著名画家包洪波写意山水》《山水画构图技法——包洪波》等画集。

山水　68 × 68 cm

边平山

（1958～）生于北京，1986年毕业于中央美术学院国画系，1992年毕业于中国艺术研究院中国画名家研修班，潜心研究中国画的当代问题。

边平山的长卷，将屋宇、花卉、人物、书法与抽象符号并置，他用顺其自然的方法，将大片的空白弥漫其间，笔墨应画面的要求在姿意和微妙之间不断地调整，画面充满韵律，玄妙而悠远。抽象符号的出现，使长卷出现一种清新又陌生的感觉。

其自1987年起就应邀参加国内外各种规模美展，最近几年参加的重要展览有2002年上海美术馆“国际水墨邀请展”、上海“中日书法联展”；2003年台湾观想艺术“今之昔——新文人意境展”、“上海抽象艺术油画展”、美国佛罗里达举办的“中国现代艺术邀请展”；2004年在香港举办“边平山作品展”、“全国中国画百家作品邀请展”；2007年中国国家画院“卷气——荣宝斋首届手卷、册页提名展”、“品逸——当代中国画名家邀请展”等。出版《当代文人画》《卷气——荣宝斋画院首届手卷、册页提名展》《2006年中国艺术年鉴》《摘下面具——重返母系社会》《05平山手稿》《大家书系 · 边平山手稿》等著作。

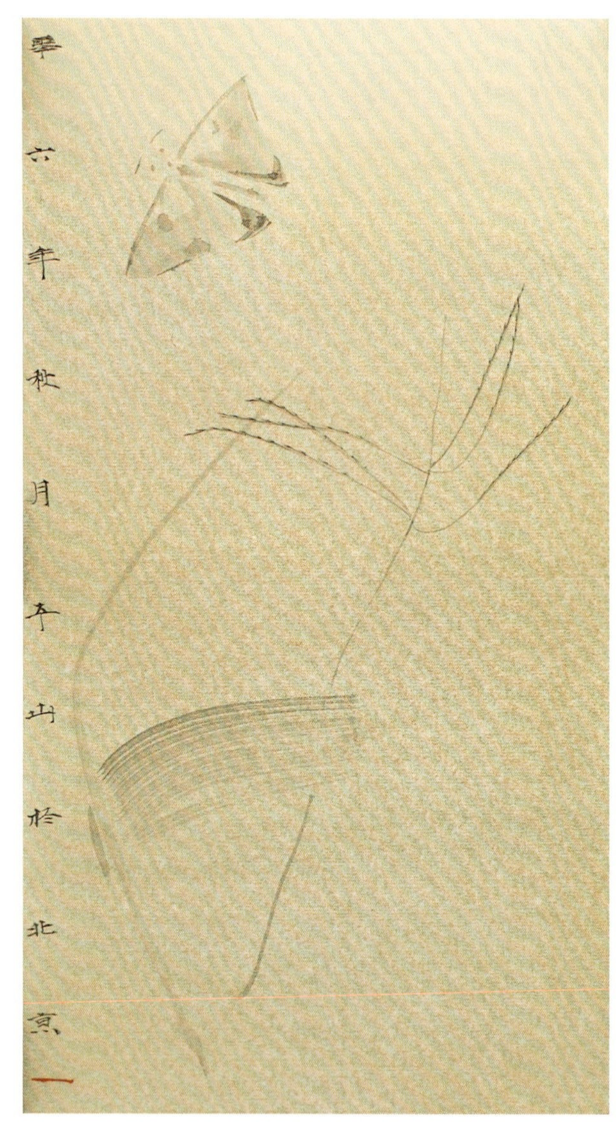

花鸟　27×47 cm

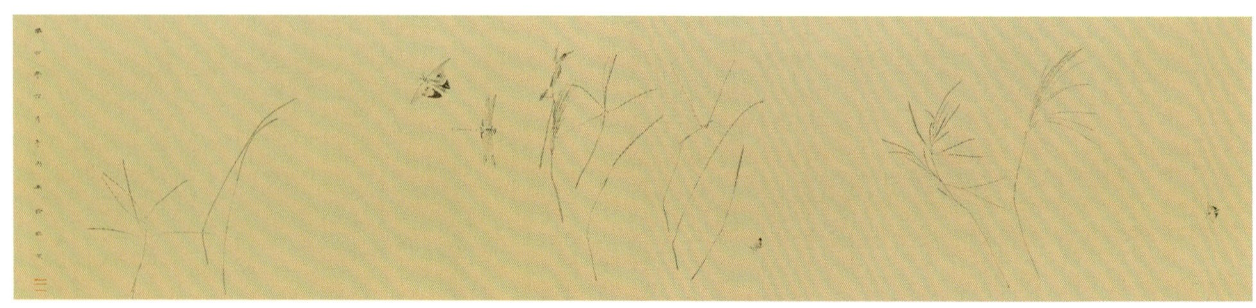

蔡寅坤

（1963～）生于四川成都，字深池，号墨出，回族。中国美术家协会会员。四川省诗书画院、成都画院特聘画家，成都杜甫草堂博物馆、杜甫草堂诗书画院专职画家。

蔡寅坤在创作中重视画面全局的结构气势和笔墨运用，重视对物象特征的强化和真情感受。他的作品中不仅有高洁之美，同时还有一种雄浑的气势。其作品入编《中国当代美术全集》《中国首届花鸟画作品集》《中国当代著名花鸟作品集》等大型画集，并荣获“中国花鸟画成就奖”和“当代中国画杰出人才奖”。

作品赴日本、美国、新加坡、马来西亚、香港和国内各地展出并被有关机构收藏。《美术》《中国书画》《江苏画刊》《人民日报》等多家报刊曾专题介绍其艺术成就。出版有《蔡寅坤画集》《蔡寅坤的画》《蔡寅坤大写意花鸟》《蔡寅坤花鸟精品集》《走进野风堂》等多部专集。

花鸟　138×68 cm

曹建华

（1959～）陕西人。中国美术家协会会员，博士，国家一级美术师。中国艺术研究院美术创作院专职画家、中宣部文艺界优秀专家、中华两岸文化艺术基金会副会长。师从龙瑞先生。作品多次入选全国美展，出版个人专集多种。获中国艺术研究院“黄宾虹奖”，中国国家画院、李可染艺术基金会“艺术奖”。

其近年的作品，大幅多立轴，喜欢取高远之势，布景饱满，笔画繁密。画面重峦叠嶂、烟云浮动。小幅多横方，喜欢取平远之势，布景相对空灵，用笔繁简不一，多描绘丛岭坡树、山村野屋之属。 他不拘于写实的形象，作品几乎没有写生痕迹。他在题画中说“陇右山势，雄浑苍莽，拟其大意”，“沉着深厚，写其精神，不徒以细谨为工”——所谓“拟其大意”、“写其精神”，意味着疏离对景物的描摹，疏离真实具体的形，而着力于笔墨，突出它们的书写性、自由性与个性，强调它们的意趣与风格。

崆峒秀色　68×68 cm

柴建方

（1943～）河南郸城人。国家一级美术师。现任宁夏书画院副院长、宁夏书协副主席、贺兰印社社长，中国书协二届理事、西泠印社社员、99中国百杰书法家及享受国务院特殊津贴有突出贡献的书法艺术家。

书法擅行草篆隶各体，雄强雅健，洒脱自然。篆刻出入秦汉，奇倔古茂。曾多次参加全国书展、全国中青年书展、全国篆刻展、全国刻字展、全国书法名家邀请展及国际性大型书展并多次获奖。曾多次举办个人书法篆刻展览，并应邀出访日本、新加坡讲学和艺术交流。

出版有《柴建方书法篆刻集》。作品还收入《中国书法选》《中国当代书法大观》《中国书法名家作品集》《国际书法展览作品精选》《中国现代美术全集》书法卷和篆刻卷等二百余种集子。其传略已收入《中国当代书法家辞典》《中国印学年鉴》《当代篆刻家大辞典》及《世界华人艺术家成就博览大典》。

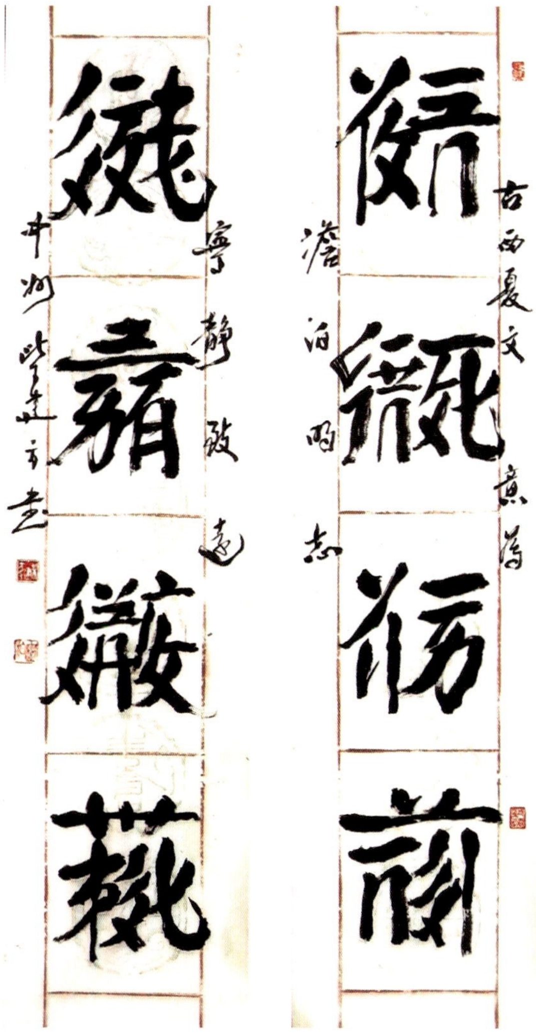

书法　136×68 cm

陈大章

（1930～）出生于北京书画世家。中国美术家协会会员。曾任中国历史博物馆美术部总体设计副研究员，现任工艺美术学会理事、北京海峡两岸书画联谊会会长、文化部老艺术家书画社社长、中国书画函授大学教授。

陈大章自幼向家叔陈林斋学习中国画。通过几十年努力达到一定艺术水平，以画山水、松、竹、梅著称于画坛。

其作品多次在国内各省市和台湾地区以及美国、日本、韩国、新加坡、马来西亚等国举办画展。作品被国内外许多博物馆、纪念堂、纪念馆收藏陈列，并作为礼品赠送给世界各国政要。其传略先后收入多部辞书名鉴。出版有《陈大章画册》《陈大章画集》，同时还绘制出版有《信阳楚墓图录》《望都汉壁画墓》《邓县彩色画像砖图录》《中国历代服饰资料研究》等大型画册。

旭日东升一帆风顺　134×68 cm

陈雄立

（1939～）生于北京。中国美术家协会会员。1956年参加以齐白石为会长的北京中国画研究会，为李苦禅大师入室弟子。1980～1989年于中央民族学院艺术系任教。1987年赴澳大利亚举办个展。1989年赴美国，参与田纳西州孟菲斯市国际文化遗产节，获赠孟市荣誉公民证书，又获加州政府及圣伯纳丁诺市颁发的文化荣誉状。1996年为美国电话公司绘制《三国演义人物电话卡》使中国画融入美国日常生活。

专长写意花鸟，兼及山水人物，尤以水墨画鹿享誉国内外。

现为美国国际美术家协会副会长、湖社画会名誉会长、北京紫禁城书画艺术协会副会长、美国中国书画史研究会副会长、中国西南交通大学艺术系终身客座教授、李可染基金会顾问。

著作有《画鹿技法》《画鹿》《陈雄立画集》《雄立新作选》《写意花鸟概说》等。其业绩载入《我爱中华》《北美华裔名人录》（英文版）等书。

祥瑞满山　136×68 cm

程健

（1965～）生于辽宁。中国美术家协会会员。现为盘锦辽河文化产业园辽河画院专职画家，辽宁省美术家协会理事，国家二级美术师。

作品《秋实》获“中国画三百家”展览铜奖，《金色晚霞》入选第九届全国美展，《红霞颂》获“世纪·中国风情”中国画大展画展银奖。《种子梦》获“纪念中国共产党建党八十周年全国美术展览”优秀奖。《春风将至》获“纪念毛泽东同志在延安文艺座谈会上的讲话发表60周年全国美展”优秀奖，《惊蛰》获百年开端——全国书画院作品联展优秀奖。《辽北秋色》入选第二届全国画院双年展，《风雨过后》入选第十届全国美术作品展览。《童年的记忆·归》入选第三届全国中国画展。《土地》入选第四届全国画院优秀作品展。

作品《雨后青纱帐》被中国艺术研究院收藏，多幅作品在《美术》《美术大观》《美术博览》等刊物发表，并编入多部画集。

山水　73×48 cm

邓维东

笔名欧阳恒山，湖南郴州人。现任中国美术家协会理事、新疆美术家协会主席、新疆师范大学美术学院名誉院长、教授、硕士研究生导师。

邓维东美术作品多次参加全国各类展览，许多作品获国家级奖，多篇学术论文发表于《美术》《美苑》《美术观察》等国家核心刊物。曾出版过各种画册和专著，其艺术成就在中央电视台、新疆电视台等多家媒体给予报道。

近年曾受邀赴意大利、法国、德国、日本、印度等国办展、讲学。多幅作品被国内外各类美术馆、博物馆收藏。

荷塘清风图　136×68 cm

董萍实

（1944～）中国美协及中国李白研究会会员。1965年毕业于吉林艺术学院，先后任教于东北师大美术系及深圳大学艺术系。现任中国名家书画院等海内外机构多兼有名誉院长、会长、名誉主席等职。

他早年精研北宗山水，得其真谛。1983年，他开展重铸山水精神，开创纹象山水的二次造山运动，其艺术来自于民族传统文化的源点“纹”，奇绝浪漫、厚逸自然、旷达超迈。将人格精神、自然生命、艺术形式三美和鸣，与李白诗风相通，人称“太白风”。

他的大量作品参加了国家级及海内外美展，曾获傅抱石奖、首届中国国学创作成果类金奖及中国文艺杰出成就奖金奖等诸多奖项。其作品和《山水精神论纲》《异质同构、文心雕龙》等论文刊发于《美术观察》《文艺研究》等国家级核心期刊。大量作品还被收入《今日中国美术》《一代名家》等文献刊物。

山水　85×56 cm

杜军

（1960～）北京市人。中国美术家协会会员。毕业于中国人民解放军艺术学院美术系。现任中国美术家协会展览部主任。

杜军善画虎，亦作山水、人物。艺术风格追求雄浑野逸，苍润博大。其作品多次参加全国、全军美术展览并获奖。其作品《双虎图》获“丁绍光奖全国美术作品展”银奖，《回眸于崽乐相融》获“第九届全国美术作品展览”优秀奖，并赴日本、澳门、韩国展览；《童年》获“第二届全国中国画展”优秀奖，《合家欢》获“全国当代花鸟画艺术大展”铜奖。

杜军作品《草原牧歌》入选“第八届全国美术作品展”，《调心图》入选“97年全国中国人物画展”，《双雄图》入选“纪念建军七十周年全国美术作品展览”，，《长啸图》入选中国画三百家，作品《爱子图》以国礼赠送韩国总统金大中先生。作品多次在全国各大刊物、报纸发表，出版《杜军画虎作品集》。

虎　68×68 cm

方茂鸿

（1949年～）安徽全椒人。国家一级美术师、中国书法家协会理事、中国书法家协会评审委员会委员、安徽省文学艺术界联合会副主席、安徽省书法家协会常务副主席兼秘书长。

书画作品参加多次全国展览和国际交流展览。国画作品《山沟沟里的希望》获全国美展铜奖。作品入选数十部书画专集，《中国书法》《书法》《书法世界》《中国书画报》《书法导报》《中国文艺报》等数十家报刊发表作品和专版介绍。

其作品被数十家文博单位收藏，数十处碑林选刻其作品，中央电视台专题介绍其书画艺术成就。还参与编写高校书法教材《书法鉴赏》，另有论文数篇发表于相关报刊并出版有《方茂鸿书画集》。曾随艺术家代表团先后出访日本、俄罗斯、法国、意大利、德国、奥地利、澳大利亚等国。

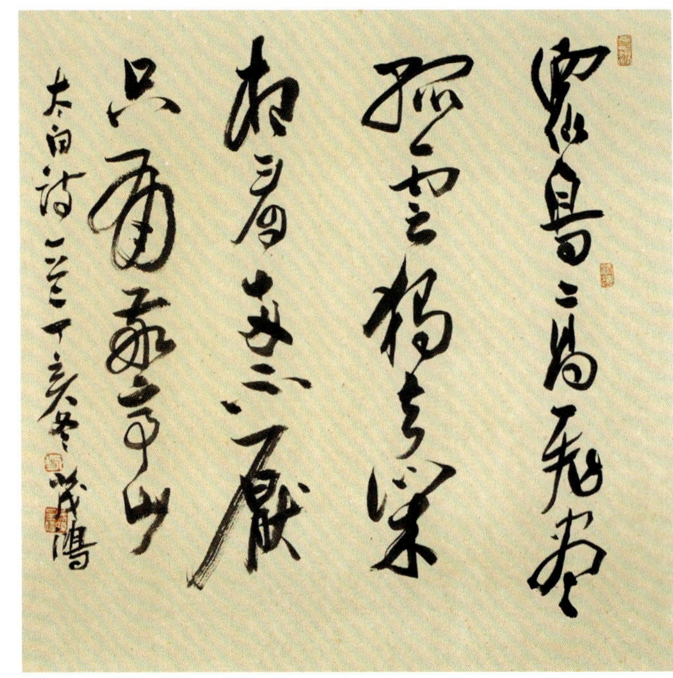

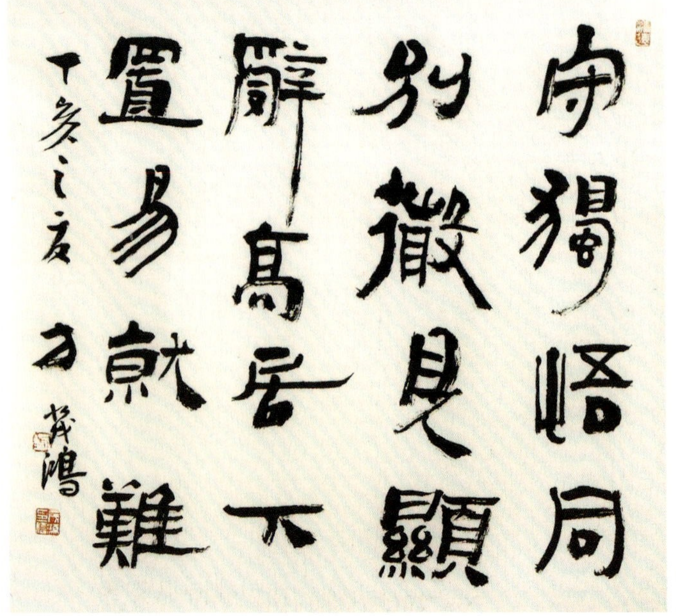

书法　68×68 cm

映日荷花别样红　68×68 cm

冯向杰

（1941～）自号桑泉道人，山西临猗人。中国美术家协会会员、中国书法家协会会员、中国水彩画协会会员。毕业于山西大学艺术系。现任中国体育美术促进会常务理事、国家一级美术师。

冯向杰早期以水彩画，体育速写知名画坛，出版专著有《冯向杰水彩画选》《水彩画特殊技法初探》《怎样画体育速写》《冯向杰体育速写集》（三辑）《书法与养生》。后开始钻研水墨人物画，以历史和现代题材为表现主旨并出版有《冯向杰画集》《冯向杰古典诗词画意》《冯向杰黄河采风》《黄土地人物速写集》《古装人物画选》等。

其画风质朴大气，格调高雅，富有深厚的中国文化底蕴。作品多次在国内外画展中获奖，有百余副作品被国内外美术馆、博物馆和美术院校、文化和企业机构收藏。

高马得

（1919～2007）祖籍南京，长期从事新闻出版工作。国家一级美术师，享受国务院“特殊津贴”。四、五十年代致力于漫画创作，其独具民族风格的漫画为艺坛所重，获“中国漫画金猴奖”。

高马得七十年代创作出版了多册儿童读物单行本，在国内外广泛发行。一九七八年获“联合国教科文组织亚洲中心儿童读物图书奖”。八十年代入江苏国画院，专攻戏曲人物画，尤其醉心于“百戏之祖”的昆曲艺术，以漫画夸张概括的笔法，描绘典雅的昆曲，表现出戏中人的柔美抒情，粗犷豪放，风趣幽默，创作了形态各异的人物形象，出版画册，谈艺书籍数十种，作品在国内外展出并被广为收藏。

2004年出版“姹紫嫣红马得昆曲画集”，此书以国礼向联合国教科文组织第26届世界文化遗产大会赠书。该书在第6届全国书籍装帧艺术展览评奖中获插图金奖。2006年“马得昆曲画艺术馆”在苏州开馆。

如花美眷 似水年华　68×26 cm

高向阳

（1953～）生于吉林省永吉县。中国美术家协会会员。1977年考入鲁迅美术学院中国画系，1981年毕业获学士学位。1986年调入吉林省画院任专职画家。2001年调入吉林大学艺术学院任教。现为吉林省美术家协会理事、吉林省中画画艺委会委员、吉林大学艺术学院美术系教授、系主任、硕士生导师、国家社科基金项目美术专业评议专家。

作品《天骄图》（与张鸿飞合作）、《出猎图》等作品先后入选第七、八、九、十届全国美术作品展。《天骄图》获第七届全国美展铜奖、吉林省美展一等奖、省政府长白山文艺佳作奖。作品《集市》《早春》分别被中国美术馆、中国画研究院收藏。作品《寒秋》入选全国首届花鸟画展。作品《谷雨》入选首届全国中国画展。作品《早春》入选“关东画展”获优秀作品奖，后入选中国画研究院人物画邀请展。作品《蒋筑英》被提名参加全国“八十光辉”人物画精品展。作品《赤子》入选建党80周年全国美术作品展，获省美展一等奖。近年作品先后被《美术》《国画家》《中国画家》《中国书画》《书画艺术》《美术大观》等权威专业杂志辟专栏发表，作品多次应邀参加当代中国画名家学术邀请展。

出版有《高向阳画集》《高向阳绘画古诗辑》，传略收入《中国当代国画家辞典》等多种辞书。

松荫奕棋图　136×68 cm

宫丽

（1965～）女，祖籍山东济南。中国美术家协会会员。毕业于中国人民解放军艺术学院美术系。现任全国青联委员、北京军区文艺创作室专职创作员。1997年被中国文联、中国美协评为97中国画坛百杰之一。

宫丽主攻中国人物画，其作品多次参加全国、全军美展并获奖。其中《插花时节》入选"第八届全国美术作品展"、《白衣战士》获"第四届全国卫生美术作品展"银奖、《护士日记》获"97全国中国人物画大展"优秀奖、《初夏的记忆》获"第九届全国美术作品"铜奖并赴日本、韩国、德国、香港巡展；《巾帼魂》获"全军第十届美术作品展"金奖并入选首届北京国际双年展、《平安夜》获"第十届全国美术作品展"铜奖、2007年作品《明空风静》及《女兵的星期天》分获"第三届全国中国画展"优秀作品和"纪念建军八十周年全国美展"铜奖。

其作品多次在全国各大刊物发表，出版画册《百杰画家·宫丽》《宫丽国画作品展》《宫丽水墨作品集》。

谷溪

（1946～）生于北京，祖籍山东威海。现任中国美术出版总社副编审、中国书法家协会理事、中国文联书画艺术中心理事、北京市书法家协会副主席、评审委员会主任。

谷溪自幼喜金石书画，曾师从李苦禅、秦仲文二位先生学画，书法由溥雪斋先生启蒙，后又受业于郭风惠、郑诵先二位先生。篆刻宗法古代玺印并私淑近代名家陈师曾先生。书法主要是以篆、隶二见长。他把古陶文、瓦当、镜铭、泉货、碑额等篆书潜移默化借鉴到他的篆书当中，形成了自己高古洒脱的风貌。他的隶书能够不落前人窠臼，有很浓的金石气息。同时擅长花鸟画，尤以梅、兰、竹、菊用力最勤。他的画作受现代名家的熏染，又远追陈淳、徐渭、朱耷、虚谷等人的风范，对文人画的优良传统加以继承和拓展。谷溪的绘画讲究笔墨，设色不佻不俗，又以“书法入画”，耐人寻味，以画风清新典雅为旨趣。

其书画作品多次参加国内外展览。书法作品还在日本、韩国、新加坡、台湾、香港、澳门等国家和地区展出。并被国家图书馆、陕西省博物馆、陕西秦兵马俑博物馆、中南海、澳门贾梅士博物院、日本成田寺书道博物馆等单位收藏。著有《汉碑及其写法》《治印艺术》《中国书法艺术·先秦卷》等专著，发表的主要论文有《陈师曾的篆刻艺术》《唐代隶书述略》等。

竹开霜后翠　78×53 cm

郭汝愚

（1941～）字智光，号芝瑜，生于成都市。中国美术家协会会员，国家一级美术师。1961年毕业于成都美术学校。现为四川省诗书画院专业画师、前创作研究室主任、成都艺术学院副院长、教授，美国加利福尼亚工商大学客座教授、成都花鸟画会副会长、四川省花鸟画会副会长。

郭汝愚以中国花鸟、人物画见长。其画风阶段性比较突出，上世纪八九十年代以重彩画著称于世，近年致力于工笔画。其画风融入写意技法，不用朽稿，提笔挥洒生动自然，重用笔，不同于常见工笔画，自成一家。出版有《郭汝愚作品》《郭芝瑜扇面画集》《郭汝愚工笔花鸟画集》等。美国《亚洲艺术》伦敦《中国梦》日本《弥勒之里美术馆藏画集》《新加坡华校生》台湾《讲义》香港《收藏天地》以及《美术》《中国书画》《书画家》《中国美术选集》等大型画册画刊均有其作品发表和介绍。

细雨微浪　136 × 35 cm

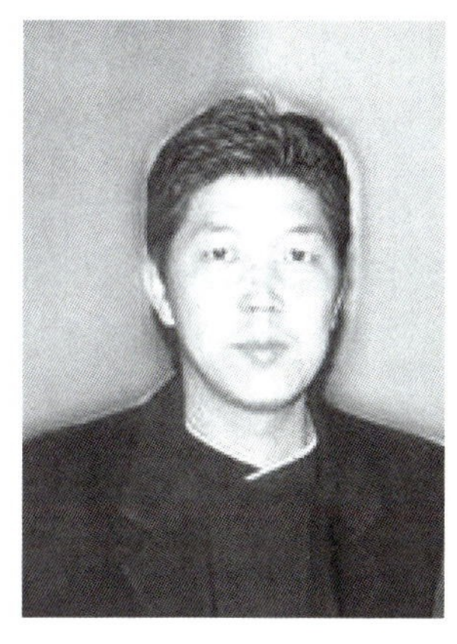

郭奕（毅）

1991年哈尔滨师范大学美教系毕业。黑龙江美术出版社编辑，编辑出版多本画刊、画册。

2003年结业于中央美院硕士研究生班（写意人物），2004年受聘于荣宝斋画院，任荣宝斋画院首届高研班班主任；荣宝斋画院第二届高研班班主任；方增先、冯远写意人物工作室班主任。

现为民革中央画院特聘画家，院刊编辑负责人。

刁羊　170×90 cm

郭震乾

中国美术家协会会员、中国摄影家协会会员、国家一级美术师、入选国家“百千万人才工程”、高级职称专家评委、宁夏文联委员。宁夏美术家协会副主席兼秘书长。

作品多次参加全国美术作品展览、全国版画作品展览、全国油画作品展览、当代中国书画名家作品展、中国画提名展、当代中国画特展、全国书画名家邀请展、中国版画百年回顾展。荣获：“97中国艺术大展”银奖、“鲁迅版画奖”；“庆祝建党80周年全国美展”优秀奖、“纪念毛泽东延安文艺座谈会上的讲话发表60周年全国美展”优秀奖、“全国版画作品展览”优秀奖、“宁夏文学艺术作品评奖”特别奖、“宁夏美术作品展览”金奖、一等奖等，多次被授于“宁夏杰出美术家”称号。1997年中央电视台播出《西夏梦幻——记青年画家郭震乾》专题节目。作品被：意大利、日本、加拿大多伦多、荷兰马斯特里赫特、香港、深圳、青岛、上海、广东美术馆、神州版画博物馆、中国美术家协会、安徽文联、湖北美术学院等收藏。作品收入：中国现代美术全集、中国艺术大展作品全集主题创作卷、中国文化遗产年鉴.书画艺术卷、美术、美术文献、中国版画、新华文摘及中央电视大学教材《艺术鉴赏概要》等。

英雄行　136 × 68 cm

何东

（1961～）生于天津。中国美术家协会会员。1982年毕业于天津美术学院绘画系，后进修于中国艺术研究院研究生院。现任中国书画报社执行社长、编委会主任，天津美术家协会理事、天津市青年美术家协会副主席。

何东擅长民族风情中国人物画，作品曾入选第七届全国美展等美术作品展。策划和组织多项全国性美术活动，曾率中国北方书画名家代表团访问新加坡，随中国美术家代表团访问澳大利亚，几年间先后到美国、俄罗斯、新加坡、马来西亚、韩国、泰国等多个国家及港、澳、台地区访问、办展。

主编有《中国书画信息大全》《全国书画家润格作品集》《全国梅兰竹菊作品集》《中国画评审标准谈》等画册和文集。

春風吹綠野 戊子春何東畫

春风吹绿野　68×68 cm

綠色渡江來 丁酉春何東畫於津

贺丹晨

（1963～）字旭初，湖南人。1989年毕业于中央美术学院中国画系。现任川音成都美术学院院长助理、院学术委员会主席、教授、硕士研究生导师。《大艺术》杂志主编、《荣宝斋》画院客座教授、中国美术家协会四川省美协理事、中央美术学院高级访问学者等职。

作品着力表现现代与传统文化的交融，有意味的造型和笔墨风格，蕴含着今人在现实的空间里对真实自我的反省。

其主创的五十集卡通图书及三十六集动画片《神脑聪仔》获第三届中宣部“五个一工程一本好书奖”、“第五届中华人民共和国图书奖”及省级奖项十余次。其多幅作品及论文在国内外专业杂志上发表。代表作有《标准形态系列》《水墨心象》等。出版专著有《六论小品画魅力的构成》《现代写实绘画》《痕迹——艺术家贺丹晨个案》《贺丹晨教学画稿》《大家风范·贺丹晨水墨心象》《中国水墨人物画之造型观》等，主编美术教材十余卷。作品被中外多家机构和个人收藏。

游乐图　134×35 cm

胡冰

（1960～）生于成都。中国美术家协会会员，一级美术师。现任四川省美协理事、四川省美协创作办公室主任。

自1992年胡冰的作品《天凉好个秋》获加拿大国际水墨画大展金奖起，他的作品多次获大奖并参加国内外重要美术作品展。1994年作品《日暮还家》获澳大利亚国际水墨画大赛创作金奖。1993年作品《萌芽》入选全国第2届体育美展、1996年作品《猫妞》入选中国第8届全国美展、1997年作品《国梦》入选全国第3届体育美展、2000年作品《云飘来云飘去》入选中国第9届全国美展、2000年入选德国法兰克福《中国青年画家展》、2003年入选日本札幌《中日画家10人展》、2006年入选加拿大《中国名家中国画展》、2007年入选台湾《中国著名画家交流展》。

自1993年开始先后在加拿大、日本、德国、法国、新家坡及国内各地举办《胡冰中国画展》。

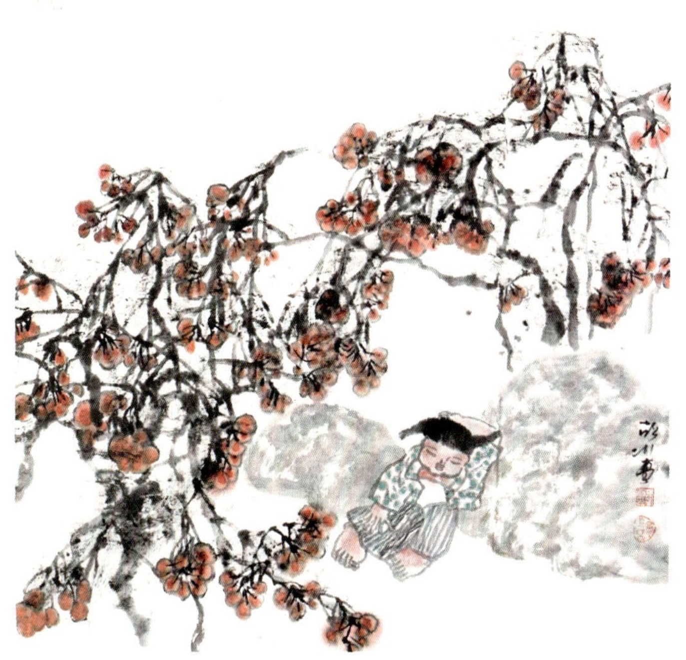

人物　68×68 cm

胡继高

（1930～）出生于江苏扬州。字一新，号工上，别署不了先生，堂号不移斋。中国文物研究所研究员、中国美术家协会会员、敦煌研究院兼职研究员。

早年就读于江苏丹阳正则艺专和苏州美专。1956年至1962年留学波兰，获波兰哥白尼大学美术系硕士学位。北京中山书画社理事、炎黄艺术馆鉴定研究会委员、国家级有突出贡献专家，享受政府特殊津贴，第七、八届北京市政协委员、第八、九届全国政协委员。师从著名画家李苦禅先生，从事花鸟写意画创作。心仪青藤，八大山人和近代吴昌硕、齐白石，以擅画松、鹰、寿桃、荷花等享誉艺林。笔墨遒劲、意境高远、气势磅礴、诚然大家风范。

作品多次参加国内外展览，多家美术报刊均有刊载，并为中国美术馆和国内外博物馆所收藏。1961年在波兰托伦学生节宣传画比赛中，作品获头等奖。1989年和1997年两次应波兰文化部邀请赴波兰举办个人画展，均获成功。传略及作品载入《中国美术年鉴》《现代中国画家名鉴》《中国文化界名人书画作品集》《中国书画家大辞典》等。1988年中央电视台《东方之子》栏目曾作专题报道。

壮志凌云　90×48 cm

人物　68×68 cm

籍忠亮

画家、书法家、诗人，号“自由笔”。自由派新文人画家，自由职业艺术家。九十年代享誉内地及港台，游艺于东南亚十余年。被聘担任国内外多家高等学府的客座教授及讲师。

他的作品流传至世界50多个国家和地区，作品曾被南非总统曼德拉、国际奥委会萨马兰奇主席、台湾张学良将军、泰国王室以及美国波士顿博物馆、中国国家博物馆、人民大会堂、台北中正机场贵宾厅收藏。

籍忠亮在东南亚各地多次举办个人画展和拍卖，2003年作品《世纪的握手》在香港会展中心展览拍卖中被高价收藏。2007年当选“广东当代十大最具影响力书画家”。曾获国内外奖项十余种，包括大韩民国书画大展特别金奖、台湾特殊艺术人士大奖、世界杰出华人艺术家奖等。个人投资创办中国大陆首家大型私立美术馆、画家私立艺术学校。在国内各种社会公益事业及政府活动中先后捐献总价值超过数百万元的书画作品。

贾广健

（1964～）生于河北省永清县。中国美术家协会会员。1994年天津美院中国画专业研究生毕业。天津美院中国画系教授、硕士生导师，花鸟画室主任、天津美协理事、北京工笔画学会理事。现任中国国家画院教授、国家一级画家。

贾广健曾被评为天津市“文艺新星”，获天津市“鲁迅文艺奖”。被中国文联授予“全国百名优秀青年文艺家”，中国文联第一届“德艺双馨”获得者，被中国文联、中国美术家协会评为“97中国画坛百杰”。

其作品参加“百年中国画展”等国内外大展并多次获奖，出版专著、专集十余种，作品被收录《现代美术全集》等数十种大型画册，并被众多美术馆、研究机构收藏。两幅作品陈列于北京人民大会堂。

宋人诗意图　68 × 68 cm

贾浩义

（1938～）又名老甲，生于河北省遵化县。1961年毕业于北京艺术学院。现任北京画院一级美术师、老甲艺术馆馆长。

老甲从艺几十年，不断修正步履，使之归于“一”，即“以我法写我心”。他70年代始立志，80年代始有形。经多年的淘洗与苦心钻研，老甲创造并形成了强悍、博大并富于现代意义的中国画大写意风格。

老甲的画对人物、山水、花鸟均有涉及。他的艺术作品大多采用整体中的对比、冲撞、构成等方法，来强化那种烈性的、强悍的、奔放不羁的自由精神。这些作品，其墨色、块面分布，黑白对比，空间构架，点、线、面的构成都表现出一种扩展的精神意识。其所释放的能量与美感粉碎了水墨画传统的视觉冲击，所体现的创造性打破了水墨传统千年不变的语境，使精神主题、生命形式与水墨本体之美传递到现代话语之中，形成了一种新的、独具个性的审美内涵。

其作品在欧、美、韩、日、新、马等国家和地区均有收藏与展示。

写意　136 × 32 cm

孔紫

（1952～）生于河北省唐山市。1985年在中国美术学院国画系进修，1989年毕业于解放军艺术学院美术系。现任中国美术家协会理事、中国国家画院专业画家、一级美术师。1997年被中国文联和中国美协评为“中国画坛百杰”。

孔紫的人物画创作始终贯穿着创新意识，她以一种朴素和执着的心态，脚踏实地的进行探索和实践。作品在线的造型上“心随笔运，取象不惑”；在色的运用上，多取石青、石绿等淡雅之色，使画面产生出一种静谧缥缈的诗意和飘逸的情调；在人物形象的创作上，多取人物正面和正侧面的平和端庄之容貌，形成了极为鲜明的个人特点。

其作品曾参加第七届、第八届、第九届、第十届全国美术作品展览及百年中国画展、全国首届中国画大展、北京第二届国际美术双年展等国家级展览。代表作《青春华彩》《秋风》《微风》《高粱青青》《苞谷熟了》《儿子》《三伏》《城市阳光》等作品分别获八届美展优秀作品、九届美展银奖、十届美展银奖、文化部群星展金奖、中国人民解放军新作品一等奖等奖项。《新兵日志——冬训》获2007年“建军80周年美术作品展”金奖。作品曾多次赴美国、德国、日本、韩国、澳大利亚等国家及香港、澳门地区展出。并有多副作品被多家国内外机构和个人收藏。孔紫及作品先后被收入《中国现代美术全集》《中国当代美术家》《中国当代美术1979–1999》《中国当代女画家》等大型专业画册。出版专著《孔紫画集》《中国当代美术家·孔紫——水墨人物》《中国军旅美术名家点击——孔紫》。

薰风　69×46 cm

雷鸣东

字天雷，号三乐庐主，满族人。中国美术家协会会员，现为中国书法家隶书研究会副会长、中国名人书法艺术研究院院长、中国书画艺术报社社长、中国书法艺术研究院副院长兼中国画委员会主任、中国美术家协会旅游联谊中心副理事长、北京道教协会艺术委员会副主任，北京大学资源美术学院、郑州大学、美国洛杉矶大学特聘教授，美国中国艺术学会终身顾问、中国民间文物藏品专家鉴定委员会顾问等。

曾出访数十个国家和地区进行学术交流，多次在国内外举办大型书画联展及个展，中央电视台进行报道。其书法作品多次入选全国美展、书展并获奖，被收入《中国美术家宝鉴》《中国画三百家》等。

出版有《雷鸣东画集》《雷鸣东书法集》《雷鸣东书画作品集》等。

紫气东来 136×68 cm

李爱国

（1958～）中国美术家协会会员，北京大学艺术学院教授、中国工笔画学会理事。作品获第七届全国美术作品展览铜牌奖；第十届全国美术作品展览优秀奖；第十届全国美术作品展特别奖——“关山月”美术基金奖；第二届中国当代工笔画大展一等奖；首届《连环画报》金环奖；首次中国连环画十佳作品奖；首届《国画家》奖；获“联合国非政府组织世界和平教育协会艺术大展”荣誉奖，

出版有《李爱国画集》等十九本个人画集。作品被中国美术馆、中国国家博物馆、中国军事博物馆、中南海等收藏。发表学术论文《静谈》《没骨说》等四十余篇。

澳大利亚总理陆克文画像　44×40 cm

李魁正

1942年生于北京。1967年毕业于中央美术学院中国画系。现为中央民族大学美术学院教授、学术委员会主任、博士生导师，中国艺术研究院特聘博士生导师。中国美术家协会理事，中国线描艺术研究会会长，中国工笔画会副会长，中国现代没骨画派主持人，东方现代泼绘艺术研究会会长，享受国务院特殊贡献津贴，优秀专家。从师于著名花鸟画家俞致贞、田世光、高冠华、郭味蕖、李苦禅等先生。

精于工笔没骨花鸟，擅长泼绘写意花卉。其泼绘作品的特色是工中见写，泼中见工，绘中有气，善于在静中求动，在动中求静，充满着智慧和灵气，有着风标独具的艺术特征和艺术个性。曾举办个人画展并多次参加国内外重要展事及交流活动，倡导组办过“现代没骨画展”等学术性联展。其工笔没骨作品分别荣获首届及二、三届中国工笔画大展金奖、银奖和金奖，泼绘作品获中国书画摄影大奖赛金奖，并获中国文联颁发的’97中国画坛百杰阵家奖。多幅作品被国家美术馆和国内外收藏机构及收藏家收藏。

出版有多种个人专集。发表有多篇学术论文。其辞条和业绩被收录于国内外多种权威名人辞典和名人录。

花鸟　70 × 34 cm

李晓东

（1964～）生于江苏省建湖县。中国美术家协会会员。1985年毕业于南京师范大学美术系，现为《中国画清赏》《世纪水墨》杂志执行主编、盐城市美术家协会主席。

他的山水作品中，画家以淋漓、潇洒、率性的笔法、墨法、水法，绘就了水之清莹、空翠，山之苍润、飘逸、云之灵动、透明，体现出一种由物象提升为心象的诗意与美感的高度。

作品参加中国美协主办的“新世纪中国画名家精品展”，“中国画三百家”、“全国第二届花鸟画展”、“99中国画·摄影作品大展”、“跨世纪暨建国五十周年全国山水画大展”、“2000年全国中国画作品展”、“新时代中国画作品展”、“二十一世纪中国画澳大利亚展”、“2003年全国中国画作品展”、“2004彩·墨空间当代中国画家提名展”、“中法文化年-中国风情·当代中国画作品展”、“第二届、第三届中国美协会员作品展”及文化部主办的“首届北京国际扇面书画艺术展”等全国性展览，并有获奖。出版有《李晓东画集》等个人专集四种。2004年2月随中国美协代表团出访法国、意大利等国；2006、2007年参加“中国画画世界”中国美术名家埃及、印度采风活动，2006年被江苏文联评为“江苏优秀青年国画家”。

湘西纪行　68×68 cm

李晓军

（1960～）中国美术家协会会员、中国书法家协会会员。现任中国国家画院专业画家、中国艺术研究院中国书法院副研究员、荣宝斋画院教授、北京书法家协会理事、北京市西城区书法家协会副主席。

作品曾在中国当代著名花鸟画家作品展、2000中国书画艺术节全国书画家新作展、2002年全国中国画展上获奖。并参加2003年全国中国画画家提名展、2003年全国中国画展、全国首届中国花鸟画展、中国美术家协会第八次新人新作展、2005荣宝斋当代书画家精品展、“水墨敦煌”当代中国画名家学术邀请展、2005全国百名青年艺术家作品邀请展、中国画研究院年度提名展、2005中国画研究院年展、2006东方墨中国当代水墨艺术家邀请展。作品及传略辑入《中国美术年鉴》《当代中国书画家大辞典》等辞书。

书法作品曾获庆祝建国35周年全国书法展一等奖，北京市书法展一等奖，全国第五届中青年书法篆刻展优秀作品奖，世界华人书画展铜奖。作品参加1989年韩国国际书法艺术邀请展，全国第六、七届书法展，全国第五、六、七、八届中青年书法展，中国二十世纪书法大展、99《中国书法》年展，第一、二、三届流行书风展、走进金沙-全国书画名家学术邀请展，首届全国中青年名家百人艺术书法展，作品多次赴世界各地展出，并获日本每日新闻社社长奖。

花鸟　68×68 cm

李秀峰

（1948～）河北省泊头市人。中国美术家协会会员，国家一级美术师。现任甘肃省美术家协会专职副主席、甘肃国画院院长、甘肃省艺术专业高级职称评审委员会评委、甘肃省文联委员、文化部侨联中国徐悲鸿画院艺委会副主任、瑞典诺贝尔艺术中心终身画师，并在国内外数十家艺术专业机构和社会团体获聘兼职。

李秀峰专擅国画人物，工写兼攻，对版画、山水亦有涉猎。

自七十年代中期有作品入选全军美展至今，先后有四十余件（次）作品入选全国性各类美展，其中二十三次入选由中国美协或文化部主办的全国性美术展览，并曾获得过金奖一次、二等奖一次、优秀奖三次；在甘肃以及其他省级以上美展中多次获一、二、三等奖和特别奖；参加过第五次全国美代会；获得过中国美协颁发的“组织工作奖”；曾连续两届获甘肃省委省政府颁发的省级文艺最高奖“敦煌文艺奖”；2002年获国家人事部人才研究会授予“当代中国画杰出人才奖”，2005年国家科技奖励办公室授予“优秀人民艺术家”称号。

草原上的人们　136×68 cm

怀旧系列之《门前》 85×66 cm

励古仪

（1948～）原名励国仪，浙江宁波人。中国美术家协会会员，国家一级美术师。1968年毕业于浙江美术学院附中。现任杭州画院副院长、杭州美术家协会副主席日本国际水墨画协会理事。

古仪绘画创作风格多样，或粗放或细腻，具有独特的个人风格。其1980年组画《女娲补天》获瑞士国际艺术邀请展银杯奖、1991年水墨画《狐狸》获法国拉尼翁国际美术邀请展第二名、1992水墨画《樱桃时节》获加拿大国际水墨画展枫叶奖、1993年工笔画《洛神》获中国工笔画邀请展优秀奖、1995年工笔画《女娲补天》获美国世界妇女视角艺术展优秀奖、1996年水墨画《远秋》获日本国际水墨画展金奖。1991年起至今曾在美国、日本、法国、新加坡、香港、台湾等地举办个人画展。其作品收藏于美国华盛顿世界银行、上海美术馆、美国海外华人艺术协会、日本东洋美术学院、加拿大国际水墨画协会、台湾中华文物学会等艺术机构。

2006～2007年在法国北加来大区旅行写生，并由法国西部出版社出版画册“一个中国女艺术家在法国北加来之行”，其作品在法国巡回展出。

梁文博

（1956～）出生于山东省烟台市。中国美术家协会会员。1983年毕业于艺术学院美术系。现为山东省政协常委、山东艺术学院教授、硕士研究生导师、美术学院副院长。

作品曾入选第六、七、八、九、十届全国美展，多次获奖，并有作品被中国美术馆收藏。1997年获“中国画坛百位杰出画家”称号，其作品入选文化部、中国美协主办的“百年中国画大展”、“中华世纪之光中国画提名展”和“深圳国际水墨双年展”等画展。

出版有《当代中国画精品集——梁文博》《百杰画家梁文博作品精选》等多种画册。

人物　68×68 cm

梁耀

（1959～）中国美术家协会会员。1981年毕业于广西艺术学院美术系本科中国画专业。1984年考取广西艺术学院中国画研究生，师从黄独峰教授。1995年进入日本东京艺术大学，师从平山郁夫教授和福井爽人教授，学习日本传统美术和现代美术，并被聘为客座研究员。现任广西美协理事、广西艺术学院教授、硕士研究生导师、广西书画院副院长。

梁耀巨幅山水作品《天地氤氲 万物化醇》和《大好河山》被北京天安门城楼收藏，并获得多项美展大奖。1984年作品《小河水涨大河满》获全国第六届美展铜奖，并被中国美术馆收藏、1988年获广西人民政府颁发文艺铜鼓奖、1996年获日本东京都武藏野市长奖、1997年获"全国纪念周恩来诞辰100周年画展"一等奖、1998年获广西最高文艺铜鼓奖、2000年获"全国五自治区美展"金奖、2001年获"广西美展"一等奖、2004年获"第二届西部大地情——全国山水风景画大展"金奖、2006年再次获得广西人民政府颁发的文艺铜鼓奖。曾多次在中国、美国、日本举办个人画展。

出版专著、专集有《当代美术家特集——梁耀》《梁耀》画册、《梁耀画集》。

春山晴翠图　136×68 cm

刘峰

（1963～）生于江苏南通。1993年毕业于天津美术学院国画系，1994年于中央美术学院油画系学习，1997年中国社会科学院宗教系研究生毕业，2001年毕业于解放军艺术学院美术系。

现为福建省建瓯市大斗峰禅寺禅艺研究院院长，广东省珠海市丈木画院院长。

山水　41×32 cm

花鸟　136×48 cm

刘怀勇

别署历下山夫，凹斋，济南历城人。中国美术家协会会员。毕业于山东大学历史系，结业于中央美院国画系。曾任山东省美术家协会创作培训中心主任、山东艺术设计学院国画系主任、教授。现任清华大学中国画高级研修班主讲导师。

刘怀勇的作品不仅具有传统中国画的静、逸、思、雅，而且形成了自己独到的笔墨语言，不拘泥于形式技巧和技法。

其山水画作品曾获中国美协“‘西部辉煌’全国中国画大展”银奖、“纪念毛主席在延安文艺座谈会上的讲话发表60周年全国美术作品展”铜奖、2000年至2005年全国中国画大展、全国中国画提名展入选并获奖，特邀参加第五届全国中国画名家邀请展。花鸟画作品曾入选2004年全国中国画提名展、2005年全国中国画提名展、2006年全国中国画百家作品展、入选全国首届写意画大展。书法作品入选中国书协“全国第八届中青展”、“首届青年展”。入编《中国书法百家》《中国山水画百家》作品集中。

刘金贵

（1960～）中国美术家协会会员。现任中央美术学院中国画学院工笔画室主任、副教授、硕士研究生导师、中国工笔画学会副秘书长。

刘金贵是一位以优美抒情风格吟唱田园牧歌的画家，在他的作品中用暗喻、象征手法寓情于景，借物传情，巧妙地捕捉住生活中的细节，将其情感化、拟人化，以表达内心深处的浓情。他有着较为深厚的传统文化修养，在他的绘画技艺中，造型优美，用线生动，匀净的线条具有筋健之美，颇具柔弱胜刚强的意味，令人称绝。他的作品不仅在技法上给人以婉转流畅的美感，还具有一团和气的审美气息。

其作品多次参加国内外美术作品展览并获奖，多幅作品被中国美术馆、中央美术学院美术馆等艺术机构收藏。

人物　68 × 68 cm

刘懋善

（1942～）苏州人。中国美术家协会会员，著名山水画家。毕业于苏州工艺美术专科学校。现为苏州国画院副院长、国家一级美术师、苏州大学艺术学院教授，享受国务院特殊津贴。早年学习西洋画，对欧洲古典艺术大师的作品和现代印象派绘画有深刻而广泛的研究。后来转学中国画，从事山水画创作。

其山水画酣厚绵邈，写江南风光，清新朴茂，恬静抒情，别具一格，并吸收了西洋画的光、色处理方法，增强了国画的时代感，许多作品的笔墨和布局，深具传统，用笔雄浑深秀。善于通过对比、渲染和节奏的变化，精细刻画自然界的声色动静。

曾访问美国、英国、日本、俄罗斯、法国、意大利等地，并举办个人画展和进行学术交流。许多作品在国内外报纸、杂志刊登，获得好评，并为多家美术馆、博物馆收藏。其名字被列入美国名人传记中心与英联邦剑桥国际名人中心所编撰的国际名人录。作品入编《中国美术全集》。

出版有《荣宝斋画集——刘懋善山水》《刘懋善山水画选》《刘懋善现代中国画作品集》《刘懋善·水乡行吟》《刘懋善作品集》《刘懋善作品选》《刘懋善画集》《水乡情怀——刘懋善新作选》《美国风光——刘懋善新作选》《异国风情·刘懋善新作选》《刘懋善异国行旅》《江南水乡技法》等十余种。

水乡　48 × 44 cm

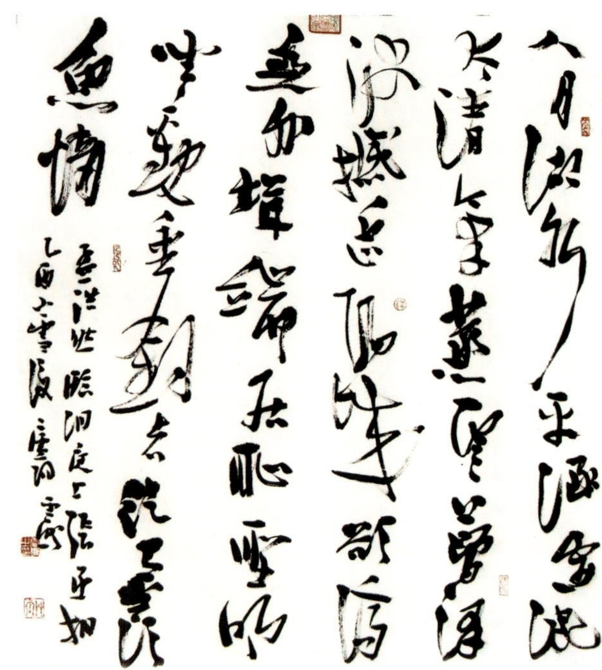

刘云鹏

（1957～）中国书法家协会会员、中国书法家协会行书委员会委员、安徽省书法家协会理事、安徽省书法家协会教育委员会副主任、合肥市书法家协会常务理事、合肥书画院特聘画师、安徽省青年书法家协会副主席。从事老、中、青、少年书法教学二十余年。

刘云鹏书法作品曾获“三届中青展”优秀奖、“全国首届行草展”能品奖、“全国电视书法大赛”一至四届分获二、三等奖及优秀奖、“安徽全省全国首届新世纪书法大展”银奖等。

其作品还分别入选“首届国际临书大展”、“三届国展”、“全国首届楹联展”、“首届中国书协会员优秀作品展”并多次参加中国，中、日、韩书法作品展。2001年刘云鹏获中国书协首届全国百名“德艺双馨”书法家荣誉。

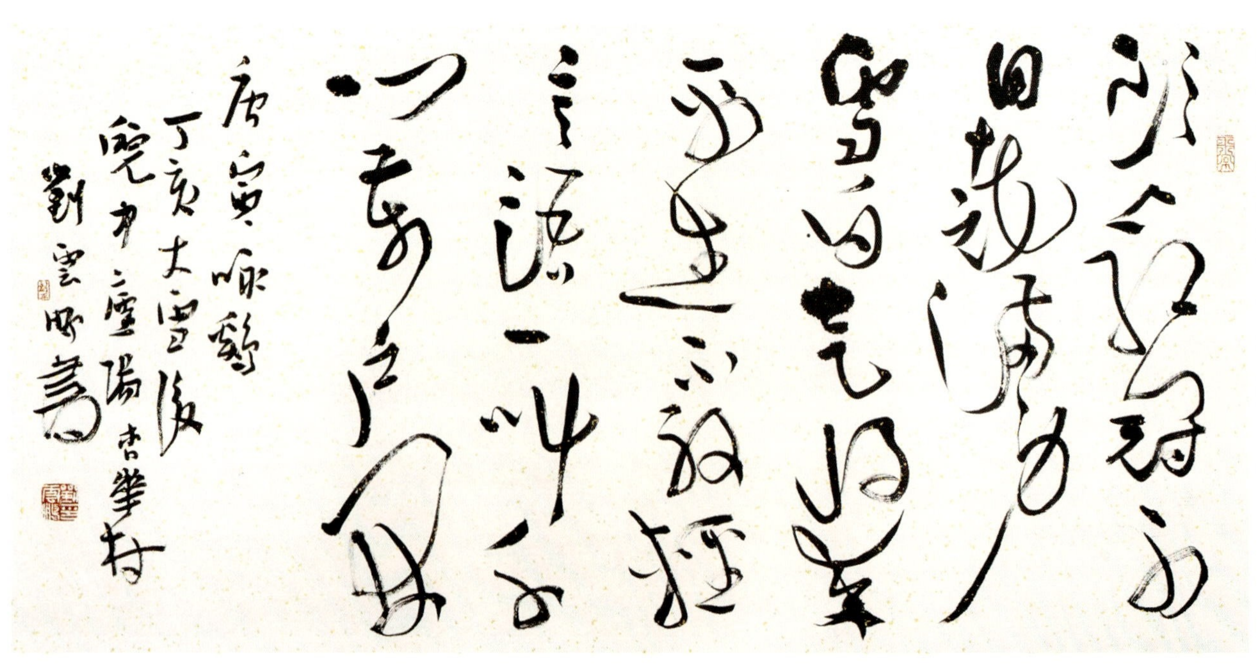

书法　136×68 cm

卢冰

（1966～）浙江温州人。中国美术家协会会员。毕业于山东艺术学院美术系中国画专业。现任山东画院高级画师。

卢冰的作品连续入选第八、九、十届全国美展，其中有三件作品分获大奖一次和优秀奖两次。其参与绘制的《经营谋略图画》获中宣部92年度“五个一工程”一部好书奖、全国青年美展银奖等奖项。另有多部作品入选纪念反法西斯战争胜利50周年国际美展、建军70周年全国美展、中国美协第十三届全国新人新作展、黄河·中国画主题创作邀请展、“纪念邓小平诞辰百年当代百名中国画名家画小平邀请展”、2005中国画研究院院藏作品陈列展、2005年当代中国人物画家提名展等美术作品展。

其作品被《当代中国画家图》《中国白描》《当代中国画名家小品集》等作品集收入。《文艺报》《美术报》《国画家》《中国画家》《美术》《画坛》《中国书道》《艺术财富》等报刊曾有专题介绍。其作品被多家博物馆、美术馆及有关艺术机构收藏。出版有《卢冰研究》《卢冰画水墨人物》等专集。

落花已作风前舞　68×68 cm

陆震华

笔名芦桦，祖籍浙江。现任西安美术学院研究院成员、国家一级美术师，教授。陕西师大艺术学院、陕西教育学院、陕西电大兼职教授、陕西黄土画派秘书长、陕西油画学会副秘书长。“中国书画学会”名誉主席、中国人文书画院名誉院长。

其作品自成一家，以山水画享誉艺坛。他的画风是博大沉雄之中含天籁之韵，苍茫郁密间透萧散之气。近年来创作的诗意山水、黄土山水深受喜爱，好评如潮。他兼攻书法，善写诗文，具有相当的综合艺术素质和学术造诣。

陆震华作品入选国内外各类大型展览数十次，并多次获奖，同时被重要机构、艺术团体、基金会等单位收藏。举办个人画展十余次，并拍摄电视专题片十余部。其作品在《美术》《中国文化报》《陕西画报》等期刊发表500多件，论文多篇，并出版艺术专著《芦桦气韵·陆震华书画选集》及独幅画、画页、画册、明信片、年历等多种印刷品。

泉声　68×68 cm

罗家宽

（1953～）生于重庆，字绮，号云谷、砭石、真如居士。师承郭蔓锄、陈无垢、陈子庄等前辈。得益于吴丈蜀、吴凡、刘既明等诸家点拨。其作品中透露出清新自然之气，很富有生活情趣，空灵中隐含着禅意。

现为中国残疾人美术家联谊会副会长、华夏画院首任院长、中国四川省徐悲鸿国际艺术研究会副主席、中国佛教文化展组委会委员、中国书画函授学院四川分院名誉院长、东方书画交流协会名誉教授、天津南开国际管理论坛艺术顾问、香港世界著名艺术界联合会理事。

他的作品《活荷生机》由中国历史博物馆收藏，《满目青山夕照明》由美国国会国书馆收藏，《文殊、普贤》佛造像作品由成都文殊院收藏，《度母》工笔重彩作品由峨嵋山佛教协会收藏，《情系深谷一片痴》由新加坡新神州艺术院收藏，《梅、兰、竹、菊》由四川省尼众佛学院收藏，《离离原上草》《无量寿佛》等由日本东京艺术大学收藏。

其作品还被收录于《中国现代美术家》《世界名人录》等大型词典。个人画集《罗家宽书画集》《罗家宽道释人物》，由四川美术出版社出版。

蛱蝶翩翩舞　136 × 68 cm

罗江

（1959～）生于云南，彝族。中国美术家协会会员、中国书法家协会会员。先后毕业于湖南省工艺美术学院、云南省艺术学院。现任云南省画院副院长、云南省美术馆副馆长、中国书法家协会刻字委员会委员、云南省书法家协会副主席。

其作品多次参加全国性美术作品展览和国内外学术展览活动。1995年在中国美术馆举办个人书画作品展；2005、2006年分别在北京、安徽、河南、广东、山东、云南等地美术馆举办个人新作巡回展；2006年应邀在深圳关山月美术馆举办学术提名个展。

罗江作品发表于国内外美术专业刊物，曾被中央及全国各大电视台拍摄个人专题片，并有多幅作品被中国美术馆及国内外美术馆、博物馆等机构收藏。作品入编《全国名家作品集·人物卷》《中国当代美术全集·人物卷》。出版有《21世纪有影响力画家个案研究·罗江》《罗江写意人物》《名家人物——罗江》等专著。

乌蒙山系列　136×68 cm

宏江雪　68 × 42 cm

马波生

(1942～) 字朔江，号饕公，祖籍江苏。中国美术家协会会员、中国书法家协会会员。1985年于中央美院卢沉工作室研修。现任书法研究员、深圳大学教授、安徽师范大学兼职教授、山东理工大学美术学院兼职教授、中国矿业大学艺术与设计学院客座教授、澳门《中国画坛报》主编等职。

马波生1986年在北戴河拜李可染先生为师。其国画笔墨灵奇，意境隽永，藏大巧于大拙，露机敏于刚正，激扬纵恣不失规矩。绘画作品曾两次在全国书画大赛中获一等奖、三次参加深圳国际水墨画双年展；书法作品曾四次参加国家级展览。1987至2004年先后在北京中国美术馆、香港包兆龙画廊、深圳、杭州、澳门、洛杉机等地举办画展。并于1998年在洛杉矶举办画展中分别获得蒙特利市市长、加利福尼亚、联合国教科文组织颁发的荣誉证书。

马波生曾出版6本书画集，其中山水集《陕北瑞雪》、书法集《米芾西园雅集图记》先后被中国美术馆收藏。

马海方

（1956～）生于北京。1981年毕业于中央美术学院中国画系。中国美术家协会会员。现为人民美术出版社画家。近几年先后由香港心源出版社、福建美术出版社、大百科全书出版社、河北教育出版社、人民美术出版社等出版个人画集。

马海方自1990年《古都风情》获全国首届中国风俗画大奖赛一等奖以来，其作品连续获国内各项大奖。1991年《旧京人物图卷》获第一届民族文化风情大展一等奖、1992年《老天桥人物》获中国美术馆东方书画艺术大奖赛一等奖、1994年《旧京风情图卷》获西苑杯大奖赛一等奖、1995年《鸟人鸟事》获中国体育美术大展银奖、1998年《找乐》入选第九届全国美展，当年获世界华人美术大展银奖。

曾多次举办个人画展并参加各类美术展。1993年在北京当代美术馆、1998年11月在瑞士、12月在中国台湾举办个人画展，2000年《卖山货》入选中国美协提名展、2001年在中华世纪坛参加以吴冠中为首的迎奥运八人展、2003年参加世纪坛举办的今日中国美术展、2004年《全聚德烤鸭流程图》入选第十届全国美展、2007年《同在蓝天下》参展中国美协等共同举办的“同一个世界”中国画家彩绘联合国大家庭艺术大展。

板儿爷　68×68 cm

马泉

（1937～）生于山西清徐县。中国美术家协会会员、中华诗词学会会员。1962年中央美术学院国画系毕业。同年入北京中国画院（现为北京画院）进修二年，留院创作至今。现任北京画院专职画家、国家一级美术师、北京诗词协会顾问、北京齐白石艺术研究会顾问、美国旧金山中华文化艺术研究院顾问。

马泉擅长中国人物画，兼能山水、花卉、书法及水彩画。参加全国、省、市级以上画展300多次，并多次获金、银、铜奖。马泉多次举办个人画展，作品先后赴美国、加拿大、日本等国及东南亚、东欧等地展出，被国内外200多处艺术馆、博物馆、纪念馆收藏。曾两次访问美国，在纽约市立大学、费城摩尔艺术学院讲学，并于旧金山举办个人诗、书、画、印展。

出版有《马泉国画集》《马泉水彩集》等6种画册及艺术传记《艺苑驰骋》。其艺术传略被收录于中国、日本、美国、英国出版的多种名人录、名人传、艺术家传等20余部辞书、辞典中。

踏雪　136×68 cm

马泉艺

（1944～）自幼随父学画，后师从黄胄等前辈，作品多次参加全国及国际重大美展并获奖。现任世界教科文卫组织专家成员、中国对外文协理事，中国美协会员、中央文史馆画家、北京中央书画研究院副院长等职。

马泉艺曾多次出访美国、日本、韩国、墨西哥、新加坡、马来西亚等国进行文化交流。曾在北京、洛杉矶、东京、汉城、芝加哥、纽约、福井、曼彻斯特、蒙特利尔、檀香山、多伦多、旧金山等地举办个人画展二十余次。其作品在80年代就被美国、日本等国家的主流社会所关注，成为美国比弗利画廊、东京银座、蒙特利尔美术馆的签约画家。美国《洛杉矶时报》、日本NHK电视台等媒体评论其为“中国画马第一人”、“世界画马艺术巨匠”。

中央电视台、中国新闻电影制片厂曾做专题报导，并拍摄《马泉艺画马》等专题记录片。其作品多悬挂于国务院办公厅、中共中央办公厅、全国人大办公厅、中南海、钓鱼台、人民大会堂及加拿大、新加坡、西班牙、俄罗斯等国总统办公厅。国内外近百部辞典对其作品均有评介，各类美术刊物发表其作品上百幅，发表论文数十篇，出版个人专集十余部。

牧野晨风　68×68 cm

马硕山

（1963～）生于山东。中国美术家协会会员。曾先后就读于中国美术学院、中央美术学院，现居北京。现为《中国美术》杂志编辑。

1993年作品入选首届全国中国画展（北京）；1998年作品入选第二届全国花鸟画展、获优秀奖（北京）；2000年作品入选文化部主办的第十二届“群星奖”美术大展，获银奖（青岛）；2003年作品入选第二届全国中国画展（大连）；2005年作品参加“南北花鸟”当代中国花鸟画学术交流展（北京）；2005年作品参加中国画研究院提名展（北京）；2005年作品入选首届中国写意画展，获优秀奖；2006年作品参加2006中国花鸟画学术提名展（济南）；2007年作品参加全国中青年花鸟画名家作品展（北京）；2007年作品参加全国第二届中国画论坛创新作品展（北京）。

马硕山的花鸟画以小写意的基本形态，强调笔法、墨法、色法，以及用笔用墨的丰富变化和意趣，使点、线、墨、色都在“经验”与“非经验”之间获得尽可能的精致性，并在其中融入了自我对自然、对艺术、乃至笔墨运用的体验与感受，使它们摆脱了形而下与物质层面逻辑关系的约束，得以自由地营造一种美感，一种境界，一种心灵感受，一种视觉的愉悦。

出版有《马硕山写意花鸟艺术》《马硕山花鸟画》《马硕山扇画精品》《当代中国花鸟画》合集、《中国当代美术全集·花鸟卷》。

清趣图　100×69 cm

毛广淞

（1955～）江苏涟水人，笔名森翁，号无岸，松韵斋主。中国书法家协会会员。现任中国书画家协会副主席、北京德和轩书画院院长、中国书法家协会书法培训中心教授、华中农业大学艺术中心兼职教授、文化部首届“中国汉字书写比赛”艺术评审专家。

1998年成功举办个人书法展。其多幅作品被人民大会堂、浙江省博物馆等单位收藏。2000年在中国特奥世纪行活动中，创作“爱人以德”作品赠送给国际影星、慈善大使阿诺德·施瓦辛格先生。2001年应文化部文化艺术人才中心之邀创作作品被奥委会主席萨马兰奇先生珍藏。

毛广淞于2005年应邀为香港学生书写的《学生硬笔楷书字帖》由香港智能教育出版社出版。其著有《中国书法普及教程 》（合著）《毛广淞书法选》《中小学生钢笔楷书字帖》。中国教育电视台、北京电视台、北京人民广播电台、《光明日报》《解放军报》《中国艺术报》等几十家新闻媒体对其作过专题报道。传略资料收入《世界名人录》《中国专家人名辞典》《中华精英大全》等辞书。

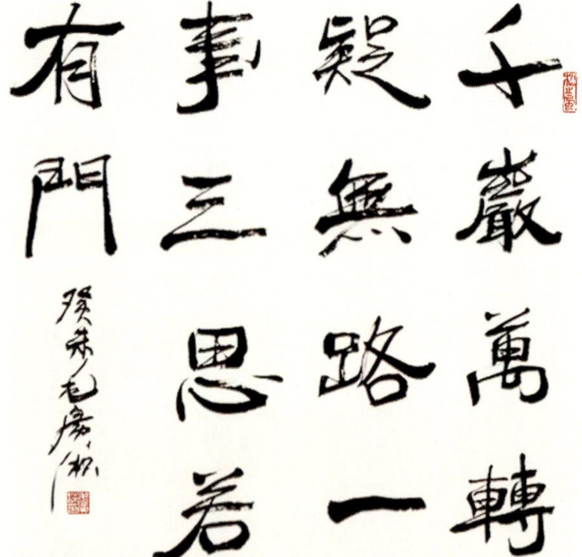

书法　136×68 cm

孟鸣

原名孟继明，山东泰安市人。中国美术家协会会员、中国水彩画家协会会员、世界水彩画联盟成员。先后毕业于山东济宁师专美术系、山东师范大学美术系。现任山东科技大学艺术学院教授、硕士研究生导师。山东美术家协会理事、山东水彩画会理事、中国泰山山水画研究院院长、山东画院高级画师、山东泰安市美术家协会副主席兼秘书长。

其作品多次入选国家和省级美展并获奖，在诸多报刊发表、评介。2007年应邀赴德柏林举办个人画展，作品多次参加国际交流展、个展、联展等。作品被中国驻德国、奥地利大使馆和国内多家博物馆收藏。

出版有《孟鸣画集》《孟鸣水彩水粉画》《孟鸣水墨山水》《当代中国画名家——孟鸣》等。其传略载入《中国现代美术家人名大辞典》《当代书画篆刻家辞典》《中国美术家》《世界华人美术年鉴》等多部辞书及专业画册。

山深云满屋　68 × 68 cm

米景扬

（1936～）生于北京。中国美术家协会会员。现任文化部艺术评估委员会委员、荣宝斋艺术顾问、中贸圣佳国际拍卖公司顾问等职。

米景扬在有“中国第一画廊”之称的荣宝斋工作长达四十余年，长期从事木版水印画的构描、设计、出版及古画临摹工作。长期的实践，奠定了其基础深厚的笔墨功力。八十年代初，利用业余时间进行花鸟画的创作和研究，先后在日本、美国、韩国、香港、台湾等国家和地区举行了个展和联展，对近现代书画艺术的鉴定工作也颇有见解。

东方报晓　68×68 cm

苗重安

（1938～）山西运城人。中国美术家协会理事。1960年毕业于西安美术学院并留校任教，师从贺天健先生研习山水画。1980年负责筹建陕西国画院。原任陕西国画院院长、陕西省文联副主席，现为陕西国画院名誉院长、一级美术师、陕西省文联顾问、中国画研究院院务委员，为国家有突出贡献专家。其山水画作品多表现黄河流域与丝绸之路的自然与历史人文景观，他运用融合中西的写实画法，其画风写实，意境开阔，沉雄博大，颇有诗意。

作品《黄陵古柏》《一览众山小》《龙羊峡的黎明》先后参加第六、七、九届全国美展，1991年《春回高原》参加纪念建党70周年全国美展。1992年《北国风光》、1996年《翠嶂峥嵘》先后参加“黄河”“三峡”全国专题美展。

应邀为人民大会堂、中南海、天安门等单位绘制巨幅作品。其作品曾在美国、英国、俄罗斯、加拿大等国参展，并多次出访日本、荷兰、澳大利亚等二十多个国家及地区举办展览、讲学和学术交流。作品先后被中国美术馆等国内外美术院校、博物馆收藏。

编著、出版有《贺天健课徒画稿》《苗重安画集》等。

月是故乡明　68×68 cm

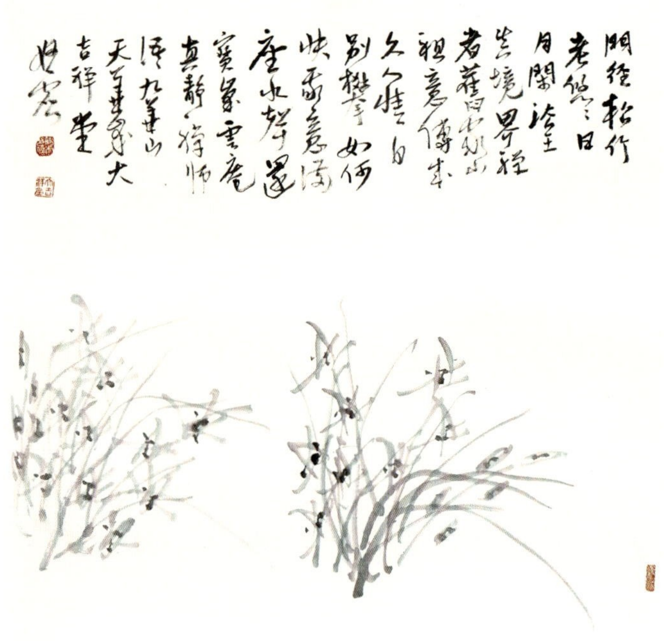

兰草图　68×68 cm

妙虚

法号道开、一源，沩仰宗第十一代禅人。九华山吉祥禅院住持，九华山佛教文化研究会指导法师。

他是第一位在中国美术馆举办中国画个展的僧人、先后在北京劳动人民文化宫、合肥亚明艺术馆、厦门图书馆等地多次举办书画个展，并在中国佛教文化研究所举办“妙虚书画与佛教艺术学术研讨会”。曾多次为慈善机构、希望工程捐赠书画作品。

其山水、花卉空灵精妙、浑厚绝尘，偶作人物，淋漓酣畅，为当代传承佛教书画艺术的重要画家。出版有《中国名画家精品集——妙虚》《妙虚法师写经偈》《妙虚法师画——梅兰竹菊》等多种画册。

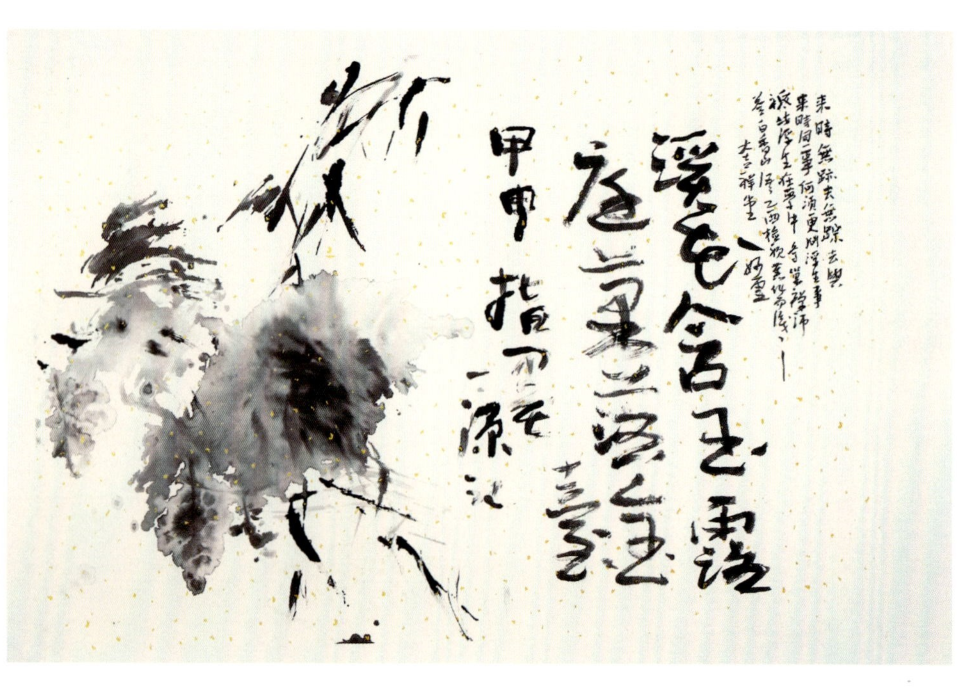

穆家善

（1961～）生于连云港市赣榆县。1983年考入南京艺术学院，1989年任命为南京高校艺术教研室主任，1991年攻读南京艺术学院中国画硕士研究生课程。1995年被聘为南京书画院特聘研究员，并当选为南京市美术家协会理事。现为美国亚太艺术研究院院长、教授、国际艺术大展策展人。蒙哥马丽学院中国画教授，厦门大学艺术学院、上海戏剧学院等学院客座教授、上海大学艺术研究院兼职教授，英国剑桥国际名人传记中心终身国际艺术顾问、美国国家传记研究院艺术顾问，美国美术考级评审委员会主席。

他的画厚重中透着灵气，苍茫里含着生机，作品重线的表现，浑洒流畅，厚朴扎实，简约凝重，境界开阔。

多次在中国美术馆、中国画研究院、香港中国画廊、美国马里兰美术学院等地举办个展、国际组展，其作品被中外美术馆、大使馆、美术学院收藏，其艺术成就被载入英国剑桥《国际名人录》《中华美术大师》《中国艺术大家》等历史文献。

高山信步图　136×68 cm

欧广勇

（1940～）字瀚元。广东肇庆悦城人。现任广东省书法家协会副主席、岭南书法篆刻艺术研究会会长、中国书法家协会创作委员会委员、中国书法家协会书法培训中心教授等职。

欧广勇作品的艺术风格雄浑朴拙，自成一体，具有强烈的视觉冲击力和感染力。他还擅长绘画、篆刻、诗词。其画作雄浑苍莽，与书法风格同步，“画沙剖玉”，各得风流。

其编著有《中国历代书艺概览》《欧广勇书法集》《七星岩鼎湖山书法石刻选》《广东省志·书法篆刻》《欧广勇翰墨撷英》《欧广勇书画集》等。作品多次参加国家级展览而获奖，并刊登于《人民中国》《人民日报》《日中代表书法家展》《首届当代名家书法精品集》等国家级书刊、报纸上，两次获广东鲁迅文艺奖。曾得到国家领导人方毅、陈丕显及艺坛前辈吴作人、启功、刘开渠、张伯驹、李苦禅、程十发、沈鹏、关山月、黎雄才、刘艺、佟韦等题词称许。

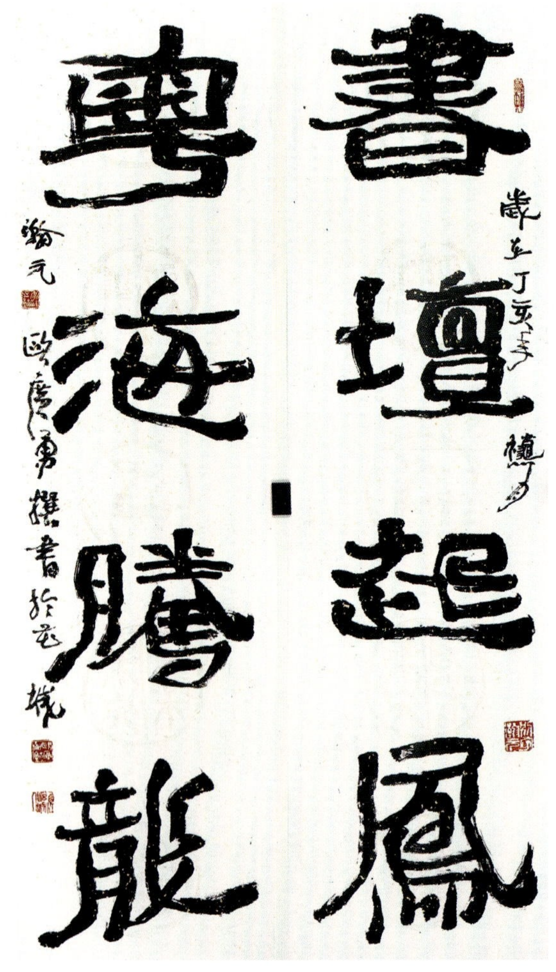

书法　130×33×2 cm

潘公凯

（1947～）生于杭州。全国政协委员、中国美术家协会副主席，中国著名画家、美术理论家。1968年毕业于浙江美术学院附中。1979年先后任浙江美术学院中国画系助教、讲师、中国画系主任、副教授等职；1992年赴美国伯克利大学东亚研究所任访问学者；1994年至2001年先后担任中国美术学院主任、院长、博士生导师，并兼任浙江省美协副主席；现任中央美术学院院长、教授、博士生导师。

八十年代以来，潘公凯提出的中、西两大艺术体系“互补并存，双向深入”的学术主张，在中国美术界颇有影响。其水墨作品曾在纽约SOHO区菲利浦画廊、旧金山中华文化中心、东京日中友好会馆、巴黎联合国教科文组织总部、中国美术馆等地举办个人画展。

其著作有《中国绘画史》《限制与拓展》《潘天寿绘画技法解析》《潘天寿评传》等。主编的《现代设计大系》《潘天寿书画集》获国家图书奖。近几年主持《中国现代美术之路》学术课题的研究和撰写。

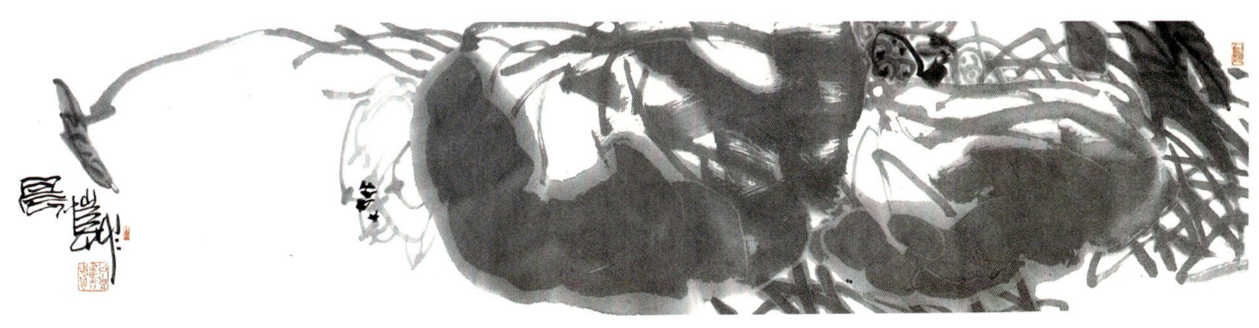

花鸟　140 × 32 cm

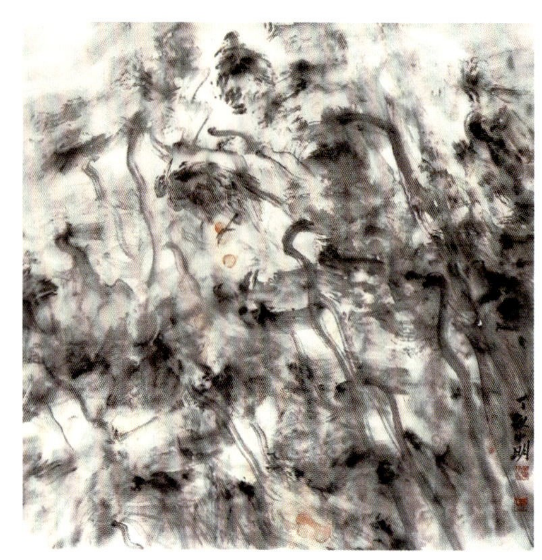

潘小明

（1963～）生于广西鹿寨。中国美术家协会会员。1988年毕业于广西艺术学院美术系获文学学士学位，2002年就读于中国艺术研究院研究生部中国画高研班。现任广东惠州日报社主任编辑、国家二级美术师、惠州国画院执行副院长、漓江画派促进会常务理事。

2001年作品《荷深水风阔》获“广东省第二届中国画展”铜奖、2002年作品《天丝不断清香透》获”中日邦交正常化三十年中日书画大展”金奖、2003年作品《青果》和《丹柿朝阳》分获“第二届中国美术金彩奖”作品优秀奖和“海潮杯.全国中国画展”优秀奖、2004年作品《林密鸟声幽》和《山树动秋声》分获“菜乡情.全国中国画提名展”银奖和“全国中青年中国画提名展”银奖、2005年作品《秋风过家园》和《秋声》分获“全国首届写意画展”优秀奖和“长江颂.全国中国画提名展”优秀奖。

其作品自2003年入选“中国当代花鸟画艺术大展”以来不断参加各规模的画展。如2005年参加“第二届中国美术家协会会员中国画精品展和“春季新象中国画名家邀请展”、2006年参加“日本东京中国画名家作品展”等。其作品被收入《名家小品集 · 花鸟集》《中国扇画技法》《今日中国美术》等多部画册，并出版《潘小明画集》《中国画技法丛书——梅花画法》等作品集。多幅作品及论文在《美术》《美术观察》《艺术状态》《美术界》《中国书画报》等专业学术刊物上发表。

秋花冒绿水 密叶罗青烟　138 × 68 cm

潘缨

（1962～）生于北京，满族。中国美术家协会会员。1983年毕业于解放军艺术学院美术系中国画专业，2006年毕业于中央民族大学中国少数民族艺术专业获博士学位，1987年至2007年任教于中央民族大学美术学院。现任中国艺术研究院中国美术创作院画家。

其作品创作基本上在两个向度上展开，一是以女性为题材的具象“工笔”创作，多以彝女、侗女等少数民族少女为题，给以符号化的平面空间处理，且多装饰意味，借此题材表达人类生命世界静穆、寂寥与永恒的一面，二是观念性的作品，在虚构中表达一种空间中的秩序感，借某种特定的形式，把复杂的存在统一为单纯的感觉。

作品入选第7届全国美展、第8届全国美展、第10届全国美展、百年中国画展、新中国油画回顾展等，并举办个人画展7次。作品被中国美术馆、上海美术馆、深圳美术馆、中国油画博物馆等收藏。出版有《潘缨画集》《艺术之维·潘缨》《潘缨重彩画技法》《潘缨没骨画技法》《少数民族中国画名家系列·潘缨》《中国画名家画库人物卷·潘缨》《潘缨艺术创作状态》等。

人物　136×68 cm

裴开元

（1963～）江苏省泗阳县人。中国美术家协会会员。1991年毕业于解放军艺术学院美术系中国画专业。现为空军专业画家，中国美协创作中心委员，江苏国画院特聘画家。

1991年作品《白山黑水》入选建党70周年全国美展；1993年作品《高原情》获国际水墨画大展银奖；1994年作品《直线·方块》入选第八届全国美展；1996年作品《红色记忆》获总参谋部美展一等奖，同年在北京举办个画展；1997年作品《抗英团》入选建军70周年全国美展；2000年在广东举办个展；2002年作品《通天路》获中国美协提名展优秀奖；2003年作品《丽日》获国际水墨画年展二等奖，《长空枭雄》入选全国第二届中国画展；2004年参加中国艺术研究院中国画名家邀请展，作品《暖日》获中国美协中国画提名展优秀奖，参加中国美协会员精品展，中国书画名家精品展获银奖，并在苏州举办个展；2006年参加“水墨·河东”中国画名家邀请展，作品《胜利》参加建党85周年全国美展；2007年《试飞英雄李中华》入选建军80周年全国优秀作品展。出版有《裴开元画集》等多部。

清静山林　68×68 cm

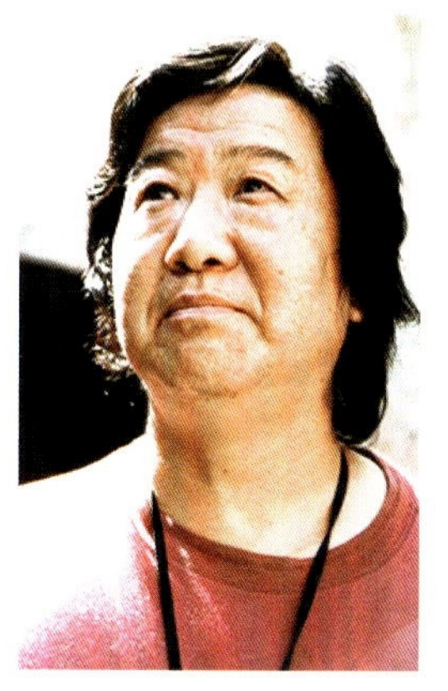

彭国昌

（1955～）北京翰海画院副院长，河北国画院副院长。

1980年毕业于河北大学工艺美术学院。1999年进修于中央美术学院研修班，2004年进北京画院王明明高级研修班，2006年进中国国家画院龙瑞导师首届精英班。

1993年为江西美术出版社绘制连环画《中国古代经营谋略——郑和下西洋》荣获国家“五个一”工程奖。他的山水画作品创作，在“师法造化，中得心源”的理论支配下，讲究线之曲折、墨之浓淡、形之疏密、境之营造。其题材、内容的描绘均被画家的性情本色与情感表现所替代，以直觉想像为基本品质，强调的是自我心境与外部世界的和谐与统一。

1999年山水画《太行苍茫气宵宵》获中国共青团书画优秀奖，同年参加《江山万里图》（江泽民题字）长卷创作，献给澳门特别行政区。2003年参加第五届新人新作展，同年获中国美协主办的中国画提名展金奖。2004年获“菜乡情”中国画作品展优秀奖。

黄土之韵　136×68 cm

乔俊声

号墨涛，耘墨楼主，江苏徐州人，早年研习西画，涉及多类画种，后专攻写意山水，并于中国美院中国画系深造，原为徐州国画院书记、常务副院长、欧亚书画艺术研究院名誉院长、国家一级美术师。

乔俊声广采众博，融会贯通，精心锤炼笔墨、积累学养，他的作品质朴浑厚、苍郁华滋。多年来在北京、南京、广州、深圳、香港、台湾等地举办个展和联展，并有作品选送法国、泰国、日本等国展出。在国际、国内各级美展及国画大奖赛并获奖。

作品被中国美术学院、江苏省美术馆、毛主席纪念堂等单位收藏。个人辞条及作品分别被编入《中国当代书画家大辞典》《当代书画篆刻家大辞典》《中国当代书画选》等数十部典籍和画册。

山水　136×68 cm

秦润波

（1955～）河北任丘人。中国书法家协会会员，中国国际友好联络会理事、九届中华全国青联常委、东方古今书画研究院院长、北京齐白石艺术研究会副秘书长等职。师从张协和先生二十余年，深受恩师艺德艺技的言传身教，博古今各家之长，形成自己独特的艺术风格。艺坛大师刘开渠先生曾称："秦润波书法篆刻师古人而有新意，风格潇洒，浑厚遒劲而俊秀，是杰出的青年书家。"多年来，其作品常入选国内外展览，在2000年度应联合国非政府组织世界和平教育者协会邀请参加艺术展并获得杰出艺术作品奖，该奖是授予为促进世界文化交流、推进人类文化事业发展做出的积极贡献的艺术家。

其作品常被国务院选为国家赠礼赠送外国元首及驻华使节，并曾为中国三万五千吨远洋轮"大瑶山"号题写船名。2004年12月率团赴澳门举办"当代中华青年书画艺术作品展"，并引起轰动。

近年来，其作品颇丰，并在海内外产生较大影响。受到著名书法大师启功、欧阳中石等书画界老前辈的赞誉。

书法　136×68 cm

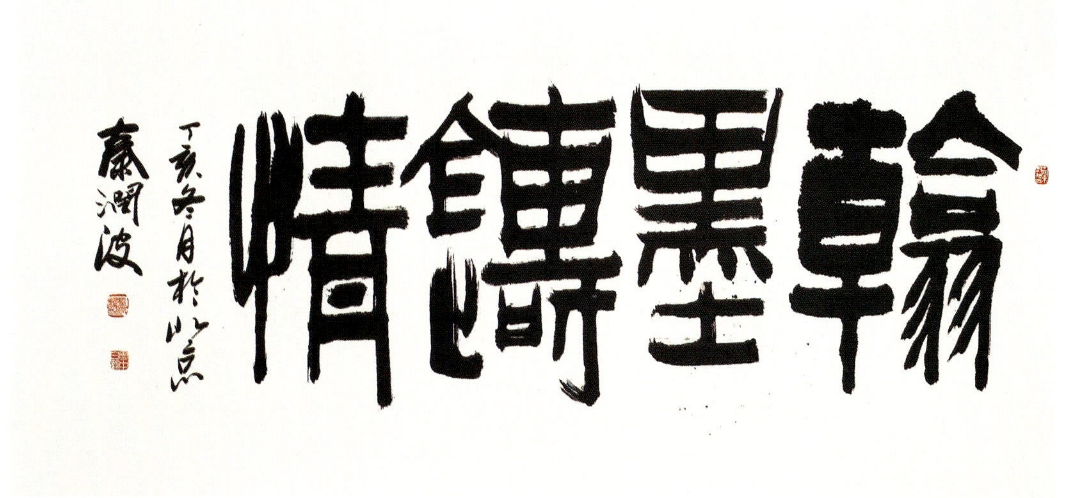

丘挺

（1971～）生于广东。美术学博士。1996年毕业于中国美术学院国画系山水专业。2000年毕业于中国美术学院山水画专业并获硕士学位。2004年毕业于清华大学美术学院绘画系。

现任教于中央美术学院中国画学院。

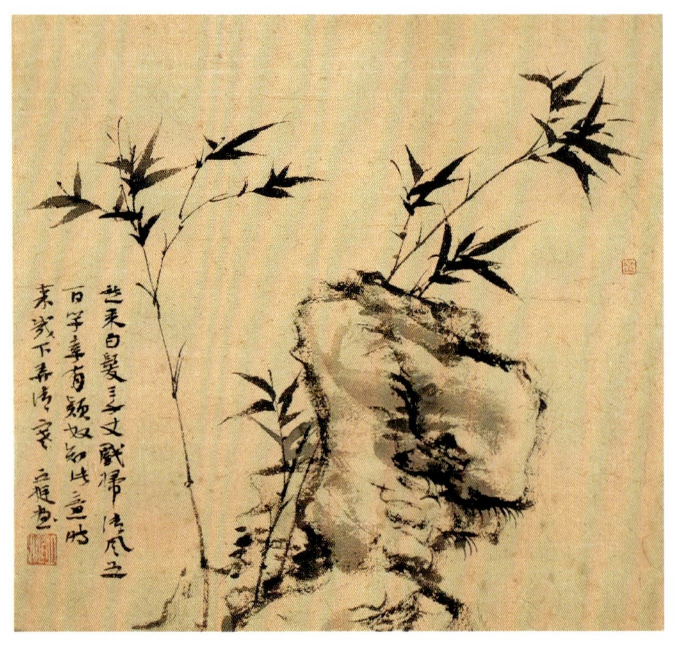

清风图　46×42 cm

任之

（1956～）生于北京。中国美术家协会会员。中央美术学院写意高研班毕业。现任北京加百列文化传播有限公司艺术总监。

任之作品参加国内各级美展并屡次获奖。2005年分获“全国首届青年书画学术邀请展”学术奖和“第十二届当代中国花鸟邀请展”银奖、2006年分获“第十三届当代中国花鸟邀请展”金奖和“李苦禅艺术馆开馆暨全国中国画提名展”优秀奖、2007年获“第三届全国中国画展”优秀奖、“庆祝内蒙古自治区成立六十周年——全国首届草原情中国画作品提名展”优秀奖及“第二届中国（湘潭）齐白石国际文化艺术节‘齐白石奖’中国画书法作品展”优秀奖。

其作品还入选2005年“太湖情中国画提名展”、“全国中国画作品展”、“首届中国写意画作品展”、“第三、四届中国西部大地情中国画”、“油画作品展”、2007年“纪念黄道周中国画提名展”、“中国画作品展”、“全国中青年中国画（花鸟）名家优秀作品展”。并多次举办个人画展，录制发行任之教学VCD光盘四部。出版个人专集专辑十余部。

花鸟 136×68 cm

邵戈

（1962～）生于北京。中国美术家协会北京分会会员、中国民间文艺家协会会员。1978年毕业于北京市工艺美术学校。现任北京星座文化艺术中心东方艺术部主任。

邵戈近几年一直进行以城市题材为主的新观念水墨创作。他的水墨作品，集洒墨、渲染、勾线、喷漆、拼贴、加白粉于一体，既抽象又具象。画面的黑、白、灰层次表达得极为厚重和丰富，同时又有效保持了水墨媒材的固有魅力。真切地表现出人与环境混合、交错、冲突的状况，将视觉直觉和城市问题挤压在一个有限的空间，令人在这挤压着的空间中呼吸和思考，从而表示出他对工业文明所带来的巨大的环境问题以及人性精神变异问题的密切关注。

邵戈多次参加国内外重大展览，1992年作品入选“全国首届中国山水画展”作品被安徽省美术馆收藏、1993年参加“北京中国画展”及“当代青年画家百人邀请展”作品被中南海收藏、1998年参加“开放水墨–六人作品展”、1999年参加“进入都市当代水墨实验专题展”作品被广东美术馆收藏、2000年参加“世纪之光中国画提名展”及“新中国水墨画大展”。其作品多次在各种美术画刊、杂志发表，出版专著《邵戈画集》《二十一世纪中国新水墨艺术家丛书——邵戈卷》《中国当代艺术画集》。主编《95中国水墨》《当代中国水墨现状》《99中国水墨》等画集。

施江城

（1946～）生于上海，祖籍江苏。中国美术家协会会员、国家一级美术师。现任湖北省美术家协会理事、湖北省文史馆馆员、湖北省美术院专业画家、文化部中国国际书画研究会理事、中央文史馆书画研究员、中国长城画院副院长。

《施江城长江万里图卷》是他在多年积累的基础上历时五年完成的力作。全图分为10卷，画面总长60.55米，这幅作品不仅画出了长江的山水风貌，而且艺术地再现了长江文化，再现了已逝去的长江绝景。

施江城曾受中国美协委托为中南海、国务院、中宣部等重要国事活动场所创作巨幅长江山水画。他的作品不仅多次参加全国重要美术展览，并多次应邀赴美、日、俄、新加坡、波兰及台、港、澳等地进行学术交流及展览访问。作品被中国国家博物馆、北京人民大会堂、毛主席纪念堂、人民日报社、中国三峡建设委员会、外交部、中央文史馆、湖北省政府、广东关山月美术馆、台湾佛光缘美术馆、日本海上美术馆、波兰世纪末艺术收藏馆等数十家机构收藏。

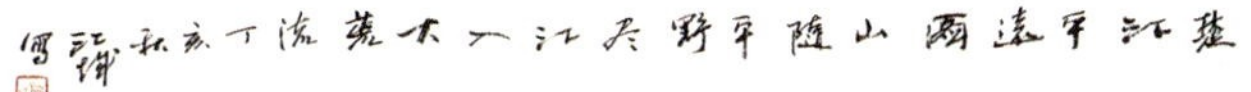

楚江平运图　136×68 cm

史维静

中国书法家协会会员。现任辽宁省篆刻艺术委员会委员、盘锦市政协委员，盘锦市群众艺术馆副馆长、盘锦市书法家协会副主席、辽河印社社长。

其书法作品入展全国第六、八届书法篆刻展，全国第三、五、七届中青年书法篆刻家作品展，全国一、二、四届正书大展，全国第一届行草书大展，全国第三、四届楹联书法展，首届中国书法兰亭奖作品展览，中国当代书画作品展（在瑞士展出）。并曾多次获奖，如“岳安杯”第一届国际书法展二等奖，2005年《书法导报》国际书法篆刻年展专业组三等奖，五次获辽宁省书法展一等奖。被辽宁省文联授予“辽宁省优秀中青年书法家”。

史维静篆刻作品入展西泠印社第五、六届篆刻艺术评展，西泠印社首届中国印大展，全国第五届篆刻艺术展。国画作品《觅春》入展全国第六届工笔画大展并被收藏。

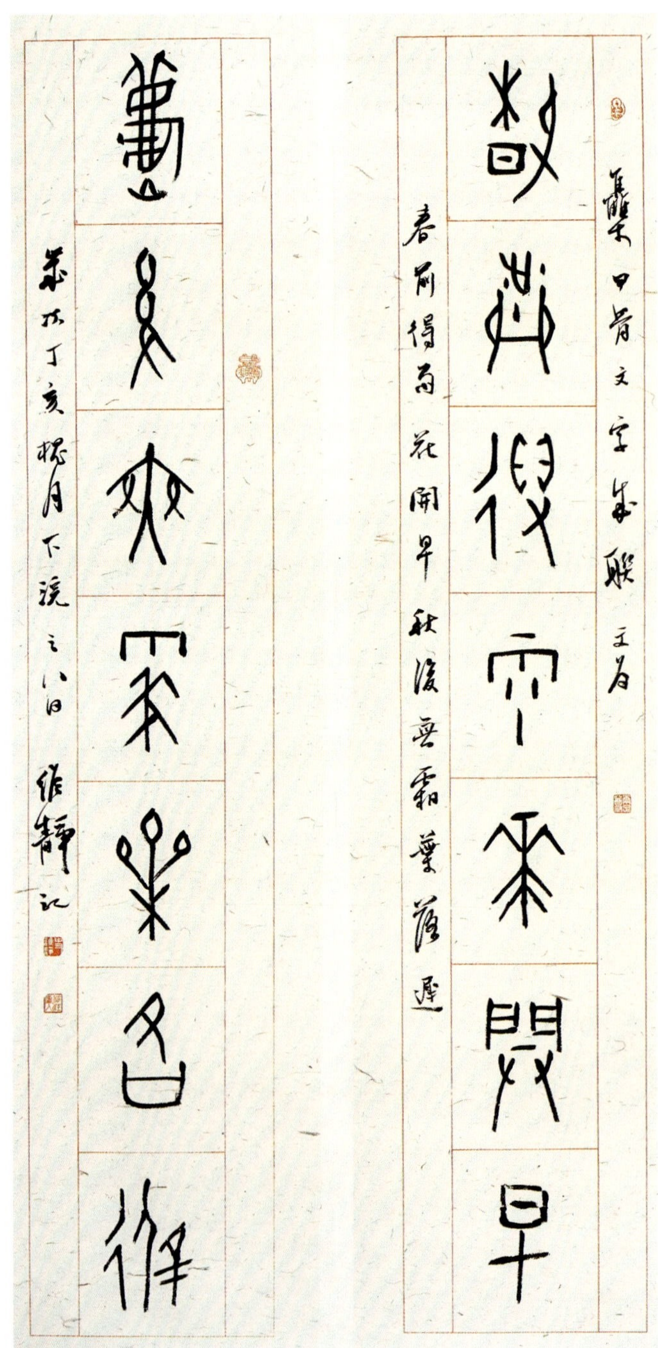

孙克

（1938～）生于天津市。1953年考入中央美术学院附中，中央美术学院美术史系毕业。曾任北京画院《中国画》编辑部主任。现任中国美术家协会中国画艺委会秘书长、中国美术家协会理论委员会委员、《美术》杂志编委、解放军艺术学院客座教授、中国美术馆专家委员会委员等职。并多年从事美术编辑及美术史论、美术评论工作，兼擅书法。

自六十年代便潜心研究书法，以古人为师。读书、临碑帖四十年。临书自褚遂良《孟法师碑》始，取其平正，由此及于唐人诸碑。1964年始专力于北碑，临《郑文公》二十余年。旁及《张玄墓志》《秦山金石峪》等。八十年代后，临《书谱》至今。喜宋人书，临米芾帖，观苏黄巨迹。

自1980年以来在全国主要专业报刊发表论文数以百计，近百万字，出版有《孙克美术论文集》，收入论文八十余篇，四十万字。并编著有《黄秋园艺术评论文集》《巨匠集黄宾虹》等著作。

书法　136×68 cm

高士图　48 × 37 cm

田黎明

（1955～）生于北京，安徽合肥人。中国美协理事。1989年考取卢沉教授研究生班，1991年获文学硕士学位。现为北京美协中国画艺委会主任、中央美院中国画学院教授。

他的人物画中充满阳光、空气与水，游泳、登山以及大自然中的人物肖像是他常画的题材。将东方宁静整体的造型与充满生机变化的水墨语言结合起来，使艺术家的主观能动与水墨在宣纸上的自然生发相融合，动静相生，含蓄隽永，是田黎明人物画的方向。他的画中，水是无处不在的，不仅是他独创的融染法、连体法、围墨法等水墨技法，是建立在对水的运用高技巧之上的。

作品参加全国美展五、六、七、十届及相应学术活动。出版有个人画集。

王超

（1939～）生于天津，著名书画家、诗人。中国美术家协会会员、中国作家协会会员、中国诗歌学会会员、中国散文学会会员。1963年毕业于中央美术学院中国画系，受业于李可染、李苦禅、叶浅予、蒋兆和等师长。现为中国世界民族文化交流学会文学委员会副主席、中国国学研究会副会长、中国书法美术家协会主席、中国书法研究院艺术委员、天津工艺美术学院教授。

1964年在天津首次举办个人画展，作品曾先后在北京、青岛、香港、台湾和日本、加拿大、韩国等国家和地区展出，并多次获奖。作品《雄风图》曾悬挂在天安门城楼大厅，曾为许多旅游胜地、碑林书匾题字，如峨眉山的《双百楹联》《七佛宝殿》等。多件书画作品及论文发表在《人民画报》《美术》《光明日报》等数十家国内外报刊、杂志。作品被中国美术馆等国内外诸多文博机构及识家收藏。

作品及传略被《中国当代国画家辞典》《中国美术全集》等多部辞书收入。出版有《王超画选》等专辑。

博學深思

戊子歲春於天津 王超

祖承太極拳親友

康且賢父壽年逾

百桑梓口碑傳

王超

书法　136×68 cm

王慧智

（1956～）河北保定清苑人。中国美术家协会会员、天津美术家协会理事。1982年天津美术学院绘画系中国画专业毕业，1987年天津美术学院山水画研究生毕业。现任《中国书画报》社执行总编、天津美术学院中国画系教授、硕士生导师，天津画院院外画家。

其山水画作品曾入选“第八届全国美展优秀作品展”、“全国第十一届新人新作展”、“全国第三届当代山水画展”、“全国首届国画家学术邀请展”等大展。并在山东、天津等地举办个人展览。多次赴新加坡、韩国、日本、马来西亚及台湾、香港等地进行艺术交流并举办画展。

出版论文论著有《中国书法教程》《中国山水画教程》《山水画杂论》《王慧智山水速写》《山水画写生与创作》等。

溪畔泊舟　68×68 cm

王珂

（1960～）生于山东省潍坊市。中国美术家协会会员。1983年毕业于曲阜师范大学美术系，2000年考入中央美术学院国画系韩国榛工作室硕士研究生班，2002年考入中央美术学院中国画博士课程班，师从卢沉、张立辰教授。现任首都师范大学美术学院副教授。

王珂1999年作品《画室》获“鑫光杯迎澳门回归中国画精品展”银奖、2002年作品《走进陕北》获“2002年全国中国画作品展”银奖、2003年作品《给我们照一张——走进陕北之九》获“2003年全国中国画提名展”银奖、、2004年作品《又是一个春天》获“2004年菜乡情全国中国画作品提名展”金奖、2005年作品《守往家园》和《雪晴》分获“首届中国写意画作品展览”优秀作品和“第三届全国画院优秀作品展览”最佳作品奖、2006年作品《诗意图》获“2006第三届菜乡情全国百名画家中国画邀请展”优秀奖、2007年作品《边陲小镇》获“第三届全国中国画展”优秀作品。

消闲图

138 × 47 cm

狮　68×68 cm

王申勇

（1971～）生于四川成都。中国美术家协会会员。毕业于中国美术学院。四川省诗书画院(省画院)专职画家。

其1998年作品《那一年秋》获"第四届浙江省中国花鸟画展"金奖、1999年作品《忆秋》入选"第九届全国美术作品展"并获四川省展银奖、《月夜》获"中国美协中国画三百家作品展"铜奖、《觅 1》获"第三届国际金鹅奖书画展"金奖、《忆秋2》获"第二届全国花鸟画展"优秀奖；2000年作品《觅2》获"新世纪全国中国画、书法精品大展"金奖、《大熊猫》获"中华魂全国中国画、书法大展五百家"金奖、《幽谷》获"第二届浙江省中青年花鸟画展"银奖、《熊猫》获"亚享杯全国绘画、书法精品展"银奖、《娇子》获"欧洲国际东方美术大展"铜奖；2002年作品《熊猫》获"中国西部大地情全国中国画大展"金奖、2004年作品《大熊猫》获"第十届全国美术作品展"优秀奖、2006年获四川省第五届巴蜀文艺奖。

已出版专著有《中国美术院校教材·工笔走兽画》《新工笔动物画》《工笔动物画新技法》《工笔猫狗技法》《美术教学师范作品·工笔走兽画法》《工笔·名家画羊新技法——三人集》《中国当代实力派画家·王申勇》《当代中国画名家画犬·方楚雄、王申勇》。

王天胜

（1946～）祖籍山东文登。中国美术家协会会员。解放军艺术学院美术系教授（享受副军职待遇专家）、中国工笔画学会常务副会长兼秘书长、中央文史馆书画院研究员、中国文化产业促进会副会长、中国田园画协会副主席、北京工笔画学会副会长、新华通讯社新华画院特聘高级美术师。并被国内外多家艺术机构聘为艺委会委员、艺术顾问等职。

其工笔画色彩艳丽媚而不俗，笔线工细而气势不凡，气质优雅而灿烂多姿。

作品入选六、七、八、九、十届全国美展，历届全国工笔画展，历届全军美展、中国画百年展、世纪风骨——当代艺术50家等全国性美术大展及省以上美展100余次，获全国第四届工笔画大展金奖、全国第二届工笔画大展金奖等全国性奖项30余次。

出版画册有《王天胜画集》《名家名家》《王天胜工竹肖像》等十余部。《美术》《人民日报》等几十家新闻单位及媒体宣传和报道。

多幅作品被中国美术馆、国外美术机构及国家领导人、国内外友人收藏。《华岳雄风》等三幅作品被国家领导作为国礼赠送友邻国家。

赏月图　68×68 cm

王同君

（1962～）生于哈尔滨，原籍山东省龙口市。1984年毕业于鲁迅美术学院中国画系。现为中国美术家协会会员，黑龙江省美术家协会理事、黑龙江省花鸟画研究会秘书长、哈尔滨师范大学艺术学院国画系副主任、教授、硕士研究生导师。

作品曾赴美国、意大利、日本、泰国、加拿大等国展出。在黑龙江、山东等地举办个人画展。出版有《王同君中国画集》《中国当代实力派画家——王同君画集》《中国画坛花鸟画名家精品——王同君写意花鸟画》等多部专集、合集30余部。多幅作品被美术馆、博物馆、图书馆、企业及个人收藏。

《美术》《中国书画》《荣宝斋》《江苏画刊》《国画家》《美术界》《中国画家》等40余种报刊专题介绍和发表作品。作品和传略被收入《今日中国美术》《世界美术》（华人卷）等多种美术文献。

花鸟　136×68 cm

王小平

又名王晓萍。中国美术家协会会员、文化部青联委员。毕业于山东艺术学院、北京画院，师从石齐、王明明、杨延文。现为国防大学书画院秘书长、徐悲鸿画院人物画创作部主任。

1999年10月《清秋》入选中国美术家协会主办的“亚享杯全国书画大赛”；2005年8月《山水无尘图》“纪念蒲松龄诞辰365周年中国画提名展”获优秀奖；2006年2月《家园》入选“全国第六届工笔画大展”；5月《黄河岸边》入选“黄河壶口赞”中国画提名展，并获优秀奖；9月《九月石榴香》入选“2006年纪念中国美术大师李苦禅艺术馆开馆全国中国画作品提名展”；2007年10月《山乡恋歌》在“中华情”全国美术作品展中获优秀奖。

曾代表中国教育报社、八一书画院、中国人民解放军国防大学出访日本、韩国。作品被中南海、人民大会堂、文化部及国外艺术机构收藏，入编多种大型画册。出版有《王小平人物画集》《道释人物画技法》等。

八仙图　68 × 68 cm

王易霓

（1960～）生于辽宁沈阳。中国美术家协会理事、辽宁省文联委员。毕业于鲁迅美术学院，曾任大学教师、辽宁美术出版社《美术大观》执行主编。现任辽宁省美术家协会副主席兼副秘书长。

国画《母子情》参加庆祝香港回归10周年“中华情”全球华人大联展、国画《事事清白》《鱼戏荷》参加由中国文联、中国美协和世界艺术文化振兴协会联合在日本东京主办的“第四届中日美术交流展”、国画《林中野味》参加“第六届国际友好美术交流展”

绘画作品《荷动知鱼来》《园中情趣》《迈河弄水一身清》等多幅作品参加国内外大型展览。

心有灵犀　68×68cm

邬鸿恩

（1946～）毕业于中国人民大学中国文学专业。中国书法家协会会员。现任文化部中国画研究院艺术委员会委员、高级专业职称评委、原书法篆刻研究室主任、国家一级美术师、文化部艺术品评估委员会委员、中国国际书画艺术研究会常务理事、中国文化艺术发展促进会理事等职。

二十世纪七十年代末拜书法家欧阳中石为师，后又受到刘海粟、李可染、何海霞等书画大师的指点，对传统书法有广泛涉猎，善书真、草、隶、篆各种书体，并以行草最见长。在创作实践中，他逐步确立了碑与帖结合、书与画借鉴，不同书体的融铸、不同风格渗透的创作方法。欧阳中石先生评价其书法："有墨趣，有笔致，有书质，有画态，有古意，有新情，俨然有了一番新貌。"

其撰写的《邬鸿恩书法艺术——行草字典》一书，是中国书法史上第一部由个人书写的字典类工具书。其书法作品曾多次参加全国及国际书法展并获多种奖项。被中南海、毛主席纪念堂、中央军委大厦、中央办公厅以及日本美术馆、日中友好会馆，韩国汉城中国文化艺术中心等处陈列收藏，并作为国家领导人出访礼品赠送给澳大利亚、朝鲜等多国政府领导人。曾四次应邀赴日本举办书法展览。1997应邀在香港举办个人书法展，2004年在广州举办个人书法展。中央电视台、《人民日报》《香港文汇报》《日本朝日新闻》等几十家新闻媒体均对其书法艺术做过采访报道，并刊登多幅作品。其作品还收入《中国当代书法家大字典》《中国美术年鉴》中。

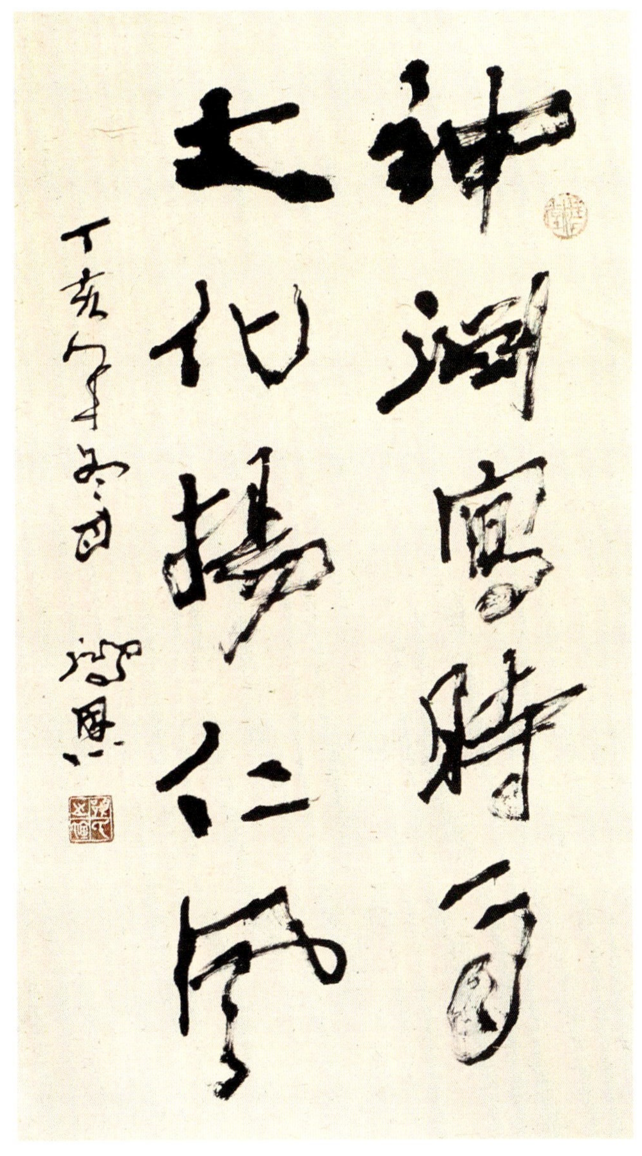

书法 136×68 cm

吴东魁

（1954～）生于山东荷泽。字昊天，号清瘦人。1982年毕业于山东轻工美术学校，1983年调入《中国报道》杂志社任美术编辑。现任华夏书画艺术人才研究会会长、吴东魁艺术会馆名誉馆长、世界华人书画院院长。

吴东魁曾受教于中国著名画家吴冠中、李可染、李苦禅、吴作人、黄胄、范曾等人。其画作基本功扎实，工、写皆精，并在长期的艺术创作实践中，逐渐形成了自己鲜明的艺术风格。

他先后在日本、美国、加拿大、香港、台湾及国内各地举办个人画展、讲学活动。1985年世界科技博览会特邀展出他的花鸟画《劲竹图》，备受好评。中央电视台先后为其拍摄了专题纪录片《天高任鸟飞》《吴东魁绘画艺术》《吴东魁笔墨技法》《李宁和他的国画老师吴东魁》；凤凰卫视为其拍摄专题片《吴东魁的书画艺术》；山东电视台录制的《吴东魁画展巡礼》被译成6种文字在国内外播出，影响颇深。

蕉荫雏鸣报新声　136×68 cm

吴绪经

（1945～）生于成都。中国美术家协会会员。1979年考取四川美术学院研究生班，1990年进入世界著名画家加山又造教授研究班深造。四川教育学院美术系教授。现任四川省美术家协会副主席、美术教育艺术委员会主任。

自1990年吴绪经中国画《竞技图》获“第二届中国体育美展”、“第十一届亚运会美展”特等奖以来，其作品多次获国内外大奖。其中，1992年国画《虎门销烟图》获“第二届中国工笔画大展”三等奖、1993年大型工笔画《虎门销烟图》获“首届中国画大展”三等奖、1994年大型中国画《青年时代1919.5》获“第八届全国美术大展”优秀作品奖银奖、1995大型连环画册《中国古典十大悲剧》获中国第四届连环画二等奖及首届中国优秀图画银质奖。

同时，吴绪经的各类作品入选全国大型美展。1999年大型国画《国魂》入选“中国第九届全国美术展览”、2001年《虎门销烟图》入选由文化部主持编选的“中国百年画展”，2005年作品《读书图》入选“北京国际双年展”中国中青年艺术家精品展。其作品还被收入《中国现代美术全集》（100卷）《中国当代美术1979－1999》《中国百年画集》等大型画册。

妙玉观荷图

136×34 cm

吴迅

（1955～）生于内蒙古呼和浩特市。中国美术家协会会员。1982年毕业于中央美术学院中国画系。1986任中国画研究院专职画家。曾任北京青年画会副秘书长。现为国家一级画家、中国国家画院专职画家。

吴迅作品多以中国水墨写意画为主，擅长画马，尤以风格独特的墨彩山水画令人耳目一新。其作品受到叶浅予、李可染、吴作人、何海霞等前辈的高度评价。1999年因多幅作品多次被联合国儿童基金会选用而被联合国授予“儿童之友”称号并授奖、2001年再次荣获联合国儿童基金会颁发的突出贡献奖。

其作品在国内及美国、德国、奥地利、法国、澳大利亚、日本、新加坡、泰国、土耳其、香港、台湾等国家和地区多次展出并获奖。并在国内各地及新加坡，日本，德国，奥地利等国家成功举办过多次个人画展。并出版有《吴迅画集》《当代中国美术家系列——吴迅画马》《当代中国美术家——吴迅画集》《中国画研究院画家作品集——吴迅画集》。

春风得意马蹄急　68×68 cm

吴震启

字永昊，别署昱墨，通心堂主。祖籍山东。现任中国书协党总支书记、中国书法家协会理事、中国书法家协会办公室主任、中国书协楷书专业委员会秘书长、中国书协书法发展委员会秘书长、中国版权协会理事、中华诗词学会会员、北京中华文化学院教授、联合大学等学院客座教授等职。

吴震启书法功力深厚，风格高古，气息静穆。兼善四体，尤精隶、楷、行。多次参加国内外重大展览和交流。其代表作《通心堂万米诗墨手卷》于1995年被列为吉尼斯世界纪录。中央电视台、北京电视台、新华社、《人民日报》《人民中国》等国内外媒体和大型报刊多有专题报导。国内外博物馆，美术馆和有关团体和个人亦多有收藏。

他曾先后获得“自学成才标兵”、“专业技术拔尖人才”“2007当代中国十大杰出人物”等荣誉称号。 诗歌创作积至五千余首，现已整理集成24卷。先后在《诗刊》《诗神》《中国书法》《人民日报》《光明日报》《当代中国》等报刊发表。

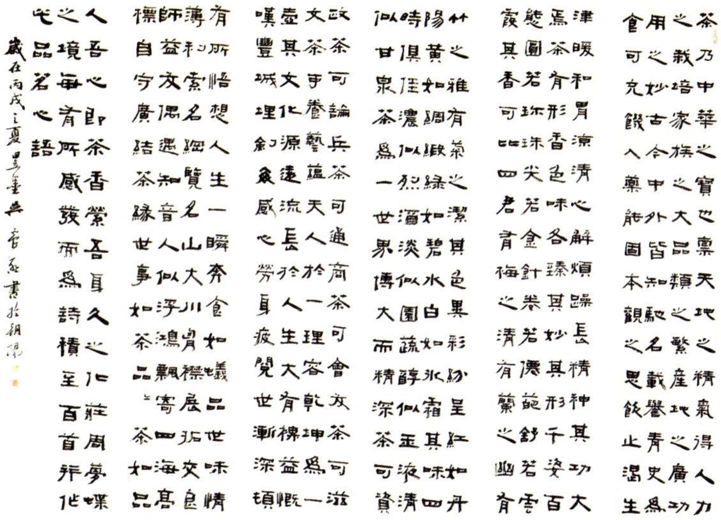

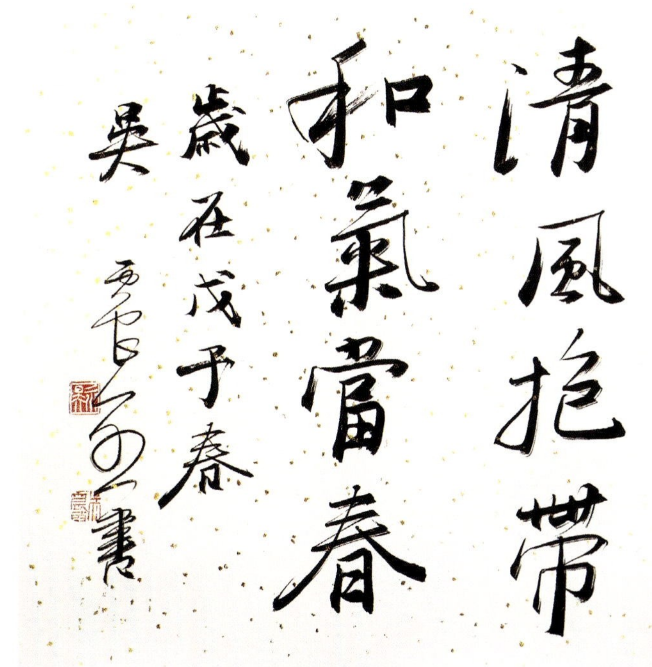

书法　68×68 cm

邢少臣

（1955～）北京人。国家一级美术师、中国美术家协会会员。现任中国画研究院创研部副主任、花鸟画研究室主任。

邢少臣的画，清厚，豁爽，洞达，峻美。不仅神、韵、意、势皆古风凛然，而且能够出于素朴苍厚而不失精神抖擞。他绘画的文脉来源极为清晰，他的个性化风貌虽然极为鲜明，但并不远前人轨仪。他把握住了齐白石、吴昌硕绘学传统的文脉精义，故尔能够以一种充满具有刚毅属性的生命活力，能够以一种充满极为饱满的生命激情和极为真挚醇厚的人生情感变现出笔墨语言，打动人心，感染人情。

他曾两次在中国美术馆举办个人画展，出版个人画集8部。

花鸟　68×68 cm

徐恩存

艺术史学者、美术批评家、画家。1987年毕业于中国艺术研究院。先后任职于《中国美术报》《东方艺术》《美术观察》。现任《中国美术》主编。从事美术理论研究、美术批评与山水画创作，出版专著多部，发表批评文章多篇。

徐恩存的山水画，他的作品不事雕琢，力求自然之态的朴素之美，在平淡中见深思，形似古风，却别出新意，空幻流转，静谧幽寂，自成风格。作为集艺术史学者，艺术批评家和画家于一身的他，其精神是一脉相承的。他把现代精神的视野与浪漫主义的诗情交相融合，这不仅仅是技术层面的问题，实质是精神气质的连通。因此，在画家平静、淡然表面的背后，是学者与批评家的冷峻和睿智，那种对现状的某种焦灼则深藏其中。在理论上，他坚持现代精神的呼唤和现代意识的求索，在绘画上，他借用山野、荒村、溪涧等古典意象和韵致，抒发自己那挥之不去的，源于生命深处的情怀。

山水　68×68 cm

颜景龙

（1955～）生于河北省馆陶县，毕业于河北师范大学美术系，结业于中国艺术研究院研究生院第四届名家班。中国美术家协会会员，现为河北省美术家协会副秘书长，中国美术家“江山行”画家组主持画家，河北省画院院聘画家，中国长城书画院理事。作品入选2003年全国中国画作品展、第二届中国美术“金彩奖”全国美术作品展、第十六届国际造型艺术家协会代表大会·美术特展、中国美术家协会第十八届新人新作展。

他的山水画，结构严谨、景物蓊郁，有曲折生辣之趣，笔墨苍茫浑厚，流露出深沉的阳刚之气，展现出一种山水画大美的雄风。

出版有《颜景龙画集》《颜景龙山水画集》。作品多次发表在《美术》《国画家》《美术界》《中国书画报》《美术报》等多家国家级报刊杂志。

山林幽静怀真趣　68×68 cm

山水　99×70 cm

杨连升

（1967～）生于大连。中国美术家协会会员。现为大连市美术家协会副主席兼秘书长、大连画院专职画家兼院长助理。

作品曾获第三届中国美术家协会会员中国画精品展最高奖——优秀作品奖，第五届全国工笔画展铜奖、“民族魂、国土情”全国中国画展铜奖、第四届全国山水画展优秀奖、第三届加拿大国际枫叶奖水墨画展优秀奖。入选第二届全国中国画展、2002-2005年全国中国画作品展、迎接新世纪全国中国画展、迎澳门回归全国中国画展、第三届中国西部大地情中国画油画精品展、首届草原情全国中国画提名展、纪念黄道周全国中国画提名展、纪念毛主席《在延安文艺座谈会上的讲话》发表60周年全国美展并获辽宁展区金奖，获迎接十届全国美展辽宁省美展金奖，入选第三届全国书画院作品联展并获徐悲鸿美术奖。

近百幅作品发表于各种典籍、报刊、杂志等，数十幅作品被国内外美术馆、博物馆、收藏家收藏。

杨明义

生于苏州，国家一级美术师。

曾赴美留学，以首创韵味无穷的江南水乡画闻名，个人画风鲜明、独特。其作品以水墨黑白为主，以色彩为辅，他擅于归纳形象、营造结构、长于把复杂的对象单纯化，化繁为简，变碎为整，使屋、木、舟、桥形成一种节奏。作品多次获得国内外大奖，并荣获“世界华人艺术家”、“20世纪杰出艺术家”等荣誉称号。

1989年其水墨作品《杭州西湖》被选印成特种小型张邮票在美国华盛顿举办的第20届世界邮政会议上发行。其作品被中国美术馆、中国国家博物馆、人民大会堂、纽约大都会博物馆等国内外机构收藏。

出版个人画集、文集三十余种，

春雾山乡　68 × 68 cm

杨文德

（1955～）山东胶南人。中国美术家协会会员。历任胶南市文化馆馆长、美协主席等职。现任中国出版工作者协会年画艺术委员会副秘书长、山东艺术设计学院中国画教研室主任、山东画院高级画师、山东现代艺术研究院副院长、山东美术出版社编辑室主任、编审。

其作品在“第四、五、六届全国年画作品展览”获优秀作品奖、“全国现代民间绘画展览”获金奖、“第五届全国书籍装帧艺术展览”获整体设计优秀奖。并入选“第七届全国美展”、“首届中国写意画展”、“第十六届国际造型艺术家协会代表大会·美术特展”等美展。

杨文德作品曾代表国家赴法国、加拿大、菲律宾、南斯拉夫、阿根廷等十余个国家展出并收藏。大量的美术作品先后由人民美术出版社、中国外人出版社、天津杨柳青画社、上海书画出版社、《人民日报》《光明日报》《中国文化报》《美术》等20多家出版社及报刊出版发表。1990年中央文化部授予其国家级“中国现代民间绘画优秀辅导员”称号、1998年授予“山东省新闻出版十佳人才”荣誉称号、2001年获第六届全国年画评奖“编辑工作奖”。传略收入《中国美术家协会会员辞典》《中国现代美术家人名大辞典》《中国当代美术家名人录》《中国美术家》等多部辞书。

山水　68×68 cm

姚鸣京

（1959～）生于北京，祖籍江苏无锡。中央美术家协会会员。1982年本科毕业于现首都师范大学美术学院（原北京师范学院美术系）中国画专业（获文学学士学位）。

现为中央美术学院中国画学院教授、硕士研究生导师，上海中国画院特聘画师。

1982年九月份配到北京教育学院美术系任教。1987年专业进修结业于中央美术学院中国画系卢沉画室。1990年调入中央美术学院中国山水画教研室任教。

他善于构思、造景，作画是既胸有成竹，又敢于随意发挥，在经意与不经意之间常常妙笔生花，有不寻常的表现。由于他作画的态度真诚，他的画有可贵的率真质朴之气。

云梦秋晚图　68 × 68 cm

于志学

冰雪山水画创始人，现任黑龙江省美协名誉主席、黑龙江省画院荣誉院长、中国美协理事、中国美术创作院创作研究员、中国国际书画艺术研究会副会长、第九届全国政协委员。

他创造的冰雪山水画，使传统中国画的表现对象由山、水、云、树拓展到山、水、云、树、冰雪，创立了中国画“白的体系”。他创作的人物和小品画，体现了中国画的书卷气和笔墨气韵，彰显出时代花鸟画的民族文化内涵和传统笔墨与当代生活相结合的风范。其1979年作品《塞外曲》获“第五届全国美展”三等奖、1990年作品《杳古清魂》获“美国首届国际艺术大赛”绘画类一等奖、1992年作品《雪月送粮图》获中国美协颁发的金奖、1997年作品《牧鹿女》获“全国中国画人物画展”铜奖。并荣获“黄宾虹奖”等多项艺术成就奖。现已出版《于志学画集》、于志学文集《雪园漫笔》《东方艺术 · 于志学专刊》和中外美术理论家撰写的《冰雪山水画论》《冰雪艺术美学》等专著。

人物　69 × 46 cm

岳黔山

（1963～）又名岳谷，贵阳市人。中国美术家协会会员。2002年考入中央美术学院首届博士生课程班，师从张立辰教授研究中国画发展方向。现任教于中央美术学院中国画学院，并兼任解放军艺术学院客座教授、荣宝斋画院客座教授。

其画作题材广泛，处理同一题材时，有的画面以线构筑、有的画面以点为主、有的画面则更重皴擦……，有层层的积墨、有明快的破墨、有焦墨、也有泼墨。1990年至2007年间，其作品多次参加全国重要的学术性画展，并多次获奖。作品和论文先后在国内外几十家专业杂志和重要报刊上发表。1995年至今，先后出版有《岳黔山画集》《当代艺术家——岳黔山》《名校名师——岳黔山山水写生示范》等多种人个画集；并先后受邀请赴俄罗斯、德国、法国等地讲学或举办画展；作品被中国美术馆、广东省美术馆、人民大会堂等多家单位收藏。

明月照松间　68×68 cm

张广志

（1946～）北京人。中国美术家协会会员。现任中国国际艺术家学会副主席、中国现代书画家协会副主席、北京市文联九洲书画艺术研究会法人会长（省级协会）、文化部中国书画艺术委员会常务理事、中国文联全国书画院创作交流协会理事等职。

张广志的画作传统笔墨深厚，又具现代创作的观念意识，深入生活，另辟蹊径，风格独特。创作出一种表现祖国西南边陲西双版纳热带雨林地区风格的作品。高占祥同志曾为其画展题词称赞他的艺术创作能“取江山之质，得版纳之魂”。

其美术作品多次参加国内外美术大型展览并获奖。美术作品被中南海、全国人大办公厅、毛主席纪念堂等国家级场馆收藏。并收入《中南海珍藏书画集》《毛主席纪念堂珍藏画集》《东方红》巨型画集、《当代中国画名家作品选》等五十多部画集。并出版《广志画选》和《跨世纪中国美术家艺术成就——张广志国画作品选》及《美术家张广志》等画册。

版纳乡情　68×68 cm

张江舟

（1961～）祖籍安徽。全国青联委员、中国美术家协会会员。现任中国国家画院院长助理、院艺术委员会委员、一级画家，文化部美术系列高级职称评委。

其作品曾获“第十届全国美术作品展览”铜奖、2004年黄宾虹美术奖、“第二届全国画院双年展”学术奖、“第三届全国画院优秀作品展”最佳作品奖、“第一届全国中国画展”优秀奖等全国性奖项。并有作品参加“百年中国画展”、“深圳国际水墨双年展”、“南京水墨传媒三年展”、第一、二届“水墨本色展”、“东方之韵——2003中国水墨展”等多项全国性学术展览。

出版有《走近画家——张江舟》《中国画坛·60一代——张江舟卷》《名家写生——张江舟人物写生集》等个人专集。作品被中国美术馆、首都博物馆、中南海、人民大会堂、韩国中国文化中心等多家国内外机构收藏。

清风　48×45 cm

张士莹

（1933～）生于广州，1960年四川美术学院毕业。中国美术家协会会员。历任昆明军区专职画家、四川省工艺美术研究所副总工程师、四川省诗书画院创作研究室主任、四川省美术家协会理事、四川省花鸟画会顾问、成都市花鸟画会会长。现任四川省诗书画院画家。

张士莹作品的艺术表现，常以书法的笔意，中锋直取，在着意表现作品威严浑劲以立风骨的同时，总又不失笔墨结构上流动疏朗的气势，那随着气势在写色时自然流露出的虚白和写墨时自然形成的断线，均具有一种金石味。于厚重中透出松灵，那虚白空灵处，既溶于白纸，又溶于形体，既产生着光和浅色的效果，又产生出随意性的抽象效果。

张士莹画的虎，其形体的动态和动势相当传神，再加以行笔和用色时自然形成的断线和虚白又同眼眶内的空白相呼应、相统一，这不但消除了眼眶中的空缺感，反而更增加了虎含蓄的威猛。

虎　98×50 cm

张运河

（1957～）生于天津。中国美术家协会会员、中国美术家协会天津分会会员、天津美协理事、天津画院专职画家、国家二级美术师。现任中国致公天津画院常务副院长。

师从津门名家赵松涛、梁崎，进修于中央美院国画系。作品多次参加全国大型美展并获奖。1991年作品《南国风光》在“天津市文艺新人月青年美术作品展”中获一等奖、1994年作品《秋染太行》荣获“天津市庆祝建国四十五周年美展”佳作奖，并被评为“第八届全国美展优秀作品展奖”入选作品。1999年作品《秋染太行点点金》入选“建国五十周年天津市美术作品展”，并荣获三等奖。2002年作品《日出东方》获得“为纪念毛泽东在延安文艺座谈会上的讲话发表六十周年全国美展”银奖。2003年荣获《国画家》全国小精品作扇面大赛金奖。部分作品被国际友人收藏。

山水　136×68 cm

张子康

1989年毕业于河北师范大学美术系，1998年至1999年进修于中央美术学院国画系山水画室助教研修班。曾任《河北图书商报》美术编辑、河北教育出版社文化编辑室编辑。现任今日美术馆馆长、中国国家画院专职画家。

张子康的中国画作品气韵朴厚，意象沉郁，笔墨清纯，气格正大，其画作不论大幅还是小帧，均能布山川奇变在平实之中，扬云岫灵秀在浑茫之上。

山水　85×80 cm

衙齋臥聽蕭蕭竹疑是民間疾苦聲些小吾曹州縣吏一枝一葉總關情
鄭板橋詩 學敏

赵学敏

现任全国政协委员、中国书法家协会理事、中国野生动物保护协会会长，曾任福建省委常委、省委秘书长、省委宣传部长，福州市委书记、福建省委副书记、国家林业局副局长等职。

自幼酷爱书法，师从同乡中国著名书法家于右任先生的秘书李楚才先生，后又师从著名书法家舒同、方毅等，即使走上领导岗位以来几十年研习书法不辍，娴熟行、楷、隶、草诸书体，尤擅行草。在《人民日报·海外版》《书法导报》《中国艺术报》《中国文化报》等多种报刊发表书法作品，并多次被《新华文摘》转摘。他主张书法要为时代发展服务，书法的内容、艺术要完美地再现时代精神风貌，使人们从中受到愉悦和激励。

暮色蒼茫看勁松亂雲飛渡仍從容天生一個仙人洞無限風光在險峰
毛澤東為李進同志題所攝仙人洞照 趙學敏

书法 136×68 cm

郑景贤

（1944～）生于福建惠安。中国美术家协会会员。1963年毕业于厦门工艺美术学院。后在中央工艺美术学院全国师资研修班学习，师从李苦禅、田世光、俞致贞、孙其峰、康师尧、苏葆桢、石延龄等艺术前辈。现任福州大学厦门工艺美术师学院教授、中国工艺美术学会书画研究会理事、国家人事部中国书画人才专业委员会委员、厦门市中国花鸟画研究会会长、福建省政协画室画家、人民美术出版社《中国画》杂志编委、福建省中国花鸟画家协会副主席。

作品多次参加由文化部、中国美术家协会主办大展，并有部分作品在"中国当代著名花鸟画家作品展"中获最高奖；在"中国首届国画家学术邀请展"、"全国第二届花鸟画展"、"全国当代花鸟画艺术大展"、"北京首届国际美术双年展序列展"、"中国工艺美术学会首届中国画大展"中获最高奖；全国当代花鸟画展第十二、十三届成就奖。

作品多次赴日本、巴黎、加拿大等十几个国家及地区驻外使馆展出，《中国画》《国画家》《美术》《人民日报》《文汇报》《大公报》《世界日报》等五十多种杂志、报刊对其进行专题介绍，出版专著十余部。部分作品被国内外博物馆、美术馆收藏。

君自家乡来　136×68 cm

钟纪明

（1945～）生于成都，祖籍四川。中国美术家协会理事、重庆市美术家协会副主席兼秘书长、重庆国画院艺委会委员、人民日报神州书画院理事、特邀画师，重庆嘉陵江书画院院长、渝州画院名誉院长、美术高级编辑（国家一级美术师）、享受国务院政府津贴专家。

毕业于四川美术学院。擅长中国山水画，尤以巴渝风情和西南民居吊脚楼题材的作品著称。其笔墨重气势、重力量。飞舞旋动，气势逼人。有时侧锋横扫如斧之劈，有时中锋舒展似剑出鞘。这种运笔的力量感使得他的很多小品式山水在细腻的田园情趣之外又增添了几许崇高与壮美。作品曾多次入选全国美展，并应邀数度赴日本、法国、美国、新加坡、加拿大等国展出及获奖。

作品被中国国家博物馆、中国美术馆、荣宝斋、四川美术馆、香港集古斋以及法国、日本和新加坡等国的博物馆、画廊收藏。

巴山人家　136×68 cm

周裕国

（1957～）生于成都，号镜水堂主人。中国美术家协会会员、四川省美术家协会会员。现为四川省诗书画院专职画家。

周裕国的作品于1988年获首届中国书画函授大学四川地区毕业学员优秀作品展一等奖、1991年参加在日本神户美术馆举办的“中国名家书画作品展”、1992年参加四川省美术馆举办的“五人画展”，1993年在台北举办个展、1994年参加在韩国汉城美术馆举办的“中韩画家联展”、1995年应台湾金驼奖艺术基金会邀请，赴台进行文化交流，并参加在新竹市立文化中心举办的“三人画展”、1997年应佛光缘文教基金会邀请，再次赴台进行文化交流，参加在台北佛光缘美术馆举办的“两人画展”、2002年获国家人事部“当代中国画杰出人才奖”、“保护世界遗产国际中国画作品展”优秀奖、“西部大地情中国画大展”铜奖、2003年入选“第二届全国中国画展”。

台湾亚典文化出版社分别在1994年、1998年出版《周裕国画集》两册、天津美术出版社在2003年和2005年出版《周裕国现代山水画集》两册。

碧潭幽居　68×46 cm

朱凡

（1960～）生于辽宁省沈阳市。中国美术家协会会员。1979年应征入伍，在部队长期从事美术编辑、摄影记者等工作，1989年在中央美术学院进修。现为中国美术家协会艺委会秘书处处长、中国美术家协会理论研究室副主任。

朱凡擅长中国人物画。其1991年作品《绝路》获“纪念九一八事变60周年中国画展”银奖、1994年作品《士兵》入选“第八届全国美展”、1999年参加“‘水墨延伸’中国画人物肖像画展”、同年作品《夙愿》入选“第九届全国美展”并获“全军美术作品展”优秀作品奖、2003年作品《壮歌》参加“全国‘永结同心’抗击非典美展”、2004年作品《放飞心灵》获“纪念蒋兆和诞辰100周年——第二届全国人物画展”优秀作品奖、同年壁画作品《万里长城》入选“第十届全国美展”和“首届全国壁画大展”、2005年作品《金鼓震震姊妹情》被“首届中国写意画展”特邀展出。

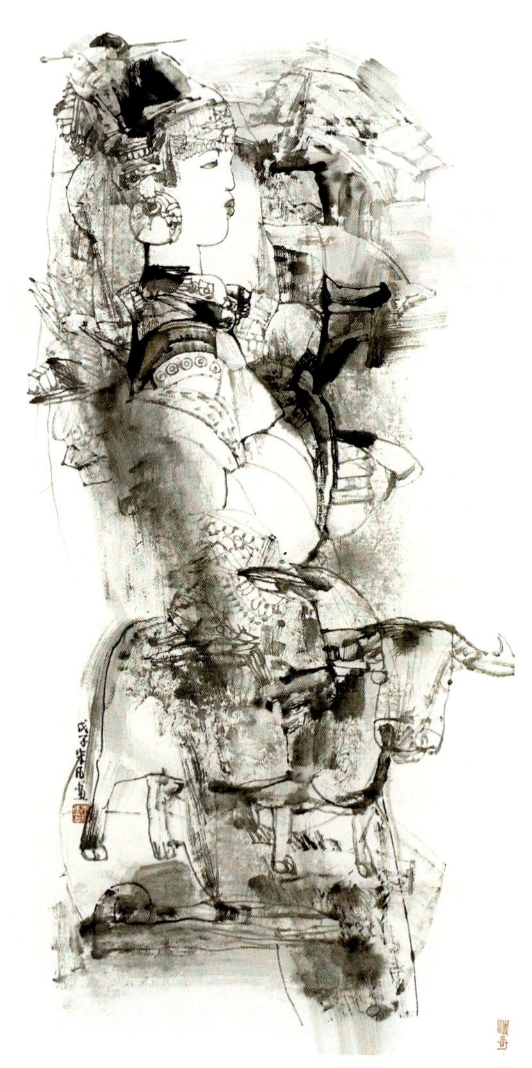

人物　136×68 cm

邹德忠

（1938～）生于烟台。曾任中国书法家协会组联部主任，中国书协理事。现为中国书协中央国家机关分会副会长，中国书法艺术家协会主席，文化部市场发展中心艺术品评委会委员。被聘任为全国各省市多家书法刊物，书法院校之院长、名誉院长、顾问、教授等职。

他的书法具有传统文化的深厚底蕴和技艺道的综合传承。四体兼擅，他的隶书古奥清奇醇厚飘逸。其行草矫健恣肆中规遵矩。篆书笔沉墨实、朴茂俊美。楷书宗颜真卿和魏碑，独成格调。其作品曾参加多次国内外重大书展，镌刻全国多处大型碑林，被中南海、人民大会堂等国内外多家博物馆和艺术馆收藏。出版有《当代中国书法艺术大成》《怀素草书全集》《中国书法家协会会员名鉴》《邹德忠书法作品集》等多种大型书法典册。在山东烟台建有“邹德忠书法艺术馆”。

书法　136×68 cm

邹明

(1955～) 安徽人。中国美术家协会会员。现任深圳大学艺术设计学院环艺系主任、教授、硕士研究生导师，南京市书画院特聘画家。

自1991年起先后赴香港、台湾、新加坡、英国、马来西亚等地举办个人画展，并赴美国、欧洲七国、澳大利亚、捷克、印度等国参加联展和学术考察，2002年在北京中国美术馆举办“邹明彩墨·陶艺作品展”。作品被中国美术馆、中国国家画院等海内外专业机构和个人收藏。邹明设计并完成公共艺术作品二十余件，并开设公共艺术设计、中国画写生与创作研究、色彩绘画、综合绘画创作与研究等课程。

其作品曾获中国美术家协会主办的全国画展铜奖、欧洲艺术家联盟颁发的“欧洲艺术奖”、第二届中国艺术博览会优秀作品奖。作品入编《中国当代美术1979——1999》等大型画集，并多次发表于《美术》《美术观察》《江苏画刊》《国画家》《艺术界》《装饰》《美术界》等专业刊物。出版《邹明彩墨画集》《中国当代艺术家画库—邹明画集》《邹明彩墨艺术》《邹明彩墨绘画》《当代著名画家技法解析——邹明彩墨老屋》《中国当代著名画家个案研究——邹明水墨西塘》《名家扇面——邹明山水扇面作品》等画集。

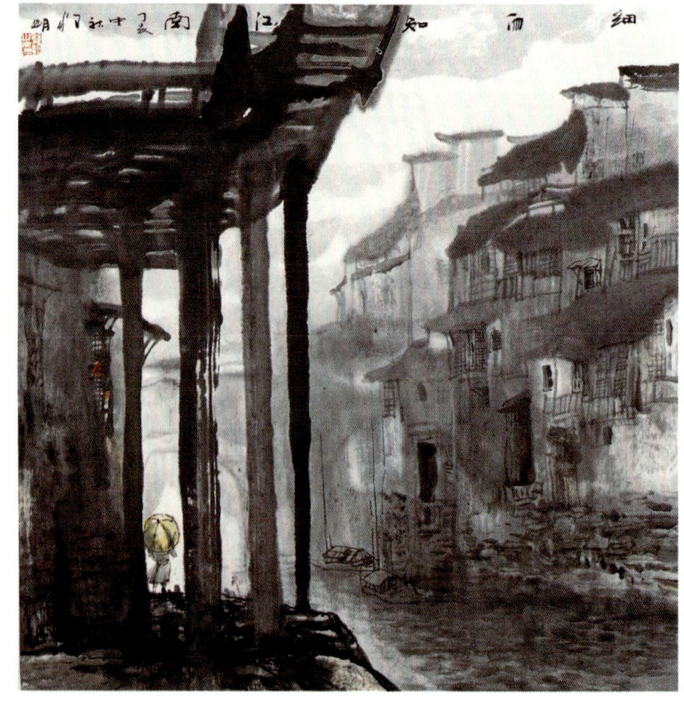

山水　68×68 cm

第四章　当代书画人物（二）

白崇然

（1952～）回族，生于北京。中国美术家协会会员、中国书法家协会会员。毕业北京大学书法艺术研究生班。《中国书画收藏》学术部主任、国防大学书画研究院副院长、中国徐悲鸿画院院士。

白崇然的作品多以单纯，整体的丘壑形态入画，雄浑而又坚定的山体在绵延中跌荡起伏，穿云流雾，气韵生动，既有厚重，敦实的效果，又有静谧，幽深的灵气，造境苍茫旷远，大气幽寂，不失传统绘画所特有的风貌和审美构成。

多幅作品入选全国首届、第二届中国山水画展，全国首届、第二届中国画展等多次全国性大展。作品被国务院办公厅、中南海紫光阁、人民大会堂等国家机关及多家博物馆、美术馆收藏。出版有《百杰画家·白崇然》《白崇然写意山水画艺术》等专辑。2005年入编《中国当代美术全集·山水卷》。

山水　138×68 cm

陈友

江苏人，法学硕士，高级警官，笔名紫禁愚人、淮人，号书福斋主。中国书画家研究会常务理事，中国名家书画研究院名誉副院长。历任北京市公安局政治部宣传处长、秘书处处长、政治部副主任、天安门分局政委等职。

其书法诸体兼备，更善榜书和行草，作品曾多次获奖参加慈善拍卖活动，被多家博物院、纪念馆等单位收藏，两次在中央电视台录制播出书法节目。并为多位党和国家领导人和班禅额尔德尼·却吉杰布撰写名联，赠送作品。曾主编出版《全国公安政工领导全书》，出版长篇小说《大都要案》等两部，文集三卷《警察精神》，纪实文学《人命关天》等。2003年发行个人书法邮票24枚。2006年，他以“爱我公安”的深情厚谊，倡议发起首届中国公安民警英烈基金会——“敬英”捐助活动，并带头为基金会捐助书画作品百余幅，拍卖所得全部捐给基金会，用于英烈子女助学基金。

2007年在北京荣宝斋举办个人书展。2008年为奥运《精神圣火传递颂》题词，现已被国家邮政总局发行邮票。

崔承顺

（1951～）字叶川，号和颜，生于内蒙古赤峰克什克腾旗。中国书法家协会成员。现任中国科学院文联副主席、中国科学院书法协会会长、东方白马书画院副院长等职。

崔承顺自幼学习唐楷，并对欧、颜、柳诸体、二王、魏碑、汉隶均深入研习。他的楷、隶、行、草书艺，汇古融今，他论书主张树立骨力，心注笔法，意存体势。他用笔，锋藏画心，力出字外。储蓄则蓄怒怫郁，阴阳不则，放逸则怒猊抉石，渴骥奔泉。其书法作品布局洋洋洒洒，以形式美为原则，于参差中见平齐，错落中见自然，奇正中见变化，跌宕多姿。他的行草朴厚率意，真气弥漫，开张有度，有风舒云卷之势。

崔先生书法作品入编《中国书画名家和签名钤章艺术总揽》《当代书画艺术名人大典》《中外书画家简明辞典》《神州当代卓越书法篆刻家大辞典》等，并被中国民间艺术家协会评选命名为“中国民间工艺美术大师”荣誉称号。

书法　93×50cm

丁密金

（1957～）湖北麻城人。中国美术家协会会员。湖北美术学院中国画系研究生毕业。现任北京林业大学材料学院副院长、艺术设计系教授、硕士生导师。

其作品曾参加“第九届全国美展”、“第二届全国人物画展”并获优秀奖、“首届傅抱石奖·南京水墨传媒三年展”、“全国高等美术院校中国画名师作品展”、“第二届今日中国美术大展”、“第三届成都双年展”、“第四届中国美术家协会会员中国画精品展”等重要展览。

丁密金作品曾在美国、日本、拉脱维亚等国展出并被收藏。论文和作品曾在《美术》《文艺研究》《美苑》《画刊》上发表，《美术观察》《水墨》《中国艺术》曾专栏推介其作品。传略载入《世界华人艺术家名人录》《世界华人精英大典》《大别山精英录》等辞书。

街头秀　146×50 cm

樊萍

（1962～）山东淄博人。中国美术家协会会员。毕业于中央工艺美院、中国艺术研究院名家班。现任中国画院特聘画师、中国民族书画院理事、山东工艺美术大师、山东省陶瓷艺术大师、山东省女书画家协会理事等职。

樊萍作品画面中始终洋溢着平静与温馨的气息，重要的是那种不寻常的淡泊情怀，成为她作品一以贯之的内在气韵，使作品中的点、线、墨、色都更为轻徐、明净，也更为内敛与蕴藉。

樊萍作品1997年参加文化部在瑞典举办的“瑞中文化艺术交流节”及同年在北京举办的多个展览并获奖。2003年参加文化部在巴黎举办的“中法文化年”，作品《春天》被法国文化中心收藏，并被法中文化艺术交流中心授予“中欧文化交流大使奖”，2006年作品《群鸭图》获“全国第六届工笔画大展”学术奖，作品《鸣泉》获第十二届当代中国花鸟画邀请展优秀奖。

出版专著《中国花鸟画技法》《国画名家——樊萍花卉艺术》《花鸟画名家——樊萍》等8部，发表论文20余篇。

花鸟　68×68 cm

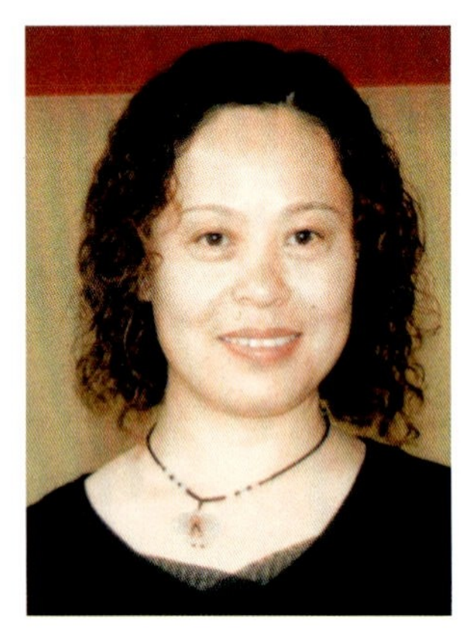

山水　68×68 cm

冯璞

（1961～）生于武汉。河南大学艺术系毕业，2002年入中央美术学院国画系贾又福山水画工作室硕士研究生课程班学习，长期从事美术教学与中国画创作。现为河南省书画院特聘画家、信阳市政协委员、信阳职业技术学院艺术系教师。作品多次参加全国大展和省展并获奖。

他作画下笔果断、苍润相间、遒劲老到，且十分注重用笔的书写性，笔墨生涩、苍润，力避了圆滑、柔弱。在笔的运动中强调提按变化与中锋转侧锋，表现出意想不到的效果，注意布局与章法中的疏密、浓淡的处理，使作品显出一派苍茫的气息，传达出中原山水特有的深厚与壮美。

1999年作品《豫南春韵》获河南省第九届美展铜奖，2000年作品《大别山居图》入选首届中原山水画风探索展并入编画集。2001年作品入选"情系大别山"中国画山水名家作品展， 2003年作品《暮韵苍苍》入选"海潮杯"全国中国画大展，2003年作品参加中央美院贾又福山水画工作室研究生班（1998~2002）优秀学生汇报展，2004年作品获河南省第十届美展铜奖，2005年入选首届中国写意画展，并在深圳展出，2006年入选"纪念中国工农红军长征胜利70周年"全国中国画作品展，同年11月参加第五回东北亚中、日、韩三国艺术作品展，在韩国釜山文化会馆展出。

傅松华

笔名傅一。毕业于福州大学工艺美术学院。中国美术家协会会员。现任厦门市美术馆三级美术师、厦门美术家协会副秘书长。

其作品《蝶恋花》入选“北京国际扇面画展”并被选作《当代扇画集》封面、1997年作品《啾啾》入选“世界华人书画展”获铜奖、1998年作品《南国天堂》入选“第四届当代中国工笔画展”、1999年作品《花满天》和《春光》分别入选“建国50周年书画展”和“第二届全国花鸟画展”，其中《春光》获优秀奖。2002年作品《熹》入选“第五届当代中国工笔大展”、2005年作品《雨过荷塘》入选“第六届全国工笔画展”、2006年作品《秋光荷影》入选“2006年全国中国画展”、2007年作品《蕴》入选“厦门2007年中国漆画展”。

2002年被人事部中国人才研究会书画人才专业委员会评选为“当代中国画杰出人才”。出版个人画册《镕香铄色》。

花鸟　113×30 cm

前程似锦　68×68 cm

葛炎

（1972～）出生于江苏省徐州市。中国美术家协会会员。1994年毕业于曲阜师范大学美术系中国画专业。现为海军专业画家，大连画院特聘画家，大连美协展览部主任，大连美协国画学会副会长兼秘书长，国家二级美术师。

作品曾荣获建军80周年全国美展铜奖，“西部辉煌”全国中国画作品提名展银奖，第四届全国法制书画展银奖，关东画派新生代作品展银奖“菜乡情”全国中国画作品提名展铜奖，“太湖情”全国中国画作品提名展铜奖，第十届全军美术作品展优秀奖，海军文艺创作金锚奖。曾入选第二届全国中国画展，海潮杯全国中国画展，纪念毛泽东诞辰110周年全国百位知名画家中国画作品展等大展并多次获奖。

作品多次被选送英国、法国、美国、德国等国及香港、澳门等地区展出。多幅作品被国家各级美术馆、博物馆、纪念馆、驻外领事馆及个人收藏。

其作品多次在《美术》《美术观察》等全国各大专业媒体发表，作品入编各类大型画集及专业刊物百余种。出版有《葛炎中国画作品选》《走近画家葛炎》《葛炎意象彩墨画》《诗性的铸造》。

郭丰

（1962～）生于北京。中国美术家协会会员，中国书法家协会会员，中国民主建国会会员，中国书法研究院艺术委员会会员。2003年就读于中国艺术研究院第三届“中国画名家班”。现为中国画院特聘画师，北京书法家协会展览部副部长，北京涉外经济学院客座教授，北京托举画院副院长。

他以书法入画，用笔肯定而鲜活，单纯中有变化，朴拙中见神采。他善于运用笔触的力量大小和快慢的交替变换，运用逆顺笔、长短线的穿插交错来创造节奏韵律，还善于在点擦皴染中充分发挥写意水墨的自由抒写性，增加笔墨情趣。

其书画作品曾入选全国第二届中国花鸟画展、全国当代花鸟画艺术大展、第二届中国美术家协会会员中国画精品展等国内外重要美术作品展并多次获奖。

书画作品被《世界名人录》《中国当代艺术界名人录》《中国当代名家书画宝鉴》《北京书法家名鉴》《中华人物辞海》《中国绘画年鉴》《中国绘画遗产年鉴》等数十部辞书介绍，并被多家博物馆及文化教育机构收藏。

出版有《中国美术家 · 中国书法家 · 郭丰》《中国书法家 · 郭丰》《当代中国画名家扇画精品 · 郭丰卷》。

秋菊佳色　116×35 cm

郝凤先

（1945～）生于辽宁新民。毕业于鲁迅美术学院研究生班。中国美术家协会会员、中国书法家协会会员、国家一级美术师。现为北方画院院长、文化部专职画家。

曾先后在韩国、新加坡、泰国、日本举办个人画展及时行艺术交流。2001年在中国美术馆举办个人作品展。其作品在国内外大展中多次获奖，并在《人民日报》《光明日报》《人民政协报》《黑龙江日报》《世界日报》《国土资源报》《经济日报》及《国画家》《世界英才》等多家报刊上有专题报道。

中国画《八女投江——花祭》获2005年纪念抗战胜利60周年全国中国画大展铜奖，《乡情》《春天来了》《苏武牧羊》《太湖之春》获全国美协举办的提名展及"菜乡情"、"长江颂"等展览优秀奖。

多幅作品被人民大会堂，中南海，毛主席纪念堂，中国美术馆收藏。国画长卷《昭君出塞》《金陵十二钗》分别被菲律宾，泰国总统收藏。

出版有《郝凤先画集》《郝凤先书画作品集》《郝凤先写意人物画集》等。

远方的云　136 × 68 cm

胡建雄

（1954～）湖南省湘乡人。现为中国书法家协会会员、中国收藏家协会会员、中国书法艺术研究院艺术委员会会员、中国华侨文学艺术家协会会员。被北京市教育考试指导中心、北京大学书画协会聘为全国书法高级师资研修班客座教授。

胡建雄研习书法三十余年，广求名家名帖和历代墓铭碑文，尤爱《颜勤礼碑》《书谱》和汉隶，并得著名书法家舒同、陈叔亮、张维、康殷等人指点。擅行草，所作豪放、洒脱。中国书法家协会主席邵宇、副主席赵朴初、著名书法家李长路、刘炳森、张旭、陈玉龙等领导对其书法给予了较高赞誉。

作品曾在《纪念红军长征胜利50周年书法、美术、摄影作品展》《金秋名家书画集》《中国当代名家书画选集作品联展》（台湾）《国际中国书画博览会·现代中国书画精品展》等全国、全军重大展览中多次获奖。作品流传于日本、韩国、新加坡、台湾、德国、芬兰、美国等国家和地区，并被《人民日报》《光明日报》《中国青年报》《解放军生活》等多家媒体刊载。作者还被载入《中国当代艺术界名人录》《中华人物辞海》《当代书法家大辞典》《当代中国书法艺术大成》等辞书。

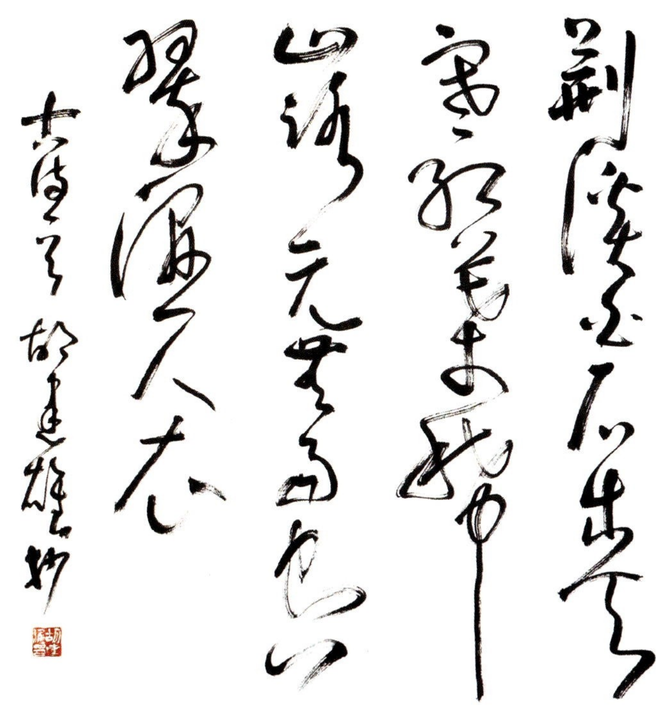

书法　68×68 cm

胡增福

（1961～）号宝骏阁主，山西临猗人。山西省美术家协会会员、国家一级美术师。现任中国沫若书画院专职画师、北京天地人才书画院院士、山西国风画院画师、运城市盐湖区美协副主席、临猗县美协艺术顾问。

胡增福自幼爱马、养马，并喜好画马，多年来潜心研习画马技艺。虚心拜求画马高手，细心观察骏马神态，遍临古今名家画马经典。他吸取唐代画马高手韩干的肥硕、宋代李公鳞的雅儒、元代赵松雪的精巧，反复临摹研究和学习现代画马大师徐悲鸿造型准确、信笔纵横、野马无束，旷天自道的精神，并结合刘勃舒流畅有力的线条，博采众长，在继承传统的基础上大胆探索，不断创新，形成了自己独特的艺术风格。

其作品入展“中韩艺术家作品展”并获优秀奖、“纪念抗战五十周年书画展”获三等奖，以及“全国中青年书画名家百家精品展”、“山西省首届中国画展”。部分作品被国内多家纪念馆收藏，并流传于日本、韩国、香港等国家和地区。胡增福2007年国画作品《天骧雄风》被北京奥运书画组委会收藏。其作品先后发表于《中国文物报》《中国老年》等报刊，并入编《中国美术家作品集》。

扬蹄千里　136×68 cm

柯桐翼

（1949～）字云飞，号墨禅。中国书法家协会会员、北京书法家协会会员、中国书画家联谊会会员、中国书法艺术研究院艺术委员会委员、中国书画名家艺术研究会研究员、北京世界华人文化院研究员、前哨书画协会理事。

其书法作品多次参加全国、全军大型展览，并多次获奖，作品入选多部书画作品集。有些作品被中国书法艺术研究院、军事博物馆、世界民族文化交流促进会艺术委员会、曲阜孔子博物院收藏。部分作品被作为礼品带往美、日、新加坡等国家。个人传略被收入《中华翰墨名家博览》。

书法　136×68 cm

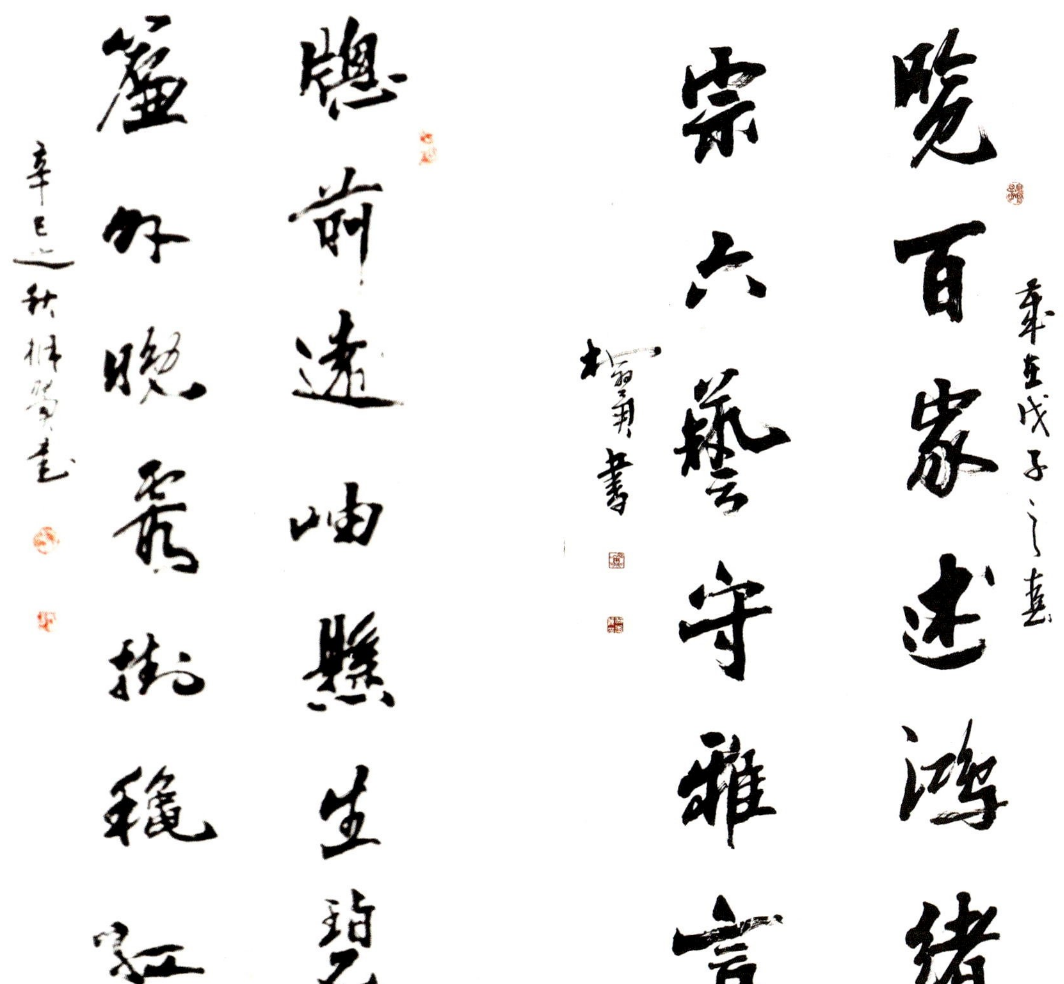

黎柱成

（1958～）生于广东中山。号栋石、雨梦轩主。中国美术家协会会员。中国艺术研究院研究生院中国画专业研究生结业。现任广东省美术家协会艺委会委员、中山市美术家协会副主席、中国美术创作研究院专业画家。2006年被授予全国收藏家关注的中青年书画家和中国美术全国名家年度杰出画家等荣誉称号。

黎柱成把花鸟画当作山水画来画，融会彼此之长，化解二者之异，花鸟其表山水其里，工笔其质写意其势，洒脱其韵充实其气，规范其格参差其体，走出了一条个性独具的小写意花鸟画新路。他以崭新的笔墨语言、色彩语言、图式语言经营“花鸟丘壑”。他笔下的花鸟既不流于琐细又不失之空泛，特别是经过积笔、积墨、积彩，反复皴擦点染，展现出缭绕穿插的大肌理、重叠掩映的多层次以及彩墨叠幻的新交响。

傲骨图　136×68 cm

李大庆

（1973～）生于陕西省西乡县。文化部中国国际书画艺术研究会会员、陕西省美协会员。1997年毕业于西安美院。现为陕西理工学院艺术学院副教授、中国美协敦煌创作中心委员、中国书画报特聘画家。被评为“当代100位最具学术价值与市场潜力的花鸟画家”。

李大庆作品获建党80周年“延安颂”美术作品展优秀奖、第三届中国画家学术年展优秀奖、“盛世国风”2004中国书画年展一等奖、首届中国画金鸡奖铜奖等。诸多作品被著名画廊、机构、国内外财团收藏。

其近百幅国画、书法、篆刻作品发表于《美术观察》《中国书画》《中国画家》《中国书画报》《书法报》《美术报》《书法导报》《羲之书画报》等10余种专业报刊。在《美术观察》《中国书画》《齐鲁艺苑》《美术界》《中国美术教育》《中国书画报》等多种学术刊物发表论文及评论文章9万余字。作品入编30余部大型画册，出版有画册有《中国当代实力派画家·李大庆》《家园·四季画开——李大庆花鸟画作品选》。

香永在　68×68 cm

李建春

字果硕，号缶皮、山娃子，三修斋主。中国书法家协会会员、北京书法家协会会员、北京书画艺术院研究员等。

多次参加全国性书法展并获奖。京剧脸谱廉字包公图获得中华人国共和国国家知识产权局专利。书法理论文章散见《中国书法》《书法导报》《中国书画报》等。著名书法家、书法理论家刘艺称其“文章翰墨两相得”。

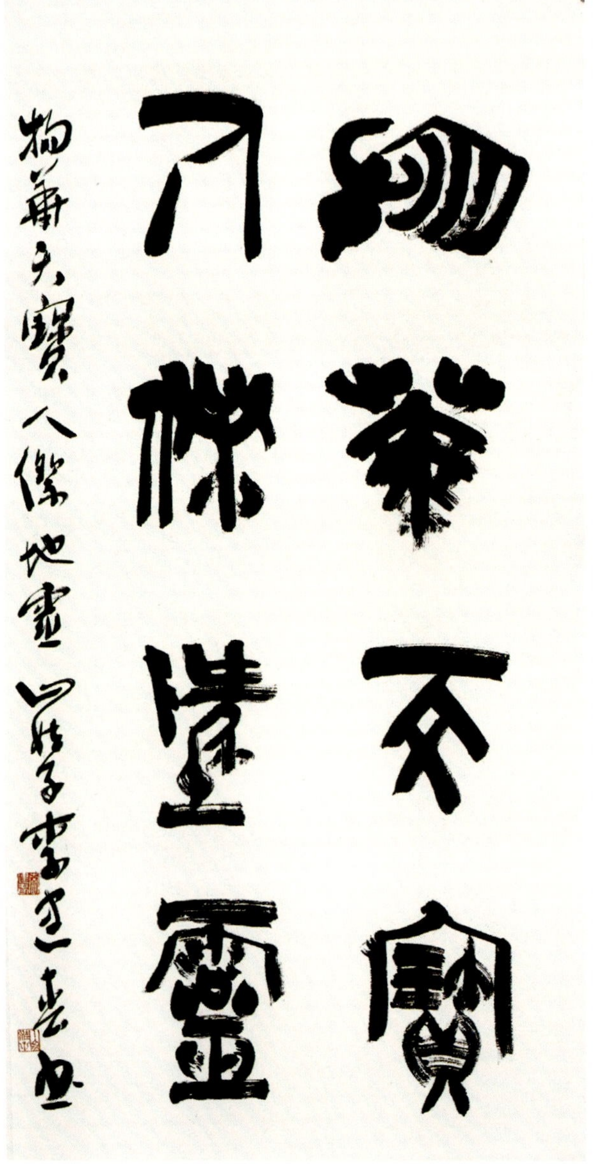

书法　136×68 cm

李卓见

（1955～）广东新会七堡人。号白沙学子、醉砚斋主。中国书法家协会会员、民盟新会市委委员、政协常委、文联常委。新会博物馆馆员。现为广东省书法家协会理事、中国收藏家协会会员。

书风古朴典雅、意足功深、铸汉融魏、个性鲜明。其作品先后入选文化部、中国文联、中国书协主办的全国第五届书法篆刻展览，98兰亭奖，全国第八届群星奖等国家级大展。部分作品被北京中南海珍藏并收入《中南海珍藏书法集》。荣获“国际中国书画博览会”优秀奖；“日本国际文化交流书道展”银奖；广东省首届“康有为奖”书法艺术展创作奖；“共建绿色家园，构建和谐社会”全国书画大赛一等奖。刊载于《中国书法》《书画报》《美术报》。多幅作品被作为礼品赠送给美、加、东南亚、港澳台等地团体和人士。

出版有《李卓见书法作品集》《李卓见书法选》。

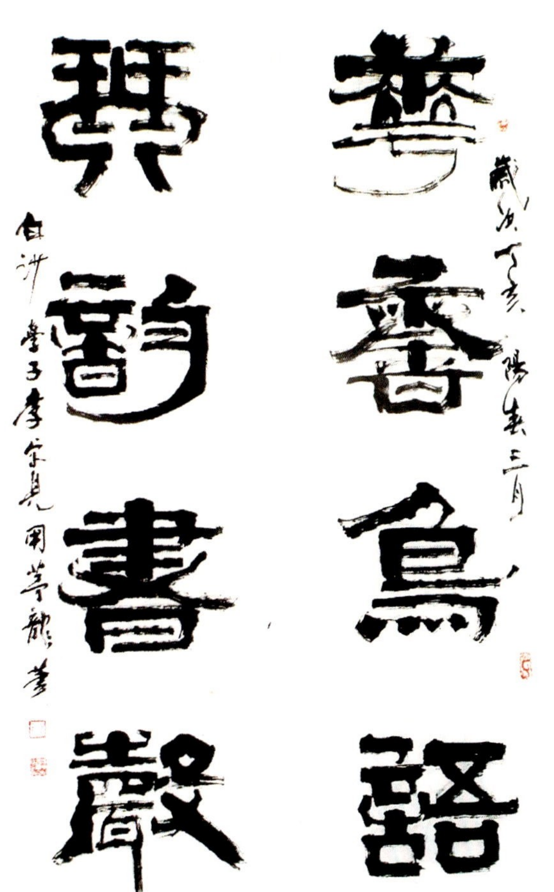

书法　136×68 cm

梁端生

（1952～）湖南省洪江市人。湖南省美术家协会会员、湖南省花鸟画家协会理事、。现就职于湖南省怀化市医学高等专科学校，任公共课艺术教研室主任、副研究馆员、国家二级美术师、怀化市国画花鸟画创作室主任。

梁端生七十年代初自学《芥子园画谱》，后拜著名国画家易图境先生门下，学习中国画，主攻花鸟画，兼习山水。画风亮丽、大气、有笔墨、有新意、更有个人风貌。作品多次参加省、市级画展，近年来已两次举办个人画展，并出版个人画集。

其作品常被政府、企业、学校收藏并作为礼品赠送。电视台、报刊对其进行多次专题报道。

金秋硕果　176 × 47 cm

刘步蟾

山东人。现任北京佛教画院院长、中国楹联学会会员、曲阜中国画研究院艺术顾问、北京古壁画研究所研究员、农业部艺术创作室专业画家。

刘步蟾自1989年至2005年多次参加全国各类书画展并多次获奖。2005年应大连之邀参加纪念徐悲鸿诞辰110周年，并获徐悲鸿基金奖、2005年作品《水月观音》被北京雍和宫收藏、同年作品《释迦牟尼佛》被普陀山收藏、2006年在大连举办画展。

其作品在《人民日报》《中国书画报》《中国民族报》等刊物发表。中央电视台新影制作中心为其拍摄了专题片《中国当代画家刘步蟾》。还出版《刘步蟾作品选》《刘步蟾白描作品集》《刘步蟾精品》等作品集。

罗汉图　136×68 cm

刘庆利

（1962～）生于北京。笔名又山。曾就读于中央美术学院中国画系及中国艺术研究院研究生部“中国画名家班”。曾被中央电视台、北京电视台、旅游卫视及部分报刊杂志报道。

许多作品被香港、日本、韩国、美国、法国、比利时、新加坡等国家和地区，委内瑞拉驻中国大使馆、炎黄艺术馆、中央电视台、东方艺邦文化艺术中心、广东福善美术馆、北京建筑艺术档案馆、日本YMCA青年会等中外收藏家和机构收藏。

现为中国工艺美术家协会会员、北京美术家协会会员、北京科学技术协会会员、中原书画院高级书画师、北京老舍研究会会员、北京YMCA青年会理事、YMCA白雪美术研究会副会长。

观象台　68×68 cm

刘淑琴

毕业于河南大学和北京画院首届高研班。中国美术家协会会员、中国民间文艺家协会会员、一级美术师。现为中国艺术创作院副院长、华夏黄河画派研究会会长、北京沟通无限书画院名誉院长、人民网书画频道专家顾问团画家。

作品《悠悠黄河九月秋》《九曲黄河》《奔雷》等十几幅作品分别获全国展览金、银奖；三十米长卷《巡天一览大河雄》为我国首幅航天长卷搭载返回式卫星遨游太空15 天；被电视剧新版《红楼梦》聘为艺术指导；作品曾赴美国、意大利、日本、马来西亚、新加坡、泰国、香港、台湾等地展出，并被人民大会堂、全国人大会议中心、中央军委、意大利佛罗伦萨市政府、普拉托省都府等政府机关收藏。《黄河》系列作品被国家领导人收藏并作为国礼赠送国际友人。《荣宝斋》《美术》《英才之光》《中国观光旅游》等百余家报刊及中央国际广播电台、人民网、新华网等多家媒体专题报道。

惠风和畅　136 × 68 cm

刘小聃

（1963～）斋号真堂。生于黑龙江省宝清县。中国书法家协会会员。现任黑龙江省书法家协会理事、双鸭山市书法家协会副主席。

刘小聃通过多年实践总结出好的笔法构建对于书法的重要作用，他在用笔上强调两点，一是洁净，洁则雅，净则静，静雅能够体现晋字之唯美。二是弹性，弹性是“锥画沙”，“印印泥”，是靠圆健的线条书写出来的，是柔韧和力量的体现。

其书法作品先后入选：全国首届新人作品展、全国第四届中青年书展（获奖）、全国第五届书展、全国首届刻字展、全国首届楹联展、全国第八届中青年书展、全国第二届流行书风展（铜奖）、全国第三届流行书风展、北京黑龙江艺术书法展、首届全国中青年名家百人艺术书法展、书法网年度书坛精英展、四川北京书法双年展（特邀）、第十八届中日友好自作诗书展等展览。并出版《今日美术馆流行书风提名书家精品集·刘小聃》。

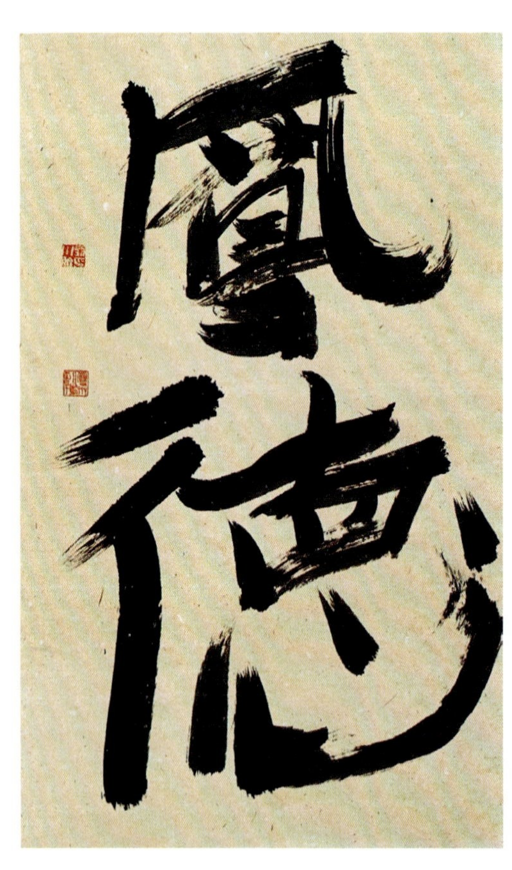

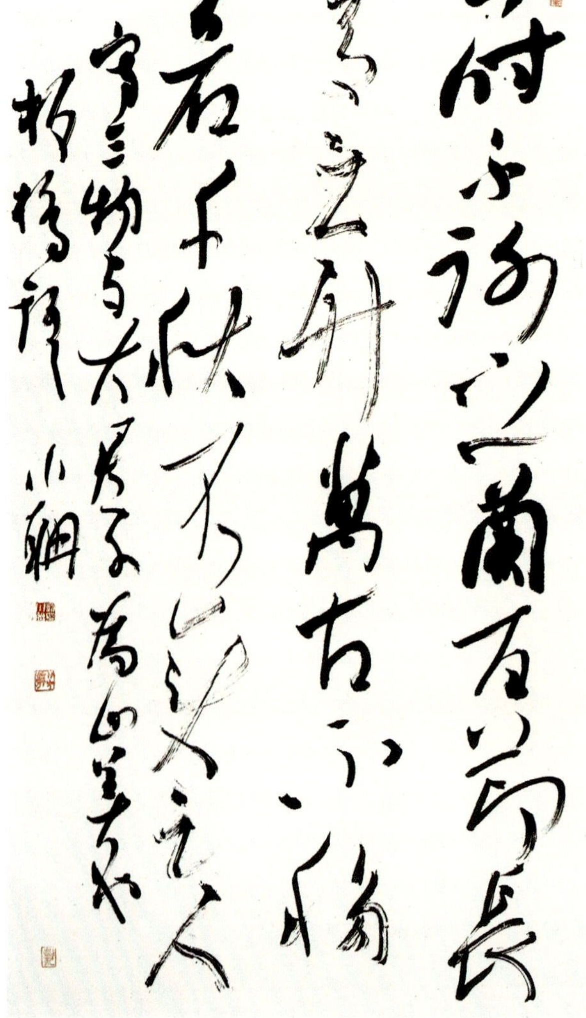

书法　136×68 cm

山水　68×68 cm

马流洲

（1942～）广东汕头人，1966年毕业于广州美术学院。

他从事中国山水画创作数十年，创造性地运用中国画传统技法融入西方现代绘画的艺术手法，形成自己独特的艺术风格。他善于运用大面积的黑白对比，使画面气势磅礴，意境深邃，尤以山水画见长。

其作品《青山永固图》《云山图》被中央军委办公厅收藏；《润泽图》《泰岳雄风》被毛主席纪念堂管理局收藏；《春和景明天地宽》被人民大会堂管理局挂藏；《云岭回壑》《瀑击千壑动》《春晓图》被中国美术馆收藏；《一派生机》被天安门地区管理委员会收藏；作品《江山永泰》曾经被悬挂于天安门城楼中厅。

马流洲先后在国内外举办过十几次大型画展。中央电视台、凤凰卫视、北京电视台、广东电视台、珠江电视台、香港亚洲台等媒体曾对他进行专题报道。其作品及评论文章多次刊登于《人民日报》《国际日报》《光明日报》《美术》《文汇报》《大公报》等几十家报刊上，作品已流传到德国、美国、墨西哥、澳大利亚、葡萄牙、日本、泰国、新加坡、香港、台湾等国家和地区，并出版四本个人画集。

宋唯原（筱明）

（1957～）字胤儒，生于北京。1980年就读于中央美术学院并留校任教于中国画系。现为中央美术学院中国画系客座教授、人民大学徐悲鸿美术学院客座教授、荣宝斋画院客座教授。

1989年对中国工笔重彩人物肖像教学进行改革，艺术成就编入《中国当代名画家辞典》。1984年毕业作品获叶浅予奖。1984年作品在中国美术馆举办的《全国青年水墨画展》获优秀奖。2000年摄影作品《逸者》获全美图书馆摄影学会举办的“国际优秀摄影作品奖”。1991年后，游历海外十年，对传统中国画及绘画理论进行了全面研习及再认识。对中、港、台及海外中国画坛的发展走向进行了全面调研。2001年回国发展。作品在国内外先后举办了近百场个人展览，并且广为国内及海外博物馆及个人收藏。

出版有《学石涛——古画技法解秘》《艺术卵孵化——宋唯原画室人物写生》《艺术卵孵化——宋唯原山水花卉写生》。

东方朔造像　136×68 cm

谭翃晶

又名谭红晶。湖南长沙人。中国美术家协会会员。毕业于解放军军医学院，后就读于中央美术学院国画系。现为中国美术家协会旅游联谊中心旅游部副主任、中国徐悲鸿画院外联部副主任。

她的作品中显示着雅风和文气，狂放处含精微，精微处寓狂放，笔情墨趣尽出其中。她主攻山水、花鸟，画风雄健纯朴。书法初学汉隶，后又宗法王铎、米芾，重节奏、重韵律，布局跌宕、章法严谨。

其作品多次入选中国美术家协会主办的全国各类大型美展并获奖：《芳洲鹭影》获首届“孺子牛杯”全国书画大展三等奖、《舒卷有馀》获“全军第七届根艺美术作品展”优秀奖、《霜林小栖》获“黄河杯”全国书画大展金奖。《秋韵》入选“菜乡情”全国中国画提名展、《静谷清音》入选“庆祝中华人民共和国成立55周年全国书画展”。另有多幅作品被人民大会堂、聂荣臻纪念馆、徐悲鸿纪念馆、中央电视台等专业性美术机构和美术馆收藏。

村边渡口　68×68 cm

王本杰

（1963～）生于山东淄博。中国美术家协会会员。1986年毕业于山东轻工美术学校，2000年结业于中国美协山水画高研班，2003年就读于中国艺术研究院研究生班。现任北京彩墨画院副院长、文化部中国画创作中心画家、《中华书画报》副总编、《中国画研究》杂志编委、中华书画名人网艺术顾问、客座教授。

王本杰作品曾参加“全国当代实力派作品邀请展”、“98世界美术大展”、“2003年中国画年展”、“全国第十六次新人新作展”、“全国第二届中国画大展”、“中国美协第二届会员精品展优秀奖”等。其作品在各种画展中多次获奖，曾荣获“全国第二届美术最高奖”金彩奖、“国际华人诗书画艺术大展”银奖、“西部辉煌全国中国画“提名奖、“纪念中日邦交正常化30周年”金奖等。

其部分作品被中国美术馆、炎黄艺术馆、中华世纪坛、军事博物馆等单位收藏或展出。《中国书画报》《美术杂志》《中国画家》《美术家》《美术大观》等报刊相继登载其作品。并出版《中国当代实力派画家 · 王本杰》《名家画山水》等作品集。

云散远山空　136 × 68 cm

王天禾

(1956～) 生于北京，别名王天和，字梦禹，别署濡石斋主人。中国美术家协会会员、中国收藏家协会会员、大连大学美术学院客座教授、中央文史馆书画院研究员、敦煌美术馆馆长、辽河画院特聘画家。现任北京墨彩画院院长。

他早年学习油画，曾师从李天祥、赵友萍。后研习中国画，在当代名家吴悦石、陆俨少、何海霞、梁树年等先生门下受益。以民族绘画精神融通西画色彩学方法开创一己的创作风格，即："线为骨、墨为躯、色为裳"的绘画方式并以精神家园的建设为绘画艺旨。

作品入选第八届全国美展、全国山水画大展、迎澳门回归中国书画大展、建国50周年暨全国山水画大展、2000年全国中国画大展、2001中国画大展、西部辉煌全国中国画大展、2003中国画家提名展等并获奖。作品还多次参加国内大型艺术活动，在蒙特卡罗、东京、巴黎等国际艺术展览中获奖并受到国际美术评论界的关注。因而得到国内外收藏界青睐。近年他的作品回归传统，注重笔墨，强调传统线性的发挥，同时在题画诗方面有着尚古寓今的追求。出版有《王天禾画集》《王天禾山水画集》《王天禾墨彩山水画》《王天禾的艺术世界》《依然有梦》艺术随笔等。

山水　68×68 cm

王严

（1978～）生于辽宁省盘锦市。中央美术学院中国画博士生研究生、文化部青联美术工作委员会委员。

2004年毕业于鲁迅美术学院中国画系现代花鸟画研究专业，获硕士学位。2005年考入中央美术学院研究生部中国花鸟画创作研究专业，攻读博士学位。

2004年作品《宿雨》入选“2004年全国中国画作品展”；《清欢》获“第十届全国美术作品展览”辽宁省展区优秀奖；作品《晓寒》获“庆祝建国五十五周年全国青年国庆书画展”优秀奖。2005年作品《人间有味是清欢》入选“第六届全国工笔画大展”。2007年作品《如烟碧树晚花丛》入选“第三届全国中国画作品展”；作品《占尽风情向小园》入选“中国青年美术家新农村写生作品展”。

作品先后在《美术》《美术报》《美术大观》《国画大家》等多家专业杂志上发表，多幅作品被收入《画坛朝阳》，由人民美术出版社出版。

花鸟　68×64 cm

王佑学

山东淄博人。中国美术家协会会员。原蒲松龄故居纪念馆馆长。国家一级美术师。中国艺术研究院贾又福工作室访问学者。中国国家画院卢禹舜工作室画家。山东省美协理事、中国台湾美术家协会荣誉理事、美国国际华人艺术协会会员、新加坡新神州艺术院高级名誉院士、特聘高级荣誉顾问、泰国中国画院荣誉顾问、山东画院特聘高级画师、山东理工大学美术学院客座教授、《中国美术》编辑。

《美术》《美术观察》《国画家》《荣宝斋》《中国画研究》《画坛》；香港《文汇报》《中国文化报》《中国艺术报》《中国书画报》等刊发个人作品或专题介绍。《名家画山水》《名家山水画小品》《创作与临摹》《当代中国画家》《中国瀚墨精品集》等专集收入其作品。

个人传记被收入美国、英国96年度《世界名人传记》和国内十几部大型辞书中。

山水　68 × 68 cm

魏广君

（1964～）河南人。中国艺术研究院美术学研究生毕业。现供职于中国国家画院。

魏广君的画作山水意象适趣写怀，在他的绘画作品中随笔一落，随意一发，自成天趣。笔法奇崛，墨色醒透，营造出一种脱尘的景象。其画有文有质，有情有景，清幽中又带着一丝飘逸，在坚质浩气中潜藏着高韵。淡而有味，秀而有骨，在平实中有奇创，在清空中有沉厚，体现了柔美与阳刚的和谐统一。

其作品多次参加学术提名展、邀请展，并在诸多专业杂志、报刊发表专题。出版有《率真堂书画篆刻艺术》《魏广君山水画艺术》《江苏画刊提名21世纪优秀艺术家——魏广君》《中国画坛——60一代·魏广君》《空潭饮真——魏广君》《中国篆刻百家——魏广君》《逸品十家——魏广君》《当代书法十家——魏广君》《中国主流画家影像现在时——魏广君》等多种画册。

山水　70×45 cm

吴正义

（1959～）生于湘西凤凰，苗族。1982年毕业于中央民族大学美术系，学士学位，副研究员。现为中国美术家协会湖南分会理事、湘西自治州美协主席、吉首大学客座教授、州文联副主席、湘西州群众艺术馆馆长。

擅长花鸟、山水、人物画，作品以湘西风土民情为创作主题，多次参加国内外展出并获奖和收藏，已被编入《中国美术家名录》。近年来追随黄永玉先生习画，颇得收益。《赶场》1982年参加全国美展获得二等奖被民族文化宫收藏；《土家山寨明珠》1983年参加全国美展获得三等奖；《湘西民居组画》1992年赴新加坡展出并被收藏；《苗乡红柿》1997年参加湖南省美展获得铜奖；《春韵》1997年获得湖南省首届花鸟画展特邀作品奖；《小溪风光》2001年参加全国首届“爱我中华”油画国画大展获得优秀奖并被收藏；《溪山深处》2006年得湖南省文化厅举办的美术大赛银奖；2007年5月与另两位湘籍画家在中国美术馆成功举办美术联展。

武陵山居图　136 × 68 cm

山水　68×68 cm

夏墨

职业画家，中国美术家协会会员。吉林艺风画院院长，吉林画院特聘画家，闽南画院艺术委员会主任。1998～2001年，进修于中央美术学院国画系王墉工作室，2005年入中国国家画院姜宝林工作室高研班，2006年入中国国家画院姜宝林工作室精英班。

作品《初霁》入选“西部辉煌”全国中国画作品提名展获优秀奖；《秋山高隐》入选第十七次新人新作展；《家园秋色》入选“菜乡情”全国中国画提名展；《朝晖》入选“海潮杯”全国中国画大展；《青苹果》入选2004年全国中国画展；《秋烟漠漠雨蒙蒙》入选“长江颂”全国中国画提名展；《门前依旧春色满》入选“太湖情”中国画提名展；《满院春风》入选2005年全国中国画展 获优秀奖；《空山新雨后 清泉石上流》入选 2007年“纪念黄道周”全国中国画提名展；《雨落清香》入选庆祝内蒙古自治区成立六十周年全国首届“草原情”中国画提名展；《巴中秀色》入选第四届中国美术家协会会员中国画精品展。

出版有《夏墨山水画册》《夏墨山水画集》等专集，作品曾在《美术》《艺术状态》《今日画坛》《画风》《艺术世界》等多家美术刊物上发表。

徐永生

（1959～）山东莱西市人。中国美术家协会会员。现任国家一级美术师、山东省艺术馆研究馆员。

他近十几年来，专攻国画古装人物。他的作品有着自己独特而富有美感的笔墨语言，他的人物画中的山水背景与人物形成阴阳相生，虚实相辅的两条线，极具个人艺术气质；他的作品所表现出的田园式的画境表现出人与自然的和谐之美，体现了深刻的人文精神内涵。

其作品先后入选第八，九，十届全国美展。2000年受法国里萨艺术学院之邀，作为文化使者随团赴法国，德国，意大利，奥地利等国家进行艺术交流；2004年为国家邮政局设计《柳毅传书》邮票和《八仙过海》个性化邮票；2006年赴印度、俄罗斯、日本采风；2007年去韩国进行艺术交流活动；2008年到埃及采风。现已出版技法专著《怎样画古装人物》《古装人物技法》和《古装仕女线描集》。

祥气图　68×68 cm

宣兵

（1959～）生于西安。中国美术家协会会员。毕业于中国艺术研究院研究生部“中国画名家班”。现任中国书法美术家协会副主席、中国国画家协会副主席、中国美协旅游联谊中心理事、《中国画家》编委、兰州中国画院执行院长、兰州画院外联部主任、国家高级美术师等职。被中国文联授予“中国百杰画家”称号。

宣兵的作品将现实主义绘画元素融入到水墨人物画创作之中。首先，他在写实表现中，删繁就简，并借鉴明暗处理手法，使人物更为生动与突出。宣兵笔下的线条以书写性为特点，强调其节奏变化和韵律意味，他用笔洒脱、酣畅，注意黑白对比、疏密对比，以及些许明暗对比，使他的艺术语言和表现形式更富于创造性和新意。

唐人诗意图　136×68 cm

杨柳

（1977～）生于沈阳。辽宁省美术家协会会员。2001年毕业于鲁迅美术学院中国画系学士学位。2005年毕业于鲁迅美术学院中国画系硕士学位。现为鲁迅美术学院中国画系教师、中国同泽书画研究院副秘书长、沈阳书画院签约画家、北京工笔画会会员。

作品《李老师和王老师》入选第十届全国美展。获第十届全国美展辽宁省展金奖。被中国美术馆收藏；作品《女人街上的太阳伞》应邀提名参加第二届当代中国画学术论坛全国中国画创新作品展，入选2007中国百家金陵画展，入选全国六届工笔画大展，被中国美术馆收藏；作品《一、二、三、四、五》获全国高等美术院校毕业生优秀作品展优秀奖，入选“纪念毛泽东同志《在延安文艺座谈会上的讲话发表60周年全国美术作品展》”；作品《自画像》《五月》《田园交响曲》《梦魇》等参加美国芝加哥伊利诺伊东北大学艺术中心学术交流展。曾于北京红子兰画廊举办个人画展。

出版有《古画·临摹·实技》（辽宁美术出版社）。

人物　68×68 cm

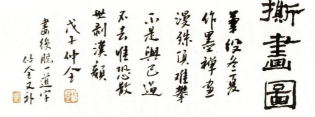

杨仲全

（1966～）籍贯山东新泰市。

1991年毕业于山东纺织工学院，并留院任教。1998年结业于天津美术学院中国画系助教进修班。2000年结业于中国艺术研究院第二届中国画名家班。2004年为中国艺术研究院陈绶祥艺术教育工作室访问学者。现为青岛大学美术学院副教授。

他的画简洁、朴实、意境较高，还有部分童叟系列的作品富有诗意、有情趣，于朴拙中见真性。

作品多次发表于《美术观察》等国家级刊物，出版有《杨仲全画集》及《中国画名家班作品集》等合集五十余种。曾在中国美术馆、山东、河南、广东、广西 等地举办巡回展多次。

人物　68×68 cm

乙庄

中国艺术研究院美术研究所助理研究员、中国书法家协会会员。先后在首都师大书法研究生课程班、中央美院国画系进修书法和中国画；2003年考入中央美院中国画写意高研班，师从张立辰、邱振中，研习写意花鸟。2006年考入中国国家画院首届花鸟精英班，师从姜宝林。

她的大写意作品翰墨淋漓，线条爽利翻飞，磅薄奔涌，俨然一幅盘龙走虺的大草。她的行草作品，干湿相生、墨色丰富、线条外旋、气势飞腾。

其国画作品《生命》被中央美院国画系收藏，国画作品《玉烛图》入选“首届中国写意画大展”、书法作品先后入展中国书协主办的第七届、第八届全国展，并获首届兰亭奖。以及第二、三届正书展，第四届新人新作展等国家大型展览。书画作品先后在《美术观察》《美术报》《中国美术馆馆刊》《中国书法》《书法导报》等多家报刊发表，并收入多部书画作品集。出版《乙庄书法集》《乙庄国画集》等专著。

花鸟 136×68 cm

殷立宏

（1966～）别署瑞雪、一木、极深。2000年至2003年就读于中央美术学院中国画系研究生班。2000年至2004年多次参加中国美协、中国画研究院等机构举办的学术活动和展览。其间创作中国首幅反映人民警察题材的巨幅百米国画长卷《大练兵》。

部分作品被中国文学艺术基金会、中国美术馆、中国收藏家协会等机构以及一些省市政府和境内外私人收藏。先后发表《返璞归真 回归自然》《黄宾虹与中国文化精神》《传承是美德》等论文。

曾出版《殷立宏国画人物》《殷立宏文人画风》等个人画集。

唐人诗意图 69×47 cm

张大庆

（1959～）笔名大磬。先后毕业于青岛工艺美术学校、山东纺织学院美术系、中央美术学院研究生班、赵宁安工作室。现为青岛大学美术学院副教授。

作品曾入选首届全国中国画展、全国第二届花鸟画展、全国著名花鸟画家作品展、中国画研究院、6～13届当代中国花鸟画邀请展、水墨动向全国中青年学术邀请展等大展，并多次获奖。

作品曾在《国画家》《艺术与收藏》作专题发表，多幅作品被中国画研究院、中央美术学院、山东美术馆、三苏博物馆收藏。出版有《花鸟画写生与创作》《名家技法》《名家手稿》《花鸟画图典》等。

花鸟　68×68 cm

张福铭

(1950～）笔名鲁剑，沂蒙山人。现任中国书画研究院副院长、中国书画学会副主席、中国民族艺术家协会副会长、中国书法研究院艺术委员会会员、中国书画艺术委员会理事、中国美协关山月艺术研究会理事、中国画家协会理事、广东省民俗文化研究会副会长、《神州民俗》《酒天下》杂志社副总编等职。

他师从花鸟画家赵久长，并深得书法大师欧阳中石、国画大师关山月、黎雄才的指导，擅长行书和写意花鸟。国画《红艳凝香》《娇红醉舞》牡丹图被评为“世界华人艺术精英成果奖”金奖和中华艺术华表金奖，在“中华魂”全国书画艺术五百杰大赛中，书法、国画双双荣获银奖。先后被授予慈善艺术家、二十一世纪世界华人书画艺术五百杰、当代书画艺术家等称号。已出版《军旅画家十人作品集》《张福铭画集》《鲁剑书画集》。

新年都未有芳华，二月初惊见草芽。白雪却嫌春色晚，故穿庭树作飞花。

韩愈春雪 丁亥年仲冬张福铭书于羊城

书法　136×68 cm

张弓

（1928～）字长工，斋号新月庐，别署淮川子、老普，普翁。中国书法家协会会员。任常德书协主席前后共十八年。曾任中国书画函授大学常德分校校长、髡残书画研究院首任院长、常德高专及湖南文理学院美术系客座教授等职。现任国家二级舞台美术设计师，湖南省老科协教科文研究员、湖南省书协一、二届理事、常务理事、湖南省美协会员。

其书法作品入选“全国第四届书法篆刻展”、“全国怀素草行书展”、“首届世界华人艺术作品展”并获奖。1991年参加载入大世界基尼斯纪录的《中国常德诗墙》的修建，任修建委员兼书法组长、诗墙总体及版面设计、诗墙书画系列丛书副总编辑及《书法选粹》《武陵翰墨》主编。传略及作品载入《中国当代书法大成》《中国书协会员名鉴》等十余部专著，个人出版有《新月庐书画集》。

书法　212×43 cm

张坤

（1952～）笔名润雨，生于江苏省昆山市，祖籍山东。中国美术家协会会员。毕业于北京中央民族大学美术系。现任中国书画家联谊会理事、首都美术记者协会监事长兼副秘书长、中华书画研究会名誉教授等职。

他自幼受吴地文化熏染，酷爱绘画，21岁起参加军队美术创作学习班，后从事美术编辑工作。二十多年来，曾受到吴冠中、周思聪、钱绍武、刘勃舒等名师的教诲，并得到了刘秉江、罗怡、周秀清、金捷中等中央民族大学教授的培养和帮助，并受到刘大为、陈玉先、张道兴等军队恩师的关心指导。

曾在北京举办三次个人画展和多次联展，并在全军、全国的书画展览中曾获得多次奖项。部分作品在新加坡、俄罗斯、澳大利亚等国家和香港地区展出。传略、作品入编《中国美术家会员辞典》《中国当代文艺界名人录》《中国当代美术家人名录》《中国书画家》《中华英杰》等辞书。

傣家竹杆舞　132 × 65 cm

张明川

（1962～）山东昌邑人，军旅画家。中国美术家协会会员、中国美术家协会河山画会会员。毕业于解放军艺术学院美术系，现为海军北海舰队政治部文艺创作室美术创作员、高级美术师。

其作品参展2000年至2002年“全国中国画展”和“2006 年全国中国画展”；第九届、第十届、第十一届“全军美展”；“第十届全国美展”，第二届、第三届“全国中国画展”；第六、七、八届“万里海疆画展”；“全国花鸟画艺术大展”、“第二届当代中国山水画.油画风景展”、“2005年百家金陵画展”等重要展览。

部分作品荣获大奖，曾获“第十届全国美展”特别奖、“第十届全国美展”优秀作品奖、第二届中国美术金彩奖、在“庆祝建党80周年全国美展”和“首届全国写意画大展”中分别荣获最高奖、获2004 、2005年“全国中国画提名展”铜奖和银奖等重要奖项。并出版画集多种。

椰林情　68×68 cm

张镛

（1962～）生于山东荷泽。毕业于中国艺术研究院研究生院。现任《中国美术》杂志社编辑部副主任、《中国美术》外联部主任、中国美术创作研究院院长。

人物　136×68 cm

赵秀勋

（1954～）青岛莱西人。中国美术家协会会员、中国兰花协会理事、山东画院高级画师。先后毕业于山东省师范学院汉语文学系，中国艺术研究院李魁正工作室研究生班。师从崔子范、王明明、李魁正、赵宁安。工花鸟、山水，擅兰花。

2004年《清气满乾坤》获首届“菜乡情”中国画作品提名展优秀作品奖；2005年《彩墨兰花》获第三届当代中国文人书画艺术北京邀请展金奖；《清风香韵》入选纪念孔子诞辰2556年全国书画邀请展；《俊骨逸韵》入选2005年全国中国画作品展；2006年《白描春兰》入选“全国第六届工笔画大展”；《春韵》入选2006年中国画作品展。

其作品被编入《中国现代绘画》《当代艺术全集》《中国当代文人书画名人精品集》等。

兰竹图　136×68 cm

郑峰

山东淄博人。中国作家协会会员、中国散文家学会会员、中国美术家协会会员、山东省书法家协会会员。现任淄博市作家协会名誉主席、淄博美术家协会名誉主席、淄博书法家协会名誉主席、淄博花鸟画协会名誉主席、淄博书画院名誉院长、香港美术家协会名誉主席等职。

郑峰的作品整体上灵动、朴素、大度，真正契合了文人画的传统。其画作用笔深厚，强调了线的体现和节奏的把握，他笔下描绘的对象既不失生活物象的风采，又不拘于具象的翻版，即突出了物象的神韵，又强调了笔墨的洒脱，较好地达到了以形传神、形神兼备而又自我体现的目的。

郑峰师从杜大恺先生，专习书画艺术。先后多次参加国内展出，并多次获奖。并先后在《美术界》《中国美术》《大公报》等报刊杂志发表书画作品。

花鸟　136 × 34 cm

郑山麓

（1956～）生于河北文安县。毕业于中央工艺美术学院。中国美术家协会会员。现任北京美术家协会理事、中央文史馆书画院研究员、全国政协书画室画家、全国政协《画界》杂志责任编辑。

郑山麓对东西传统和现代诸流派艺术颇有研究和借鉴，擅长水墨山水、人物画。其作品大气磅礴又灵空飘逸，气韵生动，在他的作品中，以直面生活、感受自然、体验造化为突出特点，捕捉自然的清新、蓬勃与苍郁的生命气象，在经过心灵的过滤与提炼中，把客观世界的山水物象转换为以主观情怀为特点的山水意想符号，在重构中形成自己的风格面貌。

曾赴美国、法国、德国、奥地利、澳大利亚、新西兰等国举办个展及艺术交流。并出版有《名家名画——郑山麓》《新北京盛景图主创画家—郑山麓》等作品集。

幽谷细雨　136 × 68 cm

虎　136×68 cm

周明安

（1949～）生于广州，祖籍山西河曲。中国美术家协会会员。现任四川省诗书画院专职画家，国家一级美术师，成都市花鸟画会副会长。

他师从著名画家阎松父先生。其擅长花鸟动物画，尤善画虎。作品曾参加1995、1996年“当代中国花鸟画邀请展”、入选“中国西部大地情中国画大展”、“第二届全国中国画展”、“全国当代花鸟画艺术大展”、“纪念邓小平诞辰100周年全国美术作品展”等。获2001年“法国卢浮宫沙龙展”优秀作品奖。1986年在深圳、1994年在台湾高雄举办个人画展。

出版有《周明安作品集》《周明安画虎精品选》《周明安水墨动物小品》《当代花鸟手卷精品·周明安百虎图卷》等作品集。

第五篇　书画论

桂行创

山水　138×69cm

纸本水墨 2007年

第一章　经典论述

《论用笔》

李斯（？～公元前208年），楚上蔡（今河南上蔡西南）人。主张以小篆为标准书体。《论用笔》提出“夫用笔之法，先急回，回疾下；如鹰望鹏逝，信之自然，不得重改。送脚，若游鱼得水；舞笔，如景山兴云。或卷或舒、乍轻乍重，善深思之，理当自见矣”。

《九势》

蔡邕（公元132～192年）东汉文学家、书法家。字伯喈，陈留圉（今河南杞县南〕人。汉献帝时曾拜左中郎将，故后人也称他“蔡中郎”。《九势》认为“夫书肇于自然，自然既立，阴阳生焉；阴阳既生，形势出矣。藏头护尾，力在字中，下笔用力，肌肤之丽。故曰：势来不可止，势去不可遏，惟笔软则奇怪生焉”。提出落笔、转笔、藏锋、藏头、护尾、疾势、掠笔、涩势、横鳞等九势之法。

《永字八法》

永字共有八画，画画不同，比较集中地反映了汉字楷书的点画形式，是汉字楷书笔法包括最全的一个字。永字八法是以永字点画写法为例，来说明楷书用笔和组字的方法，为历代书家所宗，对中国书法艺术的发展起有推动作用。永字八法的提出起于何时，说法不一。不论是谁所创，试图用一个“永”字，来概括汉字的八个基本笔画，这的确是古代书法家的一个独特创造。

《续画品》

南朝陈姚最。一卷。约公元550年成书。有《津逮》本、《美术丛书》《古今图书集成》《学津讨原》本、《书画谱》本。评论从梁元帝萧绎到解茜共二十一个画家及作品，各为论断，共十六则，多不过五六行，少则三四句，语词多骈骊，气体雅俊，评论公允得当。认为绘画的社会功能，于“九楼之上，备表仙灵；四门之牖，广图贤至，云阁兴拜伏之感，掖庭致聘远之别”。提出“心师造化”、“自娱”、“情趣”、“目想毫发”、“气运精灵”、“穷生动之致”的绘画理论主张。为继谢赫《古画品录》之后的绘画品评的重要著作。

《古画品录》

又称《古今画品》。南朝齐谢赫著，谢赫（公元459～532年），一卷。《古画品录》分为两部分：序论提出绘画六法论：第二部分为画品，评论自三国吴到萧梁三百年间二十七位名画家的绘画作品。据他们的艺术造诣而将其分成六品：第一品陆探微、曹不兴、卫协、张墨、荀勖。第二品顾骏之、陆绥、袁茜。第三品姚昙度、顾恺之、毛惠远、夏瞻、戴逵、江僧宝、吴柬、张则、陆杲。第四品蘧道愍、章继伯、顾宝光、王微、史道硕。第五品为刘顼、晋明帝、刘绍祖。第六品宗炳、丁光。提出了“气韵生动、骨法用笔、应物象形、随类赋彩、经营位置、传多模写”的“六法论”，作为人物画创作和品评的准则。指出了绘画批评的典范，成为后世论画和鉴赏批秤的标准，以致于“六法”一词，后来引伸成为中国画的代称，或理论、技法的总称。

《述画记》

又称《画记》相传为南朝梁孙畅之所作。一卷。约著于公元400年。收入《历代名画记》、《图画见闻志》。品评东汉至南朝齐间刘褒、蔡邕、杨修、卫协、王献之、康昕、顾恺之、史道硕、温峤、谢岩、江思远、戴勃、谢约等十五名画家的简单资料。提出“曾画云汉图，人见之觉热；又画北风图，人见之觉凉”，“误点成蝇”。为中国一部较早的画品论著。因散失而流传不广。

《叙画》

山水画论。南朝宋王微。一篇。约著于公元440年。主要阐述山水画原理、功能及各种表现技法。提出山水画与地图不同，认为山水画是独立的艺术画种，强调“竟求容势”、“写山水之神”、“明神降之”的作用和“拟太虚之体”、“此画之致也”的道理，提出“望秋云，神飞扬；临春风，思浩荡”的艺术境界。为中国最早的山水画论著作之一。

《论画》

东晋顾恺之著。一篇。约公元308年。又称《模写要法》或者《摹拓要法》。画论。论学习传统，临摹古代作品，研究古人技法的必要知识。包括如何选绢、运笔等，文章有理论，又有方法。提出临摹不是“依样画葫芦”，临画者既要在生活体验基础上“迁想妙得”，又要研究和熟悉画理，画法、内容及艺术特点，强调“以形写神”、“悟对通神”，以达到传神目的。为中国古代画论中最早有关画理、画法的一篇重要的画论著作。

《述书赋》

唐代书法理论著作。窦臮撰于大历四年(公元769年)，窦蒙注于大历十年（一说窦自注，窦蒙校定）。窦臮活动于天宝年间，字灵长，扶风（今陕西省麟游县西）人，曾任检校户部员外郎、宋汴节度参谋、刑部都官郎中等职。工书法。存《华阳三洞景昭大师碑》。在唐人中别有一种风韵骨力。《述书赋》2卷，综论历代书家，起自上古，终于兄窦蒙及其刘秦之妹，凡13代，198人。其品题叙述，皆极精赅，书评而下，亦或有议。所注全凭史传，典切精当，颇为扼要。其印记一章，同时画印模于句下，不但为后来记书画者并载印章所取法，实开鉴识印谱之先河。窦蒙等称此赋精穷旨要，详辨秘义，无深不讨，无细不闻。窦臮卒后，窦蒙以《述书赋》注有未尽，意有未穷，另作《语例字格》附于文末。《语例字格》120字，并注240句。今只存100字，注110句。

《论书》

徐浩(公元703～782年），唐书法家，字季海，越州（今浙江绍兴）人。其书最精楷法，圆劲肥厚，自成一家。《论书》是徐浩留给其子孙的经验谈，为世人所重。唐代中期崇尚丰肥，书法追求阔大温厚的气象。李肇《国史补》说：“怀素工瘦，张长史草工肥。瘦硬易作，肥劲难工。”徐浩即以“肥劲”为标格，既强调丰腴，又强调骨力，由此可见唐中期书法美学思想的嬗变。而在这之前漫长的时期，书坛上是以“瘦硬”为美的。另外，作者所说书“宜白首攻之"的告诫，也精警有力。

《贞观公私画史》

又称《贞观公私画录》。一卷。约著于公元639年。唐裴孝源著，唐初任吏部员外郎、度支郎中。贞观十三年，任中书舍人，本书即撰于此时，序称为唐汉王李元昌所邀而作。有《画苑》本、《四库全书总目提要》主要为隋代宫库本画迹，为隋时旧藏以及私家所藏自魏曹髦至隋孙尚子以及无名画二百九十三卷，并录佛寺画壁四十七处。每一画目下，注明作者姓名，并注明是否被梁《太清目》所著录。提出“心存懿迹、默匠仪形”等绘画理论见解。是中国现存最早的一部名画著录，为考察唐代贞观初年绘画名迹的重要资料，是鉴赏家品评古代画迹的祖本。

《张长史十二意笔法记》

唐颜真卿（公元709～785年），唐代大臣、书法家，字清臣，琅琊孝悌里（今临沂市费县）人。开元年间中举进士，登甲科，曾四次被任命为监察御史，迁殿中侍御史。因受到当时的权臣杨国忠排斥，被贬黜到平原（今属山东）任太守，人称颜平原。肃宗时至凤翔授宪部尚书，迁御史大夫。代宗时官至吏部尚书、太子太师，封鲁郡公，人称“颜鲁公”。此为颜真卿书法理论著作，以作者本人答书法家张旭问的形式写成。该记从书法的笔法笔势和结构布局两方面，分十二个问题介绍书法知识。

《翰墨志》

赵构(公元1107～1180年）即宋高宗。在位三十六年,政治上无能,成偏安之局，然精于书法,善真、行、草书。其书法所得颇深。著《翰墨志》一卷。大旨所宗,惟在“二王”。不同于北宋文人那种主意派的书法艺术观，赵构以其自身的学书实践向往古典气息的高雅风格的书法道路，主张并强调书法的基础在于古典，这是具有很重要意义的。其论学书,宜先学楷书,后学行、草书,并认为正草不可不兼有,指出了一条循序渐进的学书原则。楷书基本功扎实,掌握了各种笔画的笔势形态,运用了行、草,纵肆挥洒而不失楷法,自然形神兼备,动中有静,不流尘俗。这不仅是经验之谈,也是一条审美创作法则。

《德隅斋画品》

北宋绘画评鉴著作。李廌（公元1059～1109年）著。李廌北宋文学家。字方叔，号德隅斋，华州（今陕西省华县）人。少孤贫，其才华受到苏轼赞赏。中年以后绝意仕进，寓居长社(今河南省长葛县东)。宋时贵族文人士大夫多酷爱书画，收藏鉴赏蔚然成风。元符元年(公元1098年)赵令畤为襄阳令，行囊中贮带名画，李廌加以评鉴，辑此《德隅斋画品》。《德隅斋画品》著录作品22件，计唐画4卷，五代画13卷，宋画5卷。这些作品至今皆早已失传，但由于李对其内容及艺术成就加以评述，且行文精妙，描述具体，可以从中了解唐至北宋一些画家的风格特点，对绘画史研究及古书画鉴定有重要价值。《德隅斋画品》对作品不分等第，与一般品藻著述体例不同，但由于李富于文艺修养，评鉴精当，切中妙理，不为空泛之语，是现存宋代绘画重要评鉴著作。

《五代名画补遗》

宋代刘道醇著。刘道醇自署大梁（今河南开封）人，仕履不详。约仁宗嘉祐前后在世。著作除本书外，另有《圣朝名画评》三卷存世。此书卷首有嘉祐四年（公元1059年）陈洵直序，称宋初胡峤撰《广梁朝名画目》收五代画家四十三人。本书即续胡书而作，仅“据拾其见遗者”，凡二十三人，据所画之长分为七门，复区分为神、妙、能三品。名家下分载生平逸事及画迹，有关荆浩山水、胡环走兽、钟隐花竹禽鸟、卫贤盘车水磨等画事的记载，向为治中国绘画史学者所重视。

《宣和画谱》

宋无名氏著。《宣和画谱》二十卷，成书于宣和庚子(公元1120年)。记宋徽宗朝内府所藏诸画，前有宣和庚子御制序。书中共收魏晋至北宋画家231人，作品总计6396件。并按画科分为道释、人物、宫室、番族、龙鱼、山水、畜兽、花鸟、墨竹、蔬果10门。每门画科前均有短文一篇，叙述该画科的起源、发展、代表人物等，然后按时代先后排列画家小传及其作品。《宣和画谱》虽然是属于著录性质之书，但从每个画科的叙论和每位画家的评传来看，已大大超出了著录的范围，具有绘画史论的性质。因此，此书不但是宋代宫廷所藏绘画品目的记录，而且还是一部传记体的绘画通史。此书是在官方主持下编写的，主张绘画的社会教育作用。书首的御制叙言明确地指出，“是则画之作也，善足以观时，恶足以戒其后”。同时也强调绘画要有艺术感染力。对于作品的要求，提倡“以不仿前人，而物之情态形色俱若自然，笔韵高简为工”，更强调立意和格调。绘画著录方面的重要典籍之一，对于研究北宋及其以前的绘画发展和作品流传，仍有着一定的史料价值。

《衍极》

元代郑杓著、刘有定注释。郑杓，字子经，福建莆田人（一说福建罗源人）。泰定间（公元1234～1327年）官南安县教谕。所著除《衍极》五篇外，又有《衍极记载》三篇，已佚。能大字，兼工八分。原书言简意赅，颇不易读，及刘有定注出，而《记载》遂佚。刘有定，字能静，号原范，亦福建莆田人。“谓‘极为中之至’何也？言至中，则可以为极。天有天之极，屋有屋之极，皆批其至中而言之。若夫学者之用中，则当知不偏不倚，无过不及之义，子曰‘中庸之为德也，其至矣乎？民鲜久矣。’”

《翰林要诀》

元代书法理论著作，陈绎曾著。陈绎曾，字伯敷，生卒年不详（约在14世纪），处州（今属浙江）人。进士出身，官至国子助教。口吃但精敏异常，文辞汪洋浩博。善书法，能楷、草、篆、隶诸体，亦善飞白书。著有《文说》《文筌》《行文小谱》等书。是谈书法技法的论著。全书12章，分别为：执笔法、血法、骨法、筋法、肉法、平法、直法、圆法、方法、布法、变法、法书。各章均例举各种名目，最后综述写字的大要为“笔圆、字方、傍密、间豁、血浓、骨老、筋藏、肉洁”等要素。并总结“笔笔造古意，字字有来历，日临名书，毋吝纸笔，功夫精熟，久自得之”的要诀。本书所论，有的是采录前人的成说，有的是自己的体会和创见。

《宝章待访录》

宋米芾（公元1051～1107年）著，字元章，宋代著名书画家。是书皆纪同时士大夫所藏晋唐墨迹，自序言太宗混一，伪邦图书皆聚，而士民之间尚有藏者，惧久废忘，故作此以俟后。分目睹、的闻二类。所录八十四件晋唐品，开后世著录之先河，影响颇大，甚至有专门模仿此书体例的论著，如明张丑撰《张氏四表》。

《法书通释》

明张绅，字士行，一字仲绅，号云门遗老，又称云门山樵。山东济南人。明初洪武间（公元1368～1398年）官浙江布政使。楷书棱棱有风采，尤工大小篆，精于赏鉴。是书分十篇：八法、结构、执使、篇段、从古、立式、辨体、名称、利器、总论。皆汇集晋、唐以来名论，亦间及苏轼、黄庭坚、姜夔、吾衍之说，所取古人碑帖，只及唐而止，然皆习见之文。《立式》篇辨古无真书之名，锺、王楷书皆是隶法一条，足正近代俗札之陋。

《书画传习录》

明初书画家王绂著，绂（一作芾，又作黻），字孟端，号友石，又号九龙山人、青城山人。无锡人。永乐初以善书供奉文渊阁，画以墨竹名天下。共四卷，前二卷分别为论书、论画，卷三为书事丛谈，共列六门：第一为道德门，主要是“采道德之言”以资艺事，而篇中所列全为两宋理学人物，有周濂溪、程明道、程伊川、张横渠、邵康节、司马温公、杨龟山、朱子、张南轩、蔡元定、陆象山、陆九龄等十二人，一一叙其行迹、录其出处大节、摄提其理学主旨，以为“临池者观感而兴起焉”。该书所强调的“涵泳经史”，实际上就是由理学入手而把握儒家思想，从而陶染性情、发为画艺。这是一部最典型的以读经书来助画学的著作。

《童学书程》

明代书法理论著作，明丰坊撰。丰坊（公元1492～1563年），明著名藏书家。字人叔，一字存礼，后更名道生，字人翁，号南禺外史，明鄞县（今宁波）人。嘉靖二年（公元1523年）进士，授吏部（一说礼部）主事，改南考功主事，因吏议免官。关于学书次第，《童学书程》中有较为详细的论述。《童学书程》开篇第一篇是《论用笔》，此篇虽只有短短60字，但将用笔之法表述得至为精当。“学书者必先审于执笔。双钩悬腕，让左侧右，虚掌实指，意前笔后，此口诀也。用笔必以正锋为主，又不必太拘。隐锋以藏气脉，露锋以耀精神，乃千古之秘旨。”这里着重论述了写字怎样执笔和用笔的问题。接着，第二篇便是《论次第》，”并绘出《学书次第之图》，突出了学书次第问题之重要。

《书诀》

明代书法理论著作。丰坊著（生平简介见上）。他博学工文，擅长书法，尤工草书，著作丰富，还著有《童学书程》。

《书诀》一卷，分段论述笔诀书势、笔砚器用、篆法、古文、大小篆隶、悬腕用笔之法。书中大部分篇幅为法帖书迹目录，是研究书法史的资料，其中不少现已散佚。其论述部分，偏重篆、隶，尤重视大篆，认为：“古大家之书，必通篆籀，然后结构淳古，使转劲逸”。关于用笔，重视对手腕的控制，认为：“古人作篆，分真、行、草书，用笔无二”。他把用笔归结为“必以正锋(中锋)为主，间以侧锋取妍”，代表明代对笔法的认识，对后世影响颇大。

《四友斋书论》

何良俊撰。何良俊，字元朗，号柘湖居士，华亭（今上海松江县）人。此书原名《四友斋丛说》，三十八卷，为笔记杂著体，内容遍涉各个领域。其中卷二十七为书论，卷二十八、二十九为画论。黄宾虹、邓实编《美术丛书》时，从原书析出此三卷，分别标以《四友斋书论》《四友斋画论》的书名。

此书书画论各50条，大都采自前人著述，附以自己的见闻和议论，兼收并蓄，巨细无遗，较少发明。书论杂论书体源流，书风流变，历代名家名作；持论崇尚王羲之、赵孟頫，以为王羲之之后，仅赵孟頫一人集其大成，实是明代普遍看法；但指出宋元以后石刻不佳，尚有见地。画论亦多采摘前人论述，并论及各代名家，当代画苑；持论亦较尊奉文人画，非常赞成昔人主张“一须人品高，二须师法古”；对于“戾家”（指文人画家）与“行家”（指职业画家）的问题，他持论比某些极端文人画论者较为通达。值得指出的是，他能注意到出土画迹。如论汉人车鳌上所画，“其画法甚拙”。

他对明代画院体画家及“其不在画院者”画家均有所记载。所有这些都有一定的史料价值。

《寒山帚谈》

明代书法理论著作，明赵宧光（公元1559～1625年）撰。宧光字凡夫，江苏吴县人。不仕，隐居于寒山之阳，故此篇因以为题。二卷，《拾遗》一卷、《附录》一卷。上卷四篇：《权舆》论一十五种书。《格调》论笔法结构。《力学》论字功书法；《临仿》则力学之馀绪，析而为篇者。下卷四篇：《用才》论笔墨砚纸及运用法。《评鉴》论辨识之浅深。《法书》论古帖。《了义》论书家秘谛。其《拾遗》一卷，阐发未尽之意，各注某条补篇某字。其《附录》则金石林、甲乙表及诸论也。“帚谈”取意“家有敝帚，享之千金”。

《笔麈》

明莫是龙撰。莫是龙，松江华亭（今上海市）人。字云卿，后以字行，更字廷韩，号秋水，又号后明。尤善书画，以贡生终。《笔麈》是作者对诗书画及人生性情涵养的随笔漫谈，间有评论，笔法妍雅，珠玑成篇。

《画禅室随笔》

明董其昌(公元1555～1636年)著，其昌字玄宰，松江华亭人，万历十七年举进士，曾在皇子阁内任讲官、督湖广学政，拜礼部尚书。曾奉旨采辑先朝章疏及遗事。本人精通金石字画，其画宗米芾而自成一家。尺素短札、金石之刻流布人间，皆为人所争购。

其所著《画禅室随笔》共四卷。第一、二卷论书画，记载作者对书法、绘画的操作要领、心得体会；对历代各名书画家、当代文人书画评介论述，解悟独特新颖，颇具深意，可为书画鉴赏家、收藏家提供指南。第三卷分“纪游”、“纪事”、“评诗”、“诗文”四部分，记述作者所历所闻，随笔而录的杂感、诗文，亦多可取处。第四卷分“杂言上”、“杂言下”、“楚中随笔”、“禅悦大旨”四部分，大致情形同第三卷。较有特色的是“禅悦大旨”，作者推崇李贽的思想观点，其中得失留与读者鉴取。

《墨池琐录》

明代书法理论著作。杨慎著。杨慎，字用修，号升庵，新都（今四川新都县）人。杨慎擅长诗文、词曲，著作丰富，对明、清以来学术、文艺有过较大的影响。

《墨池琐录》四卷，是以笔记形式论书法的著作。此书编辑体例不甚统一，后二卷每条均有标题，前二卷则无。其论述书法，或采述前人成说，或阐发己论。杨慎论书，以锺繇、王羲之为典型，强调“王降而为霸，圣传而为贤”，表现出崇尚锺、王，而贬斥其他书家的思想。比较突出的，是他对颜真卿、柳公权、米芾等人的贬抑,以及对赵孟頫的竭力推崇。他认为自赵出，一洗颜、柳之病，王羲之之后，一人而已。对明代书法，作者充分肯定宋克，对解缙、张弼的草书则严加批评。杨慎在书中对“飞白书”的辨说，以及分辨“名书”和“法书”两者之间的区别，亦表现出独到的见解。

《书法离钩》

明代书法理论著作。潘之淙撰。之淙字无声，号达斋，钱塘人。是书荟萃旧说，各以类从。认为书家笔笔有法，必深于法而后可与离法，又必超于法而后可与进法。书中皆言不法而法，法而不法之意。其名离钩者，取禅家“垂丝千尺，意在深潭离钩三寸”。

《书法约言》

清代书法理论著作。宋曹著。宋曹，字彬臣，号射陵，江苏盐城人。生卒年不详。明崇祯时为中书，入清后，隐居不仕。工诗文，善草书。《书法约言》一卷七篇，即总论两篇，答客问书法一篇，论作字之始一篇，论楷书、行书、草书三篇。在这部著作中，宋曹集中阐述了他的书法理论。他认为书法的笔意贵淡雅，不贵艳丽；贵流畅，不贵紧结；贵含蓄，不贵显露；贵自然，不贵做作。说书法之要，妙在能合，神在能离。关于临写，他主张初写字不必多费纸墨临摹，应取古拓善本，仔细玩赏，对之加以熟悉，进而须背帖而求之；要边学边思，反复进行，成竹在胸，然后举笔为之。论草书，他说张旭喜肥，怀素喜瘦；瘦劲易，肥劲难。认为写草书时用侧锋，则能产生神奇。作行草书须以劲利取势，以灵转取致。认为书无定法，须以古人为法，而后能悟生于古法之外，悟生后能自我作古，也能产生自己的方法和面貌。

《钝吟书要》

清代书法理论著作。冯班著。冯班，字定远，号钝吟老人，江苏常熟人。明末诸生，明亡后，佯狂避世。能诗善书，尤精于小楷。

《钝吟书要》一卷，内容是评论前代书法家及其作品的优劣得失、记述自己学习书法的心得等。此书是杂记性质的短论，言简意赅，其中有许多独到的见解。如指出学习书法要先学间架，间架了解以后，则学用笔。间架可看石碑，用笔非真迹不可。所谓间架就是结字。关于结字，他认为晋人用理，唐人用法，宋人用意。他推崇钟繇、王羲之、颜真卿、柳公权，认为不习王羲之、王献之，下笔便错。书中所说都是自己的体会，很少有因袭的毛病，所以为后代所重视。

《书筏》

清代书法理论著作。笪重光(公元1623～1692年)著。笪重光，字在辛，号蟾光、江上外史，丹徒（今江苏省镇江市）人，进士，曾官御史，能诗文，善书画，另著有《画筌》等。现存《书筏》计文二十八则，综论笔法、墨法、布白、风韵等几个方面，论述都较重要，文辞简明扼要，足见作者的书法功底和修养之深。因作者本人既是书画家，又是书画理论家，故《书筏》中多有精辟之论。如论笔法，说人们只知起笔藏锋之易，殊不知收笔出锋亦很难，只有对“八分”、“章草”有深入认识，才能得到，而用笔的方法在于合乎规律，不在于手腕的强弱。但现存《书筏》段落零散，且又不相连贯，疑并非全文。

《大瓢偶笔》

杨宾（公元1650～1720年)，字可师，号耕夫，别号大飘山人，塞外称“杨夫子”，浙江山阴人。康熙年间著名书法家。全书共八卷，其中卷一“论夏周秦汉三国六朝碑帖”，卷二“论晋二王帖”，卷三“论唐人碑帖”，卷四“论唐名家碑帖”，卷五“宋元明人书”，卷六“论国朝人书”、“论各帖”、“论学书”，卷七“论笔法”、“论笔墨”、“论画”，卷八“偶笔识余”。全书不为琐碎考证，学书主张以古为尚，倚重笔法，追求骨气，有“第四指”说，且讲究门径取法，持论多有独到之处。杨氏的金石学功底深厚阅碑帖既多，则对于金石源流颇有所发明。他在金石学基础上提出了近于碑学思想的观点，品评书家墨迹、碑帖、刻帖等多有独到见解。碑学思想有关的主要有如下几点：一、推崇南北朝书；二、对于法帖的批判；三、推崇民间书刻。该书在清代碑学思想发展史上有着重要的意义。

《书概》

清代书法理论著作。刘熙载（公元1818～1881年）字融斋，江苏兴化人。清文学家。道光进士，官至广东提学使，晚年主讲于上海龙门书院。平生治经为本，旁及子史辞赋，尤精声韵，于书法亦颇有见地。著述甚丰，汇为《古桐书屋六种》及《续刻三种》。《书概》为《艺概》六卷中之第五卷，陈振濂对其评价甚高，认为是清代书法理论的又一高峰。《书概》中认为：“书，如也。如其学，如其才，如其志，总之曰如其人而已。”学问、才能、志趣、构筑了人的精神风貌，也确立了一个书法家的创作风范。

《艺舟双楫》

包世臣，中国清代书法家、书法理论家。字慎伯，号倦翁、小倦游阁外史，安徽泾县人，官江西新喻知县。

《艺舟双楫》为《安吴四种》之一，包括论述作文、作书两部分内容。《安吴论书》二卷，上卷与《艺舟双楫》论书部分同，包括述书、历下笔谈论书诗、清朝书品、答吴熙载及三子问等主要论书著作。下卷为《书谱》辨误、删定《书谱》《十七帖》疏证、《完白山人传》及题跋等杂著，对中国近现代书坛影响很大。包世臣论书一反清代书坛对赵孟頫、董其昌的偏爱，对他们提出了比较中肯的评价，同时继阮元之后，提倡北碑，对改变清代的书法风气具有重要的影响。过去论述书法，或者偏重于精神内容，或者偏重于形式、技法，包世臣开始察觉到两者之间的联系。他说：书道妙在性情，能在形质，然性情得于心而难名，形质当于目而有据。其书法理论的立足点与方法论都与前人有所不同。

《分隶偶存》

清代书法理论著作。万经（公元1659～1741年），字授一，号九沙，浙江鄞县人。受父万斯大影响，博学多艺，擅长经史、金石之学。康熙进士，官至翰林院编修。后去职南归，学问终老。兼工书法。

《分隶偶存》上卷首作书法，次作分隶书法，次论分隶，次论汉唐分隶同异，次汉魏碑考。下卷为古今分隶人名氏。始于程邈，终于明末马如玉。自邝露以前，皆引据诸书。所列汉魏诸碑，虽止有二十一种。而考证别抉，比诸家务多者，亦较详实。其中论列代分隶者，颇多新见。

《指头画说》

画论。清代高秉著，一卷。约公元1750年成。论述指头画作法，以笔记形式，详述高其佩指头画之运指、用墨、蘸色、渲染等法，并记其用纸、钤印染、题款诸特点。亦载高其佩生平轶事及梦中得指运法等传闻。认为绘画美的最高境界，具有“静气”。重视传写绘画对象之神，追求所谓“别趣”、“机趣”。重视“有我”，反对“泥古”。强调画家作画应具有多种风格。为研究指画艺术的重要资料和鉴定高其佩作品的参考。

《评书帖》

清代乾隆年间书家梁巘（公元1710～1788年）后的论书著作。这是一篇清代前期影响深远的读书笔记。该篇论书文约理瞻，多发前人所未发，具有独特的理论价值。文中有许多关于书法学习要领的论述，所以颇宜后学。《评书帖》所论书学门径论：以“执笔歌”为首，论述梁巘对于执笔方法、毛笔的软、硬毫等的观点；其次在纵向与横向的基础上，对梁氏的有关临摹和学书次序的观点予以论述，以期体现梁氏对于学书法方法的创见，对于后世初学书法的人们具有很好的启发和借鉴价值。

《书学捷要》

清代书学论著，朱履贞著。履贞，乾隆、嘉庆年间书学家，号闲云、闲泉，浙江秀水人。《书学捷要》二卷。著于嘉庆五年（公元1800年）。上卷摘录前人法书评论，分用笔、执笔、学书攻苦、学书感会四则，间加疏说。下卷为朱氏自撰主张作书必提腕，临摹不尚形似，解擘窠为大指窠穴，拨镫为若执镫挑。赵魏作序谓：“殚思，古法，发挥意旨，于孙过庭书谱，尤精研确核，辨析微芒，发前贤秘奥，为后学津梁。”

《南北书派论》

阮元（公元1764～1849年），清代著名学者，书家，字伯元，号芸台，晚号怡性老人。江苏仪征人。所撰《南北书派论》，自谓“书法迁变，流派混淆，非溯其源曷反于古。”因阮元对书法演变源流研究颇深，将中国书法流派分为南北。从地域上说，东晋、宋、齐、梁、陈为南派，赵、燕、魏、北周、隋为北派。从代表人物上说，钟繇、卫瓘、王羲之、王献之、王僧虔等，以至智永、虞世南为南派；钟繇、卫瓘、索靖及崔悦、卢谌、高遵、沈复、姚元标、赵文深、丁道护等，以至欧阳询、褚遂良为北派。其中钟、卫兼南北两派。至唐太宗独善王羲之书法，自此王氏一家也兼南北两派。从风格特点上说，南派乃江左风派，疏放妍妙，长于启牍，减笔至不可识。北派中原古法，拘谨拙陋，长于碑榜，为晚清尊碑进行了有力鼓吹。

《北碑南帖论》

阮元（公元1764～1849年），清代著名学者，书家，字伯元，号芸台，晚号怡性老人。江苏仪征人。《北碑南帖论》是又一篇鼓吹北碑的力作，阮元在本文中论述了北碑南帖的不同特点和南北书风的差异。主张刻石题匾必须用隶书，非隶不古；北派书家擅长碑榜之书，北碑中多隶意;后世碑版名家无不借鉴隶书，追踪北派。但读者的眼光不能就此而止。阮元尊隶崇碑不是在强调它们的功用，而是在表明自己的审美观点。他之所以尊隶是因为隶有古法，之所以尊碑是因为碑版之书“界格方严，法书深刻”。南帖飘逸妮媚之美不足贵，题署碑版古意盎然，气势雄强值得推崇。

《麓台题画稿》

一卷，中国画著录书。清代王原祁(公元1642～1715年)著。辑集自画题跋五十三则。所画多仿宋元诸家之作，而黄公望多达二十五幅，如其题仿大痴笔云：“古人用笔，意在笔先，然妙处在藏锋不露。元之四家，化浑厚为潇洒，变刚劲为和柔，正藏锋之意也。子久尤得其要，可及可到处，正不可及不可到处，个中三昧，深参而自会之。”跋语中对前人画格及笔墨特长，评论精辟，有自己创作心得。如提出“淡中取浓”，“浓中取淡”，尤得用墨之秘。

《画学心法问答》

清代布颜图著，布颜图是蒙古族画家兼画论家，开乾隆时代论画风气之先。在《画学心法问答》中，他对“南北宗”的艺术传承、发展作了深入的分析。对“气韵生动”、“生知”等传统说法，做出了发覆之论，就“僻涩求才”论阐明己见，以求建树，关于情景关系及营造等，他的看法很具独创性，不仅道出了基本的美学原理，且阐述了各类境界的营造径路。

《梦幻居画学简明》

清代画论。郑绩（公元1813～1874年），字纪常，号戆士，别署梦香园叟，广东新会双水区桥美村人。著有《论画》2卷、《梦幻居画学简明》《梦香园剩草》等。《梦幻居画学简明》五卷，郑绩撰于1866年。以画科为编次分论山水、人物等各种题材的绘画。主张绘画应反映现实，以形为神，形神兼备。提出“立意”、“品格取韵”。画山水，不能“忽格于形象”，又不能“描摹虽似而品类无神”。画花卉，要求“合而观之，则一气呵成。深加细玩，复神理凑合”。画禽兽，要求“能于形似中得筋力，于筋力中传精神。具有生气”。画人物，要求“写其人不徒写其貌，并要肖其品”。

《明画录》

清代画史著作，徐沁撰。徐沁，字野公，号委羽山人，会稽（今浙江省绍兴市）人。活动于明末清初。著有《谢翱年谱》等，《明画录》的编写已入清代。全书八卷，仿夏文彦《图绘宝鉴》，参证《画史会要》写成，是明末清初人编写的明代画史。该书依宋元以来画史体例，先分门类，次按时代先后，为明代870余名画家一一列传。卷一收入帝王、贵族画家及以佛道人物宫室擅名的画家。卷二至卷四编列山水画家。卷五收列山水、兽畜、龙鱼画家。卷六收列花鸟画家。卷七编入墨竹、墨梅与蔬果画家。卷八《汇记》，附列所知不详，有待进一步加以考订的画家。所分门类除帝王贵族列于最前外，其余十门均按题材划分。每门之前冠以短叙一篇，略论各画科的源流及在明代的发展，既概述了明代绘画的客观面貌，也发挥了自己的艺术见解。其见解持论平实，亦有独到之处。书中画史资料比《画史会要》略详，体例较《无声诗史》完备。缺点是征引材料不注出处，对一些重要画家也有遗漏。

第二章　当代书画论

诗书画原本是节骨相连血肉凝聚的一个整体，不知从何时起，却悄悄地被分割为三段，成了互不相干的独体。历来“文人、墨客”被定为同义语，而今文人、墨客已成了两种概念，若再要求读书人必须写一手好字已成为一种苛求。更令人不解的是明明把诗词写进书画作品里，却被判定为“字外功、画外功”。诗书画虽是三位一体，却又不可等量齐观。由于诗词的文化内涵更为丰富，能更直接和更深刻地反映作者的心灵和修养，故而它对书画起着主导作用。书画缺少了它就缺少了光源与给养，就会变得盲目和肤浅。寇梦碧先生在《范曾诗稿》序中写道：“古之画家亦诗人，自古肇端，逮宋以还，殆不胜指，惜晚近画家多不能诗，此虽有故，然不能则难以诗心体物，以诗眼观物，遂使人物失其光霁，山川失其清华。此无他，外渠缘于中乏，好修缘于内美耳。”作为画家，缺乏诗情就难以表达画意。还因为历史上精品画作多由书家所为，所以奠定了国画必以笔墨为骨架的基础。基上述原因，范曾先生在其画论中提出了国画须“以诗为魂，以书为骨”的主张，可谓一箭中的，入木三分。

第一节　博大·空明·雄浑·典雅

上海华东师范大学出版社，2007年出版了范曾精品系列：《吟赏丹青·范曾论中国书画》。它是范曾与中国古今书画大家的心灵对话，荟萃了范曾对古今书画艺术及书画家的独到评述。

一、师法造化

他认为中国绘画的前进，必须按照自己民族的方向。尤其到了近代，书法的因素对绘画的渗透，使中国画论中“骨法用笔”的原则得到进一步的发展。线条表现力的高低永远是中国画高低的准绳。中国画一直主张师法造化的现实主义原则，也为所有革新家所坚持，离开了深入生活的实践，一切技法再好也会失去生命。近代西学东渐，扩大了中国画家的视野，然而中国的文化传统实在太丰厚，不容易被改造，更不可能动摇其基础，只可以在充分认识它的前提下顺势推移，适应它本身的发展规律。同时中国画的革新，决不意味着中国画越来越接近西洋画，那样是数典忘祖；中国的土地和气候几千年培育的种子，可以在改良的土地上生长得更好，而不是更换种子。我们在探讨中国画的时候，不要忘记，中国画几千年的历史，培养了几千年的观众，几十、百亿人的审美经验，是一种不可忽视的因素，倘若这么悠久的历史和如此众多的观众的审美经验一无是处的话，那么，我们就真正孤立了。中国画的线是超越了写实的，以形写神，要求线条之抑扬顿挫、起伏波磔具写意性，倾注画家意匠，使线有独立审美价值。线条表现力的丰富与中国人审美领域的拓展并行不悖。线的美学标准，在两千年历史进程中，已入高雅美奂之境。笔墨的含意则与线条相近，而且墨的地位从属于笔，这已是定论，笔可说是线的别称。中国画的线乃是天生玉质不假脂粉的美人，而墨分五色之说则更表明，在中国画家看来，墨的黑色包容了绚丽的自然。这种特有的认识，使中国画一直以水墨为大厦之栋梁，这与西方后期印象派之以色彩为雄殿之基础，南辕而北辙。我以为中国画之所以有它永恒的魅力，正是由于它体现了中国的魂，它是一部辉煌的、不朽的历史，它像一座繁茂葱茏的森林，那么引人入胜，令人心驰神往。

中国古典绘画所表现出来的艺术语言上的高远、沉雄和典雅，远非我们想象的那么简单。中国绘画和中国诗歌一样，早在一千多年前，便远离了状物象形的阶段，走上了意匠独运、以抒发作者主观情怀为终极目标的境界。而这种抒发，又顾及到艺术的本质，那就是艺术的社会功能——“可以兴，可以观，可以群，可以怨”，注意到艺术必须与千百万群众有共同交流的桥梁。如白居易，从长安到江南，舟上、车上皆诵白诗；如柳永，“有井水处皆唱柳词”；如苏东坡，“清风如水，明月似练”一夜之间传遍京城，这些都说明，中国的艺术家和欣赏者，有着一种天然的契约。如果艺术家发出的信息得不到反应，那么，这是艺术家的失败。艺术品倘若朦胧到只有你自己知道，那也是艺术的悲剧。中国画的革新，乃是一种内在的累积性的渐变，事实上，即使现代的艺术，也从不否认历史积累的重大意义。

二、艺术观念的现代化

第一，我们在谈论一个民族的艺术观念、审美趣味时，的确很难离开这个民族的全部历史、哲学和文化。而民族特点的本身便包含了一种继承下来的偏见，这种偏见构成了全世界五彩缤纷的民族、民间艺术，社会无论发生了多么大的变化，它们却作为民族大家庭精神的维系，使他们感到满足，那是他们全民族的幸福、光荣，是他们祖祖辈辈的悲哀和欢乐。蒙古的马头琴，喑哑的、低沉的、浑厚的声调，和天苍苍野茫茫的草原相映成趣，那是任何电子琴所不可取代的；瞎子阿炳的《二泉映月》，也似乎只有两根弦的二胡，才能倾诉那种如泣、如诉、如怨、如慕的感情，缠绵悱恻，催人泪下。中国画是作为我们民族精神体现的一种艺术，至今被中华民族的90%以上的人欣赏着，人民并没有以为它奄奄一息、自有它不可替代的美学价值。但是在艺术上，有一条不以人们的意愿为转移的客观规律，就是形式以内容为转移，光在形式上打主意，往往是一些比较浅薄的艺术家孜孜以求的事，形式和所表达的思想的容量是一致的、和谐的。

以中国的格律诗而言，那是真正的规范化了的诗，然而在严格的约束之中，游刃而有余，历代都有大手笔，都有大创造，并不因为“五四”新文化运动就失去它永恒的魅力。“五四”新文化运动的缺点是，在给小孩子洗澡的时候，脏水和小孩一齐泼掉，这是革命性的抛弃，在经过了若干年后，有些被抛弃掉的好东西又会卷土重来，再操胜券。“五四”之后，人们不写旧体诗了，但，我可以断言，在遥远的、我们谁也达不到的未来，作为中国语言精粹的诗词，必然会以它潜在的坚强的生命，成为壮阔的潮流，尽管今天熟悉它们的人已经为数不多。以中国人传统的表达思想的规范，四言、八言都可以作到起承转合、言尽意永，倘若你余意有所未尽，那就可以写词、写赋、写排律、写古风，规范化和程式化并没有使中国的诗词僵化，而严格规范的约束，在美学上的意义谁也无法否认，这种约束是艺术本身的需要，在约束之中获得的自由，才是真正的自由，经过了困难的克服，才能在美的王国之中纵横驰骋。

第二，审美趣味的高低和变更，并不由生产力发展的水平来决定，也不会与社会现代化同步，至少在中国画的领域之中，我可以断言如此。文艺和科学不一样，科学是直线前进的，发展中的“否定之否定”的过程，是螺旋式上升的，现代物理学家，一定比中世纪的物理学家高明，因为科学是可以全部实行“拿来主义”的。而艺术的发展却不是那么简单的直线前进的过程，文艺也不能实行“拿来主义”，即使你是大师的儿子，父亲是父亲，你还是你，巨人的后代出现侏儒也屡见不鲜。我们崇拜李白和杜甫，我以为不是盲目的，倘使今天有人能写出杜甫的《北征》《秋兴八首》这样水平的诗来，我照样会拜他为师，这就叫历久弥新，这就叫“生命之树长青”。中国的古典文学是东方人的骄傲，它永恒的魅力和价值在人类智慧的宝库中，是最令人眩目、令人赞美的明珠。三年以前，我与张仃先生在杭州看到七千年之前河姆渡文化中的一个陶罐，上面刻有一头线描的猪，其线条之妙不可言，直可与毕加索等量齐观。汉代霍去病墓的全部设计思想，都表现了博大宏伟的时代精神：以祁连山作为墓形，而以恢宏的意趣塑造了伟大不朽的刻石。记得郑板桥曾伪托古人写了一首好诗，云：“暑往寒来春复秋，夕阳西下水东流，将军战马今何在，野草闲花遍地愁。”是的，我们对着悠远的历史呼喊，将军的战马，魂兮归来！我们不要仅仅作多愁善感的野草闲花。我们费了九牛二虎之力，经过了如目前波澜壮阔的辩论，所兢兢以求的东西，在远古的艺术品中，早已安然存在。时间是一个伟大的、不朽的艺术家。两千年前的石鼓文在线条组合上的至善至美，加上风化雨蚀造成的残缺美，使我们往往流连忘返，心驰神往。汉洛阳画像砖刻上的青龙白虎，我以为可以放在现代任何一个展览馆，与当代的大手笔比权量力。

否定中国画自身的无穷活力和潜在力的同时，提出创造现代中国绘画的时候，在文学界的一批年轻有为的作家、诗人中却兴起了“寻根热”。一个在否定根，一个在寻根。从凡·高、高更、毕加索以至今天西欧的大师们，都曾从中国画得到最深刻的启示。在艺术上，新和旧不是惟一的标准，甚至不应当视为最重要的标准。

《江苏画刊》陈履生先生讲："至于美术的形式，犹如循环的血液，虽然有再生，但旧有的仍未消亡，经过周期的反复，虽旧尤新，所以说形式仍无新旧。" 从清代乾隆年间的扬州八怪到近代的三任、吴昌硕、虚谷，直到现代和当代的徐悲鸿、齐白石、傅抱石、潘天寿、李可染、张大千、李苦禅、蒋兆和、黄宾虹、陈少梅、张仃、黄胄……这些人都是才情过人，在艺术史上别开蹊径的大手笔。目前山水画界还有南陆北何——陆俨少和何海霞，他们的作品也是功力充足，意境清新。以上这些人，都不是食古人残羹冷炙的，他们费尽移山心力，朝斯夕斯，念兹在兹地奋斗，正是为了推动中国画这一蕴藏着无限潜力的画种前进。而他们的画，我以为，是真正具备了东方民族的色彩的，是健康的、昂扬的，开拓了亿万人的审美趣味。我以为，全世界没有一个国家有像目前中国画界这么多才学过人的艺术家。中国毕竟是有13亿人口的大国，这一点我们应当有充分的自信。

三、中国画的美学观念

中国绘画完整的观念，与左右着中国几千年的哲学思想、文学思想密切联系着。绘画观念在中国不是孤立存在的，它的发展过程与哲学和文学可说是同步的，我以为从绘画的观念来看，中国画的美学原则，包容了几乎所有现代西方美学的核心内容。

（一）"心与物交"的观念

南朝梁时刘勰说，"思理为妙，神与物游"，指主、客观的高度统一。他用一个"游"字来表达，实在是体现了中国文字的高妙。"游"意味着主、客观的交融、渗透，最后合二为一，达到高度和谐和统一的境界；刘勰又说，"物色之动，心亦摇焉"，宇宙万物运动，而我们的心也随之运动，运动的方式有区别，"摇"字又极尽心灵活动的特征。心灵的活动不是单向的，不是直线的，它在是非、真伪、善恶、美丑、爱憎的两极判断、徘徊、选择，这里用一个"摇"字概括得多么精确。"目既往还，心亦吐纳"，眼睛在观察，在转变、在移动，而人的思维活动，也在吸收和反馈；"吐纳"意味着吐故纳新，意味着去粗取精、去伪存真。中国的画家和诗人都主张在心物交感的前提之下发挥。

（二）"迁想妙得"的精论

早在1500年前，东晋顾恺之便提出了"迁想妙得"的精论，"迁想"，不只表明了主、客观的交融，还进一步表明了艺术家发挥主观能动作用于客观世界的思维活动；而"妙得"，显而易见，不是一般的所得，而是对至美至善的追求，因此，"迁想"不可能是停滞于一点的，而是流动的，即所谓"多层次"的，是"多层次的思维"。同一时代的陆机，在他的《文赋》中讲："收视反听，耽思傍讯，精骛八极，心游万仞"。前面两句话是指艺术家对外界信息的接受和反馈，而后面两句则指艺术家在蓄积已久的准备之后，发生了思维的飞跃和升腾，走向一个十分现代化的"多维性的时间和空间"。正是中国传统绘画所最可能体现的高度灵活性和博大而深邃的思想，这些是欧洲文艺复兴之前或之后的西方绘画所无法容纳的。

中国的文艺家由"心物交感"到"迁思妙得"，到进一步的"缘物寄情"化为具体的作品，在中国，一草一木，一鸟一兽，风云日月都在艺术家的笔下人格化、个性化。屈原寄孤愤于香草，庄周托玄想于大鹏。八大山人，作为明代遗民，他痛定思痛，长歌当哭，"零落山河颠倒树，不成画图更伤心"，"墨点无多泪点多，山河仍是宋山河"。郑板桥有诗："衙斋卧听萧萧竹，疑是民间疾苦声，些小吾曹州县吏，一枝一叶总关情。"客观的事物，万古难变，但一己的情怀，却与世推移，"天不变，道亦不变"的思想，不是儒家的本义，是汉代董仲舒为维护统治阶级而树建的理论。历代封建社会的革新家们也不会同意他的这种理论的。一定要将此理论强加于中国画，讲它恪守不变地遵循董仲舒的理论两千年，我以为既不合逻辑，也不合历史的真实。所有对东方精神和其艺术程式的贬损都是来源于他们满足于文字上艰深玄虚的推论和演绎，从而得出一些似是而非的纯理性的结论。然则，事实并非如他们所说。即以体现东方艺术精神最强烈、程式化也登峰造极的中国古典诗歌而论，还有什么国家和民族的诗歌能写出"明月照积雪"（谢灵运）、"大江流日夜"（谢朓）、"落日照大旗"、"中天悬明月"（杜甫）、"大漠孤烟直，长河落日圆"（王维）这样的千古绝唱？一个产生过范宽的《溪山行旅》、赵伯驹的《江山秋色》、王希孟的《长江万里》，产生过吴道子、李公麟、陈洪绶、八大山人的伟大民族，不需要悲观的论点、无所作为的论点和停滞不前的论点。像万里长城一样，中华民族自有他伟大的精神长城，它是几千年向心力的所在，倘使毁我长城，我想，我们将会成为历史的罪人。总而言之，中国画打破一时一际之身观局限，“思接千载，视通万里”，不以描摹物象为终极目标，而缘物寄情、物我两忘，以超然的意匠，飞凌于万象之上，在主客观交感之中产生深邃的境界，这就是中国画能侧身于世界艺术之林而历千秋不衰的根本。

四、中国画的理法与风格

谈到“理”和“法”，我以为中国绘画是“法”和“理”并重的，而在“理”的深度上，我可以毫不客气地讲，哪一个领域里中国的文艺家不是遥遥领先？哪一点上显得比现代欧洲的理论浅薄？

任何一个国家和时代，代表了全民族智慧的艺术家毕竟是少数，中国画的精神，被汪洋大海般的平庸作品所淹没，然而，这无疑只是一种暂时的现象，大浪淘沙，“千淘万漉虽辛苦，吹尽狂沙始到金”（刘禹锡），这才是历史的必然！只有在中国，才能出现像傅抱石这样，将自己的感慨、悲怀，自己的身世、遭逢，自己的修养格调，那样深切地融汇在自己的作品中的艺术家，他有激情、有个性，有挚烈的追求和鲜明的风格。

在艺术上，风格永远是不期然而然地自然形成的。不能矫揉造作地自我设计风格，或者计日成功，订一个形成风格的年月；而风格也宛如清风，宛如流水，永恒在无尽无休的运动过程之中，一如冬之来临，春天还会远吗？到了一定的时节，芙蕖竞放，垂柳烟笼，春风又绿江南岸，好一派生气盎然的季节！布丰讲：“风格即人。”我们不妨将画中的思想和形式所构成的风格，看作是一种人格的体现。然而，中国画永远不会走上西方人追求的道路的，中国画将永远作为中国绘画的主流，在世界上放射瑰丽的光辉。傅抱石先生说“中国绘画根本是兴奋的，用不着加其他调剂”，“中国画真可以伸起大指头，向世界画坛摇而摆将过去，如入无人之境一般”，这才是中国人的气派，中国人的风骨。而他也的确是如入无人之境一般地摇而摆将过去了。他的画空濛博大、气象万千，正如老子哲学所谓“大器无形，大音稀声”。他的画我可以毫不夸张地讲，在全世界任何伟大的艺术博物馆里，都是第一流的杰作。像这样为全世界瞩目的艺术家，在中国还不仅仅是傅抱石先生一人，这是全民族的骄傲和光荣。

在中国画的源头，在崇岭险峰之上，镌刻着八个辉煌的大字，曰：博大、空明、雄浑、典雅。这就是中国画生命之树长青而历万劫不衰的终极追求。

第二节　阳刚大气·正大气象·古文功力·理论素养

——陈传席谈美术史研究（摘录）

时间：2007年8月11日　地点：北京·陈传席寓所　采访人：张公者

一、美术史与考古

美术史上的很多内容属于考古范畴，考古和美术史的研究有很多重叠的部分，一般说来考古是越古越有价值。秦汉之前，美术史的研究是通过考古发掘出来的内容（文化）为对象，考古就很有价值。秦汉之后，美术以书画为主有了自己独立的体系，渐渐地就和考古分开了，考古的价值没有之前大。但也不尽然，比如1982年，在淮安出土的王镇墓中有很多书画，其中有的作品还被怀疑是唐伯虎的绘画，这就属于美术史的内容，但是通过考古挖掘出来的，其时代属性和可靠性就更有价值。

如何去考证文献记载的真实性？这就需要研究者认真把握了，当然，眼力和功力是最重要的。很多人一看是古人记载的，就认为是事实。一般说来，古代学者人品都高于今人，他们写文章很慎重，一般都不会造假，当然也有例外，《孔子家语》就是古人造的假，但仍有价值。青铜器造假，宋代已大量有，但比今人造假少。写书都要传世。但古文献中也会有问题，需要我们考查，对文献的运用，一定要考查文献的正误，这需要考查者的功力，有功力的人看到后会对里面的问题提出怀疑。所以，做学问最反对孤证，要广证博引，才有可靠性。到后来，写书的人多了，人的品质也越来越差，所谓"人心不古"，写作不负责任，文章错误越来越多。现在有些文人的品质问题更大，胡乱写，自吹自擂。今天的话，都有可能是错误的，有的是有意识错误，有的是无意识错误，有意识错误太多了。有人说我这人讲实话，我认为这是研究者最基本的素质。我从小读过很多孔孟的书，受到很深的影响，也吃了很多亏。《孟子》讲："说大人，则藐之。"我们读传统的书有好处，也有坏处，好处就是符合做人的传统道德。但现在不懂传统道德的人太多，他们会反过来看问题。

二、古文献的功力要深

现在的职称考试都是强调外语，有些地方考古代文学，也是很容易的，因为只要识字，考及格总是很容易的事情，古汉语考到及格分数，并不能读懂古文献，外语考到及格分数，即可读外文。有些人把功夫下到外语上，外语学得很好，古代文学看不懂。外语不懂，懂古汉语，仍然可以研究中国美术史；懂外语，不懂古汉语，肯定不能研究好中国美术史。这是个大问题，但这个大问题关系到教育制度、社会制度的因素。比如懂古文献，可以研究美术史，但不懂外文，就考不上硕士、博士，进不了研究所。懂外文，不懂古汉语，不能从事美术史研究，却能考上硕士、博士，进研究所。我以前招硕士，考古汉语，后来上级严令不准考古汉语，只考外语、政治。招博士，古汉语要求略严，就招不到。

研究美术史，主要是中国古代文献和古代作品，读文献的功夫要深，看画的功夫也要深，相对来说看画只要有三分功力就能达到很高境界，但是读古文献必须有七分功力，否则便达不到这个境界。而且看画的"三分"功力，也必须在古文献的"七分"功力基础上，才能达到学问的境界。否则，只能是画商的境界。古文献对美术史的研究是基础的基础，没有读古文献的功力只能看别人翻译好的，即使大概翻译对了，意思也并不完全一样。我看到现在翻译的东西，拼命在你知道的内容上作注释，比如解释什么是君子，什么是小人，大家不知道的，他反而不注释了，或一带而过。看注释的弊端在于你只能跟着现成的注释走，永远落在注释人之后，没有古文献的深厚的研究功力，对美术史的研究不利，这是我们所担忧的。

三、美术通史是基础

从正式的，不是跨专业来讲，研究美术史，四年本科，三年硕士，三年博士，本科时应该把美术通史基本上了解，而且是很熟悉。跨学科的来学美术史专业，也必须对美术通史完全清晰了解，并且重要艺术家的存世作品、现存在什么地方、有什么学者对它有研究，都应该了解。还要知道各个时代美术产生、发展、强盛、衰弱的社会因素，当然，阅读古文献（古汉语）的功力是必备的，必须有这个基础才能考硕士，现在考进来的硕士往往要再补充美术通史的知识，就来不及了。包括我招的学生也有外语过关了，可美术史上的很多东西都不懂。一个硕士要研究宋、元、明、清、近现代，研究那一段都要对这一时期的历史、政治、文化、军事甚至科技史等都要了解。到博士就是专案研究，一个问题研究透了，以后所有问题也都能研究透，因为你已掌握了方法。了解任何一个时代，都要对当时的思想文化了如指掌。古代的典章制度，你必须了解。比如"教授"一词，当时就有，这个词在当时的解释是"教育局局长"；看到"祭酒"这个词认为是倒酒喝的，那就错了，那是"教育部部长兼国家级大学校长"；"太子洗马"，哦，是给太子洗马的，那又理解错了，太子洗马相当于"办公室主任兼秘书长"。说"尚书"是今之部长，只是大概，比如礼部，相当于今之外交部、教育部、中宣部、文化部等等。管辖范围相当于今天四大部再加上几个办公室和文联、作协等等。这就不能同等于部长了。对古代的典章制度不了解就常会出现笑话，读者对典章制度不了解，作者必须了解。我考硕士之前，美术史上的任何一个画家我都了解得很透彻。现在考试制度和考生素质都存在问题，我所在的中国人民大学是名牌大学，外语要求在教育部规定的分数线之上，外语规定好了，专业我再来规定，根本就招不到学生了。招不到学生，过两年学校就要把专业点撤掉，但是院里不同意，我只能听从院里安排，外语过关，专业就放宽。

研究当代美术史也必须了解（不是研究）古代美术史，研究当代的一般赶不上研究古代的功力，但研究现在的文章价值并不低，研究现代的不需要有太深的古文功力，现在的典章制度也容易了解，人人皆知。但必须有眼力，有深刻的思想。“时文不朽”，那是对融会古今、博通中外、眼光高、胆魄大，有深刻思想的人来说。反之，皆过眼烟云，甚至是垃圾。

四、理论要指导实践

张：现在有些理论的文章是硬着头皮去读的，读起来很累，一些论文在观点、论证等方面均无建树。您的文章在资料的运用方面又是极其丰富的，可读起来并没有乏味的感觉。怎样做到写出的文章让人很爱读？

陈：这个问题我还没有思考过，有时读别人文章也会很痛苦，不知道讲的是什么，所以，我更多的是读隋唐之前的书，我常说，读经一乐也，读史一乐也，读今文，苦也（笑）。我觉得要想写出好的文章，首先，作者要有观点。写文章有三个要素：记事，说理，抒情。记事，把事情记下来；二十四史就是记事，再长人也愿意看。《庄子》《老子》是在说理，说得很有道理，第二点，作者要是很直率的人，言为心声，直率的人会把观点很直接讲出来。第三点，知识要渊博。具备这三个方面素质的人，写出的文章读者才会喜欢，这是我看别人文章临时总结出来的。文章不是任何人都能写的，以前是少数人写，大家读，现在是大家写，无人读。

张：古代留下来很多书画研究经典著作，至今仍然是书画家创作的理论指导。今天的理论研究与创新同创作一样，难度更大。我们今天如何去做理论研究，从而承接前人、指导今人、有益来者？

陈：最基本还在于个人的素质、功力和水平，能提出比别人更正确的观点。素质不高的学者不可能研究好。“谣言止于智者”，一般人一听什么就信以为真、智者会思考：“不可能吧”，谣言就止了。智者才能思考正确的东西。当然，也要对（所研究问题）那段历史熟悉，那段历史甚至被研究的作者都忘了，即便没忘记他不一定知道这段历史对自己的影响，作为学者要提出问题，再提出解决问题的途径。比如说研究李可染，研究溥心畬，他们自己都不知道的一些事情与问题，提出后他们自己也大吃一惊。比如说我研究徐悲鸿，徐悲鸿强调“素描是一切造型的基础”，他对学生严格要求，但是他最欣赏的画家是齐白石、黄宾虹、傅抱石、张大千，恰恰都不会画素描，从这里面就可以发现更深刻的、别人不知道、没有发现的问题，甚至徐悲鸿自己苦恼的问题你都能给解决了，这才是学者的价值所在。如果学者老是跟在画家后边，写写记记，那只是人家的秘书，真正的学者就应该做到画家不了解我们也要了解到的东西。从理论上讲，理论的惟一作用是指导创作，但是有些理论能不能指导创作我是怀疑的，而不能指导创作的理论也是没有价值的。有一段时间南京那一批人画了一些“新文人画”， 包括周京新画的《扬州八怪》，朱新建的小女人，用细细的线条勾勒，画得并不差，有江南人的特点，但是小巧纤细的东西太多了。而且全国都跟着学，这最成问题，后来我就写了篇文章《提倡“阳刚大气”》，这篇文章在《美术》刊发后，许多杂志都转载。后来很多画家都变了，就连范扬以前也是细线条勾勒，比如他的《支前》。之后也改为大笔墨了，其他人也都变过来了。我收到许多画家的信，说：你讲的对，我们以前就认为细细的线条是传统，其实阳刚大气才是真正的传统。前几年画抗战的题材，画杨靖宇，不画抗战的场面，而画尸体；画秋瑾上绞刑架，秋瑾不是因为上绞刑架而是因为抗清成为英雄的呀，都是从负面去反映，两次全国美展，画得中国人白骨累累，画日本人牵个狼狗，耀武扬威，这样的画还得奖。我提出来的观点就是你为什么不画“大刀向鬼子们的头上砍去”，反映中国人民的威武，这是我们的光荣啊，有一个年轻人，赤手空拳夺过鬼子的刀，把几个鬼子劈死，然后投奔游击队，有一个会武术的将军，一次战役，一口刀，砍下三十多个鬼子头……为什么不画？为什么老是画那些我们耻辱场面？我这个文章发表以后不久就有人开始画“大刀向鬼子们的头上砍去”了。后来，我又提出“正大气象”，得到更多画家赞同，江苏赵绪成还把我的“正大气象”引入他的“四大气象”之中，后来就有“正大书展”、“正大画展”等等。我不是吹嘘自己，就是说在理论出现时，必须看出当时的弊病。而“庸众”容易随波逐流。

五、学者的素质

外国人研究中国美术史有成果的对中国的古文献都掌握得很好，甚至超过中国很多专家。外国人研究中国美术史的都只研究一点，但就这一点研究得很透。美国人研究中国的美术史，我们会以为他们不过讲讲而已，不懂，但是那些人还就真懂，就是纯粹的美国人，甚至中国话都讲不好，但对中国美术史还真懂。几个研究中国艺术史的美国人对中国画确实都理解，有些我们的画家都不如他们理解得深刻。当然，不是所有外国学者都如此，有的外国“名家”也不懂，甚至不具备研究中国美术史的基本素质。而且中国的大学者大理论家还是超过他们。中国画家最大的悲剧就是不了解中国画，画传统的不懂传统，画现代的不懂现代，这是最根源的问题。而很多学者自己也似懂非懂，用几个套路写文章，隔靴搔痒，根本就不起作用，批评家变成表扬家，看了很多文章，总结出来就三个字：画得好。归根结底还是学者的素质问题。中国古代的学者，孔子讲“举一反三”，庄子的“殊途同归”等等都说明解决问题有很多方法。现在的学者很难提出问题，或者提出的问题单一，只能说明知识面太窄，研究美术史的人，就看几本美术史的书，文学史、哲学史、考古都不去看，重复别人讲过的问题，这样是没有出息的。

张：我觉得哲学可以指导科学和艺术，它是人类智慧的高度集中，不管从事什么专业，哲学知识是要掌握的。

陈：我们国家有数学博士、历史学博士、文学博士，其实在国外就是哲学博士，为什么呢？因为哲学是了解这些学问的规律的学问。但是还要补充一句，即便是哲学博士了，也未必真正懂哲学。

美术史能研究好了，文学作品一样评论得相当深刻，这是相通的。有些研究美术史的还不懂美术史，有位研究美术理论的人，“四王”是谁他居然不知道，什么时候的人他都不知道，他是从本科硕士读出来的，后来又专门搞理论，在研究美术理论方面相当有名气，他就顾及自己研究的那个小问题，但是这个专题必须要有扎实的基础呀。这就是现在中国美术理论研究者的悲剧。

六、考察资料

张：您对近现代的画家曾经研究评论。我曾经读过您不同时期对同一个画家的不同评论(也包括对近现代文学家，诸如梁实秋、苏曼殊等)，比如说对刘海粟的评论。于此我有三种感受，第一种是您的胸襟与文德，尤其是改变过去的观点是需要气量的；第二方面是您掌握了更多的资料，对资料收集的重视，通过对新资料的研究来完善您的观点；第三方面是否出于压力，出于人事上的问题。

陈：三方面也许有一点点，但是我最基本的东西不会改变，比如说你讲的刘海粟的问题，就是认为他虽然是纨绔子弟，但是还能读点书、画点画儿，最高的评价就是“不是游手好闲之徒”。很多人说我把刘海粟列为徐悲鸿手下称副，这对他的评价太高了。当然那时我对刘海粟的印象还是比较好的。后来在天津讨论定几位20世纪的艺术大师，当时还没有人提刘海粟，还是我提的。我说刘海粟也算个人物啊，搞美术教育还是不错的。我那时觉得刘海粟画得不是最好，但是也还可以，搞美术教育，我觉得也应该算进去。我就开始收集资料，发现刘海粟首先是个没有骨气的人，日本人来了投靠日本人，国民党来了投靠国民党。他的文章有很多是虚假的，我以前和柯文辉是同事，知道刘海粟的文章常由他来代笔。很多人给我讲起刘海粟的代笔抄袭，弄虚作假，吹牛拍马等问题。刘海粟早期油画就是从法国买来的，这个陈佩秋都知道了，傅雷也知道，从地摊儿上买来的。刘海粟到这个摊上买一点画，那个摊上买一点画。人家问他买回去干什么？他说买回去临摹临摹。结果回来后就有了刘海粟留欧画展，画集我们都看到了，全是在小摊上买的作品，不是他画的。刘海粟这个人起码说是个很随便的人，信口开河。有些文章是别人代笔写的，有人看了资料就相信，那就上当了。如果你细细看他的文章，前后都矛盾。黄永玉讲的一句话：“刘海粟这个人吹一辈子牛皮画一辈子画儿”。我觉得这条挺对。他就是乱吹，旁人也跟着他吹，除了官儿外，他就是谁都看不起，你去把他的文章找来一看，问题就出现了，不用别人反驳，他自己就把自己反驳了。后来我觉得如果是大师的话，人品就要注意，人品不好也不能称为大师，而且他的话都不可靠，有关他的名誉问题的他可以乱讲，和他名誉无关的问题他也在乱讲。(有关陈先生评刘海粟，请阅读《陈传席文集》等著作)。还有，溥心畬是正人君子吧，他说他在德国两次留学获两个博士学位。其实，他一句德语也不懂，根本没留过学，更没获过学位。刚才你讲研究近现代美术史要注意哪些问题，最大的问题就是资料的真实，他讲的话都是“第一手资料”啊，第一手资料就错了，那第二手资料就更得考察了，现在研究近现代美术史，最大的问题就是考察的第一手资料准不准。

张：我们对第一手资料都极其重视。而“第一手资料”的制造者又往往是当事者本人。有些人还在世，那么考查起来会增加难度，我们如何去做呢？

陈：第一是思考，第二是考察(查资料)。他们这些人讲的话及其活动当时的报纸上大都有报导，《申报》上都有记录，一查就能查到。包括刘海粟说某校校长看了他画的裸体画展以后，大骂刘海粟是“艺术叛徒”，这句话是刘海粟自己造的，因为当时刘海粟的这个画展报纸报道了，某校校长的讲话也都有报道，就没有这句话，一直没有这句话，在这个校长死了以后刘海粟说那个校长骂我是艺术叛徒。“艺术叛徒”是他自己讲的啊，其实只要把这些查一查，顺一顺，就会明白。还有一次刘海粟讲巴金写文章说徐悲鸿、林风眠都是刘的学生，巴金当时都老了，也没有人怀疑。后来查了一下，巴金就没有这篇文章。这篇文章还确实存在，但是是另外一个人写的，不是巴金写的，所以你说这个问题严重吧。研究近现代史，都要下功夫去查，这个也比较容易，把当时的报纸杂志一个个查，不要怕花功夫。

七、二十世纪中国画的定位

张：从史学的角度，请您为20世纪中国画创作做一个定位。

陈：20世纪后的绘画史确实是一个非常特殊的时期，古代的发展是在本土上，是一条直线，当然它们各有各的发展，和政治经济、历史形态有关，绘画属于艺术形态，这个是马克思的观念。20世纪西方的思想大量传来，社会是怎么样的，艺术就是怎么样的，绘画不是单一发展了。油画出现了，素描出现了，借鉴西方的东西出现了，西方的思潮出现了。20世纪中国的美术史是最复杂的一个时期。20世纪的绘画最是斑斓多彩最具多元性的，任何一个历史时期都赶不上这个时期。虽然广博了，可是深度减弱了。说减弱了，又出现了像黄宾虹、齐白石那样相当有深度的人物，但总的来说减弱了，黄宾虹和齐白石他们是19世纪中国画传统上升的惯性，他们虽然活动在20世纪，但思想还是19世纪遗留下来的。20世纪画不是不能深入，而是缺乏深入之人，“蜀中无大将”，非无大将也。盖无识大将之人也。这人便是制度。

八、不会“写字”的当代作家

张：中国古代的诗人、作家很多都是大书法家，诸如苏轼、黄庭坚等等，古代的书家本身也是文人、诗人。即便20世纪的文豪们也都写得一手好字，雅韵与功力非今日书法家可比。而当代作家会写毛笔字的都已经不多了，偶尔能用毛笔写字还要大肆宣扬一番。

陈：虽然他们现在宣传自己的字，其实还是为了钱，这一代人就是为了钱。如果现在人有理想了就是谈钱，文章都不是理想了，这是当代文人最大的一个弊病。谈色情的东西，毁坏天下，毁坏人心。古人写文章都很讲究，不轻易下笔，这一“笔”对社会教化起什么作用，如果对教化有坏的作用，会产生坏的影响，他绝不写。现在的文章内容充满色情，目的可能不是教人学坏，但是为了愉悦大众，而且愉悦底层人物，叫人买他的书。据我所知，以前那些大文人的字都是相当好，一出手，现在著名的书法家根本不能比。

张：现在练毛笔字的文人(作家)都不多了。当代作家中贾平凹画画儿写毛笔字，冯骥才画画儿。19世纪以前的文人(作家)、诗人本身是书法大家的，常常是把书法家身份排在诗人的后面的。

陈：上一代文人的字写得很好，文人就应该把字写好，现在的文人最好的字也不如以前最差的，但是我觉得文章到一定程度，稍微练练字应该能练得好。贾平凹的字有点天籁，很厚重，他技巧虽不高，但有特色。现在很多号称书法家的字怎么样呢？

张：贾平凹的字没有技巧、技法不到位？

陈：我对他评价，如果他要在书法还要搞名堂的话，他要再训练书法的基本东西，他得请教一些书画家，书法的训练还必须有人指导，基本方法不掌握那肯定不行，技法很简单，但是不掌握不行。有人说，不要看什么理论，也不要请人指导，临帖临得像就行了，但是你不掌握这个方法，肯定临不像，永远临不像。他们现在不是为了把字写好，而是有人想要他们写字，卖点钱。我也建议他们，在书画上下点工夫，应该是有好处的，我赞成他们。而且书画家，从古至今没有学问的人肯定成不了大师。学问有了再练练基础大多能成功。

九、当代名画家

（一）吴冠中

张：您对近现代画家、文人曾做过点将评论。臧否文物，评骘得失。正确的文艺批评是文艺创作的良药，而所谓“良药苦口”。请您点评当代名家。首先请点评吴冠中先生，包括吴先生的作品及艺术观点、思想。

陈：开始我看到吴冠中绘画也不多，确实我对吴冠中是否认的，起码他对中国文化是不懂的，我现在仍然认为他不懂中国文化。但是现在我对吴冠中有几点看法还是在变好，就是他对美术的那种敬业精神，他仅是想搞艺术。吴冠中如果是像很多画家那样卖画，能发大财，但他并不想发财，我以前认为是他炒作后卖出的那些画，实际那些画不是他卖的。他天天在研究创新，但他也有重复。我觉得作为一个艺术家应该向吴冠中学习，就是对艺术那种敬业精神。据说他住的房子也并不豪华，很普通的。吴冠中完全有条件搞几个大花园、大画室，但是他没有这样做，我觉得这很了不起。他研究艺术这点是很可取的，而且他的艺术成就也是在他的认识的“高度”上。

张：吴先生视艺术为生命，他对艺术是极为真诚的。他所谈论的诸多的引起争论的观点也是发自于真心的，他没有炒作自己。

陈：是别人炒作他，媒体利用了他，他谈问题是发自内心的。其实我也不是反对他，我就是有些观点和他不一样。比如说他的“笔墨等于零”的问题，文章的题目叫《笔墨等于零》，我们不谈人，从学术观点来讲，这个题目是《笔墨等于零》，这就是“笔墨等于零”。他后来说：“我是讲孤立的，不表现形象的笔墨等于零。我并没有说笔墨等于零。”这等于是在偷换概念，概念偷换就不是做学问的态度，你题目的影响最大的，所以这就错了。题目一定要很清楚的表达你的思想。文章号召力最大的就是题目。

张：您前面谈到吴冠中先生的“艺术成就也是在他的认识的高度上”。

陈：他的绘画很潇洒，很轻松，但不深刻。我对吴冠中评价是：西方的绘画语言是它的母语。他的绘画还是有一定的新鲜感，但是深度不够，而且他的绘画在西方是毫无影响的。很多学者都提出来，20世纪的画家，就是吴冠中而且只有吴冠中绘画对西方产生巨大影响。还有人讲以前是“西风东渐”，现在是“东风西渐”，从吴冠中开始。后来西方学者就否认这一点。第一个明确提出反对的就是郁风，郁风发言说：“小吴，吴冠中和我是好朋友，他比我小几岁，我对他没有任何成见，但是讲小吴的绘画在西方产生巨大影响，有什么根据？据我知道是毫无根据的。吴冠中的画在西方可以说是毫无影响。没有人注意他的画……”。

张：吴先生曾在大英博物馆以及巴黎塞纽齐博物馆等馆举办画展。1990年获得法国文化部最高文艺勋位，1993年获巴黎市勋章。

陈：那个勋章是法国人授给“自己”的，俄国人授给中国画家勋章，都是从俄国留学回来的，表示你们国家这个大画家是我培养的。那个勋位在法国也毫无影响，法国人也不知道。在那个法国博物馆里面办展的不知有多少画家，不出名的人也可以在那办画展。美国杰出教授，也是研究中国当代艺术的著名学者李铸晋先生也说：“吴冠中画在中国名气很大，在欧美、西方没有任何影响，除了几个朋友外，没有人注意他……”。他对中国很多画人动辄便说在国外产生什么影响，十分不屑和厌恶。那就是说西方学者，在西方生活十几年的学者也都否认这点，吴冠中画在西方毫无影响，小影响也没有，这点都是西方学者自己证实的问题。中国有一批人喜爱他的绘画，认为他学西方，学得很好，我给吴冠中绘画语言定义：他说中国式的英语。

吴冠中画画虽是不深入的，但比那种千篇一律的，重复“传统”的画，价值高得多。学“四王”，学石涛，千篇一律，看过后悔，还浪费时间。我以前看画册，一页一页的看，我现在是一本一本的看，拿起来呼呼呼翻过去了，半分钟就看完了，如有好的作品一下子被吸引了，再回翻过来有针对性看。吴冠中作品翻过来，起码你愿意再回来看，没有这种陈旧的，千篇一律的感觉。吴冠中的东西我也不是完全否认，我否认他一部分，后来他就不画了，他应该很感谢我，我否认的是他在《国画家》上发表的用墨点点或洒点石绿、然后通篇乌黑、有点浓淡的那种画，我一看吴冠中这样的画当时就讲话了，这是我的缺点，这个缺点也没法克服(因为媒体急需要我表态），我认为这种画就不好。但是后来全面看吴冠中的原作，觉得有新鲜感，他主张形式美，这是可取之处。但是，如果都注重形式美的话，中国就出现一批一批的花样了。吴冠中画的缺点也在这里，他只搞形式，实际上是变花样，他缺少内在的东西，他没有功力。沈宗骞《芥舟学画编》中说："凡事物之能垂久远者，必不徒尚华美之观，而要有切实之体。"黄宾虹的画就有"切实之体"，吴冠中连看都看不懂，所以吴画只流于浅薄的形式。但惺惺惜惺惺，不懂传统的人也十分欣赏他……

（二）黄永玉

张：请谈谈黄永玉先生。

陈：所有人认为我肯定是反对他，其实我对黄永玉还比较赞同，当然不是全面赞同。黄永玉有他自己的思想，他自己讲：我画画有我的一套。他确实有他一套，他写的小文章，有他自己的意思，他写的东西，他的绘画，有他的个性和思想见解。

张：黄老说他画画主要是为了"养文学"，他自己说喜欢的还是文学。

陈：他调侃的有一定的真实性。他那个万荷堂不得要钱吗？看他的画，表明他有才气。他有一定的见地，我对黄老的画就是说赞同的居多，但也有否认。

否认他的是后来有些胡乱的涂抹，有些东西不是太深，有些也只不过就是插图性质。他要是认真思考，审慎思考的还是可以的。黄永玉文章就很突出，观点新颖，他这种观点新颖在绘画上，有些东西也很好。我觉得黄永玉这样的人在美术界不可少、不可缺。他是个可爱老头，有想法的老头，绘画也如此。他和范曾二人对骂，像小孩子一样，很真实、真率、可爱。阴险狡猾的人，不会公开骂人，他会不动声色地陷害人，他的智慧会用在发"暗箭"不出响声……

（三）陈佩秋

张：请谈谈陈佩秋先生。

陈：陈佩秋的画我不赞成，因为她对中国传统理解不够。她跟随谢稚柳多少年，起码悟性不够，她的绘画，看她的用笔，没有多少传统的东西，而且她的绘画越来越偏离艺术，红红绿绿，被她涂来涂去。我不知道上海人为什么老是捧陈佩秋。陈佩秋评说黄宾虹怎么会画画，顶多是个票友。从这句话来讲，说明她对传统不够理解。我对她的评价，应该说她是一个很好的画家，但不是一个深刻的画家，对传统不十分理解的画家。陈佩秋的画不应该成为中国画的一个方向。

（四）吴悦石

张：您觉得吴悦石先生的画呢？

陈：吴悦石的画，我倒很喜爱。他路子正，笔性好，他的画看了就很舒畅，真的很舒畅。但是他如果要在绘画史占要一席之位，他还要再努力，功力和才气都有了，似乎还缺少一些思考。对中国画的理解，现在能达到吴悦石这种境界的人也是不多的。我不认识这个人，我看到他的画还是觉得很好。

（五）田黎明

张：田黎明呢？

陈：田黎明是中国传统绘画的革命家。他画的是中国的绘画，但是和以前人的绘画完全不一样，他开劈了一个新的领域，是艺术家必能独创。有很多人把现代画家分为"延续型"和"融合型"。"延续"和"融合"都不足称画家，凡画家必能开拓。有人说他是重复国外的东西，他当然是借鉴西方。可以抱着谨慎的态度借鉴西方啊，可以借鉴它的方式。他虽然从西方得到这种启示，但画出来的是中国的气氛，看起来是中国的绘画。而且和古今中外的绘画都不一样，面目很新，这是我赞同田黎明的原因。田黎明又很幸运，现在在我们这个时代的传播能力，能把那种画传播出去，能够长久地保存下去，但是如果科技要不发展的话，他那种淡淡的水墨和绘画不易保存。田黎明的画名，肯定能在美术史上留下来，但他的画，如果以后在历史上留下来了，要感谢科学家。

（六）陈丹青

张：再请您谈一位油画家，陈丹青。谈"陈丹青现象"。

陈：陈丹青当然有才气了。当年画《西藏组画》，无人不晓。陈丹青绘画行，他的文章写得也很好。其实他的知名度，在广度上来讲，他的文章比他的绘画影响更大，绘画只限于绘画界，他的文章突破了绘画界，我觉得陈丹青做得都是对的。只有一点是他错了，就是他在美国时间太长了，这一点他错了。他是中国艺术人物，我可以保证西方绘画史不会记载陈丹青一笔。陈丹青早年《西藏组画》很有特色。在西方时间太长，一回来，很多人说："他的油画技法落后了"，我相信这一点。因为油画以及中国的写实绘画，画家的高峰期、最高是到40岁这段年龄，有的就是二十多、三十岁。西方的一些油画家成名也都是年轻的时候，40岁以后不退步就万幸了，能保持水平都是非常罕见的。陈丹青也超过40岁了，他的油画技法退步，是在常理之中，因为他年龄到了。让一点位置给年轻人是对的。但中国的绘画呢，中国画的特点是"越老越好"，但是必须得有文化基础，没有文化基础老了也不行，也会浅薄。很多中国画家到40岁以后也退步啊！中国画是以学问见长，越老越好。而油画呢，它基本是以技法为主，跟技术有关系，当然学问也需要一点，但油画基本上和学问的关系不太大。我和陈丹青最大的一个分歧，就是他提出了这个"考博士不要外语"。他说的几位相当有才气、有前途的学生，我觉得这几位就没有才气、没有见解，如果有才气、有见解，就不会去考博士。毕加索、凡高、齐白石、黄宾虹都不是博士，我为什么要考博士？博上要博，我要专，成为绘画专家。我是大画家，我就不去考那个博士嘛，我就画画嘛，那肯定更早成功嘛，要看到最高点，达到最高点嘛，就不去转一圈子。那样即使达到最高点，肯定就误了时间。你考博士，来取得博士学位，你不写博士论文吗？你这一圈转的很大，就影响你达到最高点，也许你就达不到最高点了，因为你气力不到了，或者你年龄不到了，就影响你。我们的问题，要么，无一博士，要么"六亿神州尽博士，尽博导"，没必要考。

主要参考文献：

1．http://www.sohu.com．2007年06月01日搜狐读书频道

2．http://shuhua.ce.cn/200710/25

第三章　书画文摘书目

（以发表年倒排序）

第一节　书画综论文摘与书目

【1】林如　《中国书画鉴定学的学科意识与观念转型》　文艺研究2008年 03期

近十余年,有关中国书画鉴定的论文和著作层出不穷,书画鉴定理论研究水平不断上升,不但对书画鉴定的实践起到了不小的指导作用,并且吸引了更多的人开始重新关注中国书画鉴定史学这一古老而全新的学科。

【2】孙文　《浅论古代书画关系暨书法对当代中国画的实践意义》　艺术与设计(理论) 2008年 02期

书法作为中国画的一种环境条件，一种文化形态或文化精神的条件,是因为有书法文化环境的存在,才有的书法化的中国画。本文通过对中国原始书画的某些共生现象和历史上一些代表性书画家的创作实践及意识等因素,论证书法艺术对当代中国画发展的实践意义。

【3】万均　《从"琴棋书画"看中国文化》　养生大世界(B版)，2008年 02期

中华民族的艺术长廊里,琴棋书画与人的关系最为密切。这四种看似平常的艺术虽各有千秋,但它们都能够映射出我国深远文化的光彩。琴棋书画中的琴,乃指我国古代广为流传的瑶琴。

【4】李永忠　《明代书画融汇现象论略》山西大学学报（哲学社会科学版）2008年 01期

书法与绘画由于具备共同的内核而发生了融汇的关系,其主要表现形式是书画彼此间相对于对方而言的边缘化存在状态,以及由此产生的社会文化层面上的一致性。书画融汇现象在历史上早有出现,到明代(特别是明代中期)变得十分显著。从明代开始,为数众多的文人士大夫既参与书法活动,亦涉足绘画领域,绘画在社会范围内取得了与书法对等的地位。"书画同核"的内在机理得以外化,书法与绘画呈现融汇格局。

【5】倪进　《中国书画鉴藏史考》　艺术百家2008年 01期

书画鉴藏的真正兴起,应是在卷轴画成为艺术品之后。历史上,书画鉴藏经历了四个高潮期。本文考证了自魏晋至新中国书画鉴藏的历史,分析了书画鉴藏与社会政治、经济的关系。

【6】马朝东　《"胸有成竹"与"心手相应"书画创作的两种思想——苏轼<文与可画筼筜谷偃竹记>阅读断想》　西安文理学院学报(社会科学版)　2008年 01期

"胸有成竹"与"心手相应"是文同提出的两种绘画思想,亦适合于书法。这两种思想展示了从观察到构思、再到表现这一艺术创作的主要环节和基本过程。它们的关系是相辅相成、互相作用、缺一不可的。艺与艺通,艺中有道;技进乎道,乃臻至境。

【7】袁新　《论文学译本是"气韵生动的生命形式"》上海外国语大学　2007年俄语语言文学博士论文

"气韵生动的生命形式"这一理论命题是中西美学及文艺理论融合的结果,它将中国传统美学中的"气韵生动"命题与西方20世纪美学中的"生命形式"论相结合,认为"气韵生动的生命形式"是文学文本理想的存在形式。文学翻译是一种独特的文艺创作形式,因此,文学译本也应该是"气韵生动的生命形式"。 本文由引言、正体、结语等部分组成。"引言"部分对于本文选题的原因、采用的方法、语料来源、主要内容、写作本文的意义以及创新之处等作了介绍。"正体"共分四章。第一章中对中国气韵理论和西方生命形式论进行必要的介绍,进而阐发其对文学翻译的启示。"气韵"范畴,最早见于南朝画家谢赫的《古画品录》。"气韵"用于论文,最早见于南朝梁史家萧子显的《南齐书·文学传论》,此后的千百年来,"气韵"问题成为各门艺术中

共同关心的一个美学命题和研究重点。生命形式论,是指由德裔美国学者苏珊·卡纳斯·朗格提出的生命形式理论。中国学者认为,"只有用'气韵生动'一词修饰和限制生命形式,才能更好地概括艺术作为生命形式的特征。" "气韵生动"论和"生命形式"论对文学翻译的启示是多方面的,本文进行了初步的总结。

【8】张胜利 《现代性追求与民族性建构》 复旦大学 2007年文艺学博士论文

本文以现代性与民族性为线索全面梳理了20世纪在马克思主义视域下的中国古代文学研究的坎坷历程与卓越成就。马克思主义现代性是对资本主义现代性的扬弃,前者肯定了后者的具有普世性的现代价值,并将人的解放的现代性主题安置在历史唯物主义的基础之上,使现代性价值的真正实现成为可能。民族国家作为现代社会的产物,是人为建构的结果,因此民族性是一种现代性建构,发明和创造出一种新的传统。早期的左翼知识分子和马克思主义者选择了以马克思主义为指导,批判传统文化,吸收西方文明的积极因素,创造具有民族性新文化的道路。古代文学研究是新文化创造的主要组成部分。 早期马克思主义者批判了前现代性观念和资产阶级现代性观念,初步建设了具有民族性的现代性文化,确立了文学研究的价值尺度和理论方法。他们以民主与平民主义为其文学研究的政治立场;以个性自由与人性解放为文学研究的价值尺度;以科学精神与唯物史观为文学研究的方法论基础。他们站在人道主义的立场上,发掘古代文学资源,重新阐释古代文学的价值和意义,关注广大平民的情感意愿,提出平民文学的主张;强调人格的独立和文学的自由,批判了传统的"文以载道"观;突出现实主义精神,重视写实主义文学。

【9】陆鸣 《身份—中国当代艺术的最终回归》 华东师范大学 2007年美术学硕士论文

西方经济的强势使得科技管理教育文化等领域都先进与第三世界国家,而这造成的心理优势使得处于弱势的我们常会低头哈腰,不敢亮出自己的身份。我国当代艺术进入国际对话中,"身份"的重要性就是体现在自身价值论的基础上。每个发表言论的人都必须有话可谈,有内容可讲,差异性的"身份"包含两个因素:一地域价值的不可重复性,二人的因素。长久以来,地域价值的不同使得交流成为可能,丝绸之路的开拓,各国海上航线的建立,以钟表换丝绸,以机车换茶叶,地域的交流促使社会的发展,同时也带动文化的变革,对于历史进程是好事。从整个环境来说,每一种民族都是对另一种民族的补充,从而形成多元化多极化的发展格局。

【10】邢建玲 《吴昌硕艺术道路的启示——兼谈书法对中国画的意义》 中国美术 2007年 06期

吴昌硕是中国近代画坛承前启后、有开创性业绩的一位艺术大师,他独特的艺术道路,对我们今天的中国画坛具有重要的启示作用。他学画较晚,但最后能达到诗、书、画、印相与生发,成为一代艺术大师,他的成功当然有诸多因素,但吴昌硕在学习绘画前已达到的高度成熟的篆刻、书法成就和深厚的文化修养,成为他能够"引书入画"的雄厚资本,是成就他绘画艺术的基础。联系今天的中国画坛现状,迫切需要重提"书法性",强调书法在中国画中的作用,这也是我们研究吴昌硕"引书入画"的现实意义所在。

【11】王少良 《中国古代"意境"理论发展述要》 大连大学学报 2007年 05期

我国古代意境理论发展经历了四个阶段:先秦至汉代是其萌发阶段,魏晋南北朝时期始自觉形成,至中唐时期走向成熟,以"境象"关系为内涵,揭示了意境的审美特征。宋代以后广泛地移用意境概念于小说和戏剧批评当中,晚清王国维以西方美学为参照来分析意境的构成,对这一理论作了最终的总结。

【12】崔朝阳 《以书入画的起点》 陕西师范大学 2007年美术学专业硕士论文

中国书法与中国画是中国艺术史上的两大体系。自唐代张彦远提出"书画同源"论后,影响波及中国书画一千多年,历代绘画理论家程度不同的从各个角度论及书法与绘画的关系。其间既有宋代中期苏东坡、米芾等人以书法家身份进行的较早的文人画理论与实践,也有元初赵孟頫明确提出"书画本来同"的观点。至于明清时期,随着写意绘画的蔚然兴盛,书法更以空前的力度介入绘画,书法的用笔方法、空间结构意识甚至审美趣味都以前所未有的规模融入绘画,徐渭、黄慎以及吴昌硕等人引草、篆等书体入画,使画坛一时别开生面。书法与国画的融合极大的影响了中国画的审美品质和形式因素。可以说,书法与国画的关系是中国画发展中不容回避的重要问题。 伴随着清末西学东渐之风,西方艺术传入中国,中国绘画体系遭受到西方绘画体系的猛烈冲击。此后至今的百余年来,中国画的生态体系一直处于纷繁复杂的多元激荡期,多元艺术观念的确立与多种媒介材料的运用使中国画的话语体系面临着新的挑战,尤其经历上世纪否定传统的时代变幻,中国画的传统精义所剩无几，维系中国画生存与发展的主体精神缺失，造成了当今画坛青黄不接的尴尬局面。

【13】李金仙 《后现代艺术的失范性》 大连大学学报 2007年 04期

后现代艺术的主要特征具体表现为对经典艺术的颠覆,对传统审美的颠覆,使高雅艺术与大众文化之间的界限模糊,以至被消解了。平面化和无深度的大众文化沉溺于折衷主义与符号混合之繁杂的时尚中,复制品、拼贴等作品以及反讽、戏谑的手段充斥市场,对文化的调侃和“无深度”状态感到欢欣鼓舞。艺术产生的审美特征被轻松地解构,艺术创造的本质特征成为一种重复。这些现象成为后现代艺术的基本缺陷。

【14】史钟颖 《静观空境》中央美术学院 2007年美术学专业硕士论文

本文希望通过自己对艺术的心得体会以及近年来对佛教及佛教艺术的了解，在当代艺术和佛教思想文化界间架起一座促进相互理解，交流勾通的桥梁。使佛教艺术在吸取一切有益的当代艺术形式的过程中获得自身的发展走进当代，并真正让佛教艺术服务于当代社会。本文首先通过分析时代对于信仰与精神及和平与包容的呼唤，论证了佛教及佛教艺术广泛传播的原因。之后又通过佛教艺术因与形而上学的密切联系而有无限生长空间，丰富的象征性使佛教艺术获得永恒，禅与艺术的直觉、整体特性的不可言说这三方面来说明艺术是如何获得永恒的。然后介绍了佛教思想及其艺术形式的内涵和当代艺术的具体情况与规律，以消除人们对佛教及其艺术形式的误解和佛教界对当代艺术的误解。佛教艺术当代化的必然性是通过佛学的根本理论决定了佛教艺术必然要走入当代和佛教艺术的历史演变决定了它的鲜明变异性两方面来论证的。通过对形式与内涵、佛教艺术应有其自身特性，当代社会环境的变化，佛教艺术的象征表义法特色，佛教艺术要创造宁静的氛围，如何理解创新与革命，如何面对理想与担当，空间与体验在当代佛教雕塑艺术中的重要性几个方面分析论证定义了当代佛教艺术是作为启示我们精神的观想形式。

【15】贾黎威 《利用乡土资源优化美术教学体系的研究》 广西师范大学 2007年课程与教学专业硕士论文

随着新一轮课程改革在世纪之交的启动,正以其强大的生命力、崭新的姿态走进校园,走进我们教育生活的方方面面。“乡土资源”,作为当代教育领域最具开发潜力的课程资源之一,越来越受到艺术界、教育界等各界有识之士的关注和重视。乡土资源形式多样内容丰富,总的来说可分为自然地理资源、人文历史资源和社会发展资源等。 南阳是个乡土资源丰厚的大市,风光秀丽、资源丰富、历史源远流长、文化底蕴浓厚。独山玉色彩斑斓、玉质湿润细腻,经过历代艺人匠心独运、精雕细琢而成的南玉雕工艺品,彰显着南阳玉文化的光彩。南阳烙画,以其精湛的技艺、古朴典雅的风格,独特的艺术魅力被称为世界“艺林一绝”。南阳汉画更是中华民族一份珍贵的文化遗产,是中国古代艺术中的一朵奇葩,它以粗犷豪放的艺术风格,丰富多彩的画像内容和出土众多而驰名中外。具有鲜明地域特色的南阳乡土资源,在彰显独特个性的同时又展现着整个中华民族传统文化的共性,乡土资源这种独特的艺术形式和文化形态,是当地劳动人民共同的记忆和身份的象征,凝聚着当地劳动人民淳朴、深厚的感情气质和审美习惯,是长时期历史文化的沉淀和智慧创造的结晶,是灿烂的中华民族文化艺术的渊源和灵魂,有着深刻和广泛的文化内涵。

【16】黄銮伟 《从扬州画派看绘画与经济的关系》苏州大学 2007年美术学专业硕士论文

中国传统文化为中国画的发展提供了取之不尽,用之不竭的素材,随着时代的发展又给它注入了新的血液,每个时代的作品都有它特有的历史烙印,它并不能随着哪个人思想而改变,这是艺术创新的规律。就扬州画派而言,它的产生有着多方面的原因,其中扬州地区经济的繁荣是直接的因素,但繁荣的经济条件下画家又该如何去面对绘画市场?是求媚以满足人们的心理需求,还是保持自己独特的审美一意孤行,或从中调和,各种情况皆有,关键是看画家的态度,看作品质量的好坏,这样有利我们理解经济对绘画的作用和意义。扬州画派与经济的关系极为密切。经济基础决定上层建筑,它在社会的发展过程中起着关键的作用。没有经济作为后盾,很多事在做起来往往会心有余而力不足。扬州画派之所以能够产生,它同样离不开经济基础,盐业的兴起,漕运的畅通为扬州的繁荣奠定了物质基础和社会基础,繁荣的经济又为画家提供了生存和发展的土壤。扬州经济的繁荣,使得大量操“一技之长”的画家纷纷来到扬州这块土地上谋求生存,在此过程中,他们生活状况各不相同,收入也不尽相同,这不仅跟扬州的文化、生活习性、商人的好尚有关,也跟自身的态度有很大的关系。

【17】贾风 《动物形象在中国造型艺术中的演变》 中央美术学院 2007年中国画专业硕士论文

动物曾在世界上占主宰地位，人类出现后与动物不断的处在争夺空间中，它们同时被臣服和崇拜，并逐渐走向自然的边缘及人类文化的边缘。动物形象很早就出现在造型艺术中，早期的抽象图案表现出最初进入有意识状态的人对周围世界的认识。商周青铜时期祭祀的需要，人与兽在精神文化上强烈的碰撞出现森严、神秘的动物形象。战国神仙方士之术的盛行，动物被人驾驭，作为人类升仙的辅助力量。汉代墓前磅礴大气的石兽，守卫着逝去的人。唐宋鞍马画盛行等等造型艺术中我们可以看到动物在人的世界里角色的不断演变。动物形象在人们的生活细节中处处可见，以其特有的功能影响人们。每个人都是具有动物性的，在人类自身不断膨胀的时候，我们是否应该重新唤起对其它生命本质的尊重，并更好的审视人类自身生命的意义。我们如何运用绘画来表现生命的本源。本文试图总结历代人们对动物的关注方式，以及动物形象在绘画中的作用，人与自身生存环境之间的关系。

【18】李晓蕾《徐渭“本色”论的理论内涵及价值研究》 山东大学 2007年文艺学硕士论文

徐渭(1521～1593)作为开启明中叶浪漫主义文艺思潮的先锋人物，在诗文、书画、戏剧、联谜、军事理论等方面均取得了斐然的成就，是文学史和艺术史上的一座丰碑。“本色”一词在历史上由来已久，徐渭在新的时代背景下将其发挥、阐释为“本体自然”。本文便从哲学本体论的高度探究徐渭“本色”论的理论内涵，结合主体经历论述“本色”在人格心态上的延伸，并综合创作主体在艺术领域中的创作实践，认真梳理徐渭的艺术思想，呈现“本色”论在艺术客体上的延伸。本文以“本色”论的核心概念“本色”为逻辑起点，按照哲学内涵——艺术创作主体——艺术创作客体的逻辑顺序，分四章逐层剖析“本色”的理论价值。第一章介绍徐渭“本色”论出现的社会时代背景。商品经济的繁荣使得明代社会产生了崭新的市民阶层，重个性的市民意识悄然来临；混乱、黑暗的朝政让士大夫、士人阶层笼罩在一种近乎变态的氛围中自身难保；王阳明开创的以“知行合一”而“致良知”的心学，开启了明代思想个性解放的先声。第二章论述徐渭“本色”论的哲学内涵。在梳理“本色”一词的由来及历史演变之后，分析了徐渭“宗王学，兼融儒道佛三家”的学术背景。

【19】翟墨 《美术与学术》 文艺报 2007/05/31

【20】严长元 《创作与学术的对接》 中国文化报 2007/05/20

【21】余宁 《创造民族艺术的正大气象》 中国艺术报 2007/05/18

【22】徐沛君 《正大气象》 中国文化报 2007/05/13

【23】云菲 《美术创作应走出小我》 中国艺术报 2007/03/13

【24】周海燕 《当下国内地方美术社团研究》 浙江师范大学 2006年美术学硕士论文

中国美术发展史上，尤其是近现代，地方美术社团一直是参与美术活动的主要力量，为我国美术事业的发展做出很大贡献。近年来，国内的专家学者给予我国美术社团很大的关注，笔者通过文献搜集，发现学者多关注民国时期与“85美术新潮”期间的美术社团活动，当下地方美术社团的研究尚为空缺，本文以其为研究对象，将“衢州油画研究会”作为个案，分析当下地方美术社团的生存状态及存在价值，肯定此类美术社团在我国美术活动中的作用。本论文由以下五个部分构成：一、绪论。首先界定地方美术社团：指那些非政府的，由地方民间自动组织发起的美术社团；其次通过有关文献综述，整体把握我国美术社团的研究现状，发现问题：当下地方美术社团的研究尚缺失，当下美术社团的活动虽不及民国及“85美术新潮”时期来得轰烈，但同样具有其存在价值和意义；本论文的研究方法：本文采用社会学的个案研究法与田野调查法；最后肯定本文的研究意义。二、国内地方美术社团发展状况综述。将地方美术社团的发展历程分为解放前、改革开放前及改革开放后三个时期。三、国内地方美术社团产生原因分析。从国家文艺政策、经济、政治、文化、地域等方面入手。

【25】马汉钦 《中国“形神理论”发展演变研究》 福建师范大学 2005年中国现当代文学博士论文

对于中国文学艺术而言，“形神理论”是一个极其古老的话题，也是一 个历久弥新的话题，它至今仍活在文学艺术的诸多领域里。对“形神理论”作古今贯通式的思考和研究，对于构建具有民族特色的中国现代文艺学体系，将是一种有益的尝试。

本文对中国古代形神理论的发展源头进行了追溯，认为早期道家的“器”——“道”关系论乃是形神理论的源头。到了庄子，形神理论在哲学里已趋成熟，并开始了它向人的转化；此后，一场绵延千年的关于“形”“神”谁为本的哲学之争就随之而起，斗争以儒教神学、佛教神学的失败和唯物主义者的胜利而告一段落。就在这场论争的过程中，六朝的道玄理论家们则在“形”、“神”谁为主 这一理论偏锋中寻找到了形神理论通往文学艺术的幽径。至此，形神理沦开始了它向文学艺术领域的转化。它首先转化为艺术形神理论，主要包括音乐形神理论、绘画形神理论和书法形神理论。需要指出的是，在这一转化过程中，道家的形神观对我国古代的艺术理论的影响与时俱增，乃至最终成为主导。鉴于从事古汉语词汇研究的学者历来回避对古代书画审美语词进行深入细致的辨析，本文试图填补古汉语词汇语义研究的这块空白，并根据研究对象的独特性尝试了一种新的多维的语义分析模式。

【26】龚文 《中国传统书画艺术观念研究》 东南大学 2005年艺术学博士论文

在中国传统书法与绘画中积淀着丰厚的文化和艺术营养，不仅如此，传统中国画与书法之间还存有至为密切的关系。文人书画传统曾经取得过多方面的成就，但并未就此建立起系统化的认识体系。如何从书画一体的角度来较为系统地阐述传统书画的奥妙，在今天仍是一个既老又新的课题。笔者以观念的反思态度来看待这一课题：从观念的文化反思出发，我们溯源而至书画传统的文化源头；从观念的形态特征着手，我们又新颖地触及传统书画充分视觉化的形式面貌。文化背景与形态特征，成为中国传统书画艺术观念两种最基本的构成元素，与这两种基本构成元素紧密相连的有六个涉及书画观念的核心内容，即风俗与书法观念、书画同源的观念解析、天人合一与中国画观念以及书法笔法的实质、碑学帖学与北宗南宗和永字八法与谢赫六法。本研究重点突出这六个方面所具有的观念意义，以及由于有效地运用了这些观念，书画传统如何得以牢固建立。追溯这些观念，追溯其自远古延及今日的地位，可以进一步确认书画艺术变化发展的内在逻辑并展望其未来的道路。经由书画艺术观念这座桥梁，书画艺术不仅可与古老的传统文化发生越来越深的联系，而且，凭借现代视觉思维研究的最新成果，我们还能进一步挖掘出传统书画艺术中潜藏着的强大内涵。

【27】赵雄贵 《诗书画一体之艺术研究》 东南大学 2004年艺术学硕士论文

诗歌、书法对绘画的融入是中国绘画特有的一种现象，它集几种艺术形式于一体，体现了中国艺术的民族特点。本文侧重系统分析与历史分析方法的诗书画一体艺术的理论研究，从艺术学、哲学、社会历史、美学的背景上，对诗书画一体艺术的成因、形成过程及美学特色进行探讨。文章认为，诗书画一体艺术的形成有着深厚的基础，书画的同源关系及其在线条表现、笔墨技法和物质材料等创作上的共性是书法得以融入绘画的重要原因，诗画在表现对象及审美追求上的共同点是诗歌融入绘画的基础，中国民族思维方式、传统哲学思想观念以及古代社会教育考试等制度的特点也为诗书画融合准备了主体条件；诗书画一体艺术是经历了实践上的自发融合、理论倡导下的自觉融合和普及发展等几个阶段，绘画理论与实践的相互影响无疑是推动其不断发展的动力；从诗歌、书法融入绘画给融合体带来的影响看，不仅其审美空间和主题表现等内在因素得到了拓展与深化，而且画面的疏密、繁简、平衡等也有了更灵活的构图手段。文章系统地研究了诗书画一体的艺术现象，这不仅有助于深入理解与继承发展中国画艺术，有助于对诗书画一体艺术的理论探讨，而且对诗书画一体艺术的进一步研究具有借鉴意义。

第二节 国画文摘与书目

【1】龙瑞 《我对中国画的有关思考》 今日信息报 2008/03/10

【2】唐朝轶 《中国画的道路如此艰难》 美术报 2008/03/01

【3】于海东 《中国画坛八怪》 北京日报 2008/02/02

【4】 高晶 《当代文化情境中的中国画传承与创新》 中国改革报 2008/01/05

【5】陈履生 《当代中国画批评的困境》 文艺报 2008/01/05

【6】张琦《朴素与真实——感受赵建成先生中国人物画的超然境界》 对外传播 2008年3期

杨绛曾经翻译过英国诗人蓝德的诗："我和谁都不争，和谁争我都不屑；我爱大自然，其次就是艺术；我双手烤着生命之火取暖……"对自然和艺术的喜爱，也是很多人的心声。艺术，是人类的共同语言，在国际交往中展现着别样的魅力。本刊"艺术长廊"栏目推荐的艺术家，都是在中国当代艺术长河中显现的珍品，是艺术园地中绽放的璀璨的奇葩，其作品体现着东西方文明对话的渴望，代表着这个时代中国画家对当代艺术的理解、追求与推进。

【7】赵永江《中国画的笔墨及情感表现》 黑龙江科技信息 2008年 08期

笔与墨中国画的形式和工具照其他画种的形式和工具有许多独特之处，从古至今随着时代的发展而具有鲜明的表现方法和强烈的民族风格，而在这其中笔墨成为中国画的主要特征，标志着它的高度艺术成就。而通过笔墨而显现和渗透的画家赋予笔墨那种静止的能感染和深入人心的情感确是难得。

【8】梅墨生，冷冰川 《中国画与中国化——梅墨生、冷冰川对话录》 东方艺术 2008年 06期

半个月前我接触了一位80岁的犹太裔澳大利亚策展人，这位女士曾在纳粹集中营呆过，还曾与毕加索、达利、夏加尔是朋友，并收藏有他们的作品。她的感悟力很强，比如她在看我分别打了陈式太极和吴式太极后说，陈式太极有攻击性，而吴式太极则感觉柔和。

【9】续鸿明 《何水法：水是中国画的灵魂》 中国文化报 2008/04/03

【10】郎绍君 《中国画的"现代性"》 中国书画 2008年 03期

"现代性"是一个广义的文化概念，迄今所见的有关解释，譬如它的内容、范畴、结果、实现方式等，大都带有一种不确定的特点。中国画是一个具体的艺术品类，它的"现代性"是什么，更难以说清楚。有人把抽象的、制作性的水墨画视为"现代水墨"，但能够说只有它们才具有"现代性"吗?我想不能。中国画是一种传统艺术，它的"现代性"必然与民族绘画传统相关联。抛弃了民族文化传统，还谈得到中国画的"现代性"吗?诚然，没有人要完全抛弃传统，所谓"抛弃"，指的是抛弃中国画的基本特质，仍保留一些传统"符号"，或部分水墨材料等。

【11】曾来德，周祥林，朱培尔，文永生，程风子 《书法+绘画=中国画？》 中国书画 2008年 03期

关于书法和绘画的双重性以及相互之间的关系，我们平常听到的就是画家要写字，过去的画家都这样，但是很少提到书法家也画画儿的。实际上中国历代在绘画方面特别有成就的大家，他们在书法方面都有很深的造诣，而且中国画进入到文人画这一形式当中，几乎没有一个画家能没写好字却成为大师的，所以说书法是中国画的基础。

【12】孙大宇 《点击中国画》 中国书画 2008年 03期

点击理由孙大宇以书法入画，因而也可以说是一位书家的画家。他的写意画，鲜明地表现出书法用笔的内蕴与风神，他在当下中国画各种语言的五光十色中，坚守着古典文人画的笔墨传统。孙大宇画作中具有情质的线条，源于他对书法的精神领悟与技艺磨炼。因此，书画同源，对于他来说，就不只是一个概念，而是一种执着的艺术理念与切实的创作实践。大宇的线条有"二石"风韵，在总体上呈现简率意趣。这种率意的线条与写意的观念及挥洒无拘的创作过程又是统一的，它们是他山东大汉豪爽性格的集中体现。

【13】汪为胜 《继承与发展 第四届全国中国画名家——学术邀请巡回展》 国画家 2008年 02期

主办单位：江苏金坛市人民政府协办单位：《中国画坛》杂志社参展画家（按出生年月前后为序）：阳太阳、王兰若、岑学恭、冯其庸、冯今松、于志学、崔振宽、张仁芝、苗重安、杜应强、张葆桂、华拓、桂林画

院、大连画院、王学仲、李宝林、吕云所、裴家同、贾平西、王有政、郭公达、老甲、陈政明、汪伊虹、范石甫、王玉良、范扬、郭东健、余光清、朱松发、蔡超、周华君、邢少臣等。

【14】汪光芜 《中国画色彩审美观念的流变》 国画家 2008年 02期

对于西画来说色彩的运用是天经地义的真理,因微色彩乃是它们基本的绘画要素,可以说没有色彩就没有西洋画。可是中国绘画的用色却成了几十年来喋喋不休争论的问题。似乎色彩是中国绘画上的洪水猛兽,总是有些人一意强调中国人的审美特性。

【15】姜凌《意象——中国画意象造型观念管窥》 黄河之声2008年 03期

中国画的意象造型观是建立在东方文化和中华民族传统审美心理基础之上的一种造型观念。它以客观物象为依托,又与客观物象有一定的距离。追求近距离而又没有丧失距离的状态和"似与不似之间"的形态。当历史环境和时代背景发生了划时代的改变时,如何用新的造型观念阐释当下现实从而实现对传统意义的意象造型观念的新的探索,成为当下中国画家在个人绘画实践和理论研究中亟待解决的一个课题。

【16】李长民,张蓓《以中国画教学提高成人传统审美及人文素养》 中国成人教育 2008年 01期

中国高校成人美术教育中,中国画教学是其中的一个重要部分。高校中的成人美术教育是办学活力的体现,从中国画切入对他们开展传统审美教育有这样几方面原因,首先,他们已经储备了人生的阅历,有丰富的生活、学习经验,对传统审美观念容易接受与理解。其次,他们是一批正处在教育第一线的中、小学教育工作者,利用课堂开展爱国教育以及传统审美教育,有一定的条件与时间;最后,传统文化及审美教育要从基础抓起,这样既保持了有中国特色的文化艺术,也与教育部颁发的新课程标准所倡导的人文精神相谐调,因此,只有多方开展传统审美教育,才能使"中华民族的伟大复兴"有一个牢固、坚实的基础。本文就从以上观点作了初步分析。

【17】陈敬友《中国画的空间意识与艺术的假定性》 美术观察2008年 02期

假定性是艺术的一个普遍特征,可以这样说,没有假定性就没有艺术作品。美术作品中形象的假定性不同于生活的真实性。假定性就是画家利用艺术手段对生活进行再创作,而不是对生活进行虚假的模仿。从这个观点来考察中国画的空间意识,是一件极有趣味的事。一、从画面的结构看中国画空间表现的假定性唐代张彦远在《历代名画记》中说:"至于经营位置,则画之总要。"明代李日华的《六研斋笔记》也说:"大都画法以布置意象为第一。"画面结构是一幅作品的骨架,是画家表达自己思想的重要基础。

【18】刘芳 《论中国画的表现性》 理论界 2008年 03期

表现性的本质是意向的升华和艺术活动中艺术作品和审美意识的相互作用。绘画的表现性更能体现艺术家的个性特征,更能唤起人们对于美的认识。本文重点研究的是探讨表现性在艺术创作中的作用,所采取的方法为比较研究的方法。把表现性和再现性放在一起加以研究,更能体现出两者的区别和联系,更好地突出了绘画的表现性的重要作用,从而看出表现性比真实的再现更有意义,更具有艺术价值。

【19】张立业 《论中国画线造型的审美意识与个性表现》 艺术教育 2008年 03期

中国绘画艺术注重人的理性精神,线造型是传统中国画形式语言的灵魂,是在"意"的指导下由"形似"的转化而完成的,这种"尚意"传统下的形态塑造正是中国画艺术的特色,并使其具有了独特的审美意识和富有精神内涵的个性表现。

【20】梁艳 中国传统绘画哲理思辨——论《周易》和《老子》对中国画艺术的影响 戏剧文学 2008年 02期

西周时期的《周易》和春秋时期的《老子》的哲学思想,是影响中国文化艺术形成独立体系的重要理论因素,特别是其中某些朴素的辨证观点和唯物主义哲理是其主要渊源。表现在中国画画理中是使具有相对独立性质的绘画因素布陈在对立统一的关系中,任何一种对立的绘画因素都依赖于这种对立统一的关系而存在。

【21】王正刚 《论中国画的继承》 国画家 2008年 02期

近年来,世界文化,主要是西方现代文化与几千年来稳定的中国文化又一次交锋,出现了类似“五四”时期新文化运动的中西,古今之争,不同的是,此次是在全球一体化的趋势下出现的,因此呈现出更猛烈、多层次、多元化的特点。在这期间,有的说只有西方现代艺术方能使中国画新生;有的说中西画必须拉开,越固守传统,越安全。

【22】商友文 《小议素描与中国画》 辽宁教育行政学院学报 2008年 02期

中国画写生的目的,主要是充分理解各种物象的结构,不为表面繁琐的光暗和环境所影响,而在于刻画其精神本质。要求对描写的主体,必须首先做充分的分析,具体地掌握了客观物象,然后才能胸有成竹地去刻画、提炼、取舍。而这一切,虽然都通过作者的创造,但必须根据物象所构成的特征来决定。这也就是所谓“外师造化,中得心源”了。

【23】余永健《图绘新生活 彰显新风貌——写在桂林中国画学院青年教师第一回学术展前》 美术界 2008年 03期

桂林中国画学院作为全国第一所以“中国画”称谓命名的高等学府,在建设和完善过程中,不断从各地引进新的师资,使得桂林中国画学院的青年教师队伍得以日益壮大,建立了一个从年龄、职称到学历、学科等方面都趋于合理、科学的师资队伍。他们对承接和发扬中国画起着不可忽视的作用。桂林中国画学院青年教师团队是在桂林中国画学院不断发展中逐渐形成的具有浓郁中国传统文化特色的创作群体。他们年龄大多在30岁左右,年富力强,充满活力,处于科研创作的活跃期。他们当中大部分毕业于全国重点高校或专业美院,并获得硕士学位。年轻的教师们在自己的学科领域中不断利用自身和学院环境优势充实和发展自我。

【24】邵捷 全新视角的《中国画学文献讲义》 美术报 2008/03/29

【25】子愚《丹青图造化 笔墨写心意——记广西艺术学院桂林中国画学院青年教师第一回学术展》 美术界 2008年 03期

期待已久的广西艺术学院桂林中国画学院青年教师第一回学术展开展了!她凝结了整个桂林中国画学院青年教师队伍辛勤的艺术探索,记述了这些青年教师生活中对艺术点点滴滴的感悟与对中国画艺术的深切体验,展示了桂林中国画学院青年教师在中国画领域不懈探索的成果,展示了中国画学院青年教师的团队形象,展示出广西中国画界新生力量的新面貌、新气象。

【26】师辉辉 《浅谈当代中国画的审美标准》 美术界 2008年 03期

近百年以来,继承与创新一直是中国画坛出现频率最高的词语。中国传统绘画作为世界绘画体系中的一个独立的、庞大的、曾经盛极一时的体系,它的发展方向一直备受关注。上世纪90年代以前关于中国画的生存发展,争来争去的主要是两大类观点和思路:一是主张打破中西绘画的界限,以各种不同程度的中西融合来实现中国画的现代化;二是主张保护中西绘画间的界限,强调独立性,企图寻找一条不同于西画的现代绘画之路。

【27】 莫晓捷 《试论中国画艺术的“形神说”》甘肃联合大学学报 2008年 02期

形与神是每个中国画家十分关注的极为重要的两个问题,因此古人提出“以形写神”理论,荀子提出的"形具而神生"最终确立了“形神说”的学术位置。不求形似是与追求神似相对而言的,怎样用形来传神,并且神可以从形当中解放出来、改造、甚至变形,而不受形的制约。面对当代美术,中国画与西方绘画的相互交融,“形神说”具有了新的活力,焕发出勃勃生机。

【28】卢辅圣 《中国画的边界》 中国文化报 2008/02/14

【29】王方芳 《中国画的收藏家与创作者在历史上的关系》美术报 2008/02/16

【30】孙文 《浅论古代书画关系暨书法对当代中国画的实践意义》 艺术与设计 2008年 02期

书法作为中国画的一种环境条件,一种文化形态或文化精神的条件,是因为有书法文化环境的存在,才有的书法化的中国画。本文通过对中国原始书画的某些共生现象和历史上一些代表性书画家的创作实践及意识等因素,论证书法艺术对当代中国画发展的实践意义。

【31】安吉乡, 周海清 《辨证法在中国画中的运用》 作家 2008年 02期

哲学与艺术在任何时代都是紧密相联,中国哲学作为中国艺术的核心与根源对中国画的影响是深刻的。中国画讲究用笔前的"外师造化",在塑造形象时追求"不似之似",对画面的处理要求对立统一,这都是辩证法在中国画中的灵活运用。

【32】温中良《中国画材质、语言与画风的相关性浅探》美术界 2008年 02期

作为表现精神或意识的绘画来讲,用什么技法或材质,创作主体具有极大的主观性和主动性,但这种主观和主动必然局限于某一时代,这是社会历史发展的阶段性决定的,也是审美心理的正常反映。由于绘画材质的不同,使不同绘画的表现语言、风格甚至审美法则都不同,这就是探求其相关性的意义所在。我们常言"技进乎道",对承载道的"技"的探讨有益于深入的思考艺术本身。

【33】王浩滢 《笔墨功夫的继承与革新中国画的前提》 南京艺术学院学报(美术与设计版) 2008年 01期

本文通过对传统笔墨工夫的分析以及对中国画革新方向的阐述,揭示了中国绘画技法与中国绘画理论之间密不可分的内在联系,并指出:只有在真正传承中国画独有的笔墨功夫以及依此所形成的审美价值、表达形式的基础上,才能确保中国画在新条件、新环境下不断创新、不断改良。

【34】李春梅 《浅谈中国画的虚实关系》 齐齐哈尔大学学报 2008年 01期

本文以中国传统的哲学思想为根本,探究审美的产生,阐释"虚实关系",对中国画的重要作用,发及意境之美的塑造方法。

【35】陈滞冬 《中国画:文化认同的指向》 艺术生活 2008年 01期

文化认同与未来震撼20世纪80年代以前,近代中国发生了一连串诸如社会革命、列强入侵、政权更迭、大小战争和各种思想清算等等影响到社会结构各个层面的巨大变动与混乱,使得普通人很少有余暇来顾及到文化与艺术。但是,由于这些变动与混乱主要是因回应西方文明扩张的压力而产生,因此在这一过程中,近代中国的文化人、艺术人几乎都不得不一方面应付社会的深刻变动,一方面反思自己所赖以生存的文化传统。这些不同角度不同层面的反思或者说批判性的思考,又极大地改变着现代中国人对于自己所从属的文化传统的认识与态度,乃至于汇聚而成影响着当代中国文化走向的巨大力量。

【36】乌兰托亚 《从中国画的线条说起——关于中国画教学问题的思考》 内蒙古师范大学学报 2008年 01期

线造型是中国画的主要特征。"线"的内涵深邃,外延广阔,形态丰富多变,体现了中华民族独有的文化品格和审美情趣。但长期运行的学院中国画教学体系,在一定程度上忽略了中国画的这种特性,这无疑抽离了中国画的精神气韵,造成了一系列较为严重的问题。

【37】亚明 《中国画——独立于东方的意象绘画艺术》 书画世界 2008年 02期

中国是一个具有悠久历史和优秀文化传统的国家。中国画在东方以至世界艺坛,独树一帜,具备特有的民族风格和完整的理法体系。

【38】秦岭 《论北宋时代中国画美学思想特征》 科技信息 2008年 02期

北宋作为中国封建社会后期的开端,是一个内省的王朝,在文化上表现为对传统的总结,是传统文化的高度成熟期。文学、史学、哲学、建筑……皆然,绘画亦不例外。本文试图从山水画勃然大兴的角度去浅略分析这

一时期绘画美学思想之特征。

【39】《中国画创新杂谈》 荣宝斋 2008年 02期

新手法新样式固然也促进艺术内涵的递变，但技的演变若并非缘于情之生发，一味为标新而立异，则有意种花花不开，技中求艺，缘木求鱼。无心插柳柳成阴，倒是符合艺术诞生的规律。

【40】邵学海 《中国画学清道夫——论阮璞治学精神与实学传统的当代发扬》美术观察 2008年 02期

阮璞先生在中国美术史和画学研究方面成就卓著，美术史论界在他身前即给予高度评价。1998年，他的《画学丛证》（以下简称《丛证》）出版，其视野与论证方法令美术史论界耳目一新，从而受到特别重视。2006年，阮璞遗著《阮璞画学人生录丛书》出版，计三册。其中，《画学续证》（以下简称(《续证》）当为《丛证》继续，有所区别的是，《丛证》基本为个案考订，《续证》多为专题研究。

【41】王海明，李鑫 《关于中国画教育困境和出路的思考》 艺术百家 2008年 01期

中国画教育面临困境，中国画教育改革应从传统入手；将非学校教育作为学院教育的有益补充；实现中国画教育的创新。

【42】戴欣桐 《浅谈临摹对中国画初学者的作用》 艺术研究 2008年 01期

本文提出对于初学中国画的学生，想要了解中国画，掌握笔墨技法的规律，对笔法、章法、理法、采法、由"无知"到"初识"的过程，临摹是初学者所要必经的门路，文章阐述了其中的道理，结合实际，说明临摹对中国画初学者的作用。

【43】范春蓉 《谈中国画的传承与创新》 美术大观 2008年 01期

中国画是一种古老的具有很大传承性的艺术，各个朝代的文人和画家无不在上学古人的基础上形成自己风格并有所继承发展。

【44】高旭 《中国画写生教学略谈》 美术界 2008年 01期

学习中国画，在传统与现代的教学规范中都是从临摹、写生入手，这是中国画入门的必经之路，然而从临摹到写生这一教学阶段，教与学之间的交流与互动，却是解决中国画学习的重要课题。写生观察和感悟自然，熟悉自然界万物的形态结构，掌握绘画技巧、提高造型。

【45】魏娜 《由汉代艺术精神看今日的中国画创作》 天津美术学院 2008年美术学专业硕士论文

汉代人博大的胸襟气魄以及自由浪漫的情怀，铸就了汉代造型艺术的"古拙"之美，开启了一个新的审美时代。对我们今天的艺术创作具有很强的"范型"意义，中国的传统文化是博大精深的，我们要不时地回顾传统，吸收养分，这养分不仅包括技法，还包括艺术的精神与思想。

【46】洪亮 《中国画的"技"与"道"》 新学术 2008年 01期

关于"道"的几种解释，"道"作为中国古代哲学的最重要范畴，在不同的哲学体系中，其涵义有所不同。道的原始涵义指道路、坦途，以后逐渐发展为道理，用以表达事物的规律性。这一变化经历了相当长的历史过程。

【47】陈滞冬 《雨余一鸠唤 庭扫数花开——论中国画的意境》老年教育 2008年 01期

忙于呼晴唤日的斑鸠飞上花枝，孤独的鸣声断断续续传来；刚刚扫净的庭园中，数朵闲花在鸟声中慢慢绽放——人、鸟、花、雨在漫漫时间长河中一个偶然瞬间，于屋后庭园中的不期而遇，怎能不触动习惯于在纷繁尘世中碌碌劳作的我们日渐麻木的感觉？又怎能不使我们的内心被一丝英名的感动所搅扰，甚至会令我们久已沉睡的对生命的珍视得以苏醒，感叹生命是如此的单纯与美丽呢？

【48】张公者 《中国画的本体精神——程大利访谈》 中国书画 2008年 01期

【49】吴玉田 《中国画的笔墨情趣》 老年教育(书画艺术) 2008年 01期

中国古代哲学指产生和构成天地万物的原始物质,亦用来指人的主观精神。这说明“气”无所不在。气行则生,气止则亡,气滞则淤,气贯则畅。“气”乃生命之源。气,作为人的精神意识,因受社会的影响,必然会反映到他的创作思维活动中来。就中国画而言,历来把“气韵生动”放在首位,可见“气”在书画艺术中的特殊地位。

【50】李森 《中国画的意象造型》 国画家 2008年 01期

中国画的造型严格的来说,是意象造型,是一种主客观结合的造型方法。所谓意象造型,具体的说就是画家对自然界的物象在自己的脑海里经过主观地,理想化地加工,而在自然界里所不存在的物象,是画家经过变形夸张的一种主观的产物,是画家心中的理想产物。或者说是画家根据自然物象进行再创造的一种造型方式。这种意象造型作为状物的方式与西方文艺复兴时期的具象造型和20世纪西方的抽象造型方法一样,但作为表现性手段,是历史悠久的。

【51】梁江 《黄宾虹对20世纪中国画坛的意义》 国画家 2008年 01期

“遗传”与“变易”,是黄宾虹艺术观的两大支柱。黄宾虹反复强调“国画民族性,非笔墨之中无所见”,强调“内美”。“内美”是主体人格与生命力量的对象化,“内美”的本质是“我民族”的精神气度。从墨、密、厚、重到浑厚华滋,这是众多论者对黄宾虹笔墨语言和艺术风格特征的扼要归纳。我们切不可误读的是,“浑厚华滋”四字远非单纯的笔墨效果。黄宾虹对20世纪中国画坛的最大贡献,在于从传统内部找到了发展和超越的原动力。承前而启后,张扬了泱泱中华的民族性,这一点,是他对于中国文化,对中国艺术的真正意义之所在。

【52】白琨 《浅谈中国画的留白及其渊源》 齐鲁艺苑 2008年 01期

留白是中国画中的独特现象,虽没有笔墨的语言,但它与笔墨相互生发并产生独特的“蕴境”。留白是建立在艺术想象基础上的一种艺术创造,通过虚实相生、无中生有,进行意象造型的美学追求。本文从中国画留白的视觉渊源、情感渊源、美学渊源几个方面来探讨留白这种独特的绘画艺术语言。

【53】王克明,刘小刚 《略论中国画线条的艺术美》 电影评介 2008年 06期

线条是中国画中最基本、最简练、最具概括性的艺术元素。各种线条的交联组合,虚实相间,或断或续,奇妙变幻,展现了中国画特有的神韵与美感。国画线条给人以简练遒劲之美,变幻飘逸之妙,让人感受到跳动变化的节奏美,浓淡虚实的韵律美,其作用远远超出形象的表现和形体的塑造,成为作者表达思想、情感的载体,传递着一种内在的气质之美和神韵之雅,呈现非凡的表现力。

【54】刘振永 《论中国画中的形神意》 艺术与设计(理论) 2008年 03期

【55】姚崇维 《中国画的线》 承德民族师专学报 2008年 01期

中国画线条的突出特点是富有表现性,它的成熟经历了漫长的发展:从平实的线逐渐变为富有生命力的飞动的线条,从轮廓线到表现结构、空间、亮度的线条,从“存形”的线条到抒情的线条。最近几十年,特别是最近十几年,不少现代中国画家在继承前人技法的基础上,创造了许多前无古人的新线条。

【56】张岩 《中国画笔墨样式嬗变之道》 文艺研究 2008年 02期

笔墨是中国画的灵魂,笔墨的应用,直接影响着中国画的生命,笔墨的好坏是判断中国画的成败的标准之一,对中国画的笔墨发展应从绢、纸、墙壁为载体的中国画谈起。

【57】刘曦林 《中国画的传统与现代》 文艺评论 2008年1期

传统中国画的品格中国画是以国名命名的画种之一。这不仅意味着它与域外艺术特别是西方艺术的区别,也意味着非中华民族莫属的审美品格。

【58】张琦 《恬淡 宁静 洒脱 舒适——感悟田黎明先生中国画的和谐主题》文艺评论 2008年 01期

【59】曹永林 《从古代画论看中国画的造型》 文物世界 2008年 01期

中国传统绘画有别于西方传统的写实油画和西方现代主义的抽象绘画,这种区别从画面本身来看主要表现在中国画独特的造型上。

【60】 韩安荣 《当代中国画创作思考》美术大观 2008年01期

【61】石翁 《以墨抒怀 以笔寄情》 国画家 2008年 01期

艺术作品所体现的是艺术家的人生轨迹,画家从事的是崇高的人文事业,艺术家的作品都会映衬出画家自有的聪慧、勤奋以及做人的品格和热爱生命的天性所驱使。每一幅作品都充满着对生活的美好向往与感受。刘克宁有着坚实而全面的绘画功底,他得到过传统国画和学院写实造型等诸方面的训练。懂得在传统的国画技法上吸取.融合西画的营养,以更加丰富中国画的表现力。

【62】杨彦辉 《浅谈中国画的抽象表现》 美术大观 2008年 01期

中国传统绘画经历了从史前美术到明清时期,又从清末到现代的一个漫长的过程,使得中国画从宫廷绘画转向文人绘画,进而得到较完备而长足的发展。

【63】文志远 《略论中国画与传统戏曲之关联》 四川戏剧 2008年 01期

中国的传统美学历来把"传神"作为艺术创造的最高境界,写诗要求入神,正如严羽在《沧浪诗话》中所说:"诗之极致有一,曰入神,至矣?尽矣!"中国画则要求"形具而神生"。与"诗"、"画"一脉相承的戏曲,在中国的"戏论"中更是主张"神似者为上品,形似者为下品"。这恰恰与苏轼的文人画美学主张中的"寓意于物则乐,留意于物则病"的观点有异曲同工之妙。所以,戏曲和中国画作为中国传统艺术的两个典型代表,都具有"万象我裁"的鲜明特征。它们不论是在审美形态上,还是在表现手法上都有着相同或相似的地方,并且也同时影响和推动着双方的发展进程。

【64】李峰,徐珊珊 《中国画教学的思维导向问题纵横述论》 通化师范学院学报 2008年 01期

中国画艺术是中国传统文化的一元,中国传统文化又是世界文化的一元,面对今天的中国画发展,从其教育来看,青年教师应该以怎样的思维观念切入当代中国画的教学,笔者从社会时代文化背景与中国画发展的现状为切入点,对中国画教学的核心范畴、中国画教学对待与选择等方面通过综合、分析、比较,进而得出中国画教学和谐思维导向性的体系建构,使之对当代中国画教学新意识形态的形成具有参考价值。

【65】荆桂秋 《论中国画的创作》 文艺评论 2008年 01期

我十分赞同潘天寿先生认为中国画要发展自己的独特成就,要以特长取胜的艺术主张。我认为,作为一名中国画画家,对传统绘画精华的汲取应是一生不断地努力。通过对历代优秀作品的研习,领会掌握中国绘画艺术的深厚文化内涵与精湛的表现手法。

【66】罗耀东 《中国画创作中的构成理念》 文艺研究 2008年 01期

现代构成理念对当代中国画创作具有广泛而深刻的影响,可以说,现代构成理念改变了中国画画家创作的思维方式,成为当代中国画画家创作的基本理念之一。本文从现代构成理念的产生到引入中国画创作,以及构成理念在当代中国画创作中融合转化等方面问题略述浅见。

【67】 徐恩存 《不懈的诗境追求——陈敬友的中国画》 工会博览(艺苑版) 2008年 01期

【68】 安静 《中国画创作应处理好几个关系》 山西高等学校社会科学学报 2008年1期

中国画是中华民族历史积淀的智慧结晶,是思想含量、文化含量和艺术含量极高的画种。因此,中国画创作应处理好与学会做人,与凝练诗意,与研习书法和与研究经典的关系。

【69】严长元《当代文化情境中的中国画本色》 中国文化报 2007/12/30

【70】岳海波《多元:中国画的发展方向》 中国文化报 2007/12/30

【71】刘化宇《谈气韵对中国山水画绘画上的意义及研究》 东北师范大学 2007年美术学专业硕士论文

中国山水画是中华民族文化的重要组成部分,有自己独立的绘画美学体系,在世界绘画艺术中,代表着东方而独树一帜。从中国山水画的本质看,注重的是主体的内在精神,追求的是一种气与韵、神与形和情与物的统一。加上在中国山水画的认识方法上注重"格物致知"的自觉;在中国山水画的创作过程中注重的是"默识"和"神会";在中国山水画的艺术表现上注重"意致";而在中国山水画中最重要的追求是"风气韵度",其核心是"气韵"。画论中的"气韵"与中国山水画的古代传统是分不开的,从东晋南朝、隋、唐、五代、两宋、元、明、清到近现代传统都把"气韵"放在重要位置甚至首位。中国山水画绘画的气韵作用远远超过了塑造形体的要求,成为表达画家的意念、思想、感情的手段。气即是韵,韵即是气。气由韵出,韵由气现。气与韵是两相结合,同时两者是相辅相成的,无论时代的变迁,体貌风格的演变,中国山水画从东晋的"宏放醇朴"、五代的"平淡天真"、唐画的"雄浑刚健"、宋画的"谨严工致"、元画的"疏略清朗"、明画的"超然出尘"、清画的"灵动新奇"都离不开"气韵"二字。"气韵生动"的"气"是指"精神本质",和"神"是同一个意思,是内含的、基质的、筋骨的。

【72】 王英,吴芸 《浅议中国画中线的独立审美价值》 内蒙古师范大学学报 2007年 S1期

线在中国画中有独特的意义,具有独立的审美价值。线是构成中国画的主要形式语言。在中国画中,线不仅仅是一种绘画的形式语言,还体现着中华民族和整个东方人的传统文化和审美心理。

【73】李貌 《论吴冠中中国画艺术的当代性》 四川师范大学 2007年美术学专业硕士论文

吴冠中是中国当代画坛最享有盛名也是最饱受争议的人物之一,本文旨在通过对吴冠中在中国画艺术如何发展路途上的成败经验、引发的争议与实质、主要美学思想、作品呈现的中西结合、古今传承的时代特征等方面的深入研究与探讨,阐释为什么要倡导中国画艺术的当代性、什么是中国画艺术的当代性,如何体现中国画艺术的当代性以及吴冠中的中国画艺术给予了我们怎样的启迪,为我们提供了哪些值得借鉴的经验等问题。力求对吴冠中及其中国画艺术有一个较为客观公正、全面深入的认识与评论。

【74】张卫民 《生死刚正谓之骨——中国画用线浅议》 陕西教育 2007年 Z1期

中国画的构成以线条为主,以雄辩的线条传达各种不同的情感。中国画的线,具有特殊的品格和丰富的内涵。以线为主,讲究笔法,生死刚正谓之骨,这就是对中国画中线的内涵的要求。"骨法用笔""气韵生动"。在谢赫看来,用笔与表达人物的形神是相统一的,用笔是达到写形传神的基本手段。中国画的用笔实际上就是用线,因此线的状物功能是最基本的品格。石涛讲:"夫画者,形天地万物者也。舍笔墨其何以形之哉?"正是说线的状物特征"线"不仅作为一种独具东方艺术特色的美的形式而得到发展,而且作为造型手段,也形成了迥异于西文绘画的独立的艺术体系。中国画的用线还具有传情的达意,抒发性情的主观表情功能。怒写竹,喜写兰,不同的线条可表现不同主观情感。有笔直爽朗的、有曲折迂迴的、有中锋取质的、有侧锋取势的,正如人生的多采多姿、高古游丝描、钉头鼠尾描、曹依出水描、吴带当风描、行云流水描一一呈现,曲尽其态。线条之所以具有抒情与写意的特征,首先是由于画家在运笔中充分调动力度、速度及轻重、缓急等变化,使线自身也具有千变万化的姿态。

【75】李永强 《<宣和画谱>中的缺位——米芾》 四川大学 2007年美术学硕士论文

作为《中国绘画史》《中国美术史》中必不可少的一位绘画大师——米芾,被称为山水画开山立派的转折性人物、文人画的中坚力量,有着画家、书法家、鉴赏家众多称谓的人物,为什么北宋年间最具权威的、收录甚详的《宣和画谱》对他一字未提,为什么我们眼中的大画家在当时没有被记载?米芾到底能不能称为画家?米

芾如果是个画家，为什么没有一幅绘画作品流传于世呢?本文试图从外围切入对米芾的研究、抛除前代人言论的影响，去重新审视当米芾，把他还原于宋代历史中，分析他为什么会被《宣和画谱》所遗忘，研究他在宋代书画界的情况到底如何，进一步研究米芾在《宣和画谱》中缺位的原因。本文从三个方面去探讨米芾在《宣和画谱》中缺位的原因，其一，米芾绘画能力的考辨；其二，米芾所作书画作品数量和所临摹书画作品数量的比较；其三，米芾对书法和绘画的不同态度以及其绘画风格与院画之比较；通过从以上三个方面的研究论证，得出了“米芾作为文人画的嚆失，的确是夺天巧之多而技术规矩之乏。在当时亦不被承认，其绘画成就不高，还不能称之为训练有素的专业画家，他仅仅是一个初试绘画的书法家”的结论。

【76】曹凡　《为美术创作和研讨搭建新的平台——中国艺术研究院中国美术创作院举办首届院展》　美术 2007年 06期

中国艺术研究院中国美术创作院首届院展于2007年5月15日在中国美术馆开幕。中国美术创作院全体画家第一次以院展的形式集中亮相,院聘画家刘大为、王明明、冯远、龙瑞、张道兴、田黎明、许江、孙为民等的力作也应邀参展。其强大阵容和参展作品的精粹性都引人瞩目。院长郭怡孮的花鸟新作系列、副院长满维起和张复兴的山水系列以及赵建成的近代名人肖像系列都是他们近期的思考。

【77】张丹　《论海派画家吴昌硕绘画艺术创新》　中央民族大学　2007年民族学硕士论文

清末民初，由于外国资本主义的涌入，上海的经济与文化得到了前所未有的发展。活跃在上海的海上画派，他们打破了当时画坛的沉寂，大胆革新，创造出符合时代气息的独特画风。作为海上画派的后期代表人物吴昌硕更是独具匠心，他的绘画开创了传统文人画的新境界。《论吴昌硕绘画艺术创新》一文，在总结前人研究成果的基础上，综合运用历史文献、书画作品、画评等资料，就吴昌硕的生平经历、画学道路、艺术成就等进行了系统地阐述，并着重就吴昌硕绘画艺术创新作了深入地分析。本文共分四个部分：一，时代背景与生平经历。吴昌硕所处的是一个翻天覆地的时代，他的一生应该说是坎坷奔波的一生。他早年饱受战乱之苦，中年的吴昌硕开始广泛游学，并为以后的艺术成就奠定了坚实的基础。他吸收了前人的成果，并认真研究，取其精华，去其糟粕，使他晚年取得辉煌的艺术成就。二，画学道路与绘画分期。吴昌硕学画较晚，自云“三十学诗，五十学画”。事实上，他在三十多岁就已经接触绘画，只是那时他主要以习诗、篆刻为主。他的绘画分为四个时期，即成长期、成熟期、收获期、丰收期。

【78】刘化宇　《谈气韵对中国山水画绘画上的意义及研究》　东北师范大学　2007年美术学专业论文

中国山水画是中华民族文化的重要组成部分,有自己独立的绘画美学体系,在世界绘画艺术中,代表着东方而独树一帜。从中国山水画的本质看,注重的是主体的内在精神,追求的是一种气与韵、神与形和情与物的统一。加上在中国山水画的认识方法上注重“格物致知”的自觉;在中国山水画的创作过程中注重的是“默识”和“神会”;在中国山水画的艺术表现上注重“意致”;而在中国山水画中最重要的追求是“风气韵度”,其核心是“气韵”。画论中的“气韵”与中国山水画的古代传统是分不开的,从东晋南朝、隋、唐、五代、两宋、元、明、清到近现代传统都把“气韵”放在重要位置甚至首位。中国山水画绘画的气韵作用远远超过了塑造形体的要求,成为表达画家的意念、思想、感情的手段。气即是韵,韵即是气。气由韵出,韵由气现。气与韵是两相结合,同时两者是相辅相成的,无论时代的变迁,体貌风格的演变,中国山水画从东晋的“宏放醇朴”、五代的“平淡天真”、唐画的“雄浑刚健”、宋画的“谨严工致”、元画的“疏略清朗”、明画的“超然出尘”、清画的“灵动新奇”都离不开“气韵”二字。“气韵生动”的“气”是指“精神本质”,和“神”是同一个意思,是内含的、基质的、筋骨的。

【79】李海军　《禅与中国山水画》　东北师范大学　2007年美术学硕士论文

禅与中国山水画的启蒙。从中国山水画兴起之际，自然山水,从先秦时期儒家道德精神的比附,演化为魏晋人物风貌品质的象征,并进一步与追求自由、超脱的人格理想联系起来,从中领略“与道相冥合的微旨玄趣”,已成为魏晋之际的时尚。同时,禅宗思想在晋宋之际已风靡整个社会,晋以后中国文人的审美经历了一个逐渐禅化的过程。中国文人在禅观的熏染下,带有禅意而诗化的自然山水进入诗歌、绘画之中,使山水诗、山水画成为参佛悟道的工具。此时,山水田园诗题材的发展,对整个社会的审美意识起到了重要的影响,而山水田园诗所表达的艺术精神,则为中国山水画提供了重要的思想基础。同时佛教的传神论思想也是当时整个社会的思想倾向。所以,第一章的论述如下:第一论述了慧远对山水诗与山水画的影响,第二禅观对谢灵运和陶渊明的影响,第三从顾恺之对“神”的发展看中国山水画的启蒙。禅与中国山水画的形成。晋宋之际是中国山水画形成之时，一时间涌现出很多深受中国佛教即禅宗影响的山水画家和绘画理论家，为中国山水画的创作提供了楷模和理论指导，如宗炳、王微、谢赫、萧绎、姚最等等，我只想找出几位典型的理论家、画家、禅宗人物与张璪的“心源”说做对比。

【80】李秋艳 《龚贤积墨画风的研究》 东北师范大学 2007年美术学硕士论文

在清代，当以“四王”为代表的学院派体系画风占据着主导地位的时候，以野逸派自称的“金陵八家”似乎往往被世人所忽视，“八家”之首的龚贤也不无例外，因而龚贤的积墨画风也一度被人们所遗忘，甚至遭到批判，可以说龚贤的艺术一开始就是被蒙了灰尘的明珠，中国画史对龚贤山水画艺术的评价错了位，所以对龚贤的艺术予以肯定是必要的。本文以龚贤的生平、积墨艺术风格的特征入手，从四个方面谈龚贤积墨绘画风格的艺术价值：1.龚贤积墨画风的特点——富有“光感”的画面、求润不求湿、层次分明、水法的灵活运用；2.积墨绘画风格形成的渊源——传统渊源、生活渊源、学术思想的影响；3.在实践中对龚贤山水画解读的意义；4.创造独特积墨绘画风格的意义。龚贤是一位具有强烈的独立意识和鲜明艺术风格的绘画大师，他独特的积墨画风堪称具有划时代的意义。通过对龚贤积墨画风的研究，进而应该得出我们应该弘扬中国传统文化，让优秀的文化来充实我们今人的绘画，把龚贤的积墨画风很好的应用到我们的教学体系当中，使中国山水画呈现出新的面貌。

【77】吴春艳《五代山水画家——荆浩研究》 东北师范大学 2007中国画专业硕士论文

荆浩，五代山水画家，作为北方山水画派的开创者，划时代的大师，然而人们对其生平、思想活动却甚茫然，关于他的乡籍问题及代表作品更是存在很多争议。本文简要介绍了荆浩的生平、思想、地位、影响及绘画风格，重点放在对荆浩乡籍问题的考证上，通过对地理文献、历史记载、及县志等多方面材料的考察研究，来论证荆浩为今山西省沁水人。本文还重点对荆浩的代表作《匡庐图》作了研究，通过对题跋及绘画特点的分析，论证，得出结论代表作《匡庐图》确实是荆浩真迹。又通过荆浩的理论著作《笔法记》的分析，论述了他的社会地位及对后世和现代的影响。经过对荆浩的仔细研究，翻阅了大量的传统经典资料，使我对中国传统绘画，有了更深的体会和认识，最后将自己的体会借助这篇文章表达出来。

【78】杜灿 《五色与中国传统绘画审美研究》 河南大学 2007年艺术学专业硕士论文

中国传统绘画历史悠久，具有独特的风格和浓郁的民族特色，而对于色彩的认知和使用更是具有独到之处。中国人认为色彩是从天地阴阳而化生五色，即由黑白二基色而衍生出青、赤、黄、白、黑五彩，循道从玄，扑朔迷离。在儒家、道家和佛家思想的影响融会中，形成了独具中国特色的五色审美体系。中国传统绘画色彩也随着民族审美心理的变化而呈现出不同时期的色彩审美倾向。用色从单色凝重到绚烂多姿，在宋元以后又呈现出简淡纯朴的倾向。在传统绘画色彩的审美流变中，无论是浓墨重彩还是清新淡雅，对五色运用的色彩语言给人的视觉形式变化，在中国人的传统审美心理中一直影响至深。而后期水墨和淡着色的五色运用，其根本原则与古典五色体系的理论完全一脉相承。中国传统绘画的发展历程，可以看出无论是在唐宋之前的浓郁之象还是宋元以后的清用之象，甚至到明以后对浓艳色彩的排斥和对黑白水墨的极力推崇，中国画家在使用重彩进行绘画和排斥艳丽色彩时的黑白水墨绘画，他们从不拘泥于自己眼中所见到的物象的固有色彩，而是强调意象地表现物象，色彩带有很强的象征性和主观意象性。

【79】高源 《从“五笔七墨”说看黄宾虹的笔墨艺术》 东北师范大学 2007年美术学专业硕士论文

本文主要通过对黄宾虹“五笔七墨”之说的阐释来分析其笔墨艺术之境界。黄宾虹系统梳理和总结了前人对于笔墨运用的经验，在晚年总结出“五笔七墨”之说——“五笔”为“平、留、圆、重、变”，“七墨”即“浓墨、淡墨、破墨、积墨、泼墨、焦墨、宿墨”诸法。黄宾虹山水画艺术所形成的独特风貌，是由其精纯的笔墨表现力所铸造而成的，在近代画家中，对笔墨本质的理解和运用上，黄宾虹最为精到。在黄宾虹的词汇中“笔墨”几乎是国画的同义词，是他绘画艺术的全部。在二十世纪所有中国画家中，没有任何一位画家像黄宾虹那样对笔墨的地位和作用突出强调到如此程度。如此，以笔为骨，诸墨荟萃，方能呈现“浑厚华滋”之象。黄宾虹说：“国画艺术的最高境界，就是要有笔墨。”在用笔上他又说：“大抵作画如作书，国画之用笔用墨，皆从书法中来。”可见，黄宾虹指出中国绘画的用笔源自书法，书法为始基，绘画是在这个基础上生发。他的观点，太极笔法起于一点。论笔法者，要以“一波三折”为备。黄宾虹的“民学国画”的“笔墨观”是其哲学思想和美学思想的实践,体现其艺术成就的全部。“民学国画”思想的实践物化形态,就是他的“笔墨论”。

【80】裴晓冬 《论陈洪绶“线”的轨迹》 东北师范大学 2007年美术学专业硕士论文

明末清初画坛上卓越画家陈洪绶先生,他的绘画在继承传统艺术精华的基础上,进行了独特的创新。纵观陈洪绶绘画作品的发展历程,“线”在其作品中占有特殊的地位。他的作品艺术构思极具想象力,绘画风格古朴生动,构图简括,造型夸张,勾线劲挺,充满着运动感、节奏感和装饰情趣,鲜明地表现出作品内在的生命力。陈洪绶开启了中国人物画由中古向近代转型的新境界。

【81】王国玲 《试论古代文人画对现代中国画发展的现实意义》 东北师范大学 2007年美术学专业硕士论文

中国画作为中国传统文化之瑰宝,是以其文人画所特有的文化内涵、民族的艺术语言和独特的美学理念作为其核心部分的。从文人画的形成发展、文人画对中国其它画派和中国后世绘画产生深远影响的阐述,文人画逐渐成为中国古代美术传统审美的标志和品评中国画优劣的标准,在中国画坛中具有重要的地位。然而近现代由于受到西方经济、文化和思想的冲击,中国学术界对文人画展开了全面的否定和批判,致使文人画界定义变得模糊不清,造成现当代人对文人画的一知半解。表现在一些人信手涂抹,以奇怪为创新,企图钻个空子,捞点名与利和好处,使得中国画坛鱼目混珠进而也失去了往日的风采。针对中国画所面临现状,此时急需对中国画的一系列弊端进行整顿。然而,整顿中国画需要有一个很好的法度,那么,具有文化内涵、民族的艺术语言和独特的美学理念的文人画便符合这一标准,因此文人画对现代中国画的继承和发展具有现实意义。那么,对于现当代美术工作者的我们来说,使文人画这一中国文化百花园中的奇葩绽放得更加绚丽多彩,无疑是繁荣和发展有中国特色社会主义文化的重要任务之一。

【82】类维顺 《明代中后期山水画转型之原因分析》 东北师范大学 2007年美术学专业硕士论文

笔者通过研究发现,明代山水画在明代中后期出现了明显转型的重要原因,实际上是主要由于元代和明代文人画影响强大这一客观事实的不自觉反映所造成的。这是点燃一种新的审美形式的星星之火。当然,明中后期山水画具有如此强大的势力和深刻影响是与社会的、文化的、商业的、思想的进步与发展艺术自身发展相紧密联系的。在文中,笔者试图从元代山水画及明代初期山水画的艺术特征、明代中后期山水画的艺术特征、明代中后期山水画的转型重要原因、明代中后期山水画继承与创造四方面来阐述和分析明代山水画在明代中后期出现了明显转型的原因。从社会角度来看:明代中后期社会稳定,江南地区的物产富足,很大程度上促进了商品交换,使得外贸、内销等活动更加频繁。随着这种情况的出现,该地区的消费主体购买力大大的增强,消费主体对山水画的内容形式起到了重要的制衡作用,经济繁荣对山水画的风格特点的转变产生了很大影响。社会稳定,航运,陆运的发达,同时使江南地区聚集了来自各地大量的商人,他们获得经济利益成为富商大贾的同时更大程度上变为书画的消费者,他们购买书画的能力和次数不断提升。

【83】 南村 《“岁朝图”与近代中国画的嬗变》 外语艺术教育研究 2007年 03期

本文试图通过岁朝图来考察绘画与民间习俗的关系,以及由这种关系所引起的画家身份的变化。从相关材料来看,岁朝风俗在两宋和元明之际发生了一定的变化,由驱鬼除疫逐渐转向娱乐消遣,并带有浓厚的喜庆吉祥色彩。民间风俗与文人生活方式的结合,产生了以插花、盆景为主要内容的“岁朝清供”习俗。与此同时,岁朝风俗也开始成为画家的表现对象。画家对民间习俗观念的认同,反映了其身份的变化,即由传统的文人向职业画家靠拢。

【84】赵洋 《感悟“石涛的笔墨精神”》东北师范大学 2007年美术学专业硕士论文

石涛,三百年来,特别是现代,一直是中国绘画史上的一位热点人物。他的确有资格成为经久不衰的热门人物,而决不是风云一时的时髦人物。这不仅是他以丰富而新奇的作品震撼了古今的读者;更重要的是,他以一部《画语录》所显示的美学内涵,吸引了代不乏人的热衷者。作品有赖于画家驾驭笔墨,作有机的组合才能成功。石涛强调的“墨之溅笔也以灵,笔之运墨也以神”,就是反对把笔墨浅薄的理解为只是形象的轮廓勾勒。笔墨的有“神”有“灵”就是体现“一画”真谛的关键所在。而“灵”合“神”的取得,石涛认为全赖画家对“生活”和“蒙养”的把握程度如何。“笔墨当随时代”。现代以来,人的自我意识的觉醒则必然造就个性张扬的现代笔墨。无论是古人的天人合一、现代的自我发现,还是当代的疯狂与怪诞,无不是时代的产物,是笔墨自律过程使然;笔墨语言的功能在于传达不同时期人们的不同的思想感情,而不同时代的艺术家又有着不同生活环境与表现对象,因此笔墨当随时代是自然而然的,时代性是笔墨语言的最本质的属性。历史不会割断,变异与冲撞后边是新的层面的和谐。让我们接续古人未了之思绪,开创今日勃勃之生机。

【85】徐建融 《20世纪的非学院中国画教学》 中国文化报 2007/04/29

【86】邱巧 《中国山水画自然观中的世俗文化情态》 大连大学学报 2007年 04期

中国传统文化精神安于此岸、缺乏终极超越,这使得山水画艺术作为中国文化的独特视觉呈现也受到了巨大的影响。山水画中的观物方式、笔墨情趣和艺术理想这三者彼此相连,在显现山水画艺术本身所禀赋的特征之余,也显现出自然观"天人合一"的实质背景下,山水画艺术与中国传统文化相呼应,必然浸润上中国文化浓厚的世俗气息。

【87】陈履生 《如何面对中国画的高原》 当代中国画 2007年 08期

伴随着"第三届全国中国画展",由这个展览所引起的对当代中国画现状的评价,出现了"中国画创作整体进入'高原时期'"的说法,其理由是—"过去中国画创作群峰突起,齐白石、潘天寿、徐悲鸿等大师身后是一片'小土坡'",而"现在土坡长高了",因此"中国画创作整体进入'高原时期'"。

【88】王小飞 《高校山水画教学研究》 东北师范大学 2007课程与教学论硕士论文

高等学校是直接面向社会培养高级专门人才的教学机构,学科教学的质量水平直接影响着学生一生的追求和发展,在高等艺术院校中美术学专业是一门特色专业,作为其核心教学内容的山水画教学则是一门地位突出的专业课程,对于中国画专业的学生来讲,学好山水画是尤为重要的,作为教师来说,教好山水画课程更显得任重道远。山水画作为我国一门传统艺术在一千多年的历史发展中形成了其独特的绘画语言和审美规范,山水画的教学在其古典师承阶段和现当代学院教学阶段有着内在必然的联系,也有很大区别。本文从传统美术教育山水画教学的历史发端讲起,结合个人多年的教学经验,阐述了山水画教学的正确原则和方法程式,并用个人独特观念批判了现当代教学中存在的诸多问题,并对当下学术界普遍关心的山水画教学和发展问题进行了论证,想必对现代我国艺术院校山水画方向的教学和科研有一定的帮助。引论部分从传统山水画教学的古典形式谈起,结合当代高等院校山水画教学特性解释了传统美术教育山水画教学的内涵,并对山水美学传统进行了阐述,表明了本论题的研究意义和目的,同时,就研究背景及现状作了理性分析和简要介绍,提出了本论题的研究思路和方法。

【89】王英 《中国画中"散点透视"独特的审美观》 科技信息 2007年 05期

中国画家为了获取更大的绘画空间自由,采取了一种特殊的艺术眼光观看世界。散点透视体现了中国人独特的审美观和浓厚的浪漫主义色彩。科学并不等同于艺术,自然科学的原理不能代替美学原理。中国画的散点透视更注意构图者的意象位置,根据它移动物体在空间的位置,明显把物理现象和心理现象结合起来,形成超自然的能力,达到"咫尺天涯"的美学效果。

【90】沈桂林 《浅析油画风景和山水画中的"意境"》 科技信息 2007年 21期

在今天,中国画家对于自然风景的描绘不再是单纯的以国画山水为主,油画的传入使得油画风景也成为中国画家表现风景的手段之一,而对于绘画存在的多种可能性的探讨也为油画风景和山水画的融合提供了可能,同样是以风景为题材,中、西绘画却作出了完全不同的理解,而造成这种不同的根本原因在于对绘画存在的意义的理解不同,"意境"作为绘画作品的精神存在,让我们理解了油画风景和山水画的分歧所在,因而理解了油画风景和山水画中的"意境"则有助于我们把握油画风景和山水画融合的"度"。

【91】彭岩 《试谈宋元山水画的意境》 大众科学 2007年 12期

意境是山水画的灵魂,宋元山水画家对于意境的营造可谓各具特色,深邃的意境与优美的形象是一种协调、一种和声,是它们把我们带入了绝佳的审美氛围。

【92】马芳 《论现代工笔花鸟画的创新》 科技信息(学术研究) 2007年 06期

工笔花鸟画历史悠久,源远流长。早在新石器时代的彩陶上就出现了花草鸟鱼图案,唐代时独立成科,五代时期进入繁荣阶段,更经历了宋元时期的空前兴盛,但自清中期以后逐渐衰落。现代工笔花鸟画在继承传统的基础上不断开拓创新,使工笔花鸟画再一次走向繁荣。其创新主要有两个方面:意境创新和技法创新。

【93】张冬卉 《和之以天倪》 中国艺术研究院 2007年美术学专业博士论文

“遗民”的痛切反思和不屈人格以各种艺术形式呈现出来。这种现象在明末清初的绘画领域，体现为诸多画家的“法法不宗”、“我自有我法”等一系列的变法和对传统的转化上。八大山人是明清之际中国画坛上一个坐标式的人物，他以自己坚贞不屈的民族气节和笔挟风雷之气的山水画树立了一座人格与艺术的丰碑。以往，关于八大山人山水画的研究缺乏完整、准确的艺术学、美术学成果，更缺乏对其山水画艺术价值的合理判断。本文力图透过缝隙，以细节分析为手段，采用心理分析、图象研究、美术史和艺术学的方法，实现对八大山人山水画的本体性把握，弥补既往研究之不足。笔者首先立足于八大山人的生命状态与其山水画源起的关系研究，通过心理分析，得出一个基本结论是：心理和环境的郁结，打造了八大的悲情人格；独特的人生况味，促使这种人格必须寻得一种独特而合理的排遣方式。于是，八大山水找到了山水画，本文也探索到了八大山人山水画的源起。其次，透过作品分析八大山人山水画的特点。

【94】蒋娜 从《洛神赋》到《洛神赋图》的审美转化 大理学院学报 2007年 01期

魏晋时期,洛神一度成为各类艺术争相描摹的女神形象,以之为审美对象的各类艺术作品中,《洛神赋》和《洛神赋图》则是其中的两大杰作。文章试图从审美理念、审美视角、审美体验与审美表现手法四个方面探究《洛神赋》和以之为脚本的《洛神赋图》之间的审美递变关系。

【95】邵大箴 《中国画新潮和中西文化交融大背景》 当中国画 2007年 08期

《时代心潮》2007年第2期本文从中国画这个角度,扼要地说说在西方文化全方位地渗透到中国,西方艺术的观念和技巧直接影响中国美术时,中国画如何解决面临的课题,采取应对的措施,争取新的生存和发展空间。20世纪从事中国画创作的艺术家,不论是坚持什么艺术“路线”和风格的,都面临着“西画东渐”这一事实。除了较小一部分中国画家对西画不理解并横加指责与批评外,真正在艺术上有造诣、有成就的艺术家,莫不采取慎重观察、思考和研究的态度。

【96】于澎 《近现代中国画与日本画的特征之比较》 同济大学学报 2007年6期

【97】鹿咏 《关于中国画教学的历史回顾和现状思考》 安徽大学 2007年美学专业论文

中国画是伴随人类文明的发生，在中国区域内产生和发展起来的，并逐步形成了独特的中国画的话语体系。中国绘画艺术源远流长，具有深厚的优良传统。中国画的这些优良传统正是靠中国画的教学才能得以延续继承下来。研究中国画教学，就会知道我国有着悠久的美术教学传统。我国现代意义上的美术教育改革试验则主要是借鉴西方的，起步晚，时间短。20世纪初，中国的现代学堂教育出现之前，丰富的传统美术教育资源作为中国艺术得以承袭延续发扬的重要方式，延续了中华民族千百年来古老而深厚的传统文化，在艺术高峰迭起，流派纷呈，名家辈出的中国古代美术史上，艺术家们积累了丰富的美术教育经验，这些传统美术教育中的优秀理论经验在今天的学校美术教育中依然闪耀着熠熠光辉。本文首先论述了中国自古以来的中国画教学的各种形式，其次论述了当今中国画教学发展的新方向。

【98】曹明 《古典山水画空间理论研究述评及建构》 安徽大学 2007年美学专业硕士论文

古典山水画是中华民族独特的审美意识和思维智慧所孕育的艺术奇葩，具有深厚的文化底蕴。其独步于世界艺术之林的根源在于它的表现形式和对画面空间的理解。出于对笔墨这一民族绘画语言的执守和对西方艺术理论权威的膜拜，目前古典山水画空间理论研究不但表现为自身语汇的缺失和被殖民化，更缺乏一种建构民族话语体系的勇气和自信。我们希望通过对当前有关理论的研究，以民族艺术思维为指向，民族视觉文化为基础，系统地建构古典山水画空间理论的话语体系。现当代对古典山水画空间问题的研究可以归结为实证研究、阐释研究和诗学参照研究三个方向。实证主义参照西方古典写实主义绘画所遵循的透视原理，通过对出土文物和古代绘画作品的研究，认为中国古典山水画在画面空间处理上是科学的，是符合透视法则的。但这种研究并没有透彻理解古典山水画的创作机理，也没有摆脱透视法所依循的视点。

【99】姚志虎 《论线的“书写性”在当代工笔画中的地位》 华东师范大学 2007年美术学专业硕士论文

时代的转型引发工笔画转型，这是个无可回避的现状。当代的工笔画已不再为传统的成法样式所束缚，其题材不仅仅是神话人物或历史故事，其形式亦既有平面装饰的、色彩型的，又有西方写实的。工笔画的发展正呈现出一片欣欣向荣的景象。然而在它的发展中有一个不容忽视的现象，就是线的“书写性”正在逐渐被弱化。针对这个现象，本文提出一些自己的看法。第一章扼要地梳理了中国画线条的发展史，加深了对中国画线条的认识；第二章主要通过诸如“以书入画”、“骨法用笔”、“气韵生动”等概念的再阐述以及对中西绘画中线条差异的比较分析，提出中国画线条艺术的独特品格——书写性；第三章通过对当代工笔画作品的分析，说明线的“书写性”在当代工笔画中已被弱化，被忽视；第四章则从时代背景的变化、书写工具的变迁、新媒介的出现等各方面来论述造成线的“书写性”在当代工笔画中被弱化的原因；第五章主要论述在多元化的今天，中国工笔画要发展，在关注外来美术文化引进的同时，更要关注“内源发展”，更要发展线条的“书写性”。

【100】申元元 《论新文人画与复古》 华东师范大学 2007年美术学专业硕士论文

本论文通过对历代先贤借用复古改变当时画坛的陋弊或不良习气，寻求创新发展的实例的分析，得出古代先贤倡导的复古并非模仿古人、对传统亦步亦趋，其实质是把复古看作一种策略，是要“借古开今”，它是以传统的优秀经典为主要资源，以复兴古代中国画的精神为旗帜的、实质是追求创新与发展。二十世纪末新文人画高举传统大旗，在继承传统的基础上发展中国画的举措，其实质也是一种复古策略。并且通过分析新文人画在当代的发展现状与发展的强大生命力，揭示出当代中国画要创新发展，画家们要寻找各种出路，复古也是一条可行之路。然而，虽然新文人画在传统领域里已取得了一些成就，这些还远远不够。中国画的发展需要所有国画从业者潜心钻研，去寻找与解析传统中国画的经典元素，归纳其中的发展规律。只有成千上万的人愿意做默默无闻的铺路人，才能期待中国画的不断进步与创新。

【101】宋怡 《探索的初级阶段》 华东师范大学 2007年美术学专业硕士论文

“实验水墨”这一概念最早是在由批评家黄专和王璜生提出的。它并不是特指某一类型或风格的水墨画，而是泛指一切试图超越传统(如文人画)及正统(如写实水墨画)创作框架的新水墨创作，或者说是在当时处于边缘地位的新水墨创作。 从上世纪八十年代初发端以来，实验水墨已从最初的边缘化发展成当今的多元化格局。尽管如此，它还是处在探索的初级阶段。中国悠久的文脉中有许多约定俗成的东西，包括稳定的审美心理，特定的精神气象，而实验水墨在审美趣味，形式风格上均有别于传统水墨乃至新文入画，大众难以接受；与官方所支持的画院，美协的思路也有出入，所提供给它的表现舞台极为有限，媒体的宣传力度也远远不够；而且因与学院写生派的要求不同，没有自成体系的课程，学生信息来源不全面；加上实验水墨中抽象水墨占据主要成分而导致其本身发展的局限，它与前卫艺术相比，对生存环境的关注更是存在着严重的滞后，当代艺术圈内关注度也不如后者；……总之，陷入了种种困境。

【102】李姗姗 《构图“东·西”》 安徽大学 2007年美学专业硕士论文

画家要进行创作，面对画布(纸)首先就是如何安排各个物象在画面的位置，怎样组合它们以达到最好的画面效果。从艺术本体的角度上来说，东西方绘画的构图方式，存在着异曲同工之妙。 除导言和结语外，本文共分三章。 首先，本文对东西方绘画进行追本溯源。中西绘画成长于不同的文化土壤之中，基于文化背景、审美观和科学观的不同，形成各具特色的表现形式。正如潘天寿先生所说：“东方绘画之基础，在哲理；西方绘画之基础，在科学；根本处相反之方向，而各有其极则。” 从西方绘画史看，直到二十世纪以前，绘画的表现方法、审美标准基本上就是追求真实感。西方古代美学要求“艺术摹仿自然”，后来叫做“再现自然”、“再现生活”。现实主义的典型化更是建立在真实性基础之上的，唯有真实才能够具备打动人的因素。从古希腊到十九世纪末，欧洲绘画大体上在这个范畴中发展。绘画大师们创作出几多令人惊叹的伟大作品，各种流派兴衰交替，此起彼伏，千变万化，各臻其美。

【103】乔建业 《五代两宋山水画的空间构架研究》 西安美术学院 2007年美术学专业硕士论文

论文从五代两宋山水画专门论著入手,研究分析这一时期山水画在空间处理的审美特征,围绕以下几方面阐述:"以大观小"和"以小观大"是两种空间认知方式,"以大观小"是山水画空间构架的统摄之法,它不是对自然的简单再现,而是主题自由创造,在对平面的层次空间的建构中表现出独特的空间意识;"以小观大"小中见大、精细不苟的审物精神,体现对细小事物的宽宏与精研,它突出刻画某一主题现象,以作为构成画面的视觉中心,强调物象单纯性所传达的情绪,从薪新的视觉角度去表现笔墨与空间的关系;三远是中国山水画空间构图法则之一,三远论是五代两宋山水画空间构架的具体表现方法,三远论空间表现技法是从作者和观众的视觉出发,以移动式的视点进行流动观察,它既是观察方法也是创作方法;计白当黑是山水画空间处理重要法则,空白处理是独特的空间意境的表现;五代北宋山水画大多数空间处理是层峦叠嶂遥相望的平正、稳定的全景式山水。南宋是特写的小景式诗意空间,画面善于利用空白,追求画面空间结构新的形式法则,讲究空间境象创造。山水画的空间构架从本质上讲是平面性物象排列和交叠,重视中国画空间处理的传承与创新,这是中国画空间构架最根本的着眼点。

【104】常欣 《自然写真 应物象形》西安美术学院 2007年美术学专业硕士论文

五代末至北宋初是山水画建立的典型阶段,北宋山水画被视为中国山水画表现的最高成就。北宋山水画的特征在于表现自然中的彻底统一性,山水成为充满庄严肃穆的气氛的绝对性存在,达成自然主义与理想主义的调和。它已不是一时一地的山水,而是有天有地的小宇宙,成为道的体现。那一时期的山水画家强调"外师造化,中得心源",以自然为师。它所取得的成就,是建立在中晚唐以水墨画为技法的基础上的。关于那一时期山水画史上所取得的成就,当时的人就已经充分认识到并有所记载,后人更是给予很多肯定。五代宋初山水画崇尚自然,应物象形,本文通过对那一时期的社会政治、经济、文化、历史等背景因素加以分析,并比较其它艺术门类对五代宋初山水画审美意趣的影响,以及画家自身的追求等诸多因素来分析北宋山水画审美意趣的成因。本文进行深入分析这种审美意趣在绘画中的具体表现,如造型因素上,意境追求上,构图及笔墨上都有其典型性,有别于后世的"文人画"。

【105】周晓 《论中国山水画的空间》 西安美术学院 2007年美术学专业硕士论文

本文以中国山水画的时空观念为引发点,结合中国画特殊的空间处理方法,并与西方绘画空间观念进行比较,阐述了中国山水画的空间概念。论证了中国山水画画面的整体空间感是画者、观者多重视觉感应与审美心理的交叠反映,是各种空间理论、文化心理、空间表现历史和个性化示意的艺术凝结。通过对中国山水画空间的分析对养成一种自由自觉的多维性空间及表现意识,完成中国山水画自身的礼成有着借鉴意义和启示。总之,中国山水画的空间归结到原生态,乃是人类争取生存空间(生命空间)的象征,而山水画以气为本的生命观,本质上体现了中国先人的宇宙观。

【106】 姜英俊 《浅谈中国画的意境》 科技信息(科学教研) 2007年 14期

意境是我国传统美学的一个重要范畴,是构成艺术美不可缺少的因素。任何一幅成功的中国画作品,都有其各自的成功的意境体现。从整个绘画过程来讲,中国画的创作中,意境的营造是十分重要的,我们的中国画创作应追求"意境为上"的创作原则。

【107】赵晨 《中国人物画的现代化转换极其所呈现的特征》 中央美术学院 2007年国画人物专业硕士论文

时代主流艺术风格的形成,是占统治地位的社会思潮,时代背景的当下特征,社会审美时风与艺术自身规律共同选择的结果。同时,中国的文化总是不排斥并接纳外来文化,与之融合发展的。(如"陆家样","张家样"与西域文化的密切关系)近代西方文化的传入直接影响了中国人物画的发展,使其相对传统的样式产生了巨大变化。从中国画现代化进程中的颇具影响的海派作为背景的任伯年的绘画艺术开始,到"五四"及之后背景下产生的蒋兆和的绘画,中国人物画在样式上产生了很大变化。这些变化既有外力的影响,即西方文化的输入与主流社会思潮的影响;也有社会审美时风转变的使然。但在发展、相沿、交融与筛选中它仍保留了自己独特的造型方式。即如魏晋及唐的人物画是汉文化与西域外来文化交融的结果,近代以来,由任伯年到蒋兆和的中国人物画的现代化转换则是在西方现代文化的输入与主流社会思潮的影响下的内在必然结果。同时,由中国独特的哲学观及观照方式所引领的中国人物画特有的造型方式则是在融和、发展中不变的关键。在全球化的当下，认清自己的传统，明白其发展的内在因果及必然，是清醒的对待外来文化及社会变迁的关键。

【108】姚涛 《绘画创作体验的诗意思考》 中央美术学院 2007年中国画专业硕士论文

【109】 陈卓菁 《浅谈宋代山水画的发展过程》 科技信息 2007年 02期

中国山水画,作为以祖国山川河流为主题的中国民族绘画,从早期的人物画衬景发展到独当一面的山水画科,在其间的每个发展阶段都拥有自己的特点及与其产生发展相适应的时间和空间条件。宋代山水,这一艺术形式的集大成者,充分体现了这一点。

【110】周洋 《画说优孟》 曲阜师范大学 2007年美术专业硕士论文

中国画和中国戏在千百年来的历史发展中形成了具有鲜明民族特色的美学体系，是我们中华民族艺术文化的重要组成部分。历代以中国戏曲为题材的中国人物画，将这两大民族艺术的魅力充分的凝聚并淋漓尽致的表现出来，形成了极为珍贵的艺术财富。本文共包括“以戏入画的历史背景和理论依据”、“戏曲绘画在各个时代的风采”、“戏画韵味”以及“戏曲绘画的现实意义”四大部分，从中国戏曲与中国人物画艺术的相通性出发，以中国戏曲人物画的形成和发展为线索，通过对历代戏曲人物面的赏评来分析当代戏曲人物画的发展趋势，用循序渐进的方法系统深刻地阐述了中国戏曲绘画的艺术价值，表明了弘扬中华民族文化和与世界先进文化批判性结合的重要意义。崭新的二十一世纪，在世界各民族经济文化迅速发展的今天，中国优秀的民族传统文化愈发受到世界各国人民的重视，中国画和中国戏的迷人风采以及她们丰富的文化内涵吸引了越来越多的人们的目光。中国戏曲人物画集中国传统文化精品于一身，充分代表了中华民族伟大的智慧结晶。文化是一个民族的灵魂，社会的进步离不开繁荣的文化。中国戏曲人物画的发展，是弘扬民族精神的重要组成部分。

【111】 刘保华 《中国人物画“传神”的历史渊源探析》 曲阜师范大学 2007年美术专业硕士论文

本文通过对中国人物画各个发展时期社会背景、美学思潮、绘画成就、理论建树等方面的介绍、分析和比较，探索中国人物画中“神”的历史发展轨迹。秦汉时期，尤其汉代，为巩固封建制度，儒学一统思想界，人物画主题是道德教化，而不是精确再现对象形貌特征，画中人物形象概念化，“神”的概念尚未用于绘画。魏晋南北朝崇尚玄学，重“神理”轻“形骸”，“以形传神”的绘画理论出现，“神”的描写成为画家的自觉追求。这时绘画技术未臻成熟，神的表现尚不能得心应手。另一方面，由于当时的社会状况，人们所追求的精神自由在现实中并不能实现，艺术成了士人精神乌托邦，人物画中的超逸之“风神”，则是人们的主观奢望。唐宋经济发达，文化进步。受理性主义影响，绘画精致、写实。人物画全面成熟，肖像画独立。明清思想解放，画家更注重表现人物个性，西方素描画法丰富了中国人物画表现技法。人们不再以论“形似”为耻，对肖像画具体技法做了大量探索与总结。肖像画全面成熟，逐步摆脱政治、伦理和道德内容，着重表现人物真实神采。本文揭示了人物画的“神”由无到有、画中人物地位由高到低、取材范围不断扩大的历史进程。

【112】 陈方媛 《隐逸思想对中国古代绘画的影响》 曲阜师范大学 2007年美术专业硕士论文

中国古代历史上很早就有了隐士的出现，而且他们的一些行为和观念为后世所推崇，在古代传统文化中占据了重要的地位。可以说隐逸文化是古人留给我们的一种处世方法和智慧。 隐逸最开始是一些有文化修养的人，由于对社会不满对政治不满，而又无力发挥自己的才能济世平乱，于是就采取了一种逃避的处理方法。这些个性清高的知识分子深刻影响了中国古代传统文化的发展方向。随着历史的发展，这些隐逸了的知识分子的文化和观念不断的传播，更多的文人采取了这种处世方式。与隐逸思想密不可分的就是道家、儒家、禅宗思想，这三家思想在隐逸思想的建构、传播中起到了非常重要的作用。隐逸从一种行为转变成一种文化，形成了中国特有的一种审美文化，这种审美文化又影响了中国古代文学、艺术等等众多方面。隐逸思想的显著特点就是崇尚自然、柔弱处世，在文学上促进了山水田园诗的发展，在绘画上促进了水墨山水花鸟画的发展。绘画在最开始的时候起到的是“成教化，助人伦”的作用，而随着山水画的发展，绘画的功能开始转向抒发个人情怀的功能。隐逸思想的自然和澹泊正是山水画所追求的，文人知识分子也从山水画中求得了精神上的自由。

【113】曹俊 《中国画与理性》 当代中国画 2007年 08期

中国画的色彩本身就是抽象的,只是画家本身的情感因素和个体喜好占据了太多的比重,因而缺乏一种真正意义上的理性思考，充其量只是“随类赋彩”，加之元以降“水墨为上”的美学理念，更使得关于中国画色彩本体的思考显得薄弱。抽象的色彩其实和音乐是相通的，不同的色彩和音符的组合会给人以迥异的心理感受。

【114】李超峰 《关于中国画创作的理性思考》 宿州学院学报2007年 06期

中国画是民族精神和气格的象征，当代中国画的创作在传统理念与创新意识、形式的多样性与情感的诸多矛盾中发展。而提高创作主体的修养关乎作品格调的高低，以现代意识和民族精神为契机，把握时代给于中国画的要求，真诚的面对自然，面对心灵，努力创作出具有时代气息的艺术作品，为中国画在21世纪的艺术之林争得有话语权的一席之地。

【115】殷允超 《中国画和园林艺术探索中国山水精神》 曲阜师范大学 2007年美术专业硕士论文

古代中国人基于“天人合一”的哲学观，产生了人与自然万物可以融为一体，内在性灵与外界自然之间无绝对界限的意识，并且把人与自然合一当作一种最高的境界来追求，从而促使了山水文化的产生和繁荣。在山水文化的哺育下，许多文人士大夫每日沉浸于山水之间，从自然山水中汲取艺术灵感，创作出可“卧游”，“畅神”的山水画和“虽由人作，宛自天开”的“可观可游可赏的”的中国古典园林。中国山水画和中国园林艺术之所以能够相通，就在于它们有着相同的山水文化精神。有了相同的精神基础，自然风光就不仅仅是自然风光，而是具有着人文精神和人类情感的产物。由于中国山水文化精神的影响，中国的山水画和园林艺术才不同于西方的风景画和园林景观。中国山水画注重写意，西方风景画多注重写形。中国园林艺术强调“本于自然，而高于自然”，而西方园林景观则注重规范秩序，喜欢几何之美。正是因为有着中国独特的山水精神，才造就了中国独特的艺术境界。

【116】 李信斐 《傅抱石人物画艺术初探》 曲阜师范大学 2007年美术专业硕士论文

傅抱石是20世纪中国画坛巨匠，一代山水画大师，他以独创的“抱石皴”闻名于世，为中国山水画的发展做出了重大贡献。对于傅抱石的绘画艺术，多数人记住的是他的山水画，而对其人物画多还认识不够。傅抱石的确还是位成就卓越的人物大家，他的人物画以传统为主，浪漫、理想主义浓厚，尽管题材多为历史人物，诗词故实，却丝毫不见陈腐之气。他以“其命维新”的艺术理念指导创作，将山水画技法、经验融入人物画创作中来，形成独特风格，为传统人物画创作注入了新生。他的人物画是典型的中国艺术思维、艺术观念及强烈民族性与中国哲理相结合的产物，是一脉相承而又超越了传统的中国艺术，是其才华、激情、学识及诗与酒的结晶。本文试图通过对傅抱石人物画的系统分析研究，从理论和技法两个角度来了解傅抱石人物画的艺术特色、艺术价值和艺术地位。

【117】武宇 《高凤翰绘画艺术的渊源与特色》 曲阜师范大学 2007年美术专业硕士论文

本文在高凤翰绘画风格与形成原因方面进行了比较与研究。通过对历史背景与周边友人的研究，诠释不同历史时期高凤翰在绘画、书法、篆刻方面的流变及其艺术特点。进入18世纪以后，随着社会生产的恢复发展，商业城市的繁荣，市民阶层的扩大及其对艺术的需求，加上此时民族矛盾下降而各种社会矛盾包括封建阶级内部矛盾的加剧，带有初步民主色彩的思想文化的抬头，在盐商富贾聚集、思想活跃，已成绘画商品市场的扬州，云集了各家各派。其中的“扬州八怪”在石涛以及其他富于创新精神画家画风的影响下，发展了重视生活感受，强烈抒发情感的阔笔写意画，尤其是写意花鸟画。高凤翰即是八怪中的杰出代表之一，也是八怪中唯一的一位北方人。首先本文介绍了高凤翰跌宕起伏的一生，论述了客观因素与主观因素对高凤翰人格方面的影响，阐述了扬州盐商和扬州八怪的相互依存关系，也就是经济和文化的相互依存关系，确定了对仕途的追求与客观现实之间的矛盾成就了高凤翰“救世”与“自救”的双重人格，士人固有的人格冲突在高凤翰那里表现得相当激烈。其次，本文对高凤翰的诗、书、画、印、砚方面的创作与贡献都作了详细的介绍与分析。

【118】龚天雁 《郑板桥艺术实践及美学思想特征》 山东大学 2007年文艺学硕士论文

郑板桥，作为“扬州八怪”的领军人物，不仅是位杰出的画家、书法家，而且还是卓有成就的文学家。郑板桥一生虽然没有系统的美学理论著作，但其美学思想却散见于具体的艺术创作题跋及诗文中。本文选取了从美学角度研读郑板桥作品，通过解读作品的潜台词，以挖掘其“狂怪”、“传奇”、独特的艺术创作实践背后的深刻美学理论价值，从而深化对郑板桥艺术的研究。本文共分三部分对其进行系统阐述：首先从郑板桥的生平思想谈起，着重论述了郑板桥穷苦曲折的生活历程造就了他坚强而敏感的心灵。即从郑板桥所生活的封建社会末期政治上的黑暗、丑恶、腐朽的社会背景及明中叶之后启蒙思潮的兴起的文化背景中，揭示出郑板桥复杂的矛盾性格及思想，郑板桥在现实的矛盾斗争中挣扎，这种矛盾性反映在他艺术创作上，是他艺术上的不断升华和超越，最终成就了他独特的艺术魅力。其次围绕着郑板桥的艺术成就进行展开论述，分别就其诗文、书法、绘画的不同的角度分析他的艺术成就及特点。

【119】路艳霞 《中国美术创作院画家集体亮画》北京日报 2007/05/17

【120】徐涟 《中国美术创作院首届院展获好评》 中国文化报 2007/05/17

【121】范美俊 《晚明徐渭的书画转型及其心学背景》 四川理工学院学报(社会科学版) 2007年 01期

徐渭是中国书画艺术史上一位开天辟地的创新性人物,他的书画是在怎样的社会大环境与小环境中形成的,历代的研究者往往多从结果中进行研究,而忽视了产生这一结果的内在原因。本文简述了徐渭书画转型性特征,并试图找出造成这一形式转型的各种动力因素所在,认为哲学上的心学转型是其重要原因之一。

【122】万新华 《陈洪绶研究廿五年评述》 大连大学学报 2007年 01期

陈洪绶作为一个极其重要的人物画家,画法承接唐宋传统,融合元明文人笔墨程式,以怪诞奇崛的美学趣味独树一帜,清初曾一度被正统派文人画家、理论家视为野恶。然清末以来,推崇其绘画技法、绘学思想并在创作中借鉴、吸收了陈洪绶绘画中的许多有益营养而最终走向成功。在当今纷繁复杂的多元化社会里,也对21世纪传统人物画的探索发展起到一定的启示作用,并引发人们寻求传统人物画在现代文化情境下的拓展之路。近年另有学者将陈洪绶绘画与荷兰伦伯朗、西班牙委拉斯贵支油画人物做比较研究,然而将陈洪绶绘画与西方写实油画相比,难免也会出现偏颇,这种比较不免有些牵强。

【123】叶萍；张康贵 《中国人的自然观念与山水画的形成》美术观察 2007年 1期

中国绘画是对中国人特有文化观念的一种表述。中国人对生活于其间的自然形成了“天人合一”的观念,将人与自然视为一体。人对物象进行观照,力图把握物象的典型形态特征,就养成了以“散点透视”的方式观察和表现物象。天人合一的自然观念和散点透视的观察表现方法,决定了以后中国山水画的发展方向和形式特点。这是一个非常漫长的过程,在这漫长的过程中,山水从图画文字符号到器物纹饰,再到人物画背景,终于在魏晋南北朝时独立而出。

【124】龙乐静 《试论中国画的线条在人物画中的运用》 中央民族大学2007年美术学硕士论文

中国画是用线造型的艺术，表达自然中的任何物象最简洁、最直接的方式莫过于描摹出对象的轮廓线。由于在几千年的传统文化长河中，人们一直秉承着“天人合一”、“中庸”等哲学思辩的观念，从而引领我国绘画的造型向着“似与不似之间”，不以刻画事物逼真为能事的方向前行，那么归结到最后呈现在画面上的“线条”，就不再是简单的勾画出物象的轮廓了，它已经是从自然中的“面”提炼出来的，抽象概括了的“线”。而中国绘画最后的目标是要达到“气韵生动”，体现当时的时代特征和抒发作者的个人情怀，而为达到这一切，画家们一方面通过“似与不似”而再现了形体本质的“形”进行表达；另一方面，他们将更多的思想感情倾注在了“线条”本身，使其自身就已经具有了独立美感，成为了有意味的、能言情缘志的“线”。中国画线条的发展一直讲究的是以形写意、借物传情，唐以前所用之线总是游荡于“高古游丝描”的范围之内，即使是这样，也依然是通过对物象的描写而表达了主观情怀。到了吴道子以后，绘画中的线条融入书法之法，开始有了线的压力变化和方圆曲折，讲究“离披点画、时见缺落、笔不周意周”，极大地丰富了线型语言，增强了线的表现力。在后来的李公麟、梁楷、任伯年的努力下，线条造型更为完美。

【125】曾祥斌 《从中西方绘画的构图比较看当代工笔花鸟画的构图》 湖南师范大学 2007年美术学硕士论文

各种视觉形式充斥着我们的世界，人们视觉阅读的速度也是不断在加快，于是视觉冲击力成为视觉作品抓住人们眼球的最主要的因素，而绘画作品的视觉冲击力很大程度上取决于构图，可见构图在绘画中具有极为重要的意义，构图决定作者的构思是否与画面形式相适应，决定着情感表达是否充分，决定着画面形象的表达是否符合形式美的法则，所以构图的好坏决定着一幅画的成功与否。不论是中国绘画还是西方绘画，构图都是首要的问题。由于中西方的文化差异，中国绘画和西方绘画在面貌上有很大的区别，从构图的原则到构图的样式，都存在着很大的不同。本文就从中、西方的构图原则和构图样式的比较入手，并在此基础上来分析透视当代工笔花鸟画的特征和图式。第一章将中西方的构图原则进行比较，并找出其共通点和差异性。第二章将中西方的构图图式进行比较，并找出其共通点和差异性。第三章从构图学、构图原则和图式来看中国当代工笔花鸟画构图的现状，分析当代花鸟画对中、西方构图差异性的兼容局面及其构图特征。结语部分回顾全文，对中、西方的绘画构图的差异性在中国当代工笔花鸟画中的兼容或融合做一个全面的总结。

【126】李婳 《至广大尽精微—浅议黄宾虹的画学思想和山水画艺术成就及影响》 河南大学 2007年美术学硕士论文

一代宗师黄宾虹以其山水画方面卓绝的成就,成为近代三百年画坛的一座丰碑。他的一生跨越两个世纪两种时代,最终以中国画大师名世,他的艺术思想和山水画创作有着深刻的精神内涵。黄宾虹谨守中国知识分子的优秀传统,从探索民族文化源头入手,以“浑厚华滋”即“和谐向上”的生存理想为艺术创造的美学要旨,通过山水画艺术集中体现了他对艺术传统的深层次理解。因此探究黄宾虹对后世山水画发展的影响,有很大的现实意义。黄宾虹是一位学人,一位通人,他一生于绘画、书法、金石文字、古籍整理出版、画史画论研究、鉴赏收藏、诗学、文献学诸方面都有很高的造诣,目前的理论研究还都只是“金山一角”。本文通过对黄宾虹的艺术人生的简要论述和艺术风格、画学思想的分析,从而梳理出他的艺术发展脉络和对后来画家的深刻影响,以及这些影响所具有的深远意义。首先文章对于画家的人生经历进行了概述,一个画家的艺术思想和他的阅历是紧密相关的。黄宾虹屡经事变,阅历沧桑,这些都在一定程度上影响着他的艺术创作。

【127】 马斐 《恽寿平绘画艺术研究》 河南大学 2007年美术学硕士论文

恽寿平是清代早期的著名画家,他兼擅山水与花卉,是清初画坛“六大家”之一。恽寿平不但绘画创作成果颇丰,他的画论也十分深刻,在对待传统与创新问题上,他提出不但要师法古人,而且要师法造化,并进而以心灵为归宿。恽寿平学习古人,但不被古人所束缚,他提倡一种“非古非今、洗脱畦径”的画风,在绘画创作中也实践了这一主张。针对当时文人画一昧追求神似、轻视写实的倾向,恽寿平提出绘画要重视写生,“以极似求不似”,在绘画技法上他也强调笔墨的训练,他认为中国画“笔中之笔、墨外之墨”的境界需要有精熟的笔墨技巧才能达到,反对那种忽略艺术技巧而奢谈画外之意的不良画风。恽寿平的画论在如何继承绘画传统与创新方面颇有新意,对后世的影响深远。他的山水画与花卉画自成一格,艺术成就很高。恽寿平创制仿北宋徐崇嗣的“没骨花卉”画法,结合了宋代院体画与元人写意画的优点,是一种可贵的尝试。他的“没骨花卉”画为清代以及近代的花卉画创作开辟了新的道路,他也因此成为“常州画派”的创始人。

【128】刘伟 《回归断点传承与开拓：郭熙画学思想研究》 河南大学 2007年美术学硕士论文

中国画的历史确有许多耐人寻味之处,其被湮没的具有和当今时代特性相融合的真价值亟需发掘、开拓。艺术的发展在于创造、创新,“若无新变,不能代雄”,而对自然与传统的漠视和曲解,使今日山水画之“流习鄙俗”已成为不争的事实。这就需要我们重新面对传统与创新,面对自然与自我。对古代优秀的画学思想追本溯源,从中汲取营养,并以此为基础进行开拓和创新。以真实的情感和技艺来表现对新生活的真实感受。本文通过对北宋画家郭熙画学思想的研究,系统阐述其理论著作《林泉高致》的思想内涵:从其以儒家思想为立论基础到以道家思想为意旨所归,从求理不懈的绘画原则到怡情铭志的审美倾向,总结出其自然“拟人化”、平远的发展、高度写实的画风以及文人画风格的倾向等独具特色的画学思想。并以其代表作品对上述理论建构进行实例解析,将理论同作品有机地结合在一起,不简单依靠史实材料的罗列与转述,对郭熙画学思想作整体的研究。

【129】李超峰 《关于中国画创作的理性思考》 宿州学院学报 2007年 06期

中国画是民族精神和气格的象征,当代中国画的创作在传统理念与创新意识、形式的多样性与情感的诸多矛盾中发展。而提高创作主体的修养关乎作品格调的高低,以现代意识和民族精神为契机,把握时代给于中国画的要求,真诚的面对自然,面对心灵,努力创作出具有时代气息的艺术作品,为中国画在21世纪的艺术之林争得有话语权的一席之地。

【130】车言宁 《中西方绘画艺术造型之比较》 南京师范大学 2007年美术学硕士论文

中西方绘画艺术是两个不同的话语系统，其造型观念、审美意识、表现手法都有较大差异，其根本原因在于历史、地理、文化背景的差异。作为对应的两大艺术体系，在新的时代新的艺术观念环境下，基本都是围绕中国绘画传统笔墨和西方现代造型手段的接触交流与碰撞互补而展开的。在历史的发展过程中中西方绘画必然发生一系列地变化。造型观念和表现手法的差异是造成中西方绘画艺术差异的一个主要原因。本文以中西方绘画作为比较研究，通过对二者造型观念、手法的分析，探讨了中西方绘画艺术在造型方面的差异，籍以在中西方绘画造型的比较中将二者的异同区分出来，并分析展望中西绘画的发展趋势。寻找异同的规律性，这样有助于认识中西方绘画艺术的特点，建立我们"自己"的审美标准，坚持"和而不同"的正确观点，并努力使其理论落实到艺术实践中。

【131】 卢阳 《近百年山水画流变》 南京师范大学 2007年美术学硕士论文

从清末最后一个封建帝王的衰落，到二十一世纪的今天，这近一百年来，政治、经济、文化、生活环境、包括人民的思想等等一切都发生了翻天覆地的变化。山水画自清末起一路衰微，之后历代艺术家们为拯救山水画一直在努力，在继承与改造，学习西方艺术之间作出了许多艰辛的努力。这段时期，可以分为三个时间段：清末及中华民国时期、新中国成立至文革结束，八十年代以后至今。清末及中华民国时期的山水画家，可以比较清楚的分为三类，其一，以继承传统为主要宗旨。其二，在继承传统的基础上创新。其三，借鉴西方艺术，运用中西融合的手法。这段时期，时代混乱，政治经济不稳定，加之山水画发展至此已如同没落的封建王朝，像是垂暮老人，毫无生机。但令人称道的是在第二条道路中诞生了一批大师，山水画方面有较大成就的是齐白石、黄宾虹、傅抱石等等，他们将传统山水画的潜力发挥到了极至，可以说是一种奇迹。

【132】 周群 《基于宿墨研究的中国水墨人物画创新初探》 江西师范大学 2007年美术学硕士论文

本文通过分析笔墨与中国画的关系,墨与中国画的关系,宿墨与中国画的关系以显现宿墨在中国画的地位。总结归纳宿墨的视觉特征、审美特征和审美价值,梳理宿墨在中国画的运用和发展历史。进而阐述宿墨研究对中国水墨人物画创新的意义,论文以黄宾虹和吴山明为例,分析他们在中国画领域取得的巨大成就的重要原因是从中国画内部突破,创新中国画。在全球化的背景下,作为中国传统文化一部分的中国画面临着新的机遇和挑战。中国画需要创新,需要现代化,需要注入时代精神走向现代艺术。当代中国水墨人物画的现状表明许多画家由于对中国画的哲学思想和中国画的笔墨精神理解不足,对传统缺乏足够认识与传承。中国画的创新和探索更是多集中在"学西求变"上,注重画面制作,把西方等同现代性。目前从中国画内部语言元素——宿墨的研究突破还不多。宿墨是中国画的重要的形式语言元素,本论文选取宿墨在中国画创新中取得的成功来论证中国水墨人物画的创新应该从中国画内部突破,从形式入手,从山水、花鸟画中吸收营养重新构建新的审美价值、审美理论,最终探索出中国水墨人物画的发展之路。

【133】 蔡青 《新中国"十七年"中国画研究》 中国艺术研究院 2007年美术学博士论文

本文以"十七年"中国画作为主要的研究对象。论文从"十七年"中国画的发展脉络入手，其发展呈现出马鞍式的发展态势。这是由50年代前期和50年代末到60年代初两个时间段的繁荣，同时和1957年的一度低谷组成。造成这种态势的原因主要是国家政策的变化。接着对"十七年"中国画的社会成因进行探讨。社会成因包括三个方面，即艺术发展的指导思想"文艺为工农兵服务"、社会主义现实主义的创作手法、社会主义意识形态话语与民族国家话语的统一。社会主义现实主义的单一的创作方法又由于政治的影响，造成了对现实主义的偏离。同时，中国画作为社会主义内容与民族形式的代表之一，其中国画的民族形式如何适应社会主义内容的需要，有一定的演变过程，在这个演变过程中，中国画逐渐地形成了带有"十七年"的时代气息的样式和风格，但是中国画本体的语言也在进一步地被挖掘，笔墨产生了时代性的转变。同时，对中国画家的处境和创作心态进行了探讨。

【134】 葛玉君 《建国十七年中国画论争探析》 中央美术学院 2006年美术学硕士论文

中国画论争是中国近现代美术史上的重要历史现象与美术思潮，它的出现与中国近现代复杂的社会历史演变和思想文化过程有密切的关系，并且涉及到关于政治、文化、艺术等多种领域。如按时间划分可以说在二十世纪内大致发生了四次论争，即建国前“美术革命与中国画前途的论争”；五六十年代由新国画运动及笔墨问题引发的第二次论争；八十年代“反传统”说、中国画“危机”说及“穷途末日”论等观点的提出所造成的第三次论争；世纪末“笔墨等于零”论对笔墨的消解又导致了“守住中国画的底线”论，进而再度引发的论争。这些论争随着社会文化的变化，因所处的不同历史语境而表现出不同的时代内涵，本文将写作的范围限定在建国十七年(五六十年代)，试图采用历史学与话语分析的研究方法，旨在对建国十七年有关中国画的三次论争进行“梳理”与“重新解读”。以考察每次“论争”的原由及影响，比较并确定“三次论争”的历史地位与意义。 同时，建国十七年有关中国画的论争也是新中国美术早期的重要内容。在此一阶段，这三次论争呈现出由外(外来文化)向内(民族传统)的转变并逐步向内深化的一个过程。从一定意义上说是建国前关于中国画论争的延续。尽管受到了政治及外来文化等因素的制约与影响。

【135】 李慧 《论中国画的写实性和现代演进》 南京艺术学院 2006年中美术学硕士论文

中国画是否注重写实性，是一个经常被讨论的话题。其实，中国历代画家对于绘画的具象特征非常重视，中国画也有极成功的写实作品。当代美术研究应该框清中国画的写实性，并对其做出应有的客观评价。这不仅有利于中国画的研究和欣赏，有利于对中国画独特美学的理解，也有利于中国画的未来发展。本文对中国画的写实性进行了深入的考察和分析，对于中国画写实的独特性和美学内涵进行了的阐发。现代中国美术史历程说明，“写实”在中国画现代演进过程中，促进了中国画的革新并取得了重要艺术成果，并且在中国画今后发展中仍具有重要意义。

【136】尚可 《中外绘画融合论研究》 南京艺术学院 2006年美术学博士论文

“中西古今之争”是中国文化近现代的焦点问题。“中外绘画融合论研究”便是对近现代中国画关于中、外融合理论与实践的全方位考辨与梳理，论述中外绘画融合论产生的深阔历史背景，在阐明不同融合理论与文化思想基础以及相应的实践探索的基础上，对这些理论所存在的问题进行系统地清理，剖析中外绘画融合实践与传统思想观念的碰撞而出现的诸多矛盾，力图重新整合中外绘画融合的理论建构，追索融合什么与怎么融合等实质性的课题。 在中国画的发展史上，近现代无疑是中国画发生激变的时期，与这种激变相伴而生的是中外绘画融合的激烈纷争，对中国画中外融合这一热点问题作历史性的聚焦，系统而深入地研究，不仅助益于人们对已有融合理论的明辨，使本研究具有理论上的学术价值，而且也将助益于中国画画家在实践上的再探索。

【137】王英梅 《现代中国画呼唤笔墨》 东北师范大学 2005年美术学硕士论文

自二十世纪以来,中国画屡受冲击,特别是 80 年代后,“传统中国画死了” 、“西方现代派频率高、观念新、手法多,才是现代性的艺术”。“中国画必须有了世界性、时代性、民族性,才能有生命力”的呼声越来越高。同时,在对民族文化认知的缺失、笔墨掌握的不足的情况下,现代中国画呈现出了传统派、学院派、现代水墨等多元发展的状态,我们并不排斥“新的探索”,但坚持传统笔墨的画家们,也正在被西方艺术左右着,致使传统笔墨的严重流失和色彩的泛滥。本研究侧重于以传统文人画的笔墨为理论基础,重新审视传统的笔墨。中国绘画是以“书法入画”的,书法用笔使中国画的笔墨更加精纯。反过来,中国画又拓展了笔墨的表现力,尤其是墨法的运用不仅丰富了中国画的表现语言,而且也增加了中国画“民族性”的含量。传统中国画的笔墨不仅具有传情达意的能力、表现客观物象的能力、而且还承载着中国传统文化的精神。由于受“道”家等传统哲学观念的影响,文人画家对“心”与“艺”的自由性的绝对追求具有现代性;笔墨具有强烈的民族性,发扬笔墨是不被他国绘画同化的保证;中国画用色有自己的规律和局限性,发扬色彩只有在发扬笔墨的基础上才能获得成功;笔墨的潜能无止境。

【138】 王悦欣 《全球化语境下中国画艺术的坚守与创新》 河北大学学报(哲学社会科学版) 2005年4期

全球化,可以说是当代社会生活最重要的特征之一,全球化对于中国画艺术的生存和发展,既是无法回避的历史进程,同时也是一个巨大的挑战;中国画艺术在迎接这一挑战过程中怎样有效地把握自身的价值存在,将直接决定中国画艺术的发展前景和在世界艺术中的地位。全球化就是要包容差异,体现多样化、多元化,民族正是世界的组成部分。无论中国画怎样“走向世界”,必须确立一个前提——民族性。中国画传统的精髓和魅力就在于它具有的独特的东方艺术特征和独到的审美理念——写意中的“精气神”、笔墨精神、绘画语言的高度程式化与抽象化。有坚守亦有创新,我们要按照“多元互动,和而不同”的思路寻求改革与发展。中华文化有着海纳百川的博大胸怀。中国画艺术也正是在广收博采、兼容并蓄的文化激荡中,建立起了具有东方民族特质和独特审美范式的文化形态。

【139】 任大庆 《论中国画论中的“理”》 南京艺术学院 2005年美术学硕士论文

本文从中国画论中的理法论入手,以传统“格物致知”的方式来寻找其中可循的规律,采用归类的方法,纵向梳理、横向比较,重点对山水画论中“理”的概念进行了较为系统地整理,概括出“物理”和“艺理”两大类。进而发现,探求“物理”,即是从“物象之理”到“物性之理”的过程,是由形似到神似的超越;思悟“艺理”,则是从“以法贯理”上升到“技进乎道”的过程,是“景语”向“情语”的飞跃。这样一个框架的构建,使把中国画论中“形”和“神”的问题和“道”和“技”的关系都通过“理”而串联起来,使得这一“玄”而多变的抽象概念以清晰的形态呈现出来。

【140】金建荣 《边寿民及其绘画艺术研究》 南京艺术学院 2005年美术学硕士论文

边寿民是清代书画家,山阳(今江苏淮安)人。一生不仕,两袖清风,工书,善画花鸟、蔬果,尤以画泼墨芦雁而驰名江淮,有“边芦雁”之称。凌霞《天隐堂集》、黄宾虹《古画微》将边寿民列为“扬州八怪”之一。因他的作品笔墨简练,处处体现闲趣、野逸和高雅,受到达官贵人、文人名流和商贾的喜爱。

【141】 张翘楚 《中国画论中之“静境”研究》 南京艺术学院 2005年美术学硕士论文

“虚静”是老庄哲学的一个重要命题。它转换到美学中,又成为美学的重要命题,并直接影响到文论、书论、画论各个领域。本文通过对画论中关于“静境”的研究,从两个方面进行论述:一是创作时所具备的“虚静”心境;二是画面中所体现出来的“静”的境界。这一研究,弥补了中国画论研究的不足,起到了抛砖引玉的作用,对提高当今中国画的创作质量,也有一定的启迪意义。

【142】 张永山 《巨潮中国画继承中的认识偏误》 河西学院学报 2005年 03期

中国画在不断的“继承与创新”中,“认识偏误”是困扰理论与实践的根源。中国画是中国文化精神的象征,它的博大精深之传统的积淀越深越厚,对它的认识偏误,就必然要力求矫枉过正,以求正本清源。

【143】 徐卫 《对质疑中国画走“中西融合”之路的反思》 南通大学学报(社会科学版) 2005年 01期

中西融合与“文化同化”有着本质上的不同。立足于民族主体意识的中国画走“中西融合”之路的探索,是值得肯定的。这种非线性的中西融合的创新道路,必然导致以笔墨为中心的传统本体语式的动摇,从而在立体交叉网络的运作中产生出新的中国画形态。从某种角度讲,“中西融合”之路适应了我国从一个农业文明社会向现代化工业文明社会转型的时代审美需求,我们不能因为在探索之中出现了某些方法、技法问题,就否定“中西融合”这条由实践证明了的中国画发展的健康通途。

【144】 王嘉 《岭南画派绘画思想研究》 南京艺术学院 2005年美术学硕士论文

本文以岭南画派绘画思想为研究对象,专门探讨岭南画派绘画思想中包含的问题意识和思想核心,发掘岭南画派提出的“新国画”思想的历史内涵,并从功能论、创作论、品评论、风格流派论等四个方面阐述岭南画派绘画思想的主要观点。以此为基础,探讨了岭南画派绘画思想的价值和局限。在这个前人较少涉及的课题中,力求客观、宏观、整体地把握和评价岭南画派的绘画思想。

【145】赵玉晶 《如何理解中国画的继承与创新》 中国科技信息2005年 11期

继承与创新是老生常谈的话题,对于中国画的继承和如何创新这两个问题,目前仍然是中国画问题的焦点。在已有五千年历史上,世世代代总是善于吸收外来文化的优长之处为己用,而不会被外来文化所同化。特别是每当实行开放政策的时期,更是善于吸收外来文化长处以发展继承民族文化。传统中国画,就是在不断吸收外来文化营养的基础上发展起来的。以传统绘画中的线描而论,如果不是印度笈多式的雕刻传入中国,在线描上也就很难产生曹仲达“曹衣出水”,在南北朝,佛教传入我国,以梁代张僧繇为代表的画家,多用色彩,注重晕色,尤其是张僧繇本人,创造了“没骨”,把“线”的表现引向了“面”的表现,把“墨”的表现引向了“色”的表现,为日后山水画、花鸟画的发展,从技法上奠定了基础。在我国即使是少数民族占统治地位的时期的魏、辽、金、元、清各代，不仅没有摧毁代表中华民族主流文化的汉文化，而是学习汉文化，以汉文化治理国家。由此可见，包括中国传统绘画在内的中华民族传统文化，具有很强的内聚力。中国画作为中华民族传统文化的一部分，深深积淀于民族精神之中。它为适应时代的发展，其外在表现形式总是随着人们审美需求的改变而改变，具有强烈的人民性。

【146】张培成 《中国画要有中国味：张培成访谈录》 2004年 中国画艺术年鉴

陈子游(以下简称陈)：张先生，上海一直是中国对外开放的前沿，也是最容易受域外文化侵袭的地方，对一个中国画家来说，在上海这样的城市，要在一定意义上守护本土文化是不太容易的。请先生谈谈对中国画的看法和自己的艺术探索经历。张培成(以下简称张)：像我们这一代画家，包括上海和其他地域的画家，都经历过上世纪的'85美术思潮，当时大家都很年轻，也很激进，思想上有些叛逆心态，是当时的弄潮儿。记得在当时的一些激进刊物上许多画家刊发了各式各样的中国画，或者说是实验品，稀奇古怪的东西也是接踵而至，粉墨登场，大家当时都沉迷在热闹之中。

【147】陈克《再论继承与创新——兼析中国画现代与传统之争》 河南师范大学学报(哲学社会科学版) 2004年 06期

20世纪的中国画界，继承与创新、传统与现代之间演绎了一场唇枪舌战。而其实，矛盾双方的争论其实围绕的是一个假设命题，急功近利和保守退却同是艺术和中国画的大敌，而现代中国画丰硕的成果恰恰得益于不可缺一的二者：优秀的传统遗产和现代文明最前沿的成就。

【148】杨娅萍 《浅谈中国画的传统与创新》 保山师专学报 2004年 04期

中国画是我国独具特色的艺术门类，在传统与创新的争论中，中国画的创新、发展，应在继承传统中有益的东西，发挥我们各种绘画传统长处和特色的同时，借鉴西方优秀的艺术特色。既不能固守传统，又不能完全模仿西画，而是需要以中国民族精神为根基，开拓和丰富中国画的表现力，创造出现代性的中国画来。

【149】袁学军 《试论中国画的发展与创新》 美术观察 2004年 10期

国画，作为中华民族文化艺术的重要组成部分，它是随着中国社会的发展而产生，随着整个社会的变革而发展的。 在漫漫的艺术长河中，历朝历代都涌现出了开一代风气的大师，他们如光彩夺目的星星闪烁在艺术的天空，正是他们的继往开来和殉道精神，推动着中国画艺术不断向纵深发展。

【150】赵强 《试论中国画的发展和创新》 青海师专学报 2004年 03期

"中国画"作为和"西洋画"的对应，并标志中国绘画文化的概念含义已经失去了意义，而且成了创新的束缚。尤其当水墨画和其他外来艺术品种同等地在中国土地上竞相开放的今天，它应该和油画、中国版画具有相同含义。这样，它的创新将在于对它的特质、长处的发扬光大；那些只是反水墨画传统的勇士们，也将不再为不是中国绘画文化而苦恼，共同的心理意识必然使他们的作品含有作为中国文化的意识；于是，艺术的多元化将首先是品种的多元景象。

【151】马庆中 《跨越屏障——论中国画的继承与创新》 贵州大学学报(艺术版) 2004年 02期

中国画传统是一条有机的生存链，过去的创新是今天的传统，今天的创新是未来的传统。中国的画家必须重新认定传统文化艺术优秀的因素，坚持中国画理念，吸收外域绘画先进的成份。

【152】 惠蓝 《中国画现代转型两大途径的形成：20世纪上半叶中国画论争研究》 中国美术学院 2004年中国现代美术史博士论文

从中国画学的内部理路来看，中国画在20世纪所遭受的种种西方冲击中，有三重是真正撞击到了它的内核并导致了价值危机。在一定程度上，正是这三重冲击使它的现代转型呈现为"数千年未有之巨劫奇变"：一、科学理性主义和进化史观；二、马克思主义美学中的阶级分析理论和艺术的政治潜能说；三、西方的现代艺术观。至于其他的，有的是软着落，有的甚至被用来加固中国传统价值体系。这也意味着，中国画的内部演进并没有因为西方冲击而中断。正是这内外两股势力所形成的张力激起了数千年未有的、持续百年而未已的中国画革新论争。 20世纪中国画论争的实质是由危机意识和改革激情引起的改革方案的选择。“融合主义”和“传统主义”就是其中最为基本的两种方案。本文所研究的，就是这两大方案的理论来源、形成过程、相关事件、知识话语以及各自的得失效应。本文研究的范围是以第一重冲击为核心的20世纪上半叶中国画论争。我们将从绘画功能、艺术史观和绘画本体法则等方面来考察西方科学理性主义和进化史观对中国传统画学所形成的破坏性冲击、所提供的发展契机，以及中国画学的内核深处由此而产生的对抗、抵制及其融受。

【153】 张琰 《让传统走向未来：浅议“笔墨”的当代性》 内蒙古师范大学2004年美术学硕士论文

在宽松的环境下就当代中国画进行一些理论上的争论无疑是一件好事，一者有助于人们对中国画问题的思考；二者利用现代意识发掘传统笔墨程式中的积极因素，突破传统水墨画规范，进而找到艺术表达的新途径。三是有利于批判地借鉴和吸收西方现代艺术思维方式，更好的继承和改革中国传统绘画。四是有助于探讨水墨的发展前景，为现代水墨的进一步发展提供更广阔的空间。“笔墨”可以定义为三个层次，第一它是中国画工具材料的名称，第二它是已有传统技法的统称，第三“不仅指过去所累积的经验、传统的精华，也包容从传统笔墨技法基础上所发展、增富、创造的，更多元化的表现技法”。中国传统绘画有着与西方理性抽象不同的东方式抽象，而这种融会主客观的抽象形态，是中国绘画最珍贵的资产。这种抽象形态，舍笔墨则无多少独特性可言。如果将“笔墨”理解为元代以来到明清士大夫文人画家所总结并代代相袭的传统与程式化老套，尤其是笔墨传统中过分墨守“书画同源”理论，要求绘画的笔墨技法以书法为规范，就会造成因套路而阻塞笔墨技法活泼创造的生机。“笔墨”作为中国式的绘画语言，可以而且必须发展、创造，笔墨所依赖的工具材料也应容许发展、创造。为此，开放、融合、传承、现代的变革将是我们应该看到的。

【154】徐恩存 《文化回归与诗意风韵：舒建新国画作品解读》 2004年中国画艺术年鉴

作为当代画家的舒建新，为自己确立的文化主题是属于回归的范畴。因为，他企图在中国文化的博大精神中寻找永恒不朽与跨越时空的元素，并把它凝聚为一种文化主题。 在舒建新这里，他选择的文化主题被具体化为——“高山流水式的幕天席地之游与天人合一式的人与自然的和谐一致”。舒建新的创作实践为“当下”的创作带来了文化主题与绘画实践水乳相融的文本之美。在他的作品中，他将一个画家可能的才情、天赋都投人到创作中来了;这些作品，笔墨韵致清新优美，想象丰富，行云流水，空灵飘逸，凝聚着中国文化的静谧、悠远的气息，这样，作品便耐人寻味，寄寓深刻，引人深思。高山、流水、松林、飞瀑、雅士等意象，它们与画家的心态、想象与智慧联系在一起，并被他以笔墨语言赋予难以忖度的语义。

【155】 李翔 《无源之水的艺术品肯定被淘汰——李翔访谈录》 2005年 中国画艺术年鉴

王民德(以下简称“王”);关注当代文化是艺术家以知识分子身份介入当代社会的一种责任。李翔(以下简称“李”):是的，艺术家应该关注当代文化。我进人国画界以后，我觉得他们的思维太老套了，关注的范围太局限了。一种说法认为，精英文化代表先进文化的发展方向，其实这是对先进文化的误读，或者认为，民族的就是先进的，以传统来正本清源，这也是对先进文化的一种误读。我认为，代表生产力发展方向的就是先进文化。先进文化绝对是一个变化，绝对不是 死抱着传统笔墨。王:有很多论点还是在传统的评价体系内，这个评价体系本身与当代文化体系是否适合也是个问题。李:评价体系随着时代的变化要有新的标准，否则不符合社会发展规律。不管是写实性写意，还是写意性写实，都要有新的角度，争吵的目的不在于分出高低，更大的问题是个人修养、个人的辨别能力。王:我们选择什么画家、淘汰什么人，一定要有标准。有些画家可能在一个时期内能画出好画，但他们不一定是艺术家，我们选择的是艺术家。他要以艺术家的状态生活、思考，这是最重要的。

【156】 陈云飞 《论风水学对山水画论的影响》 南京艺术学院 2004年美术学硕士论文

风水术作为中国古代传统文化的重要组成部分，给山水画创作带来了诸多影响。无论是山水画的起源，以及山水画的成熟，都离不开风水理论在发展演化过程中所形成的一系列观念。大量的风水图以及地理图（它与风水图的内涵本身即有交叉）的出现必然给尚未成熟的山水画以图式上的指导。历史上的风水术又分为形法和理气二派，其中又以讲求山川地理形势的形法派大行于士大夫之间，这就必然对当时掌握在上层士大夫手中的绘画创作以及理论有着潜移默化的渗入；而形法派理论在唐末五代的进一步深化，又给当时的山水画带来了质的飞跃。凡此种种，均可在山水画论中找到端倪。本文根据中国古代画史、画论、哲学、风水学以及地理学的有关材料，分析论证了中国画论中的风水观念，揭示出风水学对中国古代山水画的影响，从而从新的角度深化认识中国传统山水画，以及重新认识了风水的历史价值。

【157】 金雷 《论气韵与生命力在中国花鸟画中的实现》 南京师范大学2004年美术学硕士论文

本文将通过对“气韵生动”概念的解析，通过对中国艺术生命精神根源的探讨，得出结论：生为万物之性，生命的力度是其存在的必然条件，艺术作为宇宙生命最生动形象的表现形式，理所当然要将生命力作为艺术表现的最高目标。中国画所要表现的生命力应该是强大的，惟有强大的高质量的生命力，才能体现最微妙、最深奥的宇宙自然精神。气是自然生命之根本，绘画以表现生命世界为根本目的就必须通过气象氤氲去捕捉大自然的生机活力。强盛生命力的实现，前提是要有生动的气韵来支持。气韵生动，则生命力旺盛；气韵凝滞，则生命力颓唐。另外，生命之美，美在个性，美在新变。所以艺术作品的生命力除了需要气韵的支持外，还要有不断的创新，气韵主生存，创新则为繁衍。气韵与生命力在花鸟画中的实现，首先要使自然势态与自我精神相结合；其次，要具体到画题、构图、用笔、用墨、用色等各方面，使各因素互相结合，让气韵在形式中恣意徜徉；最终要把握画面的意境，因为气韵与生命力都脱离不了精神氛围，需要在意境中体现。

【158】 邓月琴 《论中国画之中和精神》 南京艺术学院 2003年美术学硕士论文

中和思想是一种追求完美与和谐，追求适度与恰当，懂得节制与权变，充满灵活性、智慧性的思想。中和成为古人最高的审美理想，成为美的最佳表现。中和精神贯注在实践生活中，反映在哲学、政治、伦理、文学、艺术等各个领域。本文主要从中和精神在中国画论中的具体反映，着重于造型、章法、笔墨、设色等四个方面加以探讨，以揭示中国画之审美特质，对今天的中国画创作，具有借鉴意义。

【159】 孔泠文 《中国画“笔墨”之美的本质精神初探》 美与时代 2003年 5期

中国画的笔墨精神作为形而上的“道”的表征,体现为一种有意味的形式是中国艺术长盛不衰、独立于世界艺术之巅的原因所在。

【160】陈苏民 《雪舟研究》 南京艺术学院 2003年美术学硕士论文

雪舟是日本水墨画的一代宗师，他曾于1467年来我国明朝留学，是日本镰仓时代后期至室町时代前后两百余年来日本画坛名家来中国留学的第一人。雪舟的“入明”留学，虽然只有短短的两年左右的时间，但是，他从中学得了中国水墨画的奥妙和精髓。雪舟学成回国以后，以日本“民众大画家”的心态和目光来观察、领悟大自然；以我国宋元水墨画的风格和技艺来表现、刻画大自然，并将自然的真山实水与自己的内心世界情景交融，创造出一大批日本民族引以为自豪的写实主义杰作，私淑雪舟的人也越来越多，逐渐形成流派。作为宋元画的最热心的传道者，他为中国的文化艺术向海外传播做出了积极的、不可磨灭的贡献，在中日绘画交流史上占有重要的一席之地。经过几十年的努力奋斗和锐意创新，大器晚成的雪舟终于确立了日本水墨画的新风格，开创了日本水墨画的新时代，成为公元十五世纪日本最伟大的画家。

【161】 丁薇薇 《逸的审美内涵》 南京艺术学院 2002年美术学硕士论文

秦祖永是清代画家、绘画理论家，他的画论中关于“逸”的思想富有创见，他将“逸”同许多字联系起来，形成关于“逸”的不同词汇，指出了“逸”的各种审美形态，是他在传统文人画理论上的大胆实践。 本文试就秦祖永绘画思想中关于“逸”的思想作重点研究，采取分类、统计、比较分析、归纳等多种方法，在探寻“逸”的历史渊源中，从情感、笔墨、韵味、风格形态四方面对“逸”的不同面目作全面考察，加以具体生动的阐释，并将这些观点进行系统的总结和研究，使之纳入到一个体系当中，揭示出“逸”的审美内涵。这是对“逸”的认识的充实和开扩。

【162】 张曼华 《扬州八怪绘画思想中的雅俗观》 南京艺术学院 2002年美术学硕士论文

雅和俗是中国传统美学中的一对重要审美范畴，尚雅贬俗一直是传统文人思想中根深蒂固的审美观念。综观绘画发展的历史过程，正是后世对传统思想创造性地继承推动了艺术的发展。在清代中叶扬州繁荣的商品经济时代背景之下，为适应新兴市民阶层的审美喜好，扬州八怪的绘画思想表现出明显的世俗化倾向，发生了雅俗观的潜变。本文采用纵向比较和横向剖析相结合的方法，从八怪时期世俗化背景出发，在对传统雅俗观归纳、总结并作系统阐释的基础上，分析八怪的雅俗思想，说明他们在雅俗观上对前人的继承和发展，并以绘画创作实践印证他们的观点。文章最后论述了在八怪绘画思想的影响下，海派绘画世俗化、个性化的程度大大加深，进一步说明了八怪的雅俗观在绘画史上的重要意义。

【163】 冯利源 《中国画发展之我见：从笔墨与文化关系的角度看中国画的发展》 东北师范大学美术学2002年硕士论文

中国画艺术是中华文明集大成的体现，是反映人与自然，人与社会的一面镜子。但随着社会、经济、文化、信息的高速发展以及现代化的观念深入人心，使中国画艺术在新的时代中具有了其独特的文化内涵及艺术形式。本文从四个方面分别阐述了中国画发展的现状，以及在新时代中笔墨与文化的联系。第一部分：阐述了文化的含义及其对中国画产生所起到的作用，从不同文化产生的原因中透析文化对中国画艺术的影响。第二部分：从笔墨的地位及凝聚的文化内涵方面进行阐述。1、从历史发展的角度看笔墨在中国画中的地位。2、笔墨在历史发展历程中，所凝聚的文化内涵。第三部分：从困境及中探索中国画的发展。1、经济全球化的今天，如何从历史的发展的角度看西方艺术文化对于中国画的冲击。2、传统艺术观念与现代艺术观念的冲击。从程式之一的材料问题加以阐述。从程式之二的笔墨问题加以阐述。第四部分：从民族文化的角度的问题对中国画的发展加以阐述。

【164】 玉立 《对世纪难题的思考——寻找中国画创作现代性与民族性的融合点》 美术观察 2002年1期

现代中国画创作既要立足传统,显现民族性,又要跟上时代,具有现代性。论文认为,如果我们能超越这两个极端的对立,寻找现代性与民族性的融合点,也许能为中国画创作找到最佳出路。现代性与民族性既是对立的,又是互相联系的,这是寻找二者融合的根本前提。艺术上的“现代性”不是单指西方现代艺术,它是世界各区域人民的现代生活、现代精神以及与此相适应的现代艺术结构语言的综合体现;艺术上的“民族性”,并非单指民族艺术固有的结构语言,而是民族精神、民族审美习俗以及与此相适应的民族艺术结构语言的综合体现。融合,不单是中西技法的融合,而是包括现代多种因素的融合,特别重要的是要找到使二者像生物学家所说的二物能“嫁接”或“杂交”的某种共性、兼容性,并能消除“排异性”的那个共生点、创新点,否则就会出现“怪胎”。由于客观和主观的种种原因,要在研究中国现当代画家、画派中坚特实事求是的科学态度和基本原则,实在不是一件容易的事情。

【165】宋文翔 《徐悲鸿艺术精神与21世纪中国画之发展》 玉溪师范学院学报 2002年 06期

徐悲鸿艺术精神的核心实质在于时代性,其人文主义精神、审美趣味、绘画形式语言对21世纪中国画发展的时代性有重要影响和启示意义。

【166】 刘曦林 《民族艺术的世纪丰碑——1901年至2000年的中国画》 国画家 2002年 1期

民国初期关于中国画革新与守护的论争，呈现出各派论争主体对于当时社会文化实存的种种回应及其不同趋向的策略意识，以讨论的形式为中国画现代演进提供了各种不同路向的方案。中西文化的碰撞与新旧思想的较量，在对于中国画改良、革命的讨论中得到了最为集中的反映。如果以民初中国画论争这个近代美术史现象作为参照基点，其相关结构可以相应地拆解为“外部文化动力”(社会政治与文化时尚)和“内部文化动力”(中国传统文化与中国画本体)两个层面。本文从民初中国画论争的文化策略与思想资源的角度入手，以“文化动力”的内、外部形态作为研究视角，试图对1917—1937年间的中国画论争史实、文献进行客观而深入地梳理与讨论，以中国画传统本体规定性为出发点，强调艺术本体的自律性及其接受外部作用而自觉应变的历史事实。与以往的相关研究不同的是，对于民国初期的社会文化情境尤其是文化界的讨论，本文并不仅仅将其作为中国画论争的背景，而是将其视为中国画论争的“文化动力”的重要来源，从而试图发现不同论争阵营受到外部他律和内部自律两种文化动力的影响和由此形成的趋向。因此，在以往相关专题研究的基础上有所扩展。

【167】 彭修银；张子程 《关于绘画美学研究》 2001年 中国美学年鉴

21世纪是一个机遇和挑战并存的新世纪。在这一背景下，对于中国绘画百年所走过的历程及其艺术上的成败得失进行总结与反思，便成了中国美术界和绘画美学研究的学术话语焦点，而“中国画何去何从”自然也就成为人们关注的热点问题之一。不过，虽然绘画美学研究有了很大的进展，但理论与实践相互脱节现象依然是制约绘画美学发展的“瓶颈”之一。与过往相比，2001年绘画美学的研究状况依然。首先是从事这方面研究的人为数不多，二是研究范围的深度和广度还有待拓展。从另一方面讲，究竟什么是“绘画美学”？绘画美学与现代画论如何作严格的区分？对此，学术界迄今无一个科学、规范与严密的界定，这就为甄别绘画美学的研究成果带来一定的困难。再从实际的理论操作层面上讲，关于绘画美学的大多数观点均散落于有关绘画创作经验总结、绘画创作技巧探讨的文章之中，我们只能披沙拣金，从大量材料中加以分析与总结。

【168】 孙静茹；郑鹏飞 《各有灵苗各自探——中国画变革中的木桶效应与金胡须效应》 吉林艺术学院学报 1995年 01期

在中国画变革的历史进程中，对中国古代传统的继承与外来文化的借鉴一直存在着诸多分歧，这本来是无可厚非的。每个人都在一定的社会文化背景中生活，他们经历悬殊，性格迥然，天赋各异，修养不同，自然看法各有千秋。

第三节 书法文摘与书目

【1】林语堂 《中国书法》 视野 2008年 04期

中国书法的美是动的，不是静止的，因为它表现生动的美，它具有生气，同时也千变万化无止境。

【2】许飞飞 《“全国中青年书法二十家提名展”过程记录》 东方艺术 2008年 04期

名称：全国中青年书法二十家提名展，时间：2007年12月8日～12日，地点：中国艺术研究院美术馆，主办：中国对外艺术展览中心《中国书画博览》杂志社，承办：北京佩文斋画院，学术支持：中国艺术研究院中国书法院，网络支持：书法网(www.shufa.org)。

【3】方捷新 《应该关注中国书法教育了》 中国文化报 2008/03/25

【4】张海，申万胜 《呼吁建设中国书法馆》 中国文化报 2008/03/13

【5】程竹《“书法进万家” 奥运展风采》 中国文化报 2008/03/06

【6】利铭，建宏 《书法艺术已进入广阔的发展空间》 中国艺术报 2008/03/04

【7】沈鹏，王岳川 《新世纪书法国际视野及其文化身份——关于中国书法历史与现状的对话》 文艺研究 2008年 03期

书法艺术在中国文化现代新格局中应该具有什么样的位置？其自身的发展又面临怎样的问题？如何应对国际艺术市场的变化？如何能承担民族文化身份的确立与民族自信心的增强？如何在年轻人中加强书法审美教育？针对以上问题，本刊特发表这篇对话展开讨论。沈鹏，1931年生于江苏。书法家、美术评论家。曾任中国文联副主席、中国书法家协会主席、中国美术出版总社顾问及《中国书画》主编，兼任北京大学艺术教育研究所顾问等职。王岳川，1955年生于四川。美学家、文艺理论家、书法家。北京大学中文系教授，博士生导师，北京大学书法艺术研究所副所长。主要研究领域包括当代西方美学、中西文化理论等。

【8】陆汝秋 《中国书法要走向国际》 国际市场 2008年 03期

中国文化源远流长，其中的书法艺术更是璀璨夺目。纵观这一人类社会的艺术瑰宝，无不呈现千姿百态的审美气象。随着中国经济的发展和国际竞争力的增强，作为华夏文化的一种表现形式，中国书法已成世界各地竞相

追逐的艺术品。不少国家的大学，在开设中国文化课程时，设立了书法课。

【9】建宏 《用“铁人精神”打造书法文化》 中国艺术报 2008/02/05

【10】何世剑 《中国书法美学视野中的书“韵”论》 西华大学学报(哲学社会科学版) 2008年 01期

“韵”是中国书法美学视野中的重要审美范畴，其运行轨迹，大致是衍化于唐前，成型于宋，深化于元明清。书“韵”生成，源发自书法主体有雅量、气度、神采、高格；对于书法客体来说，即书作要能有“余意”、“态度”、“书外意”、“幽趣”；创作方法上，“和”是要领，多用“卧笔”、“圆笔”、“提笔”、“飘笔”，须“藏锋”、“虚和取韵”。

【11】 刘丹丹 《浅析中国书法元素与现代设计的融合》 安徽文学(下半月) 2008年 01期

中国的书法艺术是一处独特的景观，它内涵丰富，源远流长。在世界艺术之林中，它那不可替代的东方文化魅力正熠熠生辉，把其精神融入到现代设计之中，也更体现了当今设计的时代性。英国的美学家赫伯特·里德曾这样说过：“对于中国人来说，美的全部特质存在于一个书写优美的字形里。”康定斯基也曾说过：“经过抽象处理或本来就是抽象的形式(点、线、等)本身并无多大意义，重要的是他们所具有的内在共鸣，他们的生命。”

【12】华玉宝 《浅谈中国书法艺术风格》 艺术研究 2008年 01期

通过对中国书法风格形成的条件、中国书法艺术风格的特点以及中国书法艺术的创新三方面的内容的介绍，阐述了中国书法在几千年里的演化、发展以及风格的双面性、可变性和创新的必要性。

【13】王岳川，范迪安 《当代中国艺术处境与书法文化创新——王岳川对话范迪安》 中国书画 2008年 01期

王岳川(以下简称王)：近年来，中国艺术界出现了一些值得关注的现象：当代先锋艺术在国内外拍卖市场非常走红，一方面体现出西方艺术市场对中国当代问题的关注，同时也让我们看到，在中国文化艺术重建的新世纪，中国当代艺术家和评论家在艺术观念导向上仍然存在不少的困惑，在中西艺术未来走向上还没有建立自身的文化身份和价值立场。为此，我们不妨就当代中国书画艺术和国际策展诸问题——东方文化被选择到主动输出艺术、国际视野中的中国元素的艺术合法性、国际策展中的中国艺术自觉与文化外交、全球化中的中国书画的文化创新形态等，做一个前沿学术对话。

【14】杨炳延 《书法的社会教育功能和责任——中国美术馆近年书法展览析要》 海内与海外 2008年 01期

长期以来，中国的美术馆对最有特色的民族艺术书法的关注不够。美术馆将书法正式列入工作范围，具有重要的文化意义。中国美术馆自正式启动与书法艺术相关的工作以来，收效显著。从这年始，在中国美术馆举办的各类展览中，书法展览所占的比例大幅上升。

【15】乔俊武 《中国书法美学探微》 渭南师范学院学报 2008年 01期

当代世界文化结构中汉文化层面之一的中国书法，在人类组织行为的理智倾向愈来愈靠近历史规律和自然规律的文明阶段，对人生和人世精神净化的吸收和释放功能越来越明显，仅从一般意义上诠释书法远不及从美学意义探讨书法来得更本质。中国书法发展有自己的规律，任何局部的积习与时尚，任何阶段的奇思与怪想，企图与之相比拼，只是一种可以理解的曾经、正在和可能的感情行为。

【16】高慧 《记“中国古文字起源——中日金文书法展”》 友声 2008年 01期

为纪念中日邦交正常化35周年，弘扬中华民族传统文化，对外友协和陕西省对外友协与日本北枝篆会等单位合作，于2007年8月19日至26日分别在西安碑林博物馆和宝鸡青铜器博物馆举办了“中国古文字起源——中日金文书法展”。日本北枝篆会会长北室南苑女士率随展团一行13人出席了展览开幕式等活动，并对西安、天水、宝鸡等地进行了友好访问。

【17】于洋，周爽 《浅析中国书法笔意对平面设计表现形式的借鉴意义》 艺术教育 2008年 01期

中国书法与平面设计,一个传统,一个现代,看似不相及实际却有着千丝万缕的联系。书法笔意对平面设计的表现有一定的借鉴意义,文章从书法的结字、墨法、章法对平面设计的影响作了分析。

【18】剑涛 《生生不息 走向高远——关于<中国美术馆第二届当代名家书法提名展>》 中外文化交流 2008年 01期

以汉字为载体的中国书法艺术,千百年来生生不息,鸾翔凤翥,沧海桑田,一代又一代的志人高士书字写志,在我国数千年的书法发展史上,竖起一座又一座艺术高峰:秦之古、汉之拙、晋之韵、唐之法、宋之意、元之态、明清之朴,成为不同历史的审美表征,永远地嵌刻在历史时空中。

【19】田明辉 《把中国草书艺术推向新高度》 大众科技报 2008/01/20

【20】徐杨 《基于隐式马尔可夫模型的遗传类比学习在中国书法生成中的应用》武汉大学学报(理学版) 2008年 01期

针对非物质文化遗产虚拟修复中缺失的书法字体生成问题,实现了一种基于隐式马尔可夫模型(HMM)的曲线类比学习书法生成系统。该系统首先收集多种标准书法字体以及骨架作为学习样本,然后运用有指导的类比学习,样本字库中的字符骨架在遗传演化的过程中形成风格上与待修复字体风格接近的骨架结构,最后用HMM对骨架进行各种丰满度处理以获得连笔、枯笔等多种中国书法特有的形态特征。实验证明本文的算法能产生与原作品风格趋近一致的书法汉字并获取新颖的字体风格。

【21】黄映恺 《20世纪书法美学的建构与反思》浙江大学 2007年中国古典文献学博士论文

从20世纪初王国维引进西方美学并与中国书法艺术初步融合开始，20世纪的书法美学迈向了具有西方现代知识范型意义的美学研究进程。它通过了20世纪上半叶梁启超、张荫麟、宗白华、林语堂、邓以蛰、朱光潜及新时期等一批学人的努力，到了20世纪末逐渐发展为具有初步学科形态的现代书法美学研究。在这近百年的学术积累过程中，现代书法美学一方面在不断建构和超越中从幼稚走向壮大、成熟，另一方面也存在着内在的限度。于是“建构”与“反思”的主题便构成了这个学术过程极需关注的研究课题。论文从微观、个案的史实分析与宏观、整体的知识性征把握这两个维度切入，一方面对20世纪书法美学的观念史实的建构与反思进行分析、评判，另一方面对20世纪书法美学进程进行知识性征和规律性考察，此两个维度分别对应上下两篇： 上篇侧重于对20世纪书法美学现代进程中具有理论类型意义的学人进行考察，探询这些书法美学理论谱系的思想逻辑的展开、意义及其限度等。上篇分为两章，第一章对1900～1949年的书法美学的建构与反思进行分析，着重分析了王国维、梁启超、张荫麟、宗白华、林语堂等学人的书法美学观念，侧重展现他们不同的书法美本质观类型。

【22】王来景 《晚明浪漫主义书风刍视》 河南大学 2007年艺术学硕士论文

一个时代的文化艺术，便是那一时代的人在那一社会环境中，对社会、人生、思想的一种倾诉。作为书法艺术，它的发展与当时社会生活、文化思潮和书法创作的状况密切相关。在晚明时期，我国传统文化出现了一个色彩斑斓的景象：人文精神的觉醒、经学态度的否定、个性解放的倡导、禁欲主义的批判、价值观念的更新，以及市民情感世界对传统审美趣味的动摇，汇成了一股汹涌澎湃的文艺思潮。这其中，书法家们竞相标新立异，使创造力的施展、激情的倾泻、个性的发挥，极具浪漫色彩，亦使书法艺术继唐代狂草之后，又出现了一个浪漫主义书法高潮。在这一高潮中，造就了一批各有情境、各具特色、风格强烈的浪漫主义书法大师，成为我国书法发展史上的一个重要时期，对后世影响极大。本文旨在通过对浪漫主义文化的分疏以及晚明历史和哲学的考察和晚明浪漫主义书风的发展脉络的梳理，对促成晚明浪漫主义书风勃兴的诸多因素，作历史的分析。以期揭示支撑晚明书法变革的思想资源和意义。

【23】秦金根 《庚子销夏记》及其书论思想 大连大学学报 2007年 04期

《庚子销夏记》是清初孙承泽重要的题跋文字。“题跋”认为在收藏和品评书法的研究中,应建立在王羲

之书法的《兰亭序》为主要代表的晋法框架之内。这一思想不但显示了对碑刻书法的重视，而且对汉隶、清季隶书的振兴起到抛砖引玉的作用，也使人们在收藏和品评书法时认识到初唐楷书皆取法于王羲之，并明显带有隶书的特点。唐代的楷体直到柳公权才意法皆备，达到了书法的最高境界，显示出居于正统地位的宋帖是以“气韵朴厚”为审美思想特征。

【24】周一竹 《三国时期吴国书法研究》 南京师范大学 2007年书法教育与研究硕士论文

本文对三国时期吴国书法进行全方位研究——初步对吴国书法进行全面的分析比较。分析其碑刻和墨迹的艺术特色，揭示出三国时期吴国书法处于新旧书体交替重叠的时期。并重点分析吴国书法对后世书风的影响。首先，吴国书法与中原书法并峙，且有其重要的历史地位。其次，吴国书法分为“吴士书”和“俗吏书”。“吴士书”有两面性，从碑刻中可以看出其既有继承又有发展。“俗吏书”中出现隶变楷的现象，体现了当时人们追求书体的简化和美观的审美理想与情趣。再次，吴国书法对于后世书法影响深远。清朝“碑学”书家极力改变“帖学”书风的积弊，其借古开今的资源，就包括了这个时期的书法。可见，三国时期吴国书法在书法史上具有不可忽略的历史地位。

【25】杨婷 《宋代楷书衰微原因探析》 南京师范大学 2007年书法教育与研究硕士论文

在宋代，以“宋四家”为主的行书卓然屹立于书坛，成为宋代书法的代表。然而宋代楷书，却不能与晋唐楷书同日而语了。宋代善楷者虽不少，但大家寥若晨星。他们虽受到晋唐楷书的影响，但终究无大的建树。宋代楷书为何在经历唐代的鼎盛之后竟如此衰落?本文拟就宋代楷书的具体状况及其衰落的原因予以探讨，以期进一步加深对宋楷的认识。 本文首先梳理了宋代楷书的基本状况，然后从书法自身的发展规律性和社会大环境两个方面来探讨其衰微原因。宋代新儒学和禅宗的进一步发展促使了“尚意”思想的形成发展，使得书家们思想异常活跃，他们认为书法应该具备生命的精神特质，反对唐人将字的结构定型而限制主体精神的发挥，这种意见主要集中在楷书方面。宋代帝王更多以自己的喜好来引领社会书学风气。宋代“经义取士”的科举制度，降低了对楷书的要求，进而影响人们学习楷书的态度。印刷文化的发展缩小了楷书的实用范围，使书法更加艺术化；普及的印刷字体广泛而大量地传播，日渐影响楷书的审美观念。

【26】苏道玉《中国当代书法艺术创作流变研究》 西南大学 2007年美术学硕士论文

中国社会整体的历史性转型和东西方文明交流所产生的种种艺术思潮影响着书法艺术创作形态的变化，由此选择以中国当代书法艺术的创作流变为研究对象，诉求分析中国当代书法艺术创作现状、寻找促使书法艺术在当下发生流变的艺术与非艺术因素，揭示出当代书法艺术创作呈多元生态性的原因与新的创作策略，这是具有积极应答性学术价值与为当代书法艺术创作取向提供学理依据与认识论和方法论的现实意义。研究采用系统法、文献法、谱系综述法、比较法、文图互证法、圆融法和运用多学科理论，从宏观与微观上论析书法艺术经过历史创作背景的变迁所面临新的任务、问题与策略。通过从多学科的视点探讨社会历史文化等多因素对当代书法艺术的创作、功能与传播产生的影响，认为最具民族性格的书法艺术随语境的变迁有强大的生命调适能力；当代书法艺术作为视觉艺术创作的宗旨应该是为适应当代人们生活节奏、满足当代族群多元审美层次的需求；由古典系统单一创作模式转换走向了当代生态性多元创作模式；书法艺术进入了“动”的创作形态。换言之，首先，一个时代书风的形成，是社会多因素合力作用的结果，是这个时代书家们共同创造的。其次，族群的生存与成长需求是当代书法艺术多元创变的根本动力。

【27】郭德军 《徐渭书学研究》 吉林大学 2007年历史文献学硕士论文

徐渭是中晚明最优秀的书法家之一，考察徐渭书学思想及书法，对书法和书法史的研究具有重要意义，对当代书法创作也有启发意义。本文在吸纳前辈学者和同道研究成果的基础上，立足于史料文献，并结合传世品，力求史论结合，对徐渭的书学思想和书法进行研究，论文主体分为四个部分，第一部分谈徐渭的家世及相关问题。第二部分研究徐渭时代的政治经济文化和社会思潮，并进一步探究徐渭的大文艺思想。第三部分阐释徐渭的书学思想。第四部分研究其书法。附录部分通过文献和传世品所载，对徐渭的书画作品进行编年。

【28】江雪 《蔡京书法研究》 吉林大学 2007年历史文献学硕士论文

本文以北宋著名的反面政治家蔡京为研究对象，暂抛“以人论书”的偏见，从纯艺术角度重新审视蔡京的书法，更客观地评价蔡京在北宋书坛的地位及其对书法发展的推动；同时对蔡京的书法作品进行全面整理研究，收集蔡京存世书法、考订作品真伪及流传情况。并以蔡京为代表，对"以人论书"这种传统批评方法所存在的问题进行深入分析。全文分为三部分：第一章至第二章为第一部分，论述北宋书法风气的形成与发展及蔡京在这种环境下所进行的书法活动；第三章为第二部分，对蔡京的存世书迹进行全面考证，并对每件作品的真伪进行初步鉴定，提出自己的意见与根据。同时兼及对未存世书迹的全面整理；第四章为第三部分，将蔡京书法的形成及源流进行考述，对其书法风格进行归纳分析，并提出了传统书法批评存在的问题。北宋重视文治，特别是宋徽宗赵佶雅好书画，这一时期，对御府收藏重新鉴定、装裱，摹刻《大观帖》、编撰宣和书、画二谱，每件有关书画的大事都与权臣蔡京有密不可分的关系。因此，研究蔡京书法及其书法活动，对进一步了解北宋书法发展状况及文人的书学状态颇有助益。

【29】吴彩虹 《苏轼书学思想研究》 辽宁师范大学 2007年美术学硕士论文

苏轼的书学思想标新立异,影响深远。虽已有许多这方面的论著问世,却未曾达到全面、穷尽的地步。本文目的是深入、全面地研究苏轼书学思想,探讨其在书法作品中的指导地位。一个书家如果没有思想,那最多不过是个书匠,只能是被历史的足迹所掩盖、消磨。苏轼游遍中国的名山大川,出入儒道佛诸家,历经坎坷,在人生之路上几经沉浮,阅尽了世态炎凉,逐渐形成了自己别具一格的思想和书风。其中有继承前贤的思想,有开创新风的意识,也有融各种艺术于一体的痕迹,如此种种,都集中而充分地映射在他的书学思想之中,使得他的书论在书法史论上独占鳌头,书法风格别具特色。尚意思想是苏轼书学思想的主要部分,在整个宋代尚意思想中起到承前启后的作用。所谓"意"就是情感和趣味,"尚意"也就是注重创作者主观情感的流露和作品中情趣意味的传达。所以它需要创作者不断地探索、创新,以一种自然而然的心态和精神来看待每一次笔墨之交。这就是创新思想和自然思想。苏轼在沿着前人之路发展时又为后来人提供了更多的发挥空间,使得这一理论在宋代得到完备。

【30】邵宁 《翁同龢书法研究》 南京师范大学 2006年书法专业硕士论文

翁同龢是中国近代史上著名的政治家，中法战争、中日甲午战争、戊戌变法等晚清重要事件无不参与。在文化领域内，其诗词、书画、收藏均有很深的造诣、影响，他并非一个专业书家，但是其书法成就已经为历史所公认。晚清时代，书坛发生了剧烈的变革，身处传统帖学书法衰落与碑学书法兴起的历史进程中。早年受家庭正统帖学书风的影响，中年以后在北京接触碑学书家、碑学理念，从而形成碑帖兼收的书法审美趣味与碑帖交融的书法创作道路，最终在晚年形成具有"帖底碑味"风格的"翁体"书法。与此同时，自身书法实践与体悟结合外界环境的因素的影响，又逐渐形成了鲜明的书法创作观与书法史观。其一生书法的递变轨迹，是一个有独立思考能力的人面对剧变的现实做出的必然选择。以他为视角考察晚清书坛，尤其是晚清干禄书法与上层官僚文人书法，可以看到晚清时代各种书法风格并存、并行的现实状况，从而纠正康有为对晚清书坛现实状况的偏颇描述。

【31】高静 《梁启超的书学观》 南京师范大学 2006年美术学专业硕士论文

梁启超是中国近代史上一位极富个性、激情飞扬、才华出众、兴趣广泛的传奇人物。作为政治家、思想家、学者和宣传家，他的多方面的活动都在历史进程中留下了深远的影响，书法是他倾注了不少精力的爱好。梁启超留下了大量的书法作品，拥有自家独特的艺术风格。梁启超一生著述丰富，书论占有极少部分，有书法专论数篇，一百五十多件碑帖跋。长期以来，梁启超的书法光彩被政治家、文学家、教育家的辉煌所掩，而他的许多观点都很有价值，可惜很散乱，没有形成他的其他著作那样的系统，这对于阅读和充分理解他的书学思想有很大的影响。 本文对梁启超的书论进行全面系统的分类整理，并力求做出客观的评价。这对于全面深入地理解梁启超的书学观有很重要的意义。

【32】梁晓军 《张怀瓘书学思想研究》 首都师范大学 2006年美术学硕士论文

张怀瓘是中国书法理论史上最重要的书法理论家之一，留下了数量较多而富体系性的理论著述，他全面继承汉魏六朝以来的书学思想，并对有关书法的诸多方面问题进行了全面而深刻的论述，而且在不少方面提出了许多新的见解，如对书法起源与发展、书法本质、书法在社会生活中的地位、学书方法、书法技法理论、书法鉴赏、书法批评等方面都有很深刻的认识和具体论述。他的书论著述涉及到中国书法理论的方方面面，构筑起一个中国古代书法理论的基本框架，是唐代书法文化在理论上的一个重要代表人物。本文试图通过对张怀瓘书论著述进行较为全面、细致的梳理和考察，对他的书论著述中所涉及的中国书法理论诸多方面进行较全面、细致的阐释、论述，以求对张怀瓘书学思想的整体框架及许多重要思想、观点有一个较全面清晰的认识和把握。

【33】 徐清 《20世纪中国书学疑古考辨之研究》 浙江大学2005年古典文献学专业博士论文

"20世纪中国书学疑古考辨"即指书家、学者在20世纪一百年的书学研究中,对传统书学认知和书法观念提出的质疑和所做的考辨。这是一个理应受到重视、却被书学界忽视了的研究课题。本论文对"20世纪中国书学疑古考辨"的产生背景、时代条件,疑辨的主要对象和内容,疑辨的历史意义和当代启示等一系列内容做出研究。 20世纪书学疑辨一方面以传统书学中的疑古辨伪为历史渊源,沿承其考辨方法以及怀疑批判的精神,另一方面,它更依赖于20世纪中国新思想、新学术的启发和推动,尤其是与史学界的变革、考古学的建立与发展、自然科学从西方的引进等因素有着直接的关联。此阶段的书学疑辨有其特定的内容和专门的疑辨对象,并非20世纪之前疑辨的简单延续,它主要包括:古代书法文献的真伪与年代、古代书迹的真伪与年代、书体的起源与发展史。 20世纪书学疑辨在百年书学史上起到了思想启蒙和学术深化的历史作用,不仅如此,它还给予当下和未来的书学发展、"书法学"学科建设以重要的启示:必须注重书法与其他多学科之间的对话,以跨学科的视野来反观书法内部、外部的种种问题,才有可能开拓出更大的思考空间和发展空间。

第六篇　书画教育
文化交流

姚大伍

花鸟　136×38cm

纸本水墨　2008年

第一章　中国书画教育现状与发展方向

第一节　书法基础教育现状与中国文化传承

中宣部、教育部制定并印发的《中小学开展弘扬和培育民族精神教育实施纲要》中提出要把弘场和培育民族精神纳入中小学教育全过程的各个环节、各个方面，强调要加强中小学生对中国传统文化的学习和传承。

作为传统文化之一的书法艺术，它与中国文化相表里，与中华民族精神成一体，是我国几千年文化的结晶，是世界艺术之林的奇葩，它有着深厚的文化内涵，从最初的文字形成到书法艺术日臻完善，有着源远流长的历史，孕育了中华民族以爱国主义为核心的团结统一、爱好和平、勤劳勇敢、自强不息的伟大民族精神和中华民族的传统美德。然而，这倍受世界各国人们亲睐的中国书法，这凝聚着数千年来中国文化精髓的书法，这在人们日常学习、工作、生活中起着非常重要作用的书写形成（书法），在当代社会教育中所受重视的程度，让人不禁感到传统文化传承的危机。

当代社会，书法所受重视的程度不容乐观。尽管我们的母语教育都非常重视写字教学，把书写流畅、工整、漂亮，作为学生写字能力的基本要求，遗憾的是，我们在向国际化、信息化、数字化、现代化迈进的过程中，学习掌握了不少先进的知识和技术，并为享受到它们给我们带来高效率、便利化而津津乐道的时候，整个社会却步入了少纸的时代，随着敲击键盘的速度越来越快，而人们的字却越写越难看，更多的中小学生甚至大学生感到，写一手漂亮的汉字真不容易。电脑越来越普及，学生过于依赖电脑打字，这是导致写字教学效果普遍差的一个直接原因。一项调查显示，在不想改善字迹的学生中，超过七成的人认为可以用电脑打字替代手写，23.3%的学生甚至认为，电脑越来越普及，手写很麻烦，易出错，写字根本没必要。可见现代文化环境致使学生思想上对传统的书写（书法）艺术不够重视。

其次，社会对书法人才的需求越来越小，导致了书法蜕变为精英文化，真正书法人才的出现少之又少，就是毕业了，书法人才也没有多大的生存空间。这是造成当前书写现状的一个根本原因。

但是，书法艺术是国人深为自豪的艺术精粹，素为世界上许多熟谙和热爱汉文化的国家和民族称道，在亚洲地区、尤其是日本和韩国，中国传统的书法对他们有着极其广泛的影响，汉字书法教育在日本被放在极其重要的位置，称之为“书道”。在日本，从小学到初中均开设有习字和书法必修课，就连文科大学，书法也都是必修课，而且，书法教育关系着国民素质的内容，是早已写入日本宪法的。韩国及东南亚的新加坡、马来西亚等国，极其重视汉字书法教学。国外的不少艺术、文化教育机构都十分关注中国书法，投入大量的人力，物力加以研究，还派了不少留学生来我国学习和研究书法。中国书法的影响正在向全世界拓展，中国文化的影响也会随之加强。在这样的背景下，对我们要求所需要的不仅仅是强有力的书法专家，不但要有严格而正规的高级专家教育，而且还要有各有侧重的专家集群和各有层次的教育集群。

基于以上原因，我们要想更好地用传承中国的书法文化，首先就需要以弘扬和培育民族精神为切入点，加强书写（书法）教育。民族精神是一个民族赖以生存和发展的精神支柱，是民族文化最本质、最深刻的体现。培育和弘扬民族精神，离不开对民族历史优秀传统文化的深刻理解与把握，离不开民族自尊心和自豪感的树立与增强。其次，紧密联系素质教育，以“书”传“文”。书法教育的载体是书写，书写（书法）是一门艺术，是人的基本技能，因此说书法教育也属于艺术教育，而“艺术教育是美育的中心内容，同时也是德育的重要内容。”还有，提倡“提笔就是练字时”，在潜移默化中进行传统文化熏陶。根据国家教育部《关于在中小学加强写字教学的若干意见》精神，明确要求规范、端正、整洁地书写汉字是有效进行书面交流的基本保证，全体教师都应正确、认真地书写作学生的表率，在潜移默化中促进学生良好书写习惯的养成。

最后，正确对待西方文化对我国书法的影响，抵御文化侵袭。在人类文明史上，任何一种文化，都有其精华与糟粕，纯之又纯的文化形态，实际上并不存在，因此，对把传统文化划分为精华与糟粕的学术研究方法，不应视为对保存国粹与全盘西化的折衷调和的中间派。实现中国传统文化的现代化，全盘西化不行，复古倒退也不行，这两个极端在当代社会显然都不可取。无论是对待中国传统文化，还是西方文化，都应坚持“取其精华、去其糟粕”的原则。

综上所述，中国书法最鲜明的体现了中国文化的精神，书法艺术是我们民族文化的载体，要了解中国民族文化、懂得中国传统文化，中国书法是基础，同时，通过对传统书法的全面了解和学习，可以让我们更深刻的了解中华民族优秀文化传统。从当前书写（书法）教育现状来看，书写（书法）教育必须加强，祖国传统文化的传承任重而道远。

第二节　高等美术教育现状

随着改革开放进程的不断深入和发展，在我国教育战线上本来处于滞后状态的美术教育，特别是高等美术教育，出现了前所未有的发展势头。尤其是近几年来，在全国各地大中专院校的招生和高考报名中，“美术”似乎成了一个十分热门且越发火爆的专业。从表面上看，这未必不是一件好事，因为这起码说明我们的国家、政府和各级教育主管部门对美术教育的日趋重视和支持，然而，在庆幸之余，了解一下近年来全国各地高校对于美术专业(系科)的设置及其美术教育、教学乃至招生机制与教学质量等等实际状况，出现了许多不容忽视的问题应引起我们的思考。

首先，一拥而上地增设美术专业。以前，我国的美术教育不论在中小学，还是在大专院校，因普遍不受重视而发展滞后的状况不容否认，这与我国提出的“素质教育”等方针政策是严重不相符的。但自上世纪80年代改革开放以来，在市场经济的价值观及其种种思潮影响下，美术教育反而出现“矫枉过正”的现象。尤其是自90年代以来，全国各省市的大中专院校纷纷增设了美术专业。其中的一些院校为了追求“经济效益”或追求“大而全”等等目的而不顾有无条件、有无必要而盲目上马，一拥而上，甚而已发展到失控的程度。至此，这种过多、过滥、过热而导致教学质量严重下降与毕业生难以分配等状况，十分值得我们深思。

其次，一个考题，统一招生。近年来对于全国各高等院校美术专业(包括美术院校)招生考试的问题上，已越来越成为大家关注和议论的焦点和热点。自上世纪70年代末全国恢复高考以来，似乎大家不约而同地都采取了统一的考试内容：即素描和色彩，同一办法：素描——人物头像或半身写生，色彩——出题默写静物。甚至多年来采取同一试题，从表面看，这对招生的一方而言似乎不愧为又省事，又省钱的一种好办法，但实质上等于早就向考生公开了“试题”，难怪高喊了多年的“教育教学改革”却始终没有改到美术专业招生考试的头上来。正是由于这种考试内容的固定化、统一化与单一化，导致了考生们只练习人物素描头像和水粉静物的临摹与写生，而许多虽然已经录取入学的学生，一切专业知识和技能(包括素描和色彩)均还须从头学起。

第三，一样的“师生比”失调。美术学科(专业)的教学方式和方法与其他学科历来都有明显的区别与特点。一切技法的传授与练习主要是靠教师的“耳提面命”或手把手地“单兵教练”，国家教育部曾多次制定和颁布过关于高校艺术类学科任课老师与在校学生比例的文件。上世纪90年代初教育部所颁发的文件规定为例，大约美术专业是1：4—4．5。然而随着“美术专业”的急剧升温，以及连年有增无减的“扩招”等多种因素，促成了各高校美术专业的“师生比”普遍失调，有的是大幅度超标，有的学校在师资力量、硬件设施十分缺乏和教师职称结构很不完备的条件下，为了“积极创收”(因美术专业的学生收费高)而大量招生，其“师生比”竟达到1比数10人以上。至此，教师的课时量亦大大增加，许多年轻教师与年轻“助教”，承担着本应是“讲师”乃至“副教授”以上所应担当的课程。从而教师难以辅导和难以顾及的情况，也是普遍存在的。

最后，一样的教学规格和教学模式。国家教育部与文化部主管部门曾先后对不同层次(大、中、专)与不同性质或类别(师范类、非师范类)的学校，制定了不同的培养目标、教学规格、教学内容、教学模式与教学要求等。但近几年来，虽然有中央的文件，可是在当下许多院校对已既定的“培养规格”、“培养目标”等等要求越发淡化了、模糊了，甚至是错位了。最为突出的表现是，师范类与非师范类的混淆或错位。具体而言，即是有好多师范类院校的美术专业极力向纯美术院校(非师范类)看齐，而原属非师范类的纯美术院校也在大办师范类的专业班(或称美术教育专业)。近年来在全国各省市的高校普遍增设的美术专业，其师范性与非师范性的界限正在被打破，各自的培养目标、教学体制、教学模式等等，正在模糊不清，或趋于统一，或互相错位，各自的特色和重点等也正在逐渐消亡。

"百年大计，教育为本"。正是基于这个出发点，希望我们能认识到高等美术教育与教学中所出现的种种令人担忧和困惑不解的反常现象。

第三节　美术教育的发展方向

中国艺术必须走向现代，中国人应该有自己的现代艺术。但是具体地说，什么是中国艺术的现代形态？中国艺术的现代化之路究竟应该是怎样的？这个问题却不容易回答。为了使这个问题的思考找到起码的入门途径，至少应在我们的头脑中分清国家政策和艺术本体两个层面。在国家方针政策的层面，"二为"和"双百"以及"弘扬民族文化"、"主旋律"和"多样化"的关系，等等，必须一如既往地认真贯彻执行。这是中国艺术健康发展的必要保证，是对艺术作品社会功能的规范和倡导，并对艺术本体的形态具有宏观的制约作用。但是，另一方面，方针政策又显然不能代替对艺术本体的研究和思考，尤其不能代替对中国艺术现代形态的思考。

在我们探索中国艺术的现代形态时，往往过高地估计了西方现代主义的普遍意义。过高估计西方现代主义（包括后现代主义）观念模式的普遍适用性，以西方现代艺术的思维式和角度来看待中国艺术的现代化前景，用西方的价值标尺来衡量中国的艺术家在本土上所作的探索和努力，这是在当前年轻一代中仍然相当普遍存在的偏颇和盲目性。在我们对西方社会还缺少进一步的了解，中国本土文化的未来价值又尚未进一步显露之前，要避免这种盲目性还是一件复杂而需要花力气的事。

因此，要在最高学府的美术学院真正坚持中国特色的社会主义方向，开创中国特色的现代艺术，就应该加强上述两个方面的研究探讨，清理思路。既要避免因政治和学术的混淆而造成的对艺术本性研究的阻碍，又要避免因过高估计西方现代主义的普遍意义而轻视对中国特色、中国道路的深层次思考。

精耕细作，有限拓展

所谓"有限拓展"，既是指学科规模、招生人数等硬件指标而言，更是指观念范畴、学科分类、体系边界等本体论意义的软件规范而言——尤其是后一种涵义，正是相对于西方纯艺术类学科的观念范畴在现代的无限制拓展而言的。纯艺术的观念边界无限拓展，造成语言为新而新，为反叛而反叛，是西方现代主义的特征，其负面是使艺术偏离了审美功能的本位，加速了艺术的解体。中国艺术的现代化，或许正是应该在这个最基本的价值观上与西方现代主义拉开距离，用中国式的有限拓展来代替西方式的无限拓展，让艺术创作和教学侧重于纵深挖掘，使中国的现代艺术成为本土文化演进的逻辑必然。

以中国画和书法为例，中国画系中人物、山水、花鸟三科是传统的划分法，这种划分法实质上是基于"程式"在中国画技法体系中的重大作用，而与西画体系中以表现方式来划分有别。因而这种划分还可以继续沿用。在教师配备与招生比例上，过去较侧重于人物，未来发展中应根据社会需求适当均衡。中国画的专业面，除了以写意为主以外，还应加强工笔、壁画、民间艺术至原始艺术等多种形式的研究和教学，往上追溯，以求全面的理解和继承传统。书法是我国历史上重要的艺术门类，在五六十年代一度被冷落，以致于在普及的规模和教学体制的完善方面远不如日本。书法家作为一种职业的需要量不大，但书法作为重要的传统文化修养在国民中的普及面极大，随着国民文化素养的提高，书法的中小学教育和业余教育、协会活动等等会大量增加，在这种趋势之下，在最高层次艺术学府中办好高学位书法教学，作为全国书法研究和教育的学术中坚，也是很有必要的。

"两端深入"的学术策略

中国美术院校同时担负着教学、创作、美术研究三方面的任务，而在西方，创作一般由院外画家承担，研究则主要集中在研究所。这三个方面是不同的层次，面对着不同的对象。教学是面对学生说话，创作是面对广大观众说话，研究则主要是面对专业圈子说话。相比之下，学术研究所要解决的是更为专业更为本体的课题，它虽然是少数专家学者的事，但它的成果会对创作和教学逐步产生向下渗透的影响。

学术研究是有策略的，对一个学校而言是如此，对全国的艺术事业而言也是如此。尤其是高等教育，各个学校都应该有自己的面貌特色。在研究方向、课题重点、人才结构、方法风格等等方向，都可以有侧重和有目的的安排。这不仅有利于一个学院在竞争中发扬自己的优势，而且，对于中国艺术的现代化和国际地位的提高更有深远的意义。

中国美术学院的前身杭州国立专艺，可以作为"两端深入"学术策略的早期实例。当时的国立艺专，既有林风眠、吴大羽等热衷于西方现代艺术的教授，有又黄宾虹、潘天寿等专注于研究中国传统艺术的教授，他们在学术上和睦相处，互不干扰。这是一种互补并存的'两极结构'，作为学术策略，它似乎具有更大的结构跨度和长线潜力，而不同于后来其他学校较多采取的中西折衷融合的路子。八十年代的浙江美院也有过一段类似的情况，一边有郑圣天等对国外信息灵通的中年教师，一边则有陆俨少等对传统有研究的老一辈，"两端"拉得开，中间的回旋余地就大，探索就不至于太浅薄，风格也可以更多样，正因为如此，中国美院在大半个世纪中出了不少人才。

寻找中国特色的现代艺术之路，这是历史赋予我们几代人的艰巨任务。对今后几十年的中国艺术家来说，西方现代和中国传统这两端，仍然是蕴藏着最丰厚的文化养料和发展潜能的两大宝库。中国的美术工作者需要从中获得借鉴和启示，全面、深入地研究中国美术的发展之路。

第二章　2007年中国书画艺术交流

中国五千年的文化源远流长，书画艺术是一朵千年长盛的艺术奇葩。作为中华文明的象征，中国书画艺术在与世界文化的交流中大放异光彩。

第一节　国际交流

为纪念中日邦交正常化三十五周年，由上海市文史研究馆和日本亚洲友好协会共同举办的“海派丹青—上海市文史研究馆书画展”于2007年 3月28日上午在东京日中友好会馆美术馆举行。日本前首相羽田孜、中国驻日使馆文化参赞赵宝智、上海市文史研究馆馆长吴孟庆等出席了开幕式。此次书画展展出了上海文史研究馆馆藏的吴昌硕等世界大师的国宝级藏品以及近年来活跃于世界各地的海派艺术家的书画作品近六十余件。

印尼——中国经济、社会和文化合作协会与中国书法家协会于2007年上半年在雅加达共同举办“印尼——中国国际书画交流展”暨研讨会。双方都为这次书画交流展提供了有价值、有代表性和适合印尼多元文化认可的作品，以体现传统中华书法精神。

2007年4月，由中国书画国际交流中心、泰国芭堤雅市政府及泰中经贸促进会联合主办的“中国实力派书画家作品展”，引起了亚洲石油巨头和各界与会人士的浓厚兴趣，中国实力派书画家严学章、翟先立、周启元三人书画作品5天内共成交人民币约92万元（460万泰铢）。在展览结束之际，中国国际书画交流中心主任张淑忠表示，此次泰国书画交流活动是该中心“2007国际书画文化交流”活动的第一站，接下来，他们将相继在新加坡、澳大利亚、巴西、法国、意大利等国家举办类似书画交流活动，以便在国际上大力弘扬中国书画艺术。

为配合中韩交流年，弘扬中国书画艺术，促进中韩两国人民的友谊与交流，由济南市文化局主办，孔府书画院承办的“中韩孔子文化书画交流”展于2007年5月18日在韩国青州举行。此次画展将展出济南书画家张子良、张登堂、徐汝泽、张中山等人的书画作品60余幅，同时也有韩国书画名家的近期佳作。

2007年6月3日，由北京市文史研究馆、北京市人民对外友好协会和马来西亚创价学会联合举办的“中国传统书画展”在马来西亚创价学会大厦开幕。本次展览从6月3日至7日，所展出的64件精美作品，出自北京市文史研究馆43位优秀文人书画家之手，作品中诗、书、画、印相得益彰，充分展示了作者们精湛的技艺和高雅的才情。展览还包括了以“北京印象”为主题的多幅图片，展示了首都北京近年发展的新风貌。展览吸引了马来西亚众多书法家、画家、文史学家及书画爱好者前来参观。

中国驻马来西亚大使馆政务参赞顾景奇称赞中国传统书画艺术源远流长，博大精深。他说，优秀的传统文化艺术是需要传播的，只有传播才能使其焕发出强大的生命力，发挥其促进社会进步的积极作用。并充分肯定了中国传统书画艺术在沟通和增进中马两国人民友谊上所发挥的积极作用。吴立洋副部长则表示，此次展览汇集了众多名家之作，给观众们带来了一场艺术盛宴。近年来，随着马中两国经贸关系的持续升温，两国在文化艺术领域的交流与合作也不断加强。众多政府间和民间文化活动的开展，必将成为推动两国人民拉近心灵、增进友谊的强大原动力。

为纪念中日邦交正常化35周年、中日文化体育交流年之际，由中国少数民族美术促进会和日本墨美会共同主办的“第三届中日友好书画交流展”2007年7月16日在北京中央美术学院美术馆举行。此次画展共展出180幅中日艺术家的绘画书法作品，其中日方参展作品有73幅，中方参展作品中有尼玛泽仁、官布、王复羊等著名画家的书画作品。此次画展是继1997年、2002年中日友好书画交流展成功举办后的第三次画展。从展出的180幅中日书画作品中可以看出，中日两国艺术家的水平在10年中都有了很大的提高，也增加了一些新人。通过这次画展将进一步促进两国艺术家之间的交流，进一步加深中日两国人民之间的传统友谊。

"中国2007"（China 2007）画展于2007年9月12日在柏林拉普(Raab)画廊举行，展出了安晓晨、崔锦、黄鹤、孔令伟、李玉文、楼思佳、孟皓、齐文清、王艾、王存玉、王丁力、王琳、张文斌、赵海等15名青年画家的20余幅作品。这次联展由德国CCC国际文化交流促进会、柏林拉普画廊和北京雅德世代文化艺术交流中心联合主办，中文名称是"中国当代最具潜力的油画家联展"，汇集了42位国内青年画家的油画作品，到柏林和纽约巡回展出。

2007年是中日邦交正常化35周年，恰逢第九届世界华商大会在日举行。首届《世界华人中国书画艺术精品大展》也于九月在日本神户，东京举办。此举是为提高国际社会对中华民族传统文化的了解，继承弘扬中华民族灿烂辉煌的文化艺术史，提升生为华人由来已久的自豪感。同时这也是一次用书法绘画的艺术手段赞美世界华人勤奋努力的精神面貌及在海外奋斗的人生写照，报效故土的拳拳赤子之心，用书画作品来记录华人奋斗史、生活篇、战斗曲，这是一件利国利民利炎黄子孙千秋万代的大好事。

2007年10月27日，"中美当代名家书画交流展"在洛杉矶地区蒙特利公园市隆重开幕，展出洛杉矶地区20多位著名华人书画家及国内6位当代著名画家的优秀作品80余幅。中国文联副主席、中国美术家协会副主席冯远携中国当代美术家代表团一行应邀出席剪彩并致辞。开幕式后，冯远主席还应邀作了题为《中国当代艺术发展的全球文化背景》的演讲，引起较大反响。当地多家电视及报刊媒体对活动进行了采访。该展由美国国际美术家协会主办，《中国书画报》及当地两家美术机构——天普美术学院、惠星美术承办，据悉，是当地迄今规模最大的中国书画展览。

由张家界市文化局、张家界市书画院、韩国书画书法协会、日本菁菁书友会主办，由天门山旅游股份有限公司、张家界好地国旅韩国部承办的"2007张家界天门山中韩日国际书画交流展"在天门山山顶李娜小屋正式开幕。2007年是中韩交流年也是中日旅游年，本次活动以这两大主题为背景，用中韩日三国的书画展览来反映三国人民的友好及和平。参加本次展览的书画有100余副，题材以佛教和山水为主，全部出自中韩日三国著名书法之手。关于本次活动的举办地，主办人之一韩国书画协会会长金兑洙说道："我们选择天门山，一是因为它自身的仙界佛国景象符合我们本次展览的佛教和山水的主题，第二个就是天门山在众人心目中的影响力，在韩国，有很多人喜欢天门山，我就是其中一个，在韩国我还有很多关于天门山的作品。"

"迎奥运韩国晋州——中国西安联合画展"在陕西省图书馆一楼大厅开幕。此次展览15位韩国书画家共带来了50多幅作品，西安书画家展出的作品也有60余幅。展览中，韩国画家绘制的作品以中国传统的文人画为主，题材也大多为梅兰竹菊等，配以韩文书写的诗句及落款，看上去十分独特。此外，韩国书画家书写的汉字书法也颇具功力。在开幕式上，韩国驻西安总领事馆领事余载贤表示：中韩两国有着2000多年友好交往的历史，西安市与晋州市是友好城市，近年来两市文化交流频繁。这次西安国际文化交流中心与韩国美术协会共同举办的画展，更加促进了西安与晋州进一步的交流与合作。

第二节　国内交流

"两岸书画迎春交流展"2007年1月10日在台北"国父纪念馆"翠溪艺廊举行。上海海派书画名作集体"亮相"。在十日上午举行的开幕仪式上，上海书画院执行院长张强辛表示，这是该院成立以来首次应邀来台进行交流。他和十八名画家及工作人员带来三十九位书画家的七十八件佳作，将一脉相承的海派艺术展示给台湾民众。台湾新世纪文化艺术协会理事长邱敏华表示，两岸的中国水墨画，经过海峡的隔离，时空的变化，所传承的中华文化，近百年来各有不同风貌。为促进两岸艺术交流，特邀请传承海派雄风的上海书画院名家，共办这次传统与现代风貌并陈的画展。

2007年由河北省文化厅、省教育厅、省美协、省书协主办的"国际书画艺术交流展———河北十家赴法国、韩国等国预展"于5月23日在河北美术馆开幕。参展的十位书画家白石、刘佐秀、张济海，仇占国、张孝谦、孟东岭、张成，齐梦慧、李维世、刘军才都是河北省卓有成就和影响的书画家，展示的作品有书法、国画、油画等不同形式。在传达中国传统文化艺术的同时，以西方人的视角及绘画材料表达了艺术家对自然的感知和理解。该展览在省会展出后，还赴法国巴黎、韩国首尔等地巡回展出，与国外艺术家探讨交流。

2007年7月3日，“水墨聚焦：2007当代中国画邀请展”在中央美术学院隆重开幕。这次展览是上海、北京、曼谷系列巡回展的第二站。展览集聚了28位当代中国画坛具有影响力的艺术家，展示出精彩的水墨艺术作品200余件。参加展览的艺术家都是近十几年来活跃于中国画坛的画家。在展厅中，多姿多彩的水墨作品错落于宫扇、册页、长卷、斗方等艺术载体之上。水墨画以中国特有的笔和墨来创作、反映中国传统审美趣味的中国画艺术，有着悠久的文化沉淀，它最能体现中国传统文化的精神。

为庆祝香港回归10周年，由中国文学艺术界联合会、中华海外联谊会、香港文汇报联合主办的“庆祝香港回归十周年中华情—全球华人书画世纪大联展”于2007年7月2至5日在香港中央图书馆展览厅和香港大会堂低座展览厅隆重举行。中国文联副主席刘大为表示，“中华情—全球华人书画世纪大联展”是文化部和文联特别为庆祝香港回归十周年筹办的活动之一。他相信，这次展览可加强内地与香港及海外地区书画家的交流合作，通过优秀的当代中国书画作品来表达对香港回归祖国十周年的庆贺之情。

2007年10月17日，“淄博九江书画交流展”开展仪式在淄博书画院举行，本次展览由两地书画院共同发起，展出的百余件作品代表了两地书画最高水平。淄博九江书画交流展开展期间，两地的书画家们还开展了广泛的艺术交流活动，通过本次书画交流活动不仅增强了两地书画界的友谊，也为宣传淄博和九江的文化知名度起到了积极的作用。

2007年11月18日，由中央美术学院、清华大学美术学院、中国(北京)文化创意产业博览会组委会联手打造的“艺术中国——全国画展”在清华大学美术学院拉开帷幕，来自全国各地的120余件入围作品正式对公众开放。 组委会主任、中国美术家协会常务副主席吴长江说：“我们在这批作品中完全看不到‘集体无意识’和‘革命英雄主义’的激情痕迹，而是通过这些充满朝气的年轻人的想象力和创造力感受到中国社会结构和文化观念的变化和活力。”据悉，本次活动还受到了北京保利拍卖油画部的高度关注。

由中国美术家协会、江苏省委宣传部、省文化厅和省文联共同主办的“2007中国百家金陵画展”（中国画）于2007年11月在南京隆重开幕。此次画展共收到全国各地美术家的作品4000多幅，评出佳作100幅入展，其中10幅作品荣获金奖。这些作品中，既有厚重的革命历史画卷，也有当下百姓生活的动人场景。尤为可喜的是，一批年轻画家以开阔的艺术视角和强烈的人文关怀意识，拿出了充满浓郁现代生活气息的佳作。百幅入展画作与特邀的37位名家作品一起，构成了一道内容丰富、风格多样的艺术大餐。

“首届南北书画艺术交流大展”于2008年1月23日至27日在厦门旧图书馆三楼展出。本次展出的当代名家艺术作品包括东北、西北、中原以及华南、华东等26个省、市、自治区和直辖市的名家代表作品。据介绍，自古以来，我国南北文化艺术均不相同，举办本次展览的主要目的是加强南北书画艺术交流，让广大美术爱好者有个观摩借鉴的机会。参展作品中的300件书画作品，有相当一部分是出版原作。参加展览的有陈济谋、郭东健、陈初良、陈德宏、许金宝、陈奋武等福建名家，还有史志科、江怀松、吴国良、高舒、刘志科、南怀安等省外著名实力派书画家。

2008年3月27日，“广东·肇庆——湖南·常德书画交流展”在常德书画院美术馆隆重举行，此次交流共展出作品100余件，其中广东肇庆朋友的作品30余件，作品中包含书法和绘画作品，体例丰富，作者阵容强大，既有老到的传统笔法，又有烂漫恣意的个性张扬。据了解，2007年5月底6月初，常德10多名书画家曾前往广东省肇庆市举办书画交流展，并组织了书画创作笔会，共同研讨“湖湘文化”和“岭南山水”的艺术特色。

主要参考文献：

1. 盛敦荣《从书写（书法）教育现状看中国传统文化的传承》（作者为桂林炎黄书画艺术研究院院长），墨缘书画网

2. 姜玉姊《高等美术教育现状之忧》美术报，2006.4.8

3. 潘公凯《未来中国美术教育五题》艺术教育，1996年第3期

第三节　美术荟萃　博采众长

禹舜美术馆外景图

禹舜美术馆一楼

禹舜美术馆二楼

禹舜美术馆三楼一角

禹舜美术馆

禹舜美术馆坐落在哈黑、哈大、哈伊高速公路及绕城交汇的江北利民开发区，地处江北开发区的大学城、商业服务中心区域学院路，三十分钟即可到达哈尔滨太平国际机场，交通便捷，景区的主体包括三星级的八荒通神大酒店、别墅区、禹舜美术馆，景区占地面积20000平方米。

禹舜美术馆始建于二OO三年，历时两年的建设，于二OO五年开馆，是中国画院副院长卢禹舜先生投资兴建，是迄今为止全国最大的私营美术馆，是江北唯一的文化标志性建筑，它的建成为美丽的冰城增添了一座艺术殿堂和一道美丽的文化风景线。美术馆的主体建筑为欧洲古堡式建筑，充分体现了建筑艺术的无限魅力，其顶部利用阳光天井采光，中庭通透，古朴典雅。馆分上、中、下三层，三个圆形主展厅，三彩色仿紫外线荧光灯照明。建筑面积6000平方米，展览面积3500平方米，固定展线长达700米，活动展墙8道，200个立体活动雕展柜。一层、二层可以展览巨型雕塑、悬挂巨幅作品。馆内还设有收藏室、研究室、美术报告厅、会议室、修复鉴定室、图书资料室、画室、办公室、游客休息室等数十间场所。具备收藏、研究、陈列展览、教育、交流、旅游接待、参观服务等七大功能。

2007年为了更进一步改善环境，完善功能布局，增加游客休闲、度假、以及学术交流等场所，对附属的八荒通神大酒店及别墅、外环境等进行了改、扩建等工程。通过改造，酒店达到了三星级，景区面积扩大了，新增了绿化区和停车场，停车站位达到大、中、小客车100台。新增设了以游客休闲为主的印象房、景观房、女士房，形成了风格浓郁、鲜明的文化气息，集艺术展览馆、旅游、休闲、度假、会议、艺术研究、学术交流、参观游览等为依托的主要文化景区，成为哈市江北第一个艺术广场和文化标志性建筑。

禹舜美术馆开办至今，举办过国际画展6次，邀请外国艺术家数百人，国外参展作品上千幅，国内大型画展5次，参展国内画家700多人，作品4500幅，举办个人画展6次（包括文化部副部级领导现任中国博物馆馆长吕章森的个人画展，旅澳著名画家王连元教授画展），全年接待国外游客450人次，团队50余个，国内游客2.5万余人，并多次接待中央、部委、省、市各级领导前来参观指导。美术馆收藏非常丰实，收藏了现代作品1500幅，品类有中国画、油画、版画、雕塑、年画、连环画、漆画等，囊括了国内外大部分名家精品之作，还有一些是有研究价值的元代木版画作品。

更为重要的是卢禹舜院长的大部分有学术研究价值的作品均陈列禹舜美术馆，引起轰动的《城外学生》作品，目前共计89幅，长期陈列在美术馆的三楼展厅，吸引了国内外著名的知名友人前来参观。同时美术馆还担负着对黑龙江艺术珍品的收藏、研究、展示，开展文化交流等公益活动。推动了黑龙江美术事业的发展。

作为旅游资源，禹舜美术馆位于哈市江北利民开发区美术家大街，距萧红故居8公里（汽车约10分钟路程），距离东北虎林园8公里（约10分钟路程），距离雪博会、冰雪大世界、极地馆、科技馆、市政府15公里路程（约15分钟），与国家5 A级风景区“太阳岛风景区”同处江北地段。这样形成了“太阳岛风景区”、“萧红故居”、“东北虎林园”、“禹舜美术馆”、“冰雪大世界”、“极地馆”为一体的冰城景色与文化名人相结合的新兴旅游人文景观。成为哈尔滨——大连市二日游中间线路的旅游景观和旅游热线。

为了更好地保护景区、景点。该馆以三星级酒店为依托，定时、定点对美术馆进行维护、保养。并有一支工种、服务、接待齐全的员工队伍，对景区按季节进行绿、改造、修缮等。现在已初步形成了一个以美术馆、八荒通神酒店、别墅为中心的美术家大街景区。

禹舜美术馆三楼

中国美术创作院首届院展在本馆开幕

2006年6月，全国著名画家邀请展在本馆开幕。

参观展览的人络绎不绝

曲阜于志学艺术陈列馆

曲阜于志学艺术陈列馆

曲阜于志学艺术陈列馆第二展厅

曲阜于志学艺术陈列馆第四展厅

黄山于志学艺术园外景

曲阜于志学艺术陈列馆位于山东省曲阜市孔子研究院对面的“论语碑苑”内，是由曲阜市文物遗产委员会、曲阜文物管理局1997年创立、2006年10月17日正式开馆。曲阜于志学艺术陈列馆以冰雪山水画创始人于志学先生名字命名，是非营利对公众和社会永久开放的艺术陈列馆。

曲阜于志学艺术馆坐落在论语碑苑的中心部位，“论语碑苑”是以论语书法石刻为主要内容的人文园林，占地60余亩，假山、楼台、湖池、亭榭、廊庑、门坊等与论语石刻互为依托，兼采北方皇家园林的庄严肃穆与南方私家园林玲珑奇秀的特点融为一体，已成为曲阜又一亮丽的旅游景点。于志学艺术陈列馆为“论语碑苑”的主体建筑群，前后二进院落，共有四个展厅，展览面积300多平方米，展出作品40余幅，均为于志学自上个世纪八十年代以来各时期创作的精品佳作，分为三个部分。

第一部分展示于志学表现北国冰雪大自然的艺术作品。

第二部分陈列了于志学表现人与自然的人物画作品。

第三部分为于志学近期创作的展示孔子生平、歌颂孔子业绩的大幅人物画作品。这些作品主体鲜明、稚拙古朴、浑然天成，反映了于志学不同艺术阶段的艺术风貌，既有突破传统绘画的藩篱，自成一家的艺术风格，又有承传传统的笔墨精神、追求东方意象、笔精墨妙的艺术品位。尤其是于志学新近为曲阜艺术陈列馆创作的表现孔子业绩的新作，其巨幅画面构图饱满，充分体现了中国画用线的语言力度及书写性和中国水墨画的墨韵，塑造了以孔子为代表的有血有肉、生动饱满的历史人物形象，受到了众人的一致称赞。

于志学艺术陈列馆为东方圣城、孔子故里的文化事业和发展注入了新的生机和活力，增添了历史名城新的文化底蕴。

于志学美术馆

于志学美术馆位于中国黑龙江省哈尔滨市松花江太阳岛公园园内，是由哈尔滨市政府于2003年建立、以冰雪山水画创始人于志学先生的名字命名。

该馆占地面积1100平方米，建筑面积3900平方米，拥有四个展厅和一个学术报告厅，由两栋欧式风格建筑组成。于志学美术馆与哈尔滨太阳岛上的自然湿地、艺术园林与俄罗斯风情小镇等欧式风格建筑共同构成了哈尔滨东方莫斯科的文化韵味。

于志学美术馆是一个非营利、不收门票、对公众和社会开放的永久性美术馆，以收藏、研究、陈列于志学及冰雪画派作品和承办当下美术作品展览为主，是一个极富特色的美术馆。

于志学美术馆展厅共分三层，设有四个展厅，并设有文物陈列室，文房四宝堂，学术报告厅，荣誉室，图书室，档案室，会议室，画家工作室以及相应的服务配套设施。馆内现有员工10余名，设有一名馆长，两名馆长助理，一名研究员以及研究部、展览部、编辑部、办公室、保安部、服务部等。于志学美术馆自2004年建馆以来，接待中外参观者近4万余人，举办国内外展览30余场。

各类展览的举办，有力推动了黑龙江省及哈尔滨市文化艺术的繁荣和发展。于志学美术馆现已成为哈尔滨太阳岛的标志性文化设施和太阳岛上一道亮丽的风景线。

于志学美术馆外景

于志学美术馆学术报告厅

于志学美术馆第一展厅

于志学美术馆档案室

于志学美术馆小会议室

籍忠亮美术馆

籍忠亮美术馆位于广州市番禺区市桥清河东路一街二栋之一七楼，是中国第一家集创作、展览、交流、教学、拍卖于一体的多功能现代化私立美术馆，它是至今为止，全国首家由画家个人投资、个人创办的超大规模极具专业水平的个人美术馆。装修豪华，音响、灯光等设备具有国际先进水平，总面积一千两百米，可同时展出大幅作品百余幅，中小作品近两百幅。

由三个大型展厅、一个超大型创作厅及贵宾接待厅为主体，配有收藏厅、过厅、书房、会客厅和两间五星级客房以及一百多平方米的大型空中花园，除展出籍忠亮绘画作品外，还

籍忠亮美术馆外景

馆内大型创作厅全景

韩国总领事权在万先生光临美术馆并题字

馆内100平方米的会客大厅

国画大师关山月光临籍忠亮美术馆

该美术馆120平方米的第一展厅

创作大厅的花园一角

定期展出名家精品，以及举办各种大型艺术展览活动！

籍忠亮美术馆有各类藏品三千多件。其中包括古玩、玉器、陶瓷、木雕、奇石、古家具、茶艺以及名人书画等，藏书近万册。

自2000年10月1日开馆以来，至今已走过了七年的历程，得到了省、市及番禺区政府各级领导的关怀和支持，相继接待参观者达五万人次，其中包括来自全国各地及东南亚各地区以及世界各国的美术爱好者和艺术收藏家。对于美术馆的发展和完善给予了诚挚的支持，并对美术馆的成就给予了充分的赞赏。

该馆位于广州市番禺区市桥闹市区的中心地带，左邻番禺区新政府大楼、海关大楼，右邻美丽华大酒店，距地铁三好线总站出口仅数百米之遥，地理位置十分优越。

籍忠亮美术馆自开馆以来，先后举办了多次大规模的展览，其中包括：中国首届人体摄

展示长廊

与国画大师黎雄才在一起

原中宣部部长、著名诗人贺敬之光临籍忠亮美术馆

与国画家林墉在一起

籍忠亮在美术馆创作

影艺术大展、庆祝中国共产党成立八十周年大型画展、广州山水画联展、迎中秋·庆国庆二〇〇三籍忠亮艺术培训学校师生作品汇报展等一系列重要展事，参观者每天最多达五百人

番禺地区，以及广州、广东地区以至东南亚影响深远，凡响强烈，在画界更是口碑载道，好评如潮。

籍忠亮美术馆还相继创办了美术专刊《艺术修养报》，并以期刊的形式向社会推广，籍忠亮艺术培训学校现有长期在校学生三百余人。籍忠亮美术馆现有创作部、收藏部、雕刻部、展览部、接待部，面向国内、国际开展交流、展览交流、展览活动。该馆长期免费向社会开放。

原全国政协副主席叶选平光临该美术馆

乒乓球世界冠军王涛光临籍忠亮美术馆

原广东省省长卢瑞华参观籍忠亮美术馆

原广州市政协主席邬梦兆光临籍忠亮美术馆

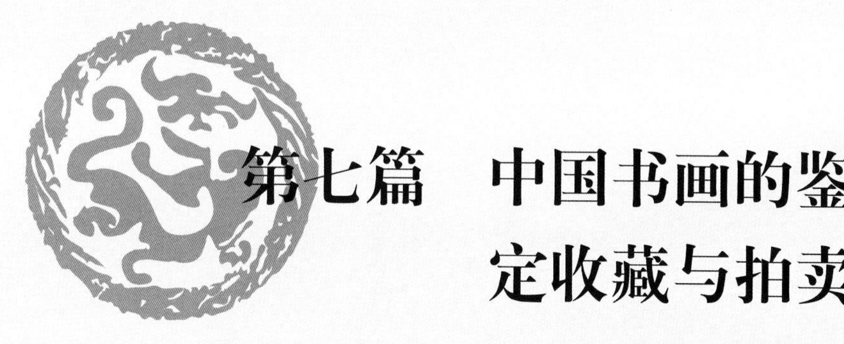

第七篇　中国书画的鉴定收藏与拍卖

邹立颖
晴天带伞　137×68cm
纸本水墨　2007年

第一章 鉴 定

收藏也好，拍卖也好，关键在于要有精到的鉴定。缺少大批经验丰富的鉴定人员，收藏和拍卖均会出现以假乱真的现象。中国的书画艺术博大精深，其鉴定又是一门十分深奥的学问。目前，这类人才十分短缺，而要培养这样的人才又不是短时间内能解决的。我们也不可能专门培养一批又一批的书画鉴定人员，因为书画鉴定不是单纯的技术活儿，鉴定人员首先应该是艺术批评家，而这些艺术批评家必须在公正的艺术环境中才能培养出来。

当书画评家不得不以书画艺术品的市场价值作为衡量书画评论成功与否的标尺。各式各样的书画评家与艺术策划人、形形色色的艺术经纪人与艺术掮客，当然缺少不了书画家自己，他们穿梭其间，形成了一种相当独特的“搭配”关系，有时是“算计”别人，有时则被别人“算计”；同时这里有太多的策略性选择、社会因素的考量、私人的动机和所谓“成功的激励”，而当商业色彩越来越浓的时候，权力的膨胀、利益的驱使也可能使艺术批评背离学术的公正，取而代之的是专注于包装，热衷于暗箱操作与制造价格泡沫。

书画评论家和鉴定家责无旁贷地承担着引导收藏爱好者学会收藏，客观鉴定一个书画品的真伪，解说书画品的真善美，恰当评价一个书画家，以培育一支热爱传统文化、热爱书画的收藏队伍。可是近几年的事实说明了我们的一部分书画评家和鉴定家失去了道德水准，低估了自己在书画市场中的地位和作用，充当了一个不光彩的角色。有些书画品鉴定家把假说成真，或把真说成假（除了确系走眼而失误的个别情况外），其实都是被金钱所迷惑。

准确的书画评论可以影响书画家的创作活动。在当今的中国做一个书画评家固然要沿着书画的发展规律进行科学探讨，加强自身的学习，但目前最重要的还不是这些。现实告诉我们：目前中国极少真正的书画评论。不管是对待流行风潮，还是对历史和当代一些著名书画家的评价，都是一片赞扬声。甚至评价一个非常一般的画家时，都用尽人间最美好的词语。书画评家之所以用至高无上的绝对化的语言加以无限夸大，不顾作品的实际。或许是画家出手大方，用银子把理论权威打倒，这样的书画评家失去了应有的道德水准。

书画评论是书画欣赏的深化，一个书画评家要做培育健康书画品市场的主力军，促进传统文化的承传，促进书画创作的发展。如果书画评家昧着良心瞎说，那么广大收藏爱好者、投资家又如何从书画评家的文章中辨别方向作为投资的导向呢？就等于把投资者推向死胡同。

中国的书画评家和鉴定家，多是经过学校培养和长期社会实践的学者，都有较高的水平。在商品经济快速发展的时候，部分人坐不住了，考虑如何借助于这个不成熟的市场，与书画家相互利用捞取金钱。书画家特别是那些无名的书画家要依靠理论家吹捧出名，而书画评家要靠画家来发财，

名声愈高权力愈大的书画评家成了香饽饽。因为吹得愈高买画的人就愈多，导至市场良莠不分，跟风者大把掏钱，造成市场的虚假繁荣。

从公开发表的书画评论文章来看，有以下四种情况：

第一，对于书画家的个人书画评价不客观，言过其实，夸大书画家的书画水平，拔高书画家的创作成果，这一类文章普遍存在。当然，出于人情关系说一点过头话可以理解，但过于不客观那就不足取了。

第二，用无实质内容的长篇阔论来塑造一个书画家，遣词用句不但冷僻晦涩、别别扭扭，不能做到深入浅出，通俗易懂。以此炫耀自己，让投资者觉得不但文章水平高，而且画家水平也高，误导消费者。

第三，用狂言晦语掀起学术理论界的惊涛骇浪，从而达到自己成名的目的，当人们用常理去判断一个书画家或一种书画现象时，他却故作惊人之语，粗听好像是百家争鸣，细想确是故弄玄虚，有欺骗之嫌。目的只有一个，理论家一朝成名，成了有名望的大书画评家，前途无量。

第四，不负责任的恶意炒作，说瞎话，权钱勾结，坑害投资者，搅乱书画市场。

以上四种情况都必须克服，特别是第四种，因为它已直接关系到书画品市场能否健康发展的问题。

我们要大力提倡做一个正直的书画评家和鉴定家。对于那些背离道德的书画评家和鉴定家，有必要采取一

些措施，促使其校正自己的行为。要多听听基层群众对书画评论和书画鉴定的看法。现实告诉人们在书画收藏的跟风大军中，确有人因一夜致富心里在作祟，不顾自己的实际经济状况，听信所谓专家、书画评家意见，把养病钱、养老钱和居家生活钱投在书画品上，结果不是假货就是劣质货，甚至少数人倾家荡产。虽说写文章作结论是书画评家和鉴定家的个人活动，别人无权干涉，权威们也可用“言论自由”来堵塞别人的嘴巴，但是你一旦为钱所谋，这就形成了经济合同关系和社会利益关系。不但要对给钱的一方负责，更要对你的言论而产生的社会效果负责。当然这是一件比较复杂的事情，真假鉴定终有结果，而对书画评论的不同观点可以狡辩。其实书画评论也有标准，圈内人和明白人看了作品再看评论也就有结论了。

媒体可以根据一个时期的错误倾向和书画评家的不良作为组织辩论。现在的媒体是正面报道说好话的多，揭露丑恶阴暗行为的少，失缺了报刊媒体的战斗性，怕触及书画界的腐败作为。

要深入下去，捕捉书画界的腐败行为，抓住事实，给予无情揭露，以扬正气。对鼓吹这种腐败行为的书画评家要给予及时揭露和打击。加强文化理论和书画理论的学习，开展高格调高品位的书画创作和书画评论活动。培育健康的书画品市场，市场呼唤正直的书画评家和鉴定家。虽则出现某些不良的倾向，人们也已经开始质疑那些面向书画市场的书画评论，并将过度的书画操作视为“妖魔化”，但我们的担心到目前为止仍然是多余的。因为中国的书画评论的主流依旧是积极而向上的，学术的规则与行为的规范仍在发生作用，政府与公众舆论的监督仍在发挥效能，然而要实现书画评论与书画市场并行不悖的健康发展，归根到底仍需要所有参与者坚持操守，主持正义，需要书画评家的自觉与自律！

第二章　拍　卖

拍卖是一种源远流长的市场交易方式，在我国拍卖业又是一个年轻而又蓬勃的行业。自1986年恢复拍卖业以来，随着市场经济的发展，拍卖在书画品市场中发挥着越来越重要的作用。1993年、1994年，中国美术品市场随着中国经济急速发展，亦呈现出急剧放大的态势。与此同时，对外的进一步开放也给国人带来了西方经验。于是，知识在积累，“问题”在层出不穷，制度的创新也在不断催化。

第一节　艺术品拍卖

一、拍卖的优势

（一）有利于建立和完善市场体系：

从拍卖业在中国的发展历程中不难看出作为市场经济的必然产物，拍卖以其特有的公开、公平、公正的特点得到市场交易的各方和社会的认可。它的存在是市场的需要，是不以人的意志为转移的，它的恢复和发展更加完善了市场体系。《中华人民共和拍卖法》的颁布与实施，拍卖行业协会的建立，拍卖行业的发展壮大和我国拍卖成交总额的逐年上升无不证明了这一点。

（二）有利于促进商品流通的发展：

在市场经济中一般商品的流通模式为，生产——流通——消费，即从生产领域经过流通环节最后到达消费领域的实体分配。通过拍卖可以突破一般商品流通模式，实现从消费——流通——消费的二次流通或再次流通。这样不仅增加了流通形式和交易方式，而且扩大了商品流通领域，节约了交易成本，更重要的是可以根据不同商品的供求规律，竞争态势，商品结构等因素制定科学合理的营销战略，从而实现社会资源的优化配置。

（三）有利于发现市场价值：

在商品流通过程中，尤其是书画艺术品按照传统的计价方式很难确定其真正的市场价值，但是拍卖这种交易方式“在特定的时间，召集特定的买家，通过竞价的方式”能为拍卖标的找到一个确定的价格。一般来说，由拍卖确定的价格是真正的市场均衡价格，因为拍卖是在供给一定的情况下，根据竞买人各自的需求而确定的，是买受人愿意支付的合理价格。

二、艺术品拍卖的特色

资本市场的“跷跷板效应”确实存在，一些游资追逐暴利，把艺术市场炒得火热，这只是昙花一现，而目前的艺术市场正在回归本性。只有挤出市场泡沫，夯实市场基础，才能实现艺术品市场的平稳、有序、可持续发展。

诚然，中国艺术市场的发展不过才短短十几年，市场价位却一再上扬，速度之快令人始料不及。一时间“泡沫说”与“市场正常发展说”充斥于相关的文章中，这也引起了一些业内人士的关注与反思。

做一比较来看，欧美艺术市场约有200余年的历史，从早期的一般市集拍卖到正式的拍卖公司成立，经历了长期的书画评论经营，才成就了现今相对成熟而正规的艺术市场，而画廊的经营则应更为早些。总之，概略地讲，欧美的艺术市场约有300年的悠久历史，台湾自70年代始有画廊的设立迄今亦约有30余年的历史，而中国大陆则顶多仅有10余年历史，故无论是规模、成熟度均远远不及欧美市场。艺术市场与经济发展的关系十分密切，台湾在每人每年收入所得达6千美元的时候，艺术市场开始有了雏形，随着人均收入的提升，艺术市场则越发扩大。

大陆市场是受到台湾的影响，自20世纪80年代开始，台湾人前往大陆大量收购艺术品，这种现象造就了艺术市场的大形势。

而大陆艺术品市场的发展的过程却是以奇特的拍卖市场开始，而非循序渐进地自经纪人、画廊、拍卖公司、艺博会……如此逐步建构。在一个经济起飞、人们生活富裕、艺术开始升值,同时又在一个僧多粥少的情形下,人们疯狂地追逐艺术品乃人之常情,并非如有些人认为的“失序”。中国大陆的艺术市场历史虽不及欧美的1/10,但却因经济发展迅速、人口众多、市场庞大,所以来势汹汹,往后10年的进展,将是无可限量的。

具有文物性质的高档艺术品是一种特殊商品，所特别的是艺术品具有其神秘性、不易解读性和巨大风险性。在艺术市场中，批评家、鉴定家居于特殊的地位承担着特殊的任务。

（一）神神秘秘

所谓神秘性是指事物隐隐约约看不见事物真实的本质。一幅破旧不堪的字画能拍卖成交几千万，而在旁人看不出高低的“同样”东西，或“更好”的东西，却无人问津，差距之大，令人吃惊。

（二）不易解读

所谓不易解读性，是指实物收藏涉及到的知识面很宽，奥妙很深，不易一下子掌握。要在较好的条件下，长期实践，才能读懂古玩、字画。一幅书画好在何处？妙在哪里？真的原因？假的道理？价值有多大？时间有多久？不是一般人能说得出的。也就是说这个市场的门槛很高，没有深厚的学养，稍不留神，肯定要“走眼”。

（三）风险巨大

赝品充斥市场。傅抱石假画案，石鲁假画案，黎雄才、关山月假画案使多少善良的投资者倾家荡产。这几年市场所表现出来的一个“假”字，充分表明刚刚兴起的艺术品市场已失去最为核心的“诚信”两字。建设健康的艺术品市场成为当前至关重要的任务。

（四）质好价高

文物性的书画品行情好，价格始终是只涨不跌。为什么只涨不跌？因为从数量上来说，文物性书画品只会越来越少，比如无知的破坏，自然性的破损，使文物性书画品变得珍稀，而从收藏历史、收藏文化的角度寻找这些书画精品的人数却是愈来愈多。一个十分可喜的现象是一些具有高学历又具有高收入的中产阶级和企业家，也开始重视中国的文物性书画品，加上国外的有识之士，始终把眼光盯着中国文物性书画品市场，供需的突出矛盾始终存在，所以一旦有精品上拍，必然以高价成交。

第二节　2007年书画拍卖

一、拍卖的特点

从2007年拍场成交的情况来看，证明了文物性书画品具有的魅力和升值空间。例如：明代仇英的《赤壁图》以7900多万元成交，文征明《行草书诗卷》以1100多万元成交等等，说明古书画仍然是书画品市场的主打产品。之所以是重头戏，因为中国书画作品始终是同时代美术的最高表现形式。

2007年书画品表现了几个特点：

第一，“真、精、稀”的书画品价格增长幅度大，一般性书画品涨幅小；

第二，一些时间不是很久远的书画品愈来愈受到人们的重视；

第三，书画品中文化内涵愈丰富价格愈高。

1911年前的老东西毕竟太少，都成了文物，难于收集得到。随着资源的减少或枯竭，人为操作导致价格有虚高的成分也是事实。

作为中国传统文化精髓，中国书画是中国艺术品市场的主流产品。自文人画以来中国画讲究诗、书、画、印一体，所以书画美高度集中在中国画的表现形式之中。

(一)中国古书画

中国古书画已成文物性艺术品，其作品价格已被世界逐步认可，与世界油画的价格差距在缩小。随着中国文化对外交流的扩大，经济实力的提高，世界书画宝库中的中国古书画必将以更高的价格问鼎世界。

（二）近现代书画

2007年近现代名家精品涨价幅度大，一般作品涨幅小。

近现代书画家一般指1911年以后的书画名家。20世纪由中国美协中国画艺委会无记名投票确定的13名大师级人物都已去世。其存留的作品是个定数，不可再生，其作品被禁止出国，其文物性愈来愈强。他们在市场流通的作品非常有限。尽管在2007年也有流拍，那也是正常的现象，总体是呈向上趋势。大师的作品也分精品和一般作品，精品价格要高出一般作品许多。一些流拍的作品或系非精品，或有真假争议，且估价过高。除了13位大师以外，我们还必须高度注意新金陵画派、海上画派、长安画派、岭南画派、京津画派等近现代大家的作品，好些人的价格还比较低，特别是精品。此外，我们还必须高度注意到19世纪以来擅书画的政治家、文学家、学者等历史文化名人，他们无一不是书法家，如孙中山、陈独秀、康有为、郭沫若、周作人、毛泽东、周恩来等，不但书法好，而且其内容具有历史性、文化性。2007年价格整体未得到较好体现，价格尚偏低。

（三）当代中国书画

第一，“成名”的画家心态浮躁，力作少。

第二，“未成名”的想成名，到处抛头露面，以吸引人的注意，画作跟人走、跟市场走的情况较为普遍。当代中国书画市场就像一碗旋转着的混水，看不见底。

第三，大量中青年画家不在基本功上下功夫，为求加入美协，制作性的作品充满各种展览，模糊了收藏家的视线。

第四，传统有功力且个性强烈的好作品太少，导致部分专门收藏当代中国画的爱好者，不得不选择其他收藏品种，使当代中国书画作品更趋清冷。

第五，媒体为自身的利益和部分编辑、记者的低眼光把媚俗的作品当作优秀作品加以宣传推广，使2007年书画品市场混浊有余。

第六，“著名”画家的作品价格高，有价无市，同时一些优秀中青年画家价格表现在2007年却稳中见升，市场缓慢扩大。

第七，评委的导向作用影响了市场，特别是不公正的评比对市场产生了负面影响。

第八，一些优秀的画家因画不“入流”而淡化了投稿参展和加入中国美协的愿望。

第九，前两年为炒作“名家”而被套牢的画商，至今未解套，他们在市场上左右突围而不成，只好降价卖画，使名家丢了威风，自己也亏了本，原因是画作水准低，且多为类同的复制，与逐步走向理性的收藏者产生了剧烈的矛盾。

第十，2007年书法市场不甚理想，随着这两年的沉思与沉淀，2008年书法市场会有所好转，一些优秀的书法作品将受到市场的欢迎。

第十一，由于2007年国内股市的火爆局面，致使同为三大投资领域的艺术品市场迅速降温。

（四）差异化经营

在日益激烈的拍卖市场大环境下，各家拍卖公司也正在寻求差异化经营，逐渐建立自

己的品牌优势，这也是2007年的艺术品拍卖行业发展的一大特点。“特色化”其实可以理解成为一家拍卖公司的个性。匡时国际的“特色”是始于2006年秋季推出的古代佛教艺术品专拍，今年的两场佛教艺术专拍均突破亿元大关，无疑显示出匡时在该项业务上的强劲实力。2007年春季匡时还首次推出了书法篆刻拍卖专场，这也引领藏家更多地关注中国传统艺术门类。

2007年拍卖市场在经营上最具特色的无疑就是保利拍卖“夜场”概念的引入。保利在油画拍卖的基础上，又增加了近现代书画、古代书画以及瓷器杂项等精品，这场豪华的“夜宴”以4.4亿元的成交额在内地艺术品拍卖市场书写了新的一页。

这些特色化经营方式正在逐渐建立起这些公司的品牌形象，仅有“特色”还不够，还要做到“人有我优”，这样才能在残酷的竞争中立于不败之地。

二、精品大拍卖

近年来,国内的各大拍卖会精品不断、亮点频频,尤其2007年拍市更是势头惊人。市场传达的这些信息表明,中国艺术市场有了很大的改观,前景十分广阔。2007年中国艺术品拍卖市场战绩卓越，这一点从北京匡时国际拍卖公司、香港嘉士得和荣宝拍卖公司取得的成绩可以得到证明。

（一）北京匡时国际拍卖公司

2007年春拍共两天六个专场，共拍出3.4亿元人民币的喜人成绩，内地拍卖市场的多项纪录也随之刷新。备受关注的“文字的力量”——中国书法篆刻专场，“大匠之门”——齐白石书画篆刻专场，“菩提妙相”——古代佛教艺术品专场均不负众望，创出佳绩。而其秋拍历时3天，9个专场，共计1697件拍品，总成交1315件，总成交额4.71亿元。其中“百年遗墨——二十世纪名家书法专场”作为匡时秋拍最新策划推出的新亮点引起各界藏家、学者的关注。因整体性、主题性而更使其作品的文化及历史价值更为突出。本场共377件拍品，总成交价1，653.9万元，成交比率为82.22%。在此次拍卖中各个时期代表书家一应俱全，且作品形式多样，各具特色。其中成亲王代父乾隆皇帝书写的行书《河源纪略》谕旨卷成交价453.6万元超出预估价3倍是本场成交价格最高的作品。傅山32开《各体书法册》和董其昌行书《颜氏家训》二则，分别以425.6万元和224万元的价格成交，亦成为匡时国际秋拍的亮点。

（二）香港嘉士得拍卖公司

春季拍卖会于2007年5月揭幕，其中亚洲当代艺术及20世纪中国艺术两场拍卖共创下6亿9百万港元的总成交额，打破历来这两项拍卖的最高总成交额的世界纪录。在20世纪中国艺术专场中，备受大家关注的徐悲鸿作品《珍妮小姐画像》以2490万港元成交；吴冠中的《北国风光》，来自世界各地的买家竞投踊跃，最终以3168万港元成交。此外，赵无极的《14.12.59》以2944万港元成交、朱铭的《太极——大对招》以1488万港元成交，均创下了艺术家作品最高成交价的世界纪录。而其秋拍中国古代书画成交额1亿5千万港元，比上年同期拍卖多逾一亿。嘉士得中国书画部门高级顾问马成名先生表示：“随着两岸三地的收藏家对中国古代书画兴趣渐浓整个市场一直在平稳增长中。这次骄人的成绩再次证明中国书画市场仍然在增长，特别近年对宫廷收藏书画的兴趣愈来愈浓，相信如有此类高品质的作品出现，必将引起市场热烈的反应。嘉士得将来也会积极征集各样的中国书画杰作为广大收藏家提供千载难逢的收藏机会。

（三）北京荣宝拍卖有限公司

6月9日，恰逢我国第二个“文化遗产日”，北京荣宝拍卖有限公司2007年春季艺术品拍卖会正式开槌，本次拍卖会862件作品共成交699件，总成交额为15315.84万元，成交率81%。其中，中国书画专场成交总额为7424.36万元，成交率80%；而其秋拍共有三大专题五个专场，成交总额超过2亿元，成交率为79%。其中书画专题成交额为1.12亿，成交率是88.37%。该公司的相关负责人表示：本次秋拍总体呈现平稳、正常的发展态势，艺术市场在经历调整和回暖之后表现得更为理性。

通过这些拍卖公司在中国市场取得的令人瞩目的成绩，我们不仅可以看到艺术品在流传过程中形成的文化积淀，使它的文化价值更加深厚，艺术品的价值也伴随着艺术市场的发展逐渐被挖掘出来。

第三节　当代精品收藏要点

一、转向求新

买家求古不得，必然会转向新东西。必须注意：

（一） 要以创意的深度、工艺的精度、价格的合理度为收藏标准，而不是看是否有大师的头衔。

（二） 要高度关注优秀中青年作品。虽然没有“大师”的称号，但东西好，价格合理，值得收藏。特别是一些有发展前途的青年书画家。

（三） 收藏要把作品品质、作者的名气、作品的材质、作品价格、市场流通量综合起来考虑，只有这样才能使自己立于不败之地。

二、2008年书画市场趋势

（一）价格上扬

综合2007年书画品市场来看，文物性书画品整体呈上升趋势。

2008年这一趋势将更加强烈，因为这是收藏的一条自然规律。当代中国书画作品将产生两极分化的态势，精品且有名气的作品在2007年后涨幅较大，而一般性作品将走上曲折的道路。中国的经济发展速度之快十分惊人，故中国艺术品价格的快速上扬，乃是必然现象；

"当代书画"油画在2008年将遭遇寒流；

雕塑、版画、水彩水粉画、漆画等等将因人而异，不会形成整体势力，总体并不乐观；

书法作品将有所改观；收藏家队伍

钱币和邮品由于所受伤害最深，所以2008年不会有起色，只有精稀品种才会吸引人的眼球；

（二）人才匮乏

中国的书画品市场还处在不成熟的阶段，文化产业的发展不像农业经济和工业经济那样直接和单纯。固然需要政府的扶持，资金的注入，但培养好一级市场和二级市场急需德艺双馨的人才；

（三）欧美主导

只是在逐步拉近东西方的差距而已。目前世界艺术市场的格局是欧美两大板块主导着全球的艺术市场，只有当新兴的中国经济成形时，自然将随着经济的发展显现出背后深厚的文化影响力，亦即华人艺术将展现出左右世界艺术市场的力量，这些现象应在未来的10年内逐步呈现。这也是为什么一些有远见的人士急于进场或及早布局的重要原因了。

（四）政府重视

政府方面2008年对书画艺术发展将继续给予应有的重视，这也是一个较以往任何时期都不相同的可喜现象，政府在艺术市场等方面的政策越来越有利于这个新兴产业的发展。如中国每年都会大力地在各大城市举办博览会，这一点即可看出政府对于艺术发展的重视与期望。

（五）市场优势

一是有大量热情的民众。基于过去数十年来文化资源的大量毁损和改革开放后物质逐步富裕等因素，民众对艺术品的渴望是十分强烈的；

二是有广大而深厚的市场。13亿人口以及近十年来沿海城市的大量建设，交通、商业的开发，公众对国家的经济发展产生了前所未有的信心；中国的艺术品市场继续保持上扬的姿态，买家不断增多，且出现了一定程度的分流。另外除韩、日艺术收藏界已开始重视中国艺术这块"蛋糕"并悄无声息地进行布局外，美国、法国、瑞士也已有大量的策展人前来中国搜集信息或发掘人才。所有这些都表明了中国艺术市场的未来将是一片光明。

第四节　艺术品拍卖中存在的问题

中国的艺术市场得到了前所未有的发展，无论是全国各地的画廊还是艺术品拍卖，都取得了巨大的成就。但纵观商品经济条件下的艺术市场，还存在不少问题。

一、赝品泛滥

由于经营艺术品有着可观的利润，于是一些人为牟取暴利，大量制作赝品，以书画为例，只要在市场上流通性好、价格高的名家几乎都有赝品出现。有的拍卖行对赝品放任自流，给大量赝品以可乘之机，结果在拍卖场上引发了诸多诉讼，像全国闻名的《张大千仿石溪山水图》一案，就是因真伪而引起的。

二、假拍不止

有的拍卖行为了树立自身形象，他们在暗地里同卖方联手，在拍卖会上进行假拍，造成虚假成交，这方面在中青年画家中尤为突出。有的中青年画家功力不深、个性不强，但作品成交价值不低，有的甚至同陆俨少、唐云等名家不相上下。

三、竞标不付

近几年，有的买家把艺术品拍卖会当成儿戏，他们在拍卖会上频频举牌，但中标后竟然拒付钱款，给卖家、拍卖行和其他买家造成了损失。

四、过分包装

有的拍卖行和画家在推出拍品时，利用各种媒体和手段，过分包装自己和拍品，如有的中青年画家艺术风格并不鲜明，却标榜自己为“大师”，还有的作品明明是很普通的一般作品，却被吹捧为精品，以此来迷惑消费者。

五、缺收藏家

缺少一支有眼力、财力、魅力的。现在市场上有眼力未必有财力，有财力的未必有眼力和收藏的兴趣。所以拍卖场上缺少大量收藏家参与，势必会出现买者盲目竞购，最终被深度套牢而不能自拔。

解决上述问题，需要有一个漫长的过程，毕竟我国艺术市场还处在起步阶段。随着《拍卖法》的贯彻执行和有关配套法规的出台，我国艺术市场将走向成熟和繁荣。

第三章　书画日常经营

目前，我国书画市场总体上处于初级阶段。在过去近20年的时间里，由艺术家、收藏家自然形成的书画市场显示出了良好的发展态势，初步形成了几种发展模式：首先是拍卖行。目前在全国范围内大小拍卖行有许多，它们在书画市场中的作用日益举足轻重，尽管其价格存在炒作成分，但对市场的引导和激活作用十分明显。其次是博览会，北京、上海、大连、青岛、深圳等地都已经举办过全国甚至国际性的艺术博览会，作为规模化、市场化的集中交易渠道和平台，各类博览会对于书画作品的市场推广有着积极作用。第三是画廊、画店。随着艺术品市场的繁荣和发展，大大小小的画廊、画店应运而生，国有、私有兼有；第四就是潜在的直销市场，许多收藏家常常绕开中间渠道，直接与艺术家进行交易，这一实际情况需要通过开放、规范的市场环境的建立来逐步改善，否则长期停留在窄路相逢的交易阶段，将很难做大做强。总体上讲，目前艺术市场艺术产业链各环节上都还存在着不够规范的地方，不同程度地存在混乱状况。诸如各式博览会品位差别很大，画廊也有不少鱼龙混杂、良莠不齐的现象。

第一节　画廊经营

当前画廊业已经成为中国文化产业中比较具有产业规模的行业，且呈现出比历史上任何时期更为多样化的特点，尽管这一产业中并没有出现具有一定规模的跨国公司，也没有出现具有很好经营业绩并有一定影响力的新的品牌。可是，与20多年前主要以外国人和我国港台地区买家为主的经营状况相比，今天，市场上绝大多数画廊已主要服务于国内的买家了，并以不计其数的数量构成这个行业整体上的产业规模。而且为了弥补经营中的一些空白，许多画廊同时经营其他工艺品等，在南方如广州、深圳的一些画廊则和茶馆结合起来。另外，一些房地产公司也办画廊，以一边赏画一边卖楼的方式，为画廊业增加了一些新的概念。在这种画廊的经营中，即使画卖不掉，也提升了物业的文化形象。

一、中国画廊的经营模式

和国际知名画廊业相比，中国画廊总的来说还不是很成熟，但中国在艺术品领域有自己的特色，中国画廊产业也有自己的特定模式。目前国内画廊业的经营模式包括画廊和艺术家的松散性合作：即画廊负责宣传画家，将画家的作品销售出去。这是目前比较主流的一种模式。签约经纪：即根据画廊经理人专业知识和敏锐眼光，对画家的认知度，全方位的推广自己画廊的特约艺术家，一切市场完全由画廊来运作。此种合作需要双方都有良好的文化修养和职业道德，双方的利益都可以得到最大程度的满足，这是目前国际上最普遍的合作方式，也是比较理想的方式。还有一种是画家本人直接参与市场，当然这只适合一小部分艺术家。最后还有一种模式，画廊经营范围只限已经定论的近现代名家书画作品，但这种模式要求画廊经理人有着非常专业的书画知识和极高的鉴赏能力和市场经验，这种对画廊的各方面的要求都极高的。

二、画廊经营面临的问题

画廊是经营销售书画作品的重要窗口，同时又具备对书画作品的展示、展览、宣传推介功能。随着我国书画产业的迅猛发展，画廊如雨后春笋般产生并不断发展壮大，虽然各地的画廊发展还不均衡，但越来越受到书画家和书画爱好者的关注。画廊的经营不同与其他产业，有着独特的自身特性：画廊分布在全国各地是相对独立的经营个体，在经营销售上，各有一方天地。受多种因素的影响，画廊发展又受到一定的制约。书画家群体是书画作品的生产者，书画爱好者、收藏家等消费群体是书画作品的购买者，怎样和画家打交道拥有更多的书画资源，并且把已有的、更多的书画作品推介销售出去，是每个画廊共同面对的两大难题。目前多数画廊存在的问题：（1）资金不足（2）货源不足（3）被动面对画家作品的价格升浮（4）销售方式单一（5）书画信息资源不足（6）画家自销作品、拍卖与画廊分争市场等。这些问题的存在画廊自身难以很好的解决，也制约着画廊业的发展。

三、画廊与拍卖的差距

画廊经营在目前的市场环境中还面临许多挑战。总得来说有两方面因素。一方面，由于书画代理制尚未真正形成，缺乏可书画评论的模式。面对每一个书画家，条件千差万别，处理起来很十分繁琐。另外，由于缺乏相关部门的制约，画廊与书画家之间的关系相当脆弱。虽然目前书画市场在逐步升温，但画廊面对各种具体情况还是容易举棋不定。

另一方面，当今国内的情况，最活跃的艺术品交易市场无疑是拍卖会，拍卖会吸引了更多的关注，致使画廊的经营遭到冷落。拍卖会以公示的形式面对社会，无论是预展还是最后成交，让收藏者有“透明”的感觉，比较容易判断自己喜好的作品在社会上的确认程度。画廊基本是经营者与收藏者一对一交易，很容易让收藏者感觉信息掌握太有限。

拍卖市场的火爆与画廊的相对冷落，我们认为是中国近几十年以来导致的社会整体诚信度下降的反映。从画家方面看，显然对走货快的拍卖更感兴趣，拍卖也能造就明星型画家，所以，他们积极性很高。同时，由于合理的书画代理体制还没有形成，画家可以不需要中介公司或画廊代理其作品。在可以自由选择的情况下，画家明显要倾向拍卖。从外界反响看，画廊很难成为新闻媒体关注的对象，而拍卖会就不一样了

四、画廊间的横向交流扩大了画廊的发展空间

画廊间的互信互动、信息交流，扩大了画廊的经营空间，网络时代为异地交流提供了很好的便利条件，网站建立、网上宣传、网上联系、友情链接，把画廊之间的距离拉近，扩大了信息交流的范围，画家资料、作品数量、价格动态、购买需要等信息可以掌握，也给画廊在满足购买需要，占领更大市场提供了商机，扩大了销售。

画廊与画家关系的建立在画廊分与合当中达到协调和主动。画廊可用自己有限的资金去购买一定数量认为有发展前景的画家的作品也就是代理制意义上的作为共享资源的一个部分。通过对代理画家的共同推介宣传，画廊也能共享作品价格升浮带来的收益，通过画廊间艺术标准的共同提高也能更好地把握对艺术精品的举荐，同进也能扼制假、次、低的作品上市，从而提高整个书画市场的艺术品味和作品质量。

书画联展联销使画廊单调的被动销售方式，变得丰富多彩。通过定期的名家作品展、新人新作展、异地交流展使画家与画廊接近与书画爱好者见面，也很好的解决了购买者对作品真伪的疑虑，使画廊这一重要的销售方式由被动变主动，在竞争中稳步发展。

总之，画廊之间的协作才刚刚开始，还有很大的发展空间，中国书画经营家协会是我们联系的桥梁和纽带，虽然中国书画产业论坛是个大课题，只要我们从大处着想，从小处做起，就一定能为其增砖添瓦，共同促进书画产业的发展。

五、画廊代理制的建立势在必行

目前，书画市场建立健全代理制度已势在必行。在国外，只要是有点名气的画家，都是有画廊或经纪人代理的。而我们现在还没有形成这样一种制度，画家、书法家本人多数也不大注重这些。

实行代理制有利于形成健康有序的产业链条。画廊根据自己的实力和书画家建立代理关系，可以多种方式多人代理，比如一家画廊可以代理几位书画家的作品，一个书画家也可以找几个不同画廊做代理，因为收藏者和爱好者对书画作品爱好和品味各不同。一个书画家在几个不同的地方由画廊代理是可以的。形成健康有序的产业链条，对于遏止一些虚假炒作，制止一些假的作品流通，将起到积极的促进作用。

实行代理制，画家和画廊必须同呼吸共命运。随着物质生活的不断提高，人民群众日益增长的文化需要，给书画家和画廊提供了更加广阔的经营利润空间。这个空间不只属于画廊，也不只属于画家，应该属于双方。

画廊应该为代理书画家作宣传，书画家也不能因为作品增值而忘记画廊。书画家也可以和画廊共同投资，达到双赢，使书画家和画廊命脉相系，手足相牵，这样才能形成书画市场的良性循环。在发展书画产业的大环境下，代理制的产生标志着把画廊带到了一个新的层次，也是必然的发展趋势。

第二节　博览会

艺术博览会近年来悄悄兴起。北京艺术博览会、艺术北京2007当代艺术博览会、北京国际画廊博览会、上海艺术博览会、上海当代艺术博览会等都办得红红火火。艺术博览会试图走出艺术圣殿，以平民艺术的身份去接近群众。

中国艺术品博览会自举办以来已成为艺术品经营中的重要阵地，并在全国各地陆续举办。其中有不少精品博览会以其规模宏大、展出内容丰富、推出画家众多、社会影响广泛而产生深刻影响，并成为国际性艺术交流和艺术品交易的盛会。同时得到众多艺术机构和艺术家、国内外新闻媒体的关注。这样的大环境蕴藏着巨大的艺术品投资力和消费能力，具有无限商机，为中国的艺术市场的发展提供一定条件，从而形成了中国艺术品博览会在艺术市场中发展的巨大优势。但在一片大好的形势中，艺术品博览会在中国的艺术市场中还是存在着不少问题。

一、中国艺术品博览会存在的现象

举办时间最长的上海艺术博览将其目标定位到“办成上海艺术市场繁荣发展的助推器”，并将目标盯在了画廊这个运作市场主体上。2006年，上海艺术博览会报出了惊人战绩：“2006（第十届）上海艺博会，于11月16日开幕，11月20日闭幕。尽管在五天的展期中连遇四天阴雨天气，但本次盛会的观众人次仍达到了5.8万，比05年增加了3千人次；成交量也刷新历史记录，突破了6千万元人民币大关，比05年增长了8百万。”单从人流量和成交额上来看，这确实一个让人兴奋的结果，似乎一夜之间，艺术已经大众化。

但实质并非如此。当艺博会被定位到市场中时，不可避免的投机性也就随之发生。艺博会的国内消费群体多为企业界人士，他们多是为了获利而买卖艺术品，而极少出于真正的收藏爱好；画商则为了赢利而购买艺术品。由于艺术品的价格远远高于普通消费者的消费能力，如果将艺博会的目标定位于这些有限的消费群体，那么它也就失去了自身与其它专业展览的区别。因此，上海艺博览会在2002年就采用了分层次、分价位的策略，将民间工艺、家庭装饰摆设、艺术印刷品等都请进了博览会。这在一定程度上增加了博览会的人流量，但是，同时也使艺术博览会成了“摆地摊的大集市”。多数人来参加艺术博览会，并不是为了欣赏什么高雅的艺术品和进行收藏，只不过是买些装饰品或猎奇罢了。即使是一些价格低廉的国外名作印刷品，估计也没有多少人真正能够了解作品的来龙去脉。上海艺术博览会并没有达到“众乐乐”的效果，因为一般群众哪怕是那些富有的艺术收藏者，也很少能够真正懂得欣赏艺术品。

二、深入剖析原因

中国现在的艺术消费观念正处于非理性的阶段。掌握大量资金的一少部分人开始将资金投放到艺术领域，试图从中获得利润。正是这部分资金繁荣了整个艺术市场，但这也恰恰是当代中国艺术市场不稳定的原因所在。当这一小部分人发觉自己从艺术市场上获得的利润在减少甚至消失时，他们可能抽回这部分资金，然后再转向其它投资领域。艺术市场也会随之崩盘。上海艺术博览会和其它艺术品“促销活动”，大都夸大了中国艺术市场的实际需求量。这些“促销活动”要想获得人气，就必须屈从于大众的审美趣味，将一些媚俗的艺术品作为引诱大众的诱饵。最终，这些“促销活动”不仅没有提高大众的审美水平，反而误导了大众，让他们误以为工艺品、民间工艺、艺术印刷品就是艺术。上海艺术博览会等艺术品“促销活动”的初衷是好的——不想

"独乐乐"而要"众乐乐"。但在"众乐乐"的同时，他们却没有注意到艺博会的结果已经与其宗旨"国际化，精品化，市场化"构成了矛盾。"精品"与"市场"在艺术之中，本来就是一个矛盾的概念，一般而言，没有多少人能够消费得起被称为"精品"的艺术作品。

自从去年开始，上海艺博会推出了"艺博会青年艺术家推荐展"，就去年的展览而言，说白了，就是为了买画，整个展览只能说是一个临时画廊，挂了一些丝毫不相干的作品而已。展览中作品与整个博览会的其它作品相比较而言，缺少评论系统的评判，所以，整个展览中，卖出的作品越多，说明存在市场泡沫的可能性越大。但我们不得不的说，上海艺博会的组织者本身的初衷是好的。他们意识到了艺术需要正规的市场化，也意识到了艺术活动要有市民的参与，但是，他们却没有看透这市场的虚假繁荣。

中国当代艺术市场泡沫的原因，并非中国没有收藏潜力，而是中国整个艺术市场的建设并不健全。真正的艺术系统，是通过评论系统、非营利机构、画廊等几方面互相作用而形成的。而我们现在看到的是，评论系统、真正非营利机构的缺失，画廊却多如牛毛，属于二级市场的拍卖会屡屡报出天价。艺术家没有通过展览经受评论系统的论证，直接投放市场和拍卖行形成的价格是不合法的，特别是在这种价格又让人瞠目结舌的时候更是如此。艺术博览会这种拔苗助长的做法，不仅没有正确的引导艺术市场，反而使艺术市场更加泡沫化。"独乐乐"有时并非坏事，急于"众乐乐"反而欲速则不达。

以上通过对画廊、拍卖和博览会这三种艺术品市场中常用的经营方式进行分析，我们可以清晰地认识到中国书画市场在发展过程中取得的成绩、遇到的问题及未来的发展方向。

主要参考文献：

1. 雨木《评说2007年艺术品市场风云变幻》美术报/2008年/1月/19日/第7版. 鉴藏
2. 赵力《艺术批评与面向市场的操作》中国文化报/2006年/8月/15日/第5版.美术周刊
3. 雨木《市场呼唤正直的艺术批评家和鉴定家》美术报/2007年/5月/26日/第7版.鉴藏
4. 书画经营家协会网站.www.cjyj.org.cn
5. 马学东《2007年艺术品拍卖之变》中国文化报，2008/01/17.第5版. 艺术财经
6. 好运《艺术拍卖问题多多》中华工商时报. 2005.5.10. 收藏天地
7. 王志亮《艺术博览会的时代到来了吗？》美术论坛，2007年 03期
8. 冯中起、冯雨《中国艺术市场的春天正在到来》中国艺术报，2005/01/07
9. 林水《仇英——寄居收藏之家的传奇》东方艺术，2008年 01期

第八篇　大事记

书画卷大事记

2007年1月10日	由中国美协《美术》杂志、山东美术家协会主办的“齐鲁·人物——山东中国画人物画作品展”在中国美术馆开幕，并举办了学术研讨会。 由中国美术家协会中国画艺委会主办的“直面生活——中国国家画院首届人物画高研班刘大为工作室2007作品展”在中国美术馆举办。
1月15日～20日	“师法自然——中国山水画研究院作品展”在中央美术学院美术馆举办。
1月20日	由中国书法家协会、中国书协刻字研究会主办“全国第六届刻字艺术展”在大庆铁人王进喜纪念馆开幕。
2月4日	由北京和畅国际拍卖有限公司主办的“首届司法保真书画作品拍卖会”在北京梅地亚中心多功能厅举行。
3月2日～10日	由中共新疆维吾尔自治区党委宣传部、中国文化艺术发展促进会、中国美术家协会《美术》杂志、中国艺术科技研究所主办的“中国画·画中国——走进新疆作品展”在中国美术馆举行。
3月7日～12日	由文化部青年联合会主办的“中国青年美术家新农村采风画展”在中国美术馆举行。
3月20日	中国故宫博物院、中国艺术研究院联合举办的“回归与超越——范曾书画作品展暨研讨会”在北京故宫武英殿举行。
3月25日	中国美术家协会、中国国家画院、中央美术学院、中国美术馆、李可染基金会在人民大会堂举行“李可染诞辰100周年纪念会”。
3月26日～27日	由中国文联主办的“当代篆刻艺术大展”审定工作在北京举行。
3月30日	由中国美术家协会、北京市美术家协会、北京画院联合举办的“天地神韵——汤文选、汤立大写意作品展”在北京画院美术馆举行。
4月7日	由齐鲁国际艺术馆主办的“中国国家画院刘大为工作室师生精品展”在山东省济南市齐鲁国际艺术馆开展。《刘大为工作室师生精品集》首发式同时举行。
4月10日	“世界艺术馆专家委员会成立大会”在中华世纪坛召开。
4月17日	由中国美术家协会《美术》杂志社和深圳美术馆共同主办的“2007中国现代水印版画展”在深圳美术馆开幕。
4月18日	“沈鹏书法艺术学校”在北京一五六中学挂牌成立。
4月23日	“中国美术家协会·蒋兆和艺术研究会”在北京语言大学逸夫楼举行揭牌仪式。
4月25日	由中国艺术科技研究所、天雅中国重彩岩彩画研究所、中华民族促进会共同主办的第五届重彩岩彩画展在中国美术馆开幕。
4月28日	由国务院新闻办公室、中国文联、中国美协主办的“同一个世界——中国画家彩绘联合国大家庭艺术大展”在中国美术馆开幕。
5月1日	由中华民族文化促进会中国画院、华勤书画院、新华通讯社老年书画协会、中共中央党校千萃山书画研究院共同举办的“五一风情观光书画展”在著名的观光景点国家地质公园——房山石花洞邻畔的鸟语花香之地“鸣泉山寨”会展中心隆重举行。
5月9日	由中国文联主办、中国书协承办、中国书协篆刻艺术委员会具体实施的“当代篆刻艺术大展” 在中国美术馆隆重开幕。
5月11日	国家重大历史题材美术创作工程创作会议在北京召开。
5月12日	由中国美术家协会版画艺术委员会、宁夏回族自治区文学艺术联合会、北京保利大厦至

尊宝礼画廊主办的“宁夏版画作品赴京邀请展”在北京保利大厦至尊宝礼画廊开幕。

5月15日　中国艺术研究院中国美术创作院首届院展在中国美术馆开幕。

5月16日　由中国美术家协会、深圳市文学艺术界联合会、深圳市宝安区人民政府主办的“中国·观澜国际版画双年展”在深圳观澜美术馆展出。

5月19日　由中国美术家协会厦门创作中心、福建省美术家协会、厦门市美术馆主办的“风华正茂———中国当代实力派国画家提名展”在厦门文化艺术中心美术馆隆重开展。

5月22日　由中国书法家协会、哈尔滨市人民政府主办，哈尔滨市书法家协会承办，黑龙江省书法家协会、华电能源股份有限公司协办的“第十八届中日友好自作诗书展暨第三届中日诗书论坛”在哈尔滨市开幕。

5月23日　由中国油画学会、中国美术馆、中央美术学院、中国美术家协会等主办的“詹建俊艺术展”在中国美术馆开幕。

同日　由中国美术家协会、中国民间文艺家协会、中国美术馆和中共山东省委宣传部共同主办的“当代·民间——潘鲁生当代艺术与民艺文献展”在中国美术馆开幕。

同日　由河北省文化厅、省教育厅、省美术家协会、省书法家协会主办的《国际书画艺术交流展———河北十家赴法国、韩国等国预展》在河北美术馆开幕。

5月25日　由中国美术家协会、中国美术学院、俄罗斯美术家协会、列宾美术学院联合举办的“花非花——何水法、图曼中俄艺术家对话展”在中国杭州、上海，俄罗斯圣彼得堡、莫斯科巡回展出。

5月26日　由陕西省教育厅艺术教育委员会、西安市教科所、陕西省美术家协会少儿美术艺术委员会、中国美术家协会少儿美术艺委会陕西工作站、陕西省书法家协会、陕西省摄影家协会、陕西省美术馆、《三秦都市报》《铁路建设报》主办，真彩文具全程鼎力协办的“真彩（杯）陕西省第四届少年儿童美术、书法、摄影大展”在西安开幕。

5月28日　中国艺术研究院中国雕塑院举行成立典礼。

5月31日　由中国美术家协会理论委员会主办的“紫禁丹青——中国当代著名美术评论家书画作品邀请展”在中国美术馆开幕。

5月　“黄山魂”新徽派版画第二次创作研讨会在合肥市举行。

5月　“纪念老子诞辰2578周年全国书法展”在河南鹿邑隆重开幕。

6月4日　曾以255万港元创造中国在世画家作品拍卖纪录，并漂泊海外16年的吴冠中名画《交河故城》，在保利拍卖公司的夜场拍卖会中以4070万元的价钱，创造了内地当代艺术家国画拍卖的新纪录。

6月9日　由中华人民共和国文化部艺术服务中心《美术观点》编辑部专题策划和主办的“全国中青年中国画名家优秀作品展”（花鸟、山水、人物）系列活动之一的“全国中青年中国画（花鸟）名家优秀作品展”——三地巡展连续在北京、江苏、山东成功举办，在美术界引起了广泛关注。

6月13日　由中华人民共和国文化部、中国文学艺术界联合会主办的“叶浅予百年诞辰大型回顾展”在中国美术馆举行。

6月19日　由新疆维吾尔自治区党委宣传部、中国文化艺术促进会、中国美术家协会《美术》杂志社、文化部艺术科技研究所共同举办的“中国画·画中国——走进新疆作品展”在乌鲁木齐新疆国际博览中心开幕。

同日　由中国美协《美术》杂志社主办的“自然之魂——中国山水画创作学术邀请展”在中国国家画院美术馆开幕。

6月21日　“中国书法家进万家·中国书协名家艺术采风暨作品邀请展”在天水市书画院隆重开幕。

6月24日　由北京市委宣传部、北京市文化局主办的“北京风韵”系列作品展之五——“山水情韵”在中国美术馆举行。

6月28日　由中国美协中国画艺委会、北京大学主办，中国国家画院刘大为工作室举办的“直面生活·走进北大——当代中国画人物画名家作品邀请展”在北京大学百年讲堂展出。

同日　新疆国画院正式挂牌成立，并举办首届作品展。

7月2日　中国文学艺术界联合会（中国文联）、中华海外联谊会、香港文汇报联合主办的“庆祝香港回归10周年之中华情——全球华人书画世纪大联展”，在香港中央图书馆展览厅和香港大会堂低座展览厅隆重举行。

同日　中国美术家赴柬埔寨文化交流团在金边举办为期两天的画展，展出的40多幅中国书画精品中既有大气磅礴的山水画，也有精巧细致的花鸟画和仕女画，还有少量书法作品。画家们还当场挥毫泼墨，书写丹青，展示精妙画艺。此次画展还举行了名画义卖活动，所得收入将捐赠给柬埔寨中华文化发展基金会。

7月13日　由中国人民革命军事博物馆主办的“铁马金戈入画来——纪念建军80周年军博馆藏美术精品展”在中国人民革命军事博物馆举办。

7月16日　山西省工笔画协会在太原成立。

7月17日　著名中国画家程十发先生逝世。

7月21日　“何香凝艺术的地·图·志展”在上海美术馆举办。

7月25日　由四川省委宣传部、省军区政治部、省文联共同主办的“四川省庆祝中国人民解放军建军80周年摄影书法美术作品展”在四川美术馆开幕。

7月29日　中国书法家协会与日本成田山全国竞书大会代表团在北京京都信苑饭店签署了“中日青少年书法交流合作意向书 ”，与此同时，“第23届成田山全国竞书中日友好少年少女书道交流会”顺利举行。

7月31日　由中华人民共和国文化部、中国人民解放军总政治部、中国美术家协会联合主办“庆祝中国人民解放军建军80周年美术作品展览”在中国美术馆举行。

8月3日　由北京画院主办的“草泥乡里——齐白石笔下的水族意趣”在北京画院美术馆举行。

同日　“和而不同——北京画院院藏人物画作品展”在北京画院美术馆开展。

8月4日　由内蒙古自治区人民政府、中国美术家协会 、中国国家画院主办的庆祝内蒙古自治区成立60周年全国首届“草原情”中国画作品提名展在呼和浩特的内蒙古美术馆举办。

8月7日　“中日邦交正常化35周年纪念展”在日本富士美术馆举办。

8月12日　由中共甘肃省委宣传部、中国书法家协会、甘肃省文联、甘肃省文化厅、甘肃省文物局、兰州市政府主办，甘肃省书法家协会、甘肃省敦煌研究院、甘肃省考古研究所、甘肃省简牍保护研究中心承办，甘肃省电力公司协办的 “守望敦煌——甘肃书法展”在中国美术馆隆重开幕。同时，编辑出版《守望敦煌——甘肃书法展当代书法作品集》《守望敦煌——甘肃书法展敦煌写经选》。

8月16日　“潘玉良画展”在首都博物馆举办。

8月18日　贵州省国画院更名暨贵州画院揭牌仪式在贵阳举行。

8月22日　由上海文联、宁夏文联主办的“魅力2007上海·宁夏女画家作品交流展”在宁夏展览馆举行。

8月28日　由山东省美术家协会组织的“和谐奥运——山东中国花鸟晋京展创作会议”在山东荷泽召开。

同日　由日本综合水墨画会和日中协会主办的“第10届全日中展——暨日中书画艺术大展”在日本琦玉县立近代美术馆举办，共展出日中两国美术家和美术爱好者的作品450余幅。

8月31日　由中国文学艺术基金会主办的“黎昌第五届青年中国画年展”在中国美术馆举行。

9月3日　韩国国际书法艺术联合韩国本部理事长权昌伦来华访问。

9月7日	“正当代·盛世中国画——非常写意当代名家条幅邀请展”在中国美术馆举行。
9月14日	长安画派领军人物石鲁艺术大展在广东美术馆举行。
9月16日	由中国文联、湖南省人民政府、中国美协联合主办的“第二届中国（湘潭）齐白石国际文化艺术节”在齐白石故乡莲城揭幕。
9月19日	由四川省委宣传部、中国艺术科技研究所、中国美术家协会艺术委员会、中国文化艺术发展促进会主办的“中国画·画中国——走进四川”在蓉城启动。
9月20日	由中国美术家协会主办的“第二届中国美术·长安论坛”在西安美术学院开幕。
同日	首都部分漫画家在人民日报社召开“纪念漫画工学团成立60周年”座谈会。
同日	首届中国道家书画艺术作品展在北京钓鱼台国宾馆隆重开幕。这次展览由中国道教协会主办，是中华人民共和国成立以来规模最大、规格最高的道家书画艺术作品展，汇集了来自中国内地和港澳台地区，新加坡道教宫观和社会各界的1200多件作品中的219件代表性作品，它们或灵动飘逸、或朴实简拙，形式多样风格各异。
9月26日	中国艺术研究院中国油画院挂牌成立。
9月29日	由中国书协、山西省吕梁市人民政府主办，中国书协艺术发展中心、山西省临县人民政府、吕梁市碛口风景名胜区管理局承办，中央数字电视书画频道、《书法导报》协办的中国书法家进万家“红枣红了——中国百位著名书法家走进碛口”活动在山西省吕梁市临县碛口镇举行。
10月2日	由中国书法家协会、中华全国青年联合会、株式会社每日新闻社、财团法人每日书道会主办，日本驻华大使馆（社）、全日本书道联盟、日本中国文化交流协会（社）、日中友好协会、日本国际贸易促进协会（财）、日中经济学会、日中友好议员连盟（社）、日中协会为后援，全日本空输株式会社协办的“第二届中日女书法家交流大展”在北京中国美术馆隆重开幕。
10月5～7日	在武汉长春观举行首届中国道家书画艺术作品巡展开幕式，后巡展至武当山琼台中观等10所宫观，11月10日—11日，在上海城隍庙巡展；12月25日—29日在北京白云观闭幕。展出书画作品200余件。此次书画展是庆祝中国道教协会成立50周年系列活动之一，先后在全国十个省市巡回展出，展品中有高道大德、居士、特约书画艺术家的力作，形式多样，风格迥异。
10月11日	由中国文联、中国美协、中国书协共同主办的“翰墨丹心——向党的十七大献礼全国美术书法精品展”在中国人民革命军事博物馆开幕。
10月19日	“首届中国（广西）·马来西亚国际赏石及书画艺术邀请展”在南宁举行。这次邀请展展出赏石艺术精品110件，书画艺术精品150件。邀请展期间将举办了“中国·马来西亚国际赏石及书画艺术交流与合作论坛”和中马赏石家藏石精品、书画艺术家书画精品拍卖会等活动。
10月20日	由中国书协、海南省委宣传部主办，海南省文联、海南省书协承办的“全国书法名家作品邀请展”在海口隆重开幕。
10月22日	由日本广岛书画艺术联盟、北京大学书画交流协会、北京大学中日交流协会联合主办的中日书画艺术交流展在北大图书馆和百周年讲堂展出。展览有200余作者参加，展出作品近300幅。
10月25日	由北京画院、上海中国画院联袂举行的“时代华章——北京画院·上海中国画院50年作品展”在中国美术馆举行。
同日	由南京市文化局主办的第三届(南京)国际书画艺术博览会暨全国优秀书画作品展落幕，120名优秀的书画艺术家的近5000件书画精品参加了展览。博览会还在全国开了艺术博览会全部展位免收展位费之先河，并对6位获金奖的优秀艺术家每人给予5000元的奖励。
10月28日	由中国农民书画研究会、山东省农民书画美术研究会等联合主办的“首届全国农民书画艺术博览会”在山东省莱芜市会展中心举办。来自全国十多个省市区的280多位农民书画艺术家带来了书法、国画、农民画、烙画、年画、内画、布艺、泥塑、面塑、纸雕、剪纸、葫芦器、

陶瓷、刺绣、珠编、根艺、风筝、民间乐器、奇石等近万件作品参展。

同日　《中华蟹派严学章书画艺术鉴藏》八开本图鉴画册由文化艺术出版社出版。

11月　“中国山西首届书画艺术节暨革命老区写生创作活动”在山西太原拉开帷幕。活动期间画家们赴吕梁山区和太行山区进行了写生创作，用手中的画笔展现了山川秀美的新山西形象。

11月2日　由中国文联与台湾文艺协会联合主办的“世纪初艺术——海峡两岸绘画联展”在北京中华世纪坛开幕。

11月5日　为纪念民革成立60周年，民革中央画院在中国美术馆举行首届书画展。

11月8日　由中国文物保护基金会主办的《彩墨英华——中国当代书画家优秀作品公益展暨拍卖会》，在北京鲁迅博物馆开幕。

11月10～11日　首届中国道家书画艺术作品巡展至上海城隍庙展出。

11月14日　中国美术家协会第四届中国西部大地情中国画、油画作品展评选工作在陕西亮宝楼展开。

11月15日　由国务院新闻办公室、中国文联、中国美术家协会共同主办的“同一个世界——中国画家彩绘联合国大家庭艺术大展”巡回展在西安陕西美术博物馆开幕。

11月20日　由江苏省文联主办、省水彩画研究会承办的首届“当代国际水彩画资深名家精品邀请展”在南图新馆展览大厅开幕。此次画展展出了来自美、欧、亚三大洲14个国家，69位当代最具影响力的水彩画名家的69幅作品。

11月25日　由中华人民共和国文化部侨联主办，华润集团成都公司承办的“文化部侨联中国徐悲鸿画院、东方古都北京国画院当代美术名家作品展”在成都华润凤凰美术馆隆重开幕。

11月26日　由天津市文联、天津市书画艺术发展中心共同主办的“当代中国画高端作品邀请展”在天津美术展览馆开幕。

11月29日　由中国美术家协会、广州市政府主办，广州市文化局承办的第12届广州国际艺术博览会，在中国进出口商品交易会隆重开幕。广州国际艺术博览会是经文化部批准成立的全国三大艺术博览会之一。

12月2日　中国（徐州）第二届李可染艺术节开幕式暨李可染艺术馆新馆落成典礼隆重举行。

12月4日　由民盟中央和中国美术馆共同主办的“中国民主同盟盟员美术作品展”在中国美术馆开幕。

12月5日　由中国油画学会、北京工笔重彩画会、中央美院中国画学院主办的“形象·对话——中国油画、工笔重彩、水墨肖像艺术展”在中国美术馆举办。

12月7日　由中国长城学会发起主办的 “中华军魂——历代经典军旅诗书法欣赏”校园巡展活动在北京大学开幕。

12月9日　由中国书画报社与日本中国水墨艺术家联盟等联合举办的“第十回全日中展”纪念交流会在东京举行。中国大使馆文化处何静玉、日中友好协会理事长中崎惠及80多名中日书画家、评论家出席了交流会。中日两国的书画家和水墨画家围绕交流、融合、创新的主题，相互切磋，共谋东方传统书画艺术的传承和发展。在8日至14日的“第十回全日中展纪念展”中，有约300件的中方书法和国画展品和以水墨画为主的日方展品参展。

12月14日　由福建省历史名人研究会甘国宝分会等相关部门举办的“纪念甘国宝赴台240周年书画展”在福州市开幕。

12月15日　由海南省文联、海南省美协联合举办的“海南省第三届美术作品展”在省书画院展出。

12月18日　由中国书法家协会、中共广东省委宣传部主办，广东省文学艺术界联合会、广东省书法家协会承办的“全国第九届书法篆刻作品展览”，在广东省广州市中国进出口商品交易会流花展览馆开幕。

12月19日　在杭州举行的西泠印社2007年秋季艺术品拍卖会上，清初作品《草书诗卷》以1691万元的成交价（包含12%的佣金），成为西泠印社拍卖历史上价格最高的作品，并同时成为今年中国内地拍卖成交价最高的书法作品。

同日　由上海华夏文化经济促进会、上海书画出版社、上海工艺美术总公司主办的《紫墨映金·汤兆基书画艺术作品选》首发式在上海浦东举行。上海市300多名知名艺术家出席。汤兆基从艺近50年，早年师从白蕉、申石伽等大师，擅长书画、篆刻和工艺美术创作，尤善画牡丹，有“汤牡丹”之誉；篆刻以左手执刀，又被誉为“铁笔左篆”，现为上海工艺美术博物馆研究员。

12月20日　为纪念中国共青团成立85周年，由共青团中央宣传部、中国青年杂志社联合主办，贵州茅台酒股份有限公司协办的“国酒茅台杯·纪念中国共青团成立85周年书画展”在国家图书馆展览厅展出。

同日　由中国书法家协会和厦门市人民政府主办的“海峡两岸读书论坛暨名家书法邀请展”在厦门隆重开幕。

12月21日　由中国文联主办，中国美协、中国书协、中国文联国内联络部承办的“中华情”美术书法展览在北京中国人民革命军事博物馆举办。

12月23日　“百年中山·中山市美术作品展览”在中国美术馆开幕。

12月25～29日　由中国道教协会主办的“首届中国道家书画艺术作品展全国巡展”在北京白云观巡展并闭幕。此次巡展获得三等奖以上的作品慈善拍卖所得善款将用于修建北京大兴区礼贤镇儿童福利院康复中心。

12月26日　中国美院与潘天寿基金会联合举办了潘天寿诞辰110周年纪念活动——“潘天寿与他的学生作品展”在中国美术学院举行。

12月28日　山东艺术学院教授、名誉院长，著名国画大师、美术教育家于希宁在济南逝世。

12月30日　由中国美术家协会和盐城市政府联合主办的“2007年全国中国画作品展”在盐城市规划展览馆开幕。

12月　“西泠印社2007年秋季艺术品拍卖会”日前落槌，总成交额2.52亿元。在这次拍卖会上，一幅明末清初王铎的《草书诗卷》拍出1691.2万元（含12%佣金），成为西泠印社拍卖史上价格最高的作品，并同时成为今年国内拍卖成交价最高的书法作品。

2008年

1月8日　由中国国家画院、深圳画院主办的“我们与时代同行——深圳画院作品展‘08北京’”在中国国家画院美术馆开幕。

1月10日～27日　中国书法代表团出访非洲三国，与当地有关方面进行了广泛深入的艺术交流与友好接触。

1月12日　“首届中国武汉国际青少年书画艺术展”在湖北美术馆隆重开幕。

2月25日～27日　来自全国各地的110名著书法家怀着对敬爱的周恩来总理崇敬之情，走进周恩来故乡——淮安楚州，参加“翔宇情”——纪念周恩来总理诞辰110周年暨“中国书法之乡 ”命名仪式。

3月25日～4月20日

由广东省美术家协会主办、广东省美协版画艺术委员会承办的第四届广东版画展在深圳观澜美术馆展出。

3月25日　由中国书法家协会刻字研究会，辽宁省书法家协会主办，辽阳市书法家协会承办的“第七届全国刻字展辽宁培训班”在辽阳举行开班仪式。

附录一：

中国美术家协会会员申请标准

（节选自中国美术家协会第六次全国代表大会原则通过，
六届三次主席团会议2004年2月3日通过的《中国美术家协会章程》）

第十七条　中国美协实行团体会员和个人会员制。

各省、直辖市、自治区美协，为中国美协团体会员。各全国性产业文联所属美协，凡赞成中国美协章程，提出申请并经中国美协主席团审议批准，可成为团体会员。

凡已成为中国美协团体会员的全国性产业文联美协中的个人会员，不再隶属当地省、直辖市、自治区美协。

中国人民解放军和中国人民武装警察部队中的中国美协会员集体参加中国美协活动，视同于团体会员。

第十八条　有中国公民身份，赞成中国美协章程，经本人申请并由各团体会员推荐，解放军和武警部队中的申请人经部队专门机构推荐，报中国美协审批、履行手续后，可成为中国美协会员。

具备以下基本条件之一者，可申请入会：

1、从事美术创作，作品入选中国美协主办——事先已确认为入会条件之一的全国性美术展览，累计满三次者；

2、从事美术理论研究，具有较高学术水准并有著作出版者；

3、从事美术编辑、美术教育、美术组织以及其他有关工作，成绩卓著者。

第十九条　会员有遵守中国美协章程、执行中国美协决议、参加中国美协活动、维护中国美协权益、缴纳会费的义务；有选举权、被选举权；有对中国美协工作进行监督和提出意见、建议的权利。

会员有退会自由。

第二十条　会员如严重违反中国美协章程或因违法犯罪、触及刑律，经中国美协领导机构讨论决定，可取消其会籍。

附录二：

中国书法家协会会员申请标准

（节选自2005年12月15日，中国书法家协会第五次全国代表大会第二次会议通过的《中国书法家协会章程》）

第四条 中国书法家协会由团体会员和个人会员组成。各省、自治区、直辖市和新疆生产建设兵团书法家协会，为本会团体会员。全国性产业书协，凡赞成本会会章，并具备相应条件，可提出申请，报本会主席团审批，履行手续后，即可成为本会团体会员。

中国人民解放军（含中国人民武装警察部队）中的中国书协会员集体参加中国书协活动，视同团体会员。

第五条 凡中华人民共和国公民，在书法艺术领域取得一定成就，具有较高的思想文化素质，符合入会条件，赞成本会章程者，由本人提出申请，两名本会会员介绍，经申请人所在的团体会员推荐，报本会批准并履行手续后，可成为本会个人会员。本会个人会员只隶属一个团体会员。

具备以下基本条件之一者可提出入会申请：1、在创作上有较高水平；2、在理论研究上有较高成就；3、从事书法教育、编辑出版、组织工作有显著成绩或有突出贡献。

第六条 本会团体会员和个人会员入会条件细则，经主席团批准后，由驻会领导机构组织实施。

第七条 本会会员有选举权和被选举权，有对本会工作及领导提出建议、批评和监督的权利，有退出本会的自由。本会会员有遵守本会章程，执行本会决议，维护本会权益，按时交纳会费，完成本会交付工作的义务，有为本会建设做出奉献的责任。

第八条 本会会员因违犯国家法律、法规及本会章程，视情节轻重，经一定程序后，由本会主席团讨论决定，可给予通报批评、暂停会籍、取消会籍的处理。

作品选登

▲ 朱训德　塞上农家　68×68cm
（湖南省美术家协会主席、湖南师范大学美术学院院长）

▲ 宋鸣　溪山共话图　69×69cm
（宁夏回族自治区美术家协会主席）

▲ 吕章申　书法　138×34cm
（中国国家博物馆馆长）

▲ 沈德志　塞上农家　80×80cm
（国家一级美术师、宁夏美术家协会副主席）

▼ 张幼矩　国画　69×46cm
（国家一级美术师、成都画院专业画家）

▲ 王春和　书法　138×68cm
（中国书法家协会会员）

竹神玉品

◀ 赵振宽
书法　138×68cm
（中国书法家协会会员）

岱宗夫如何齊魯青未了造化鍾神秀陰陽割昏曉蕩胸生層雲決眥入歸鳥會當凌絕頂一覽衆山小

▲ 韦登楼　书法　138×70cm
（上海宝山画院画师、上海书法家协会会员）

▲ 罗云　五驴图　69×46cm
（《中国美术名家》杂志主编）

▲ 胡一龙　书法　180×96cm

（中国美术家协会会员、中国美术家协会苏州胥口展览中心艺术总监）

◀ 萧翰　花鸟　68×68cm

（中国美术家协会会员、旅德画家）

▶ 陆春涛　秋色如春　46×44cm
（《美术天地》艺术总监）

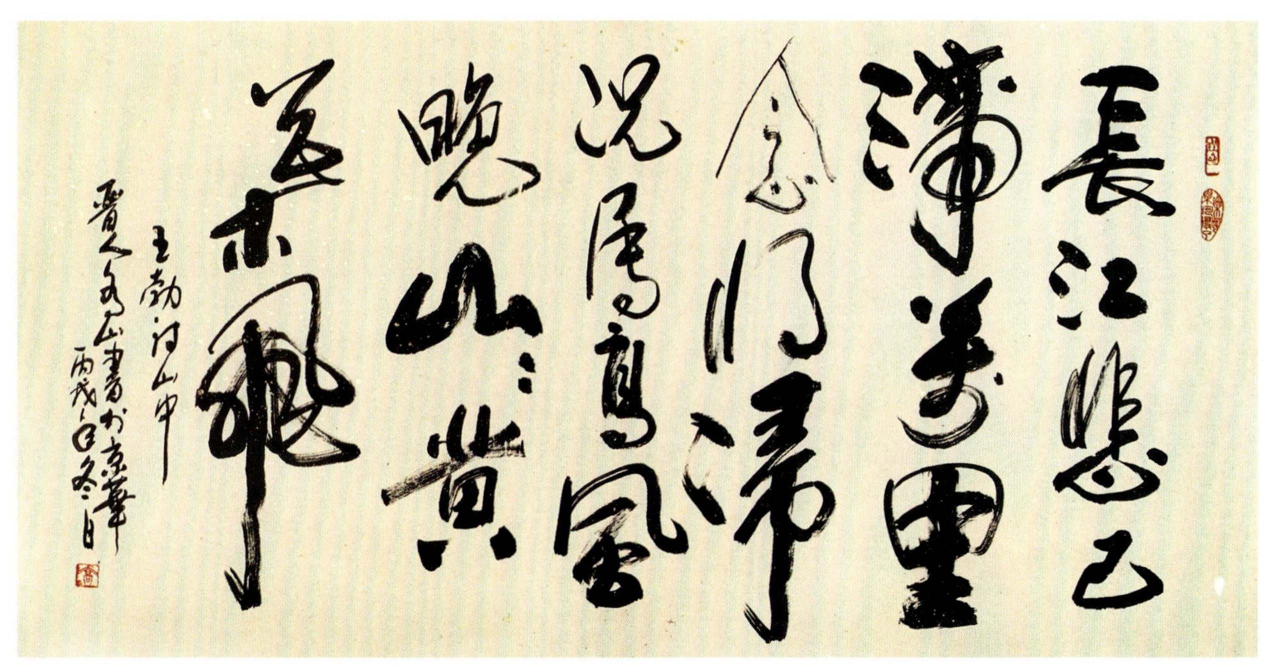

▲ 乔加强　书法　131×66cm
（北京画中画印刷有限公司艺术总监）

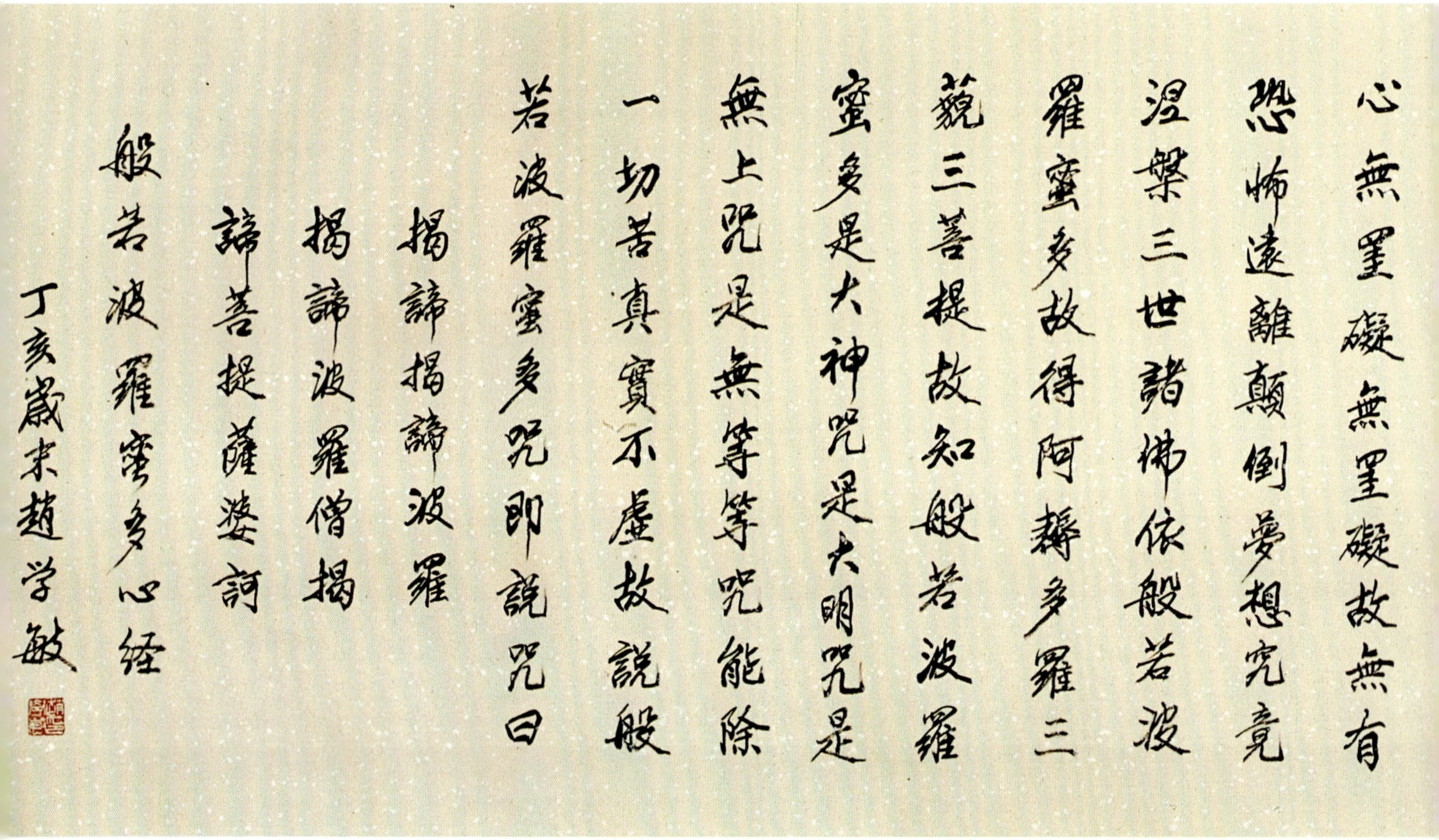

心無罣礙無罣礙故無有
恐怖遠離顛倒夢想究竟
涅槃三世諸佛依般若波
羅蜜多故得阿耨多羅三
藐三菩提故知般若波羅
蜜多是大神咒是大明咒是
無上咒是無等等咒能除
一切苦真實不虛故說般
若波羅蜜多咒即說咒曰
揭諦揭諦波羅
揭諦波羅僧揭
諦菩提薩婆訶
般若波羅蜜多心经
丁亥歲末趙学敏

赵学敏

般若波罗蜜多心经文　138×68cm　纸本　2008年

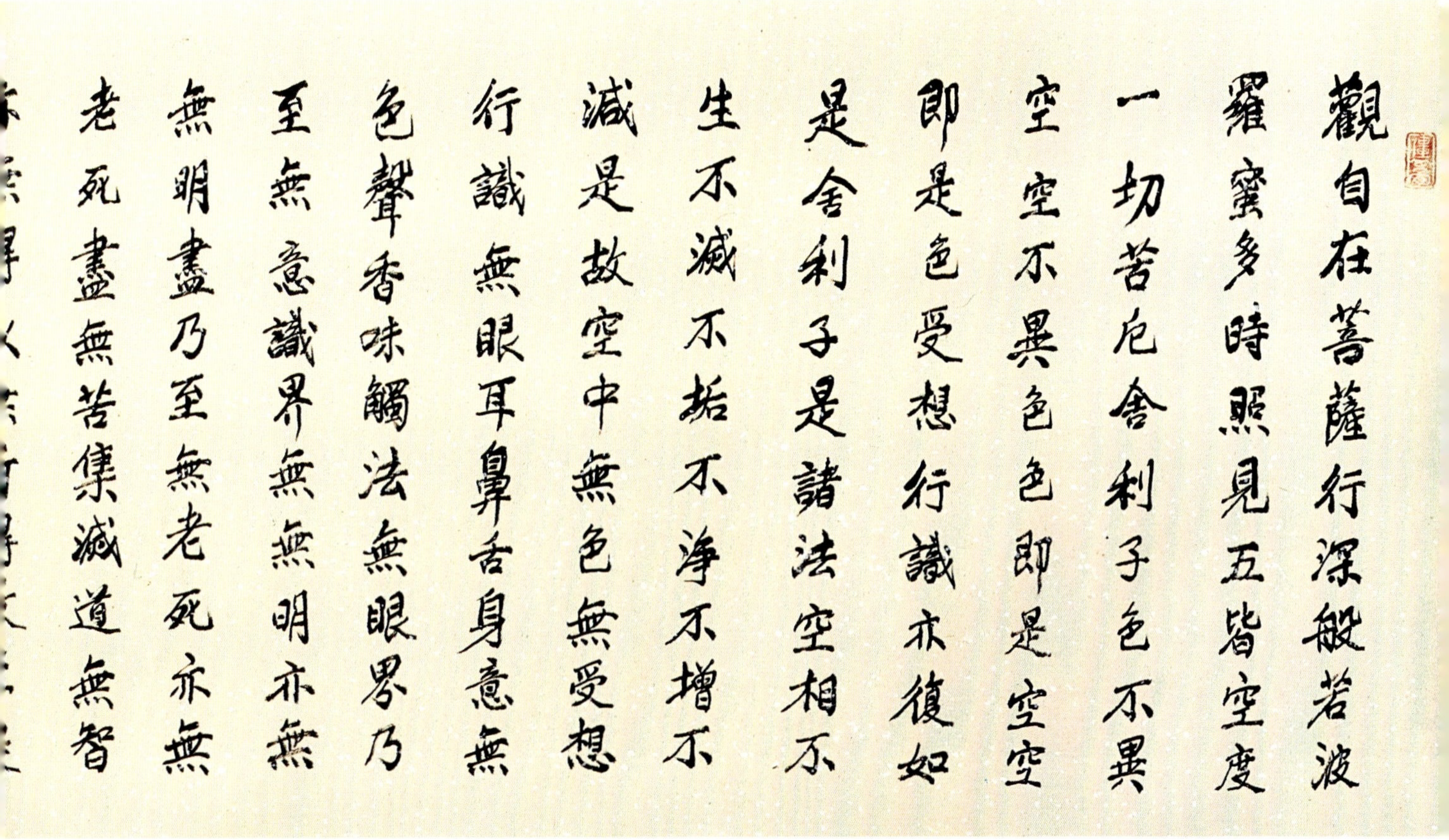

觀自在菩薩行深般若波
羅蜜多時照見五皆空度
一切苦厄舍利子色不異
空空不異色色即是空空
即是色受想行識亦復如
是舍利子是諸法空相不
生不滅不垢不淨不增不
減是故空中無色無受想
行識無眼耳鼻舌身意無
色聲香味觸法無眼界乃
至無意識界無無明亦無
無明盡乃至無老死亦無
老死盡無苦集滅道無智

卢禹舜

唐人诗意图 240×52cm 纸本水墨 2007年

中国文化遗产年鉴

The Chinese Cultural Heritage Annal

紫砂陶艺

《中国文化遗产年鉴》编辑委员会 编

文物出版社

总 策 划：杨曙光
责任编辑：姚敏苏
版式设计：邢志强

图书在版编目（CIP）数据
中国文化遗产年鉴.书画、酒、紫砂/《中国文化遗产年鉴》编辑委员会编. —北京：文物出版社，2008.6
ISBN 978-7-5010-2488-9

I. 中… II.中… III.文化遗产－中国－年鉴 IV. K203-54

中国版本图书馆CIP数据核字（2008）第069020号

中国文化遗产年鉴·紫砂陶艺卷
《中国文化遗产年鉴》编辑委员会 编
*
文 物 出 版 社 出 版 发 行
（北京东直门内北小街2号）
http://www.wenwu.com
E-mail:wed@wenwu.com
北京画中画印刷有限公司印刷
新 华 书 店 经 销
889×1194 1/16 印张：23.75
2008年6月第一版 2008年6月第一次印刷
ISBN 978-7-5010-2488-9 定价：1280.00元（全三卷）

凡例 FAN LI

一、2006年6月10日，《中国文化遗产年鉴》编辑委员会编辑出版了首部《中国文化遗产年鉴》。并以《书画艺术卷》作为《中国文化遗产年鉴》的第一分卷，于2007年6月7日出版。本书是《紫砂陶艺卷》的第一卷，2008年版。

二、《中国文化遗产年鉴·紫砂陶艺卷》是对中国紫砂陶文化发展历史的忠实记录和高度概括总结。本书还简要介绍了中国紫砂陶文化的历史渊源及沿革发展，历代的名家及其影响。

三、《年鉴》当代部分主要收录了当代有突出贡献和有影响的紫砂陶工艺美术大师，和后起之秀。

四、由于资料浩如烟海，难以割舍，只能取开放的方式，不求一次收全，但求逐次完善，对于未能辑入的紫砂陶工艺名家将在今后的年鉴中增补。

五、本《年鉴》从中国紫砂工艺史开始，全面展示了历代紫砂艺人的精湛技艺，文人对其的深切关爱与鼎力玉成，从而形成风靡世界的紫砂文化潮，及其在当代发扬光大所取得的成就。

六、历代紫砂工艺名家以生年排序，生年相同或生年不详者以卒年排序，生卒年均不详者，列入该时期之首。

国家级工艺美术大师以历年来上级文件公布为准、为序，双重称号获得者以最高为列。高级工艺美术师及工艺美术师以历年来上级文件公布为准，以姓氏笔画为序。

七、本《年鉴》记录事件发生的截止日期为2008年3月31日。

《中国文化遗产年鉴》编辑委员会

2008年6月8日

《中国文化遗产年鉴·紫砂陶艺卷》编辑委员会

目录 CONTENTS

前言 QIAN YAN

2008年，值得中国人骄傲的一年！综合国力的不断壮大，令世人瞩目！随着奥运圣火的燃起，中国正向世界强国迈进！我们为处在这样一个和平盛世而备感欣慰。五千年的中华文明，先祖们留下了无数弥足珍贵的文化瑰宝，我们以完成文化遗产所赋与的代代传承，超越前人为历史使命！

胡锦涛同志在党的十七大报告中提出，要加强对各民族文化的挖掘和保护，重视文物和非物质文化遗产保护，做好文化典籍整理工作。这已是我们《中国文化遗产年鉴》编辑工作的重要思想指导。

出于对中华民族的情感、对民族文化的厚爱，经过三年的不懈努力，我们收集、整理了大量文献资料和当代资讯，在中国文化遗产日三周年之际，编辑出版了这套史料性、普及性、可读性极强的《中国文化遗产年鉴》三部分卷《书画艺术卷》《酒文化卷》《紫砂陶艺卷》这是继2006年开始的连续三年出版，共分五卷。

保护文化遗产这句重千钧的话语是我们编辑本年鉴的宗旨，守望精神家园是我们志同道合的缘起。

在我们的国土上还有许多的人在默默地为保护中国文化遗产不惜一切：国学大师季羡林先生为东方文化研究倾注了大量心血，为中华民族的复兴呐喊；冯骥才先生倾其所有设立文化遗产基金；成龙为弘扬中华武术年过半百而身体力行；张艺谋这位中国电影人在为北京2008人文奥运导演……

《中国文化遗产年鉴》的出版为中国久远而新兴的文化遗产保护事业添薪加火，但作为一项事业来建设，这才肇建伊始；《中国文化遗产年鉴》的出版是中华民族伟大复兴的又一响应，大厦建成，全凭一砖一瓦；知易行难，文成一字一句。

在今后的年度里，我们将围绕中国传统文化继续出版年鉴系列分卷，从不同门类、学科、领域进行全面收集、整理、汇编，对在为传承、创新中国优秀传统文化做出突出贡献的人物和重大事件给予记载；全面记录各级政府和社团组织为保护、抢救、传承、发扬中国优秀民族文化所做出的贡献。

中国文化博大精深，只有在深入其中之后才会有这样的感怀。

让我们在中国文化的大发展、大繁荣中，弘扬中华民族的优秀传统文化，以文化遗产为依托，积极普及和宣传文化遗产保护知识，增强中华文化的国际影响力，共同建设中华民族共有的精神家园。

发掘、整理、保护祖国文化遗产；传承、弘扬中华文明，亦吾辈之夙愿。我们躬行不止。

我们的努力但愿大家满意，努力的我们还望大家提携！

杨曙光 于北京禄米仓

农历戊子年三月

森羅萬象

土是有生之母陶為人所化生陶人與土配成雙天地陰陽醞釀水火木金協調宮商角徵交響滙成陶海嘯汪洋真是森羅萬象

郭沫若西江月頌陶

羅士樹敬錄

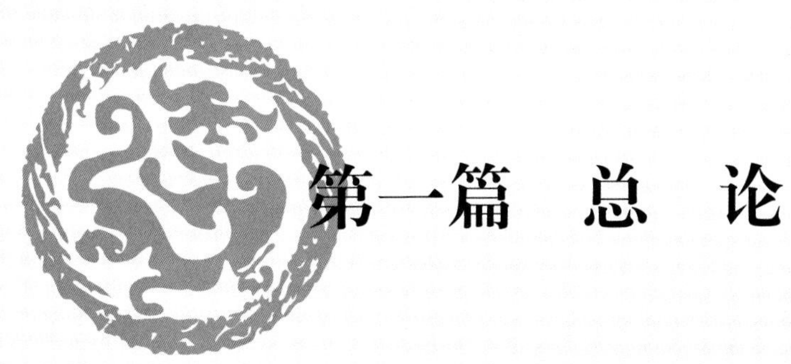

第一篇　总　论

第一章 文化国力论

进入21世纪，在经济全球化的趋势下，文化已经成为一个国家社会和经济发展的战略资源，在综合国力竞争中的地位和作用越来越突出。

紫砂艺术源远流长，生于民间，兴于民间，与文化人精诚合作得以不断升华，与人民群众的日常生活息息相关，与人民群众的精神文化生活息息相通，是人民群众自己创造、自己传承的文化艺术，是中华民族五千年历史的宝贵结晶。

第一节 胡锦涛同志2007年10月15日在中国共产党第十七次代表大会上的报告（节选）

七、推动社会主义文化大发展大繁荣

当今时代，文化越来越成为民族凝聚力和创造力的重要源泉、越来越成为综合国力竞争的重要因素，丰富精神文化生活越来越成为我国人民的热切愿望。要坚持社会主义先进文化前进方向，兴起社会主义文化建设新高潮，激发全民族文化创造活力，提高国家文化软实力，使人民基本文化权益得到更好保障，使社会文化生活更加丰富多彩，使人民精神风貌更加昂扬向上。

（一）建设社会主义核心价值体系，增强社会主义意识形态的吸引力和凝聚力。社会主义核心价值体系是社会主义意识形态的本质体现。要巩固马克思主义指导地位，坚持不懈地用马克思主义中国化最新成果武装全党、教育人民，用中国特色社会主义共同理想凝聚力量，用以爱国主义为核心的民族精神和以改革创新为核心的时代精神鼓舞斗志，用社会主义荣辱观引领风尚，巩固全党全国各族人民团结奋斗的共同思想基础。大力推进理论创新，不断赋予当代中国马克思主义鲜明的实践特色、民族特色、时代特色。开展中国特色社会主义理论体系宣传普及活动，推动当代中国马克思主义大众化。推进马克思主义理论研究和建设工程，深入回答重大理论和实际问题，培养造就一批马克思主义理论家特别是中青年理论家。切实把社会主义核心价值体系融入国民教育和精神文明建设全过程，转化为人民的自觉追求。积极探索用社会主义核心价值体系引领社会思潮的有效途径，主动做好意识形态工作，既尊重差异、包容多样，又有力抵制各种错误和腐朽思想的影响。繁荣发展哲学社会科学，推进学科体系、学术观点、科研方法创新，鼓励哲学社会科学界为党和人民事业发挥思想库作用，推动我国哲学社会科学优秀成果和优秀人才走向世界。

（三）弘扬中华文化，建设中华民族共有精神家园。中华文化是中华民族生生不息、团结奋进的不竭动力。要全面认识祖国传统文化，取其精华，去其糟粕，使之与当代社会相适应、与现代文明相协调，保持民族性，体现时代性。加强中华优秀文化传统教育，运用现代科技手段开发利用民族文化丰厚资源。加强对各民族文化的挖掘和保护，重视文物和非物质文化遗产保护，做好文化典籍整理工作。加强对外文化交流，吸收各国优秀文明成果，增强中华文化国际影响力。

第二节　更加自觉、主动地推动文化大发展大繁荣（节选）

刘云山《人民日报》2007年10月29日

胡锦涛总书记在党的十七大报告中突出强调了加强文化建设、提高国家文化软实力的极端重要性，对兴起社会主义文化建设新高潮、推动社会主义文化大发展大繁荣作出全面部署。这充分反映了我们党对当今时代发展趋势和我国文化发展方位的科学把握，体现了我们党在新的历史条件下的高度文化自觉。我们一定要认真贯彻中央部署，坚持以邓小平理论和“三个代表”重要思想为指导，深入贯彻落实科学发展观，采取有力措施，推动社会主义文化大发展大繁荣，使人民基本文化权益得到更好保障，使社会文化生活更加丰富多彩，使人民精神风貌更加昂扬向上。

一、从提高国家文化软实力的战略高度充分认识文化建设的重要性紧迫性，更加自觉、更加主动地推动社会主义文化大发展大繁荣

当今时代，文化越来越成为民族凝聚力和创造力的重要源泉、越来越成为综合国力竞争的重要因素，丰富精神文化生活越来越成为我国人民的热切愿望。面对当今世界各种思想文化相互激荡的大潮，面对国家发展和人民生活改善对文化发展的要求，面对社会文化生活多样活跃的态势，如何进一步繁荣发展社会主义文化，提高国家文化软实力，是摆在我们面前的一个重大而紧迫的课题。

1．文化是民族的血脉和灵魂，是国家发展、民族振兴的重要支撑。人类社会发展史既是人类生命繁衍、财富创造的物质文明发展史，更是人类文化积累、文明传承的精神文明发展史。一个民族的文化，凝聚着这个民族对世界和生命的历史认知和现实感受，积淀着这个民族最深层的精神追求和行为准则。几千年来，中华民族历经磨难而绵延不绝，一个重要原因就是有着深厚的文化传统和强烈的文化认同。古往今来，每一个伟大民族都有自己博大精深的文化，每一个现代国家都把文化作为推动社会发展进步的重要力量。一个民族的觉醒首先是文化的觉醒，一个国家的强盛离不开文化的支撑。文化深深熔铸在民族的血脉之中，始终是民族生存发展和国家繁荣振兴取之不尽、用之不竭的力量源泉。

2．文化是国家核心竞争力的重要因素，在综合国力竞争中发挥着不可替代的作用。江泽民同志指出：“综合国力，主要是经济实力、技术实力，这种物质力量是基础，但也离不开民族精神、民族凝聚力，精神力量也是综合国力的重要组成部分。”随着世界多极化、经济全球化的深入发展和科学技术的日新月异，文化与经济、政治相互交融的程度不断加深，与科学技术的结合更加紧密，经济的文化含量日益提高，文化的经济功能越来越强，文化已经成为国家核心竞争力的重要因素。谁占据了文化发展的制高点，谁拥有了强大的文化软实力，谁就能够在激烈的国际竞争中赢得主动。现在，越来越多的国家十分看重文化的巨大作用，千方百计壮大本国文化的整体实力和国际竞争力。我国作为发展中的社会主义国家，要在新的国际竞争中立于不败之地，维护国家发展利益和文化安全，必须高扬自己的文化理想，尽快形成与我国经济社会发展和国际地位相适应的文化优势。

3．文化是全面建设小康社会的重要目标，已经成为衡量社会文明程度和人民生活质量的显著标志。文化的进步反映着社会的文明进步，文化的发展推动着人的全面发展。我们所要实现的现代化是经济、政治、文化、社会全面发展的现代化，全面建设小康社会既需要殷实富足的物质生活，也需要丰富健康的文化生活。现在，人们精神文化需求日趋旺盛，全社会求知求乐求美的愿望更加强烈。与之相比，我国文化发展的总体水平还不高，同经济社会发展不相适应，同全面建设小康社会的要求不相适应，同人民群众日益增长的精神文化需求不相适应。这就迫切要求我们把发展社会生产力同提高全民族文明素质结合起来，进一步加大文化建设力度，加快文化发展步伐，更好地满足人们的精神需求、丰富人们的精神世界、增强人们的精神力量，促进人的全面发展。

四、大力弘扬中华文化，建设中华民族共有精神家园

中华文化博大精深、源远流长，具有鲜明的民族特性，在世界各种文明中独树一帜。推动社会主义文化大发展大繁荣，提高国家文化软实力，必须始终保持对民族文化的自信心，坚持以中华优秀文化传统为根基，以外来健康有益文化为补充，大力繁荣发展中国特色、中国风格、中国气派的优秀文化，不断增强中华文化的魅力和生命力。

1．深入挖掘和弘扬传统文化有益价值。任何一个国家和民族文化的发展，都是在既有文化传统基础上进行的文化传承、变革与创新。如果离开传统、割断血脉，就会迷失方向、丧失根本。在全球化趋势深入发展的今天，必须充分认识我国传统文化的历史意义和现实价值，以礼敬自豪的态度对待我们的优秀文化传统，努力在继承优秀传统文化的基础上铸造中华文化的新辉煌。要按照古为今用的原则，对丰厚的传统文化进行科学梳理、深入挖掘，取其精华、去其糟粕，使民族优秀传统文化得以传承，并不断发扬光大。要广泛开展传统文化的宣传教育，充分发挥民族传统节日的文化传承功能，组织丰富多样、健康有益的民间民俗文化活动，让更多的人了解传统文化，喜爱传统文化，成为优秀传统文化的承载者、传播者。要加强对各民族文化的挖掘和保护，重视文物和非物质文化遗产保护，做好文化典籍整理工作，切实保护好中华民族文化瑰宝，使之代代相传、荫泽后人。

扶持重要文化遗产和优秀民族民间艺术的保护工作，扶持老少边穷地区和中西部地区的文化发展。

要实施重大文化产业项目带动战略，加快文化产业基地和区域特色文化产业群建设，打造具有核心竞争力的文化产品和文化品牌。

要创造条件、完善措施，继续推进宣传文化领域人才培养工程，努力造就一批名家大师、一批各专业领域的领军人物，加快培养一批懂经营善管理的经营管理人才、一批掌握现代传播技术的专业技术人才。要继续深化“三项学习教育”活动，认真总结各地区各部门创造的成功经验，建立健全长效机制，努力在提高队伍整体素质、培育职业精神职业道德、树立良好社会形象等方面取得实实在在的效果。知识分子作为社会中最有创造力的群体，是先进思想和优秀文化的生产者、传播者，是推动文化繁荣发展的重要力量。要认真落实党的知识分子政策，坚持尊重劳动、尊重知识、尊重人才、尊重创造，加强与知识分子的沟通联系，主动听取意见和建议，引导广大知识分子更好地承担起建设社会主义先进文化的崇高使命。

4．最大限度地动员社会各方面力量支持参与文化建设。兴起社会主义文化建设新高潮，是一个宏大的系统工程，需要全党全社会的共同努力。人民群众不仅是物质财富的创造者，也是精神财富的创造者。要充分发挥人民群众在文化建设中的主体作用，坚持发展为了人民、发展依靠人民、发展成果由人民共享，进一步激发人民群众的文化创造潜能，使社会主义文化大发展大繁荣拥有广泛而坚实的群众基础。要坚持“二为”方向、“双百”方针，充分调动广大文化工作者的积极性，发扬艺术民主和学术民主，提倡不同学术观点、不同风格流派相互切磋、平等讨论，营造宽松和谐的文化环境，设立国家荣誉制度，表彰有杰出贡献的文化工作者，使各类文化人才的才华有展示舞台、创造有实现空间、贡献得到社会尊重。要采取有效措施、创造有利条件，动员党政各部门、社会各方面共同参与文化建设，让一切文化创造的活力竞相迸发，让一切文化创造的源泉充分涌流，让一切有志于文化创造的建设者积极性得到充分发挥。

第三节　李长春、刘云山等同志2006年的讲话

一、李长春2006年6月13日参观了中国非物质文化遗产保护成果展

中国非物质文化遗产保护成果展是我国举办的第一次全面反映非物质文化遗产保护成果的大型展览。李长春来到国家博物馆。从唐代“枯木龙吟”琴、宋代“鸣凤”琴到南京云锦织机、天津杨柳青年画，从制瓷、染织、刺绣到泥塑、剪纸、风筝扎制等民间工艺现场演示活动，李长春饶有兴趣地仔细观看，与民间艺人们亲切交谈，不时询问有关情况。李长春指出，我国是具有五千年丰厚文化底蕴的文明古国，勤劳智慧的中华民族创造了光辉灿烂的历史文化，留下了举世闻名的文化遗产。这些文化遗产蕴含着中华民族特有的精神价值，体现着中华民族的生命力和创造力，既是中华民族的宝贵财富，也是全人类的文明瑰宝。

李长春强调，保护非物质文化遗产，保持民族文化的传承，是凝聚民族情感、增进民族团结、振奋民族精神、维护国家统一的重要文化基础，对弘扬中华文化，维护世界文化多样性和创造性，促进人类共同发展具有重要意义。要从对国家和历史负责的高度，从维护国家文化安全的高度，切实做好非物质文化遗产的保护工作。要按照“保护为主、抢救第一、合理利用、传承发展”的方针，做好普查工作，制定保护规划，抢救珍贵遗产，注重人才培养，加强宣传教育，不断提高全社会的保护意识，努力发挥非物质文化遗产在社会主义先进文化建设中的重要作用。

二、刘云山2006年4月20日在中国民协七代会上的讲话(节选)

当今时代是一个呼唤先进文化也必将推动文化繁荣发展的伟大时代，广大民间文艺工作者要顺应时代发展潮流，充分利用我国经济社会蓬勃发展提供的有利条件，充分利用我国民族民间文化蕴藏的丰厚资源，充分利用人民群众精神文化需求日益增长带来的良好机遇，继承优秀文化传统，弘扬伟大民族精神，努力开创我国民间文艺事业蓬勃发展的新局面。我国民间文艺历史悠久、源远流长，生于民间、兴于民间、藏于民间，与人民群众的日常生产生活息息相关，与人民群众的精神文化活动息息相通，是人民群众自己创造、自己传承的文化艺术，是中华民族五千年历史的宝贵结晶。广大民间文艺工作者要牢牢把握社会主义先进文化前进方向，坚持继承与创新统一、专业与业余结合、研究与展示并重，进一步做好优秀民间文艺的宣传展示和开发利用。要按照建设社会主义新农村的要求，把弘扬民间文艺作为农村文化建设的重要内容，科学利用农村民间文化资源，积极开展具有浓郁民间特色的群众文化活动，促进农村物质文明与精神文明协调发展。

刘云山同志指出，繁荣民间文化艺术，对于弘扬民族精神，坚持文化多样性，维护我国的文化主权和文化安全，激励全国各族人民建设富强、民主、文明的伟大国家，实现中华民族的伟大复兴，具有深远而现实的重要意义。

刘云山同志还对民间文艺工作者提出四点希望：

第一，以召开中国民协第七次全国代表大会为契机，以邓小平理论和“三个代表”重要思想为指导，牢牢把握先进文化的前进方向，认真落实科学发展观，坚持文艺为人民服务、为社会主义服务的方向，贯彻百花齐放、百家争鸣的方针，坚持“三个面向”与“三个贴近”，进一步实施中国民间文化遗产抢救工程，积极参与国家非物质文化遗产保护的各项工作，做好民间文化杰出传承人的调查、认定与命名工作，加强对各民族民间文化遗产的调查、整理和研究工作，加大对优秀民间文艺的宣传、展示、利用和弘扬，全面促进民间文艺事业的繁荣。

第二，继续紧紧围绕党和国家的工作大局，把民间文艺事业融入时代发展的洪流。加强民族民间节日文化的继承和弘扬，加强对农村文化的研究，科学利用民间文化资源，继续做好民间文艺之乡的认定和命名工作，有效满足广大农民群众的精神文化需求，把民间文艺工作与新农村建设结合起来，促进农村经济社会协调发展。

第三，继续探索保护非物质文化遗产的有效方法、途径和手段，积极参与国际非物质文化遗产保护的交流交往，加强民间文化艺术在强化文化认同、促进民族团结与国家统一中的作用，不断扩大中国民间文艺的国际

影响。

第四，牢记所肩负和承担的崇高职责和历史使命，以德艺双馨的标准严格要求自己，深入田野，与人民群众打成一片，深入探索与钻研，奋发进取，团结协作，把握发展机遇，紧跟时代步伐，不辜负党和国家的信任与人民的重托，为继承和弘扬民族民间文化优秀传统，激励和发扬民族精神，建设和发展先进文化做出更大的贡献。

三、胡振民、李从军、周和平同志的讲话(节选)

胡振民同志在讲话时指出，广大民间文艺工作者要认真学习刘云山同志的讲话，积极投身社会主义新农村建设，投身社会主义荣辱观的宣传教育，投身全面建设小康社会的伟大实践，在人民的生活中汲取题材、主题、情节、语言、诗情和画意，创作出更多具有独特民族风格、丰富文化内涵和强烈时代气息的优秀民间文艺作品。

李从军同志在讲话时指出，长期以来，党和政府对繁荣民间文艺、抢救和保护非物质文化遗产给予高度重视，制定了一系列方针和政策。最近，党中央又做出了建设社会主义新农村的伟大战略部署，中宣部等五部委发出了《关于运用传统文化节日弘扬民族文化优秀传统的意见》。这些都为民族民间文化艺术的发展带来了空前的机遇。同时，民间文化遗产在当前社会变革、文化转型的过程中又面临着巨大挑战。时代向民间文艺界提出了更新更高的要求，民间文艺工作者应该勇敢地承担起历史赋予的繁荣和发展民间文艺的神圣职责。

周和平同志在讲话时指出，近几年来，我国已经逐步建立起非物质文化遗产保护制度和“政府主导、社会参与、职责明确、运转协调”的工作机制，具有中国特色的非物质文化遗产保护体系陆续构建起来。由中国民间文艺家协会发起的中国民间文化遗产抢救工程，符合党和国家的文化战略，有力地配合了中国民族民间文化保护工程和国家非物质文化遗产的保护工作，唤起了全社会保护民族文化遗产的自觉和热情。文化部将一如既往地支持民协的工作，发挥民间艺术家的重要作用，携起手来，共同为繁荣我国的民间文艺事业做出新的贡献。

第四节　国家“十一五”时期文化发展规划纲要（节选）

2006年9月13日 新华社

（三十）重视中华优秀传统文化教育和传统经典、技艺的传承。在有条件的小学开设书法、绘画、传统工艺等课程，在中学语文课程中适当增加传统经典范文、诗词的比重，中小学各学科课程都要结合学科特点融入中华优秀传统文化内容。高等学校要创造条件，面向全体大学生开设中国语文课。加强传统文化教学与研究基地建设，推动相关学科发展。在社会教育中，广泛开展吟诵古典诗词、传习传统技艺等优秀传统文化普及活动，努力提高全民族的人文素养，树立良好社会风气。办好世界中华传统文化论坛。

（三十二）建立非物质文化遗产名录体系，绘制国家非物质文化遗产资源分布图，确立非物质文化遗产传承人谱系，制定传承人资助办法。确定10个国家级民族民间文化生态保护区。完成《中国民族民间文艺集成志书》的出版和相关资料的保护工作，出版《国家非物质文化遗产名录图典》、《非物质文化遗产普查图集（分省图册）》、《昆曲大典》、《中国民间美术分类全集》。继续实施国家重点京剧院团和昆曲院团保护和扶持项目。实施“指南针计划”，深入挖掘和展示我国古代发明的历史价值、科学价值和艺术价值。充分利用“文化遗产日”，组织开展文化遗产保护系列宣传展示活动。

（三十三）抢救濒危文化遗产。采取有效措施，保护濒危的民族文化遗产。加强对民间文学、民俗文化、民间音乐舞蹈、少数民族史诗等若干非物质文化遗产项目的抢救。

第二章　紫砂文化论

一方水土养一方人，宜兴紫砂壶以其制作精湛、造型质朴、色泽古雅而闻名于世；又以其实用功能和艺术鉴赏性而深受达官显要、文人雅士的垂青。清代诗人汪文柏诗云：“人间珠玉安足取，岂如阳羡溪头一丸土”。诗中的“阳羡”就是紫砂壶独树一帜的江苏宜兴。

宜兴制陶，以均陶、精陶、美彩陶、青瓷和紫砂陶这“五朵金花”著称于世。尤以紫砂陶最负盛名、最具特色。据无锡地方志有关资料记载，宜兴紫砂在明代万历年间到清乾隆中叶的100多年中进入了繁盛时期。紫砂茶具具有古朴典雅的艺术风格，并有着可保持茶汁色、香、味不变的优良特性，因此深得茶客的青睐，成为公认的最理想的茶具。

紫砂壶集多种中国传统艺术于一身，历史悠久，文化丰厚并且又有着优良的实用价值。

紫砂壶展现了艺人的个性魅力。紫砂壶的个性化是其保持长盛不衰的秘密所在。由于紫砂壶成型采用的是纯手工的泥片镶接法，没有固定程式可依，悉因艺人的感悟灵性信手拈来、自然而就，形成紫砂壶造型丰富、式样繁多、千人千态、无一雷同的繁华景象。与此同时，历代文人雅士对其的钟爱和参与，又为其发展增添了文化底蕴。清代嘉庆年间的陈鸿寿（字曼生）是以文化艺术推进紫砂艺术的典型人物。他是“西泠八家”之一，书法、绘画和篆刻俱佳，由他精心设计的十八种壶式（世称“曼生壶”），就是文人参加紫砂壶制作的典型例子。由于文人参与到紫砂艺术的创作中，宜兴紫砂在装饰上开始注重吸收其他艺术的精华。书法、国画的引入，使紫砂器开始出现“壶随字贵，字随壶传，字画壶艺相得益彰”的局面。随着紫砂陶的兴盛繁荣，它的影响日益扩大，盛名远播海内外，国外慕名求购者日众。至清代中叶，宜兴的许多陶瓷作坊主纷纷在通商口岸开设陶瓷商店，大量宜兴陶瓷产品被销往东南亚、日本、欧洲等海外市场。它在国际上的声誉和地位日益提高，紫砂陶成为世界陶瓷之林中令人瞩目的一枝奇葩，屡获国际殊荣。1925～1935年，在巴拿马国际赛会、美国费城万国博览会、巴黎博览会、芝加哥博览会、伦敦国际艺术展览会上，紫砂陶器均获得奖状和金质奖章，为中国陶瓷史写下光辉的一页。

当宜兴紫砂陶兴盛繁荣之际，日本帝国主义的侵华战争使其发展遭到了严重挫折。窑厂、作坊相继被毁，海港口岸均遭日本封锁，致使宜兴紫砂陶品的海外市场几近湮灭。

直至新中国成立以后，古老的紫砂陶工艺才重新获得空前的发展，呈现出兴盛的喜人景象。宜兴高级紫砂茶具先后于1979年、1983年获得国家银质奖和金质奖，1984年在德国莱比锡国际博览会上，紫砂百寿瓶和紫砂竹筒茶具荣获金质奖；1989年，紫砂高级茶具又荣获首届北京国际博览会金奖。现在，宜兴每年有4000多万件紫砂陶器走向广阔的海内外市场。

近年来，紫砂产品先后参加了日本、加拿大、阿尔及利亚、墨西哥、埃及、美国、孟加拉国等70多个国家和地区的展览，并畅销这些国家和地区，以至形成了一个由域内推向海外的日益引起人们广泛兴趣的紫砂文化潮。

宜兴作为著名茶乡，在茶文化活动中茶具发挥着重要的作用，紫砂壶就脱颖而出了。人们在观赏紫砂壶的同时，欣赏艺术、追求和谐、崇尚自然、广交朋友，更为重要的是，感受到蓬勃生命力，为身心注入新鲜的活力，达到修身养性的目的。

宜兴又是著名的陶都，在陶瓷文化中有着几千年的积累，为紫砂器的诞生，奠定了深厚的基础。

竹简茶具

紫砂壶中所体现的吴文化、茶文化、陶瓷

文化乃至中国文化的特征，使它成为中国传统文化的典型代表之一。

紫砂要发展自然离不开市场化的进程，最能体现客户消费心理和审美观的作品是什么？这确实是值得我们反复思考的，传统壶与现代壶之间，紫砂各种器皿之间，都需要每一个紫砂艺人仔细地去揣摩。2008年1月，宜兴被授予“江苏省传统工艺美术特色产业基地”称号；宜兴紫砂行业协会也加大了工作力度，来进一步贯彻落实《江苏省传统工艺美术保护条例》；要提高紫砂产品的附价值，首先要不断提高其技术含量。而当前的趋势就是越来越注重工艺师自身的素质修养，从而掀起了一股紫砂艺人“再学习”的热潮。

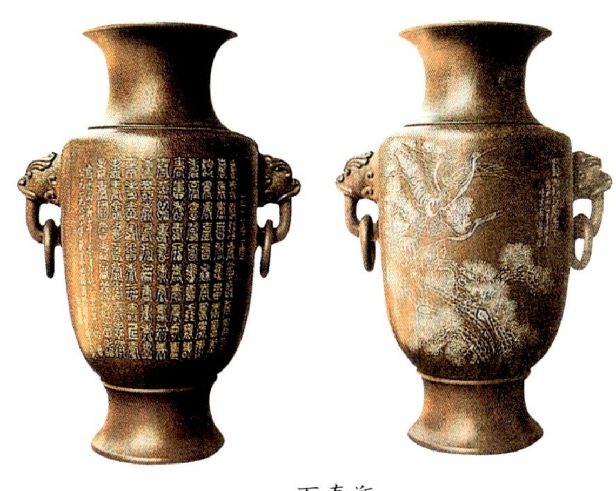

百寿瓶

二是通过增加文化含量提高产品附加值。随着人们生活水平的提高，对商品功能的要求也越来越高，集中表现在人们不仅追求商品的使用价值，而且追求商品的审美价值、知识价值、社会价值。紫砂蕴涵着深厚的文化价值，具有得天独厚的优势，饱含着中国传统的文人品味。紫砂产品如果忽视其文化内涵，就很难取得高附加值。消费者购买紫砂器时，意在购买一种人生情趣，生活艺术，甚至一种超然的享受。

三是需要增加艺术含量。从目前情况来看，紫砂产品创新不多，即使是新款式、新创作。设计人员必须对紫砂美学内涵进行深入研究，将紫砂文化通过实体形象表现出来，才能使紫砂器的附加价值不断提高。

宜兴紫砂壶堪称国之瑰宝。当传统文化正从我们手中滑落时，紫砂壶这一文化艺术含量如此之高的器物，作为传统文化的载体，体现了中华文化的精髓。古代保存下来的紫砂壶为数不多，由现代紫砂壶艺师制作的紫砂壶也同样将几千年的中华文化继承了下来。在这些作品里，既有中国传统文化的精神，又富含现代的活力。观赏这些艺术品，不禁令人深思：一个使用功能如此简单的器物，可以传承至今并凝聚着如此丰富精良的艺术含量，将中华传统文化推广到现代生活中去，我们将生活在一个完美精致、文化气氛浓厚、人情味十足的环境中，中华传统文化及其产品在世界舞台上也会越来越焕发出耀眼的光辉。在紫砂艺术方面我们也应该既要尊重民族艺术的独特性，体现中华民族的审美心理，又要反映现代人的精神追求，将传统文化融入现代生活中去。

主要参考文献：

1. 中央政府门户网站 www.gov.cn

2.《中国传统文化背景下的产品语义研究——从紫砂壶造型谈起》李亦婷 2007.7.5

3.《宜兴紫砂设计创新和文化传承的相关性研究》夏云彬 江南大学硕士论文 2004.11.12

第二篇　紫砂文化史

第一章　紫砂文化的形成

第一节　荆溪·阳羡·宜兴

一、宜兴的简史

宜兴古称荆溪、荆邑。秦汉两代改称阳羡。后来，晋惠帝将阳羡改名义兴。到唐高祖武德二年，又改名为鹅州。宋代，改为宜兴，相沿至今。这个名城，已经有4000多年的历史。宜兴在唐虞夏商时代（约公元前21世纪到前20世纪）称为荆溪。根据考古发现，远在四五千年前，在这一带丘陵、湖滨、河边，就有人类繁衍生息，创造了灿烂的古代文化。关于荆溪的得名，有人说是因为境内有苍山、清溪的缘故，认为“古荆溪地”是“青山绿水之乡”，“山明水秀之地”。又有说荆溪原先是宜兴境内的一条荆溪河的名字，后来它又是东溪、西溪、南溪、北溪河的统称，所谓“荆溪百里水涵空”。

二、宜兴的特征

宜兴境内河湖密布、土地肥沃、陶窑比肩、竹海连绵、茶园漫布、石洞遍山，素有“洞天世界”之称。考古资料证明，7000多年前，宜兴的农业就已经萌发起来，农业文化和制陶技艺名闻中华。先秦时期，吴越文化在此交汇，宜兴的先人们为吴越文化的发展做出了积极的贡献。唐肃宗时，“阳羡贡茶”就已经名冠全国，“阳羡紫笋”被列为进贡珍品。

宜兴的黏土矿，品种有甲泥、紫砂泥、白泥、嫩泥、绿泥、小红泥、小黄泥等，已探明工业储量6000万吨，预测远景储量10亿吨。

宜兴天然水质好，矿化度为100～200毫克/升，属软水；HP值为6.5～7，属中性水。

第二节　吴文化发展中的宜兴

首先，从地域来看，吴文化是吴地区域文化的简称，吴文化的地域一般指宁、沪、杭、太湖流域，以及浙北、皖南、江西北部、河南及山东一部分地区，其中心地带在长江下游三角洲。江苏宜兴地处吴中，是吴文化发源地之一。江苏也是昆剧的发源地。还有扬剧、锡剧、淮剧等20多种地方戏剧和苏州评弹、扬州评话等15个地方曲种；中国画中的山水画、水印木刻版画、水彩水粉画被誉为“江苏三水画”；宜兴紫砂陶器、苏州刺绣、南通风筝、南京云锦、扬州漆器、无锡惠山泥人、常州梳篦、苏州桃花坞木版年画、南通的蓝印花布等民间工艺享誉海内外。

其次，吴文化泛指吴地从古至今所创造的物质文明和精神文明的所有成果，以先吴和吴国文化为基础，经过战国、秦、汉、魏晋南北朝等朝代的发展，至明代达到高峰。清代及近代，随着中国封建社会的衰落和资本主义萌芽的发展，吴文化开始从传统文化定式向近代文化方向转型。

吴地山水秀丽，景色神奇，两宋以降，学人辈出，文风昌盛，成为江南文化的重要组成部分。我们完全可以说，吴文化就是水的文化，细腻的文化，灵秀的文化，柔美的文化。

吴地器物的形态受吴文化的影响具有以下三个特点：

（1）天人合一，与自然高度和谐。取于自然，高于自然。虽由人作，宛自天成，人们对自然巧为利用，又赋予其丰富的文化内涵，情、景、意合成为一个有机整体。

（2）精致、细腻、淡雅的性格。

（3）内敛、实用、重内涵的特征。吴地的手工艺制作多为生活用具，紫砂器就是其中之一。

第三节　陶瓷文化发展中的宜兴

宜兴具有发达的陶瓷产业。新石器时代，陶器的生产和运用已占据了相当重要的位置。宜兴的文化源渊与河姆渡文化一脉相承。人们先后制作过几何印纹硬陶和原始青瓷，以及精美的紫砂陶。在宜兴历来就有“处处皆窑、遍地产陶”的景象，被人们称为“中国陶都”。宜兴陶业不断发展，蔚为壮观，日臻完美，为紫砂壶的诞生与发展创造了技术条件。宜兴现有紫砂陶、日用陶瓷和工业陶瓷等8大类7000多个陶瓷品种，尤其是紫砂陶被誉为“陶都之花”。

第四节　茶文化发展中的宜兴

饮茶文化是我国由来已久、世代相传的习俗之一，有其深厚的历史渊源。茶树在我国广泛分布，并且饮茶能够防病益寿。加上文人参与和推动，饮茶成为风雅高尚之举。中国是茶的发源地，又是产茶大国，茶文化作为中华文化的重要一脉，已有着几千年的历史。茶从它的诞生之日起，就与中国的文人结下了不解之缘。由于文人历来都与官场有着千丝万缕的关系，既不为五斗米折腰，又无力抗争官场的黑暗。寄一腔的愁情忧思于淡淡的清茗之间，笑待人生、聊以自慰，使饮茶逐渐成为一种时尚和社交方式延续至今。也最能体现出中国茶文化的内涵。

由于各地人文习俗的差异，从而形成了与饮茶有关的茶饮、茶山、茶种、茶语、茶俗、茶水、茶具、茶品、茶宴、茶药、茶道、茶诗、茶文等一系列源远流长的中国茶文化。宜兴作为著名茶乡，已有一千二百多年的种茶史。诗人卢仝曾留下“天子未尝阳羡茶，百草不敢先开花”的千古佳句。阳羡茶作为贡品，深得皇亲国戚的青睐，身价倍增、弥足珍贵。人们在饮茶的同时会友、对弈、闲聊、深谈、应酬等。而此时，茶具作为一种重要的承载物，自然会成为人们关注的焦点，从而形成了“茶必阳羡茶、壶必紫砂壶”的美誉。吴地茶文化的发展为紫砂壶的发扬光大营造了良好的人文环境。

第五节　紫砂器的诞生

明代嘉靖紫砂艺人龚春的出现，把中国紫砂器推进到一个新的境界。龚春本名“供春”，少时为吴颐山的书僮，当吴颐山在金沙寺读书时，他就偷闲出来，私访寺内制壶的和尚，精淘细土，勤于捏制，终成大家。龚春成宜兴紫砂制作的一代宗师后，他的作品被称为“供春壶”，当时有“供春之壶，胜于金玉”之美称。供春所制茶壶，款式不一。他还创作过“龙蛋”、“印方”、“刻角印方”、“六角宫灯”等新颖式样，而尤以“树瘿壶”为世所宝重。此壶乍看似老松树皮，呈栗色。凹凸不平，类松根，质朴古雅，别具风格。

从此，宜兴紫砂器生产发展迅速，百品竞新，名家辈出。紫砂陶器皿，造型千姿百态，色泽雅致洁净，品种丰富多彩，主要品类有茶壶、花盆、餐具、文具和雕塑陈设工艺品等，其造型至今达2000多种，真可谓是一个洋洋大观的陶艺世界。1976年，红旗陶瓷厂兴建隧道窑，在移山整基时发现蠡墅村羊角山的早期紫砂窑址。窑址为一小型龙窑，长十余米，宽一米多。当人们发现它据有考古价值而加以重视，其窑址已被掘去大半，尚有上层为近代的缸瓮残器；中层为元至清初的废品，其中有细颈大腹的釉陶注壶及器肩堆贴菱花状边饰的陶瓮等；下层则是早期紫砂器的废品。羊角山早期紫砂器的废品堆，以各式壶类为主，有大量的壶身、壶嘴、提

供春树瘿壶

萧翼赚兰亭

梁、把手和器盖发现，特别要指出的是，部分壶嘴上的捏塑龙头装饰，与宋代流行于南方的龙虎瓶上的捏塑手法相一致；再结合在此层掘出的宋代小砖，以及中层出土的具有元明时代风格的器物来看，大致可以推定下层堆积为宋代产品，而主要的烧造年代大抵在南宋，其下限可能延续至元代。

观察羊角山出土的早期紫砂残器可知，其器物的用途与明清乃至现代的紫砂器有较大区别。当时的紫砂器，如钵、罐、壶等，胎质均较粗，制作也不够精细，可能作煮茶或煮水之用；但在宋代，饮茶还未发展到用手撮取茶叶、用壶冲饮，替代烹煎方式的阶段，这些紫砂器是否就是紫砂茶壶，还有待考证。1966年，在南京市郊江宁县马家山油坊桥挖掘的明嘉靖十二年（公元1533年）司礼太监吴经墓曾出土一件紫砂提梁壶可以推算是嘉靖十二年前制作的。该提梁壶是紫砂史上早期的作品，也是迄今发现生产年代最早的紫砂壶实物。其壶体量较大，胎质近似缸胎，而质地较细，壶面粘附着“缸坛釉泪”，肝红色，腹部呈球形，平底，矮直颈，圆平盖，葫芦状纽，弯流。流与腹部之间贴塑着柿蒂装饰纹。腹部上粗下窄，为壶体增加了一分灵动。

在古今文献记载上，对紫砂壶有多种称谓，如“茗壶”、“注春”、“茶瓶”、“茗瓶”、“瓦壶”、“泥壶”、“紫瓯”、“砂罂”、“紫砂罐”、“朱泥壶”、“茶注”、“茶壶”、“砂壶”、“宜壶”、“砂器”、“紫砂器”等等，虽然名号不一，称谓互异，但大都是指宜兴的紫砂壶。

供春像

吴经墓出土紫砂提梁壶

第六节　紫砂器的特点

紫砂器是一种炻器，是一种介于陶器与瓷器之间的陶制品，其特点是结构致密，接近瓷化，强度较大，颗粒细小，断口为贝壳状或石状，但不具有瓷胎的半透明性。宜兴紫砂器胎质具有这种特性，而且，于器表光挺平整之中，含有小颗粒状的变化，表现出一种砂质效果。 紫砂器以器形、泥色和儒雅风采取胜。

紫砂器不挂釉，而是充分利用泥本色，烧成后色泽温润，古雅可爱，紫砂器面还具有亚光效果，既可减弱光能的反射，又能清晰地表现器物形态、装饰与自身天然色泽的生动效果。在宜兴紫砂器中，最受称颂的是紫砂茶壶，而紫砂茶壶的兴盛与饮茶风尚的盛行有着极为密切的关系。

紫砂茶壶，典雅精美，气韵温雅，历史悠久，在国内外影响极大。紫砂壶及其文化经过漫长的历史沉淀直到今天，造型千姿百态、色彩淳朴古雅，表现形式独具匠心，手工工艺精美绝伦，又有着独特的泡茶功能和深厚的文化底蕴。总的来说，紫砂壶的优良特性在于：

一、可塑性好

可重复加工，收缩率小，成品变形率小、无须施釉、胚体透气性好，泥色多样，视觉效果丰富；

二、经久耐用

经久用反而光泽美观，“壶经久用，涤拭日加，自发暗然之光，入手可鉴”（《阳羡茗壶系》）；

三、壶色多变

砂泥色多变，耐人寻味。

四、宜茶性好（见本章第八节）

按照宜兴紫砂行业的传统分法，紫砂壶被分为光货、花货和筋囊货三大类。从名称可以看出，凡壶体为几何体、表面光素的都叫光货。花货是在壶体外以雕塑或浅浮雕的动植物装饰。筋囊货是说壶体似植物的棱瓣组成。形式多为对称型。

光货　　花货　　筋囊货

紫砂壶造型多样，有清秀飘逸的、古朴敦厚的、粗犷简朴的、自古以来，内涵丰富并具有协调之美的作品才是真正完美的紫砂壶。但总的来说，轻快明朗、极具灵气、精巧秀美、富有流动感是其主要特色。

第七节　紫砂器简史

一、宋代

这一时期紫砂器制作尚处于初级阶段，技艺尚不成熟，并且这时的紫砂器主要用于烹煮，不同于后来的茶壶。

二、明代

明代，以供春、时大彬为代表的艺人的出现，标志着紫砂壶艺的成熟，是紫砂壶艺的第一个鼎盛时期。明代的壶形吸取了铜锡器皿造型和明式家具的特点，同时又兼具明式家具简洁凝重的风格。早期紫砂壶造型浑厚，泥质颗粒较粗。民窑中杰出的造瓷名匠陈仲美、吴十九、周时通、崔国樊、吴明官等纷纷到宜兴改业紫砂，促进了紫砂工艺的发展。同时，从明代中叶起，社会上饮茶的风气和品茶的提倡，让宜兴紫砂壶广泛流行起来，并为好茶的文人墨客、士大夫一致推崇。

宜均天青釉七孔花插

大彬如意纹盖壶

大彬紫砂雕漆四方壶

三、清代

清代康熙、雍正、乾隆三朝是紫砂壶发展的重要时期，这时期的品种繁多、样式齐全。最有名的制壶艺人当属陈鸣远，以善做花货而著称。嘉庆、道光年间，陈曼生史无前例的创新举动，对文人的参与比前朝更加盛行，这时的壶形多以几何形为主，目的是为了扩大光洁面的面积，为文人所喜爱的书法、绘画、篆刻等留下空间。由于进贡的需要，出现了施釉彩、描金、镶嵌珠宝等装饰的紫砂壶，极尽奢华之能事。清光绪初年，宜兴陶业按其产品质地分为粗、溪、黑、黄、砂、紫砂六大类行业，紫砂业分布在蜀山、潜洛、上袁一带，主要产品是紫砂壶、茶具、花盆、瓶、鼎、碗、碟、文房清玩和假山石景等精细工艺品与普通茶具。

紫砂胎珐琅彩描金菊花壶

陈鸣远款松段壶

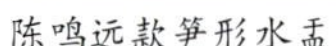

陈鸣远款笋形水盂

紫砂金御题诗烹茶壶

四、民国时期

民国时期，紫砂壶又一次复兴，这时多沿袭清代，新创的壶式不多，所重的是刻花装饰。邵大亨和黄玉麟为这一时期的代表人物。

邵大亨鱼化龙壶

五、现代

现代，新兴的紫砂艺人既继承了传统手工艺，做工更加精美，又将现代西方文化融入其中，开创了一个紫砂壶创作的新局面。

吕尧臣制阴阳太极壶

蒋蓉制荷叶壶

第八节　紫砂壶的宜茶品质

用阳羡唐贡茶、紫砂壶、金沙泉冲泡茶的特点是：汤青、色浓、茶香、回味甜，可见紫砂壶品质之佳。茶壶本来是一般的饮具，可是宜兴的紫砂茶壶却有特殊的功能，泡茶不变味，贮茶不变色，盛暑不变馊。其使用年代越久，器身色泽就越发光润芳馨，即使在空壶里注入沸水都会有一股清淡的香味。

一、泡茶不失原味

由于紫砂壶内外均不挂釉，陶胎本身具有2%的吸水率和5%的气孔率，因此紫砂壶泡茶，色香味俱好。紫砂壶在烧制过程中，当温度达到1100～1200℃之间的时候，氧化铁逐渐熔化，从而在壶体上形成人肉眼看不到的气孔，其孔径约为0.02毫米。而具有特殊的双气孔结构，从而拥有了透气性极佳且不渗漏的优势，因此民间流传“宜兴紫砂壶出气不出水”的说法。古人曾言“茶壶以砂者为上，盖既不夺香又无熟汤气，故用以泡茶而不失原味”，“色香味皆蕴”，使“茶叶越发醇郁芳沁”。

二、能吸收茶汁

壶经久用后，内壁累积出“锈”，即使不置茶叶，单以沸水冲泡，亦能有淡淡茶香。这可谓紫砂壶之“香”。一般深谙“养壶”之道的人都知道“一壶不事二茶”之理，这可以说是紫砂的“娇贵”，但也是紫砂壶之味醇厚芳香的原因。

三、不易霉馊

紫砂壶自古就有“注茶越宿，暑月不馊”的美谈，其内茶汁非但不易霉馊变质，且不易起腻苔，故清洗方便容易。现代人生活节奏紧促，这正好迎合了他们的需求，这也是紫砂壶深受当代人喜爱的原因之一。

四、冷热急变性好

深秋隆冬，沸水注入紫砂壶内不会胀裂，还可以放置炉上文火煮茶，不易烧裂。

五、拿不炙手

紫砂壶传热缓慢，提、握、抚、拿不炙手。

六、壶经久用，光泽更美

全手工制作的壶，透气性好，便于养壶，若经常摩挲，表面会自发光泽，手感会日益温润细腻。

第九节　紫砂器的美学特点

日本鉴赏家奥玄宝在《名壶图录》一书中，对紫砂壶的形态美作了拟人化的描述：“温润如君子，豪迈如丈夫，风流如词客，丽娴如佳人，葆光如隐士，潇洒如少年，短小如侏儒，朴呐如仁人，飘逸如仙子，廉洁如高士，脱俗如衲子”。它就像韵味十足的音律，激荡在人心，让人回味无穷。

周高起在《阳羡茗壶系》中赞誉紫砂名艺人时大彬的壶：“几案有一具，生人闲远之思”，讲的就是意境美的欣赏：这里的“远”是指紫砂壶形质的延伸，就是顺着一个人的视觉，不期然地转移到意象的层面，直接通往虚无，通向无限，从而达到审美境界。作为中国传统工艺杰出代表的紫砂壶的最高境界也是“境生象外”。“境”或“意”指的是由紫砂壶的“形”、“象”而引起的趋向无限的朦胧的想象和境界。所以时大彬的“闲远”，中国文人艺术中的“远”，都是一种生命意境，化有限为无限，从静止中寻出流动。

当代紫砂大师顾景舟曾提出，“抽象的讲紫砂陶艺的审美，可以总结为形、神、气、态四个要素”，其中的“神、气”，讲的就是神韵、气质，说到底，就是讲的紫砂壶艺术的意境美；顾景舟制的上新桥壶，用黄龙山名砂制作，色泽润如紫玉，肌理细腻，观赏抚摸，有若冻梨的梨皮；壶型应属光素类，圆扁腹身，骨肉亭匀，底脚圈，盖顶圆，三弯嘴，根粗额平唇巧，壶肩上带一环凹线，盖口一凹线，盖中间再一环凹线，自上而下观之，如水波荡漾，上有一弯小桥横立其上(作钮)。环形把手上塑一扁平扣与盖钮呼应，恰似一叶过桥扁舟，亦利于壶的端握；整个壶线条圆润通融，比例恰到好处，做工精致老道；几根凹线，别无装饰，光面素身，百看不厌。

顾景舟制上新桥壶

紫砂壶艺是集实用、欣赏、把玩三种功能于一体的艺术，又是能包容吸收陶文化、茶文化及书法、绘画等多种传统文化于一体的艺术载体。书画艺术欣赏性很强，但缺乏日用性、把玩性；玉雕艺术具有欣赏性、把玩性，但缺乏实用性，起码不是大多数人的日用品；紫砂艺术不同，既有很高的欣赏价值，又能在使用中把玩、欣赏，既有适用美感，又有视觉美感，亦有把玩抚摸的触摸美感。这种艺术，在世界上也是不多见的。紫砂艺术自身存在的高、中、低三个层次，又有很大的适应性，能为众多的人所接受。

紫砂壶之美，不仅仅是那种“入手可鉴”的单纯外观美；也不是“用已盛茶，不失元味”的单纯功能美；也不是“古雅绝伦、巧夺天工”的单纯工艺美：更不是世人所好，贵重赛黄金的单纯“高贵”美。紫砂壶的美，是集材质、工艺、创意、装饰、功能等整体协调、融合一致的综合美。美的形式包括功能美、工艺美、材质美、色彩美、结构美、装饰美、舒适美、比例美、和谐美、意境美等多种，以及它们之间的组合关系的变化统一、对称平衡、比例相宜、节奏协调等。紫砂壶端庄优雅的姿态，匀称的比例，既可以表现简单至极的简洁美；又可以表现无以叠加的繁复美；还可以表现“别无二致”的模拟美；不仅有古典美，亦具现代美；紫砂壶之美，既发乎于表面，亦隐藏于内在；既有老器的古朴美，也有新器的炫华美；既有天然的恬静美，也有保养的完善美；既有小品的玲珑美，也有大器的壮观美；既有陶瓷业世代相传的规矩美，又有临摹其他器物的“相媲美”；紫砂壶之美，是历久弥坚的执着美；是历史文化累积的厚重美；是作者的心灵表达的创造美；更是人们生活品位提升所使然的优雅美。

一、使用功能的舒适性

使用功能的舒适性，是美感的重要组成部分。紫砂壶艺是从泡茶的使用功能上逐步发展而来的。品茶本身就是一种生活和精神上的享受，人们也就必然会对茶具提出越来越高的要求。使用功能的舒适性，就是其中之一。在泡茶时，的子、口盖、把手、壶嘴等都有其各自的功能。壶体作为冲泡和盛装茶水的容器，的子开盖，口盖作为茶叶、开水进出之处，把手用来端茶壶，壶嘴倒出茶汁，都要追求最大限度的方便和舒适，使人在使用的过程中，享受一种心满意足之感，这是不同于艺术美感而又与艺术美感紧密相连的一种美感。人们会觉得一件使用舒适的作品会更美。所创作的壶艺作品在满足使用功能的舒适性的同时，并不显露使用功能的痕迹，这是壶艺作品创作的最高境界。有许多成功的作品充分说明了这一点。这些成功的作品，被作为一件纯艺术作品来欣赏时，您将能惊奇地发现，从其壶体到口盖、的子、嘴、把等，是有机组成的一个艺术整体。

二、精湛的制作工艺

精湛的制作工艺，也是壶艺美感的重要组成部分。人们对壶艺作品追求完美的心理，促使制作工艺水平不断提高，几何形体的标准，嘴把的端正对称，口盖的严丝合缝，线面的匀净挺括，细部的精致细腻，处处都体现出一种一丝不苟、十分严谨的制作工艺。这样的作品能给人以赏心悦目的美感。简洁合理的外形结构，方便使用的特点，是实现精湛工艺的重要条件。所以在设计作品的同时，必须从艺术效果与制作工艺的结合上充分考虑造型结构及细部处理。

华凤翔 炉钧釉紫砂方壶

三、文化内涵

最初的泡茶器皿，仅仅用于泡茶。随着人们品茶要求的不断提高。人们在壶的造型、书画、图案等装饰中都注入了浓厚的民族文化气息。正是这些文化的存在，才使得作品具有更为丰富的美感。1968年，在江都县丁沟镇曹姓墓葬中出土了一件大彬款六方紫砂壶，墓主人安厝时在万历四十四年，距今392年。从这件壶的造型上看，体现了天圆地方的宇宙观，嘴与把平衡协调、流畅豁达，给人以“壶中乾坤大，林间日月迟”的意境。

著名书画家吴湖帆珍藏的大彬款提梁壶，则体现明清时代艺人们在造型上的另一种追求，此壶虚实对应，气势磅礴，整体以圆为主题，线面体一气呵成，提梁做得势如长虹，造型构思和手法俱妙。

大彬款提梁壶

大彬款六方紫砂壶

四、艺术创意

紫砂壶的精品作为一种高品位的艺术作品，每件作品必须真正具有独特的艺术价值，这也促使壶艺家不断地发现新的美感，不断创作新的艺术精品，使人们不断地得到更多更美的艺术享受。中国士大夫一贯追求内心宁静，自然淡泊，超尘脱俗的生活，其审美情趣必然是趋向清、幽、寒、静，所以自然适意、澄静朴拙、浑然天成、平淡幽远的闲适之情，是士大夫追求的最高境界。加之与“涤净烦嚣”的中国茶文化的交融，奠定的紫砂壶审美趣味的要旨，必然是“古拙素雅”，这也是紫砂壶形态美的审美主流。

五、书画特点

紫砂陶质地古朴纯厚，不媚不俗，与文人气质十分相似，以至文人深爱笃好、以坯当纸，或撰壶铭，或书款识，或刻以花卉，刻以印章，托物寓意，每见巧思。据不完全统计，依据实物可考，从明正德（公元1506年）开始，至清宣统（公元1911年）止，以各种形式参与紫砂陶瓷设计、创作的著名学者、诗人、艺术家不下九十余人。这种情况，各代相延，因此，紫砂陶从形、质、色、神、气方面都显示出一种儒雅风韵。

文人墨客，在紫砂壶上挥洒的词章书画，增添了它的精巧和雅致；书法、国画停留在纸面上尚属于视觉艺术，但迁移到紫砂器表面后，展现出一种独特的刀刻所体现的肌理之美。这种肌理朴素、浑厚、大方、自然、生动，极富装饰性。在紫砂壶半成品泥坯上雕刻出真、草、隶、篆、魏碑、汉简、钟鼎、石鼓等各体书法的诗词歌赋，或花卉、虫鸟、山水、人物等国画白描，集文学、书法、绘画、篆刻诸艺术于一体，更增加了紫砂壶的艺术感染力。

刻画一般都是先在陶坯上书画，然后依着书画雕刻。每刻一笔，施以两刀，中间剩余泥块，用刀口刮平。这就是"双入正刀法"。刻字要横平竖直，刻得球圆玉润；刻画要做到结构相称、刀法分明，脉络清晰。雕刻工具可用竹尖刀和钢质刻刀。镌刻技法有刻底子和空刻两种：刻底子是先把字画底稿用毛笔写在紫砂泥坯上（也有先刻于油印腊纸，再用特制油墨印到紫砂泥坯上），然后运刀依样刻出；空刻是直接用刀在泥坯上刻出字画来，握刀似笔，强调指腕用力。其用刀方法，可归纳为"划、竖、撇、踢、捺"五个字。必须注意行刀的浮沉利钝，深浅宽窄，笔势的气脉连贯，以显示迹外的神韵。精细的作品，用斜刀刻法，能刻出挺秀的精神；普通品种则用平刀刻法，在陶坯上直接下刀，不先作画，这就是"单入侧刀法"，俗称"空刀法"，以刀代笔。

陶刻一般可分为清刻、沙地刻、阳刻、阴刻、着色刻五种，根据紫砂壶的不同器形，施以不同方法加以装饰。清刻用刀大都要不脱秀气，因为清刻就是不加染色，画面书法粗的部分，刀法要深，细的部分，则应该浅刻，挺秀的线条用刀，要刻得圆润而灵秀。如刻石头、竹梗之类的作品，有疏有密，衬点要分得出春夏秋冬。

陶刻刀法还有"单刀侧入法"、涩刀、迟刀、留刀、轻刀、切刀、舞刀等种种金石用刀方法。双刀正入法是两面用刀起底，要刻出底面为三角底、平圆底、沙地自然形底等，犹如碑碣石刻，有纤细工整、端庄清秀之态。单刀侧入法运刀必须胸有成竹，自由驰骋，犹如天马行空，刀法多变，可轻可重，或虚或实，可粗可细，或刮或划，粗犷豪放，耐人寻味。

六、人文科学特点

紫砂艺术的完成有一个生产工艺过程，它包括：生产工艺学、史论、人文学、艺术学、品评鉴定、营销、教育交流及诗、书、画、印以及茶文化、陶文化、工艺美术学等。是一门以人文科学为主，包括多种技术在内的综合学科。

第十节　紫砂器艺人与文人的合作

从喝水到饮茶是一次飞跃，表明了生存方式的进步；从饮茶到品茶又是一次飞跃，表明了文化的介入。紫砂茶壶的出现和流行正迎合了这个趋势。

在这个过程中，历代文人起了不可或缺的作用。

一、文人赏玩

中国士大夫把饮茶视为雅事，茶叶、水、茶具都非常讲究，唐人陆羽《茶经》中对各种茶盏的评判，为文人对茶具的追求提供了依据。苏东坡嗜茶成癖，他到宜兴一带见到朴实无华的紫砂，自然爱不释手。以后从元代高士孙道明到明代金沙寺僧，从明代大儒陈继儒到清代画家陈鸿寿，无不爱饮茶而更喜砂壶。文人的喜好追求，对紫砂壶的风行起了推波助澜的作用。由于紫砂壶艺术是以民间艺术为主体、文人艺术为灵魂，所以中国文人、士大夫的生活哲学及审美情趣，必然与紫砂壶的欣赏有着莫大的关系。

紫砂壶的胎泥、造型、镌刻、印鉴和传统文化、审美意识、传统生活方式几乎是天衣无缝地融合在一起。其文化价值也正是在这漫长的岁月中吸收各种文化养分积累而成的。

二、壶师学艺

著名壶艺大师时大彬云游娄东（今上海松江）时，曾与诸多嗜茶的文人雅士切磋、交流，提高了他自身的文化素养。他初期署款先请书家落墨，然后自刻壶上；后来直接运刀镌刻，且书法闲雅俊秀，作品更具艺术韵味。在他聆听了明代著名书画家、收藏家陈继儒品茗论茶后，颇有心得，从此改大壶为小壶，吸收了文士名流对紫砂壶的情思意趣，为以后文人与壶艺师的联手合作奠定了基础。

三、文人制壶

明代末年嘉兴人项石损为名书家，虽不是陶业中人，但亲自动手制壶，所制紫砂壶质朴而雅，出手不凡，非普通艺人可及。

四、名士指导

明清的诗人、画家有不少直接指导艺人创作砂壶。

清代康熙朝最具影响力的制壶大师陈鸣远，把中国传统绘画、书法艺术作为紫砂壶的装饰引用到了紫砂壶的制作工艺中，突出了紫砂壶的艺术气息，并创制了在壶盖内用印记款识的方法。为后人研究紫砂壶的历史，提供了参考依据。

清嘉庆年间的陈鸿寿，字曼生，是推进紫砂工艺向艺术发展的典型人物。由他精心设计的曼生壶十八式，使杨彭年兄妹等的壶艺达到了新的境界，一儒一工各展所长，壶和书法相互衬托、相得益彰，在中国紫砂壶艺史上留下了光辉灿烂的印迹。他并亲自题咏，汲取了诗词、典故的意蕴。壶名冠以 “却月”、“饮虹”等，达到一种超然脱俗、物我两忘的境界。“曼生壶”是中国紫砂壶制作历史中的又一个里程碑。此后，许多书画家参与紫砂壶的绘画和书法让紫砂壶的文化品位得以不断提高。

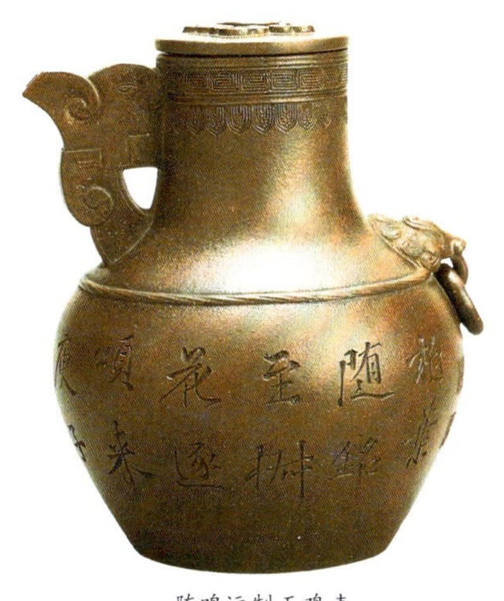

陈鸣远制天鸡壶

曼生壶式38种

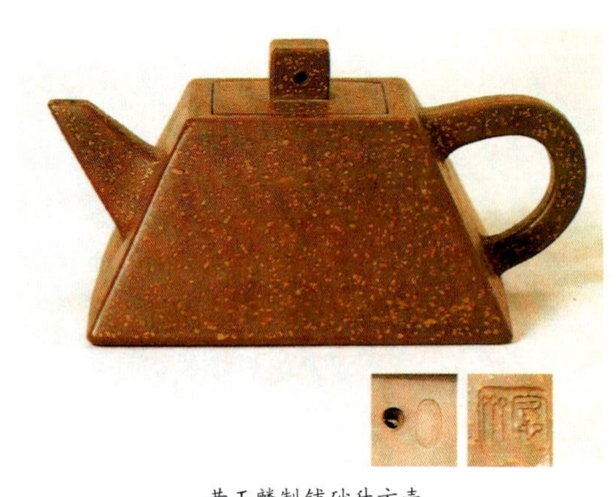

黄玉麟制铺砂升方壶

清末大收藏家吴大澂（1835~1902年）邀名师黄玉麟到家中做壶并提出想法，提高了黄玉麟砂壶的品位。他还将古代文物造型引入紫砂创作，丰富了紫砂的造型，作品具有浓郁的金石韵味和古朴典雅之美。

近现代画家、书家、金石家在砂壶上题咏绘画后再由艺人刻制的很普遍，如任伯年和吴昌硕，热恋紫砂壶，几近痴迷。有不少文人则是自己镌刻，因其艺术修养深厚，所刻自然韵味十足，文人气息浓厚，很受大家欢迎。

主要参考文献：

1.《中国传统文化背景下的产品语义研究——从紫砂壶造型谈起》李亦婷.南京理工大学硕士论文
2.《宜兴紫砂设计创新和文化传承的相关性研究》夏云杉.江南大学硕士论文.2004年11月12日
3.《根植于中国文化土壤里的紫砂壶》高丽君（宜兴市紫砂厂）.《中国陶瓷工业》2005年12卷3期
4.《论紫砂泥料及其特点》徐鸣.江苏政协.2007.03
5.《简论紫砂壶的优点》蒋建军（宜兴紫砂工艺厂，宜兴214221）.江苏陶瓷。2006.12.p38,40
6.《紫砂的本体语言》吴鸣
7.《几案有一具，生人闲远之心》张树祝、王春玲（山东省介岛建筑议计院，青岛266071）江苏陶瓷.2005.2
8.《方匪一名，圆不一相——浅谈当代紫砂壶形态美的鉴赏》张树祝、王春玲（山东省青岛建筑设计院，青岛266071）.江苏陶瓷.2005.12

第二章　紫砂器的生产

第一节　紫砂泥的特色

一、可塑性好

以紫泥为例，它的液限为33.4%，塑限15.9%，指数为17.5%，属高可塑性，可任意加工成大小各异的不同造型。制作时粘合力强，但又不粘工具不粘手。如嘴、把均可单独制成，再粘到壶体上后可以加泥雕琢加工施艺；方形器皿的泥片可用脂泥(多加水分即可)粘接成型，再进行加工。这么高的可塑性，为陶艺家充分表达自己的创作意图，施展工艺技巧，提供了物质保证。

二、干燥收缩率小

紫砂陶从泥坯成型到烧成收缩约8%左右，烧成温度范围较宽，变形率小，生坯强度大，因此茶壶的口盖能做到严丝合缝，造型轮廓线条规矩严谨而不致扭曲。把手可以比瓷壶的粗，壶口面不怕失圆，与嘴比例合度，另外可以做敞口的器皿及口面与壶身同样大的大口面茶壶。成型后无需施釉。它的平整光滑的外形，用的时间越久，把摩的时间越长，它就越会发出温润的光泽。这也是其他质地的陶土无法比拟的。

三、双重气孔结构

紫砂泥经过1150℃左右烧成后，形成了残留石英、云母残骸、莫来石、赤铁矿、双重气孔等物相，同时结晶相较多，玻璃相较少。这些特点让紫砂壶具备了良好的实用功能。其中，紫砂陶胎独特的双重气孔结构是使它具有独特功能的最重要因素。双重气孔结构的气孔微细，密度高，附吸力较强。据测定，紫砂壶的吸水率为1.6%～7.05%，具有良好的吸附性能和透气性能。

四、富于变化

紫砂泥是一种罕有的矿体，内含黏土、石英、云母、赤铁矿等比例均衡的矿物颗粒；紫砂泥料的分子排列与一般陶瓷泥料的颗粒结构不同，成鱼鳞片状结构。由于原料的矿区和矿层分布不同，配方不同，以及烧制的温度气氛不同，可烧成一种呈褐色、紫色、水碧、闪色、葡萄紫、榴皮、梨皮、豆青、新铜绿等几十种颜色。

第二节 紫砂泥的产地

紫砂泥产于宜兴丁蜀镇附近黄龙山一带的山丘之中。

宜兴的陶土矿是晚古生代沉积生成的泥岩和粉砂质泥岩。它的陶土夹杂在三个地质时代的地层中，最古老的是距今3.6亿年前后的晚泥盆世生成的五通组，其次是距今3亿年前后的早石炭世高骊山组，最晚是距今2.4亿年晚二叠世的龙潭组煤系地层。当时宜兴以南一带，是属于滨海的湖泊环境，是个广阔的坳陷区。气候比较炎热，氧化作用很强，在湖盆里沉积了质地细腻的黏土泥岩和粉砂质泥岩，夹杂在砂岩、砂页岩和煤系地层中。后期中生代的造山运动，使厚厚的沉积地层褶曲隆起，成为今天的丘陵山地。

紫砂陶土是甲泥矿层中的一个夹层，而甲泥是一种以紫色为主的杂色粉砂质黏土，属粉砂质沉积岩。沉积岩形成于地表或接近于地表，岩石颗粒经过风、流水、冰的搬运，沉积于陆地、河、湖以及海洋环境，通常可顺层剥离，具有各种各样的成层和层面构造。紫砂泥得山川之灵气，乃是陶都得天独厚的特种陶土矿产。安徽寿县、山东博山、广东潮州、浙江长兴、云南建水、陕西延安均有类似的泥料出产，而究其成分，则判若霄壤。若以色泽的美艳古朴，质地的经久耐用论，当推宜兴紫砂陶土为最佳。解放前，紫砂陶土的开挖主要集中在黄龙山大水潭附近。

第三节 紫砂泥的品种

紫砂艺人对紫砂土的名称没有确定的称呼，统称“野山红泥，青泥，底槽青等”，这是因为以前开挖条件简陋，像小煤窑的坑道，只容一人通过，碰到“龙筋”时只能绕道开挖或回采，在黄龙山上留下了一个个小窟窿。由于开挖面小，条件恶劣，接触到的紫砂陶土品种少，即使碰到特殊的品种，量也很少。解放后，新建的四号井、五号井等较大的坑道开挖量增多，但紫砂厂用泥时并不太区分。直到上世纪90年代，随着“紫砂热”的升温，矿上才开始细分矿源。现在采用的露天开挖，使得一些稀少品种大量出现，同时产量也大增。现在黄龙山对矿源有以下一些叫法。(见表1—1)

表1.1 宜兴紫砂泥名称、泥色及烧成色泽

名称	原名	泥色	烧成色泽
紫泥	青泥	偏紫红、天青色	暗红
底槽青	底槽青	紫色	深紫红色
红皮龙	野山红泥	红褐色	红色
白皮龙		绿中带白无光泽	灰黄色
本山绿泥		绿色脂润有光泽	黄色
红麻子		紫泥中带有白色	红中有黄色
白麻子		白中带绿	青黄色有紫
乌泥		黑色	乌黑

大约开采一千吨紫砂矿土方能得到1吨左右的紫砂泥。

宜兴出产的陶土，按其颜色、产地不同，大体可分为本山甲泥、东山甲泥、瓦窑甲泥、西山嫩泥、屺山泥、蜀山泥、白泥、黄泥、绿泥、乌泥、红棕泥和紫砂泥。各种陶器根据大小、厚薄、曲直之异，用泥也各有区别。白泥、黄泥、绿泥和紫砂泥用水簸法精炼后，可以单独制造陶器。其他各种陶土均需混合使用，方能获得良好的窑业性能。其配合量随制品的种类、性质和形状大小而异。明周高起《阳羡茗壶录》中记述：“天青坭出蠡墅陶之黯肝色。”就是说天青泥烧成后的颜色像暗猪肝色。徐立在《宜兴紫砂矿源之探究》一文中也提到，紫砂泥中显色元素主要为铁，含量较少的元素有锰、铜等。

一、紫泥

古称青泥，是制作紫砂壶的主要原料。矿体呈薄层状，矿层厚度一般在几十厘米至一米左右，呈团块带状不延续，稳定性差。紫泥都藏于甲泥之中，因此，紫泥又有“岩中岩”、“泥中泥”之称。紫泥有可塑性好、生坯强度高、干燥收缩小等良好的工艺性能。烧成温度约1180度，收缩率约12%。紫泥的种类较多，有：

梨皮泥，烧后呈冻梨色；

淡红泥，烧后呈松花色；

淡黄泥，烧后呈碧绿色；

密口泥，烧后呈轻赭色；

本山绿泥，矿土呈蛋青色，表面光滑如脂，该泥夹于黄石板与甲泥之间，又称夹脂。

天青泥，矿土深黑而微红；深青而含赤色的绀色（《辞源》371页）。

（一）天青泥

在紫泥中，自古以天青为最佳。那究竟是什么原因称其为天青泥呢？一种说法是矿源呈天青色，由于泥料的称谓都是开挖的陶工随口起的。潘持平提供了另一种说法，天青，染色名。前人因这种泥与天青染料相似，习惯称之。

1932年出版的《宜兴陶器概要》中记述："宜兴陶器，大体可分两种。而在产地内部则可分六种，试分述于后。第一类，青泥业（紫砂业）一、青泥业之业地蜀山、潜洛、上岸；二、原料产地：黄龙山、赵庄山、银墅山；三、泥料名称：青泥（一名紫砂）、绿泥（又名潭砂泥）、大红泥……"从上述文字可见，解放以前紫泥一直被叫青泥。

开采的"塘户"形象地把这种"和三夹四（宜兴土话）"的泥料称之为"夹泥"是再恰当不过了。等挖掘到紫泥矿的时候，发现这种泥料质地干净，不再需要人工像夹泥一样繁琐地剔除其中的石灰质、岩石等杂质，叫它"清泥"，意谓"清清爽爽（宜兴土话）"的泥料自然是顺理成章的事。

白麻子、红麻子、黑墩头，都是世俗的俚语。底槽清，顾名思义，就是底下的一槽清泥。降坡泥，就是下降坡度那个地方的泥料。因此当他们发现夹在两层岩石中间的一层矿料，天然纯净清爽，没有一点杂质，数量又很稀少，简称它为天清泥。由于天清泥采掘量少，耐高温，烧成色泽醇静，价格高，所以就显得尤为名贵。

紫砂泥料的最高境界一个是醇，一个是静。中国人讲究中庸之道，做人做事要内敛，忌锋芒毕露。紫砂虽然只是一把茶壶，却也反应了壶艺家和玩家的品格。天青泥相对紫泥、团泥而言，更为深沉含蓄，自然受到文人士大夫的钟爱。鱼罩和其他几把壶比较，色泽更内敛。

天青泥原产于大水潭，而岩中泥产于红泥宕，它们的地理位置都在黄龙山山角。

前墅龙窑

（二）岩中泥

由黄龙山红泥宕开采的天然矿石。夹在两层岩石中间，很薄的一层，泥料很干净。40目的颗粒，加60目和80目的通粉。

（三）降坡泥

降坡泥是指上世纪90年代初，在宜兴丁蜀镇修建陶都路时，穿越黄龙山和青龙山之间发掘的紫砂陶土。因为主要是在降低该路段的陡坡工程中发现的，大家习惯称之为"降坡泥"。用"降坡泥"制出来的壶，色呈红中泛黄、黄里透金、油面滋润、色泽鲜活，光如"洒金釉"，肌理丰富，金星若隐若现，似万里银河里的悬星闪烁，煞是好看。因此泥做出来的壶也容易养护，泡茶不多时日，包浆润厚，玉质感好，味道凝重。

降坡泥是由两种天然泥混合而成，储存于龙骨与青甲之间，泥层一般厚20～40厘米，小片状分布，主要分布在黄龙山与青龙山相接坡处，总面积不超过100平方米。越靠黄龙山处（东面）泥质越好，越近青龙山处

（西面）泥质越差，贴近青龙山处的泥质烧出来的壶能起灰疱。

降坡泥矿石与其它矿石有几个不同。

1．易风化。风化后呈鳞片状，颜色为紫褐色中藏青；鳞片上隐微小颗粒砂星。

2．窑温低。一般为1000℃～1100℃左右。

3． 存量少。它仅仅是降坡筑路偶然得见而已，仅此这块小范围仅有少量矿源，再说现黄龙山休闲广场已建好，柏油公路平坦通畅，宝山工艺园楼房矗立，降坡泥几成绝迹。

（四）底槽青

底槽青为紫砂棕色原矿，最早产于黄龙山四号井，后来黄龙山五号井和台西矿也有产出。由于四号井和五号井的底槽青越来越少，现在底槽青大部分是由台西矿挖掘的。台西矿是露天开采，四号井、五号井是地下开采；四号井底槽青烧制温度约1190摄氏度以上，台西矿和五号井底槽青烧制温度约1180摄氏度。由于产于紫砂最底层，质地纯净，泥质细腻、成色稳重，为近代制壶名家广泛使用。收缩比约11%；适合冲泡乌龙茶生茶（轻焙火系列）。

（五）红棕泥

位于矿层中部，矿层较厚，色紫微泛红，泥质纯正，产量较多。烧结后呈棕红色，烧成范围广，在1180摄氏度左右，质坚细腻光润、收缩率为10%左右。

（六）大红泥

在紫砂泥矿中偶尔能见，呈紫红色，泥质细纯，有光泽感。烧结后呈大红色，表面脂润，烧结温度适中，收缩率为12%左右。

（七）本山绿泥

本山绿泥是龙骨与黑墩头之间的一层矿泥，而不是所谓紫泥夹层。根据成分分析，其含铁量较少，且以铁离子为主，故其矿物呈暗绿色和浅粉绿色，片状结构，烧成后呈米黄色。烧结温度适中，在1800摄氏度左右，表面细润、收缩率为11%左右。由于其石英含量高，颜色浅，故矿物有油脂一样的光泽。其产量非常少，只有矿层顶部薄薄一层，生于紫泥与矿岩顶板之间，仅数厘米、泥质细腻光洁。

（八）黑铁砂

黑铁砂，为早期最常见通用泥料之一；为宜兴黄龙山原矿提练再加入锰而成，当时因矿脉里铁质成份较高、所生产的茶壶会产生火疵、小熔点，日久使用，深获早期识壶者赞赏。新壶初用砂土气重，茶汤略现砂气，经使用壶身展现出灰黑，泡茶溥数日则如墨黑，泡茶好喝。窑温约1130度；收缩比约12%；适合冲泡乌龙茶生茶(轻焙火系列)、铁观音(中焙火或重焙火系列）、普洱茶各种系列。

（九）内紫外红

壶胚以清水泥为泥料，成型后再以红泥浆在壶表面上浆，再让壶胚阴干入窑烧成；此作法是早期壶常见的泥料工艺，壶身泡茶多日颜色变朱红色，现代壶已甚少见此作法。矿区在江苏宜兴丁山黄龙山；窑温约1100度；收缩比约11%；适合冲泡乌龙茶生茶（轻焙火系列）、普洱茶各种系列。

（十）大红袍

由宜兴市洑东乡西面，在任途村与红卫村交界处小煤窑矿区，所开采的夹层嫩泥。含氧化铁，在炼泥过程加入天然铁红粉提升红色，入窑烧成大红色，泥质细腻密度高、高结晶，泡茶柔顺好喝，经过泡茶养成色泽艳红，此种泥料非常稀有。窑温约1040度；收缩比约45～55%；适合冲泡的茶种同黑铁砂泥料。

（十一）兰山朱泥

又称小红泥。由宜兴市洑东乡东面的矿区所开采的嫩泥，因含大量的氧化铁，入窑烧成朱红色，泥质细腻密度高，高结晶，跟一般红泥含矿量不同，泥质较多。此种泥料非常稀有，泡茶好喝。矿区窑温约1080度；收缩比约20～28%；适合冲泡的茶种同黑铁砂泥料。

（十二）紫茄泥

紫茄色，色泽温润可爱，泥中极品。黏性佳，含石英、云母、铁，含铁量高，是在黄龙山脉紫砂中挑选提炼出来的特殊紫砂泥矿。胎骨坚润，此种泥料非常稀有，泡茶好喝。窑温约1150～1200度；收缩比约12%；适合冲泡的茶种同黑铁砂泥料。

（十三）墨绿泥

紫砂泥色配泥之一。将着色金属氧化物氧化钴、氧化锰，加入本山绿泥中配制而成的一种紫砂色泥。经烧成后，呈深绿色至墨绿色，是人工配制为数不多的紫砂泥之一。墨绿泥呈色的深浅，随氧化钴、氧化锰加入量的多少而定。窑温约1150度；收缩比约15%； 适合冲泡乌龙茶生茶（轻焙火系列）。

（十四）拼紫泥

拼紫泥是用不同泥调配而成，也称调和泥。烧成呈棕色，在市场上接受度很高。矿区在宜兴丁山黄龙山；泥性的稳定性好，结构紧密，成型容易；窑温约1150～1200度；收缩比约11%；适合冲泡乌龙茶生茶（轻焙火系列）、普洱茶各种系列。

（十五） 清水泥

清水泥为紫砂原矿。含赤铁矿、云母多，是早期较常见的泥料，俗称“红紫砂”。成色温和高雅。矿区在宜兴丁山黄龙山。泥性的稳定性高，成型容易，泡茶好喝。窑温约1150度；收缩比约11%；适合冲泡乌龙茶生茶（轻焙火系列）、普洱茶各种系列。

（十六）紫皂青

紫皂青为紫砂原矿。产于宜兴丁山黄龙山系四号井，由于产于紫砂最底层，质地纯净，泥质细腻、成色娇艳，呈紫红色，为稀有泥料，在近代，被制壶名家广泛使用。窑温约1170度；收缩比约11%；适合冲泡乌龙茶生茶（轻焙火系列）。

（十七） 黄龙山石黄

属嫩泥矿。含砂量重，近代用做朱泥壶的原料，目前做仿古朱泥壶，颇受欢迎。窑温约1100度；收缩比约18%；适合冲泡乌龙茶生茶（轻焙火系列）。

（十八）甲子年紫砂

由1984年在宜兴黄龙山开挖出来的紫砂原矿提练而成。因铁质成份非常高，所产茶壶会产生火疵、小熔点，颗粒较大，结构疏松，器身明显成双气孔结构，空气对流顺畅。养成变化甚大。泡茶好喝。窑温约1150度；收缩比约11%；适合冲泡的茶种同黑铁砂泥料。

（十九）铁星泥

此泥料在早期使用较多，深紫茄色，色泽温润可爱，矿中极品。泥的黏性佳，赤铁矿的含量特别多，所产茶壶会产生非常密集的小熔点，器身成双气孔结构，气孔对流较好；冲泡使用，渐露锋芒，养成变化甚大在黄龙山脉紫砂中挑选提炼出来的特殊紫砂泥矿，泥色为深茄紫胎骨坚润，此种泥料非常稀有，泡茶好喝，评价特好。矿区在宜兴黄龙山4号井；窑温约1150～1200度；收缩比约13%，适合冲泡的茶种同黑铁砂泥料。

（二十）细黑星紫砂

此泥料在早期使用较多，浅棕色含细黑色颗粒、色泽温润，矿中极品。黏性佳，赤铁矿的含量特别多，所产茶壶会产生非常密集的小熔点，器身明显成双气孔结构，空气对流顺畅。养成变化甚大，黄龙山紫砂中提炼出来的特殊紫砂泥矿，非常稀有，泡茶好喝。矿区在宜兴黄龙山4号井。窑温约1150度；收缩比约11%；适合冲泡乌龙茶生茶（轻焙火系列）、普洱茶各种系列。

二、红泥

或称朱泥，是制作紫砂壶的主要原料。矿石呈橙黄色，生成于嫩泥矿层的底部，质坚如石，亦称“石黄泥”，产量较少。因其含铁量多寡不等，烧成之后呈朱砂色、朱砂紫或海棠红等色。因烧成时收缩率大，仅适宜制作小件产品。过去除销往南洋的水平小壶用红泥制作胎身外，一般只用作着色的原料。如在紫泥制成的胎面，再涂上一层红泥，就可以烧成粉红色。

（一）赵庄红泥

位于嫩泥矿层底部，质坚如石，甚稀。呈土黄色，致密块状、砖红夹带浅黄白色及浅黄绿色，粉砂岩土结构。烧结后呈朱红色，表面质地沙粒明显，烧结温度在1080摄氏度左右，收缩率为10%左右。

（二）伏东红泥

其矿层较厚，质坚如石，呈土黄褐色，其间有细小云母沙粒分布，矿岩结构。烧结后呈土红偏朱红色，表面细腻，片状结构明显。烧结温度在1050摄氏度左右，收缩率为14.2%左右。

（三）石黄

其矿散落于嫩泥矿层之中，状如蛋形、产量稀少，含铁量较高，矿岩结构。烧结后呈铁红色，表面坚硬，多为着色剂所用。

三、绿泥

亦称段泥。是紫泥矿层上面的一层绵头，产量不多，泥质较嫩，耐火力比紫泥低。绿泥大多用来作胎身外面的粉料或涂料，使紫砂陶器皿的颜色更为多样。如在紫泥塑成的坯件上，再涂上一层绿泥，可以烧成粉绿的颜色。

四、白泥

产于洑东一带，呈粉白色、灰白、桃红和象牙白等色。它是一种粉砂质铝土质黏土；泥质松，大块状、片状结构，以蛋壳青色为上，质坚细润，产量较多，是日用的砂锅、煨罐和彩釉工艺陶的大宗原料。取精细的白泥矿土做紫砂色泥基料。烧结后呈土黄色，可代替本山绿泥。蛋壳青色白泥，添加金属氧化物制成各种色泥。原泥经过淘漂压滤后，表面细腻光亮，烧成以后呈象牙色泽。

五、甲泥

亦称夹泥。它是接近地表面的一种硬质骨架泥岩，它们质地有软硬、韧脆、粗细以及耐火程度的不同。它是一种以紫色为主的杂色粉砂质黏土（通称页岩），未经风化时叫石骨，材质硬、脆、精；是制作日用陶器大件产品必不可少的原料。

六、嫩泥

亦称黄泥。颜色有浅灰色、淡黄色和黄红色等。因这种泥风化程度好，质地较纯，具有比较好的可塑性和结合能力，可以保持日用陶器成型性能及干坯强度，所以它是日用陶器中常用的结合黏土。它是一种以土黄色、灰白色为主的杂色黏土，材质软、嫩、细。

第四节　原料探测与开采

一、原料探测

宜兴地区的陶土原料遍布于宜兴南部丘陵山区，一般陶土的矿体呈层状。

在明代，甲泥的产区是在白砀、青龙、黄龙诸山。甲泥埋在山脚平坦地方的地层深处，因而在开采时需要“深入数十丈乃得”。在清代，采石炼泥已成为农民的副业。

紫砂泥类，当时均于丁蜀镇黄龙山中。原泥分为青泥（今称紫泥）、红泥和绿泥三种。天青泥，现在土源已竭，挖不到了。

原料的勘探方法，分槽探和小圆井勘探。前者适用于白泥，而后者则适用于甲泥。白泥一般分布在山腰，上面岩石很多，不宜以圆井法勘测，一般采用槽探（槽宽2米，长5米）。在石头多、废土多的地方，可采用小圆井勘探（井口直径以1.21米为适宜）。圆井法探测的好处是牢固似桶箍，碎土不易落下，压力均匀，这种方法适用于勘探甲泥。

二、原料开采

陶土的开采方式有两种：一种是露天开采，也称明掘。这种陶土离地面近，一般只需掘去表面1～2米废土，即可采得。另一种为坑道开采，也称暗掘。必须先凿成矿井，穿过黄石岩层，或在黄石岩层凿成横穿式隧道至泥层再进行开采。甲泥多产于黄石岩下，矿层离地面较深，采掘工程比较艰巨，一般用矿井式采掘，紫砂青泥和其他甲泥用隧道式。这两种采掘方法都叫做暗掘。

（一） 露天开采

首先要剥掉废土，剥离的方式要阶梯形，高2～2.5米，宽1.5～2米，这样，石头滚下不会发生危险。具体开采方法：泥层高的可分阶梯面开采，其高度、宽度与剥土相同；如遇特殊情况可分段交叉开采，禁止直线作业。在开采过程中如遇有坚硬的岩石及黏土，可用爆破方法。在陶土运输上，采用指状运输条件最为有利，即由总路进入工作面，分各支路进行装车，这样可避免车辆拥挤等候装车的现象。如开采工作面与运输道路的坡度不大，可以将车子直接开进矿口装泥，这样能大大提高生产效率。

（二） 坑道开采

坑道开采法是按照一定的开采顺序，在地下矿床或围岩中把陶土开采出来。一般掘进到20米左右就可以开支脉巷道，便于回采。在平洞的采掘过程中，要在两旁筑轧墙，顶板要架支柱。为了节约原材料和生产费用，可以采用石柱支柱。支柱的架设是按顶板牢固情况而定，支柱与支柱之间的距离一般为2米；如遇裂缝口之处，要增加支柱，才能保证安全。

1955年7月，宜兴县采矿公司成立，统一开采陶土，并将原来从事开采的宕户、雇工，农民招收进厂做工。1956年陶土的开采量为18万吨。1958起，陶土开采使用手工打眼和爆破，开采效率提高4～5倍。1959年矿井内采用人工电钻，工效提高10多倍。1966年8月，宜兴陶瓷公司成立原料总厂，形成了从地质勘探到原料开采、粉碎、炼泥、生产一条龙。从1975年起，原料总厂又进一步改造和更新开采设备，使机械化程度不断提高。上世纪80年代以后，陶土开采已普遍使用凿岩机、风动凿岩机、混式煤电钻、液压挖掘机、链板输送机以及多式绞车等机械设备，矿井内的通风、防尘和通讯等设备也日趋完善，为原料开采提供了更好的条件。

废弃的黄龙山四号井

前墅龙窑

第五节　紫砂泥的加工

从陶土做坯到产品烧成，要经过选料、炼泥、制坯、成型、书画雕刻和入窑烧炼等工序，其中以成型为主要工艺过程。

从紫砂泥中剔除矿土中的夹石、废土和较明显的含硫、含铁物质，经过摊场风化，成为豆状颗粒；再经研磨，并视产品的大小再选用适当的筛孔过筛(筛孔有60、40、32、24目)，加15%的水练成块状，经人工锤炼或真空炼泥机捏炼，排除泥中空气，使泥料压缩黏韧，放置数月方可成为供制坯用的熟泥。制作一把紫砂壶约需要的泥料500克，制作工艺相当复杂，一般来说都是制作好后存放待用，有些泥料一放就是十几二十年，越久的泥料越珍贵。

紫砂泥可单独制成坯用泥料，与其它陶瓷坯料相比，具有加工工艺简便的优点。然而，泥料颗粒的粗细，随时代的变迁而发生变化，紫砂壶就产生了不同的时代风貌和不同的内在性能。

紫砂泥的制备，基本上分成手工和机械加工两种。民国徐珂在《清类钞》一文中描述道："泥初出山时，大如煤块。舂以杵，必数次，始取其较细者，浸之于池，经数月，则粗分子下沉。其最上层，皆有黏性，乃取以制器。"这是一种典型的手工加工方法。用石磨磨泥粉的手工制法，一直沿用到1957年。在1958年，紫砂泥的加工实现了机械化。用石轮辗来破碎，加工细度控制在60目筛左右，1959年开始应用雷蒙粉碎机，细度在100目筛以上。

表1.2宜兴紫砂泥的团粒最大尺寸

试样时代	紫砂泥团粒最大尺寸	相应的中国筛号
宋朝中期	0.7～0.5mm	26～35目
清朝前期	0.5mm	35目
清朝中期	0.3mm	55～60目
现代手工制	0.3mm	60目
现代机器制	0.15mm	100～120目

应用手工制备的熟泥，经手工成壶，烧成后，由于泥团粗细悬殊，烧成时体积收缩不一，外表粗颗粒略有凸出，又富有滋润光泽的质感。犹如天津鸭梨的梨皮状，而疏松的内壁因泥料矿物组成和团粒堆积等因素而形成的空隙，具有一定的气孔率和吸水率。用机器练制的熟泥，尽管手工成型，烧成条件不变，但其表面已失去梨皮状的艺术效果，制品的吸水率从通常的3～5%下降到目前的1%左右。由此可得到这样的启示：紫砂壶的外表是鉴别世传与现代作品的方法之一。而茶壶气孔率的大幅的下降，直接影响了其实用性能。

紫砂泥有合理的化学组成、矿物组成、颗粒组成，使其具备了可塑性好，生坯强度高，干燥收缩小等工艺性能，为多种多样的造型提供了良好的工艺条件。丰富多姿的造型，千变万化的线条，对制作技巧不断提出新的要求，形成了独特的风格。这就是泥料、陶色、造型三者相互促进的辩证关系。

第六节　制坯、配比及处理

一、制坯

陶土经加工成熟泥成品后，方能制作坯件。窑户加工陶土的场所称为泥场，又是泥料的收发、保管和储存部门。

二、原料配比

明清时期，宜兴陶工已有原料配比的经验。根据制品大小厚薄的不同，采用甲泥、甲泥绵头、嫩泥等混合配比方法。用梨皮泥与白泥混合，烧后可得“淡黑色”，以天青、石青则可配成“浅深古色”。

三、泥料的处理

泥料的处理，一般采用两种方法。一是澄泥“分畦茹滤”。白泥、黄泥均用澄泥处理法，即泥料经过粗碎，用水浸润，除水澄淀等过程。二是踏炼。缸、瓮等日用粗陶泥料，采用摊晒、槌碎、过筛、加水调和，脚踏踩炼，用木杆切块等过程。

紫砂泥料经踏炼后，将泥料放置地窖阴湿处备用，叫做“养土”。红泥、嫩泥、绿泥都制成泥浆状，用经粉涂于紫泥坯体的表面。明清时期宜兴陶业生产仍保持着小生产者的特点，所以，对泥料的配比和处理，有“取用配合，各有心法，秘不相授”之说。

1931年以后，宜兴开始靠牛拉滚场碌碡，人推石碾粉碎陶土。1953年3月，陶都丁蜀镇建立了轧泥厂，开始使用机器加工陶土。1958年采用练泥机和球磨机等设备加工陶土，以后相继发展了轮碾机、压滤和真空炼泥机等成套连续化生产作业线。为了减少矽尘污染，到1987年底，陶土加工已普遍采用湿式粉碎、笼式粉碎、轮碾机粉碎、雷蒙机粉碎和球磨机粉碎等方法。炼泥采用搅拌机、卧式练泥机和真空练泥机等机械设备。而今，宜兴各陶瓷厂已全部设立原料车间，自行加工泥料。

第七节　紫砂器的烧成

一、紫砂器的烧成

紫砂壶从明代中叶起就开始用匣钵（俗称掇罐）烧成，以防止产品表面发生火刺，色泽不匀称、阴阳面等缺陷。同时提高了制品的装窑密度，有效地利用了窑位空间。器坯阴干后装匣钵进窑烧制。

传统方法烧制紫砂器的窑是“龙窑”，即头低尾高的斜式窑。龙窑一般长达十几米到四十米左右，每隔一米为一节，烧炉在头部，燃料主要为木柴和柴草。窑背两侧各有五十个烧火眼，从烧火眼投入燃料。窑身两旁，每隔四到五米辟一个进出口，从这里装坯、取器。每窑需以1100℃到1200℃的窑温烧制，也有手工紫砂作品烧成温度最高可达1330℃。用龙窑烧制，窑工很辛苦。直到1957年才被倒焰窑代替。1973年，推板窑、隧道窑取代了倒焰窑。龙窑所用燃料是茅草、松柴。倒焰窑、推板窑用的燃料是烟煤。隧道窑则以重油为燃料。还有煤气窑、电窑等，既节省人力，又提高了烧造质量。

二、紫砂器的显色

紫砂泥中的氧化铁含量相当高，还有氧化铬、氧化镁、氧化钾、氧化钠等成份，使烧制品成红色（低温）或紫红色（高温）。它含的氧化铁。多的含量在8%以上，少的也在2%左右。用这种泥料制成器胎，经过氧化焰烘烤，胎质就呈现褐色或紫色。这就是乌泥胎和紫砂胎的由来。同时，又因为甲泥和嫩泥的含铁量不同，经过适当配合，再用不同性质的火焰烘烤，可以呈现深浅不同的黑、褐、赤、紫、黄、绿等多种颜色。这就是紫砂壶可以烧成各种不同颜色的原因。在明代中叶以前，宜兴陶工只用嫩泥烧造陶器，没有采石骨，因而烧成的陶器颜色比较单调。宜兴自从发现了石骨以后，就开始生产有名的紫砂壶。

众所周知，瓷器与陶器的主要差别之一，是瓷器含铁量低（<1%），通常红色陶器含铁量大于5.5%，在正常烧成条件下，陶土含铁量不同，呈色不一。含量≤0.8%，烧成后呈白色；含量1.3%，烧成后成灰色；含量2.7%，烧后呈淡黄色；含量5.5%，烧成后呈淡红色；含量8.5%，烧成后呈红色；含量10.5%，烧成后呈深红色。但陶土中含有的氧化铁是以多种形式存在，如紫砂泥，就有下列几种：

表1.3宜兴紫砂泥的氧化铁颜色

矿物名称	分子式	矿物颜色
赤铁矿	Fe_2O_3	樱红、暗红色
褐铁矿	Fe_2O_3、nH_2O	黄褐色至黑色
针铁矿	Fe_2O_3、H_2O	淡红、淡黄、淡褐色
硫铁矿	FeS_2	黑色
磁铁矿	Fe_3O_4或FeO、Fe_2O_3	铁黑色

经过对紫砂泥中Fe_2O_3和FeO的分析，Fe_2O_3占7.41～8.62%，FeO为0.73～0.55%，赤铁矿占90%左右，其他为20%左右。同时由于MnO_2、Cr_2O_3、CaO及其他少量着色氧化物的存在，导致了紫砂泥的紫红色调。

烧成气氛对紫砂壶的显色关系重大，对宋代中期羊角山紫砂器分析的结果：Fe_2O_3(总)8.24%，FeO 5.44%，制品断面呈黑色，近代紫砂分析结果：Fe_2O_3(总)9.95%，FeO0.55%。断面呈紫红色。运用精湛的烧成技术，制品可以获得要求的色泽。可烧成海棠红、朱紫砂、葵黄、墨绿、白砂、淡墨、沉香、水碧、闪色、葡萄紫、榴皮、梨皮、豆青、新铜绿等几十种颜色，成为紫砂器高雅、质朴的装饰。

三、焐灰

这是将紫砂壶烧成通体黑色的一种技法。首先将紫砂壶坯胎放入匣钵内，再用稻壳灰把壶胎填盖，装入窑内。烧成过程中通窑气氛虽为氧化焰，但因稻壳灰含碳素，生成一氧化碳，与未氧化的碳素掺入壶胎，将紫砂泥中的高价铁，还原成低价铁。低价铁呈青黑色，同时有部分碳素留在壶胎体内，致使紫砂壶的色泽烧成为乌黑色。在冷却过程中，因壶身置于稻壳灰中，故无与冷却空气发生再氧化之虞。现在焐灰，用焦碳粉取代稻壳灰，效果一样。过去陶工们曾在甲泥矿中捡选一种与紫砂泥伴生的乌泥，其化学成分中二氧化硅、三氧化二铁比紫砂泥高，三氧化二铝含量较低，在同样烧成条件下，泥色比紫砂泥深，用以烧制黑色茗壶，更为适宜。

经过焐灰的壶，表层变黑，砂壶肉还是浅色的。在民初时期，焐灰大都是为了处理有瑕疵的紫砂壶，它可补欠火、烧成色泽不均。但后来有些是为了追求黑色的壶色，并不一定作为补救之用。

主要参考文献：

1.《紫砂壶全书》韩其楼，福建美术出版社，2006年3月

2.《略论鉴赏紫砂经典名作的作用》何叶（江苏省宜兴紫砂工艺厂），江苏陶瓷.2000年12月

3.《岩中泥，失传以久的天青泥？》奇迹／文 http://www.qj21.com/kl/yzn/yzn—1.html

4.《转对紫砂泥色的鉴别》谁是谁的谁谁谁 @ 2008—02—12 12:38 http://hojo60.yculblog.com/post.2918977.html

5.《陶器的特例—古雅可爱的紫砂》中国科学院计算机网络信息中心 Mail：webmaster@kepu.net.cn；http://www.kepu.net.cn/gb/civilization/chinaware/tech/riddle/200304160012.html

第三章 紫砂器生产的技术与艺术

第一节 紫砂器的手工成型

宜兴陶工根据宜兴陶土的特点独创了一套和世界上所有手工成型方法不同的技术，这就是把陶泥放在木凳上，先锤打成片，然后把泥片围筑成圆形或镶接成方形，用木拍子拍打成型，这种成型方法学术界称之为“片筑法”，这种成型方法比其他方法制陶操作简单，技术性更强，所制的陶器成品率高，而且体轻耐用。紫砂壶造型别致多样。概括起来，成型方法有手工（打身筒）、半手工（借助模具）、注浆（完全用模具）、施坯和印坯成型等几种。其中手工成型是传统的制作方法。清雍正、乾隆时期出现了模制法。嘉庆、道光年间，陈曼生重倡古法，又盛行手工捏作。就印模与捏造而论，印模法易仿，捏造法不易仿。所以，名家之壶俱以捏造见长。

一、手工成型方法

（一）制作工序

基本程序有泥料准备、打泥片、打壶身、出嘴把、做盖子五个步骤。先拍打成器身，然后挖底、开口、加底片、口片，最后加把、嘴、盖、的子等。必须让坯体的器形结构严谨、轮廓饱满、线条分明、纹理清晰、珠圆玉润、浑然一体，这都需经过成型的精加工。

（二）精加工

精加工指用竹片、明针、刀具及其他专用工具，对已接上颈、脚、嘴、把手的壶口、身、盖的表面、和壶内，进行精细的括平、修整、拉浆，这是紫砂壶成为工艺品的关键之一。它的作用在于：将坯体整平，并把隆起的颗粒向下挤压，使壶体表面虽不施釉而富有光泽；而内壁面虽也受拍打，但往往是稍事加工，泥料颗粒之间相对疏松，虽有气孔而不渗漏。烧成后壶面能形成致密的烧结层，表面呈梨皮状；而疏松的内部紫砂泥中石英、黏土等单一矿物与团粒之间呈现链状气孔，而团粒内部又呈现微细气孔。就是这种双重气孔结构，赋予紫砂壶优异的实用功能。

成型的精加工工艺，具有把泥料、成型、烧成三者有机地结合在一起的作用，保证紫砂壶表面光洁，而制作技艺的关键则是脱空成型和坯件表面的精加工。同时，精加工也是提高坯体黏度的重要手段。例如大型圆条壶，壶口壶盖各有24条对称的筋瓤。由于加工精细，烧成后壶盖任意调换方位，都能与壶口相吻合。工艺水平高的紫砂壶，口盖对缝严密，二者之间的空隙（或称位移公差）一般都在 0.5～0.8毫米以内，是其他任何陶瓷茶壶所无法比拟的，瓷茶壶位移公差在1～3毫米甚至更大。由于紫砂壶壶口壶盖精度高，减少了混有黄曲霉等霉菌的空气流向壶内的渠道，成为紫砂壶泡茶不易发馊变质的重要原因之一。

二、打身筒成型法

先将练好的熟泥（真空泥）开成一定宽度、厚度、长度的“泥路丝”，再把这些泥路丝打成符合所制器皿要求的泥条和泥片，用规车划出泥条的宽度，旋出口、底、以及围片，然后把围片粘贴在转盘的正中，把泥条沿着围片围好，圈接成一个泥筒，再拍打成型。现以掇球壶为例说明成型过程：

（一）打泥片、泥条

先配好尺寸，用木搭子打好泥料，再分别打成七块圆形泥片和一条泥条，厚薄必须均匀一致，再按照规定尺寸用规车划成所需要的泥片。如底片（即壶底，直径8厘米），满片（即壶颈口片，直径7.8厘米），假底（即壶底脚，直径8厘米），口准片（即壶口线片，直径7.2厘米），盖板片和盖虚片（即壶盖线片，直径约7.2厘米），颈箍片（即壶颈，直径7厘米），围片（围壶身筒用，直径12.4厘米），除颈箍片厚8毫米外，其余泥片各厚4毫米。当捶成厚4毫米的泥条后，将木尺放在泥条上，右手把规车沿木尺由左向右划，划成长43.4厘米，宽8.3厘米的泥条。作好成型的一切准备工作。

（二）打身筒

当泥片和泥条打好后，将围片翻身放在木转盘上，两手拿着泥条沿着围片边缘，由内向外围成圆圈；使泥片两头重叠一起，使断面成为相衔接的斜面，在一头断面处上敷胶泥，使泥条断面处黏接起来，刮去多余的胶泥，并用木拍子挡住接头处外口，右手拿着小的竹拍子刮光压牢合缝处，在接头处的外部，用刀柄印上记号，以便识别装壶嘴。接着左手插进身筒，用手掌挡住身筒的半部，右手用木拍子拍身筒，一边拍，一边带动转盘自右而左的渐渐转动。拍子也由上而下轻轻地拍，逐步将底部的口缘缩小打圆，直到圆口大小与底片相同时才停止。然后在底圆上敷上胶泥，贴上底片，用拍子拍圆拍牢，再用刀刮光刮平，使底部圆稳平正。然后把身筒调过头来，把底部放在弧度与底部相称的座子里，再以同样的方法，把另一面的身筒打圆缩小，到圆口与满片相同时，再敷上胶泥贴满片，并把满片拍牢拍圆，刮光合缝处的胶泥，这样就成为一个圆正的球形身筒。再在颈箍片的边缘上敷上少量的胶泥，贴在壶口的满片上，拍牢拍紧，再在颈箍片的边缘敷上较多的胶泥，使壶肩饱满。接着以同样的方法，将口准片贴在颈箍片上，假底贴在底部。这些操作都必须注意坯件端正，不可偏歪。然后出晾片刻，再行勒颈箍、揿口片，使颈箍勒的直，口片圆而饱满，同时整理身筒，使身筒分出肩、肚、足三个部分，肩要比颈箍大1.7厘米，肚的弧形要饱满，底部要挺起，使三部相称，达到圆、稳、平、正。

三、附件

所谓附件，是指紫砂壶的口盖、底、足、嘴和的子，这些都是满足实用功能要求的附件。附件造型形式变化多，处理手法也各有特点。

（一）做壶盖

1．先把虚片放在虚驼上揿成半圆形，在该半圆形的边缘上敷上胶泥和盖板片相合拢拍牢，再打好口沿泥条（根部厚3毫米，口部厚1.5毫米）。

2．把口沿泥条围在直径6.8厘米的围片上，切断泥头，黏接起来。再在口沿部敷上胶泥，粘贴在盖板的中心，不可偏歪，稍晾，

3．壶盖的形式

（1）嵌盖：有平嵌盖及虚嵌盖之分，制品能达到无豪发之隙者属于上品。

（2）压盖：即覆压于壶口上的样式，有方圆两种。设计时要求壶盖直径略大于壶口面的外径，俗称“天压地”。

（3）截盖：这是同一曲线或直线组成的形体分割为壶盖和壶体，如梨式壶、茄段壶。截盖造型简练，整体感强，制品要大小适合，外轮廓线也要互相吻合，所以成型技术要求较高。

（二）嘴的处理

1．先把坯泥搓成椭圆形泥条，长3厘米，粗1.5厘米，将尖刀插进较粗的一头，用手放在工作台上轻轻地旋转，形成中空圆锥体。嘴根圆孔大，嘴尖圆孔小。再用双手把该泥条压成所需要的弧形，成为嘴的雏形。

2．工艺要点：

（1）壶嘴造型要适合水流曲线，壶嘴的长短、粗细及安装位置要恰当。

（2）壶嘴内壁一定要光滑通畅，壶身出水网眼要多。

（3）壶盖上的通气孔大小要合适，气孔要内大外小成喇叭形，这样不容易被水气糊住，注茶时，空气能及时进入壶内。紫砂壶的出水眼也有独眼、网眼和半球体滤孔之别，随着饮茶习惯的改变而不断变化。

3．壶嘴的形式

（1）弯嘴

（2）二弯嘴

（3）三弯嘴

（4）直嘴

（5）流

（三）的子的处理

1．的子的形式

有球形、桥形、牛鼻形、瓜柄形、树桩形和动物形等。紫砂壶形制高的常用圆球形的子，矮的用桥形的子，而花货则用瓜柄形、动物形（多用牛鼻形）的子，拿取稳当，形成盖面的虚实对比效果也好。

2．的子的做法

搓一条泥，直径约1.5厘米，在一端用拍子拍成球形，然后切成球形的子，将断面处向内挖成弧形，再在的子中心用针穿个小孔，然后用胶泥将的子贴在盖片的脊顶上，但必须居中，不能偏歪。

3．修整壶盖

盖虚片要整理光滑，口沿要勒直刮光，并把口沿里面的盖板片用规车划圆挖掉，使口沿内成为内空的半球状，再用针穿通盖虚片与的子的小孔，使壶内透气，以使倒茶爽快。

（四）底足的处理

底足也是构成紫砂壶造型的一个重要部分，底足的形式与尺寸的大小，直接影响着壶的造型和放置是否稳当。所以要处理好底足，才能达到既实用又美观的要求。

1．一捺底：用一捺底的圆器造型，更显得简练、灵巧。

2．加底：是壶体成型后加上的一道泥圈，又称"挖足"。

3．钉足：钉足有高矮之分，一般用于底大口小造型。

（五）鋬的处理

用坯泥搓成细而长的壶鋬，泥条切成长14厘米，粗1厘米，将鋬根和鋬梢部切成平行的弧形，再弯成半环形（像耳朵形），待稍干燥后，再行整理刮光。

（六）装配连接

壶嘴和的子在与壶体连接时，可分为"明接"、"暗接"两种方法。一般粗货产品及方器均用"明接"处理，利索大方；而传统造型的汉扁壶则用"暗接"处理其嘴、鋬与壶身浑然一体，且有舒展流畅的造型特色。

1．装壶嘴

在身筒接头处，开嘴眼孔七个，在嘴眼上敷胶泥，把壶嘴装在开嘴眼孔的壶身上；

2．装鋬

在与嘴相对的另一面，装上壶鋬，并和嘴、壶心三点成为一条直线。嘴、鋬与壶口应和鋬稍垂直，不可偏斜弯曲，嘴眼细孔，也应符合嘴根的大小，勿偏歪，否则会堵塞眼孔。

3．整修和刮光

用明针整修和刮光茶壶，使茶壶光滑圆稳平正。最后用直径6.6厘米的规车在壶口上划成圆圈，并挑出壶口的泥片，修平刮光颈箍的内圆，使壶盖灵活旋转。尤其在壶身内腔要用拍子打光刮平。到此，掇球壶造型完成。

四、镶身筒成型法

适用于方形器皿制品：先将泥路丝切成所需方形泥块，把方形泥块打成泥片，按产品要求的尺寸配制样板，依样板裁切泥片，把裁切好的泥片，按器皿型制规格要求用脂泥粘贴、镶接成型。

五、成型工具

一件紫砂工艺品的成功，要经过十几道到几十道复杂的成型工序。要完成这些工序，一是要靠艺人们的制作技艺，二是要靠繁多的制作工具，两者缺一不可。紫砂成型工具，经过历代艺人的不断探索，已形成了一整套独特的、自成体系的工具，数量有几百种，质地有铜，铁，木，竹，牛角，皮革，塑料等各种材料。紫砂成型工具也很讲究造型的美观，并以实用为主，使用上方便，触觉上舒服。这些工具大部分靠自己制作，即使一些买来的工具，也要经过加工，修整以后方可使用。

（一）搭子

搭子是成型中的主要工具之一，主要用于打泥条，片子和捶嘴，打泥片等等。搭子的主要用材是榉树，檀树，枣树等，取材要干。搭子平时使用后用湿布擦净放在干燥处，不能在太阳下晒，不能用来打铁器等硬物。

（二）拍子

拍子主要用于打身筒，拍片子，拍口。材料以红木为最佳，拍子的总长28厘米，拍身宽10厘米。厚度是根据材质而定，枣木前厚 3 毫米，中厚 4 毫米，后厚 4 毫米，柏木厚些，红木可更薄一些，拍子用过后也不能浸在水里，应放干燥处，要避免单面受潮，并要防止拍子开裂。

（三）尖刀

尖刀的品种较多，分铁尖刀，竹尖刀，通嘴尖刀，弯尖刀等。尖刀是用于琢嘴把，琢的子，转足，革小平面的一种普通而常用的主要工具，实际也是简单的雕塑工具。材料用普通钢、铜、不锈钢、老竹子等。其形中间宽，一头尖，一头稍狭圆，两面线条要对称，中间厚，边上薄，成弧形。尖刀要根据不同的用途选用，厚薄，宽窄要求不一。

（四）刀

刀是成型中使用最广的工具，在制作过程中，用刀进行切、削、挑、挟、挖、刮等，从开始到结束都要使用。做刀的材料一般最常用的是普通钢，刀锋要经常磨快。刀柄与刀身的比例大约是 6：1 。

（五）矩车

矩车的正名应为规车，它是专门用于划圆片子、开口用的。矩车分车柄、车钉、站人和销钉四部分。矩车柄是用不易变形的竹子，站人要用厚1.5厘米以上的竹老头做，矩车钉是铁的，销钉是竹子做的。矩车的不同用途是根据站人与矩车钉的高度来调节的，一般矩车站人比钉高2毫米。另外还有几种特殊的矩车，弯泥条矩车，是在车柄上装两个站人，还有复线车和打线车，复线车不装车钉，打线车则是装竹钉。

（六）线梗

线梗是用于勒光各种装饰线条的工具，线梗有牛角的，铁的，塑料的还有竹子的。线梗是根据不同的装饰线条来磨制的，并要根据各人使用的手势，习惯来确定线梗的不同角度。是制作成型工具中最难掌握的一种，因此每个艺人都会做符合每件器皿形状不同的线梗。

（七）明针

专门用于壶坯表面精加工的工具，用牛角片制成。明针有身筒明针、嘴把明针、方头明针、盖头明针、弯明针、筋囊明针等，并根据不同的使用目的来规定尺寸。制作明针时，头子要刮平，要从上到下慢慢地薄下去，薄到锋口为佳。明针的宽度、厚度要适当，要平正又富有弹性。明针使用时浸在清水里，不用时要捞起揩干。

（八）矩底、泥扦尺

这两种工具都是用竹子做的，矩底又叫底据、垫底，是垫在矩车的站人下面划片子用的，中间开一个圆眼。

泥扦尺是用来起泥条和大片子用的。它用节距较长的竹片做成，从柄到头要逐渐薄下去，并且慢慢变得狭窄，背面要平正，口要齐，一面成刀口状，握柄处一般正好有一个竹节。

（九）勒只、篦只、复只

勒只是用来勒光壶坯的口颈，底，足与身筒交接处的工具，材料有牛角，竹子，黄杨木、檀木、铁等。它根据不同的角度、弧度磨成所要求的形状。

篦只用作于整坯形，可篦去身筒上的小疙瘩、小隙丝，主要用筒片，木板制成。根据壶体外形壶肩、壶肚、壶底要分开做不同弧度的篦只，不能一个壶造型只用一只篦只。

复只：用于复脂泥的工具。一般取材2～3毫米竹片或牛角制作，其角度要比制品造型角度大一点。

（十）竹拍子

竹拍子有大，中，小及尖头拍子等几种。大，中拍子是抽身筒，做方货用的，小拍子是用于推身筒接头，掠子泥，推墙刮底，做嘴把等用的，尖头竹拍子可挟大面，做嘴等。

（十一）挖嘴刀、铜管

挖嘴刀是用来挖嘴洞的工具，用2～3毫米粗的钢丝烧红打扁后加柄制成的。挖嘴刀有大有小，根据壶的不同品种而选用。

铜管是钻各种大小洞眼的，用铅皮或铜皮卷成直径一半的圆筒，长度10～12厘米，在两头加上成刃口。

（十二）独个

这是用作圆眼，圆嘴的工具，同时在做花货、树桩时也可作雕塑工具用。竹子做的独个具有爽泥，耐磨等优点，且取材容易，削制方便。独个一般有两种，一种是平头的用作独盖眼的，另一种是两头尖的（一头粗，一头细）。用作独嘴洞及其他洞眼。

（十三）水笔帚

这是用布扎成的用于带水的传统小工具。打身筒，琢嘴，把，琢的子等，都是离不开它的。它的优点是存水多，带水方便。特别是做粗货，坯体太燥时，可直接沾水带在坯体上。

（十四）顶柱

紫砂壶成型工序完成后，加盖底印的专用工具。顶柱一般是用木头制作，也有用石头或紫砂泥烧制的。

（十五）元盖石

在处理紫砂壶坯底足和壶盖内顶的圆弧时的专用工具。一般是用紫砂泥制作烧成，也有用塑料片加工做成的。

（十六）木转轮（转盘）

手工制作圆型紫砂壶器皿打身筒时的专用工具。形制有大、中、小三种，一般直径有16厘米左右。用材以檀木为佳。

第二节　注浆成型法

注浆成型法是近代陶瓷生产中广泛采用的成型工艺，利用石膏模型的吸水性，在配料中加入较多水分（25～32%），调成泥浆，将泥浆注入模中后将石膏模脱开，便可得到一件中空的泥坯。

第三节　紫砂壶的形体

一、几何形体

几何形体紫砂壶造型，是根据球形、筒形、立方、长方及其他几何形状变化而来的，是最常见的造型，俗称“光货”。其造型讲究立面线条和平面形态的变化。几何形体紫砂壶造型又可分为圆器和方器两种。

（一）圆器

圆器造型讲究“圆、稳、匀、正”，并要求柔中寓刚、圆中有变，壶体本身以及附件的大小、曲直要匀称，比例要恰当，整个造型要端正挺括。紫砂传统造型掇球壶、仿古壶和汉扁壶等，就是紫砂圆器茶壶的典型造型。

陈曼生制箬笠壶

（二）方器

方器造型讲究“方中寓圆”，要求器皿线面挺括平正，轮廓线条分明。不论是四方、六方、八方形的造型，紫砂壶口盖必须规矩划一，任意转动壶盖，口盖准缝吻合。紫砂传统造型四方桥顶壶、传炉壶、僧帽壶、雪华壶等等，就是紫砂方器茶壶的典型造型。

陈曼生制方壶

二、自然形体

自然形体紫砂壶造型，取材自植物、动物的自然形态，最能代表制壶艺人的匠心独运，以造化为师。因为这种紫砂壶的造型带有一些浮雕、半浮雕的装饰，俗称“花货”。

（一）花货

主要是用提炼取舍的艺术手法，利用自然形态的变化来造型。另外则是在几何形体上运用雕镂捏塑的手法，将自然形态变化为造型的部件，如壶的嘴、的子。设计花货，要表现自然形态最美的部分，并要符合功能合理、视觉美观和使用安全的原则。紫砂传统造型鱼化龙壶、松竹梅壶、翠蝶壶、荷花壶和藕形壶等，是花货造型的代表作品。

裴石民制五福蟠桃壶

（二）筋纹器

筋纹器紫砂壶造型，是将形体分作若干等份，把生动流畅的筋纹组成于精确严格的结构之中，形成一个完美的整体。一件成功的筋纹器紫砂壶，其筋纹随着造型形体的变化而深浅自如，筋囊线条纹理清晰、制作精细、口盖严密，任意调换壶盖的方向后，再合到口上，都很滑爽吻合。传统紫砂合菊壶、乐盘壶等，就是筋纹器造型中有代表性的产品。

六方竹节壶

三、水平壶

水平壶容量很小，是中国广东、福建一带喝“功夫茶”的器具，在东南亚一些国家和地区也有一定市场。

因为喝“功夫茶”时，壶内要放很多茶叶，仅用开水冲泡，茶汁出不来，还必须将壶放在茶碗或茶海内，用沸水浇淋茶壶的外面，使茶壶浮在热水中，才能使茶汁泡出来，这就是水平壶名称的由来。

水平壶的规格，习惯以“几杯”称，有半杯、二杯、四杯、六杯、八杯、十二杯之别。一般六杯壶容量为80毫升，八杯壶容量为100毫升。水平壶的造型，要求壶嘴在形式上要协调，其重量还必须一致，才能使壶在热水中保持平衡。同时，要求水平壶的嘴以直形嘴为主，以利于使用及生产。紫砂水平壶传统的式样有线圆水平、扁雅水平、汤婆水平和线瓢水平等，近年还有精致的升锦水平新品问世，造型美观，制作考究，质地致密，颇为中外人士赏识。

水平壶

第四节　器物装饰

制好的坯还要经过细致的修整，有些器物再加装饰。装饰方法有：

一、贴花

堆塑山水、花草、人物、鸟兽等纹饰。

贴花四方开光壶

二、绘写

以氧化铝、氧化铁或氧化镁等为呈色剂，在素坯上绘画写字。

三、线条

紫砂壶线条装饰的种类很多，都必须用牛角或铁、木、竹制成的专用线尺进行加工，使线条挺括而又清晰。这些线条不仅加强了紫砂壶的装饰效果，且可增强成型时粘接处及边缘部分的应力，减少产品在烧成时的缺陷，提高正品率。

（一）灯草线

这种小圆线以状如灯草而得名。将其用在紫砂壶的口沿部，称为翻口线；用在底足部则称为底线；可单独或成组用在壶体、肩、腹，以增强其造型的装饰效果。

陈子畦贴栀子花树段笔筒

（二）子母线

这是一种双线（一粗一细），又称文武线。用于紫砂壶的口盖组合和口沿，一般要求上粗下细，上大下小，称为“天压地”使制品造型更加安定厚重。

（三）云肩线

这种线条经常用于紫砂壶颈部、口下沿等转折部位，其线条一般较薄，要求匀净、清晰，能增强制品造型的装饰性，富有韵律和节奏感。凹凸线及皮带线用这类线条进行装饰，分别以线条的粗细、厚薄和宽窄来达到不同的艺术效果。一般在紫砂壶腹部用凹凸线或皮带线，可使产品造型增加变化，且又显得庄重大方。

（五）凹肩线

这是一种双曲线，用于紫砂壶肩部装饰，可以增强稳重感，且有节奏化的艺术效果。

八卦彩绘大壶

（六）筋囊线

这是一种垂直线条，将紫砂壶形体分成若干等份。使用筋囊线，要随着壶身的肩、肚、腹而变化，线条深浅自如，其装饰效果似蒜头上的瓣纹。

（七）抽角线和折角

主要用于方器成型的面与面交接处。用抽角线或折角处理的紫砂壶方器，可藏锋匿角，富有变化，使制品造型更有装饰性。

（八）云水纹、菱纹和花瓣纹

这些纹饰都是要按一定规律布满紫砂壶形体全身的凹线，要求线条流畅，整体气韵贯通，使紫砂壶的造型生动活泼，更加灵巧。

宜均天青釉花束

四、雕刻

陶刻装饰方法，一般可分为清刻、沙地刻、阳刻、阴刻、着色刻五种，根据紫砂壶的不同器形，施以不同方法加以装饰。清刻用刀大都要不脱秀气，因为清刻就是不加工染色，画面书法粗的部分，刀法要深，细的部分，则应该浅刻，挺秀的线条用刀，要刻得圆润而灵秀。如刻石头、竹梗之类的作品，有疏有密，衬点要分得出春夏秋冬。

陶刻刀法大体可分为两大类，即“双刀正入法”和“单刀侧入法”。此外还有涩刀、迟刀、留刀、轻刀、切刀、舞刀等种种金石用刀方法。双刀正入法是两面用刀起底，要刻出底面为三角底、平圆底、沙地自然形底等，犹如碑碣石刻，有纤细工整、严谨端庄和清秀之态。单刀侧入法是运刀必须胸有成竹，自由驰骋，犹如天马行空，刀法多变，可轻可重，或虚或实，可粗可细，或刮或划，粗犷豪放，耐人寻味。

紫砂壶陶坯刻款还有以下几种不同类型的刻法：

写泥刻款：紫砂壶泥坯尚含有20%的水分时，即以锋利的铁刀进行雕刻。

干坯刻款：紫砂壶泥坯基本干燥后，以毛笔绘墨稿，然后再用钢刀依着笔进行雕刻。

描边剔泥刻款：先以细刀描出轮廓边，再以挑或点的手法去掉其中的部分。这样的陶刻手法产生特殊的装饰艺术效果。

就陶刻角度论饰壶，在掌握陶刻传统手工艺的同时，必须融汇书法、绘画、历史、文学、美学诸方面的知识，建立自己的美学观点。就刀法而言，要充分体现刀在紫砂壶泥坯上的刀痕的质感。因此，不求雕琢的工整，但求明快质朴，刀痕出神。

任淦庭制陶刻牡丹瓶

紫砂壶的雕刻不同于一般的雕刻，也有别于漆雕和其他陶瓷刻绘。它是在紫砂陶坯凹凸不平、多角线条等复杂的造型上进行操作的。书画题材的取舍与笔法，基本上与国画相似。有书有画，书画之外，还有印章款识。只是布局上有所不同，要按照紫砂壶各种造型，分别对待。画面要求清晰而层次分明，刀法既定后就不能更改。一件优秀的紫砂壶制品，在成功的造型之上进行精致的镌刻，俨如一幅完美无缺的中国画，图文并茂，倍增风雅。所以紫砂壶有它独特的民族风格。

由于陶器泥坯易刻的缘故，自有原始陶器出现就有了陶刻的存在。紫砂陶器的出现使紫砂陶刻相伴问世，它与古代陶器刻文同出一辙，即作者在所制陶坯上记述姓名或铭文。

陶刻装饰的题材比较广泛。紫砂壶上的铭文，以往都是择古人的诗句。内容有的是与茶或花卉有关的题咏，且多由《唐诗三百首》及《千家诗》中选出。画面常取材《芥子园画谱》及《点石斋画报》，任伯年的花鸟画也被广泛利用。现代著名的紫砂陶刻装饰艺术家任淦庭，许多的陶刻工艺师都是出于他的门下。

五、上色

紫砂壶一般不上色釉，但坯体成型后，上面所雕刻的书画均需要用粉料着色，这是它的特点。着色的目的是使产品在烧成后，画面色泽更加显现出古色古香的特色。

（一）原料

白色：白泥。

绿色：氧化钴与白泥配合组成。

红色：将紫泥中的山黄泥料提炼经过煅烧而成。

淡红：生白泥与生红泥配合组成。

褐色：黑料与生红泥配合组成。

（二）炼制

先将矿物原料碾细，然后用清水浸漂，浮在水面的一层腊膏，即为有用色料。除此之外，还可以用氧化钴和氧化锰作为色剂。过去唐三彩的蓝色，宋瓷的天蓝色，以及元明的青花，都是钴料的着色作用。明代法花的紫色，清代的茄皮紫，都是锰料来着色。现代宜兴紫砂壶所用的墨绿泥，就是用本山绿泥、白泥掺合氧化钴配合制成的；所用的粉绿泥则是用粉末掺二氧化锰制成的。

（三）着色

一般是先上白料，然后根据画面色彩要求，加上各种色料。如一枝红梅，当涂过白料之后，再施以本山红泥；绿梅，则用本山绿泥。用以上各种色料施于紫砂壶陶坯，烧成后色泽鲜艳，永不消褪。

六、泥绘

清乾隆年间，在宜兴传统的泥料堆绘的基础上，吸取了景德镇瓷器的“粉彩”装饰技法而发展起来的一种装饰形式。所谓泥绘装饰，是一种在紫砂坯体上装饰的方法，即在已完工的尚有一定温度的泥坯上，用其他色泥或本色泥料堆画花鸟或山水纹样。用泥料画出有一定厚度、恰似薄玉雕效果。被用来堆画的色泥有白泥、朱砂泥、乌泥等。泥绘装饰手法流行于清初。

泥绘笔海

七、上釉

紫砂壶的表面是不上釉的，有少量用釉装饰的始于清乾隆年间，大件采取泼釉法，小件采取浸釉法。一般单色釉上一次，彩绘釉上两次。

彩釉装饰是在烧过的紫砂壶上用釉彩或满身挂釉。近人李景康、张虹合撰的《阳羡砂壶图考》记有“原色加彩五色花卉，极为工致”等语。这种装饰是用低温铅釉彩在紫砂壶成品上堆绘花卉、山川、戏曲人物等，再放入一“红炉”里第二次烧成，烧成温度约800～900℃。另有将紫砂坯体周身施满彩釉的手法，称为“炉均”。紫涛壶彩釉装饰和炉均产品，流光溢彩，在紫砂工艺史上别具一格的。现代讲究紫砂壶本色，故很少采用此种工艺。

宜均天青釉莲花洗

八、抛光

抛光是指对光货类紫砂壶烧成后进行的再加工装饰，先用铁砂布将壶面磨光，然后在抛光机毡轮上抛光。经过抛光的紫砂壶，光彩照人。还有将壶的嘴头、口边沿线和的子包上黄铜皮后再抛光，以此来加强紫砂壶的艺术效果。其实，紫砂壶用铜、锡、金来作装饰由来已久，如张燕昌《阳羡陶说》里就有关于宜兴花尊的记载："若莲子而平底，上作数孔，周束以铜，如提梁卣，持朴浑，气尤静雅。"阮葵生《茶余客话》里有"近时宜兴砂壶，复加饶州之鎏"，就是仿照景德镇加彩方法装饰。他认为"光彩照人，却失本来面目"。真正好的紫砂器烧成后不许磨口、抛光、上蜡，上蜡是紫砂的大忌。还有在烧成的紫砂器上施加特殊装饰的。故宫博物馆藏时大彬方壶，壶面髹漆并进行雕刻，集紫砂工艺和雕漆工艺于一身。清代道光年间，出现了包锡的工艺，但由于技术复杂，未能延续。还有抛光包铜的工艺，包铜多见于壶嘴头、口盖的边缘等部位。

九、金银丝镶嵌

金银丝镶嵌的工艺操作，采用堆、雕、镂、塑、嵌、刻等多种手法进行装饰，不仅镶嵌金银丝，甚至施以珠玉、钻石等贵重材料，赋予砂壶奇珍异彩。操作程序是参照金银错的工艺手法，先将纹饰图案画上紫砂壶泥坯并刻出凹槽，烧成后把加工好的金银丝嵌入槽内敲实，然后再磨平；也有不磨平的，使金银丝成立体状。后者的制作手法与价值都高于前者。

金银丝镶嵌的材料，一般以银丝为主，锡丝也有人采用，金丝的镶嵌则使紫砂壶更增添价值。另外，还有将银熔化之后，直接绘在紫砂壶坯体外表，称之为"流银"，不同于银丝镶嵌，做工及价值感均相差甚远。

金银丝镶嵌的作品常用传统题材，寓意美好吉祥，具有浓厚的东方民族特色。自20世纪80年代起跻身于紫砂特种工艺行列，精品佳作层出不穷。适用于豪华、高档陈设，显示华贵、端庄气质和富丽堂皇的装饰效果。现代擅长金银丝镶嵌的紫砂艺人以鲍仲美、施秀春夫妇合作的紫砂壶产品最为名贵，色泽对比鲜明，纹饰优雅细腻，深受海内外众多人士喜爱。

石楳款紫砂镶玉槟榔木壶

第五节　紫砂器的造型艺术

一、造型的基本形式

紫砂壶艺于民生利用中见诗情画意，于大俗中见大雅，日新月进，形成百姿千态的艺术精神。造壶艺术是指以艺术设计为主导，体现审美意识，实现功能效用、运用工艺材料、工艺手段和各种专业技巧进行艺术处理，制作紫砂器的一种造型艺术。它不同于一般的纯美术。其本质特点是强调实用价值和审美价值的统一，又极具个人风格。紫砂壶是用来泡茶饮用的，这就决定着它造型的基本形式，并具有社会的、时代的、思想的印记。以上三方面的因素，是相互依存相互作用的关系，在紫砂壶造型中构成了不可分割的统一体。分析紫砂壶造型，不能只从造型的形式处理孤立地看是否美观或做工好坏，而是要全面地、相互联系地分析造型设计在功能效用、工艺材料和工艺技术、艺术处理等方面的相互关系。只有这样，才能深入、全面地把握造型的规律。紫砂壶形制各不相同，充满着变化。但它们又统一于方、圆、塑的基本造型之中。在同一把壶上，也存在有变化与统一的关系，壶身线条的变化，壶嘴位置的变化等。在一把壶上，它们又必须是和谐统一的。壶的口盖把手与壶身不能有割裂突兀之感。

其方法主要有两种：一种是重复的方法，是在统一中求变化；另一种是对比的方法，是在变化中求统一。

（一）重复的方法

重复与呼应也是紫砂壶传统造型中常用的设计。重复中有变化，整体中相互呼应，相互协调。紫砂壶造型使用重复这种处理手法，不应是完全等同的重复，按人们的审美要求，使造型的重复更具有自己的特点。传统“一粒珠”、“掇球”等紫砂壶，是重复造型的典范之作。经过许多艺人长时间的反复推敲，造型比较完整、严谨。壶体、壶盖和的子之间，运用比较相似的曲线重复，突出了造型的“圆味”。“一粒珠壶”，壶身是“大珠”，的子是“小珠”。“掇球”的壶体和的子分别为两个圆球体，壶盖是半圆。重复中有节奏，造型优美。“大亨掇球”的壶嘴微昂，而“寿珍掇球”略弯，这是艺人个人风格的体现，也是线型变化的又一例证；上双线竹古壶是由性质相同而方向相反的弧线组成，并配以竹节堆雕装饰，既统一又有变化。

程寿珍制掇球壶

（二）对比的方法

就是两个极端组合在一起，称为对比。利用线条的曲直、长短，体形的大小，壶面的宽窄，空间的虚实，泥色的明暗等对比手法，使紫砂壶造型变化丰富、生动活泼。紫砂壶造型如果只是一种线型组合，没有形成对比效果，常常会显得单调，缺乏变化。不同性质的线型组织在同一造型上，会使造型富于变化。如果以一种线型为主，而另一种线型为辅来对比，作衬托，在造型的“点和面”上，在视觉上会觉得比较突出。线型对比要有主调。紫砂壶的造型设计，壶嘴和把手，以及与壶身的配置关系的处理比较困难，如果忽略功用，不注意线型的对比和变化，不仅造型死板，而且影响实用功能的发挥。如果壶嘴的上下两条轮廓线采用平行直线，看起来象是一个竹管直挺挺地戳在壶体上，整体上不协调。而如果用两条近似的曲线结合，壶嘴显得软弱无力，没有“精神”。传统紫砂壶以长曲线和短曲线相结合，直线与曲线相结合，使线型有变化，有对比。与圆形壶身和谐统一，造型生动。例如线圆水平壶、秦汉壶的造型，以曲线构成壶体，安上直形壶嘴，对比强烈而又统一，也符合使用功能的要求。又如提梁壶，利用空间的虚实对比来加强造型效果。采用对比的方法，必须在变化中求统一，要取得整体的协调。这是处理紫砂壶造型的规律所必须掌握的要点。

黄玉麟制雪花壶

总体看，壶的形态建构上，采用多种对比手法，诸如壶体的线条上密而下疏，其线面上小而下大，壶肩以上精雕细镂，而壶身则光润疏朗；形成鲜明对比，在视觉上形成张力，另一方面整个壶体、把、流、的子等形式要素，均由不同大小的六边形线面融合构成，统一和谐，敦厚朴拙，恰点雪花之题，令人赏心悦目。

紫砂壶传统造型中的方器、圆器也不是绝对的。也有方圆相间的，即有机地把直线和曲线组织在一起，构成一个形态，达到既有对比又有谐调的效果，形体本身的变化比较含蓄，刚柔相济，耐人寻味。传统紫砂壶造型中体量的对比也很重要。所谓“体量”是指形体各部分的体积，在视觉上感觉到的份量。体积大则感觉份量重；反之则感觉轻。紫砂壶是立体造型，仅从造型轮廓线着眼是不够的，也不全面，应从立体造型体积的相互关系来设计它的联系，安排各部分的体量，运用体量对比关系，增加变化，突出主要部分的量感，以追求一定的艺术效果。为了突出壶体饱满和圆润的特点，除去在线型方面加强壶体造型的这种感觉之外，同时运用体量大小对比的手法，把壶嘴的体积适当缩小，形成“小嘴”，与壶身形成对比，再加大把手的体量，形成“肥把”，如邵大亨的“肥把小嘴”壶。紫砂壶的造型必须注重空间的对比。造型实体所占据的空间，称为“实空间”，即体量。实体之外，围绕着实体和组件所形成的空间，在视觉上与实体有一定联系的，称为“虚空间”。空间的对比关系是指实空间与虚空间的对比关系。合理组织安排造型空间，利用空间虚实对比，使造型变化丰富，增加气氛，是传统紫砂壶造型设计的一种处理手法。如现藏于宜兴紫砂工艺厂的“邵旭茂提梁壶”，如彩虹一般的提，其虚空几乎与壶体差不多大。其造型的气度很大，与壶体构成了和谐的虚实对比关系。整体效果生动而有气势，具有一定的感染力。

描金山水方壶

二、造型多样性

（一）型式丰富

宜兴紫砂壶表面不施釉彩，没有瓷器那种视觉效果和质感。但由于紫砂独特的性能和紫砂的泥片成型工艺，以及多种装饰手法，弥补了不施釉彩的不足。在造型设计上也有许多特殊的手法，既丰富了紫砂造型，也是一些瓷器造型所做不到的。如传统造型“书扁壶”，其特点是高度与宽度比例相差悬殊，腹径最大，高度很小，口径和底径也比较小。肩部与足部的斜度也比较小，支撑能力差。如果用一般白瓷原料制作，或采用注浆成型，坯体离模后，在尚未出模阶段，由于坯体自身的重力作用，肩部和足部支撑力小，就会产生下塌，很难成型。这种造型比例不适合于白瓷原料，但适合于宜兴紫砂。宜兴紫砂材质上的优势所形成的成型性能，也极大地丰富了紫砂壶的造型设计。

鸣远款调砂虚扁壶

（二）对称与均衡

在欣赏一件紫砂壶的形态美时，必然涉及到“对称与均衡”、“比例与尺度”、“对比与和谐”、“节奏与韵律”等形式美法则的运用。对称与均衡使人平和澄静，以顾景舟大师制扁仿古壶为例：整个壶体的中心、重心、及壶底的形心共一竖轴，稳定而均衡；壶身之线、面，精致细润，形成完美的轴对称，而壶把与壶流之实形、虚形，相互呼应，匀称均衡。

（三）比例与尺度

比例与尺度反映人对形式要素的惯性认知，不妨欣赏一下蒋蓉制的荷花壶：此壶的形制是从生活中提炼而来，

蒋蓉制荷花壶

盛开的荷花为壶身，莲蓬为壶盖，荷梗为把，卷叶为流，青蛙为的子，莲藕、荸荠、菱角为壶足；花、叶、梗、藕、菱及莲蓬，比例精雅，尺度宜人；特别是形神俱佳的青蛙，欲静欲动，以略为夸张的尺度，使全壶皆活，实为精彩点睛之笔。鉴赏此壶，简直就是欣赏一幅彩色荷塘清趣图。

（四）节奏与韵律

节奏与韵律则表现人类音乐感的愉悦，我们观赏徐汉棠制的菱花提梁壶，就有聆听一曲曼妙乐章的体味：壶足以云纹装饰，顺势悠然托起壶体；壶体大抵是一椭圆体，由大小不等的菱花瓣组成，俨然乐章的主题，壶正面的菱花瓣宽大而疏旷，好像如歌的行板，韵律舒缓而抒情，两侧面的菱花瓣纤小而密集，如节奏铿锵的快板，明快而亢奋；壶流婉约而出，一波三折，是优雅的变奏；菱线渐浅渐淡，收于盖顶，乐章的高潮落在如意纹的桥钮，万流奔汇；其结尾嘎然止于高旷提梁构筑的空间，高瞻四方，余音绕梁。

徐汉棠制提梁礼花壶

（五）古拙素雅

紫砂壶艺术的主流，是以民间艺术为骨干、文人艺术为灵魂的。所以中国文人、士大夫的生活哲学及审美情趣，必然与紫砂壶形态美的欣赏有着莫大的关系。中国士大夫一贯追求内心宁静，自然淡泊，超尘脱俗的生活，其审美情趣必然是趋向清、幽、寒、静，所以自然适意、澄静朴拙、浑然天成、平淡幽远的闲适之情，是士大夫追求的最高境界。奠定了紫砂壶形态审美趣味的要旨，必然是“古拙素雅”，这也是紫砂壶形态美的审美主流。

椭圆瓜式壶

第六节 其他紫砂器品种

除茶具外，另一类是陈设品，即所谓“文房雅玩”。张燕昌在《阳羡陶说》里写道：“陈鸣远手制茶具雅玩，余所见不下数十种。”现在从文献记载上所见到的器类大致有几十种，实际生产的品种当然不止这些。紫砂雕塑陈设品等制作工艺与紫砂壶相同，这里仅介绍品种。

一、按档次分

（一）中高档紫砂陶器：包括咖啡具、各类花盆、花瓶、文具、蒸煮餐具、象形餐具、各式雕刻壁饰、浮雕刻字挂盘和陶简等。

（二）仿青铜器：如仿古铜樽、酒具和各种陈设摆件。

（三）普通产品：如一般的杯、盆、瓶等紫砂陶器等。

描金彩绘山水人物纹大笔筒

二、按作品的用途分

（一）茶具类：杯、碟、茶器、水平壶和咖啡具等。

（二）盆瓶类：花盆（又有深盆、浅盆之分，前者用于盆栽盆，后者用于盆景盆）、水仙盆、花瓶、花插和香熏等。

（三）餐具类：盘、碗、砂锅、蒸气锅、电火锅、古暖杯（温酒器）、闷罐和九子并盘等。

（四）文具类：笔筒、笔架、砚台、水洗、调色碟、水注、镇纸、印盒和陶章等。

（五）烟具类：烟缸、烟盒和鼻壶等。

（六）雕塑陈设品：人物雕塑、蔬果玩器、假山石景、文房饰品（包括各式雕刻壁饰、浮雕刻字挂盘、陶简）、陈设摆件和仿青铜器等。

主要参考文献：

1.《紫砂壶全书》韩其楼.福建美术出版社.2006年3月

2.《紫砂壶传统造型规律初探》王福君.(214221宜兴紫砂工艺二厂7405786)

3.《方匪一名，圆不一相——浅谈当代紫砂壶形态美的鉴赏》张树祝、王春玲.

（山东省青岛建筑设计院，青岛266071）

第三篇　紫砂文化的传播

第一章　紫砂文化的传播

第一节　早期的传播

一、宋明时期

早在南宋绍兴二十四年（1154年），阿拉伯地理学家爱垂西氏（Eletrisis）就撰文介绍质地极佳的宜兴陶器。至明代，宜兴陶器产品开始出口，远销海外。明崇祯三年（1630年），紫砂壶开始销往欧洲和暹罗（泰国），被称为“红色瓷器”或“朱泥器”；均陶缸盆产品销往日本，被称为“海参器”。

宜兴紫砂在美国市场上也广为流传。现美国华盛顿弗里尔艺术馆就藏有几件明代宜兴壶。其中一件筋囊型瓜壶为李仲芳于明代泰昌年（公元1620年）所作；一件是徐友泉的三足鼎形壶；一件是沈子澈的葵花棱壶，上有崇祯壬午铭款，当为公元1642年；此外还有陈鸣远的包袱壶，陈汉文的六角形壶。纽约莫特赫德所藏的双流壶和梅花壶，都是当时的外销产品，上面采用玲珑透雕手法装饰，这些茶壶对欧美陶瓷的发展，仿制有很大影响。

二、清代

（一）欧洲

清代康熙三十九年（1700年）起，宜兴陶器被东印度公司订购，运往泰国、缅甸和印度等国。康熙四十八年（1709年），德国柏林迈森的有名炼金匠人约翰·佛烈德利希·包特格尔（J·F·Bottger）包和特斯霍斯，曾用红色黏土仿烧宜兴紫砂陶器，获得成功。公元1711年，就批量生产了2000多件红色陶瓷（仿紫砂器）。他还专门撰写关于炻器（朱砂瓷）的论文。据近年来华访问的国际友人介绍，在德国的卡西村，曾发现公元1690年（清康熙二十九年）出品的宜兴紫砂竹节壶。此外，在德国的皇宫里有一件藏品，紫砂雕塑小菩萨，是公元1727年（清雍正五年）所作。

17世纪末，英国伦敦的首饰匠名叫埃勒尔斯（David Elers），他们兄弟俩用坚硬的红色黏土模仿宜兴紫砂陶器，生产茶杯、茶壶等产品，以适应当时英国上层社会流行的饮茶习惯对中国茶具的迫切需要。同时，荷兰的陶瓷匠师卡卢维（Jacobus Calu We）和米尔迪（Arzde Milde）也仿烧红色陶器，取得了成功。

公元1759年，在西班牙的布恩来提罗（Buen Retiro）开设了一家陶瓷厂，名为“中国瓷厂”。于1789年，该厂开始生产各种日用瓷器，并仿造中国宜兴陶器。

（二）美国

在美国旧金山亚洲美术博物馆藏有清初名匠许晋侯的图章款识梨皮水仙壶（筋囊型），此外，还有“用卿”提梁壶，曼生白泥小瓜壶，梨皮泥方壶，以及咸丰同治年间（公元1851～1874年）邵大亨“鱼化龙”壶，石榴多子壶等，都十分精美朴雅。在西雅图艺术馆藏有陈鸣远的杰作，梅桩壶(亦称梅杆壶)，壶上的梅花用色泥堆花手法而成。新泽西洲博物馆藏有一件朱砂孟臣壶，壶嘴和壶把虽已破裂，但被日本人用金漆修补。可见，国外对孟臣壶的喜爱程度！旧金山叶万华先生藏有一件朱砂万寿壶。洛杉矶一私人藏上漆四方壶，底盖有“荆溪蔡乾元制”印章。圣路易艺术馆藏的一件承袭时大彬的僧帽壶传统的高身圆壶，仿金属酒壶“多穆壶”造型。在芝加哥艺术研究所（Chicage Art Institute）有一件

陈鸣远制莲形壶

“瓢棱”型“曼生壶”，壶身刻有曼生的幕客“祥伯”铭文。在旧金山琴轩所藏的一件白泥小壶是典型的宜兴紫砂器，另有一紫砂钵，器身雕刻波罗密多心经，是铁画轩的出品，由广州伍元华所督造，壶底刻有“癸巳（公元1833年）万松园监制”。另外，在堪萨斯纳尔逊艺术馆有一件晚清吴大澂订制的覆斗壶，一面有刻诗，一面刻老人采茶图，系晚清海上派画家陆恢所刻。

（三）日本

宜兴紫砂东渡日本，这首先与我国茶风的东渡有着密切的关系。随着茶道的盛行，“茶壶”(日本称“茶注”、“急须”)自然成为不可缺少的理想用具，在文化、文政时期（公元1804～1830年）大量传入日本。至今日本人珍藏着我国明末清初的名家作品。如惠孟臣、陈鸣远、留佩、甚至时大彬等名手的制品。特别是用以煮茶的小壶，凡镌有“惠孟臣”“陈鸣远”等款署的，都备加珍爱。到了清代，日本是我国海外最大的紫砂市场。清代的惠逸公、杨彭年、邵景南、冯彩霞、以及刻有“万丰顺记”“三友居”等铭款的优质宜兴壶源源不断销往日本市场。

日本在进入20世纪的明治、大正、昭和时期，煎茶道日益兴旺，昭和初期达到了顶峰阶段。从而，宜兴紫砂茶壶也更受日本人民的欢迎和珍爱。同时，日本人也在对宜兴紫砂茶壶的形象中深切体验到它包蕴着与自然界的协调、朴素、简洁、高尚、典雅等中华传统文化是符合日本人从中国接受的美学意识的。

江户时代末期（公元1854年），一说文久（公元1861～1863年）年间，在日本常滑，有一位医生平野忠司，十分酷爱紫砂茗壶、花盆，亲自鼓励和指导杉江寿门和片阁二光首先烧制常滑烧朱泥急须成功。明治十一年（公元1879年），常滑陶工鲤江方寿、高司（养子）父子，邀请当时居住在日本中部地区常滑附近名古屋的中国江南文人金士恒先生到常滑传授指导“打身筒”成型法及雕刻绘画技法，达6个月之久。 当时随金先生学艺的有鲤江方寿、杉江寿门（安平）和伊奈长三人。他们第一次知道茗壶（急须）的成型，可不用辘护而全靠“打身筒”手工成型法。日本人对金士恒先生的传授制壶技艺，对中日文化交流所作的贡献，作了高度评价。有人把常滑急须的发展，归结为“陶工+文人+陶瓷事业家+金士恒”这四个因素。金士恒被尊奉为日本陶业先师。

日本东京著名的陶瓷艺术鉴赏家兰田奥玄宝，他也是一位茶道艺术家，对宜兴紫砂茶具艺术有颇深的研究。他著有《茗壶图录》（公元1874年）一书，对明清宜兴紫砂的历史源流、式样、形状、泥色、款识、真伪、制作技巧、创作方法等进行了论述。更难能可贵的是，他对宜兴紫砂茶具的创作理论作了精辟而科学的论述。这是继我国《阳羡名陶录》后的又一宜兴紫砂陶器专著，这是中日文化交流史上的一件大事，对研究我国清代工艺美术史也有重要的参考价值。

1912年，鼎山大窑户葛逸云与日本商人和田一雄合资在日本大阪开设一家陶器店，经销紫砂壶、花盆和均陶盂、火钵、花瓶等新颖产品，年出口值约为6～10万元。从此时起，宜兴陶器出口量迅速增加，单上海“葛德和”陶器店，每年运销菲律宾的五元套“龙盆”罐就达10万套；运往日本的紫砂陶、均釉陶产品壶、盆、火钵，年销售金额也由6万元增加到15万元。

第二节　出口贸易

一、建国前

乾隆、嘉庆年间（1736～1820年），宜兴葛明祥、葛源祥两兄弟烧造的均釉陶和其他窑户烧造的紫砂陶等产品，通过宜兴窑户开设在国内大中城市的陶器行、店，源源不断地销往日本、东南亚以及美洲、欧洲等地的国际际市场。清光绪二十八年（1902年），鼎山鲍氏、陈氏两家大窑户合资在新加坡开办了“鼎生福”陶器店，直接经销大龙缸、洋坛、紫砂壶等产品，先后达10年之久。宣统二年（1910年）鼎山大窑户鲍明亮在上海开设了“鲍信源”陶器行，专营外销业务。当时，紫砂壶除远销日本、欧洲、墨西哥、秘鲁、智利，还畅销南洋群岛，南洋华桥特别喜爱紫砂壶，暹罗华侨还为紫砂壶镶金嵌银。嗣后，宜兴窑户又在上海、杭州、天津等大城市开设“铁画轩”，“吴德盛”、“豫丰”、“福康”、“葛德和”等陶器行、店，定制紫砂壶，上刻各店商号，销往国外。“铁画轩”是1879年开设在上海的一家公司，主要业务是出口欧洲、日本和东南亚。产品以优美的书法著名。创办人为戴国宝。公司印记是“铁画轩制”，阳文篆书，外围以圆框或方框。“戴氏”方印是店东的名字，他也自署“玉屏”及“玉道人”。

金鼎商标

豫丰

1920年，宜兴龙缸作为皮蛋的包装容器出口东南亚等国家和香港地区。1931年起，日本政府不断提高对宜兴陶器进口的关税率，并在常滑等地方仿制紫砂壶。1934年的大旱灾，削弱了人民的购买力，致使紫砂壶生产逐渐衰落，出口量急剧下降。抗日战争开始，紫砂壶的外销就一直处于停滞状态。

吴德盛

表—1850年至1911年间宜兴鼎蜀窑户在外地开设的陶瓷商店

地点	店号	店主	开设时间
上海	鲍生泰	鲍家	1850年
上海	葛德和	葛德和	1860年
江苏常熟浒浦	诚泰	鲍家	1870年
浙江常浦	同泰	鲍家	1845年
上海	福康	陈子环	1880年
江苏常熟浒浦	陈义隆	陈子环	1880年
江苏江阴	元隆盛	陈子环	1880年
杭州	张万清	张自清	1903年
常州	永大昌	鲍家	1910年
无锡	信泰	鲍家	1910年
无锡	鲍金泰	鲍家	1910年

二、建国后

1954年10月，鼎蜀陶器购销社成立，根据国际市场的需要，大量出口紫砂壶和龙缸。1956年，紫砂壶年出口量达28.2万件。1957年10月，宜兴有255个品种的陶瓷产品参加首届广州出口商品交易会，经外商看样订货，成交额达27万元，出口商品先后由广州和上海口岸负责发运出口。1965年，宜兴陶瓷产品的出口量达223.4万件，比1956年增加了近7倍。至1979年，紫砂产品出口平均单价由10美分增至50美分。1979年8月，宜兴陶瓷公司建立外贸科，具体负责紫砂壶等陶瓷产品的出口任务。同年10月，省政府与外贸部批准成立工贸结合的江苏省陶瓷出口部，并在当年秋季广州出口商品交易会上首次成交炻器45万件。到1980年，宜兴陶器的出口量为601.7万件，比1965年增加169.3%，出口值为539万元。在80年代中，宜兴陶瓷工业不断加强对出口产品的专业管理和计划调度，根据国外不同消费层次的要求，紫砂壶研制出各种档次的新产品、新品种、新造型、新装饰，同时还先后组织产品参加在50多个国家和地区的展览会，采用多种形式宣传产品，增加紫砂壶的知名度和声誉，使紫砂壶产品的营销路子越走越宽广。宜兴紫砂工艺厂还获得了江苏省商检局颁发的出口质量许可证。为了进一步发展外向型经济，宜兴陶瓷公司还改变了经营方法，利用委托办理等形式，还采取召开“外资洽淡会”和举办两年一度的“中国宜兴陶瓷艺术节”，以陶为媒，以艺会友。近年来，紫砂壶产品通过多口岸、多渠道出口，出口量逐年增加。如今，被外国人士誉为“华夏明珠”的紫砂壶，已向世界56个国家和地区出口，出口值逐年增长。

第三节　紫砂工艺的交流

一、接待留学生

1958年6月，宜兴紫砂工艺厂帮助一名在中央工艺美术学院学习日用美术专业的波兰女留学生学习紫砂陶生产工艺和雕塑技艺，历时4个月。

二、出访

1981年10月，宜兴陶瓷艺术家小组成员顾景舟、高海庚、叶亚宁等，在香港举办的“亚洲第六届艺术展览会”上，应邀作了《中国紫砂陶的历史发展与生产过程》的专题报告和现场技艺制作表演。1984年，紫砂工艺师李昌鸿在美国新奥尔良国际博览会上，作了制作紫砂壶示范表演。同年，紫砂工艺师鲍仲海等在斯里兰卡作紫砂壶制作技艺的示范表演，都深受好评。

2005年3月中下旬，应美国中华陶艺家学会邀请，以宜兴市陶瓷行业协会会长史俊棠为团长的宜兴陶艺家代表团一行12人赴美，与美国各地的同行交流陶瓷文化艺术，参观了三多贝大学的“大鱼小壶国际茶壶展”，出席了第三十八届美国陶瓷艺术教育委员会年会。潘持平、潘涛、徐达明、姚志源、徐立、鲍庭博等分别在大地陶艺中心和亚洲艺术馆等地作幻灯讲座和紫砂壶制作技艺表演，中国驻美总领事馆文化领事阎世钊参观了赴美展出的紫砂艺术精品。

三、接待来访

同年5月27日，美国陶瓷艺术教育委员会主席苏珊 · 菲丽、前主席伊莲 · 亨利率美国陶艺家访问团一行 6人，到宜兴进行陶艺考察和交流。

四、研讨会、展会

2005年6月2日～4日，由中国陶协陶艺委员会、美国陶艺教育委员会、中国艺术研究院和宜兴市共同举办的2005中国陶都宜兴国际陶艺研讨会暨陶艺展在宜兴陶瓷博物馆开幕。来自美国、日本、韩国等10多个国家的200多位陶艺家和宜兴市领导出席开幕式。会展期间，举办“新人新作、名人名作展”、“走进陶艺家工作室”、“中外陶艺家幻灯讲座”和“东西方陶艺论坛”等活动。

2005年5月份，由韩国茶道月刊杂志社举办的毛国强、杨勤芳等7人紫砂陶艺展在韩国茗加园开幕，展出7人创作的紫砂壶艺作品200余件。邀请展加深了韩国人民对紫砂文化的了解，促进了两国文化事业的繁荣。

主要参考文献

1.《紫砂壶全书》韩其楼，福建美术出版社，2006年3月

2.《浅谈宜兴紫砂的对外文化交流》贺盘发，江苏陶瓷，1995年第2期（总第69期）

第二章　紫砂与文化艺术

紫砂器的美学价值，不仅在造型和本身所具有的装饰性上，更在于它的精神内涵，在于一种透彻表里的浓郁的文化气息。所谓集造型、文学、书画、金石、篆刻于一体，达到传统文化与素朴泥质的天然默契，这实际上就是紫砂艺人经过周密的创作构思和独具匠心的堆、雕、捏、塑等办法，将源远流长的中国乃至东方文化之精髓囿于器上，使紫砂器增进丰富的精神内涵，从而达到飘然脱俗的欣赏和实用功能。紫砂器之所以著称于世，赢得美誉，其主要原因也就在于此。

第一节　紫砂器的文化内涵

一、紫砂器的文化气息

如何不断增进紫砂器的文化气息，丰富紫砂器的精神内涵来满足知识涵养愈来愈高的观赏者、鉴赏家和收藏家的情趣和享受呢？这是摆在众多制器艺人面前的一大难题。紫砂器的精神内涵来源于制器人的艺术素养与创作构思。紫砂器精神内涵的精髓在于“文化内涵”，就是指能够运用与紫砂器相融合的文学素养。

文学艺术结合进紫砂器后，它赋于的是内在艺术心脉，内在涵养之美，它能使器平添高雅幽美的气质，从而产生一种悠悠的艺术生命气息。如果说紫砂器也有美姿、美容、美质之别的话，那么，文学艺术水准较高的紫砂壶当是最具备这种美质的。不仅如此，它的潜在功效还在于能给观赏者以无声的耐人寻味的情愫，给人以知识的启迪。

文学人士介入紫砂后的佳作，以及文人对紫砂陶艺日臻完美所起的不可估量的作用得到充分的证实。所以有人提出紫砂竞争实际上是“文化竞争”的论点，不无道理。

说文学艺术与紫砂壶艺相融合，往往以在器上镌刻诗文字画、款式为主，且多见于唐诗宋词的只言片语，甚至于不论与器的形体相符与否而套用前人“玉洁冰清”之类的名句，以为这就是赋于紫砂器文学内涵了，其实大为不然。虽然从古至今的紫砂艺师及文人学士参与紫砂创作，他们或自我抒怀、或镂刻赠友，留下许多极具意境的佳作，值得后人借鉴。但更重要的是紫砂发展到现代后，如何在学习和继承前人传统的基础上脱颖而出，再辟蹊径，敢于尝试新的格调、形式和表现手法，并发掘更深层次的文学素养和题材，真正走出创新之路？使文学艺术与紫砂器相融合的路开辟得更宽广，从而出现新的面貌。

二、统筹与构思

怎样才使文学艺术确切得当地注入紫砂器，使紫砂器迸发出新的文化气息呢？这就要求制器人在具有丰富的知识素养并掌握多门技艺的基础上，站在较高的立足点去想象统筹，去构思创作了。

第一，要考虑构思的内容如何恰到好处地与艺术形式相结合，即文学题材如何为器所用，与器融为一体的问题。这里，尤应注意文学的主题立意、器的造型、装饰及内在的意蕴关联。

第二，表现的形式和手法，除器的造型外，应着重考虑文学内容的表现手法，如阴阳镌刻、堆塑彩绘；字体运用，章法布局等。

第三，是装饰点缀。例如图案、雕塑的运用等。在装饰方面须顾及对比协调的关系，及各艺术形式之间的关系，使之起到恰当的辅助衬托作用。

第四，是紫砂器应具有的形、气、神的要求。艺术形式与器融合后的总体艺术效果、制作技法、泥料选用以及逐渐完善的过程。这就是制器人苦苦耕耘乃至凝聚毕生心血的创造过程。那种信手拈来，稍试即止的附雅之举，只能逞一时之快。但要创作有一定精神内涵和艺术深度的精美之作，则不足以取。因为茶壶、工艺品、艺术品本来是三个不等同的概念……在同等条件下，创作者只有吃更大的苦，花更多的功夫，才能创作出艺术性较高的作品。

1988年，曹洪喜创作的“双龙含珠编钟壶”。此器取材于编钟，但在造型设计上不拘常规，壶身由两面编钟跨骑于锥形长方体上，达到线条丰富，圆浑而庄重。壶身顶部为两编钟柄合一壶钮（的子），两侧镶上口中含珠的双龙立于壶盖，填补空间，而壶身下部则就编钟边沿镂椭圆空间，既保持编钟的形象美又增强了壶的立体感和透视感。并饰以夔纹来增添壶的典雅感。编钟的正中堆塑了显目的“鉴古衡今”凸体篆字，并配对联衬托：上联“岂随时俯仰”（取兰亭序联上句），下联则一改原下句“当得古风流”为“当以史经纬”，在内容和韵律上既与上联对称贴切，又与“鉴古衡今”题意吻合。在另一面编钟上镌“革故鼎新”印章居中，与“鉴古衡今”成对比，二者相辅相成，相得益彰，达到文学上的完美和哲理上的辨证统一。为深化“革故鼎新”题意，在印章周围用钟鼎文铭刻了《商君书·更法》一文的精华节选，使历史上商鞅变法的佳句在壶体隽永。整个壶体既新奇又古朴，富有民族文化特色，且寓意深刻，富有观赏情趣。作者构思的立意在于：以丰富的内涵来充实其“历史钟声启迪世人”的主题。使思想性、艺术性、形象性都能高度的和谐统一。

秦权壶

第二节　紫砂与茶诗词集萃

咏阳羡茶　　　　明·唐寅

千金良夜万金花，占尽东风有几家。
门里主人能好事，手中美酒不须赊。
碧纱笼罩层层翠，紫竹支持叠叠霞。
新乐调成蝴蝶曲，低檐将散蜜蜂衙。
清明争插西河柳，谷雨妆来阳羡茶。
二美四难俱备足，晨鸡欢笑到昏鸦。

某伯子惠虎丘茗谢之　　明·徐渭

虎丘春茗妙供燕，七碗何愁不上升，
青箬旧封题谷雨，紫砂新罐买宜兴；
却从梅月横三弄，细搅松风烛一灯，
合向吴侬彤管说，好将书上玉壶冰。

是夜酌泉试宜兴吴大本所寄茶　　明·文徵明

醉思雪乳不能眠，活火砂瓶夜自煎，
白绢旋开阳羡月，竹府新调惠山泉。
地炉残雪贫陶谷，破屋清风病玉川，
莫道年来尘满腹，小窗寒梦已醒然。

花卉竹石纹四方茶叶罐

坐怀苏亭焚北铸炉以陈壶徐壶烹洞山片歌

明·熊飞

显皇垂拱升平季，文盛兵销遍恬嬉。
是时朝士多韵人，竞仿吴侬作清事。
书斋蕴藉快沈燎，汤社精微重茶器。
景陵铜鼎半百沽，荆溪瓦注十千馀。
宣工方钵有施叟，时大后劲扶陈徐。
凝神昵古得古意，宁与秦汉官哥殊。
余生有癖尝涎觊，窃恐尤物难兼图。
昔年挟策上公车，长安米价贵如珠。
辍食典衣酬夙好，铸得大小两施炉。
今年阳羡理蓿架，怀苏亭畔乐名壶。
苏公僻生予梓里，此地买田贻手书。
焉知我癖非公癖，臭味岂必分贤愚。
闲煮惠泉烧柏子，梧风习习引轻裙。
吁嗟洞山齐片不多得，任教茗戏难相克。
亭中长日三摩挲，犹如瓣香茶话随公侧。

竹编铜茶炉

陶宝肖像歌为冯本卿金吾作　　明·林古度

昔贤制器巧含朴，规仿尊壶从古博。
我明供春时大彬，量齐水火抟埴作。
作者已往嗟滥觞，不循月令仲冬良。
荆溪陶正司陶复，泥砂贵重如珩璜。
世间茶具称为首，现赏楷模在人手。
粉锡型模莫与争，素瓷斟酌长相偶。
义取炎凉无变更，能使茶汤气永清。
动则禁持慎捧执，久且色泽生光明。
近闻复有友泉子，雅式精工仍继美。
常教春茗注山泉，不比瓶罍罄时耻。
以兹珍赏向东吴，胜却方平众玉壶。
癖好收藏阮光禄，割爱举赠冯金吾。
金吾得之喜绝倒，写图锡名曰陶宝。
一时咏赞如勒铭，直似千年鼎彝好。

芝亭款题字壶

赠冯本卿都护陶宝肖像歌　　明·俞彦

何人霾向陶家侧，千年化作土赭色。
竭来捣冶水火齐，义兴好手夸埏埴。
春涛沸后春旗濡，彭亨豕腹正所须。
吴儿宝若金服匿，夤缘先入步兵厨。
于今东海小冯君，清赏风流天下闻。
主人会意却投赠，媵以长句缥缃文。
陈君雅欲酣茗战，得此摩挲日千遍。

邵元祥款诗句提梁壶

尺幅鹅溪缀剡藤，更教摩诘开生面。
一时佳话倾瑶玛，堪备他年斑管书。
月徇即今书画舫，研山同伴玉蟾蜍。

刻回纹龙首三足壶

过吴迪美朱萼堂看壶歌兼呈贰公　　明・周高起

新夏新晴新绿焕，茶室初开花信乱。
羁愁共语赖吴郎，曲巷通人每相唤。
伊余真气合寄怀，闲中今古资评断。
荆南土俗雅尚陶，茗壶奔走天下半。
吴郎鉴器有渊心，曾听壶工能事判。
源流裁别字字矜，收贮将同彝鼎玩。
再三请出豁双眸，今朝乃许花前看。
高盘捧列朱萼堂，匣未开时先置赞。
卷袖摩挲笑向人，次第标题陈几案。
每壶署以古茶星，科使前贤参静观。
指摇盖作金石声，款识堪称法书按。
某为壶祖某云初，形制敦庞古光灿。
长桥陶肆纷新奇，心眼欷歔多暗换。
寂寞无言意共深，人知俗手真风散。
始信黄金瓦价高，作者展也天工窜。
技道曾何彼此分，空堂日晚滋三叹。

荆溪陈制款扁圆壶

以下又一首

供春、大彬诸名壶价高不易辨，予但别其意而旁蒐残缺于好事家，用自怡悦，诗以解嘲
阳羡名壶集，周郎不弃瑕。
尚陶延古意，排闷抑真茶。
燕市曾酬骏，齐师亦载车。
也知无用用，携对欲残花。
（吴迪美曰：用涓人买骏骨，孙膑刖足，事以喻残壶之好。伯高乃真赏鉴家，风雅又不必言矣。）

陶山明府仿古制茗壶以诒好事五首　　清・吴骞

洞灵严口庀粗材，百遍临模倚钓台。
传出河滨千古意，大家低首莫惊猜。
金沙泉畔金沙寺，白足禅僧去不还。
此日蜀冈千万穴，别传薪火祀眉山。
百和丹砂百炼陶，印床深锁篆烟销。
奇觚不数宣和谱，石鼎联吟任尉缭。
（明府常梦见尉缭了事四字，因以自号茗壶，并署之）
翛翛琴鹤志清虚，金注何能瓦注如。
玉鉴亭前人吏散，一瓯春露一床书。
陶泓已拜竹鸿胪，玉女钗头日未晡。
多谢东坡老居士，如今调水要新符。

（东坡调水符事，在凤翔玉女洞，旧《宜兴县志》移于玉女潭，辨详桃溪客语）

芑堂明经以尊甫瓜圃翁旧藏时少山茗壶
见视作醇雅形类僧帽为赋诗而返之
蜀冈陶复苏祠邻，天生时大神通神。
千奇万状信出手，巧夺坡诗百态新。
清河视我千金宝，云有当年手泽好。
想见硐砂百炼精，传衣夜半金沙老。
一行铭字昆吾刻，岁纪丙申明万历。
弹指流光二百秋，真人久化莲台锡。
（吴梅鼎《茗壶赋》云：刻桑门之帽，则莲叶擎台。）
昨暂留之三归亭，箧中常作笙磬声。
跋然起视了无睹，惟见竹炉汤沸海月松风情。
乃知神物多灵闪，不独君家双宝剑。
愿今且作合浦归，免使龙光斗牛占。
噫嘻公子慎勿嗟，世间万事犹抟沙。
他日来寻丙合帖，春风还啜赵州茶。

阳羡茗壶款刻字壶

满庭芳・吾邑茶具俱出蜀山，暮春泊舟山下赋此　　清・陈维崧
白甄生涯，红泥作活，乱烟细袅孤村。春山脚下，流水浴柴门。
紫笱碧鲈时候，溪桥上，市贩争喧。推蓬望，高吟杜句，旭日散鸡豚。
田园淳朴处，牵车鬻畚，垒石支垣。看鸥彝朴满，磊磊邱樊。
而我偏怜茗器，温而栗，湿翠难扪。掀髯笑，盈崖绿雪，茶事正堪论。

茶瓶儿　　　　清・陈维崧
绿罨、苕溪、顾渚掐茶妇。
绣裙如雨携香茗，轻盈笑语，记得鲍娘一赋。
邀陆羽，煮花乳，红闺日暮。
玉山半醉绡帏护，且消酪妈佳趣。

赠高侍读澹人以宜壶二器并系以诗　　清・陈维崧
宜壶作者推龚春，同时高手时大彬。
碧山银槎濮谦竹，世间一艺俱通神。
彬也沈郁并老健，沙粗质古肌理匀。
有如香阁乍脱鲜，其上刻画唯凫蹲。
又如北宋没骨画，幅幅硬作麻皮皴。
百余年来迭兵燹，万宝告竭珠犀贫。
皇天劫运有波及，此物亦复遭荆榛。
清狂绿事偶弃得，一具尚值三千缗。
后来佳者或间出，巉削怪巧徒纷纶。
腊茶褐色好规制，软媚讵入山斋珍。
我家旧住国山下，谷雨已过芽茶新。

玉麟款覆斗式壶

一壶满贮碧山芥，摩挲更觉胜饮醇。
迩来都下鲜好事，碗嵌玛瑙车渠银。
时壶市纵有人卖，往往赝物非其真。
高家供奉最澹宕，羊腔讵屑膏吾唇。
每年官焙打急递，第一分赐书堂臣。
头纲八饼那足道，葵花玉銙宁等伦。
定烦雅器瀹精茗，忍使茅屋埋佳人。
家山此种不难致，卓荦只怕车辚辚。
未经处仲口已缺，岂亦龙性愁难驯。
昨搜败簏剩二器，函走长鬣逾城闉。
是其姿首仅中驷，敢冀拂拭充綦巾。
家书已发定续致，会见荔子冲埃尘。

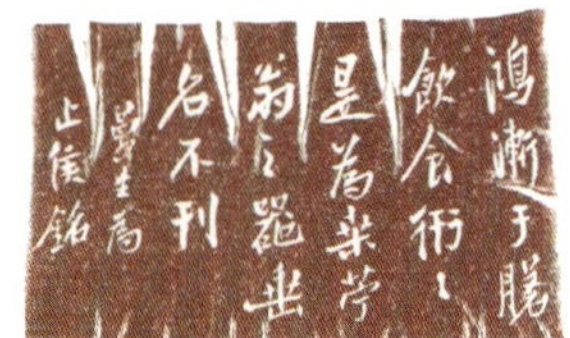

杨彭年款飞鸿延年壶

观六十四研斋所藏时壶率成一绝　　清·陈鳣

陶家虽欲数供春，能事终推时大彬。
安得携来偕砚北，注将勺水活波臣。
（予常自号东海波臣）。

无锡买宜兴茶壶二首　　清·冯念祖

陶出玲珑碗，供春旧擅长。
团圆双日月，刻画五文章。
直并抟砂妙，还夸肖物良。
清闲供茗事，珍重比流黄。
敢云一器小，利用仰前贤。
陶正由三古，茶经第二泉。
欲听鱼眼沸，移就竹炉边。
妙制思良手，官哥应并传。

凸雕夔龙花口花盆

台阳百咏　　清·周澍

寒榕垂荫日初晴，自写供春蟹眼生。
疑是闭门风雨候，竹梢露重瓦沟鸣。

论瓷绝句　　清·吴省钦

宜兴妙手数供春，后辈返推时大彬。
一种粗砂无土气，竹炉馋煞斗茶人。

周梅圃送宜壶

春彬好手嗟难见，质古砂粗法尚传。
携个竹炉萧寺底，红囊须瀹惠山泉。

希文以时少山砂壶易吾方氏核桃墨　　清·马思赞

汉武袖中核，去今三千年。

凸雕螭螭小壶

其半为酒池，半化为墨船。
磨休斫骨髓，流出成元铅。
曾落盆池中，数岁膏愈坚。
质胜大还丹，舐者能升天。
赠我良友生，如与我周旋。
岂敢计施报，报亦非戋戋。
譬彼十五城，难易赵璧然。
有明时山人，搦砂成方圆。
彼视祖李辈，意欲相后先。
我谓韩齐王，羞与哙等肩。
青娥易羸马，文枕换玉鞭。
投赠古有之，何必论媸妍。
以多亘取寡，差觉胜前贤。

逸闲款诗句扁圆壶

宜壶歌答陈其年检讨　　清・高士奇

荆南山下罨画溪，溪光潋滟澄沙泥。
土人取沙作茶器，大彬名与供春齐。
规制古朴复细腻，轻便堪入篛笼携。
山家雅供称第一，清泉好瀹三春荑。
未经谷雨焙嫒绿，养花天气黄莺啼。
旗枪初试泻蟹眼，年年韵事宜幽栖。
紫瓷汉玉价高贵，商彝周鼎难考稽。
长安人家尚奢靡，镂镕工巧矜象犀。
词曹官冷性澹靡，叨恩赐住蓬池西。
朝朝傣直趋殿陛，夜冲街鼓晨听鸡。
日间幼子面不见，糟妻守分甘咸虀。
纵有小轩列图史，那能退食闲品题。
近向渔阳历边徼，春夏时扈八骏蹄。
秋来独坐北窗下，玉川兴发思山溪。
致杞元龙乞佳器，遂烦持赠走小奚。
两壶方圆各异状，隔城郑重裹锦绨。
长篇更题数百手，叙述历落同远赉。
拂拭经时不择字，童心爱玩仍孩提。
湘蔗夜卷银汉直，竹床醉卧寒蟾低。
纸窗木几本精粲，翻憎玛瑙兼玻璃。
瓦瓶插花香爇缶，小物自可同琰圭。
龙井新茶虎跑水，惠泉庙芥争鼓鼙。
他年扬帆得恩请，我将携之归故畦。

玉麟款树瘿壶

杨彭年款描金山水诗句壶

陶器行赠陈鸣远　　清・汪文柏

荆溪陶器古所无，问谁作者时与徐（时大彬、徐友泉）。
泥沙入手经抟埴，光色便与寻常殊。

后来多众工，摹仿皆雷同。
陈生一出发巧思，远与二子相争雄。
茶具方圆新制作，石泉槐炎鏖松风。
我初不识生，阿髯尺素来相通（谓陈君其年也）。
赠我双卮颇殊状，宛似红梅领头放。
平生嗜酒兼好奇，以此饮之神益王。
倾银注玉徒纷纷，断木岂意青黄文。
厂盒宣炉留款式，香奁药碗生氤氲（数物悉见工巧）。
吁嗟乎：人间珠玉安足取，岂如阳羡溪头一丸土。
君不见轮扁当年老斫轮，又不见梓庆削锯如有神。
古来技巧能几人，陈生陈生今绝伦。

陈殷尚款菱花式壶

以陈鸣远旧制莲蕊水盛梅根笔格为借山和尚七十寿口占二绝句　清·查慎行

梅根已老发孤芳，莲蕊中含滴水香。
合作案头清供具，不归田舍归禅房。
偶然小技亦成名，何物非从假合成。
道是抟沙沙不散，与翻新向祝长生。

蜀冈瓦暖砚歌　清·胡天游

苍青截铁坚不阿，琭珞玉铿玉而磋。
太一之船刦斤斧，帝鸿之纽掀穴窠。
贝堂伏卵抱沂鄂，瓠肉削泽无瘢痤。
露清绀浅叶幽漉，日冷赭澹冈夔蛇。
琅琅一片挽历落，仡仡四面平倾颇。
茔陈天智比珍谷，巧斫山骨殊砮碆。
祝融相土刑德合，方軨员盖经营多。
炎烹烬化出抟造，域分宇立开婆娑。
东有日出西有月，包之郛郭环之涯。
水轮无风自然举，气母袭地归于和。
乾坤大腹吞乐浪，荆吴悬胃藏蠡鄱。
陂谣鸿隙两黄鹄，敌树角国双元蜗。
静如辰枢执魁柄，动如牡钥张机牙。
线连罗浮走复折，气通艮兑无壅讹。
严冬牛目畏积雪，终旬狸骨僵偃波。
封翰甍毳失嵬鹿，冻蚌作噩衔刀戈。
一丸未脱手旋磨，寸裂快逐纹生靴。
似同天池败蚩雾，比困秦法遭斯苛。
分明落纸困倚马，绊拘行步偕孱骡。
尔看利器喜人用，初如各宝良可歌。
火山有军罢围燎，热坂近我胜嘘呵。
涫汤初顾五熟釜，灌垒等拔千囊沙。
剑门一道塞井络，春候三月暄江沱。

紫砂百果壶

紫砂小圆壶

共工虽怒霸无所，温洛自润扬其华。
东宫香胶铭缝客，湘妾紫鲤浮晴涡。
沉沉鸦色晕余渲，霭霭雨族披圆罗。
咸池勃张浴黑帝，神鳌斫制随皇娲。
山驰岳走事俄顷，霆翻电薄酣滂沱。
虹窗焰流玉抱肚，月髓水转金蝦蟆。
时时正见黝镜底，北斗熛耀垂天河。
蜀冈工良近莫过，捣泥滤水相抗挼。
为罂为皿为饮槒，壶如婴武杯如嬴。
千窑万埴列门户，堆器不尽十马驮。
智搜技彻更复尔，谁与作者黠则那。
温姿劲骨夺端歙，轻肤细理欺桫椤。
马肝或讶瓜削面，风味兼状鹭食荷。
燔烧颜色出美好，端正不待切与磋。
华元皤然抱坦拓，周颤空洞非婎婀。
早从仲将试点漆，峡槒悬溜骏注坡。
我初见此贪不觉，众中奇畜拟橐驼。
诗篇送似因赚得，若彼取鸟致以囮。
温泉火井佐沐邑，华阳黑水环梁蟠。
豹囊干煤吐柏麝，古玉笏笏徐研摩。
青霜倒开漾海色，乌蚓尾掉重云拖。
端州太守轻万石，宫凌秦羽矶羞鼍。
比于中国岂无士，今者祗悦哀台佗。
时烦拭渥安且固，捧盈恒恐遭跌蹉。
装书未取押玳瑁，格笔迟斫珊瑚柯。
画螭蟠凤围一尺，锦官为汝城初蓑。
启之刀剑快出匣，止为熊虎敢蛰窝。
箫行孔草虽嫩擅，须记甲乙亲吟哦。
国风好色陈蛟嫽，离骚荒忽追沅溇。
凝铺潭影滑幽璞，秋生龙尾凉侵霞。
夜遥灯语风撼碧，萦者为蚓簇者蛾。
行斜次杂共缮蜿，手无停度剧弄梭。
宏农客卿座上客，雄鸣藉扫么与麽。
欲铭功德向四壁，顾此坚凛谁能劘。
砚乎与汝好相结，分等石友亦已加。
阑干垂手鲜琢玉，捧侍未许宫钗娥。
他年涂窜尧典字，伴我作籀书归禾。

象耳提梁壶（一对）

仿时大彬款小壶

紫砂扁圆壶

西江月·颂陶　　郭沫若

土是有生之母，陶为人所化生，陶人与土配成双，
天地阴阳酝酿，水火木金协调，宫商角征交响，
汇成陶海叹汪洋，真是森罗万象。

第三节 当代报告文学

一、报告文学《花非花》讲述蒋蓉一生传奇

《中国文化报》2007年5月15日第3版，城市周刊刊登长篇报告文学《花非花》书写紫砂传奇，吕天璐“一个紫砂艺人的百年沧桑，一部紫砂兴衰的世纪传奇”，介绍作家徐风的新作——长篇报告文学《花非花》。正如作家在题记中所总结的，讲述了中国著名紫砂大师蒋蓉的一世传奇，而宜兴紫砂的世纪兴衰起伏，也在字里行间，让读者明了感悟。作为中国作家协会重点扶持作品创作的项目之一，《花非花》用相当朴实无华的语言记录了蒋蓉大师的生命中的点滴，每个足迹都与宜兴紫砂近百年的发展紧密相关。蒋蓉，是紫砂界的一位奇女子。这位从紫砂发源地之一的宜兴潜洛村一间简陋的农舍里走出的紫砂老人，既经历过民国战乱、沪上春秋，也经历过八年抗战时的寂寞乡村和战后的惨淡小城；既以风华正茂的青春之年迎来过艺术上的第一个巅峰期，也惨遭了十年“文革”对于其艺术近乎毁灭性的打击；她既萌生过朦胧的初恋之芽，又遭遇了一场名存实亡的婚姻……枯灯冷月，花开花落，再坚强的人也可能从此沉沦。可是，在蒋蓉的艺术天地里，那一片全心倾注的爱却一生都未曾改变，她以她那爱的双翅、思想的定力，托举起紫砂艺术一片澄明的天空。

自古，紫砂以光器为上品，花器为下品，蒋蓉却以自己温润精湛的花器艺术在紫砂界一枝独秀，大放异彩，最终成为艺术大师，使得紫砂光器艺术和紫砂花器艺术可以竞相迸发出耀眼的异彩。

在日前由中国作协重点作品扶持办公室、文艺报、江苏省作协领衔主办的《花非花》作品研讨会上，与会者一致认为徐风深厚的文学修养，赋予这部作品一种雅润清新之美，这在传记文学中很是难得。而且作者本身是紫砂文化的研究者，能够非常传神地写出蒋蓉的艺术品格和艺术追求，有助于人们加深对大师的理解，加深对中国传统文化的理解，从而提高了作品的艺术含金量。其中作者从中国古代哲学、民间美术史学、民俗学等角度，对蒋蓉一生创作的200多件原创作品进行了全方位的点评，表达着对紫砂艺术和紫砂文化精辟的见解，堪称是对中国紫砂文化别具一格的集中展现。

二、顾景州与吴冠中唯一的一次见面

1992年9月23日，两位当代国际知名的宜兴籍艺术大师吴冠中与顾景舟有过一次不寻常的会见。9月下旬，中央电视台要为当代绘画大师吴冠中拍摄一部专题片，为寻找哺育这位艺术大师的土壤，吴老带领摄制组一行四人，于9月19日来到故乡宜兴。同他们进行拍摄。当时，宜兴紫砂正风靡全球，“壶艺泰斗”顾景舟大师自然成为众所瞩目的人物。这一次吴老欣然同意会见顾老，顾老也很高兴会见吴老，并约我们23日上午前去。

那天上午雨很大，我们在巷弄口下车后，摄影师们用衣服包着摄像机，冒雨来到顾宅。吴老刚进客厅，顾老便满面春风地从楼上卧室下来。无须介绍，两位艺术大师的手便紧紧地握在了一起。他们携手来到藤椅前，紧挨着坐在一起，亲切地聊开了。吴老精神矍铄，顾老虽在病中却毫无倦容。

吴老说：“早想拜访你这位老乡，就是没有机会。”

顾老说：“我也久仰大名，今天有机会见面很高兴。”

吴老饶有兴味地捧起桌上的一把紫砂壶，仔细欣赏着说：“宜兴紫砂世界出名，确实是个宝。你在艺术上成就是很大的。”

顾老谦逊地说：“我们做茶壶的算什么艺术家，充其量不过是个手艺人罢了。”吴老连连摆手说：“不能那么讲，不能那么讲！”

两位艺术大师开怀畅谈，妙语连珠。吴老说：“艺术是无止境的，自己的东西，过了一个时期再去看，又觉得不满意了。最近我把以前的作品整理了一下，一些不大象样的东西都撕掉了，免得将来留下太多的遗憾！”他问顾老：“听说你也将自己不满意的作品摔掉，是不是这样？”

顾老笑答道：“有这样的情况。自己都不满意的东西留着干什么！”

“吴冠中撕画”、“顾景舟摔壶”，发人深思的艺坛佳话。两位艺术大师对艺术的严谨态度，使在座诸公

无不肃然起敬。

接着，两位大师的话题转人了艺术的时代性和民族性问题。

顾老："现在不是十八、十九世纪那时候，一壶茶吃几个钟头。现在大家都忙，现代人有现代人的生活情趣，现代人的艺术趣味。艺术品如果一成不变，便没有什么时代气息了。"

吴老："紫砂壶造型古朴雅致，线条简洁流畅，艺术品位很高。我认为，时代气息主要靠造型来表现，并不需要外加什么东西。"

顾老："茶壶是喝茶的，是实用的东西，但也要给人以精神上的享受。人们工作一天很劳累，捧起茶壶也是一种享受。一把茶壶让人家今天用、明天厌烦不行，要越用越喜欢，越看越高兴才行。"

吴老："你搞传统的民族艺术，我把西方的油画学过来，搞中国化，与你艺术上是相通的。"

顾老："最近两位日本教授看到我的东西很高兴。他们说，日本艺术是在中国传统艺术基础上发展起来的。所以我们也不要对自己的东西妄自菲薄。"

吴老："对！ 我们要把外国的东西拿过来，变成自己的东西。要参加联合国，首先必须是一个独立的主权国家。要加入艺术'联合国'，也得要有自己的特色。我们的艺术要有民族的独立的东西，才能自立于世界民族之林。你把传统的东西拿过来，搞现代化；我把西方的东西拿过来，搞民族化，我们是有共性的。"

顾老："我认为，艺术是没有国界的，外国人认为是美的、好看的东西，中国人一般也认为是美的、好看的。"

吴老："是啊，我们也要丰富和提高自己的审美情趣。"

两位艺术大师谈得很投机，也很投入。原来，考虑到顾老的健康状况，大家只想让两位大师会一下面，进行简单的交谈。不想，他俩一见如故，竟扯出了那么多、那么深的话题。在他们倾心交谈的过程中，摄影师们忙碌地工作着，摄下了一个个难得的镜头。

临别前，顾老深情地问："你多少时间没有回老家了？"吴老感慨地答道："从小出去后，就很少回家了。这次回来，看到家乡大变了。以后我还会回来的。"顾老一直把我们送到门外。两位艺术大师的手再一次紧紧地握在一起，结束了这第一次也是唯一的一次会见。

主要参考文献：

1.《试论文学艺术与紫砂器的融合》曹洪喜（宜兴陶瓷博物馆），江苏陶瓷，1993年第3期（总第62期）

2.《雪泥留痕——记一代紫砂陶瓷艺术家顾景舟》高英姿，美术观察，2007,no.2

3.《两种艺术撞击出耀眼火花——吴冠中与顾景舟的一次不寻常的会见》许周溥，华人时刊，1997.no.5

第三章　紫砂销售与行业管理

第一节　紫砂业的振兴

一、清末民初

1910年6月5日至11月29日，在南京举办了我国“南洋第一次劝业会”，其宗旨是为振兴实业。江苏宜兴阳羡陶业公司的紫砂陶器获奖，宜兴物产会的海竹顶、宝鼎及大市壶等10件紫砂产品获金奖。

辛亥革命以后，宜兴芳桥开明人士周文伯为振兴紫砂业，亲自到蜀山访贤，复兴陶业。得知宜兴川埠上袁村的前清秀才邵咏棠善于紫砂行业，即聘为利用公司经理，管理紫砂壶的制造，并在上海、天津等地开行设店，扩大经营业务。1915年该公司的产品荣获巴拿马国际赛会头等奖，获奖作者有程寿珍等人。后来利用公司改名利永公司。

二、建国后

紫砂陶器产品几百年来，几经盛衰变化。20世纪50年代初，主要市场仅在上海、无锡，其次是遍于太湖流域的乡村茶馆评弹书场。60年代更是日渐凋零，70年代末愿意从事紫砂业者不多，调出工厂者不少。然而，从80年代初开始，紫砂身价始增，首推徐秀棠雕塑的《萧翼赚兰亭》、《煮酒论英雄》、《雪舟学画》等一批佳作誉满广交会、影响较大。其时，顾景舟先生《提壁茶具》被评为全国银奖。1983年，举世闻名的方圆牌紫砂高级茶具荣获国家金质奖，多次获国际展览会金质奖。

1984年，具有重要意义的是李昌鸿、沈巨华的《孙子兵法》竹简套壶和顾绍培、沈汉生的《百寿瓶》双双在德国莱比锡国际博览会荣获金奖，给国人一个信号，当代紫砂陶产品其盛自此开始。以后的二十多年中，生产规模扩大、生产形式多样，乡镇企业异军突起，民间家庭手工作坊如雨后春笋般出现。路人争说紫砂、村人争做紫砂，势不可挡，给人们的价值观念、从观念、生产格局、生活方式、消费观念带来深刻地变化。

如今一跨进宜兴地界，就浓浓地感觉出陶都的气氛。宁杭公路，穿过宜兴的30余公里的路段，就有陶瓷店不下300家。特别是丁蜀镇与宜城镇周围，大型陶瓷市场鳞次栉比。紫砂壶、紫砂花盆、均陶花盆。各种各样的彩陶瓶、彩陶罐、均陶龙缸、各种型号的大缸小缸、精陶茶具餐具、蓝宝石般的青瓷陈设瓷、还有许多外观很漂亮的陶制小型垃圾桶、各种卫生洁具、各种花色品种的釉面砖、地砖等等。走在路边，走在河边，走在厂边，堆的都是陶器。靠山吃山，靠水吃水，一个行业养一方人。宜兴，特别是丁蜀的许多人，就是靠吃陶土、吃紫砂泥长大的。而且，还靠它出名，靠它发财致富。这里的名人，这里的工艺美术大师，这里的许多小洋楼，小别墅，那也都是泥巴堆起来的。繁荣的市场也促进了这个民间工艺的骤然升温。这个期间生产的品种，以茶壶的创新设计创作为代表,风格迥异、做工精致、泥料适用、工艺改进，一下子让人们发现紫砂有如此强大的生命力；一时间港贾台商蜂拥而至，炒作之热、不亚于沪深股市，光出版的紫砂类书刊就不下百种。十年中紫砂人才急剧增加，在紫砂厂拥有一批英才以外，不少乡村企业中，乃至城乡家庭工作室里真是人材济济。如吴鸣、丁亚平作品的创意和文化品味的深度，在泥料应用上独特的见解，艺术底蕴十足，颇为难得。不少名不见经传或初入紫砂陶苑而拿出的作品足使人刮目相看，如吴光荣、葛军的作品，高雅中饱含传统的精华，传统里显现现代陶艺的风韵。不少外省市的大中专艺术专业的毕业生，欣然在这块土地上辛勤耕耘，令人注目，罗小平、周刚的雕塑，给宜兴传统的工艺风格揉进了一股清风，博取古今中外精华，在其作品上表现得淋漓尽致，浓烈的艺术美感和丰富的创新意境相得益彰。不少原来与紫砂生产尤与壶、塑无缘的人们，努力拓宽紫砂产品原有的局限，开发创新了全新的平面工艺佳品，并在材料的运用上视野大开，一、二年中艺术陶板挂饰风行南北，龚金良的古典题材陶板，运用高温氧化原料，在紫砂材质平面上运用自如，且永不退色剥落，可谓一大进步；鲍旭奇的艺术红木框和工艺精湛的仿青铜器浮雕高档陶饰，雍容华贵，堪称不可多得的精品。人们不难寻找到上述成功的真谛，紫砂工艺作为一种传统文化，其出现其成长均出自于民间的沃土，民间工艺的植根，带动民间的工艺生存发展的氛围，来源于民间，如果不是改革开放，不是国家的富民政策，不是逐步建立各类形式的生产经营模式，就不会有紫砂新的春天。

第二节　知名企业

一、方圆紫砂

在紫砂资源的整合过程中，做出了以下动作：

（一）确定品牌化发展的整体思路

最早的方圆紫砂在形象宣传上，主要依赖对个人地位的渲染。这种做法虽然在客观上对“文革”以后，紫砂工艺的复兴从工艺形式多样化的角度起到了积极的作用，但也加速了行业个体化的演变，导致了行业整体运营极度混乱的现状，从而无法适应现代市场背景下行业发展规律。我们借鉴服装业的运作模式，把设计和制作适度分开，同时引进高科技成果，以方圆品牌(设计+科技)的形式，把企业从产品营销阶段提升到了品牌营销的高度。

（二）采用先进的零售发展模式

原有的紫砂企业，由于在企业形象营造上过分地依赖于具体个人的形象塑造，从而失去了几乎一半的市场控制能力，在他们没有意识到文化资源的商业价值时，这是一个必然的结果；同时，他们在赢利模式上又简单地采用生产订单的形式，丧失了市场直接应变能力，也无法抵御来自小作坊的竞争，更不能防止企业内部人员流失订单的可能，从而完全失去了企业存在的理由，最终走向解体。

现在的方圆紫砂，不仅确定了品牌营销的战略构架，同时从技术上采用直接面对市场终端的方式，以零售形式作为赢利模式，并与具有先进零售模式的壶坊合作，首先在北京设立以百位专家专柜为基本特色的展示中心，同时发展加盟终端。至此，方圆紫砂完整地完成了企业现代化组织形式的改造，实现了从市场信息到产品设计，再到规模化个性生产组织，再到终端展售，最终又形成市场信息的全程控制。

（三）尊重传统，妙用科技

紫砂行业的本质属性是文化产业，是承载中国传统文化的文化产业。所以，方圆紫砂首先解决的便是文化内涵的物化问题。通过对紫砂历史及审美特征的分析，以商品的形式展现紫砂全景，以主题商品的形式不断推出文化内涵；同时，在人们普遍感觉中国传统文化与现代高科技格格不入背景下，方圆紫砂大胆而巧妙地引进高新技术(碧玺紫砂)，使得新型紫砂材料制作的茶壶在水质改善上具有显著作用，从而使品茶过程的保健作用得到了提升，让人们在沐浴文化的同时，享受健康。而在茶文化的茶、器、水这三大领域中，革命性地完成了对水质的人为控制，使得茶艺的过程更为完整，人们在“读壶、问茶、炼水”的过程绝不会有被冷冰冰的现代科技包围的感觉，而更多的感受将是典雅、静逸之美。

（四）投巨资的自信

方圆紫砂已组织巨资10亿元，投资中国紫砂城的建设，落成后的中国紫砂城将集茶叶、茶具、茶文化相关商品和旅游、文化交流于一体。该项目的启动完全体现了方圆人对中国茶行业的信心，必将全面提升紫砂行业的自信。

二、中国陶都陶瓷城

是迄华东地区最大的陶瓷文化城，以宜兴陶瓷产区丰富的自然资源依托。中国陶都陶瓷城以紫砂等特色产业为核心，以日用陶、工艺陶、建筑陶等辐射长三角乃至全国和40多个国家和地区，使古老陶都的区位产业优势真正与外嵌结。据了解，已建成的陶瓷城用地面积66万平方米，耗资10亿元，城内庄显陶都人文特色，建成的陶瓷城将与中国紫砂博物馆、古龙窑遗址公园的建设一起构成陶都古镇的三大特色文化旅游新景观。

三、宜兴市长乐弘陶艺有限公司

中国工艺美术大师徐秀堂与日本著名陶艺家高桥弘合资创办的。位于江苏省宜兴市丁蜀镇。公司从1993年创办以来，以弘扬紫砂文化和茶文化为宗旨，徐氏负责技术总监，培养了一批有创作实力的设计人才及传统工艺制作人员。公司主营名人名作，各类中高档茶具、陶塑、杂件等紫砂礼品。公司所属的徐秀棠工作室参与策划，设计制作室内外环境装饰雕塑、浮雕壁画等大型作品。

四、江苏艺兴紫砂陶股份有限公司

创建于1986年，位于举世闻名的陶都宜兴，是农业部先进企业，宜兴陶瓷十强企业。占地6.6万平方米，建筑面积4万余平方米，总资产3500万元，下设四个分公司，一个技术开发中心和一个研究所。

五、范家壶庄

位于宜兴市丁蜀镇蜀山东郊。公司是由百年传承的陶艺世家——范家与韩国地乳茶会合作创办的一家集紫砂文化研究、创作、学习培训及紫砂文化传播的艺术基地。公司下设紫砂艺术馆、紫砂陶文化学习交流中心、紫砂艺术研究创作中心、紫砂陶工艺品销售中心，2006年10月与韩国茶人联合会精心打造的中韩文化交流基地和中韩土窑先导基地已全部竣工。公司拥有二十余名中、外工艺美术设计师，一百多人的研发、创作、制作队伍。

六、宜景宜人艺术品有限公司

公司致力于传统书画艺术与紫砂陶艺相结合。主要经营：紫砂、陶瓷、茶具、茶叶、字画、内画、古典家具等艺术品。紫砂以其功能美、造型美、材质美、工艺美、品味美于一体，汇文学、书画、篆刻、装饰等于一身，“彰显文人情趣、饱蕴雅士品味”而深受挚爱。公司有“荆溪陶”、“宜景宜人”注册商标。下设：北京宜景宜人陶瓷商店、青岛宜景宜人艺术品有限公司。公司以“卓越品质、精湛工艺”的经营观念，赢得了众多藏家的青睐。近几年公司不断扩大规模，正致力于国内、国际市场的开拓。

第三节　紫砂业的行会协会

一、行会和公会组织

清光绪初年，宜兴陶业按其产品质地分为粗、溪、黑、黄、砂、紫砂六大类行业，且各有行会行规。“不是同行，不得烧窑”，要烧窑就必须入行，并须交纳较高的入行费。行会内部实行统一的议价并强制执行。对紫砂壶的出品，其款式必须以姓名为记，不用商标；技术上实行严格保密，有“传子不传女”的说法。1915年，缸业（粗货业）公所、黑货业公所、黄货业公所、砂货业公所、紫砂业公所以及溪货业行会正式成立，各自生产营销专业陶器产品。紫砂业分布在蜀山、潜洛、上袁一带，主要产品是紫砂壶、茶具、花盆、瓶、鼎、碗、碟、文房饰品和假山石景等精细工艺品与普通茶具。

二、行业协会

目前，紫砂工艺的主产品也由紫砂壶扩展到紫砂壁画、紫砂雕塑，三者相得益彰，不仅热销国内，而且畅销东南亚。紫砂具有宜兴地域文化的特点，还引起了国内外文化界名流的纷纷介入，对研究弘扬紫砂文化，扩大知名度，推进和发展紫砂产业都起到了积极作用。

（一）存在问题

宜兴紫砂历经风雨曲折，现又重新进入最为繁盛、最具活力的时期。但在这繁荣的背后，也出现了一些不和谐的音符，在发展的同时，也产生了一些消极的东西。

1．品牌意识差

注册商标数量少且使用随意。目前全市陶瓷行业注册商标近百件，但2004年使用在紫砂上的只有区区5件。1982年最先注册的宜兴紫砂工艺厂“方圆”商标，80年代紫砂兴盛时期曾把这个商标推到了“顶峰”，但由于紫砂产品自身特性及运作上的问题，以致这个商标一度成为全市紫砂壶共同的牌子，一家注册，家家使用。市场上“方圆”壶随处可见，“方圆”商标随处可买，其专用权受到严重侵犯，信誉度明显下降。现在情况明显已有好转，但暗中还有随意贴牌，时遭侵权的现象。另外4件均是2001年12月新《商标法》颁布后以，由最先觉醒的紫砂艺人以个人名义注册的，使用情况比较规范。其他成千上万的从业人员除加盖个人印章外，一般更多地使用“宜兴紫砂”标记。

2．管理薄弱

管理薄弱主要表现在行业管理和行政管理两个方面。

（1）行业管理

传统的紫砂工艺，是由陶工的祖先发明的“片筑法”手工制陶技艺。这种特殊的制陶技艺代代相传沿袭至今。近年来，制陶艺人又借鉴景德镇瓷器的制作方法，引进了“拉坯法”制作工艺。它是采用流水作业，分拉坯、修坯、安装附件(嘴、把)、烧制、打磨等几道工序。分工协作共同完成，工效明显提高，适宜于批量生产。但也有鱼目混珠的旁门左道：如“注浆法”(就是将紫砂泥捣成泥浆，加入防止渗漏玻璃水，注入现成模型中，待模型吸干水份后打开即脱出壶坯)、“刮泥法”(即用甲泥等粗陶泥料制坯，成型后再在外面刷上一层紫砂泥，经高温锻烧而成)；注浆法使紫砂泥原材质产生了变异，破坏了紫砂特有的透气性能；刮泥法更是只把紫砂作为“门面装饰”来使用。实质上这两类产品已称不上紫砂工艺品了，属于“伪紫砂”之列。这些工艺粗劣的紫砂产品大批量地流入市场，在行业管理上显得十分软弱，无序竞争，缺少规范，降低了紫砂在人们心目中的形象，也重创了紫砂文化。

（2）行政管理

主要是侵权假冒现象突出。一是单纯仿制式样。继承有余，创新不足，有的甚至是完全抄袭，严重侵犯了紫砂艺人的著作权。致使一些紫砂艺人不愿意拿出他们的新作品去参加展览，也不敢轻易委托商家出售自己的作品，最终放弃了许多走向市场的机会。扼杀了创作积极性。二是既仿式样又仿印章。这种行为比前一种更为恶劣。过去几年中，在宜兴著名的紫砂重镇丁蜀，署工艺美术大师名章的紫砂壶随处可见，标价几千元一把的“大师”壶，还价几十元也能成交。行政管理显得十分薄弱。

3．媒体杂乱

（1）不实报道

20世纪80年代后，国内外出版专题书籍和研究宣传紫砂论文的刊物逾百种，很多只能视作商业广告。有的甚至为了谋利，违背事实，出版伪书。

（2）职称混乱

随意拔高、自封职称。

（3）拉大旗作虎皮

蒙骗名人的题词和作品照片以抬高身价或杜撰吹嘘师从某大师等。

（4）任意吹捧

恶意炒作，动辄青年陶艺家，获国际金奖等。

（二）改进措施

1．重视商标注册

商标就是商品的牌子，是用于区别不同商品或服务来源的标记。宜兴紫砂要走向世界，首先要重视做好商标注册工作。市场经济从某种意义上讲就是一种品牌经济，拥有好的品牌就拥有了广阔市场。要引导宜兴紫砂走上品牌之路，真正把商标变成企业的无形资产。要重视商标注册和使用的宣传力度，增强所有从业人员的商标法制意识，引导他们积极申报注册商标，正确合理地使用注册商标。商标注册后，其专用权受法律保护。

2．注册证明商标

当前紫砂行业中的“伪紫砂”以假乱真，是对宜兴紫砂这朵奇葩的摧残，是一种倒牌行为。如果再不进行治理正本清源，长此以往，宜兴紫砂将声誉遭贬，最终失去广阔的市场。要杜绝这种现象，最好的办法是进行行业规范，就是将“宜兴紫砂”注册为证明商标。2003年9月，在宜兴工商部门和陶业协会共同努力下，已将“宜兴紫砂”申报为证明商标，国家商标局已予以受理。注册后，“宜兴紫砂”商标将由市陶业协会控制，明确“宜兴紫砂”的基本标准，从原料材质到工艺流程、质量要求进行监督把关，合格者授权使用，不合格者不予授权，以保护“宜兴紫砂”的基本品质和特性，形成市场上既有质又有量的“宜兴紫砂”品牌形象，实现“宜兴紫砂”的价值。在使用过程中，可采用主(证明商标)、辅(个人印章)商标形式把庞大的从业人员整合为一体，弥补紫砂分散加工所带来的缺陷，提升“宜兴紫砂”的整体实力和美誉度。

3．重点保护名人名作

名人名作保护，就是要把名人印章作为商标注册获得专用权，依据《中华人民共和国商标法》进行保护。这项工作在20世纪90年代初就进行过试点。当时均陶厂将其一位高工的印章注册，取得良好效果。近年来青年陶艺家葛军率先在紫砂工艺创作中，把自己的姓名“葛军”二字进行了商标注册，并在工商部门指导下实施了两次维权打假，引起了社会上强烈的震动，对紫砂艺人自我保护起到了良好的示范作用。目前“沈氏小品”、“德记紫砂”、“朱壶丹心”也先后拿到了商标注册证书，但还很不够，与庞大的紫砂艺人队伍相比远远不相适应。注册后的名人商标可由政府机关、行政管理部门、行业协会有计划地组织个人作品展览、学术交流等活动。推进名人名作的知名度、影响力。在加强广告宣传的同时运用好《商标法》，加大对侵权商品的打假力度，切实维护好原创者的合法权益，保护他们的创作积极性、创造品牌带动经济发展的氛围环境。

4．加大监管力度

建立健全与紫砂行业相适应的法制体系，对其管理力度直接关系到紫砂行业的可持续发展，因此，工商部门要主动参与名人商标、证明商标的注册和监管工作，强化打假维权。要根据宜兴紫砂行业的特点，积极探索行之有效的保护措施。同时地方政府、陶瓷公司、行业协会也要发挥好核心主导作用，要把注册、创牌的商标战略作为新的商机，进一步加强对紫砂的理论研讨和实践探索。研究经营方略，发挥宜兴紫砂的文化优势、名人名作的品牌优势及证明商标的整合优势，凝聚人心。做到既爱护艺术、重视珍品的维权打假，又保护广大从业人员的利益，从而推动紫砂生产力的快速发展，推进紫砂经济的综合实力，扩大宜兴紫砂的知名度、占有率，使“宜兴紫砂”这张陶都名片更加流光溢彩，使陶都宜兴的经济更加金碧辉煌。

实践证明加强行业管理与行政管理的配合是整治市场秩序的有力的途径。当我们谈及紫砂产业的生存困难、发展动力并展望未来时，我们也不能不关心行业自律及其规范问题，比如行业管理问题，知识产权问题，合法经营问题，反不正当竞争问题等等，正引起人们越来越大的关注。因此，增强行业协会的作用就是非常必要的了。

1997年初，宜兴陶艺协会成立。宜兴有从事紫砂设计制作、收藏交流、经商流通的人员10万，人杰地灵的宜兴是紫砂行业的宝地和陶艺大师的摇篮。在协调政府管理、市场管理和行业管理上，已开始产生了效果。使紫砂行业发展面临的瓶颈——行业零散化的现状开始了整合。

2006年6月，关于成立全国性的紫砂行业协会的筹备会议在宜兴召开，行业协会对于紫砂艺术、紫砂技艺、紫砂产业、紫砂文化的繁荣发展是十分有利的。

放眼看去，在祖国广袤的大地上，浏阳在做爆竹，而且家家户户做爆竹；富阳在生产元书纸、宣纸，而且家家户户做纸；还有家家户户编麦杆草帽的村镇，家家户户做竹篮竹框的村镇，家家户户种茶制茶的……宜兴有的村子，就家家户户搞泥巴制壶。这样一种广泛动员广大人民群众积极参与的抢救文化遗产、实现勤劳致富的活动，有着旺盛的生命力。充分发挥行业协会的优势，将会积极地促进紫砂产业的发展。紫砂文化博大精深，体现中华文化的精髓，各种民间工艺莫不如此。

紫砂是宜兴的，更是中国的。

主要参考文献

1.《谈谈紫砂现象及走向》王涛，景德镇陶瓷，2002.no.2

2.《堆山塞海都是陶》乐桂林，景德镇陶瓷，2002.no.2

3.《全面整合及发展紫砂品牌——访方圆紫砂集团董事长王俊华》徐光，中华合作时报 2004年09月08日 第005版

4.《中国紫砂行业协会在宜筹备》无锡日报，2006年6月7日第A02版

5.《浅谈振兴紫砂与商标战略的关系》成丽霞、张耀君，宜兴工商局，无锡市宜兴工商行政管理局2004年理论研讨文集，2004年

第四篇　紫砂文化代表人物

第一章　古代人物

第一节　明代

金沙寺僧

约明成化、弘治、正德年间宜兴湖㳇金沙寺僧人。“僧闲静有致，与陶缸瓮者处”，用缸泥澄练，捏成砂壶，“附陶穴烧成，人遂传用”。僧人没有留下姓名，《阳羡茗壶系》“创始”篇把他列为紫砂壶的创始人。自从供春学了他的造壶技艺后，紫砂壶始为流传。

吴仕

字克学、颐山、号拳石。明弘治至正德年间江苏宜兴人。正德九年进士，以提学副使擢四川参政。少曾读书宜兴湖㳇金沙寺，家童供春给使之暇，窃仿老僧心析，亦淘细土抟胎，以捏法制壶，款识“供春”二字书铁线小篆，传乃颐山研求式样，代为署款。

柳佥

字大中、安愚，号味茶居士。明正德至嘉靖年间江苏吴县人。绝意仕进，为吴之隐君子。曾以宋本改正《水经》之错缪多篇。其读书处曰“清远楼”，定制宜兴紫砂壶署款“味茶奄”。

供春

亦名龚春、龚供春，明正德至嘉靖年间宜兴人。本是四川参政吴颐山的家童。颐山曾读书金沙寺中，供春偷偷向金沙寺僧学习做壶，亦用细土抟坯，手指掠按壶的内外，壶上指纹隐约可见；其制品古朴风雅，传器为树瘿壶，极造型之美，被称为茗具中的逸品。

项元汴

字子京，号墨林居士、香岩居士。明嘉靖四年至明万历十九年（1525～1591年）浙江嘉兴人。国子生。家资富饶，广收法书名画，储藏之丰，甲于江南，因薰习既久，书画自通。山水画法简远，有宋人韵致。善写水墨松竹梅兰，天真雅淡，颇富逸趣。且能诗，著有《牧冢集》。所藏海内珍异，多精品，时人以为富埒于清秘。每得名迹以印钤之，其题跋皆署“樱宁庵”。曾藏晋孙登天籁琴，故名其所居曰“天籁阁”。

爱闲老人

明嘉靖至万历年间人，姓名不详。作品有宜均窑笔洗，紫红色胎，内有淡色开片釉，署“爱闲老人手制”款，作品流传英国及西欧各国。

欧子明

明嘉靖至万历年间宜兴人，是宜兴烧制欧窑较为成功的名艺人。制品玲珑精巧，浑朴而妍态。作品有花盆、水盂、盘、碗、洗和佛像等，“尤以洗类为多”。由于他对彩釉贡献甚大，故中国著名“欧窑”由其姓而得名。

陈继儒

字仲醇、眉公，号麋公、白石山樵。明嘉靖三十七年至明崇祯十二年（1558～1639年）华亭（今上海市松江）人。与董其昌同郡，同时齐名。少负才华，饶智略，年二十八即隐居昆山之阳。工诗善文，兼长绘画。晚年筑别业于余山，致力书画著述，屡征不仕，有“山中宰相”之名。著有《太平清话》、《眉公书画史》等。颇藏异书，其所居名“宝藏堂”。为蒋伯敷撰书壶铭。

赵宧光

字凡夫。明嘉靖三十八年至明天启五年（1559～1625年）江苏太仓人。画承家学，颇有时名，且善治印，著有《篆学指南》。曾构“小苑堂”，藏书其中。昔“钱受斋”藏一壶名钓雪，即凡夫所定制，状似载笠垂钓者。

潘允端

字仲覆，号南箕老人、元邮道人。明嘉靖至万历年间上海人。嘉靖进士，官至四川右布政使。其父恩字子仁，以左都御史致仕。潘允端筑“豫园”以奉之，中有乐寿堂。碧山壶馆藏紫泥小壶一具，底镌“会向瑶台月下逢。乐寿堂制”行书，竹刀刻，盖内有“元江”小印。

董其昌

字玄宰，号思白、香光居士。明嘉靖四十三年至明崇祯九年（1564～1636年）华亭（今上海市松江）人。万历十七年进士，官至礼部尚书，谥文敏。才华俊逸，善鉴别书画，其书法自成一家，与邢侗、米万钟、张瑞图并称“明末四大书家”。又精于品题，收藏家得其片语只字皆以为重。性和易、通禅理，终日无俗语。著有《容台集》、《画禅室随笔》等。曾定制宜兴紫砂壶、陶砚，并自书铭识。

邓汉

字远游、虚舟，号萧曲山人。明万历至天启年间江西新城人。万历二十六年进士，官至佥都御史。著有《大旭山房》《留夷馆》《芙蓉阁》《文远堂》《南中·红泉》诸集。昔何觉夫藏紫泥小壶一具，底刻“文远堂”三字楷书。

顾元庆

字大有，自号大石山人。明万历至天启年间长洲（今江苏苏州）人。正谊子，亦善山水，传家法，能以精工佐其古雅。好古书法，尝作《瘗鹤铭考》。以书史自如，自经史以至丛说多所纂述，著有《云林遗事》《山房清事》《夷白齐诗话》。藏书尤富，择其善本刻之，署曰“阳山顾氏文房”，名其堂曰“夷白”。性好茶，著《茶谱》一卷。曾定制紫砂壶署“顾大石”或“夷白斋”印款。

陈信卿

明万历十年至崇祯十四年间（1582～1641年）宜兴川埠上袁村人。善仿时大彬、李茂林之传器，有优孟叔敖之肖，其作品虽丰美稍逊，但坚瘦工整，雅自不群。惟征逐贵游间，不务壹志尽技，间多俟弟子造成，修削署款而已。

蒋伯苓

明万历十年至崇祯十四年间（1582～1641年）人，原籍江西婺源，名时英，时大彬弟子，初名伯敷，後客於陈继儒，为其改名时英，改字伯茂，因附高流，讳言本业。凡所制作，坚致不俗，其壶样相传为项墨林定式，世称“天籁阁壶”。（《桃溪客话》）

释如曜

字昱光。明万历年间定海人。万历四十年主持普陀洛伽山白华庵。其徒性殊，字朗彻，著有《剖璞集》。师徒集藏金石、书画、文玩及紫砂名壶而致富。

董翰

号后溪，明万历年间宜兴人，是最先创造菱花式的制壶艺人，已殚工巧。（《阳羡茗壶系》）

赵梁

明万历年间宜兴人，也有传为赵良的，他的作品中多提梁式。（《秋园亲佩》）

时朋

明万历年间宜兴人，朋一作鹏，时大彬之父。与董翰、赵梁、元畅四人，被誉为“紫砂四名家”。《阳羡茗壶系》对他们的评价是：“皆供春之后劲也，董文巧而三家多古拙。”

元畅

明万历年间宜兴人，也有传为元锡或袁畅的。无传器款章，“紫砂四名家”之一。（《茶余客话》）

李茂林

字养心，号称李老四，明万历至清顺治五年间江西婺源人。李仲芳父，善制小圆壶，上有朱书号记，世称“名玩”。那时名家壶坯都附入缸窑烧造，“不免沾缸罐釉泪”。李茂林开始“壶乃另作瓦缶，囊闭入陶穴”（即用匣钵封闭起来），从而创新窑具、发展了紫砂陶业。（《桃溪客话》《秋园杂佩》）

时大彬

时朋之子，别号少山，明万历至清顺治五年间宜兴人。他初仿供春，喜作大壶，后善制小壶，耳目一新，壶艺传至大彬始蔚然大观，推其为正宗。居“壶家妙手称三大”之首位。吴梅鼎品评，称其典重，所传弟子甚众，皆知名于世。

时大彬款高僧帽壶

李仲芳

茂林之子，大彬门徒，“为高足第一”，明万历至崇祯年间江西婺源人。制品渐趋文巧，技艺精湛，兼长家传与师承。今人所传大彬壶，亦有仲芳所作，大彬鉴赏后，而自署款识的。时人称道：“李大瓶，时大名。”（《阳羡茗壶系》）

徐友泉

名士衡，明万历四年至崇祯十六年间（1576～1643年）江西婺源人。原非陶人，其父好大彬壶，延之家塾。友泉作品，别具一格，善仿古铜器形及蕉叶、莲房、菱花、鹅蛋、分档等各式各样的紫砂壶。泥色多变，技艺高超，所谓“综古今而合度，极变化以从心。”（《阳羡茗壶系》《阳羡茗壶赋》《宜兴县志》）

陈正明

明万历至崇祯年间人。制器极精雅，所作雅致不俗，壶则别派，盛名于天启年间。

梁小玉

明万历至崇祯年间人。原为武林人士，能赋诗操琴。为普陀三秀祠建祠，到宜兴特制茗壶为祭器。所制砂壶不落俗套，并能自撰铭文。蔡寒琼《牟轩边琐》记载梁小玉白泥茗壶“质坚如玉”，“工丽无匹”。

周后溪

明万历至崇祯年间人，原籍江西婺源。时大彬弟子。善制小壶，汉扁、流方为其代表作，妍妙在朴致中。（《桃溪客话》）

邵二孙

明万历至崇祯年间人。制壶手段不凡，博采众长，造型千姿百态，件件不同，世称“方非一式，圆不一相。”

欧正春

明万历至崇祯年间江西婺源人，时大彬弟子。其作品“多规花卉果物，式度精妍。”（《阳羡茗壶系》）

沈君用

名士良，别称多梳，明万历至崇祯间人，原籍江西婺源。《阳羡茗壶系》称其制作为“神品”，壶式承欧正春一派，描绘诸物，以离奇著称。

沈君盛

明万历至崇祯年间人。善仿徐友泉，而参以沈君用法，为时大彬再传弟子，品种十分丰富，巧与君用相媲美。

邵文金

又名亨祥，明万历四年至清顺治三年间（公元1576～1646年）人，原籍婺源。据《阳羡茗壶系》载，“邵文金仿时大彬独绝”。

邵文银

又名亨裕，明万历七年至清顺治四年间（1576～1647年）人，原籍婺源，与文金同胞兄弟，时大彬弟子，制作文巧，饶有时门风格。（《桃溪客话》）

陈光甫

明万历四十四年至顺治六年间（1616～1649年）人，原籍江西婺源。仿供春、茂林、大彬之传器，被大彬视为“入室弟子”。（《桃溪客话》）

陈用卿

明万历至清顺治年间人，原籍江西婺源。与时大彬同工，负力尚气，俗称为陈三呆子。式尚工致，如莲子、汤婆、钵盂、圆珠诸制，不规而圆，已极妍饰，款仿钟繇帖意，落墨拙而用刀工。（《阳羡茗壶系》《阳羡名陶录》）

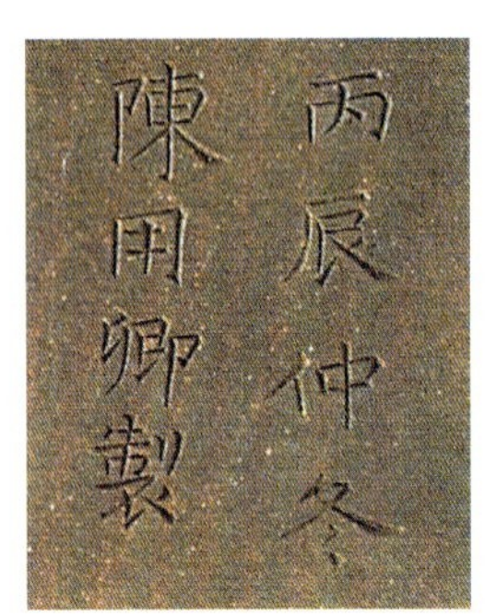

陈用卿刻款

陈仲美

明万历至清顺治年间人。原籍江西婺源，初造瓷于江西景德镇，后慕名到江苏宜兴专事紫砂，把雕塑艺术与壶艺巧妙结合，善于重镂叠刻，喜作香盒、花杯、狻猊炉、辟邪、镇纸等玩器。别具一格。尤好配壶土，对紫砂泥料配方作出较大贡献。

陈俊卿

明天启至崇祯年间江西婺源人，时大彬弟子。（《宜兴县志》）

蒋之翘

字楚犀，号石林。明天启至崇祯年间浙江秀水（今嘉兴）人。家贫好藏书，明末避盗村居，搜名人遗集数十种，辑《甲申前后集》。张廷济弟季勤曾藏铭“名林壶”，为吴骞题款

项不损

明天启至崇祯年间人，名真，制壶朴雅，书法有晋唐风格，为当时之名工。

徐令音

明天启至清顺治年间人。徐友泉之子，独得家传，传古尊罍诸器，配合土色所宜，毕智穷工，移人心目。

阎贤

字鲁生，明天启至清顺治年间江西婺源人。虚心求学，善仿制，后创新，传器颇得前人之妙。（《宜兴陶器概要》）

陈煌图

初名兰生，后更名鸿，字鸿文。明天启、崇祯至清顺治、康熙年间江苏常熟人。崇祯末官至翰林院典籍。明亡后，归隐于西湖北山草堂。

姚咨

字舜咨，号潜坤子、皇象山人、茶梦主人。明末江苏无锡人。著有《潜坤集》《春秋名臣列传》。喜藏书，藏书印曰“茶梦庵”、“茶梦散人”。定制紫砂壶亦用此印。

表4-1 历代制壶名家字号简表

姓名	字	号	别　称
金沙寺僧			静智、白足禅僧
供春			龚春、龚供春
董翰	后溪		
赵梁			赵良
元畅			元锡、袁锡
时朋			时鹏
李茂林	养心		李老四、李老四倌

第二节　清代

陈辰

字共之，明天启至清康熙年间江西婺源人。工书法篆刻，力度相宜，曾为当时紫砂艺人镌刻壶款。（《桃溪客话》）

陈和之

明天启至清康熙年间江西婺源人。善制饮茶用之附件，如花樽、菊盆、手盘、什锦杯等，饮茶器具配套，手法相宜，合为一家。（《宜兴县志》）

陈挺生

明天启至清康熙年间江西婺源人。《茗壶图录》谓陈挺生与邵盖、周后溪、邵二孙、陈和之等“皆一时之名手”。

徐次京

明天启至清康熙年间浙江桐乡人。善仿古器，笔法古雅。传器有三足龟水滴等具。（《桐乡县志》）

郑宁侯

明天启至清康熙年间浙江桐乡人。善摹古器，书法亦工。制壶胎薄而坚致，工整有样。（《桐乡县志》）

承云从

明天启至清康熙年间江西婺源人。善制大壶，气势非凡，造型别致。（《茗壶图录》）

周季山

明天启至清康熙年间江西婺源人。善制茶具、雅玩等，制品新颖，有独到之处。（《茗壶图录》）

项真携

明崇祯至清康熙年间人，原籍浙江嘉兴。制壶朴而素，善壶上雕刻，书法有晋唐风格。

沈子澈

明崇祯至清康熙年间浙江桐乡人。善制菱花壶，制品典雅浑朴，巧夺天工。且善仿友泉、君用传器，世有“石根泉，蒙顶叶，漱齿鲜，涤尘热”之赞语。（《桐乡县志》）

惠孟臣

明崇祯至清康熙年间宜兴上袁村人。制壶小者精妙，大者浑朴，“笔法绝类褚河南”，为大彬之后一大名家。其茗壶底有“文吉馆孟臣制”六字款，以盖内有“永林”篆书小印者最精。其作品朱紫者多，白泥者少，小壶多，中壶少，大壶罕。

惠孟臣款朱泥圆壶

宋荦

字牧仲，号漫堂、西陂放鸭翁。明崇祯七年至清康熙五十二年（1634～1713年）河南商丘人。明亡以大臣子弟列侍卫考试优等，历任山东按察使、江西巡抚。康熙南巡，赐题牧仲别业“西陵”二字。及世有“令仪鱼麦堂”、“清德堂”等额。紫砂壶传器有“清德堂”篆印，以其名高，故后世仿其堂号制壶者甚多。

王友兰

明崇祯至清康熙年间人。幼时在宜兴学艺，艺成后为苏州拙政园主聘去制壶。善制古器，仿制诸家而渐入佳境，不失古朴风雅，另臻绝诣。所作

"拙政园壶"，精妙绝伦。

项圣思

明崇祯至清康熙年间宜兴人，以书法篆刻见长，善仿欧正春、沈君用之传器。虽不见史载，所遗精品"桃杯"，技艺精湛，细腻逼真。为明末清初时之巧匠。

项圣思制桃杯

陈子畦

明崇祯至清康熙年间人，原籍浙江桐乡。仿友泉壶最佳，工制壶杯瓶盒诸物，手法在徐友泉间，为世所珍。或云即陈鸣远之父。（《桐乡县志》）

汪森

字晋贤、碧巢。清顺治至康熙年间浙江桐乡人。官至广西桂林府通判。营碧巢书屋以吟哦，筑"华及堂"以宴客，造"抒楼"以藏书，诗名甚播。著《粤西之诗》《业语》等书。其藏书印曰"休阳汪氏裘抒楼藏书印"。嗜茗饮，有紫砂壶铭。

汪文柏

字季青、柯庭（一作柯亭）。汪森弟。清顺治至康熙年间浙江桐乡人，原籍安徽休宁。官至兵马司指挥使。性好习静。学问渊博，工诗善画，尤善墨兰。山水萧疏简澹。精鉴赏，筑有"拥玉楼"、"屐砚齐""藻堂"等，收藏法书名画，藏书印有"屐砚斋藏书印""休宁汪季青家藏书籍"。暇时好焚香啜茗。陈鸣远曾为其制紫砂壶，柯庭则作画其间。又鸣远制紫砂砚屏，柯庭为其画双钩兰。作有《陶器行赠陈鸣远》诗，著《柯庭余唱》《古香楼吟稿》。

杨忠讷

字耑木，号晚研。清顺治六年至清康熙五十八年（1649～1719年）浙江海宁人。康熙三十年进士。罢官后筑"拙宜园"，与许汝霖、查慎行、陈勋等人唱酬吟咏。著有《业桂集》。尝延陈鸣远至家中制紫砂壶，并代著款识。

马思赞

字仲安，又字寒中，号衎齐，又号南楼。清康熙年间（1662～1722年）浙江海宁人。性敏慧，善绘虫鱼、鸟兽、山水、草木。精篆刻，有《衎齐印谱》。曾筑"皆山堂""道古楼""红药山房"，藏书多宋元善本及金石秘玩、绢素真迹。藏书印曰"古盐官州马思赞""华山马仲安"，著有《道古楼藏书目》《道古古楼历代诗画录》《寒中诗集》及《历代钟鼎款识》等。陈鸣远曾为其制紫砂壶。仲安曾以方氏核桃墨与友人易时大彬壶。

曹廉让

号廉齐。清康熙年间浙江海宁人。陈鸣远常住其家中。

陈鸣远

又名远，号鹤峰、壶隐、石霞山人，清康熙至雍正年间宜兴上袁村人，是近百年来壶艺和精品成就很高的名家。所做茶具、雅玩达数十余种，制品新颖，善翻花样，雕镂兼长，其款识雅健，有晋唐风格，作品名孚中外。当时京城有"海外竞求鸣远碟"之誉。自陈鸣远始，紫砂壶本身有一个完整的艺术感，形成紫砂壶独特的风格与流派。

陈鸣远款无垢壶

张氏昆仲

清康熙年间浙江海宁人。吴骞《阳羡名陶录》记载："陈鸣远足迹所至，文人学士争相延揽，尝至海盐馆张氏涉园。"涉园在浙西海盐县城南三里乌衣村故址。为浙江望族张氏之别业。张氏昆仲甚众，延鸣远者不知何人，因录三人，以为参考。

（1）张珂

字晋樵又字东谷。藏印有"涉园主人宝鉴藏"、"古盐张氏小白珍藏"、"古盐涉园张氏守白斋珍藏"。

（2）张宗松

字青在，楚良，蝮庐。凡图书鼎彝之属，鉴别最精。著有《寒坪诗钞》。

（3）张载华

字佩兼。刻有《初白庵诗评》，藏书印为"张氏研古楼""芷斋图籍""古盐张氏松下图书"。

邵旭茂

清康熙至雍正年间宜兴上袁村人。制壶似陈用卿，造工精细，质坚如玉。传器紫砂大壶底有二印，上"荆溪"篆书椭圆印，下"邵旭茂印"，精湛绝伦。（《阳羡砂壶图考》）

允礼

清康熙帝第十七子。康熙至乾隆三年间（1662～1738年）人。康熙四十四年从幸塞外，雍正元年封果郡王，管理藩院事，晋封亲王，自是历官工部、户部及苗疆事务，乾隆三年卒，赐谥毅。常定制紫砂壶，底钤"静远斋断长制"篆书阳文方印。

郑燮

字克柔，号板桥。清康熙三十二年至乾隆三十年（1693～1765年）江苏兴化人，世籍苏州，明洪武间迁居兴化。少贫孤，天资奇纵；慷慨啸傲，超越流辈。康熙秀才、雍正举人、乾隆元年进士。官至山东潍县令，有惠政，为人疏宕洒脱。善画兰竹，多不乱，少不疏，笔力劲峭，自称"四时不谢之兰，百节长青之竹，万古不败之石，千秋不变之人"，借以寄托其坚韧倔强的品性。善诗文，意境新奇。书法以楷隶行三体相参，有纵横错落，瘦硬奇峭之致，别成体貌，自称"六分半书"，为扬州八怪之一。著有《板桥全集》。尝制壶，白泥粗砂，制度古雅，并刻诗云："嘴尖肚大耳偏高，才免饥寒便自豪，量小不堪容大物，两三寸水起波涛"。款署"板桥道人"，分写行书六行，钤"郑"字阳文圆印。

陈介溪

清康熙至雍正年间宜兴人。善仿古，尤以盖工为一绝。

潘缄雄

字菊轩，清康熙至雍正年间宜兴人，工制茗壶，其掇子尤著。

华凤翔

清康熙至雍正年间宜兴人。善仿古器，精雅而不失古朴风味，且兼长紫砂炉均。

陈汉文

清雍正至乾隆年间宜兴人。或日陈子畦之子，陈鸣远之弟。工茗壶，配泥有特长，尤善铺砂，制品浑朴不让前辈，所作古器工整古雅，然壶式精工而不失古朴风味。（《宜兴陶器概要》）

尤荫

字贡父，一字贡夫，号水屯。晚居白沙之半湾，自称半湾诗老。清雍正十一年至嘉庆十七年（1733～1812年）江苏仪征人。擅绘山水花鸟，尤长兰竹，皆入逸品。时人推为五十年中四大画手之一。著有《出塞诗钞》、《黄山》等集。家藏周种赠苏东坡石铫壶，容水升许，铜提有篆书"元祐"二字，因名所居曰"石铫山房"，后进呈内府，因广写石铫图，并书苏诗于其上以赠人，得者珍之，驰名遐迩。

惠逸公

清雍正至乾隆年间人。制壶工巧，大壶古朴可爱，小壶亦佳。其书法楷行草书齐备，楷书尤有唐人遗意，镌刻或飞舞或沉着，可与惠孟臣相伯仲，故世称"二惠"。

陈文伯

清雍正至乾隆年间宜兴人，斋号"寄石山

房”。所制紫砂花盆，形美质坚，畅销日本，久而不衰。

杨友兰

清雍正至乾隆年间人，善彩绘特色，所制壶，壶身上的山水人物，花卉百草和阳文篆字，都用砂泥嵌贴，每壶无不竭尽智力。

邵基祖

清雍正至乾隆年间人。以制式精雅，体质坚净著称，亦以粉彩花鸟见长。

邵德沁

清雍正至乾隆年间人。善绕彩施釉，在五彩花卉的堆贴上，博采众长，极其工丽。

金士衡

清雍正至乾隆年间宜兴人。着重于仿古器及名家作品，造工精巧，以橄榄形为主，为陈鸣远之后陶艺名家。

张怀仁

清雍正至乾隆年间宜兴人。家贫制壶为业，暇则临唐宋书法，而于怀素有毅力。所制壶碟杯盘，无一不是精品。（重直《宜兴县志》）

邵玉亭

清雍正至乾隆年间宜兴人。制壶周身绕彩，以典丽华贵的宫廷风貌为装饰艺术，借鉴漆器、木器雕刻新工艺，堆花浮雕为其力作。曾手制“乾隆御制”紫砂壶二把，一为六方形，一为圆身灯笼形，工雅可观。现存北京故宫博物院。

杨继光

清雍正至乾隆年间人。工宫廷风格，善制宫廷御器。以用色见长，施色精巧。

陈文居

清雍正至乾隆年间宜兴人，为陈文伯弟，自号“荆溪水石山人”。所制紫砂花盆，畅销日本，久而不衰。

王南林

清雍正至乾隆年间人。善制彩釉砂壶，大量吸收景德镇瓷器装饰手法，紫砂壶跟瓷壶相比，简直到了无法辨清的地步。

王南林制珐琅彩紫砂壶

杨季初

清雍正至乾隆年间宜兴人。善制菱花壶，与陈汉文齐名。（重刊《荆溪县志》）

许龙文

清雍正至乾隆年间宜兴人。受陈仲美、沈君用之影响，所制多花卉象生壶，其代表作选进日人奥兰田编著《茗壶图录》一书。

范章恩

字迪恩，清雍正至乾隆年间宜兴人。制壶颇具时誉。所制壶无论朱紫皆扁身，鞠流平盖，风格娴雅，骨肉亭匀。题铭书法似米芾。

张燕昌

字芑堂，号文鱼、文渔，又号石窗山人。清乾隆四年至嘉庆十九年（1739～1814年）浙江海盐人。乾隆四十二年优贡生，嘉庆元年荐举孝廉方正。性好古，所见古书甚多，著有《金石契》、《芑堂印存》及紫砂专著《阳羡名陶说》。

唐仲冕

字六枳，号陶山。清乾隆十八年至道光七年（1753～1827年）湖南善化人。乾隆五十八年进士。曾知荆溪县（今宜兴），官至陕西布政使、权巡抚。所至有惠政，尤善修治古迹，接礼贤俊。

以疾归，寓金陵（今南京）。勤于著述，有《岱览》、《陶山文集》传世。宦荆溪时亦常仿古制紫砂壶，并署之贻赠友辈。吴骞常赠咏紫砂壶绝句五首。此在陈曼生前，而人无知之者，卒年七十五。

吴骞

字槎客，号兔床。清乾隆至嘉庆年间浙江海宁人。笃嗜古籍，遇善本辄倾囊购之。校勘精审，所得不下五万卷，筑“拜经楼”藏之。工训诂之学，诗文亦盛。著有《拜经楼诗集》及紫砂专著《阳羡名陶录》，后者成书于乾隆五十一年，时客桃溪（宜兴张渚）墨阳楼。

郭麟

字祥伯，号频迦，又号复翁、苧萝长者、蘧庵居士、白眉生，人呼郭白眉。清乾隆三十二年至道光十一年（1767～1831年）江苏吴江人。嘉庆间贡生。工词章，善篆刻。间画竹石，别有天趣，书法类黄庭坚。著有《金石例补》《灵芬馆全集》。所交多名士，曾铭壶镌字，贻赠知交。“不耽阁”藏紫砂大壶一具，制作醇雅，肩镌铭曰：“吾爱吾鼎，疆食疆饮。祥伯为稼庭作。”底有“阿曼陀室”印，下有“彭年”小章。

屠倬

字孟昭，号琴邬，一作琴坞，晚号潜围。清乾隆四十六年至道光八年（1781～1828年）浙江钱塘（今杭州）人。嘉庆十三年进士，道光元年官至袁州知府。工诗古文，著有《是程堂集》。金石、书画、篆刻，靡不深造。善画山水，远宗董源、米芾，近师奚冈，意境开拓，笔墨苍润，有融浑秀逸之气。尝制宜兴紫砂壶，自撰壶铭。

张廷济

原名汝林，字顺安，号叔未，晚号眉寿老人。清乾隆五十一年至道光二十八年（1786～1848年）浙江嘉兴人。嘉庆三年解元。工诗词，精金石考古之学。常结庐高隐，以图书金石自娱，自商周至近代，凡金石书画、刻削髹饰之属，无不收聚，构“清仪阁”以藏之。并藏有时大彬壶，作诗歌多首咏之，著有《清仪阁亲咏》。自叹福薄，以未曾见过“供春壶”为终身遗憾。

伍元华

字良仪，号春岚，清乾隆至嘉庆年间南海（今广州）人。候选道员。秉镛从子，先世以洋商起家，有豪富之称，辟万松园广州河南。善画能诗，性嗜紫砂壶，特延宜兴紫砂名手冯彩霞赴粤开窑制壶，底署“万松园制”四字，多楷书，间作草书。有署款“癸巳万松园鉴制”者，间镌“彩霞”二字于盖唇外，甚为士大夫珍赏。又筑听涛楼于万松山麓，收藏甚富，且制“听涛山馆”茗壶，款书“伍氏听涛山馆春风鉴制”。谢退谷尝为其绘听涛山馆图，阮元、白镕、吴嵩梁诸人皆有题咏。

杜世柏

字参云，号葭轩，清乾隆至嘉庆年间江苏嘉定人。工书法刻绘，善篆刻，研究八体，探讨石鼓、壁经及各碑版，复工拨蜡法，铸铜章，直逼秦汉。好造紫砂壶，铭文书法有晋唐风格。著有《葭轩印品》、《浣花庐印绳》。所制茗壶周身刻上字款，秀美艳丽，但求遒劲苍古之风，不落俗套。金石家张燕昌评说：“此必百年来精于刻印者……非有数十年寝馈者不能到也。”

潘大和

清乾隆至嘉庆年间宜兴人。善制中壶，壶腹镌铭曰“虽有甘芳不如苦茗”。常为文人雅士定制茗壶，泥质坚结，风度妍雅。

江淮

字小海，一字禺义，清乾隆至嘉庆年间人，原籍安徽休宁。能诗，善书，所制茗壶极精雅，惜传不多。

蒋升瀛

字步蟾、采若，号惠堂。清乾隆至嘉庆年间吴淞人。自幼励志读书，名闻乡里。辟“镜古斋”、“寿松堂”藏书，多宋元刊本。尝定制宜兴紫砂壶，泥质坚结，风度妍雅，底钤“寿松堂”篆款。

蔡锡恭

字少峰。清乾隆至道光年间江苏吴门望族。著有《醉经阁诗存》《金石考》《吴门宦游记》。性嗜紫砂壶，收藏时大彬为宝俭堂主人制壶一具，张叔未常赋诗纪之。请杨彭年制作紫砂壶，底钤“少峰”篆文方印。

张香修

名秋月。清乾隆至嘉庆年间人，籍贯不详。所制紫砂壶，底刻“香修”二字小楷，书法镌工，皆极精雅。

乔重禧

字鹭洲。清乾隆至嘉庆年间上海人。嘉庆廪生。博学嗜古，善鉴别，书法尤精于小楷。与瞿子冶友善，定制紫砂壶与其壶式仿佛。碧山壶馆藏白泥粗砂中壶一具，刻梅一枝，分别身盖，两面镌行书曰“罗浮香影”，“鹭洲题”，壶底钤“吉壶”二字篆书葫芦形印，下钤“彭年”小章，盖内有“宜园”小章，皆篆书。今上海地名乔家滨者，即其故宅，有宜园之胜。

薛怀

字季思，号竹君、竹君老人。清乾隆至嘉庆年间江苏桃源（今泗阳）人，居山阳（今淮安）。边寿民外甥。工书画、花卉小品，清远绝俗。画用钩勒，再以枯笔渍染，阴阳向背，极为明豁。写芦雁酷似其舅，且又擅书画宜兴紫砂壶。

绶馥

清乾隆至嘉庆年间人。善制大壶，工刻绘。虽不见史载，但制作极工，其作“披云壶”，壶身如三代铜器，胎内指纹历历可见。壶腹一面刻盆景松石，颇饶唐寅笔意；另一面刻行书宋词，有晋唐帖意。（《阳羡砂壶图考》）

源谦

字益否，号益熟。清乾隆年间广东新会人。工书画，性嗜茗。常请人制紫砂壶，为粤地制宜兴壶之始。其元孙六笙白泥粗砂大壶一具，底署“益否”款，字大盈寸，笔法近似王羲之书体。

陈文叙

清乾隆年间江苏宜兴人。乾隆进士。博学嗜古，工诗书词，尤好造紫砂壶，自撰壶铭，以怡友朋。

葛子厚

清乾隆至道光年间人。缪颂游宜兴，子厚为制壶。

陈曼生

名鸿寿，字子恭，又号老曼、夹谷亭长、胥溪渔隐、恭寿、曼公、曼龚、种榆仙客、种榆道人、翼庵。清乾隆三十二年至道光年间（1768～1822）人，原籍浙江钱塘，著名金石书画家，为西泠八家之一。曾任溧阳县令，喜爱紫砂壶，创制新样，手绘十八壶式，请杨彭年兄妹制壶，然后由其书画装饰，为时大彬后绝技。曼生壶铭多为幕客江听香、高爽泉、郭频迦、查梅史所作，亦有曼生自为之者。凡自刻铭，刀法遒逸，每经幕客奏刀或代书者，悉署双款。由是“字依壶传，壶随字贵”，相得益彰，世称“曼生壶”。

陈曼生款柱础壶

杨彭年

字二泉，号大鹏，清乾隆至嘉庆年间人，原籍浙江桐乡。善制茗壶，造型浑朴雅致，精巧玲珑，且善配泥色。他捏嘴“不用模子，虽随意制成，亦有天然之致”。陈曼生宰溧阳，闻其名，致之，嘱为制壶。曼生自出新意，造仿古式，镌书画其上，号“曼生壶”，皆彭年所作，其壶底有“二泉”两字。故曼生壶多半出自陈曼生、杨彭年之手。（《宜兴陶器概要》）

杨凤年

字玉禽，亦称杨氏，清嘉庆至道光年间人，系杨彭年之妹，为紫砂工艺史上最早的女名家。制品构思丰富，浮雕精美，其成就可与杨彭年媲美。其代表作“竹段壶”、“风卷葵壶”，形态逼真，工艺精巧，均藏于宜兴陶瓷陈列馆。

杨宝年

又名葆年，字公寿，清嘉庆至道光年间人，系彭年、凤年之弟。善制茗壶，擅捏制法，常为陈曼生造壶，所选泥料均为名贵的天青泥，紫檀色中微泛蓝，精光内含，温润如玉。

邵二泉

清嘉庆至道光年间人。工镌壶铭，且善制壶。曾为陈曼生造壶。邵景南壶多数请邵二泉刻字。

瞿应绍

字子冶，初号月壶，后改瞿甫，又号老冶、陛春，清嘉庆至道光年间人。原籍上海。工诗词、尺牍、书画、篆刻、鉴古，善兰竹，有“诗书画三绝”之称。常制砂壶，或请精通者制后自作铭文，或绘竹梅镘于壶上，时人称为“三绝壶”。瞿自号“壶公”，宜壶之盛，陈曼生后瞿实为第一人。（《前尘梦影录》）

缪颂

字石林，号痴颂、石林散人。清嘉庆年间长洲（今苏州）人。为王玖弟子。画平远山水，升堂宋元。其诗与画放纵超脱，受时人推重。性耿介，潇洒自如。曾游宜兴，请葛子厚为其制作紫砂壶。

邓奎

字符生。清嘉庆至道光年间吴兴人。博雅能文，工书法，又精篆、隶、铁笔，尤长模刻。尝为瞿应绍至宜兴监制茗壶，亦有自行撰铭定制者，铭语工切，间刻花卉。款署“符生”，壶底有“符生邓奎监造”篆文方印，或“符生氏造”篆文方印。

徐楙

字问渠。钱塘（浙江杭州）人。印法赵之琛，浙派。徐淪从孙。字仲繇，又字仲勉，问蘧、问瞿、问渠、问年道人、子勉父、秋声馆主。斋堂为问蘧庐、秋声馆。活动于嘉庆道光年间。得叔祖徐淪之教。嗜古，爱收藏，藏有父癸爵和周应公鼎。工诗文，精校辩，能书画。治印运刀刚劲涩辣，分朱布白工整谨严，皆有法度。道光癸未年（1823年），曾与赵之琛合作“诗天酒海”一印。著有《问蘧庐诗词》、《漱玉词笺》。请杨彭年制紫砂壶。自镌隶书铭曰：“置之都篮，如印一函”。审其传器，制作及彭年印章，在曼生壶之前。其姓名也有写为徐茂的。

吴月亭

字竹溪，清嘉庆至道光年间人，为杨彭年后辈，善雕刻。

朱石梅

名坚，号石眉，清嘉庆至道光年间人。原籍浙江绍兴。精于鉴赏，擅画人物花卉，尤善铁笔，且多巧思。首创砂胎包锡壶，将紫砂与锡、玉工艺相结合，使紫砂壶别开生面。著作有《壶史》一书，久已失传。

朱石梅款锡包础方壶

冯彩霞

清嘉庆至道光年间宜兴人。是继杨凤年后又一位杰出的紫砂女名家。善制工夫壶，大者如拳，小如鸡蛋，指纹腠理隐现，尤为夺目。她曾应邀到广东南海伍元华家制壶，伍氏的“万松园壶”和“听涛山馆壶”均是其代表作品。彩霞之书颇有欧阳询之韵，所镌款字精巧有致。

潘仕成

字德畬。清嘉庆至道光年间广东番禺人。先世以盐贾起家，在广州建别业名“海山仙馆”，收藏法书名画极富。嗜茶，特制茗壶，以壶盖唇外阴文篆书“潘”字印为识，至今流传，人称“潘壶”。

邵大亨

清嘉庆至咸丰年间宜兴上袁村人。年少而得名独早，制壶以浑朴胜，玉色晶光，气韵温雅，望而知为名手所作。其鱼化龙壶，伸缩吐注，灵妙天然。（《宜兴陶器概要》）邵大亨之长，非一式而雅，善仿古，有过之无不及也。其掇壶骨肉亭匀，雅俗共赏，嘴攀匀称自然，口盖直而紧，虽倾则无落帽之忧。（《壶茗说》）所制壶盖内皆有“大亨”楷书印，为当时制壶名家代表人物。

邵大亨制龙头八卦一捆竹壶

申锡

字子贻，清道光至咸丰年间人。笃志壶艺，善雕刻。制品喜用白泥，精于捏造；若寻常之品，每用模制。所制壶，壶底有“茶热香温”篆书方印，盖内有“申锡”楷书扁方小印或下有“申锡”小篆章。（《阳羡砂壶图考》《宜陶之旅》）

吴阿坤

清道光至咸丰年间宜兴上袁村人。制壶名手，可惜他的作品和事迹后人所知甚少。《宜兴县志》中有“砂壶声价今谁重？名手更推吴阿坤”的诗句。

第二章　近代人物

邵景南

号留佩主人，清嘉庆至同治年间人。善仿明式制壶，深得古法。传器底印“姑苏留佩”，盖内“景南”小印。

蔡锦泉

字文渊，号春帆。清道嘉庆至咸丰间（约1809～1859年）广东顺德人。道光十一年（1831年）解元，官编修，曾提督湖南学政，且为惠亲王师傅。博通经史，工诗善画，所至名胜必图以纪之。与伍元华友善，伍氏延宜兴名手制紫砂壶，春帆亦请制壶，自题铭文，或钤“听松山馆”印。著有《听松山馆集》《春帆诗钞》。

蒋万泉

清道光至同治年间宜兴人。虽不见史载，但为当年制壶名手。作品单纯，不苟丝毫，传器紫灵壶通体无瑕疵。（《壶中天地》）又有紫砂钟形壶，形制朴素敦厚，古雅大方，壶底内刻阳文篆书“万泉”小方印。（《宜兴紫砂》）“陈曼生自铭紫砂竹节壶”，壶腹刻铭款署“曼生”，壶盖内钤“万泉”篆书印。他的作品，制作之规整，捏塑之巧妙，雕琢之精细，可谓匠心独具。（《中华文物鉴赏》）

周永福

清道光至同治年间宜兴人。学大亨法，所制壶多方圆类,传器一“白泥扁壶”,此壶工细工整,盖内一“永福”印章,亦善制鹅蛋形壶。

邵赦大

清道光至同治年间宜兴人。多得杨彭年手壶，心慕力追，尽传其巧妙，所制竹段、梅桩、同卷葵案诸式，时人争相购之。（《宜兴陶器概要》）

邵友廷

清道光至同治年间宜兴上袁村人。精工壶艺，成名于大亨后，玉麟前，制鹅蛋、掇球等独绝。（《宜兴陶器概要》）

蒋德林

字万全，清道光至同治年间人。无师而艺极精，工抟埴，善制壶、盆、盘、书案陈设等器，制作工整，为一时之冠，士林重之。

何心舟

清道光至同治年间人。工书法、篆刻、壶器，造工精练、简巧，取材自然型式，为陈鸣远后巧手之最。（《宜陶之旅》）

王东石

清道光至同治年间人。造壶得古法，刻工精细，常为文人雅士制壶。

陈伯亭

清道光至同治年间宜兴人。为咸丰十年后紫砂雕刻名家。独树一帜，继往开来，书画铭刻，无不追踪前人，而梅桩尤卓绝。

胡远

字公寿，号瘦鹤，横云山民。清道光三年至光绪十二年（1823～1886年）华亭（今上海松江）人，侨上海。能诗，善书画。书法类颜鲁公，藏有戏鸿堂木争坐位稿书，矜为至宝。画笔秀雅绝伦，兼长山水花卉，尤善画梅。咸丰十一年（1861年）至上海，初寓毛树潋家，后买宅颜曰“寄鹤轩”，著有《寄鹤轩诗草》。尝定制宜兴紫砂壶，且自题壶铭款识。

黄彭年

字子寿。清道光三年至光绪十五年（1823～1889年）贵州贵筑人。道光二十七年进士，官至湖北布政使。工花卉。尝主教保定莲池书院，成就尤众。纂修畿辅通志，著有《陶楼集》。其父子三代世传家学，藏书甚富，传器亦珍。昔蔡寒琼曾见白泥小方壶一具，底钤“彭年”二字篆书方印，盖内钤“子寿”隶书小长方印，即为其遗器。

吴大澂

初名大淳，字清卿，号桓轩，愙斋。清道光十五年至光绪二十八年（1835～1902年）江苏苏州人，后客上海。同治七年（1868年）进士，官至广东、湖南巡抚。光绪二十年（1894年）甲午中日战役，因督师失利，被遣回籍，为龙门书院院长。精鉴赏，工篆隶，兼善丹青，山水花卉画得力于金石书法，且擅刻印，风格古朴。喜收藏书画、碑版、彝器、玉石文物，得“宋微子鼎”，铭文客字作愙，因又号愙斋。著有《愙斋集古录》《说文古籍补》《古玉图考》《愙斋诗文集》等。晚年卜居歇浦，与画家任伯年、胡公寿、吴昌硕辈交结。藏有供春缺盖树瘿壶，因请黄玉麟至家依式仿造。又别制壶数件，以贻知友，壶底有“愙斋”阳文印为识，古篆朴雅，非前代壶印可及。

金士恒

清道光至光绪年间人。原籍苏州。善陶坛、缸坛之类。后别具匠心，采用白泥制成似壶非壶，似坛非坛、实用美观的“蛹壶”。光绪四年（1878年）应聘去日本传授紫砂壶手工成型技法，是宜兴紫砂工艺传人日本的开始。

张之洞

字香涛，号牛翁、无竞居士。清道光十七年至宣统元年（1837～1909年）河北南皮人。同治二年探花，历任两广、两湖督抚。尝命人往宜兴定制紫砂壶，自撰壶铭，故号“壶公”，鉴赏书画法帖亦喜用“壶公”印。传器俱紫砂中壶，“香涛”撰铭，款署“河”。

任颐

初名润，字小楼，后改字伯年。清道光二十年至光绪二十二年（1840～1896年）浙江山阴（今绍兴）人，寄寓浙江萧山。父鹤声，工写照，幼承家学。遇任熊后被收为弟子，继从任薰学画，中年起在上海卖画。擅画人物、花卉、翎毛，尤工肖像，曾为虚谷、吴昌硕、高邕之画像。书法参用画意，亦奇警不凡。年未及壮，已名重大江南北，为“海上画派”之代表人物。尝在宜兴紫砂上亲笔题字刻画，寥寥数笔，情趣盎然。

黄玉麟

清道光二十二年至民国三年间（1842～1913年）宜兴上袁村人。原籍丹阳。幼孤，年十三年学艺三年即青出于蓝。善制掇球、供春、鱼化龙诸式，莹洁圆湛，精巧而不失古意。又善制紫砂假山，得画家皴法，层峦叠嶂，妙若天成。吴大澂、顾荣林先后聘请去各制茗壶若干。大澂富收藏，玉麟得观彝鼎及古器，壶艺日进，名亦益高。（《梦窗小牍》《宜兴陶器概要》）

黄玉麟制弧菱壶

吴昌硕

初名俊，后改俊卿，字昌硕，一作仓石，号缶庐，晚号大聋；七十以后以字行。清道光二十四年至民国十八年（1844～1927年）浙江安吉人。后寓上海。工书法，擅写石鼓文，自成一家。精篆刻，用刀圜干钝刃，异于通常。西泠印社社长，暮年苦为铁笔所累，自号“苦铁”。三十岁后始作画，博采众长，兼取篆、隶、狂草笔意入画，作品重整体，尚气势，有金石气。能诗。著有《缶庐集》《缶庐印存》《吴昌硕画选》等。尝在宜兴紫砂壶上亲笔题诗作画，时人得之珍藏。

范鼎甫

清咸丰至光绪年间宜兴人。不仅善制壶，还擅长雕塑，其力作紫砂“鹰”，双翅傲展，两眼圆睁，停立山石，栩栩如生。毛羽纤细，泥现铜色，形态逼真，是件难得的艺术品，曾在1935年伦敦国际艺术展览会上获金质奖章。

端方

字午桥，号陶斋。清咸丰十一年至宣统三年

（1861～1911年）满州正白旗人。光绪举人，由工部主事历官至南洋大臣。精金石之学，著有《陶斋吉金录》《陶斋藏石记》。尝定制宜兴紫砂壶，底有“宣统元年正月元日”篆书两行，盖内有“陶斋”及“宝华庵”印。

汪春荣

又名汪森义（1870～1927年），原名汪芳荣，又名汪春荣，汪生义，汪舁义。世居宜兴蜀山南街，紫砂世家，其祖父叫汪胖子，以做紫砂花货和竹器闻名。汪森义，清至民国紫砂艺人，1910年受聘于阳羡紫砂陶业公司为技师，1915年受聘于宜兴利永陶器公司为技师，1918年汪在由省议员潘宝熙任厂长的江苏省陶器工厂教制胚，当时教制胚的艺人还有程寿珍，范大生，俞国良，范福奎，著名艺人冯桂林，朱可心，吴云根，汪宝根等是其弟子，朱可心，吴云根，汪宝根为正式拜师之徒（1906年收吴云根，1913年收汪宝根，1919年收朱可心为徒）。当时学徒之中佼佼者为冯桂林。

蔡恺

字乐樵，号小痴。清咸丰至同治年间广东顺德人。蔡锦泉族侄。工诗、画、篆刻，诗仿黎简民，著有《眺松阁集》二十卷画学王原祁，善用浓墨。嗜茗饮，手制紫砂壶茶具极精致，自镌“苍鼠奋髯饮松腴”七字印，遇得意之作辄钤之。

鲍明亮

清同治至民国年间宜兴人。制陶名手。善捏制人物、动物陶塑，以紫砂为胎，外施各色釉形，以均青釉为最。所制宜均火钵，畅销日本。力作紫砂均釉大瓶，高1.6米，1910年曾获南洋劝业会优奖。

魏忠明

清同治至民国年间宜兴人。他是第一个制作出口花盆的名艺人。所制菊、梅、葵诸式花朵口花盆，花边匀称，形制完美；其阴阳抽角花盆，都加贴花画面；其京钟大花盆，气势宏大；各式水底，口线是用不同样装饰，并善刀工，雕刻细腻。所制花盆，全由日本商人包销。日商还赠以“万宝顺”印戳。其花盆作品曾获得南京工艺赛会金质奖章。

戴国宝

字玉屏，号玉道人。清同治九年至民国十六年（1870～1927年）南京人。善绘画，原是刻瓷名手，能以铁针刻画花纹于瓷器上，擅双钩法，故其室名曰“铁画轩”，藉以表明其职业的特色。兼善治印，与吴石仙齐名。20世纪初，戴氏由刻瓷转移到刻划紫砂壶，从宜兴购坯，在自己工场加以纹饰。公司印记“铁画轩制”，并自署“戴氏”、“玉屏”及“玉道人”印款。邓实字秋枚，号野残，生卒年不详，广东顺德人。清末至沪，主办《国粹学报》，反对君主。室名“风雨楼”，庋藏书画、竹刻、紫砂壶颇富。创设神州国光社，刊印历代画集及《明清各名家砂壶全形集拓》，并与黄宾虹合作编印《美术丛书》，贡献美术界至大。

第三章　现当代人物

第一节　工艺美术大师

顾景舟

（1915～1996年）亦名顾景洲。生于江苏宜兴川埠乡上袁村，顾景舟可以说是历代紫砂陶艺名家中，名号最多的一位，他本名景洲，后改名为景舟、名号有曼晞、瘦萍、武陵逸人、荆南山樵及壶叟等。曾自创堂号为自治轩。他在壶艺上的成就极高，技巧精湛，且取材甚广，世称“一代宗师”、“壶艺泰斗”。

少年即从其祖母邵氏（邵大亨后人）学艺，潜心磨练制作技巧，年方二十便已身列紫砂名手之林。数十年来饱览历代紫砂精品，深入钻研紫砂陶瓷相关工艺知识，旁涉书法、绘画、金石、篆刻、考古等学术。丰富的人文素养加上精练制壶技艺，蕴酿出其紫砂创作的独特艺术风格，而顾景舟对于紫砂陶传器鉴赏亦有高深独到的造诣。

他的紫砂作品以茗壶为主，年轻时先由方器入手，兼做圆器，随着其与书画界的交往，逐渐偏重光素器型的制作，最后是以几何形壶奠定其个人风格。作品特色是，整体造型古朴典雅，形器雄健严谨，线条流畅和谐，大雅而深意无穷，散发浓郁的东方艺术特色。

他还与名画家韩美林和中央工艺美术学院张守智教授合作制壶，为砂壶的发展注入现代美学概念，开创紫砂茗壶造型的新意境。

提梁壶

仿鼓壶

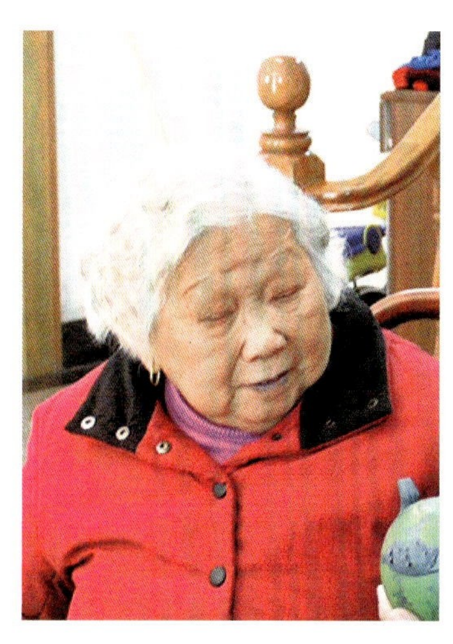

百果壶

蒋蓉

(1919～2008年）别号林凤，江苏省宜兴市川埠洛林人。1995年被授予中国工艺美术大师称号。蒋蓉11岁随父亲蒋鸿泉学艺。1940年由伯父蒋鸿高带至上海制作仿古紫砂器，曾为虞家花园设计制作花盆。1947年回乡。1955年参加宜兴蜀山陶业生产合作社，创作荷花壶、牡丹壶等。为周恩来总理出国访问赶制像真果品20套。1957年制作《佛手壶》，尝试注浆工艺制作茶壶，提高工效，满足出口订货需要。1958年创作《金瓜壶》、《菱形壶》、《南瓜烟缸》、《大栗杯》、《竹根》等数十品种，批量生产。1973年后创作的《白藕酒具》、《琵琶笔架》、《蛤蟆捕虫水盂》、《树桩盆》等以大自然为造型，饱含生活气息的陶艺作品。1983年创作更具特色，先后有：《百寿树桩壶》、《玉兔拜月壶》、《菊蕊花蝶壶》、《松果壶》、《双龙紫砂砚》等问世。发表《师法造化，博采众长》的紫砂专论。

青蛙荷叶壶

汪寅仙

（1943～）女，研究员高级工艺美术师，中国工艺美术大师。

生于江苏宜兴丁蜀镇。1956年考入宜兴紫砂工艺厂，师从吴云根、朱可心等著名老艺人。1973年进紫砂厂研究所，专业从事紫砂造型设计创作；1975年进中央工艺美术学院进修；1982年任紫砂工艺厂研究所副所长；1989年晋升为高级工艺美术师，任副总工艺师。1993年被国务院授予中国工艺美术大师；1995年出席北京第四届世界妇女代表大会，并操作表演；1997年4月4日，中央电视台《东方之子》栏目播出汪寅仙专辑；2006年任第五届中国工艺美术大师作品展评委；2007年被授予中国民间文化杰出传承人及国家非物质文化遗产传承人。曾任中共宜兴市委第八次市委委员、江苏省传统工艺评审委员会委员、江苏省工艺美术学会陶艺专委会副主任、江苏省政协第六、七、八届委员。

她技术全面兼容各派技艺，善于将生态的自然美注入于壶艺之中，施艺严谨，手法独特，共设计创作300多个件（套）。作品造型各异，格调高雅。其中四件套被故宫博物院收藏；三件被北京紫光阁收藏陈设；中国国家博物馆、上海博物馆、南京博物馆、中国工艺美术珍宝馆、香港茶具文物馆、美国大都会博物馆、英国大英博物馆均有收藏。有些作品被选为国家领导出访礼品；许多作品在日本、美国、法国、新加坡、加拿大、澳大利亚、香港、台湾等20多个国家及地区展览；许多作品成为壶艺爱好者的收藏珍品，在国内多次获得国家级大奖；多次参加国际性文化交流及研讨会活动。多年来总结并撰写紫砂方面的文章20多篇，1997年出版了《汪寅仙紫砂作品集》一书，2001年10月，在北京中国工艺美术珍宝馆内举办“汪寅仙紫砂艺术展”。

曲壶

弯把梅椿壶

徐秀棠

（1937～）出生于江苏宜兴蜀山紫砂世家。高级工艺美术师、中国工艺美术大师、中国美术家协会会员、江苏省文史馆馆员、中国美术家协会陶瓷艺术委员会委员、江苏省民间文艺家协会副主席、无锡市美术家协会副主席、无锡市茶文化研究会副会长、江苏省工艺美术学会陶艺专委会主任。

1954年拜紫砂陶刻著名老艺人任淦庭为师，1955年1月随师父进蜀山陶业生产合作社（紫砂工艺厂前身）。1958年参加轻工业部与中央工艺美术学院联合举办的“中国民间雕塑研究班”，结业后转入中央工艺美术学院“坭人张”张景祜工作室学习彩塑。1959年回紫砂工艺厂从事陶刻陶艺创作，主攻紫砂雕塑。1993年与日本陶艺家高桥弘先生合作组建长乐弘陶艺有限公司。

其作品多次在国内外展出中获奖，并被故宫博物院、南京博物院、上海博物馆、美国大都会博物馆、英国维多利亚博物馆及大不列颠博物馆、比利时皇家博物馆等收藏。

顾景舟为主编，徐秀棠、李昌鸿为副主编，1993年由香港三联书店出版《宜兴紫砂珍赏》。

1999年个人专著《中国紫砂》由上海古籍出版社出版；2000年《徐秀棠紫砂陶艺集》由上海古籍出版社出版；2000年主编《宜兴紫砂文化丛书》并编著《宜兴紫砂珍品》由浙江摄影出版社出版。

灵豹壶

供春

听雨

吕尧臣

（1940～）生于江苏宜兴高塍镇。中国工艺美术大师。数十年来潜心紫砂壶艺，先有“吕竹”之称，后博采众长，大胆创新，形成了具有鲜明特色的“吕氏壶艺”。其开宗立派的“吕氏绞泥”技法，改变了紫砂陶艺原有的内涵和形式，被誉为“壶艺魔术师”。

其艺术“包前孕后”，中西合璧，树一代楷模，开百年新风，是传统紫砂艺术在20世纪突起的又一奇峰。被载入英国剑桥《世界名人录》，为“世界名人协会”终生会员。

小石冷泉

谭泉海

（1939～）江苏宜兴人，中国工艺美术大师、中国陶瓷艺术大师、第七、八、九届全国人大代表；首届中国民间文化杰出传承人、研究员级高级工艺美术师。曾任宜兴紫砂工艺厂副总工艺师、宜兴市人大副主任、民建宜兴市主委、江苏省工艺美术学会陶艺专委会副主任和第四届江苏省工艺美术大师评委、第五届中国工艺美术大师江苏省评委会成员等职。

1958年进宜兴紫砂工艺厂，师从著名陶刻艺术家任淦庭先生学习陶刻装饰；1974年，参加为祝贺朝鲜“金日成首相诞辰六十寿辰”而定制的特大印花青瓷花盆的浮雕创作；1975年，在中央工艺美术学院陶训班学习，受到梅健鹰、杨永善、陈若菊、白雪石等知名教授的教导；1979年，创作特大紫砂挂盘“松鹰”、“群马”，被故宫博物院收藏；1984年4月，装饰雕刻的《紫砂百寿瓶》参加德国莱比锡国际博览会获金奖；1985年，装饰雕刻的《博古百寿瓶》荣获江苏省新产品评比一等奖；1988年，创作的紫砂《四体茶诗艺术挂盘》获江苏省新产品评比一等奖；1990年，创作的紫砂作品《名胜古迹雕刻艺术装饰画微雕盘》、《八骏图艺术雕刻挂盘》在第二届全国陶瓷艺术节名人名作馆展出，并分别为香港“海洋”、“锦锋”艺术公司收藏；1992年，紫砂作品《百帝图鼻烟瓶》获国际精品大奖赛一等奖、全国陶瓷展评会一等奖；1994年，紫砂《历代文化条屏》获第五届中国陶瓷展评比一等奖，《四季瑞祥》挂盘获全国陶瓷美术设计二等奖；1999年，参加蒋蓉等六大师合作的《跨世纪壶》的雕刻装饰，创作的《千禧千寿世纪瑞祥双耳瓶》获国际杭州西湖博览会“特别艺术成就奖”；2001年，为香港著名实业家李嘉诚先生雕刻装饰《红灵扁壶》；2002年，为香港恒基伟业总裁李兆基先生雕刻《紫气东来》阳雕书法艺术挂盘，并为香港中信泰富董事局主席荣智健先生雕刻描金紫砂挂盘《奔马》；2004年，雕刻特大双色紫砂扁方瓶《博击》、《祥和》，被上海通用副总裁荀逸中先生收藏；2005年，与当代著名书画大师范曾联袂合作，铭刻20余把由范曾书画的紫砂壶，收藏于“范曾艺苑”，并结集出版《吾画壶》一书；2006年，创作《江南春》系列壶，被故宫博物院和韩国地乳茶学会收藏；2007年初，赴韩国办展、讲学。

近年来，着重为其女工艺美术师谭晓君、谭晓燕设计造型和雕刻装饰，作品曾多次获奖，其中《花翎壶》、《古韵壶》为中国工艺美术馆收藏；《鱼跃壶》被中南海紫光阁收藏；陶艺、书画作品曾多次赴日本、韩国、美国、法国、加拿大、澳大利亚、新加坡、马来西亚等国和台湾、香港地区展出。他撰写的《紫砂陶刻试谈》、《浅谈紫砂挂盘的创作与艺术欣赏》、《书魂·画魄·刀骨》等论文散见于国家、省、市各相关专业杂志及学术刊物。

陶刻笔筒

江南春系列壶

徐汉棠

（1932～）出生于陶艺世家。高级工艺美术师、中国工艺美术大师、中国陶瓷协会会员、中国轻工设计协会会员、中国美术学会高级会员、江苏省陶瓷美术学会理事、中日陶艺研究协会顾问、国际茶文化研讨会理事、江苏省工艺美术学会陶瓷专业委员会顾问；曾任宜兴市第九届政协委员、无锡市第十届政协委员、荣获“中国工艺美术终身成就奖”。

1948年初中毕业后即跟随父母学艺，于五十年代初即拜当代紫砂泰斗顾景舟为师，为顾老第一弟子。1975～1976年入中央工艺美院进修。他富有艺术天才，功底扎实，善复制传统产品，也精于创新，工艺造型独具匠心，以冰裂纹装饰见长，作品似冰如玉，尤善作各式微型小盆，每有手迹，均称“汉棠盆”，为上海盆栽界珍藏。

其作品被多家著名博物馆收藏。还先后应邀赴美国、韩国、新加坡、香港、台湾等国家和地区进行艺术交流和技艺表演，为传扬紫砂艺术作出了积极贡献。

代表作有《古兽窥今壶》、《四方冰裂壶》、《四方藏园》、《三代同堂壶》等。

仿大彬如意壶

竹节壶

井栏壶

李昌鸿

（1937～）中国陶瓷艺术大师。1955年进紫砂工艺厂，师从顾景舟大师。1958年来历任紫砂厂技术辅导、车间主任、技术科长、副厂长、总工艺美术师、鸿成公司总经理、昌华公司董事长。 1984年，与沈蘧华合作《竹简茶具》荣获德国莱比锡国际博览会金质奖，成为当代紫砂首次在国际上荣获的大奖。其作品《丙寅大吉》、《九龙组壶》、《四方特奎壶》、《青玉四方茶具》、《一衡茶具》、《高八方壶》、《斗方壶》等一批作品。二十多次荣获国际、国内金银一等奖。在行业中有“获奖大户”美誉。

工作之余喜欢习字作画，钻研紫砂理论，培育新人，传授技艺。早期与顾景舟、徐秀棠合编《宜兴紫砂珍赏》；与唐伯年、叶龙耕合编《宜兴紫砂茶具实用功能的研究》等多部书籍；2002年编写《紫田耕陶》由上海人民出版社出版，记载其与夫人沈蘧华女士从艺的主要创作精品及理论研究。先后发表了三十余篇有关紫砂艺术研究的论文，其业绩被海内外许多家媒体宣传报道，并载于英国剑桥1997年名人录和国际名人录。1989年被授予高级工艺美术师；2000年，江苏省人民政府授予他江苏省工艺美术大师，后又被授予中国陶瓷艺术大师荣誉称号。

四方夺魁壶

鲍志强

（1946～）中国工艺美术大师、中国陶瓷艺术大师、宜兴方圆紫砂工艺有限公司总工艺师。出生于江苏宜兴蜀山，字乐人，室号“醉陶斋”，1959年进厂从师谈尧坤、范泽林学习陶刻，1962年转师老艺人吴云根门下学习制壶技艺。1965年得著名陶刻家任淦庭教导从事陶刻创作。1975年进中央工艺美术学院陶瓷艺术系进修，后致力于紫砂艺术的创作研究。

他善于设计与制陶，尤擅长陶刻装饰，对书法、绘画、篆刻、紫砂史等方面均有独到研究，作品集紫砂陶造型和制作、陶刻装饰、诗、书、画于一体的表现形式，注重以文化主宰紫砂艺术的设计思路，形成了鲜明的个人艺术风格，在紫砂艺林中别树一帜。

其作品曾获各类国家级评比奖项数十个，其中全国陶瓷艺术创新设计评比一等奖四个、国家级工艺美术大展评比金奖四个。作品曾收藏于中国国家博物馆、中南海紫光阁等，并多次举办个人艺术展览。

2002年、2003年中国人民画报社出版《中国当代陶艺名家鲍志强紫砂陶艺作品集》。2006年上海人民美术出版社出版大型专著《鲍志强紫砂艺术集》。

现为中国美术家协会会员、中国民间艺术家协会会员、中国工艺美术高级学会会员、江苏省工艺美术学会常务理事、宜兴市美协副会长、中国陶瓷艺术评审委员会第五届、第六届评委、中国工艺美术大师作品展评评审委员、宜兴市工艺美术职称评审委员会主任评委。

大吉祥壶

龙香提梁壶

顾绍培

（1945～）出生于宜兴陶业世家。中共党员。中国工艺美术学会会员、中国陶瓷协会会员、中国工业设计协会会员、研究员级高级工艺美术师、中国工艺美术大师。

1958年，进宜兴紫砂中学读书学艺，启蒙老师潘春芳教授，转入紫砂工艺厂后，师承著名老艺人陈福渊，后得当代壶艺泰斗顾景舟长期悉心指导提携。从业紫砂以来，深研诸名师技法，集各派之精华，融艺术个性于一体。创作新品100余个，曾获德国莱比锡国际博览会金奖；中国工艺美术品百花金杯奖；首届中国工艺美术华艺杯金奖；多次获省、国家级工艺美术评比大奖。

1985年，全国总工会授予“全国优秀科技工作者”称号和“五一”劳动奖章。多次赴日本、美国、新加坡、马来西亚及香港、台湾地区作紫砂文化学术交流。曾先后担任江苏省宜兴紫砂工艺厂研究所副所长，该厂副总工艺师，宜兴锦达陶艺有限公司总工艺师，现为中国紫砂博物馆鉴定委员会委员、宜兴方圆紫砂工艺有限公司副总工艺师。2006年11月由国家发改委授予第五届中国工艺美术大师称号。

仰宇提梁壶

双百福寿瓶

僧帽壶

周桂珍

（1943～）女，生于宜兴丁蜀镇。先后师从王寅春和顾景舟学艺。江苏省工艺美术名人、高级工艺美术师。以造型简练、工艺精湛，儒雅大度是她的壶艺风格特征。

她是现代紫砂壶制作名家。长期从事紫砂壶艺的创作设计。1997年获“江苏省工艺美术大师”称号。她制作的紫砂壶，造型典雅、色泽甜美。1978年由高海庚设计、周桂珍制作的《集玉壶》被选作国家领导人出访外国的礼品；1989年，其作品《环龙三足壶》、《云泉壶》分别获轻工业部、中国工艺美术协会颁发的陶瓷美术设计奖；同年作品《玉带提梁壶》获亚太地区陶瓷美术精品展一等奖；1995年作品《真知提梁》获江苏省陶艺创新评比特别奖；2001年由天津人民美术出版社出版《周桂珍个人作品专集》。

提梁壶

何道洪

（1943～）生于宜兴丁蜀镇。师承名艺人王寅春、裴石民。研究员级高级工艺美术师、中国陶瓷艺术大师。工艺造型以“松、竹、梅、桃”为主题，博采众长，不拘一格，师古而不泥古。光素器、筋纹器、方器独具“形、神、气、力、势、趣”，独创“何式风格”。

作品被中央工艺美术学院、故宫博物院及中南海收藏，并选为国礼赠送外国元首。在紫砂陶艺作品国家级评比中，六次获金奖。曾出访日本、韩国、新加坡、马来西亚、香港、台湾等国家和地区办展，进行学术交流和考察活动。多篇论著刊载于专业学术性刊物。2000年1月出版个人专集《珍壶藻鉴》。

梅竹合璧壶

玉鼎壶

鲍仲梅

（1944～）生于江苏宜兴。兰林轩主人，高级工艺美术师、江苏省工艺美术大师、中国工艺美术学会会员、中国工业设计协会会员、宜兴紫砂文化艺术研究专委会会员。现在宜兴方圆紫砂工艺有限公司专业从事紫砂艺术创作。

1959年进宜兴紫砂工艺厂，师从著名陶刻老艺人任淦庭学艺。1983年进中央工艺美术学院造型进修班学习。20世纪70年代初至今，在紫砂工艺厂研究所从事紫砂紫砂造型设计和紫砂金银镶嵌。作品以精美、简练、古朴、高雅、华贵见长，并具有强烈的时代气息和传统遗韵。

作品《乾坤八宝》被香港茶具文物馆收藏，《银葵茶具》(合作)被故宫博物院收藏。

五爪金龙壶

朝凤茶具

徐安碧

（1953～）生于江苏宜兴。曾先后在江苏省陶瓷工业学校和中央工艺美术学院就读深造。从事书画陶艺创作已20余年。苦心孤诣，成绩卓著。现为宜兴精陶集团高级工艺美术师。

徐安碧精于书法、国画，亦善陶瓷书画雕刻与器皿彩绘。其作品早已深受海内外收藏家亲睐，并在各类评比中屡屡获奖，有的被故宫博物院收藏；有的选为国礼；有的被国家领导人及外国首脑收藏。也曾多次应邀赴美国、加拿大、韩国、新西兰、香港等地交流技艺。作为书画陶艺家，其业绩由中央电视台、上海电视台、东方电视台、《人民日报》海外版、《新闻报》、《羊城晚报》、香港《文汇报》、台湾《壶中天地》等多种新闻媒体介绍。1995年被列入英国剑桥《世界名人录》、1997年被评人全国十大杰出能工巧匠。

古韵碗

古韵瓶

古韵

邱玉林

（1953～）字艺林。出生于宜兴。江苏省工艺美术大师、高级工艺美术师、江苏省陶艺专业委员会副主席。1977年，江苏宜兴陶瓷轻工业学校装饰专业毕业。1991年，入中央工艺美术学院陶瓷大专班进修。曾获全国五一劳动奖章。2000年被授予江苏省工艺美术大师称号。现任宜兴彩陶工艺厂彩陶艺术研究所所长。

多年来一直从事彩陶造型、装饰的创作设计，首创成功了彩釉画花，彩釉喷、划、填、挑等装饰新工艺，作品有独特的艺术风格。1990年，其作品《曙光》获第四届全国陶瓷艺术展评二等奖；2000年，其作品《古韵釉陶》获第二届中国工艺美术大师精品展金奖；2001年作品《沉默系列》获第三届中国工艺美术大师精品博览会金奖。

往事如烟

李守才

（1954～）生于上海市。江苏省宜兴均陶工艺厂研究员高级工艺美术师、江苏省工艺美术大师、江苏省工美系列中高级职称评委、省人大代表、省“333工程”第二层次（国内）学术、技术界具有重大影响的高级专家。

独创“半浮雕”，“立体浮雕”堆贴法。代表作无锡《锡惠公园浮堆九龙壁》被誉为“中国四大九龙壁之一”；堆花“蟠龙陶台”被中南海紫光阁收藏陈设。

堆花精品赢得众多荣誉，德艺双馨，曾被陶艺界，中国中央电视《神州风采》栏目等新闻媒体誉为“堆花艺王”。几年来的佳作在中国工艺美术百花奖，中国工艺美术大师精品展，全国陶艺评比、省级陶艺评比中多次获奖。发表专业论文多篇，分别刊登在《江苏陶瓷》、《台湾陶艺》、《江苏陶艺》杂志。

中央领导李瑞环、周培源、李铁映等来厂视察堆花特艺表演，赞为“国人的骄傲”。担任多所高等院校教育实习基地兼职教授和实习指导老师。1999年，在苏州与荷兰女王交流、被女王叹为“中华民族的骄傲”。几年中分别赴香港、台湾、韩国、美国作为中国民间陶瓷艺术访问团成员交流表演。

大地生辉

大地生辉

季益顺

（1960～）生于宜兴陶瓷世家。江苏省工艺美术大师、研究员级高级工艺美术师、中国工艺美术学会会员、宜兴紫砂行业协会壶艺专委会副主任、收藏鉴赏专委会副主任、副总工艺师。

1978年踏进紫砂工艺厂后，师从著名紫砂陶艺家、高级工艺师高丽君学艺。1983年，在中央工艺美术学院的学习深造。他继承传统，但不墨守成规，勇于探索，更善于创新，在把握紫砂本质语言的同时，把绘画、浮雕、金银丝镶嵌用于壶体装饰，自然地形成“画在壶上、壶在画中”的立体效果，极大地丰富了紫砂壶艺的文化内涵，增强了它的艺术神韵和张力。他把紫砂艺术融于生活之中，把高雅的艺术有机地与使用相结合，让“壶”的品茶功能在艺术氛围中完美地发挥，创立了花素相融、赏用皆美、情趣灵动、风格独特的“季益顺壶艺流派”。

2006年，他创作的《江南水乡一景》五件组壶获第八届全国陶瓷创新设计评比金奖，作品《紫气东来》被中南海紫光阁收藏，另外，多件作品参加国家级工艺美术大师展评，获金质奖。

楚汉风韵

国色天香

秘戏图考

吴鸣

字怡陶，居怡陶园。研究员级高级工艺美术师、中国陶瓷协会理事、中国美术家协会会员、中国工艺美术学会会员、中国工业设计协会会员、中国古陶瓷研究会会员；江苏省工艺美术大师、陶瓷艺术委员会主任、高级职称评委；无锡城市职业技术学院客座教授、无锡工艺职业技术学院兼职教授；宜兴市政协常委、文联副主席、美协副主席、紫砂陶艺专委会主任、紫砂学科带头人。第八届全国陶瓷评比评委、江苏省“六大人才高峰”培养对象。

发表作品百多件，论文数十篇。二十多次获省、国家级专业奖，连续三次入选日本美浓国际陶展，并获评委特别奖。多次应邀出国办展、讲学、专版个人专集。作品被中国美术馆、国家博物馆、国务院中南海紫光阁等国内外文化机构收藏。最早全方位进行现代紫砂创作研究。其创作融合传统、演绎现代、关注未来，自成风格、流派，对现代紫砂创作有积极影响。

盼（三件）

大度壶

徐达明

（1952～）生于江苏宜兴丁蜀镇。宜兴紫砂陶艺世家徐门第四代传人，中国工艺美术大师徐汉棠大师长子。江苏省工艺美术大师。江苏省无锡市第十一届政协委员。中国工艺美术学会雕塑专业委员会会员，江苏省工艺美术学会理事，江苏省古陶瓷研究会理事。

插队期间掌握细作红木工艺，后随父徐汉棠大师继承发扬紫砂艺术。设计创新运用多种材质与紫砂相结合，表现紫砂新语言。形制和材质的变化使壶艺的内涵更为拓展延伸，外观更加格古韵新。作壶之余收藏并研究宜兴明清均釉陶。

1994年《马蹬壶》荣获第五届全国陶瓷艺术创新设计评比二等奖。1997年《古往今来》荣获首届中国现代陶艺展铜奖。1998年，陶艺作品《相聚》荣获第六届全国陶瓷艺术创新评比三等奖。2002年《陶*木情系列一》组壶荣获第七届全国陶瓷艺术创新评比二等奖。2006年《陶*木情系列二》组壶荣获第八届全国陶瓷艺术创新评比金奖。2006年作品《红木龙蛋提梁壶》在中国美术馆展出并被收藏。2007年作品《陶木提梁壶》被中南海紫光阁收藏。

2006年，由山东美术出版社出版《设计·生活——紫砂篇徐达明》。

陶木情组壶

曹亚麟

江苏省工艺美术大师、研究员、高级工艺美术师。毕业于景德镇陶瓷学院美术系设计专业。现在中国紫砂博物馆专业从事紫砂陶艺术的创作和研究。现为中国工业设计协会会员、中国工艺美术学会会员、江苏工艺美术学会理事、江苏陶瓷艺术委员会副主任、中国紫砂艺术研究会委员、江苏省高级技术职称评审委员会委员。

他多年来创作了许多紫砂陶艺作品，撰写了多篇学术论文。其中有许多作品和论文在海内外多家杂志上发表，多件作品被海内外文化机构及博物馆收藏。作品两次入选日本美浓国际陶艺展；获得国际陶艺展一等奖；多次在“全国陶瓷艺术创新评比” 展评会中获奖；多次在国家级艺术作品展中获得金银奖。

他凭借着扎实的专业知识基础，在广泛探究古今中外各种艺术的同时，深入研究紫砂陶艺术并不断实践，形成了独特的艺术理念：把握传统，开创现代，融铸文化，追求独创。其作品艺术语言丰富，艺术创意新颖，艺术形式优美，文化内涵深厚，艺术格调高雅，在紫砂陶艺坛独树一帜。

龙 · 龙魂

光 · 日月 · 日月同辉

谢曼伦

（1942～）女，江苏宜兴人。1958年进宜兴紫砂工艺厂工作。研究员级高级工艺美术师、中国工艺美术协会会员、江苏陶瓷艺术学会会员。1996年江苏省人民政府授予“江苏省工艺美术名人”称号。2007年江苏省人民政府授予“江苏省工艺美术大师”称号。

她师承当代紫砂艺苑花货泰斗朱可心先生门下，后受中国工艺美术大师顾景舟、蒋蓉诸先生的指导。1982年开始从事紫砂陶艺专业创作设计。她设计创作的作品构思新颖、优雅完美、稳重纯朴，严谨周正。创作题材源于自然，来于生活，有着浓郁的生活气息。特别喜欢以梅竹为题材，更偏爱竹的精神。

她多次为党和国家领导人的出访制作礼品。其作品多次参加国内陶瓷艺术评比。其《艳竹壶》、《柱础壶》获1982年轻工业部全国11省市陶瓷创作设计评比会二等奖；《秋菊壶》获1988年无锡市新产品开发大奖赛一等奖；《桑宝壶》获江苏省轻工新产品金牛奖、1990年全国陶瓷艺术创作展评三等奖和1990年“瓷都景德镇杯”国际精品大奖赛三等奖；《璧玉如意壶》1990获江苏陶瓷艺术展评一等奖；《小桑宝壶》1990年获北京国际陶艺研讨会入选奖；《五头竹根茶具》2001年获中国宜兴国际陶瓷展评会二等奖；《荷塘夜曲》 2004年获中国杭州西湖博览会银奖、2005年获中国无锡太湖博览会银奖。

她的作品多次参加全国工艺美术展、中国工艺美术赴日展、赴美国田纳西州中国工艺美术展、葡萄牙国际博览会及香港、台湾、马来西亚、新加坡等国家和地区举办的紫砂陶艺精品展。多次应邀访问美国、马来西亚、香港、台湾等国家和地区。

在长期从事紫砂陶艺创作专业生涯中，她师法自然、观察社会，敏锐地反映生活、拓展题材如《桑宝系列》、《迎客松系列壶》、《九头竹根茶具》、《新岁寒三友壶》、《双竹提梁壶》、《荷塘夜曲》等一批上乘之作。

小桑宝

合璧如意

荷塘夜曲

储立之

（1942～）研究员级高级工艺美术师。江苏省工艺美术名人、工艺美术大师。

1958年进宜兴紫砂工艺厂，同年九月入南京艺术学院深造，1961年毕业。后随紫砂老艺人吴云根习制壶技艺，经过几十年积累，具备了一定的紫砂艺术造诣，并形成了个人的艺术风格。业内人士评价：作品形式多样，涉及面广，无论砂艺造型及陶塑都十分注重题材的表达内涵、意境丰富、细腻入微、以势夺人。其壶艺作品古朴典雅、浑然一体、落落大方；造型线条简练、蕴有韵味；陶塑作品人体结构严谨、衣纹流畅飘逸，人物个性突出，力度超俗，且能运用多种技法语言，使砂艺作品显得端庄稳重，各具特色。

作品常入选国内外展览，均获同行好评，并分别在全国、省级评比中屡获大奖。曾赴香港、马来西亚、台湾地区参加紫砂学术研讨和展览，其论文《浅谈紫砂陶塑的艺术风格》收辑于《中国科学技术文库》一书；《论传统、继承、创新》、《浅谈陶瓷造型艺术中线的运用》分别发表于《江苏艺博网》、《江苏陶艺》、《江苏陶瓷》等专业刊物。在港台、东南亚地区颇有较高的知名度。作品被中国国家博物馆、中南海紫光阁、天津艺术博物馆收藏及收藏家珍藏。

任职于江苏省宜兴紫砂工艺厂，中国工艺美术学会高级会员，江苏省陶瓷艺术学会理事，江苏省工艺美术学会理事，曾担任江苏省工艺美术高级职称评委、全国陶瓷专家评委。

远征壶

桃园三结义壶

毛国强

（1945～）号一粟。出生于江苏宜兴紫砂世家。父亲毛顺生边做紫砂壶边经营着“毛顺兴紫砂陶号”。当时壶艺界高手云集，朱可心、吴云根、任淦庭等都为陶号座上客。毛国强自小耳闻目染，接受紫砂艺术的熏陶。

1985年即进紫砂工艺厂，从名师任淦庭先生学艺。从进厂到现在的50多年里与紫砂结下不解之缘，也积累了技艺。他从优秀的艺术作品到老师、同道们的优秀佳作中吮吸精华，提炼自己的学养和技艺。去河南书法研究班聆听陈天然先生的传授，与沙曼翁的交往受益终身。并先后和著名书画家陆俨少、程十发、唐云、范曾等合作很多作品。去全国各地写生感受生活，也丰富了自己的创作。因而在全国的陶瓷作品展览评比中能多次获得各种奖项，被多家国内外博物馆收藏，并先后去美国、马来西亚、韩国等国家展示中华文化紫砂艺术并获得好评。作品还多次被选为赠送外国领导人的礼品。

作品设计理念大气磅礴，能在传统中变化，有鲜明的艺术风格和个性。现为中国工艺美术学会会员、中国手指画研究会理事、中国文房四宝协会会员、中国民间文艺家协会会员、研究员级高级工艺美术师、江苏省工艺美术大师。

暗香浮动

山水有清音 挂盘

曹婉芬

女，研究员级高级工艺美术师，江苏省工艺美术大师。出生于蜀山镇一陶业世家，从小耳濡目染受到紫砂艺术的熏陶，对紫砂器皿有着特别的感情。1955年拜朱可心老艺人为师，打下了扎实的基础，尤其是对花器及筋纹器皿的设计制作更为见长。随后的几十年中，有缘先后受到裴玉民、王寅春、顾景舟等老师的教导，博览群艺，广收技秘，造就了集各家所长之能，立承前启后之本。其后经中央工艺美术学院造型设计的培训，实践与理论有了更好的结合，艺术素质得到了升华。

从事五十多年的紫砂艺术工作，从数以百计的创作品种来看，其作品造型严谨，线条明快，格调典雅、意趣横生。作品在日本、新加坡、香港、澳门、台湾等国家和地区展览，多次获得各级陶瓷评比奖项。其中《壶艺掇英》壶组获得1990年全国陶瓷评比二等奖、景德镇国际评比二等奖。作品被中南海紫光阁、中国工艺美术馆、香港茶具文物馆收藏。

仿大彬僧帽

怒放

沈蘧华

（1939～）女，生于蜀山常安村。高级工艺美术师、工艺美术名家。1955年考取紫砂工艺厂，随工艺美术大师顾景舟学艺。任紫砂厂技术辅导、紫砂研究所研究员、鸿成陶艺总工艺美术师。她勤奋好学，工作认真负责。1983年被全国妇联命名为全国三八红旗手，1989年获高级工艺美术师称号。1999年又被授予江苏省工艺美术名人称号。在工艺技术上，功力深厚，作品构思新颖，潇洒雅致。她与丈夫李昌鸿合作制作的《五头竹简茶具》，荣获1984年莱比锡国际博览会金奖，为国家争得了荣誉。

作品《狮象王鼎》被选定在中南海紫光阁陈设。其作品《孔雀茶具》、《提梁圆壶》、《思源壶》、《上新桥壶》等在国内外展评中屡获大奖，被多家单位收藏。其作品多次造访台湾、新加坡、日本、香港等国家和地区，载誉而归。鉴于对紫砂做出的贡献，其业绩被编入《当代宜兴陶瓷名家集》，载于英国剑桥1997年名人录。

贤君壶

奔月壶

吕俊杰

（1966～）生于江苏宜兴丁蜀镇。江苏省工艺美术大师、国家级高级工艺美术师。毕业于新加坡南洋艺术学校，师从父亲吕尧臣（中国工艺美术大师）。现任江苏省人文环境艺术设计研究院雕塑陶瓷研究所副所长、研究员，江南大学客座教授，南京大学艺术学院特聘教授。吕俊杰不仅接受了专业院校的正规教育，而且秉承 “功在壶外”的理训，于音韵、武术、绘画等领域浸淫极深。被誉为是一位“崇尚自然，道法自然”，“卓而不群”，“具有国际视野”的现代紫砂艺术家。

2003年，担纲中央电视台历史文化大剧《紫玉金砂》的壶艺顾问，并出演重要角色高云松、镜空法师，为弘扬紫砂文化作出了卓越的贡献。《紫玉金砂》剧中的主题壶阴阳太极壶，为吕俊杰与吕尧臣的合作品。该作品将阴阳相生，天人合一的禅意尽数表达，体现出深厚的文化底蕴和不凡的艺术感觉，成为紫砂艺术界一个里程碑式的作品。

高山流水

菩提

云龙茶具

蒋淦勤

（1941～）出生于宜兴紫砂世家。1956年考入宜兴紫砂厂，师从制壶名家王寅春，后又得到朱可心、顾景舟及胞姐蒋蓉等大师真传。1958年，被选送南京艺术学院深造，受到著名艺术家、教育家孙文林、朱士杰、刘汝礼等老师的指导，毕业后留校任教。1962年，经江、浙两省交流至浙江省发展紫砂事业，是浙江省紫砂创始人。1988年，受到李鹏总理接见。1990年代被列入世界名人录，现为中国工艺美术学会会员、高级工艺美术师、省工艺美术大师、浙江省民间艺术家。

他从艺五十多年来，共设计制作百余种紫砂作品，其作品兼具“花货”与“光货”之精华，清新秀丽、独树一帜、为紫砂一绝。曾多次应邀前往东南亚国家及港、澳地区参展，具有很高的知名度。代表作品有云龙茶具、荷花茶具、玉玺壶等。1999年，《青蛙莲蓬壶》被中国工艺美术馆收藏；2001年，《圆珠提梁壶》获首届国际民间手工艺品展览会金奖；2005年，《九件荷花茶具》被征选为国务院陈设品，收藏于中南海紫光阁。

荷花茶具

蒋兴宜

（1958～）高级工艺美术师、浙江省工艺美术师。生于江苏省宜兴市紫砂陶艺世家，1979年入浙江省长兴紫砂厂从叔父蒋淦春、蒋淦勤学艺。1985年，被选送至南京轻工业部全国日用陶瓷器皿造型设计班学习；1988年跟随姑母中国著名工艺美术大师蒋蓉创作实践，功底扎实，技艺高超，所制作品以端正、规矩、挺拔见长。

原擅制方器和微型盆，近期又创制出一系列情趣盎然的树桩类和山石类写实作品，更具浪漫风格。代表作品《方鼎壶》、《兴方古石壶》，《母子壶茶具》和《石榴提梁壶》等先后荣获国家和省级评比优秀奖项、多次参展国际博览会并亲赴海外进行才艺表演，得到程十发、范曾和吴山明等众多著名书画家合作，为作品题诗作画镌刻装饰，从艺业绩和众多优秀作品无数次被中央、省市以及港台和海外的新闻媒体刊登、报道宣传。

石榴提梁

第二节　高级工艺美术师

八棱提梁壶

王石耕

（1922～）又名王长根，宜兴市丁蜀镇人。江苏省工艺美术名人、研究员高工。1937年十六岁东坡完小毕业后，随父王寅春（七大艺人之一）学艺。艺成后在“王氏陶坊”制作了大量茗壶，底章为“王长根”。

1956年进宜兴紫砂工艺厂，先后担任技术辅导员及生产技术管理、计划调度工作。直至1984年退休后专业从事创新设计工作。在这六十年的紫砂专业生涯中，共创作品粗略计算约有200多件（套），其作品尤以筋囊器和方器见长，套壶设计也为专长，花器也乐于钻研。在艺术上既有别出心裁又有独到技艺，如筋囊器的希菊茶具和百灵（棱）壶，均以十八囊棱角组成，造型端庄大度、线条流畅、口盖平正紧密，是一件形、神、气融会贯通，藏、赏、用皆佳之作。就方器来说，有《六方提梁壶》、《八方提梁壶》，造型挺拔端庄、轮廓分明，点、线、面协调。通过几十年的市场考验，应该说是“王氏陶艺”的代表作。又如在花器的创作上，有《满园春色壶》、《秋菊壶》等作品，在设计上表现方器和筋囊器的结合，加上杏花和菊花，使生动活泼的花朵在方器和筋囊器的壶艺上融会一体，使壶艺更加俊美自然。

菊花壶

史国富

（1952～）生于江苏溧阳天目湖畔。无锡工艺学院陶艺系主任、中国美术家协会会员、国家一级美术师、研究员级高级工艺美术师、中国艺术研究院特聘画师、江苏省国画院特聘画师、香港豪亚中国书画研究院院长。

他先后就学于江苏省宜兴陶瓷学校陶艺专业、南京艺术学院装饰专业、福州大学工艺美院雕塑专业和江苏省国画院国画专业，擅长陶艺、雕塑、国画、速写和造型设计。曾策划创刊台湾《紫玉金砂》月刊，任美术顾问。创作设计紫砂器具造型500余件套，被台湾收藏界誉为“砂陶设计魔术师”，多次主持“中国书画名家紫砂金秋笔会”。先后在台湾八个城市、马来西亚、韩国、美国、法国等地举办个人画展和陶艺作品收藏展并多次出席国际艺术家学术活动。

其作品和传略收入数十部大型辞书，《人民日报》、《美术家》、《画界》、《画刊》、《新民晚报》、《扬子晚报》，马来西亚《南洋商报》、《光华日报》、《光明日报》、美国《世界日报》，台湾《紫砂金砂》、《墨海壶天》、《砂陶艺术》，香港《大公报》等均有专项介绍。作品被国内外多家博物馆、美术馆收藏和获奖，出版个人作品集多部。

鹊桥相会

十二生肖·鸡壶

汤鸣皋

（1946～）研究员级高级工艺美术师、江苏省工艺美术名人、江苏陶艺专委会副秘书长、宜兴市紫砂行业协会陶专委副主任、《宜兴紫砂》编委、《中国紫砂》编委。

擅长雕塑、书法、绘画，有自己的个人风格，对陶瓷造型设计和紫砂陶艺有独到见解。

在江苏省美协举办的首届雕塑展；江苏省四新产品展评；第五、第八届全国陶瓷艺术展评；景德镇国际陶瓷精品展；中外陶艺家邀请展；全国旅游工艺品、国际礼品展；全国同行业质量评比；天津民博会；第五、第七、第八届中国（国家级）工艺美术大师精品展等各种展评中多次获奖。

其作品发表于《江苏省志·陶瓷志》、《中国现代美术全集·陶瓷雕塑卷》、《艺术世界》创刊十周年图册；并被中华人民共和国文化部等部门收藏。

其多件作品被文化部外联局、中央美术学院征集后出国巡展。其专业论文30多篇发表于海内外十多种专业期刊、报纸。

有19款250多件设计作品被2008北京奥组委批准为特许礼品。

阳美风骨

抽角重权

朱建伟

（1956～）研究员级高级工艺美术师、江苏省工艺美术名人、江苏省宜兴市第十至第十三届政协委员。1977年毕业于江苏省陶瓷工业学校，后入中央工艺美术学院深造。二十多年来，从事陶瓷艺术创作设计，有百余件作品选送国内外展评。三十多件作品在全国、江苏省陶瓷艺术设计评比中获奖。其中获国际精品大奖一件，全国陶瓷艺术设计评比一等奖三件，三等奖五件。江苏省陶瓷艺术设计评比一等奖三件、三等奖五件。《镶金旭日东升壶》在2005年获中国工艺美术优秀作品评比大师级金奖。《镶金六禄大顺壶》获2006年东方工艺美术博览会金奖，被故宫博物院陈列展出。《镶金福禄壶》、《镶金大飞天壶》、《红开片松竹梅壶》在2005年获广州国际茶博会紫砂陶艺评比金奖。作品被中南海紫光阁收藏陈列。

其作品的主要特色是，紫砂壶上采用特种工艺、镶嵌金银丝为装饰特色，既是实用品又是工艺陈设品，深受收藏爱好者喜爱。五篇论文在国家级《中国陶瓷》等刊物上发表。个人事迹被收入《中国英才》名人录。

双色将军玉梅壶

双色一枝独秀壶

刘建平

（1957～）生于江苏宜兴。高级工艺美术师、中国工艺美术学会会员、中国工艺设计协会会员、宜兴紫砂文化艺术研究专委会会员。

1976年进宜兴紫砂工艺厂，师从吕尧臣大师学习紫砂技艺。曾先后在南京艺术学院和中央工艺美术学院深造。1986年创作的《富贵茶具》获第三届全国陶艺评比一等奖；1990年创作的《九头源泉茶具》获第四届全国陶艺评比一等奖；1994年创作的《十头晨曲茶具》获第五届全国陶艺评比二等奖。1988年起，连续入选第二、第三、第四届日本"美浓国际陶艺展"并获奖；作品《富贵茶具》被国务院收藏在中南海紫光阁；《缘茶具》被文化部收藏；《春涌大地》被中国国家博物馆收藏。

骋怀壶

神泉壶

许艳春

（1965～）出生于江苏宜兴。1989年毕业于南京艺术学院工艺系陶瓷设计专业，获学士学位；1996年荣获宜兴市政府授予的“青年科技英才”称号；2008年荣获宜兴市政府授予的“宜兴市学术技术带头人”称号；现为江苏省研究员级高级工艺美术师、宜兴紫砂工艺厂研究员级高级工艺美术师、江苏省工艺美术名人、中国美术学院陶艺系研究生课程特聘指导教师、中国美术家协会会员。

其作品主要参展：1989年第七届全国美术作品展；1990年第四届全国陶瓷艺术展；1994年第一届中国工艺美术名家作品展；1996年中日陶艺展；1997年中国当代名家特制陶瓷精品展；2000年中国工艺美术精品展；2001年第二届中国工艺美术大师精品展；2002年第七届全国陶瓷艺术展；第二届中国陶瓷艺术展；2003年第四届当代中国青年陶艺家作品双年展；2006年第五届当代中国青年陶艺家作品双年展。多件作品入藏北京故宫博物院和北京中南海紫光阁。

四方如意

珍珠翡翠

何挺初

（1940～）生于宜兴。现为研究员级高级工艺美术师、江苏省工艺美术名人、中国工艺美术学会会员、江苏省陶瓷艺术学会会员。2006年被评为联合国教科文组织国际民间艺术大师。1956年，进宜兴紫砂工艺厂。师从制壶名家吴云根先生，1958年又随名师裴石民先生学艺，从事紫砂工艺创作，其间又得到顾景舟大师的指点。

1978年参加轻工业部组织陶瓷代表团，成为新中国第一位走出国门，在他乡异国弘扬紫砂文化的艺人。

1983年参加中央工艺美术学院陶瓷造型设计专业培训。

1982年《挺竹壶》在全国陶瓷评比中获二等奖。

1989年《五头蟹篓茶具》获江苏省第二届轻工美术设计二等奖。

1990年《五头鱼家乐茶具》首届景德镇国际陶瓷精品大奖赛获三等奖。

作品《五头蟹篓茶具》、《浪花提梁壶》被香港茶具文物馆收藏；《圈盖三足壶》、《双鱼戏水茶具》被中南海紫光阁选定为陈设品。

他所创作品多次发表于各类专业书刊，如《中国宜兴紫砂珍赏》、《宜陶之旅》、《当代紫砂群英》、《壶锦》、《壶艺宝典》以及《人民日报》、香港《大公报》等。

蟹篓壶

浪花提梁壶

吴震

（1940～）生于南通。1996年江苏省人民政府授予“江苏省工艺美术名人”称号；同年获中国轻工总会授予“全国优秀工艺美术专业技术人员荣誉称号；2005年获江苏省研究员级高级工艺美术师职称。

1961年毕业于南京艺术学院工艺美术专业，毕业后在宜兴紫砂工艺厂工作。先拜著名艺人吴云根为师。在厂研究所期间，当代紫砂泰斗顾景舟先生又成为指导老师。1983年调任宜兴工艺美术陶瓷厂厂长，后兼任书记；1992年底调任宜兴陶瓷公司进出口部任副经理；曾任中国陶瓷协会陈设艺术瓷专业委员会副主任、江苏省陶瓷艺术学会理事、中国美术家协会江苏省分会会员、中国工艺美术协会会员、高级会员。

他在为企业工作的同时，常有新品问世。《艳竹壶》、《柱础壶》在1982年获轻工业部全国陶瓷创作评比二等奖；《碧玉如意壶》在1990年获江苏省陶瓷艺术评比一等奖和1990年“瓷都景德镇杯”国际精品大奖赛入选奖。为美国庄臣父子有限公司主持研制开发的轻质、多孔陶瓷新材质，空气清香剂陶瓷容器，填补了国内陶瓷在这一领域的空白，并获1990年轻工业部全国优秀新产品二等奖和1990年江苏省优秀新产品“金牛奖”。

他撰写的《紫尖工艺陶的继承与发展》、《紫砂银葵壶与绞坭装饰》、《改进包装为紫砂工艺陶竞争添翼》、《发展中的宜兴工艺美陶瓷》等学术论文在《中国陶瓷》、《江苏陶瓷》等刊物上发表。1990年由国家文物局组织“全国刺绣、印章、紫砂鉴定”学习班，发表了《宜兴紫砂工艺陶概述》一文。2005年，与夫人谢曼伦合作的《紫砂工艺陶的历史与现状》作为2005年宜兴国际陶艺研讨会学术交流文章；2006年与夫人谢曼伦合作的《厚德载物，天人合一——蒋蓉紫砂陶艺作品赏欣有感》两文先后发表在《江苏陶瓷》刊物上。

合璧如意

竹节壶

石瓢提梁壶

张红华

（1944～）女，生于江苏宜兴丁蜀陶业世家。现为研究员级高级工艺美术师、江苏省工艺美术名人。

开始师承著名艺人王寅春，同时得到顾景舟大师长期悉心指导提携，接受了制陶技艺和构思理念的艺术薰陶，融各派精华，自成一格，造形多变。从业紫砂事业50载，尽心抟砂作壶，心摹手追明清、民国诸名家名器，特别受到老师严谨治壶深刻影响，从而形成个人紫砂传统工艺艺术风格。历年来创作设计和制作能集前人之长，融各派精华，前后推出一百几十件套品种及作品，继承和发扬紫砂传统工艺，勇于探索和创新，特别是在全手工光素器及竹货的制作成型方面有独到的建树，熟练运用拍、打、捻、勒、压、搓等地道全手工艺法，在保留和宏扬紫砂这一非物质文化遗产精神上耐得住寂寞，几十年来始终坚守手工成型的阵地，并形成了个人独特的人格魅力和艺术风格。

其作品《上新桥》和《汉园提梁壶》分别在1987年和2001年先后被中南海紫光阁永久性收藏；2006年制作的《提梁石瓢壶》以中国和谐社会和非物质文化遗产代表作为国礼由北京大学赠送来访的联合国秘书长科菲·安南。

大双竹壶

僧帽提梁壶

沈汉生

（1946～）别号石羽。生于江苏宜兴。江苏省工艺美术名人、高级工艺美术师。1959年进宜兴紫砂工艺厂随范泽林学习陶刻。1962年再随任淦庭学艺，专攻金石镌刻。1965年起从事创作设计至今。

1985年参加中国书画涵授大学美术系进修，1982获中国轻工业部一等奖、二等奖，1984年获来比锡春季博览会金质奖和江苏省轻工业部二等奖(1986)。作品被香港茶具文物馆收藏。现为中国手指画研究学会会员，中国工业美术设计协会会员。

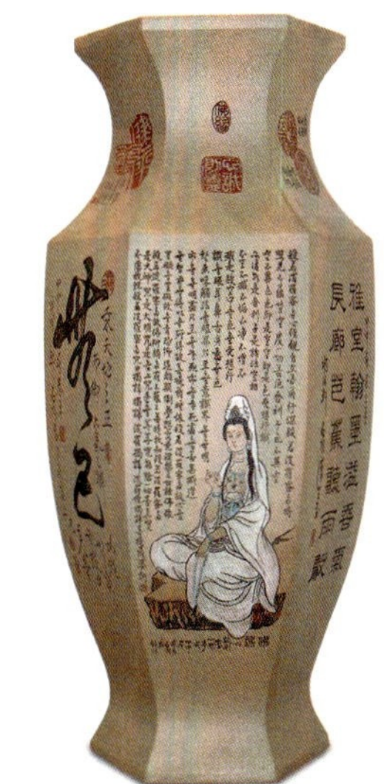

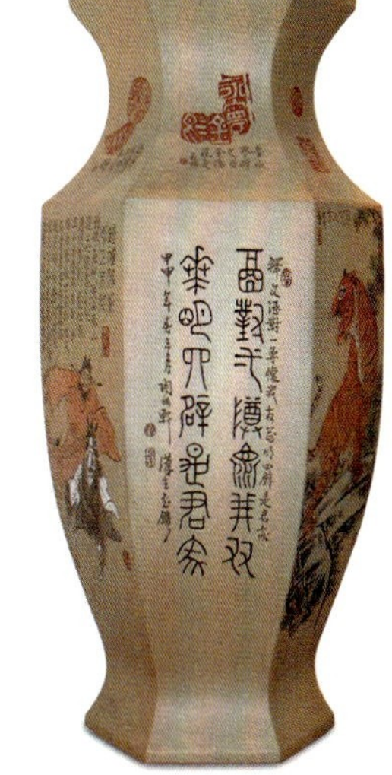

六方对瓶

陈建平

（1954～）生于江苏宜兴，研究员级高级工艺美术师，江苏省工艺美术名人，中国工艺美术学会雕塑专业委员会会员，中国工业设计学会会员，江苏美术研究会会员，无锡美协委员，江苏陶艺专委会副主任，宜兴紫砂文化艺术研究专委会副秘书长。

1979年毕业于南京师范大学美术系，后任教于宜兴轻工业学校，1992年随徐秀棠大师学艺。现在宜兴长乐弘有限公司从事专业陶艺创作。1994年作品《渔歌唱晚》获全国陶瓷艺术评比一等奖；2001年《陕北民风》获宜兴国际陶艺展一等奖；其代表作品有《鱼塘清趣》、《麒麟》等。

争艳壶

杨勤芳

（1951～）生于江苏宜兴。高级工艺美术师、中国工艺美术学会会员、宜兴紫砂文化艺术研究专委会副会长、现任宜兴紫砂工艺二厂副总工艺师、紫砂艺术研究所副所长。

1979年进宜兴紫砂工艺二厂，曾师从吕尧臣大师学艺。1991年，其作品《六方福寿提梁壶》获江苏省第三届轻工美术设计一等奖；1995年以江南民间竹编提篮为题材而设计创作的紫砂《谢意壶》被英国皇家大英博物馆收藏；1996年作品《腾达壶》被英国古董协会收藏；《舜鬲双流壶》被该协会推荐英国邮政获准发行明信片；1999年作品《神童壶》和《紫金叠式》获第一届中国工艺美术大师精品展银奖；2001年作品《镶金汉风壶》获第三届中国工艺美术大师精品博览会金奖。代表作品还有《度石衡象壶》、《六方将军壶》等。

璧云壶

莲子壶

周尊严

（1945～）生于江苏宜兴。研究员级高级工艺美术师、江苏省工艺美术名人、中国工艺美术学会会员、中国工业设计协会会员、江苏省工艺美术陶瓷专业委员会会员。

1958年进宜兴紫砂陶瓷中学，1959年进紫砂工艺厂实习，随老艺人裴石民学习制壶技艺；1961年师承陈福渊；1965年进紫砂研究室受顾景舟大师的专业指导。1972年在顾大师的直接指导下开始从事紫砂产品的创作设计与制作。1983年参加中央工艺美院举办的造型制图班培训结业，1995年参加江苏省工艺美术行业高级研修班研修结业。

在五十年的技艺生涯中，经刻苦磨炼，所创作品造型优美，构思巧妙、线条挺括、比例恰当、风格别致，以求每件作品更完美。其作品多次参加国内外艺术展览并获奖，并为中外贵宾作技艺操作表演。其中《六方合斗壶》获陶瓷精品二等奖和第三十七届全国旅游工艺品二等奖。《八仙宝方壶》获2004第三届西湖博览会银奖和2005太湖博览会“中国紫砂艺术大展”金奖，并被紫光阁收藏。

垒线壶

六方合斗壶

范洪泉

（1941～）出生于江苏宜兴蜀山，1956年考入紫砂工艺学习班（宜兴紫砂工艺厂前身），师从老艺人吴云根学习传统紫砂成型工艺。1958年转而师从一代宗师朱可心学习紫砂花货艺术，随师近三十年。1983年进入紫砂工艺厂研究所从事紫砂创新设计工作。自1958年起，相继担任过技术辅导员、技术升级考核定额评定负责人、技术总辅导等工作。现为研究员级高级工艺美术师、江苏省工艺美术名人、中国工艺美术协会会员、宜兴紫砂文化艺术研究专家委员会委员。

其作品以大气、豪放著称，善于创新，尤其擅长大型、特大型紫砂花器作品的创作，曾受到江苏省轻工业厅嘉奖，获得“紫砂成型技术质量标兵”、“对紫砂有突出贡献”等荣誉。工作至今，创作了数百件紫砂新品，代表作《东坡提梁壶》系列、《报春壶》系列、《特大梅桩壶》、《大松桩壶》、《大仙瓢壶》、《葡萄盈筐提梁壶》、《大三足结义壶》等在国内外各类专业展评交流活动中多次获奖，并被北京故宫博物院、中南海紫光阁、台湾故宫博物院等处收藏。《人民日报》、《新华日报》、《文汇报》、《新民晚报》、中央电视台、山东卫视等媒体都专题报道过他的紫砂壶艺作品。

东坡提梁壶

束柴三友壶

咸仲英

（1940～）生于江苏宜兴。高级工艺美术师、国际民间叙事研究会会员、江苏省陶瓷艺术学会会员、宜兴紫砂文化艺术研究专委会会员。

1955年进宜兴紫砂工艺厂，师从著名艺人任淦庭学艺。1958年任紫砂艺校辅导老师。1988年装饰的《特大百寿瓶》(合作)被中南海紫光阁收藏；1998年，其作品《大济公壶》、《妈祖壶》获首届民间艺术博览会金奖。

吉祥百寿壶

凌锡苟

（1940～）出生于江苏宜兴陶工之家。研究员级高级工艺美术师、江苏省工艺美术名人、中国工艺美术学会会员、江苏省工艺美术学会理事、江苏省陶瓷艺术协会理事。现在宜兴紫砂工艺厂工作室从事陶艺创作。

他几十年来一贯以“艺为先，技为辅”的创作理念，全身心地投入艺术创作，作品有抽象变形的几何形体美，有仿生自然形态美，在创新中有传承，传统中有新意，涵书痕画影之韵味，具雕塑金石之体气。

在培养艺徒教育中，要求学生树立“不怕苦，不怕穷，不怕难，不怕烦”的精神，乐意从业，刻苦追求，在严谨地学习中修炼自身的心理素养，逐渐悟到“以艺为先，技为辅”从艺准则的重要性。

作品多次在国内外、省级评比中获全国金奖、一等奖4个；银奖、二等奖6个；省金奖、一等奖2个；银奖，二等奖1个。

大红袍壶

日月同辉壶

夏俊伟

江苏省研究员级高级工艺美术师、宜兴陶瓷实训基地紫砂艺术客座教授、宜兴紫砂研究会常务理事。

20世纪60年代毕业于南京艺术学院美术系；70年代执教宜兴陶校及紫砂陶艺界；80年代结识陶艺界专家教授，撰写《江苏省陶瓷志·紫砂章》；90年代与当代紫砂艺人友善相处，领悟砂艺术秘诀，潜心研究并创作紫砂新品，发掘开拓紫砂泥绘装饰。

2000年后已出版《中国紫砂名壶珍赏》等五部大型经典著作反响甚大。2005年起任宜兴陶瓷实训基地、宜兴紫砂艺术培训中心客座教授，开设“紫砂简史”、“紫砂工艺”、“陶瓷造型设计”课程，作为专业技术人员的必修课，提升紫砂行业的美学水准。

苑香茗露

长乐延年

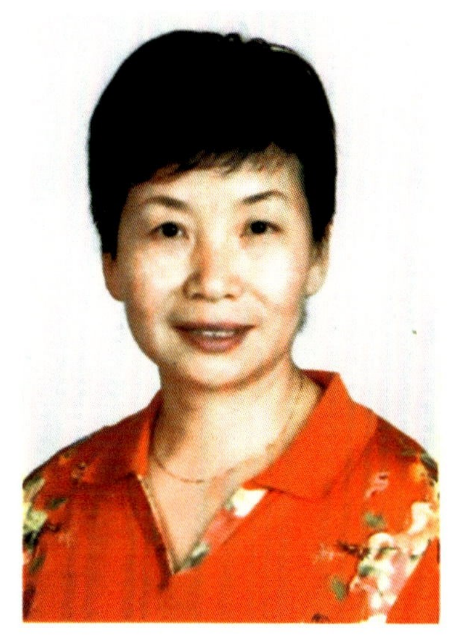

高建芳

研究员级高级工艺美术师、江苏省工艺美术名人、中国紫砂优秀中青年陶艺家。宜兴人。

长期从事紫砂艺术的研究与创作，曾两度在清华大学美术学院进修深造，受到韩美林、杨永善、张守智等知名教授的悉心教导。在中国工艺美术大师蒋蓉的传授下，延续了清代花器大师陈鸣远创立的紫砂仿生态流派，成为当今紫砂艺苑仿生态流派的主要传承人。三十余年来，坚持紫砂艺术流派的传承，坚持以文化为核心的创作思路，坚持精益求精的工艺技法；坚持以创新为主的风格。

作品主要分荷花、瓜果、蔬菜等六大系列八十余个品种。其中“世外桃源”、“荷韵壶”等10余件作品获国家金、银奖；“荷花单杯”、“如意枇杷”由国务院办公厅收藏于中南海紫光阁陈设。被业内人士誉为“象形壶艺第一传人”。

荷花生日壶

如意枇杷壶

储集泉

（1954～）出生于江苏宜兴，号“陶缘轩”主人，工作室曰“半古斋”。研究员级高级工艺美术师。1972年开始学习紫砂工艺造型及设计，得花货大师朱可心青睐点拨。1989年结业于中央工艺美术学院陶瓷造型专业。现为江苏省工艺美术名人，中国工艺美术学会会员，中国民间文艺家协会会员。现供职于宜兴紫砂工艺厂，受聘为无锡工艺美术学院兼职教授，陶艺专业指导委员，并受聘于广西艺术学院桂林国际文化学院客座教授，设立“储集泉紫砂陶艺工作室”。

擅长花货制作，在涉及传统技艺过程中借鉴泥绘，嵌泥，浮雕，贴塑等艺术手法，融诗词、音乐、书画、壶艺于一体，作品个性鲜明，灵秀雅逸，常得诗，画，景，趣之乐。其作品被多家博物馆及2000年韩国国际陶艺文化交流会，中南海紫光阁等收藏。《蟠桃》壶被政府选赠新加坡资政李光耀先生珍藏。

多次参加海内外艺术大展，荣获国家级和省级多个奖项，《四君子组壶》获1993年“中国传统工艺美术精品展”优秀奖；《遥远的故事》获1998年首届“北京国际民间艺术博览会”金奖；《荷塘系列》获1999年“中国民间艺术”金奖与“中国首届工艺美术大师精品展览”铜奖；《听蝉》获2004年“中国陶瓷艺术展”银奖；《二泉印月》获2004年江苏民间艺术最高奖——大阿福金奖；2004年被评为“中国紫砂十二精英”，其人其壶被宜兴市编入中小学陶艺课本。

蕉窗夜雨壶

乾坤葫芦壶

程辉

（1944～）字润年。研究员级高级工艺美术师、江苏省工艺美术名人。生于江苏宜兴陶瓷世家，供职于江苏宜兴紫砂工艺厂，现为江苏省工艺美术学会会员、中国工艺美术学会会员，中国工业设计学会会员、中国宜兴紫砂行业协会副秘书长。1958年进入宜兴紫砂工艺厂，师从江苏省著名老艺人吴云根先生学习紫砂成型艺术。其间当代中国工艺美术大师顾景舟、蒋蓉也给予悉心指导。1983年进入中央工艺美院进修班培训，进一步提高了自身的创作设计能力。1984年起担任厂技术科科长、总工办主任、研究所所长等职，全面参与紫砂厂技术管理、产品创新开发，并致力于将产品推向国际市场，为紫砂事业培育新人、继承发扬开拓创新做了大量工作。1987年参与起草紫砂陶国家标准，并获得省、部科技进步二、三等奖。

1991年、1993年赴新加坡、台湾等地举办宜兴陶瓷大型展览。所制作品曾获得市、省、国家级一、二、三等奖多项，并有二件作品被故宫、中南海紫光阁收藏。

虹途壶

八罂壶

蒋新安

（1952～）江苏镇江人。中国工艺美术学会民间工艺美术委员会会员、江苏省工艺美术学会理事、江苏省陶瓷艺术学会常务理事、江苏省工艺美术系列高评委、江苏省工艺美术行业(陶艺)培训基地主任、江苏省工艺美术名人、无锡工艺职业技术学院陶艺系书记、研究员级高级工艺美术师。

先后求学于无锡工艺职业技术学院、景德镇陶瓷学院和中央工艺美术学院，受老一辈工艺美术教育家庞薰琹、陈叔亮、常沙娜、田自秉等先生的艺术熏陶和教诲，步入工艺美术设计教育和陶艺创作大门，对中国传统工艺美术及陶瓷艺术有较深研究。陶艺创作则先后得益于王锡良、张松茂、戴荣华、顾景舟等中国工艺美术大师们的指点，以深厚的文化底蕴和独特的艺术视角及设计理念，融传统与现代为一体.涉足造型、陶刻、雕塑诸方面，作品题材广泛，创意独特。以主题鲜明、系列设计的特点，在紫砂陶苑独树一帜。陶艺作品先后赴东南亚、港澳台地区及欧洲各国展出。曾应邀参加韩国“世界博览会”；拉脱维亚“第42届国际陶艺大会”现场作紫砂陶艺手工制作演示和演讲。作品在各级艺术展评中获得三十次大奖，其中国家、国际级金奖多达十枚，并为宜兴陶瓷博物馆、香港茶具博物馆、台湾中华精微艺术馆等艺术博物馆及中南海紫光阁收藏。传略入辑《中外名典》，出版《新安艺术 · 紫砂精品专集》等。

国粹系列 · 京剧

国粹系列 · 殷商遗韵

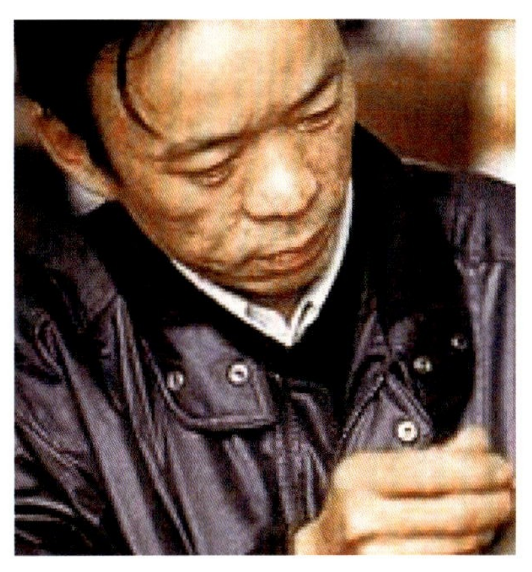

潘持平

（1945～）生于江苏宜兴。高级工艺美术师、江苏省工艺美术名人、中国工艺美术学会会员、宜兴紫砂文化艺术研究专委会常务会员。

1958年进宜兴紫砂工艺厂，师从名艺人徐盘大、陈福渊学艺，后得顾景舟大师教授指导，先事盆艺，后专事壶艺，尤擅长紫砂壶方器造型，代表作品有《四方段玉壶》、《方舟壶》、《方钟壶》等，作品《升方壶》被香港茶具文物馆收藏。其撰写的论文《传统陶艺与宜兴紫砂》及《浅谈方壶成型工艺》等在香港《中华传统陶艺及现代陶艺论坛》、《紫砂春华》等刊物上发表。

工精艺湛、严谨大度中体现艺术修养的儒雅是他的风格。

晨钟

大方钟

王小龙、高丽君夫妇为奥运创制的紫砂足球系列与浪花曲壶

王小龙、高丽君

（1940～）出生于江苏宜兴陶艺世家，都属龙。均是宜兴紫砂工艺厂高级工艺美术师。1955年进紫砂工艺厂，师从著名紫砂艺人朱可心学艺；并得“名艺人”蒋蓉和父亲王寅春（名艺人）教授。共同的艺术追求，使一对互勉共进的师兄妹成了在紫砂艺术天地里比翼双飞的壶艺师。

王小龙的作品造型端庄、制作严谨、工整俊秀，光素方圆器、筋瓤器、花塑器技术俱佳，形、神、气、韵融会贯通，充满浓郁的中华传统文化气息，既吸收流派精华，又富有探索创新精神，其创新发明成果已获国家专利，是“百年王氏壶艺”的优秀传承人。

高丽君的作品造型生动，透出一股细腻逼真、清新自然的生活气息。她素以花塑器见长，仿真象形器作品有一种雍容大度的气势，形态富有神韵、清雅怡人，是当今紫砂花塑器流派的主要代表人物。

五十多年的艺术生活，夫妇俩珠联璧合，在紫砂艺术的道路上携手共进。自1958年担任紫砂技术辅导老师，至今仍在“王氏道艺轩”授艺带徒，并不断创制新品。先后带徒共400多名，桃李遍业界；先后创制新品近500件（套），多次在国家和省级工艺作品展评中获奖。其精湛的紫砂壶艺作品，在国内外紫砂收藏界享有极高的声誉，作品被中南海紫光阁以及南京博物院等国内外多家著名博物馆收藏。

半菊壶　王小龙制

和联　高丽君制

鸣蝉瓜壶　高丽君制

龙头一捆竹套壶　方小龙制

方舟壶

王国祥

高级工艺美术师。1970年进宜兴紫砂工艺厂，师承陈福渊老艺人，并经常得益于壶艺泰斗顾景舟大师悉心指教。1974年赴南京工业大学学习陶艺，后在南京艺术学院进修陶艺设计。现为中国工艺美术协会会员、中国宜兴紫砂行业协会理事、中国民间艺术紫砂专业委员会常务理事、宜兴紫砂工艺厂副厂长、锦达陶艺公司总经理、景德镇陶瓷学院客座教授。

他继承中华优秀传统，作品文化气息浓郁，技艺功底扎实，并以设计创作方形器为主，兼工圆器。其《吉方壶》、《宝方壶》、《方舟壶》、《亚明方壶》、《亚扁方壶》、《祥君壶》等代表作品造型典雅、线条挺括、清晰规整、端庄浑厚，于方正中显精神、朴雅中见气韵。

《祥和提梁壶》获第八届全国陶瓷艺术与创新设计银奖；《钻石提梁壶》获第七届中国工艺美术大师精品博览会银奖、第三届太博会银奖；《方舟壶》获第三届中国工艺美术精品博览会银奖；《吉方壶》获中国紫砂艺术精品展金奖、中国工艺美术2002“华艺杯”铜奖；《宝方壶》获2002年中国华东精品展铜奖。多件作品入选《当代中国紫砂图典》、《陶苑掇英》、台湾《鉴赏珍玩》等典籍，作品被多家国内外博物院、艺术馆收藏。

祥和提梁壶

王涛

（1950～）江苏省宜兴市人。国家高级工艺美术师、中国宜兴陶瓷博物馆副馆长。长期从事工艺美术陶瓷的研究、设计和制作，作品门类较多，题材广泛，是当代美术陶瓷的创始人和开拓者之一。他对陶瓷史论研究有着较高的造诣，为宜兴地区知名的陶瓷工作者之一。曾在江苏省陶瓷研究所、江苏宜兴陶瓷公司、江苏宜兴工艺美术陶瓷厂工作，先后担任设计室负责人、研究所所长、厂长等职。

目前是中国工艺美术学会会员、中国陶瓷工业协会陈设艺术陶瓷委员会委员、中国管理科学研究院学术委员会特约研究员、江苏省收藏家协会理事、《江苏省陶瓷志》编辑、《无锡文博》编委、《陶苑掇英》主编。

合菱壶

扁灯壶

方卫明

（1954～）生于宜兴。中国江苏宜兴均陶研究所所长，上海市中国陶瓷艺术家协会名誉副会长，江苏无锡工艺职业技术学院特聘客座教授，中国陶瓷工业协会会员，清华大学美术学院实习基地辅导员，江苏省工艺美术学会会员，陶艺专委会成员，高级工艺美术师。

1971年涉足陶艺领域，学养渐厚。1988年参加函授三年制中国书画函授大学专攻中国画专业。三十年勤奋追求，成就了扎实的均陶堆贴画工艺技巧，在创作思维，艺术语言与表现技艺的结合中达到了新的境界，形成了以传统工艺手法所蕴涵的形神兼备的艺术风格，且超越传统不断创新取其精华，使均陶堆贴画艺术焕发出新的光彩。其作品博采众长，拓古创新，特别对均陶造型和釉彩的和谐美有深厚造诣，风格古拙敦厚，流光溢彩。远古的浑纯、唐宋的风韵、现代的抽象、民间的韵味，浑然一气，秀气淡雅，恒久如新又藏古意，形成了自己独特的"民艺"流派，在当今均陶艺术上具有权威性，曾得到清华大学美术学院杨永善、陈进海等教授的赞赏。

平时注重学习和积累，凭着对保护均陶文化的历史责任感，收集历代堆贴画艺术珍品照片二百余幅。由此，均陶研究所成为清华大学美院的实习基地，他被评为导师。他的陶艺品倍受海内外收藏界、艺术界的青睐。设计制作的"精品陶台"曾出口日本，制作的"九龙千筒"被英国维多利亚博物馆作为精品收藏。其先后在《新华日报》、《人民日报》和中央电视台等媒体作过宣传，撰写的《均陶堆贴画的过去现在和将来》和《均陶堆贴画漫谈》等论文先后发表于《江苏陶瓷》等杂志。

梅花鹿釉彩

二龙戏珠

尹祥明

（1963～）宜兴紫砂工艺二厂工艺美术师。1983年进宜兴紫砂工艺二厂随邵新和学习雕刻艺术。1984～1985年进无锡工艺美术学校进修；1986～1994年随徐秀棠大师从事雕塑创作。作品曾多次参加香港、台湾的展览，并多次入编紫砂专业性画册及杂志。1995年参加上海美术馆举办的“宜兴、景德镇陶瓷精品展”，其中《大荷包壶》由江南大学赠送给国家副主席荣毅仁收藏。1997年入选文化部举办的“中国当代陶艺展”。作品《竹提梁壶》、《皮革壶》由文化部代表国家收藏。论文《紫砂壶艺的风格设计》于1994年发表于山东艺术学院《设计艺术》杂志。

皮包壶

汉风壶

韦钟云

（1949～）字景泉。高级工艺美术师。供职于宜兴陶瓷博物馆。1960年代起习陶瓷制作技术，在紫砂艺术生涯中，得已故名师朱可心先生启蒙指导。他曾在中央工艺美术学院和江苏省宜兴陶瓷学校进修，再加之自幼酷爱书画篆刻，并得到众位名家点拨，技法功底扎实。

几十年来，热衷于紫砂事业，不断耕耘创作，新品迭出，多件作品受到海内外壶界的高度评价及收藏。其作品《敦煌飞天》、《九龙戏珠》等曾获国家级银奖和铜奖。

九龙戏珠

学士品茶壶

大彬云方壶

华健

高级工艺美术师。1982年进厂，师承工工艺美术大师顾绍培、高级工艺美术师刘建平，从事紫砂工艺创新制作。1986年进入紫砂工艺厂研究所，随顾绍培大师继续深造。善制各类紫砂器皿，尤擅长方器造型的设计制作。所制作品古朴稳重大方，形神俱佳，线条刚柔相济，且具张力，追求玉器般的质感，不求纤巧，不加无谓雕琢，口盖挺括紧密。紫砂全手工制作技艺功底不凡，属同辈艺人中的佼佼者。

1989年参加中央工艺美术学院造型设计进修班，使其茗壶倍增艺术风采，在传统风格中又体现现代意境。其作品广泛登载于“壶锦”、“砂壶集”、“壶艺宝典”、“天地方圆”、“茶与壶”等著名刊物。

《天山骑》荣获第三届中国工艺美术精品博览会银奖；《龙凤呈祥》荣获2002年中国华东工艺美术精品展金奖；《方圆提梁玉璧壶》荣获首届宜兴陶艺新人作品三等奖；《足韵壶》荣获37届全国旅游品和工艺品交易博览会二等奖；《一个长方形体的舞姿》荣获第二届全国陶瓷艺术展览入选奖；《大彬六方壶》荣获第二届太湖博览会金奖，并被中南海紫光阁收藏；《简洁壶》荣获第二届太湖博览会银奖。

分割穿插

许成权

（1939～）生于江苏宜兴。江苏省工艺美术名人、高级工艺美术师。

1955年入宜兴紫砂工艺厂，师从朱可心学艺。1958年赴湖南省醴陵陶瓷研究所进修瓷雕。1959年起任宜兴紫砂工艺厂技术编导逾20多年，1985年调入南京艺术学院陶瓷实验室工作。

1972年，其作品《新竹酒具》、《梅花鼎》赴美国、日本、加拿大等地展览；1980年作品《成竹茶具》获全国陶瓷设计评比二等奖；1988年《双鱼成龙鼎》获江苏省首届民间工艺“瓷金杯”大奖；1990年《八珍梅壶组》获江苏陶瓷评比三等奖。1991年赴新加坡举办夫妇作品展；1994年赴台湾举办《芳权紫砂陶艺展》；1996年赴美国、加拿大讲学示范。被江苏省人民政府授予“江苏省工艺美术名人”称号。

成竹壶

上双线竹鼓壶

庄玉林

（1965～）出生于江苏宜兴蜀山陶艺世家。高级工艺美术师、中国工艺美术学会会员、江苏省工艺美术学会会员。

从小耳濡目染紫砂陶业，也赋予了他从事紫砂艺术的悟性与天赋。1982年进宜兴紫砂工艺厂，随国家工艺美术大师顾绍培学习紫砂成型工艺。1986年经厂里选拔考试，进研究所继续跟顾绍培大师深造。1988年参加中央工艺美术学院造型设计培训，学以致用、受益匪浅。1991年至1993年期间，担任紫砂厂艺培中心老师，培养紫砂新人，成为紫砂事业接班人。

在紫砂艺术的创作设计道路上，刻苦学习，工艺严谨、一丝不苟，他创作的作品《六方醒辰》、《珠方》、《雅竹》、《四方抽角》、《寓方》等茶具，深受陶艺界和收藏界的厚爱。

玉泉方竹壶

寓方壶

孙伯春

（1956～）号百春。生于江苏宜兴丁蜀镇。国家高级工艺美术师、中国国家级紫砂陶紧缺型人才培训基地总工艺师、无锡宜兴三轮学科带头人、江苏省陶艺专委会副秘书长。先后毕业于江苏陶校美术专业、中央工艺美院陶瓷系设计专业。

三十余年来在陶塑创作、紫砂陶造型设计与制作中，其作品多次获国家、部、省大奖，多篇学术论文发表于国家级、省级刊物。

2005年，中国美术权威报刊《美术报》整版刊载他的陶塑、陶艺作品，清华大学美术学院设计系主任郑宁教授为专刊撰写了导言《陶塑家的彰显》，文中从专业的角度高度审视、高度总结了他的陶塑与造型艺术设计——有独到的传统形式和精湛的技艺，有较为坚实的艺术基本功底，创作的作品显现了深厚的底蕴，富有艺术造化与精神内涵；注重作品的审美形式，作品具有鲜明的特色与风格。

宇游

削足适履

何六一

（1940～）江苏省陶瓷艺术学会理事，宜兴彩陶厂研究所的创始人。

1958年进陶瓷公司实验工场工作，开始涉足陶瓷工艺，从事陶瓷工艺美术设计。通过中央工艺美术学院的正规学习，并得到了众多美术界知名人士如杨永善、陈若菊、张守智等的指导。作为江苏省美术界唯一的代表，参加了毛主席纪念堂工程建设群雕的设计和制作；在故宫办展中受到了余秋里、周培源等国家领导人接见；得到了轻工业部授予的从事工艺美术行业工作三十年、为我国工艺美术事业的发展做出了贡献的表彰。

自1992年进入昌海公司开始从事紫砂工艺美术设计、制作。特别以设计、制作紫砂形体及模具见长。设计的作品多次得国家轻工业部、中国陶协、江苏省陶协的奖励。《六六大顺壶》得到了金奖。

大圣壶

枫叶壶

吴小楣

（1948～）字浪石，号抱臼居士。江苏宜兴人。国家级高级工艺美术师。曾任宜兴市均陶研究所所长、中国宜兴陶瓷博物馆馆长、著名陶艺家。

1993年以前，以制作仿古器皿成名。1993年，因北京申奥失败，改以制作“体育陶艺”，以中国古代历朝历代体育为创作题材，以“盛世风流”为总题名，制有《汉百戏》、《唐马球》、《清百子》、《五禽戏》、《罗汉拳》、《太极拳》、《男欢女嬉》等八个系列。他是国内唯一一位专做“体育陶艺”的陶艺家。其艺术作品风格独特，主要采用中国汉唐原始陶艺作法。在表现形式上又融入现代艺术意识，在抽象与具象的关系中寻找东西方文化的交汇点，所以作品虽然题材是传统的，但形式美感是现代的。其代表作《汉百戏》、《汗青》、《仿古簋》等曾获全国陶瓷美术设计评比金奖、银奖。由于经常参展获奖，媒体有“江南奇才”与“得奖专业户”之称。

近年来，他努力与国际艺术品市场接轨，把作品推向欧美画廊，获得丰硕成果，成为大陆作品价位最高的陶艺家之一，并有固定的经销商。消费者主要为国际体育明星与一些收藏家。论文有《明清文人与紫砂陶》、《子冶石铫壶及其形体演变》、《我与体育陶艺》、《环艺陶瓷与城市建设》、《尧臣陶艺》（与导师杨永善先生合编）等。目前是中国古代陶瓷学会会员、中国工艺美术学会收藏委员会理事。

盛世风流系列

盛世风流系列

吴亚亦

（1954～）生于江苏宜兴。高级工艺美术师、江苏省工艺美术协会会员、宜兴紫砂行业协会会员。

1972年进紫砂工艺厂学徒，启蒙老师为高丽君师傅。1984年拜中国工艺美术大师汪寅仙为师。专业创作设计，得到师傅的精心传教及培养，加之自身的努力与悟性，技艺逐渐纯熟。1989年进中央工艺美术学院陶瓷艺术系进修，在创作思路上有了进一步的提高。其作品常常以雕塑手法与传统工艺相结合，制作工艺精细，纹饰优雅，形成了自己独特的风格。较多作品在国内外陶瓷精品展览会参展获奖，深得海内外人士青睐。

雅集壶

美林提梁壶

吴亚克

（1957～）江苏省宜兴市丁蜀镇人。高级工艺美术师、中国陶瓷协会会员、江苏省美术协会会员、江苏省陶专会会员。1979年进紫砂工艺厂，考进厂研究所。师从中国工艺美术大师徐秀棠全面学艺，其后得到资深江苏省大师储立之指导。从师学艺的艰辛磨炼，严谨的制作规矩与造型法则的严格培训，使他逐步懂得了紫砂陶的独特技法应用与紫砂语言的精深奥妙。

他能充分利用紫砂泥古雅的色泽和可塑性强的特性，构思巧妙的题材，注重形象的肌理质感，匠心独运，发挥陶塑技法并与紫砂壶的制作相结合，施展紫砂雕塑的细腻长处再加之紫砂壶形体的美学要素，使其作品更增添浓厚的人文趣味与题材到制作的完整，达到至高境界的和谐与统一。

他曾在中央工艺美术学院进修，其作品从1980年～2007年获省级以上大奖达20多次项，作品被北京中南海紫光阁、江苏、无锡、天津等多家博物馆收藏。多篇论文在《江苏陶瓷》、《景德镇陶瓷》刊物上发表，1998年，曾赴马来西亚吉隆坡进行学术交流。

天地方圆套壶

游鱼戏珠壶

吴培林

（1954～）江苏宜兴人。大学学历。江苏省工艺美术名人、国家级高级工艺美术师、斋名牧泥堂。1995年被联合国教科文组织暨中国民间文艺家协会授予“一级民间工艺美术家”称号。现为中国工艺美术学会会员、江苏省陶瓷行业协会陶瓷艺术专业委员会委员、江苏省工艺美术高级职称评委库成员。

在长期的紫砂艺术创作中，集思广益，博采众长，潜心研究，深入探索，继承传统，开拓创新，形成独特的艺术风格。其作品推崇传统造型的艺术美感，同时也注重具有时代特征的艺术效果，运用“绞镶泥”手法，以壶艺为载体，师法自然，抽象与写实结合，以泥成画，创作出多系列的艺术作品。所作造型，传统而不少新意；所创画面，或山峦叠嶂，或行云流水，或竹海清泉，或田园瓜韵。工艺技巧独特，壶内壶外纹理一致，以求达到无法仿冒的艺术效果。结合创新感想，有多篇艺术论文发表，并主编《天地壶音》一书面世。

和谐系列

孕育

陆虹炜

高级工艺美术师。1983年进入紫砂工艺厂，从师于江建翔，施小马。1986年考入江苏省轻工学院陶瓷艺术系学习，以后一直在紫砂研究所从事紫砂精品的创作，具有较高的手工制作技巧和创作设计能力，成为宜兴紫砂青年艺人中的佼佼者，最年青的高级工艺美术师。

其作品以深厚的传统文化为底蕴，外秀而内慧，精品壶《龙的传人》、《翔》、《神曲》分别获第三、四、五届工艺美术大师精品展银奖，《神曲》获2004年太湖博览会金奖，作品《翔》被中南海紫光阁收藏，成为收藏家的热门藏品。

三羊开泰

竹节壶

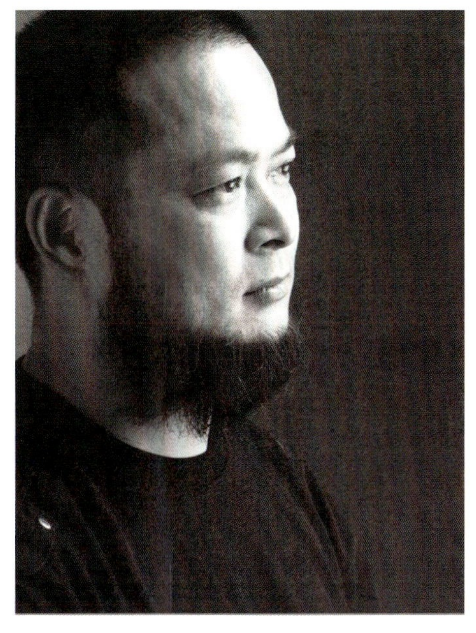

张正中

（1964～）又名张振中。生于江苏宜兴。毕业于江苏大学美术系。江苏省工艺美术名人、高级工艺美术师、中国美术家协会会员、中国工业设计协会会员、中国工艺美术协会会员、宜兴紫砂行业协会文化研究会秘书长、清华大学美术学院陶瓷系校外辅导老师、无锡工艺职业技术学院客座教授。荣获“中国紫砂十二精英”、“中国紫砂优秀中青年陶艺家”称号；联合国教科文组织民间艺术组织授予“国际民间工艺美术家”称号。

其作品以其感性创造在理性紫砂世界中独树一帜，并被誉为学院派与传统融合的典范。作品多次在海内外大展中获大奖，并被多家博物馆、艺术院校及海内外文化中心收藏。还多次参加国家陶艺代表团出访埃及、土耳其、法国、意大利等国家，并在马来西亚、台湾、美国等国家和地区讲学及进行学术交流。《人民日报》、《装饰》杂志、无锡电视台、香港《文汇报》、台湾《紫玉金砂》、美国《亚美新闻》、《华盛顿新闻》、《美利坚新闻》等报刊杂志及媒体多次报道其作品。

陶木壶

年轮壶

怀其芳

（1964～）女，生于江苏吴江，1982年毕业于江苏宜兴陶瓷工业学校陶艺设计专业，现为国家高级工艺美术师，中国工业设计协会会员，江苏省工艺美术学会会员。

多年来致力于陶艺装饰领域，凭借多年积累的艺术功底和书画基础，创作了一系列陶艺作品，善于把握不同陶瓷材质特点来体现作品特色，将它有效地构筑于艺术的形体中，陶艺作品集雕塑、图案多种装饰于一体，或粗犷古朴；或清新秀丽；或富贵典雅，有独特的形式和与众不同的艺术语言，个人风格鲜明。

作品在全国、全省陶艺评比中多次获得大奖，并有多篇关于技艺、风格等方面论文在省级刊物发表。

静夜

生命之歌

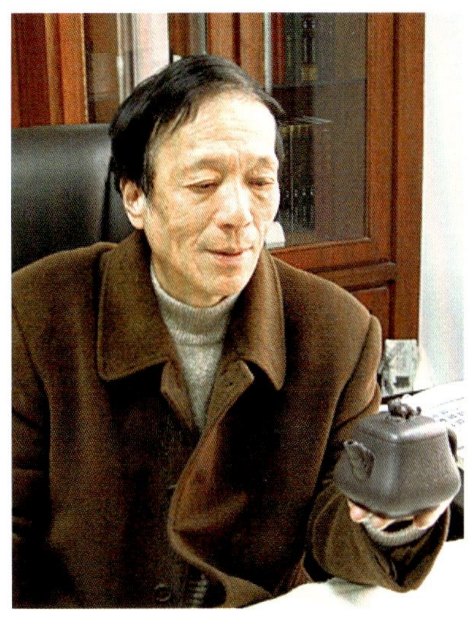

束旦生

（1944～）高级工艺美术师。字石雪，硕陶斋主人。生于江苏宜兴蜀山。

1958年进厂师从谈尧坤、任淦庭学艺。他尊师教诲，深得其真谛。在紫砂事业中倾注四十多年春秋心血，在继承传统的基础上刻苦钻研，凭着对中华文化和紫砂艺术独特理解，创作多方面寓意深远的作品。善于创作设计制陶，尤擅长陶刻。对书法、绘画、篆刻、陶艺、紫砂史等方面均有独到的研究。其精美华丽的艺术风格，在艺苑中独树一帜。

曾多次参加国内外地区展览及现场操作表演，得到国家领导人及砂壶收藏家的称道。被誉为“艺术成就陶艺家”。

笔筒

方舟

陈国良

（1954～）生于江苏宜兴丁蜀镇。1972年进宜兴紫砂工艺厂，拜何道洪老师为师。其后从事花盆、瓶、挂盘等制作，1985年曾在陶瓷公司职校学习工艺、素描、雕塑、图案装饰，1986年任宜兴紫砂工艺厂艺术培训中心辅导老师，1990年任紫砂工艺厂艺术培训中心技术总监，1988年曾在中央工艺美术学院进修《陶瓷造型设计》专业，1993年进紫砂工艺研究所，进行紫砂设计与制作研究。现为高级工艺美术师，江苏省美术艺术名人和中国工艺美术学会会员。

对于紫砂陶，其一贯坚持严谨的工作作风，其作品追求有挑战的难、新、奇、巧并形成个人的风格。在创新中更求精求实，讲究实用与收藏兼顾。不拘泥于流派，从不做风格较差的作品，依创作灵感发挥。作品题材丰富多样极具个性，端庄秀雅且富情趣，既有传统韵味，又有别树新姿。

“龙腾2008”壶

梅桩壶

邵顺生

（1955～）江苏省宜兴市丁蜀镇紫砂村人。是清代制壶名家邵大亨的传人。中国国家级高级工艺美术师、中国工艺美术学会会员、江苏省工艺美术学会会员、中国宜兴紫砂文化研究会常务理事、中国宜兴紫砂艺术馆、艺术总监、总工艺师、中国紫砂优秀中青年陶艺家、中国宜兴紫砂行业协会常务理事、壶艺专业委员会副主任、中国紫砂第一村，大亨陶斋创始人。

他师从中国工艺美术大师顾绍培，擅长方器被誉为“宜兴紫砂方器高手”。

其作品具有挺劲阳刚之气，含浑厚大度之势，承袭传统勇于创新，被专家称之为壶艺经典。作品20余次荣获省级、国家级金、银奖。他多次参加社会公益事业，捐赠作品多件，在紫砂界是俱有很高声誉的艺术家。其作品《志同道合》被国务院收藏，《古鼎方钟》被无锡市博物馆收藏，《一脉相通》被沈阳故宫博物院收藏。他多次参加省、国家级高级研修班，担任行业职称评委和大赛评委，可称得上是一位紫砂界的领军人物。

志同道合

茶馆壶

李霓

（1963～）女，生于江苏宜兴。高级工艺美术师、宜兴鸿成陶艺有限公司高级工艺师。1980年进宜兴紫砂工艺厂。1982年进厂研究所随母沈遽华学艺。1985年赴上海外贸职大进修。

2002年，其作品《十一头神州茶具》、《随方就圆》分获第四届中国工艺美术精品博览会银奖、铜奖。

微型菱花壶

德中壶

范永良

(1943~）宜兴紫砂工艺二厂高级工艺美术师、中国工艺美术学会会员、江苏陶瓷艺术学会会员、江苏工艺美术学会会员，现任紫砂二厂总工艺师。

1959年，进宜兴紫砂工艺厂随蒋蓉学艺，深得大师真传。其作品在技艺上不仅继承了其师的精髓，而且赋于情感，焕发新意，主要代表作品有《青蛙荷花套壶》、《西瓜壶》、《玉扁壶》、《龙星壶》等。其中《小玉扁壶》获1985年江苏省陶瓷四新产品二等奖；《寿字龙星壶》等3件作品，于1988年参加香港“紫砂春华”展获优秀奖。1990年入编《中外名人辞典》。

青蛙荷叶壶

荷叶壶

范建军

高级工艺美术师，江苏省工艺美术名人。

1980年进宜兴紫砂工艺厂工作，随高级工艺美术师、中国工艺美术大师鲍志强先生学习紫砂雕刻技艺。1982年被派送到无锡轻工业学院造型设计系进修，主修陶瓷装饰及造型设计，1985年9月，考取无锡轻工业职工大学装潢美术专业。1988年毕业回厂，随高级工艺美术师、江苏省工艺美术大师曹婉芬学习紫砂壶制作技法。所创作紫砂作品多次获得了省、国家级奖项，历年获奖作品有：

《壶艺掇英》组壶获第四届全国陶瓷评比二等奖，景德镇国际陶瓷精品大奖赛二等奖；《紫砂文具》获第五届全国陶瓷评比一等奖；《五头东篱采菊》、《凌风劲节》茶具获江苏省工艺美术评比二等奖；《叶落归根》入选香港回归名家作品展；《九头凌风劲节》茶具被无锡市博物馆收藏；《佛教圣地》组壶获杭州西湖博览会第二届中国工艺美术大师作品暨工艺美术精品博览会金奖；《荆溪十景》组壶获第四届中国工艺美术大师精品博览会暨“中国工艺美术优秀作品评选”金奖；《铁骨冰姿》茶具获第一届中国陶瓷艺术展优秀奖；《星际壶》获第五届中国工艺美术大师作品暨工艺美术精品博览会银奖；《印象绞泥方壶系列》获第八届全国陶瓷评比银奖。

东篱采菊茶具

项式方壶

合菱壶

范建华

（1964～）女，高级工艺美术师。现为中国江苏陶瓷美术学会会员，江苏省工艺美术学会会员，中国工业设计协会会员，中国工艺美术学会会员。

1982年进宜兴紫砂工艺厂，师承工艺美术大师吕尧臣。1984年随母亲高级工艺美术师曹婉芬进一步钻研紫砂的造型设计及制作技艺，特别是花货及筋纹器的制作，得到了母亲的悉心指导。1988年进中央工艺美术学院进修班，进修陶瓷造型设计。20多年来执着于紫砂造型艺术，吸收古今名家丰富的艺术营养。创作出具有独特风格的艺术作品。其中：

1993年创作的《五头鸣啸茶具》获中国传统工艺精品展四等奖；2000年创作的《什锦小品组壶》、《龙吟茶具》获国际陶艺三等奖；2001年创作的《硕梅茶文具》获得中国宜兴国际陶艺展二等奖，并获得全国陶瓷艺术设计的创新评比优秀奖；2002年创作的《梅花三弄》获中国华东工艺美术精品奖金奖。2003年创作的《喜鹊登梅组壶》获江苏省首届新人新作评比二等奖；同年创作的《五头迎春茶具》获中国工艺美术精品博览会银奖；同年创作的《清趣茶具》获第四届西湖博览会优秀奖；同年创作的《鱼跃》参加第一届中国陶瓷艺术展荣获中陶杯铜奖。2004年创作的《余乐茶文具》获第五届西湖博览会优秀奖；同年创作的《龙凤呈祥》获第六届中国工艺美术大师精品博览会银奖，作品《龙吟壶》被无锡市博物馆收藏。2005年《四方菱花对壶》获第二届太博会金奖并被中南海紫光阁收藏；2006年《蜀山林语A、B对壶》获第八届全国陶瓷评比铜奖；2007年《四方菱花对壶》获艺博杯金奖；同年《蜀山林语A、B对壶》获艺博杯金奖；同年《春晓茶具》获艺博杯银奖。

梅节壶

施小马

（1954～）高级工艺美术师，中国美术家协会会员、中国盆景艺术协会会员，江苏省工艺美术学会陶艺委员会委员。

生于江苏宜兴紫砂陶艺世家，自祖父施金庭至今已历三代。1972年进入宜兴紫砂工艺厂，师从施福渊老艺人学习瓶、盆制作，较全面地继承了宜兴紫砂陶的传统手工艺制作技法。1983、1988年两度进入中央工艺美术学院专修陶瓷造型设计。先后创作设计制作了上百个壶、瓶、盆品种。作品在注重传统技法上，既有传统工艺造型内涵，又具现代时尚气息，努力传承传统，又注重现代审美与传统有机融合，其作品多次在日本、韩国、马来西亚、台湾等地展出。

四方如意壶

钰提壶

胡永成

（1957～）高级工艺美术师、中国工业设计协会会员、江苏省工艺美术协会会员。1976年进宜兴紫砂工艺厂，师从高级工艺美术师李碧芳学艺；1978年出师，从事带班艺德辅导工作；1984年参加江西景德镇全国陶瓷设计进修班学习；1989年参加中央工艺美术学院造型设计进修班学习。

他的造型设计基础功底扎实，紫砂制作工艺技术较全面，具有多汇性的紫砂艺术和工艺语言。作品《八挂灵寿壶》1989年获江苏省第二届轻工评比二等奖，作品《舞壶茶具》1994年获全国第五届陶瓷艺术评比二等奖；在1995年又参加日本美浓国际陶瓷大赛奖；作品《翠鸟莲蓬壶》被中南海紫光阁收藏；作品《秦钟茶具》在大连全国工艺品旅游品展销评比会获二等奖。

凤舞壶

翠鸟莲蓬壶

胡洪明

（1959～）国家级高级工艺美术师、中国工艺美术学会会员、江苏省工艺美术学会会员、宜兴市紫砂行业协会会员。生于江苏省宜兴市丁蜀镇，大专文化。1978年开始涉足陶瓷专业创作与设计，1983年进中央工艺美术学院陶瓷设计系进修学习，得到杨永善、张守智和王建中等诸多名师指导。1993年创立“艺陶坊”紫砂工作室。

他超凡的创作设计能力，将独特的材质、独特的成型工艺和独特的文化内涵融于一体，使他的紫砂壶充满艺术的魅力，民族的风韵。不论圆、腰圆、四方、六方、侧角、海棠诸式；不论高、矮、曲、直；均严密工整，韵味十足。素质、素形、素色、素饰的紫砂在造型、泥色、铭款、书法、绘画、雕塑和篆刻等诸多方面都融入了浓厚的文化底蕴。其对紫砂壶的装饰艺术也颇有研究，他用金银丝装饰的紫砂壶在国内外具有很高的知名度，深受壶艺爱好者和藏家的青睐。被誉为当代的“镶金装饰巨匠”。

他的许多作品已载入了《中国紫砂图典》等多部专业书刊，部分作品被中南海紫光阁以及众多国内外博物馆收藏。其紫砂艺术创作的业绩已被收录《当代中国陶艺名家集》和《中外名人辞典》、《中国工艺美术大师精品集》等多部大型典籍。1988年参加中日和平友好条约十周年纪念活动—“中国宜兴陶瓷艺术展”，多次参加国外陶艺交流如中韩艺术交流展等系列展会。作品多次荣获国家大奖，多篇论文被省级以上刊物收录。

金猪兆年

紫光壶

倪顺生

（1938～）生于江苏宜兴蜀山。高级工艺美术师、江苏省工艺美术名人、中国工业设计协会会员、中国工艺美术学会会员、江苏工艺美术学会陶瓷专业委员会会员、江苏陶瓷行业协会陶瓷艺术名誉委员、宜兴紫砂文化研究会委员、俞国良第三代传人。1955年进宜兴紫砂工艺厂，师从朱可心大师。

1958年带艺徒班传授紫砂技艺，1960年和汪寅仙一起随朱可心大师赴北京参加轻工业部召开的全国工艺美术精品交流会，1961年参加首届江苏陶瓷工业公司技术革新运动会，荣获“健将”称号。作品多次荣获金奖，并被中南海紫光阁、各博物院收藏，全国多家报纸、书刊、电视做过专题报道。

他从事紫砂事业五十四年，创新作品百余件套。在技术上认真钻研，形成了自已独特的艺术风格。

夺魁壶

高寿梅桩壶

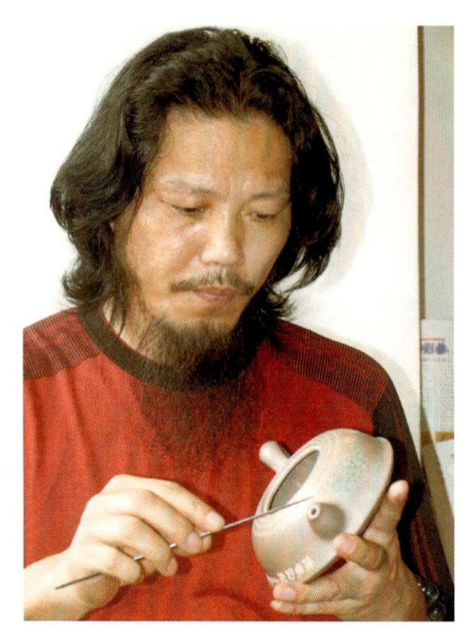

雅风提梁　与画家范曾合作

桑黎兵

（1960～）生于江苏宜兴。2005 · 中国紫砂十二精英之一，中国紫砂博物馆、江苏省宜兴紫砂工艺厂、国家级高级工艺美术师。现为中国工艺美术学会会员、中国工艺美术学会紫砂艺术学会会员、中国工艺美术学会江苏陶艺专业委员会会员、河北省紫砂陶艺协会副秘书长（常务理事）、无锡工艺职业技术学院客座教授、哈尔滨工业大学茶文化研究会兼职教授、中国美术家协会江苏分会会员、宜兴市紫砂行业协会壶艺专业委员会副秘书长。

分配在宜兴方圆紫砂工艺厂研究所，从事紫砂壶艺创作设计制作。在承袭传统基础上，大胆创新开拓，力求新、奇、特表现其作品，用紫砂"五色土"在壶体上合理装饰，具有诗情画意之美感，达到壶中有画，画中有壶，形成了自己独特的风格。2005年被江苏广播电视工艺美术大专系录取。其作品艺术内涵深刻，功底扎实，知识全面，曾在中央电视台七套、二套、东方电视台、江苏电视台等电视台新闻栏目中播出。

2005年，其作品《松鼠葡萄壶》被国台办选入特别礼品。

2004年，其作品《月光曲》被宜兴市列入年鉴。

1999年，其作品《鱼乐我心坦荡》在第一届中国工艺美术大师精品展上获铜奖。

2000年，其作品《甜甜》、《田园风情》在第二届中国工艺美术大师精品展上获银奖、铜奖。同年，其作品《马到成功》、《月亮下面的悄悄话》在第三届中国工艺美术大师精品展上获银奖、铜奖。同年，其作品《祝寿壶》在杭州西湖博览会暨第二届工艺美术大师精品展上获银奖。

2002年，其作品《读破万卷书》、《包涵壶》、《日月同星》在第四届中国工艺美术大师精品展上分别获传统工艺金奖、银奖、铜奖；2003年，其作品《月光曲》、《全家福》在第一届全国陶瓷艺术展上获"中陶 · 方圆杯"金奖、银奖。同年，其作品《鱼乐我心坦荡》被无锡市博物馆收藏；2004年，其作品《月光曲》被首届宜兴陶艺装饰展评为一等奖，荣获杭州西湖博览会暨第六届工艺美术大师精品展金奖。同年，其作品《三君子》在中国上海国际艺术节、第六届中国工艺美术大师精品展上获创新设计金奖。

2005年，其作品《蒲塘野趣》在中国上海国际艺术节、第七届中国工艺美术大师精品展上获金奖；在首届河北省中国紫砂精品展览中获特别金奖。同年，其作品《流》参加第十六届国际造型艺术家协会美术特展。同年，其作品《春晓壶》被南京博物院永久性收藏。同年，其作品《松鼠葡萄壶》被中南海紫光阁永久性收藏。

2006年，其作品《生命与自然》获第八届中国工艺美术大师精品展金奖；2007年，其作品《丰衣足食》获第九届中国工艺美术大师精品展金奖。

松鼠葡萄壶

顾道荣

（1937～）生于宜兴市丁蜀镇紫砂发源地潜洛村，高级工艺美术师。

1951年至1954年跟父母亲学艺。1955年蜀山与潜洛成立紫砂陶业生产合作社，成为第一批社员，开始设计，投身紫砂事业。1957～1961年蜀山紫砂厂在南街老工厂工作，从事造型设计（任车间主任）。1987～1990年进宜兴市紫砂工艺三厂，造型、设计、制作（副厂长、总工艺师）。1990年宜兴紫砂工艺厂（工艺美术师、研究所所长）。1991年～1993年宜兴荆溪紫砂工艺厂，造型、创作、带徒（总工艺师、研究所所长）。1994年～1995年宜兴沙龙陶艺有限公司任初级职称评委、研究所所长；宜兴沙龙陶艺有限公司（宜兴市科委评为高级工艺美术师）。1996年～2000年宜兴沙龙陶艺有限公司，紫砂造型、设计、制作（任总工艺师）。2001年宜兴紫砂艺术馆，造型、设计、制作（任高级职称评委）。

2002年～2005年宜兴紫砂艺术馆，造型、设计、制作（任总工艺师）。2006年宜兴紫砂艺术馆，中国天津国际名茶名壶博览会（任评委）。2007年宜兴紫砂艺术馆（中国杭州国际西湖名茶名壶博览会评委）。

国宝熊猫壶

祝寿提梁壶

顾治培

（1949～）江苏省工艺美术名人、高级工艺美术师。

无锡市九三学社宜兴组组长，从事紫砂陶艺创作实践已近30年，几次去中国工艺美术高研班深造，进青岛大学陶艺设计进修两年。1994年，担任宜兴陶瓷博物馆紫砂艺术研究所所长。

在1998年中华人民共和国建设部、南京人民政府主办的第二届中国国际花卉博览会上荣获艺术特别贡献奖。2002年荣获紫砂微雕吉尼斯之最，2006年2月《雪华提梁》代表非物质文化遗产保护成果展被中国艺术研究院收藏。两次获全国陶艺设计评比一等奖；获江苏工艺美术新品一等奖等十多次金奖。从艺生涯中能坚持以传统与创新结合形成自己独特的艺术构思与创新理念。能将紫砂光器、花器、筋纹器造型设计制作以及各类装饰技法，融入到紫砂壶艺之中，深受壶艺爱好者欢喜，无锡市指定《汉云壶》作为礼物送给台湾萧万长先生，《连心壶》作为礼物送给台湾连战先生，《风雅壶》送给台湾郁慕明先生作为礼品，同时，撰写八篇专业论文在《科技与艺术》、《江苏陶瓷》等刊物先后发表。

雪花提梁壶

中华一家

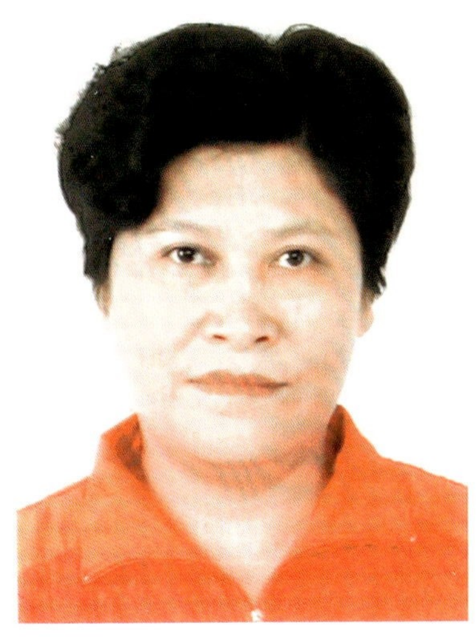

高湘君

（1957～）生于江苏宜兴。国家级高级工艺美术师，中国工艺美术学会会员，省工艺美术学会会员。中国宜兴紫砂文化艺术品研究会会员。

1976年进宜兴紫砂工艺厂工作。先后师承高级工艺美术师李碧芳、高级工艺美术师江苏省名人谢曼伦。深得为师的教译。1983年、1988年两度进中央工艺美术学院造型设计进修班学习深造。1981年至今在宜兴紫砂厂研究所从事创作设计制作。

作品在集承师传统和花器基础上，力求新创毅和创新。技术全面，功底扎实，壶艺作品完美，精细，造型各异，格调高雅，制作精良，并善于将自然注入壶艺之中，形成自己个性风格。

多年壶艺研究和制作经验的积累，现今作品在香港，台湾以及国内已颇有名气，深受壶艺爱好界人士的青睐及珍藏。作品《方菱》《太平盛龙鼎》《五头丽竹茶具》等作品曾多次获奖。

丽竹壶

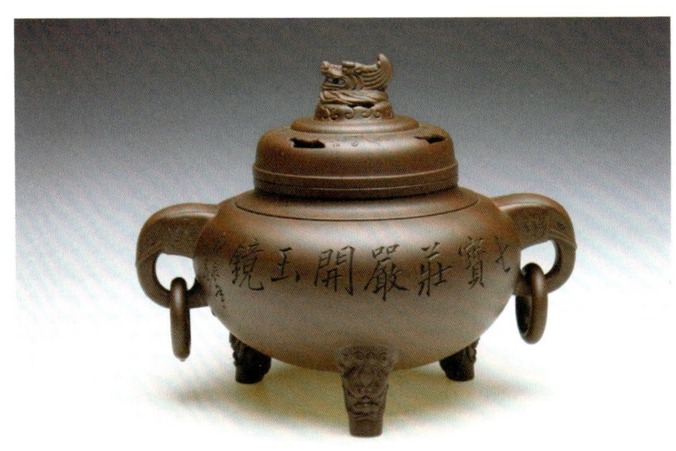

太平盛龙鼎

金鸡纳福壶

黄自英

（1956～）高级工艺美术师。1972年进江苏宜兴紫砂工艺厂，先后师从中国工艺美术大师鲍志强，江苏省工艺美术大师曹婉芬学习紫砂工艺、陶刻装饰及紫砂成型制作技术。深入分析研究紫砂传统造型，认真学习古人和前辈们的紫砂艺术的传统风格和艺术精华，大胆地创作设计紫砂新颖造型和装饰技术。作品以光素货为主，形成了自行设计成型制作和自行设计陶刻装饰的独特风格。

创作新品《大竹提》、《金鸡纳福》、《和鸣》、《新运》壶等深受壶艺界喜爱和赞赏。曾多次荣获国内外大展奖项，其中《金鸡纳福》壶被北京中南海紫光阁收藏。

大竹提梁壶

葛军

高级工艺美术师。毕业于景德镇陶瓷学院，硕士，在读博士。2003年被授予“中国紫砂优秀陶艺家”称号。

在20年的紫砂艺术生涯中，足迹遍及五大洲的三十多个国家和地区，在国内外举办过30次个人紫砂作品展，有近20件作品获得国家级艺术展评金奖，其专门为香港回归，澳门回归，北京申奥成功等设计创作的系列紫砂作品均被定为国家级礼品，有35件作品被故宫博物院、中南海紫光阁、中国文化部、中国美术馆、香港和澳门特区政府、国家体育总局及新西兰前总理大卫·朗尼等收藏。

金钱豹系列之一

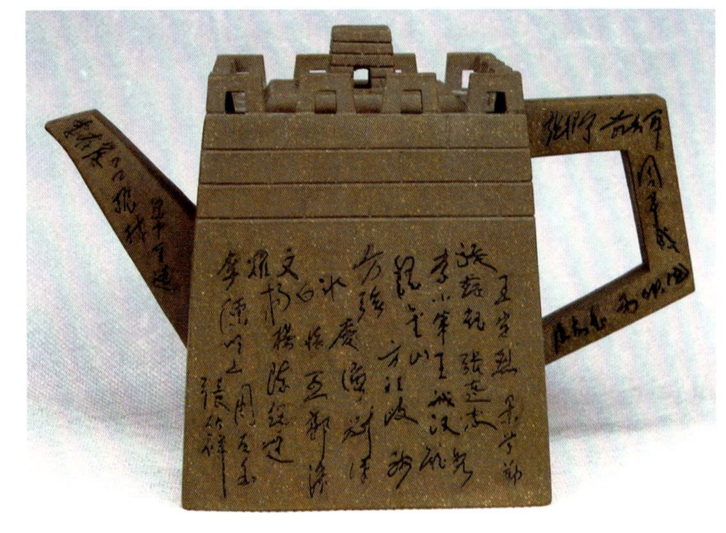

将军壶

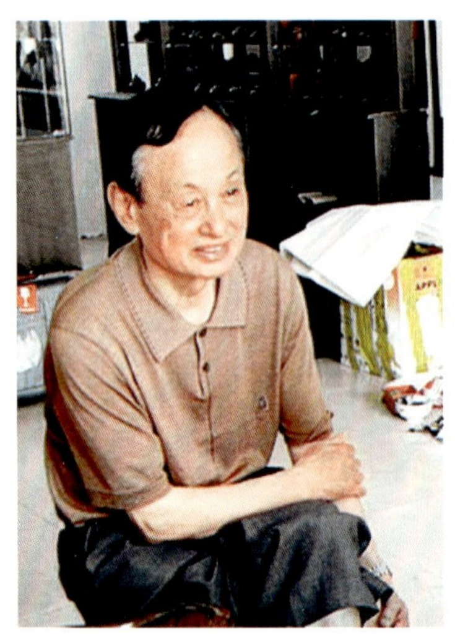

葛岳纯

（1936～）出生于宜兴丁山陶艺世家。高级工艺美术师。

先祖葛明祥是清代乾隆年间名震江南的制陶名手。自幼随父学艺，20世纪60年代在当代名师带领下博采众长，练就一手精湛技艺。随后在均陶研究所从事均陶新产品新技术研制开发工作，并被授予中国工业协会30年工业设计荣誉证书，被台湾《天地方圆》26期称为“制陶状元”。获省级国家级奖项9项。其作品“特大长方水底”和紫砂雕塑“大象”被国务院中南海紫光阁收藏陈列，在接待大厅前受过江总书记和李鹏总理的赞许。部分作品被陶瓷公司推荐在中国美术馆展出。1986年被公司派赴英、法、意三国作陶瓷考察。1990年被派往阿曼作陶瓷技术支援，并为阿曼制作民族遗产“城堡”赴西班牙展出。

供春壶

日月星空壶

蒋彦

（1955～）又名蒋小彦。1972年进紫砂工艺厂，拜著名艺人王寅春、中国工艺美术大师吕尧臣、江苏省高级工艺美术师李碧芳为师，学习传统造型艺术。其后三次到中央工艺美术学院陶瓷系学习造型设计，现已形成自己风格。作品以厚重见长，以古朴为先，以圆润出众，以霸气称著。

作品先后几十次获国家、省级评比奖项，深受海内外行家的喜爱，并被众多博物馆作永久收藏与展示。

金沙宝鼎

陶家佳人

韩小虎

（1950～）生于江苏宜兴。高级工艺美术师、中国宜兴陶瓷协会会员、中国科协自然科学专门学会会员、中国江苏陶瓷艺术学会会员、江苏省工艺美术学会会员、中国宜兴紫砂行业学会会员。

艺名一指，艺室号“指艺斋”，现任中国宜兴陶瓷博物馆“指艺斋”特艺精品工作室主任，国家级高级工艺美术师，1966年从事陶瓷堆花紫砂艺术，刻苦钻研陶艺特艺，1979年进中央工艺美术学院进修深造。主张“艺术源于生活”，擅长观察思考，注重从平凡的生活中挖掘素材激发创作灵感，经不断提炼升华，达到容大气、古朴隽永、气势磅礴、意蕴悠长、端庄秀丽、栩栩如生，充分展示了自身极高的艺术造诣和艺术品位。

从艺三十多年来，精品佳作层出不穷，不仅在均陶堆花艺术领域颇具名望，而且爱好陶刻、陶瓷雕塑，紫砂壶艺等艺术表现方面也多有涉猎，颇受大众及国际友人青睐，先后有200多件作品被选作政府馈赠的高档礼品、或私人藏品，其业绩和创作的部分作品被分别编入《当代宜兴陶艺名家集和民间名人录》和《中外名人录和共和国卷》中并曾获国家对外贸易部荣誉证书、国家陶瓷行业创新设计银奖、国际展览会金奖。

古韵壶

鲍正兰

（1953～）高级工艺美术师。1972年进入宜兴紫砂工艺厂，学习紫砂成型制作，先后随工艺大师吕尧臣、高级工艺师李碧芳学习紫砂制作技艺。

1982年被工厂选入紫砂工艺厂研究所，跟随中国陶艺大师周桂珍进一步深造紫砂造型创作艺术，紫砂创制作技术得到了很大提高，两次参加了中央工艺美术学院举办的陶瓷制作培训班学习。在研究所工作期间有幸得到壶艺泰斗顾景舟大师的亲手指点。

在三十多年的紫砂制作生涯中曾先后有几十个产品问世，所制作品深受海内外紫砂爱好者的喜爱。

曲壶

鲍利安

（1959～）生于宜兴。1978年进宜兴紫砂工艺厂。现为中国工艺设计协会会员、高级工艺美术师、陶艺家。

进紫砂工艺厂后，曾先后师从高丽君、曹婉芬、潘持平等老师学艺。其间，又二次进中央工艺美术学院进修，从陶艺理论上得到了较为系统的提高。然后又得到了顾景舟工艺大师三年的亲授指导，从而在陶艺的理论基础上和实际制作上都有一个质的飞跃。其作品既继承传统，又富有现代气息，既注重内涵，又突出美感，既表现个性，又具共性。在创作实践中，十分注重线与型的结合，神与气的表现，内涵与外延的有效融洽。其作品形象丰富，回味无穷。多次在各类全国陶瓷展评中获奖。

1990年创作的“七头珠海翔龙壶”作品获全国陶瓷评比三等奖。同年七月在首届“瓷都景德镇杯”国际精品大奖赛中获三等奖。

1991年创作的“九件韵律”茶具获江苏省轻工业美术设计展评二等奖；

1994年创作的“舞壶”，是依据古代宫女舞姿的形态而设计的，以线为主体，曲线优美流畅，贯穿于整体造型。同时体现了静中有动，动静结合的意境，从而使作品达到了传统与创新合的艺术效果，在1994年中国陶瓷艺术展评暨第四届宜兴陶瓷艺术节中荣获二等奖；

2000年中国国家级第二届工艺美术大师级精品展中，“五福拜寿”壶荣获金奖；“结义”壶荣获银奖。

结义壶

宝鼎壶

路朔良

（1949～）江苏宜兴人。高级工艺美术师。现居住在无锡市，创建“云溪精舍”紫砂艺术研究所。

他精通紫砂陶器制作工艺，对紫砂原材料颇有研究，在宜兴紫砂艺术作品中，独树一帜。其作品工艺复杂，难度大，成品率低，材料讲究，所以进入市场的并不多。路朔良的作品，少要几个工作日，多则几个月才能完成，很难“克隆”，因此市场上几乎无假冒商品。他的作品获过许多大奖，几十件作品被国家博物馆、南京博物院、中国美术馆等单位收藏。

路朔良的作品，得到许多著名专家的高度评价。联合国教科文组织中国民间艺术家评委、人类口头和非物质文化遗产中国专家组成员张道一教授对他评价甚高：“路朔良长期从事紫砂工艺的研究和实践，已取得很高的成就。他的作品，一方面吸收了商周青铜器造型和纹饰的特点，一方面在壶体上进行山水和人物的浅浮雕，为紫砂茗壶开创了一个新局面。这种做法，宜兴不多，而又结合得贴切自然，浑厚古朴，自成一格。”

三足软耳龙凤鼎

狮鼎香炉

江建翔

（1957～）生于江苏宜兴。高级工艺美术师。

1976年，进江苏宜兴紫砂工艺厂学艺，启蒙老师许成权。1978年，以优秀成绩考入紫砂厂研究所，拜中国工艺美术大师——汪寅仙为师。1982年，被紫砂厂聘为紫砂艺术辅导老师，从事培养紫砂艺人的工作。作品以继承传统，予以发展、变化、创新，大、小、方、圆，光器、花器、杂件全方位发扬，尤以“啄档花塑器”饮誉壶中天地。

光素器——柔中蕴刚，美中藏力，张驰自如。

花塑器——形神兼备，潇洒飘逸，点缀恰到好处.大方传神，小品与杂件各领风骚。1988年，被誉为“紫砂四小龙”。

以扎实的艺术功底，娴熟的制作技法，丰富敏捷的思维，集紫砂几何抽象为主体的“光塑器”与仿真、写意的“花塑器”两大主流技法于一身，创作了《丰硕万年壶》、《梅花三弄壶》、《春风三友壶》、《一剑壶》、《传鼎壶》、《江南春晓壶》、《硕彦壶》、《顺心壶》等一大批优秀紫砂作品。形成了以俊秀、细腻之秀气；简洁、传神之大气相结合的艺术风格特点。

风雅

顺心

吴同芬

（1945～）女。宜兴紫砂工艺二厂高级工艺美术师。

自幼随父吴纯耿学艺，家传技艺功底深厚，每件作品均全身心投入，一丝不苟，精心制作，风格超于写实，且造型多样，富含新意。

所创作的《蠡龙茶具》曾获轻工业部优秀新产品奖，江苏省轻工业厅四新优秀产品奖及无锡市新产品评比优秀奖等，1990年获轻工业部从艺三十年荣誉证书，代表作有《佛手壶》、《圆珠壶》等。

南瓜壶

掇球壶

吴群祥

（1954～）生于江苏宜兴市丁蜀镇蜀山南街，1972年1月分配到江苏宜兴紫砂工艺厂工作，拜当今工艺美术大师学习紫砂成型技法，辅导老师为吕尧成先生。1973年5月拜壶艺大师顾景舟先生为师，全面学习紫砂传统成型工艺和紫砂历史知识及陶瓷造型设计工作。

1978年作品双龙戏珠提梁壶作为国家级礼品赠送日本首相田中角荣。八十年代初作品大小书扁壶分别被英国维多利亚博物馆和中南海紫光阁收藏陈列。1983年参加中央美术学院学习，主修陶艺造型设计课程。1985年赴香港参加英泰公司宜兴紫砂陶艺展览。1995年授予高级工艺美术师技术职称。

1997年赴马来西亚参加中国紫砂陶瓷作品展览。1998年赴台湾参加宜兴紫砂壶艺作品展览。2000年赴香港主办个人作品展览。2006年作品千喜龙凤壶由中南海紫光阁收藏。2007年提璧壶由中国国家美术馆收藏。

紫气东来

双龙提梁

葛陶中

（1957～）生于宜兴，现为高级工艺美术师。1976年6月进紫砂工艺厂随李碧芳学习，1978年进入紫砂研究所，师众沈蘧华，并受中国工艺美术大师顾景舟贴身指点，从事紫砂陶创作，技术全面，制作精良，不断探索紫砂之精华，充分利用紫砂泥土的特性来达到其艺术效果。

1986年设计四方回纹鼎壶“被评为江苏省轻工业产品一等奖，制作的“五头提壁茶具”获1978年全车纪念品一等奖，“五头夜知已”茶具获1990年江苏陶瓷新产品三等奖，与吴鸣合作设计并制作的“期待茶具”获第三届日本美浓国际陶瓷节评委会特别奖。

六方云间如意壶

云柱壶

张庆成

（1959～）江苏宜兴人，高级工艺师。曾入中央工艺美术学院深造，中国工艺美术学会教育中心客座教授、中国收藏家联谊会紫砂艺术委员会主任、中国工艺美术学会紫砂与茶文化分会筹委会秘书长。

在三十多年的陶艺工作中，潜心研究古今陶艺，先后创作了数百个新作品。作品曾多次获国家级大奖，事迹曾被中央电视台专题报道，并入编《世界艺术家名人录》等权威典籍。近二十年来作品多次与国画大师朱屺瞻、唐云、刘旦宅、陈大羽等人合作，融国画、书法、金石、篆刻艺术于一体，具有鲜明的文化艺术特色，创造了当代紫砂陶艺和文人成功合作的典范，形成了独特的艺术风格，成为当今中年紫砂陶艺家中的佼佼者，在国内外陶艺界有较高的知名度。

2001年经中国工艺美术评审委员会评审通过，被授予“中国紫砂艺术名人”荣誉称号。2006年在中国收藏家喜爱的工艺美术大师评审中被评为“工艺美术大师” 。

顶天立地壶

世纪大力神壶

束凤英

（1940～）女。生于江苏宜兴。高级工艺美术师。1955年进宜兴紫砂工艺厂，师从名艺人裴石民、顾景舟学艺。

1982年，其作品《十二件什锦壶》获轻工部陶瓷美术评比二等奖；1987年，其作品《翻盖柿子壶》选定在中南海紫光阁陈设。

可心竹段壶

梅桩壶

周定华

（1954～）生于江苏宜兴。高级工艺美术师。1972年进宜兴紫砂工艺厂师承陈福渊、高丽君学艺，后进厂研究所从事新品创作。

1990年，其作品《九头智华茶具》获全国陶瓷艺术展评三等奖。现于宜兴方圆紫砂工艺有限公司工作室从事紫砂壶艺。

钟壶

六方壶

崔龙喜

（1957～）高级工艺美术师、中国工艺美术学会会员、江苏省陶瓷行业协会会员、江苏省博物馆民间收藏研究会会员。

出生于紫砂发源地——宜兴蜀山北厂，从小在紫砂氛围中埏埴陶艺，并受前辈艺人裴石民的启蒙教育，精于淘练紫砂原泥，精于古陶古雕收藏，精于创作以民族文化为内涵的砂壶陶艺。所制茶壶全用原矿紫砂泥，决不添加任何化工色素。今在方圆紫砂工艺有限公司(紫砂博物馆)从事紫砂艺术创作，自创龙喜砂宝为华东地区著名品牌，以壶文化、文化壶欢迎八方来客。

十年多来多件作品参加全国展评，并屡屡获奖。2004年4月，应江南大学邀请前往讲学，所制作品入编多种大型书刊和省级报刊。各大电视媒体也分别报道其个人成就，2006年10月为恭贺万里同志九十华诞特制《陶韵壶》，同年12月20日十件紫砂作品被中南海紫光阁国礼中心收藏，并于2007年7月接受中央电视台《乡土》栏目大师系列人物专访，为宜兴紫砂陶文化的发展作出了很大的贡献。

陶魂壶

生命之源

高振宇

出生于宜兴的陶艺世家。1982年，师从于紫砂壶艺泰斗顾景舟学习紫砂壶传统技艺，1989年毕业于南京艺术学院工艺美术系，1993年毕业于东京武藏野美术大学工业设计系陶瓷专业、获硕士学位，同年回国后进入中国艺术研究院建立陶瓷艺术研究室。创作作品曾先后举办过二十余次国际国内展览，1993年在东京、1997年在中国美术馆、1998年在东京三越画廊等地举行了个人作品展。

他的创作主张是将现代陶艺与人们生活相结合。作品以器皿陶艺为陶艺创作主题，认为器皿中既可以容纳艺术创作的激情、也同时可以体现以人为本、爱护环境的现代理念，这种创作思想在我国陶艺界引起很大的反响，并已经逐渐形成为一种潮流。近年来他的创作广泛的受到国际国内的关注，如以影青瓷水理纹系列、紫砂历史系列、青瓷、黑釉、彩绘，所形成的纯、静、清、悟、稚五个系列作品取得了很大的成功。

古韵

大亨扁腹

第三节　工艺美术师

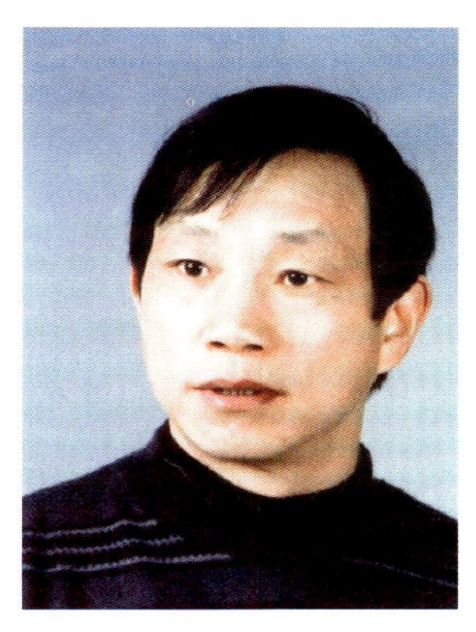

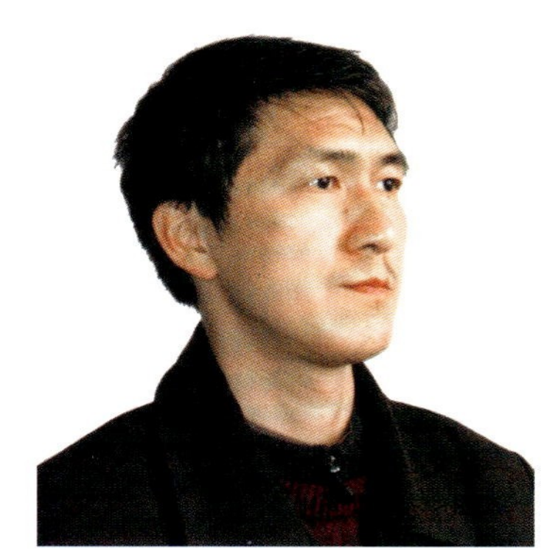

方小龙

（1956～）生于江苏宜兴。国家级工艺美术师、中国紫砂优秀中青年陶艺家、中国工艺美术学会会员、江苏省工艺美术学会会员。自幼受紫砂艺人的熏陶，善于运用传统全手工技法，注重泥料的特性加自身的创作，使泥料与造型完美结合。他擅长光器造型，尤在朱泥壶的制作上堪称一绝。2000毫升特大朱泥《掇只壶》创朱泥壶之最，在台湾展出时引起轰动。其作品工艺精湛，气度豪放，古意中出新韵，深得国内外藏家推崇。

其作品《九龙戏珠壶》、《苍松供春壶》、《玉韵提梁壶》、《异香海棠套壶》、《骏提壶》、《神珠提梁壶》、（朱泥）《摹古酒器壶》等在各届中国工艺美术大师精品博览会上荣获金奖。作品《苍松供春壶》被天津市博物馆列为收藏珍品。

毛丹

工艺美术师、江苏省陶瓷行业协会陶瓷艺术委员会副秘书长、江苏省工艺美术学会会员。

1980年分配在江苏省陶瓷研究所美工设计室随父学艺并从事陶瓷雕塑设计工作。1982年秋曾赴浙江美术学院（现中国美术学院）雕塑系深造。工作至今已二十余年，创作设计了许多作品。与父亲合作设计的时装模特系列获国家专利并大量生产达上百万件，1991年荣获江苏省专利实施“佳利奖”银奖。近年来设计制作的紫砂作品，构思新颖独特、内涵丰富、格调高雅，在雕塑与紫砂茶具的结合上做了大胆探索，表现出一种既是雕塑，又是茶壶的另类艺术效果。其作品及论文曾先后发表于《当代宜兴陶艺名家集》、《当代中国宜兴紫砂图典》、《江苏陶瓷》、《茶与壶》等书刊上。主要获奖作品：《笑星》和《三顾茅庐》荣获第四届全国陶瓷艺术设计评比二等奖。《相扑》和《历代佳人》荣获第五届全国陶瓷艺术设计评比三等奖。

九龙戏珠

鹬蚌相争

毛文杰

（1968～）女。工艺美术师。生于中国陶都宜兴陶艺世家。

1983年进江苏省宜兴紫砂工艺厂，随父亲毛国强大师学艺，从事陶刻装饰。1988年进中央工艺美术学院参加全国陶瓷培训班进修，从陶艺理论上得到了较为系统的提高。后又拜中国工艺美术大师、壶艺泰斗顾景舟老艺人为师，使自己的创制技艺日益精湛、全面。

从艺二十余年来，所制作品既继承传统又有所突破；既注重内涵又突出美感；既表现个性又具有特色。无论是塑器、花货，作品线条挺拔清晰，口盖准缝严密，具有独到的制作功力和文化品位。她的制作有顾景舟大师篆刻装饰的《石瓢壶》、《磉礅》壶等作品已成为孤品，一些代表作品曾在很多刊物上发表。

毛子健（楚来）

（1972～）生于陶艺世家。中国工艺美术学会会员、江苏省陶瓷学会会员、中国文房四宝协会会员、工艺美术师。曾进中央工艺美术学院进修艺术造型设计。在几代从事紫砂事业前辈（父亲毛国强为江苏省工艺美术大师）的影响下耳濡目染，与紫砂结下了不解之缘。其作品简洁细腻、拙朴大方，精，气，神俱佳。在传统的基础上突出时代感。其作品曾获第五届陶瓷艺术创作评比二等奖，并于2002年获得中国茶博会金奖。其作品被南京、无锡等博物馆收藏；2005年，作品《德馨壶》被美国洛杉矶艺术研究院永久收藏。他受特邀在中央电视台《华夏文明》栏目中做制作演示，受到广泛好评。近年来更是在各博览会多次获得奖项，并在东南亚及美国加利福尼亚等地巡回展出。

石瓢

天地造物组壶

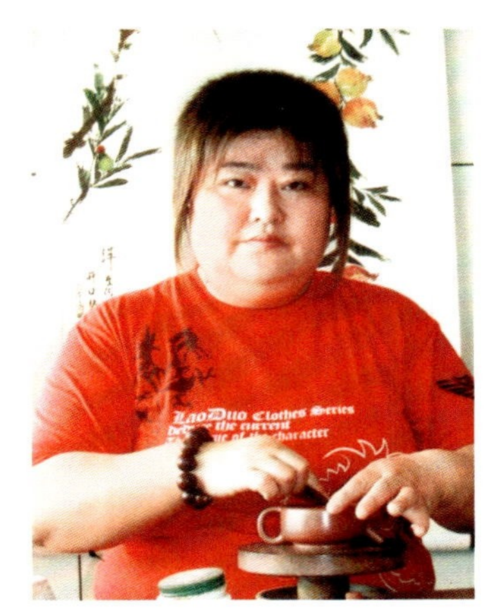

王福君

工艺美术师、中国工艺美术学会会员。被首届中国工艺美术学会授予"中国紫砂优秀中青年陶艺家"。

1981年进紫砂工艺二厂，入紫砂研究所，并任紫砂培训中心主任，传艺带徒三百多名。其壶艺重传统，求精高，以浑然大气为上。其作品《清泉壶》、《福临八方壶》、《漱泉壶》、《风华壶》、《悠泉壶》、《得禄壶》、《大成壶》、《八方壶》连续八届荣获中国工艺美术大师精品博览会金奖。2006年6月被中国收藏家协会授予"紫砂艺术大师"称号。"福君堂"被多家电视台、报刊作专题报道。其作品被大陆、台湾及日本、东南亚众多收藏家珍藏。

王柯钧

（1967～）女，又名王喆，工艺美术师。王氏第三代传人。1983年进紫砂工艺厂，师承高级工艺美术师吴群祥学艺，后得到江苏省工艺美术大师季益顺指点。1988年，赴中央工艺美术学院进修。现在紫砂工艺厂四楼"王氏道艺"工作室创作。

作品既有传统特色，又有个人的独特风格，制作严谨精细、构思新颖别致。其光素器作品寓方于圆、方圆兼备、挺括端庄、丰润饱满；筋纹器作品线条优美、连通流畅、轮廓匀称、错落有致；花塑器作品形态自然、细腻逼真、生动飘逸、活泼清新。获奖作品有《含香壶》、《紫竹提梁》、《三足鼎立》、《八八瓜趣》、《水中之王》等。

风华壶

水中之王

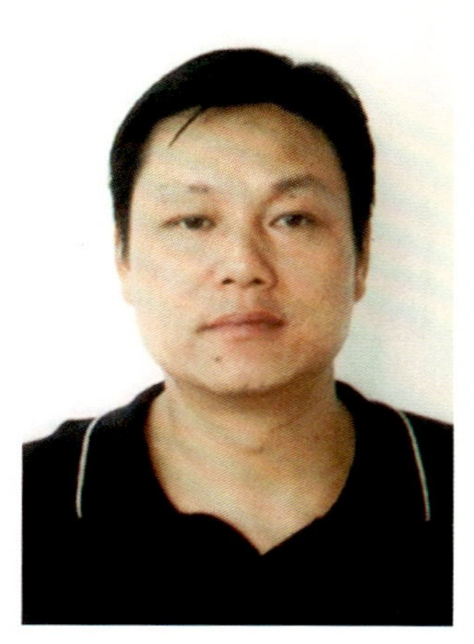

王杏军

（1965～）又名王杏君，生于宜兴。国家级工艺美术师、中青年优秀陶艺家、中国工艺美术学会会员、当代中国宜兴陶艺名家。

1983年从事紫砂壶艺的设计与制作，师从李昌鸿大师，并在中央工艺美术学院陶瓷设计系进修深造。二十余年来，勤奋研习，其作品古朴甜醇，在平稳中求动感、流畅中求曲变、传统中求新意、小品中求大气、大品中求细腻、实用中求美观、文雅中求情趣。其作品多次参加马来西亚、澳门等海内外精品大展，荣获各奖项，并被中央工艺美术学院、各陈列馆、文物馆、博物馆所收藏，同时入选《艺术与收藏》、《宜陶人》、《壶魂》、《当代中国紫砂图典》等紫砂书刊。其业绩载入《首届宜兴陶艺新人新作获奖作品集》、《中国十大茗壶集》和《中国工艺美术精品展获奖作品集》等。并在河北省电视台、南宁电视台等台作专题报道。

星辰提梁壶

朱丹

（1976～）艺名龙溪女。工艺美术师。中国工艺美术学会会员、当代中国紫砂陶艺名家。

少年时就崭露头角，幼承家学，好书画，善陶艺；十七岁创办了陶泉居工作室。二十一岁被宜兴市科委、宜兴市科协和宜兴市陶都经济联合会授予中国宜兴陶艺名家的称号。曾在江苏省陶瓷工业学校和中央工艺美院陶瓷设计系深造。

其作品清逸隽秀、古朴甜醇，多次参加海内外紫砂精品大展，荣获过各类国家级金、银大奖并被中央工艺美院及众多文物馆、博物馆永久收藏。其作品已入选《当代中国紫砂图典》、《中国紫砂名壶珍赏》、《紫砂壶全书》、《当代宜兴陶艺名家集》等紫砂权威典籍。在海内外收藏家的眼中，她的壶也成为追捧的新宠。业绩载入《中外名人辞典》、《中国人才辞典》等。

大浪淘沙

朱鸿钧

（1948～）号“陶玄子”。现宜兴紫砂工艺厂禅陶居紫砂艺术工作室进行创新设计及制作，国家级工艺美术师。

曾任职于宜兴锦达陶艺有限公司研究室及宜兴紫砂工艺厂行政部门，其间，余暇常得业内诸紫砂工艺名家大师的技艺指导，并常与书画界人士往来交流，获益匪浅。

所制作品承古铸今、博采众长、法古思变、开拓创新。坚持以“心匠心得为高”的原则，充分张扬个人艺术特色，创造出既有文心又呈高品位的紫砂陶艺术作品，以达艺术审美最高境界。

牟锦芬

（1963～）江苏宜兴人。工艺美术师。大专学历。现为中国工业设计协会会员、宜兴紫砂行业协会会员、无锡市博物馆名誉馆员。

1981年师从高级工艺师诸葛永南先生，从事陶瓷艺术创作。1983年入中央工艺美院陶瓷系专修造型设计，得到张守智、杨永善、王晓林等诸多教授的精心指导。从艺以来一直同丈夫诸葛逸仙多次合作，获得国内外各种奖项40多个，其中《鱼纹合心瓶》、《水韵》、《线韵》、《井栏壶》等作品，获得第四届、第五届、第七届全国陶瓷艺术创作评比一、二、三等奖。《线韵壶》2005年被中南海紫光阁珍藏。《春雨绵绵》获2000年台湾第六届金陶奖。《争流》获2001年韩国首届世界陶艺大奖赛优秀奖。

思圣壶

线韵

汤杰

国家级工艺美术师、中国陶瓷协会会员、江苏省工艺美术学会会员。

1992年进中国宜兴锦达陶艺有限公司艺培中心学习制壶技艺，后经考核被破格选送特艺班进修；1995年进岳父总工艺师顾绍培大师工作室深造至今，同时接受中国南京艺术学院吴山教授造型装饰设计的专业培训；2007年毕业于江苏广播电视工艺美术专业。基本功扎实，技艺注重历代名人风格，追求艺术完美，造型严谨，善作筋纹、方器，近年创作的新品《春涌大地》、《锦云玉柱对壶》、《乘风破浪》参加国内外大型展览屡屡获全国大奖。其很多优秀作品都被国家和地方博物馆收藏，还经常应邀进行学术交流与技艺表演。

现为宜兴市陶园阁紫砂研究所负责人、中国工艺美术大师顾绍培工作室创作设计人员、嫡系传人。

任惠芬

（1964～）国家级工艺美术师。大专函授毕业。1980年进宜兴紫砂工艺厂师从高级工艺美术师李碧芳、胡永成学艺制壶，后考入厂紫砂研究所。

其壶艺造型设计有独到之处，创新作品有《和平竹提梁》、《鱼蛙同乐》、《顶天立地》、《刻长联秦权》、《玺竹》、《渴望壶》等深受行家喜爱。多件作品被无锡市博物馆、南京博物院收藏。六篇紫砂论文在《江苏陶瓷》、《陶瓷科学与艺术》上发表；获国家外观造型设计专利八件。《鱼蛙同乐壶》获中国上海国际艺术节第九届中国工艺美术大师精品博览会金奖。

乘风破浪　（汤杰、顾婷）

鱼蛙同乐壶

刘彬芬

（1942～）女，生于江苏宜兴。工艺美术师。

1956年随顾绍培之母钱怡生学艺；1958年进宜兴紫砂工艺厂师从著名老艺人王寅春，深得严教真传，并历经朱可心、裴石民、顾景舟等名师亲自授艺，技艺日臻完善。1976年进宜兴美术陶瓷厂研究所工作。多年来与丈夫冯龙大共同潜心研究设计百余种作品，积五十年实践经验，博采众长，形成了自己独特的艺术风格，尤以花货、筋纹器见长。

其作品做工严谨、刻划细腻、自然逼真，《琮壶》、《金猴献寿》、《荷叶金蟾》等多件作品在全国性艺术展评中荣获金奖、银奖。

琮壶

刘剑飞

（1969～）生于江苏宜兴。工艺美术师、江苏省工艺美术学会会员、紫砂行业协会会员、宜兴慈善协会丁蜀分会会员。

1986年从事紫砂设计制作，1996年师承江苏省工艺美术大师、研究员级高级工艺美术师季益顺，在师傅悉心指导下，创新理念有了极大提高，对传统文化与紫砂壶的关系有了更新的认识，

其作品充满浓郁的传统文化气息和细腻逼真的艺术效果，《福音》、《喜从天降》、《秋色》等壶在国内工艺美术作品展览中多次获金银奖。他的业绩多次在报刊杂志上作专题介绍。2005年《福在眼前》被无锡市博物馆收藏。2006年经紫砂行业协会评审，当选为“十二紫砂之星”。现为宜兴方圆紫砂有限公司“益顺陶艺中心”主要成员、季益顺壶艺流派优秀传人。

福音

许华芳

（1964～）生于江苏宜兴。国家级工艺美术师、中央工艺美术学会会员、江苏陶瓷专业协会会员。

自幼酷爱紫砂艺术，毕业后进入江苏宜兴紫砂工艺厂从艺，曾得到多位名师的悉心指导。1993年进入中央工艺美术学院进修。遵循艺术创造法则，由感性而发，步入自由、自然、自怡、自娱、自乐的创作空间。作者造器，采用纯手工传统手捏法，结合绘画布局章法，删繁就简，柔和天然，收敛有致，写意传神，用平常心境囊括自然物状，用陶艺语言淡化工艺特征。

其作品多次在大赛中获奖，并被艺术学院及海外文化中心收藏，《旧金山报》曾对其作品进行报道。

何文君

（1966～）工艺美术师。1981年进入彩陶工艺厂研究室从事工艺美术设计创新工作，在其父何六一的指导下，师从江苏省工艺美术大师邱玉林学习陶瓷装饰艺术，期间曾获得中国旅游产品天马奖、江苏省第三届轻工美术设计展优秀奖等各类奖励。1986年进江苏宜兴轻工业学校进修陶瓷装饰，1988年进中央工艺美术学院进行深造，并被南京工业大学工艺美术学院聘用为校外实践指导老师。

1992年随其父进入紫砂厂与港方合资的昌海陶瓷有限公司从事紫砂艺术创新、设计、制作，师从高级工艺美术师储集泉。所设计制作的作品个性鲜明，线条流畅，风格别致，创新运用了堆、刻、印等多种装饰手法，设计制作的文君壶获中国传统工艺美术精品奖，多次参加海内外展览并获奖。

李白醉酒

君竹壶

吴介春

国家级工艺美术师、中国工艺美术学会会员、江苏省工艺美术协会会员。

1991年毕业于江苏省无锡职业技术学院（原江苏省轻工业学校）陶瓷造型专业，同年进入徐秀棠工作室学习陶瓷造型设计。

1995年创立“介春砂壶”工作室。他所设计作品构思新颖，融微雕于传统壶艺中，又有别于传统花器，注重实用性和艺术性的统一。多次在国内外的专业展览中获奖。

吴扣华

生于宜兴壶艺世家。国家级工艺美术师、中国紫砂优秀中青年陶艺家、中国民协会员、中国茶文化研究会会员。2001年世界艺术家联合会授予“世界艺术家”称号和“世界名人”称号。

1982年涉足紫砂行业，师承徐秀棠、邵新和、吴汝连等名师，系统学习了书画艺术和紫砂陶刻、雕塑、制壶等工艺。其所创作品格调高雅、内涵丰富、工艺精湛，花器作品浑然天成、堪称一绝。

1993年参加香港紫砂精品展；1996年参加上海紫砂精品展；1998年应邀参加首届中国国际民间艺术博览会，作品《一条龙组合壶》荣获金奖；2006年应邀参加第三届中国民间艺术博览会，作品《如意供春壶》获民间工艺“山花奖”之金奖。

1988～2007年间，分别参加了国内外的多个博览会、艺术节、文化大展，且获得多个奖项，作品被国内外多本书刊、宣传、收录和博物馆收藏。

南瓜青蛙壶

如意供春之二

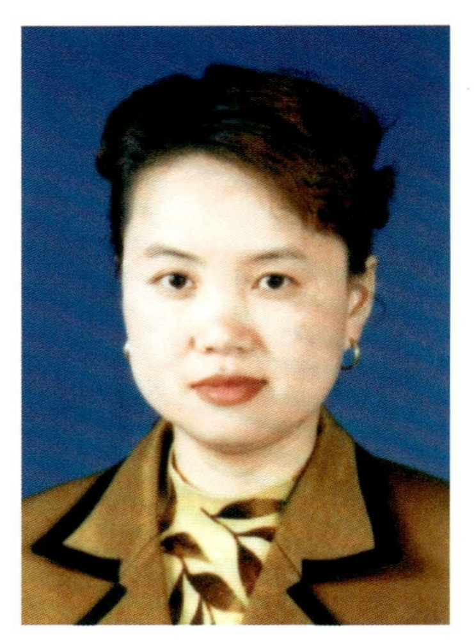

吴奇敏

（1964～）女，工艺美术师。生于陶艺世家。1979年从事紫砂陶制作，受到顾景舟、蒋蓉、徐汉棠等老一辈大师的指点。1985年师从顾景舟大师弟子高级工艺美术师吴群祥。纯熟的全手工技艺使其作品具有一定的感染力。不论是大器还是小品，线条流畅饱满，古朴大方，有珠圆玉润之感。不断在传统的基础上探求，创作符合当代生活方式和实用功能的作品。把紫砂的材质、工艺、艺术作了有机的结合，颇受收藏家的亲睐。

2007年10月被江苏省陶瓷艺术实训基地宜兴紫砂艺术培训中心聘为全手工制壶培训指导教师。其作品《五彩组壶》荣获2003年第4届杭州西湖博览会金奖；《简洁壶》荣获首届中国陶瓷"中陶杯"铜奖；《六方壶》被中南海紫光阁收藏。

吴淑英

中国工艺美术学会会员，工艺美术师。祖上是窑户，世代制陶。先后在丁蜀紫砂工艺厂、宜兴紫砂工艺厂从事紫砂造型设计。对紫砂泥料有一定的研究，是《宜兴紫砂史》的主要作者。

2006年应邀为第九届世界健美操锦标赛制国礼紫砂壶六件。作品《有容乃大》、《荡漾壶》、《岁寒三友》、《西施乳》、《权壶》等分别被编入中小学、职业学校课本。2006年被国家劳动部职业技能鉴定中心授予国家职业技能鉴定考评员。其壶艺风格多文气、少匠气。壶艺泰斗蒋蓉大师为吴淑英题辞："壶涵逸致"。

仿古

荡漾

吴曙峰

（1967～）工艺美术师。无锡市博物馆名誉馆员。

生于江苏宜兴蜀山。师从吴群祥先生。1994年毕业于中央工艺美术学院陶瓷系。现在方圆紫砂工艺有限公司从事紫砂文化创作研究。其制壶技艺更是与时俱进、日趋完善；创意新颖，制作工艺精细别致、线条挺括、造型比例协调恰当。壶艺作品多样，注重造型及嘴把的搭配，在平稳中求动感，流畅中求曲变，传统中求新意，实用中求美观，文雅中求朴素。深受壶艺爱好者的青睐。

其作品入选第一、二届“全国陶瓷设计展”并多次获各种奖项。被无锡市博物馆、清华大学美术学院收藏。

张海平

工艺美术师、全国青年优秀工艺美术家。毕业于江苏省陶瓷轻工业学校，后参加中国工艺美术高级研修班学习，并赴澳大利亚、新西兰等地进行文化考察及陶艺学术交流。

师从中国工艺美术大师吕尧臣，自1996年起任吕尧臣工作室“醉陶居”的特别助理。恩师的厚爱及悉心指导、自己的刻苦钻研，使他不仅拥有娴熟、扎实的制壶基本功，更传承了“吕氏绞泥”精湛而独特的紫砂装饰技艺。

他的作品形神兼备，并能在空间艺术中展现出简秀、典雅、古朴、含蓄的意境之美。

彩云追月

三潭印月

张建平

工艺美术师。毕业于江苏省轻工业学校陶瓷系。师从其兄高级工艺美术师张海平。自小从基本功练起，打下了全面、扎实的制壶功底。专业院校四年的系统学习、中央工艺美院的进修深造，加之吕尧臣、李昌鸿等多位名师的指点，使他在紫砂壶的艺术表现及创作上具有得天独厚的优势。多年的艺术浸融和历练，逐渐形成了自己独特的风格和个性。

其创作的作品风格素雅、质朴、敦实，在国内展评中屡屡获奖，深受业内人士的认可和紫砂爱好者的喜爱。

李园林

（1959～）工艺美术师。生于江苏宜兴。1978年6月进宜兴紫砂工艺厂。曾先后师从工艺美术师束凤英、研究员级高级工艺美术师范洪泉、高级工艺美术师何挺初学习紫砂陶制作工艺；两次进入中央工艺美术学院学习深造，得到顾景舟工艺美术大师的亲授指导。

他积极探索紫砂陶艺，注重现代陶艺手法与传统陶艺的结合，注重新品的质量和内涵品位的提高。其作品多次在各类全国陶瓷展评中获奖。

1999年与张守智教授合作的《飞蝶提梁对壶》获全国陶瓷精品人奖赛三等奖；2003年3月《曲韵茶具》获第37届全国工艺品博览会金奖；2002年10月《曲韵壶》被无锡市博物馆收藏；2003年11月《月菊壶》被南京博物院收藏；2005年与诸葛逸仙合作的《千钧一发》获第二届无锡太湖博览会金奖。

春雨

泥与火

李霞

工艺美术师。1980年进紫砂工艺厂，师从著名陶刻艺人谈尧坤学习陶刻技艺，1984年在母亲、江苏省工艺美术大师沈遽华及父亲李昌鸿大师的指导下学习制壶技艺。作品《圆舞茶具》在“共和国社会主义文学艺术五十年”研讨会中荣获二等奖；作品《菱花硕云茶具》在第三届中国工艺美术精品博览会荣获铜奖；作品《肩线如意》荣获2002年中国华东工艺美术精品奖银奖；作品《吉庆有余茶具》在第四届中国工艺美术精品博览会获银奖；作品《圆舞壶》在第五届中国工艺美术大师精品博览会获铜奖；作品“石瓢壶”荣获2004杭州西湖博览会第五届中国工艺美术大师精品博览会铜奖；作品《如意佃盒壶》在第六届中国工艺美术精品博览会荣获特别金奖；入选《世界华人文学艺术界名人录》、《世界名人录》。

杨义富

紫砂工艺一厂资深工艺美术师。1958年进紫砂工艺厂，与徐汉堂、吕尧臣、周桂珍等大师属同代紫砂艺人。先后从师于紫砂大师王寅春、施福生。

多年从事紫砂出口陶制作及技术辅导工作，20世纪80年代调入紫砂厂研究所从事专业的陶瓷创新设计工作，代表作品有《龙凤百寿》、《六方竹节》、《松竹梅》、《思艺》、《玉龙壶》等，《松竹梅》等多件作品在国内外有影响的陶瓷作品展览会获奖，其紫砂论文及紫砂作品多次在国内外紫砂专业书刊上发表，包括《宜兴紫砂代代名人作品集锦》、《中国当代紫砂图典》、《当代宜兴陶艺名家集》等20多种，其作品制作严谨、数量较少，其中《龙凤百寿》等多件作品被国内外有名的博物馆及收藏大家永久收藏。

佃盒如意

松竹梅

沈龙娣

（1964～）女。生于江苏宜兴。工艺美术师、工艺美术协会会员、紫砂行业协会会员。

1981年从事紫砂陶刻。曾获宜兴市“心灵手巧”活动一等奖；1986年从事紫砂传统全手工制作工艺，又得到大师徐汉棠指点，她刻苦钻研，将陶刻与传统技术相结合，从而形成了自己的风格。其作品《春竹》、《冰纹石瓢》获中国工艺美术博览会铜奖、金奖。得到同行前辈的一致好评。

陆君

工艺美术师。1983年师从高级工艺美术师吴群祥学习；后随曹婉芬大师学习紫砂造型设计与壶艺创作；1988年进中央工艺美术学院高级培训班进修陶瓷造型设计。

2000年创作的《什锦小品组壶》、《龙吟茶具》获国际陶艺三等奖；2001年创作的《硕梅茶文具》获得中国宜兴国际陶艺展二等奖；2002年创作的《梅花三弄》获中国华东工艺美术精品奖金奖；《五头迎春茶具》获中国工艺美术精品博览会银奖；《鱼跃》参加第一届中国陶瓷艺术展荣获中陶杯铜奖；2004年创作的《余乐茶文具》获第五届西湖博览会优秀奖；2004年创作的《龙凤呈祥》获第六届中国工艺美术大师精品博览会银奖；2005年《四方菱花对壶》获第二届太博会金奖并被中南海紫光阁收藏；2007年《四方菱花对壶》、《蜀山林语A、B对壶》均获艺博杯金奖。

清风套壶

六方对壶

陈依群

（1968～）工艺美术师、江苏省工艺美术学会会员。

出生于江苏宜兴。1986年进紫砂工艺厂，启蒙老师为高级工艺美术师鲍利安。1990年，拜国家工艺美术大师顾绍培为师，受到悉心指导。根植传统、锐意创新，与其夫庄玉林合作紫砂陶艺创作。1994年参加中央工艺美术学院的紫砂造型设计培训班，其作品《亭方》、《意方》、《合泉》等，深受港、澳、台客商与收藏家的青睐，并多次荣获国内大奖。

陈国宏

（1968～）生于江苏宜兴潜洛。工艺美术师、中国工艺美术学会会员、江苏省陶瓷协会会员。

1985年，师从高级工艺美术师顾道荣从事紫砂设计制作。1991年入中央工艺美术学院专修陶瓷造型设计。原以花货为主，现以传统光货为主。其作品《竹鼓壶》参加清华大学国际陶艺交流展，被清华大学美术学院收藏；《鸳鸯壶》在第二届工艺美术大师精品展中获奖；《含玉壶》在中国工艺美术"华艺杯"评比中获奖；《孔府门下》 在第三届工艺美术博览会中获奖；《金梅》、《虚扁》在第一届中国陶瓷艺术展"中陶方圆杯"中分别获奖。《扁鼓壶》被中国陶瓷博物馆收藏。2001年被中国工艺美术学会授予"中国紫砂优秀中青年陶艺家"称号。

合泉壶

龙盂

周刚

（1960～）广西荔浦人。毕业于南京艺术学院。自幼喜欢绘画，为求真知，遍访老师。雕塑善以佛教题材为表达方式，希望作品象一把安乐椅，给人带来一片宁静。1996年以来作品有：《阿难罗汉》、《伽叶罗汉》、《地藏菩萨》、《达摩面壁》、《莲花观音》等，其中《阿难罗汉》获得1995年度江苏省工艺美术行业协会评比一等奖；《观自在观音》获得1996年度江苏省工艺美术行业协会评比三等奖，并有作品获得各大博物馆收藏。

现为中国雕塑家学会会员、工艺美术师。供职于宜兴紫砂工艺厂。

周志和

（1965～）生于江苏宜兴。工艺美术师、优秀青年陶艺家、工艺美术协会会员、紫砂行业协会会员。

1983年开始从事传统技法的手工制壶设计，后得徐汉棠、江建翔的指点，对紫砂艺术的领悟更深。2002年进中央工艺美术学院陶瓷造型设计与装饰进修班深造。

其作品造型古朴、古韵盎然、细腻精致，富有文化内涵和人文气息。作品经常参加国内外大型展览，屡获大奖。并有许多作品曾登载于《中外名人录》、《紫壶砂艺》、《茶与壶》、《天地方圆》等大型专业书刊，并被多家电视台报道。2007年被中国工艺美术协会评定为高级工艺美术师。

莲花观音

金猪纳福

周琴娣

（1968～）艺名勤媞。工艺美术师。生于江苏宜兴丁蜀镇。供职于宜兴紫砂工艺厂鲍志强工作室。1985年考进宜兴紫砂工艺厂研究所学艺，1993年8月进入中央工艺美术学院陶瓷紫砂艺术设计系紫砂设计专业，师承高级工艺美术师吴群祥，后拜中国工艺美术大师鲍志强为师。

擅长紫砂壶造型设计和创作，尤以塑器和花货见长，作品造型优美、古朴大方、线条流畅、工艺精细、充满神韵，采用优质纯正紫砂泥全手工制作，制壶技艺基础扎实，在继承传统中创新，追求新的境界与高度，被誉为宜兴陶艺界紫砂新秀五朵“金花”之一。

其作品曾多次被台湾《天地方圆》、《紫玉金砂》等刊物刊登介绍。有多件作品在海内外展出并被收藏家收藏。

龙凤壶

范友良

（1970～）工艺美术师，中国工艺美术学会会员。中青年陶艺家，江苏省陶瓷行业学会会员。

生于江苏宜兴。1990年进入宜兴紫砂工艺二厂，随吴扣华学艺。后得到蒋蓉、徐汉棠、范永良、范洪泉等大师的指点，对制作工艺技能有了更新更高的理解和认识，加上自己的刻苦钻研长时间的努力实践，技法很快娴熟，功力日渐深厚、技术全面，富有创意，坚定走继承和发扬的艺术之路。

作品平和精致中蕴涵朴厚、精巧、典雅，意境深远。作品构思新颖，设计理念清晰．逐渐形成自己独特的风格。作品被国内外许多收藏家收藏，并屡获大奖。

梅竹双清

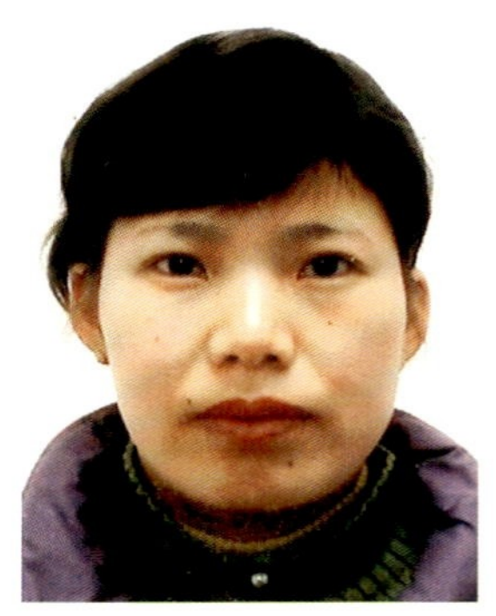

顾顺芳

（1966～）生于宜兴。女。工艺美术师、江苏省工艺美术学会会员、紫砂行业协会会员。

1986年进宜兴紫砂工艺厂，后师从江苏省工艺美术大师、研究员级高级工艺美术师季益顺先生学艺，深刻领悟师傅的工艺风格和技艺特色，注重作品内涵风格和外在形象的完美统一，在师傅指导下，大胆设计、勇于创新，擅长花器的竹类造型设计制作，作品饱含细腻逼真、清雅自然的工艺风格，施艺精湛、灵动清逸，其“竹报平安壶”先后在首届东方工艺美术之都博览会和中韩两国陶瓷文化交流展评中获银奖，2005年被无锡市博物馆收藏。2006年8月，作品“祝福壶”在江苏省教育厅陶瓷艺术实训基地现场手工制陶技能大赛中被评为三等奖。2006年11月，经紫砂行业协会评审，当选“十二紫砂之星”。

现为“益顺陶艺中心”成员、季益顺壶艺流派的优秀传人。

范国歆

（1965～）工艺美术师。生于江苏省宜兴市丁蜀镇蜀山。自幼酷爱陶艺。

1982年进宜兴紫砂工艺厂，先随中国工艺美术大师吕尧臣学徒四年，后考进研究所，又拜中国陶瓷艺术大师何道洪学艺多年，此期间经常受到壶艺泰斗蒋蓉悉心指点，从而打下了扎实的艺术功底。1993年进中央工艺美术学院陶瓷艺术设计系进修，更提高了创新能力。

作品线条流畅，气韵强烈，集艺术与实用于一体，制作精细，多次参加国内外大展并得奖，深受海内外藏家的喜爱。

仿古如意

鱼跃龙门壶

范建荣

（1968～）工艺美术师、江苏省工艺美术学会会员、紫砂行业协会会员。

生于江苏宜兴，1986年进紫砂工艺厂学习制壶技艺，后被选进紫砂艺术研究所，开始独立设计创作；1990年担任紫砂学习班辅导教师，1996年拜江苏省工艺美术大师季益顺为师，认真学习师傅壶艺流派的特长，从中领悟设计与制壶、技术与艺术互相促进的关系，更注意研究壶外功夫对壶艺品位影响的重要性。多件作品获国家级工艺美术评比金、银奖；2000年，作品《朝阳壶》被香港大世界收藏中心收藏。其论文《紫砂壶艺的线性美》在中国文联出版的《中国紫砂文化与艺术》大型专著上发表。2006年，经行业协会评审，当选为"十二紫砂之星"。

现已成为"益顺陶艺中心"的主创人员、季益顺壶艺流派的优秀传人。

赵明敏

（1959～）女，生于江苏宜兴。工艺美术师。2007年被中国收藏家协会授予"中国收藏家喜爱的紫砂艺术大师"。

1978年进江苏宜兴紫砂工艺厂，师从壶艺泰斗、一代宗师顾景舟之徒吴群祥，问道于中国陶艺大师何道洪。《祝寿茶具》获第七届全国陶瓷艺术设计创新优秀奖、获中国华东工艺美术精品奖金奖并入编有关学校的教科书；《日升月·茶具》获第八届全国陶瓷艺术设计创新优秀奖；《明月方壶》、《鼎盛壶》获第八届中国工艺美术大师精品博览会金、银奖。《吉庆组壶》获第九届中国工艺美术大师精品博览会金奖；《六六大顺壶》获2007年中国收藏家协会金奖；多篇论文先后发表于《江苏陶瓷》等省级刊物上。

现在宜兴方圆紫砂工艺有限公司研究所工作。

晨露莲香

日升月恒茶具

赵曦鹏

（1975～）工艺美术师、江苏工艺美术学会会员、紫砂行业协会会员。

出生于江南宜兴紫砂世家。1992年进紫砂工艺厂。1993年师从著名壶艺大家季益顺。一方面认真学习师傅的技法，同时又领悟师傅在壶艺上的灵性。技艺功底厚实，设计灵秀俊逸，造型端庄大度，品格清丽高雅，深得其师真传。擅长壶上浮雕、贴塑，装饰画面与主体造型和谐统一，比例协调，给人以一种美的愉悦，作品取材于自然，又高于自然，从而产生一种沁人心脾的诗情画意。

2006年经紫砂行业协会评审，当选为“十二紫砂之星”。多件作品获全国性评展金奖。尤其在2006年与季益顺大师合作的《江南一景》五件组壶荣获第八届全国陶瓷创新设计评比金奖。现为益顺陶艺中心创作主力、季益顺流派的优秀传人。

查元康

（1955～）生于宜兴市张渚镇。号半池。师从中国篆刻研究院院长、著名书画篆刻家韩天衡先生，毕业于西南师大美院国画专业研究生班。现为中国书法家协会会员、无锡市书法家协会理事、宜兴市书法家协会副主席、宜兴市文联委员、宜兴市第八、九、十届政协委员、中国民间工艺美术师（联合国教科文组织颁发）、国家级工艺美术师。其书画陶艺作品多次获国家级大奖，书画篆刻陶艺论文散见于各类报刊杂志。

对文人参与陶艺、陶刻创作具有独特的理解和实践。2000年创办“晋砖斋书画陶艺工作室”专业从事书画陶艺的研究与创作。

双喜临门

国粹壶

倪建军

俞国良第四代传人。中国工艺美术学会会员、江苏省工艺美术协会会员、宜兴紫砂行业协会会员、工艺美术师。随父亲倪顺生（高级工艺美术师、江苏省工艺美术名人）学艺。1993年无锡市技术业务培训考核委员会考核获专业技术七级。2004年江苏省广播电视大学中专工艺美术专业毕业。2005年江苏省工艺美术行业协会工艺美术业高级研修班学习。2007年江苏省首期陶艺创新设计高级研修班学习。

1992年起参加宜兴紫砂工艺厂主办国内外展览，作品被收录在《壶中天地》、《壶锦》、《茶与壶》、《天地方圆》、《当代紫砂群英》、《中国当代工艺美术精品集》等三十余种国内外专业书刊；作品获得中国工艺美术大师精品展"暨中国工艺美术优秀作品评选"传统艺术金奖等各类奖项；其《梅桩壶》被中南海紫光阁收藏，《平盖莲子壶》被南京博物院收藏，《梨圆壶》被中央工艺美术学院收藏。

倪新安

（1955～）1971年进宜兴均陶工艺厂从事堆花工艺，曾任宜兴均陶集团堆花专业分厂厂长，现任江苏省工艺美术学会会员、宜兴紫砂行业协会会员、国家级工艺美术师。

1988年其作品《蟠龙陶台》、《精品堆花金钟》选送中南海紫光阁作为陈列品；1992年其作品《百花彩蝶瓶》入选北京全国精品展；1999年作品《莲花金鱼缸》参加昆明世博会，2003年作品《腾飞》、《龙凤千筒系列》、《九龙花瓶》分别荣获江苏省工艺美术协会、宜兴市陶瓷行业协会合办的首届宜兴陶艺专业新人新作评比一等奖、二等奖、优秀奖。

其论文《如何认识艺术的功能》、《堆花手法与色泥的虚实》、《堆花工艺与创作设计》分别发表在《江苏陶艺》和其他刊物上。

荷叶壶

九龙花瓶

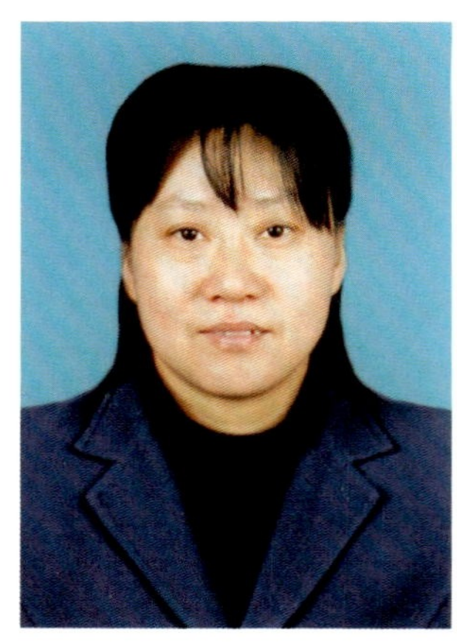

夏淑君

（1963～）生于宜兴，工艺美术师。

师从高级工艺美术师张庆臣、杨勤芳。1991年在第三届国际奥林匹克技能比赛中作品《绞泥茶具》获金奖，1995年在第四届国际奥林匹克技能比赛中作品《母爱》获金奖，2000年在第五届国际奥林匹克技能比赛中作品《生命与自然》获铜奖。

1993年中央工艺美术学院造型与设计培训班结业，2000年扬州大学函授班毕业，1995年由劳动部授予"全国技术能手"荣誉称号，1996年中华妇女联合会授予全国"三八"红旗手称号，1997年授予"全国自强模范"称号，1996年被江苏省总工会授予省优秀技术能手和江苏省立功奖章，2000年被劳动和社会保障部授予"中华技能大奖"荣誉称号。作品在多家专业刊物上发表，事迹被《中国明政报》《中国社会报》《工人日报》《无锡日报》等多家新闻媒体报道。

徐元明

（1964～）生于江苏宜兴。1981年师承徐汉棠大师，从事传统全手工技法及造型设计，历年来刻苦钻研各种器形紫砂技艺，力求变化创新，从而形成了自己独特的风格。

1986年获无锡工艺造型设计先进奖；1988年担任工艺培训班辅导老师；1990年设计《五件石松茶具》获艺术评比一等奖；2000年经中国工艺美术评审通过授予"中国紫砂优秀中青年陶艺家"；2001年《君子情》获中国工艺美术精品博览会传统艺术金奖；2002年作品《驼子》获中国工艺美术首届《华艺杯》铜奖；2003年北京珍宝苑评选为《十大紫砂名人》荣誉称号；2004年参加广州紫砂文化交流会并演示全手工技法；2006年参加北京工艺美术紫砂文化研讨赏析会。其作品《南瓜壶》被郑州博物馆收藏。

葫芦提梁壶

竹节提梁壶

徐益勤

（1956～）生于宜兴。工艺美术师。中国宜兴陶瓷博物馆工艺美术师、中国工艺美术学会会员、江苏省工艺美术学会会员、宜兴紫砂行业协会会员、江苏省国画院、江苏省书法研究院特聘书法家、南京艺海潮书画院理事。

1982年起从事古代紫砂器的收集研究，1983年开始陶器制作。1986年创立“紫陶室”，擅长造型设计与制壶，工书法，兼陶刻，多件作品在展评中获奖。

发表书刊：《中国画家》、《美术大鉴》、《茶与壶》、《南京东方卫报》、《当代中国紫砂图典》、《陶苑掇英》中国宜兴陶瓷博物馆《陶瓷艺术集锦》、《中国陶艺名家作品选》等。

徐雪娟

（1961～）号雪卷。生于宜兴陶艺世家，中国工艺美术大师徐汉棠之女。现为国家级工艺美术师、中国工艺美术协会会员、江苏省陶瓷协会会员。

1979年正式进入宜兴紫砂工艺厂紫砂研究所，随父学艺，其间被选送进中央工艺美院进修陶瓷造型、装饰等。从艺近三十年来，由于对紫砂艺术具有天生的特殊情感和执着的追求，加之父亲的潜心指导，不仅掌握了扎实的制作技艺，且领悟了传统紫砂文化的精髓，在传统紫砂壶造型设计和制作上取得了尤为突出的成绩。此外，就传统陶艺和现代陶艺的结合上，又取得了新的突破，得到了陶艺界、收藏界的好评。其多件作品获得国家大奖，并为众多博物馆所珍藏，并多次受邀赴多个国家进行陶艺交流，被公认为传统紫砂的真正传承人之一。

领峰壶

冰片壶

谈跃伟

（1959～）中国工艺美术学会会员、工艺美术师。生于江苏宜兴。1978年进入紫砂工艺厂，师从吕尧臣学艺。1988年进中央工艺美术学院深造。其作品追求造型优雅，做工精致，在传统中创出新意，古朴典雅、筋纹丰满、俏绶流畅、繁而不乱、内涵凝重、功力扎实、淋漓尽致。得到同道与收藏家的盛赞。1991年与山水国画大师陆俨少先生合作创制的《杜甫诗意》、《百壶图》、《博浪槌壶》被香港、英国、美国茶具博物馆收藏。众多作品经常被《壶中天地》、《紫玉金砂》等杂志刊载，其业绩被编入《中外名人辞典》。近年来，他潜心创作的精品壶《祥瑞提梁壶》、《谈氏掇只壶》等作品荣获金、银、铜奖。2005年《汉竹壶》被中南海紫光阁收藏。2005年10月中央电视台制作成专题节目，众多作品被海内外收藏家及博物馆收藏。

郭超刚

（1969～）生于江苏宜兴，工艺美术师(宜兴市职改办评定)。1990年毕业于江苏工学院美术装璜设计专业，同年进紫砂工艺二厂徐秀棠雕塑工作室，获奖陶艺作品有《江湖百业》、《渔翁》等。

现个人工作坊从艺。

半菊壶

龙生九子

顾美群

（1966～）生于宜兴制陶世家。工艺美术师、中国工艺美术学会会员、江苏省陶艺专业委员会会员、江苏省民间文艺家协会会员、宜兴市人大代表。毕业于江苏经贸职业技术学院工艺美术专业。

从小随母亲习艺。喜欢文学、古陶瓷和民间工艺品。1989～1997年在宜兴紫砂工艺五厂研究所从事传统砂壶工艺的研究与教学。1998年创办《美陶缘》壶艺研习营。曾多次应邀在国内的知名大学和美国、日本、韩国以及台湾地区作专题壶艺讲座。所创作品在国内外专业陶瓷展中多次荣获大奖。并被中南海紫光阁、美国夏威夷文教基金会、美国中华陶瓷艺术学会、韩国生活陶瓷博物馆等多家博物馆典藏。

顾斌武

工艺美术师。1980年正式跟随父亲顾道荣学习制作紫砂茶壶、茶具，1982年被山西省临汾市紫砂工艺厂聘为技师。后在1988年进宜兴紫砂工艺三厂研究所从事创作设计研究及指导工作。1994年受聘于宜兴砂龙陶艺有限公司工作，1995年受聘于宜兴紫砂艺术馆工作。其间参加中央工艺美术院陶瓷进修班。现为中国工艺美术协会会员。

在历时二十多年的工作中，创作了不少优秀、新颖、有一定艺术品位和使用价值的作品，如《三友壶》、《金钟南瓜》等作品，曾多次在紫砂杂志《壶中天地》、《茶与壶》、《中国宜兴国际陶艺展作品集》上发表。在1992年参加了“朱屺瞻百岁画百壶展”作了《直璧三足壶》；2005年其《风卷葵》壶在中国工艺美术大师精品展中获金奖；2001年《荷莲呈祥》壶获中国（杭州）国际博览会金奖。《辰子壶》被海基会选定作为张学良将军九十大寿礼品。

一片清心

风卷葵

顾婷

国家级工艺美术师、中国陶瓷协会会员、江苏省工艺美术学会会员。

1992年进江苏宜兴紫砂工艺厂研究所随父中国工艺美术大师顾绍培学习制壶技艺；1993年随父进宜兴锦达陶艺有限公司总工艺师工作室学艺；1994年接受中央工艺美术学院造型设计专业培训；1995年接受南京艺术学院吴山教授的造型、装饰设计的专业培训；2005年毕业于江苏广播电视中等专业学校（工艺美术专业）；2007年毕业于江苏广播电视工艺美术专业。擅长全手工传统技法，学习制作邵大亨、时大彬、程寿珍、顾景洲等历代名家的光素圆器，基本功底扎实。近年创作的新品《春涌大地》、《锦云玉柱对壶》、《乘风破浪》屡屡获全国大奖，很多优秀作品都被地方和国家博物馆收藏，还经常应邀参加海内外进行学术交流与技艺表演，经常参与社会公益事业。现在宜兴方圆紫砂工艺有限公司，中国工艺美术大师顾绍培工作室创作设计人员，嫡系传人。

顾卫芬

（1965～）女。生于江苏宜兴，工艺美术师，江苏省工艺美术学会会员。

1989年进宜兴紫砂五厂从事紫砂壶的造型设计和制作。1993年进中央工艺美术学院陶瓷设计系进修。曾先后师从顾绍培、徐秀棠、丁亚平等老师，创作作品多元化，光货、花货、方货兼具擅长。

现任紫砂工艺五厂工艺美术师。1994年创作的北极熊壶获得全国第五届陶瓷艺术设计创作评比入选奖。1996年应邀赴马来西亚技术表演，以娴熟的技艺和高超的制壶技巧，受到高度评价。

其作品质朴敦厚、作工考究、结构严谨长见，充满神韵气势和现代生活气息之美感。

1997年被载入《中外名人辞典》。

线圆壶

北极熊壶

顾建芳

（1966～）女，生于宜兴。工艺美术师、中国工艺美术学会会员、江苏省陶瓷协会会员、中青年陶艺家。1986年进宜兴市紫砂工艺厂，曾入中央工艺美术学院深造，并得到了中国工艺美术大师蒋蓉等名师的指点。1997年曾作为江苏代表赴北京人民大会堂参加《中华名人辞典》首发式。

在二十六年的陶艺生涯中，潜心研究古今陶艺，在紫砂研究和现代陶艺创作上有较深的造诣。其作品《蚕宝宝壶》在2002年中国华东工艺美术新品展中获金奖；《入神壶》在中国名茶博览会暨首届碧螺春文化节中国工艺美术大师精品博览会中获银奖；《汉春提梁壶》在第四届中国工艺美术大师博览会中获银奖；《圣桃壶》在2003年中国工艺礼品博览会中获金奖；《六方井栏壶》由香港博物馆收藏。艺术成就被载入《当代中国紫砂图典》、《当代紫砂群英》、《当代宜兴陶艺名家集》、《紫玉金砂》、《天地方圆》等权威书刊。

回望壶

高俊

（1972～）字石瑜，斋号“陶衍居”。中国紫砂优秀中青年陶艺家、中国工艺美术学会会员、宜兴市青年联合会会员、工艺美术师。

生于陶都紫砂壶艺世家。1990年进宜兴紫砂一厂研究所，先后师从陶艺名家吴群祥及中国工艺美术大师李昌鸿、沈蘧华、周桂珍，并得到“紫砂泰斗”顾景舟先生的悉心指教。1992年赴中央工艺美术学院进修“陶瓷造型设计艺术”，制壶技艺得以勇猛精进，日臻完美。他的纯手工制壶，在继承传统的基础上，锐意创新、追求敦厚、清新、儒雅的文人艺术境界，尤以古玉器精髓形器为佳。他讲究境由心生、返朴归真、繁而不缛、简而能全，熔华夏文化于壶艺的意境之中，深受业内行家和藏家的好评，为爱壶方家珍如珙璧。

其《大浪淘沙壶》荣获“第四届中国工艺美术大师精品博览会”金奖；2004年被中南海紫光阁收藏，壶体巨浪翻卷，惊涛拍天；把、盖、嘴似一条砂带辐射展开、浩浩荡荡、奔涌千里。

大浪淘沙壶

曹燕萍

（1953～）工艺美术师。生于江苏省宜兴市丁蜀镇。1971年进宜兴紫砂工艺厂学习紫砂陶艺，师从著名陶艺大师何道洪学习紫砂成型技艺。1987年选拔到厂紫砂研究所专业从事紫砂壶艺的研究和创作。曾两次被选送中央工艺美术学院陶瓷设计系陶瓷造型专业学习深造。

他参与创作的作品《群风壶》荣获第五届全国陶瓷艺术设计创作二等奖；《五头映月茶具》、《七头溪趣茶具》入选日本国际陶艺展；《五头茶具》荣获第六届全国陶瓷艺术设计二等奖；创作设计的《玉趣壶》荣获第三届太湖博览会紫砂艺术大展银奖，2005年被征选中南海紫光阁收藏。该壶是吸取玉雕的艺术精华创作而成的，在强调实用功能的同时注重了中华传统文化气息和气度，精湛的工艺技法充分表达了紫砂材质的独特语言和韵味。

曹奇敏

国家级工艺美术师。1988年进入紫砂工艺厂后，师承多位名师，精通光素器、方器、绞泥等各类装饰手法，尤擅长全手工制作各类高难度方器。2005年4月，《绞泥金律壶》和《北魏造像》两件作品被国台办相中作为礼品赠送给国民党访问大陆代表团。他的手工方器壶，坯体外部用力均匀轮廓周正，线条立面挺括，做工严谨精致，口盖平整严密，面面俱到。其手工镶接成型工艺已达到相当水准。他创作的很多作品如《绞泥金律壶》、《飞鸿延年》、《方韵壶》、《北魏造像》、《逸方壶》等都获得了极大成功。作品多次在国内各类陶艺评比中获奖并入编《当代中国紫砂图典》、《紫砂中青年英才集》、《宜兴美术报》等各类专业书刊、报纸。现在中国宜兴陶瓷博物馆曹奇敏工作室《逸壶轩》专业从事紫砂陶艺创作。

玉趣壶

北魏造像

黄旭峰

工艺美术师、中国雕塑专业委员会会员、江苏省陶艺专业委员会会员。

1991年师从中国工艺美术大师徐秀棠。他善于从生活中激发灵感、捕捉题材，作品充满生命力和想象力，创意与精湛技艺相结合，让人品味无穷。

2000年《时尚》获“首届中国工艺美术大师精品博览会”优秀奖；2001年《生命系列》获“第2届中国工艺美术大师精品博览会”银奖；同年《关公》获“宜兴国际陶艺展”银奖；2002年《千里之行，始于足下》获“中国华东工艺美术精品博览会”金奖；2003年《被遗忘的角落》获“宜兴陶艺新人新作评比”一等奖；2004年《秋深蟹肥时》入选“国际民族民间艺术展”；2005年《时尚之春》获“宜兴第2届新人新作评比”银奖；2006年《关公》获“2006中国（无锡）吴文化节”银奖；2007年《和平时代》获“首届东方工艺美术之都博览会”金奖。

被遗忘的角落

葛明祥

（1955～）陶艺学者。出生于宜兴陶业世家。1986年因爱好紫砂，他利用业余时间，对紫砂泥料进行了全面的研究。而后又进一步研究造型与制作。在紫砂热潮中，首先成功恢复配制失传的明清朱泥，并创新了同类品质的天青色泥等。所制小品茶壶在台湾竖起了一块响亮的品牌——祥陶。

1994年起，他创办了祥陶艺术陶瓷有限公司。通过多年艰辛的努力，获得了形、釉、火的综合陶艺成就，创作出了许多极富学问的高雅陶艺孤品，被行家誉为“土的技术、釉的艺术、火的魔术”。其成型工艺形式、釉面的品质、品种、档次效果、烧成的方法和技术，在宜兴均属首创，为陶都谱写了一个新的篇章。

仿鼓壶

蒋才源

（1962～）生于江苏宜兴。工艺美术师、中国工艺美术学会雕塑委员会会员、江苏省工艺美术学会会员、江苏省民间文艺家协会会员。

1980年高中毕业。1981年参加宜兴陶瓷公司职校培训；1982年江苏省陶瓷研究所学习陶瓷雕塑；1985年中央工艺美院进修深造结业。1992年随徐秀棠大师学艺，现宜兴长乐弘有限公司从事紫砂陶艺创作。其代表作品有《荷与翠鸟》、《财源滚滚》、《牛》、《喜羊羊》、《琵琶行》等，分别在国内外获大奖。

蒋敖生

（1963～）无锡工艺职业技术学院陶瓷系客座副教授、国家级工艺美术师、无锡市质量技术监督学会会员。

研究紫砂工艺和壶艺创作二十五个春秋。1989年与中国工艺美术大师李昌鸿、研究员级高级工艺美术师程辉起草紫砂国家标准（GB10816－89），并获轻工业部、江苏省科学技术进步三等奖。1998年8月3日《深圳特区报》专题报道其业绩。他在国家级杂志《中国陶瓷》126期、《江苏陶瓷》多期发表紫砂陶瓷专业论文共12篇，获国家外观造型设计专利6件。

情趣壶

勇挑重担壶

蒋琰滨

（1970～）陶砚轩主人，工艺美术师。生于江苏宜兴丁蜀镇白宕陶艺世家。八岁师从储云先生习书画。毕业于江苏广电专业学校工艺美术系。于20世纪80年代末进宜兴紫砂工艺厂从师学习紫砂壶艺。后又学习紫砂雕塑三年，善于紫砂壶艺造型设计与制作，并于1995年师从著名书法金石家陈复澄先生，运用汉画像砖装饰图案与紫砂文化相结合，在陶刻书法的创作中，以刀代笔，一气呵成。他在刀法上运用多种的陶刻手法与篆刻刀法，突破了紫砂陶刻原有的题材、风格以及韵味，使作品真正集造型、文化、工艺、诗文、书画于一体。作品曾多次在国家级、省级工艺美术展评中获金奖。并被中央电视台和珠江电影制片厂联合制作的八集电视纪录片《中国紫砂》摄制组专门采访并摄制。现为中国工艺美术学会会员、江苏省工艺美术学会陶艺专业委员会会员、中国书法家协会江苏分会会员、宜兴市书法家协会理事。

蒋艺华

（1963～）女。工艺美术师。生于宜兴。从小跟随母亲蒋蓉学习。1981年正式进紫砂厂学徒，师从高丽君、季益顺导师。1984年，考入研究所蒋蓉工作室，从事紫砂工艺品的设计制作。尤其对蒋蓉大师的“花货”创作耳濡目染，颇有心得。1998年，被选送到北京中央工艺美术学院进修陶瓷设计和紫砂工艺理论。她曾参与《九头荷叶茶具》，《西瓜壶》等蒋蓉代表作品的设计。作品从造型设计到泥料选配都得蒋蓉真传。2001年，中国工艺美术学会授予“中国紫砂优秀中青年陶艺家”称号。2003年“枇杷壶”获中国陶瓷艺术展优秀奖。2005年与母亲蒋蓉大师赴北戴河参加中国工艺美术大师联谊会，正式为“蒋蓉紫砂工艺传承人”。2006年制作的“牡丹壶”由中南海紫光阁收藏。其作品艺术风格清新，构思新颖，造型优美，工艺精湛，为国内外许多收藏家所喜爱。

牛盖三足壶

奔月壶

蒋丽文

（1971～）又名蒋丽雯，江苏省宜兴市丁蜀镇人。青年陶艺家、工艺美术师。1989年进江苏省宜兴紫砂工艺厂，随高级工艺师葛陶中、周定华学艺。1994年进中央工艺美院《紫砂造型设计》专业培训深造。后师从中国工艺美术大师顾景舟、鲍志强。根底扎实，勤奋好学，做工精细，装饰优良，尤以光货器最为见长，所制方壶风格鲜明，方中藏圆、古朴大方，端庄稳重；所制圆壶，气韵十足，既有传统的根底，又有时代的风貌。其代表作《古鼎壶》、《龙凤呈祥壶》、《鱼跃龙门壶》连续五年（2002年—2006年）在上海中国工艺美术大师精品博览会暨中国工艺美术优秀作品评选获得国家级金奖。代表作《紫玉带壶》、《游龙戏珠壶》多次获奖。作品《回纹壶》、《轻波壶》、《古鼎壶》等精品，曾在《天地方圆》、《紫玉金砂》、《壶谱》等专业杂志上发表。

董亚芳

（1965～）国家级工艺美术师、青年陶艺家、中国工艺美术学会会员、宜兴紫砂行业协会会员、宜兴市慈善会会员。出生于宜兴蜀山。

毕业后跟随母亲学习制陶技术。1985年，应江苏如皋艺术陶瓷厂之邀担任技术辅导；1987年又应邀对山西平定艺术陶瓷厂进行技术辅导工作。为了提高自己的理论基础知识，提高自已的创作技能，他认真学习各门专业知识，成绩优良。并经常得到著名大师何道洪的指导，创作技术有飞跃的进步。期间又进专业技术工艺美术学校进修深造。现在方圆紫砂艺术有限公司研究所从事紫砂壶艺的设计与创作。在长期的创作生涯中逐步形成了“气韵清灵、形意飘逸”的个人风格。

其作品入编《当代中国紫砂图典》、《陶苑掇英》、《陶魂》、《宜陶人》、《壶魂》、北京《今日信息报》等各种书刊。

古鼎壶

清沁壶

鲁浩

（1956～）国家级工艺美术师、中国工艺美术学会会员、江苏省工艺美术学会会员。

出生于江苏省宜兴市丁蜀镇一个陶瓷世家。1958年参加工作，曾随青瓷厂高级工艺师蒋松龄、蒋基农、姚林丹老师学习青瓷造型设计、制作、釉料配方和烧制等一系列工艺流程过程。

1988年，转入紫砂行业，师承江苏省工艺美术大师徐达明先生，后又得到中国工艺美术大师徐汉棠老师的悉心指导。2002年进中国工艺美术学会陶瓷设计进修班深造。从艺二十余年，本着对传统紫砂艺术的酷爱博览了历代名人名作。在研究传统紫砂造型和制作的过程中积累了宝贵的经验，博采众长，从而逐渐形成了自己的艺术风格。其作品风格古朴中见俊秀、细腻、简法、形神兼备、柔中蕴刚、内涵丰富。

鲍正平

（1957～）出生于陶艺世家。工艺美术师、中国工业设计协会会员、中国工艺美术学会会员。

1976年进宜兴紫砂工艺厂，师从高级工艺美术师李碧芳学习制壶技艺。1978年进江苏省轻工业学院工艺专业学习，1981年在紫砂厂研究所专司紫砂壶艺创作和技术管理。后又得舅妈工艺美术大师汪寅仙悉心指导，在实践中形成"凝重古朴，端庄圆润"的个人壶艺风格。他近年创作的《润朴茶具》、《敬天壶》、《雄风壶》分别在第四届、第五届、第七届中国工艺美术大师精品博览会暨《中国工艺美术优秀作品评选》中荣获银、金奖。其作品《神龙戏珠壶》、《晨壶》分别获得2003、2004"杭州西湖博览会第五届中国工艺美术大师作品暨国际艺术精品博览会"金奖、优秀作品奖；其《曼生提梁壶》荣获中国第三届无锡太湖博览会银奖。现在紫砂厂研究所工作室从事创作。

古韵今声

祥龙戏珠壶

鲍利民

（1962～）生于宜兴。江苏省工艺美术学会会员、工艺美术师。1982年与其兄鲍利安（高级工艺美术师）从事紫砂工艺造型设计的研制，其后参加中央工艺美术学院的造型设计培训。1994年调入宜兴锦达陶艺有限公司，专业从事紫砂艺术的新品开发和研制。现工作单位为紫砂方圆有限公司。其作品制作严谨，讲究内涵，重点突出紫砂的"形、气、神"三要素。其作品《龙珠》在第二届（国家级）工艺美术大师精品展评比荣获铜奖；《和韵》在第四届中国（国家级）工艺美术大师精品展评比荣获银奖；《祥云》在第五届中国（国家级）工艺美术大师精品展评比荣获银奖；《滴翠》在第七届中国（国家级）工艺美术大师精品展评比荣获金奖；《如意菊蕾》在第八届（国家级）工艺美术大师精品展评比荣获金奖；《至乐提梁壶》在第八届（国家级）工艺美术大师精品展评比荣获银奖。

鲍燕平

江苏省工艺美术学会会员、工艺美术师。1982年进紫砂工艺厂，拜著名中国工艺美术大师吕尧臣为师学习紫砂陶成型手工工艺，后在其父著名中国工艺美术大师鲍志强（乐人）的言传身教下，创作设计能力日趋成熟。作品古朴大方，端庄凝重，既有传统艺术的根基，又有创新的意念。他所制作品由父亲镌刻书、画装饰，增添金石味、书卷气。

十多件作品在国内外工艺美术作品评展中获奖，并被中南海紫光阁以及多家博物馆收藏。2007年4月被授予"2007年中国收藏家喜爱的紫砂工艺大师"称号。

至乐提梁壶

知足提梁壶

鲍玉美

（1968～）又名鲍玉梅，生于宜兴丁蜀陶艺世家。国家级工艺美术师、江苏省工艺美术学会会员、宜兴市紫砂行业协会会员、中央工艺美院结业。

1984年进宜兴方圆紫砂工艺一厂学习制壶技术。1990年在名师指点、个人勤奋努力及聪慧悟性等优异条件的叠合积累下，跨进了宜兴方圆紫砂工艺厂研究所，1992年被选送到中央工艺美术学院进修“陶瓷造型设计艺术”并以优异成绩结业。

其作品曾多次在全国评比中获金、银、铜奖。《它山之石　可以攻玉》、《关于宜兴紫砂工艺的几点认识》等多篇论文发表于国家级及省级刊物。2005年被紫藤公司邀请到马来西亚进行紫砂壶现场制作示范，得到很高评价。近几年凭借扎实的基本功和勤奋的精神，创作了大量优秀作品，形成自己的独特风格。制作作品灵秀大度、被收藏家公认为极具潜力的实力派制壶名家。

搏击套具

潘小忠

（1968～）生于宜兴。工艺美术师。1986年进紫砂二厂，1988年进厂研究所，接受徐汉棠大师亲自教导，系统地的接受全手工成型技法训练，获益非浅。

从艺二十余载，所制作品皆古朴有致，方圆花货无不涉及。并多次入选各国陶艺大展，屡获优奖，信奉低调做人，认真做壶，在紫砂艺术的道路上不断探索，引起壶友的共鸣。

竹节壶

潘跃明

（1971～）1986年进入江苏宜兴紫砂工艺厂，随工艺美术师谈跃伟、丁亚平老师学艺；同年进入中央工艺美术学院专修陶瓷造型设计。现拜高级工艺美术师江建翔为师。经过多年的悉心钻研.刻苦学习、工艺严谨、一丝不苟，不到而立之年，便已脱颖而出，成为青年辈中的佼佼者。

他所制作品气韵流畅、线条明快舒展、特别注重内涵、创作思维活跃。其作品风格既继承传统；又不乏自我的鲜明个性和深厚的文化修养。现为中国工艺美术学会会员、江苏省陶瓷学会会员、工艺美术师。

谢强

工艺美术师。1986年毕业于宜兴轻校陶瓷专业；1986年～1988年就读于华南理工大学陶瓷系。

现任职无锡工艺技术学院，担任长青藤陶艺公司总设计师。

他设计的《踏雪寻梅》茶具壶荣获2006年中国工艺美术精品展金奖；其作品《麦莎即景》2006年荣获太湖博览会铜奖；《如虎添翼》壶2007年获世界手工艺理事会、中国工艺美术协会联合举办的《百花杯》工艺美术精品博览会银奖。

2003年为江苏省委主要领导专题设计出访礼品《樱花－茉莉情》壶；2004年为江苏省人民政府设计专用礼品《孙子兵法》竹简笔筒、《紫荆馨香》壶；2007年为商务部设计陶艺礼品。2002年设计的《组合茶具》荣获国家专利。

咏梅提梁壶

如虎添翼

谢菊萍

女，国家级工艺美术师。1990年毕业于江苏省宜兴轻工业学校轻工美术专业。2007年获国家级工艺美术师资格。1997年开始从事紫砂壶艺的创作。十几年来，共创作新品近百件，其中《陶歌》获江苏省工艺美术行业协会作品评比二等奖；《和平》获江苏省工艺美术行业协会作品评比三等奖；《幸福一家》获中国轻工业联合会中国上海国际艺术节中国工艺美术优秀作品评比银奖。

论文《“和谐”系列作品创作随想》、《老传统、新呼吸》先后在《江苏陶瓷》杂志发表。

范伟群

（1970～）出生于陶艺世家，清末民初制壶大家范大生嫡孙。当代知名陶艺家、中国工艺美术学会会员、工艺美术师、范家壶庄创办人、总工艺师、艺术总监。

1984年进紫砂二厂随吴同芬老师学艺。

在二十多年的从艺生涯中，创作出百余个紫砂新作，获得了几十个专业陶艺展评奖项，壶友遍及国内各大省市、港澳台以及东南亚。所制作品以工精、形美、韵深而闻名海内外。

1992年后，先后受聘于紫砂五厂、蜀古紫砂厂任技术辅导，为紫砂业培养了百余名工艺新人。1993年创办范家壶庄陶艺工作室。2002年创办宜兴范家壶庄陶瓷艺术品有限公司。2006年被中国工艺美术学会评为高级工艺美术师。2007年被人事部、中国轻工行业协会评为全国轻工行业劳动模范。

幸福一家

逸公壶

第五篇　紫砂名品的鉴赏和收藏

随着紫砂陶的兴盛繁荣，它的影响日益扩大，盛名远播海内外。

目前宜兴紫砂正被大量伪造，而且商家过于专注于卖“物”，忽视对紫砂文化、紫砂精神内涵的宣传，紫砂文化正在不断弱化。因此，紫砂名品的鉴赏与拍卖就成为紫砂文化的重要组成部分。

第一章　紫砂名品的鉴赏

宜兴紫砂陶是最负盛名、最具特色的陶种。紫砂茶具具有的古朴典雅的艺术风格，并有着可保持茶汁色、香、味不变的优良特性，因此深得人们青睐，成为公认的最理想茶具。壶艺本身就有感情因素。所以一件较完美的作品，必须既方便使用，又要能够陶冶性情，启迪心灵，给人油然而生的艺术感受。诚如已故紫砂大师顾景舟所说：“总之，艺术要有决断、要朴素、要率真，要把亲自感觉到的表达出来。”

第一节　紫砂器的鉴赏标准

一般用“泥、形、工、款、功”五个字来概括紫砂器的鉴赏标准。

一、紫砂泥质的美学特性

评价一件紫砂器的优劣，首先就是看紫砂器的泥质。紫砂壶闻名于世，固然与其制作技法分不开，但根本原因还是紫砂泥的特殊优越性。紫砂泥质的优势不在于氧化铁，而在于紫砂的“砂”。 紫砂泥主要矿物为石英、黏土、云母和赤铁矿。这些矿物的颗粒大小适中，紫泥粉碎的细度，以过60目筛为宜。泥料过粗制作时费功夫；泥料过细制作时粘手，坯体表面会引起皱纹，同时还会引起干燥，烧成收缩率增大。若降低烧成温度，则发生气泡。

紫砂泥质的美学特性一般分为质感美和纹理美。

（一）质感美

紫砂中高含量的铁质使紫砂呈现紫色调，而相当成分的石英含量，使烧成后的紫砂胎在平整之中蕴涵着点点砂状粒子。通过陶艺家对原料的不同炼制和配比，紫砂可以显现出多种不同的质地效果。通过不同泥料的渗合、调砂、铺砂、绞泥、化妆土等不同处理手段，可使紫砂器的质地呈现出明与暗，粗与细，杂与纯，灰与艳，光滑与毛涩等不同的效果。例如朱砂泥细腻柔滑犹如少女的肌肤；栗色紫泥的色泽如同古铜钱般深沉古雅；调砂泥的砂质粒子若隐若现，恰似梨皮，光润之中有着立体的变化；铺砂泥的墨点犹若星辰点点，色调整体统一之中又包含着细微的变化，使得整体色泽更为丰富。

陈鸣远　四足方壶

（二）纹理美

绞泥是用两种或多种不同色彩的紫砂泥绞合而成的一种装饰方法，其装饰效果是在材质统一、肌理一致的前提下，形成色彩与纹理的丰富变化，在视觉上产生很强的冲击力，让器物产生魔术般的装饰效果。用此手法可制成大理石纹，雨花石纹等石材效果，更可加工处理成各种动植物的肌理感觉，如年轮等。肌理朴素、浑厚、大方、自然、生动，极富装饰性。

绞泥装饰的关键是泥色的协调及配置，在适当配置泥色的基础上，分层

吕尧臣　华径壶

粘合，有意扭曲变化。绞泥的特点是寓藻饰于自然之中，在图案的设计上强调自然天成，避免机械呆板，使得画面呈现出一种似与不似之间的抽象美与装饰美，给人以多姿多彩的感受；而在触觉上却是浑然一体的肌理效果，表面平滑润泽，丝毫不破坏器物的外形，使装饰和造型融为一体。

二、紫砂器的形态美

紫砂器的造型千姿百态，蕴藏了众多的完美器形，汇集了历代艺人的智慧和心血，哪种样式的壶最佳？要从紫砂壶是整个茶文化的一部份来考虑，所以它所追求的意境，应属茶道所追求的淡泊明志，超凡脱俗的意境。而“古拙素雅”与茶文化的意境最为融洽，所以紫砂壶的造型应以能表现“古拙”为优。

蹇斋款提梁壶

从外形看，形象结构是指壶的高、低、肥、瘦、刚、柔、方、圆的各种姿态，嘴、鋬、盖、纽、脚，应与壶身整体比例相协调，壶口、壶嘴、壶把应处于三点一线上，高度要一致。壶的容积和重量均衡恰当，壶口与壶盖结合要严紧，合缝平整、出水流畅，同时也要考虑色地和图案的和谐。

就使用的习惯而言，用紫砂壶泡茶品茗时，手不断地抚摸壶身，透过手感的舒服，则可达到愉悦心情的效果。所以紫砂质表面的感觉比泥色更重要。紫砂与其它陶泥相比，一个显著的特点即是手感不同。

三、紫砂器的工艺性

紫砂壶的工艺性是指制作的技术水准。紫砂壶的工艺性融汇了国画大写意的豪放、京剧唱段的严谨。在点、线、面三元素上，犹如工笔绘画一样，转弯曲折、抑扬顿挫。面，须光则光，须毛则毛；线，须直则直，须曲则曲；点，须方则方，须圆则圆，无半点含糊。紫砂壶的装饰艺术结合了中国传统艺术中诗、书、画、印一体的艺术特点。所以欣赏一把紫砂壶，除讲究泥料、造型及制作技艺之外，还有文学、书法、绘画、金石诸多方面。壶身上的陶刻也可以表现纹理，一幅好的陶刻作品所形成的肌理之美引人入胜。尤其人物画在陶刻上的表现力比纸面上更为细腻，在光滑的器物表面，锋利的刻刀刻出条条细线，利用线的光滑粗涩表现出不同的质感，可以形成一种纸面所无法达到的肌理之美。给每一位壶艺爱好者带来更多美的享受。

四、紫砂器的款识

紫砂壶的署款，素来非常讲究。它不同于一般作品的自属图章戳记式的格局。因壶艺的韵致格调和书法绘画艺术同传，所用印款，往往出自一代金石篆刻名家之手。鉴赏紫砂壶款有两个意义：一是鉴别壶的作者是谁；一是欣赏镌刻的诗词书画及印款的金石篆刻。

五、紫砂器的功能美

紫砂与其他艺术品的最大区别，主要是不仅具有很高的艺术欣赏价值，而且具有很强的实用价值。紫砂独特的实用性能，正是人们所喜爱的主要原因。紫砂器的“艺”可以在“用”中品味，如果失去了“用”的意义，“艺”亦不复存在。紫砂器具有以下功能美的特征：容量适度、高矮得当、口盖严谨、出水流畅及便于执握五个方面。

（一）容量适度

容量适度是指紫砂壶的容积恰当。因为紫砂壶主要功能是被人们用来喝茶的，因此过大与过小都会影响其实用功能。由此，陶艺家在开始设计造型时，都会严谨的考虑壶的容量。按目前大多饮茶者的习惯而言，一般壶的容量设计在200～350毫升之间，大约在四杯水左右，手提时只需举手之劳，所以人称“一手壶”。

（二）高矮得当

紫砂壶的高矮是指壶身的高矮。茶壶是用于泡茶的，其高度不能随心所欲，而是具有严谨的要求。过高会造成茶失味，过矮会让茶水容易从口盖溢出。壶的不同高度有着不同的实用功能，高而口小的壶适宜泡红茶；矮而口大的则适宜泡绿茶。

（三）口盖严紧

口盖严紧是指壶盖与壶身的紧密程度。在壶的制作过程中，口盖严紧是一项最基本也是相当重要的评判其制作工艺的标准。一方面，这牵涉到造型的美观与独特，另一方面，则确保了壶身优异的功能性。茶汤不易变质变馊就是由茶壶本身精密合理的造型所决定的。壶口和壶盖配合密切，位移公差只有0.5毫米，口盖形式作成压盖结构。比之施釉茶壶的壶嘴口朝上，口与盖的位移公差达1.5毫米左右，而且口盖形式都成嵌盖结构，要优越得多。紫砂壶减少了混有黄曲霉等霉菌的空气流向壶内的渠道，确保了茶汤不易变质，这是紫砂壶的一大特点。

凸雕松竹梅六方壶

（四）出水流畅

壶嘴出水流畅也是功能要求之一。一般来说，要求倒茶不淋滚茶汁，不溅水花，出水的水束以长为佳。这要求壶身与壶嘴的接口处不能设计得过于窄小，要保证泡开的茶叶不堵塞出水口，壶嘴的曲线与角度要适当，同时壶口与壶嘴要在同一水平面上。

（五）便于执握

壶是用来泡茶的，在制作中要求壶把握起来舒适方便，使用时手部握力能够恰到好处。壶把着力点应接近壶身受水时的重心，使得倒水顺手而流畅。而壶嘴与壶把必须在一条直线，且分量要均衡。

第二节　紫砂器的鉴别方法

掌握古壶的特征是鉴别真假的基础。古壶质地粗而不劣，形制古拙而不失规整，光泽滋润而不轻浮，手感厚重舒适，名款工整，在壶身镌刻诗文图画者，也多为当时名手所作，布局自然合理，刀法简练精确，非俗手所能效仿。

一、壶的质地

胎骨要坚，色泽要润。选用新壶，可先轻拨壶盖，以音响铿锵轻扬、壶声听来悦耳者为佳。一般是壶音频率较高者，适宜配泡重香气的茶叶，如绿茶；壶音频率稍低者较宜配泡重滋味的茶，如乌龙、铁观音。

二、制作工艺

紫砂壶工艺，并非简单的烧陶工艺，而是融合了陶艺、书画、造型、篆刻等古文化结晶的综合性工艺品。首先要总体上感觉壶形是否自然，有无区别于本色的瑕疵。上品壶出自手工，因而壶嘴、壶柄与壶身的连接处大都有明显痕迹，肉眼可以辨认。

一把好的紫砂壶，包括长短、粗细、高矮、方圆、线条的曲直、刚柔和稳重饱满。点、线、面的过渡转折流畅。注意观察壶面是否圆润、光滑而又有质感。名手所制之壶而能留传至今的，定为当时及后人所至爱，早晚把玩，火气早已脱尽，其壶面必定润泽可爱。而新制品，火气极重，有的以涂蜡来增加光泽，用指甲一刮便可辨别。

用手触摸壶内壁，看是否精细，察看壶盖是否有破损，壶盖与壶身的紧密程度要好，否则茶香易散，不能蕴味。测定方法是注水后，手压气孔看壶身倾注时是否落盖，以涓滴不出或壶盖不落，表示口盖之间精密度高。

壶的出水效果跟“流”的设计很有关系。壶把的着力点应该接近壶身受水时的重心，注水入壶约四分之三，然后慢慢倾壶倒水，顺手者则佳，反之则不佳。能使壶中滴水不存者为佳。

三、壶中之味

一般新壶可能会略带土味，但可选用。若带火烧味、油味或人工着色的味则不可取。

好的紫砂泥因具有“色不艳、质不腻”的特性，夏天，将茶叶放在新壶里浸泡二天不变馊，为好泥质。

四、看名款

这是最直接了当的鉴别方法。如明清名家制壶，壶底必有名款。名家之款犹如当今名优产品的标志。因此，必须对明清大家的名、字、号及其惯用的款式、字体熟悉铭记，以便鉴别时有所依据。例如当时的书画家和制壶大师时大彬、李仲芳、徐友泉、陈曼生等这些名人，在名款上必须能对上号。没有名款或款式不符，即属可疑。即使为真品，其价值也应大打折扣。有人将紫砂茶壶交给紫砂行制作，在壶盖内留下私人的章款，制作者的章款或名号一般印在壶底。

五、从形质推断年代

不同时代的产品都有其时代特征。早期紫砂壶以实用为主，装饰为次，故其壶型拙朴大方，略无花巧，茶壶出水处常为单孔。随着紫砂壶装饰作用的增强，壶型日趋文巧。如早期明显多夹粗砂，清以后夹砂日细，壶的表面也日益细腻。从这些特征可推断藏品的相对年代。

六、注意假冒之作

有些摊贩，在紫砂壶表面上涂蜡或鞋油以及采用其他制假手段，以次充好，以假乱真，貌似古雅，实则欺骗，应特别注意鉴别。

第二章　紫砂器的收藏与拍卖

爱紫砂壶成癖者，往昔有项子京、吴骞、张叔未、李景康、张虹、储南强诸名士，当代则有唐云、亚明、冯其庸、罗桂林、许四海、唐国新、浪石、刘鸿禧、姚世英、富华、王一羽等名家，在台湾亦有众多爱好者及收藏家。紫砂壶从品茗用具演变成文人雅士的欣赏玩器，成为收藏家竞求的珍稀玩物，使人不见则已，一见则爱不释手；不收集也罢，一收集终生不休，自有其审美价值和经济价值，而其简练大方之形、淳朴典雅之色、安祥恬淡之态，更为海内外各方人士所钟爱。

中国人的艺术欣赏中，有一个特殊的词儿——把玩，其引申出了特殊审美品味，而紫砂壶，这会唱歌的泥土，古朴淳厚，不媚不俗，与文人气质十分相近。文人玩壶，视为“雅趣”，参与其事，成为“风雅之举”。

第一节　紫砂壶的档次

宜兴紫砂壶历来分四个档次：

实用品（大路产品）。实用品的特点是每个历史时期投入的制作人员最多，制作技艺较差，日产量高，品种单一，这项产品历来不入欣赏壶之列（历史上也有专做大路产品而独具功力的高手，应属例外）。

工艺品（细货）。工艺品出于良工巧手，其作品一般来说制工精良，但出于历史或文化因素、艺术素质，他们的作品大多为模仿传统造型，或创作一些符合初涉紫砂爱好者喜爱的造型。

特艺品（名人产品）。名人产品称之为特艺品。名人当然是在同行中出类拔萃的佼佼者。名人少，作品亦少，它总是赏壶、藏壶者渴求的对象。

艺术品（富于艺术生命之作）。艺术品并非就是特种工艺、精湛技艺、独具功能、材质贵重等而言，而是根据作者文化艺术素养的高下，在紫砂这个传统工艺中注入艺术生命的多少来判定的。

第二节　收藏

不富收藏就无赏壶可言。收藏应该各有所好，不必强求一致，多、全、精、专、深、大、小，都可视为收藏特色。在收藏中可以学会欣赏，在欣赏中能够学会收藏。

一、购买紫砂壶的要诀：精、真、准

（一）精

现今投资紫砂壶，仍以优中选佳为真谛。首先，品种要“精”。大师级作品仍是稳中有升，即使在紫砂壶市场低迷的2001年，当现代名家制的紫砂壶价格跌幅达20%时，大师级作品仍牢如磐石。例如已去世的大师顾景舟的茶壶价格，目前保持在10万至20万元。一些现代高级工艺师的精品，市场价格也在万元之上，但助理工艺师的作品则只有千元左右，两者的差距犹如天壤。

（二）真

其次，鉴赏要“真”。绝大多数赝品均是粗制滥造的对象，大量属于地摊商品，投资者可选择那些正式的商家或到拍卖行中竞拍，风险系数将大大降低。鉴定紫砂壶的真伪，一可从亮色上看，因经人手长期抚摩，面呈现亚光。而新制壶一般质地较疏松，颜色偏黄，无光亮的居多。即使有光亮，也是用白蜡或者鞋油打磨上去

的。再从文字上看，旧壶的落款皆用阳文，字体极为工整。新壶如用阳文，字体会因摹仿或显呆板，或笔划长短粗细不一。如用旧壶加刻新款，则所刻文字为阴文。

（三）准

行情要“准”。在高端市场上清代紫砂壶仍是市场的主体。从历年紫砂壶成交情况来看，清代紫砂壶就占了八成，但由于藏家手中的精品壶不愿出手，加上明清紫砂壶存世稀少，所以这两年市场行情较为低迷。尽管2004年紫砂壶市场价位稍有回升，一件“金沙内用”紫砂提梁壶也以55万元人民币的价格高居历年紫砂壶成交价第二，但整体涨幅仍不大，据专家估计最好的行情应该在两年以后。市场低迷期正是投资良机。与其花高价拍来一把数万数十万的明清紫砂壶，倒不如考虑投资价格适中的紫砂壶，比如收藏民国紫砂壶，其价位在百元到万元间不等，一把民国普通紫砂壶就仅需百元左右，而一些名人手绘紫砂壶，如张大千、齐白石、傅抱石手绘紫砂壶一般价格在4万到5万间，投资者须谨慎出手，也可考虑收藏一些现代工艺大师的精品。一般这样的投资周期比较短，投资金额少，但其升值较快，适合短期投资者考虑。

二、选购紫砂壶的取向

（一）茶道

从喝茶里引发出对茶壶的兴趣；应该根据自己泡茶的具体要求，就容量、泡茶时的功能效果，以及自己的欣赏品味来选择，至于壶艺的等级，则可以因人而异。

（二）造型

是被紫砂壶造型艺术感染而买壶收藏陈列欣赏；属于收藏审美，则须知紫砂陶是世界上造型最丰富的工艺品之一，大约有几千种之多，加上同一品种的装饰、泥色、大小变化，其区别则更多，而且同种造型制作水平的高低，产生的艺术审美效果也不一样，这就要求在你定位审美标准时也要考虑到自己的收藏能力。

（三）投资

是看到紫砂工艺品在艺术品市场上有升值的空间，而买壶作为投资的；则既要有经济头脑，考虑做成多大局面，更重要的是要练就一副“火眼金睛”，识货、懂货、懂行情。

（四）礼品

出于送礼的目的，首当其冲的是要考虑礼品的价位轻重，以及受礼者的喜好，在自己的承受范围内选购。

紫砂茶壶是既有实用价值，又充满文化韵味的工艺品，它从实用到艺术之间的各个档次特别大。每个人在面对紫砂壶时，或因实用需要的不同，或因形象结构、文化内涵等审美差异而表现出不尽相同的兴趣来。有人爱简练，有人偏繁复，有人求拙朴，有人喜精巧，有人喜欢古典美传神，有人追求现代意识，如同欣赏音乐、美术一样，完全因人而异。紫砂茶壶在沏茶、泡茶的实用性上，与铜壶、瓷壶、瓦壶、不锈钢壶等器皿相比，明显具有更优良的物理性能。平民百姓了解这一点，对紫砂壶也情有独钟。

在功能标准上，制作技艺水平，泥色的选配，甚至所选择的壶体的容量，壶嘴的出水、壶把的端手等等，也会因饮茶习俗不同而见仁见智。在这个标准上，茶壶爱好者的文化程度、艺术修养，与紫砂壶鉴赏有着相当重要的关联，也因各自的眼光不同而产生各不相同的心理效应，表现出各自的偏好来。

人们越来越重视传统手工艺和人文精神的交汇，那就应该把茶壶分成产品与作品两个大的概念来理解来评定，否则这么大的一个产业群体所做成的茶壶就很难从范畴上加以说清。

老紫砂的制作工艺和现在的机器制作工艺不一样，老紫砂茶壶必须有合模的接口，有的虽然在制作后要经过修整，但是合模的痕迹任然存在。还有一点，老紫砂茶壶虽然厚但非常的轻，有透气不透水的功能，不象机器制造的虽然薄，但坠手，没有透气的功能。

第三节　养壶

一把价格昂贵的紫砂壶如不细细养护，其价值也会随着时间的流逝而大打折扣。养壶是茶事过程中的雅趣之举，其目的虽在于“器”，但主角仍是“人”。养壶即养性也。“养壶”之所以曰“养”，正是因其可“怡情养性”也。在经久使用后，壶的表面能养出如美玉般宜人晕光，使用时间越长，光泽越老成。收藏家称之为“包浆”。在林古度《陶宝肖像歌》里也有“久且色泽生光明”的诗句。这种质感使得紫砂器显得古朴纯厚，不媚不俗，犹如古物，让人感觉舒适、平实、自在而不露锋芒，比较之施釉瓷器冷艳妖冶，更加显得高雅脱俗。

一、茶汤养壶

在饮茶时，可把茶汤浇在紫砂壶上，这样茶汤容易被壶的热量蒸发，同时，也容易被壶体表面吸收，或在每天早晨清洗茶壶茶具时，用壶中的茶渣在壶体周身润擦一遍，既可擦去壶身茶垢结渣痕，又能经湿茶叶水磨，使壶体光润亮泽。在日积月累的茶汁浇洗涤揩下，紫砂壶才会越发柔和绚丽，人称此法为“茶汤养壶”。

二、擦抹壶体

新壶初用，不免有点土味，可用细纱布稍加磨擦，用水清洗后，放在较浓的茶叶水锅里煮沸晾干，如此再三，即可沏茶。不论新壶、旧壶，用开水沏茶后，趁壶体表面温度较高，可用湿毛巾或干净湿布擦抹壶体，水印旋擦旋干，反复多次，壶体温度降后，亦可用手摩挲，因手掌有油汗，有利于壶体光润。如此坚持三四月后，新壶大体可发“黯然之光”。

三、包浆

壶的表面会积有茶迹，这就需用养壶毛笔或软毛牙刷在壶表面经常刷洗，以保持清洁。如此日擦、涤洗，壶的表面会起一层亚光，人称其为“包浆”（葆浆），这种亚光不会因高温高压冲洗而褪去，甚显高雅品位。亦有人用油手、油布在壶身揩擦而出现的光，称为“和尚光”，一经清洁剂洗涤，亮光随即褪去，露出块块垢疤，甚有破相之嫌，《阳羡名陶录》云，“而爱护垢染舒袖摩挲、惟恐拭去曰吾以宝其旧色尔，不知西子蒙不洁，堪充下陈”，所以，切毋将油污垢物沾上壶身，保持壶的洁净，才能养好壶。

四、纱布球抚磨

还有一种较为特殊的养壶法：把瓦片（江南黑土瓦）碾磨成很细的粉末，用六层纱布包扎成枇杷大小的布球，趁茶汤浇在壶体时，纱布球沾上茶汤轻轻顺序抚磨壶体使壶体洁净光润。在今日，你可采用精细磨料粉末代替瓦片粉末做成纱布球，亦可达到同样理想的效果。

五、养壶要领

（一）新壶新泡

先要决定此壶将用经配泡哪种茶？譬如是重香气的茶还是重滋味的茶，如果讲究的话，都应有专门备泡的壶。但是不讲究也无妨。

（二）使用新壶

应先用茶汤烫煮一番，一则除去土味，也可使壶接受滋养。方法是用干净锅器盛水，用小火加热煮壶，到水将滚未滚时，再将茶叶放入锅中同煮；等滚沸后捞出茶渣，再稍待些时候取出新壶置于干燥且无异味处自然阴干后，便可使用。

（三）旧壶重泡

每次泡完茶后，将茶渣倒掉，并用热水涤去残汤，以保持清洁，合乎卫生。

（四）壶里茶山

有人泡茶，只除茶渣，而往往将茶汤留在壶里阴干，日久累积茶山，如维护不当，易生异味。所以在泡用前更应以滚沸的开水冲烫一番。

（五）茶渣养壶

把茶渣存在壶里来养壶的方式绝不可取。一方面茶渣闷在壶里易有酸馊异味，有害于壶；另一方面紫砂壶乃吸附热香茶味之质，残渣剩味实也无益于壶。

（六）擦拭抚摸

壶应经常擦拭，并用手不断抚摸，不仅手感舒服，且能焕发出紫砂陶质本身的光泽，浑朴润雅，耐人寻味。

（七）清洗壶面

清洗壶的表面时，可用手加以擦洗，洗后再用干净的细棉布或其他较柔细的布擦拭，然后放于干燥通风且无异味之处阴干。久而久之，自会与这把壶发生感情。

第四节　拍卖

看到高品位的紫砂壶时，我们才蓦然发现，昂贵的价格已经使紫砂壶成为了一种投资品种，即便是数年前花千八百元就可以买到的普通紫砂壶，现如今的价位也水涨船高，飙升至万元，更不用提名家烧制或年代久远的紫砂壶了。据《宝藏》统计，目前紫砂壶拍卖成交价最高的是2002年香港佳士得一件清乾隆剔红饕餮夔龙纹紫砂壶，以147.7万港币成交。因此如何鉴赏、保养紫砂壶，已经上升到了收藏投资的高度。紫砂壶的投资收藏也已成为文人雅士对茶文化的另一种理解，不管深谙茶中之道者如何滔滔不绝的讲述对茶道的理解，若无一把上好的紫砂壶，配以绝好的茶叶，这一切都缺乏了底蕴与信服度。爱茶者与赏茶之士可在把玩之间，细品那幽幽茶香，感受那份静谧惬意。紫砂壶经久使用，壶壁积聚“茶锈”，沸水注入空壶，也会茶香氤氲，这与紫砂壶胎质的气孔率有关，是紫砂壶独具的品质。

主要参考文献：

1．《茶壶珍藏》辽宁画报出版社，2007.7.1
2．《当代紫砂鉴赏与收藏》胡存喜
3．《中国紫砂壶鉴赏》蓝天出版社，2003.1.1
4．http://www.chinacov.com
5．《对紫砂发展前景的一点思考》郑剑峰（宜兴紫砂工艺厂，宜兴 214221）
6．http://www.ajsc.cn/html/2005-4-16/2005416135903.htm

第六篇　文　论

第一章　经典论述

第一节　明代紫砂壶专著简介

《阳羡茗壶系》

专论紫砂壶的第一篇著述。作者周高起，名伯高，江苏江阴（今江阴市）人，明天启年间著名学者，博学强识，精通古文，与徐遂汤同修江阴县志。居由山里，游兵突至，被执索资，怒詈不屈而死。着有《读书志》、《洞山岕茶系》、《阳羡茗壶系》等。

《阳羡茗壶系》成书于明末崇祯年间，该书记述了宜兴紫砂壶替代银、锡、瓷壶的情况，当时紫砂壶已被誉为实用与陈设欣赏兼备的艺术珍品，“一壶重不数两，价每一二十金”。书中着重介绍了供春、时大彬等三十一名紫砂民间艺人的造壶技艺及其作品，并将他们分别列为创始、正始、大家、名家、雅流、神品、别派七大类。其中时大彬、李仲芳、徐友泉被誉为壶家“妙手三大”。还记述了紫砂壶的泥料产地、制作地点、制作工艺、实用功能及艺术特色。全书计三千五百字，现在可以见到如下一些版本。

[1] 阳羡茗壶系：新安张氏霞举堂康熙三十六年（1697年）刊本。

[2] 阳羡茗壶系：一卷。（明）周高起撰，刻本，重修，清（1644～1911），檀儿丛书，二集，第五帙，林。

[3] 阳羡茗壶系：一卷。（明）周高起撰，檀儿丛书：一百五十七种／（清）王晫，（清）张潮辑，刻本，武林王晫天都张潮，清康熙间，第12册，9行20字小字双行同白口四周单边。

[4] 阳羡茗壶系：一卷。（明）周高起撰，刻本，盛氏思惠斋，清光绪年间（1875～1908），常州先哲遗书，七十二种，七百四十九卷／（清）盛宣怀辑，子类，与周高起另撰《洞山茶系·一卷》合订。

[5] 阳羡茗壶系：（明）周高起撰。刻本，清光绪间（1875～1908），翠琅玕馆丛书，第一集，9行21字小字双行同黑口左右双边，清光绪16年（1890）刻。

[6] 阳羡茗壶系：一卷。（明）周高起撰，粟香室丛书，六十四种，金武祥辑，刻本，江阴金武祥，清光绪至民国间，第5册，牌记题光绪戊子江阴金氏刊于梧州，8行21字小字双行同白口左右双边单鱼尾。

[7] 阳羡茗壶系：（明）周高起撰。刻本，清光绪14年（1888），粟香室丛书，9行21字小字双行同黑口左右双边单鱼尾。

[8] 阳羡茗壶系：一卷，（明）周高起撰。刻本岭南：江阴金氏粟香室，清光绪14年（1888），江阴丛书，8行20字白口左右双边单鱼尾。

[9] 阳羡茗壶系：一卷，（明）周高起撰。常州先哲遗书：四十四种／（清）盛宣怀辑，刻本，武进盛氏思惠斋，清光绪21～24年（1895～1898），第6册，一牌记题光绪丁酉武进盛氏用旧抄本重雕并洞山芥茶系，14行25字小字双行同黑口左右双边单鱼尾。

[10] 阳羡茗壶系：一卷，（明）周高起撰。艺术丛书：四十五种/佚名辑，刻本，保粹堂，民国五年（1916），第22册。

[11] 阳羡茗壶系：一卷，（明）周高起撰。艺术丛书：四十五种/佚名辑，刻本，保粹堂，民国五年（1916），第36册。

[12] 阳羡茗壶系：一卷，（明）周高起撰。翠琅玕馆丛书：七十四种/黄任恒重辑，-刻本，-广州，民国五年（1916），第53册。

第二节　清代中日紫砂壶专著简介

一、《阳羡名陶录》

是一部比较完整的有关紫砂壶的专著。作者吴骞，字槎客，号兔床，别号齐云采药翁。浙江海宁人（今海宁县），清代国子监生，富藏书画古玩，藏有坻刻本千部，名其书室谓“千元十驾”，意思是说，驾临此室看千部元版书籍，也可抵上十部宋版的资料，博古善诗，名闻吴越间。先世有别业在荆溪县桃溪（今宜兴张渚），间岁至荆溪采访旧闻，在宜兴着有《桃溪客话》、《阳羡名陶录》，译考国山碑文。

《阳羡名陶录》书成于清乾隆五十年（1785年）。该书分上下两卷，设有七个栏目：自序、原始、选材、本艺、家溯、丛谈、文翰（包括记、铭、赞、赋、诗等）。上卷介绍了宜兴紫砂壶的起源，“相传壶土出，有异僧经行村落，日呼曰：‘买富贵！’土人均嗤之，僧曰：‘贵不欲买，买富何如？’因引村叟指山中产土之穴，及去，发之果备五色，灿若披锦。”并详细评述紫砂壶所选用的泥料、制作技艺，以及金沙寺僧、供春、时大彬、李茂林等三十九名制壶名家的壶艺特色。下卷则记叙了紫砂壶泡茶的特殊功能、工艺价值，以及“名公巨卿、高人墨士，恒不惜重金购之。”并附赞美紫砂壶的诗词铭赋等，其中《阳羡茗壶赋》一篇最佳，作者吴梅鼎，字天篆，号浮月，生于明崇祯四年（1631年），卒于清康熙三十九年（1700年）。工诗词，善书画，山水翎毛与其兄吴天右名著一时，所著《醉墨山房赋》中有篇《阳羡茗壶赋》，这是以诗赋形式歌颂紫砂壶的最早作品。

《阳羡名陶录》全书计一万八千字，有如下一些版本。

[1] 阳羡名陶录：二卷，（清）吴骞撰。刻本，海昌吴氏，清乾隆间（1736～1795年）拜经楼丛书，10行21字黑口左右双边单鱼尾。

[2] 阳羡名陶续录：（清）吴骞撰。刻本，海昌吴氏，清乾隆嘉庆间（1736～1820年），拜经楼丛书，10行20字小字双行同黑口左右双边单鱼尾。

[3] 阳羡名陶录：一卷续录一卷，（清）吴骞撰。刻本，吴江沈氏世楷堂，清道光十三年（1833年），昭代丛书：十集四百九十九种/（清）张潮辑；（清）杨复吉，（清）沈楙德续辑，第59册，9行20字白口四周单边单鱼尾。

[4] 阳羡名陶录：一卷，（清）吴骞撰。刻本，重印，吴江沈氏世楷堂，清道光十三年（1833年），清光绪间重印，昭代丛书，己集，9行20字小字双行同白口左右双边单鱼尾。

[5] 阳羡名陶录：一卷，（清）吴骞撰。刻本，重印，吴江沈氏世楷堂，清道光间，（清末）重印，昭代丛书，广编，己集，50，9行20字白口左右双边单鱼尾。

[6] 阳羡名陶录：二卷，（清）吴骞撰。刻本，仁和许增，清（1644～1911年），12行23字白口左右双边单鱼尾。

[7] 阳羡名陶录：二卷，（清）吴骞撰。榆园丛刻：十六种，（清）许增辑，刻本，仁和许增榆园，清同治光绪间，-第15册，12行23字小字双行同白口左右双边单鱼尾。

[8] 阳羡名陶录：二卷，（清）吴骞撰。 刻本，补刻，清同治光绪间，民国九年（1920年）补刻，榆园丛刻，附，娱园丛刻十种。

[9] 阳羡名陶录：二卷，（清）吴骞编。刻本，仁和许增娱园，清光绪间（1875～1908年），榆园丛书，附，娱园丛刻，12行23字白口左右双边单鱼尾。

[10] 阳羡名陶录：二卷，（清）吴骞撰。刻本，重刻拜经楼丛书七种，（清）吴骞辑，刻本，-鄂渚:会稽章氏，清光绪十一年（1885年），第6册，10行20字小字双行同黑口左右双边双鱼尾。

[11] 阳羡名陶录：二卷，（清）吴骞撰。刻本，增刻，鄂渚：会稽章氏，清光绪十一年（1885年）：吴县朱氏校经堂，清光绪二十年（1894年）增刻，重校拜经楼丛书十种，10行20字黑口左右双边双鱼尾。

[12] 阳羡名陶录：二卷，（清）吴骞撰。娱园丛刻，（清）许增辑，刻本，仁和许增娱园，清光绪十五年（1889年），-第4册，12行23字小字双行同白口左右双边单鱼尾。

[13] 阳羡名陶录：（清）吴骞撰．榆园丛刻．仁和许增迈、孙选人辑．光绪十八年（1892）。

[14] 阳羡名陶录摘钞： 稿本。 清（1644～1911年），瓶庐丛稿，二十六种，（清）翁同龢辑。

[15] 阳羡名陶录：二卷，（清）吴骞撰。美术丛书：十集一百三种，风雨楼编，铅印本，上海：神州国光社，清宣统三年（1911年），第11册。

[16] 阳羡名陶录：二卷，续录二卷，（清）吴骞撰。石印本，民国间（1912～1949年）。

[17] 阳羡名陶录：二卷，续录一卷，（清）吴骞撰。民国间（1912～1949年），说瓷五种。

[18] 阳羡名陶录：一卷，（清）吴骞撰。刻本，重修，吴江沈氏世楷堂，清道光间：吴江沈廷镛，民国八年（1919年）重修，昭代丛书，己集广编。

[19] 阳羡名陶录：二卷，续录一卷，（清）吴骞撰。拜经楼丛书：三十种，（清）吴骞辑，影印本，上海博古斋，民国十一年（1922年），第14册，10行20字小字双行同黑口左右双边单鱼尾。

[20] 阳羡名陶录：一卷，（清）吴骞撰。美术丛书：四集三十四辑，邓实等编；黄宾虹续编，铅印本，

再版，上海神州国光社，民国十七年（1928年），第11册。

[21] 阳羡名陶录：一卷，（清）吴骞撰。美术丛书：四集四十辑/邓实等编；黄宾虹续编，铅印本，三版，上海神州国光社，民国二十五年（1936年），第11册。

[22] 阳羡名陶录：（清）吴骞编。影印本，合肥：黄山书社，1992.7。

[23] 阳羡名陶录：（清）吴骞编。影印本，海口：海南出版社，2001.174～191页。

二、《茗壶图录》

日本紫砂壶收藏家奥兰田（玄宝）编着，六十四开线装本，分上下两册，上册文，下册图，记载了三十二件名贵的宜兴紫砂壶，图版为工笔白描，并详实地注明了茗壶的大小尺寸，形制特色、壶泥色彩以及造器者印章、铭文、款识摹本。上册前有明治七年（1874年）奥兰田自序。明治九年（1876年）江川田刚序。接着列出供春等三十二位壶节家姓名字号，是仿《茶具图谱》、《文房图赞》之例，据所录茗壶的异形殊性所予的命名。后有凡例九则，声明本书的典故，皆以周高起《阳羡茗壶系》和吴骞《阳羡名陶录》为粉本。其目次分：原流、形状、流扳、泥色、品汇、大小、理趣、款识、真赝、无款、衔捏、别种、用意十四章。书末还有明治八年（1875年）小舟渔隐田的后序和光绪二年（1876年）嘉兴叶松石的跋。

图录第一章列举制壶高手金沙寺僧、供春、时大彬以下艺人四十余人，分述了他们的年代，评价了他们的作品。作者虽称着录了自明到清凡三百年间的紫砂艺人，而实际所收录的人名只到嘉庆时为止。其中有明代万历戊午年（1618年）的李仲芳壶，明末的陈和之壶，清初的陈鸣远仿古壶，还有嘉庆二十三年（1818年）的梨皮泥壶和许龙文、杨彭年的作品等。这些茗壶作者多数是明末清初的艺人，正和紫砂壶开始东渡日本的时代相符。

奥氏在《宜兴窑和朱泥器》一节中评介紫砂壶是“自沏茶之法兴，阳羡砂壶始名于天下”，而且，“争购竞求，不惜百金、二百金，必获而后已。”他认为，在日本，主要是重视煎茶的小茶壶，凡刻有惠孟臣、陈鸣远、陈曼生等名字的，都受到珍爱。同时，他还把明代欧窑出品誉为“古今中外无与伦比的名器”。

此书所采三十二器中，十五器是奥兰田的收藏，其余十七器则分别藏于各家。据奥兰田自己说，“茗壶嗜好成癖，不论状之大小，不问流之曲直，不计制之古今，不说泥之精粗，款识有无，苟有适于意者取购焉。”奥氏的选壶标准，只在壶艺，这比之一般只知道讲究年代款署以及壶工的名气大小，而无视壶艺自身价值的人，确实尤胜一筹。叶松石在跋文中说：“甲戌（1874年）春，予初至日本，即闻奥兰田名，厥后又数闻人道其有茗壶癖。”可见奥氏是当时以收藏紫砂壶而著名的“茶道”中人。该书现存在我国的主要有如下版本。

[1] 茗壶图录：（日本）奥玄宝撰，（日本）小林永濯绘。刻本，日本，日本明治间（1868～1911年），原卷数不详，9行18字小字双行同白口左右双边单鱼尾。

[2] 茗壶图录：（日本）奥玄宝撰。日本，注春居，日本明治甲戌年（1874年）。

[3] 茗壶图录：二卷，（日本）奥玄宝撰。刻本，日本，注春居，日本明治九年（1876年），2册：图，9行18字小字双行同白口左右双边单鱼尾。

[4] 茗壶图录：二卷，（日本）奥玄宝撰。石印本，民国间（1912～1949年），2册（7～8）：图，说瓷五种。

[5] 茗壶图录：一卷，（日本）奥玄宝撰。铅印本，再版，上海神州国光社。民国十七年（1928年），美术丛书：四集三十四辑/邓实等编；黄宾虹续编，第90册。

[6] 茗壶图录：一卷，（日本）奥玄宝撰，黄宾虹续编。铅印本，三版，上海神州国光社，民国二十五年（1936年）美术丛书：四集四十辑/邓实等编，第90册。

[7] 茗壶图录：（日本）奥玄宝撰。铅印本，上海神州国光社，民国三十六年（1947年），美术丛书：三集三辑/邓实，黄宾虹（1865～1955年）编。

第三节　民国时代紫砂壶专著

1.《宜兴陶器概要》

宜兴陶器参加芝加哥博览会筹备委员会编辑，1932年出版。由宜兴蜀山人士周润身和周幽东父子合著，为近代紫砂史的重要史料之一。书名为郑洪年题写。该书篇目分发刊词、宜兴陶器历史、陶业概况、实业救国与陶业救济以及“有关报纸上刊登的呼吁救济宜兴陶业的文章”五个部分，扉页刊有宜兴陶器名技暨各厂出品述要。

该书首先追述了宜兴紫砂壶的发展源流，并简要介绍了供春、时大彬等三十九名制陶名家的造壶艺术、作品特色及工艺价值，应为“全盘陶器之菁华”；书中还叙述了宜兴陶器的原料、色釉、应用和仿造他物之机能四个特点，认为宜兴陶器“以其泥质举世无匹，制作特殊”的特色，已“为江苏省特产之一，为国粹之一”。书中还详细地介绍了宜兴紫砂业、黄货业、粗货业、砂货业、黑货业、沦货业六大类陶器产品的产地、制造、产量、产值以及销售等情况。该书最后根据当时宜兴陶器日益衰落的现状，呼吁政府采取积极的补救措施。作者提出办陶业学校、陶瓷研究所和培养人才、开设工厂，以科学技术振兴宜兴陶瓷工业。全书计一万七千字。十六开铅印本。

2.《阳羡砂壶图考》

南海“百壶山馆”主人李景康和顺德“碧山壶馆”主人张虹合作编着。两位作者都是紫砂壶收藏家和鉴赏家。该书分上下两卷，上卷文，下卷图。上卷文字考据部分于1937年在香港出版。出版之际，适逢抗日战争，下卷图版部分未及出版。

该书由番愚叶恭绰为其作序。上卷按年代统系、壶艺列传、土质出产、制工窑火、赏鉴丛话、前贤文翰、时人题咏、名家传器、雅流传器、待考传器、别乘传器、附记传器十二类论列。其列传考据溯自明代正德初，迄于清末宣统，以审其嬗变，辨其沿革，此外从略。次编壶艺列传，列创始七人、正传十三人、别传三十五人、雅流五十五人、待考三十五人，共计一百四十五人。

该书下卷载图一百一十三幅。附以印章铭识，悉由两家藏器，海内朋友名玩及有着录可考证者中谨慎挑选的，按图审辨，足资证佐。散佚已近半个世纪的下卷原稿，近年已为詹勋华先生所取得，并经整理付梓。

关于《阳羡砂壶图考》下卷的幸存，据悉是由新加坡宋芝芹先生的承让，并为台湾詹勋华先生所得，经其精心整理、补述及詹先生历年来所集有关文献，还有海内外知名收藏家所藏之紫砂壶珍品提供照片，罗列而成并以《宜兴陶器图谱》书名问世。

中国国家图书馆藏有：

阳羡砂壶图考：二卷，李景康、张虹撰。铅印本，香港：百壶山馆，民国二十六年（1937年）1册：表，目录题壶艺列传，白纸本。

第二章　现代论述

第一节　出版年不详的紫砂壶专著或系列书刊

1.《壶谱》

紫砂壶艺系列。李富美总编。台北：天地方圆杂志社。

2.《历代紫砂瑰宝》

台北：盈记唐人。

第二节　1978～1999年紫砂壶专著

1.《紫砂陶器造型》

宜兴陶瓷工业公司编，轻工业出版社1978年出版。简要地介绍了紫砂陶器的独特风格、原料特点、成型工艺和历史沿革，并通过对典型产品的分析，着重介绍了它的艺术处理手法和装饰方法。此外还介绍了各类紫砂产品的造型工艺测绘图（并附规格要求）。收录时大彬、徐龙泉、陈鸣远、陈曼生、黄玉麟、杨彭年、杨凤年、邵大亨所制及历代传统造型的紫砂壶式样二百三十八种，紫砂花盆式样一百零二种，其它紫砂器十六种，合计三百五十六种。

此书是在1975年中央工艺美术学院陶瓷美术系与江苏省轻工业局联合举办的“江苏省日用陶瓷美术设计训练班”授课讲义的基础上，由潘春芳等进行编写的。书中着重整理并测绘了传统和创新的紫砂陶器造型三百多种。其中大部分是宜兴陶瓷工业公司陈列室和紫砂工艺厂生产的展品和样品，其余则是中央工艺美术学院陶瓷美术系师生根据北京故宫博物院、上海博物馆、南京博物院以及个人收藏的资料整理紫砂陶器造型。这些造型是先对产品进行测量绘出实大图，然后按一定比例缩成的。

2.《中国陶瓷全集·第二十三卷，宜兴紫砂》

《中国陶瓷全集》第二十三卷《宜兴紫砂》，为八开本大型彩色图册，由姚迁、蒋蓉编著，上海人民美术出版社同日本美乃美株式会社于1982年合作出版日文版。收录明清和近代紫砂器二百二十四件，其中紫砂壶一百五十九件，紫砂花盆三十三件，其他紫砂器六十一件。1989年上海人民美术出版社又以同样开本重新出版了中文版图册，并印有全国窑址略图和江苏省及宜兴地图，并标明宜兴古窑址和现代窑址方位。

姚迁在图册中撰写的题为《宜兴紫砂》的文章，首先论述了宜兴紫砂的历史源流、古籍论据和古窑址的发现，并着重介绍了明清两代的制壶名家和传世名作。

图册中还刊有蒋赞初、杨振亚、贺盘法和李壮大先生合撰的《宜兴紫砂的历史及现状》专论，概述了宜兴的地理、历史，分别论述了宜兴紫砂在宋代的创始时期、明代的勃兴时期、明末清初的进一步繁荣时期以及现代紫砂器的兴衰和1949年以后的新生等几个不同历史阶段的陶艺发展状况，言论精辟，观点鲜明。

3.《宜兴陶艺》

1981年，香港市政局举办的第六届亚洲艺术节中“宜兴陶艺展”的特刊，收明代十五人的二十四件、清代五十一人的七十九件、近代十四人的作品一百一十九件、现代十六件，其中九十件为罗桂祥先生捐给香港市政局的我国茗具中的精品。

1990年出版，前有香港市政局主席霍士杰所撰弁言及香港艺术馆（藏品）馆长朱锦鸾的序言。

书中有罗桂祥先生撰写的香港茶具文物馆的历史及其收藏的介绍，还有茶具文物馆赵锦诚先生撰写的一篇《中国茗茶风俗》。

《宜兴陶器简史》是该书中的一篇长文，系美国旧金山亚洲美术博物馆谢瑞华女士所作。另外两篇长文，分别为上海博物馆汪庆正副馆长撰写的《上海博物馆藏宜兴陶器》和美国亚利桑那州立大学乐宾纳博士撰写的《宜兴陶艺西渐》论文。一百一十九件珍贵紫砂壶、器，每幅照片下附有简略说明（中英文对照），还有该名家的刻款或印章放大字体。

书末有附录，介绍三种制造宜兴茶壶的方法，即镶身筒、打身筒和手捏法三种手工成型工序。

4.《宜兴陶器图谱》

詹勋华编著，台北市茶艺杂志社1982年出版。1990年由台北南天书局重版发行，九壶堂协助出版。内容分为四编。

第一编：宜兴陶器珍藏

刊有明清两代宜兴陶器一百零三件，每件藏品都注明收藏者姓名、器皿尺寸、年代及解脱文字，图文并茂。

第二编：宜兴陶艺浅说

分述宜兴陶艺的文化背景、宜兴陶冶述（包括明以前，以至明清以来的陶器）、宜兴陶器鉴赏、实用（包括选壶、适壶、保养、结绳、修补、潮汕小壶等）。

第三编：阳羡砂壶图考手稿

这里强调《阳羡砂壶图考》下卷珍贵手稿再现。自1937年上卷出版之后，下卷湮没至今已近半个世纪，近年由新加坡宋芝芹先生承让，编著者又在整理中加以补述。据悉，此前台北的《宜兴乡讯》自一一九期（1965年10月）起，首刊《阳羡砂壶图考》上卷的历史考据文字，连载历时九年之久，始克全文登完。惜未得见下卷为憾。下卷的失而复得，实是陶艺爱好者的一大幸事。

第四编：宜兴陶艺名家及附录

名家小传列：雅流、正传、别传、共一百五十余人。

附录：前贤文翰、宜兴县沿革、名家字号表、名家年代表、干支年代表及参考书目等。

5.《宜兴紫砂》

梁白泉主编，顾问顾景舟。彩色图册，1990年由文物出版社和两木出版社合作出版。

辑录紫砂精品二百零一件，按制作年代先后排列。其中以明、清两代作品为主，约占总数的百分之七十。鉴于紫砂工艺正继续向新的高度发展，为了显示完整的历史概貌，该书兼收当代紫砂工艺师的一部分代表作品。

书中资料主要由江苏省的文物博物单位、收藏家及宜兴紫砂工艺厂提供，北京、福建、浙江、上海的文博单位及收藏家也提供了藏品。书中的明清紫砂器集合了全国二十多家著名博物馆和文物商店的精品，另加唐云、姚世英、王一羽、冯其庸等私人的藏品。

历代紫砂名作多有仿制，而以往有些画册往往把一些后仿者也列作名家原有真品，每易教人混淆，使同好者更难辨别其相类似者的真假。而这本图册在安排上则比较妥善，凡经很多专家鉴定为真品的，才标明制壶人的姓名；不能确定制壶人的，只录铭款，表示存疑。

书中在选辑传世紫砂精品的同时，充分利用了考古发掘成果，其中有二十余件是考古学家近年发掘的成果，最近百年出土的珍贵古董紫砂器，书中还附有出土紫砂器综合资料（十八件）和有年款的时大彬壶（十二件）。

6.《紫砂春秋》

史俊棠、盛畔松主编，文汇出版社1991年出版。该文集为上海《文汇报》和宜兴紫砂工艺二厂于1990年联合举办的“紫砂文化征文奖”活动所汇集的文稿，旨在进一步弘扬民族文化，发掘紫砂文化的历史，推动紫砂文化的研究。记叙紫砂壶史事、沿革、源流，评品壶师艺术成就的文章，多散见于海内外报刊及众多古籍中。此集从征文稿一百四五十篇中选出五十一位作者的六十篇文字汇编成书，内容列“溯源话艺”“紫艺论丛”“艺苑掇英”“文人题咏”等栏目。作者遍及古人今人，海内海外。有紫砂收藏家、鉴赏家的种种独到见地；有紫砂学者和科学考古分析研究成果的汇报；有对制壶名师的介绍、评品。尤为可贵者，尚有众多制壶高师的论述，或有多年实践而形成的深刻见解，或为凝聚毕生心血的理论升华。

书中还附有两篇紫砂古籍经典著作：明代天启年间江阴周高起著《阳羡茗壶系》和清代乾隆年间海宁吴骞编《阳羡名陶录》并对原著加标点。整个文集共三十六万五千字。

7.《中国陶瓷名著汇编》

影印本，中国书店，1991年版，由《景德镇陶录》、《陶雅》、《饮流斋说瓷》、《阳羡名陶录》、《茗壶图录》合订一册。本书较详细地介绍了中国陶瓷的发展、源流、工艺特点、款识风格、鉴赏等方面的内容。

8.《宜兴紫砂珍赏》

顾景舟主编，徐秀棠、李昌鸿副主编，艺术顾问张守智。大型彩色画册，1992年由三联书店（香港）有限公司出版发行。

收录古今宜兴紫砂精品五百十一件（套），分历史、现代两大部分，按制作年代先后排列。历史部分以1949年为界限，介绍了明、清、民国五十八位名家的一百六十七件精品；现代部分以高级工艺师的作品为主，介绍了九十一位名家的三百四十四件（套）精品，展示当代紫砂陶艺发展的新方向。在图版之前，由主编者撰写了三篇专论：紫砂陶史概论（顾景舟）、紫砂生产工艺（李昌鸿）、阳羡茶事（徐秀棠）。文前配有一组“鼎蜀风情”摄影作品（唐国新摄），文中选用了六十余幅图片，以便读者更形象地理解宜兴紫砂。古往今来，紫砂名家精品历代多有仿制，该书非精不取，对真品、仿品也作了鉴定区别。凡鉴定为真品者，均标明制作者姓名；凡不能确定或经鉴定为仿品者，只照录铭款。为了便于读者鉴别、欣赏，画册中重点作品都有鉴赏评论。这些文字，除香港中文大学文物馆的藏品特邀黎淑仪女士撰稿以外，其余均出自主编者手笔，顾景舟大师提供了权威性赏析文字。

该画册除了收录了丰富的紫砂珍品外，还载有著名学者、收藏家冯其庸教授所写的序，书名题签为和汀教授。全书十一万字，彩图八百八十一幅。装饰设计分外讲究，有精装本和特藏本两种。

9.《紫砂壶制作技法》

王建中等著。北京工艺美术出版社，1994版，中国传统手工技艺丛书。分紫砂陶技艺、紫砂成型工艺及陶刻装饰、紫砂壶制作范例等6章。

10.《中国紫砂壶》

李正中、刘玉华编，天津人民出版社，1995版。

11.《宜兴紫砂文化史》

刘汝醴、吴山著，浙江摄影出版社， 2000版，宜兴紫砂文化丛书。本书根据宜兴陶瓷生产的回顾、紫砂工艺的发展与繁荣、近百年的紫砂工业、当代紫砂工业的发展等，对紫砂陶的发展源流及其文化背景进行了论述。

12.《宜兴紫砂珍品》

徐秀棠、山谷编著，浙江摄影出版社，2000版，宜兴紫砂文化丛书。本书分茶壶类、紫砂雕塑类、文房雅玩类、花盆类、现代陶艺类等部分，图文并茂地对宜兴紫砂作品进行了评鉴。

13.《宜兴紫砂鉴定与鉴赏》

张浦生、王健华著，江西美术出版社，2000版，名窑名瓷名家鉴赏丛书。本书包括宜兴紫砂器产生的历史原因、独特的宜兴紫砂文化、故宫博物院收藏宜兴紫砂概况、如何鉴定紫砂器的年代等内容。

14.《宜兴紫砂文化丛书》

徐秀棠主编，浙江摄影出版社，2000版。本套丛书包括《宜兴紫砂珍品》、《宜兴紫砂文化史》、《紫砂名陶典籍》。

第三节　21世纪紫砂壶专著

1.《中国茗壶珍品图录》

草千里编著，北京：文化艺术出版社，2001版。本图录将历代紫砂、瓷器、玉石茶壶珍品集萃成册，共精选各类紫砂壶造型300多种，每幅作品都介绍了名称、出处、形状、尺寸、参考价等。

2.《中国紫砂壶图鉴》

余继明编著，浙江大学出版社，2001版，中国收藏鉴赏丛书。本书收录了160多幅明清和当代紫砂壶真品图片及每款紫砂壶的市场交易参考价，同时还随名壶附上作者简介，供收藏者搜集时参考。

3.《紫砂壶全书》

韩其楼编著，福建美术出版社，2002版。韩其楼（1930～）江苏省考古学会会员、江苏省民间收藏研究会理事。本书介绍了紫砂壶的原料、起源发展、造型工艺、装饰艺术、烧炼以至评价、鉴赏和收藏知识，还提供了与紫砂壶有关的人物、著作、诗文。

4.《中国紫砂鉴赏》

熊建新编著，北京：蓝天出版社，2003版。本书内容包括：紫砂壶的评价、鉴赏与收藏；明代卷；清代卷；民国卷；现代卷；紫砂大师、名人简表等。

5.《吾画壶》

范曾绘，北京：荣宝斋出版社，2005版。本书集结了范曾先生绘在名贵紫砂壶上的写意小品，每一件上的每一处细节都彰显了他的智慧与才情，每一把壶配以优美文字。

6.《中华茶书选辑》

叶羽、晴川主编，北京：中国轻工业出版社，2005版。注释本，卷一，茶经／（唐）陆羽著；大观茶论／（宋）赵佶；品茶要录／（宋）黄儒著；茶疏／（明）许次纾著；阳羡茗壶系／（明）周高起著；卷二，煎茶水记／（唐）张又新著；宣和北苑贡茶录／（宋）熊蕃著；煮泉小品／（明）田艺蘅著；茶具图赞（宋）审安老人著；茶录／（宋）蔡襄著；东溪试茶录／（宋）宋子安著；煮茶梦记／（元）扬维祯著；茶谱／（明）朱权著；

卷三，续茶经（上）/（清）陆廷灿著；卷四，续茶经（下）/（清）陆廷灿著；本书在林林总总的茶书中精选了部分茶文化专著，进行了精译，内容涉及茶叶种植、品茶、论水、择器等茶事的各个方面。

7.《茶艺》

叶羽、晴川主编。北京：中国轻工业出版社，2005版。本书分为茶叶知识、壶的选择和冲泡技法三章，内容包括：茶叶的分类；茶的选用；茶的鉴别；茶的保存；鉴别紫砂壶等。

8.《古玩淘宝实战1001例》

望野编著。长春：吉林出版集团有限责任公司，2006版。古玩1001系列。望野，艺术品鉴定资深人士，著有《天边的彩虹——中国10～13世纪釉上多色彩绘陶瓷研究》等。本书介绍了中国古玩鉴定的相关知识，主要内容包括：唐三彩骆驼、紫砂壶、麒麟送子青花瓶、康熙款青花花瓶、清华小碟等。

9.《实用文玩收藏指南》[第二辑]：紫砂壶

时顺华著。济南：山东美术出版社，2006版。本书以大量的图片，收集了185种紫砂壶。每种紫砂壶都介绍了辨识要点、收藏知识、价格比较。

10.《紫砂壶》

北京：中国轻工业出版社，2006版。本书介绍了紫砂壶的来历、紫砂壶的艺术、名家与名作、紫砂壶的手工艺流程、紫砂壶的使用、紫砂壶的鉴赏法和紫砂壶的收藏等内容。

11.《壶非壶：宜兴紫砂艺术》

李亦非主编，广州；岭南美术出版社，2006版。华艺廊丛书。本书收录了关于紫砂陶工艺美术的作品，包括《何挺初作品》、《吴光荣作品》、《胡永成作品》以及紫砂名师小志等。

12.《曼生壶铭文浅识》

吴家荣著，广州：广东人民出版社，2006版。西关风情紫砂壶系列；本书精选西关风情紫砂壶一百件，对著名的“曼生十八式”紫砂壶的款题作了详细介绍。

13.《风雅紫砂》

山谷著，上海：上海古籍出版社，2006版。本书收录了五十余篇吟咏紫砂陶艺作者、作品和作风的文章，包括《自古英雄出少年》、《千载一时》、《化干戈为玉帛》、《江南履步》等。

14.《紫砂壶价值考成》

大成编著，北京：华龄出版社，2006版。骨董丛书。艺术品收藏价值丛书。本书分明代时期紫砂壶、清代时期紫砂壶、民国时期紫砂壶三类阐述了紫砂壶的尺寸、拍卖时间、估价、成交价和拍品的鉴赏点评，而且还提到了部分拍品的往年成交情况。

15.《花非花：紫砂艺人蒋蓉传》

徐风著，北京：人民文学出版社，2006版。本书以蒋蓉大师70余年漫长曲折的紫砂生涯为线索，紧扣时代兴衰与紫砂沉浮来展现其极不寻常的身世命运，全力刻画了一个饱经风霜的当代紫砂女性形象。

16.《紫砂壶鉴赏宝典》

毛大步编著，上海：上海科学技术出版社，2006版。本书介绍了有关宜兴紫砂文化的起源、发展；论述了紫砂的泥料材质、造型创意、装饰方法、成型工艺，紫砂的烧成、鉴赏、收藏以及名人名作、印款等相关知识。

17.《紫砂壶收藏问答》

北京：中国轻工业出版社，2006版。读图时代品茶馆。本书以问答的方式，对紫砂的发展概况、式样、纹饰、工艺、材质、流传情况、收藏行情等作了重点介绍。

18.《中国紫砂收藏指南》

楚天昀主编，呼和浩特：内蒙古教育出版社，2006版。本书上卷运用丰富的文献资料、考古资料及编者对中国紫砂的研究资料，对中国紫砂的起源、时代特征及制作工艺做了较为详尽的介绍；下卷包括紫砂知识问答、紫砂名词释义及紫砂名人小传。全书配有多幅精美图片。

19.《紫砂壶全书》

韩其楼编著，修订本，北京：华龄出版社，2006版。本书介绍了紫砂壶制作的原料，紫砂壶的起源、发展史、造型工艺、装饰艺术，紫砂壶的烧炼、评价、鉴赏与收藏等。

20.《中国茶具收藏与投资全书》

赵天理主编，天津：天津古籍出版社，2006版。本书分“茶具概述”、“中国茶具的发展历程”、“茶具种类”、“紫砂壶的收藏与投资”等五篇。内容有：茶艺与茶具、古代茶具的产生、茶具的功能分类等。

21.《紫砂入门十讲》

徐秀棠、山谷著．上海：上海古籍出版社，2006版。本书介绍了紫砂壶的选购与使用、紫砂壶的收藏意识和定位、紫砂的门类和工艺特征、紫砂印记及款识、紫砂壶的鉴别与收藏等。

22.《中国传统紫砂壶》

柳执一编著，北京：人民美术出版社，2006版。中国传统手工艺文化书系。本书内容包括紫砂与陶瓷、紫砂壶的成型与烧制、紫砂之美、历代名家介绍。本书的特点是在介绍传统工业的同时，推出了一批中青年紫砂艺人。

23.《紫砂之谜》

吴达如、吴乐如著，福州：福建美术出版社，2007版。本书包含了六十个有关紫砂的谜，每个谜是一个章节，作者从紫砂起源何时开始谈起，从采矿、练泥、制作、烧成到历代经典名作以及逸闻故事解索有关谜团，并重点推介了数十位卓有成就的陶艺家作品。

24.《紫砂的鉴藏与市场》

陈诵雎著，济南：山东美术出版社，2007版。鉴宝·收藏文库。艺术玩家。

本书内容包括宜兴紫砂概述、历代名家紫砂壶鉴藏要点、紫砂鉴定的要点和常见的作伪手法、紫砂的收藏于投资分析、近年紫砂精品鉴赏百例。

25.《中国紫砂艺术鉴赏》

崔建林主编，北京：中国戏剧出版社，2007版。中国艺术鉴赏。本书介绍了紫砂器具的文化发展史、紫砂壶与中国文化、紫砂壶的制作工艺、历代紫砂壶的艺术特点、砂壶的鉴赏与收藏等。

26.《中国明清紫砂壶艺鉴赏》

曲延波著，上海：上海科学技术出版社，2007版。本书作者从地质学的角度入手，科学深入地分析了宜兴紫砂器原材料产地的地质背景、构造运动、地球物理、地球化学特征及地壳演化历史等。在此基础上，通过现代岩矿分析测试方法分析研究了制作紫砂产品原料的矿物组分、化学成分以及物理、化学性质等。

27.《紫砂壶器形识别图鉴》

北京：中国轻工业出版社，2007版。读图时代品茶馆。本书收集了大量的紫砂壶器形的相关资料，按历史朝代对紫砂壶器形逐一介绍，使读者对紫砂壶器形的发展及艺术造型有所了解，并配有珍贵图片。

28.《宜兴紫砂陶》

史俊棠主编，上海：上海古籍出版社，2007版。江苏省重点文化工程——“传承·研发紫砂陶文化艺术”。本书较为系统地反映了宜兴紫砂陶工艺发展轨迹。书中从宜兴紫砂陶的起源及其历史沿革，紫砂泥的分类及采掘工艺，紫砂陶的制作工艺及陶刻装饰工艺，紫砂陶的烧制技术，紫砂陶的品种门类，以及紫砂艺术的传承流派等多个角度深入阐述。

29.《紫砂壶收藏实用解析》

华文图景企划，北京：中国轻工业出版社，2007版。华文图景收藏馆。本书以工具书编排方法，对紫砂壶进行科学准确的分类，并对其名称进行英文注释；同时本书采取大类别、中文名笔画索引、汉语拼音索引和名词解释补充等相结合的编排方法，使整书体例清晰明了，以便读者查寻，作出快速准确的判断。本书从紫砂壶的原料、工艺、造型、发展、历史、辨伪、鉴赏、购买、使用、收藏、保养等问题出发，对紫砂壶进行了全面详尽的解析。

30.《中国紫砂辞典》

吴山编著，南京：江苏美术出版社，2007版。本辞典较全面的介绍了宜兴紫砂古今面貌以及各门类的成果，全书共分22个部分，计有总类、历史、题材、种类、材质、工具、成型工艺、装饰技法、雕刻、陶塑等。

31.《紫砂壶与普洱茶》

吴家荣著，广州：广东人民出版社，2007版。西关风情紫砂壶系列。全书分四部分：浅说紫砂壶、介绍普洱茶、推荐用紫砂壶泡普洱茶、西关藏壶精选。以图文并茂的形式对紫砂壶和普洱茶进行了介绍。

32.《紫砂壶把玩与鉴赏》

于川编著，北京美术摄影出版社，2007版。把玩艺术系列图书。本书主要内容：宜兴紫砂茗壶的发端、紫砂茗壶的发展历史、历代名家名壶、紫砂茗壶的制作、紫砂茗壶的造型艺术、紫砂茗壶的装饰艺术等八章。

33.《你应该知道的200件宜兴紫砂》

王健华主编，故宫博物院编，北京：紫禁城出版社，2007版。本书选集从明代到现代的名家名壶200件进行欣赏，并讲解有关紫砂壶的鉴定、制作等基本知识。

34.《紫砂壶》

史树青主编，长春：吉林出版集团有限责任公司，2007版。鉴宝·大众收藏丛书。本书包括：紫砂壶与茶文化、紫砂壶的造型、紫砂壶的装饰、紫砂壶发展与名家作品鉴赏、紫砂壶的鉴别与收藏方面的内容。

35.《紫砂收藏入门百科》

宋伯胤、吴光荣、黄健亮著，长春：吉林出版集团有限责任公司，2007版。收藏入门百科系列：全彩图版。本书内容包括：紫砂陶与紫陶的区别、紫砂茗壶造型与装饰、紫砂茗壶泥料与成型方法、紫砂茗壶款识、紫砂茗壶收藏与辨伪等。

36.《紫砂器》（中英文本）

耿宝昌主编，上海：上海科学技术出版社，2008版。故宫博物馆藏文物珍品大系，本书收录了故宫博物馆收藏的紫砂器生活用品215件，均有彩图，并标注高宽，对形态进行了描述。

第四节　紫砂壶专著及有关参考书目

1940年代以前

书名	作者	备注
《阳羡茗壶系》	明·周高起	
《阳羡茗壶图谱》	明·周嘉胄	
《阳羡茗壶赋》	清·吴梅鼎	
《阳羡名陶说》	清·和芑堂	
《阳羡名陶录》	清·吴骞（榆园丛刻乾隆丙午版）	
《茗壶图录》	（日本）奥玄宝（注春居明治甲戌年版）	（1874年）
《宜兴陶器概要》	1932年参加芝加哥博览会筹委会编印	
《阳羡砂壶图考》	民国·李景康、张虹	1937年香港出版
《明清各名家砂壶全家形集拓》	民国·邓实	
《茶疏》	明·许次纾	
《壶史》	清·朱石梅	
《陶说》	清·朱琰	
《茶笺》	清·冯可宾	
《饮流斋说瓷》	民国·许之衡	
《茶余客话》	清·阮葵生	
《长物志》	明·文震亨	
《池北偶谈》	明·王士祯	
《杂说》	清·李笠翁	
《秋园杂佩》	清·陈贞慧	
《梦忆》	清·张岱	
《前尘梦影录》	清·徐子晋	
《景德镇陶录》	清·蓝溥、郑廷柱	
《扬州画航录》	清·李斗自然庵藏版乾隆乙卯版	
《支那陶磁的时代的研究》	（日本）上田恭辅 昭和五年	（1930年）东京大阪屋号发行

《古玩指南全编》	民国·赵汝珍编述	北京出版社	1992年重印
《荆南漫稿》	明·吴可达		
《宜兴县旧志》	清·嘉庆二年增修		
《宜兴·荆溪县志》	清·光绪八年撰修		
《常州先哲遗书》	清·盛宣德 光绪丁酉版		
《宜兴县志刊伪》	清·徐滨		
《荆溪遗闻》	清·史维彦		
《荆溪野录》	清·许祖耀		
《荆南小志》	清·陈径		
《乡贤备考》	清·杨怀远		
《见闻杂记》	清·蒋锡震		
《宜兴备志》	清·周志清		
《阳羡古迹》	宜新印务局 1930年版		
《宜兴乡土》	民国二十六年（1937年）版		

1950年代至1970年代

《陶业概况》	宜兴陶业产销联合营业处	1954年油印本
《宜兴陶业今昔》	南京大学历史系陶业史编写组	1959年油印本
《人民的陶都》	鼎蜀镇报社	上海人民美术出版社 1959年版
《宜兴十年史》	宜兴十年史编委会	1959年油印本
《宜兴紫砂工艺十年史》	宜兴紫砂工艺厂	1959年油印本
《宜兴陶瓷制造》	宜兴鼎蜀人民公社管理委员会	江苏人民出版社 1959年版
《宜兴陶瓷工业的发生展与改造》	宜兴工商联	1959年初稿油印本
《中国之民间工艺》	（日本）能智修弥	昭和三十四年版（1959年）
《宜兴陶瓷史》	中华全国工商业联合会	1963年油印本
《中国的瓷器》	中国财政经济出版社	1963年版
《从文献看唐宋以来饮茶风尚及陶瓷茶壶的演变》	冯先铭	文物出版社 1963年版
《我们的故乡宜兴》	台北《宜兴乡讯》特刊	1975年版
《宜兴陶瓷发展史》	江苏省宜兴陶瓷公司	1976年油印本
《宜兴紫砂史》	江苏宜兴陶瓷公司	1978年油印本
《紫砂陶器造型》	宜兴陶瓷工业公司	轻工业出版社 1978年版

1980年代

《宜兴紫砂陶》	韩其楼	江苏人民出版社	1981年版
《中国茶叶历史资料选辑》	陈祖规、朱自振	农业出版社	1981年版
《宜兴陶器图谱》	詹勋华编著	台北：南天书局	1982年版
《中国陶瓷史》	中国硅酸监学会主编冯先铭等编	文物出版社	1982年版
《中国陶瓷全集·第二十三卷，宜兴紫砂》		上海人民美术出版社、日本美乃美株式会社	1982年日文版 1989年中文版
《中国茶道》	黄墩岩	台湾文畅出版社	1982年版
《中华名壶选萃》	潘捷夫	台湾捷鸿出版社	1982年版
《宜兴陶器图谱》	詹勋华	台湾南天书局有限公司	1982年版

《陶都宜兴》	陶都宜兴编写组	中国青年出版社	1983年版
《宜兴名壶家及款识》	袁旃 刊于台北故宫《三希堂茶话》		1984年版
《三希堂茶客》		台北故宫博物院	1984年初版
《中国古代窑址调查发掘报告集》		文物出版社	1984年版
《古今名壶集》	香港英泰贸易公司	友谊出版社	
《中国茶壶大观》	李治元	台湾长春树书	1985年版
《洞天福地的宜兴》	台北《宜兴乡讯》特刊		1985年版
《壶锦》	香港锦锋国际贸易有限公司		1985年版
《阳羡砂器精品图谱》	赖福来	台北淑馨出版社	1985年版
《宜兴茶壶的造型与纹饰》	美国谢瑞华 刊于台湾 《中国茶壶大观》		1985年版
《中国茶壶大观》	李治元 台湾长春树书		1985年版
《洞天福地的宜兴》	台北《宜兴乡讯》特刊		1985年版
《明清工艺美术名匠》	周南泉 刊于1985年《故宫博物院院刊》		
《从有年款的作品看宜兴紫砂陶的历代发展》		香港罗桂祥 刊于台湾《中国茶壶大观》	
《宜兴陶器》（英文版）	罗桂祥编	香港苏富比出版社、香港大学出版社	1986年版
《砂壶集》	香港海洋紫砂陶艺公司	远东出版社	1986年版
《宜兴紫砂壶的鉴定历程》	曾柱昭 刊于1986香港 《中国文物世界》		
《陶都精华》	江苏省对外文化交流协会、宜兴陶瓷公司合编	中国和平出版社	1987年版
《宜陶之膂》	台湾《茶与艺术》杂志社		1987年版
《中国美术辞典》	沈柔坚主编	上海辞书出版社	1987年版
《工艺美术辞典》	中央工艺美术学院编著	黑龙江人民出版社	1988年版
《中国陶瓷文献指南》	徐荣编著	轻工业出版社	1988年版
《紫砂春华——当代宜兴陶艺》	叶荣枝、赵锦诚著	香港市政局香港艺术馆	1988年版
《中国宜兴陶瓷艺术展》	中国美术家协会、日本中国陶艺交流协会		1988年版
《壶锦》（续集）	香港锦锋国际贸易有限公司		1989年版
《中国工艺美术大词典》	吴山	江苏美术出版社	1989年版
《简明陶瓷词典》	汪庆正主编	上海辞典出版社	1989年版
《宜兴紫砂陶艺》	姚迁等编著 台湾南天书局据	上海人民美术出版社	1989年版1992年重印

1990年代

《朱泥壶的世界》	台湾《壶中天地》杂志社		1990年版
《国宝大观》	梁白泉主编	上海文化出版社	1990年版
《中华文物鉴赏》	罗宗真、秦浩主编	江苏教育出版社	1990年版
《壶锦》（十周年纪念）	香港锦锋国际贸易有限公司		1990年版
《宜兴陶艺》	香港市政局茶具文物馆	1981年初版 1990年重版	
《宜兴紫砂》	梁白泉主编	文物出版社、两木出版社	1990年版
《宜兴茶具－中国雅趣品录》	台湾禧美术馆		1990年版
《紫壶黛墨》	叶荣枝 商务印书馆（香港）有限公司		1991年版
《紫砂陶》	季野 刊于1991年台湾《茶与艺术》杂志社		
《名壶邮票特展专辑》	刊于1991年台湾《壶中天地》杂志社		
《紫砂春秋》	史俊棠、盛畔松主编	文汇出版社	1991年版

《淘砂集》 丁国兴、壶春阁 香港壶春阁 1991年版
《宜兴紫砂珍赏》 顾景舟、徐秀棠、李昌鸿 三联书店（香港）有限公司 1991年版
《紫砂茶壶》 李英豪 香港博益出版集团有限公司 1991年版
《中国宜兴紫砂现代名人作品锦集》 香港华萃有限公司 1991年版
《陶瓷造型设计》 杨永善 辽宁科学技术出版社 1991年版
《中国古陶瓷鉴赏》 陈文平 上海科学普及出版社 1991年版
《砂艺掇英》 首次紫砂文化国际研讨会论文集 宜兴紫砂工艺厂油印本 1992年4月
《紫砂壶鉴赏》 唐云主编 郑重编著 香港万里机构·万里书店 1992年版
《紫砂茶壶的造型与鉴赏》 钱剑华 江苏人民出版社 1992年版
《茗壶竞艳》 李景端、王敖盘主编 江苏译林出版社 1992年版
《中国砂壶鉴定简述》 房暗星 台湾《壶中天地》出版社 1992年版
《收藏辞典》 陈志伟主编 知识出版社 1992年版
《中国名壶》 台湾钟文出版社 1992年版《紫砂天下》 《紫玉金砂》杂志社 1992年版
《宜兴紫砂珍赏》 顾景舟主编 香港：三联书店香港分店1992年版
《宜兴紫砂陶艺》 姚迁等编著 台北：南天书局 1992年版
《紫砂天下》（创作） 《紫玉金砂》杂志社 1993年版
《紫砂精壶品鉴》 陈传席 浙江人民美术出版社 1993年版
《紫砂风采》 《茶与壶》杂志社 1993年版
《紫泥－王度宜陶珍藏册》 何继主编 台湾奇园艺术中心 1993年版
《紫砂赏玩》 良治著；郭群摄影 台北：艺术园书公司 1993年版
《名壶集锦》 台湾钟文出版社 1993年版
《五色土》（紫砂名家报告文学集）陆浦东 上海学林出版社 1994年版
《宜兴古陶瓷鉴赏》 李瑞隆 台湾静观堂 1994年版
《江苏省志·陶瓷工业志》 江苏人民出版社 1994年版
《墨海壶天》（第一届中国书画名家九三金秋紫砂艺术笔会）《紫玉金砂》杂志社 1994年版
《墨海壶天》（第二届中国书画名家九四金秋紫砂艺术笔会）《紫玉金砂》杂志社 1995年版
《天地方圆》 《天地方圆》杂志社 台北浩东有限公司
《紫砂壶全书》 韩其楼编著 香港：八龙书屋 1996年版
《宜兴紫砂壶艺术》 吴山著 台北：艺术家出版社 1998年版

2000年代

《宜兴紫砂》 潘春芳著 上海人民美术出版社 1998年版
《紫砂壶》 陈江著 山东科学技术出版社 2000年版
《紫砂壶》 刘振清编著 黄山书社 2002年版
《宜兴紫砂辞典》 吴山主编 盈记唐人工艺出版社 2002年版
《紫砂茗壶最风流》 罗文华著 蓝天出版社 2003年版
《罗文华说紫砂壶》 罗文华著 海潮摄影艺术出版社 2004年版
《阳羡茗壶精艺》 吴杰森主编 逸松园 2005年版
《当代紫砂名陶录》 黄怡嘉主编 盈记唐人工艺出版社 2006年版
《紫砂壶铭赏析》 陈茆生、丁兴旺著 上海古籍出版社 2006年版
《西关风情紫砂壶系列》 广东人民出版社 2006年版
《鲍志强紫砂艺术》 鲍志强著，时顺华主编 上海人民美术出版社 2006年版

《范颖紫砂壶艺集》	范颖著	四川美术出版社	2007年版
《紫砂收藏入门百科》	宋伯胤、吴光荣、黄健亮著	四川美术出版社	2007年版
《故宫博物院藏宜兴紫砂》	王健华主编，故宫博物院编	紫禁城出版社	2007年版

刊物：

《江苏陶瓷》（季刊）	江苏省宜兴陶瓷研究所
《中国陶瓷》（双月刊）	《中国陶瓷》杂志社
《宜兴文史资料》	宜兴市政协文史办公室
《宜兴乡讯》（月刊）	台北宜兴同乡会
《陶都报》（周刊）	江苏省宜兴陶瓷公司
《紫玉金砂》	台北市紫玉金砂有限公司
《壶中天地》（月刊）	台湾《壶中天地》杂志社
《茶道文摘》（季刊）	台湾《茶道文摘》杂志社
《茶与艺术》	台湾《茶与艺术》杂志社
《茶艺月刊》	台北市陆羽茶艺股份有限公司
《茶与壶》	台北市《茶与壶》杂志社
《文物》（月刊）	文物出版社
《南艺学报》	南京艺术学院
《南京文博通讯》	南京博物院
《东南文化》（季刊）	南京博物院
《上博馆刊》	上海博物馆
《故宫博物院院刊》（季刊）	北京故宫博物院
《中国文物世界》（月刊）	香港《中国文物世界》杂志社
《收藏家》（季刊）	北京收藏家杂志社
《收藏天地》（季刊）	香港锦锋国际贸易有限公司
《艺术家》	台湾《艺术家》杂志社

第五节　紫砂论文介绍

一、蒋蓉《紫砂三论》

蒋蓉大师认为技术是千锤百炼、功到自成。艺术是发现、提炼、厚积薄发。紫砂壶艺，有人称之为茶壶，有人称之为艺术，而以她从事紫砂七十余年的经历和体会，认为紫砂壶艺是技术和艺术的有机结合。世界上制陶的方法多种多样，有拉坯法、泥条盘筑法、压模法和注浆法等等，每一种方法都有各自的技术。

宜兴有着六千余年的制陶历史，宜兴陶工在经历了不知多少年的摸索，根据宜兴陶土的特点独创了一套和世界上所有手工成型方法不同的技术，这就是把陶泥放在木制的泥凳上，先锤打成片，然后把泥片围筑成圆型或镶接成方型，用木拍子拍打成型，这种成型方法学术界称之为“片筑法”，这种成型方法比其它方法制陶操作简单，技术性更强，所制的陶器用宜兴话来讲就是“泥门紧”，成品率高，而且体轻耐用。

宜兴紫砂壶艺是从日用陶中脱胎出来的艺术陶，制壶成型方法沿用“片筑法”，也就是人们常说的全手工成型，由于茶具、茶壶的体积比其它日用陶体积小，加上功能要求是泡茶、品茶之用，所以技术性更强、更细、更精，几百年技术上的精益求精，使紫砂茶具演化成了一门有独特语言的艺术陶瓷，这个过程当然是文化人和艺人们的共同创意的过程。

紫砂壶艺和其它所有艺术一样，技术是艺术的基础。

她认为紫砂壶艺不是现代陶艺，它首先受功能需求的制约，也就是说，要能作泡茶之用。在泡茶时能领略美感，又能为大多数人喜欢。紫砂壶艺是集实用、欣赏、把玩三种功能于一体的艺术，又是能包容吸收陶文化、茶文化及书法、绘画等多种传统文化于一体的艺术载体。她提出并不是每把壶都是艺术品，称得上“壶艺”二字的作品，是反映文人、艺人才智的载体，也就是艺术品。艺术追求的是新意、创意，一味的仿古，模仿他人，借型改装，翻过葫芦变成瓢，称不上创作，严格地说称不上“艺术”二字。

艺术需要他人的认可，收藏家心里想收藏的东西最好是原创之作，追求的是物以稀为贵，紫砂壶艺的特殊性和市场需求的特殊性曾促使老一辈壶艺作者创作了不少新品，也重复了不少作品，但这是一定历史条件下的认可，她希望中青年这一辈，要根据时代发展、收藏市场变化的要求，尽量争取作品的原创性和单件性。当然，由于紫砂壶艺的需求不同，同一件造型的新作可能要的人会有许多，如何解决原创性、单件性与需求的矛盾，可否使同一原创造型之作变泥色、变装饰，一壶多变，避免重复，真正做到物以稀为贵，提高紫砂艺术的品位。

她认为一个做壶的人，如果仅仅是为了吃饭、生计，为了养家糊口，那么，做做好、有市场就可以了。如果要想成为一个壶艺家，作品传世留人，青史留名，就应该做工考究、技艺精湛、提升品位。壶是人做的，壶与人又有不少相似之处，用心观察，你会发现同样造型的壶，不同的人做，就会产生不同的韵味，有高雅、粗俗之分，有霸道、儒雅之别。

做壶是做艺，做艺如做人，需要全身心的投入，要认真做人，认真做艺，不要把造型、工艺勉强带得过的作品给人，这样对收藏者是极不负责的。同时也是对自己的不负责，不要看今天混得过去了，随着时间的推移，后人会评价这把壶，也会评价做壶人的艺品。艺术上对别人负责，实际是对自己负责。

作品能不能传世，能不能青史留名，历史上有许多典故，可供我们借鉴。如古代书法家王羲之、颜真卿的作品千年留传，万古不朽；当代书画家徐悲鸿、林散之等人的作品都被后人视为珍宝，不仅仅是因为作品的艺术水准高，而且他们的人品也值得称颂，人们珍藏他们的作品往往在欣赏中感到荣耀。另一种情况截然不同，如宋朝的秦桧、明代的严嵩，据史料记载，他们的书法水平也极高，但至今不见作品留传，究其原因，我想，正是因为他们的名声太臭。试问有哪一个收藏家愿意收藏遗臭万年之奸臣、坏人的作品呢？同样，当代又有哪一个人愿意收藏大贪官胡长青的书法呢？如果真有人愿意，亦和他们同流合污了。

认认真真做艺，清清白白做人，是艺术家的艺德。

她提出要关心、培养中青年的紫砂艺术人才，鼓励他们在艺术上的追求和探索，允许他们各种风格的竞争，为他们一点一滴的成长、成功而喝彩，这应该是我们这些已经有一些名望的紫砂老艺人应该具备的艺德。

良心是对自己行为的规范，艺德就是真诚对待艺术，真诚对待收藏家，随时保持清醒的艺术品格，保持真诚待人的品德，能让后代人真心说一声好，其实很不容易，这也就是为下一代、为后世树了楷模。

紫砂艺术是我国的传统艺术，是民族瑰宝，把传统继承好是我们从事紫砂艺术人士的共同职责，但传统靠什么来继承，她认为继承要靠创新来继承，要靠发展来继承，今天的传统在昨天是创新，那么今天的创新到明天也成了传统，一代一代的紫砂人不断创新不断地把传统这个接力棒一代一代往下传，也就是一代又一代的继承传统，如果我们不去创新，那么，这个艺术就将枯萎。

紫砂花器流派源远流长，最早的是供春，以及清代的陈鸣远、杨凤年等，他们都各自以自己的创新，发展了传统。她在七十余年的壶艺生涯中也一直致力于创新，创作了《荷花茶具》、《芒果壶》、《牡丹壶》、《莲藕酒具》等等许多原创性的、有影响的作品，创新的意义从文化总体而言就是继承和发展了传统。

紫砂的技艺是反映紫砂语言的基本功，需要一代一代的继承，紫砂应更多的向文化方向发展，我赞成后辈紫砂人根据自己的特点，多方面与文化艺术界的名人、书画家合作，提高紫砂的文化含量，提高紫砂的文化品位。

她认为，传统是民族艺术的根脉，创新是传统艺术的生命，两者相辅相成，构成并促成传统的发展，这就是继承和发展的关系。

二、汪寅仙、徐秀棠、吕尧臣、李昌鸿作品

1. 汪寅仙《宜兴紫砂》

宜兴是中国的陶都，紫砂陶的故乡。她位于太湖之滨，上海、南京、苏州、杭州等名胜地的腹地，山明水秀、景色迷人、物产丰富，素有“陶的古都，洞的世界，茶的绿州，竹的海洋”之称。宜兴又处於亚热带，四季分明，气候宜人，特别有利于陶瓷生产。

因上帝对宜兴的厚爱，赐予丰富的制陶条件，地下蕴藏著得天独厚的紫砂土。

宜兴与陶瓷传说云云，早在四、五千年前原始社会晚期，我们的祖先就在这块土地上烧造陶瓷了。商周时期已有几何、印纹陶和早期的青瓷出现，到秦、汉、宋、明、清至今，陶瓷生产演进迅猛。紫砂陶始于北宋，盛于明清，繁荣于当今，经历代陶人的努力，人才辈出，造型各异，种类繁多，层出不穷。

中国人的日常生活必须有油、盐、柴、米、糖、酱、醋，茶也不能少，中国人生活习惯中并有“茶饭”，即先茶后饭的俗语。同时，每当客人来访，由主人奉上一杯好茶敬客，表示亲切热情，茶被视为生活中不可缺少的饮料。饮茶清心提神，有益健康，因此，饮茶器——茶壶也深得上层阶层及文人雅士的喜爱，并历经他们的参与，紫砂陶从普通的民间艺术逐渐演进，发展成为富有独特民族风格的紫砂陶文化，这是天时地利注定的。

紫砂陶的第一要素——紫砂，主要有紫泥、绿泥(本山绿泥)、红泥三种，统称紫砂泥，产于宜兴本地。它们以天然的矿物组成，蕴藏在岩石和普通陶土的夹层中，故有“岩中泥”、“泥中泥”之称。紫砂土经隧道式的开采，经自然风化、粉碎、过筛，加适量的水拌和，放阴凉处陈殇、槌练(真空搅练)，才能达到理想的可塑性。三种原料可单独使用，也可根据需要进行相互配比混合使用，从而产生更多的紫砂泥色。经不同温度、气氛火焰烧成，色泽更为丰富，可分别呈现天青、栗色、深紫、梨皮、朱砂紫、海棠红、青灰、墨绿、黛黑等色，故有紫而不姹、红而不嫣、黄而不娇、绿而不嫩、黑而不墨、灰而不暗的高雅色调。

紫砂土是一种质地细腻，含铁量高的特种陶土，它的分子排列与一般陶瓷原料的颗粒结构不同，经1200℃高温烧成，成鳞片状结构，有理想的致密度和一定的气孔率，制品表面加工细密，不需要施釉，在泡茶时不会产生任何化学反应。所以，用紫砂壶泡茶，不失原味，使茶的色、香、味皆蕴。古人对饮茶有“水是茶之母，壶是茶之父”、“茶壶以砂为上，盖不夺香，又无熟汤气”的赞语。其二，紫砂壶传热比较缓慢，相对地保温也好，使用时提携抚握不炙手，触觉也舒服。其三，紫砂陶冷热急变性能好，寒冬腊月，注入沸水，或放置文火上炖烧都不易炸裂。其四，由于制品表面加工致密，有愈用愈光、愈用愈新、愈用愈觉精神的妙处。其五，泥色丰富多彩，质感温润雅致，古朴稳重，用之后的紫砂器，就好像呢子毛料那样显得厚实、挺括、匀净、高雅，似古玉生辉。由於紫砂泥料的特性，用它做成的花盆，也有良好的透光性和吸水性，使花木不易烂根而生长茂盛。用它做成的紫砂蒸气锅，用来烹煮菜肴则味美、汁鲜、汤醇。

紫砂陈设品，古朴雅致，可充分显示手工技艺的精湛，富有东方文化的艺术特色。故前人称颂“人间珠玉安足取，岂如阳羡溪头一丸土”的赞语。因此，可以说宜兴紫砂土是我国得天独厚的地质宝藏。

紫砂陶的主要品种有各式茶具、酒具、餐具、文具、花盆、雕刻和陈饰工艺品。单茶壶又可分为光货、方货、筋瓤货、花货等四大类：光货，就是各种大小的高低不同的圆球形、圆柱形、圆椎形的器皿，以深厚、饱满、朴实为特点，通过制作加工达到朴实、健壮、珠圆玉润或敦厚周正，即是光货的精神；方货，有四方、八方、六方、长方、侧角、抽角等方形，它的特点就是要端正规矩、简洁挺括、严谨工整，技法处理干脆利落、力度通透；筋瓤货，就是以各种花的变形，如菊花、葵花、梅花、菱花、海棠花等，进行图案变形，它的线条有凹凸形成曲线形；筋纹的器皿具有整齐感、节奏感和生动感；花货，大多取材于自然，来自生活，如松、竹、梅、树藤、瓜果等，经取舍提炼，夸张变化，使它别具生趣，在壶体上堆雕捏塑各种花果、枝叶等，形象生动，布置合理、布局得体，富有诗情画意，生活气息浓郁，源于生活、高於生活，完美逼真。紫砂陶造型各

异，形式多样，方圆不相同，高矮平直，方非一式，千姿百态，集器皿之大成。

各种不同式样的紫砂陶，能反映出各种不同的人格和个性。并可形象地说，圆胖敦实、柔和丰满、健壮刚强、纤娇秀丽、英俊潇洒、拙衲含蓄、倜傥风流、清癯闲静、仪态纷呈、推俗共赏，向爱好者们抒发着浓郁的情感。

由于紫砂原料的可塑性好，紫砂陶的成型工艺有着与其他陶瓷工业与众不同的生产方式和技艺。这是几百年来，历代艺人们的技术实践，形成了一套特有的合理的手工制作技法。如制作圆器，用泥条、泥片，镶接后，打身筒成型；方形器，用泥片镶身筒成形，最后细部再精加工完成。一般从处理泥料到坯件成形的全过程，均由同一个人制作完成。因此，一件作品的工艺质量、艺术价值的高低，都与设计制作者的技术水平、艺术素养，操作熟练程度及丰富的实践经验是分不开的。

一件完美的艺术作品，首先必须讲究选料，其中包括泥色与形式的结合，实用功能与形式美的结合。在设计构思时，要考虑所采取的工艺过程、手段、技法，其中包括成型时所用泥科软硬程度，即含水量要适当。在制作过程中，必须掌握坯件在自然乾燥过程中，乾燥程度不同对作品的影响。一件合格的半成品进入窑内烧成，必须放置合理的窑位，掌握火度，气氛温差要适度。只有这样，才能使设计的作品达到预期效果：才能产生出紫砂特有的艺术效果。因此，一件完美的紫砂作品在各道工序中都凝结着陶艺工作者的心血。

紫砂陶还有一个特点，就是把诗情画意由雕刻艺人直接刻画在紫砂陶上。最早见于明代，一些文人雅士吟诗作画、题诗记事于壶上，并有留言作为馈赠珍品，那时以陈曼生、子治为最，他们推动了在紫砂陶陶刻艺术的发展，素有“字随壶传，壶随字贵”的说法。近几年，装饰方面又有创新，在紫砂陶上嵌金银丝等装饰新工艺更为光彩夺目、锦上添花。

紫砂陶不仅具有独特的功能效用，更具有欣赏收藏的价值。紫砂壶是“世间茶具称为首”的泡茶器皿，它的内容与形式达到了相对的统一，内容适合、触觉舒服、形体完美、视觉美观。一般说，泡红茶，宜用深一点的壶，泡绿茶，宜用浅一点的壶。在工作之余，喉底回甘之时，消除疲劳和烦恼，欣赏晋唐之风、名山秀水、花鸟园林的意境，又是何等的文雅。

紫砂陶以其特有的艺术图样和浓郁的文化气息，而为人们称颂和珍视。紫砂陶不仅是我们宜兴的象征，也是中华民族传统工艺的代表，更是人类社会的共同艺术结晶。文化艺术的发展是没有国界的，紫砂陶文化要面向全世界，能为全人类服务还有待於我们去研究、去探求。研究和发展紫砂陶，是历史赋予我们的重托，也是时代赋予我们的责任和使命。

2．徐秀棠《紫砂陶的发展与现状评说》

以紫砂壶为主要形式的紫砂陶，无疑是伴随着茶文化而出现的，也是茶文化走向极至的一个必不可少的组成部分。我国是茶的发源地，江苏宜兴是重要的产茶区，唐代就有“天子未尝阳羡茶，百草不敢先开花”之誉。同时宜兴也是著名陶都，人们在长期的生产、生活中，发现陶土资源中夹有的紫砂矿泥具有特别优良的材质特点，可塑性好，收缩率低，可以单独成陶而无须施釉，用的时间越长，越发光鉴可人，而用它制作的器皿能较长时间地保持茶叶的色香味，“注茶越宿，暑月不馊”，于是茶壶便应运而生。当茶饮方式由煮茶进步到冲泡阶段，“壶供真茶，正在新泉活火，旋瀹旋啜，以尽色声香味之蕴”(《阳羡茗壶系》)时，紫砂壶的形式变化便成了社会时尚和提高生活质量的必需，同时也获得了“世间茶具称为首”的美誉。它的出现是陶器生产过程中独特资源结出的硕果，它的发展则是适应人们生活方式和审美标准逐渐变化的反应。

作为我国民间工艺的一大门类，紫砂陶经过五六百年的发展，因着它独一无二的资源优势，优良的物理性能，以及工匠们在实践中摸索出的巧夺天工的制作技艺，从而形成了多彩多姿的器物造型，更由于它的实用功能(如泡茶、栽花、文房摆设)和陈设性的结合，逐步演变成别具特色的艺术品，与瓷器、刺绣、剪纸、刻花、扎染等其他民间工艺相比，其综合优势是明显的，突破了其他民间工艺品只在工艺美术范畴里运作的局限，直逼艺术殿堂。紫砂壶的造型丰富，式样繁多，千姿百态，能集造型之美于一体，减之一毫则太瘦，增之一毫则太腴，在林林总总的工艺美术品类中，恐怕无出其右者；文人的参与，定制、设计、绘画、撰写壶铭、书画篆刻、著书立说，赋予其独特的艺术风骨和丰厚的文化内容，因而更集中地体现了中国传统文化和民族艺术精髓，也是其他工艺门类所不具备的。因此有人说“紫砂陶艺实际上是热衷文化的艺人与热爱工艺的文人共同创造的”。一代又一代的大匠，如供春、时大彬、陈鸣远、邵大亨、惠孟臣、黄玉麟、俞国良、冯桂林、裴石民、朱可心、顾景舟等，一批又一批文人，如陈鸿寿、吴大澂、陈继儒、朱石梅、瞿应绍、梅调鼎、唐云、亚明等，合力而使紫砂陶艺既受文人雅士钟爱，也为普通老百姓欣赏、使用。它土味十足，但却融汇了精英文化，体现出浓厚的“雅”味。紫砂陶成了“俗”的本质和“雅”的外在形式相结合的产物，成了“雅”文化和“俗”文化交流的同一载体，成了“雅”文化日益走向大众的一种物质存在。

紫砂陶在几百年的发展历史中，有过几起几落，它的兴盛、发展，与社会的承平状态和文化人的积极参与联系在一起，明万历后期、清康熙乾隆时代如此，19世纪初期陈曼生等人的积极参与也是如此。在摈弃了自20世纪50年代中期以来的大一统的集体生产形式后，经济体制的转型和社会环境的改善，紫砂陶的创作和生产又朝着几百年自然选择的经济秩序上回归，古老的手工行当出现了前所未有的繁荣，面临更大的发展机遇。

有人说过生产不仅为需要提供材料，而且它也为材料提供需要。艺术家为消费者生产作品，同时也为作品造就消费者。创作主体的技艺提高与受众欣赏水平的提高，是紫砂陶艺繁荣发展不可或缺的两个最重要的元素。在传统审美观念遭遇极大挑战的今天，在追求感官刺激的当下，紫砂陶素面素心的工艺也在经受着前所未有的挑战，一些作品和产品，充满了浮泛之气，极尽哗众取宠之能事，以庸俗的装饰来媚俗世人。更令人扼腕的是，商品利益的驱动，现代工业手段对紫砂陶的伤害日益明显，这些手段逐侵蚀、改变了民间工艺的内涵，原本质朴的气息面临着被摒弃或变质的境地。它带给人们的素朴的感觉越来越脆弱，这些都是当代手工艺人一种浮躁的急功近利的体现。

近几十年来，通过创新而成经典之作的数量太少，许多民间艺人看重的是对传统作品外表器型的临摹或仿制，不在材质的充分利用和工艺的点、线、面上下工夫，更忽视文化创新。即便在标榜为“创新”的数不胜数的作品中，也往往以标新为目的，在纯粹的形式变化上做文章，而不是以提供新的审美经验为终极目标。这是一个误区。变异并不等于创新，因为标新立异的东西并不都具有美的本质，没有审美要素的创作都只能是怪胎而非艺术孕育，只有在美的范畴内的形式追求才有意义。这个既简明又深刻的道理，几乎一直没有引起我们的紫砂艺人和爱好者足够的重视。

紫砂艺术的发展和进步，如同其他手工艺术一样，是依靠市场的选择来进行的，黄玉麟的“供春树瘿壶”，程寿珍的“掇球壶”，顾景舟的“提壁壶”、“上新桥壶”，高海庚的“集玉壶”等，都作为创新的经典之作而归人传统产品，为紫砂生产输入了新的品种，而相当多的作品经不住时间的检验和人们的实用、陈设选择而遭淘汰。这是自然选择，时间对艺术的取舍，既严酷又合理。

紫砂艺术是传统民间工艺，它是传统文化的载体之一，因茶文化的发展而丰富，这个文化属性是与身俱来的．它的手工含量，是人类亲近自然的本质体现，绝不能因为社会的发展而阉割这种工艺精神，在材质和成型手法上可以探索、选择、试验、丰富和发展，但不能从根本上伤害它。现代社会里人们的观念在不断更新、发展，对紫砂陶的审美变化也日渐为一些有志于探求艺术发展的人所重视。发达国家的陶艺创作，往往是个人休闲的产物，注重的是个人审美情绪的渲泄和表达，不需要具有共赏性，而紫砂门类中最主要的品种紫砂壶，是实用性和陈设性并重的，它需要更多的社会认同，而不是孤芳自赏。至于作为纯艺术欣赏意义上的现代陶艺创作，则另当别论。但这种文化要求，并不意味着只能在旧有的形式和造型范围内兜圈子，相反，作为民族传统文化一份独特资源的紫砂陶艺，要保持蓬勃向上的艺术生命力，则必须在保持传统文化精神的同时，又有合乎时代的审美情趣，这既是与时俱进的要求，更是紫砂陶艺发展的本质要求。

囿于固有的相对封闭、保守的文化氛围及思维定势，不少紫砂艺人的艺术观念滞后于社会的变化，在理念的更新和交融上缺乏冲撞力度，习惯于旧有的程式，而少建设性的、开创性的艺术探索。如何在现代社会弘扬紫砂艺术的生命和精神，突破现有的门类规范和创作态势，从而张扬自己的创造力和想象力，以期形成更有艺术感召力的表现形式和新的美学精神，适应现代生活理念的审美需要，无疑对紫砂从业人员也是个严峻的考验。紫砂壶“方非一式、圆不一相”的形式是个无穷数，充分挖掘紫砂的材质特点，发扬光大传统文化精神，借鉴、融汇现代艺术理念，必然会有着广阔的创作空间，紫砂陶的文房雅玩同样有着巨大的市场潜力和文化价值，既有陈设效果又有实用功能的水盂、砚台、仿生花果、仿青铜器物——鼎、尊、彝，各种挂件、摆件等等，直到如今还没有专攻这些领域的大家出现，有如清代的陈鸣远，以工艺的精湛和形式的多样而称雄于世；而越来越多的具有开放性眼光的文化人的积极参与，在造型、装饰乃至材质的运用上，注重传统的同时，吸收、消化更多的现代造型观念，兼容并蓄，则是保持和发展紫砂文化艺术精神之必需。

民间工艺，集中体现了我们民族的性格、追求和理念、情操，也最充分地反映了我们民族的智慧、勤劳、美学精神和审美倾向，在快节奏的现代社会生活中，越来越凸显出它们的魅力和无可替代的价值，而作为手工艺术重要门类的紫砂陶，本质上所反映的人类与自然的关系，是其他工艺无法比拟的，其内涵也是再深广不过的了。文化需要尊重，紫砂文化因为它的独特性，格外需要对它的呵护和发扬，这同样也是对文化创造和历史传统的尊重。

3．吕尧臣《论紫砂艺术的虚实手法》

艺术是一门庞大却又伟大的学科，她包罗万象，却彼此间有相通之处。光是紫砂艺术所连通的其他脉路便不只一条：紫砂艺术在装饰上就融合了书法与绘画的艺术，在表现手法上结合了雕塑、雕刻艺术，在创作上离不开结构艺术，在神韵上又有中国传统文化艺术的精髓。

紫砂艺术如果只是把很多艺术统在一起，那还称不上是有魅力的艺术。紫砂让人梦萦魂牵的原因究竟在何处？依本人愚见，“虚实”手法上的表现便是主要原因之一。

自陈曼生等文人参与紫砂创作以来，无论造型、装饰、意境都有微妙的变化，这些变化来自于文人独有的儒雅气息，借鉴书画的虚实处理，在创作上可见处不可见，可显处不显现，又在隐秘中见端倪，不经意处现真妙。

清初画家笪重光在《画筌》中说：“空本难图，实景清而空景现。神无可绘，真境逼而神境生。位置相戾，有画处多属赘疣。虚实相生，无画处皆成妙境。”好一句“虚实相生，无画处皆成妙境”！中国画往往在空白处留人以遐想，这是一种意境之妙。紫砂壶体上的书画创作上，已深得此神韵。在造型上也同样是，留一处圆润壶身，在另一处雕以书画抑或塑以景象、动植物等，使壶体虽不对称，却提升了把玩的欣赏性及壶身的艺术感。

紫砂创作不光在书画中借鉴，在中国古诗词中的虚实写法中更是领悟不少，或者可以说相通之处甚多。清人周济《宋四家词选》里论作词云：“初学词求空，空则灵气往来！既成格调，求实，实则精力弥满。初学词求有寄托，有寄托则表里相宜，斐然成章。既成格调，求无寄托，无寄托，则指事类情，仁者见仁，知者见知。”周济认为词的创作是由“虚”与“实”、寄托与无寄托之间成格调的。把这句话放在紫砂创作上也同样受用，巧的是作此高论的周济出生于紫砂之都——宜兴。

关于紫砂起源时间一直有两种说法，一是北宋，二是明代。我个人认为在北宋，只是那时紫砂的创作完全是实用型，在造型上也只是千壶一面。让紫砂成为艺术品的应该是从明代供春记载开始，茶具的实用功能才延伸到艺术欣赏。此时紫砂的创作已考虑内容有所寄托，就像文章要言之有物，在寄托上又求空灵，让世人在意境中有所联想与感悟。艺术的创作就是在虚实间任思路天马行空，又有所寄托，虚而有物，虚实相接。

紫砂的虚实与书画的虚实及诗词的虚实表现手法虽极其相似相通，但是紫砂的虚实还有一个地方是书画以及诗词所达不到的，那就是造型。书画的虚实只是在画境中表现，诗词的虚实只能在语境中体现，一个可观，一个可想，但皆不能触及。书画所能触及的只是纸张，肉身不能触及其神韵。紫砂的虚实在造型上可以运用雕塑的虚实手法，可观，可想，可及。

著名的雕塑《维纳斯》，无双臂的维纳斯总是比安装上有双臂的美，为什么？因为人们在欣赏雕塑的时候，已经把自己内心最美的双臂给了维纳斯，任凭世人装上如何如何美的双臂，都达不到自己内心最美的感觉。这是雕塑虚实表现的高境界。

紫砂的虚实意境，不管是凹凸感或是线面结合所产生的手感，紫砂界类似此表现手法的作品很多，有的作品可以把很多紫砂组成部分都隐去，但仍不失作品的实用性和欣赏性。如我与儿子俊杰合作的最新作品《奥运情》，壶嘴与壶把隐藏于无形，而壶把处局部鸟巢浮雕来表现，且鸟巢浮雕至壶嘴处又渐渐虚化，由实至虚，虚实相生，以浮雕放一个视觉点。壶体大部分基本如国画留白，未加装点与修饰，空其位，壶嘴处的祥云与鸟巢前后呼应，因虚得实，似静欲动。

紫砂的虚实表现的美感能使物象置身其外，却又把神韵留存其中，这也是艺术心灵的一种境界！

雕塑家罗丹坚信："艺术即感情"。

紫砂艺术不仅是一门技术，同样也是一门需要有感情注入的技术。因带着满腔热情创作，在内心会潜移默化般指引着自己创作的态度，从而在不经意间提升了自己对紫砂的感悟，在精神深处得以与紫砂对话，塑造意境的时候，心空灵，手则务实，在虚实处理上自然而然，犹如天成。

紫砂艺术创作当不拘一格，却也不可"躲进小楼成一统"，紫砂艺术就是能舍常人之不舍，充常人不敢之实，"真力弥满"，则"万象在旁"。

孟子云："充实之谓美，充实而有光辉之谓大"。有虚方有实，有实必有虚，中国古人在文艺、人生哲学在此方面都有很大的感悟。

紫砂艺术的创作，其意境的塑造是内心与紫砂的认知，每一件作品也应当是自己内心与紫砂对话的每一次聊天记录。

4. 李昌鸿《赏紫砂之美》

文章将砂壶之美归纳为：造型美、材质美、适用美、工艺美、品位美之五类。适用美：由于紫砂材质的独特，给紫砂壶增添了更为理想的使用美。宜兴茗壶以粗砂制成，正取砂无土气的特点，用紫砂壶泡茶，既不夺香又无熟汤气，不失色、香、味。1992年3月，他和江苏省陶研所陶瓷工艺工程师叶龙耕先生在江苏无锡轻工业学院食品科学工程系许时婴教授和浙江省茶科所的帮助下，用三个月的时间对宜兴紫砂茶具实用功能作研究，应用 TC-PⅡG全自动型测色、色差计等检测手段，选用宜兴紫砂壶、宜兴朱砂壶、白瓷壶、玻璃杯四种茶具，冲泡绿茶、红茶、乌龙茶，来测定茶汤中的色、香、味，水浸出物，即茶汤、茶色、茶多酚、咖啡碱、还原糖、茶氨酸、茶乳酪等项目含量的指标。两种紫砂壶优于瓷壶、玻璃杯，对维生素C 、微生物检测，以定量的方法确定，紫砂壶的实用功能最为理想。暑天泡茶，不易变味。

其二，壶宿杂气，去茶渣，倒满开水鼓荡卸出，即没冷水中，急出除之，元气就能恢复。

其三，砂壶砂质传热缓慢，保温性强，提握抚摸不炙手，且有健身作用。

其四，紫砂壶胎具双重气孔结构，冷热急变性好，寒天注入沸水，不会胀裂，温水炖烧、烹蒸无需担心开裂。

其五，紫砂壶经久使用，每日洗涤擦拭，自然发出暗然之光，色泽光明、入手可鉴。

其六，紫砂壶易吸茶汁，内壁不刷而无异味，壶经用久，增积茶锈，定量注入沸水也有茶香，茶锈经生物化验内含灰黄霉素成份，有消炎清毒的作用。

其七，紫砂壶形制又有高矮之分，高壶宜泡红茶，红茶在焙制中是经发酵的，不避深闷，高壶沏泡更香浓。矮壶宜泡绿茶，绿茶在焙制中未经发酵，不宜深闷，故扁壶泡绿茶则保持澄碧新鲜的色、香、味。

其八，用壶、养壶、壶面不可涂油，用壶不可用口直接对壶嘴去吮，这样来保持自然光，保护茶壶泡茶不失原味。

工艺美：紫砂壶由壶身、颈、底、脚、盖、嘴、鋬、的子等组成。砂壶既有本身严谨完美的整体，又具有与壶身相辅相成构成和谐完美整体的附件。

在砂壶丰富的造型中有凹凸线、凹线、圆线、鳝肚线、碗口线、鲫背线、飞线、翻线、竹爿线、云肩线、弄堂线、隐线、侧角线、阴角线、阳角线、方线等装饰和应用线条清晰在造型中增加美感。砂壶的盖有截盖、压盖、嵌盖、虚盖、平盖、线盖，增加实用功能和欣赏趣味。口盖直而紧，直径通转，壶身倾注无落帽忧，说明工艺之严谨。砂壶的嘴有直嘴、一弯嘴、一弯半嘴、二弯嘴、三弯嘴，嘴孔有独孔、多孔、球孔，有直握鋬、横握鋬，提梁、半提梁，嘴鋬背出自然若生成者，注水流畅，理、趣都有理想效果。

紫砂壶的品类，有光货、花货、筋瓤货、光货的工艺处理，圆形珠圆玉润，方器轮廓周正，花货的工艺写实表达逼真，写意表现浓有趣味；筋瓤货线条脉络有致，卷曲和润，嘴鋬处理得体。砂壶装饰，有刻、塑、雕、琢、贴、绘、彩、绞、嵌、缕、釉、堆、印、镶、漆、包、鎏。砂壶的工艺可以说是百看不厌，屡有新的回味，维妙维肖，巧夺天工，令人赞叹。

品位美：紫砂壶有商品壶、工艺壶之分，商品壶有细货、粗货之分，工艺壶有工艺品壶、特艺品壶、艺术品之分。在历史的文献中记述名艺人的工艺杰作，赞誉为“贵重如珩璜”（佩玉）、“珍重比黄”（黄茧织的绢）、“赋于雕漆”、“价凝璆琳”（美玉），周树“台阳咏”曰“供春小壶一具用之数十年则值金一笏”。“茗壶图录”记述“明制一壶，值抵中人一家产”。这可见历史上对砂壶的估价之高。

文人的参与，提高了紫砂艺术的身价，历来紫砂壶对社会有影响，吸引了不少文人，已步入高层次文化人收藏、欣赏的殿堂，它不仅保值、增值并体现了社会发展各个历史时期的艺术价值和社会地位，同时也包含了紫砂壶艺的文化、文物的价值，名人佳作不仅“价埒金玉，而且为四方好事者收藏殆尽。”

紫砂壶的雕刻装饰艺术集诗词、书画、文学、篆刻、金石艺术于壶体，今又创造了题词、题跋，更进一步的把紫砂艺壶推向高层次文化层，铭、镌的内容有与茶文化、陶文化相切的词句，有哲学、伦理、道德、知识性的等等词句，提高了装饰层次，深蕴文化内涵。收藏，是一种美学，而不是“玩物丧志“，目的是在美的享受中陶冶情操，积累知识，增添生活意趣，启迪爱国情怀。每个砂壶研制者和收藏者，都必须有一个端正的人生观、创造意识和收藏意识观。为此，意识、实力、弘扬是要求收藏者认真对待的三个方面。有志者事竟成，紫砂壶艺从现在起会有一个更广阔、更美好的珍藏天地，得以健康发展的美好前景，这是必然的。

三、其他文论

1．沈蘧华《我研制的紫砂绞泥壶》

我在写我的《紫砂绞泥壶》时，还得先从李昌鸿身上写起。我和李昌鸿都是在1955年10月紫砂工艺社招收首批紫砂工艺班的26位学员之一。进厂后两人同时分配在顾景舟老师门下，通过一年的基本功训练，业余之际，顾老师和我们谈心，要求我们在业余时会弄弄空头，就是要求我们能利用业余时间做做其他新的尝试（因为刚学上一年，谈不上创作）。在1956年我社又迎来了北京中央工艺美术学院高庄教授，他带领波兰留学生叶亚宁和保加利亚留学生甫独来社实习。那时高教授还给我们带来了一个新的工具——手拉辘轳，就是今天广为流传的辘轳转盘，从此它替代了木转盘，这是我们在传统工具上有个新的改革和提高。高教授的实习指导工作室就设在顾老师的组内，和我们生活、工作在一起。

有一次，高教授和我们闲谈时，谈到紫砂装饰，陶刻，彩釉，泥绘，镶嵌，包锡等之外，还有绞泥。“绞泥”就在这时引起了李昌鸿的向往，那时，他采用本山绿泥为基泥，在本山绿泥上拼制了墨绿色，灰绿色，黑褐色，赭石色等等色，做起了彩陶纹样效果，器皿内、外纹样一致的“紫砂绞泥盘、罐、碗、盅、盏”。因为我们两人都在顾老一个组内，因此，他在做这方面的研究设计和制作时，我们也很有兴趣地常看着。他先在纸上画一张器皿设计的绞泥花纹草图，然后按图以原始制陶的圈筑成型方法，一边用色泥绞制图案花纹，一边以圈筑的方法相粘接，围制成一个器皿雏形的坯胎，待这个坯胎放在辘轳转盘上旋削、车圆，经内、外、上、下的理修圆整，厚度均匀，不仅使绞泥花纹越来越清楚，形制也越来越规范、圆整，达到设计要求。拉好的坯表面有毛孔，然后用各种竹片，把毛孔刮和润。还用明针进一步加压光洁，一件件的绞泥作品基本上就是这样来完成的。

李昌鸿初研制的绞泥盘、碗、罐等，绞泥的纹样除圆圈纹外，还有水波纹、雷纹、犬牙纹、云纹、席纹等。这些创作得到了顾老、高庄教授和美术老师吴汝琏先生的称赞和鼓励，顾老还专门为昌鸿镌刻一枚底印印章，以示奖励，吴汝琏老师亦经常来关心他，在昌鸿制作绞泥盘时吴老师还提议他在盘边上盖上图案花纹章，这样把印纹装饰和绞泥装饰融为一体，更加丰富了装饰效果。

2. 顾绍培《浅谈紫砂圆器壶体造型的创作设计》

宜兴紫砂器造型为紫砂茗壶造型体系中最为常见的表现形式之一。

紫砂圆器造型的完美，主要反映在圆器壶体造型的完美形式上，一把上好的紫砂圆器茗壶，无论是整体，半圆，椭圆等等形式，均需要追求壶体的协调统一，赏心悦目，视觉和触觉上的平衡，和谐，韵律，对比等等，通过形式来体现超越自然形态的内在理论美感。所以在泱泱茗壶世界中，简练的几何形圆器上乘之作，经得起众人的挑剔实非易事。前辈艺人在创作作品时主要是用眼光，凭经验，直观形象地确立壶形的轮廓线形，达到紫砂术语上俗话所主的“登样、称势”的感觉，这种传统的审美观念缺乏现代设计理念，但由于受到历史的局限，为普通众人所接受。

人们评说一把上好的紫砂圆器茗壶，往往用“形、神、气、态”四大要素来衡量。我认为，四大要素之中关键的还在于形。形姿的好坏直接影响到其余三要素的内在因素。或端庄稳重，粗朴大方，或灵秀瑞丽，或巧而玲珑，大凡这类型的造势无非是紫砂艺人通过弧形曲线过渡组合构成来充分表达作者的创作思想，形成各独立体的体形表达追求完美。各种曲线的有机结合，在紫砂圆器壶体造型设计的实践中应用非常广泛，含有丰富的美学原则。只是设计人员在实际操作中，必须结合壶体造型将它进一步提炼、浓缩，给予理论性的上升，总结为规范标准的法则。

如何增强紫砂圆器壶体造型突出个性的形象意识，主要是如何理解点、线、而的构成关系。点是一个视点，视向和视域的一种透视。亦即只有一个焦点，呈现出对着壶体正中观看物象的实景。面反映出不同壶体，各自具有的外部体形特征，即在视觉上能得到壶体所体现的具有的厚重、轻薄、笨拙、灵巧、大小、多少等各种变化的体积和直线有“上升、严肃、端正”，使人有敬励之感，曲线一般有“温和、缓慢、丰满、柔软之感”；抛物线有“流动速度”之感，双曲线有“对称美”之感；水平线有“稳定、庄重、静止”之感等等。紫砂圆器壶体造型主要运用“点”的排列，“线”的运动，“面”的组合，大小及方向的变化，以及通过各种不同体特征的调整，构成一件茗壶作品中局部的判别与和谐，及彼此间的呼应，使之创意设计，工艺制作达到相对的统一。

3. 潘持平《顾景舟大师的花货》

“壶艺泰斗，一代宗师”，顾景舟大师的紫砂艺术成就是众所公认的。但是仍有一些人认为顾景舟不会做花货，这实在是寡闻陋见。或许是大师花货作品不多，或许是某些人的故意误导。

大师去世后，有人撰文，说大师四十岁以后不再做花货。错，大师是五十岁以后，放弃花货而专事素器的。产生此念是20世纪60年代，当时玻璃、陶瓷、搪瓷属一个部门管理，有一次组织参观无锡搪瓷厂，大师发现，印花脸盆原来都有疵点，由师傅解释白色的脸盆都是正品，没有疵点，即喷花以掩盖。由此大师联想到茶壶，光素器的韵味一览无余，而花货加以装饰就难以赏其本来面目，由此大师即致力于光货器的探索和追求。

由大师主编的《宜兴紫砂鉴赏》一书中，收录有大师的“大梅花茶具”，此典型的花货，梅干疤节处理，枝梗反梅花的布局高人一筹，颇具有诗情画意，因为大师懂画。

此壶因壶嘴缺损，多位台湾客商均因此原因而未购买，后一台北客商正是受顾大师不会做花货这一说法的启迪，认货买货，不出一星期即在台北以高出原价近六倍的价格出售，另有客商曾对我说便宜了，八倍应该无问题，而买主正是以物以稀为贵的心态纳入藏品之中。

大概是在1987年，因我和大师在同一工作室，大师喜欢和我聊天，有一天我翻大师的工具，发现一个圆勺样的铁制工具，我不知其用途，大师告诉我：“这是贴葡萄叶的专用工具，我做给你看”，只见他用此工具左一按，右一按，再从中间往前一拖，眨眼间一片有质感的葡萄叶已宛若生成，因泥料受挤压，边缘必然开裂，我请教大师如何处理，大师告诉我，正巧利用这一点做成叶子的锯齿状，起到防止开裂的作用。

仅以上一闻一见，足以说明大师的花货制作技艺的功力，更何况竹筒、莲蓬、蔬果等作品的佐证。

方、圆、条纹花货及仿真，顾大师无一不能，无一不精，能达到如此境界者纵观紫砂史能有几人，更可贵的是大师对专业，对社会的贡献，无愧为“壶艺泰斗，一代宗师”。

4．鲍志强《紫砂概论》

宜兴紫砂，世界名陶。

紫砂，发端于北宋，兴盛于明清，鼎盛于改革开放的当代。

紫砂，是宜兴陶工以当地独产的紫砂土为单一原料，经手工拍打成型，在窑炉内1000多度的高温中烧制而成的一种无釉细陶。它以茶具为主要代表，兼有花瓶、花盆、文房雅玩和雕塑等品类。它集陶文化、茶文化、中华诗词、书法、绘画、篆刻、雕塑等诸艺术于一体，成为具有浓郁的中华民族文化特征的东方艺术瑰宝。

一、全世界独一的紫砂陶土　是宜兴紫砂区别于其它所有陶瓷的根本特征

紫砂，大自然赐于宜兴人的天然资源，全世界独一无二的特种陶土，仅出产于宜兴市丁蜀镇北郊的黄龙山、青龙山、赵庄一带。紫砂土是以紫为主，色调另有红、黄等三种自然色泽，含铁量高于其它所有陶土，不含任何对人体有害的物质。它不需要和其它原料调配即可制陶，三种色泽的自然矿生泥，在艺人们手中互相调配，千变万化，呈万紫千红，人们习惯称它为“五色土”。

紫砂矿源深藏在几十米，甚至几百米的地下，开采出来时，夹在一种称做日用陶大缸用的状似石块的“甲泥”中间，好的紫砂泥要从几百斤的“甲泥”中才能选出一、二斤，古人称之为“岩中岩”、“泥中泥”。它具有类似砂的透气性，可又具备手工制陶需要的很好的可塑性。紫砂泥在艺人手中适应性非常强，可随心表现，创造出千姿百态的紫砂艺术品，同时也可容纳其他艺术在其胎体上的表现，如书法、绘画、篆刻等。用紫砂泥制成的各种茶具，泡茶特香，暑天不馊，长期使用，壶的表面能产生一种如美玉般怡人的晕光，收藏家称之为“包浆”。

二、陶文化和茶文化在生活中的自然交融　是产生紫砂艺术的历史文化背景

江南宜兴，在6000多年前的新石器时期，这里的先民们开始烧造陶器，历经原始社会和封建社会的各个朝代，数千年薪火不断。

江南宜兴，在历史上又是著名的茶叶产区，更是文人荟萃之地。积淀深厚的陶文化和优越的茶文化，在人们日常生活中自然交融。当到了北宋初年，宜兴陶工发现了功能特殊的紫砂陶土以后，就自然而然地产生了紫砂陶。

紫砂，在明代中期以前，基本上属日用品的范畴，直到明正德年间，在宜兴湖滏山区金砂寺内的小书僮供春创出了一件以“树瘿”为蓝本的紫砂壶以后，就开始步入艺术的殿堂。原本具有卓越日用功能的紫砂茶具，添加上艺术欣赏价值以后，倍受文人墨客的青睐，在文人骚客的影响和参与中，紫砂的工艺技法愈益精致，文化内涵愈丰富，成为了具有文人气质的特种陶艺门类。

三、独特的成型制作工艺　让全世界陶艺界为之倾倒

宜兴紫砂是手工成型的一种既有日用功能，又有观赏性、把玩性的特种工艺陶，有着强烈的地域文化特征和手工制作的工艺特色。

世界上，制陶工艺在机械化尚未形成时，原始的制陶方法有捏塑法、泥条盘筑法、拉坯成型法，这几种方法是世界各大陶瓷产区的基本方法。宜兴有着六千五百年的制陶历史，期间也用过上述类似的方法制陶，但陶工的祖先在经过多少年的摸索和实践中，逐步发现并发明了一种宜兴独有的手工制陶法——“片筑法”。

“片筑法”即把陶泥放在木制的专用工具——“泥凳”上，再用另一种木制工具“搭只”把泥先捶打成片，然后再把“泥片”根据所制陶器的形体所需尺寸裁切后，或围成圆形，或切成方块，然后再拍打，镶接成坯体，用这种方法制的陶坯“泥门紧”，坯体成活率高，在烧成时不易变形。宜兴紫砂艺人根据祖先传下的方法，再进行细化，形成了一种特殊工艺的技法——打片、镶身筒、拍打成型法，并形成为一种传统，祖祖辈辈，代代相传，沿袭至今。

四、赏、用完美结合　是紫砂茶具的艺术特征

紫砂壶的造型千姿百态，最初的紫砂壶以实用为主，后来由于文人墨客的参与，紫砂茶具造型逐步兼顾艺术欣赏的要求。古朴典雅既是历代制壶艺人遵循的法则，也是紫砂壶艺区别于其他工艺品的造型特征。数百年来，紫砂艺人广泛吸收中华文化和传统艺术的精华，有机地融入到自己的造型艺术中来，使紫砂壶成为独特的

陶瓷艺术品。

紫砂壶虽形态万千，但大致可归纳为“三形”、“三态”。“三形”即几何形、筋纹形、自然形。这是学院派的说法，而紫砂圈内人士则分别称之为“光货”、“花货”、“筋瓤货”。几何形即光货，自然形即花货，筋纹形就是筋瓤货。“三态”则是动态、静态、动静互寓态。不管紫砂造型有多少变化，但最根本的一条是它的实用功能不变。

紫砂壶有它生命的活力及鲜明的艺术个性。好的紫砂壶，有的浑厚如秦汉壮士，有的端庄如燕赵佳人，有的又楚楚动人如吴越姝丽。它显露出藏在紫砂壶骨子里的神与韵，也折射出紫砂壶制作者的学与品。

五、紫砂历史的荣耀和历代名匠。

宜兴紫砂，在明、清两代，就外销到英、法、德、比利时等欧美发达国家，世界上许多著名的博物馆，如大英博物馆、美国华盛顿国家博物馆、比利时皇家博物馆等都有收藏。

宜兴紫砂，1920年获美国费城万国博览会特等奖；1930年获比利时国际博览会银奖；1932年获美国芝加哥世界博览会特别优秀奖；1935年获英国伦敦国际艺术展金奖；1984年获德莱比锡国际春季博览会金奖；1989年获中国北京首届国际博览会金奖。

紫砂自明中期以来，历史上巨匠、名工众多，明正德年间的供春是紫砂史料中有记载的第一人，是他把紫砂从日用品的厅堂带进了艺术品的殿堂，后人尊他为紫砂壶艺鼻祖。

明万历年间的时大彬，是紫砂史上最负盛名的巨匠和一代宗师，他把紫砂制作工艺完善成一整套的成型技法，培养了许多高徒，直到今天，人们仍在沿袭着他留传下来的工艺技法，并留下不少经典名作。代表作品有现藏无锡市博物馆的《三足如意壶》、南京博物院的《大彬提梁壶》、扬州博物馆的《六方圆盖壶》等。

清代康熙年间的陈鸣远是紫砂史上又一代表人物，他把自然界中的花、草、鱼、虫等物态和紫砂茶具相结合，创造了影响巨大的紫砂花器流派而名载史册。

清嘉庆年间，西泠八家之一的陈鸿寿，时任溧阳县宰，他来宜兴直接与紫砂高手杨彭年合作设计了十八种款式的茶具，后世人称之为“曼生十八式”。他在紫砂壶上刻绘书法、绘画，首开紫砂与中国书画结合的先河，使紫砂茶具更加人文化、艺术化。这在当时就有“壶随字贵，字随壶传”的说法。这种艺术风格一直影响到今天，而且更有发展。这时期，杨彭年之妹杨凤年，她是紫砂史上第一位女性制壶高手，代表作品有《风卷葵》、《竹段壶》，现藏于宜兴陶瓷博物馆。

与杨彭年几乎同时代的还有一位影响巨大的制壶巨匠邵大亨。大亨擅长光素器，造型浑厚大度，工艺精湛，在当时就有一壶千金之说，代表作品有现藏南京博物院的《龙头八卦壶》和藏于宜陶博物馆的《大亨掇球壶》、《仿古壶》等。清末，紫砂高手黄玉麟的代表作品有《鱼化龙》、《斗方壶》等。

民国年间，宜兴制壶高手有程寿珍、俞国良、冯桂林等人，其中，程寿珍的《寿珍掇球壶》曾获巴拿马国际博览会特优奖。

新中国成立之后，有七位紫砂高手：任淦庭、吴云根、裴石民、王寅春、朱可心、顾景舟、蒋蓉，于1955年被江苏省人民政府评为“紫砂技艺辅导”，他们为新中国的紫砂发展培养了许多人才，当今诸多大师、高级工艺师，均出自他们门下，虽然有几位较早离世，没有赶得上大师评定，但他们是培养大师的大师。

六、改革开放　紫砂走向鼎盛

国运昌盛，紫砂兴旺。

改革开放以来，宜兴紫砂，随着市场经济的活跃、繁荣，紫砂发展适逢良机，紫砂艺术家及一些中青年英才频繁到国外及港台等地区举办紫砂文化交流展览，并与国外知名艺术家们进行中西方文化交流，推动了紫砂的发展。

与此同时，国内一些大都市兴起了紫砂收藏热潮，紫砂界的中青年一代，创作思路开阔，技艺水准逐趋成熟，老一辈紫砂陶艺家们更是青春焕发。紫砂艺术在改革开放以来，共获得全国创新设计陶艺展评、中国工艺美术大师暨精品展（上海、杭州、北京等地）的金奖，不下数百个之多。

当今紫砂，共有中国工艺美术大师六名：蒋蓉、汪寅仙、吕尧臣、徐秀棠、谭泉海、徐汉棠；中国陶艺大师四名：李昌鸿、鲍志强、何道洪、周桂珍；有江苏省工艺美术大师二名：顾绍培、鲍仲梅；江苏省工艺美术名人十六名，研究员级高级工艺美术师三十名，另有高、中、初级职称技艺人员近千人，从业人员不下数万人之多。

千年紫砂已成为文化无锡、文化宜兴的一块“老字号金字招牌”，对外交流交往的城市名片。

宜兴紫砂，一派繁荣兴旺。

5. 陈国良《茶与壶》

饮茶在我国已有十分久远的历史，《三国志》中有饮茶之记载：“孙皓密赐茶以代酒”，足见当时已有以茶代酒之风气。追溯古代，文人学士无不好茶，而且成为一种文化现象，那自然要讲究茶具，在唐、宋时代，饮茶之方式主要是茶碗和茶盏，因而对碗、盏也有许多描写，并且许多著名诗人在留下的诗词中，对碗和盏的描写是很多的，并以分等品评，所以饮茶之道对茶具的影响，具有相当大的刺激作用。

紫砂茶具泡茶能发真茶之色、香、味；外表端秀、色泽雅致，符合茶道品格。古代《前贤文翰》中附茶话八则中讲到：“古人需用茶瓶据柯丹丘之以银锡为上、瓷石次之，盖煮前之器易毁与则茶器之需首要在壶，壶之佳者唯阳羡所产其质最宜茶，能保留汤热香蕴，壶中真茶之味存而不散，不但优于向预之磁，且远胜银锡之器。”

紫砂茶具的原料，产于宜兴丁蜀区黄龙山，而它特殊的矿原据考证这地球上就这么一块，其他有相似泥色，却无相似的质地。

这里要讲到宜兴陶业，应该说有数千年的历史，人民的日常生活以陶为伍(主要是指丁蜀地区)，基本上是以日用陶的生产为主流，当然社会的发展屡经兴盛或衰落的交替，而宜兴自古以来成为很多文人们为避乱、隐居、读书、观光旅游的好去处，而吴越一带向来人文荟蔚之地，江浙又盛产名茶，于是有了文人们的汇集融入，茶事兴盛，对茶叶采摘、焙制的技术日益讲究外，对茶具的要求当然也相应引起很大变化。自明代以来，宜兴紫砂壶一直是倍受好茶者欢迎和珍爱的，然而真正的产区也只是丁蜀地区，范围并不大，按理说也不会成多大的气候，但是紫砂初露头角，就受到特别的重视和称道，历代学者为紫砂壶撰写的专著不少，诗文中提到并赞扬紫砂壶的更多。国外学者也有研究的论著。紫砂壶不但为文人学士所珍玩，在宫中，如康熙、雍正都有关于宜兴壶的制造贩售的档案，紫砂壶不但行销全国，还远销国外，“宫中艳说大彬壶，海外竞求鸣远碟”，这就是宜兴紫砂壶在海外享有的盛誉。宜兴紫砂器能为世人所珍爱的另一个因素是紫砂有着它的历史沿革和可以稽核的创作者的史籍记载，以及底款印章，还有紫砂壶在表面造型完整方面是尽善尽美的，它出于实用功能的需要对形体的各部位的设计和制作有着结构的合理性，使用的方便，适应人们普遍的审美和使用习惯，便成为首要考虑的问题。

创新是紫砂壶发展过程中，继续壮大的生命力，它与茶文化、陶文化联系在一起，构成了创新和传统，承上兴启下的关系。紫砂造型千姿百态，但是在紫砂艺人的坚苦努力下，在爱好茶道、热爱紫砂的文人雅士关心下，相互结合、尊重传统，热爱自然，真诚地抛弃陋习，积极地发扬优点，大胆地发掘潜力，激发自己的创作意想，尊重师承关系，一代一代地在紫砂这片乐士上耕耘，使它们开出更美更艳的花朵，结出更丰硕的成果。

由于前辈们的辛勤耕耘，和热爱紫砂人士的贡献，使砂壶成为宜兴陶业中的一朵奇葩，一个独特的体系，能跻身于中华民族物质文化之中。确立了人们给她的形象，使之能以壶艺之学而独树于茶道，使她成为观赏、珍藏的传世珍宝。一件好的作品等于一篇传记，好作品要有生命力，要给人美的享受。紫砂陶无外表彩釉和其它附属装饰物，主要靠自身胎体的质感和色调，如同绘当中的人体艺术，不要任何装饰，展示出自身的潜质美、纯真的自然美。她又将书法、篆刻，绘画集于一体，表现在壶上，形成古拙斑驳的特殊美感，使其作品极其高雅。紫砂陶的另一特征，是它具有造型语言，由于紫砂原料可塑性好，成型工艺特殊，以手工方式可以制成很多形态，使用的专用工具，使造型线条有棱有角，表面光滑、线形多变、曲直刚柔、周正严密、整体感强。

就本人的感觉及跟朋友作客或在家里闲聊时，总是觉得茶是一种交往、沟通的纽带，茶和壶有一种默契。

泡茶、品茶，是实实在在的亲切友好的感觉，是人类文明的一个进步。它使过着乱忙的现代生活的人们心情宁静，它追求精神上丰富多彩的生活，高质量的生活，发挥个性和有人情味的人生。

6. 施小马《陶瓷设计与工业设计》

斗转星移，时光飞逝。从工业革命到工业设计的迅猛发展，设计师们不仅为人类解放劳动力，更为人们增添了丰富的精神食粮和艺术享受。造型丰富的建筑、汽车、家具、家电争奇斗艳，令人目不暇接，同时又感到新时代的到来，新面目的出现，新材质的拓展及新的氛围的转换。如球型般的建筑物、悉尼歌剧院、香港中国银行、法国罗浮宫前的玻璃金字塔，新颖别致的汽车造型，出类拔萃的彩电、冰箱、洗衣机，更新换代的移动电话等。这些新的设计，给予其它门类的设计以启发，拓展了思路与空间。

陶瓷设计亦不例外，如本人设计的《珏提》壶，就是受到上述设计流线型的启示，在整体设计上强调了以线为主，注重变化。在提梁的搭配上，完全突破了一般装在壶肩部的传统制作方法，而是将提梁穿过壶而直插壶身；再采用暗处理的手法，增强了提梁与壶身的有机联系，既让壶身与提梁不混淆，搭配分明，又增强了提梁的力度感。再在盖顶用一个圆孔，而不用传统形式的的子，这样，既不失实用功能，又具有现代气息欣赏价值，使整个造型线条流畅、简洁明快，点、线、面结合，浑然一体，达到了方中寓圆，圆中有方，方圆融合的艺术效果，随着现代工业日新月异的发展。特别是家电的普及。把工业设汁推向一个新高潮。出现了一个全新的具有时代特征的新造型、新品种。新材质的出现，为现代工业设计提供了新的设计理念。如工程塑料和木材结合，工程塑料和橡胶的结合，工程塑料和金属的结合，给设计者提供了广阔的思维空间。同时也给我们带来了新的课题。该提梁壶的设计就是受到了工业产品材质结合的启发，提梁把手设计完全是引鉴刀具把手设计效果，照相机外壳工程塑料和橡胶手柄的设计理念。同时也带给我们陶瓷造型设计新的领域。该壶提梁和把手的结合，不仅解决了功能上的触摸舒适，更体现了紫砂材质结合的美感。充分休现了传统紫砂工艺与现代工业设计的完美结合。得到了专业人士的肯定。这就充分体现了工业设汁与陶瓷设计的相互借鉴，艺术相通的道理。

其实，工业设计与陶瓷设计的发展是与时代的节拍、与人对美的追求密不可分的。汽车原来是好开的交通工具，现在既要美观的造型、流畅的线条，又要实用性能好，追求流线型；陶瓷设计起初只求实用，现在更强调主体造型丰富多彩，给人美感。这充分说明了时代的需求与人的美学思维变化。人们对物质的追求的同时，更注重于精神享受。所以，一个造型的设计，既不失实用，又追求美感，这是当前时代的需求，也是新时代、新设计、新思维的发展之道，更是我们搞陶瓷设计与工业设计的必由之路。

7. 储集泉《漫话宋瓷、明家具对紫砂器形的影响》

紫砂陶是我国独有的材质，它饱含着民族文化积淀的造型美，以及实用功能三者相结合的陶器。紫砂陶的造型设计与其他陶瓷的区别在于它的功能性与人文特点。它继承和发展了宋明文化的审美情趣。

紫砂出现在江南的宜兴，绝非偶然。有其历史文化与人文环境及资源的必然性。宜兴的陶瓷生产历史源远流长，可以追溯到新石器时代。长期的陶器生产开发，从中发现了披称为“夹泥”的紫砂泥。其土质细腻，可塑性强，故又谓“甲泥”。茶文化的诱导，催生出了饶有情趣的壶罐。明人周高起的《阳羡茗壶系》可为佐证。在明代已是风行器物。现代人谈及紫砂，根据宜兴羊角山紫砂古窑遗址考古发现，其残片应是北宋至南宋时。至明代已经风行。故曰：始于宋，盛于明，或者是：雏形于宋，成熟于明。

说到紫砂形成的文化积淀，我们就不能不追溯民族文化的一些经典的器形。中华文明几千年，其文化内核是儒释道。以儒家的中庸思想融汇了释的智慧和道的灵秀。历史上的器物除去青铜的庄重神秘，汉画像砖的凝重，唐三彩的丰满华丽以外，最重笔浓彩的要数宋代的瓷器及明代的家具。

宋代的器物追求质朴、典雅、平易的艺术风格，其形简洁优美，其色清秀绚丽。为后代的陶瓷造型艺术树立了标杆。其经典造型有梅瓶、凤耳瓶、玉壶春、壶、炉、罐、斗笠碗等等。

明代的家具也享誉中外，除去它精选的材质和天然纹理的光泽外，明代的家具从造型、结构到装饰都体现了简洁明快、质朴典雅、隽永大方的特点。在实用的基础上充分发挥线条的艺术魅力。简洁，流畅，挺劲，优美而富有弹性和韵味。其家具面的处理普遍采用“攒边”。这样更体现了文人审美的一波三折，又吻合了含蓄内敛的文化底蕴。在实用与美的结合上给人类留下了一份珍贵的财富。

在宋明文化背景下衍生出的紫砂陶器，受其社会风气和文化的浸润是十分肯定的。尤其在实用功能与造型完美的结合相得益彰，这一点是毋庸置疑的。而且紫砂造型应该是建筑在宋瓷和明家具之上。我们不妨比较一下：宋瓷的形体简洁优美，大方得体，但是它使用釉水，所以其形态只能是厚重；而明家具则是材质、工艺俱精。线条清晰流畅、刚柔相济。紫砂陶器亦是推崇材质，故其泥色璀灿不可名状，素雅、稳重、内敛，艳而不鲜、沉而不闷，细腻而有颗粒感，有雅韵，滋润可爱。其制作要求规矩严谨，讲究圆、稳、匀、正、柔中寓刚、刚中有韵。线条挺劲有弹性，形体稳重中显灵秀。因此说紫砂的材质、工艺、线条堪与宋瓷、明家具媲美。也可以说是文人把明家具的审美理趣嫁接给了紫砂。

又如宋瓷对紫砂陶器造型的影响。宋瓷的经典之作，直接给了紫砂以很好的样本范例。明吴经墓出土的壶明显就是瞄的形体，而仿古，掇只和梅瓶形何其相似，都是亭亭玉立、有颈有肚、线条张弛得体。乃至现代咖啡壶又何尝不含梅瓶之影。我们从石瓢壶里也可以看到斗笠碗的形体，不同的是石瓢壶的线条又增添了明家具那样的弹性线条，使之更有韵味。而凤耳瓶之类在紫砂瓶里更是屡见不鲜。因此，我断言，紫砂的形以及工艺品位等不仅是建筑在宋瓷明家具之上，而且是宋明文化在器物上的延伸，是介于理、趣之间的玩物。明《阳羡茗壶系》里述曰：重不过数两，可与黄金比价，当不为夸张也。

另据史料记载，元代就有于素胎上书写镌刻之趣，清代文人陈鸿寿等，更是造就了名闻遐迩的曼生十八式砂壶，并融书法金石于其上。创下了文化壶的先河。

综观紫砂壶从雏形至成熟，在文人雅士的爱抚、参与、影响中日臻完美。可以这样说，紫砂器是民族文化的精英器物，她传承了博大厚重的传统文化，我有位博士朋友说：能够以器物的形式承载历史文化的、当代唯紫砂器也。因此作为紫砂的传人，深刻认识其文化渊源，才能不走弯路，使我们的紫砂在历史长河中奋进。

8. 曹亚麟《艺术贵在创作》

人为什么成为万物之灵？人类社会为什么能有今天如此伟大的物质和精神文明？这一切源于人类的创造性。

人类社会经历了旧石器时代，新石器时代，铁器时代，机械时代，直到今天的电子时代。每一次新的发明创造，都极大地提高了社会劳动生产率，使社会的文明不断向前发展。这种文明水平的不断提高和发展，是少数人创造性的高级劳动和多数人生产性的一般劳动相结合的结果。从某种意义上来说，少数人创造性的高级劳动对人类文明水平不断提高和发展起关键作用。是少数人发现了和利用了未经加工的石器工具，从而使多数人也学着使用未经加工的石器工具。是瓦特发明了蒸汽机，才使许多人在此基础上仿制和生产。是个别人发明了计算机，才使许多人在此基础上仿制完善成现代的计算机。如果没有这些极少的发明和创造，人类至今还生活在茹毛饮血石洞群居的时代。从这个角度说，这极少数人，是时代的灵魂，是社会的精英。由此可见人类创造性的伟大意义和巨大的社会经济价值。

科学技术的发明和创造是如此，精神艺术的发明也是如此。艺术的发明创造和科学技术的发明创造，其科学原理和社会价值是完全一样的。科学技术的发明创造，是从物质的角度研究自然，有所新的发现，为人所用，为人类提供极大的物质享受。而艺术则是从精神的角度研究自然，有所新的发现，并以艺术作品的形式表现出来，为人类提供极高的精神享受。因此，艺术的创造发明同样体现了人类创造性的伟大价值，与科学技术的发明创造具有同样的意义和价值。说到这里，就不难理解为什么毕加索的艺术作品价值千万美元以上，而一幅仿制品，仿制得再精美也不值几钱。同时也就不难理解为什么艺术贵在创造。

9. 吴鸣《当代紫砂创作》

紫砂陶以其独特的形态美著称与世，自分门立户以来，经无数艺人努力，逐渐形成了自身的形象和语言。传统紫砂造型主要是采用几何形的分割组合(如俗称的方货、光货)和图案形的规则处理(如筋囊货)及仿真手法

(如花货等)，它在吸收、借鉴其他艺术语言的基础上又发挥了自身的优势，形成自身特点，就像京剧一样，有自己的“腔调”、“韵味”。

紫砂传统的形成是有其渊源的。江南鱼米之乡的人文状态、生活习惯、社会环境造就了它。宜兴是个盛产茶叶的地方，唐代的贡茶曾名盛天下，当地人生活中也以饮茶为常，且多有饮红茶者，而紫砂壶则是最佳器具。自明代开始泡茶以来，以壶为主体的紫砂陶得以盛行。由于紫砂陶优良的饮茶功能和朴素的审美把玩功能，深爱士人喜爱。历史上有大量文人深度参与。如“西泠八家”之一的书画家陈曼生携幕僚参与紫砂壶的设计和陶刻装饰，传世作品有“曼生十八式”等，在实用、赏玩的基础上融入了文人趣味、情怀，因而提升了作品层次，形成了紫砂区别于其他陶瓷的一大文化特色。紫砂的审美内涵因同东方传统文化的中庸、含蓄、朴素相吻合而深受人们喜爱。

紫砂之所以能形成有别于其它陶瓷的形象和魅力，有如此丰富的形制，关键是它独特的泥性所决定的。紫砂泥良好的可塑性几乎可达到你任何想要做的形体，可以作极为丰富的塑造，作极为深入的刻划，取得预期效果。加之本身素面素心、朴实无华的材质美感，会让心仪者不忍释手。

其泥性又决定了它独有的制作方法——泥片镶接法、拍打成型法。作品一般不施釉，迫使你作表面符合泥性的特殊处理，使用后能产生独有的亚光美感、物我相融的愉悦。它的制作方法又决定了制作工具的使用，反过来工具又约定了它的制作方式，相互影响，制作特点越来越明显且程式化，紫砂的“味”、“腔”因此形成。

紫砂的泥性、工具、做法等物理因素和地域人文因素的不断磨合，形成了它独特的制作语言和传统。有很长时间紫砂的创作基本上是在这种状态中作局部细节的调整，在传统和实用层面上移动。既树立了自身形象，又受到了一定制约。

随着社会文化的发展，紫砂与外界沟通的广泛，外来人士的参与，现代艺术思潮的影响，紫砂如何去适应人们文化需求的变化、如何创新就成了至关重要的课题。从事创作多年，我觉得下面几点值得注意。

首先要全面继承优秀传统。历史作品好的器形、泥料、题材、手法要认真研究；传统制作语言、技艺、方法要认真保留。除了外在、表面的东西，还要认真分析埋解内在关系和本质内蕴，除了物理因素还有文化和审美因素，真正吃透传统，打好坚实基础。

其次要观念更新，吸纳现代理念。现代紫砂创作已不仅仅是传统实用了，它的内容已有了很大的扩展，从社会大文化的环境下来思考。不妨突破原有的审美习惯，融入纯艺术理念和现代设计理念，获取更大的审美思考空间，求取更广阔的发展前景和可能性，解脱束缚，充实活力。

三是扩展现代设计形态。实用要保留，传统不能丢，但并非一成不变。传统的壶首先要强调实用，在此基础再讲审美，所以在一定程度制约了形态的扩展。现代设计形态并不一定强调实用，也不一定排斥实用，可能会淡化功能。它是以创新探索和审美寻求为要素的。其实历史上许多紫砂传统作品也并非都是有使用功能的。从陶瓷的文化和艺术创作层面的发展来看，也许“创新研究”更为重要，更有意义，就像一个国家的科技研究，对国家兴盛至关重要一样。

四是开拓现代题材。传统题材的不断挖掘重复，有用之殆尽的感觉，增加了创新的难度。这就需要创作者不断探求、开拓新路。可以旧题新做，在旧的题材上赋予新的内容和审美亮点；也可以另辟蹊径，发掘现代题材、新的造型，不断丰富紫砂的创作内容和形式，形成一定的时代特征，通过创新来扩展它的传统。

五是探索现代手法。尽管传统手法有优势，有价值，但还是需要不断发展。尽量寻求紫砂能做而其它陶瓷、其他材料难以表达或不能表达而又符合紫砂审美特点的手法。在力求表达紫砂独特泥性的基础上，丰富它的制作方式和审美内涵，寻求泥性表达的潜在可能性，扩展它的装饰方式，在保留特点的基础上不断丰富紫砂的语汇。手法越多，语言越丰富，发展的可能性就会越大，价值会越高，形象也会越丰满。

六是作者个性的展示和探索。任何艺术创作都要有个性，这是价值所在。紫砂创作也是一样，在尊重艺术规律的基础上寻求个人特点风格。整个艺术状态是业内每个个体艺术成就的总和，个性越多，这个行业就越丰富，越有活力。相反，越是雷同、重复，久而久之，就会造成行业的萎缩。

七是加强作者文化修养的积累和提高。很多人都有共识，专业艺术成就的高下，到最后是看文化。而随着整个社会文化普遍的提高，审美要求的提高，作品的文化内蕴就越来越重要，作者文化素养的高低会直接影响作品的高低和行业的兴衰。

另外，还应重视和加强对紫砂理论的研究，它是紫砂的薄弱环节。历史上有些专著，史料方面的居多，纯理性方面的研究近几年虽已有些端倪，但不成体系，给人未能深入到位的感觉。理论研究的关键在于揭示紫砂陶艺的本质特征、构成要素、审美内涵，它的文化背景及同其他艺术的关系，它的发展态势及潜在的可能性等等，做作出理性分析，促进创作，获取整体的发展。

10. 徐达明《谈壶说艺》

作为紫砂的合格从业人员，对紫砂壶的品味高下应该非常清楚，从事紫砂行业几十年来积累了一些经验，而且常常思考，可真正能用文字表现出自己的思想仍显得不够。

近几年出版了不少关于紫砂艺术的书籍，许多刊物以及网站上也发表了许多紫砂方面的评论文章，这对保护紫砂艺术的健康发展起到了很好的推动作用。

宜兴紫砂经由历代艺人的不断积累，形成了她所独有的语言。艺人们都曾留下风格迥异、技艺精湛的作品，逐渐生成了一条夺目的紫砂链，它感染着后人，陶冶着性灵。我们不由自主地去反复揣摩、品赏、把玩，使精神境界得以提高。所以当今艺人经历了这些吸纳精华的过程，便会格外敬重前人的智慧及艺术造诣，这不仅仅是一种敬业的态度。

品茶是一种高雅的情趣，品茶离不开紫砂壶。大家坐在一起，品一壶好茶，自然的就会聊到紫砂壶，看一把好壶，评说着它的精到之处体现在哪儿……这些切身的体会来自于生活，取决于品茗评壶的人所具备的艺术素养，以及对制壶语言所认识理解的程度。慢慢的壶与人之间的情感因素就多起来，并贯穿于茶事的整个过程，又平添出更多情趣，反过来促使鉴赏的眼光不断得以提升，对紫砂壶的方方面面就会有更高的要求。

一样的紫砂壶造型，从每位紫砂艺人手中做出的面貌是不一样的，这要看紫砂艺人的内在素养和审美眼光。一把好壶的制成，特别是传统壶型，摹古与师承是必备的基础，却不是技艺攀升的决定性因素。犹如造房，有了土和茅草能造简易的茅屋，有了砖和瓦就能造砖瓦房，可同样的砖和瓦由不同的人来造，造出的却大相径庭了。再如音乐和艺术，每个写书法的人对书法艺术的理解是不一样的，同一首歌的歌词和旋律，由不同的人来唱，唱出的味道天差地别。如同音乐中的韵律，书法中的结构，紫砂壶的成型也是这样，紫砂艺人所具备的功底、技艺、修养，都能影响紫砂壶的最终造型，是否能分出层次，是否有精神、气质、感染力。所以做紫砂壶更讲究的是传神，而千篇一律、只注重单一的技巧是远远不够的。

紫砂壶能做出韵味来，并且有明显的个性特征，殊为不易，这也是历代名家们追求奋斗的终极目标。技巧是可以学习的，有正确的训练，科格的传承，足够的实践和刻苦，大多数人可以熟练掌握。而眼界却属于艺术范畴，悟性高低也因人而异。修养和气质至关重要——风格即人。正所谓书如其人，画亦如其人，道理是一样的。紫砂艺人都有各自的经历、体会，有各自的精神气质和审美取向，如果不去想如何体现自己的面貌风格，只是一味的摹做，再好也不过是艺匠，因而只剩缺乏灵性的手艺，作品也不会感染世人，技艺总得不到质的突破，更没有属于自己的深切体悟。

紫砂壶的造型设计、手工制作要有别于一般的工艺品，因此艺术的品味是关健。紫砂壶中的光货器简洁明快、意境深远，花货器优雅华美，筋纹器富有形态的节奏感。其中光货器不仅以造型的微妙变化来表现美，如嘴、把、盖、钮与壶体的和谐过渡产生韵律美，而且以完美的比例关系营造出和谐的文人气息，并且制壶人的性情能在张力中令作品灼灼生辉，达到壶我一统的境界，不过难度是极高的。而花货器要设计好也不容易，也要做到“唯有不失典雅，才是真正的华美巧丽”。花货器的装饰和雕琢既要看起来丰富得体，又不能媚俗和琐碎。筋纹器工艺复杂，筋纹的凹凸比例要求恰当协调，弧面的处理更需仔细推敲，包括弧线的起伏度的控制要像作曲家谱曲一样富有连贯的节奏感。

紫砂壶的制作工艺是分段加接法：先做壶身，再上大只、脚圈，最后装嘴把、做盖。经验不足者，做了壶身却不知大只、嘴、把、盖之间的比例关系。壶身上安装嘴把，不同造型有不同的要求，嘴把于壶体的定位有不同的变化，这都需花几十年工夫，等到理解了，得心应手了，才算的上合格的紫砂艺人。

合理使用工具，是紫砂艺人必备的素质，灵巧的选择、使用工具，把自己的意念充分转化到作品的表达上，这是紫砂艺术的一项工艺特点。如壶体的点、线、面的过渡，嘴、把与壶身的连接，需用几十种工具，如竹、铁尖刀、明针、小拍子、皮毛布等逐一处理，同时要考虑到线型、比例、粗细等问题，一一仔细推敲才好，直到做出预想的效果。最后将嘴、把用明针反复光压，壶的和韵与雅致才能尽现无遗。壶身更是如此，竹篦只必须到位，各部位吃到力，才能蓖出准确有精神的形体。所以对壶型的整体把握只有准确了、浑然到位了，最终完成的紫砂作品才会具备这种精神气度，制壶艺人才会彻彻底底把这种特殊的陶瓷语言传达给世人。

这种对紫砂制壶的整体把握能力非常重要，行家称“一把壶架子要好，要能拿得住”，便专示其意。具备了众多条件，等到每款壶的制作再拿出一百多种工具，用心地把自己对紫砂艺术的理解一点一点揣摩表达出来，完成每件紫砂艺术的精品，踩下每个从艺路上的脚印，才是另一个新的开始。

紫砂壶经年长日久的养泡，是制壶人精神上的快慰，是江南所特有的人文气息的承载。优秀的紫砂壶是经得起历史推敲的，它的使用功能，即品茗作用自始至终使作品在艺术形式上，既保留传统的韵味，又融入时代的气息，紫砂艺人们倾毕生之心力所感悟和追求的，终极是它的精隋所在，是它于历史大浪的峰颠之旅。

11. 崔龙喜《紫砂史初探》

在我国的古籍经典中，有着“神农耕而作陶”的记载，炎黄发明陶器的美丽故事曾在古代民间广为流传。然而，考古的发现却告诉人们，人类历史上最早的陶器制作，远早于传说中的父系氏族部落时代而始于早期的母系氏族公社时期。陶器的制作和使用，是继原始农业以后的又一项划时代的重大发明，是人类利用火的威力第一次制造出的新器具。陶器的发明，使人们的贮藏携带、蒸煮炊事、茶饭饮食有了专用器具，这是人类文明的一大进步，具有深远的意义。

在秦汉以前的先秦和上古、远古时期，我们祖先的陶器制作主要经过了最初的烧结温度低、烧而不透的软陶，以及后来制作技术渐趋熟练、烧结火候相应提高的彩陶、红陶、灰陶、黑陶、釉陶、白陶等阶段。这一时期的器具种类主要有储置器、炊饮器和随葬礼器。

秦汉以后直至隋唐，我国的制陶业处于长期稳定发展阶段，制陶工艺仍是手制和轮制，多为泥质和夹砂灰陶，有的施彩绘画，变化不是很大。

宋元以后，一般陶器已在人们的生活中渐退于从属地位，人们已比较多地使用了铜、铁和瓷器用具。然而，也就在这时，一种全新的陶瓷器皿种类——紫砂器具出现在人们面前，并以其优良的效用功能和古朴典雅的观赏效果而渐显头角。

紫砂陶产于素有“陶都”之誉的我国江苏宜兴。紫砂又叫炻器，是介于陶器和瓷器间的一种陶瓷制品。其原料是一种深藏于岩石层中的岩中岩，开采发掘后经风化、粉碎、提炼，精制成紫、红、黄、绿、青自然五色土。据分析，砂土中含有较多的硅、铝、铁、钙、镁、锰、钾、钠等多种成分，它以紫色为主，呈颗粒砂土状，故俗称紫砂泥。

在宜兴陶业界，人们经常提及的一句行话叫做“百和丹砂，百炼成陶”。确实，一件成功的紫砂器具要经过炼泥、制坯、雕刻和一千二百度左右的高温煅烧等十几道工序，可谓工艺独特、苦心经营。与一般陶瓷不同，紫砂不但具有一定的机械强度，还具有一定的气孔率，有较好的透气性。故用紫砂壶贮茶纳茗，汤不变色、味不涣散，冬可焐手、夏不易馊。加之紫砂艺人别出心裁的将壶身、壶把、壶盖、壶嘴，捏塑点缀以活泼可爱的松鼠小猴，活灵活现的蛙鸟鱼虫，形象逼真的瓜果花卉，叶青枝挺的青松翠竹等艺术形象，或镌以诗文，或绘以书画，或嵌以金银。以至寸柄之壶、盈握之杯的紫砂壶具被人们珍同拱璧、视如珠玑，成为“世间茶具谓之首”。

紫砂陶的崭露头角当始于北宋初叶，当时著名诗人梅尧臣的《宛陵集》中有诗云：“小石冷泉留早味，紫泥新品泛春华”。又云：“雪贮双砂罂，诗琢无玉瑕。”诗中提到的“紫泥”、“砂罂”，指的就是紫砂陶。

值得注意的是，梅尧臣是北宋早期诗人，他在诗句中如此赞誉紫砂陶，这在事实上已是说明，早在北宋之前，宜兴紫砂陶就已问世了。紫砂陶能与文人雅士结下不解之缘并形成一种风格独特的陶文化还和闻名遐迩的阳羡(宜兴旧时别称)唐贡茶及清冷明澈的金沙泉水有着相当的渊源。我们知道，宋代大文豪苏东坡曾在宜兴蜀山讲学，他除了喜欢饮酒，还有一大嗜好就是啜茗饮茶，并且强调饮茶一定要用紫砂壶、阳羡唐贡茶和金沙寺的金沙泉水。由于当时宜兴砂壶的样式不合他意，这位东坡居士索性自己动手设计了一把提梁式茶壶，自烹自吟，即所谓“松风竹炉，提壶相呼”，还特作《煎茶诗》一首。后世陶工为了纪念这位大文豪，就仿制了当年苏东坡设计的提梁壶并取名为“东坡壶”。

南宋时，紫砂陶的名声传到了海外，并受到了“质地极佳”的赞誉。到了元代，紫砂陶的成型、烧制技术有了新的发展，并已开始在砂壶上镌刻铭文。

据宜兴县志和有关文献资料记载，紫砂壶的正式制作当始于明代初期，其时的湖汉金沙寺和尚从当地的陶工那儿学习了制陶技艺后，以自造、自赏、自饮为乐，而正德年间的供春则又从金沙寺僧人那儿借鉴了制壶技艺，加上自己的艺术构思创作了实用性、观赏性兼备的具有完整意义的紫砂茗壶。

相传，供春又名龚春，明代正德年间宜兴人，早年为提学副使吴颐山书僮，因陪主人在金山寺读书，见寺中老僧能制砂壶，便在暗中潜学，并依寺中千年银杏树瘿为本捏制成《树瘿壶》，于是一鸣惊人。后来供春离开了吴家，成为专业紫砂艺人，其作品被世人称为“供春壶”。宜兴紫砂从此揭开了崭新的一页。

在万历年间供春稍后继起的名家有董翰、赵梁、元畅和时朋，时称四大家。随后又有善作名玩小圆壶的艺人李养心。当时各名家的壶坯都和其他陶坯一同烧制，没有用专门的匣钵封装，以致常常沾染釉污，从李养心开始，紫砂壶入窑单独封装，从而保证了砂壶的品质。

此时出现了一位对紫砂发展产生深远影响的重要人物时大彬。据传，时朋之子时大彬曾拜供春为师，得到了供春的精心传授。大彬与当时名士王世贞、陈继儒等过往甚密，深受影响。他的作品继承并发展了“供春壶”的技艺特点，不但善制大壶，亦作小壶，于是更加迎合了文人雅士点缀把玩的需要。时大彬有两个徒弟，即李仲芳和徐友泉。师徒三人在当时极负盛名，有着“壶家妙手称三大”的美誉。

与“三大”同时稍后的名家还有陈用卿、周季山、沈子澈、惠孟臣、项圣思等人，他们的作品都深受时人的推崇。

明末清初。虽然政治风云多变，但并没有对紫砂陶业的发展带来太大的影响。陈鸣远是顺治、康熙年间最著名的紫砂名家。他的制壶技法近乎徐友泉和沈子澈，不但雕镂兼精，纤巧有致，而且擅长书法，善自制自镌，所他作的紫砂茗壶及各式雅玩品种达数十种之多，以至当时享有“海外竞求鸣远碟”之誉，为一代仿真花器鼻祖。

雍正、乾隆年间的制壶高手有陈汉文、王南林、杨友兰、杨季初等人，作品颇受时人重视。

嘉庆年间，著名金石书画家陈曼生和制壶高手杨彭年的合作，写出了紫砂文化史上的一段佳话。陈曼生主张“诗文书画，不必十分到家，乃时见天趣”。而杨彭年制壶天趣浑然，两人情趣相投，所见略同。于是彭年制壶，曼生刻画，创作了一批清新活泼的茗壶佳品。由于趣理俱存，以至画依壶传，壶随画贵。可以认为，陈、杨合璧的最大意义，在于我国传统的金石篆刻、书画艺术与紫砂壶艺有机结合起来，形成一种独蕴风骚的紫砂文化，使得紫砂壶的商品性、艺术性、实用性、文化性得到了近乎完美的统一。

杨彭年之妹杨凤年是见诸记载的第一位紫砂女艺人，她的作品构思巧妙、精细入微，造诣颇深。值得一提的是与杨彭年齐名的壶艺大家邵大享。他善制掇球壶，作品素净浑朴端庄，涤明清之际作品繁琐靡杂之俗，其人品壶品俱佳，堪称自时大彬、陈鸣远之后的一代宗匠。

另外，朱石梅是个精于鉴赏、长于人物花卉画的名家，他制锡包壶，以锡、玉等材质与砂壶包嵌、结合，为紫砂工艺添增了新的装饰手法。

清末的名艺人则有周永福、邵赦大、邵友廷、黄玉麟、冯彩霞等人。沈才田、陈伯亭则是最具代表的雕刻名家。

自清末民国初，军阀混战，政局动荡，导致百业凋零，紫砂业也是一派萧条。这一时期的主要艺人代表有程寿珍、俞国良和范鼎甫。程寿珍擅长制作掇球壶和仿古壶，其作品曾在1927年巴拿马和1932年芝加哥的国际博览会上获得金奖。同时获奖的还有俞国良的“传炉壶”。范鼎甫不仅善制茗壶，而且擅长雕塑，他的大型雕塑“鹰”，曾在1935年的伦敦国际艺术展览会上荣膺金奖。

此外，冯桂林、汪宝根、李宝珍、吴云根、蒋燕亭、裴石民、王寅春、朱可心、顾景舟等制壶名家亦相继创制了一批作风严谨的茗壶佳品。陈少亭、任淦庭等高手的茗壶、瓶盆雕刻也颇具影响。

自1937年抗战以后，宜兴陶业经历了一段急剧衰退的时期。曾拥有过的一支七八百人的紫砂从业队伍，到1949年仅剩下不到四十人。

新中国成立后，紫砂业获得了“古为今用，推陈出新”的新生。1950年，政府拨专款恢复紫砂生产。1954年，组建了宜兴紫砂陶业合作社(宜兴紫砂工艺厂前身)。在一派祥和的氛围中，一批老艺人的艺术才华终于有了施展的阵地。从此，宜兴紫砂陶业告别了各自为业、零星疏散的原始作坊状况，走上了集体化、企业化的康庄大道。

1957年，任淦庭、朱可心、裴石民、王寅春、吴云根、顾景舟、蒋蓉等七位制壶名家被国家正式授予“艺人”光荣称号，唤起了壶艺家们的创作热情。尤值一提的是，以顾景舟为主要代表的当代紫砂工艺，1979年和1983年两度膺国家银奖和金质奖。顾景舟，作风严谨，作品古朴素雅，悉尊邵大亨风范，堪称一代壶艺宗师。1979年，顾景舟被江苏省政府授予“紫砂工艺师”称号；顾景舟被崇为“当代壶艺泰斗”而饮誉海内外。

1980年以来，随着海内外掀起的紫砂浪潮，宜兴紫砂陶业呈现了一派史无前例的繁荣景象。名胄阔儒为求名师佳作，不惜千金、万金。在国内外举办的各种艺术节、茶艺会、展览会上，名人名作动辄数万元、数十万元视为常事。1993年，工艺大师顾景舟的《凤慧壶》在厦门以八十六万港元被藏家收藏，为“人间珠宝何足取，安如阳羡溪头一丸泥”作了绝好注脚。

宜兴紫砂工艺经历历代艺人的不懈努力和文人雅士的推波助澜，发展至今已成为一种工艺特殊、装饰多变、分类科学、品种丰富、风格独特、格调高雅、雅俗共赏的紫砂陶文化。可以肯定，在现代的文化潮流中，当人们对生活的追求愈来愈注重内涵的时候，以质朴高雅、技艺精湛以及华夏传统为其主要品格特征的紫砂壶和紫砂文化，将日益赢得海内外各阶层人士的倾心与崇尚。

12. 江建翔《紫砂壶之读》

紫砂壶在工艺美术品中流行，在陶瓷行业中走俏，是紫砂壶的实质精神，紫砂壶的艺术魅力所定的。

紫砂陶在我国陶瓷史上是个小弟弟，从明代至今大约五百年历程，但它有别于其他一般的陶瓷日用品，其原料之独特，艺术之精华，技术之精湛，自她一问世，就特受人们的青睐。再加上文人墨客的喜爱，具有一定的文化内涵，同时又不断赋予它新的文化内涵，使的制壶技艺得到薪火相传，逐渐形成了紫砂壶自己特有艺术语言，真、善、美的表现，是能与人沟通的艺术品。

一件能称得上上品的紫砂壶，它必需具备“精、气、神、韵”，而“精、气、神、韵”说的人多，知的人也多，可懂得人却不多，它需要长时间的不断的艺术沉淀，何谓精、气、神、韵呢?

精：精是品位，是品质的表现，也可说档次是工艺品，还是商品或是艺术品。

工艺品主要看其作品的做工，工与艺相结合的程度，艺术的感染力表现得如何，创作思路、文化、语言内涵，是否适用，是否是全方位展示的综合艺术。

商品一般指没有设计能力或甚少的设计能力，借用摸具或复制，或借拿其他作品拼装的作品，其作品比较呆板，没有创作构思，艺术语言发挥不出。是一种复制品，一件印刷品而已。艺术品，是作者把构思、思维、个性和艺术逻辑，借用陶土表现、抒发出来。是一件艺术思想和思想艺术的结晶。它不但可以陈设，还可以使用、对话、抚摸、沟通、收藏。

气：气谓作品的气质、气度，同样也包括作者的底气、功底。

作品的构思状况，结构的合理度、线型的变化、造型的表现力度、运势、动感、线条的流畅程度、功底硬、底气足的作者，他能运用色泽、泥土的颗粒变化与精工融为一体，进行互补和锻造，使其作品呈现出特有的气质，作品大气者，有大家之风范（但不能霸道），赏之让人震撼，另具有一种淡淡的灵气，或绵绵的秀气的，让人看着舒服，摸着惬意过瘾。

神：神是作品的精髓，包括气质、品相、语言，甚至作者的品行。人常说，“作品似人”，作品能说话，能传达作者的情怀，作品使人与人之间产生一种信息、一种享受、一种共鸣，达到淡淡的一把壶、浓浓的情怀的诠释，繁中呈华，简中见神，动中孕韵，静中含雅，繁动之中，热情奔放，简静、娴静、优雅的至高境界。

韵：韵是艺术美感，是一种旋律、一种艺术节奏，是一种韵味。显示在作品的整体协调，主体与各附件间的配合和谐与呼应程度，是个性张扬型的，还是含蓄型的。张扬型的，给人一种激情的享受，含蓄型的给人一种温情柔和、春风拂面、非常舒坦的感觉。

另外，大品壶以气势为导向，配以简洁明快的处理手法；小品壶则以“精、巧、逗”为宜，总之、结合型（线型变化），色（泥色呈现），粒（泥质颗粒）和做工、烧成火候，就能自然而然地呈现出紫砂的“精、气、神、韵”来，就能充分体现紫砂壶的泥质的肌理美、造型美、意境美，技法娴熟与艺术感染之和谐美。

以上是作者对紫砂壶的精、气、神、韵，近三十年的实践探索研究之体会，希能起到抛砖引玉之效。

第七篇　教育科研与文化交流

第一章　紫砂陶艺的教育

紫砂陶艺作为民间手工艺的一种，在技艺的传授上，和其他门类的工艺一样，是师传徒承，手把手、面对面的古老的教习方法。这种方法，古今中外概莫能外。学徒期限一般为三年，长则五年、六年，拜师时有一定的仪式，学徒要下跪，拜师签订的合同由中间介绍人担保，学徒期间师傅只供饭不付工资等内容。在这期间师傅的风格、工艺习惯、技艺水准都会一一影响弟子的技艺，乃至思想、道德品行。即便是日后成才的工艺大家，在其风格形成过程中，都能觅见早年他师傅的艺术痕迹和行为特征。

学习紫砂壶的制作技术，就要拜师，接受老师的言传身教。打泥片，拍身筒，琢壶嘴和壶把，学习传统壶类中最基本的几种造型。如做圆珠壶，就如同书法中所练习的“永”字，圆珠壶包含的工艺技术几乎包括了紫砂壶制作的所有基本技法。这样的练习，几年下来，徒弟就有了扎实的基本功，也学习了不少传统壶样。并会制作专用的工具。徒弟的工艺技术日益长进，学会了制作各类壶形，并且会灵活运用，学习期就基本结束了。一般来说，专学光器、素器、圆器或学花货、方货等，以后也专做一类。也有一些技工在后来的创作中渐渐学习其他门类。而徒弟在学习期间，还经常临摹师傅及前辈名家的作品，如时大彬、陈鸣远等的名壶，就经常作为临摹的对象，临摹后所感悟到的就是对造型的形神气态的高下优劣，工艺技艺的周到利落，可以渐渐在临摹中学到上乘的境界，同时渐渐融入自己的个性和认识，仿古中有创新，创新又不脱离传统。仿古使得紫砂壶传统经典的一些造型，得以延续下来，经过众多名家的演绎与创新，形成了不同的风格流派。因此，从师承与学艺的经历可以使人了解壶的工艺特点，从源流上对壶的工艺有所认识。如顾景舟的弟子，会有非常明显的“顾派”的工艺风格，就连制作工具也有明显区别，内行人一眼可以看出作者的师承，即使是创新的作品，这种工艺的流传痕迹也会非常清晰。这也可以说是通过严格的师承关系来保证紫砂工艺自身的工艺体系。

第一节　由师承到学校

一、明清的师承

有文字记载的最早的紫砂艺人，当推供春。供春是吴颐山的家僮，他从艺之初，是陪主人在金沙寺读书时，“窃仿老僧心匠”，走上创作之路的。他的老师当是“久而逸其名”的金沙寺僧。

时大彬是明代划时代的巨匠，他的徒弟众多：

李仲芳，为时大彬第一高足，世传时大彬壶，也有仲芳之作而署大彬款的。徐友泉、欧正春、邵文金、邵文银、陈俊卿、蒋时英、陈光甫也是时大彬的徒弟。沈君用是大彬的再传弟子。

清代名手黄玉麟师从上袁人邵湘甫。程寿珍则学艺于邵友廷。

二、民国时期的职业学校与师承

1921年，宜兴利用公司在蜀山创办“利用陶工传习所”，特建造龙窑一座，这是宜兴陶瓷有史以来建立培养紫砂人材的第一所学校。招收20名紫砂艺徒，由俞国良、邵云儒传授紫砂壶陶刻技艺，并逐渐形成了一支陶刻专业艺人队伍；由著名艺人程寿珍、范大生担任制坯技师。教学严格、常作比赛。学员中杰出者有：冯桂林、储良、陈汉西等。

1931年，“江苏省公立宜兴职业学校”成立，内设“陶工科”，次年改名为“窑业科”。1933年，窑业科与宜兴职业学校脱离，单独建校，称“江苏省宜兴初级陶瓷职业学校”，招收高小文化以上的学生，校址在今蜀山北厂，并借用陶器工厂作为学校的学习工场。首任校长为从日本东京帝国工业大学毕业的王世杰。吴云根、朱可心等人曾受聘担任教师兼实验工场技师，从此改变了一师一徒的传授方法，而是多师多徒的群体授课。本世纪宜兴的陶瓷学校先是改名为“宜兴轻工学院”，2004年又改名为宜兴高等职业技术学院，汪森义传汪宝根、朱可心、吴云根；江左臣传裴石民；金阿寿传王寅春。

第二节　建国后

1954年蜀山工场紫砂生产组成立，将流散在各地的紫砂从业人员组织起来，其中有陶刻艺人任淦廷，制坯艺人朱可心、顾景舟、王寅春、裴石民、吴云根、蒋蓉、施福生、沈小鹿、范正根等59人。

一、授徒情况

1955年：

朱可心收徒：

潘春芳、鲍新元、史志鹏、李琴仙、李碧芳、倪顺生、曹婉芬、吴庆安。

顾景舟收徒：

李昌鸿、高海庚、沈蘧华、单淑芳、鲍秀云。

吴云根收徒：

高永津、史济华、许旋、朱凤英。

王寅春收徒：

许承权、王小龙、李天行、李元如。

1956年：

王寅春收徒：

高洪英、陈小庚、葛岳彬、江宏大、吉德宝、鲍赛芬、方立品。

吴云根收徒：

史玉琴、何昕初、许慈媛、范洪泉、王月仙、谢乐仙、吴欣南。

郁洪庚收徒；

徐茂棠、鲍启君。

任淦廷收徒：

徐秀棠、咸仲英、冯希雅、邵新和、王品荣、张赫棠、朱蓉娟。

1958年～1959年：

朱可心收徒：

汪寅仙、范洪泉、谢曼伦。

顾景舟收徒：

周桂珍。

王寅春收徒：

何道洪。

吴云根收徒：

吕尧臣、许慈媛。

陈福渊收徒：

潘持平、周尊严、顾绍培。

二、职业学校

1．江苏省宜兴丁蜀职业高级中学

创办于1977年，1988年改办职业教育，由校本部、张渚分校、旅游职工学校办班点、机动车架驶学校办班点组成，是国家级重点职业中学，江苏省职业教育先进集体。学校占地111222平方米，建筑面积44443平方米，专任教师307人，专业教师164人，“双师型”教师98人。在校学生达4370人，年培训规模达4000多人次。

学校设工艺美术等五大类十多个专业。并将专业建设的重点放在工艺美术等专业上。培养层次涵盖大专、高级技工、普高、职专、职高五个层面。在宜兴市各类技能比赛中，竞赛成绩始终在同类学校中名列前茅。学校目前拥有一个国家级紫砂陶艺术技能型紧缺人才培训培养基地，一个省级技能型紧缺人才培训基地和两个省级示范专业。工艺美术专业是江苏省示范专业，无锡市特色骨干专业，是南京师范大学美术学院和南京艺术学院设计学院联合办学教育实验基地。

2．丁蜀镇成人文化中心学校

该校目前已经成为江苏省有名的“手工艺人才高地”。

该校以面向陶业、服务农村社区为办学方向．每年为企业培训陶艺、专技人才一万余人．得到了用人单位的好评和上级的肯定。学校被宜兴市定为陶瓷实训基地、宜兴紫砂艺术培训中心。最近又被江苏省教育厅确定为江苏省陶瓷艺术实训基地、省人事厅定为江苏省专业技术人员继续教育基地。成为联合国教科文组织农村社区学习中心(CLC)项目实验点。

学校充分利用地处“陶都之都”的优势开展教学活动，这里走出去的学员目前已经成为宜兴紫砂陶生产大军中的骨干力量。自2002年秋开办紫砂艺术培训以来，已拥有5000多名学员，约有700多名学员已经通过职称评审，100多名学员在国际国内各大比赛中获奖。该校还不断尝试农村劳动力转移的新途径，经常邀请专家在农村田头摆起课堂。目前已成功举办了40多期陶瓷艺术等方面的培训班，该校开出的“紫砂培训班车”还陆续为更多农民提供免费紫砂技能培训。

在学校的作品展示厅．陈列着一件件造型各异、装饰优雅的紫砂壶以及陶器坛罐等传统产品。这些都是在此参加陶艺培训学员的部分作品．已显示了较高的技艺水平。学校一年完成陶刻、雕塑技能培训数百人。为了确保培训质量．学校除在职10名教师外，还聘请南京师范大学、扬州大学、江苏教育学院、南京经贸职业技术学院、江苏电大、江苏省陶瓷研究所等大专院校的100余名教授专家担任兼职教师到单位授课。

学校作为紫砂艺术培训中心．一是通过理论培训提高艺术素养．其中中专、大专班用30～40天，学完10门课程：二是掌握手工制作紫砂壶及陶刻、雕塑技能，聘请有教学、实践经验的美术教师、高工或陶艺名家的后人作实训辅导。目前陶刻已培训到初、中级技能。为提高培训质量，扩大规模，学校在5间工场的基础上，投入了20万元，在丁蜀镇红卫村再建一幢高技能人才实训楼，以适应人才培训的需要。

同时．学校借助古龙窑遗址、宜兴陶瓷博物馆等陶文化亮点．把学校办成集陶瓷制作、作品展示、实习培训、观光旅游的窗口。

第三节　职工培训

随着紫砂文化的发展，广大紫砂职工素质教育变得越来越重要了。精陶公司、金帆公司、天一昭和公司、新丽公司上千员工的岗位培训．就是请省陶瓷研究所专家到企业讲授陶瓷、手彩、成型课程．达到120课时。由举办培训班到采取网络教学的方式，将更有利于职工培训的发展。

一、陶瓷美术培训班

1975年8月。中央工艺美术学院陶瓷系。开门办学，在宜兴鼎山省陶研所举办“全省陶瓷美术培训班”。由杨永善、陈若菊和白雪石等教授执教，紫砂工艺厂有汪寅仙、何道洪等参加学习，学习时间一年。

二、首期江苏陶艺创新设计高级研修班

2007年10月26日～28日，为加强江苏省陶艺行业理论研究和文化底蕴的深度挖掘，全面提升陶艺设计人员的整体素质，以多出符合时代精神的创新佳作，满足当前社会对陶艺作品高品位需求，举办了首期陶艺创新设计高级研修班。

主办单位：江苏省人事厅

协办单位：江苏省工艺美术行业协会

承办单位：无锡工艺职业技术学院

免收任何费用（包括资料费、上课费、午餐费、证书费等）并由江苏省人事厅对研修合格者颁发《江苏省专业技术人员继续教育证书》。

（一）研修内容：聘请省内陶艺业界理论研究、造型设计、艺术创作等一流专家（教授、大师）授课，并就全省陶艺创新进行现场研讨，解答一线创作人员在实践中所面临的难题。

（二）研修方式：授课（电化教学与实物制作结合）、现场研讨、学员作品点评、参观考察（大师工作室）。

（三）招生对象：江苏美术陶瓷一线创作（设计、制作）专业技术人员（工艺美术师及以上职称），共40人。

三、吴鸣高级陶艺研修班

经江苏省高层次人才选拔培养工程“六大人才高峰”项目资助评审委员会评审并报省政府同意，吴鸣同志负责“紫砂陶艺的传承和创新”资助项目，项目完成周期为三年：2008年1月至2011年1月。督援单位：江苏省人事厅、无锡市文联、无锡市人事局。为完成该项目，将由吴鸣工作室开设“高级陶艺研修班”，招收有志于陶艺创作研究专业人员轮训。

1．内容：紫砂陶艺设计、创作、理论、书画陶刻。

2．方式：以辅导创作为主，流水式不间断招生。采取到吴鸣工作室接受创作辅导或室外辅导两种方式。

3．期限：不限，可长可短，根据实际需要定。

4．对象：地域单位不限，助工以上专业强、文化程度高者优先。

5．人数：每年2～5名（暂定）择优录取后将签订研修协议。

6．拟在项目结束时办成果汇报展，出作品集。

四、全手工制壶培训班

为了弘扬民族传统手工工艺，传承“宜兴紫砂陶制作技艺”，2008年3月，宜兴范家壶庄面向社会免费开办全手工制壶培训班。分入门班和研修班：

1．入门班招收具有初、高中文化，初学全手工制壶的人员。

培训课程为：①全手工制壶基本技能；②学习《传统工艺美术保护条例》；③造型设计基础知识；

2．研修班招收有一定制作能力和水平的陶艺专业技术人员。

培训课程为：①全手工制壶技艺演示、交流；②创新设计讲座；③营销策略系列讲座

五、网上精品课程

建议以职工素质教育课程、网上精品课程为平台，探索为职工开设“紫砂艺术鉴赏与制作”课程。其知识结构涵盖文、理、工多个学科，且均具有艺术或工艺技术实践，有较好的知识与素养的复合优势；

让学员在紫砂发展史、紫砂技艺、紫砂文化交流方面有较好的知识积累，并涉及中国文字与书法、中国美术作品鉴赏、视觉艺术、窑炉温控自动化、茶文化与健康等专业课程。

1．课程应该遵循多学科协同建设的宗旨，从审美、文化、心理、认知、工艺、新技术、网络传播诸角度进行教学，真正体现学科交叉的教研思路，有以下的教学项目和措施：

（1）“紫砂文化与紫砂工艺实践课程”

（2）“网上艺术鉴赏课程”，本项目将推动原本处于传统教学状态的艺术类课程上网 。

（3）成立“紫砂艺术中心及紫砂艺术教学中心”

（4）开展“现代技术在紫砂技艺中应用”的研究，为紫砂课程教学与相关实践引入了一个新的实验教学平台。

2．要求职工浏览近年来在国内主要刊物上发表的相关论文摘要；

本项目在教学内容上，理论模块分为紫砂历史和紫砂作品鉴赏两大项。紫砂历史分为紫砂泥、紫砂造型、烧制工艺和科技鉴定等子项。

实践模块分为练泥、成型、彩绘和烧制4项。

理论教学采取课堂集中多媒体教学与博物馆、美术馆、工厂现场观摩教学相结合的组织形式，以达到书本知识与实践经验相互印证提高教学效果的目的。

实践模块，采取在本课程教学实践基地集中实习的方式，保证每一个职工都能从炼泥到烧制成形的整个工艺流程中得到完整的学习和创作的经验。本课程教学设计的宗旨为“经验性学习、创造性教学”，使新职工能尽快投入到生产和创作的实践中去。

3．本项目教学平台建设

4．教材使用资料与文献

5．网络教学环境

所有理论课程在多媒体教学环境中进行，主体内容均制作成课件，达到网上教学的课程要求。

6．项目的教改特色及效果评述

本课程理论课采取多媒体教学与现场教学相结合的方式，从紫砂的历史背景，审美特点与科技含量多方面整体把握其文化内涵。

实践课形成了临摹、创作、烧制和作品展示整体的教学和工艺流程，借鉴汉字造型和书画的感受，以及自然的生活体验和科学训练的知识背景，很快进入学习和创作中。

采取教师讲解及职工互评的互动方式形成良好的实践课氛围。作品输入计算机屏幕供学生观摩，提出评论点和修改意见，优秀作品在期末集中举办实物展览，并择优印刷职工论文，供新一届紫砂陶艺课选修职工学习参考。

7．本课程的主要特色可概括为：

（1）科学思维与艺术直觉相结合的教学模式，为职工的素质教育课程探讨新的途径。

（2）阐释中国紫砂的人文精神，强调学员实践课的意象表达，培养职工突破成法的创新能力。

（3）以中国书画造型和自然象形为中国艺术的审美核心，探索具体的对职工进行艺术鉴赏教育和创作的新的紫砂陶艺教学方法，体现了本课程的现代感和文化特色。

（4）本课程在职工教育类课程中属于开创性的设置。不断完善该课程，将对实施职工培训课程人文与科技的结合做出新的贡献。

（5）本项目的进一步规划设想：

本项目以建设精品课程为目标，具体可分为：第一是建成独具特色的文化素质精品课，第二是建成标准的网上开放的文化素质类网络课程，在此基础上进一步丰富与巩固项目成果。

第二章　紫砂陶艺的科研

紫砂壶属于陶器范畴，是以中国境内远古时代的制陶业作为基础的。因此紫砂壶的起源应该比较早，不过那时的紫砂壶与后来专用于泡茶啜饮的紫砂壶和其他紫砂艺术品有着本质的区别，前者属于日用陶，后者应是紫砂艺术品，具体到宜兴本地的紫砂陶器艺术，应始于明代。也有人倾向始于宋代说。我们根据出土的器物，特别是明墓出土的器物综合研究分析，认为紫砂器的制作始于明代。

万历到明末是紫砂陶发展的高峰期。这一时期的时大彬、陈仲美、陈用卿、徐友泉等一代宗师，制作的壶造型千变万化、层出不穷。作品以仿古的风格为主流，主要壶形有汉方、菱花、僧帽、圆珠、梨式，以及花卉、竹节、橄榄和提梁等形式。经过以时大彬为首的壶艺家们的努力探索，已经形成了一套合理完备的紫砂制作工艺和工具。万历时紫砂制作工具就已经十分完备了。时大彬最初以仿供春大壶开始，其后自成一格亦以大壶为主。他对调制砂泥有独到之处，独步当时的是紫砂泥中带有颗粒的效果。时大彬在游娄东时期，与名士陈继儒过从甚密，共同研究品茗之道，根据文人士大夫阶层雅致的品味，他把紫砂壶缩小。为符合文人雅士手持把玩的需要，把壶“精雅化”，这是时大彬对紫砂壶最大的贡献。自此，紫砂壶与文人结下了不解之缘，翻开了中国紫砂文化的新篇章。壶艺家和文人联手一直将紫砂的制作、创新和研究进行到今天。但基本上是分散与灵活的组合。

能充分体现个性化创作的民间艺人，历来就宜散不宜聚，紫砂亦然。但广大紫砂艺人希望有一个组织来联系沟通服务于自己，于是作为江苏省工艺美术学会的分支机构——陶艺专业委员会应运而生。徐秀棠、汪寅仙、谭泉海首先担任了该会的正副主任，继而李守才、邱玉林、潘持平、吴鸣、陈建平、吴震、鲍志强等同志又充实了专委会领导班子。作为一个纯学术性的民间组织，该会建立后，组织了一个又一个活动，培育陶艺新人，弘扬陶瓷文化，广泛进行国际国内陶艺交流，组织学术讲座，陶艺专业委会员也由初期的几十人发展到现在的50多人。这充分说明它顺应了陶艺生产企业体制变化后的要求，顺应了市场经济的潮流，服务了广大陶艺工作者，显示出旺盛的生命力。并克服种种困难刊印《江苏陶艺》，深受业内外人士的喜爱，一至十五期为32开本的内部通讯，2004年起，经省出版管理部门同意，改为16开本的内部刊物。2004年8月19日～24日，还应邀参加了在陕西省富平县召开的2004第一届国际陶艺期刊主编论坛。

紫砂艺术品既是陶瓷又可视同于书画艺术品。于是，喜欢宜兴紫砂的人群在各地涌现，这充分体现了紫砂的文化属性，其品位越来越高；加上紫砂技艺队伍素质的提高，一批大师级人物的影响及实力派艺师的好作品不断问世，紫砂主流文化得到大力弘扬。许多专家、学者、文人、新闻媒体对宜兴紫砂的厚爱推介，都在起着积极的导向作用。热心于紫砂技艺的提高和紫砂文化的发展是文化人的视点，是艺人的心愿，是紫砂行业的追求。是进一步繁荣紫砂文化的必须。

宜兴紫砂还在发展，由于经济文化的繁荣，她的生命力愈见强盛。目前的这批名师巨匠在过去吃紫砂饭的群体中产生，将来的大师还要在紫砂从业人员中涌现，谁也无法下定论，将来谁是大师，谁是巨匠。事物发展有它的本身规律，用任何美好的主观愿望或刻意追求来代替现实，都是不切实际的。我们需要不断地引导、推动、促进紫砂文化的持续发展。

紫砂文化值得深入研究，为弘扬紫砂文化做出贡献的是方方面面的人士。只要有把玩壶的，就会有制作壶的，也会有铭写壶的，其中也会有进行研究的，就像一个生物链，环环扣紧、生生不息，推动着宜兴紫砂的发展与提高。目前的紫砂文化研究已取得了不小的成绩，但还远远不够。那种报端荧屏常见的陈词滥调和一些离根离谱的所谓紫砂艺术品推介(大多是花钱的广告)，已引不起人们的兴趣，太多的溢美之词不能说明就有真本领，而技巧过甚，总非艺术。一本本印刷精美、装帧漂亮的作品画册也并不能说明作品水平有多高。而蜂拥而至、名片上一大堆艺术头衔的新潮书画家们拿起壶来就涂上几笔的所谓书画壶同缘，怎么看也有挥之不去的俗不可耐、甚至糟蹋紫砂艺术的感觉。一些试图冠以紫砂壶高科技、能起保健养生作用的商业宣传，使人感到与紫砂文化格格不入，大有误导消费者之嫌。

紫砂文化的体系涵盖着地域文化、历史文化、材质文化、工艺文化、工具文化、师从文化、名人文化、作坊文化、包装文化。由于历代文化人的不断参与，宗教文化的渗透等等，她的领域是十分广阔的，研究是永无穷尽的。古老的陶都已发展成一个生机勃勃的新宜兴。宜兴的现代化事业在推进，传统的陶瓷文化脉络在延绵，越来越灿烂的紫砂文化，不断涌现的杰出紫砂艺术人才，彼此相辉相印、相互依存。正在开创一个紫砂艺术更加美好的未来。

附录：

关于《传承、研发宜兴紫砂文化艺术》课题研究汇报

——宜兴市陶瓷行业协会及江苏省工艺美术学会陶艺专业委员会

宜兴紫砂陶历史悠久，不但材质、工艺独特，更具有极深厚的文化底蕴。近年来，宜兴紫砂业空前繁荣，人才济济，新品迭出；但在社会转型期，由于市场经济的不完善，也出现一些问题，一是业内秩序较乱、良莠不齐，少数人在利益驱动下，粗制滥造，假冒名人名作；二是紫砂文化的优良传统受到冲击。为此，我市宣传部提出了《传承、研发宜兴紫砂文化艺术》这一研究课题，并获得了省立项。

该课题立项后，即制订了详细的实施计划方案，拟分5年逐项落实，并由宜兴市陶瓷行业协会及江苏省工艺美术学会陶艺专业委员会(以下简称陶专委)具体组织实施。市陶瓷行业协会成立于2002年6月，是服务全市陶瓷行业当然也包括紫砂行业在内的组织；而恢复成立于1999年的陶专委是以我市紫砂为代表的全省陶艺工作者群众性的学术组织，目前有会员550人，基本上包括了大师、名人、高工在内的紫砂从业人员，由这两个组织来实施这一研究课题具有得天独厚的优势。

一年来，在上级宣传部门的指导下，结合落实市人大提出的《发展宜兴紫砂》的议案，在该课题的实施上做了以下工作：

一是通过各种展评，促进宜兴紫砂文化艺术的繁荣发展。去年，结合纪念顾景舟大师诞辰90周年，在第二届无锡太湖博览会期间，举办了《中国紫砂艺术精品展暨顾景舟90诞辰纪念展》，此展从无锡开始后移至上海，展出了顾老作品18件，及老、中、青代表人士的作品230件(套)产生了轰动效应，进一步推动了紫砂艺术的传承、创新；今年6月初，结合“2005年中国陶都宜兴国际陶艺研讨会暨陶艺展”，举办了第二届宜兴陶艺新人新作展，共展出作品420件，有205件作品分获一、二、三等奖及优秀奖；配合国外陶艺家作品的展出，还发动高工以上送展，全面展示了当前宜兴紫砂艺术的最高水平，并激励了一批新人。此外，还组织陶艺家赴美及到外省、市展出交流10多次。

二是积极开展学术研究，出版研究专著，弘扬紫砂文化。以陶专委专刊《江苏陶艺》为载体，每年发表业内外人士各种研究论文近百篇；去年又汇集1～18期《江苏陶艺》中有关紫砂的论文汇编出了《紫砂研究》一书；继前几年出版《中国紫砂》、《中国紫砂图典》，在去年又出版了《紫砂泰斗顾景舟》、《景舟壶艺流别录》等，这些专著着力宣传了博大精深的紫砂文化。去年由珠江电影制片厂拍摄的八集电视专题片《中国紫砂》，发行后反响很好；无锡电视台和宜兴陶瓷行业协会联合摄制的四集电视专题片《紫砂泰斗顾景舟》最近被评为江苏2004年社科类电视节目金奖，目前已送评国家政府奖和中国新闻奖。今年，宜兴市方圆紫砂公司还与教育部门共同编写了《陶娃学紫砂》教材。目前市陶协正在着手编辑出版《2005中国陶都宜兴国际陶艺研讨会暨陶艺展论文、作品集》、《第二届宜兴陶艺新人新作获奖作品集》，另有《紫砂壶铭赏析》、《风雅紫砂》等准备出版，同时由上海文汇出版社再版《紫砂春秋》一书；平时举行小型学术活动或对作者作品进行研

讨评析，或对业内焦点热点问题分析探讨，特别值得一提的是已吸引了一批知名文化人积极参与紫砂文化的研究，无疑将进一步提升宜兴紫砂文化的水平。

三是启动“宜兴紫砂工艺”作为世界非物质文化遗产的申报工作。宜兴紫砂工艺植根于中国宜兴地区历史悠久、博大精深的陶瓷文化沃土之中，它在原料、成型工艺、装饰、使用(茶文化)及其文化内涵上都富有民族智慧和创造性。是中国优良传统文化的代表性工艺体系，它的工艺流程和独特风格具有不可替代性，能够反映出中华民族的文化创造性、文化特征和文化价值观，它的工艺还对世界其他民族如日本和欧洲的制陶工艺产生过积极影响。近年来，由于过分商业化和现代工业化的冲击，它的优秀工艺传统正受到削弱和威胁，需要政府和社会给予积极保护，以防止出现衰势，保证该工艺在现代生活中继续发挥文化上的传承作用。宜兴紫砂工艺申报世界非物质文化遗产具有较大的可行性，为此，市政府去年已与南京大学文化与自然遗产研究所签订协议，联手开展“申遗”工作，在申报过程中，需要做广泛的基础调查和研究工作，需要制定相应的保护法规和保护规划，需要在群众和专家中做广泛的宣传和推介工作。当然最重要的是要在这些工作的基础上完成符合申报要求的文本撰写及相关申报材料工作。

四是成立了“宜兴陶艺版权保护中心”。在国家版权局、江苏省版权局的重视关心下，于去年七月份成立了“宜兴陶艺版权保护中心”，并请专家为工艺师们讲授了有关陶艺著作权保护方面的知识，针对市场上有假冒名人作品这一现象，将有重点地逐步推进这项工作。近期打算召开“保护中心”成立一周年座谈会，已有不少工艺师提出申请，要求保护自己的陶艺作品版权，这是一项任重道远的工作，我们有信心、有决心在这方面有所突破，有所成效，来维护宜兴紫砂的声誉。

今后对这一研究课题，将按计划逐项实施落实。一是在业内重点抓对紫砂文化的传承、理解；打好基础，立足传统，不断创新；二是进一步发动有文化的艺人和关心紫砂的文人深人研究紫砂文化，多做务实的研究，真正为传承、弘扬宜兴文化艺术出一批成果。三是不断培育陶艺新人，确保传统的紫砂工艺后继有人。在这一课题研究的过程中，得到了无锡市委、人大、政府的关心和无锡市委宣传部的指导、紫砂从业人员的配合和实实在在的行动，在此表示衷心的感谢，并望能一如继往地关心和支持，使这一项研究课题能早出成果。

第三章　紫砂陶艺的文化交流

紫砂陶又称紫砂器或紫砂陶器，是我国独特的陶器工艺品，以造型多样，色泽古雅，质坚耐用，技术精湛而著称于世。明代是紫砂正式形成较完整的工艺体系的时期，也奠定了宜兴作为紫砂之都的基础。基于紫砂深厚的文化底蕴，为了更好的普及国人的紫砂文化知识、研究紫砂传统文化的过去，继承紫砂文化的精华，引导紫砂文化发展趋势和发展方向，紫砂文化交流的作用将越来越重要。近些年，以紫砂文化为主题展览、会议、交流、演出等交流活动日益丰富多彩。

第一节　紫砂展览与交流

一、国内展出

1．紫泥清韵——故宫博物院藏宜兴紫砂展

2007年以来各种规模的紫砂展览层出不穷，其中以2007年4月在北京故宫博物院举办的“紫泥清韵——故宫博物院藏宜兴紫砂展”最为突出。此次展览以清宫旧藏紫砂器为主线，从故宫近400件紫砂藏品中遴选出110多件（套）具有代表性的作品，首次集中展示了明清时期皇家使用的紫砂茗壶、茶具、文房清供、花盆、宜均陈设瓷等器物，展出的一批清宫旧藏的宫廷紫砂茶具和文房用品，世间罕见，外界绝少看到。这次展览是自1925年故宫博物院成立至今80多年以来，首次举办的宜兴紫砂专题展览，也是建国以来国内规模最大的一次明清紫砂收藏展览。展出的展品之精，数量之多，品位之高极为空前，对于宜兴紫砂的收藏与研究起到了极大推动作用。

2．2007年中国十大紫砂茗壶展

2007年中国十大紫砂茗壶展在上海鸿运斋亮相，“四大发明壶”、“鸟巢壶”、“航天壶”等十大茗壶吸引了参观者的目光。此次中国十大紫砂茗壶评展活动由中国博物馆学会等单位主办，荟萃了中国当代紫砂壶创作的精品。

3．李昌鸿、沈遽华五十年紫砂艺术精品展

2007年1月，中国陶瓷艺术大师李昌鸿、沈遽华五十年紫砂艺术精品展在北京民族饭店举办。李昌鸿先生在当今紫砂界壶艺造诣极高。他18岁时就与沈遽华一道，拜壶艺泰斗顾景舟为师，勤奋笃学，博采众长，在继承中创新，在探索中求变。李氏夫妇融书法、绘画、治印于一体，在形式和内容上，赋予每件作品不同的文化内涵，形成了自己的风格，李氏夫妇精品迭出，多次在国际、国内大展中荣获金奖。

4．徐门紫砂展

2007年6月在宜兴陶瓷博物馆举办由中国工艺美术大师徐汉棠领衔的“徐门紫砂展”。此次展览展出了徐汉棠大师的紫砂精品以及徐达明、徐维明、徐雪娟等徐门子弟的壶艺作品。

5．漳浦国际茶壶茶文化节紫砂壶珍品展

2007年9月漳浦国际茶壶茶文化节期间举办的紫砂壶珍品展，首次展出了漳浦县出土收藏的国家一级文物——“时大彬款三足鼎盖紫砂壶”。据专家介绍，漳浦出土的这件茶壶是迄今发现的具有作者刻款和明确纪年的第三件“明代良陶”时大彬的作品，而且在三件之中，它还是最早的一件。刻在圈足内平底上的“时大彬制”四字，和江都曹壶，无锡华壶一样，同是刀笔深重有力，有深厚感。

6．第八届宜兴紫砂壶展

2008年1月，第八届宜兴紫砂壶展览在厦门图书馆举行，300多件紫砂壶精品中，最引人注目的是标价60万元、高级工艺美术师刘建平的作品——《春涌大地》。

7．迎新春·爱家收藏紫砂精品展

2008年2月，北京爱家收藏品交流市场举办了迎新春·爱家收藏紫砂精品展。此展览共展出紫砂精品千余件，其中包含我国多位紫砂大师的作品，以及从未面世的获奖紫砂艺术品，如潘岷在2003年第四届中国工艺美术大师精品博览会获得银奖的一套紫砂“幽风雅韵”亮相此展览。著名紫砂壶大师倪顺生携紫砂珍品来到活动现场与藏友见面。

8．首届（中国·吉林）当代紫砂名师名壶邀请展

2008年3月“首届（中国·吉林）当代紫砂名师名壶邀请展”在长春雅贤楼茶艺馆举行。以中国工艺美术大师顾绍培为首的8位紫砂名师带来作品60余件。其中包括由顾绍培大师创作并被故宫博物院收藏的“对弈壶”。

9．丁蜀紫砂花盆漂洋过海

宜兴市陶瓷协会花盆分会虽成立只有一年多，交流活跃，已组织了两次大型全国性厂商联谊会暨新品展示活动。组织了2006中国宜兴陶瓷花盆创新作品大赛，有50多个品种获奖，在陶艺花盆界引起了轰动。不久前，举行的大型厂商联谊会和新品展示活动，吸引外地客商200余人参加，展示新品250多个，成交量2000余万元。

二、海外文化交流

紫砂文化的海外交流，对于世界各国了解我国历史悠久的紫砂文化及制造技艺具有积极意义，同时也使我们清楚地认识到海外国家在紫砂制作水平方面的进展。宜兴所产的紫砂器，17世纪便由葡萄牙商人输入欧洲，被外国人称为“红色瓷器”、“朱泥器”。早在明代中叶，宜兴紫砂已经在国际市场上享有较高的地位和声誉，对促进中外经济文化的交流发挥了重要的作用。在20世纪初，宜兴紫砂艺术品就在国际性展览中多次获得金质奖章及奖状，其国际影响十分深远。

改革开放以来，东西方文化的交流，陶艺作品展示，让世界更加了解紫砂。

1984年德国莱比锡春季博览会上紫砂竹筒茶具和百寿瓶获金质奖。1991年，香港举办的第三届国际残疾人展能节和1995年澳大利亚举办的第四届国际残疾人展能节上，夏淑君制作的9件四方紫砂茶具和紫砂雕塑“母爱”分获金质奖。1989年、1992年、1995年在日本美农举办的国际陶瓷展上，刘建平、徐维明、吴鸣、葛陶中、季益顺的紫砂艺术品都得到了入选奖。为了推动国际陶艺的交流，学习外国的陶瓷文化艺术，繁荣宜兴陶瓷(紫砂)的创作，于1998年、2001年和2005年3次举办中国陶都（宜兴）国际陶艺展，吸引了众多的外国陶艺家来宜兴观光和交流。2005年中国陶都———宜兴国际陶艺研讨会暨陶艺展，汇集了中外陶艺家180余件精品佳作，其中美国、韩国、日本等10多个国家的世界著名陶艺家作品就有70多件。

韩国陶艺家申铉哲的《雀茶壶》、日本陶艺家铃木寿一的《急须》茶器、美国陶艺家托尼·亨特利的《房型壶》和周光真先生的《石壶小花》造型有点奇特，装饰也有些怪异，但能感觉到也在舒展着宜兴紫砂壶艺的脉动，是一种脱胎于宜兴陶瓷茶具，又赋予西方文化色彩的陶艺作品。

当然，这些作品带有他们自己的国家的文化背景，也带有作者自己的某些思考，并不特别讲究使用功能，而是一种悠闲自得的愉悦。这次来宜兴的世界著名陶艺家理查·诺金先生，是一位将“中国宜兴茶壶”的理念带到美国去的陶艺家。他认为宜兴是陶瓷文化深厚的地方，有着众多的出色的陶艺家。宜兴是陶瓷艺术特别是紫砂艺术的“圣地”，也是世界壶艺的中心，应该让东西方共同分享这一杰出的艺术成果。

国内陶艺家的作品也是光彩夺目的，深深地吸引着观赏者的目光。清华大学美术学院陶艺系高峰先生的陶瓷拉坯、跳刀彩釉艺术品《南国风竹》、《云样变化》是抒发作者对大自然的所感所悟，蜕化出具有鲜活生命且能表现个人感性世界的陶艺作品。中国艺术研究院高振宇研究员的《粉青瓷六角盘》以独特的工艺手法，让古老的青瓷艺术，创造出现代人生活器皿中活着的艺术灵性。中国艺术研究院朱乐耕教授的陶艺《行空的天马》，在一个硕大的青色瓷盘中，一匹独来独往的天马伫立在旷野之中，那张大的嘴巴，似乎在发出嘶叫，不知是行空的呐喊，还是独行的无奈?成为作者抒情和表现奔放个性的纯粹艺术品。

龙泉徐朝兴大师的《灰釉水波瓶》、陈爱明的《秋到龙泉》、青瓷《涌翠》、北京邱耿钰先生的《西部风

情》、还有王妮娜的《圣堂之路》、同济大学副教授刘秀兰的《皇帝的新装》……使我们真切地感受到知名陶艺家的创新意识、现代气息和充沛活力。

宜兴的大师、高工的数十件参展作品，凸现了宜兴陶艺的精美绝伦和艺术成就。宜兴的陶瓷艺术正朝着积极的方向发展，陶艺家们自觉地把作品的艺术性与实用性融合起来，引领着陶瓷文化的进一步提升。

近年来，宜兴紫砂陶艺家已经成为中外文化交流的使者，并在紫砂文化的传播上，留下了清晰的足迹。宜兴市陶瓷行业协会与美国中华陶艺学会搭建了陶艺交流的平台，2003年至2007年已经连续5年组织紫砂陶艺家赴美参加每年一度的美国陶艺教育年会的陶艺活动。

2008年1月，韩国陶瓷协会向江苏省宜兴市赠送了21件由韩国著名陶艺家创作的陶艺作品，这些作品由宜兴陶瓷协会收藏，并将设专柜展出。

2008年1月8日，北京奥组委与来访的美国奥委会秘书长詹姆斯·谢尔（James Scherr）及其一行举行了会谈。除了就与2008年奥运会相关的其他领域进行了交流，还特别对东坡紫砂杯给予高度评价和肯定。

2008年1月23日，中韩传统龙窑相结合的产物——范家窑，在宜兴市丁蜀镇西望村范家壶庄顺利点火。此窑于2006年10月破土动工，历时1年3个月建成。一窑可烧制紫砂壶千余件，用时仅24小时。

出席范家壶点火仪式的有范家壶庄总工艺师范伟群先生、韩国国学研究所所长、韩国地乳茶会会长、宜兴市荣誉市民朴贤先生，韩国陶艺大师金亿周先生，中国工艺美术大师徐汉棠先生，宜兴市陶瓷行业协会，以及无锡日报、宜兴日报、宜兴紫砂陶网、紫砂博客网（Zisha.cn）、宜兴紫砂工艺网（yxzsgy.com）等多家新闻媒体。

范家窑的设计者韩国陶艺大师金亿周先生介绍说，此窑融合了中国龙窑和韩国登窑的建造技术，长约20米，呈30度斜坡状。龙窑头北尾南，窑身内壁以耐火砖砌成拱形，外壁敷以石棉和西望村特产的白土。窑身西侧设有5个窑口。是窑工进出取放陶制品的通道，窑上方建有窑棚，防止雨水对窑身的侵蚀，燃料以松枝、竹子、木材为主。

范家壶庄总工艺师范伟群先生告诉我们，这种斜坡龙窑的烧成原理是可以控制火候，让火温自下往上自然升温，利用开窑后的余热对陶制品进行干燥预热。范家窑完全秉承着中国传统的紫砂龙窑烧制工艺，成为宜兴地区中韩合作传统方法烧制陶瓷的唯一窑炉。范家窑的成功烧制，对于研究宜兴陶瓷发展史和继承传统、弘扬紫砂文化具有重要价值，对于宜兴紫砂申报世界非物质文化遗产也将起到积极作用。

三、民间文化交流

2000年初紫砂艺术家宋广仁曾与张学广等朋友合作，设计制作了一套“世纪腾飞——百龙壶”。这套作品旨在弘扬中华民族龙文化，振兴中国紫砂茶艺。“百龙壶”为“九连体”，从龙头到龙尾由9把方型壶组成，全长171厘米，高、宽均为11.5厘米。壶身的一面雕刻有《百龙图》，另一面是有关龙文化的书法和篆刻。十几位著名艺术家参与创作、研制，历时一年半完成，极具收藏价值。这套作品已被列入吉尼斯世界纪录，并在天津市第一届中华民间艺术博览会中获银奖。宋广仁积极倡导紫砂艺术在天津的发展，在2006年天津市第三届中华民间艺术博览会中，他与有关单位合作，成功主办了紫砂艺术特展。

2007年9月，在北京玉泉营花卉展销厅举办的“第四届新实力派紫砂精品展示周暨首届真艺紫砂文化学术研讨会”上，新派制壶人与京城收藏界壶友共同交流研讨紫砂艺术文化。市民还可任意指定紫砂款式让工艺师当场制作，从中体会紫砂精品的全手工制作过程。

2008年3月“首届（中国·吉林）当代紫砂名师名壶邀请展”在长春雅贤楼茶艺馆举行。此次邀请展为春城紫砂爱好者们安排了一个可以与紫砂名师交流的互动环节。在展览期间，他们不仅向大师请教有关紫砂壶艺的问题，还把自己收藏的紫砂壶拿到现场来请大师鉴别成色。

四、紫砂申遗

2006年1月3日，宜兴紫砂陶艺成为501项国家非物质文化遗产名录保护项目，并名列手工技艺类第一位。

与此同时，宜兴市政府向联合国教科文组织申报世界非物质文化遗产的工程正式启动。

南京大学文化与自然遗产研究所所长贺云翱认为，宜兴“手工紫砂陶艺”世界仅有，文化积淀深厚，影响深远，其制作技艺已经被列为江苏省民族文化保护工程项目，完全有资格成为世界文化遗产。2008年，宜兴市将以申报省历史文化名城和“紫砂申遗”为契机，加强文化遗产的传承和保护。

五、紫砂演示与技能比赛

（一）作品参评暨全手工制陶技能比赛

2006年8月18日～8月21日，由江苏省人事厅、江苏省教育厅、无锡市劳动局参与组织的《作品参评暨全手工制陶技能比赛》，在丁蜀镇成人学校举行。举办这场大赛旨在继承和弘扬传统手工技艺，推进紫砂“申遗”，为第八届全国陶艺设计创新评比做好荐才工作，为陶瓷从业人员参加职称评审提供业绩依据。

本次比赛分两个部分，一是573件作品参加评比，二是233人参加全手工现场制作，参加现场制作的人数是紫砂史上规模最大的一次。丁蜀成校邀请了24名大师、高级工艺师进行“初评、复评、终评”三轮投票打分。最终在“参评作品”中选出90件作品分获二等奖、三等奖；在全手工现场制作比赛中评出获奖作品134件，其中一等奖10名、二等奖20名、三等奖40名、优秀奖若干名（名单略），以下为获奖名单（按姓氏笔画排列）。

一等奖名单（10名）

姓名	作品名称	专业
王敏	双竹提梁	制壶
申屠国洪	西施制陶	雕塑
余仲华	相濡以沫	制壶
吴顺洪	一鸣惊人	制壶
张宏桃	中天六方	制壶
张勇	六方笔筒	陶刻
杨俊	飞翔	堆花
殷建平	生命	雕塑
顾定荣	天外来客之一	制壶
高爱春	牛盖莲子	制壶

二等奖名单（20名）

姓名	作品名称	专业
王小平	新月	制壶
史宝芝	祝福	制壶
史建中	九龙观舞	堆花
刘红仙	旋律	制壶
朱彩凤	天烛之焰	制壶
吴云峰	八方提梁	制壶
吴震	盛夏的果实	制壶
张志清	月色乡情	装饰
张斌	和谐	雕塑
张锋	千年之恋	制壶
汪成林	举杯邀月	装饰陶刻
沈震宇	铺砂四方壁犀	制壶

陆国庆	虚扁	制壶
周小明	龙生九子	陶刻
范宜娟	荷池花蕾	制壶
贺洪清	亚明四方	制壶
徐飞	佛肚容天	制壶
高卫萍	秋色	制壶
蒋惠娟	钟灵毓秀之钟灵	制壶
鲁文琴	钟灵毓秀之毓秀	制壶

三等奖名单（40名）

姓名	作品名称	专业
尹红英	卓越	制壶
王兵华	松春	制壶
王祥	通景山水笔筒	陶刻
史云棠	寿桃	制壶
史国平	封侯拜相	制壶
叶洪军	书扁	制壶
刘土根	仿老壶	制壶
朱旭庭	君度	制壶
吴芳	禧竹圆福	制壶
吴震	新三友	制壶
张建伟	金钱莲子	制壶
李洪明	凌霜壶	制壶
李彦雄	通转山水	陶刻
苍林华	中华供春	制壶
陈红梅	朴韵	制壶
陈忠庆	长青松柏	制壶
单智辉	提虹	制壶
周奇鸣	百年树瘿	制壶
周钧林	新生	制壶
周顺芳	三指禅	制壶
范乃军	凤饰汉韵	制壶
范卓群	紫玉金砂	制壶
范育君	君风	制壶
范惠萍	巧色梅花提梁	制壶
范朝伟	和畅壶	制壶
胡仁杰	志同道合	制壶
费明华	清心圆提	制壶
钱一清	秋有佳趣	陶刻
顾顺芳	祝福	制壶
高建中	星光灿烂	制壶
崔国良	怡方雅心	制壶

曹建平	凌天壶	制壶
黄玉华	春意盎然	制壶
黄松	牡丹	陶刻
焦振	太虚提梁壶	制壶
蒋国娟	润六方盆	制盆
蒋岳军	最爱	雕塑
缪锡强	玉如意	制壶
潘国琴	螭龙	制壶
戴耀忠	大柿园	制壶

（二）第八届全国陶瓷艺术与设计创新评比活动

2006年10月27日～30日，第八届全国陶瓷艺术与设计创新评比活动在宜兴举办。经过激烈角逐，487件（套）陶艺作品脱颖而出，其中宜兴市有6件作品获得金奖，在各陶瓷产区中独占鳌头。本届陶艺评比活动集聚了山东、广东、河北、江西等陶瓷产区以及众多大专院校陶瓷艺术系的参评作品共2400余件（套），是历届规模最大、水平最高的一次评比活动。19名评委经过三天严格品评，按照日用陶瓷、传统陶艺、现代陶艺三大类，最终评出了487件（套）获奖作品，其中金奖26件（套）、银奖95件（套）、铜奖147件（套），优秀奖200件（套），另有19件（套）作品获得了特别奖。我市在此次评比活动中收获颇丰，李守才、徐南等9人的6件参评作品获得了金奖，分属紫砂、彩陶、均陶三个门类。另外还有16件（套）作品获得了银奖，35件（套）作品获得了铜奖。

第八届全国陶瓷艺术与设计创新评比紫砂作品获奖名单

金奖：6名

许煜红	缘茶具
徐达明	陶与木组壶
季益顺、赵曦鹏	江南一景五件组壶
邱玉林、褚俊伟	紫玉瓶
李守才	《凤戏牡丹》瓶
徐南	老杂件系列

银奖：16名

吴文新、黄孝军	普洱茶器
卢立平	下单线长方盆
孔小明	银箱壶
姚志源	碧桃凝露茶具
孔盘俊、陈国忠、高永平	丰华书画插
陈国良	梦石瓢壶
王国祥、谭泉海	祥和提梁壶
魏柏林	1.8米长方水岸盆
孔盘俊、高永平	七彩瓶
蒋新安	《古代成语》提梁茶具
曹婉芬	楚韵壶

范建军、费寅媛	印象绞泥方壶系列
李斌生	仿古高洋桶壶
勇跃军	金如意茶具
周定芳	动感地带
李伟、周加孜	澄怀静观系列陶艺

铜奖：37名

胡朝君	几何猜想（重构几何）
汪建川	生命之源十件组合茶具
潘岷	飘影组合茶具
鲍曙岩	风影茶具（九头）
邓亚亚	累计壶
朱峰海	过年
孙伯春、张静	宇游茶具
范建华、陆君	《蜀山林语》A、B对壶
倪顺生	文房雅玩
陆君、范建华	四方菱对壶
徐小明	林冲夜奔
朱丹	《珠丹壶》
史小明	《新二人转——赚点小钱》
倪顺生	二十头色泥象形杯
姚志源、王晓林	仙瓢提梁壶
吴芳娣	顶天立地茶具
徐维明	《动物总动员》紫砂水注系列
潘岷	清香逸韵茶具
范春娣	绞泥四面人生壶
邹跃君	灵芝树樱壶
李守才、刘俊	《鸳鸯贵子》
桑黎兵、朱霞琴	月光曲茶具
强德俊、陈若菊	九件春水茶具
吴东元	家茶具
鲍利安	生命组壶
曹婉芬	牛盖提梁壶
潘岷	圆舞曲组壶
季益顺	楚汉风韵壶
孔新华	云龙壶
罗泸伟	小薇
王志刚、周康明	釉魂——文明
茅勇	和谐
陈乐林	瞧！这一家子
史建平	《和谐》紫砂微雕
杨光树	岁月的碾轮

徐立、史小明　　　　　　　太极

尹祥明、周婷　　　　　　　领域

（三）壶韵民生紫砂展

2008年3月由厦门市紫砂文化研究会主办的“壶韵民生紫砂展”在湖滨南路90号立信广场2楼民生精英会所展出。此次展览是紫砂文化研究会成立以来举办的首次展览，共展出近百件紫砂壶精品，包括高级工艺美术师刘建平、江建祥等一批实力派制壶艺人的作品。

厦门紫砂文化研究会还在民生精英会所举办紫砂文化交流活动，宜兴著名工艺美术师、当今青年陶艺家实力派代表人物高峰为广大紫砂爱好者介绍紫砂文化知识，同时现场演示全手工制壶过程。展览免费对市民开放。

（四）第二届四川中国紫砂壶艺术鉴赏会暨成都著名书画家交流会

于2007年10月19日在四川成都文殊坊开幕。

主办单位:中国西部导报社、四川省收藏家协会古玩杂件专委会、成都市政协书画院

承办单位：四川来恩经济文化发展有限公司、四川丰产田广告策划营销有限公司

第二节　陶瓷博物馆

宜兴，素以陶都驰名中外，中国宜兴陶瓷博物馆，是国家最早成立的陶瓷博物馆，馆区占地面积30000平方米，展馆3000平方米，目前已成为我国影响和规模较大的集展示、研究、传播、保护和陶艺交流于一体的专业陶瓷博物馆，在国际上享有一定的声誉。

馆内丰富的藏品，充分展示了宜兴悠久的制陶历史和灿烂的陶瓷文化。从新石器时代中期至今的七千多年漫长岁月中，陶瓷是宜兴引以豪的生命赞歌。无数能工巧匠孕育了巧夺天工的艺术珍品，汉代的陶器、两晋的青瓷、宋明的均陶和明清的紫砂，以及当代的彩釉陶、美术陶、精陶等，充分展示了陶都宜兴的风采。

多年来，中国宜兴陶瓷博物馆多次承办了国内外的大型活动，接待了无数的国内外重要宾客和近百万中外游客。2004年，宜兴陶瓷博物馆经过了建馆近五十年来规模最大的装饰改造，展区面貌焕然一新，作为江苏省爱国主义教育基地和宜兴的重要窗口，必将为进一步弘扬祖国的陶瓷文化，扩大交往，促进发展发挥更大的作用。

第三节　陶瓷网站

一、宜兴名家紫砂茶壶网，简称[壶网] http://www.teapotsky.com http://www.21435.com http://www.14yes.com

创建于2003年3月,全面介绍名家紫砂作品以及的陶艺作品。旨在宏扬紫砂文化及民族精神。本着紫砂艺术创作者的追求，致力于从多角度去探讨紫砂陶的文化内涵，从广泛传播入手，普及和提高国人的紫砂文化知识。研究紫砂传统文化的过去，继承紫砂文化的精华，研究和引导紫砂文化发展趋势和发展方向。该网立足于文化底蕴深厚的紫砂文化和茶文化，集新闻、宣传、展示、交流、销售于一体，是融合传统文化与高科技信息技术电子商务网站。挖掘民间高手，真正的高性价比。让客户用低廉的价格买到大师的好紫砂。展厅提供逐步完善的互联网商务服务，为制壶艺人和壶友搭起一座直接沟通的桥梁，进入网站用户注册直接可以在在线询价、在线留言，诚信互动，方便快捷，轻松实现用户在该网Teapotsky网上展厅赏壶、玩壶，同时也充分享受

选壶、购壶的乐趣与惬意。本着紫砂艺术创作者的追求，从多角度去探讨紫砂陶的文化内涵，从广泛传播入手，普及和提高国人的紫砂文化知识。研究紫砂传统文化的历史，继承紫砂文化的精华，致力于引导紫砂文化发展方向，为紫砂爱好者搭建高速便捷的信息化网络平台。 紫砂和网络分别代表着传统与时尚、要把这两方面完美结合，要有深厚的紫砂技术积累，以及紫砂界内强大的创作班底，为用户提供完美的解惑方案，竭诚为紫砂鉴赏、收藏家以及众多紫砂爱好者服务。

二、宜兴紫砂陶网www.yxzst.com

宜兴市政府主办，宜兴市陶瓷行业协会、宜兴市电信协会协办。宜兴紫砂唯一门户网站。主要栏目有：紫砂文化、名人名作、新人新作、紫砂论坛、推荐企业、学习培训、陶文化、紫砂历史、紫砂鉴赏、紫砂评析、紫砂工艺等。

三、陶源阁紫砂艺术网 www.tyg.cn 中国工艺美术大师顾绍培主持。

三、范家壶庄网 www.fjhz.com.cn 宜兴范家壶庄陶瓷艺术品有限公司主办。

四、军德堂紫砂壶艺 www.jdthy.com

五、吴勇紫砂名人艺术沙龙 www.wuyong.com.cn

六、向上居 www.gzhzs.com 葛政豪主持。

七、盛陶壶艺 www.yxsthy.com 盛东兴主持。盛东兴，号盛陶居士，中国工艺美术师，优秀中青年陶艺家，中国工艺美术学会会员，江苏省陶节专业委员会会员。

八、紫砂名苑——宜兴紫砂壶艺术研究院、中国紫砂协会合作机构、中国紫砂门户网 www.zishamy.com

九、宜兴紫砂壶网 www.xypot.com

十、紫陶居 www.yxztj.com 范乃芝主持

十一、中国紫砂壶网 www.8ks.cn

十二、中国陶都网 www.chinataodu.com

十三、中国紫砂网 www.yxzsw.net 办公地址：江苏省宜兴市丁蜀镇双桥村，聚缘堂紫砂中心。

十四、紫砂壶专业网 www.25918.com

十五、中国紫砂网www.zgzs.cn 依托陶都宜兴源远流长的紫砂文化和茶文化，集合资深的紫砂艺术大师、艺术家、陶艺新秀和一批优秀的网络设计者等，将紫砂文化、茶文化与网络文化有效的整合，创立了集新闻、宣传、展示、交流、商贸于一体的知性与感性的紫砂陶艺世界。

十六、中国紫砂网 www.zisha.com.cn 江苏东来文化艺术有限公司主办

十七、东方紫砂网 www.dfzsw.net 公司地址：江苏省宜兴市丁蜀镇

十八、心白斋紫砂网 www.stxbz.com 心白斋坐落于“工夫茶”的故乡——美丽的汕头市，是一家以经营名人制作紫砂真壶，弘扬紫砂壶文化为宗旨的企业。

十九、绿德紫砂 www.yxldzs.com 宜兴绿德紫砂陶坊主办

二十、奕舟紫砂网 www.21928.com “奕舟紫砂网”将着重介绍各种紫砂工艺品，并以紫砂为媒，使之与全世界互联网接轨，以最快的速度，将紫砂界的优秀品种及新款艺术品推广到全世界喜爱紫砂的朋友手中。

二十一、中国荣德堂紫砂壶网 www.rdtzs.com 荣德堂紫砂作为中国紫砂商务的倡导者，旨在发扬中国的紫砂艺术，让中国的紫砂文化走向世界，让世界了解紫砂。

二十二、紫玉苑紫砂网 www.ziyuyuan.com

二十三、民间紫砂网 www.yxmjzs.com 民间紫砂网扎根于陶都文化，利用区域和文化优势为企业和收藏界准确提供紫砂行业最新的市场动态和最专业的市场分析。我们将在帮助生产厂商、消费者和市场之间建立起信息沟通的桥梁的同时，也协助陶瓷企业贯彻实施品牌战略，从而推动整个陶瓷产业的发展。

二十四、陶都紫砂网 www.tdzsw.net 宜兴紫砂行业联盟的门户网站，陶都紫砂网以宜兴传统紫砂文化艺术为媒介，以现代高效的互联网为载体，把电子商务应用到传统的紫砂营销模式中。

二十五、中国紫砂艺术网 www.cn-zsnet.com
二十六、中国紫砂壶 www.kiss86.net 江苏省苏州市西中市146-1号
二十七、宜兴紫砂工艺网 www.yxzsgy.com
二十八、紫砂世界/紫砂中国 www.zs520.net 紫砂艺术专业展示平台
二十九、中国紫砂博览网 www.zgzsbl.com 宜兴陶瓷研究院、中国紫砂协会合作机构
三十、聚仁紫砂艺术网 www.33cnpots.com
三十一、紫砂街 www.zsj21.com
三十二、中国美术家紫砂网（紫砂官方网站） www.zisha.meishujia.cn
三十三、大生堂砂壶网 www.dstzs.com 吴生大主办
三十四、精品紫砂网 www.51zishahu.com
三十五、半壶紫砂网 www.12129.com
三十六、圣天紫砂商城 www.25918.com
三十七、蜀麓紫砂壶艺术网 www.zgyxzs.com
三十八、宜兴紫砂壶商城 www.yxzisha.com
三十九、紫泉坊壶艺 www.zqfhy.com 徐俊主办
四十、珍壶坊 www.gouhu.com
四十一、紫艺网 www.zsgy.com
四十二、紫砂公园 www.qj21.com
四十三、朱壶丹心 www.zhdx.net 工艺美术师朱丹
四十四、其他网站：

吴淑英壶艺	金砂阁	富艺轩	福君堂（王福君）
陶缘结艺	邵氏壶轩（邵国锋）	强德俊工作室	中泉居（杨志仲）
紫艺坊（沈寅华）	芸程陶业（范暗生）	天堂陶器	汲艺轩壶艺
耕陶轩（范建中）	曹氏陶艺	阳羡金砂（陈强）	明艺轩（穆明龙）
史银之陶艺	七彩居陶艺	乐陶居（魏柏柯）	贺洪清紫砂
飞燕阁（沈小平）	山中人陶坊（吴坤）	德堂陶坊（吴立新）	文苑（高文萍）
古珍轩（曹安祥）	吟秋阁（许咏菊）	美琳陶艺（汪成林）	紫砂缘陶坊（孙明）
致力科技	惠盛陶艺（周惠初）	佳壶一坊（许永晴）	艳阳壶灶（许燕）
曙明陶艺（蒋曙明）	王府陶庄（王锡军）	范氏陶艺（吉涛）	紫贡源（张伟军）
嘉艺轩（尹盘军）	伟业陶林（范晓伟）	周慧紫砂陶艺	紫秀阁（苏秀忠）
华艺轩（范利军）	拾得斋（许锡根）	溪山砂友陶艺工作	云耕轩（陈午敏）
珍壶阁（韩勤兵）	竹君陶艺（范卓群）	静心阁陶坊	明壶居（王春明）
徐鸣工作室	川兄壶艺（邹辉）	紫艺砂魂（夏亦琴）	范连芳工作室
陶泽庐（孙泽华）	紫赟轩（邹旭敏）	华龙陶斋（张爱华）	吴春华陶艺
朱泥世界（杨小泉）	陶醉居（冯建平）	涵溪居（徐永君）	邵伟民工作室
王玉芳紫砂	宜兴凤华紫砂工艺	茶缘陶艺（周庚大）	鱼满堂（唐可）
隆源堂（范双元）	紫砂人家（朱球）	龙山壶隐（许亚均）	鲁文琴壶艺
一品香紫砂中心	久香居（许志健）	陶艺人家（吴青）	雅陶轩（朱国强）
陶云玉逸（胡云良）	孟勤陶居	鑫 轩（周杰）	玉壶陶艺（陈学和）
天苑紫砂（许海中）	明清老壶坊（杨春）	兴源壶轩（徐建军）	林石斋（林茂森）
新陶斋（鲍国新）	铭陶轩（许频频）	君逸轩（赵君）	砂林陶(徐建林)
匠心斋（董俊峰）	剑石楼（徐健）	顾氏砂陶(顾洪军)	羊建鹏紫砂陶艺

范永平紫砂	李刚紫砂	陶缘坊(张建生)	福康陶艺（许立忠）
于天进紫砂	源泉陶艺（惠泉芳）	贤人陶斋（姚芳）	小草堂（董岳峰）
陶磊轩（汤建林）	兰清紫缘（魏兰清）	求艺堂（焦振）	范永君陶艺（范永）
隆源陶艺（范锡元）	群艺陶瓷（吴芳娣）	张展荣紫砂	集品轩（郑求标）
惠臣陶艺（郭琴）	宜陶坊（余志平）	紫霞陶艺（邵春霞）	周建伟工作室
赵氏紫砂（赵志东）	俊昌陶艺（邵俊）	周凌荣（紫砂）	正砂苑（顾新洪）
范新芳陶艺	盛中杰陶艺	沈翠莲紫砂	鼎和轩(陈美艳)

第八篇　大事记

紫砂大事记

北宋（早期紫砂时期）

960～1127年　1976年宜兴丁蜀镇羊角山发现紫砂古窑址。出土早期紫砂茶具残片，经考证，年代上限为北宋中期。

明代

约1465～1505年（成化～弘治年间）　明周高起《阳羡茗壶系·创始》载："金沙寺（现宜兴湖父镇西南，唐相陆希声山房）僧。抟紫砂细土。搜筑为胎，规而圆之。刳使中空。踵捏口、柄、盖，作成壶具，附陶穴烧成。人遂传用。"

1506～1521年（正德年间）　供春壶面世。

1506～1566年（正德～嘉靖间）　《宜兴县志》载："明正德间，有制壶名师供春。所制紫砂茶具新颖精巧、温雅天然、质薄而坚。负有盛名，所制《树瘿砂壶》为世所宝"。现藏中国国家博物馆。

1522～1619年（嘉靖～万历间）　著名紫砂高手有董翰、赵梁、袁畅和时朋。

明后期，紫砂名师时大彬及其弟子李仲芳、徐友泉有"壶家妙手称三大"之赞誉，时大彬所制茗壶千态万状，信手拈出，巧夺天工，世称"时壶"、"大彬壶"，为后代之楷模。

万历时名工还有欧正春、邵文金、邵文银、蒋伯荚、陈用卿、陈信卿、闵鲁生、陈光甫、 邵盖、邵二荪、周后溪、陈仲美、沈君用、陈君等。

万历后名工有陈俊卿、周季山、陈和之、陈挺生、承云从、陈君盛、陈辰、徐令音、沈子澈、陈于畦、徐次京、惠孟臣、葭轩和郑宁侯等。

明末，宜兴紫砂器由葡萄牙商人运至欧洲，称中国"红色瓷器"、"朱砂瓷"，成为欧洲市场的热销产品。

1600～1867年　宜兴紫砂输入日本（江户时代末期），惠孟臣、陈鸣远壶很受欢迎。

1650年　荷兰人模仿鼎蜀壶，制造成茶用陶壶的最早样本。

清代

1672年　英国人模仿鼎蜀壶，制造成第一批茶壶。

1662～1735年（康熙～雍正年间）　紫砂名师陈鸣远所制茗壶善翻新样，雕镂兼长，技艺精湛，构思脱俗，配色奇妙。瓜果、砂壶世推绝作。所制茶具、陈设品有数十种不同类型。

1723～1795年（雍正、乾隆年间）　王南林、杨继元、杨友兰、邵基祖、邵德馨和邵玉亭等承制宫廷御器，并善制彩釉砂壶。陈汉文、杨季初、张怀仁较为著名。

1726～1732年（雍正四至十年）　宜兴大缸制作由"卡把法"向"片子镶接法"演变，工效提高一倍。

1729～1733年（雍正七至十一年）　宜兴三次为宫廷内务府造办处制造双管瓜棱瓶、鳅耳乳足三足炉和霁青、霁红陶钵等仿钧产品。

1736～1795年（乾隆年间）　陈文柏、陈文居、"寄石山房"、"荆溪水石山人"等所制紫砂盆远销日本，陈觐侯制《红砂雕花觚》、陈滋伟制《紫砂梅枝笔架》，均极精致。

1736～1820年（乾隆、嘉庆年间）　宜兴葛明祥、葛源祥兄弟烧造的宜均陶器以釉彩丰富而著名，称"葛窑"。

名匠还有惠逸公、范章恩、潘大和、葛子厚、吴月亭、华凤祥、贞祥、君德、吴阿昆和许龙文等。

1796～1850年（嘉庆、道光年间） 善书画、精篆刻的名师曾任荆溪县知事陈曼生设计“壶样十八式”，款式各异，制作精美。交由高手杨彭年等制作，江听香、郭频迦等镌刻书铭，世称“曼生壶”。稍晚的名师邵大亨所创茗壶也独具一格。

1850年（道光三十年） 宜兴鼎山白宕窑户鲍氏在上海开设鲍生泰陶器店，是宜兴第一家在上海开设专售本乡陶瓷器的商号。

1860年（咸丰十年） 鼎山白宕客户葛翼云在上海设葛德和陶器店主要销售宜兴陶瓷产品。

1867年 日本东京南画家富冈铁齐出版《铁齐茶谱》，是日本出版的最早一部紫砂茶具图谱。

1875～1908年（清光绪年间） 江苏陶器大量出口东南亚、日本、墨西哥及南美各地。

1876年 日本奥兰田著《茗壶图录》出版。

1878年（光绪四年） 宜兴紫砂名师吴阿根、金士恒应日本国常滑陶瓷名匠鲤江高须之邀东渡日本，传授紫砂制壶技艺，从学者有鲤江方寿、杉江寿门和伊奈长。金士恒被当地奉为陶业先师。

1902年（光绪二十八年） 宜兴鼎山白宕窑户鲍氏、陈氏合资，在新加坡开设鼎生福陶器店。

1910年（宣统二年） 宜兴阳羡陶业公司和宜兴物产会生产的《海竹顶紫砂壶》、《宝鼎壶》、《传炉壶》和《大柿壶》，获南京南洋劝业会金牌奖。

民国

1912年 宜兴鼎山白宕窑户葛翼云和日本商人和田合资，在日本国名古屋市开设主销宜兴产品的陶器店。

1913年 宜兴蜀山兴办利用陶器公司，聘请紫砂名师范大生为技师。民国初期，宜兴利用公司在蜀山创办利用陶工传习所，特建造龙窑一座招收学员多名，这是宜兴陶瓷有史以来建立培养紫砂人材的第一所学校。

1914年1月16日 江苏省民政局长韩国钧聘请樊均、葛翼云为参加美国旧金山太平洋万国巴拿马博览会宜兴陶器公司名誉经理。

1915年9月2日 葛得和陶器店和利用陶器公司生产的紫砂器在美国旧金山太平洋万国巴拿马博览会获头等奖和二等奖。宜兴鼎蜀镇成立紫砂业公所、缸业（粗货业）公所、黑货业公所、砂货业公所和溪货业行会。

1917年4月 江苏省立陶器工厂在宜兴蜀山成立，聘请陶瓷专家和技术工人生产紫砂器。对紫砂泥质、泥色及造型等进行研究改进，当时有职员技工17人，徒工40多人，年产茶具、花盆、文具、罐和鼎等12万件。

1918年 宜兴蜀山创设江苏省立陶器工厂，专制紫砂陶器。

1919年 宜兴潜洛窑户张兰舟试制成功汽灯用陶瓷三脚泥龙头。
北洋政府江苏省公署派员到宜兴视察陶业生产。

1921年 利永陶器公司在蜀山建30米龙窑1座，宜兴鼎蜀镇紫砂生产主要分布于蜀山、潜洛和上袁一带地区，烧造紫砂的龙窑有10座，年产达100多万件。

1926年 宜兴紫砂大花瓶和多式茶具杯碟在美国费城万国博览会获特等奖。

1930年 宜兴紫砂茶壶在比利时举行的列日国际博览会获银牌奖。

1931年 中国参展美国芝加哥世界博览会的作品在上海预展，朱可心作《紫砂竹节鼎》为宋庆龄定购，现藏于上海宋庆龄故居。江苏宜兴公立职业学校建立，设陶工科（1932年陶工科改为窑业科）。同时在江苏省立陶器工厂旧址设立制陶工厂。

1932年	紫砂从业人员达600多人，全年共烧紫砂器140 窑年产量220万件，年产值42万元，产品畅销日本、东南亚等国，为近百年宜兴紫砂生产最为鼎盛的一年。 宜兴潜洛张兰舟、张良金兄弟从美商勒勃氏瓷器公司引进技术图纸，建成省内第一座倒焰窑。 紫砂名家朱可心、程寿珍、俞国良、吴云根和范福奎创作的《云龙紫砂鼎》、《掇球紫砂壶》、《仿古壶》和《传炉壶》等在美国芝加哥举行的世界博览会展出并获优秀奖。
1934年	紫砂、粗货（缸业）、黑货、溪货、黄货五个行业合并组成陶业公会。
1935年	紫砂名师范大生创作的紫砂雕塑《鹰》在英国伦敦国际艺术展览会上荣获金奖。
1936年	宜兴龙窑多达76座，全年共烧4740窑，为宜兴陶业历史上鼎盛的一年。 宜兴潜洛窑户崔鹤鸣与上海商人万国安合股开办省第一家低压电瓷厂，定名鹤鸣窑业厂。
1937年11月30日	日军侵入丁蜀镇。两年中有23座龙窑相继被日军强占改作碉堡或炮台。7座紫砂窑、100多间厂房被毁、技工流散。整个宜兴蜀山窑场全年烧造紫砂壶不足千把。
1947年12月	宜兴蜀山第一陶器生产合作社制作的紫砂壶在江苏省第一届合作社产品展览会上荣获特等奖。

建国后

1950年11月	宜兴紫砂产销联营处成立，多次组织紫砂产品参加城乡物资交流会、展览会，销路逐渐扩大年产8万件，产值1.2万元。
1954年	宜兴紫砂生产工场成立，聘紫砂名师朱可心、任淦廷、裴石民、吴云根、王寅春、顾景舟、蒋蓉、吴纯耿等作技术辅导。同时，政府拨款改造旧设备，是年，紫砂产量增至28万件，产值7.7万元。
1955年10月	宜兴紫砂生产工场转为紫砂工艺合作社，招收26名知识青年师从任淦庭、朱可心和吴云根等老艺人。
1956年冬	任淦庭、朱可心、王寅春、吴云根、裴石民、顾景舟、蒋蓉七名艺人被江苏省政府任命为技术辅导员。
1957年7月	紫砂艺人任淦庭、朱可心、顾景舟出席全国工艺美术艺人代表大会。
1957年10月	宜兴县陶瓷公司和陶瓷专业联社共同组团首次参加广州中国出口商品交易会，参会的产品有紫砂茶具、花盆和鼓凳等255个品种，销售总额27万多元。
1957年起	宜兴紫砂产品恢复出口，年产量达106万件，产值28.1万元。
1958年4月	宜兴蜀山陶业生产合作社、宜兴合新陶瓷厂与上袁、潜洛二十八家紫砂手工业户合并，建立宜兴紫砂工艺厂，有职工2067名，其中艺徒299名。
1959年	紫砂名师任淦庭出席江苏省社会主义建设先进代表大会，评为江苏省先进工作者、工业特等劳动模范，并出席全国群英大会。
1968年12月28日	著名紫砂陶刻家任淦廷因病逝世，享年78岁。
1975年8月	中央工艺美术学院陶瓷系开门办学，在宜兴鼎山江苏省陶瓷研究所举办全省陶瓷美术培训班，由杨永善、陈若菊和白雪石等教授执教，紫砂工艺厂汪寅仙、何道洪等参加学习，学习时间一年。
1976年7月	宜兴鼎蜀镇蠡墅羊角山发现紫砂古窑址。据考证，其年代上限不早于北宋中期，盛于南宋，下限延至明代早期。
1977年2月	紫砂名师裴石民因病逝世，享年78岁。同年，宜兴紫砂陶艺展在美国纽约举办，受到各界人士重视，尤其得到茶界人士的高度评价。

1979年	紫砂名师何挺初随中国陶瓷代表团赴澳大利亚考察，并作示范表演；宜兴紫砂工艺厂生产的紫砂陶器获国家经委银质奖和轻工业部优质产品称号；紫砂名师徐汉棠制作的《鲍仲梅嵌银丝》、《十五头四方藏圆紫砂咖啡具》和范盘冲设计制作的《宝塔紫砂台灯》被北京故宫博物院收藏；紫砂名师沈蘧华被全国妇联命名为全国“三八”红旗手，以表彰她在紫砂创作上的突出成就。
1980年5月6日	各国驻中国大使馆武官参观宜兴鼎蜀镇紫砂工艺厂制作工艺。
1981年2月20日	宜兴周墅紫砂厂成立（1984年5月1日更名为宜兴紫砂工艺二厂）。
1981年9月	宜兴紫砂工艺厂顾景舟、高海庚、徐秀棠和南京博物院宋伯胤应香港市政局艺术馆邀请赴香港参加第六届亚洲艺术节，举办宜兴紫砂陶艺展，举行“中国紫砂陶的历史发展与生产过程”专题讲座并作工艺示范表演，引起港、台茶界人士对宜兴紫砂茗壶的狂热爱好。
1982年5月	国家轻工业部和全国陶瓷美术学会在宜兴鼎蜀镇联合召开全国陶瓷美术设计评比会，紫砂工艺厂徐汉棠、徐秀棠、高海庚等创作设计的两件作品获一等奖，九件作品获二等奖。
1982年5月	日本名古屋电视台。到宜兴与鼎蜀镇拍摄“紫砂陶器和龙窑窑址”电视片。
1982年9月	陶觉公司经理胡兆根和紫砂工艺厂厂长高海庚赴日本考察陶瓷生产工艺技术。 宜兴紫砂工艺厂在北京历史博物馆举办紫砂名人名作展览。
1982年10月5日	75国驻中国使节团一行98人参观宜兴紫砂工艺厂、陶瓷陈列馆。
1983年6月	台北故宫博物院邀请谢瑞华女士演讲“谈宜兴紫砂”。之前，台北陆羽茶艺中心也邀请谢瑞华女士举办了“宜兴紫砂”座谈，这是她第一次到台湾介绍宜兴紫砂壶艺。
1983年	宜兴紫砂工艺厂生产的《方圆牌高级紫砂茶具》荣获国家经委金质奖；八件（套）紫砂陶获轻工业部优质产品称号；《大东坡紫砂壶》、《六件三友茶具》获对外经贸部优质产品称号；高海庚、吕尧臣创作的《九头竹圈紫砂酒具》获中国国际旅游会议优秀旅游纪念品玉质奖。
1983年11月	香港叶荣枝先生应台北陆羽茶艺中心之邀，与台湾壶艺界举行座谈“宜兴紫砂制壶诸问题”，这是台湾首次获得较祥尽的宜兴制壶资料。
1984年2月	台湾台北历史博物馆征集民间收藏，举办大规模古代茶具特展，其中大部分为宜兴古代紫砂茗壶，这是台湾古茶壶收藏的高潮期。
1984年3月	紫砂名师李昌鸿应邀赴美国参加新奥尔良国际博物会，这是紫砂艺人第一次被邀请参加国际博览会，并在中国经济贸易展览馆进行紫砂工艺示范表演。
1984年4月	紫砂名师李昌鸿、沈蘧华制作、陶刻高手沈汉生镌刻的《竹筒紫砂茶具》和紫砂名师顾绍培制作、陶刻高手谭泉海镌刻的《百寿紫砂瓶》荣获德国莱比锡春季国际博览会金奖。
1984年	紫砂名师顾绍培出席江苏省先进表彰大会，评为江苏省劳动模范。
1984年6月	香港茶具文物馆开幕，其中半数藏品为宜兴古今紫砂茶具。
1984年	宜兴陶业界著名人士华荫棠将珍藏多年的清代嘉庆、道光年间制壶名师杨氏作的《竹段紫砂壶》、《风卷葵紫砂壶》，鼎蜀医院中医杨葆清将清代嘉庆、道光年间制壶名手邵大亨作的《授球紫砂壶》献给国家。三壶均为古代紫砂名壶，现藏于宜兴陶瓷博物馆。
1985年3月	科教片《紫砂陶》由文化部翻译成英、法、俄、西班牙和葡萄牙等语言对外发行。
1985年5月1日	中华全国总工会授予紫砂名师顾绍培“五一劳动奖章”。
1985年9月18日	国家经济委员会确定紫砂名师高海庚创作的《集玉紫砂壶》为国家礼品。

1985年9月	紫砂工艺厂的《紫砂艺术集锦系列小壶》获全国轻工业开发新产品一等奖。
1986年	紫砂名师鲍仲梅赴孟加拉国参加紫砂陶艺展。
1986年1月	紫砂名师沈遽华应邀赴日本进行紫砂技术表演。
1986年3月27日	紫砂名师朱可心因病逝世，享年83岁。
1986年11月16日	宜兴紫砂散文节在紫砂工艺二厂开幕，参加的有中国作协江苏分会会长艾煊、全国政协副秘书长叶至善、中国作协上海分会副主任何灵和著名散文家菡子等六十多位文化艺术界名人。谈紫砂、论散文。紫砂散文节由宜兴紫砂工艺二厂发起主办。
1986年	紫砂名师徐秀棠、李昌鸿创作的《丙寅大吉壶》获轻工业部召开的全国陶瓷创作设计评比会一等奖。
1987年1月	紫砂工艺厂为国务院办公厅特制大型《百寿紫砂瓶》作为中南海紫光阁陈设品。
1987年5月	紫砂工艺厂40件（套）紫砂器供中南海紫光阁接见厅陈列，国务院特发给荣誉证书。
1987年	紫砂名师顾景舟创作的《五头提壁茶具》获全国旅游纪念品展评会一等奖；紫砂名师顾绍培创作的《天龙顶珠紫砂壶》和《紫砂大汽锅》获全国陶瓷质量评比优胜产品奖；紫砂工艺厂生产的《紫砂中低档茶壶》获全国名优陶瓷展评会消费者满意产品称号；紫砂工艺二厂生产的《鑫龙茶具》获轻工业部优质新产品奖；紫砂二厂生产的《华艺牌》、《夏意》工艺雕塑和《一节竹段壶》获农牧渔业部创新产品奖。
1988年1月28日	紫砂陶刻名师谭泉海当选为第七届全国人大代表。
1988年3月16日	宜兴紫砂工艺厂为第七届全国人民代表大会和第七届全国政治协商会议精制一万套刻有“全国七届人大政协会议留念”字款的《小水平紫砂茶具》。
1988年4月	紫砂名师顾景舟获得第三届全国工艺美术艺人专业技术人员代表大会授予的工艺美术大师称号。
1988年6月5日	紫砂名师顾绍培制作的高90厘米、宽82厘米、容量88公斤的《金声玉振巨型紫砂壶》在香港展出，被誉为“世界壶王”。
1988年6月18日	宜兴紫砂工艺二厂、上海四海茶具馆和上海西角亭酒家在上海展览中心音乐厅联合举办首家“复兴茶艺研讨会”。参加会议的海峡两岸的近百位茶友共同研讨茶艺、壶艺，提出“复兴中华茶艺”的口号。
1988年7月6日	紫砂名师徐秀棠、鲍仲梅、范洪泉、储立之等赴香港参加紫砂陶艺术大展和紫砂陶艺术研讨会。
1988年9月9日	宜兴紫砂名师谢曼伦、范永良等赴美国参加中美合资天山有限公司在纽约和芝加哥举办的中国紫砂工艺陶瓷展览会。
1988年10月6日	中国美术家协会和日中陶艺交流协会联合举办的中国宜兴陶瓷艺术展览在日本东京开幕，展出陶瓷精品1000多件（套）。
1988年	紫砂工艺厂生产的《五头清风印纹茶具》获全国旅游品内销展评会优秀奖，《系列紫砂花盆》和《紫砂陈设品》获全国金龙腾飞奖金奖。紫砂工艺二厂生产的《华艺牌紫砂茶具》获农业部1988年度优质产品称号。
1989年5月23日	紫砂名师顾景舟、李昌鸿、何道洪、王石耕、高丽君等赴香港参加中国宜兴紫砂特艺大展。
1989年7月	紫砂工艺厂生产的《紫砂茶具》获北京首届国际博览会金奖。
1989年9月24日	紫砂名师汪寅仙获得中华全国国总工会授予的全国劳动模范称号。
1990年3月	紫砂名师鲍志强、 吴震赴特立尼达和多巴哥共和国参加宜兴陶瓷艺术展。
1990年4月21日	外国驻上海十二国领事馆总领事、领事和经济、商务代表等。一行四十六人至宜兴鼎蜀镇参观紫砂工艺厂和陶瓷陈列馆。

1990年6月7日　紫砂名师周佳珍、高建芳应邀赴日本进行紫砂陶艺表演。

1990年6月9日　宜兴紫砂陶荣获全国陶瓷百花奖行业评比第一名。

1990年8月21日　中国工艺美术协会、宜兴紫砂工艺二厂在北京中国工艺美术馆联合举办迎亚运——宜兴紫砂工艺精品展览。

1990年8月29日　紫砂名师吕尧臣为第十一届亚洲运动会制作《熊猫紫砂壶》，奖励本届亚运会第一块金牌获得者。亚运会组委会授予吕尧臣支持亚运荣誉证书。

1990年10月10日　全国陶瓷艺术精品展评在江西景德镇市陶瓷陈列馆揭晓，紫砂工艺厂《九头源泉茶具》、《曲壶》、《嵌金搏浪锤壶》和《百帝紫砂鼻烟瓶》荣获一等奖。

1990年10月20日　宜兴紫砂工艺厂生产的方圆牌《紫砂花瓶》获得第九届中国工艺美术品百花奖金杯奖、宜兴紫砂工艺二厂生产的华艺牌《紫砂陶》获银杯奖。

1990年11月28日　宜兴建筑陶瓷厂张奂生工艺美术师，赴日本安装无锡市政府捐赠的《紫砂九龙壁画》。

1990年12月22日　宜兴陶瓷公司副总经理胡国荣，紫砂工艺厂名师葛明仙、施小马、季益顺、紫砂工艺二厂名师范永良、徐雪娟，应邀赴香港，参加锦峰公司举办的“紫砂名家作品展”。

1990年　宜兴紫砂工艺厂生产的《紫砂茶具》在北京第二届国际博览会获得金奖；《紫砂乳白釉》”制品在首届全国轻工业博览会上获三等奖。紫砂名师李昌鸿创制的《九能紫砂壶》获全国陶瓷评比三等奖。

1991年3月13日　紫砂工艺大师顾景舟、紫砂名师徐汉棠分别捐赠20万、10万人民币，资助当地成立顾景舟教育基金会和徐汉棠幼儿教育基金会。

1991年4月25日　宜兴紫砂茶具获得中国杭州国际茶文化节茶叶、茶具、包装设计评比三项奖励，其中，《井栏茶具》获一等奖、《一节竹段茶具》获三等奖、《微型紫砂小壶》获二等奖。

1991年6月22日　中国宜兴紫砂、陶艺名家作品展在新加坡开幕，展出紫砂名作300多件（套），其中有紫砂工艺大师顾景舟和蒋蓉等人的精品。

1991年8月12～14日　第三届国际残疾展能节在香港举行，宜兴紫砂工艺四厂残疾青年女工夏淑君六小时内制成一套（一壶三杯）《紫砂绞泥茶具》获得大会制陶国际金奖。

1992年1月　由宜兴紫砂名师亲自编撰的大型紫砂图册《宜兴紫砂珍赏》在香港出版。

1992年5月5日　首届紫砂文化国际研讨会在宜兴紫砂工艺厂开幕。参加大会的有国内外专家、教授、紫砂鉴赏家和收藏家等80人。大会收到论文30多篇，涉及内容丰富、题材广泛，对探索宜兴紫砂的历史渊源、推动紫砂文化的深入研究以及振兴宜兴紫砂陶艺都将产生深远的影响。

1992年11月　应台湾民族文化基金会邀请，紫砂名师徐汉棠、徐秀棠兄弟赴台湾访问，和台湾陶艺界进行交流。这是大陆陶艺家首次访台。

1992年11月13日　紫砂名师吕尧臣被英国剑桥世界名人传记提名为1992～1993年度世界级名人。

1993年　吕尧臣被接纳进入“世界名人协会”，成为该组织的终身会员。

1993年6月　紫砂工艺厂夏俊伟经数年试制，恢复清代康熙、乾隆间失传之泥绘装饰；倪顺生解决泥色与造型、烧结难度，获江苏科技、专利博览会金奖。

1993年10月　中国书画名家金秋紫砂艺术笔会在宜兴召开，著名书画家陈大羽等20多位书画名家、制壶名工、陶刻高手参加。

1993年10月　紫砂工艺大师顾景 舟等11人，应台湾财团法人 发展基金会邀请，赴台湾举办宜兴陶瓷艺术作品展示会，并作技术示范和学术交流。顾大师在台作了“紫砂陶史概论”讲演。会场听众爆满。要求签名者踊跃。

1993年　紫砂名师李昌鸿、沈蘧华合制的《孔雀紫砂茶具》在山东淄博举办的国际陶瓷艺术作品展评大奖赛上荣获大奖。

1993年10月　由宜兴旅游工艺品厂承制的大型壁画“大唐盛衰图”，安放于中央电视台无锡外景基地唐城御花园长廊内。壁画由“晋阳起兵”、“ 玄武门之变”、“贞观之治”、“武后称帝”、“开元盛世”等七部分组成。设计者为工艺美术师吴小楣。

1994年1月14～19日　芳权陶艺展在台湾展览，展出潘春芳、许成权50～90年代系列紫砂陶艺作品100余件（套）。

1994年1月　台北江度书先生创办发行《天地方圆》杂志，全面介绍宣传宜兴紫砂艺术。

1994年3月～4月　南京博物院举办紫砂工艺展，展出精品125件（套），分紫砂茶具、文玩、杂件、挂釉加彩器四部分。其中有不少珍品如《清乾隆紫砂挂炉钧釉高身方形壶》、清《道光紫砂加彩大花盆》、清嘉庆、道光间陈曼生、杨彭年等制作的“曼生壶”以及当代紫砂壶艺泰斗顾景舟的《提梁紫砂壶》等。

1994年5月4日　第五届全国陶瓷艺术设计创作评比揭晓，宜兴紫砂获一等奖六件（套）、二等奖九件（套）、三等奖七件（套）。

1994年5月5日　宜兴紫砂陶特种邮票首发式在宜兴紫砂工艺厂举行。

1994年5月7日　宜兴紫砂工艺厂举行海峡两岸紫砂发展研讨会，到会的有海峡两岸专家、教授、紫砂爱好者60多人。

1994年8月5日　中国茶文化艺术展在新加坡乌吉坊龙华艺术中心开幕，宜兴鸿成陶艺公司有近百件(套)紫砂茶具精品参加展出。

1995年9月18日　宜兴紫砂工艺厂厂长张国伟、高级工艺师谭泉海、汪寅仙、潘持平、鲍仲梅等13人参加由马来西亚大地茶行和永春茶行首次在吉隆坡和槟洲联合主办的中国宜兴“方圆牌”紫砂陶名人珍品展，参展作品共500多件（套）。

1994年10月　上海科教电影制片厂拍摄《中国民间工艺（紫砂轶闻）》专题片。

1994年12月2日　宜兴紫砂工艺厂八人参加由台湾合成文教基金会、天地方圆杂志社主办的当代紫砂精品展。

高级工艺美术师吴培林获得联合国教科文组织授于的中国一级民间工艺美术家称号。

1995年9月18日　宜兴紫砂工艺厂厂长张国伟、高级工艺师谭泉海、汪寅仙、潘持平、鲍仲梅等13人参加由马来西亚大地茶行和永春茶行首次在吉隆坡和槟洲联合主办的《中国宜兴“方圆牌”紫砂陶名人珍品展》，参展作品共500多件（套）。

1995年10月　上海科教电影制片厂拍摄《中国民间工艺（紫砂轶闻）》专题片。

1995年12月2日　宜兴紫砂工艺厂厂长张国伟、中国工艺美术大师蒋蓉，及高级工艺师何道洪、顾绍培、周桂珍、潘持平、鲍仲梅、王石耕等八人，参加由台湾合成文教基金会、天地方圆杂志社主办的“当代紫砂精品展，并作技术示范和学术交流”。

1995年　第三届中国工艺美术大师评审委员会又评定了一枇国家级大师，宜兴陶瓷产区有四人荣膺此称号。他们是：宜兴紫砂工艺厂汪寅仙、蒋蓉，中国宜兴陶瓷博物馆吕尧臣，宜兴长乐弘陶艺有限公司徐秀棠。

1996年6月3日　一代紫砂泰斗顾景舟逝世。

1996年　宜兴紫砂陶艺世家徐门第四代传人徐达明和妻子王秀芳的作品《双竹提梁壶》被美国纽约大都会博物馆收藏，作品《祈祷壶》被美国罗代州立设计大学博物馆收藏。

1997年　宜兴知名陶人徐汉棠、谭泉海被授予中国工艺美术大师称号；

1998年　著名紫砂人葛军制作的世界最大紫砂壶《百虎壶》被载入上海吉尼斯纪录。

2003年　宜兴市陶瓷行业协会与江苏省陶专委分举办的第一届陶艺新人新作展评活动。

2003年　李昌鸿、鲍志强、何道洪、周桂珍等被评定为中国陶艺美术大师并授于证书。

2004年9月5日　紫砂名师李碧芳逝世，享年65岁。

2004年9月　在宜兴全市1万多名以制陶为主业的农民中，已有4000余人获得工艺美术员以上职称，其中获得助理工艺美术师以上职称的有1100多人。2004年，宜兴市人事部门和地方政府利用职业学校阵地，采取多种形式，分期分批组织申报工艺美术职称的农民培训，让他们的艺术素养和水平得到了极大提高。

2004年10月30日　由南京博物院、台湾财团法人成阳艺术文化基金会等主办的“砂壶汇赏——全国出土紫砂茗壶南京博物院藏紫砂茗壶成阳艺术文化基金会藏紫砂茗壶联展”在浙江省博物馆隆重开幕。联展展品由全国考古发掘、国家馆藏与民间收藏三个方面的近百件明清时期的紫砂茗壶组成，涉及地区广、精品荟萃、品种丰富、工艺精湛。

2005年1月21日　《紫砂泰斗顾景舟》（精装珍藏编号本）、《景舟壶艺流别录》和《紫砂研究》由上海古籍出版社出版发行，以纪念“紫砂泰斗”顾景舟先生诞辰90周年。

2005年6月2～4日　中国陶都宜兴国际陶艺研讨会在宜兴举行，国内外陶艺专家纷纷拿出自己的作品在论坛上展示，同时发表了热情洋溢的学术讲演，中外陶艺家向宜兴陶瓷博物馆捐赠了34作品，国外陶艺家20件，国内陶艺家14件(宜兴产区11件)。

2005年6月　宜兴市陶瓷行业协会与江苏省陶专委分举办的第二届陶艺新人新作展评活动；一等奖邵国亮《挑灯夜读壶》等10人。

2005年7月21～29日　江苏省工艺美术名人、高级工艺师吴鸣，应马来西亚紫藤集团的邀请在吉隆坡、柔佛州、马六甲三地作五场题为《宜兴紫砂的传统与现代》的演讲。

2005年9月10日　国内第一个紫砂官方网———宜兴紫砂陶网正式开通，网站由宜兴市政府主办，设有紫砂文化、名人介绍、精品欣赏、新人新作、紫砂企业、陶都论坛等六大板块，详细传达了紫砂界的最新动态、紫砂文化渊源以及众多陶艺大师的生平介绍、代表作品。

2005年　由宜兴市丁山实验小学精心编纂、少年儿童出版社出版的校本教材———《陶娃学紫砂》正式发行，这也是我国历史上第一部儿童紫砂教材。

2005年　为期80天的2005年度蜀山古窑址考古试掘工作顺利结束。共发掘面积334平方米，出土各类陶、瓷标本万余件。堆积层次厚达11米，断代标尺基本确立；紫砂款式品种基本齐全，名家款式层出不穷，明代紫砂初见端倪。

2005年9月12日　中国紫砂艺术大展在江苏省无锡市美术馆开幕，集中了紫砂陶艺界的十位国家级大师、三位省级大师的精品和600多位紫砂陶艺工作者的上千件作品。

2005年10月12日　由国家商务部、中国轻工业联合会、中国国际贸易促进会、江西省人民政府主办的2005景德镇国际陶瓷博览会开幕。宜兴陶瓷产区这次参展的紫砂艺品82件，蒋蓉、徐汉棠、徐秀棠、谭泉海、汪寅仙、李昌鸿等大师都有代表作亮相；另有邵大亨、杨彭年、黄玉麟、程寿珍、顾景舟等历史名人的传器可供鉴赏。

2005年11月15日　由中央电视台文艺中心影视部等投资拍摄的电视连续剧《紫玉金砂》在中央电视台播出，这部电视剧是国内第一部反映紫砂文化、茶文化的电视剧。故事以一把神秘传奇的阴阳太极壶为线索，讲述了扬州潘家两代掌门人曲折坎坷的人生经历。

2005年11月28日　《无锡市宜兴紫砂保护条例》提请江苏省人大常委会审议，这是继“苏州昆曲”后，全国立法保护的第二个非物质文化遗产，也是我国第一部为保护区域传统艺术品立法的条例。

2006年2月17日　紫砂金质工艺品成功获得了国家专利。

2006年5月19日　宜兴紫砂行业协会正式成立，一千多家企业共同签定了《紫砂行业协会会员自律公约》。传统的紫砂业开始从规范自身行为入手，维护紫砂业的健康发展。

2006年8月2日 宜兴市紫砂行业协会举办“紫砂之星”技术比赛，参加比赛的65人，都没有专业职称，但他们辛勤劳动已经十多年的时间，对紫砂做出了贡献。12人评上“紫砂之星”。

2006年8月18日～8月21日 由江苏省人事厅、江苏省教育厅、无锡市劳动局参与组织的“作品参评暨全手工制陶技能比赛“，在丁蜀镇成人学校举行。

2006年9月 “2006中国宜兴紫砂花盆厂商联谊会暨宜兴花盆新品展示”在宜兴举行。

2006年9月30日～10月6日 中华（天津）民间艺术精品博览会举办，宜兴紫砂艺术特展作为本次民博会核心内容之一，受到广泛注目。在天津体育展览中心紫砂展馆，荟萃了当代众多中国工艺美术大师的代表作，300多位紫砂艺人每天要接待大量的紫砂壶爱好者。中国陶瓷艺术大师鲍志强的代表作《五代诗韵留香》以20万元的高价被收藏，此外，紫砂艺人王福君、吴顺华等人的作品也被藏家高价收购。

2006年10月28日～30日 第8届全国陶瓷艺术与设计创新评比大会在宜兴举行，徐秀棠（中国工艺美术大师）称：陶艺的创新和多元化发展是件好事，但不能为了创新而创新，不能丢失本体，不能丢失民族之根。就紫砂而言，它的本体就是茶壶。茶壶既是实用的泡茶器皿，也是融合了茶文化、可以把玩的艺术品，是与人感情交融的艺术品。全世界只有宜兴的茶壶做得最好，手工紫砂茶壶是宜兴独有的优势，我们应该把茶壶当作创作体来进行创新。

2007年4月27日 “紫泥清韵——故宫博物院藏宜兴紫砂展”举行。故宫博物院收藏的近400件宜兴紫砂器中的110多件（套）具有代表性的作品参展，是故宫博物院建院80多年来首次举办宜兴紫砂专题展。

2007年8月31日 第二届东莞茶文化博览会暨宜兴紫砂艺术展开幕。

2007年9月 宜兴市丁蜀职教中心开设了首个紫砂陶艺班，聘请徐秀棠、李守才、邱玉林等担任兼职教师，首批招收50名学员，通过学习雕塑、书法、造型设计等方面的知识，掌握紫砂壶艺的基本制作技能，着重培养创新能力和艺术修养，为传承和发扬宜兴紫砂文化发挥作用。

2007年 宜兴市陶瓷行业协会与江苏省陶专委分举办的第三届陶艺新人新作展评活动。

2007年 宜兴市陶瓷行业协会举办“2007紫砂与我”征文评选活动，评出一等奖5名。

2008年2月 宜兴紫砂被江苏省经贸委授予“江苏省传统工艺美术特色产业基地”称号。除宜兴紫砂，其余三个为扬州玉器漆器、苏州镇湖刺绣、东海水晶；同月，宜兴市丁蜀镇范家壶庄制作的《和平壶》、《团结壶》、《平等壶》、《和谐壶》等11把紫砂茶壶获得国际陶瓷博览会百花奖一等奖，这是国内陶艺评比的最高奖项之一。

2008年2月19日 以创作紫砂花器闻名于世的当代中国工艺美术大师，最后一位紫砂艺界“七大老艺人”之一蒋蓉因急性脑梗塞去世，享年89岁。蒋蓉在70余年中创作了200多款紫砂作品，形象生动、栩栩如生，形成了独特的紫砂艺术风格，被授予中国工艺美术大师称号和中国工艺美术终身成就奖。

2008年3月 43岁的紫砂艺人周文荣完成了长篇小说《神秘砂》第一章的创作。这部以传播紫砂文化为主旨的作品，在网络上流传甚广，累计点击量已超过20万次。

2008年3月27日 在南京举行的第四届江苏省工艺美术大师、工艺美术名人表彰大会上，共评出省工艺美术大师56人、省工艺美术名人70人，宜兴市共有30人入选，其中，季益顺、吴鸣、徐达明、曹亚麟、谢曼伦、储立之、毛国强、曹婉芬、沈遽华、吕俊杰等10人获得省工艺美术大师称号，杨勤芳、张振中、葛军等20人获得省工艺美术名人称号。

2008年4月 由中国工艺美术大师吕尧臣设计监制的《奥运鸟巢紫砂壶》在北京举行首发仪式，

该壶全球发行12008套，每套为一只壶四只杯，壶和杯的造型均为奥运主场馆鸟巢形状，壶盖顶端镶有999纯金制作的鸟巢，内包新疆和田玉，壶身与杯身均采用描金工艺999纯金并雕刻有中国印及奥运会五环标志。

第九篇　丹青妙手绘紫砂

丹青妙手绘紫砂

清代绘画大师石涛的《画语录》创立了“一画论”，他认为，在绘画时，一笔画下去，等于劈开了混沌，形象就开始形成了。“太朴一散，而法立矣”有了法，就有了“一”字，这就是“有”，而这“一”字也就是“道生一、一生二、二生三、三生万物”的“一”字。绘画如此，紫砂陶艺何尝不是呢？所谓方无一式，圆非一相，陶艺家可以像画家一样把线条长短、粗细、疏密、浓淡加以发挥而使得紫砂器呈高呈矮、或大或小、可长可扁……归根结蒂要把“一”的规律透至于心，运化于手，把景、情、理融为一体，创造出感人的艺术作品，奉献于世人。

明清时，有许多著名诗人、艺术家都曾以各种形式参与紫砂陶艺。比如董其昌、郑板桥、陈曼生、吴昌硕、任伯年等等，这些文人的参与，使得紫砂陶具有了一种融诗、书、画、雕塑、印章于一体的独特风格，在材质之美、造型之美之外，又添加了构成之美和书画之美。文人雅士的内涵情趣、东方的哲学观念、美学思想逐渐全面渗透到紫砂艺术内部，为紫砂艺术注入了浓厚的文化气息。历史传统自有其继承和发展的轨迹，在当代，也有一些书画名家诸如唐云、谢稚柳、朱屺瞻、冯其庸、亚明等等涉足紫砂领域，创作了许多珍贵的紫砂艺术珍品。

作为一个有着八千年烧造史的陶艺大国，历代陶艺家们所创造的精美绝伦的陶艺珍品已成为人类文化中的一份独特而宝贵的遗产。传统陶艺更是凝聚着华夏民族伟大的创造精神和超卓的文化品格。2008年，正值举世瞩目的奥运之年，在这一年我们也送走了最后一位陶艺老艺术家蒋蓉大师。为了响应“世界给我十六天，我还世界五千年”的倡言，也为了更好的传承和发展中国传统紫砂文化，我们与青岛元亨利艺术品公司策划筹办了一系列全国性的活动。这些活动包括：

一、邀请29位中国当代著名国画家（山水、人物、花鸟），在紫砂壶的壶体创作代表作品，总共完成2008把紫砂壶的壶体绘制。其中29位画家和29款壶型暗合“第29届奥运会”，而2008把壶的总数则代表着“2008年”。这2008把紫砂壶均选自“世间茶具称为首”的中国陶都——宜兴，原料材质得天独厚、自然色泽十分古雅。并由紫砂壶艺大师、高级工艺美术师崔龙喜监制。这种传统书画艺术与紫砂陶艺结合，使其可观可吟、韵味无穷，极具审美价值和收藏价值；

和谐中国

二、邀请紫砂壶艺大师、高级工艺美术师崔龙喜设计四款奥运题材紫砂壶，各502套。主题分别为“和谐中国”、“好运北京”、“驰骋香港”、“扬帆青岛”为主题，各502套。其中“和谐中国”为龙壶；“好运北京”为凤壶，二者喻指“龙凤呈祥”；“驰骋香港”状似奔跑的马与舞动的人，代表奥运会在香港举办的马术比赛，也象征着中华传统的龙马精神和人文奥运的理念；“扬帆青岛”形似一张帆和人体的组合，代表着奥运会在青岛举办的帆船比赛，也带有“一帆风顺”的吉祥寓意。这一系列作品是将中国传统文化与奥运及时代精神相融合，不仅丰富了传统紫砂器具的内涵，而且具有非常高的收藏价值；

扬帆青岛

三、以“和谐中国、精神家园”为主题，制作紫砂材质罐装普洱茶，生茶、熟茶各2008套。清代汪森曾说：

“茶山之英，含土之精，饮其德者，心怡神宁。”这种意境比较契合现代人回归自然，寻求诗意栖居的精神家园的愿望和追求，也与中国传统的“天人合一”、“和合”文化的旨趣相通。其中，紫砂罐容器的材质均采用宜兴的紫砂泥，由著名紫砂工艺师制作完成。其中生茶每个紫砂罐内装七块优级普洱茶饼，取其“七子”之意。每块茶饼重380克，且均配有著名紫砂老艺人的相关资料；而熟茶，每个紫砂罐内装一块普洱熟茶砖，重2008克，一圆一方，代表中国人对外圆内方传统人格境界的追求。传统的紫砂陶艺、上等的普洱茶相结合，既具有重要的纪念和收藏价值，也具有丰富的文化内涵和韵味。

好运北京

驰骋香港

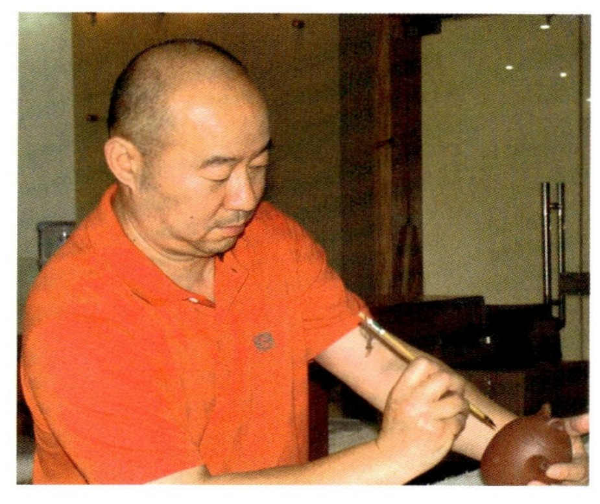

范扬

（1955～）祖籍江苏省南通市，1982年毕业于南京师范学院美术系。曾任南京师范大学美术学院院长、教授、博士生导师、中国美术家协会会员。现任中国国家画院山水画研究室主任。

范扬擅长中国画，工写兼备，作风淳厚，意味纯正。其作品打通了山水、人物、花鸟原有的门类界限，看上去满幅轻松却埋伏了雄强之骨和深厚学殖。对传统画风的深刻体悟和对从宋元绘画到黄宾虹的直接吸收，使其画作形成了自己的风格，落笔便生墨韵，笔笔相连，连成景致不绝的大千世界。曾多次参加海内外各级大型展览并被中国美术馆、上海美术馆、江苏省美术馆等收藏，多家专业刊物作过专题介绍，代表作有《支前》、《皖南组画》等，出版有《水浒人物全图》、《范扬画集》等。

秦权壶

松荫悟道

富中奇

（1958～）生于黑龙江省齐齐哈尔市，满族。1978年考入鲁迅美术学院中国画系，1982年毕业分配在黑龙江省画院任专职画家，1988年入中央美术学院研修班。现为中国艺术研究院专职画家，中国美术家协会会员，国家一级美术师。

作品曾参加全国高等艺术学院工作创作展、全国第六届美术作品展、全国第八届美术作品展、全国第九届美术作品展并获奖。曾在《美术》、《中国书画》、《收藏家》、《画家》、《美术观察》、《艺术界》等报刊和杂志发表作品。出版有《富中奇画集》。

寿珍掇球壶

渔翁图

何加林

（1961～）杭州人。1988年毕业于浙江美术学院中国画系山水专业。获文学学士学位。1998年毕业于中国美术学院中国画系山水专业，获文学硕士学位。2004年毕业于中国美术学院中国画系美术学博士研究生专业，获博士学位。现为中国美术学院教授，硕士研究生导师。系中国美术家协会会员，浙江省美术家协会理事，杭州市美术家协会副主席，杭州画院副院长。

作品《汉中古道行》曾获全国“中华杯”中国画大奖赛银奖（1988年，北京，中国美术家协会主办）。作品《秋气嶙峋》曾获全国首届中国山水画展金奖（1993年，合肥，中国美术家协会主办）。作品《渔钓图》参加醉乡绍兴——中国当代艺术作品展（2005年绍兴）。作品《山水》参加同一条河——全国中国画作品展（2005年北京）。作品《闲云叠嶂》参加浙派当代中国名家书画展（2006年杭州）。作品《湖山欲雨》参加二十世纪中国山水画大展（2006年上海美术馆）。作品《烟水可居》《雷峰塔重造图》参加笔墨经验——中国画邀请展（2006年北京炎黄艺术馆）。

掇球壶

水巷深处

天际壶

霍春阳

（1946～）河北省清苑县人，1969年毕业于天津美术学院并留院任教，现为天津美术学院教授、硕士生导师，中国美术家协会会员、中国书法家协会会员、天津美术家协会副主席、天津文史馆馆员、中国青年美协顾问、《人民日报》神州书画院特聘画家，新华社新华书画家特聘画家，中央电视台书画院特聘画家，享受国务院特殊津贴。

霍春阳以“净化人的心灵”为创作宗旨，主攻写意花鸟画。他很讲究笔墨，作品笔精墨妙、水色天然，把对笔墨的讲究升华为一种“化境”——“不见有笔墨痕”。其写意花鸟画意境静寂、空旷、淡远、画面构成简练、疏朗、精致，笔墨古朴、典雅、简约、虚淡，色调淡润、冷艳、飘渺。

1997年，被中国文联评为中国画坛百杰。他的作品《山花烂漫》《林间》《浩然田地秋》参加第四、六、八届全国美展并被评为优秀作品，作品《秀色秋来重》获首届中国画艺委会中国画展佳作奖。

花鸟

纪连彬

（1960～）黑龙江省哈尔滨人。1982年毕业于鲁迅美术学院中国画系，1989年结业于中央美术学院国画系。原为黑龙江省画院副院长，黑龙江省美协副主席，黑龙江省人大常委。现为文化部中国国家画院专职画家，中国美术家协会会员，国家一级美术师，享受国务院特殊津贴专家。

纪连彬的作品通过对人与自然的描绘，制造出幻化的意象情境，抒发出生活的深层感觉，具有丰富的精神内涵，达到了精神的自由和现实的超越。他的人物画大胆打破传统的创作思维方式，将人与自然幻化成为多意性的形象暗喻与象征，彰显出作品深层的精神魅力。在他的笔下，不论人物或是山水都不加雕饰，浑朴天然，大巧若拙，呈现出合乎理念又具有丰富感性形态的美。出版有《世纪之交——中国名家纪连彬画集》、《心境的幻象——纪连彬》、《写意画家——纪连彬画集》、《纪连彬彩墨画作品集》、《60一代——纪连彬画集》、《艺术与生活——纪连彬》等。

渔翁壶

人物

贾广健

（1964～）生于河北省永清县。1994年天津美院中国画专业研究生毕业获硕士学位。被评为天津市“文艺新星”。获天津市“鲁迅文艺奖”被中国文联授予“全国百名优秀青年文艺家”，中国文联第一届“德艺双馨”获得者，被中国文联、中国美术家协会评为“97中国画坛百杰”，中国美术家协会会员、天津美院中国画系教授，硕士生导师，花鸟画室主任、天津市青联常委、天津美协理事、北京工笔画学会理事。现为中国国家画院教授、国家一级画家。

作品参加“百年中国画展”等国内外大展并屡屡获奖，出版专著、专集十余种，作品被收录《现代美术全集》等数十种大型画册，作品被众多美术馆、研究机构收藏。两幅作品陈列于北京人民大会堂。

龙蛋壶

花鸟

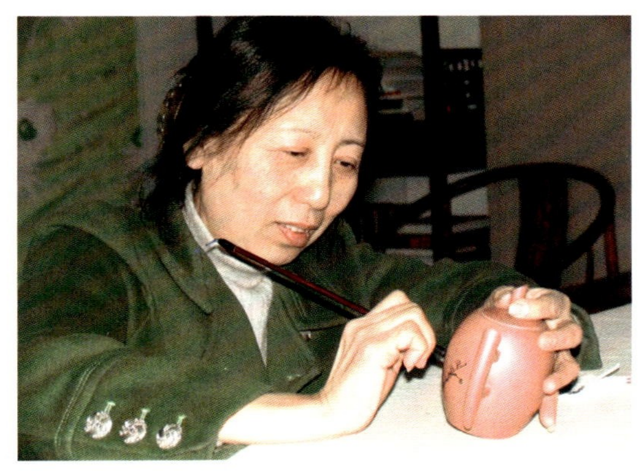

孔紫

（1952～）生于河北省唐山市，1985年在中国美术学院国画系学习，1989 年毕业于解放军艺术学院美术系。现为中国美术家协会理事、中国国家画院专业画家、国家一级美术师。

作品曾参加第七届、第八届、第九届、第十届全国美术作品展览及《百年中国画展》、《全国首届中国画大展》、《北京第二届国际美术双年展》等国家级展览。其代表作《青春华彩》、《秋风》、《微风》、《高梁青青》等作品多次获奖。作品曾多次赴美国、德国、日本、韩国、澳大利亚等国家及香港、澳门地区展出。《高粱青青》等作品被中国美术馆、中国军事博物馆、联合国教科文组织等国内外机构和个人收藏。

孔紫及作品先后被收入《中国现代美术全集》、《中国当代美术家》、《中国当代美术1979——1999》、《中国当代女画家》、《中国当代杰出中青年国画家新作集》、《世界华人美术名家年鉴》、《百年中国画展》等权威性大型专业画册。1997年被中国文联和中国美协评为“中国画坛百杰”。

出版有《孔紫画集》、《中国当代美术家·孔紫——水墨人物》、《中国军旅美术名家点击——孔紫》。

大千壶

人物

李爱国

（1958～）生于沈阳，1982年毕业于鲁迅美术学院中国画系，获学士学位；1987年毕业于中央美术学院中国画系，获硕士学位。现为首都师范大学美术系教授、硕士生导师、校学术学位委员、中国美术家协会会员；中国工笔画学会理事、北京市美术学会家协会中国画艺术委员会副主任兼秘书长、北京青联合会常委、被中国文联评为“百名优秀青年文艺家”。

作品获第七届全国美术作品展览铜牌奖、第二届中国当代工笔画大展一等奖、首届《连环画报》金环奖、首次中国连环画十佳作品奖、首届《国画家》奖，获“联合国非政府组织世界和平教育协会艺术大展”荣誉奖。作品为中国美术馆、中国军事博物馆、中南海等收藏。

出版有《李爱国画集》、《李爱国·国画创意》、《工笔人体画技法》、《李爱国工笔人物画集》、《李爱国水墨女人体画法》、《李爱国与他的画》个人画集十三本。

先后在九十余家报刊、杂志发表中国画作品七百余件；发表学术论文《静谈》、《没骨说》等三十余篇。

汉扁壶

人物

林容生

（1958～）福建福州人。1982年毕业于福建师范大学美术系。作品曾参加1989年全国第七届美展，1993年全国首届中国画展，1994年第八届全国美展优秀作品展，1997年中国当代艺术大展，98’中国美术年——当代中国山水画·油画风景展，1999年第九届全国美展优秀作品展，2001年百年中国画展，2003年北京国际美术双年展，2004年第十届全国美展等重要展览。作品被中国美术馆、中国画研究院等单位收藏。

出版有《当代中国画精品集——林容生》、《林容生新工笔山水》、《当代名家山水精品·林容生》等画集八种。

现为福建师范大学美术学院教授、硕士生导师，中国美术家协会会员，中国书法家协会会员。

牵手壶

山水

刘波

（1974～）祖籍山西，生于内蒙古。1999年毕业于南开大学东方艺术系中国画专业，获文学学士学位；2002年毕业于南开大学文学院美术学专业，获文学硕士学位；2005年毕业于南开大学历史学院艺术史专业，获历史学博士学位，师从范曾先生。

2005年7月，就职于中国艺术研究院中国美术创作院。曾经先后于2002年6月和2005年6月举办个人画展。在报刊、杂志发表论文、艺术评论二十余篇。

2004年河北教育出版社出版译著《范曾画外话》（英文版，合译），同年中国工人出版社出版《当代著名画家技法经典——刘波写意人物》。

古韵壶

人物四条屏

龙瑞

（1946～）四川成都人，1966年毕业于北京工艺美术学校，后考入中央美术学院中国画系山水画研究生班，为李可染先生研究生。现为全国政协委员、中国美术家协会理事、中国画艺术委员副主任、文化部美术高级职称评委主任、国家有突出贡献的中青年专家、享受政府特殊津贴、文化部德艺双馨艺术家、国家一级美术师、博士生导师。中国国家画院院长。

龙瑞的作品，平展而不伤远意的构成布局，细碎而不失脉络的团峦块峰，飞扬而不显跋扈的勾勒皴擦，跳荡而不乱节律的直笔打点，繁密而不致壅塞的积墨积染，汇成了独特的笔墨程式。作品《山乡农校》曾入选第六届全国美展优秀作品展，《幽燕秋趣》入选第二次东方美术交流学会展，《山上有棵小树》获1988年北京国际水墨画大展大奖。出版有《龙瑞水墨画集》、《秋天的收获——龙瑞山水画专辑》。

祥珠壶

山居图

卢禹舜

（1962～）黑龙江省哈尔滨市人，满族。1983年毕业于哈尔滨师范大学艺术学院，1986年在中央美术学院进修，1987年借调中央美术学院国画系。现任中国国家画院副院长，哈尔滨师范大学副校长、教授、博士生导师。中国美术家协会理事，中国美术家协会中国画艺委会委员，教育部高等学校艺术专业指导委员会委员，中国高校艺术教育委员会委员，中国艺术研究院特聘创作研究员，俄罗斯列宾美院荣誉教授，美国洛杉矶大学客座教授，日本浅井学园大学客座教授，《艺术研究》、《振龙美术》主编。

曾被评为中国文联建国五十年全国百名优秀文艺家，第十届全国美术作品展评委，享受国务院政府特殊津贴。

曾多次参加国内外重大学术活动，部分作品获奖和被权威机构收藏，在20多个国家和地区举办个展或联展，出版个人画集，文集二十余部，合集数十本。

石瓢壶

唐人诗意

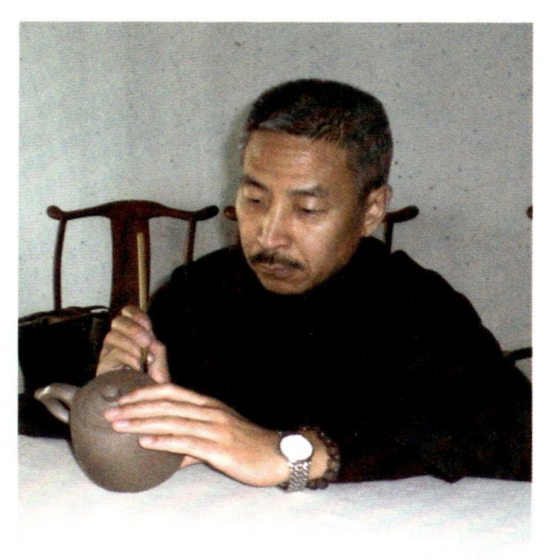

梅墨生

（1960～）生于河北，先后毕业于河北轻工业学校美术专业、中央美院国画系及首都师范大学书法硕士研究生班，兼事书法、绘画创作与艺术史论研究，现为中国书法家协会会员、中国美术家协会会员、中华美学学会会员、中华诗词学会会员、曲阜师大兼职教授、山西师范大学客座教授、中国文物协会特聘高级专家，国家画院一级美术师、理论研究部副主任。

梅墨生的传统水墨艺术追求淡雅、古朴，作品集中体现了在现代背景下中国传统山水画的审美趣向。作品从审美理念上延续了中国古代文人画的传统，可以说是这一流派的重要代表性画家。其书法获首届全国电视大赛成年组一等奖，绘画曾获当代国际水墨画名家展金奖，论文曾获首届美术学（论文）二等奖等多项奖励。出版有《梅墨生书法集》、《梅墨生画集》、《当代著名青年书法十家精品集——梅墨生》、《中国名画家精品集——梅墨生》、《梅墨生写生山水册》、《当代书画家艺术丛书——化蝶堂书画》等，著有《现代书画家批评》、《中国书法全集·何绍基卷》、《书法图式研究》、《精神的逍遥——梅墨生美术论评集》、《现当代中国书画研究》等。

井栏壶

山中雅舍

孟祥顺

（1956～）号顺者，啸林山房主人。中国美术家协会会员。1984年进修于中央美术学院国画系。范曾先生入室弟子，现为中国艺术研究院专业画家，中华文化画报社副社长。

作品《矿工的日记》参加第十届全国美展，代表作品《王者雄风》《雪岭双雄》等近百幅作品被海内外收藏家珍藏。

匏尊壶

罗汉说法图

苗再新

（1953～）山东栖霞人。毕业于解放军艺术学院。

中国美术家协会会员、中国书法家协会理事、北京美术家协会理事、中国艺术研究院中国美术创作院创作研究员、中国人民武装警察部队总部创作室创作员。

牛盖莲子壶

老哥俩儿

南海岩

（1962～）山东省平原县人。现为北京画院专职画家，国家一级美术师，中国美术家协会会员。

1994年入北京画院深造于王明明工作室，并受益于卢沉、周思聪和姚有多等先生。1995年至今，曾先后在北京和台湾等地举办个人画展，并有多幅作品应邀参加香港以及东南亚多个大型中国画展。

擅长人物画，尤喜以中国西部地区人物之生活为创作题材。为了深入表达西部人物神髓，曾数次赴西藏等地区写生和考察，写出了一系列描写西藏风情的优秀作品，创立和形成了自己的艺术风格。

传记及作品编入《中国现代美术全集》、《二十世纪中国绘画精华录》等大型艺术专著。作品《阳光璀璨》获第九届全国美展铜奖，《虔诚》入选百年中国画大展，并被中国美术馆收藏。出版有《南海岩画集》、《当代美术家精品集--南海岩》、《南海岩重彩人物画集》、《百年中国画展名家精品--南海岩专辑》等多部作品专集。

匏瓜壶

人物

丘挺

（1971～）生于广东。1996年毕业于中国美术学院国画系山水专业。2000年毕业于中国美术学院山水画专业并获硕士学位。2004年毕业于清华大学美术学院绘画系，获美术学博士学位。

现任教于中央美术学院中国画学院。

葫芦壶

环秀山庄

矮石瓢壶

申少君

（1956～）生于广西南宁市。湖南邵东人。1982年毕业于广西艺术学院美术系中国画专业。1987年结业于中央美院国画系。同年参加“加山又造日本画绘画讲习班”，1993年在中国艺术研究院“中国画名家研修班”学习。

现为中国国家画院专职画家、一级美术师。

人物

施江城

（1946～）祖籍江苏武进，出生于上海。中国美术家协会会员，国家一级美术师，湖北省美术家协会理事，湖北省文史馆馆员，湖北省美术院专业画家，文化部中国国际书画研究会理事，中央文史馆书画研究员，中国长城画院副院长，曾任湖北美术馆馆长，武汉理工大学硕士导师。现居北京。

作品多次参加全国重要美术展览，多次应邀赴美、日、俄、新加坡、波兰及台湾、港、澳地区进行学术交流及展览访问活动。作品为中国国家博物馆、北京人民大会堂、毛主席纪念堂、人民日报社等数十家海内外重要机构收藏。

曾创作《长江三峡图卷》、《高峡平湖图卷》、《三峡史诗》巨幅通景山水画（合作）、《云水三千图》巨幅通景山水画、《巴山行旅图》、《云开千峰秀》等许多以长江为题的作品。

清泉壶

清江渔歌图

汤立

（1947～）祖籍湖北孝感，生于湖北武汉。毕业于湖北美术学院。

中国美术家协会会员，国家一级美术师，曾任湖北省山水画研究会常务副会长、湖北艺术中心主任。现任中国长城中国书画院副院长、东方大学城艺术研究院名誉院长。

先后在日本、英国及我国北京、南京、武汉、济南、台北举办个人画展。

出版有《汤立作品集》、《中国近现代名家精品丛书·汤立花鸟作品精选》、《当代中国花鸟画坛10名家·汤立作品》、《当代名家·汤立·写意花鸟》、《传世典藏·当代名家长卷精品——汤立·五湖烟水图卷》、《中国名家画精品集·汤立》、《中国当代名家画集·汤立》等。

混四方壶

花鸟

邢少臣

（1955～）北京人。

作品清厚，豁爽，洞达，峻美。不仅神、韵、意、势皆古风凛然，而且能够使其出于素朴苍厚而不失精神抖擞。

现为中国画研究院创研部副主任，花鸟画研究室主任，国家一级美术师，中国美术家协会会员，两次在中国美术馆举办个人画展，出版个人画集八部。

茄段壶

石榴

线圆壶

杨延文

（1939～）河北省深县人。1963年毕业于北京艺术学院。现为北京画院国家一级美术师。

作品致力于线、面、色、墨的和谐统一。将中西两种不同的审美意念，糅合、融化在现代中国画的创作之中，以舒缓当风的线与掷重苍浑的扑面结合，或墨融于彩，或彩簌于墨写境、造境，形成了他那意新情浓、潇洒雄奇、宽舒荡漾的艺术风貌。

作品曾入选20世纪70年代以来历届全国美展。获得意大利第五届曼恰诺国际美展金牌奖等数次奖项。曾在中国美术馆及美国、日本、新加坡、加拿大和香港等地举办个展，出版有《清水出芙蓉》、《杨延文画集》等专集。

老宅

扁灯壶

杨彦

（1958～）生于青藏高原，回族，本名燕宁，字木一，养一，号本琦，大嫠堂主，度一精舍主。

现为中国美术家协会会员、中国宗教协会会员、中国民族画院副院长、九三学社社员、南京博物馆特聘研究员、世界华人美术家协会山水画委员会主席。

山水

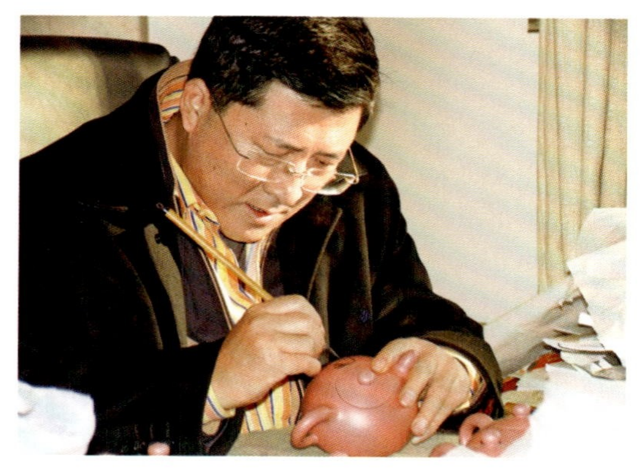

于文江

（1963～）生于山东牟平。1984年毕业于山东师范大学艺术系，1998年深造于中央美术学院国画系，现为中国美术家协会会员，中国当代工笔画学会理事，文化部中国画研究院专职画家，创作研究部副主任兼人物研究室主任，国家一级美术师。

多年来力求在丰富、厚重、完美上达到一个高度，其人物画在工笔与写意之间寻找一种新的艺术机缘，《女人体》为他的工笔绘画的探索划上了完满的句号。20世纪90年代将花鸟画甚至山水画的因素引入人物绘画中来并取得成功。以《净湖》（1997年）为代表的一系列作品标志着艺术风格的成熟，用中国现代工笔绘画的造型语言塑造着一种文化精神的时代气象。

作品《秋暮》获得中国当代工笔山水画大展一等奖，《蒙山秋》获纪念《毛泽东在延安文艺座谈会上的讲话》发表五十周年全国美展银奖，《大红枣》获中国工笔画大展金奖，《家园》获首届中国画大展铜奖，《净湖》入选“百年中国画大展”，《正午蝉鸣》、《山寨小溪》参加一、二届全国画院双年展。被中国文联、中国美协评定为“中国画坛百杰”称号，出版有《当代中国画精品集·于文江》、《于文江作品集》、《走近画家·于文江》、《名家逸品·于文江》。

贵妃壶

静湖

张谷旻

（1961～）杭州人，1988年毕业于浙江美术学院中国画系，1997年考入中国美术学院山水专业研究生，获硕士学位。现任中国美术学院中国画系教授、博士研究生、西泠书画院副院长、中国美术家协会会员。

作品刊载于《美术》、《美术观察》、《新美术》、《水墨》、《国画家》、《水墨研究》、《艺术家》、《中国书画》、《中国书道》、《美术家》等数十种刊物。出版有《中国美术家·张谷旻》、《烟雨江南》、《从写生走向创作·山水画》、《中国历代山水画名作解析》四册、《水墨阵线·张谷曼》、《艺术与生活·张谷旻》等，并刊登于数十种合集。

合欢壶

山水

张江舟

（1961～）祖籍安徽定远。现任中国国家画院院长助理、院艺术委员会委员、一级画家。系全国青联委员、中国美术家协会会员、文化部美术系列高级职称评委、文化部优秀专家。

出版《走近画家——张江舟》、《中国画坛·60一代——张江舟卷》、《名家写生——张江舟人物写生集》、《中国画名家画库——张江舟卷》、《巨匠之门·中国水墨联盟调查报告——张江舟》、《中国画研究院画家作品集——张江舟卷》等个人专集。

作品被中国美术馆、中国画研究院、首都博物馆、中南海、人民大会堂、毛主席纪念堂、钓鱼台国宾馆、韩国中国文化中心、韩国竹圃美术馆等多家国内外机构收藏。

圆珠壶

人物

张捷

（1963～）字半白，号奎庐，浙江人。擅长中国画。1989年毕业于浙江美术学院国画系。现为中国美术学院中国画系教授、博士研究生，中国美术家协会会员，浙江省美术家协会理事。

作品曾获第九、十届全国美展铜奖，1997年被中国文联授予中国画坛百杰称号。作品曾参加首届中国现代艺术展，“世纪之门”1979～1999中国艺术邀请展，首届国家中国画年展，“水墨本色”当代中国画邀请展等。

作品《溟居图》入选第八届全国美展，《江南可采菱》入选首届全国中国山水画展，《柳浪垂钓》入选全国中国画人物画展，《开门见山》之一、二入选中国画坛百杰展，《溪山论道》获第三届当代中国山水画展铜奖，《老区写生》入选全国写生画展，《故园》入选第九届全国美展。出版有《张捷画集》、《中国美术家张捷》、《中国画新语言·张捷》等。

玉乳壶

无人意境

赵俊生

（1944～）生于天津，现为中国美术馆艺术委员会会员、中国美术家协会会员、东方美术交流学会会员、国家一级美术师、享受国务院特殊贡献津贴，文化部美术高级职称评审委员、中国国际书画研究会副会长。

作品常以老北京风情人为题作画，在生动有趣、温馨隽永中隐隐地透出一种怅惘的怀旧心情。水墨人物画里以苏东坡诗词为主题的作品把近千年前大文豪的精神气质、积极入世笔对人生而又随遇而安、俯仰自在的高逸潇洒的心性，用一种非常传神的笔墨形象和调侃幽默的味道画出来。

他的作品曾参加过国内外众多的展览。1991年其作品《李白乘舟将欲行》获第三届中国国际吟诗节唐诗意境大奖赛二等奖，《天桥摔跤图》获1992年国际水墨画大奖赛东方杯二等奖，《当局者迷》获1996年中日韩国际联展东方杯二等奖；作品《东坡醉酒图》被北京图书馆收藏，《融》被中国美术馆收藏，《抚琴》、《品茶》、《赏梅》、《戏蝶》被汉城WALKRHILLART CENTER收藏，《竹林七贤图》被中南海收藏并出版，《戏人》被第三届深圳国际水墨双年展收藏。出版有《赵俊生旧京风情》、《名家画北京》、《赵俊生水墨画集》、《赵俊生画集》、《赵俊生画选》等。

楚柱壶

渔夫

高潘壶

赵卫

（1957～）生于北京，1985年毕业于北京师范大学中文系。现为中国国家画院画家。创作研究部主任，文化部高级职称评审委员会委员，享受国务院专家政府特别津贴，国家一级美术师。

赵卫的山水画勾、皴、擦、点、染诸法各司其事，交织又不混合，谐调又各自分明。其作品构图，笔墨和物象都更显得饱满而鲜明，给人以张力和伸延的形式感。

作品先后参加第七、八、九、十届全国美展，分别获铜奖、优秀作品奖，2005年参加文化部主办的全国画院优秀作品展，获佳作奖。入选《百年中国画展》、《中国绘画五十年》等国家级大型展览和画集。在国内外举办过多次画展，出版有多部个人画集。

龙潭之秋风

胡应康

（1960～）1960年生于山东省济南市，祖籍四川。1982年毕业于浙江美术学院国画系。1991年天津大学艺术研究所研究生毕业，获文学硕士学位。山东师范大学美术系副教授，现为清华大学美术学院博士研究生，导师张仃先生。

现任中国国家画院专职画家、中国美协会员。

龙蛋壶

山水

清泉壶

李岗

（1971～）先后毕业于哈师大艺术学院美术教育系，中央美术学院国画系助教研修班。中央美术学院、哥伦比亚大学联合举办美术学高研班。哈师大艺术学院美术教育系副教授，副主任。美术学硕士。现就读于中国国家画院卢禹舜工作室。

中国美术家协会会员，黑龙江省美术家协会理事，黑龙江省高师研究会理事，黑龙江省青联委员。黑龙江省教育厅美术学专业委员会主任，黑龙江省中华文化发展基金会理事，黑龙江省炎黄研究会理事，黑龙江省炎黄书画院副院长。黑龙江省山东商会美术家协会副主席。

参加由文化部中国美协举办的全国第九届，第十届美术作品展，作品入编由中央美术学院、首师大等机构主编的《今日中国美术》。作品被中央美术学院国画系留校收藏。

山水

李孝萱

（1959～）生于天津市汉沽区，1982年毕业于天津美术学院中国画系，后分配到天津塘沽区图书馆工作，1985年调入天津美院中国画系任教至今。

现为国画系教授，硕士研究生导师，中国美术家协会会员。

大千壶

五德之具

楚柱壶

李洋

（1958～）北京人。1981年考入中央美术学院中国画系。1985年毕业并留校任教。现为中央美术学院中国画学院副院长兼人物画室主任，教授，硕士研究生导师。中国美术家协会会员。上海画院特聘画家。

作品参加“首届中国画展”、“第八届全国美展”、“百年中国画展”等展览。

出版有《信天游·李洋》、《李洋·彩墨心象》、《李洋水墨画创作》、《二十一世纪中国主流画家创作丛书·李洋（卷）》、《走进画家·李洋》、《名家逸品·李洋》、《高等美术院校基础教学教法·李洋水墨人物写生》、《名家写生·李洋写生集》等画集和专著。

蓝花花

田黎明

（1955～）安徽省合肥市人。1983年至1984年进修于中央美术学院中国画系，1985年在中央美术学院任教，1991年毕业于中央美术学院中国画系研究生班。作品《瀚海鸡鸣》入选第五届全国美展，《碑林》获第六届全国美展优秀作品奖，《草原》入选第七届全国美展。

现为中国美术家协会会员、中央美术学院中国画学院院长、教授、硕士研究生导师。出版有《田黎明画集》、《当代中国画人物画库田黎明卷》、《田黎明水墨人物画创作》等。

匏瓜壶

淡淡的时光

玉乳壶

徐光聚

（1974～）生于河南南阳，自幼随舅父彭茂先习画，1997年结业于中央美院国画系。现为黄胄美术基金会编辑，炎黄艺术中心展览部主任。

作品多次参加全国美术大展并获奖，1999年于炎黄艺术馆开设黄胄美术基金会中国画临摹画室。2000年作品入选中国美术家协会第十五次新人新作展。2002年参加水墨状态——中国画邀请展。2003年参加中国美协第二届中国美术金彩奖。2003年策划并参加“传承与开拓——走进70年代”水墨画作品邀请展（北京）。2004年参加“高山流水”山水画邀请展（上海）。2004年参加水墨“水墨本味”邀请展。

松径晚步图

朱晶

（1983～）生于哈尔滨，2006年毕业于哈尔滨师范大学艺术学院中国画系，师从卢禹舜、高卉民，现就读于中国国家画院人物高研班纪连彬工作室，黑龙江省美术家协会会员。

2007年作品《闲暇时光》被邀请参加《东方墨——第二回当代中国水墨艺术家邀请展》，作品并被中国国家画院美术馆收藏。

2007年作品《野芳香》入选中国美协主办的“中华情”美术作品展。

作品《饮料》荣获中国美协主办的“2007年全国中国画作品展”优秀奖。

混四方壶

人物

方向

（1967～）广东汕头人。1988年广州美术学院中国画系毕业。广东画院专职画家。中国美术家协会会员、广东省美术家协会理事、一级美术师。

子冶石瓢壶

风景

附　录

附录一　当代紫砂工艺美术员名录

荣誉称号

（以历年来上级文件公布为准，双重称号获得者以最高为列）

一、国家级工艺美术大师

1988年　顾景舟

1993年　蒋　蓉　汪寅仙　徐秀棠　吕尧臣

1995年　谭泉海　徐汉棠

2007年　李昌鸿　鲍志强　顾绍培　周桂珍

二、国家级陶瓷工艺美术大师

何道洪

三、省级工艺美术大师

鲍仲梅　徐安碧　邱玉林　李守才　季益顺　吴　鸣　徐达明　曹亚麟　谢曼伦　储立之　毛国强　曹婉芬　沈蘧华　吕俊杰　蒋淦勤　蒋兴宜

四、江苏省工艺美术名人

潘持平　吴　震　许成权　张红华　沈汉生　王石耕　范洪泉　凌锡苟　朱建伟　葛　军　张振中　范建军　汤鸣皋　路朔良　顾治培　许艳春　杨勤芳　刘建平　蒋新安　高建芳　储集泉　陈国良　吴培林　周尊严　程　辉　何挺初　高丽君　陈建平　倪顺生

专业技术职称

（以历年来上级文件公布为准，以姓氏笔画为序）

五、高级工艺美术师

毛国强　王石耕　史国富　吕尧臣　汤鸣皋　朱建伟　刘建平　许艳春　何挺初　何道洪　吴　震　吴　鸣　张红华　李守才　李昌鸿　汪寅仙　沈汉生　沈蘧华　邱玉林　陈建平　杨勤芳　周桂珍　周尊严　季益顺　范洪泉　咸仲英　凌锡苟　徐汉棠　徐安碧　顾绍培　夏俊伟　高建芳　曹亚麟　曹婉芬　储立之　储集泉　程　辉　蒋新安　谢曼伦　鲍志强　谭泉海　潘持平　王小龙　王国祥　王　涛　方卫明　尹祥明　韦钟云　吕俊杰　华　健　许成权　庄玉林　孙伯春　何六一　吴小楣　吴亚亦　吴亚克　吴培林　陆虹炜　张振中　怀其芳　束旦生　陈国良　陈富强　邵顺生　李　霓　范永良　范建军　范建华　施小马　胡永成　胡洪明　倪顺生　徐达明　徐秀棠　桑黎兵　顾道荣　顾治培　高丽君　高湘君　黄自英　葛　军　葛岳纯　蒋　彦　蒋　蓉　韩小虎　鲍仲梅　鲍正兰　鲍利安　路朔良　江建翔　吴同芬　吴群祥　张庆臣　束凤英　周定华

六、工艺美术师

方小龙　毛　丹　毛文杰　毛子健　王小君　王生娣　王桂芬　王福君　王柯钧　王杏军　史小明　朱　丹　朱新洪　朱鸿钧　牟锦芬　汤　杰　任惠芬　刘彬芬　刘剑飞　许华芳　何文君　何忍群　何燕萍　吴介春　吴开浒　吴扣华　吴贞裕　吴奇敏　吴奇媛　吴祥大　吴淑英　吴曙峰　张海平　张梅珍　张建平　李园林　李　群　李　霞　杨义富　汪成琼　沈龙娣　沈建强　邵毓芬　邹玉芳

陆　君　陈　成　陈依群　陈国宏　陈洪平　周　全　周　刚　周志和　周国芳　周定芳　周琴娣
房玉兰　范友良　范伟群　范其华　范国歆　范建荣　勇跃军　咸雨利　胡敖君　赵明敏　赵曦鹏
费寅媛　查元康　倪建军　倪新安　唐伯琴　夏淑君　徐元明　徐　立　徐　青　徐益勤　徐雪娟
徐　雯　谈跃伟　郭超刚　顾美群　顾斌武　顾　婷　顾　勤　顾卫芬　顾建芳　高　俊　曹燕萍
曹宇宏　曹奇敏　黄旭峰　强德俊　葛陶中　葛明祥　蒋才源　蒋建军　蒋敖生　蒋琰滨　蒋艺华
蒋建军　蒋丽雯　董亚芳　储　峰　鲁　浩　鲍　青　鲍正平　鲍利民　鲍燕萍　鲍廷博　鲍玉梅
潘小忠　潘跃明　谢　强　谢菊萍　戴云燕　马新勤　尹红娣　方华萍　毛顺洪　王奋良　叶惠毓
刘凤英　刘建芳　孙志平　朱建平　何　健　吴建林　吴建强　张树林　张哲伟　李　铭　沈寅华
沈　琳　邵泽平　陈文南　陈乐林　范志中　郑求标　姚志泉　姚志源　唐六琴　唐永财　徐　萍
诸葛逸仙　钱建生　钱祥芬　钱菊华　顾秀娟　高俊　崔国琴　蒋金凤　韩洪波　褚婷圆

宜兴紫砂工艺厂

姓名	性别	出生年份
邵毓芬	女	1954
陆奇南	女	1955
任卫国	男	1956
庄玉芳	女	1957
余建新	男	1957
高永昌	男	1957
崔国琴	女	1957
蒋建明	男	1958
桑利兵	男	1958
徐兰君	女	1959
谈菊惠	女	1959
王惠中	男	1963
殷步荣	男	1968
顾丽萍	女	1970
周忠军	男	1971

宜兴紫砂工艺二厂

姓名	性别	出生年份
徐秀文	女	1948
周晓琴	女	1956
冯红珍	女	1957
汪洪江	男	1958
朱勤伟	男	1961
范丽华	女	1962
冯杏华	女	1963
冯余妹	女	1964
赵正军	男	1964
刘良友	男	1964
史科琴	女	1965
鲁浩	男	1965
周志和	男	1965
范荣仙	女	1966
孔惠英	女	1966
范淑娟	女	1966
唐燕萍	女	1966
顾中南	男	1967
蒋锡娟	女	1967
潘小中	男	1968
叶琴	女	1969
亨嫣	女	1969
王亚军	男	1969
冯勤劳	女	1969
李元军	男	1970
范利明	男	1971
许宏俊	男	1966

宜兴紫砂工艺三厂

姓名	性别	出生年份
钱道勋	男	1947
徐云超	男	1949
陈成	男	1951
吴建荣	男	1957
高来根	男	1957
盛彬	男	1958
樊建平	男	1962
陈国宏	男	1968
吴华强	男	1973

宜兴紫砂工艺四厂

姓名	性别	出生年份
史宝芝	男	1963
蒋盘君	女	1964

孙秋云	女	1970
郑永平	男	1971
王文英	女	1972

宜兴紫砂工艺五厂

范中元	男	1950
朱秀华	女	1961
范美娣	女	1962
张美君	女	1962
陈菊华	女	1962
毛亚强	男	1963
吴芳娣	女	1963
顾爱华	女	1963
周志娟	女	1964
周锡芳	女	1964
毛益明	男	1964
钱云锋	男	1964
蒋静敏	男	1965
毛良芳	女	1965
方勤萍	女	1965
惠文新	男	1966
惠海勤	男	1966
方卫英	女	1966
孙志方	男	1966
徐幼芝	女	1966
陈亚芳	女	1964
储明仙	女	1966
陈华芬	女	1967
顾叶芬	女	1967
沈洪仙	女	1968
顾锡华	女	1968
顾学中	男	1969
朱华君	男	1969
孙东平	男	1969
徐小华	女	1970
史建中	男	1970
陈晓芬	女	1970
范丽云	女	1971
方伟琴	女	1971
顾晓斌	男	1971
方卫芬	女	1971
王银芳	女	1972
蒋菊芳	女	1973

附录二

1850年至1911年间宜兴鼎蜀窑户在外地开设的陶瓷商店

地点	店号	店主	开设时间
上海	鲍生泰	鲍家	1850年
上海	葛德和	葛德和	1860年
江苏常熟浒浦	诚泰	鲍家	1870年
浙江常浦	同泰	鲍家	1845年
上海	福康	陈子环	1880年
江苏常熟浒浦	陈义隆	陈子环	1880年
江苏江阴	元隆盛	陈子环	1880年
杭州	张万清	张自清	1903年
常州	永大昌	鲍家	1910年
无锡	信泰	鲍家	1910年
无锡	鲍金泰	鲍家	1910年

原载：《宜兴陶瓷发展史》江苏宜兴陶瓷公司，1976年油印本。

附录三　紫砂壶结构示意图

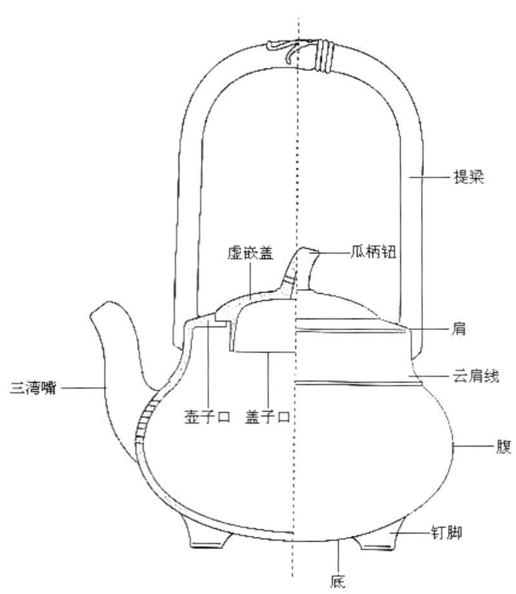

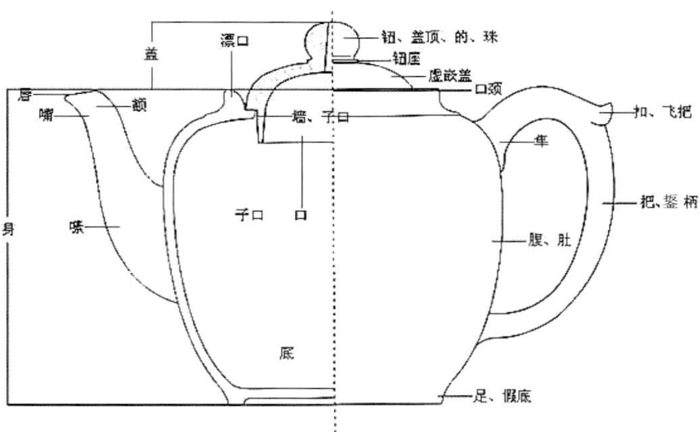

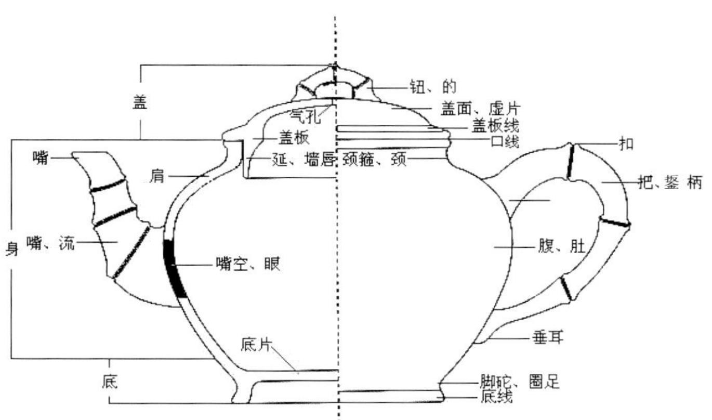

附录四　1966年前紫砂壶主要品名

顶海寿星	海寿星	大放海寿星
放寿星	小寿星	顶海盘底
海盘底	放海盘底	海龙蛋
放龙蛋	上海龙蛋	上放龙蛋
上小龙蛋	顶海洋桶	海洋桶
上海洋桶	中洋桶	紫中洋桶
小洋桶	紫小洋桶	双线洋桶
胆海洋桶	胆放洋桶	胆中洋桶
海独钮	放独钮	海高瓢中高瓢
海贡灯壶	贡灯壶	洋桶贡壶
贡壶	平盖贡壶	芹壶
小贡灯壶	小贡壶	爱国壶
色灯笼壶	菊球壶	行竹鼎壶
行竹段壶	行竹鼠壶	大柿元壶
小柿元壶	六方一捆竹	圆一捆竹
红中四方壶	红小四方壶	红中六方壶
红小六方壶	红中八方壶	红小八方壶
上高梅壶	上矮梅花壶	行合梅壶
中狮球壶	小狮球壶	一粒珠壶
大掇球壶	小掇球壶	大仿古壶
小仿古壶	果园壶	矮莲子壶
玉笠壶	行大鱼化龙	行中鱼化龙
行小鱼化龙	海牛盖洋桶壶	大牛盖洋桶壶
中牛盖洋桶壶	胆小洋桶壶	大玉带壶
小玉带壶	云玉壶	点犀壶
墨绿四葵壶	鱼罩壶	四方古菱壶
大方阴经壶	万寿壶	啦叭形壶
新形莲供壶	新形莲子壶	川顶壶
铜吹壶	桥梁肩线壶	提攀狮球壶
矮六方壶	矮嘴石瓢壶	铅盖书卷壶
小英壶	碗莲壶	光小汉君壶
光一粒珠壶	葵式掇球壶	色海棠壶
云肩线半瓜壶	梨式壶	绿高六方阴经壶
绿四方壶	绿高莲精忠壶	高四方壶

附录五　1990年紫砂壶主要品名

黑线泉壶（130毫升）
拼紫福鼎壶（180毫升）
拼六合壶（200毫升）
提梁珠花壶（210毫升）
拼鱼乐壶(150毫升)
拼紫权壶(180毫升)
小上双线竹古壶(200毫升)
砂银星牛壶(210毫升)
拼紫圈月壶(230毫升)
竹根三足壶(230毫升)
仿竹小提梁壶(220毫升)
拼紫海棠竹节壶(150毫升)
拼紫志方壶(210毫升)
全红紫君壶(220毫升)
黑线云壶(190毫升)
钟乳壶(270毫升)
墨腾飞壶(400毫升)
全红三脚春炉壶(140毫升)
红六瓜壶(300毫升)
斑竹壶(300毫升)
红六杯玉斗壶(180毫升)
拼硕鼎壶(380毫升)
红悠律壶(260毫升)
拼紫六圆水平壶(220毫升)
鱼欢壶(200毫升)
碧笠壶(210毫升)
红宝石壶(210毫升)
扁樱壶(220毫升)
拼秋竹壶(210毫升)
红倩竹壶(180毫升)
拼汉泉壶(210毫升)
红砂棱瓜壶(300毫升)
紫竹壶(220毫升)
拼凤泉壶(220毫升)
红蝶变花壶(200毫升)
拼砂祝寿壶(250毫升)
全红圆笠壶(210毫升)
林合壶(200毫升)
拼紫林圆壶(180毫升)

双孔雀壶（180毫升）
拼紫小柱础壶（150毫升）
拼紫清竹壶（200毫升）
直把珠花壶(210毫升)
扁和壶(180毫升)
松鼠葡萄桩壶(190毫升)
小高梅桩壶(130毫升)
欢跃壶(210毫升)
菱梨壶(240毫升)
花提壶(240毫升)
拼砂茗婴壶(210毫升)
中型报春壶(280毫升)
小玉泉壶(120毫升)
拼紫井扑壶(180毫升)
全红康圆壶(280毫升)
拼紫静纹壶(230毫升)
全红小六方瓢款壶(130毫升)
新秀壶(280毫升)
藏乐壶(240毫升)
春腰线壶(220毫升)
拼大延年壶(280毫升)
高鱼罩壶(200毫升)
拼紫山竹壶(400毫升)
全红十二杯半菱壶(180毫升)
黑独如意壶(130毫升)
红砂一鼎壶(200毫升)
香石壶(250毫升)
小上合梅壶(240毫升)
全红方茄壶(180毫升)
砂六方醒晓壶(250毫升)
红古猿壶(350毫升)
春韵壶(220毫升)
拼方石壶(210毫升)
鸡首壶(200毫升)
一节上松段壶(420毫升)
红回亭壶(210毫升)
拼半月壶(170毫升)
红似六壶(240毫升)
拼三腰线壶(230毫升)

拼苗啸壶（230毫升）
小古钟壶（160毫升）
拼紫玉女壶（180毫升）
砂星泉壶(200毫升)
拼腰圆水平壶(130毫升)
墩方壶(210毫升)
紫小南瓜壶(200毫升)
飞翼壶(170毫升)
长方圆角壶(210毫升)
寓方壶(220毫升)
扁竹提梁壶(260毫升)
小五竹壶(120毫升)
拼紫韶和壶(210毫升)
红三脚炉壶(200毫升)
直把弧菱壶(200毫升)
君石壶(210毫升)
椰玉壶(280毫升)
平扁海棠壶(240毫升)
红六杯小线圆壶(210毫升)
小型报春壶(450毫升)
红六方圆口壶(240毫升)
拼紫圆君壶(300毫升)
红灯壶(280毫升)
黑简墩壶(180毫升)
清律壶(190毫升)
吉乐壶(120毫升)
红独壶(280毫升)
方壶(280毫升)
鼓圆壶(200毫升)
全红神珠壶(220毫升)
拼紫顺泉壶(180毫升)
红直嘴高梨式壶(200毫升)
拼紫水纹鱼形壶(220毫升)
大金钱如意壶(400毫升)
红五蝠蟠桃壶(200毫升)
拼短裙壶(240毫升)
红逸春壶(230毫升)
拼石耕圆珠壶(200毫升)
拼紫赏鱼壶(180毫升)

红砂海弥壶(220毫升)
红新春壶(220毫升)
红海圆壶(200毫升)
全红星带水平壶(180毫升)
红玉佩壶(210毫升)
拼锦梨壶(210毫升)
红六方布纹壶(200毫升)
拼春风壶(220毫升)
红缘菊苑壶(220毫升)
拼进宝壶(24．0毫升)
拼华香壶(200毫升)
红玉鸟壶(220毫升)
绿十二杯半菱壶(230毫升)
红团和壶(210毫升)
绿奇韵壶(250毫升)
红小笑樱壶(240毫升)
绿高把荷叶壶(230毫升)
刻拼汉方壶(230毫升)
拼复方壶(300毫升)
红大砂珠壶(280毫升)
红浣沙童子壶(200毫升)
拼金砂玉鼎壶(200毫升)
刻大扁钟壶(400毫升)
拼紫小之泉壶(180毫升)
帽提壶(300毫升)
红砂乐升壶(240毫升)
拼中鱼化龙壶(350毫升)
红陶柱壶(350毫升)
小四方竹段壶(200毫升)
红半楞壶(180毫升)
段小松鼠核桃壶(180毫升)
石竹壶(280毫升)
段小三脚炉壶(200毫升)
古道壶(240毫升)
红刻环龙三脚壶(110毫升)
小小樱花壶(180毫升)
红六宝壶(200毫升)
小松鼠壶(180毫升)
小高竹节壶(180毫升)
段紫笋壶(110毫升)
上双线竹古壶(500毫升)
云竹壶(150毫升)

全红石瓢壶(200毫升)
红传方壶(250毫升)
红纹珠壶(250毫升)
红华梨壶(200毫升)
拼神带壶(200毫升)
红洋梨壶(240毫升)
拼进财壶(230毫升)
红一孔同胞壶(220毫升)
拼饮和壶(240毫升)
红葵掇壶(210毫升)
掇只壶(200毫升)
拼青蛙荷叶壶(240毫升)
红十二杯玉壶(180毫升)
墨绿荷提壶(230毫升)
红小金砂僧壶(230毫升)
绿供春壶(250毫升)
拼砂登峰壶(220毫升)
绿合碗壶拼陶权壶(210毫升)
红大掇英壶(280毫升)
拼可梨壶(190毫升)
拼合泉壶(280毫升)
红小上新乔壶(220毫升)
拼英缘壶(200毫升)
提垫孤菱壶(400毫升)
红花鼓壶(240毫升)
碗玉壶(240毫升)
红串盖腰线壶(380毫升)
六方龙凤壶(240毫升)
红纹钰壶(180毫升)
中四如意壶(350毫升)
拼方圆壶(250毫升)
段小蜜桃壶(200毫升)
拼紫星奇壶(200毫升)
高梅花壶(285毫升)
拼紫刻玉环壶(220毫升)
红刻矮元凹肩壶(180毫升)
拼小鱼化龙壶(210毫升)
双色小柿子壶(190毫升)
小金瓜壶(180毫升)
小四方创角壶(200毫升)
小印包壶(240毫升)
拼鱼球壶(240毫升)

全红梨线球壶(250毫升)
全红刻金牛鼎壶(230毫升)
全红小西灯壶(180毫升)
红刻书扁壶(150毫升)
红长城壶(230毫升)
拼三脚圆壶(200毫升)
红友泉三脚壶(180毫升)
拼珠玉壶(280毫升)
红纹梨壶(160毫升)
莲花僧帽壶(280毫升)
拼海梨壶(200毫升)
红亦球壶(220毫升)
绿脱颖壶(240毫升)
红八仙庆寿壶(210毫升)
绿象脚壶(250毫升)
红乐掇壶(240毫升)
绿春炉壶(280毫升)
红大容天壶(280毫升)
拼玉笠壶(280毫升)
拼雪梨壶(二00毫升)
红春辉壶(210毫升)
拼小玉笠壶(180毫升)
葵壶(380毫升)
红高掇壶(240毫升)
长命百寿壶(240毫升)
红玉乳壶(270毫升)
小型竹节壶(450毫升)
红小掇只壶(180毫升)
四方竹段壶(380毫升)
大顺竹壶(300毫升)
倒装荷花壶(220毫升)
龙团壶(450毫升)
凹肩菊花壶(250毫升)
小龙团壶(220毫升)
红天泉壶(160毫升)
小玉篮壶(200毫升)
红圆意壶(210毫升)
绿嘴葫芦壶(160毫升)
小孔雀壶(180毫升)
春葵壶(220毫升)
拼紫柱灵壶(220毫升)
源泉壶(190毫升)

上新桥壶(460毫升)
合斗壶(210毫升)
红寿星壶(500毫升)
拼紫小龙凤壶(200毫升)
绿福寿壶(300毫升)
石圆壶(400毫升)
绿春晖壶(150毫升)
胞润壶(240毫升)
紫三线球壶(155毫升)
全红八杯梨式水平壶(110毫升)
砂小高六方壶(150毫升)
全红八杯线瓢壶(130毫升)
全红上新桥壶(150毫升)
涂红双线球壶(110毫升)
涂红十二杯水平壶(180毫升)
全红益寿壶(235毫升)
涂红二杯水平壶(40毫升)
全红刻曼生壶(160毫升)
全红掇只壶(380毫升)
茄笠壶(190毫升)
铺砂扁富壶(210毫升)
黑双线球壶(110毫升)
黑扁蒲壶(180毫升)
黑小莲心壶(130毫升)
黑小梅花壶(145毫升)
段蕉叶壶(160毫升)
扁六方侧角壶(135毫升)
仿古掇只壶(380毫升)
紫元三友壶(220毫升)
紫加口线掇球壶(270毫升)
黑扁八方壶(145毫升)
全红扁蒲壶(180毫升)
大仿古钟罩壶(185毫升)
黑半橘壶(150毫升)
紫双线瓢壶(425毫升)
净平壶(230毫升)
紫五竹梅椿壶(135毫升)
小上松段壶(150毫升)
孔雀壶(190毫升)
睡翁壶(330毫升)
平盖山水圆壶(310毫升)
段菊形壶(220毫升)

小上新桥壶(220毫升)
大汉君壶(400毫升)
乐梨壶(220毫升)
绿瓜叶菊壶(250毫升)
拼紫亦菱壶(280毫升)
黑新朴壶(350毫升)
大松鼠葡萄壶(500毫升)
黑古茗壶(190毫升)
黑八杯梨式水平壶(130毫升)
紫刻小传炉壶(185毫升)
仿古掇只壶(380毫升)
大上新桥壶(510毫升)
全红小掇球壶(175毫升)
黑十二杯水平壶(160毫升)
黑益寿壶(235毫升)
涂红八杯水平壶(130毫升)
殴刻曼生壶(160毫升)
涂红四杯水平壶(750毫升)
绿四季元宵壶(275毫升)
一节竹段壶(400毫升)
新竹段壶(240毫升)
铺砂平盖扁元壶(160毫升)
双色小莲心壶(130毫升)
全红小梅花壶(145毫升)
紫春荀壶(115毫升)
小六方虎醇壶(180毫升)
紫高方竹壶(130毫升)
紫平盖扃元壶(160毫升)
小型松竹梅壶(545毫升)
紫扁八方壶(145毫升)
东升壶(580毫升)
黑小掇只壶(190毫升)
全红八杯高汤婆壶(120毫升)
刻直身元壶(295毫升)
扁四方腹鼓壶(250毫升)
紫柿梅壶(180毫升)
玉桃壶(280毫升)
黑菱盖壶(220毫升)
加高掇只壶(350毫升)
六方井形壶(180毫升)
紫半葵壶(80毫升)
紫扁盘春壶(105毫升)

大玉篮壶(380毫升)
小集玉壶(200毫升)
金钱圆寿壶(220毫升)
圆菊壶(250毫升)
小三友壶(200毫升)
拼砂莲房壶(250毫升)
绿十二杯红梅壶(180毫升)
翁头壶(2S5毫升)
紫四方侧角壶(120毫升)
紫八杯线瓢壶(130毫升)
紫直线条壶(115毫升)
紫加口线掇球壶(270毫升)
黑上新桥壶(150毫升)
黑小掇只壶(190毫升)
黑六杯水平壶(110毫升)
黑刻曼生壶(160毫升)
涂红六杯水平壶(110毫升)
黑八杯水平壶(130毫升)
四象壶(450毫升)
四方抽角竹顶壶(150毫升)
黑扁富壶(210毫升)
黑刻双线球壶(110毫升)
黑小六方壶(180毫升)
加圆平盖壶(145毫升)
菊球壶(150毫升)
黑蕉叶壶(160毫升)
黑平盖扁元壶(160毫升)
绿平盖扁元壶(160毫升)
新竹段壶(290毫升)
掇球壶(380毫升)
小掇只壶(190毫升)
黑腰圆宽带壶(150毫升)
紫金钟壶(260毫升)
刻玉碧壶(80毫升)
紫玉兰壶(135毫升)
刻曼生竹笠壶(180毫升)
如意小传炉壶(185毫升)
黑大掇球壶(570毫升)
黑六方球顶壶(137毫升)
牛盖莲子壶(350毫升)
紫芳泉壶(170毫升)
绿荷叶壶(170毫升)

扁元壶(120毫升)
秦钟壶(220毫升)
段竹春壶(180毫升)
元腹盂臣壶(210毫升)
紫掇鼓壶(245毫升)
玉叶壶(190毫升)
中洋桶壶(575毫升)
绿海棠壶(180毫升)
扃灯壶(120毫升)
段钿盒壶(160毫升)
直角提梁壶(225毫升)
全红石瓢壶(195毫升)
大石瓢壶(350毫升)
凤舟壶(130毫升)
全红六斑壶(170毫升)
紫小元水平壶(110毫升)
四方双喜壶(300毫升)
墨线葵形壶(235毫升)
狮鼓壶(250毫升)
虎醇壶(230毫升)
龟寿壶(200毫升)
紫刻元春壶(175毫升)
新苗壶(150毫升)
段刻折肩扁元壶(180毫升)
高菱花壶(420毫升)
龙蛋壶(250毫升)
合橘壶(250毫升)
天泉壶(420毫升)
福壶(420毫升)
青蛙莲子壶(250毫升)
禧壶(420毫升)
八仙壶(250毫升)
条玉壶(380毫升)
紫裙壶(520毫升)
石竹壶(420毫升)
凹肩莲贡壶(300毫升)
涂红井栏壶(280毫升)
紫竹春壶(180毫升)
汉方壶(185毫升)
紫四方菱花壶(200毫升)
四方钟形壶(125毫升)
三足鱼化龙壶(195毫升)
紫海棠壶(180毫升)
紫十二杯高汤婆壶(170毫升)
弓形提梁壶(230毫升)
紫竹节提梁壶(215毫升)
黑石瓢壶(195毫升)
紫颠彩壶(435毫升)
金杯壶(145毫升)
海竹壶(135毫升)
紫小竹鼠壶(190毫升)
春色壶(180毫升)
紫葵形壶(235毫升)
鱼罩壶(300毫升)
全红虎醇壶(230毫升)
仿古壶(200毫升)
紫刻圆筒壶(600毫升)
雨花石壶(250毫升)
紫牛盖扁水壶(270毫升)
青椒壶(300毫升)
云肩如意壶(250毫升)
三珍壶(300毫升)
线珠壶(500毫升)
玲珑竹编壶(250毫升)
玉笠壶(250毫升)
寿壶(420毫升)
方竹壶(300毫升)
鼎纹壶(350毫升)
祥圆壶(350毫升)
串钮带壶(800毫升)
开片石瓢壶(500毫升)
碗海壶(420毫升)
小桃樱壶(230毫升)
紫三足梨形壶(205毫升)
小樱花壶(230毫升)
段小供春壶(200毫升)
段合欢壶(225毫升)
紫鼎钟壶(210毫升)
可心梨式壶(115毫升)
黑海棠壶(180毫升)
黑刻大提梁壶(560毫升)
黑钿盒壶(160毫升)
东坡小提梁壶(115毫升)
紫刻托月壶(175毫升)
笑樱壶(560毫升)
全红开字壶(170毫升)
梅花腰线壶(140毫升)
黑葵形壶(235毫升)
济公三宝壶(250毫升)
段虎醇壶(230毫升)
鱼纲壶(300毫升)
墨绿虎醇壶(230毫升)
五鼠玩松壶(200毫升)
紫刻小仿古钟罩壶(185毫升)
松龄鹤寿壶(500毫升)
紫玉青壶(235毫升)
橘子壶(200毫升)
月季花壶(250毫升)
合盘壶(300毫升)
亚运微心壶(200毫升)
禄壶(420毫升)
新孔雀壶(300毫升)
上星桥壶(460毫升)
中菱花壶(300毫升)
竹鼠壶(560毫升)
五线壶(350毫升)
柿子壶(520毫升)

附录六

紫砂壶与瓷壶分别泡红绿两种茶同在春季4月份作比较其结果见下二表：

表一

试验日期	PH值		色泽		香味、变质、发酵情况		备注
	紫砂壶	瓷壶	紫砂壶	瓷壶	紫砂壶	瓷壶	
4月2日9：00	7.0	7.0	红棕	红棕			1、红茶叶
4月4日6：00					稍茶香味	无茶香味	2、室温15℃
4月4日18：30	6.0	5.5			稍茶香味	无茶香味	
4月5日16：00	5.8	5.5			稍茶香味	无茶香味	
4月6日18：30	5.5	5.5			稍茶香味	无茶香味	
4月7日	5.5	5.5			稍茶香味	无茶香味	
4月8日13：00	5.5	5.5	红褐	黑褐	搅拌才有香味	搅拌亦有香味	

表二

试验日期	PH值		色泽		香味、变质、发酵情况		备注
	紫砂壶	瓷壶	紫砂壶	瓷壶	紫砂壶	瓷壶	
4月20日	7.0	7.0	绿	黄			1、红茶叶
4月21日	6.0	5.5			有香味	有香味	2、室温15℃
4月22日	6.0	5.5			有香味	有香味	
4月24日	6.0	5.5			有香味	有香味	
4月25日	6.0	5.5			有香味	有香味	
4月26日	6.0	5.5			有香味	有香味	

关于PH值的变化，茶叶的PH值由中性向弱酸性转化，是由茶叶中丹宁溶出的结果，它会损害茶叶的质量。上述实验中可以看出PH值从7下降到5.5，紫砂壶需4～6天，而瓷壶仅1～2天，而色与味的变化也有很大差异。实验证明，紫砂壶确实具有保持茶香清醇，不易变质发馊等良好的性能，这是因为紫砂壶是一种双重气孔结构的多孔性材质，气孔微细密度高，具有较强的吸附力，它能吸收茶之香味而保持较长的时间，而施釉的陶瓷茶壶显然就欠缺这种功能了。

此外，紫砂壶之所以能保持茶香较久，不易变质发馊与茶壶本身的造型与精密程度有关，紫砂壶嘴较小，嘴流出口与壶身成一定斜角（一般为45度角）壶口壶盖配合密切，位移公差<0.5毫米左右，口盖形式多成压盖结构。而施釉瓷壶壶嘴大多口朝上，口与盖的位移达1.5毫米左右，口盖形式多呈嵌盖结构。由于紫砂壶制作的精度高，比施釉瓷壶减少了混有黄曲霉菌的空气流向壶内的渠道，因此，相对地推迟了茶叶变质的发馊的时间。

紫砂壶由于材质的优异，内外不施釉，坯料中含铅量高，玻璃相少，线眼系数比瓷器略高，有一定的气孔率，足以克服冷热温度差所造成的应力，因此寒冬用沸水注茶不会炸裂，用以烹蒸不会胀裂，使用不炙手。我们常常看到有人双手捧住紫砂壶，而没有看到谁捧个瓷壶、金属壶在喝茶的。

古人只知道紫砂壶用来泡茶优于其他壶，却不明白为什么的道理，随着科学技术的发展，人们可以从物理、化学等性能上去一一认识比较鉴别，用科学的眼光理性地来认识紫砂壶的诸多优点。

附录七　紫砂器的化学组成

近年来，宜兴陶瓷科学研究所和紫砂工艺厂的专家，对紫砂陶原料性能作过专门研究，兹将综合分析的有关数据辑录列表：

表一：紫泥的化学成分

试样编号	化学成分（%）								
	SiO_2	Al_2O_3	Fe_2O_3	CaO	MgO	K_2O	Na_2O	TiO_2	灼减量
羊角山古窑残器（北宋）	62.5	25.91	9.13	0.43	0.36	1.36	0.07	1.32	
1973年取样	55.00	26.00	8.08	0.70	0.54	0.72	0.25		7.80
1977年取样	58.39	20.12	8.38	0.25	0.57	3.38	0.06	1.08	7.30
1981年取样	52.88	25.61	9.39	0.83	0.32	0.95	0.15		10.3

表二：团粒矿物尺寸

名　称		石英	云母	赤铁矿	黏土
各物相尺寸	最大	50～150 μ	150×20 μ	60 μ	60 μ
	多数	25以下	25以下	2	4
0.2mm团粒物相尺寸	最大	30	45	25	45
	多数	10以下	不易分辨	0.2	不易分辨

表三：紫泥的可塑性

原料名称	液限%	塑限%	指数	属性
紫泥	33.4	15.9	17.5	高可塑性

表四：紫泥的结合能力

原料名称	不同加砂比量%时的抗折强度kg/cm^2			
	0	20	40	60
紫泥	30.0	20.5	13.5	10.5

表五：干燥性能

原料名称	干燥收缩%	吸水率%	气孔率%	体积比重g/cm^2	抗折强度kg/cm^2
紫泥	3.8	7.1	20.9	2.79	3.00

表六：烧结性能

原料名称	适宜烧成温度℃	吸水率%	烧成收缩%	体积比重g/ 2	烧成温度范围
紫泥	3.8	7.1	20.9	2.79	3.00

上海硅酸盐研究所曾对紫砂原料和古代紫砂器残片的化学组成和矿物组成进行过一些研究，现将测试紫砂器标本所得化学组成数据列表如下：

试样名称	紫砂泥	绿泥	北宋紫砂残器	清早期紫砂残器	清中期紫砂残器	清晚期紫砂残器
SiO_2	58.39	58.32	62.50	64.62	67.72	70.55
Al_2O_3	20.12	24.13	25.91	20.69	23.85	17.67
TiO_2	1.08	1.07	1.32	1.28	1.29	1.35
FeO			1.38	0.44	0.33	0.40
Fe_2O_3（总）	8.38	1.91	7.75	8.60	8.66	7.40
K_2O	3.38	2.01	1.36	2.50	2.05	1.54
Na_2O	0.06	0.07	0.07	0.13	0.08	0.09
CaO	0.25	0.41	0.43	0.51	0.28	0.26
MgO	0.57	0.46	0.36	0.55	0.53	0.42
MnO	0.01	0.006	0.10	0.018	0.011	0.012
Cr_2O_3			0.02	0.02	0.02	0.03
PbO						
烧失	7.30	11.01		0.72	0.38	0.33

附录八　紫砂造假之谜

自古以来文物古董市场总是真假混杂，以假乱真，以假乱假，以新做旧，以旧做旧等等手法层出不穷。20世纪80年代兴起了“紫砂热”之后，一些不法之徒，“聪明”之士动足脑筋，想方设法将茶壶做旧做古，以混淆人们的视线，卖出高价，沽收钱币，笔者给这些人的手法总结了几个字，即：擦、泡、涂、埋、烤。

擦，紫砂的材质紫砂泥中含有砂，且不上釉，烧成后颜色显得古朴典雅，通过不断的擦拭，摩挲可以使壶面更光滑，更锃亮。根据这一特点，有些人就在擦上下工夫，仅仅是用布用手擦还好一些，有人用皮鞋油、牙膏、肉皮等等，用刷子擦，使得鞋油的颜色逐渐渗进壶面的里层，油腻也慢慢浸入壶中，多次重复擦拭，当然会显得亮起来，买壶的人拿在手中，一看，此壶又老又亮以为真是古壶，买了回去泡茶，一股鞋油味，油腻味直扑鼻来。

泡，做旧者有里泡、外泡之说法，里泡就是将劣质茶塞入壶内，用开水泡之，茶叶重重的，水烫烫的，使茶叶的汁水很浓，做假者欲尽量使壶内堆积茶垢。外泡就是将整个壶浸泡在茶叶水里，有的甚至泡在洗锅刷碗的泔脚水里。

煮，驻仅泡还不足以速成，干脆是煮，有的甚至将酱油、茶叶、颜料等等只要是颜色比较深的，烧成一锅，将壶放在锅里，每天煮上几次。

涂，有的造假者用笔或布将油水、茶水、泥浆水等等在壶里壶外一通乱涂乱抹，日长许久，也会使新壶变旧。

埋，因为有好多古壶都是出土的文物，长期埋在土里，吸收了土壤的阴湿气，有的人就把当代的茶壶搞这么一批，集中埋在地里，有的花盆制假者还会埋在粪窖时，这样经过几年再挖出来还真有点象古董。

烤，有人嫌埋时间太长，又想出了新花招，那就是烤，即将泥巴塞入壶内，涂在壶体，当然这泥巴也要有一定的附着能力，包好之后放在微波炉里烤上几分钟，因为紫砂是烤不坏的，烤过以后将泥剥走、捣尽，这壶还真经历了千辛万苦的磨练，显得老成，稳重多了。

以上只是揭开紫砂造假面纱的一部分，其实有的人是专门靠制假售假来牟取高利的，目前还有这么一批人就以此为业。

附录九　无锡市宜兴紫砂保护条例

2006年10月27日 无锡市第十三届人民代表大会常务委员会第二十六次会议制定
2006年11月30日江苏省第十届人民代表大会常务委员会第二十七次会议批准

第一章 总 则

第一条　为了加强宜兴紫砂保护，继承和弘扬宜兴紫砂文化，维护宜兴紫砂研究、设计、生产、经营单位和个人以及技艺人员的合法权益，根据有关法律、法规，结合本市实际，制定本条例。

第二条　本条例适用于本市行政区域内的宜兴紫砂矿产资源开采和利用、制作技艺保护和传承、作品和产品保护及其相关活动。

本条例所称宜兴紫砂，是指以加工后的宜兴紫砂矿土为原料，采用独特工艺制成，具有鲜明地方特色的紫砂陶制品及其制作技艺。

第三条　市人民政府应当加强对宜兴紫砂保护工作的指导和监督。

宜兴市人民政府具体负责宜兴紫砂保护工作。

市和宜兴市的经贸、文化、国土资源、工商、质量技术监督等行政主管部门和有关镇人民政府按照各自职责，共同做好宜兴紫砂的保护工作。

第四条　宜兴紫砂保护工作坚持保护为主、合理利用、传承发展的原则。

第五条　宜兴市人民政府可以委托有关行业协会办理专业技术职称和荣誉称号的申报、推荐，建立完善宜兴紫砂作品和产品信息数据库、产品生产技术规范和管理规范、从业人员技艺水平评价体系等工作中的相关事项。

第六条　宜兴市人民政府设立宜兴紫砂保护专项资金；专项资金由财政拨款、单位和个人捐款及捐赠物品出售所得等构成。宜兴紫砂保护专项资金用于宜兴紫砂文化的保护、研究和宣传，宜兴紫砂珍品、精品和珍贵资料的收集，宜兴紫砂制作技艺的传承和对宜兴紫砂保护有突出贡献人员的奖励。

第七条　宜兴市人民政府及其有关部门应当定期组织开展宜兴紫砂文化宣传活动，弘扬宜兴紫砂文化，交流宜兴紫砂制作技艺。 任何单位和个人对危害宜兴紫砂保护的行为有权制止和检举。

第二章 资源开采和利用

第八条　宜兴紫砂矿产资源的开采利用坚持保护和节约的原则，采取总量控制、限量开采、提高利用率等措施，实现经济效益、资源效益、社会效益和环境效益的统一。

第九条　宜兴市国土资源行政主管部门应当根据宜兴市矿产资源开采利用总体规划和城市建设、环境保护、经济发展的要求，组织制定宜兴紫砂矿产资源开采利用计划，经本级人民政府批准后实施，并报市国土资源行政主管部门备案。矿产资源开采利用计划应当明确提出开采顺序、开采方法和保护措施。

第十条　紫砂矿产资源采矿权依法实行有偿取得制度。

采矿权出让采取招标、拍卖或者挂牌出让的方式公开进行。采矿权的转让应当符合法定条件。

第十一条　紫砂矿产资源开采依法实行许可证制度。开采紫砂矿产资源应当向省国土资源行政主管部门申请登记，领取采矿许可证，方可成为采矿权人。

未取得采矿许可证，任何单位和个人不得开采紫砂矿产资源。

第十二条　采矿权人应当按照登记管理机关批准的矿区范围、开发利用方案进行开采，禁止越界越层开采、超量开采和破坏性开采。任何单位和个人不得露天开采紫砂矿产资源。

第十三条　采矿权人应当严格执行宜兴紫砂矿产资源开采利用计划，采取合理的开采顺序、开采方法开采紫砂矿产资源，并按照规定向宜兴市国土资源行政主管部门提交紫砂矿产资源开发利用年度报告。

宜兴市国土资源行政主管部门应当加强对紫砂矿产资源开发利用情况的检查监督，提高紫砂矿产资源的利用率。

紫砂矿产资源所在地的镇人民政府，应当配合宜兴市国土资源行政主管部门做好紫砂矿产资源保护工作，发现无证开采和越界越层开采等行为，应当及时制止并报告宜兴市国土资源行政主管部门。

第十四条　开采紫砂矿产资源产生的废土、废渣、废石和废水，采矿权人应当集中处理，不得随意堆放或者排放。

采矿权人停办、关闭矿山，应当依法做好矿山安全、水土保持、土地复垦、森林植被恢复和环境保护等工作。造成生态环境破坏的，应当承担恢复和治理责任。

宜兴紫砂作品、产品制作者应当加强紫砂废弃物的综合利用，减少环境污染。

第三章　制作技艺保护和传承

第十五条　宜兴市文化、档案行政主管部门和行业协会，应当加强宜兴紫砂制作技艺的挖掘、整理工作，定期组织开展宜兴紫砂专业讲座、学术交流、研讨展评等活动；指导并规范有关宜兴紫砂专著、刊物等书刊的编撰工作。

鼓励从事宜兴紫砂研究、设计、生产的单位和个人，开展宜兴紫砂制作技艺的挖掘、整理工作。

第十六条　宜兴紫砂制作技艺按照国家有关保密法律、法规的规定必须保密的，应当严格保密措施。

在不违反前款规定的前提下，宜兴紫砂研究、设计、生产单位，应当加强对职工进行宜兴紫砂传统工艺和制作技艺的培训，有计划地组织技艺人员开展技术交流、操作表演和业务考察等活动。

第十七条　宜兴市具备条件的中、高等职业技术院校，应当开设宜兴紫砂传统工艺和制作技艺专业课程，采用职业教育与拜师学艺相结合等方法，有计划地对宜兴紫砂从业人员和有志从事宜兴紫砂传统工艺和制作技艺的学生进行专业知识培养。

宜兴市中小学校应当将宜兴紫砂文化列入教学选修内容，因地制宜地开展教育活动。

鼓励各类工艺、美术、设计等相关专业人才继承和发扬宜兴紫砂传统工艺和制作技艺，通过融合现代技术、现代设计和其他工艺美术技艺等方法，丰富宜兴紫砂传统工艺和制作技艺。

第十八条　宜兴市经贸、文化、人事等行政主管部门和行业协会应当建立适合宜兴紫砂行业特点，体现宜兴紫砂制作从业人员技艺水平的评价体系；对符合宜兴紫砂制作技艺专业技术资格报评条件的技艺人员，按照规定的程序组织申报和推荐相应等级的工艺美术（紫砂）专业技术职称；对长期从事宜兴紫砂制作工作，技艺精湛，在国内外享有较高声誉，并作出较大贡献的技艺人员，组织申报和推荐授予工艺美术大师、陶艺大师荣誉称号和地方荣誉称号。

第四章　作品、产品保护和市场管理

第十九条　任何单位和个人对其所有或者持有的宜兴紫砂珍品、精品和相关资料负有保护责任。

博物馆、档案馆等专业机构应当利用馆藏条件，通过收集、代为保管等形式，妥善保管宜兴紫砂珍品、精品及相关资料。

鼓励单位和个人将其所有的宜兴紫砂珍品、精品及相关资料捐赠给博物馆、档案馆等专业机构，或者委托其代为保管。

第二十条　宜兴市经贸、文化、工商、质量技术监督等行政主管部门和行业协会应当建立完善宜兴紫砂作品、产品信息数据库并定期公布有关信息；引导宜兴紫砂作品、产品的设计、生产单位和个人，通过申请集体商标、证明商标、商品商标注册，申请专利、著作权登记，采取防伪标识、电子信息管理等措施，实施宜兴紫砂作品、产品的知识产权保护。

鼓励宜兴紫砂类注册商标持有人争创国家、省、市驰名、著名和知名商标。

第二十一条　宜兴市标准化行政主管部门应当会同行业协会，逐步建立完善非全手工技艺制作的宜兴紫砂产品生产技术规范和管理规范，指导紫砂生产单位和个人按照统一的产品生产技术规范和管理规范生产。

第二十二条 宜兴市人民政府应当按照地理标志产品保护的有关规定，组织申请宜兴紫砂地理标志产品保护，并引导符合条件的宜兴紫砂产品生产者申请使用宜兴紫砂地理标志产品专用标志。

第二十三条 从事宜兴紫砂设计、创作、生产、销售等经营活动的单位和个人，应当依法办理工商、税务等手续，守法经营、公平竞争。

第二十四条 宜兴紫砂生产、经营活动禁止下列行为：

（一）以假充真，以次充好；

（二）侵犯他人的著作权、专利权和商标权；

（三）擅自使用或者伪造地理标志产品专用标志；

（四）擅自使用他人姓名或者企业名称；

（五）其他违反法律、法规的行为。

第二十五条 宜兴紫砂经营市场应当统一规划，可以结合宜兴紫砂历史文化遗址保护建设宜兴紫砂仿古街区，利用生产、经营场所开设旅游景点、销售网点和建设宜兴紫砂产品专业市场等，发展具有地方特色的经营服务。

第五章 奖 惩

第二十六条 对宜兴紫砂保护作出重大贡献的单位或者个人，符合下列条件之一的，宜兴市人民政府应当给予表彰奖励：

（一）在挖掘、整理或者研究工作中作出突出成绩的；

（二）举报严重违法开采矿产资源行为，查证属实的；

（三）捐赠宜兴紫砂珍品、精品或者相关资料，有突出贡献的；

（四）设计、制作的宜兴紫砂作品被评为国家或者省级珍品，或者在国内外重大评比活动中获奖的；

（五）在工艺传承或者人才培养中作出显著成绩的；

（六）其他为宜兴紫砂保护作出重大贡献的。

第二十七条 违反本条例第十一条、第十二条规定非法开采宜兴紫砂矿产资源的，由宜兴市国土资源行政主管部门责令改正，没收违法开采的矿产品和违法所得，并可以按照下列规定分别给予处罚：

（一）未取得采矿许可证擅自开采或者露天开采矿产资源的，处以违法所得百分之十以上百分之五十以下的罚款，无违法所得的，处以一千元以上一万元以下的罚款；

（二）越界越层开采或者超量开采的，处以违法所得百分之十以上百分之三十以下的罚款，无违法所得的，处以一千元以上一万元以下的罚款；

（三）破坏性开采，造成矿产资源严重破坏的，处以相当于矿产资源损失价值百分之十以上百分之五十以下的罚款。

第二十八条 违反本条例第十九条第二款规定，博物馆、档案馆等专业机构对馆藏紫砂珍品、精品及相关资料未妥善保管造成损失的，由宜兴市文化行政主管部门责令赔偿，对直接负责的主管人员和其他直接责任人员，依法给予行政处分；构成犯罪的，依法追究刑事责任。

第二十九条 违反本条例规定的行为，有关法律、规定的，由有关部门按照法律、法规的规定予以处罚。

第六章 附 则

第三十条 宜兴紫砂制品、资料和遗址，已被确定物保护单位的，适用文物保护法律法规。

第三十一条 宜兴市人民政府可以根据本条例制定实施办法。

第三十二条 本条例自 2007年4月1日起施行。